올 어바웃
구동사 딕셔너리

• 알파벳순 •

Dictionary of English Phrasal Verbs

신기명

서울대학교 사범대학 졸업
건국대학교 대학원 (교육학 석·박사)
한성대학교 겸임교수

저서

학습무기력 (배영사)
학습장애와 교육 (배영사)
교육심리학 (예지각)
심리학개론 (양서원)
학습장애 치료교육 (학지사)
기본동사만 꿰차도 영어는 된다 (종합출판¹EnG)
〈이해와 터득〉 다른 영문법 (종합출판¹EnG)
〈새로운 트랜드〉 구동사의 가치 (종합출판¹EnG)
〈에브리데이〉 실용구동사 550 (종합출판¹EnG)

올 어바웃 구동사 딕셔너리

| 발 행 일 | 2021년 2월 15일(개정신판 1쇄)
| 저   자 | 신기명
| 발 행 인 | 문정구
| 발 행 처 | 종합출판 E$_n$G
| 출판등록 | 1988. 6.17 제 9-175호
| 주   소 | 04002 서울시 마포구 월드컵북로5길 65(주원빌딩 4층)
| 홈페이지 | www.jonghapbooks.com
| 전자메일 | jonghap@jonghapbooks.com
| 전   화 | 02-365-1246
| | 02-365-1248

* pull과 up의 각각의 뜻으로는 '멈추다'의 뜻을 이해하기 어려움. phrasal verbs임.

 The Ultimate Phrasal Verb Book(1999)에서는 동사와 「particle」의 결합이 phrasal verbs이며 sit down(앉다), come in(들어오다)와 같이 의미가 분명한 것도 있으나 많은 phrasal verbs는 동사나 「particle」만으로 유추하기 어렵고 논리적으로도 설명하기 어렵다 하며 좀 더 폭넓게 의미를 유연하게 설명한다. 게다가 하나의 phrasal verbs가 여러 개의 의미를 가지고 있어 그 정의는 더 어렵다고 한다.

> **예** 'look - 눈으로 보다 / up - 위'가
> look up이 되면
>
> **동사 + 부사**
> ① 올려다보다, 얼굴을 쳐들다
>   I suddenly look up and saw him watching me.
>   (내가 갑자기 올려다보고서야 그가 나를 쭉 지켜보고 있는 것을 알았다.)
> ② (경기·날씨 등이) 좋아지다, 호전되다
>   Things are looking up now we've got that new contract.
>   (지금 우리가 그 새로운 계약을 맺으니까 모든 것이 좋아질 거야.)
>
> **동사 + 전치사**
> ① (장소에 가서) 찾다, (장소·사람을) 방문하다
>   While you're in London, do look up our old teacher, he'll be pleased to see you.
>   (네가 런던에 있는 동안 옛날 선생님을 꼭 방문해, 선생님은 너를 보고 좋아하실 거야.)
> ② (사전에서 낱말을) 찾다
>   You can look up any new word in your dictionary.
>   (너는 사전에서 새로운 어떤 단어라도 찾을 수 있어.)

* look(동사)이 up(부사 또는 전치사)과 결합하여 문맥에 따라 다양한 의미가 됨.

Collins COUBUILD Phrasal Verbs Dictionary(2005)에서는 굳이 particle을 전치사와 부사로 구별하지 않고 모두를 포함하여 편리하게 phrasal verbs로 쓰고 있다. phrasal verbs의 형태는 다음과 같이 설명한다.

2어 ┬ 동사 + 부사: stand by 대기하다
    └ 동사 + 전치사: stand by sth[2] (약속 등을) 지키다
                  stand by sb[3] ~을 지원[원조, 지지]하다

3어 ┬ 동사 + particle + 전치사: look up to sb ~를 존경하다
    └ 동사 + 2개의 particle: look down on sb/sth 경멸하다, ~에 냉담하다
                          look forward to sth/doing ~을 즐거움으로 기대하다

---
[2] **sth** – something (사물)
[3] **sb** – somebody (사람)

English Phrasal Verbs in Use(2006)에서는 particle인 across, after, along, apart, around/round, aside, at, away, back, by, down, in, off, on, out, over, through, up 등이 동사 break, bring, call, came, cut, get, give, go, keep, know, look, make, pass, pick, pull, put, run, set, take, turn 등과 결합되면 구체적 의미(concert meaning)는 이해하기 쉬우나 가끔은 추상적 의미(abstract meaning)도 있어 이해하기 힘들다고 설명하고 있다.

> 예 get on
> - 구체적 의미: 차를 타다
>   She got on the bus. (그녀는 버스를 탔다.)
>
> - 추상적 의미: 사이가 좋다
>   Jim and Mary don't get on. (짐과 메리는 사이가 좋지 않다.)
>
> 예 come round
> - 구체적 의미: ~에 오다
>   Would you like to come round this evening? (오늘 밤 우리 집에 오시겠습니까?)
>
> - 추상적 의미: 기운·기분을 되찾다
>   He was unconscious for three hours but came round in hospital.
>   (그는 3시간 동안이나 의식을 잃었으나 병원에서 깨어났다.)

뿐만 아니라 LONGMAN Phrasal Verbs Dictionary(2005)에서는 phrasal verbs는 sb와 sth의 관계 및 위치에 대해 설명하고 있다.

> 예 call up
>
> - call sb up, call up sb, call up ~에 전화하다
>   Call Bill up and ask if he's going tomorrow.
>   sb
>   (빌에게 전화해서 내일 갈 것인지를 물어 봐.)
>
> - call up sb/sth, call sb/sth up 사람을 군대에 소집하다, 부대를 출동시키다
>   During the war, all young men were called up to fight in the army, the navy,
>   sb
>   or the air force. 〈수동〉
>   (전쟁 중에 모든 젊은이들이 육군, 해군, 공군에 소집되었다.)
>
>   Before attacking, the captain called up reinforcement.
>   sth
>   (공격하기 전에 대위는 증원부대를 출동시켰다.)
>
> - call up sb, call sb up 마이너리그에서 선수를 지명하다
>   Three new players were called up for the match with Italy.〈수동〉
>   sb
>   (이탈리아와의 시합에 3명의 새로운 선수가 기용되었다.)

- call up sth, call sth up 정보 등을 인출하다

  I went to my computer and quickly called up the information I needed.
  (나는 컴퓨터로 가서 필요한 정보를 인출했다.)

- call up sth, call sth up (기억·생각 등을) 떠올리다

  The smell of those flowers calls up my childhood.
  (이 꽃향기가 나의 어린 시절을 떠올려 준다.)

이 외에도 phrasal verbs가 얼마나 우리 가까이에서 사용되고 있는지 예를 들어 보겠다.

- **우리나라 교과서**

  | 중학교 2학년 교과서 |
  Everyone roots for Min-Su.
  (모두가 민수를 응원한다.)

  Yesterday, Inho and I ran into her on our way to the library.
  (어제 인호와 나는 도서관 가는 길에 그녀를 우연히 만났다.)

  | 고등학교 2학년 교과서 |
  We all want to know the answers out of curiosity, but the astronomer's findings will take on even more importance as we get closer and closer to moving around in outer space ourselves.
  (우리 모두는 호기심 때문에 여러 가지 해답을 알고 싶어 하는 것뿐이지만, 천문학자들이 발견한 성과는 우리가 우주 속에서 스스로 여기저기 돌아다니는 일에 점점 더 가까워짐에 따라 훨씬 더 큰 중요성을 지니게 될 것이다.)

  | 고등학교 3학년 교과서 |
  Haven't they come out with the most precious pearls of wisdom which have eternal value?
  (그들이 불멸의 가치를 지니고 있는 가장 소중하고 현명한 충고를 입 밖에 내보낸 일은 없었을까?)

- **EBS 교재**

  What stood out for each of them was that their spirits were much higher than usual — they were happier.
  (그들 각자에게서 눈에 띄는 것은 그들의 기분이 평소보다 훨씬 좋아졌다는 것이다. 즉 그들이 한층 더 행복해졌다.)

- **미국 교과서(Grade3, McGrow Hill)**

  When Rich started to sing, his voice came out a squeak.
  (리치가 노래하기 시작했을 때 선천적으로 타고난 끼익 하는 소리가 났다.)

"Carols, would you like to run over to the office with me for a few minutes?"
("카롤스야, 나와 같이 사무실에 잠시 좀 들르지 않을래?")

- 미국 대통령선거연설문에서 사용된 phrasal verbs

| Joe Baiden |
put away (생각 등을) 버리다, 단념하다
turn around (사업, 경제 등이 불황 뒤에) 호전되기 시작하다

| Donald Trump |
carry out 수행하다, 실행하다
let down 실망하다

| John McCain |
make up 보충하다
shake up 흔들어 섞다, 조직 단체를 재편성하다

| Hillary Clinton |
count for 하나하나 세어 꺼내다, ~을 활용하다
tap into ~에 접근하다, ~을 활용하다

이와 같이 phrasal verbs는 일상대화에서는 물론 한국이나 미국의 공식 교과서에도 흔히 등장하며 심지어 공인영어시험에도 나오고 있는데 점점 그 출현 빈도수가 많아지고 있는 추세이다. 뿐만 아니라 LONGMAN이나 COBUILD에서 전문적인 Phrasal Verbs Dictionary(2002), Collins COBUILD *Phrasal Verbs Dictionary*(2005)에 이르기까지 수많은 책들이 출간된 것은 물론 영영사전 LONGMAN *Dictionary Of American English*(1993), *Collins COBUILD New Student's Dictionary*(2002), *Collins COBUILD English Dictionary for Advanced Learner*(2002) 등에서는 PHR-VERB, PHRASAL VERB와 같은 표기를 특별히 하고 있다.

이러한 phrasal verbs는 어떤 것은 복잡한 사회변화 때문에, 어떤 것은 새로운 현상을 설명하려는 새 단어의 필요성 때문에 해마다 증가하고 있다. 이렇듯 phrasal verbs는 세계적으로 일반화된 지 오래이고 앞으로도 계속 증가하고 있다. 우리도 이에 뒤처지지 않도록 하여 phrasal verbs의 의미(쓰임)를 몰라서 영어가 불편해지는 일이 없도록 해야겠다.

신기명

이 책의 구성

Phrasal verbs는 형태도, 의미도 다양해서 영어를 태어날 때부터 일상대화 중에서 또는 문장 속에서 늘 자연스레 사용하는 사람들에게는 익숙할 수 있다. 그러나 영어를 외국어로 배우는 사람들에게는 개별 동사와는 달라서 생소하고 어려움이 많다. 게다가 사전을 찾아봐도 뜻은 있으나 예문이 부족해서 이해하기 어렵다.

이 책은 독자들에게 Phrasal verbs에 대한 이해를 돕고자 다음과 같이 구성했다.
① 동사의 본래의 뜻을 사전에 있는 대로 기재.
② 유사한 의미로 쓰이는 다른 동사를 유사단어란을 두어 단어 쓰임새를 분명히 하는 데 도움이 되도록 했음.
③ particle인 전치사와 부사가 가지고 있는 여러 가지 뜻을 기재하여 phrasal verbs의 이해를 돕도록 구성.
④ phrasal verbs의 의미는 영영사전에서 설명이 더욱 분명하게 되어 있어서 우리말과 함께 기재.
⑤ 한 개의 phrasal verbs가 여러 개의 뜻을 가지고 있어 sb(=somebody)와 sth(=something)의 위치를 알려 phrasal verbs의 쓰임새와 뜻을 분명히 알 수 있게 구성.
⑥ phrasal verbs가 가지고 있는 뜻과 유사한 단어와 반대어를 추가하였으며 그에 따른 예문 기재.

예) **get away**(phrasal verbs) – 도주하다, 도망하다, 추격자를 피하다
Two officers went after them, but they got away.
(두 명의 경찰들이 그들을 따라갔지만 그들은 도주했다.)

getaway (n) – (특히 범인의) 도망, 도주, 탈주
He scooped the money into the cardboard box and made his getaway on the subway.
(n)
(그는 마분지 상자 안에 돈을 퍼 담고는 지하철을 타고 도주했다.)

getaway (a) – 도주하는, 도주(용)의
McCarthy and Paul had carried out the robbery, and Guthrie had driven the getaway car.
(a)
(매카시와 폴은 강도질을 했고 거스리는 도주용 차를 몰았다.)

⑦ 미국에서만 쓰이면 AmE, 영국에서만 쓰이면 BrE, 비형식용법에 쓰이면 Informal, 형식적용법에 쓰이면 Formal로 표시.
⑧ 수동형 불가, 진행형 불가를 나타냄.
⑨ 영미에서 자주 쓰이는 사용 빈도가 높은 phrasal verbs를, 생활에서 자주 쓰이는 이해하기 쉬우며 실용적이고 재미있는 예문과 함께 기재.

본문 구성

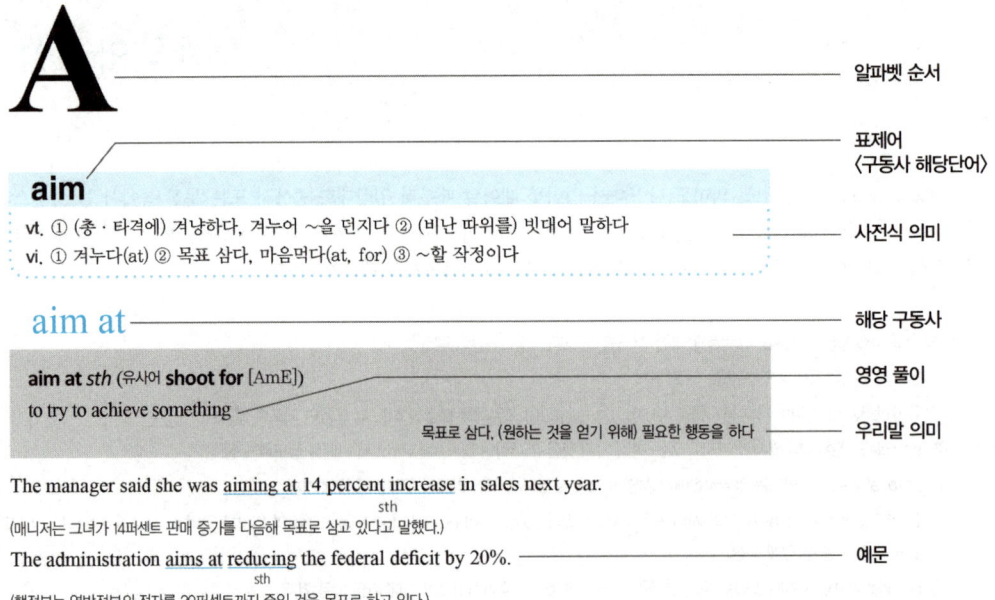

- 알파벳 순서
- 표제어 〈구동사 해당단어〉
- 사전식 의미
- 해당 구동사
- 영영 풀이
- 우리말 의미
- 예문

A

aim
vt. ① (총·타격에) 겨냥하다, 겨누어 ~을 던지다 ② (비난 따위를) 빗대어 말하다
vi. ① 겨누다(at) ② 목표 삼다, 마음먹다(at, for) ③ ~할 작정이다

aim at

aim at *sth* (유사어 **shoot for** [AmE])
to try to achieve something
목표로 삼다. (원하는 것을 얻기 위해) 필요한 행동을 하다

The manager said she was <u>aiming at 14 percent increase</u> in sales next year.
　　　　　　　　　　　　　　　　　　sth
(매니저는 그녀가 14퍼센트 판매 증가를 다음해 목표로 삼고 있다고 말했다.)

The administration <u>aims at</u> <u>reducing</u> the federal deficit by 20%.
　　　　　　　　　　　　　sth
(행정부는 연방정부의 적자를 20퍼센트까지 줄일 것을 목표로 하고 있다.)

Dictionary of English Phrasal Verbs

올 어바웃
구동사 딕셔너리

• 알파벳순 •

Dictionary of English Phrasal Verbs

신기명

서울대학교 사범대학 졸업
건국대학교 대학원 (교육학 석·박사)
한성대학교 겸임교수

저서

학습무기력 (배영사)
학습장애와 교육 (배영사)
교육심리학 (예지각)
심리학개론 (양서원)
학습장애 치료교육 (학지사)
기본동사만 꿰차도 영어는 된다 (종합출판 EnG)
〈이해와 터득〉 다른 영문법 (종합출판 EnG)
〈새로운 트랜드〉 구동사의 가치 (종합출판 EnG)
〈에브리데이〉 실용구동사 550 (종합출판 EnG)

올 어바웃 구동사 딕셔너리

발 행 일	2021년 2월 15일(개정신판 1쇄)
저 자	신기명
발 행 인	문정구
발 행 처	종합출판 EnG
출판등록	1988. 6. 17 제 9-175호
주 소	04002 서울시 마포구 월드컵북로5길 65(주원빌딩 4층)
홈페이지	www.jonghapbooks.com
전자메일	jonghap@jonghapbooks.com
대표전화	02-365-1246
팩 스	02-365-1248

ISBN 978-89-8099-735-0 (13740)

※ 낙장 및 파본은 바꾸어 드립니다.

Contents

A	13
B	18
C	83
D	164
E	185
F	190
G	220
H	312
I	347
J	349
K	352
L	374
M	425
N	450
O	452
P	459
R	532
S	561
T	654
U	726
V	727
W	728
Z	761
참고문헌	763

일러두기

본 교재는 학습의 편의성을 위해 다음과 같은 약어 및 용어를 사용하였다.

((고)) – 고어
((구)) – 구어
((미구)) – 미국구어
((영구)) – 영국구어
((미속)) – 미국속어
((영속)) – 영국속어
((방)) – 방언
((비)) – 비어
((속)) – 속어

[AmE] – American English(미국식 표현)
[BrE] – British English(영국식 표현)
[Formal/Informal] – 격식을 차리지 않은 표현 구분
[Spoken] – 구어 표현
[Literacy] – 문학적 표현
[Technical] – 기술적 표현

aim

vt. ① (총·타격에) 겨냥하다, 겨누어 ~을 던지다 ② (비난 따위를) 빗대어 말하다
vi. ① 겨누다(at) ② 목표 삼다, 마음먹다(at, for) ③ ~할 작정이다

aim at

aim at *sth* (유사어 **shoot for** [AmE])
to try to achieve something

목표로 삼다, (원하는 것을 얻기 위해) 필요한 행동을 하다

The manager said she was <u>aiming at</u> <u>14 percent increase</u> in sales next year.
　　　　　　　　　　　　　　　　　　　　　sth
(매니저는 그녀가 14퍼센트 판매 증가를 다음해 목표로 삼고 있다고 말했다.)

The administration <u>aims at</u> <u>reducing</u> the federal deficit by 20%.
　　　　　　　　　　　　　　　sth
(행정부는 연방정부의 적자를 20퍼센트까지 줄일 것을 목표로 하고 있다.)

➡ <u>aim at doing *sth*</u> 으로도 쓰임
They're currently <u>aiming at</u> <u>having</u> <u>a computer</u> in every classroom by the end of next year.
　　　　　　　　　　　　　　　doing　　sth
(그들은 현재 모든 교실에 내년 말까지 컴퓨터를 설치할 것을 목표로 삼고 있다.)

➡ <u>be aimed at doing *sth*</u> 으로도 쓰임
The new law <u>is aimed at</u> <u>reducing</u> <u>crime</u> in the street.　(새 법률은 거리에서의 범죄 감소를 목표로 한다.)
　　　　　　　　　　　　doing　　sth

aim *sth* **at** *sth/sb*

when you point a weapon at things or people, you aim it at them

(사람이나 사물을 무기로) 겨누다, 저격하다

The robber <u>aimed</u> <u>the gun</u> right <u>at</u> <u>my head</u>.　(그 강도는 바로 내 머리에다 총을 겨누었다.)
　　　　　　　　sth　　　　　　sth
The riot squad <u>aimed</u> <u>the hose</u> <u>at</u> <u>the demonstrators</u>.　(폭동진압 경찰대는 호스로 시위대를 겨누었다.)
　　　　　　　　　sth　　　　　　sb

aim *sth* **at** *sth/sb* (유사어 **direct at**)

to do or say something to a particular group or person, in order to influence them, annoy them, etc.

마음먹다, (~에게 ~을 하려고) 계획하다, 뜻을 두다

Cigarette manufacturers were accused of <u>aiming</u> <u>their advertising</u> <u>at</u> <u>young people</u>.
　　　　　　　　　　　　　　　　　　　　　　　　sth　　　　　　　　sb
(담배 제조업자들은 젊은이들을 상대로 광고하려는 의도 때문에 고소당했다.)

A

I <u>aimed</u> <u>my remarks</u> at <u>Susan</u>, but she didn't seem to notice.
          sth   sb
(나는 수진을 염두에 두고 그 말을 했지만, 그녀는 눈치채지 못하는 것 같았다.)

allow

vt. ① 허락하다, 허가하다 ② ~에게 허락하다 ③ (깜빡하여) ~하는 대로 두다 ④ 주다, 지급하다
⑤ 인정하다, 승인하다 ⑥ (계산에서) 공제하다 ⑦ 고려에 넣다
vi. ① 여지를 남기다, 허락하다(of) ② 고려하다(for)

allow for

allow for *sth*

to make it possible for something to happen

염두에 두다, 고려하다

You have to <u>allow for</u> <u>the boy's age</u>. (그 소년의 나이를 염두에 두어야 한다.)
                        sth

<u>Allowing for</u> <u>the bad weather</u>, we should set off soon. (악천후를 고려해, 우리는 곧 출발해야 한다.)
               sth

allow *sth* **for** *sth*

to make sure that someone has enough time, money, or resources in order to deal with something if it occurs

(시간·돈·자료 등에) 여유를 두다

The court <u>allowed</u> <u>a sum of money</u> <u>for</u> <u>clothing</u>. (중역회의는 의복비로 일정액의 여유를 두었다.)
                 sth   sth

We must <u>allow</u> <u>an hour</u> <u>for</u> <u>the meeting</u>. (우리는 그 회의를 위해 한 시간의 여유를 남겨 두어야 한다.)
            sth   sth

answer

vt. ① (사람·질문에) 답하다 ② ⓐ (노크·벨·전화 등에) 응하여 나오다 ⓑ (요구 등에) 응하다
③ (손실 따위를) 보상하다 ④ ~에 부합하다[일치하다] ⑤ (비난·공격 등에) 응수하다
vi. ① (대)답하다, 회답하다(to) ② 응하다 ③ 책임지다, 보증하다, 보상하다(for) ④ 일치[부합]하다, 맞다 ⑤ 소용되다, 쓸모 있다, 적합하다(for) ⑥ 잘 되어 가다, 성공하다, 효과가 있다

answer back

answer back, answer *sb* **back** (유사어 **talk back** [BrE]) [BrE]

to reply to someone in a rude way

말대꾸하다, 말대답하다, 변명하다

The reason you like dogs is that they can't <u>answer back</u>.
(네가 강아지들을 좋아하는 이유는 강아지들이 말대꾸를 할 수 없기 때문이지.)

Just do as your mother tells you, and don't <u>answer</u> her <u>back</u>. (엄마가 말한 대로 해, 말대꾸하지 말고.)
　　　　　　　　　　　　　　　　　　　　　sb

ask

vt. ① 묻다, 물어보다, ~냐고 묻다 ② (길·시간 따위를) 묻다, 물어보다 ③ ~에게 질문을 하다, 묻다 ④ 대가[보상으]로 청구하다, 요구하다(for) ⑤ ~에게 바라다, ~에게 부탁[요청]하다(for) ⑥ 초대하다(to, for), 불러들이다(in)

vi. ① 묻다, 질문하다(about) ② 요구하다, 요청하다(for), (면담을) 청하다

ask after

ask after *sb/sth* (유사어 **inquire after** [formal])
to ask for information about someone, especially about their health

안부를 묻다, ~의 소식 따위를 묻다

She <u>asked after</u> <u>my father</u>. (그녀는 우리 아버지의 안부를 물었다.)
　　　　　　　　　sb

Helen was <u>asking after</u> <u>you</u> — she was pleased when I told her how well your business was doing.
　　　　　　　　　　　sb
(헬렌이 너의 안부를 물었어 — 내가 네 사업이 잘되고 있다고 말했을 때 그녀는 기뻐했어.)

Lady Agnes <u>asked after</u> <u>Kathleen's health</u>. (아그네스 부인이 캐슬린의 건강 소식을 물었다.)
　　　　　　　　　　　　sth

ask for

ask for *sth*
to say that you would like to have something

(사물을) ~을 청구하다, ~을 달라고 부탁하다

The miners are <u>asking for</u> <u>another increase</u> in pay. (광부들은 또 급료 인상을 요구하고 있다.)
　　　　　　　　　　　　sth

She called the waiter and <u>asked for</u> <u>the bill</u>. (그녀는 웨이터를 불러 계산서를 가져다 달라고 부탁했다.)
　　　　　　　　　　　　　　sth

ask for *sb*
to say that you would like to speak to someone

~은 없느냐고 묻다, ~에게 면회를 청하다, ~싶다고 말하다

There's a woman at the door, <u>asking for</u> <u>Mr. Sharp</u>. (샤프 씨에게 면회를 청하는 여자가 문 앞에 있다.)
　　　　　　　　　　　　　　　　　　sb

He called the police station and <u>asked for</u> <u>Inspector Tennison</u>.
　　　　　　　　　　　　　　　　　　sb
(그는 경찰서에 전화를 걸어 테니슨 검사관에게 면회를 요청했다.)

A

> **[I/you] couldn't ask for a better...** [Spoken]
> used to say that someone or something is the best of their kind
> (이상의 것을) 바라지 않다

What a lovely day! <u>You couldn't ask for better</u> weather than this.
(참 멋진 날씨야! 이 이상 좋은 날씨는 바라지도 않아.)

Why don't you marry Sally? <u>You could hardly ask for a more</u> wonderful wife.
(왜 샐리와 결혼하지 않니? 그녀 이상의 멋진 여자는 바라지도 마.)

> **sb is asking for trouble**
> used to say that someone is doing something that is clearly dangerous or likely to cause something bad to happen to them
> (골칫거리, 말썽거리를) 초래하다, 일으키다; (서툰 말썽거리로 사람이) ~하게 행동하다(진행시제나 완료시제)

If you climb mountains in fog, <u>you're asking for trouble</u>.
(만일 네가 안개 속에서 산을 오른다면 난감한 상황에 처할걸.)

<u>Anyone</u> who goes into Chapeltown after dark <u>is asking for trouble</u>.
(어두워진 후 채플타운으로 가는 사람은 누구나 문제를 일으킬걸.)

ask out

> **ask sb out** (유사어 **invite out**)
> to invite someone to come with you to a place such as the cinema or a restaurant especially as a way of starting a romantic relationship
> (연극·영화·식사에) (사람을) 초대하다 (특히 낭만적인 관계)

At first he was too shy to <u>ask her out</u>. (처음에 그는 너무 수줍어서 그녀를 식사에 초대하지 못했다.)
　　　　　　　　　　　　　　　sb

He and I get along really well, but he hasn't <u>asked me out</u> yet.
　　　　　　　　　　　　　　　　　　　　　　　　sb
(그와 나는 정말 잘 지내고 있지만, 그는 아직 나를 초대하지 않는다.)

➡ <u>ask sb out for</u> 로도 쓰임
Brad wouldn't have <u>asked her out for</u> a meal if he didn't like her.
　　　　　　　　　　　　sb
(브래드가 그녀를 좋아하지 않았다면, 그녀를 식사에 초대하지 않았을 것이다.)

ask over[round]

> **ask sb [over/round]** (유사어 **invite [over/round]**)
> to invite someone to come to your house
> (집으로) 초대하다, (집으로 초대하여) 식사를 하다

You must <u>ask him over</u> for dinner sometime. (너는 언젠가는 그를 집으로 초대해 저녁식사 대접을 하여야 한다.)
　　　　　　sb

I'd like to <u>ask my new colleague Rosie over</u> this weekend.
　　　　　　　　sb
(이번 주말에 새로운 직장 동료 로지를 집에 초대하고 싶다.)

I'll ask you round for coffee when I'm not so busy.
       sb
(제가 별로 바쁘지 않을 때 우리 집으로 커피 한 잔 마시러 오셨으면 합니다.)

ask round

ask [around/round] (유사어 **ask [around/over]**)
to ask several people about something in order to find the information or help that you need
(많은 사람에게) 묻고 다니다, 소문이 돌다

I'll ask around and see if there's a room available. (입주할 방이 있는지 알아보러 다녀야겠다.)

If you're looking for a good doctor, you'd better ask round.
(훌륭한 의사를 찾는다면, 소문을 들어보심이 좋을 것입니다.)

B

back

vt. ① 뒤로 물러나게 하다, 후퇴시키다(up, into) ② ~의 뒤에 위치하다, ~의 배경이 되다 ③ ~에 뒤를 대다, 보강하다(with) ④ 후원하다, 지지하다(up) ⑤ (주장을) 뒷받침하다(up)
vi. ① 후퇴하다, 뒷걸음치다, 뒤로 물러서다 ② 등을 보이다, 등을 맞대게 되다

back down

back down (유사어 **give in**)
to admit that you are wrong or that you have been defeated, often because you are forced
뒤로 물러서다, 취소하다, 약속 따위를 철회하다; (주장·토론·잘못을) 인정하다, 양보하다

In the end Krushchev <u>backed down</u> and agreed to remove the missiles from Cuba.
(마지막에 크루셰프는 주장을 철회하고 쿠바에서 미사일을 철수시킬 것에 동의했다.)

She knows I'm right, but she refuses to <u>back down</u>.
(그녀는 내가 옳다는 것을 알지만, 잘못을 인정하려 하지 않는다.)

➡ back down [on/over] 로도 쓰임
The government may have to <u>back down on</u> some of its transport policies if it wants to win the next election. (이 정부가 다음 선거에서 승리하고 싶으면 교통정책 중 몇 가지를 철회해야만 할 것이다.)

back off

back off (유사어 **back away**)
to move backwards so that you are further away from someone or something
(두렵거나, 싫어서) 뒤로 물러서다, 후퇴하다

I'm warning you! You'd better <u>back off</u>. (너한테 경고해! 물러서는 것이 좋을걸.)
<u>Back off</u> a little, you're too close. (좀 뒤로 물러서. 너무 가까이 있어.)

back off (유사어 **back away**)
to gradually become unwilling to do something that you promised or planned to do, especially because you do not support the idea or plan any more
(약속·제안 등을) 철회하다, 취소하다

Seeing that his policy was unpopular, the President began to <u>back off</u>.
(그의 정책이 인기가 없는 것을 보고, 대통령은 그 정책을 철회하기 시작했다.)

The boss seemed to be <u>backing off</u> from his promise to me.
(사장님은 나에게 한 약속을 철회하는 것으로 보였다.)

➡ back off from 으로도 쓰임
The President is backing off from his plans to accelerate democratic changes.
(대통령은 민주적인 변화를 가속하기 위해 그의 계획을 철회하였다.)

back off (유사어 lay off)

to stop trying to influence, or force someone to do or think something

그만두다, 중지하다

Back off! I'm not afraid of your threats. (손 떼! 너의 협박이 무섭지 않아.)
When the bully saw the teacher coming, he backed off.
(말썽꾸러기가 선생님 오시는 것을 보고 괴롭히는 것을 그만두었다.)

back off! [AmE, Spoken]

used to tell someone to go away and stop annoying or criticizing you or another person.

관여하지 않고 두다, 말하지 않고 두다

Back off, Bill! I don't need your advice. (말하지 마, 빌 나는 너의 충고가 필요하지 않아.)
Hey, back off! buddy! Can't you see it's none of your business?
(야 친구야 참견하지 마. 이건 네가 참견할 일이 아닌 걸 몰라?)

back [onto/on to]

back onto *sth*, back on to *sth*

if a building backs onto something such as a river or field, its back faces it

(건물) 뒤에 (강·들판·길이) 있다, 건물이 (강·들·길을) 뒤에 두고 있다

Our house backs on[to] a public park. (우리 집은 공원을 뒤에 두고 있다.)
　　　　　　　　　　　　sth
The house backs onto a field and a nature reserve beyond. (이 집은 뒤에 들판과 자연 보호지구가 있다.)
　　　　　　　　sth　　　　　*sth*

back onto *sth*, back *sth* onto *sth*

used to say a car is entering a place by moving backward

(차·운전수가) 후진해서 ~로 들어가다

I'm turning around, I accidentally backed onto my wife's flower bed.
　　　　　　　　　　　　　　　　　　　　sth
(나는 차를 이리저리 돌리다가 실수로 아내가 만든 꽃밭으로 후진해 들어갔다.)
The driver backed his truck onto the wharf. (운전수는 트럭을 후진해서 선창가로 갔다.)
　　　　　　sth　　　*sth*

back out

back *sth* out

to move a car backwards out of a confined space, such as a garage, or a parking lot

뒤로 이동시키다, (차고·주차장에서) 후진하다

19

B

He opened the garage door and backed (his car) out. (그는 차고 문을 열고 후진해서 나갔다.)
　　　　　　　　　　　　　　　　　　　sth

In her first driving lesson, Jane backed the car safely out of the garage.
　　　　　　　　　　　　　　　　　　sth
(처음 운전교습을 받을 때 제인은 차고에서부터 안전하게 차를 후진시켰다.)

> **back out**
>
> to decide not to do something you had promised to do
>
> (에서) 손을 떼다, (약속을) 취소하다, 철회하다

You promised! You can't back out now! (너 약속했잖아. 지금 와서 취소할 수 없어!)
It's too late to back out of the contract. You've already signed it.
(계약을 취소하기에는 너무 늦었어. 너는 이미 계약서에 서명했어.)

back up

> **back up** *sth*, **back** *sth* **up** (유사어 **support**)
>
> to say that someone is telling the truth
>
> (주장 등을) 하다, (증거를) 대다, (~사실임을) 증명하다

The facts in the report are backed up by experimental data. <수동>
(보고서에 있는 여러 가지 사실들은 실험 자료에 의해 증명되고 있다.)

It was fortunate that the videotape backed up the manager's story.
　　　　　　　　　　　　　　　　　　　　　　　　　　　　　sth
(그 비디오테이프가 지배인의 이야기가 사실임을 보여 준 것은 다행이었다.)

> **back** *sb* **up**, **back up** *sb*
>
> to support someone by saying that they are telling the truth
>
> (~의 말을 옳다고) 지지하다

He swears he's telling the truth and has witnesses who will back him up.
　　　　　　　　　　　　　　　　　　　　　　　　　　　　　　　　sb
(그는 사실대로 말하고 있음을 맹세하며 그 말이 사실임을 입증해 줄 증인들도 있다.)

I'm telling the truth. Ask Bill. He'll back me up.
　　　　　　　　　　　　　　　　　　　　　sb
(나는 사실을 말하고 있어. 빌한테 물어 봐. 그가 내 말을 입증해 줄 거야.)

> **back up** *sb/sth*, **back** *sb/sth* **up**
>
> to provide help or support for someone or something
>
> (~을) 지원하다, 원호하다, 보조하다

Officials discussed the possibility of using military forces to back up the police.
　　　　　　　　　　　　　　　　　　　　　　　　　　　　　　　　　　　　sb
(행정당국자들은 경찰력을 지원할 군사력 이용에 관한 가능성을 토의했다.)

Senator Smith always backs up the President. (스미스 상원의원은 항상 대통령을 지지한다.)
　　　　　　　　　　　　　sb

➡ **back-up(backup)** (n)

(help or support for someone or something) 뒷받침, 후원, 지원
Several police cars provided <u>back-up</u> for the officers. (경찰차 몇 대가 경찰관들을 위해 지원을 준비했다.)
                                           n

back up, **back up** *sth*, **back** *sth* **up** (유사어 **reverse** [BrE])

if you back up or back a vehicle up, you drive backwards

                                           뒤로 물러서다, (차를 뒤로) 후진시키다

<u>Back up</u>. You're standing too close to the camera. (뒤로 물러서. 카메라에 너무 가까이 서 있어.)
I put the car in reverse and <u>backed it up</u>. (나는 후진 기어를 넣고 뒤로 후진했다.)
                                    sth

back up *sth*, **back** *sth* **up**

to make a copy of the information on a computer
                          (컴퓨터로 정보를) 복사하다, (다른 테이프나 디스크에 만일에 대비해서) 저장하다

You should <u>back up your data</u> at least once a week. (너는 적어도 일주일에 한 번 데이터를 백업해 둬야 한다.)
                   sth

<u>Back the film up</u> a bit. I want to see that scene again. (그 영화 뒤로 돌려봐. 나 그 장면 다시 보고 싶어.)
    sth

➡ **back-up** (n)

(a copy of information on a computer) (컴퓨터에) 정보저장
Remember to keep <u>back-ups</u> of all your important files.
                          n
(너의 모든 중요한 파일 전부를 계속 백업하는 것을 잊지 마.)

back up *(sth)*, **back** *sth* **up**

used to say that a vehicle moves backward
                              (계단 · 언덕길을) 뒤로 오르다 ; (차 · 운전수 등이) 후진하다

I <u>backed up the stairs</u>, carrying one end of the table. (나는 탁자 한쪽 끝을 잡아 끌면서 뒤로 계단을 올랐다.)
                 sth

I <u>backed the car up</u> the hill. (나는 차를 후진해서 언덕을 올랐다.)
          sth

back up *sth*

if traffic, work, etc. backs up, it stops moving, flowing, or being quickly
                                      (교통 따위) 정체 상태를 초래하다, (하수구가) 막히다

An accident <u>backed up traffic</u> for three miles. (사고 때문에 3마일이나 교통이 정체되었다.)
               sth

Deliveries <u>are backed up</u> because of the drivers' strike. <수동> (운전수들의 파업 때문에 배달이 늦어졌다.)
Debris has <u>backed up the drainpipe</u>. (쓰레기 때문에 하수구가 막혔다.)
                   sth

bang

vt. ① ~을 세게 치다(두드리다), 세게 부딪치다, ~을 꽝 닫다, 거칠게 다루다 ② ~을 쳐서 소리를 내다(out) ③ 주입하다(into)

vi. ① (문 따위가) 탕하고 닫히다, 큰소리를 내다 ② (꽝·쿵 소리가) 나다(away, about) ③ ~와 우연히 만나다

bang into

bang into *sb/sth* (유사어 **bump into**)
to knock against something or someone, usually by accident

(사고로) (사물·사람에) 부딪히다

Trying to cross the room in the dark, he <u>banged into</u> <u>a small table</u> and knocked it over.
                                                            sth
(어둠속에서 방을 가로질러 가려고 하다가 그는 작은 탁자에 부딪혀 쿵 소리를 내면서 탁자를 넘어뜨렸다.)

The little boy kept running round and round the shop <u>banging into</u> <u>people</u>.
                                                                        sb
(그 작은 소년은 가게 주위를 계속해서 빙글빙글 돌고 뛰어다니면서 사람들과 부딪히고 있었다.)

bank

1. vt. ① ~에 둑을 쌓다, 둑으로 에워싸다(up, with) ② (흐름을) 막다(up) ③ 불이 꺼지지 않도록 땔감을 쌓아올리다(up) ④ 둑 모양으로 쌓다(up) ⑤ (도로·선로의 커브를) 경사지게 하다 ⑥ 당구공을 쿠션에 맞히다

vi. ① (구름·눈이) 쌓이다 ② 옆으로 기운다, 차가 기울다

2. vi. ① 은행과 거래를 하다(with, at) ② 은행을 경영하다, (노름판의) 물주가 되다 ③ 믿다, 의지하다, 기대하다

bank on

bank on *sth* (유사어 **count on, rely on**)
to depend on something happening

기대하다

He is clearly <u>banking on</u> <u>these advantages</u> to outweigh the drawbacks.
                                 sth
(그는 단점보다 가치가 있는 장점에 분명히 기대하고 있다.)

Don't <u>bank on</u> <u>the weather</u> being fine for your garden party.
                    sth
(당신이 가든파티를 하는 동안 날씨가 좋을 것이라고 기대하지 마세요.)

➡ **bank on doing** 으로도 쓰임
I'm <u>banking on</u> <u>George's arriving</u> before ten o'clock.   (나는 10시 전에 조지가 도착할 것을 기대하고 있다.)
                         doing

bargain

vt. ① (~이란) 조건을 붙이다, (~하도록) 교섭하다 ② 기대하다, 보증하다 ③ [일반적] 바꾸다(for)
vi. ① (매매의) 약속을 하다 ② 흥정을 하다, 매매 교섭을 하다

bargain for[on]

bargain [for/on] *sth* (유사어 **reckon with**)
to expect something to happen and be prepared for it
(~을) 예상하다, 기대하다, ~에 의지하다, 계산에 넣다

"Have you heard? Our final exam may be moved up a week" - Yikes! That's something I hadn't bargained for. ("들었어? 기말시험이 일주일 앞당겨질지도 모른대." – 어이쿠! 그건 예상치 못한 일인데.)
The owner of the apartment came home early. The burglar hadn't bargained on that.
(아파트 주인이 일찍 집으로 돌아왔다. 강도는 그런 일이 일어날 것이라곤 예상하지 못했다.)

➡ **get more than you had bargained for[on]** 로도 쓰임.
(예상치 못한 일로 너무 놀랐거나 골칫거리의 원인이 될 때 사용.) 예상 이상으로, 생각한 것 이상으로 (큰일이다.)
The thief got more than he'd bargained for when Mr. Cox turned a gun on him.
(콕스 씨가 총부리를 그에게 겨냥했을 때 도둑은 예상치 못한 일로 놀랐다.)
I'm warning you. Stay away from my girl, or I'll give you more than you bargained for.
(너에게 경고하고 있는 중이야. 내 여자 친구에게서 떨어져. 그렇지 않으면 당신이 생각했던 것 이상으로 큰일이 날걸.)

bash

vt. ((구)) 후려갈기다, 쳐부수다 ; [야구] 볼을 치다, 강타하다
vi. 충돌하다

bash about

bash *sth/sb* **about** (유사어 **knock [about/around]**, **bash up** [AmE, Informal]) [BrE, Informal]
to treat something or someone in a rough way
(물건을) 난폭하게 다루다, 고통을 주다; (~에게) 폭력을 행사하다

I don't mind you borrowing the car as long as you don't bash it about.
(네가 차를 험하게 다루지만 않는다면 빌려도 좋아.)
The computer got bashed about when we moved, but it still functions.<수동>
(우리가 이사할 때 컴퓨터를 함부로 다루었는데 아직 작동한다.)

bawl

vt. ① 고함치다, 외치다, 소리쳐(서) 팔다; ((구)) 호통치다 ② 고함쳐서 (~의 상태가) 되다
vi. 소리치다

bawl out

> **bawl out** *sth*, **bawl** *sth* **out** [Informal]
> to shout or sing something in a very loud unpleasant voice
> 화난 소리를 지르다, (~을) 노여운 목소리로 말하다, 소란스럽게 외치다, 큰소리로 ~을 하다

The sergeant came striding into the hut and <u>bawled out</u> <u>an order</u>.
                                                             sth
(상사가 임시막사로 성큼성큼 걸어 들어와 화난 목소리로 명령을 내렸다.)

I heard someone <u>bawl</u> <u>my name</u> <u>out</u> from across the street.
                                sth
(누군가 길 건너편에서 내 이름을 크게 부르는 것을 들었다.)

> **bawl** *sb* **out (for** [*sth*/doing]**), bawl out** *sb* (유사어 **tell off, chew out** [AmE, Informal])
> to tell someone angrily that something they have done is wrong
> (~ 때문에 사람을) (큰소리로) 비난하다, 노한 소리로 말하다

My mother really <u>bawled</u> <u>me</u> <u>out</u> for coming home late.
                              sb
(내가 집에 늦게 왔다고 엄마는 심하게 노해서 야단쳤다.)

The captain <u>bawled out</u> <u>his men</u> for lack of respect. (대위는 존경심이 없다고 부하들을 비난했다.)
                                     sb

beat

> **vt.** ① (계속해서) 치다, 두드리다, (벌로) 때리다, 매질하다, 탈곡하다 ② 부딪히다 ③ (새가) 날개 치다 ④ (북 따위를) 쳐서 울리다[신호하다] ⑤ (달걀 등을) 휘저어 섞다, 거품 일게 하다(up) ⑥ 때려 부수다(against), (금속 따위를) 두드려서 펴다, 두드려 만들다 ⑦ (길을) 밟아 고르다, 굳히다(into), 진로를 열다 ⑧ (음악 따위에 맞춰 손등을) 두드리다(to), 장단을 맞추다 (시간을) 째깍째깍 가게 하다(away) ⑨ ~에 이기다(at, in), ~보다 낫다 ⑩ ((구)) 당혹시키다, 손들게 하다, ~을 난처하게 하다 ⑪ ((구)) 속이다, 사취하다(out of)
>
> **vi.** ① 계속해서 치다(at, on) ② (심장·맥박이) 뛰다 ③ (비·바람·물결이) 치다, 해가 내리쬐다(against, on) ④ (북 따위가) 둥둥 울리다 ⑤ ((구)) 이기다 ⑥ (날개를) 퍼덕이다

유사단어

beat: 계속하여 세게 치다
    A strong wind <u>beat</u> the window. (강풍이 창문을 계속해서 세게 쳤다.)
strike: ~에게 타격을 가하다, ~에 부딪히다(치는 행위만을 생각함)
    The light <u>struck</u> the window. (빛이 창문을 비쳤다.)
hit: 노린 것을 치다, 맞히다
    One woman died after a soldier <u>hit</u> her with a club. (한 여자가 어떤 군인이 곤봉으로 그녀를 때린 후 죽었다.)
knock: 퍽 치다, 친 상대에게 준 효과(소리가 난다든가, 넘어지는 따위)를 생각함
    Don't <u>knock</u> the vase off the table. (테이블의 꽃병을 팔꿈치 따위로 쓰러뜨리지 않도록 해라.)

beat down

beat down *sb/sth*, **beat** *sb/sth* **down** [BrE]
to force someone to reduce the price of something

(값을 ~까지) 깎아 내리다, 가치를 절하하다

Competition should beat the price down. (경쟁은 가격을 내리 깎아야 한다.)
　　　　　　　　　　　　　　　sth

He wants £7,000 for his car, but I'm sure I can beat him down a bit.
　　　　　　　　　　　　　　　　　　　　　　　　　　　　sb
(그는 차의 가격으로 7,000파운드를 원하지만, 나는 확실히 조금은 깎아 줄 수 있어.)

the sun beats down
if the sun beats down, it shines very strongly and the weather is hot

(해가) (~에) 내리 쬐다

The hot sun beat down on the small lifeboat day after day.
(작은 구명보트에 뜨거운 햇빛이 매일매일 내리쬐었다.)

The sun was beating down on our backs and our throats were dry.
(해는 우리 등에 내리쬐고 있었고 우리는 목이 말랐다.)

the rain beats down (유사어 **pour down**)
if the rain beats down, it rains very hard

(비가) 심하게 (~에) 내리다

At that moment the sky darkened and the rain began to beat down.
(그 순간 하늘은 어두워지고 비가 쏟아지기 시작했다.)

The rain beat down on the hikers all morning. (비가 아침 내내 등산객들에게 퍼부었다.)

beat down *sth*, **beat** *sth* **down**.
to hit something many times

계속 두드리다, 격파하다, 때려 상처를 입히다

The rebels beat down the government defenses and poured into the fort.
　　　　　　　　　　　　　　sth
(폭도들은 정부 방어벽을 부수고 요새 안으로 몰려들었다.)

The police beat the door down. (경찰은 문을 부쉈다.)
　　　　　　　　sth

beat *sth* **down** (유사어 **wear down, get down**) [AmE]
if a situation or a person beats you down, they make you lose enthusiasm or energy

(의욕·동기·사기 등)을 꺾다, 시들게 하다

His smooth talk beat down her resistance. (그의 달변이 그녀의 저항을 꺾었다.)
　　　　　　　　　　　　　sth

Repeated failure beat his spirits down. (되풀이되는 실패가 그의 정신을 의기소침하게 만들었다.)
　　　　　　　　　　　　sth

beat up

beat up *sb*, **beat** *sb* **up** (유사어 **bash up** [BrE, Informal], **do over** [BrE, Spoken, Informal])
to hurt someone badly by hitting them
심하게 두드려 패다, 마구 때리다, 괴롭히다

Two men dragged him from his car and <u>beat him up</u> so badly he was in hospital for a month.
                                                  sb
(두 남자가 그를 차에서 끌어내려 심하게 때려서 그는 한 달 동안 병원에 입원했었다.)
Sam is tough. He <u>beat up three attackers</u> at once. (샘은 터프한 사람이다. 한 번에 3명의 공격자들을 마구 때렸다.)
               sb

become

vt. ① ~에 어울리다, ~에 맞다 ② [종종 부정문으로] ~답다
vi. ① ~이(으로) 되다 ② 오다, 생기다

유사단어

become: 이미 어떤 상태에서 다른 상태가 된 것에 대하여 씀
    The weather is becoming warmer. (날씨가 점점 따뜻해진다.)
be: 미래의 일에 대해 씀
    I want to be a merchant. (상인이 되고 싶다.)
get: '점차 ~로 되다'라는 과정을 생각함
    If I wear wool, my skin gets all red. (털옷을 입으면 피부가 온통 빨개진다.)
grow: 과정에 중점을 두나 get보다 문어적임
    The crowd grew louder and more enthusiastic when the band came on the stage.
    (밴드가 무대에 등장하자 군중들은 점점 더 함성을 지르고 더 열광적이 되었다.)
make: '발달하여 ~이 되다'의 뜻으로 소질을 지닌 사람·물건이 될 때에 쓰임
    He will make a great scholar. (그는 위대한 학자가 될 것이다.)

become of

what[whatever] become of *sb/sth* (유사어 **what happened to**)
used in order to ask what happened to a person or thing now
[what(ever)를 주어로 의문문 꼴로] ~이 어떻게 되다, (좋지 않은 일이) 사람[사물]에게 생기다

Whatever became of <u>Phil Goddard</u>? I haven't heard from him for years.
                          sb
(필에게 무슨 일이 있어? 수년 동안 그의 소식을 듣지 못했어.)
What became of <u>that book</u> I was reading? - Have you seen it? (내가 읽고 있었던 책 어디 있지? 너 보았니?)
                sth

what is to become of *sb/sth*?, **what will become of** *sb/sth*?
if you ask what will become of someone or something, you want to know what will happen to you or them in the future
(앞으로) 어떻게 될까, 무슨 일이 생길까

I don't know what will become of the boy if he keeps failing his examinations.
                                                    sb

(그 아이가 계속 시험에서 떨어지면 앞으로 어떻게 될지 모르겠어.)

Obviously these countries want to know what will become of the nuclear weapons on their soil.
                                                                                       sth

(분명히 이 나라들은 자국의 국토에 있는 핵무기가 어떻게 될지를 알고 싶어 한다.)

What has become of Charlie Jones? I haven't seen him for ages.
                         sb

(찰리 존스는 어떻게 되었을까? 수년 동안 그를 못 보았어.)

beef

vt. (소를) 살찌우다, (소를) 도살하다
vi. ① ((속)) 불평하다(about), 흠을 잡다 ② ((미속)) 실패하다 ③ ((구)) 강화[보강]하다, ~에 큰돈을 들이다, (군인이) 학살하다

beef up

beef up *sth*, **beef** *sth* **up** [Informal]
to improve something by making it stronger, more powerful, more effective, etc.
                                                                                (사건을) 보강하다, ~의 질을 높이다

We need new young soldiers to beef up the army.   (군대를 보강하기 위해 젊은 신병이 필요하다.)
                                                           sth

The professor beefed up his lecture with more examples.
                                           sth

(교수님은 더 많은 사례를 들어 강의의 내용을 충실하게 하셨다.)

Babara bought some sexy dresses in order to beef up her wardrobe.
                                                                               sth

(바바라는 그녀의 의상이 매력 있게 보일 수 있도록 섹시한 옷을 몇 벌 샀다.)

believe

vt. ① 믿다, (말·이야기 등을) 신용하다, ~의 말을 믿다 ② ~라고 생각하다, 여기다
vi. ① 존재를 믿다(in) ② 인격[능력]을 믿다 ③ 좋은 점을[효과를] 믿다, 가치를 인정하다 ④ 신용하다, 믿다(in) ⑤ 생각하다

believe in

believe in *sth*
to think that a god exists or that a particular religion or belief is true
                                                             (신·종교)를 믿는다, (~의 존재를) 믿는다

Christians believe in God and Jesus.   (기독교인들은 하나님과 예수를 믿는다.)
                            sth

People say they've seen aliens from other planets, but I don't believe in any of that.
                                                                              sth
(사람들은 다른 행성에서 온 외계인을 보았다고 하지만 나는 어떤 것도 믿지 않아.)

believe in sb
to be confident that someone will be able to do something successfully, or that they are honest and good

(능력·인격)을 믿는다, 역량을 믿는다

I don't care what anyone else says, I still believe in you.
                                                        sb
(누가 뭐라 해도 상관없어, 나는 여전히 너의 능력을 믿고 있어.)

The people want a president that they can believe in. (사람들은 능력을 믿을 수 있는 사장을 원한다.)
                                      sb

believe in sth
to support or approve of an idea or system because you think it is good or right

가치를 믿는다, 좋은 점[효과]을 믿는다

92% of those questioned said they believe in marriage.
                                              sth
(설문결과의 92%에서 사람들은 결혼의 장점을 믿는다고 했다.)

Jim believes in fresh air and exercise for his health. (짐은 신선한 공기와 운동이 자신의 건강에 좋다고 믿는다.)
                sth

➡ believe in doing 으로도 쓰임
Jane believes in eating carefully to control her weight.
                  doing
(제인은 체중을 조절하는 데 식사를 조심스럽게 하는 것이 좋다고 믿고 있다.)

belt

vt. ① ~에 띠를[띠로] 조이다(up), ~에 피대를 감다 ② 띠로 잡아매라, 허리에 띠다(on) ③ ~에 두르다(with) ④ (혁대로) 치다, ((속)) 일격을 가하다, (주먹으로) 때리다 [미국 야구] 히트를 치다 ⑤ 힘차게 노래[연주]하다 ⑥ ((미속)) (술을) 들이켜다(down) ⑦ ~에 폭 넓은 줄무늬를 넣다
vi. ① ((구)) 질주하다(along, off), 활발하게 움직이다 ② ((영속)) 이야기를 멈추다, 조용히 하다

belt up

belt up! (유사어 shut up) [BrE, Informal]
used to rudely tell someone to stop talking

(화가 나서) 조용히 하라고 말하다

Belt up! I'm trying to listen to the radio. (조용히 해! 지금 라디오를 듣고 있는 중이야.)
Belt up, you boys. Father's asleep. (조용히 해, 애들아. 아버지 주무셔.)

belt up (유사어 **buckle up** [AmE]) [BrE, Informal]

to fasten your seatbelt in a car or a plane

(차·비행기에서) 안전벨트를 매다

Many people think it is important to <u>belt up</u> before you start to drive.
(많은 사람들이 운전하기 전에 안전벨트를 매는 것은 중요하다고 생각한다.)

The government has introduced a £500 fine for drivers who don't <u>belt up</u>.
(당국은 안전벨트를 매지 않은 운전자에 대해서 500파운드의 벌금을 부과하고 있다.)

bend

vt. ① ((영)) 구부리다, (머리를) 숙이다, (무릎을) 굽히다, (활을) 당기다 (용수철을) 감다, (사진·봉투 따위를) 접다(up, down, into) ② (뜻을) 굽히다, 굴복시키다(to), (법·규칙 따위를 편리하도록) 굽히다 악용하다, ((속)) (경기에서) 일부러 지다 ③ (눈·걸음을) 딴 데로 돌리다(to, towards) (마음·노력·정력 따위를) 기울이다, 쏟다

vi. ① 구부러지다, 휘다 ② 몸을 구부리다, 웅크리다 ③ 무릎을 꿇다, 굴복하다 ④ 힘을 쏟다, 기울이다 ⑤ 향하다

bend over

bend over, bend over *sth*

to move the top part of your body forwards at the waist or shoulders

(몸을) 구부리다

Levy <u>bent over</u> to pick up the coins. (레비는 몇 개의 동전을 주우려고 몸을 구부렸다.)
These trousers are so tight I can hardly <u>bend over</u>! (이 바지가 너무 꼭 껴서 거의 구부릴 수가 없어.)

bend over backward(s)

to try very hard to help

(무리해서도) ~하려고 노력하다, 노력해서 ~을 하다

The principal <u>bends over backward</u> to be fair to all the students.
(교장선생님은 모든 학생들에게 공평하려고 노력하신다.)

Don't ask me for anything else. I have already <u>bent over backwards</u> in meeting your demands.
(이 이상 나에게 요구하지 마. 나는 이미 회의에서 너의 요구를 무리하게 받아들였어.)

big

a. ① 큰·커진·성장한, (소리가) 쾅쾅 울리는, (수량이) 큰 ② [서술적] 임신한, 아이 밴 ③ [서술적] 가득찬 ④ (사건·문제가) 중대한 ⑤ 중요한, (잘)난, 훌륭한 ((미)) 유명한, 인기 있는 ⑥ (태도가) 난 체하는, 뽐내는, 거드럭대는 ⑦ (마음이) 넓은, 관대한 ⑧ ((미속)) [서술적] ~에 열광하는, ~을 아주 좋아하는 ⑨ 연상의

ad. ((구)) 잘난 듯이, 뽐내어, 다량으로, 크게 ((미구)) 잘, 성공하여

big up

big up *sb/sth* [Informal]
to talk a lot about how excellent someone or something is, sometimes praising them more than deserved
(~을) 대단히 칭찬하다, (~을) 좋다고 말하다

He <u>bigged up</u> <u>that new film</u> but when I went to see it I was really disappointed.
             sth
(그가 새로 나온 영화가 좋다고 말해서 보러 갔는데 정말로 실망스러웠다.)

They organized free workshops in schools with actors aged five and upwards <u>bigging up</u> <u>drug prevention</u>. (그들은 학교에서 5세 이상의 어린이 배우들과 함께 약물예방을 장려하는 무료 워크숍을 마련했다.)
  sth

* big이 동사로 쓰였음

bite

vt. ① 물다, 물어뜯다, 물어 끊다(off, away, out) ② (모기·벼룩 등이) 쏘다, 물다, (개가) 물다 ③ (추위가) 스미다, 추위가 콕[톡] 쏘다, 자주하다, ④ (서리 등이) 상하게 하다, (산 따위가) 부식하다 ⑤ (톱니바퀴 줄 따위가) 맞물다, 걸리다, (닻 따위가) 바닥에 박히다 ⑥ ((구)) 괴롭히다, 약 올리다 ⑦ 남의 아이디어를 도용하다, (남을) 모방하다

vi. ① 물다, 대들어 물다(at) ② 자극하다 ③ 부식하다(in, into), 뜨끔거리다, 자극하다, (풍자가) 먹히다, 감정을 상하게 하다 ④ (톱니바퀴가) 맞물리다, 걸리다 ⑤ (물고기가) 미끼를 물다 ⑥ (유혹 따위에) 걸려들다(at)

bite back

bite back (at *sb/sth***)**
to react angrily when someone has criticized or harmed you
(패배·비평·모욕당했을 때) 강하게 반응하다, 반격하다, 보복하다

Be careful what you say. Maria's got a temper and she tends to <u>bite back</u>.
(말조심해. 마리아는 화가 났어, 그래서 강하게 반격할 것 같아.)

He's a vengeful man. He <u>bites back at</u> <u>anyone</u> who crosses him.
                                 sb
(그는 복수심이 강한 남자야. 그를 방해하는 사람은 누구에게나 복수를 하지.)

Tony Blair <u>bites back at</u> <u>his critics</u> in an article in *the News of the World*.
                                 sth
(토니 블레어 수상은 News of the World 기사에 실린 자신에 대한 비평을 보고 격하게 반응했다.)

bite back *sth*, **bite** *sth* **back**
to stop yourself from saying something or telling someone what you really feel
(감정을) 억누르다, (말을) 삼키다

30

Alice bit back her anger and said nothing. (앨리스는 화를 억누르고 아무 말도 안 했다.)
sth

Carrie had a powerful desire to say what she really thought, but she bit back the words.
sth
(캐리는 자신이 정말로 생각한 것을 말하고 싶은 강력한 욕구를 느꼈지만 참았다.)

bite off

bite off *sth*, **bite** *sth* **off**

to use your teeth to remove a piece

물어 끊다[뜯다], 이로 잘라내다

I picked up the meat and bit off a piece. It was delicious. (나는 고기를 집어 들고 한입 뜯었다. 맛이 있었다.)
sth

The dog glared at the meat and bit a piece off. (개는 고기를 노려보다 한쪽을 물어뜯었다.)
sth

bite off more than one can chew

you agree to do something that you do not have time or the ability to do

자신의 능력 이상의 것을 하려고 하다

Tim may be a good runner, but when he entered for the top of international competition, he found he had bitten off more than he could chew.
(팀은 훌륭한 달리기 선수인데도 최고 국제대회에 출전했을 때 그는 자신의 능력 이상의 것을 시도하려 했다는 것을 알게 되었다.)

I was trying to build a house by myself, but I bit off more than I could chew.
(혼자서 집을 한 채 지으려고 하면서 나는 능력이상의 것을 하려고 했다.)

block

vt. ① (통로·관 따위를) 막다, (교통 따위를) 방해하다, 폐쇄[봉쇄]하다(up), (빛·조명 등을) 차단하다 ② (진행·행동을) 방해하다, ~의 장애가 되다, (상대 플레이를) 방해하다, [크리켓] (공을) 삼주문(wicket) 바로 앞에서 배트로 쳐 막다, (공을 가지고 뛰는 자를) 가로막다 ③ (흔히 과거분사 꼴로) 동결하다, 봉쇄하다 ④ [의학] (신경을) 마비시키다 ⑤ ((영)) (반대 성명을 내어 의안통과를) 방해하다 ⑥ [철도] 블록시스템으로 (열차를) 달리게 하다 ⑦ (모자를) 모양 뜨다, (표지에) 형태를 박다, (행)의 끝을 가지런히 하다 ⑧ [극] 연출하다 ⑨ [컴퓨터] (인접 데이터를) 블록하다
vi. (각종 경기에서) 상대측 경기자를 방해하다, 신경 쇠약에 걸리다

block up

block up *sth*, **block** *sth* **up** (유사어 **obstruct, clog up**)

to fill a narrow space or the entrance to something so that nothing can pass through

(관·도로 등이) 완전히 막히다

You'd better block up that hole in the wall; it's letting the cold in.
sth
(벽에 난 구멍을 막는 것이 좋아. 그리로 찬 바람이 들어오고 있어.)

Crowds of people were blocking up the street in front of the federal building.
                                              sth
(군중들이 연방정부 건물 앞 도로를 막고 있었다.)

➡ blocked-up (a)
　filled with something so that nothing can pass through [used of a narrow space]
　막힌, 폐쇄된, 봉쇄된
You can get a blocked-up nose if you have a cold or an allergy.
                          a
(감기에 걸리거나 알레르기 체질이라면 코가 막힐 수도 있어.)

blend

vt. (뒤)섞다, (다른 술·담배·커피 등을) 혼합하다
vi. ① 섞이다, 혼합되다, 뒤섞이다, (색 따위가) 한데 어우러지다[융합하다](with, into) ② 잘되다, 조화되다

blend in[into]

blend in, blend into *sth*

if something or someone blends in, they look or seem the same as the things around them and so you do not notice them

(주위 환경과) 조화되다, (주위 환경에) 어울리다, 융합되다

Military vehicles are painted green or brown so that they blend into the surroundings.
                                                                              sth
(군용차는 주위의 환경과 융합될 수 있게 초록이나 갈색으로 페인트칠한다.)
Jim's French is excellent. He soon blended into Parisian society.
                                                sth
(짐의 불어 실력은 뛰어나서 이내 파리 사회에 융화되었다.)

➡ blend in with 로도 쓰임
The bugs were a yellowish-green color that blended in with the grass.
(벌레들은 풀과 잘 어울리는 노란 초록색이었다.)

blend in, blend into *sth*

if someone blends in, they seem similar to the other people around them, and do not seem different or unusual

(주위 사람들과) 잘 어울리다

As a country boy in New York, I don't blend in.
(뉴욕에서 나는 시골 출신 소년이어서 주위 사람들과 잘 어울리지 못했다.)
It didn't take long for the immigrants to blend into the community.
                                                       sth
(이민자들이 그 지역 사회와 어울리는 데 그리 오랜 시간이 걸리지 않았다.)

➡ blend in with 로도 쓰임
Philippe did his best to blend in with the other students.　(필립은 다른 학생들과 어울리려고 최선을 다했다.)

bliss

v. ((미속)) 더없는 행복을 맛보다, 황홀해지다

bliss out

bliss out, bliss *sb* **out** [AmE, Informal]
to feel very happy and relaxed, or to make someone feel this way
황홀해지다[케하다], 더없는 행복을 맛보다

They blissed out on music. (그들은 음악을 들을 때 황홀했다.)
She blissed out when rock star smiled at her. (그녀는 락스타가 그녀를 보며 미소 지었을 때 황홀했다.)
It was my chosen profession. I was good at it. It blissed me out as Eddie used to say.
(이것은 내 천직이야. 나는 이 직업에 전문가야. 에디가 늘 말했던 것처럼 나는 그 직업 때문에 더없는 행복을 맛보았어.)

blow

vt. ① ~을 불다, 불어대다, 불어 보내다, (동족목적어를 취하여) 불다, ~에 숨[바람]을 불어넣다, (불을) 불어 피우다(up), (풀무로) 바람을 일으키다, (비눗방울·유리 기구 따위를) 불어서 만들다, (타이어 따위를) 부풀리다, (사진을) 확대하다(up) ② (나팔 따위를) 불다, 취주하다, (피아노 등을) 치다, (심판이) 호각을 불다, ~의 속을 불어서 빼다 ③ [보통 수동태] (말 따위를) 헐떡이게 하다 ④ 폭파하다(up), 폭발로 날려버리다(off), (타이어를) 펑크 내다, (퓨즈를) 끊어지 게 하다(out), ~에 총알 등을 쏘아 박다, 쏘아구멍을 내다 ⑤ (돈을) 낭비하다, ~에게 한턱내다 ⑥ (파리 따위가) ~에 쉬를 슬다 ⑦ 말을 퍼뜨리다, 소문내다, (비밀을) 누설하다, 배신하다, 밀고하다 ⑧ 추어올리다, 자만심을 품게 하다 ⑨ ((미속)) 실수[실패]하다, 망치다, (좋은 기회 등을) 놓치다, ((미구)) (연극에서 대사 따위를) 잊다 ⑩ ((속)) ~에서 (갑자기[몰래]) 떠나가다, 빵소니 치다, 망쳐 나가다 ⑪ ((미속)) 마약을 피우다

vi. ① (바람이) 불다, (it을 주어로 하여) 바람이 불다 ② 숨을 내쉬다, 입김을 내뿜다, (송풍기로) 바람을 보내다, (숨을) 헉헉 쉬다, 헐떡이다, 휘파람을 불다, (선풍기 따위가) 바람을 내다 ③ 자랑하다, 허풍떨다 ④ (피리·나팔 따위가) 울리다 ⑤ 폭발하다(up), (퓨즈·진공관·필라멘트 등이) 끊어지다, (타이어가) 펑크 나다, 격노하다 ⑥ (고래가) 물을 내뿜다, 담배를[마약을] 피우다 ⑦ (갑자기[몰래]) 가버리다, 빵소니치다 ⑧ 헛돈을 쓰다, 실수하다, 허사가 되다

blow away

blow away(*sth*)
used to describe a situation in which something is moving by winds
(불어) 날려버리다, 날리다

Close the window. My papers are blowing away. (유리창 닫아, 서류들이 다 날아가고 있어.)
Quick, catch my hat before it blows away! (어서, 내 모자가 날아가기 전에 좀 잡아줘!)

blow away sb, blow sb away [AmE, Informal]
to defeat someone or something completely

압도하다, 때려눕히다

Our team blew away the visitors in the second half. The final score was 32 to 3.
_{sb}
(우리는 원정팀을 후반전에 대패시켰다. 스코어는 32대 30이었다.)

Our biggest competitor almost blew us away last year with a series of innovative software programs.
_{sb}
(작년에 우리의 최대 경쟁회사는 일련의 혁신적인 소프트웨어 프로그램을 발매해 우리 회사에게 회복하지 못할 정도의 타격을 입혔다.)

blow sb away, blow away sb
when something you have seen or heard makes you very shocked, amazed, or emotional

(연극·영화·책 등이) 감동시키다

I was blown away by the tone and quality of the story.<수동>
(나는 그 이야기의 어조와 내용 때문에 감동받았다.)

Calvin blew away the audience with his outstanding performance as Shylock in "The Merchant
_{sb}
of Venice." (캘빈은 "베니스의 상인"에서 샤일록 역으로 뛰어난 연기를 해서 청중들을 감동시켰다.)

blow sb away, blow away sb [Informal]
to kill someone or something by shooting them with a gun

(총·발포 등으로) 사살시키다

Don't move or I'll blow you away!   (움직이지 마. 움직이면 쏘겠어.)
_{sb}

Clint takes out his 45 Magnum and blows them all away.
_{sb}
(클린트는 45구경 매그넘 총을 꺼내 그들 모두를 사살한다.)

blow down

blow down sth, blow sth down, blow down
if something blows down, or if the wind blows something down, that thing falls to the ground because the wind blows

(바람 등이) 불어 쓰러뜨리다

The wind blew down the cherry tree in our front yard.   (바람이 앞마당에 있는 앵두나무를 쓰러뜨렸다.)
_{sth}

Seven people were hurt at the carnival when a big tent blew down.
(축제에서 커다란 텐트가 바람에 쓰러졌을 때, 일곱 명의 사람들이 다쳤다.)

There was a strong wind last night. A lot of apples were blown down.
(지난밤에 강풍이 불었다. 많은 사과가 (바람 때문에) 떨어졌다.)

blow off

blow *sth* **off, blow off** *sth*, **blow off**

if the wind blows something off, or it blows off, the wind moves it from its position, especially so that it falls down onto the ground

(바람에 불리어) (위치에서 벗어나) 땅에 떨어지다, 날아가다

I <u>blew</u> <u>the dust</u> off the old hat and tried it on. (나는 낡은 모자에 붙어 있는 먼지를 불어 날려버린 다음 쓰려고 했다.)
        sth

The wind had <u>blown off</u> <u>some of the tiles</u> from the roof. (바람 때문에 지붕 타일 몇 장이 날아가 땅에 떨어졌다.)
                                sth

blow off *sth*, **blow** *sth* **off**

if a bomb or an explosion blows off, it removes it

(폭발 · 총알 등이) ~을 (~에서) 날려버리다

The explosion <u>blew</u> <u>the roof</u> <u>off</u> the building. (폭발 때문에 빌딩의 지붕이 날아갔다.)
                    sth

The front part of the jeep <u>was blown off</u> in the explosion.<수동>
(지프차의 앞부분이 폭발 도중에 날아갔다.)

blow off *sb/sth*, **blow** *sb/sth* **off** [AmE, Informal]

to treat someone or something as unimportant

(~을) 중요치 않게 여기다, 무시하다

He just <u>blows off</u> <u>people</u> he doesn't like. (그는 싫어하는 사람을 무시한다.)
            sb

He's been <u>blowing off</u> <u>his homework</u> recently. (그는 최근에 숙제를 하지 않으려고 한다.)
                  sth

blow *sth* **off, blow off** *sth* (유사어 **ditch**) [AmE, Informal]

not to do something that you had planned to do earlier

(계획해 왔던 일을) 안 하다, 꽁무니를 빼다

Burleson <u>blew off</u> <u>a dinner</u> Saturday night and went to the movies instead.
                sth
(벌레슨은 토요일 저녁에 식사를 하는 대신에 영화를 보러 갔다.)

A diva would have <u>blown off</u> <u>the interview</u>, instead Lopez apologizes for the delay.
                           sth
(한 유명여가수가 그 인터뷰를 일방적으로 취소했고, 그 대신에, 로페즈가 지연된 것 때문에 사과를 한다.)

blow over

blow over

if a storm blows over, it becomes less strong and then ends

(폭풍우가) 잠잠해지다, (폭풍우가) 지나가다, 멎다

B

One day we thought the storms had <u>blown over</u>, so we climbed one of the highest peaks in the area. (어느 날 우리는 폭풍우가 지나갔다고 생각해서 그 근처에서 가장 높은 산봉우리에 올라갔다.)

The Weather Center predicts that the snowstorm will quickly <u>blow over</u>. (기상대는 눈보라는 곧 잠잠해질 것이라고 예보한다.)

blow over

if an unpleasant situation blows over, it gradually becomes less important and is then forgotten

(위기 · 불행 · 낭설 따위가) 무사히 지나가다, (스캔들이) 잊히다

I hope your trouble will soon <u>blow over</u>. (너의 골칫거리가 곧 사라지기를 바란다.)
I sat in my room, waiting for her tantrum to <u>blow over</u>.
(나는 방에 앉아서 그녀의 울화가 잠잠해지기를 기다렸다.)

blow *sth* over, blow over

if the wind blows something over, or it blows over, the wind makes it fall

바람이 ~을 넘어뜨리다

The wind <u>blew over</u> <u>our fence</u>. (바람이 우리 담장을 쓰러뜨렸다.)
               sth

The tornado has lasted a short time, but it <u>blew over</u> <u>the house</u>.
                                                   sth
(토네이도는 잠깐 불었지만 집을 쓰러뜨렸다.)

blow out

blow out *sth*, blow *sth* out

to make a flame or a fire stop burning by blowing air on it

(불꽃 · 불을) 불어 끄다

Helen <u>blew out</u> <u>the candles</u> on her birthday cake. (헬렌은 생일 케이크 위에 있는 촛불들을 불어서 껐다.)
             sth
The wind had <u>blown out</u> <u>the pilot light</u> on the stove. (바람이 스토브 위에 있는 점화 등을 꺼버렸다.)
                   sth

blow out

if a flame or a fire blows out, it stops burning because of the wind, or because someone has blown air on it

(불꽃 · 불이) 꺼지다

When I opened the window, the lamp <u>blew out</u>. (내가 유리창을 열었을 때 램프불이 꺼졌다.)
The candles had <u>blown out</u> in the wind. (촛불들이 바람에 꺼졌다.)

blow out *sth*, blow *sth* out

if an explosion, or a strong wind blows something out, especially a window, it breaks and falls down onto the ground

(폭발 · 폭풍이) (~을, 특히 유리창을) 땅에 떨어져 깨다

Hundreds of windows were blown out by the force of the explosion, but fortunately no one was hurt.<수동>　(수백 장의 유리창이 폭발 때문에 땅에 떨어져 깨졌지만 다행히도 다친 사람은 없었다.)

The blasts blew out windows in about 40 buildings and scattered debris over hundreds of meters.
(돌풍이 불어 약 40여 채 빌딩의 유리창이 땅에 떨어져 산산조각이 났으며 그 파편은 수백 미터로 흩어졌다.)

blow out

if a tire blows out, it bursts

(타이어가 크게) 펑크가 나다, 파열되다

What do you think caused the tire to blow out?　(무엇 때문에 타이어가 펑크가 났다고 생각해?)
One of her tires blew out and she was lucky not to have had an accident.
(타이어 중 한 개가 펑크가 났음에도 그녀가 사고를 내지 않아 다행이었다.)

➡ blowout (n)

the sudden bursting of a tire　펑크, 파열
A blowout at this speed could be really dangerous.　(이런 속도에서 펑크는 정말 위험해.)
　　n

blow *sth* out, blow out

when a piece of electrical equipment or a fuse blows out, it falls because too much electricity is passing through it

(고전압·충격으로) (전기구 등을) 불능이 되게 하다, 파괴하다, 못쓰게 하다

The damaged wire blew out the cooker.　(벗겨진 전선 때문에 요리 기구가 못 쓰게 되었다.)
　　　　　　　　　　　　　sth

Several of our appliances blew out when the lightening struck.
(번개가 쳤을 때 전기기구 몇 개가 못 쓰게 되었다.)

blow *sb* out, blow out *sb* [BrE, Informal]

to disappoint someone by not meeting them or not doing what you have agreed to do

((구)) 실망시키다

If he blows you out again, tell him you've had enough.
　　　　　sb
(만일 그가 너를 또 실망시킨다면 충분히 실망했다고 그에게 말해.)

We had a shouting match because she'd blown me out for a new boyfriend whom I didn't like.
　　　　　　　　　　　　　　　　　　　　　sb
(그녀는 내가 싫어하는 그녀의 새 남자친구 문제로 나를 실망시켰고 우리는 큰 소리로 싸웠다.)

blow itself out

if a storm blows itself it ends

(태풍 등이) 세력을 상실하다, 소멸하다

After doing extensive damage to costal areas, the typhoon blew itself out as it moved inland.
(해안 지방에 막대한 피해를 입힌 후 태풍은 내륙으로 이동하면서 소멸되었다.)

Don't worry about the storm. It'll blow itself out soon.　(이 폭풍 걱정 마. 곧 사그라들 거야.)

blow up

blow up *sth*, **blow** *sth* **up**

to destroy something using a bomb

폭파하다, 폭발로 날려버리다

An army bus carrying 10 soldiers <u>was blown up</u> by a land mine.<수동>
(10명의 군인을 운송하던 군용 버스가 지뢰에 의해 폭파되었다.)

It will be cheaper to <u>blow the old bridge up</u> than to dismantle it.
          sth
(낡은 다리를 해체하기보다는 폭파하는 편이 더 싸게 먹힐 것이다.)

blow up *sth*, **blow** *sth* **up** (유사어 **pump up, inflate** [formal] 반대어 **let down, deflate** [formal])

to fill something with air or gas

(타이어·풍선 등을) 부풀리다

Help me to <u>blow up these tires</u>, will you? (타이어에 바람 넣으려고 하는데 도와주시겠습니까?)
      sth

We spent the afternoon <u>blowing up balloons</u> for party. (우리는 오후 내내 파티에 쓸 풍선을 불었다.)
          sth

blow up *sth*, **blow** *sth* **up**

to make a much larger copy of something, especially a photograph

(특히 사진을) 확대하다

Would you please <u>blow up these photos</u> to make them double the size? (이 사진들을 2배 크기로 확대해 주시겠습니까?)
         sth

Jerry <u>blew up a picture of himself</u> and gave it to his girl friend for Christmas.
      sth
(제리는 자기 사진 한 장을 확대해서 크리스마스 선물로 여자친구에게 주었다.)

➡ <u>blow up</u> (n)

 a photograph, or part of a photograph that has been made larger 확대

The evening news showed a <u>blow-up</u> of spy satellite picture taken over Cuba.
         n
(저녁 뉴스가 쿠바 상공에서 찍은 첩보위성 사진을 확대해 보여주었다.)

blow up *sth*, **blow** *sth* **up** (항상 수동)

to talk about something in a way that makes it seem more important or more serious than it really is

(소문 등을) 과장해 말하다

My achievements are not so great. They have <u>been blown up</u> by local gossip.<수동>
(나의 업적은 별로 대단한 것은 아니다. 그런데 지방 신문 가십난에서 과장해서 다루었다.)

The story <u>got blown up</u> by the press.<수동> (그 이야기는 신문에 의해 과장되었다.)

➡ <u>blow</u> *sth* <u>up into</u> 로도 쓰임

I don't know why you've <u>blown this up into</u> such a big deal — it was just a joke!
        sth
(나는 네가 왜 이 문제를 그렇게 크게 과장했는지 모르겠어 — 단지 농담이었어.)

blow up

to be destroyed in an explosion

폭발[파열]하다, (폭발로) 파괴되다

One of the submarines blew up and sank. (잠수함 중 한 대가 폭발한 후 가라앉았다.)
Investigators are trying to find out what caused the rocket to blow up in midair.
(조사관들이 로켓이 공중에서 폭발한 원인이 무엇인지 발견하려고 노력하고 있는 중이다.)

blow up (유사어 explode)

to suddenly become very angry and start shouting

(갑자기) 화가 나서 소리 지르다, 힐책하다

Mother will blow up at you when she finds her best dishes broken.
(어머니는 자신이 제일 좋아하는 접시들이 깨진 것을 알게 되면 너를 심하게 야단치실걸.)
Soon after our wedding, she started to blow up over the slightest thing.
(우리 결혼식이 끝나고 얼마 안돼, 그녀는 아주 사소한 일에 화를 내고 소리 지르기 시작했다.)

➡ blow-up (n)

a sudden loud argument   발끈 화냄, 야단침

After our blow-up, Larry didn't speak to me for a week.
(우리의 폭발적인 싸움 후 레리는 일주일이나 나에게 말을 하지 않았다.)

blow up

if an angry argument or a difficult situation blows up, it suddenly starts to happen

(사건 등이) 갑자기 생기다, 발발하다

The scandal blew up suddenly. Overnight it was in all newspapers.
(그 스캔들은 갑자기 발생했다. 하룻밤 사이에 모든 신문에 나왔다.)
A diplomatic crisis has blown up over Nato's bombing of the Chinese embassy in Belgrade.
(베오그라드에 있는 중국 대사관에서 나토 폭격에 관해 외교적 위기가 갑자기 발생했다.)

blow up

if a storm or a strong wind blows up, it suddenly starts

(폭풍 · 강풍 등이) 더욱 세게 불다

The sky's getting dark — it looks like there's a storm blowing up.
(하늘이 점점 컴컴해진다. 폭풍이 불 것 같구나.)
There was a storm blowing up while we were out at sea.
(우리들이 바다에 출항하고 있는 사이에 폭풍이 몰아치고 있었다.)

blow up in sb's face

if something you plan blows up in your face, it does not work well, often so that it causes you serious problems

실패로 끝나다, 실패의 원인이 되다

Kristin knew that if anyone found out, the whole thing could <u>blow up in her face</u>.
(크리스틴은 만약 누군가 조사해서 찾아낸다면, 모든 것이 실패로 끝날 수도 있음을 알았다.)

The plan <u>blew up in his face</u>. (그 계획은 완전히 실패로 끝났다.)

boil

vt. ① 끓이다, 비등시키다 ② 삶다, 데치다 ③ (설탕·소금 등을) 졸여서 만들다

vi. ① 끓다, 비등하다, (~하도록) 끓다 ② (피가) 끓어오르다, (사람이) 격분하다, 핏대 올리다 ③ (바다 따위가) 파도치다, 물결이 일다, (물이) 솟아오르다, 분출하다 ④ (삶아) 데쳐지다, 익다 ⑤ (군중 따위가) 돌진하다

boil down

boil *sth* **down, boil down** *sth*

to make information, a piece of writing, or a speech shorter and simpler by not including anything that is unnecessary

(이야기·논의 등을) 요약하다

The article is still too long — see if you can <u>boil</u> it <u>down</u>.
                                                                           sth

(기사 내용이 아직도 너무 길어. 네가 요약할 수 있는지 봐봐.)

You can <u>boil</u> the long story <u>down</u> to a few sentences and it still has the same meaning.
                  sth

(너는 그 긴 이야기를 몇 개의 문장으로 요약할 수 있어. 하지만 여전히 같은 의미가 있어야 해.)

➡ <u>boil down</u> *sth* <u>into</u> 로도 쓰임

Before the election, candidates will have to <u>boil down</u> their campaign messages <u>into</u> a few simple phrases.
                                                                           sth

(선거 전에 후보자들은 그들의 선거공약을 간단하게 2~3개의 간결한 말로 요약해야만 할 것이다.)

boil down, boil down *sth*, **boil** *sth* **down**

if a food or a liquid boils down or you boil it down, the total amount of it becomes less after it is cooked

(요리 후 부피가) 줄다, 졸이다

Spinach tends to <u>boil down</u> a lot. (시금치는 삶으면 부피가 많이 주는 경향이 있다.)

Use plenty of vegetables because the cooking <u>boils</u> them all <u>down</u> to a small quantity.
                                                                         sth

(야채를 많이 넣어. 왜냐하면 야채가 익으면 부피가 줄어드니까.)

boil down to

boil down to *sth* (유사어 **come down to**) [Informal]

if a long statement or argument, etc. boils down to a single statement, that statement is the main point or cause

(이야기·문제 등을) 요약해서 ~이 되다

In the end, the case will boil down to whether the jury believes Smith or not.
                                      sth
(결국, 그 사건은 배심원단이 스미스를 믿느냐 안 믿느냐로 요약될 것이다.)

The whole matter boils down to a power struggle between the labor union and the director.
                              sth
(모든 것을 요약하자면 노동조합과 경영자들 간의 권력투쟁이라는 것이다.)

boil over

boil over

if a liquid that is being heated boils over it flows over the side of the pan

(물·스프가) 끓어 넘치다

Turn off the gas, the milk is boiling over. (가스 잠가. 우유가 끓어 넘치고 있어.)
The soup boiled over onto the stove. (스프가 스토브로 끓어 넘쳤다.)

boil over

if a situation in which people are angry boils over, they become very angry and often violent and can no longer control their feelings or actions

(험악한 상황·나쁜 감정 등이) 억제할 수 없게 하다, 통제할 수 없다

There was a danger that the Mideast situation would boil over into war.
(중동정세는 억제할 수 없는 상태가 되어 전쟁으로 돌입할 위험이 있었다.)

After years of frustration the people's anger finally boiled over.
(수년 동안의 좌절 후 국민들의 분노는 마침내 통제할 수 없게 되었다.)

book

vt. ① (문서·명부에 이름 따위를) 기입[기장]하다 ② (예약자의) 이름을 기입하다 ③ 신청자에게 표를[예매권을] 발행하다 ④ (방·좌석 따위를) 예약하다(to, for), (~행 차표를) 사다(for) ⑤ (아무에게) 약속을 시키다 ⑥ ((미)) (사람·회사를) 계약에 의해 고용하다, 출연 계약을 하다 (for) ⑦ (~의 혐의로) 경찰 기록에 올리다, 입건하다

vi. ① 이름을 등록하다 ② 좌석 등을 예약하다 ③ 표를 사다

be booked up

be booked up

if a hotel or a restaurant, etc. is booked up, there are no more rooms or table left

(비행기·기차표·콘서트 표가) 예매로 매진되다, (레스토랑·호텔 등이) 모두 예약이 끝나다

The show was fully booked up for weeks. (그 쇼는 몇 주간 표가 예매로 완전히 매진되었다.)
We'd hoped to go to the Caribbean, but all the flights were completely booked up.
(우리는 카리브 해안으로 가고 싶었는데 비행기 편이 모두 매진되었다.)

be booked up

if someone is booked up, they are extremely busy and do not have time to do anything new
(더 이상 일을 할 시간 없이) 바쁘다, (스케줄로) 가득 차다, 선약이 있다

I had to refuse their invitation because I <u>was</u> already <u>booked up</u>.
(나는 이미 시간이 스케줄로 차 있어서 그들의 초대를 거절해야만 했다.)

I'll never get a date with a popular girl like Lois. She'<u>s</u> always <u>booked up</u>.
(로이스와 같은 인기 있는 여자 아이와는 결코 데이트 안 할 거야. 그녀는 항상 선약이 있어.)

bottle

vt. ① (~를) 병에 넣다, ((영)) (과실·야채 등을) 병에 담아 간수하다, (가스를) 가스통에 채우다
② ((속)) (범인 등을) 붙잡다

bottle out

bottle out (유사어 **chicken out**) [BrE, Informal]
to suddenly decide not to do something because you are afraid
급하게 무서워서 (~을) 그만두다

I was going to jump, but at the last moment I <u>bottled out</u>.
(내가 막 점프하려는 마지막 순간에 무서워서 그만두었다.)

You said you wanted a fight — It's too late to <u>bottle out</u> now!
(너 싸우고 싶다고 했지. 그래 지금 그만두기에는 너무 늦었어.)

bottle up

bottle up, bottle *sth* **up, bottle up** *sth*
if you bottle up a liquid, you transfer it from a large container into several smaller bottles
(~을) 병에 채우다

Grandpa is in the kitchen <u>bottling up</u> <u>the blueberry wine</u> he made.
                                                                      sth
(할아버지는 손수 만드신 블루베리 술을 병에 채우시면서 부엌에 계신다.)

All the ginger beer <u>was bottled up</u> and ready for the party.<수동>
(모든 진저비어는 병에 담겨지고 파티를 위한 준비가 되었다.)

bottle up, bottle *sth* **up, bottle up** *sth* [AmE]
not to allow yourself to show or talk about your feelings, especially feelings of anger and sadness
(감정 등을) 억압하다, (노여움을) 억누르다

You shouldn't <u>bottle up</u> <u>your feelings</u> inside of you. (속에 있는 감정을 억누르지 마.)
                                    sth

Writing the book was a way of expressing all the anger I'd <u>been bottling up</u> for years.<수동>
(책을 저술한다는 것은 수년 동안 내 속에 억눌렸던 모든 분노를 표현하는 한 가지 방법이었다.)

➡ keep sth bottled up(inside) 으로도 쓰임
Tell me what's bothering you. (뭐가 너를 괴롭히고 있는지 말해 봐.)
Don't <u>keep it bottled up inside</u>. (혼자 속 끓이지 마.)

bottle up, bottle *sth* up, bottle up *sth* [AmE]

to be unable to move forwards or make progress, or to make it difficult or impossible for something to do this

움직이지 못하다, 진행하지 못하다, (법안 등을) 보류해 두다

The British fleet <u>bottled up the Spanish ships</u> in the harbor. (영국 함대는 스페인의 배를 항구 안에 억류했다.)
                                 sth

The group hopes to <u>bottle up the bill</u> in Congress, so that it doesn't get to the President's desk to
                                sth
be signed. (그 단체는 그 법안이 의회에서 보류되어 대통령의 서명을 받을 수 없게 되기를 원해.)

bounce

vt. ① (공 따위를) 되튀게 하다, 바운드 시키다 ② (문 따위를) 탕 닫다 ③ ((구)) 흘닦다 ④ 을러대어[부추기어] ~하게 하다(into), 위협하여 빼앗다, (속내를) 떠보다(off) ⑤ ((속)) (아무를) 내쫓다, 해고하다, 내던지다 ⑥ (어음·수표 등을) 부도 처리하다(지불 거절하다)

vi. ① (공 따위가) 바운드하다, 되튀다, 튀다(off), (사람이) 펄쩍 뛰다(up), 뛰어다니다(about) ② 급히 가다(오다), 뛰어들다(in), 뛰어나오다(out) ③ (어음 따위가) 부도가 나 되돌아오다, ④ ((속)) 허풍을 치다.

bounce back

bounce back

to become successful again after failing or being defeated, especially quickly and in a determined way

(실패·패배 후 빨리) 만회하다

After three defeats, the team <u>bounced back</u> and won the championship.
(세 번이나 패배한 후 그 팀은 만회하고 선수권을 획득했다.)

The company's had a lot of problems in the past but it's always managed to <u>bounce back</u>.
(과거에는 그 회사가 많은 문제를 가지고 있었으나 지금은 항상 문제들을 잘 극복하고 있다.)

➡ <u>bounce back from</u> 으로도 쓰임
Framers have <u>bounced back from</u> difficult times in the 1980s.
(농부들이 1980년대 그 어려운 시절을 이겨내고 다시 일어섰다.)

bounce back

if an e-mail bounces back, it comes back to you because the address is wrong or there is a computer problem

(이메일의 주소 착오나 컴퓨터 오작동으로) 되돌아오다

B

I discovered that all the e-mails I sent yesterday have <u>bounced back</u> to me.
(내가 어제 보낸 이메일들이 모두 다 반송된 것을 알게 되었다.)

What will probably happen if you get an e-mail address wrong? The e-mail will probably <u>bounce back</u> to you.
(당신이 이메일을 틀린 주소로 보낸다면 어떤 일이 생길까? 아마도 e-mail은 당신에게 반송될 것이다.)

bounce back (유사어 recover)

to feel well or cheerful again after being ill, or after an unpleasant experience
(병·기분 나쁜 경험에서) (간단히, 쉽게) 벗어나다, 회복하다, 기운을 되찾다

She <u>bounced back</u> quickly from her recent illness. (그녀는 최근에 아팠는데 곧 회복했다.)
Small children often catch diseases, but they soon <u>bounce back</u>.
(어린 아이들은 가끔 아프지만 곧 회복한다.)

branch

vt. ① 가지를 갈라지게 하다 ② 수를 놓아 꾸미다, 자수로 장식하다
vi. ① 가지를 내다(뻗다)(forth, out) ② (길·철도·강 등이) 갈라지다(away, off, out), 갈라져서 ~이 되다(into) ③ (~에서) 파생하다(from). ④ (사업 등을) 확장하다.

branch out

branch out

to start to do something different from what you usually do, especially in your job
(장사·사업 따위로) 범위를 넓히다, 새로운 것을 시작하다

Our company once sold only books. Then we <u>branched out</u> into CDs and other products.
(우리 회사는 한때 책만을 팔았다. 다음에는 CD나 다른 제품 판매로 사업을 확장하게 되었다.)

➡ <u>branch out into</u> 로도 쓰임
Vass was the owner of a shipping company, who for some strange reasons had <u>branched out into</u> the fashion industry. (바스는 선박 회사의 사장이었는데 여러 가지 이상한 이유로 패션 사업으로 규모를 넓혔다.)

➡ <u>branch out from</u> 으로도 쓰임
She has now <u>branched out from</u> translating work into writing her own books.
(그녀는 지금 번역 사업에서 자신의 책을 쓰는 사업으로 범위를 넓히고 있다.)

branch out

to grow out of a branch or trunk
(나무줄기에서) 가지를 뻗다. 신장하다

As a vine grows, it <u>branches out</u>. (포도나무는 커가면서 가지를 뻗는다.)
The young tree is beginning to <u>branch out</u>. (어린 나무가 가지를 뻗기 시작하고 있다.)

break

vt. ① 깨뜨리다, 쪼개다, 부수다, (가지 등을) 꺾다, (새끼 등을) 자르다 ② ~의 뼈를 부러뜨리다, (살갗을) 벗어지게 하다, 까지게 하다 ③ 흩뜨리다, 분해하다, (텐트를) 걷다, 접다, (모음을) 분열시키다. ④ (한 벌로 된 것·갖추어진 것을) 나누다, 쪼개다, (큰돈을) 잔돈으로 바꾸다, 헐다 ⑤ (문 따위를) 부수다, 부수고 열다(~open), 부수고 들어가다(나오다) ⑥ (기계 등을) 부수다, 고장내다 ⑦ (약속·법규 따위를) 어기다, 범하다, 위반하다, (유언을) 고소에 의해 무효로 하다 ⑧ (단조로움·침묵·평화 등을) 깨뜨리다, 어지르다 ⑨ (여행 따위를) 중단하다, 끊기게 하다, (전기 회로를) 단절하다, (전류를) 끊다 ⑩ (적을) 무찌르다, (기를) 꺾다, 압도하다, 약화시키다, [테니스] (상대방의 서비스 게임에) 이기다, 브레이크하다. ⑪ (고기 따위가 수면 위로) 뛰어오르다. (돛·기 따위를) 올리다 ⑫ (말 따위를) 길들이다, (센물을) 연화시키다 ⑬ (나쁜 버릇 따위를) 버리다, 떼다, 끊다, 끊게 하다 ⑭ (암호 따위를) 해독하다, 풀다, (사건 따위를) 해결하다, (알리바이 따위를) 깨뜨리다 ⑮ (길을) 내다, (땅을) 갈다, 개척하다, (삼 따위를) 가르다, 빗다 ⑯ (비밀 따위를) 털어놓다, 누설하다, (이야기 따위를) 공표[공개]하다 ⑰ 파산시키다, 해직하다, 삭탈 관직하다, 강등시키다 ⑱ (경기 따위의 기록을) 깨다, 갱신하다 ⑲ (투구를) 커브시키다, (서로 껴안고 있는 선수에게) 브레이크를 명하다 ⑳ (계획·활동·운동 따위를) 시작[착수]하다 ㉑ (기사를) 다른 페이지에 계속하다

vi. ① 깨어지다, 산산 조각나다, (줄 따위가) 끊어지다(on, over, against), (시계 따위가) 고장나서 못 쓰게 되다, 뚝 부러지다, (거품이) 없어지다, (파도가 ~에 부딪쳐) 부서지다, (솔기가) 뜯어지다 ② (갑자기) 멈추다, 중지[중단]하다, 휴식하다, (전류가) 끊어지다 ③ (기후 따위가) 갑자기 변하다, (소리·색깔 등이) 돌변하다, (물집·종기 따위가) 터지다(in, into, from, forth, out) ④ 교제[관계]를 끊다, 헤어지다, ~와 관계가 끊어지다, 뿔뿔이 흩어지다, 해산하다, 퇴각하다 ⑤ 헤치고 나아가다(in, through), 돌진하다(for, to), 침입하다(in), (속박 따위를) 깨고 나오다, 탈출하다(from, out of), 도망가다, 탈출하다 ⑥ 돌발하다, 갑자기 시작되다, 나타[일어]나다 ⑦ (날이) 새다 ⑧ 싹이 나다, 움이 트다, (꽃망울이) 봉오리지다 ⑨ (물고기가) 물 위에 떠오르다 ⑩ (압력·무게로) 무너지다, (구름·안개 따위가) 사라지다(away), (서리가) 녹다 ⑪ (건강·체력·시력이) 약해지다, 기력을 잃다, 꺾이다, 못쓰게 되다, 고장나다 ⑫ (주식·주가가) 폭락하다 ⑬ 어지러워지다, 파산[파탄]하다, (신용·명예·지위 등이) 떨어지다 ⑭ [구기] 커브하다 ⑮ (뉴스 등이) 공표되다, 알려지다 ⑯ (클린치에서) 떨어지다, 브레이크하다 ⑰ (사건 등이) 생기다, 일어나다, (어떤 상태로) 되다

유사단어

break: '깨뜨리다. 쪼개다. 찢다. 부러뜨리다'처럼 파손하는 것
  Be careful, those glasses <u>break</u> easily. (조심해, 그 컵들은 깨지기 쉬워.)
crush: (무게 있는 물건으로) 눌러 뭉개다
  Joe <u>crushed</u> his cigarette into an ashtray. (조이는 재떨이에 담배를 비벼 껐다.)
shatter, smash: 분쇄하다
  shatter는 힘찬 타격과 조각조각이 날아 흩어짐을, smash는 소리를 강조
  Trees fell down and windows <u>shattered</u> during the storm. (폭풍우가 부는 동안 나무는 쓰러지고 유리창은 산산조각이 났다.)

break away

break away (유사어 split off)
to stop being part of a group because you disagree with them or because you do not want to be controlled by them

(나라·단체·전통·사상 등에서) 이탈하다, 탈퇴하다, 정치적으로 독립하다, 벗어나다

In 1920, the majority of socialists broke away to form the communist party.
(1920년에 대부분의 사회주의자들은 공산당을 만들기 위해 정치적으로 독립했다.)

He should break away from his mother and become a man.
(그는 어머니에게서 벗어나 한 사람의 사나이가 되어야만 한다.)

➡ break away from 으로도 쓰임
Latvia broke away from Soviet Union and became a separate country.
                         sth
(라트비아는 구소련에서 분리되어 하나의 독립국가가 되었다.)

➡ breakaway (n)
(when someone or something stops being part of a group, because of disagreement or in order to form another group) 분리, 절단, 탈출, 도주, (무리에서) 이탈, 결별, 전향, (럭비)공을 가지고 골로 돌진하기)

Webb helped to restructure the Football League, following the breakaway of the Premier League.
                                                                  n
(웹은 프리미어 리그를 탈퇴한 후 풋볼 리그를 재건하는 데 도움을 주었다.)

➡ breakaway (a)
(a breakaway group is one that has separated from a larger group)
이탈[전향]한, 밀면 쉽게 망그러지는, (위험 방지를 위해) 잘 구부러지는, 쉽게 망가지게 만든)

The Independent National Party was a breakaway group led by Colonel Johnson.
                                        a
(독립국가당은 존슨 대령이 이끄는 전향자들의 단체였다.)

break away
to suddenly move away from a person or a group, often when they are holding you and trying to prevent you from going

(잡고 있는 사람을) 뿌리치다, 잡아떼다

Anna attempted to break away, but he held her tight. (안나는 뿌리치려고 했으나 그는 그녀를 꽉 붙들었다.)

When the guards eased their grip, the prisoner broke away and ran.
(간수들이 수갑을 풀었을 때 죄수는 뿌리치고 도망쳤다.)

➡ break away from 으로도 쓰임
As soon as Harry saw her, he broke away from the group he was talking to and came over to greet her. (해리가 그녀를 보자마자 대화 중이던 일행에서 떨어져 나와 그녀에게 와서 인사를 했다.)

break away
if a part of something breaks away, it separates and moves away

(깨어져서) 부서지다, 잘게 부서지다, 절단하다

A wing broke away, and the plane crashed in the sea. (한 쪽 날개가 부러져서 비행기는 바다 속으로 추락했다.)

I broke away the rotten wood with my hands. (나는 두 손으로 썩은 나뭇가지를 잘라 버렸다.)

break down

break down (유사어 **conk out** [Informal])

if a machine or a vehicle breaks down, it stops working

(기계 · 차 따위가) 고장 나다, 찌그러지다

Our air conditioner broke down on the hottest day of summer.
(우리 에어컨이 한 여름 가장 더운 날에 고장이 났다.)

The car broke down on the way to the airport, and I had to get a taxi.
(공항으로 가는 길에 차가 고장이 나서 (할 수 없이) 택시를 타야 했다.)

➡ breakdown (n)

(when a vehicle stops working while you are travelling in it, because there is something wrong with it) (운행 중) 차 고장

That's the second breakdown we've had this month. (이달에 벌써 두 번째 고장이야.)

➡ broken-down (a)

(a broken-down vehicle or machine is old and has stopped working) 고장 난

There was a broken-down car at the side of road, with smoke pouring out of it.

(고장이 난 차가 연기를 내뿜으면서 길가에 있었다.)

break down (유사어 **collapse**)

if a discussion or a system, etc. breaks down, it fails or stops existing.

(교섭 등이) 실패하다, (문제 · 의견불일치 때문에) 결렬로 끝이 나다

According to the statistics, two out of three marriages break down and end in divorce.
(통계수치에 의하면 세 쌍 중 두 쌍의 결혼이 깨어지고 이혼으로 끝이 난다고 한다.)

Peace talks have broken down in the Middle East. (중동 평화교섭은 결렬로 끝이 났다.)

➡ breakdown (n)

(the failure of a system or relationship) 결별, 파괴

Marriage breakdown accounts for a large number of one parent families.
(결혼 파탄은 많은 편부모 가족의 원인을 설명할 수 있다.)

break down

to be unable to control your feelings and to start to cry

감정을 억제하지 못하다, 참을 수가 없어 울기 시작하다

Peter broke down and wept when he saw the deer that he had shot.
(피터는 자기가 총으로 쏜 사슴을 보았을 때 참지 못하고 울었다.)

On hearing of her dog's death, the little girl broke down in tears.
(강아지가 죽었다는 소리를 듣자마자 작은 여자아이는 참지 못하고 울기 시작했다.)

➡ break down in tears 로도 쓰임
"You have to help me." O' Neil said, and he broke down in tears.
("너는 나를 도와주어야 해." 오닐은 그렇게 말하고는 참지 못하고 울었다.)

break down (유사어 **crack up** [Informal])
to become mentally or physically ill because of an unpleasant experience
(건강을) 해치다, 허탈하다, 신경쇠약에 걸리다

You will break down if you work too hard. (너무 지나치게 열심히 일을 하면 건강을 해칠걸.)
The boss broke down under the strain of his heavy responsibilities.
(부장님은 무거운 책임감 때문에 생기는 긴장으로 신경쇠약에 걸렸다.)

➡ breakdown (n)
(when you become mentally or physically ill because you cannot deal with all your problems)
심신의 쇠약
Mary needs to relax more, or she'll end up having a nervous breakdown.
                                                                    n
(메리는 휴식을 더 많이 취할 필요가 있다. 아니면 결국 신경쇠약에 걸리고 말걸.)

break down sth, **break** sth **down** (유사어 **smash down**)
to hit something such as a door or a wall so hard that it breaks and falls to the ground
(문·벽을) 때려 부수다, 붕괴시키다

The police broke down the door and searched the building. (경찰은 문을 부수고 건물을 수색했다.)
                        sth
The dam was broken down by the rushing flood waters.<수동> (그 댐은 홍수 때문에 붕괴되었다.)

break down sth, **break** sth **down**
to separate something into smaller parts so that you can deal with it or understand it more easily
~을 분해하다, 산산조각이 나다, ~으로 나누다

The editor broke the work down into smaller chapters. (편집자는 그 작품을 더 작은 장으로 나누었다.)
                     sth
The data were broken down by age and sex. <수동> (그 데이터는 연령별 성별로 분류되었다.)

➡ break sth down into 로도 쓰임
The best way to deal with all this information is to break it down into categories.
(이 모든 정보를 다루는 최선의 방법은 정보를 여러 카테고리로 나누는 것이다.)

➡ breakdown (n)
(an explanation of the details of something, divided into different parts, especially about the cost of something) 세부 항목의 설명
Can you give me a detailed breakdown of how much the whole thing would cost?
                                        n
(그 물건 전체의 값이 얼마나 되는지 세부사항을 알려 줄 수 있니?)

break down sth, **break** sth **down** (유사어 **overcome**)
to change someone's ideas or attitudes, especially when you think that they are wrong or prevent you from making progress
(고정관념·태도 등을) 타파하다, 붕괴하다

We aim to break down racial prejudice through education and greater understanding of other
                              sth
cultures.　(우리는 교육을 통해서, 그리고 다른 문화에 대하여 보다 많은 이해를 함으로써 인종적 차별 타파를 목적으로 한다.)

She had hoped that she would eventually be able to break down his coldness, but he remained
                                                                                                  sth
as distant as ever.
(그녀는 결국은 그의 냉정함을 무너뜨릴 수 있을 거라고 여겼으나, 늘 그러하듯이 여전히 그는 쌀쌀맞았다.)

break down *sth*, break *sth* down (유사어 **overcome**)

to get rid of something that prevents you from doing what you want, especially a situation or a system that has existed for a long time

                                                                                                                            (장애 · 저항 등을) 제거하다

The police tried to break down the prisoner's opposition.　(경찰은 죄수의 저항을 막으려고 했다.)
                                         sth

We must continue our efforts to break down the barriers that prevent our companies from competing
                                                                     sth
freely in Europe.　(우리 기업들은 유럽에서 자유롭게 경쟁하지 못하게 막는 장벽을 부수려는 노력을 계속해야만 한다.)

break down *sth*, break *sth* down, break down

if a substance breaks down or is broken down, it is reduced or changed, usually as a result of a chemical process

                                                                                                         (화학적으로) 분해하다, 분해되다

Acid breaks down food in the stomach.　(위에서 산은 음식물을 분해한다.)
                    sth

Glycogen is broken down to glucose in the liver.<수동>　(간에서 글리코겐이 글루코스로 분해된다.)

➡ break down into 로도 쓰임
Carbohydrates break down into sugar in the body.　(탄수화물은 몸 안에서 당분으로 분해된다.)

break in

break in

to get into a building or car by using force, usually in order to steal something

                                                                                      (외부에서) 뛰어들다, (훔치러) 난입하다

Nearly two months ago, thieves broke in while she was asleep and took all her jewellery.
(거의 두 달 전, 도둑들은 그녀가 자는 동안 침입해서 모든 보석을 가지고 갔다.)

The fireman broke in the door and called the child's name.
(소방수가 문을 부수고 들어와 그 아이의 이름을 불렀다.)

➡ break-in (n)
　(when people get into a building illegally by using force in order to steal something)
　가택침입, 밤도둑

Five men were arrested after the break-in on Monday night.
                                             n
(월요일 밤 가택 침입 후에 다섯 명의 남자들이 체포되었다.)

B

break in (유사어 interrupt)

to interrupt a conversation or an activity by saying or doing something
(이야기 도중에 갑자기) 끼어들다, 방해하다, ~을 훼방 놓다.

He broke in with a rude remark. (그는 무례한 말로 이야기 도중에 끼어들었다.)
He is a bore who likes to break in on other people's conversation.
(그는 다른 사람의 대화에 끼어들기 좋아하는 짜증나는 녀석이야.)

break sb/sth in, break sb/sth in

to make a person or an animal get used to a certain way of behaving or working
(어린 말을 사람을 태우도록) 훈련시키다

David had bought a two-year-old horse, and broke her in himself.
                                                  sb
(데이비드는 2살짜리 말을 사서 사람을 태우도록 열심히 훈련시켰다.)
Two weeks in the new office should be enough to break you in.
                                                        sb
(새로운 직장에서 2주가 지났다면 충분히 훈련되었을걸.)

break sth in, break in sth

if you break shoes in or boots in they become more comfortable because you have been wearing them
(도구·기계 등을 사용에) 익숙해지다, 시운전하다, 시승하다, (신발을 신어서) 편해지다

You shouldn't wear shoes on a hike until after breaking them in.
                                                         sth
(신발을 신어 편해질 때까지 등산 때 신으면 안 된다.)
I'm wearing my new boots around the house to break them in.
                                                    sth
(나는 새로 산 부츠를 길들이려고 집 주위를 돌아다니며 신고 있었다.)

break into

break into sth

to get into a building or a car by using force, usually in order to steal something
(빌딩이나 차 안으로) 갑자기 뛰어들어 훔치다, 침입[난입]하여 ~을 훔치다

Someone broke into my car and stole the radio. (누군가 내 차를 부수고 들어가 라디오를 훔쳐갔다.)
              sth
Thieves broke into the school and took a quantity of cash. (도둑들이 학교에 난입하여 많은 현찰을 가져갔다.)
              sth

break into sth (유사어 burst into)

if someone breaks into something they suddenly start doing it
(급하게) ~하기 시작하다, 흔히 감정에서 생기는 명사(tears, laughter, cheer, a sweat, a run, a song 등)가 옴

The moment she was out of sight she broke into a run. (그녀가 시야에서 사라진 순간 달리기 시작했다.)
                                              sth

50

➡ break into a smile[grin]
She read the letter and her face broke into a smile. (그녀는 편지를 읽고 얼굴에 미소를 띠기 시작했다.)

➡ break into laughter[applause]
The curtain came down and the audience broke into a loud applause.
(막이 내리자 관중들은 갑자기 큰 박수를 치기 시작했다.)

➡ break into tears[sobs]
We waited until his train was out of sight, and suddenly my mother broke into tears.
(우리는 시야에서 그가 탄 기차가 사라질 때까지 기다렸다. 그런데 갑자기 엄마가 울기 시작했다.)

➡ break into a run
Realizing that the man was following him, Steve broke into a run.
(그 남자가 따라 오는 것을 알아차린 스티브는 갑자기 달리기 시작했다.)

➡ break into a sweat
The room was hot and crowded and I felt myself break into a sweat.
(방이 덥고 사람들이 너무 많아서 내가 갑자기 땀을 흘리고 있음을 느꼈다.)

➡ break into song
He had a marvellous voice and would sometimes break into a song while he was working.
(그는 훌륭한 목소리를 가지고 있어 일하는 동안 가끔씩 갑자기 노래를 부르곤 한다.)

break into sth (유사어 get into, move into)

if you break into a profession or an area of business, especially one that is difficult to succeed in, you manage to have some success in it

(노력한 후) ~의 세계(새 작업·지위·분야)로 들어가다, ~의 세계에서 일을 시작하다

Kevin had worked as an editor for ten years, and was now keen to break into management.
　　　　　　　　　　　　　　　　　　　　　　　　　　　　　　　　　　　　　sth
(케빈은 10년이나 편집장으로 일을 해 오고 있었고, 지금은 경영진의 세계에서 몹시 일을 하고 싶어 했다.)

He broke into movies as a child actor. (그는 아역으로 영화계에 들어갔다.)
　　　　　sth

➡ break into a market 으로도 쓰임
The firm now wants to break into US market. (그 회사는 현재 미국 시장에 진출하고 싶어 한다.)
　　　　　　　　　　　　　　　　sb

break into sth (유사어 hack into)

to use a computer to illegally get or change information that is on someone else's computer
(컴퓨터에서 불법적으로) 정보를 얻다, 컴퓨터로 정보를 얻으려고 침투하다

Kyle was arrested after breaking into computer networks in several states.
　　　　　　　　　　　　　　　　　　sth
(카일은 여러 주 정부의 컴퓨터 망을 침투한 후 체포되었다.)

A hacker broke into the computer and stole some important files.
　　　　　　　　　　　sth
(어떤 해커가 컴퓨터에 침입해서 중요한 자료 몇 가지를 훔쳐갔다.)

break into sth (유사어 dip into)

if you break into a sum of money that you have been saving, you start to spend it
(저금하고 있었던 돈을) 헐어 쓰다

Let me get the drinks — you don't want to break into fifty pound note.
                                                              sth
(내가 한잔 살게 — 네가 50파운드 지폐를 헐고 싶어 하지 않으니까.)

In order to pay for their daughter's wedding, they had to break into their savings.
                                                                              sth
(그들은 딸의 결혼식 비용을 지불하기 위하여 저금을 깨야 했다.)

> **break into** *sth*
>
> if you break into a container of food or a drink, you open it and start to eat or drink the contents
>
> (용기 속에 들어 있는 음식 · 마실 것을) 먹기[마시기] 시작하다

Let's break into a bottle of champagne to celebrate. (축배를 위해 샴페인을 마십시다.)
              sth
What do you think about breaking into another bottle? (한 병 더 마시면 어떨까?)
                                  sth

> **break into** *sth* (유사어 **disturb**) [Literacy]
>
> to interrupt what someone is doing, thinking, or saying, for example by entering the room, or starting to speak
>
> (이야기 · 대화 중에) 갑자기 뛰어들다

Hunter broke into their conversation. "It's David. He has been involved in some kind of accident."
              sth
(헌터가 갑자기 대화중에 뛰어들었다. "데이비드가 어떤 사고에 연루되었어요.")

Mary broke into our conversation to say she had to leave.
            sth
(마리는 우리 대화 중에 갑자기 뛰어들어 떠나야겠다고 말했다.)

break off

> **break off, break off** *sth*, **break** *sth* **off**
>
> if a part of something breaks off or if you break it off, it separates or is removed by force
>
> (부분적으로 꺾여) 떨어져 가다, 꺾어(찢어)내다, 끊다, 잘라내다

Ben broke off a piece of the chocolate and ate it. (벤은 초콜릿 한 쪽을 잘라 먹었다.)
              sth

It was a beautiful old jug, but the handle had broken off.
(아름답고 오래된 항아리인데 손잡이가 잘려 나갔네.)

I broke off a blossom and handed it to her. (나는 한 송이 꽃을 꺾어 그녀에게 건네주었다.)
          sth

> **break off, break off** *sth*, **break** *sth* **off**
>
> if talks between people, countries, etc. broke off, or something breaks them off, the talks stop suddenly before they have finished, especially because of a disagreement
>
> (의견 불일치로) (급하게 이야기를) 도중에서 그만두다.

She began to speak and then suddenly broke off and began to cry.
(그녀가 이야기를 시작했다고 생각한 순간 이야기를 멈추고 울기 시작했다.)

Russian authorities broke off talks with the Chechen gunman after they killed two hostages on Tuesday. (러시아 당국은 화요일에 두 명의 인질을 살해한 후 갑자기 체첸 무장군과의 회담을 중단했다.)

break off communication[contact, relation, etc.]
if you break off a relationship or an agreement, you end it
(상대방과의 관계·교섭·접촉)을 단절하다, 끊다, 그만두다, 절교하다

Men seem to be more skilled at breaking off a relationship than women.
(남성들이 여성들보다 인간관계를 단절하는 데 더 기술적인 것 같다.)

There had been an argument between the two brothers, and Ted had threatened to break off all communication. (두 형제간에 어떤 논쟁이 계속되고 있었고 테드는 모든 대화를 끊어버리겠다고 위협했다.)

➡ break off diplomatic relations 로도 쓰임
The US broke off diplomatic relation with Cuba. (미국은 쿠바와 외교적 관계를 단절했다.)

break off(with sb)
if you break off a romantic relationship with someone, you end it
(연인·약혼자와의) 결별하다, 파국이 되다, 파혼하다

Those two were engaged for almost a year, before they broke off.
(그 두 사람은 거의 1년 동안 약혼하고 살았으나 결국 파혼했다.)
I broke off with Sylvia over a simple quarrel. (사소한 말다툼 때문에 실비아와 헤어졌다.)

➡ break off 로도 쓰임
Keith became jealous of Angie's other friends, and in the end he broke off their engagement.
(키스는 앤지의 친구들을 질투하다가 결국 그들(Keith와 Angie)의 약혼을 깨 버렸다.)

➡ break it off 로도 쓰임
I'd been having some problems with my boyfriend for some time, so I broke it off in the summer. (나는 남자친구와 한동안 몇 가지 문제가 있어서 여름에 결별했다.)

break off sth(doing), break sth(doing) off, break off doing [BrE]
if you break off something that you are doing, you stop doing it suddenly
(~을) 도중에 그만두다, 예정보다 빨리 종결하다

Kulikov had to break off his holiday and return to Moscow to handle the crisis.
(쿨리코프는 휴가를 중지하고 위기를 해결하기 위해 모스크바로 돌아와야만 했다.)
He broke off studying and turned on the T.V. (그는 공부하던 것을 그만 두고 TV를 켰다.)

break out

break out
if something dangerous and unpleasant [e.g.war, disease, fire] breaks out, it suddenly starts
(사건·전쟁 등이) 발발하다, (불이 급히) 일어나다

Fireman fought for hours to control the fire, which had <u>broken out</u> on Wednesday night.
(소방수는 여러 시간 동안 불을 잡기 위해 애썼다. 그런데 그 불은 수요일 밤에 갑자기 일어났다.)

War <u>broke out</u> between the two tribes. (전쟁이 두 부족 사이에서 갑자기 발발했다.)

➡ <u>outbreak</u> (n)

(when war, fighting, fire, or disease suddenly start) (전쟁·싸움·불의) 발발, (전염병의) 발생

In 1832 there was a serious <u>outbreak of cholera</u> in New York City.
(1832년에 뉴욕에서 심한 콜레라가 발생하는 일이 있었다.)

> **break out**
>
> to escape from prison
>
> 탈출하다, 탈주[탈옥]하다

Two dangerous robbers had <u>broken out</u> of jail and murdered a police officer.
(위험한 강도 두 명이 감옥을 탈출해서 경찰 한 명을 살해했다.)

The surrounded soldiers finally <u>broke out</u> and escaped to their own lines.
(포위된 병사들이 마침내 탈출해서 자신들의 전선으로 도망했다.)

➡ <u>break-out</u> (n)

(an escape from prison) 탈주, 도피, 탈옥.

We debated whether to make our <u>break-out</u> on Christmas Eve.
(우리는 크리스마스이브에 탈출할 것인가 말 것인가를 의논했다.)

> **break out**
>
> if a noise breaks out, it begins suddenly
>
> (웃음·함성 소리가) 갑자기 나다, 쏟아지다

The concert ended and for a second there was silence before the applause <u>broke out</u>.
(콘서트가 끝이 나고 잠시의 침묵이 흐른 후 성원의 박수갈채가 쏟아졌다.)

As the candidate spoke, laughter <u>broke out</u> here and there in the audience.
(후보자가 연설할 때 청중들 속 여기저기에서 웃음소리가 터져 나왔다.)

> **break out**
>
> if you break out of a dull situation or a routine, you manage to change it or escape from it
>
> (일상·습관·금지된 상황에서) 벗어나다, 빠져 나오다

It's taken a long time to <u>break out</u> of my own conventional training.
(나는 나만의 상투적인 훈련 방법에서 벗어나는 데 오랜 시간이 걸렸다.)

We've got to <u>break out</u> of this vicious circle. (우리는 이 경제적 악순환에서 막 벗어나야 해.)

> **break out in spots(a rash, etc.)**
>
> if your skin breaks out in spots, a lot of spots suddenly start to appear on your skin, especially because of illness
>
> (발진 등이 피부에 갑자기) 나타나다

I can't go to the party. My face has <u>broken out in a rash</u>. (파티에 갈 수가 없어. 얼굴에 뾰루지가 났어.)

My arms and legs had broken out in a rash. (팔 다리에 발진이 났어.)

➡ spots[a rash, etc.] break out 으로도 쓰임
A rash broke out on my neck and face. (얼굴과 목에 발진이 났어.)

break out in a sweat

if you break out in a sweat, a sweat appears on your skin

갑자기 땀이 나다

When I heard a strange voice from the darkness, I broke out in a cold sweat.
(어둠속에서 이상한 소리를 들었을 때 식은땀이 쫙 흘렀다.)

The snake came slowly closer and closer and I broke out in a sweat.
(뱀이 천천히 점점 가까이 다가오기에 나는 진땀이 났다.)

break through

break through sth, break through

if you break through a barrier, you force your way through it

(장애물을) 쳐부수다, 두들겨 쪼개다, ~을 헤치고 나아가다, (구멍 따위를) 뚫다

Owen broke through the Italian defence and scored a great goal.
                           sth
(오웬은 이탈리아 팀의 수비벽을 뚫고 들어가 큰 점수를 냈다.)

After hours of digging the rescue team finally broke through and were able to get the child out.
(구조팀은 여러 시간 동안 땅을 판 후 구멍을 뚫고 아이를 꺼낼 수 있었다.)

break through, break through sth

if the sun breaks through the clouds, it becomes visible after being hidden by them

(햇빛이) ~의 (구름·안개) 사이에서 새대[나타나다]

At the moment the sun broke through, and the whole field was covered in light.
(그 순간 햇빛이 구름 사이에서 나와 온 들판을 빛으로 덮었다.)

As we neared the house, a light from a window broke through the trees.
                                                                   sth
(그 집에 가까이 갔을 때 유리창을 통해 한줄기 빛이 나무들 사이에서 비쳤다.)

➡ break through the clouds[mist] 로도 쓰임
By twelve o'clock it had stopped raining and the sun was just breaking through the clouds.
(12시가 될 때쯤 비는 멈추고 해가 구름사이에서 나타났다.)

break through

if the amount or number of something breaks through a particular level, it becomes higher than that level

(수치가) ~을 돌파하다, 그 이상이다

After the election, the level of unemployment broke through the 3 million mark.
(선거가 끝난 후 실업자 수치가 3백만을 초과했다.)

After only one year, our company's sales broke through the million-dollar level.
(겨우 일 년이 지났는데 우리 회사의 매상은 100만 달러를 돌파했다.)

break through sth, break through

if you break through a problem that prevents you from doing something, you find a way to deal with it or remove it

(문제 · 상황을) 극복하다, 타파하다

I broke through the poverty barrier and it was education that did it.
        sth
(나는 가난의 장벽을 극복했다. 그런데 그렇게 한 것은 바로 교육의 힘이었다.)

There is still scope for new writers to break through.
                                              sth
(아직도 새로 등단한 작가들이 극복해야 할 영역이 있다.)

break through [Literary]

if a quality or an emotion, etc. breaks through, it begins to appear or be noticed

(성격 · 감정 등이) 나타나다, 눈에 띄다

Sometimes the artistic impulses break through in your work.
(가끔 예술적 욕망이 당신의 작품에 나타난다.)

Even though the subject is a serious one, the writer's humor sometimes breaks through.
(소설의 주제가 아무리 심각한 것이라고 해도 작가의 유머감각은 가끔 나타난다.)

break up

break up sth, break sth up, break up

when something breaks up or when you break it up, it separates or is divided into several smaller parts

(~을 몇 개의 부분으로) 파괴하다, 분쇄하다, 산산조각이 나다

There is a real possibility that the ice caps at the North and South Poles will start breaking up and melting.   (남극과 북극에 있는 만년설이 부서지고 녹기 시작할 가능성이 사실로 존재한다.)

With an ax, I broke up the old sofa into several pieces.   (도끼로 낡은 소파를 몇 개의 조각으로 쪼갰다.)
                 sth

➡ break-up (n)

(when something breaks into smaller pieces or parts)
붕괴, 해산, 파괴

Accident investigators are still not sure what caused the break-up of the plane.
                                                            n
(사고 조사관들은 비행기 폭발의 원인이 무엇인지 아직 확인하지 못하고 있다.)

break up, break up sth, break sth up (유사어 spilt up)

if a marriage breaks up, or if two people who have a romantic relationship break up, their marriage or relationship ends

(부부 등을) 헤어지게 하다, (관계가) 깨어지다

Simon went to live in London when his marriage broke up and only saw his children at weekends.   (시몬은 결혼이 파경으로 끝났을 때 런던으로 이주하여 주말에만 겨우 아이들을 만났다.)

A difference of opinion broke up the partnership.   (의견 대립이 협력 관계를 무너뜨렸다.)
                                    sth

break up *sth*, break *sth* up

when you break up a fight, you stop the fight

(싸움 · 소요 등을) 해체하다, 해산시키다, 약화시키다, 분쇄하다

There was no way I could <u>break up</u> the fight of the two dogs.
sth
(두 마리 개가 싸우는데 말릴 수 있는 방법이 없었다.)

Ten people were injured in the fighting, which <u>was</u> eventually <u>broken up</u> by security forces.<수동>
(열 명의 사람들이 싸움에서 다쳤다. 그리고 결국 그 싸움은 안전요원들에 의해 정리되었다.)

➡ **break up a demonstration** 으로도 쓰임
Police use tear gas to <u>break up the demonstration</u>.   (경찰은 데모대를 해산시키기 위해 최루가스를 사용한다.)
sth

break up (반대어 **go back**) [BrE]

When schools or the pupils break up, the school term ends and the pupils start their holidays

(학교 · 대학교 · 학생) 장기간 휴가에 들어가다, 방학하다

Some schools have already <u>broken up</u>, but we've got another week.
(어떤 학교들은 이미 방학을 시작했고 우리 학교는 다음 주에 시작한다.)

Our school <u>breaks up</u> on the fifteenth. How about yours?   (우리 학교는 15일에 방학한다. 너의 학교는?)

➡ **break up for** 로도 쓰임
What date do you <u>break up for</u> the summer holidays?   (여름 방학이 시작하는 날짜는 언제니?)

break up, break up *sth*, break *sth* up

when a meeting or a gathering breaks up or when someone breaks it up, it is brought to an end and the people involved in it leave

(회의 · 파티 모임 · 논쟁) 끝내다

It was around six in the morning when the party finally <u>broke up</u>.
(마침내 파티가 끝났을 때는 아침 6시경이었다.)

The meeting <u>broke up</u> and we still hadn't reached an agreement.
(회의는 끝났음에도 불구하고 우리는 의견 일치를 못 보고 있었다.)

break up, break up *sth*, break *sth* up (유사어 **split up**)

if an organization or a country, etc. breaks up or is broken up, it is divided into several separate parts

(조직체 · 나라가) 몇 개로 나누이다, 해체되다

Since the Soviet Union <u>broke up</u>, Belarus has had a hard time economically.
(구 소련연방이 해체된 후 벨라루스는 경제적으로 어려움을 겪고 있었다.)

One way of creating more competition would be to <u>break up</u> and sell off the big state-owned companies.
(경쟁력을 한층 더 창출하기 위한 한 가지 방법은 대규모 정부 소유의 회사들을 해체해서 싸게 파는 방법이 되어야 할 것이다.)

break up, break up *sth*, break *sth* up

if you break up with your boyfriend, girlfriend, husband, or wife, your relationship with that person ends

(~가 원인이 되어) (사람과의) 관계를 끊다, 이별하다, 헤어지다

B

One of the things that causes families to <u>break up</u> is financial pressure.
(가정이 붕괴되는 한 가지 원인은 재정 압박이다.)
Sue and I <u>broke up</u> over a silly quarrel. (수와 나는 바보 같은 언쟁 때문에 헤어졌다.)

➡ <u>break-up</u> (n)
   (when two people end a romantic relationship, a breakup occurs) 헤어짐, 이별
Nancy is very upset about the <u>breakup</u>. (낸시는 이별 때문에 당황했다.)
                                        n

> **break up** *sth*, **break** *sth* **up**
> to make something such as a journey seem less long and boring by doing something different in the middle of it
> (놀이·여행 등에 변화를 주어) 단조로움에서 벗어나다, ~을 재미있게 하다

We stopped off in Cambridge in order to <u>break up</u> <u>the journey</u>.
                                                              sth
(우리는 여행의 지루함에서 벗어나기 위해 캠브리지에서 잠깐 머물렀다.)
From time to time, I played computer games to <u>break up</u> <u>the monotony of my hospital stay</u>.
                                                                                                   sth
(이따금 병원생활의 지루함에서 벗어나기 위해 나는 컴퓨터 게임을 했다.)

> **break** *sth* **up**, **break up** *sth*
> if you break up something that is all one color or one pattern, you add new colors or patterns to make it more interesting
> (색·형태·형식에 변화를 주어) 변화가 생기다

The huge lawns at Barnsley House <u>are broken up</u> by the clever planting of shrubs and trees. <수동>
(반즐리 저택의 광대한 잔디밭에 몇 그루의 관목과 또 다른 나무를 보기 좋게 심어 단조로움에 변화를 주었다.)
I hung a picture to <u>break up</u> <u>the bareness</u> of this wall. (나는 덩그렇게 빈 이 벽에 그림 한 장을 걸었다.)
                                       sth

> **break** *sb* **up**, **break up** (유사어 **crack up**)
> if something breaks someone up, it causes them to lose control and begin to laugh
> 포복절도하다, 폭소하다

He really <u>broke me up</u> with that story about the alligator. (그는 악어에 관한 이야기로 나를 너무 웃겼다.)
             sb
I <u>broke up</u> when I heard that story. (그 이야기를 들었을 때 나는 포복절도했다.)

brighten

vt. ① 반짝이게 하다, 빛내다 ② 밝게 하다 ③ 상쾌[쾌활]하게 하다, 유망하게 하다, 원기 있게 하다, 행복하게 하다(up)
vi. ① 반짝이다, 빛나다, 밝아지다 ② 개다 ③ 쾌활[유쾌]해지다, 명랑한 기분이 되다(up) ④ 행복해지다

brighten up

brighten up *sth*, **brighten** *sth* **up** (유사어 **cheer up**)
to make somewhere more attracitve, often by adding colors

(장소를) 화려하게 하다, 밝게 하다

A warm pink or yellow color will brighten up a dark room.
　　　　　　　　　　　　　　　　　　　　　　　　　sth
(따뜻한 분홍색이나 노란색은 어두운 방을 밝게 할 것이다.)

Jane brightened up her apartment with a new rug and some colorful pictures.
　　　　　　　　　　sth
(제인은 새 깔개와 몇 개의 화려한 그림으로 자신의 아파트를 화려하게 장식했다.)

➡ brighten the place up 으로도 쓰임
I thought new curtains would brighten a dark room up. (새 커튼이 어두운 방을 밝게 해 줄 것이라고 생각해.)

brighten up, **brighten** *sth* **up**
someone or something that brightens up a situation makes it more pleasant and enjoyable

(분위기를) 밝게 하다, (분위기가) 밝아지다

She brightened up as soon as she saw us. (그녀는 우리를 보자마자 얼굴의 분위기가 밝아졌다.)
This party is getting dull. Some lively music should brighten things up.
　　　　　　　　　　　　　　　　　　　　　　　　　　　　　　　　　　sth
(파티가 지루해지네요. 경쾌한 음악이라도 있으면 분위기가 밝아질 텐데.)

brighten up (유사어 **cheer up**)
if the weather brightens up, it becomes clearer and sunnier

(하늘·일기가) 개이다, 밝아지다 (유사어 clear up)

If the weather brightens up, we could walk down the beach.
(만일 날씨가 갠다면 바닷가로 산책할 수 있을 텐데.)
The sky brightened up a bit following the storm. (폭풍우가 지나간 후 하늘이 조금 개였다.)

brighten up *sth*, **brighten** *sb* **up**
to make a period of time or a situation happier for someone

(즐겁고 행복한 기간·상황으로) 활기를 부여하다, 생기를 불어넣다, 힘이 나다

Natalie brightened up his life and make him feel young again.
　　　　　　　　　　　sth
(나탈리는 그의 삶에 생기를 불어넣어서 그에게 다시 젊음을 느끼게 해 주었다.)
Give her some candy and flowers. That will brighten her up.
　　　　　　　　　　　　　　　　　　　　　　　　　　　　sb
(그녀에게 캔디와 꽃을 선물해. 그러면 그녀는 활기를 얻게 될 걸.)

bring

vt. ① (물건을) 가져오다, (사람을) 데려오다 ② 오게 하다. ③ (상태·현상 따위를) 초래하다, 일으키다 ④ 생각나게 하다 ⑤ 하도록 하다, 이끌다 ⑥ [흔히 부정문·의문문] ~할 마음이 생기게 하다 ⑦ (이유·증거 따위를) 게시하다, [법] 소송을 제기하다, 일으키다(against, for) ⑧ (이익·수입 따위를) 가져오다, 올리다, (얼마로) 팔리다

bring about

bring about *sth*, **bring** *sth* **about** (유사어 **cause**)
to bring something about means to cause it to happen

(변화를) 일으키다, (~보다 나은 상태로) 가져오다

The computer has <u>brought about a change</u> in the world economy. (컴퓨터는 세계 경제에 큰 변화를 일으켰다.)
　　　　　　　　　　　　　sth

Great improvements in public health have <u>been brought about</u> by advances in medical science.
<수동>　(의학 발전으로 공중 보건에 여러 가지 대단한 개선이 이루어졌다.)

bring along

bring along *sb/sth*, **bring** *sb/sth* **along**
if you bring someone or something along, you bring them with you when you come to a place

데리고[가지고] 오다

The exhibition is open to people of all ages, so <u>bring along your family</u> and friends.
　　　　　　　　　　　　　　　　　　　　　　　　　　　　　　sb
(전시회는 어느 연령에게나 공개된다. 그러니까 너의 가족과 친구들을 데려와.)

We'd like to see your designs for the new theater, so <u>bring them along</u> to the interview on Friday.
　　　　　　　　　　　　　　　　　　　　　　　　　　　　　　sth
(새로운 극장을 위한 당신의 설계도를 우리는 보고 싶습니다. 금요일 면담 때 그 설계도들을 가져오십시오.)

bring along *sb/sth*, **bring** *sb/sth* **along** (유사어 **bring on**) [AmE]
to train or help a person, a team, etc. so that they become better at something

(학생·선수·학업·실력 등을) 향상시키다

"Our plan was to <u>bring this team along</u> slowly." said UCLA coach Andy.
　　　　　　　　　　sth
("우리 계획은 이 팀의 실력을 서서히 향상시키는 것이다."라고 UCLA코치 앤디가 말했다.)

A coach must improve the skill of veteran athletes while <u>bringing along new players</u>.
　　　　　　　　　　　　　　　　　　　　　　　　　　　　　　　　　　　sb
(코치란 젊은 선수들을 육성하면서 한편으로는 고참 선수들의 기량을 향상시키지 않으면 안 된다.)

bring around[round]

bring *sth/sb* **around**, **bring** *sth/sb* **round**, **bring around** *sth/sb*, **bring round** *sth/sb*
to bring something or someone to someone else's house, when it is not far away

~을 데리고 가다, ~을 가져다주다

Bring your brother around to my house sometime. I'd like to meet him.
  sb
(언젠가 네 동생을 우리 집에 데려와. 내가 만나고 싶어.)

I'll bring that CD round for you to listen to tomorrow. (네가 내일 들을 수 있도록 CD 가져다 줄게.)
       sth

bring *sb* **around[round]** (유사어 **win over**)

to persuade someone to agree with you or to do what you want them to do

~을 납득시키다, 설득시키다

At first Joanna was unwilling to support the campaign, but in the end his arguments brought her
                                                                                              sb
around. (처음 조안나는 그 캠페인을 지지하려 하지 않았으나 결국 그의 논의가 그녀를 설득시켰다.)

I tried to bring her around to my way of thinking. (내 생각에 동조하도록 그녀를 설득시키려 했다.)
            sb

bring *sth* **around[round], bring around[round]** *sth*

to move among a group of people and give them something or take something from them especially when serving them with food and drinks

(음식물・음료 등을) 나누어 주다

A waiter will be bringing around the drinks in just a few minutes.
                                 sth
(웨이터가 잠시 후면 마실 것을 가져올 것이다.)

They usually bring round a collection box during the last hymn.
                         sth
(그들은 항상 마지막 찬송 중에 모금함을 나누어 준다.)

bring *sb* **around[round]** (**around**는 미국에서 **round**는 영국에서 흔히 씀)**, bring around** *sb*

if someone is unconscious and bring them round, you make them conscious again

의식(건강)을 회복시키다

Amy had fainted, but we managed to bring her around with cold water.
                                            sb
(에이미는 기절했으나 우리는 찬물로 그녀의 의식을 간신히 깨웠다.)

The doctor was able to bring around several people who had lost consciousness.
                                    sb
(그 의사는 의식을 잃은 여러 사람들의 의식을 회복시킬 수 있었다.)

bring back

bring back *sth*, **bring** *sth* **back**

to make someone remember or think about something from the past

(기억을) 상기시키다, (지난 일을) 기억하다

This photograph brings back happy memories. (이 사진은 행복했던 기억들을 되살려준다.)
                            sth

61

Hearing that song always brought back sweet memories of a certain night in Santa Cruz.
                                                                    sth
(그 노래를 들으니까 산타크루즈에서의 어떤 밤의 달콤한 기억들이 되살아났다.)

➡ bring it all back 으로도 쓰임

"The film brought it all back to me," said 78-year old Jack Riley, who had fought in the war himself as a young man.
("그 영화는 나에게 옛날 기억을 되살려 주었어."라고 78세 된 잭 라일리는 말했다. 그는 젊었을 적 전쟁 전투경험이 있다.)

> **bring back** *sth/sb*, **bring** *sth/sb* **back**
>
> when you take something to another place and then bring it from that place to the place where you were before, you bring it back
>
> (사물을 원래 장소 · 상태로) 되돌리다, 되돌아가다[오다], 돌려보내다

Bring the books back when you have finished with them. (책을 다 읽었으면 다시 돌려줄래.)
     sth
May I borrow your pen? I'll bring it back tomorrow. (펜 좀 빌려 줄래? 내일 되돌려 줄게.)
                              sth

> **bring back** *sth*, **bring** *sth* **back** (유사어 **restore** [formal])
>
> to start to have or use a law, a system, or a method, etc. that was used in the past but has not been used recently
>
> (법률 · 제도 등을) 부활시키다

They're bringing back the old electric trams to help solve the city's public transport problems.
                     sth
(그들은 도시 대중교통 수단 문제를 해결하는 데 도움이 되려고 옛날 전차제도를 부활시키고 있다.)

The Conservative candidate wants to bring back the death penalty.
                                                sth
(보수당 후보는 사형 제도를 부활시키기를 원한다.)

> **bring back** *sth*, **bring** *sth* **back** (유사어 **restore** [formal])
>
> to make a feeling or a quality begin to exist again in a place or a situation, etc.
>
> (장소 · 상태에) 되돌려 주다, 반환하다

It was hoped that the agreement would bring peace back to the streets of Beirut.
                                             sth
(그 협정이 베이루트 거리에 평화를 되돌려 주었으면 하는 희망이었다.)

A contest should bring back excitement to heavyweight boxing.
                            sth
(경기는 헤비급 권투 시합에 흥분을 불러 일으켜야 한다.)

> **bring back** *sth*, **bring** *sth* **back** (유사어 **return**)
>
> to return something to the shop where you bought it, because you are not satisfied with it or you want to exchange it for something else
>
> 반환하다, 반품하다

If you don't like it, you can always bring it back. (네가 그 물건이 싫으면 (상점에) 언제나 다시 돌려줄 수 있어.)
                                          sth

Sally bought a blue sweater and brought it back yesterday.
_{sth}

(샐리는 푸른색 스웨터 하나를 샀는데 어제 반품했다.)

bring sb back, bring back sb

to make someone who just died become alive again

(사람을) 되살리다

You must forget about her. - No amount of grieving will bring her back.
_{sb}

(그녀에 대한 것은 잊어버려야만 해. 아무리 슬퍼해도 그녀는 다시 살아 돌아올 수가 없어.)

I wish she would recognize the fact that Albert is dead and gone, and nothing can ever bring him back.
_{sb}

(그녀가 앨버트는 죽어서 하늘나라로 가고 없다는 사실을 인정하고 어떤 것도 그를 다시 살릴 수 없음을 알았으면 좋겠다.)

bring down

bring down sth, bring sth down (유사어 **reduce, cut**)

to reduce the number, amount, price, or level of something

(수·양·값·수준)을 내리다, ~을 하락시키다

Clinton succeeded in bringing down the number of unemployed.
_{sth}

(클린턴은 실업자의 수를 줄이는 데 성공했다.)

Competition between airlines has brought down fares dramatically.
_{sth}

(항공사들의 경쟁이 항공요금을 극적으로 하락시켰다.)

➡ bring sth down to 로도 쓰임
Our aim is to bring inflation down to 2.5%. (우리의 목표는 인플레이션을 2.5%로 낮추는 것이다.)
_{sth}

bring down sb/sth, bring sb/sth down (유사어 **topple**)

to cause people in position of power[e.g. government, president] to lose their position

(사람·조직 등을) 타도하다, 실각시키다, (정권 등을) 전복시키다

The Watergate scandal caused a political crisis and finally brought down President Nixon.
_{sb}

(워터게이트 사건은 정치적 위기의 원인이 되었고 결국 닉슨 대통령을 실각시켰다.)

A defeat on this issue could bring down the government. (이 논쟁에서의 패배가 정부를 전복시킬 수 있다.)
_{sth}

bring down sth, bring sth down (유사어 **shoot down**)

to shoot at a plane, a bird, or an animal and make it fall to the ground

(나는 새나 비행기 등을) 쏘아 (땅에) 떨어뜨리다

I held my rifle steady and brought down the stag with my second shot.
_{sth}

(나는 천천히 총을 잡고는 두 번째 총알로 수사슴을 쏘아 쓰러뜨렸다.)

A F117 bomber had been brought down by a Serb ground-to-air missile.<수동>
(F117 폭격기 한 대가 세르비아 지대공 미사일에 의해 격추된 일이 있다.)

bring down *sth*, **bring** *sth* **down**

to shoot at an airplane, a bird or an animal so that it falls to the ground

(비행기 · 새 · 동물을) 총으로 쏘아 떨어뜨리다

Our pilots brought down five enemy planes. (우리 군의 파일럿이 적기 5대를 떨어뜨렸다.)
                    sth
The hunter brought down a deer. (사냥꾼은 사슴 한 마리를 쏘아 쓰러뜨렸다.)
                        sth

bring down *sb*, **bring** *sb* **down**

to make someone fall to the ground by holding onto them, kicking them, or pushing them especially in a game such as football

(경기 중 사람을 밀거나 · 발로 차고 · 잡고 하면서) (사람을) 땅에 쓰러뜨리다

The goalkeeper had brought down Evans on the edge of the penalty area.
                                    sb
(골키퍼는 페널티 지역 끝에서 에반스를 쓰러 넘어뜨렸다.)
He ran after his attacker and managed to bring him down. (그는 공격하는 상대방을 쫓아가 겨우 넘어뜨렸다.)
                                                sb

bring forward

bring forward *sth*, **bring** *sth* **forward**

to change the date or time of something so that something happens sooner than was originally planned

(시간을) 앞당기다, 빨리 끝나다

There are urgent matters to discuss, so we have to decide to bring forward the date of our next
                                                                            sth
meeting. (급하게 논의할 문제들이 생겨서 다음 회의 날짜를 앞당기기로 결정해야 해.)
The election will be brought forward to June as so many people are on holiday in July.<수동>
(7월에 많은 사람들이 휴가를 가기 때문에 선거는 6월초로 앞당겨질 거야.)

➡ be brought forward to 로도 쓰임
The wedding has been brought forward to the first Saturday in June.
(결혼식은 6월 첫째 주 토요일로 앞당겨졌다.)

bring forward *sth*, **bring** *sth* **forward** (유사어 **put forward, propose**)

to introduce or suggest a new plan or idea

(문제 · 제안 · 조건 등을) (회의에) 상정하다, 제안하다

The government has brought forward a set of proposal to deal with juvenile crime.
                        sth
(정부는 청소년 범죄를 다루기 위해 일련의 제안을 상정했다.)

One member brought forward a proposal to increase the club dues.
                    sth
(한 회원이 회비 인상안을 제안하였다.)

➡ **bring forward legislation[plans, political reform, etc.]** 으로도 쓰임

Gorbachev <u>brought forward political reform</u> in the former Soviet Union.
_{sth}
(구소련 연방 때 고르바초프는 정치개혁을 제안했다.)

bring forward *sth*, bring *sth* forward [Technical]

to move the total from one set of calculation onto the next page, so that more calculating can be done

(부기·장부를) 이월 처리하다

Your total is wrong. You forgot to <u>bring forward 150</u> from the previous page.
_{sth}
(합계가 틀려. 앞 페이지에서 150을 이월처리 하는 것을 잊었어.)

Mark the total at the top of the page "<u>brought forward</u>."<수동>
(그 페이지 위에 있는 총합계에 "이월"이라고 표시해.)

bring in

bring in *sth*

to earn a particular amount or produce a particular amount of profit

(~의 이익)을 올리다, 이익이 나다

Paul <u>brings in about $800</u> a month from his job at the local hospital.
_{sth}
(폴은 시골병원에서 일을 하면서 한 달에 약 800달러의 수입을 올린다.)

Tourism is a big industry, <u>bringing in £7 billion</u> a year.
_{sth}
(관광사업은 1년에 70억 파운드의 이익을 내는 큰 사업이다.)

bring in *sth*, bring *sth* in (유사어 **introduce**)

if a government or an organization brings in something new [e.g. law, rule, system, method] they make it exist for the first time

(법안·제도 등을) 도입하다, 규정하다, 정하다, 소개하다

The Liberals want to <u>bring in a new law</u> banning all guns.
_{sth}
(자유당은 모든 무기를 금지하는 새로운 법안을 도입하려고 한다.)

Hoping to <u>bring in some fresh ideas</u>, I invited Mr. Jones to join our discussion tonight.
_{sth}
(새로운 아이디어를 도입할 것을 희망하면서 나는 존스씨를 우리 토론회에 합류하도록 초대해 두었다.)

bring in *sb*, bring *sb* in (유사어 **call in**)

if you bring someone in, you ask team to take part in an activity

(사람을) 고용하다, 참가시키다, 원조자로 끌어들이다

They <u>brought in a team of experts</u> to investigate the causes of the accident.
_{sb}
(그들은 전문가 팀을 그 사고의 원인을 조사하도록 참가시켰다.)

The council are pleased with the results of <u>bringing ordinary citizens in</u> on local library planning.
sb

(의회는 지방 도서관 계획에 일반시민을 참여시킨 결과에 만족하고 있다.)

➡ <u>bring in on</u> 으로도 쓰임

When local police failed to find the killer, the FBI was <u>brought in on</u> the case.
(지방 경찰이 그 살해범을 체포에 실패하였을 때 FBI가 합류했다.)

> **bring in** *sth/sb*, **bring** *sth/sb* **in**
>
> to attract new business, trade, customers, etc.
>
> (새 사업 · 고객 등을) 매혹시키다, 끌어당기다

The bank's offer of free financial advice has <u>brought in the thousands of customers</u>.
sb

(무료로 재정 상담을 해 준다는 은행의 제안이 많은 고객들을 매혹시켰다.)

Generally speaking, action series <u>bring in more viewers</u> than talk shows.
sb

(일반적으로 토크쇼보다 액션 시리즈가 시청자들을 더 많이 매혹시킨다.)

> **bring in** *sth*, **bring** *sth* **in(to)**
>
> to include or mention something in a piece of writing or a speech, especially for a particular purpose
>
> (~을 이야기 · 논의의 장 등에서) 인용하다

Try to <u>bring in a few quotations</u> from Shakespeare's play to illustrate the points you are making.
sth

(너의 대사의 요점을 설명하기 위해 셰익스피어 희곡의 대사를 인용하도록 해봐.)

One cannot write about marriage without <u>bringing in the subject of money</u>.
sth

(어떤 사람도 돈의 문제를 거론하지 않고는 결혼에 대해 글을 쓸 수 없다.)

bring off

> **bring off** *sth*, **bring** *sth* **off** (유사어 **pull off, carry off**)
>
> to succeed in doing something difficult
>
> (어려운 일을) 훌륭하게 해 내다

It was an amazing victory, and the whole team <u>brought it off</u> together by training incredibly hard.
sth

(그것은 놀라운 승리였다. 전 팀원이 엄청나게 열심히 훈련을 하면서 함께 이루어 낸 승리였다.)

Jim was pleased when he <u>brought off</u> a seemingly hopeless attempt.
sth

(짐은 전혀 가망이 없어 보이는 일을 훌륭하게 해냈을 때 만족했다.)

bring up

> **bring up** *sb*, **bring** *sb* **up** (유사어 **raise**)
>
> to look after a child and educate them until they are old enough to look after themselves
>
> (아이들을) 가르치다, 양육하다

After Ben's mother died when he was three, he was brought up by his grandmother.<수동>
(벤이 세 살이었을 때 엄마는 돌아가시고 그 뒤 할머니 손에서 자랐다.)

Tony was brought up strictly.<수동>　(토니는 엄격하게 자랐다.)

➡ be brought up to do sth 으로도 쓰임
In my day children were brought up to respect the law.　(내가 어릴 때 어린이들은 법을 준수하도록 배웠다.)

➡ upbringing (n)
(the way that parents treat their children and the things they teach them while they are growing up) 가정교육, (유년기의) 양육
Mike had a very strict upbringing.　(마이크는 대단히 엄격한 가정교육을 받았어.)
　　　　　　　　　　　n

bring up sth, **bring** sth **up** (유사어 **raise**)
to mention a subject or start to talk about it
　　　　　　　　　　　　　　　　　~을 화제로 올리다, ~을 화제로 내놓다, (의제 · 문제 등을) 문제 삼다

When talking to my father, don't bring up the subject of religion.
　　　　　　　　　　　　　　　　　　　　　　sth
(우리 아버지와 이야기할 때 종교 문제는 언급하지마.)
I shall bring this question up at the next meeting.　(다음 회의 때 이 문제를 화제로 올리겠다.)
　　　　　　　sth

bring up sth, **bring** sth **up** (유사어 **vomit, throw up, spew up**) [BrE]
to vomit
　　　　　　　　　　　　　　　　　　　　　　　　　　　　(먹은 것을) 토하다, 구토하다

She rushed to the toilet and started bringing up her breakfast.
　　　　　　　　　　　　　　　　　　　　　　　　sth
(그녀는 화장실로 뛰어가 아침 먹은 것을 토하기 시작했다.)
I had some toast, but brought it up again soon after.　(토스트 몇 조각을 먹고 나서 곧 몇 번이고 토했다.)
　　　　　　　　　　　　sth

bring sb **up, bring up** sb
to charge someone with a crime and make them appear before a court of law
　　　　　　　　　　　　　　　　　　　　　　　　　(사람을) 재판에 기소하다, 출두시키다

The two men were brought up before the courts on charges of receiving stolen goods.<수동>
(두 남자가 훔친 물건을 사들인 죄로 고발되어 법정 앞에 출두했다.)
The public prosecutor brought up Louie on suspicion of armed robbery.
　　　　　　　　　　　　　　　　sb
(검찰관은 루이를 무장 강도 혐의로 재판에 기소했다.)

brush

vt. ① ~에 손질을 하다, 털다, ~을 닦다 ② (솔 · 손으로) 털어버리다, 털어내다(away, off) ③ (페인트 등을) (벽 등에) 칠하다 ④ ~을 스치고 지나다, 스치다 ⑤ ((미북부)) 잡초를 쳐서 길을 내다
vi. ① 이를 닦다, 머리를 빗다 ② (먼지 따위가) (솔질로) 떨어지다(off) ③ (~을) 스치다(across,

against, over) ④ (문제 등에) 가볍게 언급하다(over) ⑤ 스치고 지나가다, 질주하다, 지나갔다 ⑥ ((미속)) 싸우다, 해치우다

brush aside

brush aside sth, **brush** sth **aside** (유사어 **ignore, dismiss**)
to refuse to consider a suggestion or demand because it seems unimportant or you do not agree with it

(제안·요구 등을) 거절하다, 무시하다

Uncle Max <u>brushed aside all suggestions</u> that he was not well enough to go.
                                      sth
(맥스 아저씨는 떠나시기엔 건강이 좋지 않다는 모든 암시들을 무시했다.)

Did she lie to me? It was a ridiculous idea. I <u>brushed it aside</u>.
                                                       sth
(그녀가 나에게 거짓말을 했다고? 어리석은 생각이야. 나는 거짓말을 무시했거든.)

➡ **be brushed aside as impossible[unimportant, etc.]** 으로도 쓰임
Several of us had some doubts, but these <u>were brushed aside as unimportant</u>.
(우리 중 몇 사람이 의심을 가졌으나 그 의심들이 별로 중요치 않아서 무시되었다.)

brush sb/sth **aside, brush aside** sb/sth
to refuse to listen to someone, because you do not think that what they are saying is important to correct

(말을) 들으려고 하지 않다, 거절하다

Corbett opened his mouth to speak, but Bruce <u>brushed him aside</u> with a wave of his hand.
                                                                 sb
(코베트가 말을 하려고 입을 열자 브루스는 손을 흔들면서 들으려고 하지 않았다.)

You can't just <u>brush aside people's complaints</u> like that. (너는 그런 식으로 사람들의 불평을 무시해서는 안 돼.)
                                                    sth

brush off

brush off sth, **brush** sth **off** (유사어 **brush aside**)
to refuse to listen to someone or their ideas, especially by ignoring them or saying something rude

(충고·제안 등을) 무시하다

The secretary <u>brushed off questions</u> about her personal finances.
                                          sth
(그 비서는 자신의 개인적인 재정 사정에 대한 여러 질문을 무시했다.)

You can't just <u>brush this note off</u>! Your life is being threatened!
                              sth
(너는 이 메모를 가볍게 무시해서는 안 되지. 너의 생명에 관계되는 협박이니까.)

➡ <u>brush-off</u> (n)

(if someone gives you the brush-off, they refuse to listen to you or pay attention to you)
무시, 무관심

If you write to and complain about the standard of service, you'll only get the <u>brush-off</u>.
　　　n
(만일에 서비스 수준에 대해 편지를 쓰고 불평을 한다면 당신은 무시만 당할 것입니다.)

brush sb off, brush off sb

to end a relationship with someone in a way that show you do not care about them or their feeling

(사람과의) 관계를 끊다, 갑자기 쫓아버리다, 괄시하다, 거들떠보지 않다

There's some guy waiting to see me. As soon as I <u>brush him off</u>, let's go to dinner.
　　　　　　　　　　　　　　　　　　　　　　　　　　　　　sb
(나를 보고 싶어서 기다리는 남자가 있어. 빨리 쫓아 버리고 저녁 먹으러 가자.)

If she <u>brushed off a rich man</u> like him, she's sure not a gold digger.
　　　　　　　　　sb
(그녀가 그 남자 같이 돈이 많은 남자를 거들떠보지 않는다면 절대로 재산을 목적으로 남자를 선택하는 여자가 아닌 것은 확실해.)

➡ <u>give sb the brush-off</u> 로도 쓰임 [BrE]

(to ignore someone or make it clear that you do not want their friendship, invitation, etc.)
퇴짜놓다, 거절하다

The boss just <u>gave me the brush-off</u> when I tried to give him some advice.
　　　　　　　　　　　　　　n
(사장은 내가 그에게 몇 마디 충고를 하려고 했을 때 간단히 거절했다.)

brush oneself off, brush sth off, brush off sth (유사어 **brush yourself down** [BrE])

to remove dirt or dust from your clothes using a brush

(솔로 먼지 따위를) 털다

She got up, <u>brushed herself off</u>, and got back on her bicycle.
　　　　　　　　　　　oneself
(그녀는 먼지를 털고 일어나 자전거를 타고 돌아갔다.)

Let me <u>brush the lint off</u> your coat.　(너의 코트에서 실고물을 떼어 줄게.)
　　　　　　sth

She <u>brushed off the seat of the chair</u> with her handkerchief and sat down.
　　　　　　　　sth
(그녀는 손수건으로 의자의 먼지를 털고 앉았다.)

brush up

brush up(on) sth, brush sth up

to quickly practice and improve your skills or knowledge

(기술을) 연마하다, 공부를 다시하다

If you are thinking about job change, <u>brushing up on computer skills</u> can be important.
　　　　　　　　　　　　　　　　　　　　　　　　　　　sth
(네가 직업을 바꾸려고 생각하고 있다면 컴퓨터 다루는 기술을 다시 공부하는 것이 중요할 수 있어.)

England's players have just three days to brush up their technique before the next game.
                                                              sth
(영국 선수들은 다음 게임 전에 기술을 연습하는 데 겨우 사흘의 시간만을 가질 뿐이다.)

bubble

vt. ① 거품 일게 하다 ② ((고)) ~을 속이다
vi. ① 거품 일다, 끓다 ② 부글부글 소리를 내다, (샘 따위가) 솟다, (실개천이) 거품을 내며 흐르다 (out, up) ③ (아이디어 따위가) 넘치다, (기쁨·노여움 따위로) 들끓다, 흥분하다, (신명이 나서) 떠들다

bubble over with

be bubbling over with excitement[enthusiasm]
to be very exited and enthusiastic

(흥분·행복감으로) 벅차오르다

The new bride was bubbling over with happiness. (새 신부는 행복감으로 벅차오르고 있었다.)

She was absolutely bubbling over with excitement when I spoke to her.
(내가 그녀에게 말했을 때 그녀는 정말로 흥분에 벅차 있었다.)

be bubbling with ideas[suggestion]
to have a lot of ideas or suggestions about something

여러 가지 아이디어가 떠올라 제안을 하다

Mrs. Finch was most enthusiastic and bubbling over with suggestions.
(핀치 부인이 가장 열성적이고 여러 가지 제안을 하고 있었다.)

It was an excellent meeting; everyone was bubbling over with ideas.
(그 모임은 굉장했어. 모두 아이디어를 분출하고 있었어.)

build

vt. ① 세우다, 건축[건조·건설]하다, (도로·철도 따위를) 부설하다 ② (기계 따위를) 조립하다, (둥지를) 짓다, (불을) 일으키다 ③ 짜 맞추다, 만들어 넣다[붙이다](into) ④ 수립하다, 확립하다, (사업·재산·명성 등을) 쌓아 올리다 ⑤ (의론·주장을) 내세우다, (기대 따위를) 걸다(on) ⑥ [수동태] (성질·체격이) 되어 있다 ⑦ (성격을) 도와 훈련하다, 가르치다 ⑧ (게임에서) 글자로 (낱말을) 만들다 ⑨ ((미속)) 봉으로 만들다, 과장하다, 예언하다, 날조하다
vi. ① 건축[건조]하다, 건축[건설]사업에 종사하다 ② (be ~ing의 형태) 건축 중이다 ③ 기대하다, 의지하다(on, upon), ~을 원금[밑천]으로 하다(on)

유사단어

build: '건립하다'라는 뜻의 가장 일반적인 말 (집, 공장, 배 등)
    More homes are being built near the lake. 〈수동〉 (호숫가에 점점 많은 집들이 건설되고 있다.)

construct: '다각도로 머리를 짜내어 건조하다'의 뜻으로 (큰 건물, 다리, 도로 등)
　　Right now they're constructing another runaway.　(지금 현재 그들은 또 하나의 활주로를 건설 중이다.)
put up: build에 해당하는 구어적인 말(벽, 건물, 물건 등)을 세우다
　　The developers plan to put up a 15-storey office building.　(개발업자들은 15층짜리 오피스빌딩을 세울 계획이다.)

build in

build in *sth*, **build** *sth* **in** (유사어 **incorporate**)
if you build in an idea or some information, you include it as part of a large plan
　　　　　　　　　　　　　　　　　　　　　(생각 · 정보 등이) (떨어질 수 없는) 하나의 요소가 되다

The difficulties seem to <u>be built in</u>.<수동>　(그 여러 가지 장애요인들이 원래는 하나의 원인인 것 같다.)
All of our contracts have an escape clause <u>built in</u>.<수동>
(우리의 모든 계약서에는 면책 조항이 포함되어 있다.)

➡ <u>built-in, inbuilt</u> (a) [BrE]
　(A quality that is inbuilt in a person or a thing is one that they have from the time they were born or produced)　타고난 성질의, 본래 형태의
The child has got an <u>inbuilt</u> feeling of inferiority.　(그 어린이는 열등감을 태어나면서 가지고 있다.)
　　　　　　　　　　　a

build in *sth*, **build** *sth* **in** (유사어 **be fitted**)
to make something so that it is a permanent part of a wall, a room, etc.
　　　　　　　　　　　　　　　　　　　　　　　　　(가구 등을) (벽에) 붙박이로 짜 넣다

We're going to have <u>built in</u> <u>cupboards</u> in the bedrooms.　(우리는 침실에 붙박이 찬장을 짜 넣으려고 한다.)
　　　　　　　　　　　　　　sth

The kitchen cupboards <u>are built in</u>, and so are the cooker and fridge.<수동>
(부엌 찬장은 붙박이다. 또 요리기구, 냉장고도 마찬가지다.)

➡ <u>built in</u> (a)
　(forming a part of something that cannot be separated from it)　박아 넣은, 붙박이로 맞추어 넣은
The car has central locking with a <u>built-in</u> alarm system.
　　　　　　　　　　　　　　　　　　　　a
(그 차는 붙박이 경고 시스템으로 된 중앙 잠금장치가 있다.)

build on[upon]

build *sth* **on[upon]** (유사어 **base on**), **build on** *sth*
to base something that you do on a particular idea, principle, aim, etc. which strongly influences you
　　　　　　　　　　　　　　　　　　(특별한 생각 · 원리 · 목적 등에) ~에 의거하게 되다, ~을 맞히다(믿다)

All his life he'd wanted to be a doctor; his hopes for the future <u>were built on</u> it.<수동>
　　　　　　　　　　　　　　　　　　　　　　　　　　　　　　　　　　　sth
(평생 동안 그는 의사가 되고 싶어 했다. 즉 미래에 대한 그의 희망은 이 생각에 근거를 두고 있었다.)

Don't <u>build on</u> <u>going abroad</u> this summer, we may not have enough money.
　　　　　　　sth
(금년 여름에 해외여행을 갈 생각하지 마. 돈이 충분치 않을지도 몰라.)

build on[upon] sth

if you build on or build upon the success of something, you take it a part of it

(성과 따위를) 기초로 일을 추진하다

The insurance business is built on trust.<수동> (보험업은 신뢰를 기초로 한다.)
We aim to help our students build on present understanding and to move forward into new areas
sth
of learning. (우리는 학생들이 현재의 이해력에 근거하여 새로운 학습 영역으로 나아가도록 돕는 데 그 목표를 둔다.)

build up

build up

to gradually increase in amount, size, or strength

(질·크기·힘 등)이 늘다, 축적하다

Mud builds up in the lake. (진흙이 연못에 쌓인다.)
The traffic going out of town really builds up after five o'clock.
(도시 밖으로 빠져 나가는 교통량은 5시 이후에는 진짜 폭주한다.)

➡ build up to 로도 쓰임
The problem has been building up to its present level over about two years.
(그 문제는 약 2년에 걸쳐 현재 수준으로 늘어났다.)

➡ build-up (n)
　(a gradual increase in something) (점진적) 증대
Scientists are warning of a dangerous build-up of chemicals in the waters.
                                              n
(과학자들은 연근해에 화학물질이 위험한 수준까지 증가하고 있다고 경고하고 있다.)

build up sth, build sth up

to make something gradually increase in amount, size, or strength

(분량·규모·힘 등을) 증강시키다, 집결시키다

Members of nine European nations were meeting to discuss building up their armed forces in
                                                                          sth
the Gulf. (유럽 9개국은 걸프 만에서 무장된 병력을 증강하기 위해 토의를 하려고 회의를 열고 있는 중이었다.)
The dictator is building up his nations military capacity. (그 독재자는 자국의 군사력을 증강시키고 있다.)
                          sth

➡ build up one's confidence[trust] 로도 쓰임
　(if you build up someone's trust or confidence, you gradually make them more trusting or more
　confident) (자신감·신뢰감 등이) 보다 확실한 것이 되게 하다, 강하게 되다, 늘다
She's had a bad experience, and it'll take some time to build up her confidence again.
                                                                                sth
(그녀는 좋지 않은 경험을 했으므로 자신감을 다시 획득하기에는 상당한 시간이 걸릴 것이다.)

build up sth, build sth up (유사어 accumulate)

to gradually succeed in getting something, especially by working hard or making a lot of effort

(열심히 일을 하거나 노력해서) ~을 얻는 데 성공하다, 발전시키다

Over the years the gallery had managed to <u>build up</u> one of the world's finest collections of modern art. (수년간 그 갤러리는 세계적으로 유명한 현대 미술의 최상의 수집품 중 하나를 얻는 데 간신히 성공했다.)

The film has <u>built up an excellent reputation</u> for speed and efficiency.
(그 영화는 속도감과 이야기 전개에서 명성을 얻는 데 성공했다.)

build up sth, build sth up (유사어 accumulate [formal])

if someone builds up an organization, a society, or a system, they gradually develop it, or improve it
(사업·조직 등을) 발전시키다, 개선하다

The president <u>built up the organization</u> from a small club into nationwide enterprise.
(회장님은 이 사업체를 작은 클럽에서 전국적 기업으로 발전시켰다.)

He <u>built the company up</u> from nothing. (그는 회사를 맨손으로 발전시켰다.)

build sb/sth up, build up sb/sth

to praise someone or something a lot, so that other people think they are very good, or in order to make them feel special and confident
~을 칭찬하다, 훌륭하다고 생각하다, 칭찬해서 자신감을 갖게 하다

In the dressing room, the coach was <u>building his men up</u> before the match.
(탈의실에서 코치는 경기를 하기 전에 선수들을 칭찬해 자신감을 갖도록 하고 있었다.)

Those cars are not as great as they <u>are built up</u> to be.<수동> (그 차들은 선전하는 것만큼 훌륭하지 않다.)

➡ <u>build-up</u> (n)

(a description of someone or something in which you praise them a lot and make other people think they are very special) (신인·신제품 따위의 판매전의) 선전, 인기 조성, 거창한 추천

I thought the group were a bit disappointed after the terrific <u>build-up</u> they'd had.
(그들이 굉장한 상품선전을 한 후 그 모임에 참석한 사람들은 약간 실망했을 것이라고 생각했다.)

build sb up, build up sb, build up

to make someone healthier and stronger by giving them plenty of good food
(좋은 음식을 제공하여) (사람의) 건강을 증진하다, 강하게 만들다

My mother was always trying to <u>build me up</u>, telling me that I looked far too thin.
(우리 엄마는 내가 너무 야위어 보인다면서, 맛있는 것을 주어 내가 건강할 수 있도록 항상 애쓰셨다.)

The patient needs <u>building up</u> before he can leave the hospital.
(그 환자는 퇴원하기 전에 체력을 보강할 필요가 있다.)

be built up

when an area near a city or a town is built up, a lot of houses are built there
(땅을 건물로) 에워싸다, (~을) 조성하다, 개발되다

B

When I went back fifteen years later, the town was incredibly built up and I hardly recognized it.
(내가 15년 뒤에 고향에 돌아갔을 때 마을은 믿을 수 없을 만큼 건물이 꽉 들어 차서 알아보기 어려웠다.)

The park and riverside are all now built up. (공원과 강가에는 현재 온통 건물들이 꽉 들어차 있다.)

➡ built-up (a)

(a built-up area has a lot of buildings and not many open spaces)
건물이 빽빽이 들어 선, 건물로 가로 막힌

The speed limit is 30 mph in a built-up area. (건물이 빽빽한 지역에서는 제한 속도가 시속 30마일입니다.)
                                      a

build up a picture[idea, image, profile of *sth*, etc.]

to gradually get information that helps you to know and understand more about something or someone

(이미지 · 관계 등을) 구축하다, 만들다, 형성하다

A successful businessman builds up a network of personal relationships.
(성공한 사업가는 인간관계의 네트워크를 형성한다.)

The police are slowly building up a picture of what happened on that night.
(경찰은 그날 밤에 일어났던 일에 대해 서서히 정황을 그려가고 있다.)

build up your hopes, build your hopes up

to hope for something that is not likely to happen

~에게 (서서히) 기대를 갖게 하다, (~에게) 믿도록 격려하다

Don't build up your hopes too high. You may be disappointed.
                     sth
(너무 기대를 높이 갖지 마. 어쩌면 실망할지도 몰라.)

Don't build your hope up - a lot of people have applied for the job, and you may not get it.
               sth
(너무 기대하지 마. 많은 사람들이 그 일자리에 지원을 했어. 그래서 너는 합격 안 될 수도 있어.)

bump

vt. ① (머리 따위를) 부딪치다(against, on) ② ~에 부딪다, ~와 충돌하다 ③ 부딪쳐서 ~을 쿵 하고 떨어뜨리다(off), 고양이가 꽃병을 선반에서 쨍그랑 떨어뜨렸다. ④ 자리에서 밀어내다, ((미)) 직[지위]에서 쫓아내다, 해고하다. ((미속)) ~을 이기다, 기죽이다, (투표로써) 부결하다 ⑤ (값 · 임금 따위를) 올리다(up), 승진시키다 ⑥ ((미)) (지위 따위를 이용하여 승무원을 항공편 등에서) 밀어내다, 빼다 ⑦ [TV] (비디오테이프에 수록된 영상 · 음성을) 사이즈가 다른 비디오테이프에 갈아 옮기다 ⑧ ((미속)) 임신시키다

vi. ① 충돌하다, (보트레이스) 추돌하다, 부딪다, 마주치다(against, into) ② (차가) 덜커덕거리며 지나가다(along), 낡은 차가 울퉁불퉁한 길을 덜거덕거리며 지나갔다 ③ ((미속)) (춤에서 도발적으로) 허리를 앞으로 내밀다, (록의) 범프를 추다

bump into

bump into *sb* (유사어 **run into**)

if you bump into someone you know, you meet them by chance

우연히 만나다

Guess who I bumped into on holiday — Alex Barrett!
            sb
(알아맞혀 봐, 휴일에 내가 누구를 만났는지 — 바로 알렉스 배럿이야.)

I bumped into Jane at the mall today. She said to tell you hello.
              sb
(오늘 쇼핑몰에서 제인을 만났어. 그녀가 너에게 안부 전하더라.)

bump *sb/sth* **into, bump into** *sb/sth*

to hit or knock against someone or something

부딪히다

I bumped into Mrs. Smith, causing her to drop her package.
              sb
(내가 스미스 부인과 부딪쳤기 때문에 그녀는 소포를 떨어뜨렸지.)

I've bumped into the door again and hurt my knee. (나는 또 문에 부딪혀 무릎을 다쳤다.)
                sth

burn

vt. ① (연료 따위를) 불태우다, 때다, (가스·초 등에) 점화하다, 불을 켜다 ② [일반적] (물건을) 태우다, 불사르다, 눋게 하다, 눌리다 ③ ((속)) 요리하다, (음식을) 데우다 ④ (구멍을) 달구어 뚫다, (낙인을) 찍다, 구워서 굳히다, (숯·기와 따위를) 굽다, 구워 만들다(in, into) ⑤ [컴퓨터] (PROM, EPROM)에 프로그램을 써 넣다 ⑥ [보통 수동태] 감명시키다 ⑦ (색을) 바래게 하다, (태양이 땅을) 바싹 태우다, (초목을) 시들게 하다 ⑧ 화형에 처하다, ((미)) 전기의자로 처형하다, ((미속)) 죽이다, 사살하다(on) ⑨ 얼얼하게 하다, 쓰리게 하다 ⑩ (상처·아픈 부분 등을) 지지다(away, off, out), (산·부식제로) 부식[산화]시키다 ⑪ (정력 따위를) 다 써버리다 ⑫ ((미)) 발끈하게 하다, 화나게 하다, ((미속)) 들볶다, 구박해 내쫓다 ⑬ ((미속)) 빌리다, 얻다, 청하다, ~을 속이다, 사취하다, [수동태] 감언이설로 꾀다, (마약 거래에서 양이나 질을) 속이다, (마약 상습자를) 경찰에 밀고하다[넘기다] ⑭ [물리] (우라늄·토륨 등의) 에너지를 사용하다, [화학] 연소[산화]시키다 ⑮ (로켓 엔진을) 분사시키다 ⑯ ((미속)) (경기에) 쳐부수다, (깡패가 적대 그룹의 사람과) 대결하다, 습격하다

vi. ① (불·연료가) 타다, (물건이) (불)타다, 눋다, 타 죽다 ② (등불이) 빛을 내다, (창·눈 따위가) 빛나다 ③ (난로 따위가) 타다, 달아오르다, [화학] 연소[산화]하다 ; [물리] (핵연료가) 분열[융합]하다, ((속)) 담배를 피우다 ④ 타는 듯이 느껴다, 화끈해지다, (혀·입·목이) 얼얼하다, (귀·얼굴이) 달아오르다 ⑤ 흥분하다, 열중하다, 불끈하다, 성나다, 열망하다 ⑥ (피부가) 볕에 타다(그을다), (가구나 물들인 천이) 볕에 바래다 ⑦ (술래가) 숨은 사람[숨긴 물건]에 가까이 가다, (퀴즈 따위에서) 정답에 가까워지다 ⑧ ((미속)) 급히 가다(up), ((속)) 차를 쏜살같이 몰다 ⑨ 벌 받다, ((속)) 전기의자에 앉다 ⑩ (로켓 엔진이) 분사하다. ⑪ (기사·일 등이) (마음에) 강한 인상을 주다(in, into)

유사단어

burn: '태우다'의 일반적인 말
　　The fire in the hills has been burning for a week. 〈수동〉 (구릉지대에서 난 화재가 일주일이나 타고 있어.)

bake: 직접 불에 대지 않고, 밀폐된 장소 안이나 뜨거운 표면으로 굽는 것
　　I'm baking a cake for Laruie. (나는 로리를 위해 케이크를 굽는 중이야.)

roast: 특히 고기를 직접 불 위나 오븐 속에 넣어 굽는 것
　　Roast the beans brown. (콩을 갈색으로 볶아라.)

boil: 끓다, 끓이다
　　Boil the vegetables for 10 minutes (야채를 10분간 끓여라.)

grill: 불이나 석쇠 위에 놓고 굽는 것
　　The chicken is grilled over a fire. 〈수동〉 (닭고기는 직화로 굽는다.)

burn down

burn down, burn down sth, burn sth down
if a building burns down or is burned down, it is destroyed by fire

　　　　　　　　　　　　　　　　　　　　　다 타버리다, 전소하다

Hopper's Hollywood home was burned down in a fire, and almost all the paintings were destroyed.〈수동〉 (호퍼의 할리우드 집이 화재로 전소되었고 그림들은 거의 전부가 파괴되었다.)

The Jonese's barn burned down last night. (어젯밤에 존스네 마구간이 다 타버렸다.)

A fire started by lightning burned down several houses. (번개로 시작된 화재가 여러 채의 집들을 다 태워버렸다.)
　　　　　　　　　　　　　　　　　sth

burn down
if a fire burns down, the flames become weaker and it produces less heat

　　　　　　　　　　　　　　　　　　　　　불기운이 약해지다

Let's leave the fire to burn down and go into our tents. (불은 차츰 잦아들게 놔두고 텐트로 들어가자.)

The candles had burned down low, but still they went on talking. (촛불들은 점점 스러져 갔지만 그들은 이야기를 계속했다.)

burn off

burn off sth, brun sth off
if you burn something off, you remove it by burning or heating it

　　　　　　　　　　　　　불살라 버리다[없애다], (개간하기 위해) 태워버리다

The oil, which spilt into the Gulf of Mexico, was mostly burnt off in a fire.〈수동〉
(멕시코 걸프 만에 쏟아진 기름은 불로 거의 다 타버렸다.)

The farmer burned the weeds off before plowing the field. (농부는 밭을 갈기 전에 잡초를 태워 버렸다.)
　　　　　　　　　sth

burn off sth , burn sth off
if someone burns off energy, they use it

　　　　　　　　　　　　　(불필요한 지방이나 에너지를) 태우다, 소진하다

It takes one hour of running to <u>burn off</u> <u>one chocolate bar</u>.
                                                                          sth
(초콜릿바 하나의 칼로리를 소비하려면 한 시간의 달리기가 필요하다.)

I jog to <u>burn off</u> <u>calories</u>.   (여분의 칼로리를 소비하려고 조깅을 한다.)
                sth

➡ <u>burn off fat [calories, energy, etc.]</u> 로도 쓰임 (유사어 burn up, work off)

    (to use energy, etc. by doing physical exercise)   (운동으로) 에너지를 소비하다

Regular exercise helps <u>burn off</u> <u>excess fat</u>.
                                        sth
(규칙적인 운동은 여분의 지방을 태우는 데 도움이 된다.)

The children in the school yard were playing football, fighting or simply running about to <u>burn off</u> <u>all their energy</u>.
         sth
(운동장에서 어린이들은 축구를 하거나 싸우거나 그냥 여기저기를 뛰어다니면서 에너지를 모두 소비하고 있었다.)

burn out

burn (oneself) out

to feel tired and not interested in things anymore, because you are working too hard
                                                                                                        활력을 잃다, 정력을 버리다, 소모하다

It's important that you learn to relax more, or you're likely to <u>burn out</u>.
(네가 좀 더 많이 긴장 푸는 방법을 배우는 것은 중요하다. 그렇지 않으면 너는 에너지를 다 소진할 것 같다.)

Young stockbrokers often work eighteen hours a day, and <u>burn themselves out</u> before they are thirty.   (젊은 증권 중개인들은 가끔 18시간씩 일을 하는 날도 있다. 그래서 30세가 되기 전에 기진맥진하게 된다.)

➡ <u>burnout</u> (n)

    (illness or extreme tiredness because you have been working too hard)
    (심신의) 소모, (스트레스에 의한) 정신 · 신경쇠약

More and more people suffer from <u>burnout</u> due to overwork.
                                          n
(점점 더 많은 사람들이 과로 때문에 스트레스에 의한 신경쇠약으로 고생한다.)

➡ <u>burned-out [burnt-out]</u> (a) [Informal]

    (very tired or ill or unable to think of any new ideas, because you have been working too hard)
    (너무 열심히 일을 해서) 피곤한, 기진맥진한

At the end of the week, I felt completely <u>burned-out</u>.
                                            a
(주말에 나는 완전히 기진맥진했다.)

be burned[burnt] out

if a vehicle or a building is burned out, the inside of it is destroyed in a fire
                                                                     (자동차 · 건물 등이 내부가 타서) 붕괴되다

The building <u>was</u> completely <u>burned out</u>. Only the walls remained.
(그 빌딩의 내부는 완전히 연소되었고 겨우 벽만 남았다.)

The stolen car used in the robbery was found <u>burnt out</u> near Middles Bergh.
(도난당해 도둑이 사용했던 차는 Middles Bergh 근처에서 불에 다 탄 채로 발견되었다.)

➡ burnt-out [burned-out] (a)

(a burnt-out vehicle or building has been so badly damaged by fire that only the out-side of it is left)　(자동차 · 건물이) 다 탄, 다 연소된

We passed a <u>burnt-out</u> truck at the side of the road.　(우리는 길가에 있는 불에 다 타버린 트럭을 지나갔다.)
　　　　　　a

a fire burns (itself) out

if a fire burns out or burns itself out, it stops burning because there is nothing left for it to burn

타서 사그라지다

She'd fallen asleep in her chair and the <u>fire</u> had <u>burnt out</u>.
(그녀는 의자에서 잠이 들었고 난로불은 다 타서 사그라졌다.)

<u>Some forest fires burn themselves out</u> before fire fighters can reach them.
(어떤 산불은 소방대원들이 도착하기 전에 저절로 사그라진다.)

The poet's ability <u>burned out</u> before he was thirty.
(시인의 재능은 30세가 되기 전에 사라졌다.)

burn (itself) out

if an illness or a strong emotion burns itself out, it gradually becomes less severe or serious and then stops completely

(질병이나 문제 · 감정 등이) 점차 없어지다, (점차) 수습되다

The doctor said the fever should <u>burn itself out</u> in a few days.
(그 의사 선생님은 열은 당연히 며칠 안에 점차 떨어진다고 말씀하셨다.)

burn out

if a piece of electrical equipment burns out, it stops working because it has been used too much or has become too hot

(엔진 · 모터 · 전구 등이) (과열로) 끊어지다, 타 버리다

The engine of our car <u>burned out</u> while we were going up a mountain.
(우리가 산위로 올라가는 도중에 차 엔진이 과열로 다 타버렸다 — 엔진이 터졌다.)

The electrical system in the car will <u>burn out</u> if you're not careful.
(조심하지 않으면 자동차의 전기 시스템은 작동을 멈출 것이다.)

burn up

burn up sth, burn sth up (유사어 burn off)

to use energy, fat or calories, etc. by doing physical exercise

(운동을 해서) 에너지 · 지방 · 칼로리를 소비하다

The rate at which people <u>burn up</u> <u>energy</u> varies quite a lot between individuals.
　　　　　　　　　　　　　　　sth
(사람들이 에너지를 소비하는 비율은 개인에 따라 꽤 차이가 있다.)

Women tend to <u>burn up</u> <u>calories</u> less efficiently than men.
　　　　　　　　　　sth
(여자들이 남자들보다 덜 효과적으로 칼로리를 소비하는 경향이 있다.)

burn up, burn up *sth*, burn *sth* up

if something burns up or is burned up, it is completely destroyed by fire or great heat

(불에) 완전히 타다, (불로 완전히) 태워 버리다

The satellite had <u>burned up</u> on re-entering the atmosphere.
(인공위성이 대기권으로 재진입을 할 때 불에 완전히 타 버렸다.)

The fire had <u>burnt up forty acres of corn crops</u>.   (그 화재는 40에이커의 옥수수 밭을 다 태워 버렸다.)
        sth

burn up *sth*, burn *sth* up (유사어 **use up**)

if someone or something burns up petrol, money, etc. they use a lot of it

(연료 · 돈 등을) 다 써버리다

I changed my car because the old one <u>burned up too much gas</u>.
                sth
(나는 오래된 차가 연료를 너무 많이 소비하기에 차를 바꿨다.)

That girl just <u>burns up money</u>!   (그녀는 돈을 너무 써.)
      sth

burn *sb* up [AmE, Informal]

to make someone angry

화나게 하다

I <u>get all burned up</u> when I hear how animals are badly treated.<수동>
(동물들이 얼마나 심하게 학대받는가를 들을 때 나는 몹시 화가 난다.)

His attitude just <u>burns me up</u>.   (그의 태도가 나를 몹시 화나게 한다.)
       sb

burn up *sth*, burn *sth* up [AmE, Informal]

to run or dance very quickly, or travel very quickly in a car

(빨리) 달리다, 춤추다, (차를 타고) 빨리 여행하다

This fast car really <u>burns up the road</u>.   (이 고속차는 도로를 정말 빨리 달린다.)
         sth

Matt and Jen were really <u>burning up the dance floor</u>.   (매트와 젠은 무도장을 휩쓸며 춤을 추고 있었다.)
             sth

be burning up [Informal]

if someone is burning up, they are very hot, especially because they have a fever

(몸에 열이 있어) 뜨겁다, 고열이 나다

Ruth wiped away the sweat — although it was cold, she <u>was burning up</u>!
(루스는 땀을 닦아 냈다. 날씨는 추웠지만 그녀는 고열이 나고 있었다.)

"Does he have a fever?" "Yes, he's <u>burning up</u>."   ("그 사람 열 있니?" "네, 몸이 펄펄 끓어요.")

burst

vt. ① 파열시키다, 터뜨리다, ~을 부수다, 터뜨려 무너뜨리다 ② ~을 찢다, 밀쳐 터뜨리다, (충만하여) 미어지게[뚫어지게] 하다 ③ (~oneself) 무리해서 건강을 해치다 ④ [컴퓨터] (연속된 용지를) 잘라 한 장씩으로 하다

vi. ① 파열하다, 폭발하다 ② 터지다, (물 따위가) 뿜어 나오다, (싹이) 트다, (꽃봉오리가) 벌어지다, (거품·종기·밤이) 터지다, (단추가) 떨어져 나가다, (구름이) 갈라지다 ③ [보통 진행형으로] (가슴이) 터질 것 같다, ~하고 싶어 참을 수 없다 ④ [진행형으로] (터질 것같이) 충만하다 (with) ⑤ 갑자기 보이게[들리게]되다, 갑자기 나타나다 ; 갑자기 (들어)오다[나가다, 일어나다] ⑥ 갑자기 ~한 상태가 되다, 갑자기 ~하다

burst into

burst in(to *sth*)

to enter a room very suddenly, interrupting the people who are inside or giving them a shock

(~으로) 뛰어들다, 갑자기 들어오다

She <u>burst into the room</u>, waving a large brown envelope.
          sth
(그녀는 큰 갈색봉투를 흔들며 방안으로 뛰어 들어왔다.)

The door flew open and my husband <u>burst in</u> with good news.
(문이 확 열리고 남편이 좋은 소식을 가지고 갑자기 들어왔다.)

burst (out) into *sth* * [burst out into *sth*]은 [burst into *sth*]의 강조

to suddenly start to make a noise, especially to start crying, laughing or singing

(폭발적으로) 갑자기 ~을 시작하다

The reporters <u>burst into</u> <u>laughter</u> at the President's joke. (기자들은 대통령의 농담에 웃음을 터뜨렸다.)
                       sth

* 흔히 쓰이는 표현

   <u>burst into laughter</u>(=suddenly start laughing)

   Suddenly, she <u>burst into laughter</u>. (그녀는 갑자기 웃음을 터뜨렸다.)

   <u>burst into tears</u>(=suddenly start crying)

   When I asked her what was wrong, she just <u>burst into tears</u>.
   (그녀에게 무엇이 잘못되었는가를 물어보았을 때 그녀는 갑자기 울음을 터뜨렸다.)

   그 외에도
   <u>burst into song</u>
   <u>burst into applause</u>
   <u>burst into chatter</u>

burst into *sth*

when plants burst into leaf or flower, their leaves or flowers suddenly open

돌연 (꽃·잎 등을) 싹이 나다, (꽃) 피우다

Soon the days turned warm and the trees <u>burst into</u> <u>leaf</u>.
                                                    sth
(곧 날이 따뜻해지고 나무들은 싹을 틔웠다.)

In May all the flowers in the valley <u>burst into</u> <u>bloom</u> and the air is filled with their scent.
                                                          sth
(5월이면 골짜기 안에 있는 모든 꽃들은 만발하고 공기는 꽃향기로 가득 찬다.)

burst out

burst out laughing[crying]

if you burst out laughing or crying, you suddenly begin laughing or crying loudly

갑자기 큰 소리를 내다

When she saw the dog lying there, she <u>burst out</u> <u>crying</u> because she thought he was dead.
                                                      crying
(그녀는 개가 거기에 누워있는 것을 보았을 때 죽었다고 생각했기 때문에 갑자기 울기 시작했다.)

The class <u>burst out</u> <u>laughing</u>.   (학급 학생들이 갑자기 웃기 시작했다.)
                       laughing

burst out [Literary]

to suddenly say something in an angry or excited way, especially when you have been trying to avoid saying anything

(감정 등이) 갑자기 나타나다

At times, his jealousy <u>bursts out</u> in explosive anger.   (가끔 그의 질투심은 폭발적으로 나타난다.)

Jane suddenly <u>burst out</u>, "you don't love me anymore, do you?"
(제인은 갑자기 크게 소리쳤다 "넌 더 이상 나를 사랑하지 않아. 그렇지?")

"It's all your fault!" She <u>burst out</u> angrily.   ("이게 모두 네 잘못이야!" 그녀는 화가 나서 소리쳤다.)

➡ <u>outbreak</u> (n)

(an outbreak is a sudden and strong expression of emotion, or a sudden period of activity)
감정폭발

I apologize for my <u>outbreak</u> just now.   (방금 제 감정폭발에 대해 사과드립니다.)
                            n

butt

vt. ① 머리(뿔로) 받다[밀치다] ② 부딪치다
vi. ① (~에 머리를) 부딪치다, (정면에서) 충돌하다(against, into) ② 돌출하다(on, against)

butt in

butt in

to interrupt a conversation or discussion or someone who is talking

말참견하다, 대화에 끼어들다

B

The Minister complained that the interviewer kept <u>butting in</u> while he was trying to answer the question. (수상은 질문에 대답하려고 하는 도중에 기자가 계속 끼어든다고 불평했다.)

He's always <u>butting in</u> on other people's conversation.
(그는 항상 다른 사람의 대화에 끼어든다.)

> **butt in** (유사어 **interfere**) [AmE, Informal]
> to become involved in a situation when you are not wanted because it is private
> 방해하다, 간섭하다

I'm not an engineer, so I don't <u>butt in</u> on the technical side of the work.
(나는 기술자가 아니어서 그 작업의 기술적 측면에는 간섭하지 않는다.)

My neighbors are always <u>butting in</u>, wanting to know exactly what I'm doing.
(우리 이웃사람들은 내가 무엇을 하고 있는지 정확히 알려고 하면서 항상 간섭을 한다.)

buy

vt. ① 사다, 구입하다 ② (대가·희생을 치르고) 손에 넣다, 획득하다(with) ③ (사람·투표 등을) 매수하다 ④ ((구)) (아무의 의견 따위를) 채택하다, 받아들이다, ~에 찬성하다 ⑤ [신학] 속죄하다

buy in

> **buy in(to)** *sth*
> to buy part of a business or an organization, especially because you want to control it
> 돈을 지불해서 (~의) 회원이 되다, 주를 사서 (~의) 대주주가 되다

Jack <u>bought (himself) into</u> <u>a consulting partnership</u>. (잭은 컨설팅 회사의 지분을 사서 대주주가 되었다.)
　　　　　　　　　　　　　　　sth

American car makers wanted to <u>buy into</u> <u>Japanese firms</u>.
　　　　　　　　　　　　　　　　　　　　　sth
(미국 자동차 제조업자들은 일본 회사의 주를 사서 대주주가 되고 싶어한다.)

> **buy in(to)** *sth* [Informal]
> to completely believe in a set of idea
> ~을 믿다, 보살피다

I never did <u>buy into</u> <u>reincarnation</u>. (나는 환생을 절대 믿지 않았다.)
　　　　　　　　　　　sth

A lot of women have <u>bought into</u> <u>the idea</u> that they have to be thin to be attractive.
　　　　　　　　　　　　　　　　sth
(많은 여자들이 매력적이기 위해 말라야 된다는 생각을 믿고 있다.)

C

call

vt. ① 부르다, (아무를) 소리 내어 부르다, 불러일으키다 (아무)에게 전화를 걸다(up), 불러내다 ② (이름을) 부르다 ③ 불러오다, ~을 오라고 하다, 초대하다, 재청하다, 앙코르를 청하다 ④ (관청 따위에) 불러내다, (회의 따위를) 소집하다, [보통 수동태] (직책·자리 따위에·) 앉히다, (자격을) 얻다 ⑤ (~의 주의 따위를) 불러일으키다, (마음에) 상기시키다 ⑥ (아무에게) 주의를 주다, 비난하다 ⑦ ~라고 이름 짓다, ~라고 부르다 ⑧ ~라고 일컫다, ~라고 말하다, ~라고 생각하다, ~으로 간주하다 ⑨ (소리 내어) 읽다, 부르다 ⑩ 명하다, (채권 등의) 상환을 청구하다, (경기의) 중지[개시]를 명하다, (심판이) ~의 판정을 내리다, [카드놀이] (상대방의 패를) 보이라고 하다, 콜하다 ⑪ 심의[재판]에 부치다 ⑫ ((미구)) 예상하다, 예언하다

vi. ① 소리쳐 부르다, 외치다, (멀리 있는 사람을) 어이 하고 부르다(to) ② 전화를 걸다, 통신을 보내다 ③ 들르다, 방문하다, 정차하다, 기항하다(at, in) ④ [카드놀이] 상대방의 패를 보이라고 요구하다, (스톱 따위를) 선언하다 ⑤ (새가) 힘차게 울다, 신호를 울리다

call around

call around[round]

to go to someone's house for a short time to visit them

잠깐 들르다

Is it all right if I <u>call around</u> again some time next week? (다음 주 어느 때 제가 잠깐 들러도 괜찮습니까?)
I <u>called round</u> at Tom's yesterday, but he wasn't in.
(내가 어제 탐의 집에 잠시 들렀는데 그는 집에 없었다.)

➡ <u>call around to do</u> *sth* 으로도 쓰임
Her 20-year-old son, Neil, <u>calls around to visit her regularly</u>.
(그녀의 20살 먹은 아들인 닐은 정기적으로 그녀에게 잠깐씩 들르곤 한다.)

call around (유사어 **phone around[round], ring round[around]** [BrE]) [AmE]

to telephone different people or businesses in order to get information

(정보를 얻기 위해) 여기저기 전화하다

Kurt had to <u>call around</u> for a while, but he finally found someone who can fix our washer today.
(커트는 잠시 동안 여기저기 전화하더니, 세탁기를 고칠 사람을 오늘 드디어 찾아냈다.)
I <u>called around</u> and asked if everyone can attend the meeting on Wednesday.
(나는 모두에게 전화해 수요일 모임에 참가할 수 있는지를 물었다.)

➡ <u>call around to</u> 로도 쓰임
I started <u>calling around to</u> different farmers to see what kind of prices I could get for fresh produce. (어떤 가격으로 신선한 농산물을 살 수 있는지 알아보려고 여러 농부들에게 전화를 걸기 시작했다.)

call back (유사어 ring back, phone back)

call back , call sb back , call back sb (유사어 **ring back** [BrE], **phone back**)
to telephone someone for the second time or to telephone someone who rang you earlier
(~에게) 전화를 걸다, (한 번 더) 전화하다

"Can you call back later? Mrs. Cohen is in a meeting at present."
("잠시 후에 다시 한 번 걸어 주시겠습니까? 코헨 부인은 지금 회의 중이십니다.")

"Call me back as soon as you've got the results of the test." (테스트 결과를 받는 즉시 나한테 전화해.)
   sb

call back
to go back to a place in order to visit someone or collect something that you were unable to visit or collect earlier
한 번 더 방문하다, 후에 또 방문하다, 재차 방문하다

If you call back this afternoon the suit should be ready for you.
(오후에 다시 한 번 들러 주시면 양복은 다 준비될 것입니다.)

The driver dropped her at the hotel and said he would call back for her in a couple of hours.
(운전사는 그녀를 호텔에 내려주고는 2~3시간 후에 다시 오겠다고 말했다.)

call for

call for sth (유사어 **demand**)
to publicly demand that something should happen or be done
~을 필요로 하다, ~을 (공개적으로) 요구해 왔다

Peace campaigners have called for an end to the bombing. (평화옹호주의자들은 폭격금지를 계속 요구한다.)
                              sth

The opposition leader called for an immediate release of the student activist.
                                    sth
(그 반대당 지도자는 그 운동권 학생의 즉각적인 석방을 요구했다.)

call for sb (유사어 **collect, pick up**) [BrE]
to visit a place in order to collect someone
(~를) 데리러 들르다, 마중하러가다

My date is calling for me at six. (나랑 데이트하기로 한 이가 6시에 데리러 온대.)
          sb

The movie starts at 8:00 so I'll call for you at 7:30. (영화가 8시에 시작하니까 너를 7시 30분에 데리러 갈게.)
                                    sb

call for sth (유사어 **predict**) [AmE]
to say that something is likely to happen, especially when talking about the weather
(일기 등) 예보하다

The forecast calls for more rain. (일기예보는 더 많은 비가 올 것이라고 한다.)
               sth

The weather forecast calls for more rain and high winds.
                                sth
(일기예보는 앞으로 비는 더 많이 오고 바람이 많이 불 것이라고 한다.)

call for *sth/sb*

to demand or need a particular action, behavior, quality, etc.

                                                      (특수 행동 · 활동 · 성격을) 필요로 하다

This trouble calls for quick action by the government. (이 문제는 정부에 의한 신속한 행동을 필요로 한다.)
                         sth

The job calls for a highly skilled person. (이 일은 고도로 숙련된 사람을 필요로 한다.)
                    sth

call in

call in (유사어 **drop in, stop by, call around[round]**) [BrE]

to visit a place or a person for a short time, usually while you are going somewhere else
                                                       (장소에) 잠시 들르다, (사람을) 잠깐 방문하다

Is it all right if I call in to see you tomorrow after work?
(내일 일이 끝난 후, 너를 보러 잠시 들러도 괜찮을까?)

Call in whenever you are in town, I am always glad to see you.
(마을에 올 때면 언제나 방문해 줘. 너를 만나는 것은 언제나 환영이야.)

➡ call in for 로도 쓰임
You're welcome to call in for a chat anytime you like.
(네가 좋다면 언제나 너 좋을 때 아무 때나 놀러와.)

➡ call in at 으로도 쓰임
On the way home, he called in at a florist to buy some flowers for Ginny.
(집에 가는 길에 그는 꽃가게에 들러 지니를 위해 꽃 몇 송이를 샀다.)

call in (유사어 **phone in** [BrE], **ring in** [BrE])

to telephone the place where you work, especially to report something
                                     (직장 · 동료 등에게) 전화를 걸다, (~의 건을) 전화로 알리다

Daniel called in to say that he was going to be late. (다니엘은 늦는다고 전화로 알렸다.)
Get a detective to follow the suspect, and have him call in every three hours.
(형사 한 명에게 용의자를 미행하도록 하고 세 시간마다 전화로 보고하라고 해.)

call in (유사어 **phone in**)

to telephone a radio or telephone show to give your opinion or ask a question
                            (방송국 · 프로그램 등에) 전화를 걸다, (전화로 의견 · 질문 등을) 전하다, 전화로 참가하다

That talk show was taken off the air because few people called in.
(그 토크쇼는 아주 소수의 사람들이 전화 참가에 응했기 때문에 방송이 중단되었다.)

Following last night's program on cancer, thousands of people called in to ask for more information.
(지난밤 암에 관한 프로그램을 보고 나서 수천 명의 사람들이 더 많은 정보를 얻기 위해 방송국에 전화를 걸었다.)

> **call in** *sb*, **call** *sb* **in** (유사어 **send for**)
> if you call someone in, you ask them to come and help you or do something for you
> (의사 · 전문가 · 경찰 등을) 부르다, ~에 의뢰하다, (구원 · 도움 · 조언 등을) 구하다

The police were unable to handle the riots. The governor has called in The National Guard.
_{sb}
(경찰은 그 폭도들을 다룰 수가 없었다. 주지사는 주방위군에게 도움을 청했다.)
Mother was so ill last night that we had to call the doctor in.
_{sb}
(어젯밤 엄마가 매우 아파서 우리는 의사에게 왕진을 청해야 했다.)

➡ call in sb to do sth 으로도 쓰임
The company has called in environmental experts to carry out an investigation.
_{sb}   _{to do}
(그 회사는 이미 환경 전문가들에게 조사를 해 달라고 의뢰했다.)

> **call in** *sth*, **call** *sth* **in** (유사어 **recall**)
> if someone calls something in, they ask for it to be returned because there is a problem with it or because it is needed
> (상품 · 도서 등을) 회수하다

The makers have called in some cars with dangerous faults.
_{sth}
(제조업자들은 위험한 결함이 있는 일부 차들을 회수했다.)
The university called in all library books for stocktaking.
_{sth}
(대학당국은 재고조사를 위해 도서관의 모든 책들을 회수했다.)

> **call in a loan**
> to ask for a debt to be paid at an earlier date than was originally agreed
> (빌린 자금 등을) 회수하다, 거두다, 징수하다, (~의) 지불을 강요하다

He failed to make regular payments and the bank eventually called in the loan.
(그가 정규납부를 하지 못했더니 은행은 결국 융자를 회수했다.)
The gang boss is angry. He sent a hit man to call in the debt.
(조직의 보스는 화가 났다. 그는 폭력배를 보내 빚 갚을 것을 강요했다.)

call off

> **call off** *sth*, **call** *sth* **off** (유사어 **cancel**)
> to decide that a planned event will not take place
> (예정된 행사 · 시합 등을) 중지하다, 취소하다

Jack and Betty had a big fight and called off the wedding.
                                                    sth
(잭과 베티는 대판 싸우고 결혼식을 취소했다.)

The fight may have to be called off because the champion is suffering from a back injury.<수동>
(챔피언이 등에 입은 상처로 고통을 받고 있기 때문에 그 시합은 취소되어야만 할 것이다.)

call off *sth*, call *sth* off (유사어 **abandon**)

to stop doing something that you have already started doing

(~중인 활동)을 중지하다, 중단하다, 포기하다

Classes will be called off on Thursday and Friday.<수동>   (목요일과 금요일 수업은 휴강입니다.)
The cricket team had to call off the game because of rain.   (크리켓 팀은 비 때문에 게임을 연기해야만 했다.)
                          sth

➡ call for a search[strike] 로도 쓰임
Rescuers were forced to call off the search because of bad weather.
                                        sth
(구조대원들은 나쁜 날씨 때문에 수색을 중단하라는 명령을 받았다.)

call off *sth/sb*, call *sth/sb* off

to order an animal or a person to stop attacking someone

(동물·사람이) 사람 공격을 못하게 하다, 멀리하다, 물리치다

A fierce — looking dog rushed out of the house towards us — fortunately the owner called it off
                                                                                        sth
just in time.
(사납게 보이는 개 한 마리가 그 집을 뛰어나와 우리에게 달려들었다. 다행히 바로 그때 주인이 나서서 개를 저지하였다.)

Call off your dogs! If one of them bites me, I'll sue you!
         sth
(개들 좀 불러들여! 만일 한 마리라도 나를 물면 고소할 거야!)

call up

call *sb* up, call up *sb*, call up (유사어 **call, phone up, ring up** [BrE]) [AmE]

to telephone someone

(~에게) 전화를 걸다, 전화하다

He called his mother up from the airport.   (그는 공항에서 어머니에게 전화를 걸었다.)
       sb

If you have computer problems, call up the technician.   (컴퓨터에 문제가 생기면 기술자에게 전화해.)
                                      sb

Someone called up to say that they had seen a cat just like ours in their front garden.
(누군가가 자기네 앞마당에서 우리 것과 닮은 고양이 한 마리를 보았다고 전화했다.)

be called up(수동태로) (유사어 **be drafted** [AmE]) [BrE]

to be officially ordered to join the army, navy, or airforce by the government

군대로 소집하다

During the war, all younger men <u>were called up</u> to fight in the army, the navy or the air force.<수동>
(전쟁 중 모든 젊은이들은 육군 · 해군 · 공군에서 전투하도록 소집되었다.)

My grandfather <u>was called up</u> during the Vietnam War.　(우리 할아버지는 베트남 전쟁 중 소집되었다.)

➡ <u>call-up</u> (n) [BrE]
　　(when people are officially ordered to join the army, navy, or airforce)　소집

Because of his illness, Keynes managed to avoid the military <u>call-up</u>.
　　　　　　　　　　　　　　　　　　　　　　　　　　　　　　　　n
(질병 때문에 케인스는 그럭저럭 군대 소집을 면할 수 있었다.)

call up *sb*, **call** *sb* **up**

to officially ask someone to take part in something, especially to play for a team in an important game
　　　　　　　　　　　　　　(마이너리그에서 메이저리그로 선수 등을) 지명하다, 스카우트하다, 기용하다, 등용하다, 선발하다

The new pitcher <u>was called up</u> from the minor league in time for the new season.<수동>
(시즌 개막에 맞추어 새로운 투수가 마이너리그에서 선발되었다.)

Cole has <u>been called up</u> to play for England.<수동>　(코엘은 영국을 위해 뛰기로 선발되었다.)

call up *sth*, **call** *sth* **up** [BrE]

if you call up information on a computer, you make the computer show it to you
　　　　　　　　　　　　　　　　　　　　　　　　　　　　　(컴퓨터에서 정보 등을) 불러오다, 인출하다

I went to my computer and quickly <u>called up</u> <u>the information</u> I needed.
　　　　　　　　　　　　　　　　　　　　　　　　　　sth
(나는 내 컴퓨터로 가서 재빨리 필요한 정보를 인출했다.)

He was able to <u>call up</u> <u>the information</u> he needed.　(그는 필요한 정보를 컴퓨터에서 불러올 수 있었다.)
　　　　　　　　　　　　sth

call up *sth*, **call** *sth* **up** (유사어 **conjure up** , **evoke** [formal])

to make something appear again after it has gone or been forgotten
　　　　　　　　　　　　　　　　　　　　　　(기억 · 생각 등을) 떠올리다, 생각해 내다, (사람의 영혼을) 불러오다

The museum <u>called up</u> <u>memories of my childhood</u>.　(그 미술관에 갔더니 어린 시절의 기억이 떠올랐다.)
　　　　　　　　　　　　　sth

The old lady said she could <u>call up</u> <u>spirits</u> from the dead.
　　　　　　　　　　　　　　　　　　　　　　sth
(그 노부인은 죽은 자의 영혼을 불러올 수 있다고 말했다.)

calm

vt. (분노 · 흥분을) 진정시키다, 달래다, 가라앉히다, (사람 · 생물을) 안정시키다(down)
vi. (바다 · 기분 · 감정 등이) 가라앉다, 안정되다, 조용해지다(down)

calm down

calm down, calm *sb* down, calm down *sb* (유사어 **cool down, cool off**)

to stop feeling upset, angry, or excited, or to make someone stop feeling this way

(사람이) 진정하다, 달래다, (사람을) 진정시키다

<u>Calm down</u> and tell me what happened. (진정해. 그리고 무슨 일이 일어났는지 말해 봐.)

He tried to <u>calm her down</u> by giving her some brandy. (그는 브랜디를 주면서 그녀를 진정시키려고 했다.)
     sb

calm *sth* down, clam down (유사어 **quieten down, settle down**)

if things calm down, or if someone calms things down, people stop arguing or fighting, or stop being excited or upset

(논쟁·싸움·상황 등을) 진정시키다, 수습하다

A conference between the two sides was organized to try to <u>calm the situation down</u>.
                       sth
(양측 간의 회의가 그 상황을 진정시키기 위하여 계획되었다.)

The police arrived and managed to <u>calm things down</u>. (경찰이 도착해서 그 사건들을 간신히 수습했다.)
             sth

calm down

if the wind or weather calms down, it stops being windy or stormy

(바람·기후가) 잠잠해지다, 조용해지다

The fishermen were waiting for the weather to <u>calm down</u> before they went out to sea.
(어부들은 바다로 나가기 전 날씨가 잠잠해지기를 기다리고 있는 중이었다.)

The wind seems to be <u>calming down</u> at last. (바람이 드디어 잠잠해지는 것 같다.)

calm down

if things calm down, people become less busy or rushed

조용해지다, 안정되다

He told me that things appeared to be <u>calming down</u> a bit.
(그는 사태가 어느 정도 안정되는 것 같다고 말했다.)

The situation in Lostrania has <u>calmed down</u> now, but it's still too dangerous to go there for holiday. (Lostrania의 사태가 지금은 진정되었지만, 아직도 휴일에 거기에 가는 것은 너무 위험해.)

care

vt. ① [보통 부정문·의문문으로] 걱정[염려]하다, 관심을 갖다 ; 마음을 쓰다(about, for) ② 돌보다, 보살피다, 병구완을 하다(for), (기계 따위를) 유지하다 ③ 염려하다, 거리끼다 ④ [의문·부정문으로] 하고자 하다, 좋아하다(for)

유사단어

care: '~에 관심을 갖다' → '걱정하다'
  I don't care what happens now. (이젠 무슨 일이 일어나든 상관이 없어.)

mind: '~을 꺼리다' → '걱정하다'
  I don't mind his talking that way. (그가 그런 식으로 지껄여도 나는 상관하지 않는다.)

be anxious: '걱정되다'의 뜻에서 anxious about이 되면 '~을 염려하여', anxious for가 되면 '~을 간절히 바라는'이 됨
  I'm anxious about his health. (그의 건강이 염려된다.)

worry: 고민하다, 마음 졸이다
  There's nothing to worry about. (아무 걱정 할 것 없다.)

concerned: 관심이 많기 때문에 어떻게 될지 염려되는, 걱정은 안 하고 다만 관심을 나타내는 것은 take interest in
  He's very(much) concerned about the future of the country. (그는 나라의 장래를 몹시 걱정한다.)

care for

care for *sb* (유사어 **look after**)

to help someone who is old, sick, weak, etc. and not able to do things for themselves

(~을) 돌보다, 보살펴 주다

The nurse will <u>care for</u> <u>you</u> from now on. (간호사가 지금부터 너를 돌보아 줄 것이다.)
                   sb

Jane spent years <u>caring for</u> <u>her sick aunt</u>. (제인은 여러 해 동안 아픈 숙모를 간호했다.)
                  sb

not care for *sb/sth* (유사어 **dislike**)

not to like someone or something

(~를) 싫어하다

I was fond of uncle Gilbert, but I didn<u>'t care for</u> <u>his wife</u>.
                                                 sb
(나는 길버트 아저씨를 좋아했다. 하지만 그의 부인을 싫어했다.)

I don<u>'t care for</u> <u>coffee</u>. I prefer tea. (커피를 좋아하지 않는다. 홍차 쪽이 더 좋다.)
                  sth

care for *sth*

to do things to keep something in a good condition or working correctly

(물건을) 중요하게 여기다, 간수하다

Instructions on <u>caring for</u> <u>your new sofa</u> are in the brochure.
                                 sth
(새 소파를 잘 간수하는 방법은 안내 책자에 있다.)

Who would <u>care for</u> <u>the farm</u> when they were away? (그들이 부재중일 때 누가 농장을 돌볼까?)
                  sth

would you care for *sth*? (유사어 **would you like**) [Spoken, Formal]

used when politely offering someone something, especially food or drink

~은 어떠십니까?

Would you <u>care for</u> <u>some coffee</u>? (커피는 어떠십니까?)
                   sth

Would you care for ice with your martini, Madam? (부인, 마티니에 얼음을 넣으면 어떠십니까?)
sth

carry

vt. ① 운반하다, 나르다, 실어 보내다, (동기·여비·시간 등이) (사람을) 가게 하다, 휴대하다, (소리·소문 따위를) 전하다, (병 따위를) 옮기다 ② (~까지) 이끌다, (~까지) 이르게 하다, 추진하다, (안전하게) 보내다 ③ (도로 등을) 연장하다, (건물을) 확장[증축]하다, (전쟁을) 확대하다, (일·논의 등을) 진행시키다 ④ (손에) 가지고 있다, 들다, 안다, 메다 ⑤ 휴대하다, 몸에 지니다, (장비 등을) 갖추다, (아이를) 배다 ⑥ (몸의 일부를) ~한 자세로 유지하다, ~한 몸가짐을 하다, 행동하다 ⑦ 따르다, (의무·권한·벌 등을) 수반하다, (의의·무게를) 지니다, 내포하다, (이자가) 붙다 ⑧ 빼앗다, 손에 넣다, 쟁취하다, (선거에) 이기다, (군·요새 등을) 함락시키다, (관중을) 감동시키다(with) ⑨ ~의 위치를 옮기다, 나르다, 옮기다 ⑩ (주장·의견 따위를) 관철하다, 납득시키다, (의안·동의 따위를) 통과시키다 (through), (후보자를) 당선시키다, (선거구에서) 지지를 얻다 ⑪ (무거운 물건을) 받치고 있다, 버티다, (압력 따위에) 견디다 ⑫ (정기적으로) (기사를) 게재하다, 내다, 싣다, (정기적으로) 방송하다, (명부·기록 등에) 올리다 ⑬ 기억해 두다 ⑭ ((미)) (물품을) 가게에 놓다, 팔다, 재고품을 두다 ⑮ (가축 따위를) 기르다, (토지가 작물의) 재배에 적합하다 ⑯ (술을) 마셔도 흐트러지지 않다 ⑰ ~의 책임을 떠맡다, 재정적으로 떠받치다(원조하다) ⑱ (농작물을) 거둬들이다, 산출하다 ⑲ (돛을) 올리다, 달다 ⑳ (수를) 한자리 올리다, [부기] (다음 면으로) 전기하다, 이월하다, ~에 신용 대부하다, 외상 판매를 하다 ㉑ [골프] (거리·장애 등을) 단번에 쳐 넘기다

vi. ① 들어 나르다, 가지고 다니다, 운반하다 ② [보통 진행형] 임신하고 있다 ③ (소리·총알 따위가) 미치다, 달하다, [골프] (공이 힘차게 (정확하게)) 날다 ④ (신·말굽 등에 흙이) 묻다 ⑤ (말 따위가) 고개를 쳐들다 ⑥ (법안 등이) 통과되다 ⑦ (사냥개가) 냄새를 쫓다, (땅이) 냄새 흔적을 간직하다

유사단어

carry: '나르다'를 뜻하는 일반적인 말로 널리 쓰임
  Would you carry my bag upstairs? (가방을 위층으로 날라다 주시겠습니까?)
bear: 운반되는 물건의 무게를 받치는 것에 중점이 있으며 대개는 비유적인 뜻으로 쓰임. 실제로 '나르다'의 뜻으로는 별로 쓰이지 않고 carry로써 대용함
  He bears a heavy load. (그는 무거운 짐을 나른다.)
convey: carry와 달리 나른 물건을 도착지에서 상대에게 인도하는 뜻을 내포하고 있어 이 말은 carry에 대한 형식 어린 말임
  He conveys goods by truck. (그는 트럭으로 물품을 운반한다.)
transport: 사람 또는 물건을 대략적으로 먼 목적지로 나르는 경우에 쓰임
  The products were transported from the factory to the station. (제품은 공장에서 역으로 운반되었다.)

carry away

be(get) carried away (수동태가 많음)

to become so excited about something that you do not control what you say or do and you forget about everything else

~에 넋을 잃게 하다, 도취하다, 열중하다

The whole crowd were quite carried away by the young singer's performance.<수동>
(모든 청중들이 그 젊은 가수의 공연에 열중했다.)

I didn't intend to buy so many things but once I started, I just seemed to get carried away.<수동>
(나는 그렇게 많이 물건을 살 생각은 없었으나, 일단 사기 시작하니까 정신이 없었던 것 같다.)

carry away sth/sb, carry sth/sb away
to take something or someone
가지고 가버리다, 데려가다

The maid came and carried the dishes away. (하녀가 와서 식기를 가져가 버렸다.)
                           sth

The rescue team brought a stretcher and carried away the wounded skier.
                                                         sb
(구조팀은 들것을 가져와 부상당한 스키선수를 데려갔다.)

carry sb/sth away
to take people or things from one place to another by the tide or the tornado
(홍수·조류 등이) 휩쓸어 가다, (폭풍 등이) ~을 날려 버리다

The tide carried the swimmers away from the shore. (조수가 수영하는 사람들을 해안에서 휩쓸어 갔다.)
              sb

A tornado carried our house completely away. (토네이도가 우리 집을 완전히 날려 버렸다.)
               sth

carry on

carry on (유사어 go on)
to continue doing something
(~을) 계속하다, (~을) 계속해 나가다, 진행하다, (일·대화 따위를) 행하다

They carried on until the work was finished. (그들은 일이 끝날 때까지 계속했다.)
Please carry on with your singing. (부탁해요, 계속 노래해 주세요.)

➡ carry on doing 으로도 쓰임
I waved at him, but he didn't seem to notice and carried on talking.
                                                           doing
(그에게 손을 흔들었는데 그는 알아차리지 못하고 계속 이야기하고 있었다.)

➡ carry on with 로도 쓰임
Look, we're going to have to stop now. We can carry on with this in next week's class.
(이봐, 우리는 지금 그만두려고 해. 다음 주 수업시간까지 계속할 수 있어.)

carry on (유사어 go on, continue) [BrE]
to continue going somewhere in the same direction or on the same road
(같은 방향이나 같은 길을) 계속 가다

We carried on down the freeway for a while, enjoying the drive.
(우리는 드라이브를 즐기면서 한동안 고속도로 아래로 계속 갔다.)

<u>Carry on</u> until you get to the traffic lights, then turn left. (신호등이 나타날 때까지 계속 가서 좌회전을 해.)

carry on (유사어 go on)

if you carry on when you are in a difficult or unpleasant situation, you manage to continue with your normal, everyday activities

(곤란한 상황에서 변하지 않고) 행하다, 고집하다

My wife is also my business partner, I couldn't <u>carry on</u> without her.
(처는 공동경영자이기도 해서 그녀 없이는 아무것도 할 수가 없다.)

Even though the country is at war, people still try to <u>carry on</u> as normal.
(나라가 전쟁 중이라 해도 국민들은 여전히 평상시처럼 일을 하려고 노력한다.)

➡ <u>carry on with</u> 로도 쓰임
The divorce was very traumatic, but I was determined to <u>carry on with</u> my life.
(이혼에 따른 충격은 컸다. 그러나 나는 내 삶을 계속해서 유지해 나가기로 결심했다.)

carry on *sth*, carry *sth* on

to continue something that has been started by someone else

(사업 따위를) 계속 경영하다, 지속하다

He's hoping his son will <u>carry on the family business</u>. (그는 아들이 가업을 계속 경영해 주기를 바라고 있다.)
                              sth

The baker has <u>carried on business</u> here for years. (그 제빵업자는 이곳에서 여러 해 동안 사업을 지속하고 있다.)
                          sth

➡ <u>carry on a tradition</u>
전통을 이어가다

In 1814, Samuel Webb leased the mill to Stephen and Edward Blackwell, who <u>carried on the tradition</u> of cloth making.
(1814년에 사무엘 웨브는 스티븐과 에드워드 블랙웰에게 방직기를 빌려주었는데 그 두 사람은 옷감짜기의 전통을 이어왔다.)

carry on [Informal]

to behave in a silly or exited, or anxious way

떠들어대다, 분별없는 짓을 하다, 추태를 부리다

Don't pay any attention to Joe. He's always <u>carrying on</u> about some government policy or other. (조이에게 관심 갖지 마. 그는 정부 정책이나 다른 것에 대해 늘 떠들어대.)

If you <u>carry on</u> like this, you will find yourself in prison.
(네가 이렇게 분별없는 짓을 한다면 형무소에 들어갈걸.)

➡ <u>carry-on</u> (n) [BrE, Informal]
  (behavior or a situation that is silly and annoying) 눈에 거슬리는 행실

He was out in the street, and she was throwing things out the window at him. What a <u>carry-on</u>!
                                                                                              n
(그는 길로 나갔다. 그러자 그녀는 그를 향해 유리창 밖으로 물건들을 던지고 있었다. 이 무슨 해괴한 일인지.)

carry on *sth*, carry *sth* on [BrE]

if you carry on a particular kind of work or activity you do it or take part in it

~에 종사하다, ~을 하다, 경영하다, 운영하다

The authorities discovered that the Stephens was <u>carrying on</u> <u>a food business</u> without a license.
                                                              sth
(관계당국은 스티븐스 씨 가족이 면허 없이 식품사업을 경영하고 있음을 알았다.)

This business has <u>been carried on</u> by our family for three generations.<수동>
(이 사업은 3대째 우리 가족에 의해 운영되어 오고 있다.)

> **carry on** (유사어 **go on** [Informal]) [Informal]
> to keep talking about something in a way that is annoying
> (귀찮게) 계속 떠들다

The children have been <u>carrying on</u> all the morning. (아이들이 아침 내내 떠들고 있다.)
I wish everyone would stop <u>carrying on</u> about it!
(모든 사람들이 그 문제에 대해 시끄럽게 언급하지 말았으면 해.)

carry out

> **carry out** *sth*, **carry** *sth* **out**
> to do something that needs to be organized and planned
> (실험·연구·조사 등을) 행하다, 실시하다

The police are <u>carrying out</u> <u>an investigation</u> concerning the missing money.
                                 sth
(경찰은 분실된 돈에 관해 조사를 하고 있다.)

Woman magazine has just <u>carried</u> <u>a survey</u> <u>out</u>. (여성잡지가 한 여론조사를 막 실시했다.)
                                      sth

➡ <u>carry out research[an experiment, a survey]</u> 로도 쓰임
Extensive <u>research is being carried out</u>, which will hopefully result in cure for this disease.<수동>
(광범위하게 조사 연구가 실시된 것은 이 질병 치료에 희망적인 결과로 이어질 것이다.)

> **carry out** *sth*, **carry** *sth* **out**
> if you carry out something that you said you would do, or that you have been told to do [e.g. duty, order, promise] you do it
> (의무·명령·약속·계획 등을) 성취하다, 수행하다, 부과하다

He always <u>carries out</u> <u>his duties</u> properly. (그는 항상 모든 의무를 적절히 수행한다.)
                           sth

The government has failed to <u>carry out</u> <u>its election promise</u>. (정부는 선거 공약을 이행하는 데 실패했다.)
                                             sth

➡ <u>carry out an order[treat, instruction, etc.]</u> 로도 쓰임
The soldiers responded that they were only <u>carrying out orders</u>.
(군인들은 명령을 수행하는 경우에만 반응을 했다.)

> **carry out** *sth/sb*, **carry** *sth/sb* **out**
> when you carry something or someone out of a place, you hold it or someone in your hands and take it or someone from that place
> (물건을) 들어내다, (사람을) 안아 올리다

The maid came and carried the dishes out to the kitchen. (하녀가 와서 접시를 들어 올려서 부엌으로 가져갔다.)
_{sth}

She fainted and had to be carried out.<수동> (그녀가 기절해서 안아 올리지 않으면 안 되었다.)

catch

vt. ① 붙잡다, 붙들다, 쥐다 ② 쫓아가서 잡다 ③ (~을) 따라잡다, (열차·버스) 시간에 (맞게) 대어가다 ④ (기회 등) 포착하다, 잡다 ⑤ (갑자기) 달려들어 붙잡다, 잡아채다 ⑥ 불시에 습격하다, 함정에 빠지다 ⑦ [수동태로] (폭풍우 따위가) 엄습하다 ⑧ (공을) 받다 ⑨ (돛이 바람을) 받다 ⑩ (빛을) 받다 ⑪ (낙하물·던진 것에) 맞다(on, in), (타격을) ~에게 가하다 ⑫ (소리·냄새 따위가 귀·코에) 미치다 ⑬ (성격·분위기 따위를) 묘사하다, 정확히 나타내다 ⑭ (못·기계 따위가) ~을 걸리게[끼이게] 하다, 얽히게 하다(on, in, between) ⑮ (병에) 걸리다, ~에 전염되다

vi. ① 붙들려고 하다, 급히 붙들다, 잡으려고 하다 ② 기대다, 매달리다 ③ 걸리다, 휘감기다

catch on

catch on

if something catches on, it is in fashion

(생각·복장·제품 등이) 유행하다, (~에게) 인기가 있다

I hope our new product catches on with children. (우리 신상품이 아이들에게 인기가 있으면 좋겠다.)
I don't think this strange new fashion will catch on. (나는 이 이상한 패션이 유행할 것 같지 않아.)

catch on (to) (유사어 **cotton on** [BrE, Informal], **latch on** [BrE, Informal])

to begin to understand or realize something especially after long time

(한참 후에) 이해하다, 알다

Would you mind repeating that, I didn't quite catch on.
(다시 말씀해 주시겠습니까? 나는 전혀 이해 못했습니다.)
I finally caught on to what she was talking about. (나는 마침내 그녀가 무슨 말을 하고 있는지를 알아차렸다.)

catch up

catch up, catch *sb/sth* **up**

to come up from behind someone or something and reach the same point

(~을) 따라잡다, 뒤지지 않고 따라가다

He is dawdling behind, not wanting to catch up. (그는 따라잡을 생각은 조금도 없이 뒤에서 꾸물거리고 있다.)
I had to run to catch her up. (그녀를 따라잡기위해 뛰어가야만 했어.)
_{sb}

catch up

to reach the same standard or level as someone or something else

(진행 상태·성장·품질 등에서 앞서가는 사람·조직을) 따라잡다, 추격하다, 접근하다

Matthew was six when he started in my class and he couldn't speak any English, but eventually he <u>caught up</u>. (매튜는 6살 때 우리 반에서 수업을 듣기 시작했는데 영어는 한마디도 못했다. 하지만 결국은 잘하게 되었다.)

My class got ahead of me while I was sick. Now I'm struggling to <u>catch up</u>.
(내가 아픈 동안에도 수업은 진행되고 있었다. 지금 나는 그 수업을 따라잡으려고 고군분투 중이다.)

catch up on

catch up on *sth*

to do something that needs to be done, that you had no time to do before
(전에 시간이 없어서 못했던 일을 · 미루어 놓았던 일을) 하다

The train journey to work takes 80 minutes, so he uses the time to <u>catch up on</u> <u>his reading</u>.
_{sth}
(직장까지 가는 데 기차로 80분이 걸린다. 그래서 그는 그 시간을 미루어 두었던 독서를 하는 데 사용하고 있다.)

I need a quiet time so I can <u>catch up on</u> <u>my work</u>.
_{sth}
(시간이 없어서 못하고 미루어 둔 일을 하기 위해서는 조용한 시간이 필요하다.)

catch up on *sth* (유사어 **catch up with**)

to get the most recent information about something
(~에 대한 최신 정보를) 얻다

I need a little time to <u>catch up on</u> <u>the news</u>. (그 뉴스를 들으려면 시간이 조금 필요하다.)
_{sth}

On Saturday nights, he always went down to the village, to <u>catch up on</u> <u>all the gossip</u>.
_{sth}
(토요일 밤마다 그는 항상 마을로 내려가서 여러 가지 쑥덕공론을 듣는다.)

➡ **catch up on the news [gossip]** 흔히 쓰임
It's Jill's birthday on April 2nd and they're having a party, so I'll <u>catch up on</u> <u>the news</u> then.
(4월 2일은 질의 생일날이고 파티가 있을 것이다. 그래서 그때 최신 뉴스를 들을 것이다.)

catch up with

catch up with *sb*

when people catch up with someone who has done something wrong, they succeed in finding them in order to arrest or punish them
(결국) (~의) 부정을 간파하다, (경찰 등이) 체포하다

He had been avoiding paying his taxes for years before the authorities finally <u>caught up with</u> <u>him</u>. (당국자들이 마침내 그의 부정을 알아차리기 전까지 그는 여러 해 동안 세금을 체납하고 있었다.)
_{sb}

She scammed dozens of people before the police <u>caught up with</u> <u>her</u>.
_{sb}
(경찰이 그녀를 체포하기 전에 그녀는 수십 명의 사람들에게 사기를 쳤다.)

catch up with *sb*

if something bad catches up with you, it starts to cause problems which you have been able to avoid for a period of time, but are now forced to deal with

(나쁜 습관 · 스트레스 · 질병 등이) (~에게) 나쁜 결과를 가져다주다

Although he subsequently became a successful businessman, his criminal past <u>caught up with him</u>. (그가 성공적인 사업가가 되었다 하더라도 과거의 범죄행위는 그에게 나쁜 결과를 가져다주었다.)
_{sb}

Amy eats a lot of junk food and one day it'll <u>catch up with her</u>.(=it will start affecting her
_{sb}
health.) (에이미는 건강에 나쁜 인스턴트 식품을 많이 먹는다. 어느 날엔가는 그것이 건강에 나쁜 영향을 미치기 시작할 것이다.)

catch up with *sth* (유사어 **catch up on**)

to do something that needs to be done, because you did not have time to do it earlier

따라잡다, ~에 따라 미치다

Friday is a fairly quiet day, so I usually have a chance to <u>catch up with my paperwork</u>.
_{sth}
(금요일은 아주 조용한 날이다. 그래서 늘 밀린 서류정리를 하는 기회로 삼는다.)

The competing companies will never <u>catch up with this one</u>.
_{sth}
(여러 경쟁회사들이 결코 이 회사를 따라잡지 못할 것이다.)

catch up with *sb*

to meet someone you know after not seeing them for a period of time

(오랜 시간 뒤에 아는 사람을) 만나다

He is returning from New Zealand for the first time in 12 years, and is keen to <u>catch up with family and friends, especially his mother</u>.
_{sb}
(그는 12년 만에 처음으로 뉴질랜드에서 돌아와 가족, 친구, 특히 어머니를 만나 몹시 기뻤다.)

I hope to <u>catch up with Ginny</u> when I'm in Berlin. I haven't seen her for years.
_{sb}
(내가 베를린에 갔을 때 지니를 만나기를 희망해. 오랫동안 그녀를 못 보았어.)

be caught up in

be caught up in *sth*

to be involved in a situation, often when you do not want to be

(전쟁 · 사건 · 의혹 · 급격한 변화)에 휘말려 들다

Our society <u>is caught up in a whirl of rapid technological change</u>.
_{sth}
(우리 사회는 기술혁신의 급격한 변화의 소용돌이 속에 휘말리고 있다.)

Katherine was soon <u>caught up in a dangerous web of suspicion, lies and love</u>.
_{sth}
(캐서린은 곧 의심, 거짓말, 사랑의 함정에 빠지게 되었다.)

be caught up in *sth*

if you are caught up in something, it stops you from moving or making progress

(~한 가운데서) 움직일 수 없게 되다, 꼼짝 못하게 되다

Sorry to be late. We are caught up in traffic.<수동>   (늦어서 미안해. 교통이 혼잡해서 꼼짝 못했어.)

Don't wait up for me. I'll be caught up in a meeting until late.<수동>
(잠 안 자고 나를 기다리지 마. 나 늦게까지 모임에서 꼼짝 못할 거야.)

change

vt. ① 바꾸다, 변경하다, 고치다, 갈다 ② 바꿔 ~으로 하다, (재산 따위를) 다른 형태로 하다(into) ③ (같은 종류·분류의 것으로) 교환하다, 변경하다, 갈다(with) ④ ~의 장소를 옮기다, (아무를) 경질하다 ⑤ 환전하다, 잔돈으로 바꾸다, (수표·어음을) 현금으로 바꾸다 ⑥ (장소·입장 따위를) 바꾸다, (탈 것을) 갈아타다(for) ⑦ (침대의) 시트를 갈(아대)다, (아기의) 기저귀를 갈아 채우다

vi. ① 변하다, 바뀌다, 변화하다, 바뀌어 ~이 되다 ② 변경되다, 갈리다, 고쳐지다, (역할·자리·차례 따위를) 바꾸다(with) ③ (열차·버스 등을) 갈아타다, 여기서 갈아타다 ④ (~로) 갈아입다(into, for) ⑤ ((미국)) (동물을) 거세하다 ⑥ (자동차의) 기어를 바꾸다(into, to), (영) 저속[고속] 기어로 바꾸다 ⑦ (달이) 모습을 바꾸다, (목소리가) 낮게[굵게] 바뀌다

유사단어

change: '바꾸다'의 가장 일반적인 말임
　　Heat changes water into steam.   (열은 물을 수증기로 바꾼다.)
alter: 일부를[가] 변경할[될] 때 쓰임
　　He altered his house into a store.   (그는 집을 상점으로 개조하였다.)
transform: 꼴·성질·기능 따위를 변화시키다
　　A caterpillar is transformed into a butterfly.   (모충이 나비로 된다.)
convert: 어떤 목적에 들어맞게 바꾸다
　　The signal will be converted into digital code.   (암호는 디지털 코드로 바뀔 것이다.)
transmute: 좋은 것이나 고급의 것으로 요술을 부린 것처럼 바꾸다
　　Scientists transmuted matter into pure energy and exploded the first atomic bomb.
　　(과학자들은 물질을 순수 에너지로 바꾸었고 첫 번째 원자 폭탄을 폭발시켰다.)
vary: 변화의 불규칙성과 다양성에 초점이 있음
　　His mood varies from hour to hour.   (그의 기분은 시시각각 변한다.)

change over (유사어 switch over)

change over, change *sth* **over** [BrE]

to stop doing or using one system or thing, and to start doing or using a different one instead

바꾸다, 교체되다, 다른 것으로 되다

Wheat was no longer profitable, and many farmers were forced to change over to dairy farming.
(밀은 이제 더 이상 벌이가 안 돼서 많은 농부들은 낙농업으로 교체하라는 압력을 받았다.)

The chairman decided to change the factory over to bicycle production.
(사장은 공장을 자전거 생산으로 바꾸기로 결정했다.)

change over (유사어 **swap over** [Informal], **switch over**) [BrE]
if two people change over, they each start doing the job or the activity that the other one was doing before

(각자가 하고 있던 일·장소·활동을) 바꾸다, 역할을 바꾸다

One of us would do digging and one of us would pull up weeds, and then we got bored, we'd change over. (우리 중 한 사람은 땅을 팔 것이고 또 한 사람은 잡초를 뽑을 거야. 그러다가 지루해지면 역할을 바꿀 거야.)
Can we change over? I'd like to sit in the sun, too. (자리 좀 바꾸어 줄래? 나도 햇볕에 앉고 싶어.)

➡ changeover (n)
(a change from one way of doing something to another)
(조직·정책 따위의) 전환, 변경, (내각 따위의) 개각, 경질, (형세의) 역전
There has been an almost total changeover of staff in the office.
                                           n
(사무실에서 거의 전 직원의 경질이 있었다.)

charge

vt. ① (축전지를) 충전하다(up), (총을) 장전하다(with) ② (일반적) ~에 담다, 채우다, (짐 따위를) 싣다 ③ (의무·책임을) 지우다, 과하다, 위탁하다(with) ④ ~에게 명령[지시]하다 ⑤ (죄·실태 따위를) ~에게 돌리다, ~의 탓으로 하다, (죄 따위를) ~에게 씌우다, 책망하다, 고발하다, 고소하다 ⑥ 비난하다(with) ⑦ (세금·요금 등 또는 일정액을) 부담시키다, 청구하다, 물리다(for) ⑧ ~의 요금을 과하다[징수하다], ~의 대가를 징수하다 ⑨ ~의 앞으로 달아 놓다, ~의 차변에 기입하다(to) ⑩ [총] 돌격하다, 공격하다

vi. ① 요금을 받다, 지불을 청구하다(for) ② 돌격하다, 돌진하다(on, at) ③ 명령을 받고 엎드리다 ④ (축전지가) 충전되다

유사단어

charge: 법률 위반 따위의 죄악을 법률상의 정식 절차에 의해 고발하는 뜻임
Her husband was charged with her murder. (남편은 아내를 살해한 혐의로 고발되었다.)
accuse: 일반적으로 죄악에 대해 그 사람을 개인적으로 비난하는 뜻의 말임
I accused him of stealing. (나는 그를 도둑으로 고발했다.)

charge up

charge up sth, **charge** sth **up**, **charge up**
if a battery charges or if you charge it, it takes in and stores electricity

(전지) 충전하다, (소화기 등에) 보충하다

It takes an hour to charge up your battery. (당신의 배터리를 충전하는 데 1시간 걸립니다.)
                        sth
Have you charged up your mobile phone? (너의 핸드폰 충전했니?)
                  sth

charge up sth [AmE]

if you charge up a credit card, you use it a lot buying things, with the result that you owe a lot of money

(신용카드를 지나치게 사용해 그 결과) 빚을 지다, (손해 등을) ~의 부담으로 하다

When I lost my job I had to <u>charge up</u> <u>all my credit cards</u> just to pay bills.
                                                sth

(내가 직업이 없을 때 청구서 대금을 갚기 위해 내가 가지고 있는 모든 신용카드를 사용해서 빚이 있었다.)

Karen <u>charged up</u> <u>her Visa card</u> on a shopping trip. (쇼핑여행 때 카렌은 비자카드를 사용해 빚이 있었다.)
                           sth

charge up

to feel excited and very eager to do something

(군중·청중이) 흥분하다

We came out onto the playing field, <u>charged up</u> and determined to win.
(우리는 흥분 속에 승리를 확신하면서 운동장으로 달려 나왔다.)

The team <u>was charged up</u> and eager to play.<수동> (팀원은 활기가 넘쳐 열심히 시합을 했다.)

chase

1. **vt.** ① 쫓다, 추적하다, 추격하다(down) ② 쫓아버리다(away, off), 몰아내다(from, out of), 몰아넣다(onto, to) ③ ((구)) 손에 넣으려고 애쓰다, ~의 뒤를 쫓다, (여자를) 귀찮게 따라다니다 ④ 사냥하다 ⑤ ((구)) (독한 술) 뒤에 물·탄산수를 마시다(down)
   vi. ① 뒤(를) 쫓다, 추적하다(after) ② ((구)) 서두르다, 달리다, 뛰어 돌아다니다, (집 안을) 바쁘게 돌아다니다
2. **vt.** (금속에) 돋을새김을 하다, (무늬를) 양각하다, ~에 보석을 박다
3. **vt.** ~에 홈을 내다, 욱이다

chase up

chase up sb, chase sb up

if you chase up someone, you contact them to remind them to do something for you, or to ask them something

(사람을 서둘러) 찾아내다

<u>Chase up</u> <u>the plumber</u> and find out why he's not here yet.
           sb
(배관공을 찾아서 왜 그가 아직 여기에 없는지 그 이유를 알아 봐.)

I'd better <u>chase up</u> <u>Linda</u>. She was supposed to help me today.
                     sb
(린다를 찾는 게 좋겠다. 그녀는 오늘 나를 돕기로 되어 있어.)

chase up *sb*, **chase** *sb* **up** [BrE]

to remind someone to do something they promised to do for you

(~가 너에게 약속했던 일을 하게끔) 상기시키다, 떠오르게 하다

I had to chase Dick up to get the reports I asked for last week.
              sb

(지난주 요청했던 보고서를 가져오는 것을 딕에게 상기시켜야 했다.)

I'd certainly rather do a project myself than have to chase up other people to make sure they're
                                                                       sb

doing what they promised to do.

(나는 다른 사람들이 약속했던 일을 하고 있는지 확인하기 위해 그들의 약속을 상기하는 것보다는 내 스스로 그 일을 하는 것을 확실히 더 선호한다.)

chase up *sth*, **chase** *sth* **up** [BrE]

to try to make sure that something is paid or done, especially when it has taken too long

(오랫동안 걸려 이루어진 · 지불된) 것을 확인하려고 노력하다

The company employs a team of 20 people to chase up unpaid bills.
                                                                                       sth

(회사는 미지불된 청구서를 추적하기 위해 20명으로 구성된 한 팀을 고용한다.)

I will have to chase up the actual words of the speech that I was reporting.
                                  sth

(내가 보도한 연설에서 실제로 언급한 이야기를 확인해야만 했다.)

chat

vi. 잡담하다, 담화하다, 이야기하다

chat up

chat up *sb*, **chat** *sb* **up** (유사어 **hit on**, spoken [AmE, Informal]) [BrE, Informal]

to talk to someone in a way that shows them that you are sexually attracted to them and to try to make them attracted to you

다정스레 (어떤 흑심으로) (이성에게) 말을 걸다

We found him in the bar, trying to chat up a waitress.
                                            sb

(우리는 한 웨이트리스에게 말을 걸고 있는 그를 바에서 찾았다.)

He said I had nice eyes, and I thought he was trying to chat me up.
                                                            sb

(그는 내 눈이 아름답다고 말을 했는데, 나는 그가 나에게 말을 걸기 위해서 애를 쓰고 있다고 생각했다.)

chat up *sb*, **chat** *sb* **up** [AmE, Informal]

to talk with someone in a friendly way, especially when you want them to help or give you something

(도움이나 물건을 받고 싶을 때 친절하게 ~와) 이야기하다

She felt obligated to chat her boss up after work.
_{sb}
(그녀는 근무 후 사장과 친절하게 이야기해야 된다는 강박감을 느꼈다.)

He will chat up anyone who walks into his store.
_{sb}
(그는 자신의 상점으로 들어오는 사람이라면 누구에게나 말을 걸 것이다.)

cheat

vt. ① 기만하다, 속이다 ② (~을) 사취하다, 사기하다(out, of), (~을) 속여서 ~하게 하다(into) ③ 용케 면하다[벗어나다] ④ ((고)) (지루함·슬픔 등을) 이럭저럭 넘기다

vi. ① 부정한 짓을 하다, 협잡질하다(at, in on), 카드놀이에서 속임수를 쓰다, 시험에서 부정행위를 하다 ② ((구)) 부정을 저지르다(on)

cheat on

cheat on *sb*
when you cheat on your sexual partner, you have sex or romantic relationship with another person
(상대방 모르게) (은밀히) 다른 이성과 내통하다, 바람을 피우다, 부정을 저지르다

A recent study shows that a third of all married people have cheated on their husbands or wives
_{sb}
at least one time.
(최근 한 연구에 의하면 모든 결혼한 사람들 중 1/3이 적어도 한 번은 남편이나 아내 몰래 부정을 저지르고 있다고 한다.)

His wife was cheating on him while he was at work.
_{sb}
(그가 직장에서 근무하는 동안 부인은 바람을 피우고 있었다.)

cheat on *sth* (유사어 **cheat**) [AmE]
when you do something dishonest so that you can do better on a test, you cheat on the test
부정행위를 하다

He confessed to his parents that he had cheated on his biology test.
_{sth}
(그는 생물 시험에서 부정행위를 했다고 부모님에게 고백했다.)

You can't cheat on the tax office and get away with it. (세무서를 속이고 도망갈 수는 없다.)
_{sth}

cheat on your taxes [AmE]
to hide information or lie about how much money you make in order to pay less tax
(세금을 덜 내기 위해) 허위 보고를 하다

Perkins spent five years in jail for cheating on his taxes.
_{sth}
(퍼킨즈는 세금을 허위 보고 했기 때문에 5년을 감옥에서 보냈다.)

check

vt. ① 저지하다, 방해하다, 반격하다 ② 억제하다, 억누르다 ③ 대조[검사]하다, 점검하다 ④ ~에 대조표시를 하다(off) ⑤ ~에 꼬리표를 달다, ((미)) (물건을) 물표를 받고 보내다(맡기다), ((미)) 영수증과 맞꾸어 넘겨주다, ((미)) (일시적으로) 두다, 맡(기)다 ⑥ ~에 바둑판[티크] 무늬를 놓다 ⑦ [체스] 장군을 부르다, (상관이) 질책하다 ⑧ 째다, 가르다

vi. ① ((미)) 일치[부합]하다(with) ② (확인을 위해) 조사하다, 체크하다(on, upon) ③ (장애를 만나) 갑자기 멈추다[서다], (사냥개가) 냄새 자취를 잃고 우뚝 서다, (매사냥에서 매가) 목적한 사냥감 추적을 그치고 다른 것으로 향하다(at) ④ [체스] 장군을 부르다, [포커] 체크하다(다음사람이 증액 못하도록 앞사람과 동액을 거는 것) ⑤ (목재·페인트 따위에) 금이 가다 ⑥ ((미)) 수표를 떼다(on, for against)

check in

check in

to show your ticket at an airport so that you can be told where you are sitting and so that your bags can be put on the aircraft

(공항 등에서) 탑승 수속을 하다, 체크인 하다

Where do we <u>check in</u> for flight 409? (409비행기는 어디서 탑승수속을 합니까?)
He <u>checked in</u> without baggage for a flight to Rome. (그는 짐 없이 로마행 비행기를 체크인 했다.)

➡ check-in (n)

(the place at an airport where you go to say that you have arrived for your flight) 탑승
We rushed over to the <u>check-in</u> and showed the man our tickets.
                          n
(우리는 탑승하려고 달려가면서 남자에게 탑승권을 보여 주었다.)

➡ check-in time (n)

(the time when you have to check in at an airport) 탑승시간
<u>Check-in time</u> in 9:30, one hour before take-off. (탑승시간은 출발 전 1시간 전인 9시 30분입니다.)
   n

check in *sth*, **check** *sth* **in**

to give your bags to a person who works at the desk in the airport, so they can weigh them and put them on the plane

(공항에서 공항 직원에게 짐의 무게를 달도록) 맡기다, 체크인 하다

People were waiting to <u>check in</u> <u>their baggages</u>. (공항에서 사람들은 짐의 무게를 달기 위해 기다리고 있다.)
                                        sth

<u>How many bags</u> do you want to <u>check in</u>? (몇 개의 가방을 체크인 하기를 원하십니까?)
  sth

check in(to) (유사어 **book in/into** [BrE])

when you arrive at a hotel and arrange for a room, you check in or check into the hotel

(호텔 등에서) 숙박수속을 밟다, 체크인 하다

He checked in at Miami the most expensive hotel. (그는 마이애미에서 제일 비싼 호텔에 체크인 했다.)
After I arrive in Denver, I'll go straight to my hotel and check in.
(덴버에 도착 후 호텔로 곧장 가서 체크인 할 것이다.)

> **check in** *sth*, **check** *sth* **in** (유사어 **return**) [AmE]
> to return a book or a video, etc. to the library after you borrowed it
> (책이나 비디오를 다 보고) 반환하다, 되돌려 주다

I'm just going to check in these books. (지금 막 이 책들을 반환하러 가는 중이야.)
                     sth

I need to check my book in by Friday. (나는 금요일까지 책을 반납해야 한다.)
                sth

➡ check-in (n)
  (the process of reporting your arrival at a hotel) (호텔에서) 숙박 수속, 투숙, 체크인
  The hotel is hiring additional staff to make check-in easier.
                                                       n
  (그 호텔은 체크인을 보다 쉽게 하기 위하여 추가 직원을 고용하고 있다.)

check out

> **check out** *sth/sb*, **check** *sth/sb* **out**
> to get more information about something or someone, especially so that you find out if they are suitable or good, or whether what you have been told about them is true
> (정확성 여부·사실과 일치하는가에 대한) 많은 정보를 얻다

After checking out several colleges, she decided on Iowa State University.
              sth
(몇 개 대학에 대한 정보를 살펴본 후 그녀는 아이오와 주립대학으로 결정했다.)

Check us out on our new web site. (새로운 웹사이트에서 우리 정보를 확인해 보세요.)
      sb

> **check out** *sth*, **check** *sth* **out** (유사어 **investigate**)
> to make sure that information is true or correct
> (정보·이야기 사실 여부를) 탐색하다, 조사하다

You should check out all the facts before you make a decision.
                      sth
(너는 결정을 내리기 전에 모든 사실을 검토해야만 해.)

An officer would be checking out the statement Mrs. Mossman just made.
                              sth
(한 경관이 모스만 부인이 했던 진술을 검토할 것이다.)

> **check out** *sb/sth*, **check** *sb/sth* **out** [AmE]
> to look at someone or something because they are interesting, attractive, unusual, etc.
> (재미있거나·매력적이나·흔하지 않은 것을) 바라보다

I turned around and caught Bill <u>checking</u> <u>me</u> <u>out</u>.
                                                   sb
(내가 돌아서 보니 빌이 흥미롭게 나를 보고 있다는 것을 알았다.)

Let's <u>check out</u> <u>the castle</u> before we go to the hotel. (호텔에 돌아가기 전에 저 성을 한번 들러 보자.)
             sth

➡ <u>check it out [check this out]</u> 으로도 쓰임 [AmE, Spoken]

Hey, <u>check it out</u>! Bob has a new haircut!
(야, 저것 좀 봐. 밥이 헤어스타일을 바꿨네.)

check out

when you check out of a hotel where you have been staying, you pay the bill and leave

(호텔 등에서) 체크아웃 하다, (계산을 마치고) 나오다

What time did Mr. Jones <u>check out</u> of the hotel? (존스 씨가 몇 시에 호텔에서 체크아웃 했습니까?)
I went to the hotel hoping to meet Sam but he had already <u>checked out</u>.
(나는 샘을 만나려고 호텔로 갔는데 그는 이미 체크아웃 했다.)

➡ <u>checkout</u> (n)

(when you prepare to leave a hotel by paying your bill and returning your room keys)
(호텔 등에서) 체크아웃

<u>Checkout</u> is at 10 a.m. (호텔의 체크아웃은 아침 10시입니다.)
    n

check out sth, check sth out [AmE]

to borrow or rent something from a business, such as books from a library

(도서관에서 책의) 대출 절차를 밟다

I <u>check</u> <u>three books</u> <u>out</u> of the library each week. (매주 도서관에서 3권의 책을 빌린다.)
          sth
I'm just going to <u>check</u> <u>this book</u> <u>out</u> of the library. (지금 이 책을 도서관에서 빌리려고 합니다.)
                         sth

check sb out, check out sb [AmE]

in a shop, if you check out things you want to buy, you pay for them at a special counter

(슈퍼마켓 계산대에서) 계산하다

Sir I can <u>check</u> <u>you</u> <u>out</u> at the next counter, if you like.
               sb
(손님, 원하신다면 다음 계산대에서 계산해 드릴 수 있습니다.)
I can <u>check</u> <u>you</u> <u>out</u> on cash register 5. (5번 계산대에서 계산해 드릴 수 있습니다.)
            sb

check out [AmE, Informal]

to die

죽다, 돌아가시다

My grandmother just <u>checked out</u> one day without any warning.
(할머니가 어느 날 아무런 예고도 없이 돌아가셨다.)
"Get a doctor!" "It's too late. He's already <u>checked out</u>." (의사 불러! 이미 늦었어. 그는 이미 죽었어.)

check over

check over *sth*, **check** *sth* **over** (유사어 **look over**)
to look closely at something to make sure it is correct or acceptable
(기계 등을 전반적으로) 점검하다, (잘못이 없는지) 자세히 조사하다

Mechanics <u>checked over</u> <u>the engine</u> before the plane took off.
　　　　　　　　　　　　　 sth
(비행기가 이륙하기 전에 기술자들이 엔진을 자세히 조사하였다.)

I <u>checked the car engine over</u> thoroughly. It needs a new spark plug.
　　　　　　 sth
(차 엔진을 철저히 점검해 보았다. 새 점화 플러그가 필요하다.)

check *sb* **over**, **check over** *sb* (유사어 **examine, look over**)
to examine something or someone to make sure that they are correct, healthy, or working properly
(~의) 건강을 진단하다, 진찰하다

I asked the doctor to <u>check me over</u>.　(나는 의사에게 부탁해서 건강검진을 했다.)
　　　　　　　　　　　　　 sb

The doctor <u>checked over</u> <u>the accident victim</u> to make sure there were no broken bones.
　　　　　　　　　　　　　　 sb
(의사는 사고 환자가 뼈가 부러지지 않았는지 진찰했다.)

check up

check up, check up *sth*, **check** *sth* **up** [BrE]
to make sure that you have the correct information about something
(정보가 정확한지) 조사하다, 확인하다

I don't know the number. I'll <u>check it up</u> in the telephone book.
　　　　　　　　　　　　　　　　 sth
(나는 그 전화번호 몰라. 전화번호부에서 알아볼게.)

<u>Check the facts up</u> before you write your report.　(보고서를 작성하기 전에 사실을 확인해 봐.)
　　　　 sth

➡ check up (n)
　(when a doctor examines you to see if you are healthy)　검사, (정기) 건강검진
Doctors recommended a yearly <u>check up</u> for most adults.
　　　　　　　　　　　　　　　　 n
(의사들은 대부분의 성인들에게 1년에 한 번 정기검진을 권고한다.)

check up on

check up on *sb/sth* (유사어 **check on**)
to try to find out if someone is doing what they should be doing, especially secretly
(사람·사물의 배경·사실 관계·진위 등을) 살펴보다, 검토[대조]하다

Immigration officials <u>checked up on</u> <u>him</u> and found that he was using a stolen passport.
                                     sb
(이민국 직원들이 그를 뒷조사하였고 그가 도난당한 여권을 사용하고 있음을 알아냈다.)

My boss doesn't trust anyone and he's always coming into the office to <u>check up on</u> <u>me</u>.
                                                                                        sb
(사장님은 아무도 믿지 않는다. 그래서 나를 살피기 위해 항상 사무실로 들어온다.)

check up on *sb* (유사어 check on)

to make sure that someone is still safe and healthy

(~의 건강·안전을) 진단하다

"I'll be back in a few minutes to <u>check up on</u> <u>you</u>." promised Dr. Min.
                                              sb
(민 박사는 "너희들의 건강을 진단하기 위해 2~3분에 다시 돌아올 거야"라고 약속했다.)

He encouraged college students to go out drinking together and <u>check up on</u> <u>each other</u>.
                                                                              sb
(그는 대학생들에게 함께 나가서 술을 마시고, 서로의 안전을 돌봐주라고 격려했다.)

cheer

vt. ① ~에 갈채를 보내다, 성원하다, 응원하다, (~oneself로) ~상태가 되도록 성원[응원]하다 ② 격려하다, 기쁘게 하다, 기운을 북돋우다, 위로하다(up)

vi. ① 갈채를 보내다, 환성을 지르다 ② 힘이 나다(up)

cheer up

cheer up, cheer *sb* up, cheer up *sb*

if someone cheers up or if someone or something cheers them up, they start to feel happier

힘이 나다, 기운이 나다, 기분이 좋아지다

He needs <u>cheering up</u>. (그는 힘을 낼 필요가 있어.)

Usually I can <u>cheer</u> <u>myself</u> <u>up</u> on days like this, but not today.
                          sb
(나는 항상 오늘 같은 날이면 내 스스로 기운을 낼 수 있다. 그러나 오늘은 아니다.)

Give her a dozen roses. That should <u>cheer</u> <u>her</u> <u>up</u>.
                                              sb
(그녀에게 12송이의 장미를 주어라. 그러면 그녀는 기분이 좋아질걸.)

cheer *sth* up, cheer up *sth* (유사어 **brighten up**)]

to make a place look more attractive and cheerful

(장소를) 밝게 하다

I've brought some flowers. I thought they'd <u>cheer</u> <u>the place</u> <u>up</u> a little.
                                                            sth
(내가 꽃을 좀 가져왔어. 꽃 덕분에 그곳이 조금은 밝아질 것 같아.)

chicken

vi. [관용구로] ~out 겁을 먹고 (~에서) 물러나다 (손을 떼다, 내리다)(of, on)

chicken out

chicken out (유사어 **wimp out** [Informal]) [Informal]
to decide not to do something you had planned to do because you are too frightened

겁을 먹고 (~에서) 물러서다, (손을) 떼다, 내리다

He <u>chickened out</u> of climbing up the tree.　(그는 겁이 나서 나무타기를 그만두었다.)
Forman's opponent <u>chickened out</u> at last minute and said he didn't want to fight.
(포맨의 상대방은 마지막 순간에 겁을 먹고 물러서며 싸우고 싶지 않다고 말했다.)
I'm sure he'll <u>chicken out</u> of doing the bungee jump at the last minute.
(나는 그가 마지막 순간에 번지점프를 겁을 먹고 포기할 것을 확신해.)

➡ chicken out on *sb* 로도 쓰임
Tomorrow's the race — you're not <u>chickening out on us</u>, are you?
　　　　　　　　　　　　　　　　　　　　　　　　　　sb
(내일이 경기 날이야 — 우리를 무서워하는 건 아니겠지, 그렇지?)

➡ chicken out of doing *sth* 으로도 쓰임
At the last minute I <u>chickened out of</u> going to Africa and decided instead to take a holiday in
　　　　　　　　　　　　　　　　　　　　　doing
Italy.　(마지막 순간에 나는 아프리카로 가는 것을 그만두고, 대신에 이탈리아에서 하루 놀기로 결정했다.)

chill

vt. ① 식히다, 냉각하다, (음식물·포도주를) 차게 하여 맛있게 하다, 냉장하다 ② 춥게 하다, 오싹하게 하다 ③ (정열 따위를) 식히다, ~의 흥을 깨다, 낙담시키다 ④ ((속)) (쇳물을) 냉경하다 ⑤ ((영속)) (술·물을) 알맞게 데우다 ⑥ ((미속)) (분쟁·불만 따위를) 냉정히 효과적으로 해결하다 ⑦ ((미속)) (때려) 기절시키다, 죽이다, 화나게 하다 ⑧ (칠한 면을) 식혀 흐리게 하다
vi. ① 차가워지다, 으스스[오싹]해지다 ② ((속)) (쇳물이) 급랭·응고 하다 ③ ((미)) 얌전하게 따르다, (저항 없이) 붙잡히다 ④ ((미속)) (계획·사람에게) 정열을 잃다, 냉담해지다, 열이 식다

chill out

chill out (유사어 **calm down**) [Informal]
used to tell someone not to worry or not to get annoyed or too excited

침착해지다, 냉정해지다

<u>Chill out</u> man. Don't get so excited.　(젊은이 침착해, 그렇게 흥분하지 마.)
What's that guy shouting about? I wish he would <u>chill out</u>.
(저 젊은이는 무엇 때문에 소리 질러? 그가 냉정해졌으면 좋겠어.)

chill out (유사어 **relax**) [Informal]

to relax completely, or not allow things to upset you

긴장을 풀다.

<u>Chill out</u>! Life's too short to get so stressed! (긴장 풀어. 인생이란 그렇게 스트레스 받고 살기엔 너무 짧아.)
"What are you doing?" "Nothing much. Just <u>chilling out</u>."
("무엇하고 있니?" "별로, 다만 긴장 풀고 있어.")

chop

vt. ① 팍팍 찍다, 자르다, 빠개다, 잘게(짧게) 자르다, (도끼·식칼 따위로) 잘라 만들다, (고기·야채 따위를) 저미다, 썰다(up) ② ((영)) (경비·예산 따위를) 삭감[절감]하다 ③ [테니스·크리켓] (공을) 깎아치다 ④ (목화를) 솎아내다 ⑤ (말을) 짧게 끊어하다, 띄엄띄엄 말하다 ⑥ ((영구)) 해고하다 ⑦ ((영구)) (계획 등을) 갑자기 중지하다(종종 수동태로 쓰임) ⑧ ((서아프리카구)) 먹다

vi. ① 찍다, 자르다, 베다 ② 급히[갑자기] 움직이다(오다, 가다) ③ (물결이) 거칠어지다 ④ 위에서 짧게 한 대 먹이다

chop down (유사어 cut down)

chop down *sth*, **chop** *sth* **down** (유사어 **cut down**)

to cut through a tree or a group of trees so that they fall to the ground

(도끼 등으로) 나무를 찍어 쓰러뜨리다, 때려 쪼개다

The tree died, so I had to <u>chop</u> <u>it</u> <u>down</u>. (그 나무는 죽었어. 그래서 도끼로 찍어야만 했어.)
　　　　　　　　　　　　　　　　　sth

I <u>chopped</u> <u>the saplings</u> <u>down</u> every year but they always grew back.
　　　　　　　sth
(나는 매년 어린 나무들을 잘라냈는데 그것들은 항상 다시 자라곤 했다.)

chop off

chop off *sth*, **chop** *sth* **off** (유사어 **cut off, hack off**)

to remove something using a knife or other sharp tools

(칼로 베어) 잘라내다

<u>Chop off</u> <u>the ends of the carrots</u> before you peel them.
　　　　　　　　sth
(껍질 베끼기 전에 당근 끝을 칼로 베 버려.)

You could improve the tree by <u>chopping off</u> <u>the upper branches</u>.
　　　　　　　　　　　　　　　　　　　　　sth
(위의 가지를 잘라내면 나무는 잘 자랄 수 있어.)

chop up (유사어 cut up)

chop up *sth*, **chop** *sth* **up**
if you chop up something, you chop it into small pieces
(도끼 · 칼로) 조각조각 내다, 세밀하게 조각하다

<u>Chop up</u> a cup of green or black olives and add them into the sauce.
　　　　　sth
(녹색이나 검정 올리브 한 컵을 잘게 썰어서 소스 속에 넣어.)

I'll <u>chop up</u> the fallen tree into firewood. (나는 쓰러진 나무를 장작으로 조각낼 거야.)
　　　　　　　sth

clamp

1. vt. (꺽쇠로) 고정시키다, (죔쇠로) 죄다, 강제로 시키다, 강제하다(on)
2. vt. (벽돌 등을) 높이 쌓아 올리다(up), (감자 따위를) 짚 · 흙 따위로 덮어서 가리다
3. vt. 육중한 발소리(를 내며 걷다)

clamp down (유사어 crack down)

clamp down
if someone in authority clamps down, they do something in order to stop or limit a particular activity
죄다, (~을) (강력히) 단속하다, (폭도 등을) 탄압[압박]하다, (엄격하게) 대처하다

The FBI has <u>clamped down</u> on an organized crime. (FBI는 조직범죄를 강력하게 단속하고 있다.)
The tax officers has begun to <u>clamp down</u> on tax evaders. (세무서는 탈세자들을 압박하기 시작했다.)

➡ <u>clampdown</u> (n)
　　(sudden action taken by a government or people in authority to stop or limit a particular activity) 엄중단속, 탄압
Ironically, the latest <u>clampdown</u> has just led to renewed international criticism.
　　　　　　　　　　　　　　　　n
(묘하게도 최근의 엄중단속은 국제적인 비판만을 다시 야기시키고 말았다.)

clean

vt. ① (~을) 깨끗하게 하다, 정결[말끔]히 하다, 청소하다, 손질하다 ② (먹어서 접시 등을) 비우다, (요리 전에 닭 · 생선 등의) 창자를 빼내다 ③ (~을) 씻어서 (더러움 · 때를) 없애다[빼다](of), (~에서 얼룩 따위를) 지우다, 없애다(off, from)

vi. ① 청소를 깨끗이 하다, 깨끗해지다

clean out

clean out *sth*, **clean** *sth* **out**

when you clean something out, you clean the inside completely so that no dirt, dust, trash, and so on, remains inside

(속에 있는 필요치 않은 것을) 깨끗이 비우다, 꺼내서 버리다, 청소하다

When are you going to <u>clean out your room</u>? — it's in a terrible mess!
                                            sth

(너 언제 너의 방 청소 말끔히 할래? — 온통 쓰레기 천지야.)

The trainer <u>cleans the manure out</u> of the stable every day. (조련사는 매일 마구간에서 마분을 꺼내서 버린다.)
                   sth

➡ <u>clean-out</u> (n)

(when you clean a place thoroughly and throw away things in it that you do not need or want) 청소

It's time we had a thorough <u>clean-out</u> in this house. (우리가 이 집안을 철저히 청소할 시간이야.)
                              n

clean *sb* **out**, **clean out** *sb* [Informal]

to spend all of your money on something so that you have none left

(예금 · 현금 · 재산 등을) 전부 사용하게 하다, 돈을 다 써 버리다

That was an expensive restaurant. It <u>cleaned me out</u>.
                                    sb

(저기는 고급 레스토랑이야. 그 덕분에 완전히 빈털터리가 되었어.)

When I pay the bills, I'll <u>be cleaned out</u>.<수동>

(여러 청구서를 지불하고 나면, 나는 완전히 무일푼이 될 것이다.)

clean *sth* **out**, **clean out** *sth* [Informal]

to steal everything from a place, or all of someone's possessions

(도둑 등이) (집 · 금고에서) 금품을 도둑질해가다, 완전히 비워놓다

My apartment was empty. Burglars had <u>cleaned everything out</u> while I was away.
                                                       sth

(내 아파트가 텅텅 비었다. 도둑들이 내가 없는 사이에 모든 것을 훔쳐 갔다.)

The thieves had completely <u>cleaned my office out</u>.
                                               sth

(도둑들이 우리 사무실의 금품을 완전히 싹 쓸어갔다.)

clear

vt. ① (물 · 공기 등을) 맑게 하다, 깨끗이 하다, (하늘을) 맑게 하다(up) ② 깨끗이 치우다, (~의 장애를) 제거하다 ③ 해제하다, 풀다(of, from) ④ 밝히다, 해명하다, (의심 등을) 풀다, 떨어버리다, (의문 · 문제를) 해소[해결]하다 ⑤ ~의 결말을 내다, (빚을) 갚다(of), (문제 · 헝클어진 실 따위를) 풀다, [군사] (암호를) 해독하다 ⑥ (육지를) 떠나다, (출항 · 입항 절차를) 마치다, (관세를) 지불하다, ~의 통관 절차를 마치다, (법안이 의회를) 통과하다, (계획 · 제안 등을) 승인[인

정]하다(위원회 등에서)(with), (선박의) 출입항을 허가[승인]하다, (관제탑에서 비행기의) 이착륙을 허가하다(for), (당국의) 허가를 받다(하다) ⑦ (어음을) 교환에 의해 결제하다, (셈을) 청산하다, (재고품을) 정리하다, 투매하다 ⑧ (순익을) 올리다 ⑨ 이익으로 비용을 쓰다. ⑩ 떨어지다, ~와 충돌을 피하다 (장애물 따위를) 거뜬히[깨끗이] 뛰어넘다 ⑪ (목의) 가래를 없애다, (목소리를) 또렷하게 하다 ⑫ [컴퓨터] (자료·데이터를) 지우다

vi. ① (액체가) 맑아지다, (하늘·날씨가) 개다, (구름·안개가) 걷히다, (안색 등이) 밝아지다 ② (입국·출국의) 통관 절차를 마치다, 출항하다 ③ 떠나다, 물러가다 ④ 재고 정리하다 ⑤ (어음 교환소에서) 교환 청산하다 ⑥ (실시 전에) 심의를 거치다, 승인을 얻다

clear off

clear off (유사어 **go away, push off** [BrE, Informal]) [BrE, spoken]
used to tell someone rudely and angrily to go away

(무례하게) 가라고 하다

Clear off and don't come back! (저리 가, 그리고 다시 오지 마!)
He was told to clear off by the public. (그는 군중들로부터 사라지라는 아우성을 들었다.)

clear off, clear off *sth* [BrE, Informal]
to leave a place quickly

(장소에서) 떠나다, 출발하다, 물러가다, 도망치다

He cleared off at about ten o'clock, without saying where he was going.
(그는 어디로 갈 것이라는 말 한마디 없이 10시쯤 급히 떠났다.)
I couldn't stand the English climate, so I cleared off to America as soon as I could.
(나는 영국 기후를 견딜 수가 없어 할 수 있는 한 빨리 미국으로 도망치듯 떠났다.)

clear out

clear out *sth*, **clear** *sth* **out**
to make a place tidy by removing things that are unwanted

(방·찬장에서 필요 없는 물건을 버려) 말끔히 깨끗하게 하다, 속을 비우다

I cleared out all my wardrobes. (나는 옷장마다 필요 없는 물건을 버리고 말끔히 치웠다.)
　　　　　　　sth

While I was clearing out the attic, I found some old photographs of my mother.
　　　　　　　　　　　　sth
(내가 다락방을 치우는 동안 엄마의 옛날 사진 몇 장을 발견했다.)

➡ clear-out (n)
(when you make a place tidy and throw away the things in it that you do not need or want any more) 청소
Look at this mess — it's time we should have a big clear-out in here.
　　　　　　　　　　　　　　　　　　　　　　　n
(이 쓰레기 더미 좀 봐 — 여기를 대청소할 시간이야.)

clear out (유사어 **get out**) [Informal]

to leave a place or a building quickly or suddenly, especially permanently

(장소 · 빌딩을) (빨리 · 갑자기 · 영원히) 떠나다

I <u>cleared out</u> of my dorm room after my roommate and I had a fight.
(나는 룸메이트와 싸운 후 기숙사를 떠났다.)

By the time the police arrived the men had already <u>cleared out</u>.
(경찰이 도착했을 때쯤 그 사나이들은 이미 다 도망친 상태였다.)

➡ clear out!

(used to tell someone rudely and angrily to leave a place) 나가!

<u>Clear out</u>! I don't want to see you again! (나가! 너 다시 보고 싶지 않아!)

clear up

clear up, clear up *sth*, **clear** *sth* **up** (유사어 **tidy up** [BrE]) [BrE]

to put things back where they are usually kept and make a place clean and tidy, especially after a meal, party, etc.

(물건을) 깨끗이 치우다, (파티 · 식사가 끝난 후) 정돈하다

Let's <u>clear up</u> as quickly as possible and then watch the film on TV.
(가능한 한 빨리 깨끗이 치우고 나서 TV로 영화 보자.)

When you've finished your meal, please <u>clear up the kitchen</u>.
                                                                                  sth

(식사가 끝나면 부엌을 깨끗이 정돈해 주세요.)

clear up *sth*, **clear** *sth* **up** (유사어 **solve**)

to find an explanation for something that is strange and hard to understand

(문제 · 의문점의 설명 등을) 해결하다, 명확하게 하다, 설명하다, (오해 등을) 풀다

The police have been trying to <u>clear up the mystery</u> of the man's death.
                                                                        sth

(경찰은 그 남자의 죽음과 관련된 의문점을 풀기 위해 계속 노력 중이다.)

Have you <u>cleared up the misunderstanding</u>? (오해는 풀었니?)

clear up *sth*, **clear** *sth* **up** (유사어 **sort out**)

to solve a problem or deal with a disagreement or a situation in which people have become confused

(갈등 · 혼동 · 혼란을) 해결하다, 풀다

I would like to <u>clear up</u> this confusion for you. (나는 너를 위해 이 갈등을 해결하고 싶어.)

Talks continued late into the night in an effort to <u>clear up the remaining difficulties</u>.
                                                                                                                    sth

(대화는 남아 있는 여러 가지 어려움을 해결하려는 노력을 하면서 밤늦게까지 계속되었다.)

clear up, clear up *sth*, clear *sth* up

if someone's illness clears up, they recover from it

(질병·감염 등이) 치료되다, 완쾌하다, 고치다

After I started using the lotion, my rash <u>cleared up</u>. (로션을 사용하기 시작한 후 발진이 싹 가셨다.)
Chicken soup is the best thing for <u>clearing up</u> <u>a cold</u>. (닭고기 스프가 감기 치료에 최고다.)
　　　　　　　　　　　　　　　　　　　　　sth

clear up [it clears up]

when bad weather clears up, it stops raining and becomes more pleasant

(하늘이) 맑아지다, 좋아지다, 개다, (표정이) 밝아지다

The weather should <u>clear up</u> by tomorrow. (내일은 날씨가 맑아져야 할 텐데.)
Her face <u>cleared up</u> when I told her the answer. (내가 그녀에게 답을 했을 때 그녀의 얼굴이 밝아졌다.)

clock

vt. ① (시계·스톱워치로) ~의 시간을 재다, 계시하다, 계측[기록]하다(up), (자동계측기로 속도 따위를) 측정하다, (시간·속도의 기록을) 내다, 달성하다 ② ((영속)) (아무의 머리·얼굴을) 때리다

vi. 타임리코더로 취업 시간을 기록하다.

clock in[on]

clock in, clock on [BrE] (반대어 clock off[out])

to record the time you arrive at work, usually on a machine with a clock

(타임리코더로) 출근시간·특정시간을 기록하다, (사원 등이 일시에 타임카드를 넣고) 출근하다

Most of workers <u>clocked in</u> before 8:30 this morning.
(대부분의 근로자들이 오늘 아침 8시 30분 전에 출근했다.)

We <u>clock in</u>(on) at 9:00 and clock out(off) at 5:00. (우리는 9시에 출근하고 5시에 퇴근한다.)

clock in at

to have a particular time, weight, etc. when this information is being officially recorded

(정보 입력 당시) (무게·시간·값 등을) 재다

The next time she ran the race, she <u>clocked in at</u> 41.81 seconds.
(다음번 달리기를 했을 때에는 그녀는 41.81초를 기록했다.)

There are four more songs, each <u>clocking in at</u> around 12 minutes.
(시간을 재보니 각각 약 12분이나 걸리는 노래가 4개나 더 있다.)

clog

- **vt.** (~의 움직임[흐름, 기능]을) 방해하다(up), (도로를 차 따위로) 막다(up), (파이프 따위를) 막히게 하다(up), (근심 · 걱정 · 불안 등으로 마음 · 기분을) 무겁게 하다, 괴롭히다(with)
- **vi.** ① 막히다, 메다(up), 들러붙다 ② 나막신 춤을 추다

clog up

clog up, clog up *sth*, **clog** *sth* **up** (유사어 **block up**)

if something [e.g. road, pipe] clogs up, or if something clogs it up, it becomes blocked and nothing in it is able to move

(길 · 튜브 등이) 막히다

The water won't go down, I think the pipe must <u>be clogged up</u>.<수동>
(물이 안 내려가, 내 생각에도 하수관이 막혔음이 틀림없다.)

More and more heavy trucks are <u>clogging up</u> the highways.
     sth
(점점 더 무거운 트럭들이 간선도로 체증을 일으키고 있다.)

➡ clog up with 로도 쓰임
The town center was completely <u>clogged up with</u> traffic this afternoon.
(마을 중심지는 오늘 오후 교통으로 완전히 막혔다.)

clog up the system

if a lot of things clog up the system, they prevent it from working smoothly and prevent things from being dealt with as quickly as usual

(~의) 움직임[흐름 · 기능]을 방해하다

All the extra applications for passports have <u>clogged up the system</u>.
(지나치게 많은 여권 신청 때문에 시스템이 방해를 받고 있다.)

An increased number of arrests has <u>clogged up</u> the court system.
                                              sth
(구속률의 증가로 사법 체제가 제대로 작동을 못한다.)

close

- **vt.** ① (눈을) 감다, (문 · 가게 따위를) 닫다, (우산을) 접다, (책을) 덮다, (통로 · 입구 · 구멍 따위를) 막다, 차단하다, 메우다, (가게 · 사무소를) 폐쇄하다, 휴업하다 ② 종결하다, 끝내다, (회합을) 폐회하다, (계산 · 장부를) 마감하다, (셈을) 청산하다 ③ (교섭을) 마치다, 타결하다, (계약을) 맺다, 체결하다 ④ (행렬의) 맨 뒤에 따라가다, (대열의) 간격을 좁히다 ⑤ (전류 · 회로를) 접속하다 ⑥ ~에 다가가다, ~에 옆으로 대다
- **vi.** ① (문 따위가) 닫히다, (꽃이) 오므라들다, (상처가) 아물다, (사무소 따위가) 폐쇄되다, 폐점하다, (극장이) 휴관하다, (손가락이) (~을) 꼭 잡다(on, upon) ② 완결하다, 끝나다, (말하는 사람 · 필자가) 연설을 (인사를, 문장을) 끝맺다(with) ③ 접근[결합]하다, 한데 모이다, 결속하다, ~와 합의[타결]하다 ④ (~의 주위에) 모여들다, 에워싸다(about, around, round), 다가서다 (on), 육박[접근]하다, (대열이) 밀집하다, ~와 맞붙어 싸우다(with) ⑤ (주식) 종가가 ~이 되다

close down

close down, close down *sth*, **close** *sth* **down** (유사어 **shut down**)

if a company or a store, etc. closes down or is closed down, it stops operating permanently

(상점·공장 등이) 영업[조업]을 (영구히 또는 일시적으로) 정지하다, (~을) 폐쇄하다

The mines had been <u>closed down</u> following a geological survey.<수동>
(지질학 조사에 따라 광산들이 폐쇄되었다.)

If the firms failed to make enough money, they would <u>close down</u>.
(회사들이 충분한 수익을 내지 못한다면 문을 닫게 된다.)

close down [BrE]

when radio or television stops being broadcast at the end of the day

(방송국이) 그날 방송을 종료하다

This station is now <u>closing down</u>, Goodnight, everyone.
(이것으로 오늘의 방송을 마치겠습니다. 여러분 안녕히 주무십시오.)

BBC 2 <u>closes down</u> at 12:45 tonight. (BBC 제2방송은 오늘밤 12시 45분에 끝납니다.)

close off

close off *sth*, **close** *sth* **off**

to separate a road or a room, etc. from the area around it so that people cannot go there or use it

(입구·도로를) 막다, 봉쇄하다

The police have <u>closed off</u> the streets so that the President can drive through the city free of
                                sth

traffic. (대통령의 차가 다른 차의 방해를 받지 않고 시내를 통과하도록 경찰은 도로를 막고 있다.)

Most of the rooms in the old house <u>were closed off</u>.<수동>
(그 낡은 집의 방 대부분은 봉쇄되었다.)

cloud

vt. ① (~을) 흐리게 하다, ~에 어두운 그림자를 던지다, (얼굴·마음 따위를) 어둡게 하다, 우울하게 하다, (명성·평판을) 더럽히다, (기억 등을) 모호하게 하다, (시력·판단 등을) 뿌옇게[무디게] 하다, (문제 따위를) 애매하게 하다 ② 구름무늬로 (검은 얼룩으로) 꾸미다

vi. (하늘·마음 등이) 흐려지다, 어두워지다

cloud over

The sky clouds over, it clouds over

if the sky clouds over, it becomes covered with clouds

(하늘이) 어두워지다, 흐려지다

It will brighten up in the north of England tomorrow morning, but the sun won't last long and the region will soon cloud over again.
(내일 영국의 북부지방은 날씨가 맑을 것입니다. 그러나 햇빛은 그리 오래 가지 못하고 곧 다시 하늘이 어두워질 것입니다.)

There's a lovely blue sky now but unfortunately the forecast says that it's going to cloud over later in the day. (지금은 하늘이 아름답게 푸르긴 하지만 일기예보에 따르면 오늘 늦게 흐려질 것이라고 한다.)

sb's face clouds over, sb's eyes cloud over

if someone's face or eyes cloud over, they suddenly look sad, worried, or angry
(~의 얼굴이) 걱정으로 어두워지다, (시야가) 흐려지다

Suddenly her face clouded over, I knew she was remembering her dead husband.
(갑자기 그녀의 얼굴이 흐려졌다. 나는 그녀가 죽은 남편을 생각하고 있음을 알았다.)

Her eyes clouded over with the pain of the memory. (그녀의 시야가 가슴 아픈 기억의 고통 때문에 흐려졌다.)

club

- vt. ① 곤봉으로 치다, 때리다, (총 따위를) 곤봉 대신으로 쓰다 ② 모아서 클럽을 만들다, 합동[결합]시키다 ③ ~와 의좋게 사귀다 ④ 돈을 모아 내놓다, 분담하다 ⑤ ~을 치다
- vi. ① 클럽을 조직하다, (돈·지혜 등을) 서로 내놓다, (공동 목적에) 협력하다 ② (흔히 감속을 위해) 조류 속에 닻을 끌며 배를 회전하다

club together

club together [BrE]

if a group of people club together, they share the cost of something
(~을 하기 위해) 비용을 분담하다, 돈을 모으다

The family clubbed together to buy the car. (그 가족 전체가 모두 돈을 모아 차를 샀다.)

It would be nice to buy something for our teacher now that the course is ending. Yes, we should club together and get her some flowers or a nice gift.
(학기가 끝나가는데 선생님께 무언가를 사 드리면 좋을 텐데. 그래, 우리 비용을 모아서 꽃이나 다른 근사한 선물을 선생님께 사 드리자.)

come

- vt. ① 하다, 행하다, 성취하다 ② ((구)) ~체하다, ~인 것처럼 행동하다
- vi. ① 오다, (상대방에게 또는 상대방이 가는 쪽으로) 가다 ② 도착하다, 도달하다 ③ (시기·계절 등이) 도래하다, 돌아오다, 다가오다 ④ 이르다, 미치다, 닿다(to) ⑤ (순서로) 오다 ⑥ 보이다, 나타나다 ⑦ (~에서 ~로) 옮아가다(from, to), 손에 들어오다, (상품을 ~형태로) 팔고 있다, 공급되다, (현재분사 꼴로) 당연히 받아야 할 ⑧ (일이) 생기다, 일어나다, (일·사물이) 돌아오다, 찾아오다 ⑨ (어떤 때에) 해당하다, ~에 들다 ⑩ (생각 따위가) 떠오르다 ⑪ (사물이) 세상에 나타나다, 생기다, 발생하다, 이루어지다, (아이가) 태어나다 ⑫ (결과로서) 생기다, ~으로 말미암다, ~에 원인이 있다 ⑬ (~의) 출신[자손]이다, 태생이다 ⑭ ~하게 되다, ~하게 이르다 ⑮ ~의 상태로 되다, ~이 되다, (꿈이) 현실이 되다, (예언·예감이) 들어맞다 ⑯ ~의 상태로 되다,

들어가다, 이르다 ⑰ 합계, ~이 되다, 요컨대 ~이 되다, ~와 같다 ⑱ (명령·재촉·제지·주의 따위) 자, 이봐, ((미)) (문을 두드리는 사람에게) 들어와 ⑲ (가정법 현재를 접속사적으로 써서) ~이 오면

come about

come about
to happen, especially in a way that was not planned or expected
(일이) 생기다, 일어나다

The Cold War <u>came about</u> because America and the Soviet Union were deeply suspicious of each other. (냉전은 미국과 소련 연방 사이에 서로를 깊이 의심했기 때문에 일어났다.)

"We lost everybody's e-mail address and had to start all over again." "Really? How did that <u>come about</u>?"
("우리는 모든 사람들의 이메일 주소를 잃어 버렸어. 그래서 전부 다시 시작했어야만 했어." "정말? 어떻게 그런 일이 일어났어?")

➡ how did *sth* come about? 으로도 쓰임
When did life begin on Earth, and <u>how did it come about</u>?
(언제 지구상에 생명이 시작되었을까? 또 어떻게 그런 일이 생겼을까?)

come across

come across *sth/sb* (유사어 **stumble across**)
to discover something by chance, or to meet someone by chance
(사람·물건을) 뜻밖에 만나다, 우연히 발견하다

I <u>came across</u> <u>an old friend</u> at the store. (나는 상점에서 우연히 옛날 친구를 만났다.)
     sb

I <u>came across</u> <u>a fascinating book</u> in the library. (나는 도서관에서 아주 마음에 드는 책을 우연히 발견했어.)
     sth

come acorss *sth* (유사어 **meet**)
to experience a particular type of problem or a situation, etc.
(특별한 문제·상황을) 경험하다

I expect you'll <u>come across</u> <u>all sorts of difficulties</u>. (나는 네가 세상에서 온갖 종류의 어려움을 경험하기를 바라.)
          sth

The judge said that he'd never <u>come across</u> <u>a case</u> quite like that before.
                              sth
(판사님이 전에는 이와 같은 사건을 결코 경험해 본 적이 없다고 말씀하셨다.)

come across
when an idea or meaning comes across, you understand exactly what was meant
(아이디어가) 이해되다, (의미가) 통하다

The meaning of his rambling words didn't <u>come across</u> very well.
(그의 두서없는 이야기의 의미가 잘 전달되지 않았다.)

Do you think this idea <u>comes across</u> in the play? (이 아이디어가 연극에서 통한다고 생각하니?)

come across

if someone or something comes across as having a particular characteristic, they give you the impression of having that characteristic

(~라는) 인상을 주다, (~처럼) 보인다, (~라고) 생각되다

His American humor didn't <u>come across</u> well in Boston.
(그의 미국식 유머는 보스턴에서는 좋은 인상을 주지 못했다.)

He wasn't <u>coming across</u> as the idiot I had expected to him.
(그는 내가 생각하고 있던 그런 바보로 보이지 않았다.)

come along

come along

to arrive at a place

오다, (길을) 지나가다, 동행하다

Not many people bought tickets for the concert in advance, but quite a few <u>came along</u> and bought tickets at the door.
(많은 사람들이 콘서트 표를 예매하는 것이 아니라 꽤 많은 사람들이 와서 매표소에서 표를 샀다.)

I walked for about an hour before a truck <u>came along</u> and picked me up.
(약 1시간쯤 걸으니까 트럭 한 대가 오더니 나를 태워주었다.)

come along (유사어 come up)

if something new such as a job or an opportunity comes along, it becomes available for you

(직업·기회 등이) 나타나다, 뜻밖에 나타나다

Trouble <u>comes along</u> when you least expect it. (재난은 방심할 때 나타난다.)
Take every chance that <u>comes along</u>. (찾아오는 기회는 모두 잡아라.)

come along

to arrive or appear somewhere/use this especially about something or someone that you have been waiting for

(기다리고 있던 것이) 도착하다, 나타나다

A bus usually <u>comes along</u> every ten minutes, so you don't have to wait long.
(버스는 보통 10분마다 와. 그러니까 너는 오래 기다릴 필요가 없어.)

The police eventually <u>came along</u> and took the man away. (결국 경찰이 와서 그 사람을 데리고 갔다.)

be coming along (유사어 come on)

if something or someone is coming along, they are making progress or developing in the way you want

(바라던 대로) 순조롭게 진행되다, 멋지게 하다

The doctor said that Richard was coming along nicely and would be able to go home on Friday.
(의사 선생님은 리차드가 바라던 대로 건강이 호전되고 있어 금요일이면 집에 갈 수 있을 것이라고 말씀하셨다.)

There are even cookers which tell you how the meat is coming along.
(고기가 제대로 조리되고 있는지 알려주는 조리기구들까지 있다.)

➡ how's sth coming along? 으로도 쓰임
How are your guitar lessons coming along? (너의 기타 수업은 잘 되고 있니?)
 sth

come along! (유사어) [BrE, Informal]
you say 'come along' to someone when you want to encourage them to do something
서둘러라, 노력해라, 생각해라

Come along. We mustn't be late. (서둘러. 늦으면 안 돼.)
Come along Bob. I'm sure you know the answer.! (생각해 봐, 밥. 너는 틀림없이 그 답을 알고 있어.)

come apart

come apart (유사어 **fall apart**)
to split or break into pieces, without anyone using force
낱낱이 흩어지다, 분해하다

It just came apart in my hands. (그것은 내 손 안에서 산산이 부서졌다.)
You can't use this old suitcase — It's coming apart!
(이 오래된 옷 가방을 사용할 수가 없어 — 여기 저기 찢어지고 있어.)

come apart (유사어 **fall apart**)
if a situation, a relationship, or an agreement, etc. comes apart, it is impossible to make it work successfully any more
(상황·관계·동의 등이) 더 이상 작용을 못하다

The terrorists refused to hand in their weapons, and the peace agreement seemed to be coming apart. (테러리스트들이 무기 넘겨주기를 거절해서 평화 협정이 결렬될 것 같다.)

➡ come apart at the seams 로도 쓰임
(used to emphasize that something has a lot of problems and is likely to fail completely)
(계획 등이) 깨지다, 잘못되다, 엉망이 되다

Their clever plan came apart at the seams when the government changed the tax laws.
(그들의 기묘한 계획이 정부의 세금 정책이 바뀌어서 엉망이 되었다.)
His whole life seemed to be coming apart at the seams. (그의 전 생애는 엉망이 되어 가는 것 같다.)

come around [AmE], come round [BrE]

come around[round] (유사어 **come over**)
to come to someone's house in order to see them
방문하다

Would you like to <u>come around</u> - this evening? (오늘밤 우리 집에 오시겠습니까?)
Your brother <u>came around</u> today. He left a package for you.
(너의 오빠가 오늘 잠시 들렸어. 너에게 보따리 하나를 남겼어.)

➡ come around(round) for 로도 쓰임
Why don't you <u>come round for</u> a drink after work? (퇴근 후 한잔하러 우리 집에 안 올래?)

come around[round]

to move around a group of people or houses in order to give them something or to collect something from them

(집집 · 여러 사람들)이 걸어서 돌아다니다

The stewardess <u>came round</u> with the paper. (스튜어디스가 신문을 가지고 승객들 주위를 돌아다녔다.)
He <u>came around</u> the room, greeting all his guests. (그는 모든 손님들에게 인사를 하면서 방을 돌아다녔다.)

➡ come around with 로도 쓰임
A waiter <u>came around with</u> glasses of champagne.
(한 웨이터가 샴페인 잔을 들고 사람들 사이를 다녔다.)

come around[round]

to decide to agree with someone, after disagreeing them

(다른 의견 · 입장으로) 바꾸다, 동조[동의]하다

My mother stopped speaking to me when I first married Tom, but she's s slowly <u>coming around</u> now. (내가 탐과 결혼했을 때 처음에는 어머니가 나와 말도 안 하셨지만 지금은 천천히 생각을 바꾸시고 계셔.)
He knew I would have to <u>come around</u> to his way of thinking in the end.
(그는 결국에는 내가 그의 생각에 동의하게 될 거라는 것을 알고 있었다.)

➡ come around to the idea[view, etc.] that 으로도 쓰임
A lot of companies are <u>coming around to the view that</u> older employees tend to be more reliable.
(많은 기업들이 나이 든 근로자들이 좀 더 신뢰성 있다는 관점에 동의를 하고 있다.)

➡ come round to doing *sth* 으로도 쓰임
We're hoping that they will eventually <u>come round to accepting our offer</u>.
(우리는 그들이 결국은 우리의 제안을 받아들이기로 입장을 바꿀 것을 희망하고 있다.)

come around[round]

if a particular time or an event comes around, it arrives or happens as usual or as expected

(특별한 때 · 이벤트)가 정기적으로 기대한 대로 돌아오다

Christmas will be <u>coming around</u> again soon. (크리스마스는 곧 또 다시 돌아올 것이다.)
Birthdays <u>come around</u> too quickly when one is older. (사람이 나이가 들면 생일이 너무 빨리 돌아온다.)

come around[round]

to become conscious again

(수술 · 사고 후) 의식을 회복하다

The blow knocked him out, but he quickly <u>came around</u>.
(그 일격이 그를 녹다운 시켰으나 곧 의식을 회복했다.)

After we threw cold water in his face, he came around.
(우리가 그의 얼굴에 찬 물을 뿌리고 나서야 그는 의식을 회복했다.)

come back

come back (유사어 **return**)
to return from a place
(~로) 돌아오다

My sister lived in Italy, and only came back home at Christmas.
(언니가 이탈리아에 사는데 크리스마스에만 고향에 돌아왔다.)

He went to Florida thinking it would be hot and sunny, but he came back talking about how cold and rainy it was.
(그는 덥고 햇빛이 쨍쨍할 것을 기대하고 플로리다에 갔다. 하지만 매우 추웠고 비가 많이 왔었다고 말하면서 돌아왔다.)

come back (유사어 **return**)
to start to happen or be present again
다시 나타나기 시작하다

That shelter might fall down if the rain comes back.
(다시 비가 오기 시작한다면 쉼터는 틀림없이 붕괴될 텐데.)

As soon as I do any exercise, the pain comes back again.
(어떤 운동이라도 시작하기만 하면 그 통증이 다시 살아난다.)

come back (반대어 **go out**)
to become fashionable or popular again
다시 유행하다, 다시 인기가 있다

Miniskirts are coming back this year. (미니스커트가 금년에 다시 유행할걸.)
Do you think wide tie will ever come back? (폭 넓은 넥타이가 다시 유행할 것이라고 생각하니?)

➡ come back in 으로도 쓰임
Some of words that we used at school have come back in again recently.
(우리가 학창시절에 사용했던 몇 개의 단어가 최근에 다시 유행한다.)

➡ come back into fashion 으로도 쓰임
I never throw away old clothes in case they come back into fashion.
(오래된 옷들이 다시 유행되는 경우를 대비해서 절대로 버리지 않는다.)

➡ comeback (n)
(a return to being powerful, popular, or famous again after being unpopular or unknown for a long time) 유행
I saved all my wide neckties because I knew they'd make a comeback someday.
(내가 가지고 있는 모든 폭 넓은 넥타이를 모아 두었다. 왜냐하면 언젠가는 다시 유행할 것을 알고 있기 때문이지.)

come back (to *sb*)
to be remembered, especially suddenly
(마음속에) 다시 생각나다, (기억 등이) 떠오르다

Her name will come back (to me) soon. (곧 그녀의 이름이 떠오를걸.)
It came back to me where I had seen her before. (그녀를 전에 보았던 장소가 갑자기 생각이 났다.)

➡ it all comes back 으로도 쓰임
She looked closely at the photograph and suddenly it all came back.
(그녀는 사진을 찬찬히 보았고 갑자기 모든 것이 생각났다.)

come back (유사어 **reply, respond**)

to reply with humor or anger to something someone says

(상대방 질문에) 응답하다, 대답하다

When she insulted him, he came back with a witty reply.
(그녀가 그에게 모욕을 주면 그는 재치 있는 대답으로 응수했다.)

I shall speak for twenty minutes and then you can come back to me with your questions.
(제가 20분 동안 이야기를 할 테니까 그 다음에 질문해 주세요.)

➡ comeback (n) [AmE]
　 (a humorous or angry reply) (효과적인) 접대, 응답, 반론
I can never think of a good comeback until it's too late. (뒤늦은 후에야 비로소 좋은 반론이 생각났다.)
　　　　　　　　　　　　　　　　n

come back

when something comes back after a period of inactivity, it starts to happen again.

활동을 재개하다, 컴백하다

Is the singer expected to come back? (그 가수 컴백할 수 있을까?)
Senator Dolittle lost in 1988, but he came back to win in 1994.
(두리틀 상원의원은 1988년 선거에서 패배하였으나 1994년 선거에서 승리해 의원 활동을 재개하였다.)

➡ comeback (n)
　 (A return to being powerful, popular, or famous again after being unpopular or unknown for a long time) (원래의 지위·직업·인기로) 되돌아감, 컴백
Long boots are expected to make a comeback in the autumn. (가을에 롱부츠가 다시 유행할 것이 예상된다.)
　　　　　　　　　　　　　　　　　　　n

come back to sth (유사어 **return to**)

to start talking about a particular subject again　　(~으로) 이야기를 되돌리다, ~에 관해 후에 이야기하다

He kept coming back to the same old argument again and again.
　　　　　　　　　　　　sth
(그는 낡은 똑같은 논점으로 계속해서 이야기를 되돌렸다.)
We'll come back to that question a little later. (조금 후에 우리 그 문제 다시 이야기하자.)
　　　　　　　　sth

come down

come down (유사어 **fall, decrease**)

to fall down from a higher position to a lower one, often to the ground

(비·눈 따위가) 내리다, (땅으로) 떨어지다

The ceiling looked like it might come down at any moment.
(천장이 당장에라도 떨어질 것 같이 보였다.)

Snow was coming down in huge flakes which soon covered the ground.
(금방이라도 땅을 덮어버릴 것 같은 커다란 눈송이가 펄펄 오고 있었다.)

> **come down**
> when someone or something comes down, they move from a higher position to a lower one, move towards the place where you are
> (높은 곳에서) 내려가다, (위층에서) 내려오다

I showered, dressed and came down for breakfast. (샤워하고 옷을 입고 아침 먹으러 아래층으로 내려갔다.)
I heard you come down the stair with him. (네가 그와 함께 층계를 내려오는 소리를 들었어.)

> **come down** (유사어 **fall, decrease** [formal])
> if a price, level, etc. comes down, it becomes lower
> (값이) 내리다, 하락하다

The cost of computers has come down over the years. (컴퓨터의 값은 해가 거듭할수록 내려간다.)
I won't buy her car unless she comes down to $12,000.
(나는 1만 2천 달러로 값을 깎아 주지 않으면 그녀의 차를 절대로 사지 않을 것이다.)

> **come down**
> if someone comes down to a place near you they visit it or move there; used when the place is farther south or is in the country
> (북쪽에서 남쪽으로·도시에서 시골로) 내려오다, 남하하다, (~를) 방문하다, (~으로) 가다

Would you like to come down for the weekend? (주말 동안 시골로 내려오고 싶지 않니?)
Aunt Jane came down from Canada for a visit last week. (제인 아줌마가 지난주 캐나다에서 방문하러 왔다.)

> **come down** (유사어 **be demolished**)
> if a building comes down, it is destroyed by being pulled down
> (건물 따위가) 붕괴되다, 무너지다

The old hotel is coming down and a new one is to be built.
(그 오래된 호텔은 헐리고 새 호텔이 건립될 예정이다.)
The Berlin Wall came down in 1989. (베를린 장벽은 1989년에 무너졌다.)

> **come down**
> to reach as far as a particular point or place
> (특정 지점·장소에) 닿다, 이르다, (머리카락 따위가) 드리워지다, 흘러내리다

I'd love to have a garden that comes down to the river here.
(여기 있는 강까지 이어지는 정원을 소유하면 좋겠다.)
"How far does her hair come down?" "It comes down over her shoulders."
("그녀의 머리길이가 어디까지 내려와?" "양쪽 어깨까지 내려와.")

come down (유사어 handed down)

if knowledge, tradition, idea, etc. comes down to people, they have been passed from older people to younger people over a long period of time

(지식·전통·유산·이야기 등이) 전해지다, 권해지다

Legends come down to us from ancient times. (전설은 옛날부터 우리에게 전해 내려온다.)
The ring has come down in my family for two centuries.
(이 반지는 두 세기 동안 우리 가족에게 전해 내려왔다.)

come down

if an order message, or a notice comes down to you, you receive it or hear it

(지시·메시지를) 받다, (소리를) 듣다

An instruction came down from the police inspector to investigate him.
(그 사람을 조사하라는 지시가 그 경감으로부터 내려왔다.)
The order came down from the boss that we were to speed up the production and worry less about quality. (사장님으로부터 생산 속도를 올리고 품질에 대해서는 걱정을 덜 하라는 지시가 떨어졌다.)

come down (유사어 leave) [BrE]

when university students come down, they leave university, especially at the end of their degree course, or at the end of term

(대학을) 졸업하다, 나오다

He came down from Oxford in 1598. (그는 1598년에 옥스퍼드 대학을 졸업했다.)
He came down from Cambridge and began working in his father's firm.
(그는 케임브리지 대학을 졸업하고 아버지 회사에서 근무하기 시작했다.)

come down

if a plane comes down, it lands or crashes

(비행기가) 착륙하다, 추락하다

The plane came down in the mountains, killing everyone on board.
(비행기가 산중에 추락해서 승객 전원이 사망했다.)
Three of the enemy planes came down in the battle. (적국 비행기 3대가 전투에서 추락했다.)

come down to

come down to sth

if a problem or difficult situation comes down to something, that is the most important point or idea to consider

(~은 결국 ~가) 되다, (문제·어려운 상황 등이) ~로 귀결되다

The whole matter comes down to a power struggle between the trade union and the directors.
                                             sth
(이 모든 것은 결국 노동조합과 경영진 간의 세력 다툼으로 귀착된다.)

I guess in the end my decision will <u>come down to</u> what my professor recommends.
_{sth}

(결국에 내 결심은 교수님의 추천에 달렸을 것이라고 생각해.)

➡ it all comes down to *sth* 으로도 쓰임
It all comes down to money when you're trying to buy a house.
_{sth}

(네가 집을 사려고 시도할 경우 결국은 전적으로 돈이 문제가 될 거야.)

come down with

come down with *sth*

to become infected with a particular illness

(병에) 걸리다

Almost everyone in the office <u>came down with</u> flu. (사무실에 있는 모든 사람들이 독감에 걸렸다.)
_{sth}

I think I'm <u>coming down with</u> a cold — I feel a bit shivery. (나 감기 드는 것 같아 — 약간 떨려.)
_{sth}

come from

come from *sth* (유사어 **be from**)

to have been born in a particular place

(~의) 출신이다

He <u>comes from</u> Alaska, so he's used to cold weather. (그는 알래스카 출신이어서 추운 기후에 익숙하다.)
_{sth}

Jane had a difficult childhood. She <u>came from</u> a broken home.
_{sth}

(제인은 어려운 어린 시절을 보냈다. 그녀는 결손가정 출신이다.)

come from *sth* (유사어 **be from**)

to belong to a particular type of family or a particular social class

(사람이 가문 · 문벌 · 가계의) 출신이다, ~의 자손이다

Tommy <u>came from</u> a very rich family, who lived in Atlanta.
_{sth}

(토미는 재벌가 출신이다. 그리고 그는 애틀랜타에 살았다.)

She has a lot of musical talent. She <u>comes from</u> a long line of musicians.
_{sth}

(그녀는 음악적 재능이 많다. 그녀는 오래된 음악가 가문 출신이다.)

come from *sth*

to have first exited, been made, or produced in a particular place, or time

(제품 등이) ~으로 만들어지다, (특정 장소의) 제품이다, (~어디) 산이다

It was a beautiful nineteenth century vase, which <u>came from</u> Italy.
_{sth}

(그것은 아름다운 19세기 꽃병이었다. 그리고 그 꽃병은 이탈리아 제품이었다.)

The mechanic heard a strange sound <u>coming from</u> the engine.
                                              sth
(기능공은 엔진에서 나오는 이상한 소리를 들었다.)

come from *sth* (유사어 **be derived from**)

if one thing comes from another thing, the second thing is its source or origin

(~에서, ~가 원인으로) 생기다, ~에 기인하다

"I have a headache." "That <u>comes from</u> drinking too much."
                                  sth
("아이고, 머리 아파." "그것은 지나친 과음 탓이야.")

Did you know the word 'idea' <u>comes from</u> Greek? (너는 'idea'라는 단어가 그리스어에서 유래된 것을 알았니?)
                                      sth

understand, know where *sb's* **coming from** [Informal]

to understand someone's character or attitude to something, or why someone says something

(말하는 의도나 태도를) 이해하다

I find I disagree with her all the time — I just don't <u>understand where she's coming from</u>.
(나는 그녀와 늘 의견이 맞지 않는 것을 알아 — 나는 그저 그녀가 의도하는 점을 이해하지 못해.)

He spoke so vaguely that I couldn't <u>tell where he was coming from</u>.
(그가 너무 애매모호하게 말을 해서 나는 그가 생각하는 것을 알 수가 없었어.)

come in

come in[into]

to enter a room or a building

(방 · 빌딩으로) 들어가다, 들어오다

"<u>Come in</u>!" said a deep voice form inside the room. ("들어오십시오." 방안에서 깊고 굵은 목소리가 들려왔다.)
The burglar <u>came into</u> the house through the back door. (도둑이 뒷문을 통해 집안으로 들어왔다.)

come in

when people arrive at the place where they work, they come in

출근하다, 회사[직장에] 나오다

The manager is angry with Kelly because she <u>comes in</u> late every day.
(매니저는 캘리가 매일 회사에 늦게 출근하기 때문에 화가 났다.)

Don't forget to telephone the office if you're not <u>coming in</u>.
(출근 못하게 되면 회사에 전화하는 것 잊지 마.)

come in (유사어 **arrive**)

when a train, a bus, an airplane, or a ship comes in, it arrives

(열차 · 버스 등이) 도착하다, (비행기가) 착륙하다

Do you know when the train from Hong Kong <u>comes in</u>? (홍콩에서 오는 기차가 언제 도착하는지 아니?)
This is a busy airport. Planes <u>come in</u> every ten minutes.
(이곳은 이착륙이 많은 공항입니다. 비행기가 매 10분마다 도착합니다.)

come in

to come to your house, office, etc. in order to do some work for you

(가정부 · 수리공 등이) (집 · 회사에) 오다, 들어오다

Tina, the housekeeper, <u>comes in</u> three times a week. (가정부 티나는 일주일에 3번씩 온다.)

The refrigerator man will be <u>coming in</u> this morning. (오늘 아침에 냉장고 수리공이 집에 올 것이다.)

come in

if something such as information, a report, or a letter comes in, you receive it

(뉴스 등이) 입수되다, (편지 등이) 도착하다

I was up until late at night watching the election results <u>come in</u>.
(선거 결과가 나오는 것을 지켜보면서 밤늦게까지 안 자고 있었다.)

News of an earthquake in Turkey has just <u>come in</u>. (터키에서 지진이 일어났다는 뉴스가 막 들어왔어.)

come in

if someone comes in on arrangement, they join a group of other people and take part in what they are planning to do

(사업 · 계획에) 참가하다

He was sorry that he had asked Fred Caldwell to <u>come in</u> with him.
(그는 프레드 콜드웰에게 그와 함께 사업에 참여할 것을 요청했던 일을 미안해했다.)

My father started the insurance firm, and I <u>came in</u> when I was 18.
(아버지가 보험회사를 설립해서 나는 18살 때 참여했다.)

➡ <u>come in on</u> 으로도 쓰임
He should <u>come in on</u> the deal. (그는 그 거래에 당연히 참여해야 한다.)

come in

if you have money coming in, you earn it or receive it as your normal income

(돈이) 들어오다, 수입이 있다, 돈이 벌리다

How much <u>comes in</u> from sales each month? (매달 어느 정도 매상을 올립니까?)

We never had enough money — we spent it as soon as it <u>came in</u>.
(우리는 돈이 결코 충분하지 않다. 즉 수입이 생기자마자 곧 써버린다.)

➡ <u>income</u> (n)
 (the amount of money that you earn each month or year) (정규) 수입, 소득
My monthly <u>income</u> was over two thousand pounds. (내 월급은 2,000파운드를 넘었다.)

come in

to finish a race or a competition, etc. in a particular position, or within a particular time

(스포츠 대회 · 선거 등에서) (몇 위에) 오르다, 당선하다

Our team <u>came in</u> second in the state championships. (우리 팀은 주 선수권 대회에서 2위에 올랐다.)

If your party <u>comes in</u> at the next election, what will you do about taxes?
(당신의 정당이 다음 선거에서 당선된다면, 세금 문제를 어떻게 처리하시겠습니까?)

come in

when something in a shop comes in, a supply of it reaches the shop and it becomes available

(상점으로 물건이) 들어오다, 입하하다

Our winter coats don't usually come in until September. (겨울 코트는 흔히 9월까지는 입고되지 않습니다.)
I couldn't buy that book I wanted; it hasn't come in yet.
(내가 원했던 책을 살 수가 없었다. 왜냐하면 그 책이 아직 입고되지 않았기 때문이다.)

come in (유사어 be introduced) [BrE]

if a new law or something that has recently been invented comes in, it starts to be used and to have an effect

(법률·제도·새 발명품 등이) 도입되다, 출현하다, 효력을 발휘하다

The new tax law comes in in July. (새로운 세법이 7월에 효력을 발효한다.)
We used coal gas before natural gas came in. (천연가스가 도입되기 전에는 석탄가스를 사용했다.)

come in

when something such as a fashion comes in, it becomes fashionable

(스타일 등이) 유행하다

Bright colors are coming in again for this summer. (금년 여름에는 밝은 색들이 다시 유행할 것이다.)
When did short skirts first come in? (언제 처음으로 미니스커트가 유행했니?)

come in handy (useful)

when a thing or a skill comes in handy, it is something useful that you like to have available when you need it

도움이 되다

When I travel, I always take a small sewing kit with me; it really comes in handy if a button falls off. (나는 여행을 할 때면 늘 바늘 쌈지를 가지고 다닌다. 단추가 떨어져 나갈 때면 정말 유용하다.)
Savings may come in useful for holidays. (저축한 돈이 휴일에 도움이 되는지도 모르지.)

come in [BrE]

if someone comes in on a discussion, they join in, sometimes interrupting someone who is already speaking

(가끔은 남을 방해하면서) 이야기나 토론에 끼어들다

Excuse me, can I come in here? (죄송합니다만, 대화에 참여해도 괜찮겠습니까?)
Then Tommy suddenly came in on the conversation too. (그때 토미 역시 갑자기 대화에 끼어들었다.)

come in

when a season, a month, or a period of weather comes in, it begins

(시기·계절 등이) 시작되다

The new year came in amid bright hopes for the future. (미래의 밝은 희망 속에서 새해는 시작되었다.)

March came in with a big snowstorm. (3월은 대단한 눈보라로 시작되었다.)

> **come in**
> to reply or start talking to someone
> (무선으로) 응답하다, 이야기 시작하다

Calling all stations, come in please. (전국에 통신. 응답 바랍니다.)
I've been calling them for over ten minutes, but they don't come in.
(10분 이상 호출했는데 상대방에서 응답이 없다.)

> **the tide[sea] comes in** (반대어 **go out**)
> when the tide comes in, it rises, so that the water reaches higher up the shore
> (조수가) 만조다

The tide comes in about six these days. (요즘은 바닷물이 6시경이면 만조가 된다.)
It's only safe to swim here when the tide's coming in. (조수가 만조일 때는 여기서 수영하는 것만이 안전하다.)

come off

> **come off, come off** *sth*
> to not be on something, connected to it, or fastened to it anymore
> (연결에서) 끊어지다, (붙어 있는 것이) 떨어지다

My bicycle chain's come off again. (자전거 사슬이 또 끊어졌어.)
That paint won't come off your hands unless you use turpentine.
                           sth
(테레빈유(소나무과 수지)를 사용하지 않으면 손에서 페인트가 지워지지 않아.)

> **come off well[badly, best, worst, etc.]**
> to be more or less successful or fortunate compared with someone else, for example in an argument, fight, or competition
> (논쟁 · 싸움 · 경쟁 등에서) (훌륭하게 · 형편없게 · 최고로 · 최악으로) 행해지다, 실현하다, 발생하다

Anthony wasn't as intelligent as Geoffrey, and always came off worse in an argument.
(앤터니는 제프리처럼 머리가 영리하지 않아. 그래서 논쟁에서 항상 열세야.)
Compared to its competitors, the company has come off badly, with profits of only $17million.
(경쟁사들과 비교해 보면 그 회사는 수익이 1700만 달러로 형편없었다.)

> **come off**
> to happen successfully or as planned
> (계획하고 있는 일 · 의도하는 일을) 멋지게 이루다, 성공하다

The party came off well. Everyone had a lot of fun. (파티는 훌륭하게 성공했어. 모두들 아주 즐거워했어.)
The attack didn't come off the way the general planned it. (공격은 그 장군이 계획했던 대로 성공하지 못했다.)

come off sth

if someone comes off something such as a drug, medicine, or alcohol, they stop taking it

(오랜만에 마약 · 약물 · 음주를) 끊다, 그만두다

It's about time you came off the booze.　(지금이 네가 술을 끊을 때야.)

Clapton finally came off the booze and drugs and started playing great music again.

(클랩튼은 음주와 마약으로부터 벗어나 다시 멋진 음악을 연주하기 시작했다.)

come off it! [Informal]

if you say 'come off it!' to someone, you are indicating that you do not believe what they have just said

허세(객쩍은 소리 따위)를 그만두다

"I'm thinking of studying medicine." "Come off it! You can't even stand the sight of blood!"
("나는 의학 공부를 하려고 생각해." "헛튼소리 하지 마." 너는 피 보는 것조차 참지 못하잖아.)

"The governor never fails to send me a Christmas card every year." "Oh, come off it, George. The governor doesn't know you from Adam."
("주지사는 해마다 내게 크리스마스카드를 꼭 보내줘." "어머 헛소리, 조지. 주지사는 너와 아담을 구별도 못해.")

come on

come on!

used to tell someone to come with you somewhere, or to hurry

(상대방 행동 촉구) 자 가자, 서둘러

Come on! We'll be late.　(자, 가자. 늦을라.)
Don't linger behind. Come on!　(뒤에서 서성거리지 마. 자 가자.)

come on!

used to encourage someone to do something, or to try harder

(격려할 때) 자아, 열심히 해

Come on team! You've got to win!　(모두 힘내! 절대로 승리한다.)
Come on, Pete. you can do better than that.　(기운 내 피터. 너는 더 잘 할 수 있어.)

come on!

used to tell someone that you do not believe or agree with what they have just said

(의심이 들 때) 무슨 소리야, 설마, 말도 안 돼

You are the President's nephew? Oh, come on. You don't expect me to believe that, do you?
(네가 대통령의 조카라고? 무슨 소리야. 나보고 그것을 믿으라고? 그런 거야?)

You were sick? Come on! I saw you going into a restaurant with another woman that night!
(병이 났었다고? 말도 안 돼. 네가 그날 밤 어떤 여자와 같이 레스토랑으로 들어가는 걸 봤단 말이야.)

come on in[over, up, etc.] [Spoken]

used to tell someone to come in, over, up, etc.

들어와, 이리와, 올라와

"Come on in." Miller said. "Make yourself at home." ("들어와. 편하게 있어"라고 밀러가 말했다.)
Karen leaned out of her bedroom window. "Come on up." she said.
(카렌은 침실 창문 밖으로 몸을 내밀었다. "올라와." 그녀가 말했다.)

come on (반대어 go off)

when an electrical device or machine comes on, it begins to operate, usually automatically

(장치가) 작동하기 시작하다, (전기·수도 따위가) 사용 가능하게 되다

At nine the street lights came on. (9시에 가로등 불빛들이 켜졌다.)
What time in the morning does the heat come on? (아침 몇 시에 난방이 들어옵니까?)

come on (유사어 appear)

when a television or radio program comes in, it begins

(라디오·TV program이) 나오다, 보이다, (무대에) 등장하다

Do you know when the news will come on? (뉴스 언제 하는지 너 아니?)
My friend Sally had a small part in the play. I waited eagerly for her to come on.
(내 친구 샐리는 연극에서 작은 역을 맡았다. 나는 그녀가 무대에 등장하기를 간절히 기다렸다.)

➡ come on stage[television, radio] 로도 쓰임
~에 등장하다, 출연하다

Then President Clinton came on television and repeated Gore's message.
(그때 클린턴 대통령은 TV에 출연해 고어의 메시지를 되풀이해서 말했다.)

come on strong

to start to be very successful, or do something very well

(성공적으로) 시작하다, (일을 잘) 하다

In recent months, Cuba has been coming on strong, beating the US in World League play.
(최근 몇 달 동안 쿠바는 세계 야구선수권 대회에서 미국을 이기면서 경기를 성공적으로 시작하고 있다.)
Los Angeles, coming on strong as an arts center, is getting its first big antiques fair in May.
(예술의 중심지로 두각을 나타내기 시작하면서 로스앤젤레스는 5월에 처음으로 대규모 골동품 박람회를 열려고 한다.)

come on

if a cold, headache, or some other medical condition is coming on, it is just starting

(질병·열·고통 등의) 증상이 나타나다, 시작되다, 엄습하다

I feel a headache coming on. Do you have any aspirin? (두통이 나는 것 같아. 아스피린 가진 것 있어?)
I felt a cold coming on when I woke up this morning. (오늘 아침 눈을 떴을 때 감기가 오는 것 같았어.)

come on, come on sth

if someone comes on the phone, they begin speaking to you

(전화를) 걸다, (전화 등으로) 이야기하다

I was talking on the phone to Jill when suddenly someone else <u>came on</u>.
(질과 전화로 통화하고 있는 도중에 갑자기 누군가가 전화에 끼어들어 이야기를 했다.)

Then my mother <u>came on</u>, and started asking me if I was eating properly.
(그때 어머니가 전화를 해서 내가 제대로 식사를 하고 있는지를 묻기 시작했다.)

come on [BrE]

to start to take part in a game of football, espeically instead of another player

(축구 따위에서 선수가) 도중에 (교체하여) 출장하다

When Batty <u>came on</u>, Matthew dropped back into the center of defence.
(배티가 교체되어 들어 왔을 때 매튜는 드롭 백(쿼터백이 패스를 하기 위해 바로 뒤로 물러나는 일)해서 방어진의 센터로 들어갔다.)

The game changed in Villa's favor when Paul Merson <u>came on</u> as a substitute after half-time.
(전반전이 끝나고 폴 머슨 선수로 교체되었을 때 경기는 Villa 팀에게 유리하게 되었다.)

come on (유사어 **approach**)

when a season or a period of time or weather comes on, it approaches or begins

(계절 등이) 시작되다, 가까이 오다, (아침·밤 등이) 되다, (비가) 내리다

We have to finish repairing the roof. Winter will be <u>coming on</u> soon.
(지붕수리를 끝마쳐야만 해. 곧 겨울이 시작될 테니까.)

A lot of birds fly further south as winter <u>comes on</u>.
(겨울이 되면서 많은 새들이 먼 남쪽으로 날아간다.)

come on sb/sth (유사어 **come across, come upon, chance upon[on]**)

to meet someone or find something by chance or when you do not expect it

(뜻밖에) 만나다, 발견하다

Turning the corner, we <u>came on</u> a group of about fifty cyclists.
                                                               sb
(모퉁이를 돌자 우리는 50여 명의 자전거 선수들 무리를 만났다.)

I was walking down the street when I <u>came on</u> a small antique shop.
                                                                              sth
(작은 골동품 상점을 보았을 때 나는 길을 따라 걷고 있었다.)

come out

come out

when someone comes out of their room, house, or a place where they were hidden, they leave it or appear from it

(방·빌딩·장소에서) 나오다

Jinny's friend came to the door and asked her to <u>come out</u> and play.
(지니의 친구가 문 앞에 와서 그녀에게 놀자고 청했다.)

"<u>Come on</u>!" shouted the police officer "We know you're in here!"
("나와! 너 안에 있는 것 알아"라고 경찰관이 소리쳤다.)

➡ come out of 로도 쓰임
He <u>came out of</u> his office, looking tired and worried. (그는 피곤함과 걱정에 지쳐 사무실을 나섰다.)

come out

if someone comes out of an organization or institution, they leave it

(감옥 · 병원 · 군대 등을) 떠나다

She has deteriorated after <u>coming out</u> of hospital. (그녀는 퇴원한 후 건강이 악화되었다.)
It's been a long year, but he <u>comes out</u> next Friday. (긴 일 년이었지만 그가 다음 금요일에 출소할 거야.)

➡ <u>come out of</u> 로도 쓰임
Nelson Mandela <u>came out of</u> jail without having changed any of his demands.
(넬슨 만델라는 요구사항의 어떤 것도 철회하지 않고 감옥에서 풀려났다.)

come out

to go somewhere with someone in order to enjoy yourself socially

(사교 · 모임에) 나가다

He said he couldn't <u>come out</u> tonight because he has an exam tomorrow.
(그는 내일 시험이 있어서 오늘밤 외출할 수 없다고 했다.)
The daughters of rich families used to <u>come out</u> every year.
(부유한 가정의 딸들은 매년 사교계에 데뷔하곤 했다.)

➡ <u>come out for</u> 로도 쓰임
What about <u>coming out for</u> a meal with all of us? (우리 모두와 함께 식사하러 가는 것이 어때?)

come out

if something comes out of somewhere, it is produced there and spreads out form there

(소리 · 물건 등이) (~에서) 나오다

The window was open onto the street, and music was <u>coming out</u>.
(유리창은 도로를 향해 열려 있고 음악소리가 흘러나오고 있었다.)
Black smoke <u>came out</u> of the doors and windows of the house.
(그 집의 문과 유리창마다 검은 연기가 나왔다.)

➡ <u>come out of</u> 로도 쓰임
Our companies should take a close look at the new technology <u>coming out of</u> China.
(우리 기업체들은 중국에서 쏟아져 나오는 신기술을 주목해야 한다.)

come out

if something that is published [e.g. book, newspaper], a musical recording [e.g. single, album], or a film comes out, it becomes available for people to buy or see it

(책 · 음반 등이) 출판되다

People are always waiting for J. K. Rowling's next book to <u>come out</u>.
(사람들은 J. K 롤링의 다음 작품이 출간되기를 항상 기다리고 있다.)
A new magazine has just <u>come out</u>. (새 잡지가 막 출간되었다.)

come out

if something is coming out, it is becoming separated from the thing that it was attached to

(머리 · 이 등이) 뽑히다, 빠지다, (뚜껑 · 볼트 등이) 빠지다

Children's teeth start <u>coming out</u> around age six. (어린이들의 젖니는 6살쯤 되면 빠지기 시작한다.)
The cork won't <u>come out</u> of the bottle. (이 코르크 마개는 영 빠지려고 하지 않는다.)

➡ <u>come out of</u> 로도 쓰임
Just a minute — the plug's <u>coming out of</u> its socket. (잠깐 기다려 — 플러그가 소켓에서 빠지려고 해.)

come out

if the truth about something comes out, it becomes out, it becomes known publicly after it has been kept secret

(비밀 · 본성 등이) 드러나다, (진상 · 사실 등이) 밝혀지다, 공표되다

If the truth <u>comes out</u>, we'll be ruined. (사실이 밝혀지면 우리 모두 파멸될 것이다.)
It <u>came out</u> in the meeting that the company was near bankruptcy.
(그 모임에서 그 회사가 거의 파산 지경이라는 사실이 밝혀졌다.)

➡ <u>it came out that</u> 으로도 쓰임
It eventually <u>came out that</u> he had borrowed nearly ￡400,000.
(그에게 거의 4십만 파운드의 빚이 있다는 사실이 밝혀졌다.)

come out

used when saying how good or bad something is

(결과가 ~이라고) 나오다

I hope everything <u>comes out</u> well today. (모든 일들이 잘 되었으면 해.)
The cake I baked <u>came out</u> very well. (내가 구운 케이크가 맛있게 되었어.)

➡ <u>come out well [badly, ahead, etc.]</u> 로도 쓰임
It took him a long time to write the book, but it <u>came out really well</u>.
(그는 오랜 시간에 걸쳐 책을 썼는데 정말 좋은 작품이 되어 나왔다.)

➡ <u>come out on top</u> 으로도 쓰임
Of all the washing machines in the survey, this one <u>came out on top</u>.
(설문조사에 따르면 모든 세탁기 중에서 이것이 최고였다.)

➡ <u>how did sth come out?</u> 으로도 쓰임
<u>How did that dress</u> you were making <u>come out</u>? (네가 만든 드레스 잘 되었어?)

come out

if a particular quality of fact comes out, you notice that it exists for the first time, or more than you did before

(특정 성질이나 사실을) 이제야 알게 되다

He's a very quiet man, but his understanding of people <u>comes out</u> in his writing.
(그는 아주 성격이 조용한 사람으로, 인간에 대한 그의 관점은 그의 작품에 잘 나타나 있다.)

None of these difficulties <u>came out</u> until we were half way through the project.
(이 어려움이 프로젝트가 반쯤 진행되고 나서야 비로소 드러났다.)

come out

if something you say comes out in a particular way, you say it in that way, or that is how it sounds

(의도와 달리) (말이) 나오다

The words came out more harshly than she had intended.
(그 이야기는 그녀가 의도했던 것보다 훨씬 거칠게 나왔다.)

I tried to explain how I feel, but it all came out wrong, and she just walked out and left me.
(내가 느낀 것을 설명하려고 애를 썼으나 말이 완전히 잘못 나왔다. 그 결과 그녀는 갑자기 떠났고 나만 남았다.)

➡ come out as 로도 쓰임
"But why?" Kelly's question came out as a loud protest.
("그런데 왜?" 캘리는 큰소리로 항의하면서 이의를 제기했다.)

come out (유사어 go in)

when the sun, moon, or star comes out, it appears in the sky
(해·달·별 등이) 나타나다

It's a beautiful night. The clouds are gone and all the stars have come out.
(아름다운 밤이다. 구름은 사라지고 별들이 하늘 가득 나타났다.)

The rain stopped, the sun came out, and there was a beautiful rainbow.
(비가 멈추고 해가 나고 아름다운 무지개가 떴다.)

come out

if colors, stains, or marks come out, they disappear or fade
(얼룩 등이) 빠지다, (색이) 지워지다

Don't get grape juice on that white blouse — It never comes out.
(그 흰 블라우스 위에 포도 주스 묻히지 마 — 그 포도 주스 물은 절대 빠지지 않아.)

Most dirt comes out of clothing when you wash it. (옷에 묻은 대부분의 때는 물로 빨면 빠진다.)

come out in favor of[against] sth/sb (유사어 come down)

if you come out for or against something, you declare that you do or do not support it
(특정 아이디어·계획·사람·조직에 대해 찬성·반대) 입장을 분명하게 하다, 의견을 표명하다

➡ come out for[in favor, favor of] sth/sb
We were surprised when the mayor came out for legalizing gambling.
                                                sth
(우리들은 시장님이 도박의 합법화에 찬성한다는 입장을 밝혔을 때 놀랐다.)

Many Democrats, concerned about their popularity, have come out in favor of anti-gay-
                                                                              sth
marriage bill. (대중적 인기를 염려하고 있는 많은 민주당 의원들이 동성애 결혼 반대 법안에 찬성의 입장을 취하고 있다.)

➡ come out against sth/sb 로도 쓰임
Martin Luther King came out against the Vietnam War. (마틴 루터 킹 목사는 월남전에 반대 입장을 취했다.)
                                     sth

come out

to tell people that you are gay, instead of keeping it secret
(동성애자임을) 밝히다, (~입장을) 표명하다

He was gay, but he never came out of the closet. (그는 동성애자였지만 끝까지 밝히지 않았다.)

He had been gay for years before he finally decided to come out.
(그는 여러 해 동안 동성애자였으며 결국은 자신의 입장을 밝히기로 결심했다.)

come out

to succeed in living through an unpleasant experience with being seriously harmed

(시련 · 역경 · 의혹 등을) 견디어 내다, 벗어나다

She came out of the crash with only a broken leg. (그녀는 다리 한쪽이 부러진 채 충돌사고에서 살아남았다.)
The two girls had been kidnapped and were lucky to come out alive.
(두 소녀는 유괴를 당했으나 다행히도 살아서 풀려났다.)

➡ come out of 로도 쓰임
Of course there are arguments in every family, but most children come out of the experience without permanent damage.
(물론 모든 가정에서 작은 갈등이 있지만 대부분의 아이들은 항구적인 손상을 입지 않고 잘 견디어 낸다.)

come out (유사어 bloom)

when flowers, leaves, or plants come out, the flowers or leaves develop and open

꽃이 피다, 개화하다

We had a very warm winter, and flowers started coming out in February.
(올 겨울은 아주 따뜻해서 꽃들이 2월에 피기 시작했다.)
Most roses come out in May. (모든 장미꽃은 5월에 핀다.)

come out

if a photograph or something that has been photographed comes out, it is successful

(사진에) 찍히다, (사진이) 현상되다

He is an excellent photographer. All his pictures come out very well.
(그는 우수한 사진작가이다. 그가 찍은 모든 사진들은 아주 잘 나온다.)
She always comes out well in her pictures. (그녀는 항상 사진이 잘 나온다.)

come out

if someone comes out to the country where you are, they travel there to visit or stay

(해외로 · 지방으로) 이주하다, 이사하다, 여행 와서 머무르다

Our daughter and her family came out to visit us for three weeks.
(딸과 그 가족들이 3주 동안 우리를 방문하러 왔다.)
When we lived in the Far East, our friends often came out to visit us.
(우리들이 극동에 살고 있을 때 친구들이 자주 방문하러 왔다.)

come out

when something comes out from or onto a particular point, it joins something else at that point

(도로 · 하천 · 관 · 호스 등이) (~에서) 나오다

An artery is a blood vessel that comes out of heart. (동맥은 심장에서 나오는 혈관이다.)
The pipes from the bedroom come out at the back of the house.
(침실에서 나오는 수도관은 집 뒤로 이어졌다.)

> **come out** [BrE]
>
> when a group of workers comes out on strike, they go on a strike
>
> 파업을 하다

Many workers <u>came out</u> in support of the miner's strike.
(많은 근로자들이 광부들의 파업을 지지하며 파업에 들어갔다.)

On September 18 the dockers again <u>came out</u> on strike.
(9월 18일에 부두 노동자들이 또 다시 파업에 들어갔다.)

➡ come out on strike 로도 쓰임
When the pay claims were refused, the teachers <u>came out on strike</u>.
(임금 인상이 거절되었을 때 교사들은 파업에 들어갔다.)

come over

> **come over**
>
> when someone comes over, they move across a room or other place towards you
>
> (말을 하려고) ~을 건너오다

An official <u>came over</u> to him and asked him what was in his bag.
(한 직원이 그에게 와서 가방 안에 무엇이 들어 있는지 물었다.)

When he saw me he immediately <u>came over</u> to my table and said hello.
(그가 나를 보자, 즉시 내 테이블로 와서 인사를 했다.)

> **come over** (유사어 **come around[round]**)
>
> to visit someone at their house
>
> (~의 집으로) 방문하다

Why don't you <u>come over</u> next week? (다음 주에 우리 집에 안 올래?)
He <u>comes over</u> to my house every night. (그는 매일 밤 우리 집에 온다.)

> **come over**
>
> when someone comes over, they come to the country where you are living
>
> (해외에서 바다 건너) 방문하러 오다, (타국에서) 이주해 오다

The ferry <u>comes over to</u> this side of the lake at 5:30 p.m. every day.
(매일 오후 5시 30분이면 나룻배가 호수 이쪽으로 온다.)

My ancestors <u>came over</u> from Scotland in 1723. (우리 선조는 1723년에 스코틀랜드에서 이주해 왔다.)

➡ come over from 으로도 쓰임
A lot of unskilled workers <u>came over from</u> Ireland to work in the construction industry.
(많은 미숙련 노동자들이 건설 분야에서 일하기 위해서 아일랜드에서 건너왔다.)

➡ come over to 로도 쓰임
Greg and Pippa <u>came over to</u> America, and stayed with us for eight days.
(그레그와 피파는 미국으로 건너와서 8일 동안 우리와 함께 있었다.)

come over *sb*

if a feeling or desire comes over you, especially a strange or surprising one, you make it

(감정이 ~을) 엄습하다, (~에게) 용기를 주다

Suddenly a strange feeling <u>came over</u> <u>me</u>. (갑자기 이상한 기분이 엄습해 왔다.)
_{sb}

As she looked at him, a feeling of tenderness <u>came over</u> <u>her</u>.
_{sb}

(그녀가 그를 보았을 때, 사랑의 감정이 그녀를 찾아왔다.)

come over a bit funny[all romantic, rather faint, etc.] [BrE]

if someone comes over all dizzy or shy, for example, they suddenly start feeling or acting in that way

(~가 갑자기 ~의 상태로) 되다, ~을 느끼다

The room was too hot. I suddenly <u>came over</u> <u>faint</u>. (그 방은 매우 더웠다. 나는 갑자기 어질어질했다.)
_{sth}

She <u>comes over all shy</u> when she has to meet new people.
(그녀는 낯선 사람을 만날 때면 심하게 부끄럼을 탄다.)

* 특히 dizzy(현기증이 나는), faint(실신하여, 어질어질하여), funny(익살스러운, 우스운), queer(어지러운, 별난), tired(지친, ~에 싫증난), shy(수줍어하는, 조심성 많은), embarrassed(당황한, 곤란에 빠진), romantic(낭만적인), nasty(메스꺼운, 역한) 등 증상·감정을 나타내는 형용사를 동반함
* ※ 차츰, 자주, 매우, 여러 차례를 나타낼 때는 a bit, all, quite, rather의 부사를 씀

Towards the end of the evening he started <u>coming over</u> <u>all romantic</u>.
_{sth}

(그날 저녁이 끝날 무렵, 그는 매우 낭만적으로 변하기 시작했다.)

come over (유사어 **come across**) [BrE]

to seem to be a particular type of person or thing, or to have particular qualities

(~에게) (어떤 형의 인간 같은) 모습이 보이다, 인상을 주다, ~라고 생각되다

Mrs. Robins <u>came over</u> as a cold strict woman who was always giving orders.
(로빈스 부인은 항상 명령만 내리는 냉정하고 엄격한 여자의 인상을 주었다.)

Our daughter's fiance <u>comes over</u> as a very nice young man. (우리 딸의 약혼자는 아주 훌륭한 젊은이로 보인다.)

come over *sth*, **come over**

if a voice, sound, or message comes over a phone, radio, or loudspeaker, it is transmitted or broadcast and you hear it

(소리·메시지 등이) (라디오나 무대에서) (~에게) 들리다, 전하다

Your voice <u>comes over</u> quite well. (네 목소리가 아주 잘 들려)

The terrible news <u>came over</u> <u>the radio</u> that the President had been shot.
_{sth}

(대통령이 총격을 입었다는 끔찍한 뉴스가 라디오에서 들렸다.)

come over [BrE]

if an idea, meaning, or quality comes over, it is clearly expressed and easy to notice or understand

(아이디어·의미 등이) 이해되다, 통하다

I know what you're trying to say, but I don't think it really comes over in this essay.
(네가 하려는 말이 뭔지 알겠지만 이 수필 안에는 잘 나타나 있지 않다고 생각해.)

In his speech, his points came over very clearly.　(연설에서 그가 말하고자 하는 요점이 아주 분명히 전달된다.)

come through

come through

if information, news, etc. comes through, it becomes known or heard
(뉴스 등이) 전해지다, (통신이) 다다르다, (전화 따위로) 연락이 오다, (서류·법적인 강제권이) 전달되다

The message has just come through on the radio that the general is dying.
(장군님이 위독하다는 뉴스가 지금 라디오에서 전해졌다.)

It was November before his visa finally came through.　(11월이 되어서야 비자가 나왔다.)

come through *sth*

to come through a dangerous or difficult situation is to survive it and recover from it
(위기·질병 따위를) 헤쳐 나가다, 이기어내다, 역경에서 벗어나다

Most of the troops came through the fighting unharmed.　(대부분의 중대 병력은 부상 없이 전투를 치렀다.)
　　　　　　　　　　　　sth

Coming through the earthquake alive was a miracle.　(그 지진에서 살아남은 것은 기적이었다.)
　　　　　　sth

come through

if you come through with what is expected or needed from you, you succeed in doing or providing it

요구에 응하다, (약속 등을) 이행하다

The oil companies say they could come through with a cleaner fuel, but it would cost more.
(석유 회사들은 청정 연료 제공에 응하겠다고 했으나 값이 훨씬 더 비쌀 것이다.)

The state legislature promised to provide the financing for a new stadium but they didn't come through.　(주 의회는 새 경기장에 융자를 제공하겠다고 약속했으나 지키지 않았다.)

➡ **come through with** 로도 쓰임
The final batter came through with a home run in the bottom of the ninth inning.
(최종타자는 기대에 부응해서 9회 말에 홈런을 쏘았다.)

➡ **come through for** *sb* 로도 쓰임
When Jim asked Donato for help, she came through for him, pointing out where more work was
　　　　　　　　　　　　　　　　　　　　　　　　　sb

needed and offering suggestions.
(짐이 도나토에게 도움을 요청했을 때, 그녀는 많은 작업이 필요한 곳이 어딘지 지적하고 여러 가지 제안을 하면서 그의 요구에 부응했다.)

come through

to move from one room to another

(이 방에서 저 방으로) 가다, 지나가다

I looked up from my newspaper and saw her <u>coming through</u> the lobby.
                                                              sth
(신문에서 눈을 들어 보니 그녀가 로비에서 오고 있는 것이 보였다.)

The soldiers were <u>coming through</u> the hole in the wall. (군인들이 성벽에 뚫린 구멍으로 지나가고 있었다.)
                                    sth

come through (유사어 come across, come over [BrE])

if a feeling or a message comes through, it is clearly shown in what is said or done

(감정 · 의도 등이) (상대방에게) 전달되다, 알려지다

The professor's enthusiasm for the subject really <u>comes through</u> in his lecture.
(그 주제에 대한 교수님의 열정은 그의 강의에서 잘 전달된다.)

The acting was poor, so the playwriter's intention didn't <u>come through</u>.
(연기가 형편없어서 극작가의 의도가 전달되지 않았다.)

come through

when someone comes through the town or a place where you are, they travel through it, perhaps stopping there briefly

(마을에 장기간 · 단기간) 묵으러 오다, 숙박하다

It's a popular resort. Thousands of tourists <u>come through</u> every year.
(여기는 인기 있는 리조트입니다. 해마다 수천 명의 관광객이 머무르려고 옵니다.)

Aunt Ginny promised she'd <u>come through</u> Milwaukee on her way to Indianapolis.
(지니 고모는 인디애나폴리스로 가는 길에 밀워키에 들를 것이라고 약속했다.)

come to

come to *sth*

to reach a particular state or situation

(~라는) 결과가 되다, ~라는 것이 되다, ~의 상태가 되다

My stay in Sanfrancisco was <u>coming to</u> an end, and I decided to visit Natalie.
                                         sth
(나는 샌프란시스코에서의 체류를 끝내고 나탈리에 방문하기로 결정했다.)

All our wonderful plans <u>came to</u> nothing.   (우리들의 멋진 계획은 모두 허사로 돌아갔다.)
                              sth

come to a conclusion[decision, verdict]

if you come to a decision or a conclusion, you make a decision about something, or you decide what you think about something

(결론에) 도달하다, 결말이 나다, 평결이 나다

By the end of the holiday, we'd <u>come to the conclusion</u> that camping in England isn't much fun.
(휴일 마지막 날에 우리는 영국에서 캠핑하는 것이 별로 재미있는 일이 아니라는 결론에 도달했다.)

All the candidates were good, and it took us a long time to <u>come to a decision</u>.
(후보자들 모두가 훌륭해서 결정을 하는 데 오랜 시간이 걸렸어.)

when it comes to sth [Spoken]
relating to a particular subject

(말하고자 하는 주제를 소개할 때) 말하자면, 필요하다면

When it comes to relationships, everyone makes mistakes. (인간관계에 관해 말하자면 누구나 실수를 한다.)
　　　　　　　　　sth

He didn't sing or play guitar particularly well, but when it came to songwriting, he was a genius.
　　　　　　　　　　　　　　　　　　　　　　　　　　　　　　　　　sth
(그는 특별히 노래를 잘하거나 기타를 잘 치지 않았지만, 작곡에 관해서 말하자면 그는 천재였다.)

➡ when(if) it comes to the crunch push, when(if) the crunch comes
　만일의 경우, 일단 유사시에

When(if) it should come to the crunch, we can always sell the house to get some money.
(만일 정말로 곤란하다면 우리들은 언제라도 집을 팔아 돈을 마련할 수 있다.)

come to power
to officially start to rule a country/used about leaders, parties, or groups

(공식적으로) 나라를 통치하기 시작하다

The Communists came to power in China in 1949. (1949년에 공산당이 중국을 통치하기 시작했다.)

Nasser came to power through national revolution, which signaled the end of European domination of Egyptian affairs.
(나세르는 이집트 정세에서 유럽식 지배의 마지막 신호가 된 민족 혁명으로 이집트를 통치하기 시작했다.)

come to sth [Spoken]
if you come to a particular point or subject in a discussion or speech, you start to talk about or deal with it after talking about others first

(화제를 ~으로) 돌리다, ~의 이야기를 열거하다

Don't interrupt. He's just coming to the interesting part of the story.
　　　　　　　　　　　　　　　　　　sth
(방해하지 마. 그는 지금 그 이야기의 흥미 있는 부분에 돌입하고 있어.)

We now come to item three on the agenda. (우리는 지금 세 번째 의제에 들어갑니다.)
　　　　　　　sth

come to sth
to be a particular total when amounts or numbers are added together

(합계가 ~이) 되다, ~에 달하다

The cost of repairs, including parts, labor and tax, came to $1,280.
　　　　　　　　　　　　　　　　　　　　　　　　　　　　sth
(수리비는 부품비, 임금, 세금을 포함해서 1,280달러가 됩니다.)

The bill came to $15. (계산은 15달러가 되겠습니다.)
　　　　　sth

come to sb (mind)
if a thought or an idea comes to you, you think of it or remember it, especially suddenly

(갑자기 사람의) 마음에 떠오르다, 생각나다

Suddenly it <u>came to</u> <u>me</u> where I had seen her before. (그녀를 전에 어디에서 봤는지가 갑자기 떠올랐다.)
         _{sb}

At last the name of the book <u>came to mind</u>. (마침내 그 책의 이름이 생각났다.)
                _{sb}

come to (유사어 come around[round])

when someone who is unconscious comes to, they recover from unconsciousness

(의식을) 회복하다

When I <u>came to</u>, I was lying in a hospital bed. (내가 의식을 회복했을 때 병원 침대에 누워 있었다.)
The girl fainted, but she <u>came to</u> when we threw drops of water on her face.
(그 소녀는 기절했지만 우리가 그녀의 얼굴에 물 몇 방울을 떨어뜨렸을 때 깨어났다.)

come under

come under attack[criticism, threat, pressure, etc.]

to experience something bad such as an attack, criticism, etc.

(공격·비평·위협·압력 등을) 받다, 입다

The town <u>came under attack</u> again last night. (그 마을은 지난밤 다시 공격을 받았다.)
Large decisions <u>come under review</u> by the board of directors. (중요한 결정은 중역회의에서 재검토된다.)

➡ <u>come under fire</u> 로도 쓰임 [Informal]

(be criticized or attacked) (비난·비판을) 받다

The minister's speech against the government <u>came under fire</u> from other Member of Parliament. (정부에 대한 그 장관의 연설은 다른 하원의원으로부터 비난을 받았다.)

come under scrutiny[review, etc.]

to be examined or considered carefully in order to make a decision or form an opinion

재검토되다, 조심스레 고려되다

Your pay <u>comes under review</u> every year. (너의 봉급은 해마다 재검토된다.)
The new policy <u>came under intense scrutiny</u>. (새 정책은 엄격한 감독하에 조심스레 고려되었다.)

come under *sth*

to be governed, controlled, or influenced by something

(특정 법률·권위·지방·사람의) 통제를 받다, 관할 아래에 있다, ~에 의해 관리되다

In his youth, he <u>came under</u> <u>the influence</u> of Beethoven. (젊었을 때 그는 베토벤의 영향을 받았다.)
                            _{sth}
Immigration <u>comes under</u> <u>the jurisdiction of the Justice Ministry</u>. (출입국관리는 법무성 관할하에 있다.)
                                     _{sth}

come under *sth*

if something comes under a particular group of things, it belongs to that group, or is kept with that group

(~의) 밑으로 오다(들어가다), ~항목에 들다

Excuse me, do his novels **come under** fiction or literature?
sth
(실례지만, 그의 소설은 픽션과 문학 중 어디에 속하나요?)

Refrigerators **come under** the heading category of "Household Appliances" in the yellow pages.
sth
(냉장고는 업종별 전화부에서 가정용품 난에 나와 있습니다.)

➡ come under the heading[category] of *sth* 으로도 쓰임

Your suggestion **comes under** the general heading of reorganization.
sth
(당신의 제안은 재편성이라는 일반항목에 들어갑니다.)

come up

come up (유사어 **approach**)
to move near someone or something, especially by walking
(~에) 다가오다, 오다, 옆으로 오다

She **came up** and put her arms around him. (그녀는 다가와서 그 남자를 껴안았다.)

As soon as I entered the room, a man **came up** and introduced himself.
(내가 방으로 들어간 순간 한 남자가 다가와 자신을 소개했다.)

➡ come up to[behind, beside] *sb* 가까이[뒤, 옆] 꼴로도 쓰임

A lot of people **came up to** me and started asking questions.
sb
(많은 사람들이 나에게 다가와 여러 가지 질문을 하기 시작했다.)

I looked in the mirror and saw a police car **coming up behind** us.
sb
(백미러를 보니 경찰차 한 대가 우리 뒤를 쫓고 있는 것이 보였다.)

come up
to travel to or visit a place that is further north than where you are now, or that is in a city
(지방에서 중심도시로) 올라오다, 상경하다

A couple of months ago we sold the farm and **came up** north here.
(두어 달 전에 우리는 농장을 팔고 여기 북쪽으로 올라왔다.)

I thought I might **come up** to London for the weekend and see a show.
(주말에 런던으로 올라가 쇼를 하나 보아야겠다고 생각했다.)

come up (유사어 **arise**)
if a job or a position comes up, it becomes available
(업무·기회가) 손에 잡힐 듯하다, 다가오다

He was willing to take any job that **came up**. (일만 있으면 어떤 일이라도 기꺼이 할 작정이었다.)

If an opportunity to buy that house **comes up**, let me know. (그 집을 살 수 있는 기회가 오면 나한테 알려줘.)

come up (유사어 **be mentioned, arise**)
if something comes up in a conversation or a meeting, it is mentioned or discussed
(의제·화제 등에) 오르다, 화제에 등장하다

I don't agree with Jim about anything, so if politics comes up, I just leave the room.
(나는 어떤 문제라도 짐과는 의견일치가 안 된다. 그래서 정치 이야기가 나오면 나는 다만 그 자리를 떠날 뿐이다.)

We were discussing possible candidates to manage the new office, and your name came up.
(우리는 새로운 사무실을 관리할 유능한 후보들에 대해 토의하고 있었다. 그런데 너의 이름도 명단에 올랐어.)

come up (유사어 crop up, arise [Formal])

when a problem, a situation, or an event comes up, it happens, perhaps unexpectedly

(문제·골칫거리 등이) 일어나다, 생기다

A difficult problem has come up. We need to discuss a solution.
(어려운 문제 하나가 발생했다. 우리는 해결책을 토의할 필요가 있다.)

I'm sorry I can't go to your party; something important has come up.
(파티에 갈 수 없어서 미안해. 왜냐하면 아주 중요한 일이 지금 막 생겼어.)

be coming up

if a particular event or occasion is coming up, it is going to happen soon at a definite time in the future

(미래 특정시간에 특정 행사나 경우가) 다가오고 있다, 시작되다

Your birthday's coming up next month, isn't it? (네 생일이 다음 달이지, 그렇지 않아?)

Easter is coming up and there is still snow on the ground.
(부활절이 다가오고 있는데 지면에는 아직도 눈이 남아 있어.)

come up

in a court of law if a case comes up, it is presented to the magistrates or judges

(법정에서) 다루다, 재판하다

Kate's divorce is coming up before the courts next week.
(케이트의 이혼은 다음 주에 법원에서 다루어질 것이다.)

When Louise Woodward case came up, the newspapers were full of it.
(루이즈 우드워드 사건이 재판받을 때 신문들은 그 사건으로 가득 찼다.)

come up (on *sth*) (유사어 appear)

if information comes up on a computer screen, it appears there

(컴퓨터 화면에) 정보가 뜨다, 전광판에 나오다

Click on 'Search', and a list of your options comes out.
('Search' 위를 클릭해 봐, 그러면 너의 추가 선택옵션 목록이 화면에 떠.)

It was only half an hour until our plane left, and the number of our boarding gate still hadn't come up on the screen.
　　　　　on　　sth
(우리 비행기가 이륙하기까지 겨우 30분 남았는데, 아직 탑승출구 번호가 스크린에 뜨지 않았다.)

come up (유사어 reach)

to reach a particular point or level

(특정 수준·지점을) 가리키다, (수면까지) 올라오다

Gilbert's quite tall now — he comes up to my shoulders! (길버트는 지금은 꽤 키가 커. 내 양어깨에까지 왔어.)

His head came up for the third time; it was our last chance to save him from drowning.
(그의 머리가 세 번째 수면 위로 나왔다. 그것이 물에 빠진 그를 구하기 위한 우리의 마지막 기회였다.)

> **come up** (유사어 **rise** 반대어 **go down, set**)
>
> when the sun or the moon comes up, it rises
>
> (해·달이) 뜨다, 나오다

We got up early to watch the sun come up behind the mountains.
(우리는 산 뒤로 뜨는 해를 보기 위해서 일찍 일어났다.)

The moon came up and shed a soft glow over the garden.
(달이 떠올라 부드러운 한 줄기 빛을 정원에 드리웠다.)

> **come up**
>
> when a seed, a plant or a bulb comes up, it grows and pushes through the soil
>
> (식물·구근·씨 등이) 싹을 틔우다, (싹이 터서) 자라다

The grass was high and had come up with a rush. (잔디가 많이 자랐다. 게다가 한꺼번에 와락 자랐다.)

Around here, the lilies usually begin to come up in March.
(이 근처에 3월이면 늘 백합꽃들이 싹이 나서 자란다.)

> **come up** (유사어 **blow up**)
>
> if a wind, a sound, or a light, and so on comes up it appears and grows stronger, louder or brighter
>
> (바람·폭풍 등이) 점점 세게 몰아치다, 악화되다

We were a mile out to sea when the storm came up.
(우리가 육지에서 바다로 1마일쯤 떨어져 왔을 때 폭풍이 세게 몰아쳤다.)

A chill wind came up as we crossed the lake. (우리가 호수를 건너고 있을 때 차가운 바람이 불어 왔다.)

> **come up**
>
> if someone comes up in a society or their profession, they achieve a higher status in it
>
> (신분·지위 등이) 오르다, 출세하다, 승진하다

The mayor didn't go to the military academy. He came up through the ranks.
(그 시장님은 육군사관학교에 다니지 않았다. 그는 일개 사병에서 출세했다.)

He was born poor, came up the hard way. (그는 가난하게 태어났지만 노력해서 출세했다.)

➡ come up in the world 로도 쓰임
사회적으로 지위가 오르다, 출세하다

He smiled as she parked her brand new Mercedes outside her house — she was coming up in the world at last.
(그녀가 자기 집 밖으로 막 출고된 새 밴츠 차를 주차해 놓았을 때 그는 미소를 지었다. 드디어 그녀는 사회적으로 지위가 오르고 있었던 것이다.)

➡ up-and-coming (a)

(likely to be very successful in the future) 기민한, 정력적인, 유망한, 활동적인

He was one of the up-and-coming young businessmen in this town.
(그는 이 마을에서 장래가 유망한 젊은 사업가들 중 한 사람이었다.)

come up [BrE]

if the lights come up in a theater or a cinema, they are turned on at the end of the play or film

(영화관 극장 등에서) (조명이) 켜지다, 밝아지다

The curtain fell after the last act and the lights came up.
(연극의 마지막장이 끝난 후 커튼이 내려오고 조명이 켜졌다.)

The show finally ended and the lights came up. (마침내 쇼는 끝나고 불이 켜졌다.)

come up

if a question or a subject comes up in an examination, it is one of the questions or subjects in the examination

(질문·주제가 시험문제로) 출제되다

He brushed up on the history of the French Revolution, but no questions on the French Revolution came up in the exam.
(그는 프랑스 혁명에 관한 역사를 더 열심히 공부했는데 한 문제도 시험 문제로 출제되지 않았다.)

Did any questions on geologic time come up in the exam? (지질 연대에 관해 어떤 문제들이 시험에 나왔니?)

come up [BrE]

if someone or something comes up a particular thing, you mean that they appear that way at the end of process or period of time or activity

(훌륭하게) 마무리 하다, 일을 끝마치다, 광택이 나다

If you let your hair dry in the sun, it should help it come up even blonde.
(네 머리를 햇볕에 말린다면, 멋진 금발의 광택이 나오도록 도움을 줄 거야.)

The car came up nicely. A little wash was all it needed. (차가 근사해졌네. 약간 세차만 했을 뿐인데.)

come up

if food comes up, it rises from your stomach after you have eaten it, especially because you are sick

(먹은 것이) 올라오다, 토하다

Poor Jane is being sick again this morning, that light meal I gave her came up in a few minutes.
(불쌍한 제인은 오늘 아침에도 또 상태가 나빠. 내가 준 가벼운 식사를 먹은 후에 토했어.)

He had eaten too many hamburgers, so it wasn't surprising when the whole lot came up again.
(그는 햄버거를 너무 많이 먹었었고, 먹은 것 전부가 다시 올라왔다고 해도 놀라운 일은 아니었다.)

coming (right) up! [Spoken]

used to say that something, especially food or drink, will be ready very soon

(주문 한 음식을) 제공하다, 준비되다

"Two Martinis, Please." "Coming up, sir!" ("마티니 두 잔 부탁해요." "네 됐습니다. 자 나갑니다.")

"Do you have this shoe in a size ten?" "Sure, Coming up in just a minute."
("이런 구두 10호 사이즈 있습니까?" "네 있습니다. 금방 가져다 드리겠습니다.")

147

come up against *sth/sb* (수동불가)

to have to deal with a difficult situation or someone who disagrees with you or tries to stop you from doing what you want to do

(곤경 · 반대 · 적대자를) 직면하다, 만나다

Not long into the meeting, we came up against a thorny problem.
　　　　　　　　　　　　　　　　　　　　　　　　　　sth
(회의가 시작되자 곧 우리는 곤란한 문제에 직면했다.)

He described his commander as one of the cruelest men he'd ever come up against.
　　　　　　　　　　　　　　　　　sb
(그는 그의 상관을 그가 만난 사람들 중 가장 잔인한 사람 중 하나로 묘사하였다.)

come up with

come up with *sth* (유사어 **think up, think of**)

to think of an idea, a plan, or a reply, etc.

(해답 등을) 찾아내다, 생각해내다

It took me all night, but I came up with the answer. (밤새 시간이 걸리기는 했지만 해답이 떠올랐다.)
　　　　　　　　　　　　　　　　　　sth

She wants to come up with a great idea for the party. (그녀는 파티를 위해 멋진 아이디어가 떠올랐으면 한다.)
　　　　　　　　　　　　　sth

come up with *sth/sb*

to produce a particular sum of money, or to find a suitable person or thing

(필요한 돈을) 제공하다, (어울리는 사람 · 적당한 물건을) 발견하다

Anyone wishing to buy the company would have to come up with $8.5million.
　　　　　　　　　　　　　　　　　　　　　　　　　　　　　　　　　sth
(이 회사를 사고 싶어 하는 사람이면 누구라도 850만 달러를 주어야 할 걸.)

We've advertised several times, but so far we haven't been able to come up with a suitable candidate. (우리는 여러 번 광고를 냈지만 적당한 후보자를 만날 수가 없었다.)
sb

con

1. **vt.** ((영 · 미 고어)) 정독하다, (숙독)하다, 배우다, 암기하다, 자세히 조사하다
2. **vt.** (배의 조타를) 지위하다, 침로를 지령하다
3. **vt.** 속이다, 사취하다

con into

con *sb* **into** (유사어 **trick into**) [Informal]

when you con people into something, you persuade them to do it by fooling or deceiving them

(특히 기묘한 언어로) (사람을) 속이다, ~하도록 시키다, 차에 태워 ~시키다

The man in the train <u>conned</u> me <u>into</u> lending him some money to put into his business.
                   sb
(열차에 같이 탔던 그 남자는 근사한 말로 그의 사업에 투자할 돈을 빌려 달라고 나를 꼬드겼다.)

They weren't sure that it was a good idea to give all their money to Marvin, but he <u>conned</u> <u>them</u>
                                                                                                sb

<u>into</u> it. (그들은 마빈에게 모든 자금을 주는 것이 좋은 생각이었다는 확신이 없었는데, 마빈은 근사한 말로 그들을 속였다.)

con sb out of sth [Informal]

when you con people out of something, you persuade them to give it to you by fooling or deceiving them

                                                (사람을) 속여서 (감언이설로) (돈 등을) 빼앗다, 우려내다

The salesman tried to <u>con the old lady out of her money</u>, but she was too clever for him.
                                   sb   sth
(판매원은 노부인을 속여서 돈을 갈취하려고 했으나 그녀는 그가 다루기에는 너무 영리했다.)

Marvin <u>conned</u> <u>them</u> <u>out of their savings</u>. (마빈은 그들을 속여 저금을 빼앗았다.)
                sb   sth

cool

vi. ① 차가워지다, 시원해지다 ② 냉정해지다, (흥분상태가) 가라앉다(down; off)
vt. ① 차게 하다, 시원하게 하다 ② 냉정하게 하다, 진정시키다, 가라앉히다

cool down

cool down (유사어 cool off), cool sb/sth down, cool down sb/sth

if something cools down or if you cool it down, it becomes cooler until it reaches the temperature that you want it to be at

                                                                                           차게 하다, 차지다, 시원하게 하다[해지다]

We jumped into the swimming pool to <u>cool down</u>. (더위를 식히려고 수영장으로 뛰어들었다.)
We opened the hood to <u>cool the engine down</u>. (우리는 엔진을 식히려고 차의 보닛을 열었다.)
                                     sth

cool down, cool down sb, cool sb down (유사어 calm down, cool off)

to become calm after being angry

                                                                             냉정하게 하다[해지다], 진정시키다, 가라앉히다

The situation has <u>cooled down</u> since the mayor met with the rioters.
(시장이 폭도들과 회견을 한 후 사태는 진정되고 있다.)

Mckim lost his temper so badly that he punched his friend George, who was trying to <u>cool him</u>
                                                                                                             sb

<u>down</u>. (머킴은 너무 심하게 화가 나서 친구 조지에게 주먹을 날렸다. 그런데 조지는 머킴을 진정시키려고 애쓰고 있었다.)

cool down, cool down sth, cool sth down

to stop developing or increasing, or stop something from developing or increasing

                                            (발달·성장 등이) 멈추다, 둔화되다, (활발한 활동이) 사그라들다, (애정이) 식다

He used to say he loved me, but recently he seems to have cooled down.
(그는 전에는 나를 사랑한다고 말하곤 했는데 지금은 애정이 식은 것 같아 보인다.)

The incident cooled down the growing trade between the two countries.
sth
(그 사건이 증가하고 있는 양국 간의 무역량을 둔화시켰다.)

cool off

cool off (유사어 cool down)
to return to a normal temperature after being hot

차게 하다, 식히다

We'd been in the sun all day, so we went for a swim to cool off.
(우리는 하루 종일 햇볕에 있어서 열을 식히려고 수영하러 갔다.)

I took the bread out of the oven, and left it out on the table to cool off.
(오븐 화로에서 빵을 꺼내 식히려고 식탁 위에 올려놓았다.)

cool off (유사어 calm down, cool down)
to become clam after being angry

(화를) 진정시키다

They were very angry at first, but then they cooled down.
(그들은 처음에는 몹시 화를 냈으나 다음에는 냉정해졌다.)

Maybe you should go away and cool off before we talk some more.
(우리가 더 이상 이야기하기 전에 너는 저리 가서 화를 식혀야 할 걸.)

cool off
if you cool off or your relationship with someone cools off, you stop feeling attracted to someone

(애정이) 식다, (~와의 관계가) 소원해지다

Her love for him was cooling off. (그에 대한 그녀의 사랑은 점점 식어가고 있었다.)
They have cooled off toward each other recently. (두 사람은 최근에 서로 소원하게 대하고 있었다.)

count

vt. ① 세다, 계산하다, 세어나가다 ② 셈에 넣다, 포함시키다(in, among), (~가[을] 친구 등)의 한 사람이 되다[으로 보다] ③ ~이라고 생각하다, ~으로 보다[간주하다] ④ (공적 따위를) 돌리다, (~의) 탓으로 하다 ⑤ ~라고 추측하다, 생각하다

vi. ① (물건의 수를) 세다, 계산하다, 수[계정]에 넣다 ② 수적으로 생각하다, 합계 ~이 되다 ③ ~로 보다[간주되다], 축에 들다 ④ 중요성을 지니다, 가치가 있다 ⑤ 의지하다, 기대하다, 믿다 ⑥ ((속)) 박자를 맞추다 ⑦ (특수한) 수치를 갖다

count on[upon]

* 〈count upon〉이 〈count on〉보다 형식적

count on[upon] *sth*

if you count on something or count upon it, you expect it to happen and include it in your plans

~을 의지하다, 기대하다, 예상하다

Waiters <u>count on</u> <u>tips</u> to supplement their wages. (웨이터들은 임금의 부족분을 채우려고 팁을 기대한다.)
                  sth

I didn't <u>count on</u> <u>meeting</u> you here. (여기서 너를 만날 것이라고는 예상하지 못했어.)
               sth

count on[upon] *sb* (유사어 **depend on, rely on**)

if you count on someone or count upon them, you rely on them to support you or help you

(~을) 믿다, 의지하다

Gilbert's mum is great — you can always <u>count on</u> <u>her</u> if you have any problems.
                                                                      sb

(길버트의 엄마는 훌륭해 — 네게 만일 무슨 문제라도 생기면 항상 그녀에게 의지해도 돼.)

They <u>count upon</u> <u>their parents</u> for leadership and love. (그들은 지도력과 사랑 때문에 부모님을 믿는다.)
                    sb

count up

count up *sb/sth* , count *sb/sth* up (유사어 **add up**)

if you count up all the things in a group, you count them in order to find how many there are

총계를 내다, 일일이 세다

<u>Counting up</u> <u>the yes and no votes</u> is going to take a long time.
                   sth

(찬반 투표수를 세는 것은 오랜 시간이 걸릴 것이다.)

We need to <u>count up</u> <u>all the people</u> that we want to invite to the wedding.
                            sb

(결혼식에 초대하고 싶은 모든 사람들의 수를 셀 필요가 있어.)

cover up

cover

vt. ① 덮다, 씌우다, 싸다 ② ~에 모자를 씌우다, (몸에) 걸치다, ~에 뚜껑을 하다, ~에 온통 뒤바르다, ~의 표지를 붙이다, 바르다 ③ 덮어 가리다 ④ 감싸다, 보호하다, [군사] 호위하다, ~의 엄호사격[폭격]을 하다, 방위하다, [군사] ~의 바로 앞(뒤)에 일렬로 줄서다, (길 따위를) 경비하다, ((속))~의 후방을 지키다, (상대방을) 마크하다, [야구] 커버하다(잠시 비어있는 베이스를), [테니스] (코트를) 지키다, ((미속)) (패스 플레이에서) 마크하다 ⑤ (~oneself) ~을 짊어지다, 몸으로 받다, 뒤집어쓰다, (영광·치욕 따위를) 누리다, 당하다 ⑥ ~을 맡다, ~의 대신 노릇을 하다, (판매원이 어느 지역)을 담당하다 ⑦ (어느 범위에) 걸치다, 포함하다, 망라하다, 들

어맞다, 다루다 ⑧ (기자가 사건 등을) 뉴스로 보도하다, 취재하다 ⑨ (어느 거리를) 가다, (어떤 지역을) 여행[답파]하다 ⑩ (물건·위험에) 보험을 들다, (어음의) 지급금을 준비하다, (채권자에게) 담보를 넣다, (내기에서 상대와) 같은 돈을 태우다 ⑪ (손실을) 매우다, (경비를) 부담하다, ~하기에 충분하다 ⑫ ((속)) (선물을) 되사다 ⑬ (닭이 알을) 품다, (동물의 수컷이 암컷을) 올라타다 ⑭ [군사] (대포 따위가 목표를) 부감하다, (총기를) 들이대다, ~을 사정권 안에 두다 ⑮ [카드놀이] (상대보다) 높은 패를 내다 ⑯ ((미)) 미행하다

vi. ① (액체 등이) 표면에 퍼지다 ② (비밀 등이) 감싸서 숨기다(for), 알리바이를 제공하다, (부재자의) 대신 노릇을 하다, ((속)) 기둥서방이 되다

cover up sth, cover sth up

to keep mistakes or unfavorable facts from being known about

(범죄·실수·감정·과오 등을) 덮어 버리다, 숨기다

The mayor was accused of <u>covering up</u> <u>his ties</u> to organized crime.
                                       sth
(시장님은 조직범죄와의 관련을 숨기려고 해서 고발되었다.)

Confidential information was stolen from an office in the Watergate building, and Nixon tried to <u>cover it up</u>. (워터게이트 빌딩 한 사무실에서 기밀문서가 도난당했다. 그런데 닉슨은 그 사실을 숨기려 했다.)
      sth

➡ cover up for sb 로도 쓰임

He is been <u>covering up for</u> <u>his friend</u> by telling lies.
                                  sb
(그는 거짓말을 하면서 친구의 과오를 숨기려고 하고 있었다.)

➡ <u>cover-up</u> (n)

(an attempt to stop people from discovering the truth about something bad) 은익·은폐공작·알리바이
He denied that he took any part in the <u>cover-up</u>. (그는 은폐공작에 조금도 참여하지 않았다고 부정했다.)
                                            n

cover up sth/sb, cover sth/sb up

to cover something or someone with something in order to hide or protect them

완전히 덮다[싸다]

He <u>covered up</u> <u>the new cement</u> to keep the rain off.
                       sth
(그는 금방 타설한 시멘트에 비가 맞지 않도록 완전히 덮었다.)

When the sun is very strong, it's best to <u>cover yourself up</u> rather than relying on sun screens.
                                                      sb
(햇볕이 아주 강할 때는 햇볕 차단막에 의지하기보다는 오히려 네 몸을 완전히 가리는 것이 최고다.)

crack

vt. ① (채찍 따위로) 찰싹 소리 내다, ((구)) (아무를) 철썩 때리다 ② (호두 따위를) 우두둑 까다, ~을 금가게 하다 ③ (책을) 펼치다, (병·깡통 따위를) 열다, 따고 마시다, ((속)) (금고를) 비집어 열다, (집 따위에) 억지로 들어가다 ④ 부수다, 깨뜨리다, 부딪치다, (목을) 쉬게 하다, (신용 따

위를) 떨어뜨리다, 손상시키다 ⑤ ~의 머리를 돌게 하다, ~의 마음에 아픔을 주다 ⑥ [화학] (석유·타르 등을) [열] 분해하다, 분류하다 ⑦ (사건 해결·수수께끼의) 실마리를 열다, (사건을) 해결하다, ((구)) (암호를) 해독하다 ⑧ (농담을) 지껄이다, ~의 비밀을 밝히다 ⑨ ((미속)) (지폐를) 헐다 ⑩ [야구] ~을 치다 ⑪ ((미속)) [카드놀이] (브리지에서 상대의 점수를) 배가하다.

vi. ① 딱 소리를 내다, 쨍그랑[우지끈] 소리 나다, (채찍이) 찰싹 소리 나다 ② 금가다, 쪼개지다 ③ (목이) 쉬다, 변성하다 ④ 엉망이 되다, 맥을 못 추다, (압력을 받고) 물러앉다, 항복하다 ⑤ ((미속)) 지껄이다, 얘기하다, 입을 열다, ((방)) 자랑하다, 자만하다(of) ⑥ 질주[쾌주]하다 ⑦ 폭주하여 망가지다(up) ⑧ 밤이 새다 ⑨ 잡담하다 ⑩ [화학] (화합물이) 열분해하다 ⑪ [카드놀이] (브리지에서) 상대방의 내는 돈을 배가하다

crack down

crack down(on)

to become more strict in dealing with a problem and punishing people involved
단호한 대처를 취하다, (~을) 엄하게 단속하다, (~을) 탄압하다, (~을) 호되게 혼내다, 비난하다

The chief of police said he was going to <u>crack down</u> on car theft.
(경찰서장은 차량 절도사건을 엄중히 대처할 것이라고 발표했다.)

The Mexican authorities have been <u>cracking down</u> on drug-related crime.
(멕시코 당국은 마약관련 범죄를 계속 엄중하게 단속하고 있다.)

➡ <u>crackdown</u> (n)
(when a bad or illegal behavior is dealt with in a very severe way in order to stop it from happening)
(갑작스러운) 타격, 강경조치, (경찰의) 단속, 법률[조례]의 엄격한 시행

The FBI is planning a major <u>crackdown</u> on an organized crime.
n
(FBI는 조직범죄에 대해 대규모 단속을 계획하고 있었다.)

cram

vt. ① (장소·그릇 등에) 억지로 채워 넣다, 밀어 넣다(with) ② ~을 (장소·그릇 속에) 채워 넣다, 다져넣다, 밀어 넣다(into, down) ③ 배가 터지도록 먹이다. ④ ((구)) (시험을 위해) 주입식 공부를 시키다, (학과를) 건성으로 외다(up) ⑤ ((속)) ~에게 거짓말하다

vi. 잔뜩 먹다. ((구)) (시험을 위해) 주입식[당일치기] 공부를 하다, ((속)) 거짓말하다

cram in[into]

cram in *sth*, **cram** *sth* **in**, **cram** *sth* **into** *sth*

to force something into a small space
(좁은 장소·그릇에) 억지로 채워 넣다, 밀어 넣다, 다져 넣다

She <u>crammed her clothes into</u> the bag. (그녀는 가방에다 여러 개의 옷을 억지로 채워 넣었다.)
sth

He decided to see how many chocolates he could <u>cram into his mouth</u> at one time.
sth
(그는 한 번에 입속으로 얼마나 많은 초콜릿을 밀어 넣을 수 있는지 보기로 했다.)

cram in, cram into sth (유사어 crowd in[into])

if a lot of people cram in or into a place, they go into it and fill it

(장소에) 많은 사람들이 들어가 채우다

We all <u>crammed in</u> and he started the car. (우리는 모두 차안으로 몰려 들어갔고 그는 차를 출발시켰다.)
The hall seated 200 but more than 300 <u>crammed into</u> <u>it</u> for a meeting.
                                                             sth
(그 강당은 200명의 좌석을 수용하는데 300명 이상의 사람들이 모임 때문에 강당에 몰려들었다.)

cram in sth, cram sth in, cram sth into sth (유사어 pack in)

to do a lot of activities in a short period of time

(짧은 기간 안에) 많은 활동을 하다

We were in New York only for two days, so we tried to <u>cram in</u> as much as <u>sightseeing</u> as we could.
                                                                                                                                           sth
(우리는 겨우 이틀 동안만 뉴욕에 머물기 때문에 가능한 한 많은 관광을 하려고 했다.)
You can <u>cram</u> <u>an awful lot</u> <u>into</u> <u>two weeks</u> if you want. (너만 좋다면 2주일 안에 상당히 많은 일을 할 수 있어.)
                 sth   sth

crop

vt. ① (나무·가지 따위의) (끝을) 잘라내다, 전정하다, ~의 털을 깎다. ② (일반적) 물건의 끝[일부분]을 베어내다. ③ ~을 짧게 베다[자르다], (짐승이 풀의) 끝을 뜯어 먹다. ④ (귀의) 끝을 자르다(표시·본보기로) ⑤ 수확하다, 거두어들이다 ⑥ ~에 작물을 심다(with)

vi. ① (농작물이) 나다, 되다 ② 작물을 심다 ③ 풀 등을 베어서 주다 ④ (문제 등이) 갑자기 발생하다, 나타나다(out, up, forth), (광상 따위가) 노출하다(out, up)

crop up

crop up (유사어 come up, arise) [Formal]

if a problem crops up, it suddenly happens, often when it is not expected

(불시에) 문제가 발생하다, 노출하다

He's had to go back to the office — apparently something's <u>cropped up</u>.
(그는 사무실로 다시 돌아가야만 했다. — 분명하게 무슨 일이 일어났다.)
Some new problems <u>cropped up</u> at the last minute. (마지막 순간에 몇 가지 새로운 문제들이 발생했다.)

crop up (유사어 come up, be mentioned)

if a name or a subject crops up, you hear it being talked about, or discussed

(이름·주제 등이) 토의 중 대두되다, 여기저기서 사용되다, 눈에 띄다.

Your name kept <u>cropping up</u> in conversation. (대화 중 너의 이름이 계속 대두되고 있었다.)
A new word, "hippie", began <u>cropping up</u> in the early 1960s.
("히피"라는 새로운 단어가 1960년대 초반에 여기지기에서 사용되기 시작했다.)

cross

vt. ① 교차시키다, (손·발 따위를) 엇걸다 ② ~와 교차하다, ~와 서로 엇갈리다 ③ (도로·사막 따위) 가로지르다, (강·바다·다리 따위를) 건너다, (마음에) 떠오르다, (문턱·경계선 따위를) 넘다 ④ ~에 횡선을 긋다, (수표를) 횡선으로 하다, (선을 그어) 지우다, 말살하다(out, off) ⑤ 방해하다, ~에 반대하다 ⑥ ~에 십자를 긋다, ~에 열십자를 쓰다 ⑦ (동식물을) 교잡하다(with), 잡종으로 하다 ⑧ [해양] (활대를) 돛대에 대다 ⑨ ((속)) (안장 따위에) 걸쳐 앉다 ⑩ ((속)) 속이다 ⑪ (복수의 서류를) 비교 검토하여 새 데이터를 얻다, 대비하다

vi. ① 교차하다(with) ② 가로지르다, 넘다, 건너다, 무대를 가로지르다 ③ (편지가) 서로 엇갈리다 ④ 잡종이 되다

cross off

cross off *sth/sb*, **cross** *sth/sb* **off**, **cross** *sth/sb* **off** *sth*

when you cross something off a list, you draw a line through it to remove it from the list

(선을 그어) 명부에서 이름을 지우다

Why was my name <u>crossed off</u> the invitation list? (왜 초대 명단에서 내 이름이 빠졌지?)
           sth

You can <u>cross off</u> bread of your shopping list. I bought some this morning.
     sth
(쇼핑 항목에서 빵을 빼도 좋아. 오늘 아침에 내가 사 왔어.)

As each person entered, I <u>crossed</u> <u>him</u> <u>off the list</u>.
          sb sth
(한 사람씩 들어왔을 때, 나는 명단에서 그들의 이름을 삭제하였다.)

cross out

cross out *sth*, **cross** *sth* **out**(유사어 **delete**)

to draw a line through something that you have written, usually because it is wrong

(잘못 쓴 것은 선을 그어) 지우다, 말살하다

She <u>crossed out</u> the word 'Miss' and wrote 'Dr' instead. (그녀는 'Miss'라는 단어를 지우고 대신 'Dr'를 썼다.)
    sth

If you make a mistake, just <u>cross</u> <u>it</u> <u>out</u> and try again.
          sth
(네가 글자를 잘못 쓰면 그냥 그것에 선을 긋고 다시 쓰면 돼.)

➡ <u>crossings-out</u> (n) [BrE]

 (words that have been crossed out) 교정

His essay was full of <u>crossings-out</u>. (그의 수필은 교정문장으로 가득 찼다.)
        n

cut

vt. ① (칼 따위로) 베다 ② 나무를 자르다, (풀 · 머리 등을) 깎다, (책의 페이지를) 자르다, (고기 · 빵 등을) 베어 가르다, ((미속)) (이익을) 분할하다, 분담하다, 공유하다, 잘라내다(away, off, from, out of) ③ (선 따위가) 교차하다, (강 따위가) 가로질러 흘러가다 ④ (물 · 길 등을) 헤치고 나아가다(through), (길을) 내다, (운하 · 터널을) 파다(through) ⑤ (보석을) 잘라서 갈다, 깎다, (돌 등을) 새기다, 파다, (천 · 옷을) 재단하다, 마르다 ⑥ 긴축하다, 삭감하다, (값 · 급료를) 깎다(down) ⑦ (이야기를) 짧게 하다, 삭제하다, (영화 · 각본 따위를) 컷[편집]하다 ⑧ [라디오 · TV] (명령형) (녹음 · 방송을) 그만두다, 중단하다, 컷하다 ⑨ (두드러진 동작 · 태도 따위를) 보이다, 나타내다 ⑩ 차단하다, 방해하다, (엔진 · 전기 · 수도를) 끄다, 끊다(off)

vi. ① 베이다, (날이) 들다 ② 곧바로 헤치고 나아가다, 뚫고 나아가다 ③ 지름길로 가다, 가로지르다 ④ (채찍 따위로) 세차게 치다, (찬바람이) 살을 에다, (문제점 · 핵심을) 찌르다

cut back

cut back (*sth*), cut (*sth*) back (유사어 **reduce**)
to reduce the amount, size, cost, etc. of something

(생산 · 경비 따위를) 줄이다, 중지하다

It's not wise to spend so much money every month. We'd better cut back.
(매달 그렇게 많은 돈을 쓰는 것은 현명하지 못해. 지출경비를 줄이는 것이 좋겠다.)

The company cuts back our working hours during the summer.
          sth
(그 회사는 여름 동안에는 근무시간을 단축한다.)

➡ cut back on *sth* 으로도 쓰임
The government is cutting back on the education budget. (정부는 교육비 예산을 삭감하고 있다.)
            sth

➡ cutback (n)
(a reduction in something, especially the amount of money you spend)
(생산 · 주문 · 인원 등이) 삭감, 축소, 중지

Lansbury's new contract includes a cutback in her workload.
           n
(랜즈버리의 새 계약서에는 그녀가 해야 할 표준작업량 삭감이 포함되어 있다.)

cut back *sth*, cut *sth* back (유사어 **prune back**)
to cut or remove some of the branches of a plant in order to encourage it to grow more strongly

(나뭇가지를) 치다, 잘라내다

I cut back the branches overhanging the fence. (담장 위에 걸린 가지를 잘라냈다.)
   sth
Roses should be cut back every fall.<수동> (장미는 매년 가을이면 가지를 쳐 주어야 한다.)

cut down

cut down
to eat or drink less of a particular thing, usually in order to improve your health

(음식물을) 줄이다

I'm trying to cut down on burgers and chips as I've started to put on weight.
(체중이 늘기 시작했기 때문에 햄버거와 감자칩을 삼가려고 노력하고 있다.)

You will have to cut down on your use of water. (너는 물 사용량을 줄여야 할 것이다.)

➡ cut down on 꼴로 흔히 쓰임
My doctor told me to cut down on sweets. (의사는 단것을 줄이라고 말했다.)

cut down sth, cut sth down, cut down (유사어 reduce)
to reduce the amount or number of something

(값을) 깎다, (~의 수량을) 감하다, 삭감하다, 단축하다

We must cut down expenses to fit the budget. (예산에 맞추어 지출을 삭감하지 않으면 안 된다.)
              sth

The book was too long, so the author cut it down to 250 pages.
                                  sth
(그 책의 페이지가 너무 길어서, 저자는 250페이지로 줄였다.)

➡ cut down on
If we want to cut down on crime, we need to spend more on law enforcement.
(만일 우리가 범죄의 감소를 원한다면, 법률 강화에 더 많은 노력을 할 필요가 있다).

cut down sth, cut sth down (유사어 chop down, fell)
if you cut down a tree or a bush, you make it fall to the ground by cutting it near the bottom

(나무를) 베어 땅에 쓰러뜨리다

Several trees had to be cut down before the building work could start.<수동>
(건축 작업이 시작되기 전에 몇 그루의 나무를 잘라야만 했다.)

How much is it going to cost us to cut all these trees down?
                                                sth
(이 나무들 전부를 자르려면 비용이 얼마나 들까?)

cut down sb, cut sb down
to kill or seriously injure someone with a weapon, especially with a gun

(적을) (총·칼로) 살해하다, 때려눕히다, (병으로) 쓰러지다

Machine-gun fire cut down the first line of soldiers. (기관총이 발사되어 맨 앞줄의 군인들이 쓰러졌다.)
                               sb

Poor Bill, Cancer cut him down in his prime. (가엾은 빌. 암으로 그는 인생의 전성기에 쓰러졌어.)
                           sb

cut off

cut off *sth*, **cut** *sth* **off**

to stop the supply of something such as electricity, gas, water, etc.

(가스 · 수도 · 전기 따위가) 끊기다, 중단되다

If there is an earthquake, the electrical supply will be immediately cut off.<수동>
(만약 지진이 일어난다면 전기 공급은 즉시 끊길 것이다.)

They're going to cut the electricity off if you don't pay the bill.
                      sth
(네가 전기요금을 지불하지 않으면 그들은 전기를 끊으려고 할 것이다.)

➡ cut-off (n)

(the cut-off of supply or service is the complete stopping of the supply or service)
절단, 차단

I got a notice saying that if I don't pay my water bill soon, the cut off date will be March 10.
                                                                        n
(수도요금을 곧 지불하지 않으면 3월 10일에 단수 조치가 있을 것이라는 경고 통지서를 받았다.)

cut off *sth/sb*, **cut** *sth/sb* **off**

to separate something by cutting it from the main part

(일부를) 잘라 내다, 끊어 내다

Dan cut off a piece of meat and tasted it. (댄은 고기 한 조각을 잘라서 맛을 보았다.)
        sth
Before cooking the mushrooms, cut off the tough stems. (버섯을 요리하기 전에 질긴 줄기를 떼어 내시오.)
                                      sth

be cut off

if you are cut off when you are on the telephone, the line is suddenly disconnected and you can no longer speak to the other person

(통화 · 연락 등이) 방해받다, (통화 중) 상대방의 전화가 끊기다

I was cut off in the middle of the telephone call. (전화 걸고 있는 도중에 전화가 끊겼다.)
I was in the middle of an important call when I was cut off. (전화가 끊겼을 때 나는 중요한 통화 중이었다.)

be cut off by the tide[the floods, the fire, etc.]

(조수 · 홍수 · 화재 때문에) 갇히다, 고립되다

We'd better leave the beach by five o'clock or we'll be cut off by the tide.
(5시까지는 바닷가를 떠나는 것이 좋을걸. 그렇지 않으면 조수 때문에 갇히게 될 거야.)
Whole villages were cut off by the floods. (마을 전체가 홍수 때문에 고립되었다.)

be cut off

to be a long way from other places and people

(장소 · 집단에서) 고립되다, 이탈되다

Some of the mountain villages <u>are</u> extremely <u>cut off</u>, and can only be reached on foot.
(몇몇 산골 마을은 완전히 고립되어서 오직 걸어서만 갈 수가 있다.)

The platoon has been surrounded. They <u>are cut off</u> from the rest of the battalion.
(소대원들은 포위되었다. 그들은 대대의 남은 이들로부터 고립되었다.)

cut *sb* off, cut off *sb*

to stop having a friendly relationship with someone
(사회·친구와) 절교하다, 인연을 끊다, 절연하다

Sam dropped out of school and <u>cut himself off</u> from his family.
_{sb}
(샘은 학교를 중퇴하고는 가족과의 관계도 끊었다.)

If she disobeys her father, she will <u>be cut off</u> from her family forever.<수동>
(부친의 말을 거역한다면 그녀는 영원히 절연을 당하게 될 거야.)

➡ cut off relations with *sb/sth* 로도 쓰임
In 1904 Japan <u>cut off</u> diplomatic relations with Russia.   (1904년에 일본은 러시아와 외교관계를 단절했다.)
_{sth}

feel cut off (유사어 **feel isolated**)

if you feel cut off, you feel lonely because you cannot meet and talk to other people
외로움을 느끼다, 외롭다

A house-wife sometimes <u>feels cut off</u> from the out-side world.
(가정주부는 가끔 외부 세계와 단절되어 외롭다는 느낌을 받는다.)

I like working at home, but sometimes I <u>feel cut off</u> from other adults.
(나는 집에서 근무하는 것을 좋아하지만 가끔 다른 성인들과는 단절되어 외롭다고 느낀다.)

cut off *sb*, cut *sb* off

to take away someone's right to receive your money or property, especially when you die
(재산 상속인에서) 배제하다, (유언으로 한 푼도) 남기지 않다

My parents threatened to <u>cut me off</u> without a penny if I married him.
_{sb}
(부모님들은 내가 그와 결혼하면 한 푼도 상속하지 않겠다고 위협했다.)

Bill did not receive any inheritance. His father <u>cut him off</u> completely.
_{sb}
(빌은 어떤 유산도 받지 않았다. 그의 아버지는 그를 상속인에서 철저히 제외시켰다.)

cut *sb* off [AmE]

to suddenly drive in front of a moving car in a dangerous way
(차 앞에 갑자기) 끼어들다, (난폭하게) 끼어들다

When a careless driver <u>cuts you off</u>, get his license plate number and report it to police.
_{sb}
(어떤 조심성 없는 운전수가 끼어들기 할 때 그의 자동차 번호판 번호를 받아서 경찰에 신고해라.)

The red sports car <u>cut us off</u> and almost caused an accident.
_{sb}
(빨간 스포츠카가 우리 앞으로 갑자기 끼어들어 거의 사고가 날 뻔했다.)

cut out

cut out sth, cut sth out
to remove something by cutting round it with scissors or a knife
(가위나 칼로 둥글게) 베어내다, 오려내다, (잘라서·파서·새겨서) 만들다

With his scissors, he cut out a star from a plain piece of white paper.
                                              sth
(가위를 가지고 그는 보통의 흰 종이에서 별을 오려냈다.)

Slice the avocado in half and cut out the stone. (아보카도를 반으로 잘라 씨를 칼로 도려내라.)
                                        sth

➡ cut sth out of 로도 쓰임
I cut the job advertisement out of the newspaper and kept it carefully.
                sth
(신문에서 직업 광고란을 오려서 조심스레 간수했다.)

cut out sth, cut sth out
to cut a piece of paper, cloth, etc. so that it is in a particular shape
(종이나 옷감에서 특정한 모양을) 오려내다

The children were busy cutting out circles and squares. (어린이들은 원과 사각형을 오려내느라 바쁘다.)
                                    sth

I cut an interesting story out of the newspaper to show to my father.
              sth
(신문에서 재미있는 이야기를 오려서 아버지에게 보여 드렸다.)

➡ cutout (n)
(the shape of a person, object, etc. that has been cut out of wood or paper)
도려내기, 도려낸 그림.

Cut-outs of pumpkins and witches decorated the room. (호박과 마녀를 도려낸 그림으로 방을 장식했다.)
  n

cut out sth, cut sth out (유사어 give up)
to stop doing or eating something, especially because it is harmful
(건강이나 다이어트를 위해) (술·먹을 것을) 끊다, 그만두다

Smoking is the first thing you've got to cut out if you want to improve your health.
                                      sth
(네가 건강해지기를 바란다면 금연이 첫 번째로 할 일이야.)

If you want to lose weight, you'll have to cut cookies and ice cream out.
                                          sth
(네가 체중 감량을 원한다면 당연히 쿠키와 아이스크림을 먹지 말아야 해.)

cut it out![cut that out!] (유사어 stop it! knock it off [Informal]) [Informal]
used to tell someone to stop doing something because it is annoying you
(명령문의 꼴로) ~을 그만두다, 중지하다

Cut it out. You're hurting my arm. (그만해, 팔이 아프잖아.)

"He was teasing me. I told him to cut it out, but he wouldn't listen."
(그는 계속 나를 놀리고 있었어. 그만 두라고 말했지만 그는 들으려고 하지도 않았어.)

cut out *sth*, cut *sth* out

to remove a part of a book, a film, a speech, etc. because it might offend people
(사람들에게 제공하는 영화 · 책 · 잡지 · TV 프로그램 등)을 제거하다, 삭제하다

The movie was too long, so the director cut a couple of scenes out.
                                         sth
(영화가 너무 길어서 감독은 2~3개의 장면들을 삭제했다.)

The editor of the book asked me to cut out several paragraphs.
                                            sth
(그 책의 편집자는 나에게 문장의 몇 절을 삭제하도록 요청했다.)

➡ cut out of 로도 쓰임
Before the book was published, the parts where the king was criticized had to be cut out of chapter 4.<수동> (그 책이 출판되기 전에 왕을 비판했던 부분들이 4장에서 삭제되어야만 했다.)

cut *sb* out, cut out *sb*

to stop someone from taking part in something, or from having a share of something
(사람)을 (~에서) 제외하다, 배제하다

After he got my money, he cut me out of the venture. (나의 돈을 가져간 후 그는 나를 그 사업에서 제외시켰다.)
                              sb

Big chain stores reduce costs by cutting out the middle man and buying directly from the makers.
                                              sb
(거대 체인점은 중간 상인을 배제하고 생산자로부터 직접 상품을 구입함으로써 가격을 내린다.)

➡ cut *sb* out of 로도 쓰임
In a sudden temper, Joss cut me out of the deal. (갑자기 화를 내면서 조스는 카드 돌릴 차례에서 나를 제외했다.)
                             sb

cut out *sth*, cut *sth* out (유사어 block out, shut out)

to prevent light or sound from coming into a place, or to prevent a view from being seen
(새어 들어오는 빛 · 들리는 소리를) 막다, 차단하다

Very thick curtains will cut out the sound as well as the light.
                                 sth
(아주 두꺼운 커튼은 빛은 물론 소리도 차단할 것이다.)

The new houses will completely cut out our view. (새 집들이 들어서면 우리의 전망권을 완전히 차단할걸.)
                                        sth

cut out

if an engine or a machine cuts out, it suddenly stops working
(엔진 · 기계 등이) 갑자기 서다, (작동을) 멈추다

I was driving when the motor suddenly cut out. (내가 운전하는 도중에 모터가 갑자기 멈추었다.)
This plane has only one engine, so if it cuts out, we're in a big trouble.
(이 비행기는 엔진이 겨우 하나여서 만일 엔진이 멈추면 우리는 큰일 날걸.)

➡ **cut-out, cut-out device** (n) [BrE]

(a part of a machine that stops the machine from working if there is a problem)
(엔진의) 개폐장치, (전기의) 안전기, 개폐기.

The motor has an automatic <u>cut-out device</u>, if it starts to overheat.
                                   n
(이 모터는 만일 기계가 과열하면 작동하는 자동개폐기가 달려 있다.)

cut out sth/sb, cut sth/sb out

to cut out something unnecessary or unwanted means to remove it completely from something
                                                (~에서 원하지 않는 것·불필요한 것을) 제거하다

I've simply <u>cut egg yorks out</u> entirely.   (나는 간단히 달걀노른자를 완전히 제거했다.)
                sth

A guilty plea <u>cuts out the need</u> for a long trial.
                      sth
(유죄탄원제도란 재판 과정에서 요하는 긴 시간을 제거하는 것이다.)

➡ **cut out the middleman** 으로도 쓰임

(= deal directly with people or companies yourself, so that you do not have to pay more money to someone else to do it) 직거래하다

All our goods come straight from the factory, so we can <u>cut out the middleman</u> and keep our prices down.
(우리의 모든 상품은 공장에서 곧장 들어온다. 그래서 직거래가 가능하고 물건 값을 저가로 유지할 수가 있다.)

cut out [AmE]

to leave or run away suddenly

                                                                                     갑자기 떠나다, 도망가다

This party is no fun. Let's <u>cut out</u>.   (이 파티는 재미없다. 빨리 사라지자.)

He <u>cut out</u> right after the movie, but the rest of us had coffee and talked for a while.
(그는 영화가 끝나자 즉시 가버렸지만 남은 우리들은 잠시 동안 커피도 마시고 이야기도 했다.)

cut up

cut up sth, cut sth up (유사어 chop up)

to cut something into smaller pieces

                                                         (야채·고기를) 잘게 썰다, 난도질하다

Could you <u>cut up the onions</u> for me?   (양파 몇 개 좀 다져 줄래?)
                  sth

Take two pounds of beef, <u>cut it up</u>, and put it in a frying pan.
                              sth
(소고기 2파운드를 가져다 잘게 썰어 프라이팬에 넣어라.)

be cut up [BrE, Informal]

if you are cut up about something, you are upset or angry about it
                                        (사람에 정신적으로) 상처를 주다, 마음을 아프게 하다, 슬프게 하다

He was pretty cut up when she left him.　(그녀가 그를 떠났을 때 그는 마음에 심한 상처를 입었다.)
He will be very cut up if he fails the exam.　(그가 시험에 떨어지면 크게 낙담할 걸.)

➡ be cut up about 으로도 쓰임
when Sam's father died last year, he was really cut up about it.
(작년에 샘의 아버지가 돌아가셨을 때 그는 매우 상심했다.)

be (badly) cut up

to be injured in a lot of places, by being in an accident or a fight

(사고·싸움으로) 부상을 입히다

She was lucky to survive — her head was badly cut up.
(그는 살아서 정말 다행이다. 그런데 그녀의 머리는 심하게 상처를 입었다.)
He was cut up quite badly in the collision.　(충돌사고로 그는 매우 심하게 상처를 입었다.)

cut up [AmE, Informal]

if someone cuts up, they behave badly, amusingly, and sometimes rudely

까불다, 농담하다, 익살을 떨다, 장난치다

Your son is a good student, but he cuts up in class.
(당신 아들은 훌륭한 학생입니다. 그런데 수업 중에 장난을 잘 쳐요.)

He is always cutting up at parties.　(그는 파티에서 늘 능청스러운 말을 해.)

D

date

vt. ① ~에 날짜를 적다, (날짜가) ~부로 되어 있다 ② ~의 연대를 정[추정]하다
vi. ① 날짜가 (적혀)있다, (~부터) 시작하다, 기산하다(from) ② (~로) 거슬러 올라가다 ③ 연대가 오래되다, 세월이 많이 걸리다, 낡아 빠지다 ④ ((구)) 데이트 (약속을) 하다(with)

date back

date back (유사어 **go back**)
if something dates back to a particular time, it started or was made at that time
(건물·습관·관계가 어느 시점까지) 거슬러 올라가다, ~부터 시작하다

Our friendship <u>dates back</u> to high school. (우리의 우정은 고교시절부터 이어진다.)
These fossils <u>date back</u> millions of years. (이 화석들은 수백만 년 전으로 기원이 올라간다.)

➡ date back to 꼴로 흔히 쓰임
The church <u>dates back to</u> 1173. (이 교회의 건립은 1173년으로 거슬러 올라간다.)

dawn

vi. ① 날이 새다, 밝아지다 ② 시작하다, (사물이) 나타나기 시작하다 ③ (일이) 점점 분명해지다, (생각이) 떠오르다(on, upon)

dawn on[upon]

dawn on[upon] *sb* (유사어 **strike**)
if a fact or an idea dawns on you, you realize it
(~의 머릿속에) 생각이 떠오르다, 생각이 번쩍 떠오르다, 이해하기 시작하다

The answer suddenly <u>dawned on</u> <u>me</u>. (그 대답이 갑자기 떠올랐다.)
_{sb}

It gradually <u>dawned on</u> <u>us</u> that she was lying. (그녀가 거짓말을 하고 있다는 사실이 점점 이해가 되었다.)
_{sb}

➡ It dawns on *sb* (that) 꼴로 흔히 쓰임
It suddenly <u>dawned on</u> <u>Steve</u> that he'd been making a complete fool of himself.
_{sb}
(스티브는 갑자기 자기가 완전히 바보짓을 하고 있었다는 생각이 번쩍 들었다.)

deal

vt. ① 분배하다, 나누(어주)다 ② (타격을) 가하다 ③ (카드를) 돌리다
vi. ① 다루다, 처리하다, 관계하다 ② (사람에 대하여) 행동하다, 다루다, 상대[교제]하다(with) ③ 장사하다, 거래하다, 취급하다(in, with, at) ④ 카드를 돌리다

deal with

deal with *sth* (유사어 **handle, tackle**)
to take action in order to solve a problem or make sure that something is done properly
(귀찮은 문제를) 대처하다, 처리하다

You should <u>deal with</u> <u>that problem</u> as quickly as possible.　(가능한 한 빨리 그 문제를 처리해야 돼요.)
　　　　　　　　　　　　sth
There are many problems, but I can <u>deal with</u> <u>only one</u> at a time.
　　　　　　　　　　　　　　　　　　　　　　　sth
(문제가 많이 있지만 나는 오직 한 번에 한 가지씩만 처리할 수가 있어요.)

deal with *sth* (유사어 **cover**) [Informal]
if something [e.g. book, film, article] deals with a particular subject or idea, it is about that subject or idea
(책·연설·영화 등에서) (주제를) 논하다, 취급하다

Geology <u>deals with</u> <u>the origin, history and structure of the earth</u>.
　　　　　　　　　　　　　sth
(지질학은 지구의 기원·역사 구조를 취급한다.)
The governor's speech <u>dealt with</u> <u>the growing crime rate</u>.
　　　　　　　　　　　　　　　　　sth
(주지사의 연설은 증가하는 범죄율에 대해 언급했다.)

deal with *sb/sth*
to do business with someone or to discuss important matters with them
(~와) 계속 만나다, (문제 처리 등으로) (~와) 만나 이야기하다

The Israeli Prime Minister refused to <u>deal with</u> <u>the PLO</u>.　(이스라엘 총리는 PLO와 논의하기를 거절하였다.)
　　　　　　　　　　　　　　　　　　　　　　　sb
We've <u>dealt with</u> <u>that particular company</u> for many years.
　　　　　　　　　　sth
(우리는 수년 동안 그 특수한 회사와 만나 논의해 오고 있다.)

deal with *sb*
if you deal with a particular person or organization, you have business relation with them
(~의) 고객이다, ~와 상행위를 하다

As a lawyer, I <u>deal with</u> <u>hundreds of people</u> every year.
　　　　　　　　　　　　　sb
(변호사로서 나는 해마다 수백 명의 사람들과 거래를 한다.)

If you want to work in sales and marketing, you need to be good at dealing with people.
　　　　　　　　　　　　　　　　　　　　　　　　　　　　　　　　　　　　sb
(네가 판매와 마케팅부서에서 일을 하고 싶다면 사람들을 능숙하게 다룰 필요가 있다.)

deal with sb (유사어 punish)

to punish someone because they have done something wrong

(~에게) 벌주다, ~에게 보복을 하다

After school the principal will deal with the boys who broke the window.
　　　　　　　　　　　　　　　　　　　　　　sb
(방과 후 교장선생님은 유리창을 깬 아이들에게 벌을 줄 것이다.)

Suspected terrorists are severely dealt with by the courts.<수동>
(테러리스트의 혐의가 있는 사람들은 법정에서 무거운 형량을 받고 있다.)

depend

vt. ① ~나름이다, (~에) 달려있다, 좌우되다 ② (~에) 의지하다, 의존하다(on, upon) ③ 믿다, 신뢰하다(on, upon) ④ (소송·의안 등이) 미결로 (현안으로) 되어 있다 ⑤ 매달리다, 늘어져 있다 (from) ⑥ [문법] 종속하다(on, upon)

depend on[upon]

* ⟨depend on⟩이 ⟨depend upon⟩ 보다 더 구어적임

depend on[upon] sth/sb (수동불가) (유사어 rely on)

to need something or someone's help in order to do something or to be successful

(~의 원조·지지 등에) 의존하다[하고 있다], 의뢰하다[하고 있다]

I bought a car so I didn't have to depend on public transport all the time.
　　　　　　　　　　　　　　　　　　　　　　　　　　　sth
(차를 샀기 때문에 항상 대중교통에 의존해야 할 필요는 없었다.)

Most college students depend upon their parents for school expenses.
　　　　　　　　　　　　　　　　　　　　　sb
(대부분의 대학생들은 학비를 부모에게 의존하고 있다.)

➡ depend upon sth for 로도 쓰임
Most of these birds depend upon insects for food.　(대분의 새들은 먹이로 벌레를 의존하고 있다.)
　　　　　　　　　　　　　　　　　sth

➡ depend on sb to do sth 으로도 쓰임
I'm depending on you to get this finished by tomorrow.
　　　　　　　　　sb　　do　 sth
(나는 이것을 내일까지 끝내기 위해 너에게 의지하고 있다.)

depend on[upon] sth/sb (수동불가)

to be influenced, or changed according to particular conditions

(사건의 사물·사람에 따라) 결정되다, ~에 관계되다, ~에 좌우되다

Whether the game will be played <u>depends on</u> <u>the weather</u>.
                 sth
(경기가 열릴 것인가 하는 것은 날씨에 따라 결정된다.)

The amount of money you make <u>depends on</u> <u>the amount of sweat</u> you put in.
                   sth
(네가 버는 돈의 액수는 네가 쏟은 땀의 양에 달렸다.)

➡ <u>depend on what [whether, how, etc.]</u> 로도 쓰임
His decision will <u>depend on how</u> soon he meets the committee.
(그의 결심은 그가 얼마나 빨리 의회를 만나는가에 따라 좌우될 것이다.)

depend on[upon] *sb/sth* (유사어 **rely on, trust**)

to trust or have confidence in someone or something

                          (~을) 신용하다, 믿다

You can <u>depend on</u> <u>Bill</u> to keep his promise. (너는 약속을 지키는 빌을 신뢰해도 좋아.)
         sb
I <u>depended on</u> <u>the map</u> but it was wrong. (나는 지도를 믿고 있었는데 그것이 잘못이었다.)
         sth

➡ <u>*sth* you can depend on</u> 으로도 쓰임
If you live in the country, you need to have <u>a car you can depend on</u>.
                   sth
(네가 시골에서 살고 있다면 성능을 믿을 수 있는 차 한 대가 필요하다.)

dial

vt. ① (라디오·텔레비전의) 다이얼을 돌려 파장에 맞추다 ② (전화기의) 다이얼을 돌리다, (상대 방의 번호를) 돌리다(누르다) ③ (~에) 전화를 걸다 ④ 다이얼로 표시[계량]하다, 갱내 나침의로 측량하다.

dial in[into]

dial in, dial into *sth*

to connect one computer to others by using a modem

                 (모뎀을 사용하여) (다른 컴퓨터와) 연결하다

People working at home can <u>dial in</u> over a modem, and get access to their files.
(집에서 근무하는 사람들은 모뎀을 통해 컴퓨터와 연결해서 그들의 서류에 접근할 수가 있다.)
It can take quite a long time to <u>dial into</u> <u>the Internet</u>. (인터넷을 연결하는 데 아주 오랜 시간이 걸릴 수 있어.)
                  sth

dial out

dial out

to use a telephone in order to phone someone who is not in the same office building

                 (다른 사무실에 있는 사람과) 전화로 통화하다

If you want to dial out, press nine and then dial the number.
(외부에 전화를 걸려면 9번을 누른 다음 전화번호를 누르십시오.)

If I want to dial out, what should I dial first?
(외부로 전화 걸려면 처음에 무엇을 눌러야 할까요?)

die

vi. ① 죽다, (식물이) 말라 죽다 ② ~한 상태로[모습으로] 죽다 ③ (불이) 꺼지다, (제도가) 없어지다, (예술 · 명성 등이) 사라지다, (소리 · 빛 따위가) 희미해지다, (서서히) 엷어지다(away, down, off, out) ④ 무감각해지다, 무관심해지다(to) ⑤ (보통 현재분사 꼴로) ((구)) 간절히 바라다, 하고 싶어 애타다 ⑥ (고통 · 괴로움으로) 죽을 것 같다 ⑦ 정신적으로 죽다, 죽음의 고통을 맛보다 ⑧ 아웃되다

be dying for

be dying for *sth* (유사어 **long for**) [BrE, Informal]
to want something very much, especially food or drink
(먹을 것 · 마실 것을) 간절히 바라다, 하고 싶어 애타다

I'm dying for a cup of coffee — how about you? (커피 한 잔 마시고 싶어 죽겠어 — 너는 어때?)
　　　　　　sth

She is dying for a look at her child. (그녀는 애타게 아이를 한번 보고 싶어 한다.)
　　　　　　sth

dip

vt. ① 담그다, 적시다, 살짝 담그다 ② ~에게 침례를 베풀다 ③ (양을) 살충 약물에 넣어 씻다, (양초를) 만들다(녹은 초에 심지를 넣어서), ④ (기 따위를) 잠깐 내렸다 곧 올리다(경례 · 신호 등을 위하여), 가볍게 머리 숙이다(인사하기 위하여) ⑤ 퍼[떠]내다 ⑥ ((영구)) [보통 수동태] 빚지게 하다, 빚지고 있다 ⑦ ((고)) (사건 등에) 말려들다

vi. ① (물 따위에) 잠겼다 나오다, 잠깐 잠기다 ② (무엇을 퍼[꺼]내려고) 손 따위를 디밀다(집어넣다) ③ 가라앉다, 내려가다, 내리막이 되다, (아래쪽으로) 기울다 ④ 무릎을 약간 굽혀 인사하다 ⑤ 띄엄띄엄 주워 읽다, 대충 조사하다(into) ⑥ 조금 손을 대다(해보다)(into) ⑦ (비행기가) 급강하다(상승 전에) ⑧ [화학] (값 따위가 일시적으로) 떨어지다

dip into

dip into *sth*
to read small parts of a book or a magazine
(책 등을) 띄엄띄엄 주워 읽다, 대충 조사하다

I haven't read the book in detail. I just dipped into it. (나는 그 책 자세히 읽지 않았어. 그저 대충 읽었어.)
　　　　　　　　　　　　　　　　　　　　sth

I dipped into the book here and there. it seemed very interesting.
　　　　sth
(그 책을 여기저기 띄엄띄엄 읽었어. 대단히 재미있는 것 같았어.)

dip into sth (유사어 dig into)

if you dip into your savings, you spend some money which you have intended to keep
　　　　　　　　　　　　　　　　　　　　　　　　　　(예금 등을) 찾아 쓰다, (예금 일부를) 사용하다

We had to dip into our savings to pay the medical bill. (의료비를 지불하기 위해 예금을 찾아야만 했다.)
　　　　　　　　sth
The company was accused of dipping into the employee's retirement fund.
　　　　　　　　　　　　　　　　　　　　　　　　　sth
(그 회사는 사원들의 퇴직금을 사용했기 때문에 고소당했다.)

➡ **dip into one's pocket[purse, money, savings]** 으로도 쓰임

(pay for something with your own money, when normally someone else would pay)
(필요해서) 돈을 꺼내다

Parents are being asked to dip into their pockets for new school books.
(학부모들은 새 교과서를 사기 위해 돈을 출금해야 했다.)

dip into sth

to put your hand into a bag or container to take something out of it.
　　　　　　　　　　　　　　　　　　　　　　(가방이나 주머니에서 ~을 꺼내려고) 손을 넣다

She dipped into her handbag and pulled out a letter. (그녀는 핸드백에 손을 넣어 편지 한 통을 꺼냈다.)
　　　　　　　　sth
On her lap was a large tub of popcorn that she kept dipping into.
　　　　　　　　　　　　　　　　　　　　　　　　　　　　sth
(그녀의 무릎 위에는 그녀가 계속해서 손을 넣고 있는 커다란 팝콘통이 있다.)

divide

vt. ① 나누다, 분할하다, 쪼개다, 가르다, 분계[구획]하다, 분류하다(into) ② [수] (어떤 수를 다른 수로) 나누다, (어떤 수로 다른 수를) 나누다(into) ③ (의견·관계 등을) 분열시키다, ~의 사이를 갈라놓다, 대립시키다, 작은 일로 그 친구들 사이가 나빠졌다, 그들은 의견을 달리했다 ④ ((영)) 두 패로 나눠 찬부를 결정하다(on) ⑤ 분배하다, (아무와) 나누다 ⑥ 분리[격리]하다 ⑦ ~에 눈금을 긋다

vi. ① 나뉘다, 쪼개지다, (길·설이) 둘로 나뉘다(into) ② 분배하다(up, with) ③ 찬부의 채결을 하다(on) ④ (어떤 수가 다른 수로) 나누어지다(by), (어떤 수가 다른 수를) 나누다(into)

divide up

divide up sth, divide sth up, divide up

to separate something into smaller or more useful groups
　　　　　　　　　　　　　　　　　(토지·건물 등을) 분할하다, (여러 부분으로) 나누다

Make sure you <u>divide up the time</u> you spend on each question equally in test.
_{sth}
(시험 때 각각 문제에 동등하게 시간배분을 확실히 해라.)

The owner <u>divided the old warehouse up</u> into offices. (그 주인은 낡은 창고를 여러 개의 사무실로 나누었다.)
_{sth}

➡ <u>divide up into</u> 로도 쓰임
The frog's egg <u>divides up into</u> two separate cells.
(개구리 알은 2개의 단독 세포로 갈라진다.)

divide up *sth*, **divide** *sth* **up** (유사어 **share out**)
to separate something into two or more parts and share them between two or more people
분배하다, (여러 사람들과) 몫을 나누다

We <u>divided up the profits</u> among all the shareholders. (우리는 이익금을 모든 주주들에게 분배했다.)
_{sth}

How <u>was</u> your grandfather's estate <u>divided up</u>?<수동> (너의 할아버지 유산은 어떻게 분배됐니?)

➡ <u>divide up between[among]</u> 으로도 쓰임
The money is to <u>be divided up</u> equally <u>between</u> her two sons.<수동>
(그 돈은 두 아들에게 똑같이 분배되었다.)

The stolen diamonds <u>were divided up among</u> the gang.<수동>
(훔친 다이아몬드는 갱들이 나누어 가졌다.)

do

vt. ① 하다, 행하다, (일·의무 따위를) 다하다, 수행[실행, 이행]하다, [보통 the, any, some, one's, much를 수반하는 ~ing를 목적어로 하여] (~행위를) 하다, [+doing] (직업으로서) ~을 하다, [흔히 have done, be done의 형태로] ~을 끝내다, 다 해버리다 ② 주다, (~에게) (이익·(손)해 따위를) 주다, 가져오다(to), 가하다, 끼치다, (~에게) (명예·경의·호의·옳은 평가 따위를) 표하다, 베풀다, 주다(to), (아무에게) (은혜 따위를) 베풀다, (부탁·소원 등을) 들어주다 ③ (어떤 방법으로든) 처리하다(목적어에 따라 여러 가지 뜻이 됨, 관용구 do up), (답장을 써서) (편지의) 처리를 하다, (방·침대 등을) 치우다, 청소하다, 정리하다, (접시 따위를) 닦다, (이를) 닦다, 꾸미다, 손질하다, 꽃꽂이하다, (머리를) 매만지다, (얼굴을) 화장하다, (식사·침구를) 제공하다, 준비하다, (학과를) 공부[전공·준비]하다, (문제·계산을) 풀다(solve), (작품 따위를) 만들다, (책을) 쓰다, (그림을) 그리다, (영화를) 제작하다, (남을 위해) (복사·리포트 따위를) 만들다, 번역하다(for), (책 따위를 다른 형식으로) 바꾸다(into). ④ (고기·야채 따위를) 요리하다, (요리를) 만들다, (고기 등을 ~하게) 요리하다. ⑤ (will과 함께) (아무에게) 도움이 되다, 쓸 만하다, 소용에 닿다, 충분하다(수동형은 불가능) ⑥ ((구)) 뒤로 돌아보다, 구경[참관]하다 ⑦ (어느 거리를) 답파하다, (나아)가다, 여행하다, (~의 속도로) 나아가다 ⑧ ((영구)) (아무에게) 서비스를 제공하다(보통 수동형은 불가능), [보통 well 따위와 함께] (아무를) (잘) 대접하다, 대(우)하다(보통 수동형·진행형으로는 불가능), [~oneself로; well 따위와 함께] 사치를 하다[부리다] (수동형은 불가능). ⑨ ((구)) (아무를) 속이다, 야바위 치다, (아무에게서 ~을) 속여 빼앗다, 사취하다(out of) ⑩ (극을) 상연하다 ⑪ (~의) 역을 하다, 연기하다, [do a ~로] (~처럼) 행동하다, (~인) 체하다, ~연하다, ~을 흉내 내다, ((영구)) [the+형용사를 목적어로 하여] ~하게 굴다 ⑫ ((구)) (형기를) 살다, 복역하다 ⑬ ((영구)) (아무를) 혼내주다, 뜨끔한 맛을 뵈다, (아

무릎) 죽이다 ⑭ ((구어)) (여행·운동 등이) 지치게 하다. ⑮ ((영속)) (아무를) 기소[고소]하다, (아무에게) 유죄를 선고하다 ⑯ (마약을) 쓰다 ⑰ ((영속)) (점포 따위에) 침입하다, ~을 털다(rob)

vi. ① 하다, 행하다, 활동하다, [well, right 따위 양태를 나타내는 부사(절)과 함께] 행동(을) 하다, 처신하다 ② [well, badly, how 따위를 수반하여] (생활·건강상태·성적 등이) (~한) 상태이다, ~하다, 지내다, (일이) (잘, 잘 안)되다. (해)나가다, (식물이) 자라다 ③ [보통 will, won't와 함께] (~에) 도움이 되다, 쓸 만하다, 족하다, 충분하다, (아무가 ~하는 데) 충분하다, 좋다, (~면, ~으로) 되다 ④ [완료형으로] (아무가) (행동·일 따위를) 끝내다, 마치다 ⑤ [현재분사의 형태로서] 일어나(고 있)다

do away with

do away with *sth* (유사어 **get rid of**)
to get rid of something

(~을) 처분하다, 없애다, (습관·제도 등을) 폐지[제거]하다

The school decided to <u>do away with</u> <u>the language lab</u> as no one was using it.
                                        sth
(학교당국은 언어 학습실을 이용하는 사람이 없기 때문에 폐쇄하기로 결정했다.)
Some people think the electoral college is obsolete and should <u>be done away with</u>.<수동>
(어떤 사람들은 대통령 선거인단이 구식이어서 당연히 폐지되어야 한다고 생각한다.)

do away with *sb* (유사어 **do in** [Informal], **bump off** [Informal]) [Informal]
to kill someone or kill yourself

(~를) 죽이다, 살해하다

The woman was accused of <u>doing away with</u> <u>her husband</u> with arsenic.
                                        sb
(그 부인은 비소를 사용해 그녀 남편을 살해한 것으로 고소당했다.)
No one has seen Mr. Potter for a while, and my father joked that perhaps his wife had <u>done away with</u> <u>him</u>.
               sb
(요즘 포터 씨를 본 사람이 아무도 없자, 우리 아버지는 아마도 그의 부인이 그를 살해했을 거라는 농담을 했다.)

do over

be done over (유사어 **burgle**) [BrE, Informal]
if someone does a place over, they steal things or search the place and leave it very untidy

(집에 침입해) 도둑질하다, ~에서 강탈하다

Our office <u>was done over</u> last night.<수동>　(지난밤 우리 사무실이 털렸다.)
Did you know Mark's flats <u>have been done over</u> again?<수동>
(마크네 아파트가 또 다시 털린 사실을 너는 알았니?)

do *sb* **over** (유사어 **beat up**) [BrE, Informal]
to attack and injure someone

(사람을) 공격하다, 상처를 입히다

The thieves did the old man over before they robbed him.
                       sb
(도둑들이 돈을 강탈하기 전에 노인에게 상처를 입혔다.)

The gang of teenagers did me over and stole my money.　(십대 패거리들이 나를 공격하고 돈을 훔쳐갔다.)
                       sb

do over *sth*, **do** *sth* **over** (유사어 **do up**) [AmE, Informal]
to decorate a room, a wall, etc. in a different way than before
(방이나 집을) 장식하다, 개조하다

We really should do the bathroom over — it's looking really shabby.　(욕실을 개조해야 해. 너무 낡아 보여.)
                      sth

Doesn't the bedroom look nice now that we've done it over.　(침실을 고치고 나니까 근사해 보이지 않아?)
                                                sth

do *sth* **over**
to do something again because you did it wrong the first time
(잘못을) 다시 고치다, 수정하다

The director made us do the scene over and over until we got it right.
                      sth
(감독은 완벽하게 될 때까지 몇 번이고 그 장면을 고치도록 우리에게 시켰다.)

You make too many mistakes, the teacher will make you do it over.
                                                     sth
(너는 너무 많은 실수를 하고 있어. 선생님은 네가 그 실수를 고칠 수 있게 할 거야.)

do up

do up *sth*, **do** *sth* **up** (유사어 **fasten** 반대어 **undo**)
to fasten something
(옷·구두 등의) (단추·후크 등을) 채우다, 끼우다, (끈 따위를) 매다

Can Ginny do her shoelaces up yet?　(지니가 벌써 구두끈을 맬 수 있어?)
              sth

Your shirt is unbuttoned. You'd better do it up.　(셔츠의 단추가 풀렸어. 단추를 끼우는 것이 좋겠어.)
                                        sth

do up *sth*, **do** *sth* **up** [Informal]
to repair or decorate an old car or building, so that it looks much better
(낡은 차·집을) 수리하다, 손보다

It often costs more to do up an old building than to build a new one.
                            sth
(낡은 건물을 수리하는 것이 새 건물을 짓는 것보다 가끔은 비용이 더 든다.)

They bought an old house and they're doing it up.　(그들은 낡은 집을 사서 수리를 하고 있다.)
                                        sth

do oneself up (유사어 **doll up** [Informal])

to make yourself or another person look neat and attractive, or to dress them in a particular way

멋 부려 치장하다, 화장하다, 옷을 차려 입다

She spent hours <u>doing herself up</u> for her date. (그녀는 데이트를 위해 여러 시간 동안 멋을 부리고 있었다.)
      _{oneself}

The little girls <u>were doing up</u> in pretty dresses.<수동>
(어린 여자아이들이 예쁜 드레스를 입고 멋을 부리고 있었다.)

do with (=could do with *sth/sb*)

be[have] *sth* **to do with** *sth* [Informal]

to be connected with something in some ways

(사물과) 관계가 있다

I don't know much about his job, but I think it's <u>something to</u> <u>do with</u> <u>the stock market</u>.
                _{be} _{sth}   _{sth}

(그의 직업에 대해서는 잘 모르지만 증권시장과 관계가 있다고 생각해.)

I'll <u>have nothing</u> <u>to do with</u> <u>your plan</u> to rob the bank.
   _{sth}   _{sth}

(나는 네가 은행을 털려는 계획엔 어떤 상관도 안 할 거야.)

➡ not have anything to do with *sth* [have nothing to do with *sth*]

 (not be connected with something) 관계가 없다

His decision to retire <u>didn't have anything to do with the recent problems</u> in the business.
                  _{sth}

(그의 은퇴 결심은 최근에 일어난 사업상 문제들과는 관계가 없었다.)

What has *sb* **done with** *sth*? [Spoken]

used to ask where someone has put something

(~을) (어디에) 두다, ~을 처치[처분]하다

<u>What have</u> <u>you</u> <u>done with</u> <u>my pen</u>? (너 내 펜을 어디에 두었니?)
     _{sb}   _{sth}

I had my keys in my hand a minute ago, and now I don't know <u>what I've done with</u> <u>them</u>.
                                _{sth}

(조금 전에는 열쇠가 내 손안에 있었는데 지금은 그 열쇠들이 어디에 있는지 모른다.)

could do with *sb/sth* (유사어 **need**) [Informal]

to need or want someone or something

(사람·사물을) ~하고 싶다, ~했으면 좋을 성싶다, 필요하다

We <u>could do with</u> <u>someone</u> to run the office while Maggie's on holiday.
        _{sb}

(매기가 휴가인 동안 사무실을 운영할 사람이 필요할 텐데.)

I <u>could have</u> <u>done with</u> <u>some help</u> this morning. (오늘 아침 나는 도움 좀 받았으면 좋을 성싶다.)
           _{sth}

what do you do with yourself [Spoken]
used to ask someone what they spend their time doing

(무엇을 하고) 시간을 보내다

<u>What are you</u> going to <u>do with yourself</u> this weekend? (이번 주말에 무엇을 하고 시간을 보내려고 합니까?)
Hello, Bill. <u>What are you doing with yourself</u> these days? (안녕 빌. 너 요즘 무엇을 하고 지내니?)

➡ <u>not know what to do with oneself</u> 로도 쓰임
  (not know how to spend your time) (무엇을 하고 지낼지 모른다.)
Jane didn't <u>know what to do with herself</u> after she retired.
(제인은 은퇴 후에 무엇을 하며 시간을 보낼지 몰랐다.)

do without

do without, do without *sb/sth*
to manage without someone or something

~없이 지내다

I can't afford a car, so I guess I'll just have to <u>do without</u>.
(나는 차를 살 여유가 없다. 그래서 차 없이 지내야 할 것이라고 생각해.)
I couldn't <u>do without the children</u> to help me. (나를 도와주는 아이들 없이는 지낼 수가 없었다.)
                    sth

I can[could] do without *sth* [Spoken]
used to say that something is annoying you or making things difficult for you

(~가) 싫다, 필요 없다, (비평·간섭 따위가) 없어도 된다.

I <u>can do without your criticism</u>. (너의 비판은 없어도 좋아.)
                sth
We <u>could do without all the noise</u>! We're trying to study!
                        sth
(저 모든 소음소리가 아주 싫다! 우리는 공부하려고 하고 있어!)

doze

vt. (시간을) 졸면서 보내다(away)
vi. 졸다, 꾸벅꾸벅 졸다, 겉잠 들다(off, over)

doze off

doze off (유사어 **nod off, drop off** [Informal])
to go to sleep, especially when you did not intend to

깜빡 잠이 들다

After lunch Grandpa <u>dozed off</u> on the sofa. (점심을 드신 후 할아버지는 소파에서 잠깐 잠이 드셨다.)

My husband often <u>drops off</u> while watching television.
(우리 남편은 가끔 텔레비전을 보는 도중에 꾸벅꾸벅 존다.)

drag

vt. ① (무거운 것을) 끌다, 질질 끌다, 끌어당기다, 끌고 가다 ② (발 따위를) 질질 끌다, ((구)) (사람을) 끌어내다(to), ((미속)) 파티에 여자를 데리고 가다 ③ (강바닥 따위를 그물·갈고리 따위로) 훑다, 뒤지다 ④ (논밭을) 써레로 갈다[고르다], 써레질하다 ⑤ (차바퀴에) 브레이크를 걸다 ⑥ (관계없는 일을) 끄집어내다, 초들다, 오래 끌다. ⑦ ((미속)) ~을 몹시 싫증나게 하다 ⑧ [야구] drag bunt(연타)를 하다. ((미)) (담배를 깊이) 빨다, 피우다

vi. ① 끌리다, 끌려가다, 질질 끌리다 ② 발을 질질 끌며 (늘쩡늘쩡) 가다(away) ③ ((구)) (때·사람·일 등이) 느릿느릿 진행되다[나가다](by), (행사 등이) 질질 끌다 ④ (물 밑을) 치다, 훑다 (for) ⑤ [음악] 저음으로 길게 뽑다 ⑥ ((속)) 담배를 피우다(on, at), ((미속)) 동반해서 파티에 가다

drag on

drag on

if an unpleasant or difficult situation or process drags on, it continues for too long

(사건·상황이) 지나치게 오래 가다

The war <u>dragged on</u> for many long years. (그 전쟁은 수년 동안 질질 이어지고 있다.)
Both sides refused to compromise, and the negotiations <u>dragged on</u>.
(양자가 타협하기를 거부했고 협상을 지루하게 오래 끌었다.)

draw

1. vt. ① 끌다, 당기다, 끌어당기다 ② (마음을) 끌다, 꾀어들이다, (사람을 ~에) 끌어들이다, (사람의 주의를) 끌다(to, into, from), 꾀어서 ~시키다 ③ 빨아들이다, (자석 따위가) 당기다, (금속이 열 따위를) 흡수하다, (결과 따위를) 초래하다, (이자 따위를) 생기게 하다 ④ (숨을) 들이쉬다(in), (한숨을) 쉬다 ⑤ 가지다, (급료·지급품 따위를) 얻다, 받아들이다 ⑥ 끌어내다, (결론 따위를) 내다, (교훈을) 얻다, (물을) 퍼 올리다, (피를) 나오게 하다, (눈물을) 자아내다, (차를) 달이다, 끓이다 ⑦ 잡아 뽑다, 빼다, 뽑아내다(from, out of), (카드패·제비 따위를) 뽑다, 뽑아 맞히다 ⑧ (줄[선]을) 긋다, (도면 따위를) 그리다, 베끼다, ~의 그림을 그리다, 묘사하다, (~에게 ~을) 그려주다 ⑨ (서류를) 작성하다, (어음을) 발행하다, (환을) 취결하다 ⑩ 잡아 늘이다, (철사를) 만들다(금속을 잡아 늘여), (실을) 뽑다 ⑪ 오므리다, (얼굴을) 찡그리다 ⑫ (경기를) 비기게 하다 ⑬ ~의 창자를 빼다 ⑭ (굴속의 여우 등을) 몰이해 내다 ⑮ (배가 ~피트) 흘수(吃水)가 되다 ⑯ [치과] 빨아내다, ~이 곪는 것을 촉진하다 ⑰ (구획선을) 긋다, (구별을) 짓다 ⑱ [골프] (공을) 너무 왼쪽으로 가게 하다 ⑲ [당구] 끌어당기다

2. vi. ① 끌다, (돛 따위가) 펴지다 ② 끌려 움직이다 ③ 접근하다, 가까이가다(to, toward), 모여들다(together), (때가) 가까워지다 ④ 칼 따위를 뽑다, 권총을 빼다 ⑤ 제비를 뽑다 ⑥ (이가) 빠지다 ⑦ 그리다, 줄[선]을 긋다, 제도하다(with) ⑧ (파이프·굴뚝 따위가) 바람을 통하다, 연기가 통하다 ⑨ (차가) 우러나다 ⑩ 어음을 발행하다, (예금·사람에게서) 돈을 찾다 ⑪ 주

의[인기]를 끌다 ⑫ 줄어들다 ⑬ (경기가) 비기다 ⑭ (배가) 흘수하다 ⑮ (사냥개가) 냄새를 맡고 사냥감을 쫓다, 조용히 다가가다 ⑯ (로프 따위가 당겨져서) 팽팽해지다, (피부가) 옥죄이다, 오므라들다

draw on[upon]

draw on[upon] *sth*
to use part of a supply of something, especially money you have saved, for a particular purpose
(저축 · 비상식량을) 헐어 쓰다, (특수목적을 위해) 자금 일부를 인출하다

The state <u>drew on</u> emergency funds to help victims of the tornado.
(주정부는 토네이도의 희생자들을 돕기 위해 비상기금의 일부를 인출했다.)

Manchester United have a huge reserve of talent <u>which</u> they can <u>draw on</u>.
                                                              sth
(맨체스터 유나이티드 축구팀은 언제라도 차출할 수 있는 유능한 예비선수단을 많이 가지고 있다.)

draw on[upon] *sth*
to use knowledge, information, or your personal experiences to help you do something
(지식 · 정보 · 개인적 경험 등을) 이용하다, 의존하다

He <u>drew on</u> <u>his wife's knowledge of differential calculus</u> to solve the problem.
                               sth
(그는 그 문제를 푸는 데 아내의 미분법 지식을 이용했다.)

Writers often <u>draw on</u> <u>their own personal experience</u> to create stories and characters.
                             sth
(작가들은 가끔 이야기 전개와 인물들을 창작하는 데 자신들의 개인적 경험에 의존하기도 한다.)

draw up

draw up *sth*, **draw** *sth* **up** (유사어 **draft**)
if you draw up a document, a list or a plan, you prepare it and write it out
(서류 등을) 작성하다, (계획 따위를) 입안하다

I'll have my lawyer <u>draw up</u> <u>a contract</u> for you to look over.
                               sth
(나는 당신이 꼼꼼히 살펴볼 수 있도록 계약서를 변호사에게 작성시킬 것이다.)

I'll <u>draw up</u> <u>a list of names</u> of people to contact. (나는 접촉할 수 있는 사람들의 명단을 작성할 것이다.)
                  sth

draw up (유사어 **pull up**)
to arrive somewhere and stop
(차를) 세우다, (차 · 마차가) 멈추다

Could you just <u>draw up</u> near the garage, and I'll put the boxes in the boot.
(차고 가까이 차 좀 세워줄래, 뒤 트렁크에 상자 몇 개를 실을게.)

As the blue car drew up, the driver leaned out the window to ask for directions.
(푸른색 차가 한 대 멈추었을 때 운전사가 유리창 밖으로 기대어 방향을 물었다.)

draw up a chair (유사어 pull up)

to bring a chair closer to something or someone so that you can sit near them
(의자를 끌고 와 ~에) 가까이 앉다

He shyly drew up a chair and joined the men at the poker table.
(그는 겁을 먹으며 의자를 끌고 와서 퍼커 테이블에 있는 남자들과 합류하였다.)
Jack drew up a stool to the table and began eating. (잭은 걸상을 식탁으로 끌고 와서 식사하기 시작했다.)

draw oneself up

to stand up very straight because you are angry or determined about something
(등을 꼿꼿이) 세우다, (등을) 펴다

I drew myself up and looked at him coldly. "Of course I am telling the truth." I said.
(나는 등을 꼿꼿이 세우고 그를 냉정하게 쳐다보며, "물론 나는 진실을 말하고 있어요."라고 말했다.)
The old veteran drew himself up, obviously proud of his 30 years' service.
(노병은 30년의 군복무 생활을 대단히 자랑스러워하면서 등을 꼿꼿하게 세웠다.)

dress

vt. ① ~에 옷을 입히다(in), 정장시키다, 옷을 만들어 주다 ② ~을 장식하다(up), (진열장 따위를) 아름답게 꾸미다(with) ③ 정돈하다, 마무르다, (말의) 털을 빗겨주다, (가죽을) 무두질하다, (석재·목재 따위를) 다듬다, (수목 따위를) 가지 치다, (새·짐승을) 조리하기 위하여 대강 준비하다(털·내장 따위를 빼내어) ④ (머리카락을) 손질하다, 매만지다 ⑤ (상처를) 치료하다 ⑥ (광석을) 가려내다, 선광하다 ⑦ (군대를) 정렬시키다 ⑧ (배를) 온통 장식하다 ⑨ (땅을) 갈다, ~에 비료를 주다 ⑩ ((구)) 꾸짖다(down)
vi. ① 옷을 입다 ② 정장하다, 야회복을 입다(for) ③ 성장하다, 분장하다(up) ④ [군사] 정렬하다

dress down

dress down (반대어 dress up)

to wear clothes that are more informal than one would usually wear
(장소에 맞추어) 수수한 옷차림을 하다, 평상복을 입다

Women are dressing down much more these days. (여자들이 요즘에는 점점 더 수수한 옷차림을 한다.)
Fridays are "casual days." Everyone in office dresses down.
(금요일은 "캐주얼데이"다. 사무실에 있는 모든 사람들은 평상복을 입는다.)

➡ dress-down (a)

(used about an occasion when you wear less formal clothes than normal) 편안한 복장을 하는
When I go to work I discovered that today wasn't a dress-down day as I thought — and everyone
a
else was looking smart while I'd come in my jeans.
(내가 직장에 도착했을 때 오늘이 내가 생각했던 것처럼 편안한 옷을 입는 날이 아니었다는 것을 알았다. 나는 청바지를 입고 왔는데

다른 사람들은 모두 근사한 차림을 한 것처럼 보였다.)

> **dress down** sb, **dress** sb **down** [Informal]
> to speak angrily or severely to someone about something they have done wrong
> 호되게 꾸짖다, 힐책하다

The teacher <u>dressed</u> Bill <u>down</u> for eating in class.　(수업 중 음식을 먹고 있어서 선생님은 빌을 심하게 야단쳤다.)
　　　　　　　　　　sb

I <u>got dressed down</u> for missing the deadline.<수동>　(마감시간을 놓쳐서 심하게 야단을 맞았다.)

dress up

> **dress up** (반대어 **dress down**)
> to wear clothes more formal than you would usually wear
> (특별한 경우에) 정장하다, (가장 좋은 옷을) 입다, (~에게) 옷을 입히다, 성장시키다.

Grandma always <u>dressed up</u> and went to church every Sunday.
(할머니는 항상 가장 좋은 옷을 입고 일요일이면 교회에 가신다.)

It's an informal party, so you don't have to <u>dress up</u>.
(이것은 비공식적인 파티야. 그러니까 정장을 할 필요가 없어.)

➡ **get dressed up** 으로도 쓰임

I love to <u>get dressed up</u> and go out to a concert or the theater.
(나는 정장을 하고 콘서트에 가거나 극장에 가기를 좋아한다.)

> **dress up, dress up** sb, **dress** sb **up**
> to wear special clothes, shoes, etc. for fun, or put such clothes on someone
> (특별한 경우에) 특수 복장을 하다, 분장을 하다, 가장[분장]을 하다

Raymond wants to <u>dress up</u> as Dracula for Halloween.
(레이몬드는 할로윈 때 드라큘라처럼 분장하기를 원한다.)

Do we need to <u>dress up</u> tonight or in it informal?　(오늘밤 정장을 입을까 아니면 평상복을 입을까?)

Nancy and I love going to posh restaurants where we have to <u>dress up</u> though Nancy always finds it hard to decide what to put on.
(낸시와 나는 정장을 해야 하는 호화로운 레스토랑에 가는 것을 좋아한다. 비록 낸시가 늘 입을 옷을 결정하는 데 어려워하지만 말이다.)

drift

> **vt.** ① 떠내려 보내다, 표류시키다, (어떤 상황에) 몰아넣다 ② (정처 없이) 떠돌게[헤매게] 하다 ③ (바람이) 날려 보내다, 불어서 쌓이게 하다, (불의 작용이) 퇴적시키다 ④ (구멍을 천공기로) 뚫다, 넓히다
> **vi.** ① 표류하다, 떠돌다 ② 바람에 날려[밀려] 쌓이다 ③ ((속)) (정처 없이) 떠돌다, 헤매다, (악습 등에) 부지중에 빠지다(to, toward) ④ ((미속)) 출발하다

drift apart

drift apart (유사어 **grow apart**)

if people drift apart, their relationship gradually ends

(부부애 · 우정 등이) 소원해지다, 마음이 멀어지다

We used to be close friends, but recently we have drifted apart.
(우리는 옛날에는 아주 사이좋은 친구 사이였는데 최근에는 소원해지고 있다.)

After twelve years of marriage, the two people began to drift apart.
(결혼생활 12년이 지나서 두 사람은 마음이 멀어지기 시작했다.)

drink

vt. ① 마시다, 다 마시다. ② (수분을) 빨아들이다, 흡수하다(up, in) ③ (공기를) 깊이 들이쉬다 ④ 황홀하게 (넋을 잃고) 듣다[보다] ⑤ (급료 따위를) 술을 마셔 없애버리다, 술에 소비하다. ⑥ 술을 마셔 시간을 보내다, 술로 괴로움을 잊다 ⑦ ~을 위해서 축배하다(to) ⑧ (주로 ~oneself) 마시어 ~이 되다, 마시어 ~에 이르다(to, into), 마시어 ~을 잃다

vi. ① 마시다, (특히) 술을 마시다 ② 술을 많이 마시다, 몹시 취하다 ③ 축배하다(to) ④ 마시면 ~한 맛이 나다(taste)

drink up

drink up (sth), drink (sth) up, drink up

to completely finish your drink

다 마셔 버리다, 빨아올리다

Who drank up all the beer? There were three bottles in the refrigerator.
　　　　　sth
(누가 맥주를 다 마셨어? 냉장고에 세 병이나 있었는데.)

Drink up, then I'll refill your glass.　(잔을 비워주세요. 그러면 다시 채워 드릴게요.)

drop

vt. ① 똑똑 떨어뜨리다, 흘리다 ② (물건을) 떨어뜨리다, 낙하[투하]시키다, 내리다, (시선 따위를) 떨어뜨리다, 소리를 낮추다 (가치 · 정도 따위를) 떨어뜨리다, 하락시키다 ③ ((속)) (게임을) 지다, (돈을) 잃다, 없애다(도박 · 투기 등으로), (h나 ng의 g 또는 어미의 철자 따위를) 빠뜨리고 발음하다, (문자 따위를) 생략하다, 버리다 ④ (소 · 말 · 양 따위가 새끼를) 낳다 ⑤ (말을) 무심코 입 밖에 내다, 얼결에 말하다, 넌지시 비추다 ⑥ 투함하다, 우체통에 넣다, (짧은 편지를) 써서 보내다 ⑦ (사람을) 차에서 내리다, (어느 장소에) 남기다, 버리고 떠나다 ⑧ (습관 · 계획 따위를) 버리다, 그만두다, 중지하다, ~와 관계를 끊다, 절교하다 ⑨ ((속)) 죽이다, 해치우다, 쓰러뜨리다, 쏘아 떨어뜨리다 ⑩ ((미)) 해고[퇴학 · 탈회 · 제명]시키다, 그는 그 모임에서 제명될 것이다 ⑪ ((미)) (달걀을) 끓는 물에 넣어서 요리하다 ⑫ 드롭킥하다, [골프] 드롭하다 ⑬ ((미속)) (마약을) 복용[사용]하다 ⑭ [해양] 넘어서 가다, ~이 안 보이는 곳까지 오다

vi. ① (물방울이) 똑똑 떨어지다 ② (물건이) 떨어지다, 낙하하다, (꽃이) 지다, (막 따위가) 내리다, (가격·음조·온도 따위가) 내려가다, (생산고가) 떨어지다 (해가) 지다 ③ (바람이) 그치다, (교통이) 끊어지다, (일이) 중단되다, (시야에서) 사라지다 ④ (푹) 쓰러지다, 지쳐서 쓰러지다, 녹초가 되다, 죽다, (사냥개가) 사냥감을 보고 웅크리다 ⑤ ((구)) (경주·사회 등에서) 낙오[탈락]되다, 탈퇴하다(from, out of), (하위로) 내려가다, 후퇴하다(to) ⑥ (사람이) 훌쩍 내리다, 뛰어내리다(from, to, into), (언덕·개천 따위를) 내려가다 ⑦ (동물이) 태어나다 ⑧ 잠깐 들르다 (by, in, over, around, up), 우연히 만나다 ⑨ (저절로 어떤 상태에) 빠지다, 되다 ⑩ (말 따위가) 불쑥 새어나오다 ⑪ ((속)) 체포되다, 붙잡히다

drop around[round]

drop around [ArE], **drop round** [BrE] (유사어 **drop in** [Informal], **drop over** [BrE, Informal], **call round** [BrE])
to make a short visit to someone in their home, usually without arranging it before
(상대방의 집·근무처에) 잠시 들르다, 불시에 들르다

<u>Drop around</u> sometime, I'd like to see you. (한 번 들러줘. 나 너 보고 싶어.)
Her grandchildren <u>drop round</u> and see her from time to time.
(손주들이 잠시 들러서 가끔씩 그녀를 보러 온다.)

drop around[round] *sth*, **drop** *sth* **around[round]** [BrE, Informal] (유사어 **drop over** [BrE, Informal], **drop off** [Informal]) [BrE, Informal]
to deliver something, usually something small
(작은 것을) 배달하다

I got a present for you - I'll try to <u>drop it round</u> this weekend.
                                                sth
(내가 너에게 줄 선물을 갖고 있어 – 이번 주말쯤 선물을 전해 주려고 해.)
He can <u>drop your books round</u> on his way home. (그가 집에 가는 길에 책을 전해 줄 수 있어.)
                  sth

drop in[into]

drop in, drop into *sth*(유사어 **pop in** [Informal], **call in** [BrE]) [Informal]
to make a short visit to someone in their home, an office, a shop, and a bar, etc. usually without arranging it before
잠시 들르다. (사무실·상점·술집 등을) (약속 없이) 가다

Sally <u>dropped in</u> on Marsha last night. (샐리가 어젯밤 마샤네에 잠시 들렀다.)
He used to <u>drop into the office</u> for chat whenever he was passing that way.
                             sth
(그는 지날 때마다 잡담을 하러 사무실에 들르곤 한다.)

➡ drop in on *sb*
I think I'll <u>drop in on Jill</u> on my way home. (집에 가는 길에 질한테 잠깐 들를까 하고 생각해)
                     sb

* drop-in center (n) [BrE]

(a place run by the local council, where people can go to get advice and information and to meet other people without having to make an arrangement before)
레크리에이션, 교육, 카운슬링 등의 시설이 있는 센터.

a drop-in center for the unemployed. (실직자 상담을 위한 센터)
     n

drop in *sth*, **drop** *sth* **in**, **drop** *sth* **into** *sth* (유사어 **drop off** [Informal], **drop over** [BrE, Informal], **drop round** [BrE, Informal]) [BrE, Informal]

to deliver something to someone or to a place

(~을) 속에 넣다, 떨어뜨리다.

When the library is closed, you can drop books in through the special hole in the door.
                                               sth
(도서관이 닫혔을 때는 문에 있는 특수한 구멍 속으로 책을 밀어 넣어도 좋아.)

I'll drop it into the office while I'm in town. (내가 시내에 있는 동안 사무실에 그것을 배달할게.)
   sth

drop off

drop off *sb/sth*, **drop** *sb/sth* **off** [Informal]

to take someone to a place where they want to go, or to deliver something to a place, usually in a car, often when you are going somewhere else

(차에서) 내려주다, ~을 편승시키다

Luis dropped off his laundry at the cleaners. (루이스는 세탁물을 세탁소에 맡겼다.)
                    sth

Drop me off at the next corner, and I'll walk from there.
     sb
(다음 모퉁이에서 내려 주십시오. 그러면 거기서부터 걸어가겠습니다.)

drop off (유사어 **doze off, nod off**) [Informal]

to begin to sleep

꾸벅꾸벅 졸다, 잠들다

The boss ought to get more sleep. He sometimes drops off during meetings.
(부장님은 좀 더 수면을 취해야 해. 회의 중에 가끔 꾸벅꾸벅 졸고 계셔.)

I was sitting in the armchair reading the newspaper when I dropped off.
(나는 신문을 읽으면서 안락의자에 앉아서 꾸벅꾸벅 졸고 있었다.)

drop off (유사어 **fall off**)

to become lower in level or amount

(수량·정도 등이) 감소하다, 떨어지다, 감하다

Service at that restaurant has dropped off recently. (저 레스토랑의 서비스가 최근에 질이 떨어지고 있다.)

Attendance at baseball games has been dropping off in the last few years.
(지난 몇 년 동안 야구경기 관객 수가 계속 줄고 있다.)

➡ **drop-off** (n)

(a decrease in something) (매상·가격 등이) 감소, 하락
Boeing is suffering from a drop-off in commercial aircraft orders.
(보잉사는 상업용 항공기 주문의 감소로 힘들어 하고 있다.)

drop out

drop out (유사어 **fall off**)

to stop going to school or stop an activity before you have finished it

(학교를) 그만두다, 퇴학하다, 중퇴하다

Linda's father was very disappointed when she dropped out of college.
(린다의 부친은 그녀가 대학을 중퇴했을 때 매우 실망했다.)

He had dropped out of college in the first semester. (그는 첫 학기에 대학을 그만두었다.)

➡ **dropout** (n) [Informal]

(someone who leaves school or college before they have finished)
탈퇴(자), 탈락(자), 중퇴(자), 낙오(자), 낙제(생)

"Her son dropped out of college last year." "Mm. There were a lot of dropouts that year, I wonder why?" ("작년에 그녀의 아들이 대학을 중퇴했어요." "네, 작년에는 유난히 중퇴자가 많았어요. 왜 그럴까요?")

drop out

to not take part in an activity, or to leave it before it has finished

(~에서) 낙오하다, (중도에서) 그만두다, 포기하다

He dropped out of the race after the first lap. (그는 첫 바퀴를 돈 다음 경주를 포기했다.)
The next meeting is just before Christmas, so we're expecting a lot of people to drop out.
(다음 모임은 크리스마스 바로 전이야. 그래서 많은 사람들이 모임에 참석 못할 것이라고 생각하고 있지.)

➡ drop out of 로도 쓰임
Harper had to drop out of the race with an injured ankle after completing 12 miles.
(하퍼는 12마일을 완주한 후 발목을 다쳐서 경주를 포기했어야만 했다.)

dorp out

to refuse to take part in an ordinary society, especially by not getting a job

(집단에) 탈퇴하다, (사회에서) 탈출하다, 빠져나오다, (직업이 없어 일반 사회생활을) 그만두다

Matthew dropped out of the Boy Scouts. He didn't like the hiking.
(매튜는 보이스카우트에서 탈퇴했다. 그는 등산을 싫어했다.)

In the 60's my mother dropped out and went to live in a hippie commune.
(1960년대 우리 엄마는 사회생활을 그만두고 히피족들과 살기 위해 떠났다)

dry

vt. ① 말리다, 건조시키다, 닦아내다. ② (늪 따위를) 말라붙게 하다
vi. ① 마르다, 바싹 마르다, (늪 따위가) 말라붙다 ② 시들다

dry off

dry off, dry off *sth*, **dry** *sth* **off**

to become dry or make something dry, especially on the surface

(표면이) 바싹 말리다, 마르다

Here's a towel. <u>Dry off</u> with this. (여기 타월이 있어. 이것으로 말려.)
The hot sun soon <u>dried the road off</u>. (뜨겁게 내려 쪼이는 태양이 곧 도로를 말려 버렸다.)
                sth

➡ <u>dry oneself off</u> 로도 쓰임

   (dry yourself with a towel after a bath or swim) (목욕이나 수영 후 타월로) 말리다
She began to <u>dry herself off</u>, talking to me over her shoulder.
(그녀는 어깨 너머로 나에게 이야기를 하면서 타월로 몸을 말리기 시작했다.)

dry out

dry out, dry out *sth*, **dry** *sth* **out**

to become completely dry or make something completely dry after it has been very wet

(햇빛 · 바람 따위가) ~을 바싹 말리다

I'll plant some tomatoes as soon as the ground <u>dries out</u>.
(땅이 건조해지자마자 곧 토마토 몇 그루를 심을 것이다.)
Jill <u>dried out her sweater</u> in front of the fire. (질은 난로 앞에서 그의 스웨터를 말렸다.)
     sth

dry out [Informal]

to stop being an alcoholic

(마약 · 알코올 중독자가) 금단 요법을 받다

A well-known TV actor, who spent eight weeks in a clinic, was trying to <u>dry out</u>.
(요양소에서 8주를 보내고 있는 한 유명한 TV스타가 알코올을 끊으려고 노력하고 있었다.)
Her family put her in a sanatorium to <u>dry out</u>.
(가족들은 알코올 의존증을 치료하기 위해 그녀를 요양원에 입원시켰다.)

dry up

dry up, dry up *sth*, **dry** *sth* **up**

a river, a lake, or an area of land that dries up has no more water in it

(강 · 호수가) 바싹 마르다, (우물이) 말라붙다, (습기가) 마르다

The Great Salt Lake is slowly <u>drying up</u>. (그레이트 솔트 호수가 서서히 말라가고 있다.)
The hot sun is <u>drying the ground up</u>, and the crops can't grow.
                sth
(작열하는 태양이 땅을 바싹바싹 말린다, 그래서 곡식들이 자랄 수가 없다.)

⇒ **dried-up** (a)

(a dried river or lake is one that no longer has any water in it) 건조한, 마른
We walked along the dried-up river bed. (우리는 바싹 마른 강 바닥을 따라 걸었다.)

dry up, dry up *sth*, **dry** *sth* **up**

if something dries up, or something dries it up it has no liquid in it.

(마르면 안 될 물건이) 바싹바싹 마르다, 건조하다, 말라버리다

I forgot to replace the lid on the can, so the paint dried up.
(깡통 위에 뚜껑 덮는 것을 잊어버렸어. 그래서 페인트가 말라 버렸어.)

Have you got a pen I can borrow? This one's dried up.
(너 펜 가지고 있니? 내가 빌릴 수 있을까? 이것은 말라 버렸어.)

dry up

if supplies or money dry up, they come to an end and there is no more available

(능력·자금 등이) 없어지다, 고갈하다, 고갈시키다

Work on the tunnel stopped when the money dried up. (자금이 고갈되었을 때 터널 공사는 중지되었다.)
After the author's third novel, his inspiration seemed to dry up.
(세 번째 소설이 끝난 후 작가의 영감이 고갈된 듯 보였다.)

dry up, dry up *sth*, **dry** *sth* **up** (유사어 **wipe** [BrE, Informal]) [BrE]

when you dry up or dry up the dishes after they have been washed, you wipe the water off them with a cloth

(접시·컵·옷 등을 씻어) 말리다

You wash the dishes. I'll dry up. (너는 접시를 씻어. 나는 말릴 테니까.)
Would you mind drying up the breakfast things? (아침 먹고 설거지한 그릇들을 건조시켜 줄래?)

dry up [BrE]

if you dry up when you are speaking, you stop in the middle of what you were saying because you cannot think what to say next

(~하려고 생각 했던 말을) 잊어버리다, 대사를 잊어버리다

Halfway through my talk, I dried up I couldn't think of what to say.
(이야기를 반쯤 했을 때 무엇을 말하려고 했는지 생각이 나지 않아 중간에 멈추었다.)

The actor paused awkwardly. He had obviously dried up.
(그 배우는 어색하게 망설였다. 그는 틀림없이 대사를 잊어 버렸다.)

dry up!(명령형으로) (유사어 **shut up!** [Informal]) [Informal]

if you say 'dry up' to someone, you are telling them in a rather rude way to stop talking and be quiet

(너무 불평이 많아 화가 나서) 조용히 해

Dry up! will you? I'm tired of your constant complaining. (조용히 해줄래. 너의 끊임없는 불평에 질렸어.)
Oh, dry up! You've done nothing but complain since we got here!
(아이고 조용히 해. 너는 우리가 여기 도착한 후 계속해서 아무것도 안하고 불평만 하고 있잖아.)

eat

vt. ① 먹다, (수프 따위를) 마시다, (소리 내어 홀짝이는 것이 아니라 숟가락으로 떠 마시는 것을 뜻함.) ② (식사를) 하다, (~을) 상식하다 ③ 벌레 먹다, 부식하다, 침식하다(out, away, up) ④ (병·걱정 등이) ~을 서서히 좀먹다, 소모시키다 ⑤ (기숙사 등에서) ~에게 식사를 제공하다 ⑥ ((구)) (be~ing) (사람을) 초조하게 하다, 괴롭히다

vi. ① 식사를 하다, 음식을 먹다 ② 먹어 들어가다, 부식[침식]하다(into) ③ 먹을 수 있다, 맛이 나다, 맛이 있다

eat out

eat out (유사어 **dine out** 반대어 **eat in**)
to eat a meal in a restaurant, not at home

외식하다, 레스토랑 등에서 식사하다

My husband and <u>eat out</u> about once a week. (남편과 나는 대강 1주일에 한 번씩 외식한다.)
Let's <u>eat out</u> tonight, I'm too tired to cook. (오늘 저녁 외식합시다. 너무 피곤해서 요리를 할 수가 없어요.)

eat up

eat up, eat up *sth*, **eat** *sth* **up** (유사어 **use up**)
to eat all the food you have been given

(~을) 전부 (남기지 않고) 먹어 버리다, 단번에 먹어 치우다

Some seeds fell along the footpath, and the birds came and <u>ate it up</u>.
                                                                        sth
(몇 개의 씨앗이 오솔길을 따라 떨어져 있는데 새들이 와서 다 먹어 버렸다.)
Hey! Who <u>ate up all the cookies</u>? (야, 누가 이 과자를 다 먹어 버렸어?)
                  sth

➡ eat up!
  (used to tell a child to eat all of his or her food) 다 먹어
Come on, Kaylee, <u>eat up</u>! (자, 케일리야 다 먹어!)

eat up *sth*, **eat** *sth* **up** (유사어 **use up**)
if something eats up money, time or resources, it uses them or consumes them in great quantities

(돈·시간·자원 등을) 다 써버리다, 소비하다

Health insurance costs are <u>eating up his income</u>. (그의 수입은 건강보험료로 바닥이 났다.)
                                       sth

This program <u>eats up</u> <u>a lot of disk space</u>. (이 프로그램은 디스크 용량을 전부 차지해 버렸다.)
              sth

> **eat up** *sb*, **eat** *sb* **up**
> if unhappy thoughts or feelings eat you up, they make you feel very upset, angry, etc. and you cannot think of anything else
> (근심 · 질투 · 호기심 등이) 사람을 괴롭히다, 고민하다, 성가시게 하다.

Tell me what happened! Curiosity is <u>eating</u> <u>me</u> <u>up</u>! (무슨 일인지 말해 봐. 호기심 때문에 내가 괴로워.)
                                      sb

It just <u>eats</u> <u>me</u> <u>up</u> how those kids are totally ignored by their parents.
        sb
(부모들이 자신의 아이들을 완전히 무시하는 방법이야말로 나를 괴롭힌다.)

> **eat** *sth* **up**, **eat up** *sth* (유사어 **lap up**) [AmE, Informal]
> to enjoy something very much
> (영화 · 연예 · 스포츠 등)에 흥분하고 즐기다, 열광하다

Fans <u>eat up</u> <u>high-scoring games</u>. (팬들은 고득점 게임에 열광한다.)
              sth

My husband knows a lot of magic tricks. The kids <u>eat</u> <u>them</u> <u>up</u>.
                                                  sth
(남편은 여러 가지 마술기법을 알고 있다. 아이들이 마술에 열광한다.)

email, e-mail

vt. ~에게 ~을 보내다, ~을 ~로 보내다

e-mail back

> **e-mail back** *sb*, **e-mail** *sb* **back**
> to send a reply to someone by e-mail, usually a reply to an e-mail someone has sent you
> (받은 이메일에) 이메일로 답하다

Ryan <u>e-mailed</u> <u>me</u> <u>back</u> as soon as he arrived in Korea. (라이언은 한국에 도착하자 나에게 이메일을 보내왔다.)
                sb

Joe rang while you were out. Please could you <u>e-mail</u> <u>him</u> <u>back</u>.
                                                      sb
(네가 외출했을 때 조이가 전화했더라. 그에게 이메일로 답해 줄래?)

empty

vt. ① (그릇 따위를) 비우다, 내다 ② (~oneself) (강이) ~로 흘러 들어가다(into) ③ (내용물을) 비우다, (딴 그릇에) 옮기다, (액체를) 쏟다
vi. ① 비다 ② (강이) 흘러 들어가다

empty out

empty out *sth*, **empty** *sth* **out** (유사어 **turn out**)

when you completely remove the contents from a space or a container, you empty it out

(내용물을 모두) 꺼내다, 모조리 비우다

The police officer told me to <u>empty out</u> my pockets.
                                          sth
(경찰관이 나에게 주머니 속에 든 것을 모두 꺼내라고 말했다.)

After we <u>empty this room out</u>, we can start painting.
                    sth
(방에 있는 것을 모두 꺼낸 다음에서야 페인트칠을 시작할 수 있다.)

empty out

to leave a place or to make everyone leave a place

(방·건물 등에서 사람들이 모두 나와서) 비어 있다.

Offices <u>empty out</u> quickly at five o'clock on Fridays. (금요일 5시면 사람들이 재빨리 사무실에서 빠져 나온다.)
After the concert is over, it'll be twenty minutes before the auditorium <u>emptied out</u>.
(콘서트가 끝난 후 공연장이 비는 데 20분이 걸릴 것이다.)

end

vi. ① 끝나다, 끝마치다, 종말을 고하다(with) ② ~으로 끝나다, 결국 ~이 되다 ③ 이야기를 끝마치다 ④ 죽다

유사의미의 단어

end: begin의 반의어로서 사물의 종료를 객관적으로 알림
    The vacation <u>ended</u>. (휴가가 끝났다.)
close: open의 반의어로 '닫다 → 마감되다'라는 어감이 있음
    The play <u>closed</u> after two weeks. (2주 후에 연극은 막을 내렸다–닫았다.)
finish: 결말을[마무리를] 보아 끝나다
    They <u>finished</u> by singing the National Anthem. (그들은 마지막에 국가를 불렀다.)
conclude: 형식에 치우친 표현으로, 연설의 종료, 결론을 제출할 때 따위에 흔히 씀
    The study <u>concludes</u> that California drivers would save money if insurance laws were changed.
    (그 연구보고서는 캘리포니아 운전수들은 보험법이 바뀐다면 돈을 저축할 것이라고 결론을 내렸다.)
terminate: 지금까지 계속되던 것에 종지부가 찍힘, 기한이 다 됨
    Our contract will <u>terminate</u> on the 2nd next month. (계약은 내달 2일에 끝난다.)

end up

end up (유사어 **wind up, finish up** [BrE, Informal], **land up** [BrE])

to finally be in a particular place, state, or situation, especially without having planned it

(의도하지 않은·원하지 않은 상황에) 있다, 처하다

I hoped to make a lot of money but <u>ended up</u> in debt. (나는 큰돈을 벌고 싶었지만 결국 빚을 지게 되었다.)

Sylvia **ended up** with no money, no husband and no house and a two-year-old child.
(실비아는 돈도 없고 남편도 없고 집도 없고 결국은 두 살 먹은 아이만 남은 상황에 처하게 되었다.)

➡ **end up in court [prison, hospital]** 로도 쓰임
Tom got into a fight and **ended up in court**. (탐은 싸움에 말려들어 결국은 법정으로 갔다.)
Soon afterwards she **ended up in hospital** after drug overdose.
(그녀는 약물을 과다하게 복용한 후 곧 병원의 신세를 졌다.)

➡ **end up with** 으로도 쓰임
You'll **end up with** pneumonia if you're not careful.
(너 조심하지 않으면 폐렴에 걸릴걸.)

end up doing

to finally do something, especially without having planned to

(결국 ~하고) 말았다, ~하는 결과가 되다

My girlfriend and I **ended up quarreling** again last night. (여자 친구와 나는 결국 지난밤에 또 싸우고 말았다.)
                        doing
The prince and princess **ended up living** happily ever after.
                              doing
(왕자님과 공주님은 그 후 쭉 행복하게 살게 되었다.)

end up (유사어 **wind up, finish up** [BrE, Informal])

to arrive in a place without planning or wanting to go there, because you lost your way

(원하지 않았던 곳 · 계획에 없는 곳에) 이르다, 닿다

The traveller took the wrong train and **ended up** at a country village.
(여행객이 기차를 잘못 타서 어떤 시골마을에 도착하였다.)
The boy's ball **ended up** on the garage roof. (소년이 찬 공이 지붕 위에 떨어졌다.)

enter

vt. ① ~에 들어가다, [법] 불법 침입하다 ② (가시 · 탄환 등이) ~에 박히다 ③ (새로운 생활 따위를) 시작하다, (새 시대에) 들어가다, 첫발을 디디다 ④ (단체 따위에) 가입[참가]하다, ~에 입회[입학 · 입대]하다 ⑤ (마음에) 떠오르다 ⑥ 넣다, 박다 ⑦ 가입[참가]시키다, 입회[입학]시키다 ⑧ (이름 · 날짜 등을) 기재[기입]하다, 등기하다, 등록하다, (세관에) 신고[보고]하다 ⑨ [법] (소송을) 제기하다, ((미)) (공유지)의 소유권을 청구하다, [일반적] (항의 따위를) 제기하다 ⑩ [컴퓨터] (정보 · 기록 · 자료를) 넣다, 입력하다
vi. ① 들다, 들어가다 ② (무대에) 등장하다 ③ (경기에) 신청하다, 등록하다

enter into

enter into an agreement[contract]

if you enter into an agreement, you officially agree to do something

(협정 · 계약 등을) 맺다, 체결하다

Compaq and Microsoft announced that they had <u>entered into an agreement</u> to develop new products and markets.
(컴팩사와 마이크로소프트사는 신상품과 새로운 시장 개척을 위해 협정을 체결했다고 발표했다.)

The company had <u>entered into unprofitable contracts</u>. (그 회사는 불리한 계약을 체결하였다.)

➡ <u>enter into a contract with</u> 로도 쓰임

Birmingham City Council have <u>entered into a contract with</u> a building company for the construction of a block of offices.
(버밍엄 시위원회는 업무지역의 건설을 위해 주택회사와 계약을 체결했다.)

enter into *sth*

to start to become involved in something, especially a relationship or a discussion

(관계·토의 등을) 시작하다, 개시하다

The United States has <u>entered into</u> <u>discussion</u> with China over the affair.
_{sth}
(그 사건에 관해 미국은 중국과 토의에 들어갔다.)

Try to <u>enter into</u> <u>a conversation</u> with the chairman, he might give you his view.
_{sth}
(사장님과 대화 한번 시도해 봐. 어쩌면 너한테 사장님 자신의 견해를 알려줄지도 모르지.)

enter into *sth* (유사어 come into with)

to be an important part of a situation or be something that you consider, especially when you are making a choice

중요한 부분이 되다, 고려의 대상이 되다

Money didn't <u>enter into</u> <u>my decision</u> to leave the company.
_{sth}
(회사를 떠나려는 내 결심에 돈은 고려의 대상이 아니었다.)

From Sally's tone, it was clear that I did not <u>enter into</u> <u>her future plans</u>.
_{sth}
(샐리의 말투로 보아 내가 그녀의 미래 계획 속에 포함되어 있지 않은 것은 분명했다.)

face

vt. ① ~에 면하다, ~을 향하다 ② [종종 수동태] ~에(게) 용감하게 맞서다, (상대방 사정 등을) 직시하다, ~에 직면하다 ③ 향하게 하다, [군사] (대열을) 방향 전환시키다 ④ ~의 면을 반반하게 하다, (돌 따위를) 반반하게 깎다, ~의 겉에 칠하다[바르다, 대다] ⑤ (값싼 녹차 등에) 착색하다, 외관을 보기 좋게 하다 (옷 따위에) 장식을[레이스를] 붙이다 ⑦ [아이스하키] (심판이 퍽을) 마주선 두 경기자 사이에서 떨어뜨리다[놓다], [골프] (공을) 클럽 타구면 복판으로 치다 ⑧ (카드를) 까놓다

vi. ① 면하다, 향하다 ② [군사] 방향 전환을 하다 ③ [아이스하키] 페이스오프(face off)에 의해 경기를 개시[재개]하다(~off)

face up to

face up to *sth* (유사어 **face**)
to accept that a difficult or unpleasant situation exists

(싫은 사실 등을) 직면하다, 직시하다, 인정하다

She refuses to <u>face up to the fact</u> that her husband is having an affair.
                      sth
(그녀는 남편이 바람이 났다는 사실을 인정하려고 하지 않는다.)

As an adult, you must <u>face up to your responsibilities</u>. (어른으로서 자신의 책임을 인정하지 않으면 안 된다.)
                              sth

➡ face up to the fact (that) 로도 쓰임
It's often difficult to <u>face up to the fact that</u> you are no longer young.
(당신이 더 이상 젊은이가 아니란 사실을 받아들이는 게 가끔은 어렵습니다.)

➡ face up to one's responsibilities 로도 쓰임
"He's never really <u>faced up to his responsibilities</u> as a father." Suzy said.
("그는 한 아버지로서 자신의 책임을 감수하려 한 적이 없어요."라고 수지가 말했다.)

fall

vt. ① ((미고·영고)) 베어 넘기다, 벌채하다, (관목을) 베어내다, (짐승을) 죽이다 ② ((고)) (눈물을) 흘리다, (무기를) 버리다 ③ (지분·배당 등을) 받다 ④ (새끼를) 낳다 ⑤ (수직선을) 내리다

vi. ① 떨어지다, 낙하하다, (꽃·잎이) 지다, (머리털이) 빠지다 ② (비·눈·서리 따위가) 내리다 ③ (말·목소리가) 새다, 나오다 ④ (물가·수은주 따위가) 하락하다, 내리다, (수량 따위가) 감소하다, (인기 따위가) 떨어지다, (목소리가) 낮아지다 ⑤ (땅이) 경사지다, 내려앉다, (강이) 흘러들다 ⑥ (머리털·의복 따위가) 늘어지다, (휘장·커튼 따위가) 처지다, 드리워지다, (어둠 따위가) 내려 깔리다, 깃들이다 ⑦ 넘어지다, 뒹굴다, 엎드리다, [크리켓] (타자가) 아웃되다, ((미

속)) 강도질하려다 실패하다 ⑧ (부상하여) 쓰러지다, (전투 등에서) 죽다, ~의 손에 죽다(to), ((속)) 체포되다, 금고형을 받다 ⑨ 실각하다, (국가·정부 따위가) 무너지다, 붕괴하다, 함락하다, 와해하다 ⑩ (유혹 따위에) 굴하다, 타락하다; ((고어)) (여자가) 순결을 잃다, 임신하다 ⑪ 나빠지다, 악화하다 ⑫ (기운 따위가) 쇠하다, (얼굴 표정이) 침울해지다, (눈·시선이) 밑을 향하다 ⑬ (바람·불기운 따위가) 약해지다, 자다, (대화가) 중단되다, (홍수·물이) 빠지다, 나가다, (조수가) 써다 ⑭ (졸음·공포 따위가) 엄습하다, 덮치다, (광선·시선 따위가) 향하다, 쏠리다, 머물다(on) ⑮ (적·도적 등이) 습격하다, (재산 따위가) ~의 손으로 넘어가다(to), (추첨에서) 당첨되다 (on), ⑯ (부담 따위가) ~에게 과해지다, (it을 가주어로) ~의 임무가[책임이] 되다, ~하게끔 되다 ⑰ (어떤 상태에) 빠지다, ~이 되다 ⑱ (우연히) 일어나다, 생기다, (특정한 어느 날·계절이) 오다, 되다, (악센트가) ~에 있다 ⑲ (~을) 만나다, (~와) 조우하다, (~와) 상종[관계]하기 시작하다(into, among, in, to, with) ⑳ 분류되다, 나뉘다(into, under, within) ㉑ (특정한 장소를) 차지하다, (~로) 오다 ㉒ (새끼 양 따위가) 태어나다 ㉓ [카드놀이] (패가) 죽다(= drop)

fall apart

be falling apart

to be in a very bad condition, and need repairing

(최악의 상태에서) 수리할 필요가 있다

I'm not going in your car – it's <u>falling apart</u>! (나 네 차 타고 안 가. 그 차 너무 낡아서 수리해야 해.)
The school was in a very old building, which looked like it <u>was falling apart</u>.
(그 학교는 건물이 무척 오래됐어. 너무 낡아서 수리해야 될 것 같아.)

fall apart (유사어 **come apart, disintegrate** [Informal])

if something falls apart, it breaks or breaks into pieces because it is old and weak

(잘못 만들어서) 산산 조각이 나다, 붕괴되다, 깨어지다

Take care with this priceless old box. It's beginning to <u>fall apart</u>.
(이 귀중한 오래된 상자를 조심히 다뤄. 부서지기 시작하잖아.)
These old shoes are starting to <u>fall apart</u>. (이 낡은 구두가 해지기 시작했어.)

fall apart (유사어 **get behind**)

if an organization or a system falls apart, it becomes disorganized or unable to work effectively or breaks up into its different parts

(조직·관계 등이) 파탄 나다, 사이가 나빠지다, 실패로 끝나다

After five difficult years, their marriage totally <u>fell apart</u>.
(힘든 5년의 세월이 지난 후, 그들의 결혼생활은 완전히 파탄났다.)

The peace agreement is slowly <u>falling apart</u>. (그 평화협정은 서서히 실패로 끝나고 있다.)

➡ <u>be falling apart at the seams</u> 로도 쓰임

(used to emphasize that something is in a very bad condition) 실패로 돌아가다, 결딴나다

When Thatcher took over, the British economy <u>was falling apart at seams</u>.
(대처 수상이 정권을 이양받았을 때 영국 경제는 파탄 상태였다.)

fall apart (유사어 crack up)

(if someone falls apart, they have problems which affect them mentally or emotionally and they cannot think or behave normally

(정신적으로) 이상하게 되다, 불안정하게 되다

Sally fell apart when she heard the tragic. (샐리는 그 비극적인 소식을 들었을 때 어쩔 줄 몰랐다.)

When the police confronted him, he fell completely apart and confessed.
(경찰이 그와 마주치자, 그는 완전히 당황한 나머지 자백했다.)

fall behind

fall behind, fall behind sb (유사어 lag behind, drop behind 반대어 keep up)

if you fall behind when moving with a group of people, you move more slowly than them, so they get ahead of you

(걷기·달리기·운전 등) ~에 뒤떨어지다, 뒤처지다

Gilbert and Matthew are walking so fast that I've fallen behind.
(길버트와 매튜가 너무 빨리 걸어서 내가 뒤처졌다.)

During the hike, I fell behind after twisting my ankle. (등산하는 도중에 발목을 삔 후 나는 뒤처졌다.)

fall behind, fall behind sb/sth (유사어 lag behind 반대어 keep up)

used to say something drops below an average level or amount

(일·성적 등이) 평균보다 떨어지다

Tom was sick last semester, and he fell behind in his studies.
(탐은 지난 학기에 몸이 안 좋았고, 성적이 떨어졌다.)

The sales manager wanted to know why I had fallen behind the rest of the department.
sth
(판매담당 지배인은 왜 내가 판매부의 다른 사람보다 판매 실적이 나쁜지 이유를 알고 싶어 했다.)

fall behind, fall behind sth

to fail to finish a piece of work or fail to pay someone money that you owe them at the right time

(작업·집세·봉급 등의 지불이) 늦어지다, 체납되다

Don't fall behind in your payments, or your car will be repossessed.
(할부금 늦지 말고 제 날짜에 내. 그렇지 않으면 네 차의 소유권이 넘어갈걸.)

If your payments of rent fall behind, you will be asked to leave.
(만약 집세가 밀리면 집에서 나가 달라는 소리를 들을 거야.)

➡ fall behind with 로도 쓰임
   (집세가) 체납되다

After losing his job, Darren fell behind with his mortgage payments.
(실직한 후 대런은 주택담보 대출금을 체납했다.)

➡ fall behind schedule 로도 쓰임
   (공사가 예정보다) 늦어지다

The project to build the bridge had already fallen behind schedule, and there were still some technical problems to overcome.
(교량건설 계획은 이미 예정보다 늦어졌는데도 아직 극복해야 할 몇 가지 기술적 문제들이 남아 있다.)

fall behind sth (반대어 keep up)

to fail to develop at the same rate as something else, or to fail to achieve a standard reached by other people

(~와 같은 비율로) 상승하지 못하다, (수준·정도가) 떨어지다

Over the last few years, our salaries have fallen behind inflation.
　　　　　　　　　　　　　　　　　　　　　　　　　　　　　　　sth
(지난 몇 년 동안 우리 봉급은 물가의 인플레를 따라가지 못하고 있다.)

Demand fell behind production, and the prices dropped.　(수요가 생산을 따라가지 못해 물가가 떨어졌다.)
　　　　　　　　　　sth

fall behind, fall behind sth/sb

to fail to score as many points as another team or player in competition

난폭하게 (경기에서) 뒤지다, 열세다

Osborne's team fell behind Miami 17-7 in the second half.
　　　　　　　　　　　sth
(오스본 팀은 마이애미 팀에게 후반전에 17대 7로 뒤졌다.)

The horse that we were hoping would win gradually fell behind the other runners.
　　　　　　　　　　　　　　　　　　　　　　　　　　　　　　　　　　　　sth
(우리가 이길 것으로 기대하던 말이 다른 말들보다 점점 뒤처졌다.)

fall down

fall down (유사어 fall over)

if someone or something falls down when they have been in an upright or standing position, they become unbalanced and drop to the ground

(땅에) 넘어지다

I slipped on some ice on the sidewalk and fell down.　(나는 보도에 덮여 있는 얼음 위에서 미끄러져 넘어졌다.)
All the dishes on that shelf will fall down if there's another earthquake.
(또 한 번의 지진이 일어난다면 선반 위에 있는 접시들이 모두 땅으로 떨어질거야.)

be falling down (진행형) (유사어 dilapidated [Formal])

if a building is falling down, it is in a very bad condition and needs repairing

(건물이) 허물어지고 있다, (지금이라도) 허물어질 듯하다

The building was falling down. That's why we could buy it so cheaply.
(건물이 허물어지고 있었다. 그래서 우리가 그 집을 그렇게 싸게 살 수 있었던 것 이다.)

We got the house at a cheap price because it was almost falling down.
(그 집이 거의 허물어지고 있었기 때문에 우리가 싼 값에 샀던 것이다.)

fall down

if an argument, a plan, a system, etc. falls down, it fails to work because of a particular fault

(계획·주장 등이) 실패하다, 잘못되다, 실수하다, 엉망이 되다

His plan **fell down** when it proved too costly.
(그의 계획이 비용이 너무 많이 든다는 사실이 드러나자 그것은 엉망이 되었다.)

I passed all of my finals except one. I **fell down** on the math exam.
(나는 시험 하나를 제외하고는 학기말 시험을 모두 통과했다. 수학시험에서만 실패했다.)

➡ downfall (n)

(when someone loses their position of power, or stops being successful)
몰락, 멸망, 붕괴, 실각

Downfall of rebel group makes end of civil war. (반군의 몰락으로 내란이 종결되었다.)
n

fall for

fall for *sth* [Informal]

to be tricked into believing something that is not true

(책략·선전 등에) 끌리다, 속다, 믿어 버리다

Don't **fall for** that old tricks, he's trying to persuade you to buy his goods.
            sth
(그런 낡은 속임수에 속지 마. 그는 네가 그의 물건을 사도록 설득하려고 하는 중이야.)

Politicians seem to think that we'll **fall for** any old rubbish.
                                              sth
(정치인들은 우리가 시시한 생각에라도 속는다고 생각하는 것 같다.)

➡ fall for something hook, line, and sinker 로도 쓰임

(to tricked into believing something completely, although it is not true)
~에 완전하게 속다, 계략 따위에 빠지다

"Did the committee fall for the chairman's plan?"
"Yes, they **fell for** it hook, line and sinker."
              sth
("위원회는 의장 제안에 속았습니까?" "네 그렇습니다. 완전히 속았습니다.")

fall for *sb*

to suddenly feel a romantic love for someone

(~에게) 홀딱 반하다, 매혹되다

Jim met Mary last week, and now he calls her everyday. I guess he really **fell for** her in a big way.
                                                                                     sb
(짐은 지난주 메리를 만났는데 지금은 매일 그녀에게 전화하고 있어. 내 생각에는 짐이 그녀에게 완전히 반한 것 같아.)

Sally **fell for** Dick the moment they met. (샐리는 딕과 만나는 바로 그 순간부터 딕에게 반했다.)
          sb

fall for *sth* (수동 불가)

to like something very much as soon as you see it, and feel that you want to have it

(보자마자 좋아해) 갖고 싶다

The whole family **fell for** the new house as soon as they saw it.
                              sth
(새집을 보자마자 온 가족이 마음에 들어 했다.)

Mark had only seen the car once, but he'd <u>fallen for</u> it immediately.
                                                              sth
(마크는 그 차를 딱 한 번밖에 안 봤는데 보자마자 즉시 그 차를 갖고 싶어 했다.)

fall off

fall off (유사어 **drop off**)
if something falls off, it separates from the thing to which it was attached

떨어지다

Their scales <u>fall off</u> and the fish die.   (비늘이 떨어져 물고기는 죽었다.)
When you are learning to ride a bicycle, you often <u>fall off</u>.   (자전거 타기를 배울 때는 가끔 떨어지기도 해요.)

fall off (유사어 **drop, drop off, fall away**)
if the amount, rate, or quality of something falls off, it becomes less

(수량·비율·특성 등이) 줄어들다

Student numbers have been <u>falling off</u>.   (학생 수가 계속 줄고 있다.)
Economic growth will <u>fall off</u> only slightly.   (경제성장이 약간 감소할 것입니다.)

➡ <u>fall-off, falling-off</u> (n)
    (a quick decrease in level, amount, or number of something)   (수준·수량의) 감소
The recent <u>fall-off</u> in technology stock prices makes investors worried.
                    n
(최근 기술주 가격 하락으로 투자자들이 걱정하고 있다.)

fall out

fall out (유사어 **argue, quarrel**)
to argue with someone and stop being friendly with them

(사이가) 틀어지다, 불화하다, (~와) 다투다

Alfonso <u>fell out</u> with his sister when he criticized her husband.
(알폰소가 여동생의 남편을 비난하자 그와 여동생은 사이가 틀어졌다.)

Melanie and Sarah started a company, but they <u>fell out</u> over who would be president and who would be vice-president.
(멜라니와 사라는 회사를 하나 차렸다. 하지만 누가 사장이 되고 누가 부사장이 되느냐 하는 문제로 다투다가 사이가 나빠졌다.)

➡ <u>fell out with</u> 로 흔히 쓰임
He was depressed because he'd <u>fallen out with</u> his girlfriend.
(여자친구와 다투었기 때문에 그는 의기소침해졌다.)

➡ <u>fall out over</u> 로 흔히 쓰임
Apparently the two men <u>fell out over</u> money.   (저 두 남자는 틀림없이 돈 문제로 다투었다.)

➡ <u>falling-out</u> (n) [Informal]
    (an argument)   (친밀했던 사람과의) 불화, 다툼
There were reports that some members of the team had had a <u>falling-out</u>.
                                                                                  n
(그 팀 중 몇 사람들 사이에는 이미 불화가 생겼다는 소문이 있었다.)

fall out (유사어 come out)
if something such as a tooth or your hair falls out, it comes out to different places

(모발 등이) 빠지다

My Dad's hair <u>fell out</u> when he was only thirty. (우리 아빠는 겨우 서른 살인데 머리털이 빠졌다.)
Baby teeth get loose and then <u>fall out</u>. (아기의 유치는 흔들리다 빠진다.)

fall out (반대어 fall in)
if a group of soldiers who are standing together fall out, they leave and go

(군대 대열에서) 이탈하다, 해산되다

The sergeant shouted, "<u>Fall out</u>." (병장이 "해산"이라고 소리쳤다.)
The soldiers marched to the mess hall and <u>fell out</u>. (병사들이 식당까지 행진하고 나서 대열을 해산했다.)

fall over

fall over (유사어 fall down, topple over)
if someone falls over, they fall to the ground

(~위에) 떨어지다, 벌렁 나자빠지다

That tree has been dead for fifty years, but it still hasn't <u>fallen over</u>.
(저 나무는 죽은 지 50여 년이 되었는데 아직 쓰러지지 않고 있다.)
I almost <u>fell over</u> when I heard the terrible news. (그 끔찍한 소식을 들었을 때 나는 거의 쓰러질 뻔했다.)

fall over *sth* (유사어 trip over)
to hit your foot against something by mistake and fall to the ground

(~에 걸려) 넘어지다

I <u>fell over</u> <u>a chair</u> in the dark. (어둠 속에서 의자에 걸려 넘어졌다.)
         sth

I <u>fell over</u> <u>an empty box</u> that someone had left outside the door.
            sth
(누군가 문 밖에 내 놓은 빈 상자에 걸려 넘어졌다.)

be falling over oneself to do
to be very eager to do something, especially when this seems very surprising

(~하려고) 열심히 하다, 분발하다

The manager <u>was falling over himself to be</u> helpful. (관리인은 도움이 되려고 고군분투하고 있다.)
Mike <u>was falling all over himself to impress</u> her. (마이크는 그녀에게 인상을 남기려고 고군분투하고 있다.)

fall through

fall through
if an arrangement, a plan, or a deal falls through, it fails to happen

실패하다, 그르치다, 실현되지 않다

We'd accepted an offer of $200,000 for the house, but the sale fell through at the last moment.
(우리는 집을 20만 달러를 치르고 사겠다는 제의를 받았으나 마지막 순간에 상거래가 실패했다.)

The family reunion fell through after Dad got sick.
(아버지가 아프고 나서는 가족의 친목모임은 이루어지지 않았다.)

fall through

when people or things drop through an opening from one side to the other side, they fall through

(구멍을 통해) 떨어지다

The roofer had fallen through a hole in the roof.   (지붕수리공이 지붕에 난 구멍으로 떨어졌다.)
My uncle Fred was ice fishing when he fell through a hole and was never seen again.
(프레드 아저씨는 얼음낚시를 하고 있다가 얼음에 난 구멍에 빠졌고, 다시는 아저씨를 볼 수가 없었다.)

feel

vt. ① 만지다, 만져보다, 손대(어보)다, 더듬다, 더듬어 가다, (적의 동태 따위를) 정찰하다 ② (신체적으로) ~을 느끼다, 감지하다, 지각하다 ③ (정신적으로) ~을 느끼다, 통절히 느끼다, ~에 감동하다 ④ ~라고 생각하다, ~라고 깨닫다, ~이라는 생각[느낌]이 들다 ⑤ ~의 영향을 받다, ~에 의하여 타격을 받다, 톡톡히 맛보다 ⑥ (무생물이) ~의 작용을 받다, ~에 느끼는 듯이 움직이다, ~에 반응을 보이다

vi. ① 손으로 더듬다, 찾다, 동정을 살피다(after, for) ② 감각[느낌]이 있다, 느끼는 힘이 있다 ③ 감동하다, 공명하다(with), 불쌍히 여기다, 동정하다(for) ④ ~하게 생각하다[느끼다], ~한 의견을 갖다 ⑤ (사물이) ~의[한] 느낌[감촉]을 주다, ~의[한] 느낌[감촉]이 있다

feel for

feel for *sb* (유사어 **sympathize with**)

to feel sorry for someone because they are very unhappy or in a difficult situation

(~에게) 동정하다, 가엾다고 생각하다

We all feel for the family of the murdered man.   (우리는 살해된 사람의 가족들에게 동정심을 갖고 있다.)
　　　　　sb
It's tough failing your entrance exams. I really feel for you.
　　　　　　　　　　　　　　　　　　　　　　　　　　　　sb
(입학시험을 실패하는 것은 괴로운 일이야. 정말 너를 동정해.)

feel for *sth* (유사어 **feel around for**)

if you feel for something in the dark, you try to find it by moving your hand around until you touch it

~을 더듬어 찾다, (보이지 않는 것을) 만지작거리며 찾다

I entered the darkened room and felt for the light switch.
　　　　　　　　　　　　　　　　　　　　　　　sth
(나는 어두운 방으로 들어가 전기 스위치를 더듬어 찾았다.)

I felt for the list I had put in my pocket.   (주머니에 넣어 두었던 명단을 더듬어 찾았다.)
　　sth

197

feel up to

feel up to *sth* [Informal]
to have the strength, energy, etc. to do something
(보통 부정문 · 의문문 · 조건문에서) ~을 견디어 내다, 감당하다, ~을 해낼 수 있을 것 같은 마음이 들다

I was going to play tennis today, but I don't <u>feel up to it</u>.
                                                                                         sth
(오늘 테니스 치려고 했는데 할 수 있을 것 같지가 않다.)

Can we go for a run another day? I don't really <u>feel up to</u> it today.
                                                                                                             sth
(다른 날 달리기 하면 어때? 오늘은 정말 달리기를 감당하지 못하겠어.)

➡ <u>feel up to doing</u> 으로도 쓰임
I didn't <u>feel up to</u> arguing with him, so I just agreed with everything he said.
                              doing
(그와의 논쟁을 견디어 내지 못했다. 그래서 그가 말한 모든 것에 그냥 동의했다.)

fight

vt. ① ~와 싸우다, ~와 다투다, 겨루다(for, over) ② 분투하면서 진로를 뚫고 나가다 ③ (동족목적어를 수반하여) 일전을 벌이다, 결투하다, ~와 권투 경기를 하다 ④ (주장 · 주의 따위를) 싸워 지키다, 싸워서 획득하다 ⑤ (닭 · 개 따위를) 싸움 붙이다 ⑥ (군대를) 지휘하다, 움직이다, (대포 · 함선 따위를) 지휘 조종하다

vi. ① 싸우다, 전투하다, 서로 치고 받다, (논쟁 · 소송 따위로) 다투다, (우열을) 겨루다 ② (일의 실현을 위해) 노력하다, 분투하다(for, against) ③ (유혹 · 곤란 따위에) 지지 않으려고 싸우다 (against) ④ 격론하다, 언쟁하다(over, about)

fight back

fight back
to defend yourself when someone or something attacks you or causes problems for you
저항[저지 · 반격]하다

If you are attacked, you have to <u>fight back</u>. (만약 공격을 받는다면 너는 반격을 해야 한다.)
The soldiers <u>fought back</u> bravely, but the situation was hopeless.
(군인들이 용감하게 반격을 했으나 상황은 희망이 없었다.)

➡ <u>fight-back</u> (n)
(when a person, a team, an organization, etc. defends themselves against an attacker or an opponent and tries to defeat them)
반격, 반공
In the second half, United staged <u>a fight-back</u> that almost brought them victory.
                                                                    n
(후반전에서 유나이티드 팀은 거의 승리를 가져올 수 있는 반격을 시도했다.)

fight back tears[anger, the urge to do *sth,* **etc.]** (유사어 **hold back**)

when you fight back an emotional response, such as tears or fear, you try very hard to overcome the emotion

(눈물 · 분노 · 충동 등을) 참다, 억누르다

<u>Fighting back his tears</u>, he waved goodbye to her from the station platform.
(그는 눈물을 참으면서 정거장 플랫폼에서 그녀에게 작별을 고했다.)

I had to <u>fight back the urge to punch</u> him in the nose. (그의 코를 한 대 치고 싶은 강한 충동을 참아야만 했다.)

fight off

fight off *sb/sth*, **fight** *sb/sth* **off**

to try to keep someone or something away or stop someone from doing something, especially by using violence

(사람 · 공격 등을) 격퇴하다, ~을 퇴치하다

He <u>fought off</u> <u>three men</u> who attacked him. (그는 자신을 공격한 세 남자를 격퇴했다.)
      sb

The man tried to strangle her, but she managed to <u>fight</u> <u>him</u> <u>off</u>.
                    sb
(남자는 그녀의 목을 조르려고 했으나 그녀는 간신히 그를 퇴치했다.)

fight off *sth*, **fight** *sth* **off** (유사어 **ward off, stave off**)

to try hard to get rid of something unpleasant or unwanted, especially an illness or bad emotions

(질병 · 악감정 등을) 배제하다, 피하려고 노력하다

If you take extra Vitamin C, it helps your body to <u>fight off</u> <u>colds</u>.
                        sth
(네가 비타민 C를 충분히 섭취하면 감기를 피하는 데 도움이 된다.)

I'm <u>fighting off</u> <u>a sore throat</u> and my nose is constantly blocked-up.
         sth
(나는 인후염을 피하려고 애를 쓰는 중이야. 그런데 코가 계속적으로 막혀.)

fight *sb/sth* **off, fight off** *sb/sth*

to prevent an opponent form defeating you, for example in sport, business, or politics

(스포츠 · 사업 · 정치 등에서) (사람 · 사물을) 퇴치하다, 쫓아버리다

The firm had to <u>fight off</u> <u>a lot of competitions</u> to win the contract.
              sb
(그 회사는 계약을 체결하기 위해 수많은 경쟁자들을 따돌려야만 했다.)

So far he has succeeded in <u>fighting off</u> <u>every challenge</u> to his leadership.
                  sb
(현재까지 그는 그의 지도력을 유지하기 위해 수많은 도전자들을 계속 따돌리고 있다.)

figure

vt. ① 숫자로 표시하다, 계산하다, 어림하다, ~의 가격을 사정[평가]하다(up) ② ((미구)) ~하다고 생각하다, 판단하다, 보다 ③ 그림으로 보이다, 그림[조상]으로 나타내다 ④ 상징[표상]하다, 비유로 나타내다 ⑤ 마음에 그리다, 상상하다 ⑥ ~에 무늬를 넣다 ⑦ ~한 태도를 취하다, ~같이 행동하다 ⑧ [음악] ~에 반주화음을 넣다, 수식하다

vi. ① 계산하다 ② ((미구)) 기대하다, 예기하다, 고려하다, 믿고 의지하다(on, upon), ③ 꾀하다, 궁리[계획]하다(on, for) ④ (어떤 인물로서) 나타나다, 통하다, (~의) 역을 연기하다, 두드러지다, 두각을 나타내다(in), (중요한) 자리를 차지하다 ⑤ ((구)) 사리에 합당하다, 조리가 서다, (행위 등이) 당연한 것으로 여겨지다 ⑥ [댄스 · 스케이트] 피겨를 하다

figure on

figure on *sth* (유사어 **count on, reckon on** [BrE]) [AmE]
to include something, especially a number or a time, in your plans
(수 · 시간을) 고려하다, 예측하다, 계산에 넣다

Figure on 40 minutes from Gilroy to Tamian Station.
　　　　　 sth
(길로이 역에서 타미안 역까지 가는 데 40분은 고려해야 해.)

Ken figured on about 100 people coming to the party.
　　　　　　　　 sth
(켄은 파티에 올 사람의 수를 약 100명으로 예상하고 있다.)

➡ **figure on doing** *sth* 으로도 쓰임
Figure on spending $700 to $900 for a ticket to Paris.
　　　　 doing　　 sth
(파리행 탑승권 한 장 사는 데 700 ~ 900달러는 지불해야 할 것을 생각해 둬.)

figure on *sth*
when you figure on something, you expect it or plan for it
기대하다, 계획을 세우다

I didn't figure on such cold weather. I wish I'd brought a coat.
　　　　　　　 sth
(날씨가 이렇게 추울 줄은 몰랐어. 코트를 가져 올걸.)

If you figure on success, you stand a better chance of winning.
　　　　　　 sth
(성공을 염두에 두고 있다면 보다 나은 기회를 참고 기다려야 한다.)

figure out

figure *sb* **out**
to understand why someone behaves in the way they do
(마음 · 행동을) 이해하다

Joe's so hostile all the time, I can't figure him out.　(조이는 늘 적대적이야. 나는 그를 이해할 수가 없어.)
　　　　　　　　　　　　　　　　　　 sb

Sometimes I can't figure my boss out. He's a man of many moods.
                           sb
(가끔 나는 우리 부장님을 이해할 수가 없어. 그는 기분이 시시각각 변하는 사람이야.)

figure out *sth/sb*, **figure** *sth/sb* **out** (유사어 **fathom out** [BrE], **work out**) [BrE, Informal]
to understand something or someone, or find the answer to something by thinking carefully
(시간이 지나서 · 이런 저런 생각을 해서) (어려운 일을) 해결하다, 이해하다, 해명하다.

I've known Jack for years but I still can't figure him out.
                                                    sb
(여러 해 동안 잭을 알고 지냈지만 아직도 그를 이해할 수가 없어.)

Einstein reached conclusions intuitively. Only after that did he figure out the mathematics.
                                                                            sth
(아인슈타인은 직관적으로 결론에 도달하였다. 그 후로는 오직 수학적으로 해명했다.)

➡ figure out how[what, why, where] 으로도 쓰임
I looked everywhere for my keys, but I couldn't figure out where I put them.
(여기저기에서 열쇠꾸러미를 찾아보았지만 어디에 두었는지를 알 수가 없었다.)

fill

vt. ① 가득하게 하다, 채우다, ~에 (잔뜩) 채워 넣다, ~에 내용을 채워 넣다[주다] ② ~에 충만하다, ~에 그득하다, ~에 널리 퍼지다[미치다] ③ (구멍 · 공백을) 메우다 ④ ~에 섞음질을 하다 ⑤ (빈자리를) 채우다, 보충하다, (지위를) 차지하다, [야구] 만루가 되게 하다 ⑥ (요구 · 필요 따위를) 충족[만족]시키다, 응하다, (처방을) 조제하다 ⑦ (책임 · 의무를) 다하다, (약속을) 이행하다, (역할을) 맡(아 하)다 ⑧ (아무를) 배부르게 하다, 만족시키다, 흡족케 하다 ⑨ (마을을) 채우다 ⑩ (콘크리트를) 부어넣다 ⑪ ~금 따위를 입히다, (땅에) 흙을 돋우다

vi. ① 그득 차다, 넘치다, 충만해지다, 그득[뿌듯]해지다(with) ② 잔에 따르다, 마실 것을 대접하다 ③ (돛 따위가 바람에) 부풀다 ④ 기압이 늘다, 저기압이 쇠약해지다

fill in

fill in *sth*, **fill** *sth* **in** (유사어 **fill out, complete** [Formal]) [BrE]
to write all the necessary information in special spaces on a document
(빈 곳을) 채우다, 메우다, (공식 서류에) 써 넣다

Please fill in this application form. (이 신청서를 기입해 주세요.)
                  sth

The teacher gave us the quiz and told us to fill the blanks in with the correct answerers.
                                                  sth
(선생님은 우리에게 시험지를 주시고 빈 칸을 정답으로 채우라고 하셨다.)

fill in *sth*, **fill** *sth* **in**
if you fill in a crack or a hole, you put a substance into it so that the surface becomes level
(틈새 · 구멍을) 메우다

I filled in the cracks with putty. (나는 틈을 퍼티(유리용 접착제)로 메웠다.)
       sth

She bought a packet of cement mix and began herself to <u>fill in some holes</u>.
                                                              sth
(그녀는 모래 섞은 시멘트 한 자루를 사서 구멍 몇 개를 손수 메우기 시작했다.)

fill in sb, fill sb in

to tell someone about things that have happened recently, especially because you have not seen them for a long time

(오랫동안 못 본) 최근 정보를 전하다

Something interesting happened while you were gone, I'll <u>fill you in</u> later.
                                                               sb
(네가 가고 없는 동안 재미있는 일이 있었어. 나중에 알려 줄게.)

Mom calls us every Sunday to <u>fill us in</u> on all the latest family news.
                                       sb
(엄마는 일요일이면 언제나 전화해서 요즘 가족에 관한 모든 소식을 우리에게 전해준다.)

➡ <u>fill sb in on</u> 으로도 쓰임
Talk to Jenny — she can <u>fill you in on</u> the details. (제니에게 말해 봐. 그녀가 자세히 너에게 알려줄 거야.)
                              sb

fill in(for) (유사어 stand in)

to do someone's job or work because they are unable to do it

(~을) 대신하다, 대역하다

She's the star of the show. No one can <u>fill in</u> for her. (그녀는 그 쇼의 스타야. 아무도 대역을 할 수가 없어.)
The regular bartender is on vacation. So Todd is <u>filling in</u>.
(상근 바텐더가 휴가 중이야. 그래서 토드가 대신하고 있어.)

➡ <u>fill in for</u> 로도 쓰임
I can't find anyone to <u>fill in for</u> me on Wednesday. (나 대신 수요일에 근무할 사람을 찾지 못했어.)

➡ <u>fill-in</u> (n)
   (someone who does someone else's job while they are away, sick, etc.)
   대리, 빈자리를 메우는 사람, 대용품, 보충물

The regular driver is in the hospital, and the <u>fill-in</u> doesn't know the route.
                                                      n
(정규 운전기사는 병원에 입원해 있어. 그리고 대리 운전사는 길을 잘 몰라.)

fill in time

if you fill in a period of time in which you are inactive or bored, you find things to do during it

(아르바이트 등을 해서) 한가한 시간을 보내다, 임시 일을 하다.

I'm not one of the regular people here, I'm just <u>filling in time</u> before I go to college.
(저는 여기 정규직원이 아닙니다. 대학 가기 전에 임시로 일을 하고 있습니다.)

They then drove to Girvan to <u>fill in time</u>. (그때 그들은 한가한 틈을 타서 기르반 쪽으로 차를 몰고 갔다.)

fill in sth, fill sth in (유사어 color, color in)

to paint or color the shape inside a shape, especially on paper

(형태나 모양 안에) 색칠을 하다

She drew a picture of a bird and used crayons to <u>fill</u> it <u>in</u>.
                                                   sth
(그녀는 새 한 마리를 그리고, 크레용으로 그것을 색칠했다.)

You could get the kids to <u>fill in the various pieces</u> in different colors.
                                      sth
(아이들에게 여러 다른 색깔로 여러 모양의 종이를 색칠하도록 시켜봐.)

fill out

fill out *sth*, **fill** *sth* **out** (유사어 **fill in** [BrE], **complete**)

to write the necessary information on an official document [e.g. form, questionnaire]
(용지·서류에) 필요한 사항을 기입하다, 완성하다.

Brody was <u>filling out forms</u> about the accident.   (브로디는 그 사고의 경위를 서류에 기입하고 있다.)
                        sth

The patients all had to <u>fill out questionnaires</u> which asked them about their previous medical history.
                              sth
(환자들 모두는 자신들의 이전 병력기록을 묻는 질문란에 사항을 기입해야만 했다.)

fill out

if a thin person fills out, he or she becomes fat.
살찌다, (몸이) 커지다

Nicol started to <u>fill out</u> after she started working at the candy shop.
(니콜은 캔디 숍에서 일하기 시작한 후 살이 찌기 시작했다.)

Ken used to be a skinny little guy, but he really <u>filled out</u> in the past year.
(캔은 전에는 깡마른 작은 녀석이었는데 작년에 매우 체중이 늘었다.)

fill up

fill up *sth*, **fill** *sth* **up**

if you fill up a container, you put a large amount of something into it, so that it becomes full
(용기·그릇 등을) 채우다, (차 탱크를 연료로) 채우다

Can I <u>fill up your glass</u>?   (잔을 채워도 될까요?)
             sth

We always <u>fill the tank up</u> when we're in Indiana because gas is cheaper there.
                 sth
(우리가 인디애나에 있을 때면 언제나 연료탱크를 가득 채워. 여기보다 기름값이 싸기 때문이야.)

➡ **filled-up** (n) [AmE]

(when you put enough petrol in your vehicle to fill the container that holds the petrol)
(연료로 차 탱크를) 가득 채움

Gasco is offering a free carwash with every <u>fill-up</u>.   (가스코는 기름탱크를 가득 채우면 무료로 세차를 해준다.)
                                                  n

fill up

if a place, an area or a container fills up, it becomes crowded or full
(장소가) 만원이 되다, (장소를) 만원으로 채우다

The dance floor filled up quickly when the band began to play.
(무도장은 악단이 연주를 시작하자 곧 사람들로 가득 찼다.)

The hotels in Rio de Janeiro always fill up at a carnival time.
(리우데자네이루에 있는 호텔은 가장무도회 축제 때면 언제나 만원이 된다.)

➡ fill up with 로도 쓰임
New roads rapidly fill up with cars.
(신도로는 금세 차들로 가득 찬다.)

fill (oneself) up (유사어 stoke up [BrE, Informal])

if you fill yourself up, you eat as much as you can

(~를) 배부르게 하다, (음식물을 먹어서) 배부르다

No filling yourselves up with sandwiches, beer, and chips.
　　　　　　sb
(샌드위치, 맥주, 칩스를 먹고는 배가 부를 수 없어.)

Kids fill (themselves) up on junk food these days.　(요즘 아이들은 스낵과자나 인스턴트식품으로 배를 불린다.)

➡ fill (oneself) up on 으로도 쓰임
I used to fill myself up on cereal as soon as I got home from school.
(나는 학교에서 집으로 돌아오자마자 시리얼로 배를 채우곤 했었다.)

fill up sth

if you fill up a period of time with a particular activity, you spend the time in this way

(특정 행동으로) 시간을 보내다

The point was to fill up the day with meaningless activities.
　　　　　　　　　　　　sth
(요점은 의미 없는 활동으로 하루를 보낸다는 것이었다.)

The manager expects us to fill up every minute of the day with work.
　　　　　　　　　　　　　　　　　sth
(부장님은 우리가 일분도 쉬지 않고 일을 하기를 바란다.)

find

vt. ① (우연히) 찾아내다, (~임을) 발견하다, (~되어 있음을) 발견하다 ② (연구·조사·계산하여) 찾아내다, (해답 등을) 알아내다, (~인지를) 조사하다, 생각해내다, 조사하다, 발견하다 ③ (애써) 찾아내다, (하고 있음을) 알아내다, 발견하다, 찾아주다, 힘겹게 나아가다, 도착하다 ④ (찾으면) 발견된다, (볼 수) 있다, [수동태] (~에) 있다, 존재하다 ⑤ (필요한 것을) 얻다, 입수[획득]하다, (시간·돈 따위를) 찾아내다, 마련하다, (용기 등을) 내다 ⑥ ~이 ~임을 (경험을 통하여) 알다, 이해하다, 깨닫다, 느끼다 ⑦ (~one ~self) (알고 보니 어떤 상태에) 있음을 깨닫다, 알아차리다, (어떤 장소에) 있다, (자기의) 천성[적성]을 알다. (어떤) 기분이다 ⑧ [법] (배심이 평결을) 내리다, ~라고 평결하다 ⑨ (기관의) 기능을 획득[회복]하다, ~을 사용할 수 있게 되다 ⑩ ~에 도달하다, ~이 자연히 ~하게 흐르다[되다] ⑪ (분실물 따위를) 찾다, 찾아내다 ⑫ (의식 따위를) ~에게 제공하다, ~에(게) 지급하다

vi. ① (배심원이) 평결을 내리다(for, against) ② 찾아내다, 발견하다, (사냥개가) 사냥감을 찾아내다

유사단어

find: 가장 일반적이며 특히 눈에 띄는 것을 '발견하다'의 뜻으로 자주 사용됨. find out은 주로 사실을 규명한다는 뜻으로 쓰임
    I can't find my keys. (열쇠를 찾을 수 없어.)
discover: ~에 관한 새 지식을 얻다
    The Vikings may have discovered America long before Columbus. (바이킹들이 콜럼버스보다 오래 전에 미국을 발견했는지도 모른다.)
detect: 숨어 있는 것을 찾아내다. 목적어로서 결함·범죄 등 '달갑지 않은 것'을 취하는 수가 많음
    I detected the leakage of gas. (가스가 새는 곳을 찾았다.)
ascertain: 실재함을 명백히 확인하다.
    School officials are trying to ascertain the facts. (학교 당국은 사실을 확인하려는 중이다.)

find out

find out, find out *sth*, find *sth* out (수동불가)

to get information about something, either by chance, by asking questions or looking up in books, etc.　　　　　　　　　　　　　　　　　(우연히, 물어서, 책에서 찾아서) ~을 알다, 이해하다

I don't know the answer, but I can soon find out. (나는 그 대답을 모르지만 곧 알아낼 수 있어.)
He phoned the hospital to find out the result of his test. (그는 검사 결과를 알기 위해 병원에 전화를 걸었다.)
　　　　　　　　　　　　　　　　sth

➡ find out what[where, why] 로도 쓰임
I'm only interested in finding out what the facts are. (나는 사실이 무엇인가를 알아내는 데만 흥미가 있다.)
How do we find out where to catch the bus? (버스 타는 곳을 어떻게 알 수 있습니까?)

➡ find out what [if, whether] 로도 쓰임
Find out if there's anyone who speaks English. (영어로 말하는 사람이 있는지 알아 봐.)

➡ find out what[that] 으로도 쓰임
I recently found out that she's over forty. (최근에서야 그녀가 40세가 넘었다는 것을 알았다.)

find *sb* out (유사어 **rumble** [BrE, Informal])

to discover that someone has been doing something dishonest or illegal
　　　　　　　　　　　　　　　　　　~의 정체를 파악하다, (죄·범인 따위를) 폭로하다, 간파하다

He cheated on his wife for many years before she found him out.
　　　　　　　　　　　　　　　　　　　　　　　　　　　sb
(부인한테 들키기 전까지 그는 수년 동안 바람을 피웠다.)
Criminals take great care not to get found out.<수동> (범죄자들은 들키지 않으려고 대단히 조심을 한다.)

finish

vt. ① 끝내다, 마치다, 완성하다, 완료하다 ② [+~ing] ~하기를 끝내다, ~speaking 이야기를 끝마치다 ③ (물건을) 다 쓰다, (음식을) 다 먹어[마셔]버리다 ④ ((구)) (상대를) 패배시키다, 파멸시키다, 없애버리다, 죽이다(off) ⑤ 마무르다, 만들어 내다, 다듬다, ~의 마지막 손질을 하다 (off) ⑥ ~의 교육[훈련]을 끝내다, 졸업시키다, (과정·학교를) 수료[졸업]하다
vi. ① 끝나다, 그치다 ② (결승점에) 닿다, 골인하다 ③ (물건을) 다 써버리다, (~의) 사용을 마치다

finish off (유사어 complete, finish up [AmE])

finish off *sth*, **finish** *sth* **off** [BrE]
to end a performance, an event, etc. by doing one final thing
(진행하고 있던 일의 마지막을) 완성하다

Don't disturb him — he's just <u>finishing off</u> his homework. (귀찮게 하지 마 — 그는 막 숙제를 끝내려는 참이야.)
sth

I want to <u>finish off</u> this sewing before dinner. (저녁 전에 재봉일을 끝내고 싶어.)
sth

finish off *sth*, **finish** *sth* **off** (유사어 **polish off**)
to use or eat all of something, so there is none left
(음식물을 남기지 않고) 다 마시다, (~을) 다 쓰다

Fred <u>finished off</u> two hamburgers and ordered another.
sth
(프레드는 햄버거 두 개를 다 먹고 나서 하나를 더 주문했다.)

You'd better <u>finish</u> this toothpaste <u>off</u> before you open a new one.
sth
(새 치약을 개봉하기 전에 이 치약을 다 써버리는 것이 좋을걸.)

finish *sb/sth* **off**, **finish off** *sb/sth* (유사어 **kill**) [Informal]
to kill or defeat a person or an animal when they are weak or wounded
(이미 상처 입은 사람·동물을) 살해하다, 쏘아죽이다

The bear dropped on the first shot, the second shot <u>finished</u> it <u>off</u>.
sth
(그 곰은 첫 발포에 쓰러졌고, 두 번째 발포로 숨이 끊겼다.)

The old man was already sick. A high fever <u>finished</u> him <u>off</u>.
sb
(그 노인은 이미 병이 들었다. 고열로 생명을 다했다.)

finish off *sth*, **finish** *sth* **off** [BrE]
to complete something by making it attractive in a particular way
(특별한 방법으로 매력 있게) 끝을 내다, 마감하다

Low growing plants are useful for <u>finishing off</u> the edge of path or flower bed.
sth
(작은 관목들은 통로나 꽃밭 가장자리를 마무리하는 데 유용하다.)

The shirt had a silver cross on the left breast and the neck <u>was finished off</u> with a frill.<수동>
(그 셔츠는 왼쪽 가슴 위에 십자가가 있고 목은 주름으로 마무리되었다.)

finish off *sb/sth*, **finish** *sb/sth* **off**
to defeat a person or a team that you are competing against in a sport
(사람·팀을) 파괴하다, 깨다, 부수다

A home run in the bottom of the ninth inning <u>finished us off</u>. (9회 말 홈런이 우리를 패배시켰다.)
                                               sb

They were a team we should have easily beaten, but we couldn't quite <u>finish them off</u>.
                                                                                    sb
(그들은 우리가 쉽게 이길 수 있는 팀이었는데도 전혀 완패시킬 수가 없었다.)

finish with

finish with *sth*

to not need something any more that you have been using

                                                                                                      ~을 끝내다, 쓸모가 없어지다

I'll call you when I'm <u>finished with my next patient</u>.<수동> (다음 환자 치료가 끝나면 부를 것입니다.)
                                                          sth

You can't watch TV till you've <u>finished with your homework</u>. (네가 숙제를 끝낼 때까지는 TV를 볼 수 없어.)
                                                                      sth

finished with *sb*

to have finished talking to someone, or dealing with them, especially when you are angry with them or want to punish them

                                              (화가 나서·벌을 주고 싶어서) (이야기·거래를) 일단락짓다, 끝장을 내다

I haven't <u>finished with you</u> yet. (나는 아직 당신과 거래가 끝나지 않았습니다.)
                            sb

Don't go Anna. I haven't <u>finished with you</u>, yet. (가지 마, 안나. 아직 이야기 끝나지 않았어.)
                                          sb

finish with *sb* [Informal]

to end a romantic relationship with someone

                                                                (애정 관계가) 끝나다, (연인 관계가) 끝내다

Did you know that Mike's <u>finished with Theresa</u>? (마이크와 테레사 사이가 끝난 것 알아?)
                                               sb

There were just too many arguments, so in the end I <u>finished with him</u>.
                                                                                                     sb
(언쟁이 너무 많았어. 그래서 결국 그와 헤어졌어.)

fire

vt. ① ~에 불을 붙이다[지르다] ② (아무를) 고무하다, 분기시키다, (생명력을) 불어 넣다 ③ (감정을) 격앙시키다, 불태우다, (상상력을) 북돋우다, 자극하다 ④ (다이너마이트 등에) 점화하다, 폭발시키다 ⑤ (화기·탄환을) 발사[발포]하다, 폭파하다(off), (질문 따위를) 퍼붓다 ⑥ (도자기 따위를) 구워 만들다, 굽다, 소성하다 ⑦ 불에 쬐어 그슬리다[건조시키다], (차를) 볶다 ⑧ ~의 불을 때다, ~에 연료를 지피다 ⑨ 빛나게 하다 ⑩ [수의] (염증을 치료하기 위해) 불로 지지다, 낙인을 찍다. ⑪ ((구어)) (돌 등을) 던지다, 유리창에 돌을 던지다 ⑫ ((미구)) 목 자르다, 내쫓다, 해고하다(out, from)

vi. ① 불이 붙다, (불)타다 ② 새빨개지다, 빨갛게 빛나다 ③ 열을 띠다, 격해지다, 흥분하다 ④ 발포하다, 사격하다, 포화를 퍼붓다(at, on, upon)

fire away

fire away (유사어 **shoot** [Informal]) [Informal]
used to tell someone that you are ready for them to begin asking you questions or speaking about something

(이야기·질문)을 시작하다

"Do you mind if I ask you something Woody?" "Fire away."
("우디, 무엇 좀 여쭈어 봐도 될까요?" "말해 봐.")

As soon as the President finished his talk, the reporters began to fire away with questions.
(대통령의 발언이 끝나자마자 기자들은 질문을 퍼붓기 시작했다.)

fit

vt. ① ~에 맞다, ~에 적합하다, ~에 어울리다, 꼭 맞다 ② 맞추다, 적응시키다, 적합하게 하다(to) ③ ~에게 자격[능력]을 주다, ~할 수 있게 하다, ~에게 (입학) 준비를 시키다(for) ④ (적당한 것을) 설비하다, 달다, 공급하다(with, to) ⑤ 짜 맞추다, 조립하다, 이어 맞추다, 만들어 내다, 꼭 끼워 넣다

vi. ① 맞다, 적합[합치·일치]하다, 꼭 맞다, 어울리다, 조화하다(in, into, with) ② ((미)) 수험 준비를 하다(for)

fit in(into)

fit in
to feel happy in a group of people because you are similar to them

(취미·태도가) 조화[일치]하다, 잘 들어맞다, 적합하다, 어울리다, 정들다, 친숙해지다

As soon as we moved to this area, we felt that we fitted in.
(이 동네로 이사 오자마자 우리는 잘 적응하고 있는 것을 느꼈다.)

You can't bring outsiders into a place like this; they wouldn't fit in; they would upset the whole atmosphere.
(이런 장소에 외부인을 데리고 오면 안 돼. 그들은 어울리지 않아, 그들이 전체적인 분위기를 엉망으로 만들걸.)

➡ fill in with 로도 쓰임
Ben just doesn't seem to fit in with the other children at school.
(벤이 학교에서 다른 아이들과 잘 어울리는 것 같지 않아.)

fit in *sth*, **fit** *sb/sth* **in** (유사어 **squeeze in, slot in**)
to find time to do something or see someone

(형편·시간에) 맞추다, (사람을 만날·일을 할 시간을) 내다, 틈을 내다

We'll be in Paris for a couple of days, so we should be able to fit in a trip to Versailles.
                                                                        sth
(우리는 파리에서 2~3일 있을 예정이야. 그래서 베르사유로 여행할 시간을 낼 수 있을 거야.)

She finds it almost impossible to fit in time to talk to the patients although she feels that is
                                    sth
an important part of job.
(환자와 상담하기 위해 시간을 내는 것이 거의 불가능하다는 것을 알지만 그녀는 그 일이 중요한 업무라고 느낀다.)

fit in, fit *sth* in(to)

to look suitable or nice in a particular place, or with other things

(장소에) 잘 들어맞다, 딱 맞다

I was able to fit three chairs into the back seat of the car.
                    sth
(의자 세 개를 차 뒷자리에 끼워 넣을 수 있었다.)

The fourth one just wouldn't fit in.   (4번째 것은 끼워 넣을 수가 없었다.)

➡ fit in with 로도 쓰임

I'm looking for a sofa that will fit in with the room's general style.
(그 방의 일반적인 스타일에 어울리는 소파를 찾고 있어요.)

where[how] *sb* fits in

used to ask or describe what part someone has in a plan or a situation

(~에) 해당하다, 역할이다

"If Tom is Jane's husband and Tim is her brother, where does Joe fit in?"
                                                                    sb
"Joe is her cousin."
(탐이 제인의 남편이고 팀은 제인의 오빠라면 조이는 어디에 해당돼?" "조이는 그녀의 사촌이야.")

We need someone to play the piano. That's where you fit in.
                                                      sb
(피아노 연주할 사람이 필요해. 그것은 너의 역할이야.)

fix

vt. ① 고정[고착]시키다, 달다, 붙이다, 붙박다, 설치하다(in, on, to) ② (주거 따위를) 정하다, (장소·지위에) 정착하다, 자리 잡다(in, at) ③ (습관·제도·관념·견해 따위를) 고정시키다, (기억·마음이) 남기다, 새기다, (결의·의견 등을) 명확히 하다 ④ 찬찬히 (주의 깊게, 의심쩍게) 보다(on, upon), 응시하다, (눈길·주의를) 끌다 ⑤ (허물·죄 따위를) (덮어) 씌우다, 돌리다 (on, upon) ⑥ (날짜·장소·가격 등을) 정하다, 결정하다, (~의 장소[시기]를) 확정하다 ⑦ (표정·눈매 따위를) 굳히다, 경직시키다(in, with) ⑧ (머리를) 다듬다, 화장하다 ⑨ (염색을) 고착시키다 ⑩ (사진 영상을) 정착시키다, (휘발성물질·액체를) 응고시키다, 불휘발성으로 하다 ⑪ 고치다, 수리[수선]하다, 조정하다 ⑫ 가지런히 정리하다, 정돈하다, 마련[준비]하다 ⑬ (식사를) 준비하다, (요리를) 만들다 ⑭ (사람을) 꼼짝 못하게 하다, 죽이다, 징벌하다 ⑮ ((구)) (재판관 등을) 매수하다, 포섭하다, (경기·시합 등을) 미리 짜고 하다 ⑯ ~에게 보복[복수]하다

vi. ① 고정[고착]되다, 굳어지다, 응고하다 ② 자리 잡다, 거처를 정하다 ③ 정하다, 택하다(on)

fix up

fix up *sth*, **fix** *sth* **up** (유사어 **arrange**) [BrE]
to arrange something such as a meeting, a date, or a deal, etc.
(모임 · 날짜 · 약속 등을) 정하다, (거래 등을) 주선하다

We must meet again to <u>fix up</u> <u>the details of the contract</u>.
                                                 sth
(계약의 세부사항을 결정하기 위해 한 번 더 만나야 하겠습니다.)

Frances, do you think you could <u>fix up</u> <u>a staff meeting</u> for me?
                                                           sth
(프랜시스, 자네가 나를 위해 직원회의를 주선해 주면 어떨까?)

➡ **get** *sth* **fixed up** 으로도 쓰임
Don't worry about the insurance — I'll <u>get it</u> <u>fixed up</u>. (보험금에 대해서 염려 마 — 내가 조정해 볼게.)
                                                        sth

➡ **fix up to do** *sth* 로도 쓰임 [BrE]
I've already <u>fixed up to go on holiday</u> that week. (나는 이미 그 주일에 휴가 가기로 결정했다.)
                                    sth

fix up *sb*, **fix** *sb* **up**
if you fix someone up with something they need, you provide it for them
(~에게) (필요 한 것을) 마련해 주다, 구해주다

If you need anything, come and see me. I'll <u>fix you up</u>. (필요한 것이 있으면 나한테 와 봐. 내가 구해 줄게.)
                                                           sb

I know someone who should be able to <u>fix you up</u>. (너에게 일거리를 마련해 줄 수 있는 사람을 알아.)
                                                          sb

➡ **fix** *sb* **up with** 로도 쓰임
We told the hotel desk clerk that we wanted their best room, and she <u>fixed us up with</u> the
                                                                                                                                 sb
honeymoon suite.
(호텔 데스크 직원에게 호텔에서 가장 좋은 방을 원한다고 말했더니 신혼부부 스위트룸을 우리에게 제공해 주었다.)

➡ **be[get] fixed up** 으로도 쓰임
Thanks, but I'm already <u>fixed up</u> with somewhere to stay.
(감사합니다만 저는 벌써 머물 수 있는 장소를 제공받았어요.)

fix *sth* **up**, **fix up** *sth* (유사어 **do up** [Informal])
to make a place look attractive by doing small repair, decorating it again, etc.
(~을) 수리하다, 고치다, 개조하다

We shall have to <u>fix</u> <u>the house</u> <u>up</u> before we can sell it. (집을 수리하지 않고는 팔 수가 없다.)
                                                   sth

The city decided to <u>fix up the park</u>. (시 당국은 공원을 다시 고치기로 결정했다.)
                                                      sth

➡ **fix up** *sth* **as** 로도 쓰임
My son <u>fixed up our garage</u> as a recording studio. (우리 아들은 차고를 녹음실로 개조하였다.)
                                    sth

➡ fix *sth* up for 로도 쓰임
We'd planned a lot of improvements, and Jack was fixing a room up for the baby.
                                                                    sth
(우리는 대대적인 수리를 계획하였고 잭은 아기를 위해 방을 개조하는 중이었다.)

fix *sb* up, fix up *sb* [Informal]
to find a romantic partner for someone
(데이트 상대를) 주선하다, 소개하다

Ask your brother to fix you up with a nice girl.   (멋진 여자를 소개해 달라고 네 형에게 부탁해.)
                            sb
Linda and Tom are perfect for each other. I'm going to fix them up.
                                                              sb
(린다와 탐은 서로 잘 맞아. 그들을 서로 소개해 주어야겠어.)

➡ fix *sb* up with 로도 쓰임
I've been trying to fix my sister up with some nice guy for years.
                              sb
(나는 몇 년 동안이나 내 여동생에게 멋진 사나이를 소개해 주려고 애쓰고 있어.)

fix up *sth*, fix *sth* up
to make something quickly using whatever is available, because you suddenly need it
(즉시 필요해서) 급조하다, 엉성하게 만들다

We tried to fix up a shelter from the wind.   (바람을 막을 휴식처를 급하게 만들려고 애썼다.)
                    sth
We fixed up a table, using some old boxes.   (낡은 상자 몇 개를 사용해서 식탁 하나를 급하게 만들었다.)
           sth

fix oneself up (유사어 **gussy oneself up** [AmE]) [AmE]
to make yourself look attractive, especially before a special event
(특별 행사 전에) 장식하다, 정장하다

Ginny spent two hours fixing herself up for the Christmas party.
                                    oneself
(지니는 크리스마스 파티를 위해 치장을 하는 데 두 시간을 보냈다.)

Heather is upstairs fixing herself up for the prom.   (헤더는 학교 댄스파티에서 보여줄 치장을 위해 이층에 있다.)
                              oneself

fizzle

vi. 쉬잇 하고 소리 내다, ((구)) 실패하다(out)

fizzle out

fizzle out (유사어 **peter out**)
to gradually end or disappear, especially in a disappointing way
용두사미로 끝나다, 어이 없이 끝나다

After a few months, my affair with Doris fizzled out.
(2~3개월 뒤 도리스와의 연애 사건은 어이 없이 끝이 났다.)

The discussion fizzled out after a few minutes. (토의는 수분 후에 흐지부지되었다.)

flare

vt. ① 확 타오르게[불붙게]하다 ② 불끈 성나게 하다 ③ 섬광 따위로 신호하다 ④ 과시하다 ⑤ 나팔꽃 모양으로 벌리다, (스커트에) 플레어를 달다

vi. ① 흔들리며 빛나다, 너울거리며 타다(about, away, out) ② 확 불붙다[타오르다](up), 번쩍번쩍 빛나다, 섬광을 발하다 ③ 나팔꽃 모양으로 벌어지다

flare up

flare up (유사어 **erupt** [Formal])

if something [e.g. violence, anger, argument] flares up, it suddenly happens and becomes very serious

(폭력 · 심각한 분노 · 논쟁 등이) 격화되다, 악화되다, 타오르다

The argument between the two groups flared up at the meeting.
(두 집단 사이에서 벌어진 논쟁은 그 회의 때 격화되었다.)

Violence has flared up again in the city, and ten people were killed in one day.
(폭동이 그 도시 안에서 또 일어났고 10명의 시민이 하루만에 살해되었다.)

➡ flare-up (n)

(when a violence, an argument, or anger suddenly starts or becomes very serious)
(감정의) 폭발, 격노

There was an immediate flare-up of trouble in the north and west of the region.
(북쪽과 서쪽 지역 사이에 직접적이고 격렬한 분노의 문제가 있었다.)

flare up (유사어 **blow up**)

to suddenly become very angry with someone about something they have said or done

불끈 성나다, 화가 나다

She would sometimes flare up at me as a way of relieving her own panic.
(그녀는 자신의 공포심을 완화시키는 하나의 방법으로 가끔 나에게 화를 낸다.)

Helen flared up. "Look what you've done!" She shouted.
(헬렌이 화를 냈다. "자 봐 네가 무슨 짓을 했지?" 하고 말했다.)

flare up

if a disease, a pain, etc. flares up, it suddenly becomes worse

(질병 · 고통 등이) 다시 도지다, 재발하다

The pain in my legs tends to flare up when the weather's damp.
(날씨가 습하면 내 다리 통증이 재발하는 경향이 있다.)

Despite the new medicine, my arthritis began to flare up again.
(신약에도 불구하고 관절염이 다시 재발하기 시작했다.)

➡ flare up (n)

(a situation in which a disease or illness suddenly becomes bad again, after not causing any problems for a long time)
(질병 따위의 돌연한) 재발

A flare-up of her arthritis had kept her in bed.   (그녀는 관절염 재발 때문에 병상에서 꼼짝 못하고 있었다.)
　　n

flare up

to suddenly begin to burn very brightly

(짧은 시간 안에) 확 불붙다(타오르다)

The fire flared up when we thought it was out.   (불이 꺼졌다고 생각한 순간 불이 확 붙었다.)
Danniel lit a match and flared up in the dark.   (다니엘이 성냥을 켰더니 어둠 속에서 확 불이 붙었다.)

flick

vt. ① 찰싹[탁] 치다[튀기다] ② 가볍게 쳐서 털다, 털어 버리다, 튀겨 날리다(off, away) ③ 홱 흔들다, (잉크 따위를) 홱 흔들어 튀기다
vi. ① 홱 움직이다, 훨훨 날다 ② 냅다 때리다, 파리를 잽싸게 때리다

flick through

flick through sth (유사어 **flip through, leaf through**)
to look briefly at the pages of something [e.g. book, magazine]
(책·잡지 페이지를) 훌훌 넘기다, (책·잡지 등을) 대충 훑어 보다

While I waited, I flicked through the pages of a magazine, looking for something interesting to read.
　　　　　　　　　　　　　　　　sth
(기다리고 있는 사이 읽을 만한 재미있는 것을 찾으며 잡지를 훌훌 넘겼다.)

She was flicking through some magazines on a table.   (그녀는 테이블 위에 있는 몇몇 잡지를 훑어보고 있었다.)
　　　　　　　　　　sth

flip

vt. ① (손톱·손가락으로) 튀기다, 홱 던지다 ② 톡 치다, (재 따위를) 가볍게 털다(off), 홱 움직이(게 하)다, (채찍 따위로) 찰싹 때리다(at) ③ 뒤집다, 뒤엎다, 훌훌 넘기다(through) ④ ((속)) 정신이 돌다, 발끈하다, 흥분하다, 크게 웃다, (~에) 열중하다[케 하다], 득점하다 ⑤ ((미)) (열차)에 뛰어오르다, 득점하다 ⑥ ((속)) (사람이) 반응을 보이다(흥분·기쁨 따위에)

flip through

flip[flick] through sth (수동불가) (유사어 **flick through, leaf through**)
to look briefly at the pages of something [e.g. book, magazine]
(페이지·카드 따위를) 훌훌 넘기다. (훌훌 넘기어 책 따위를) 대충 훑어보다

I usually <u>flick through</u> <u>a magazine</u> before buying it. (나는 잡지를 사기 전에 늘 한번 훑어본다.)
　　　　　　　　　　　sth

Alex was standing by the telephone <u>flipping through</u> <u>his address book</u>.
　　　　　　　　　　　　　　　　　　　　　　　　　　　sth
(알렉스는 전화부를 훑어보면서 전화기 옆에 서 있었다.)

flip out

flip out (유사어 **go crazy, lose it** [Informal]) [AmE, Informal]
when you flip out, you become very upset or very angry
　　　　　　　　　　　　　　정신이 돌(게 하)다, 자제를 잃(게 하)다, 욱하(게 하)다.

Bob <u>flipped out</u> when the city doubled his property taxes.
(밥은 시 당국이 재산세를 두 배로 올렸을 때 자제력을 잃었다.)

Keep your hands off Jim's computer — he'll <u>flip out</u> if you screw it up.
(짐의 컴퓨터에 손대지 마 — 네가 그 컴퓨터를 고장 내면 그는 정신이 돌아버릴걸.)

My boyfriend <u>flipped out</u> when he saw me with another guy.
(내 남자친구는 내가 다른 남자와 있는 것을 보았을 때 자제심을 잃어버렸다.)

float

vt. ① 띄우다, 떠돌게[감돌게]하다, (바람이 향기를) 풍기다, 나르다 ② (소문을) 퍼뜨리다, 전하다 ③ (회사를) 설립하다 ④ (기금을) 모집하다, (채권을) 발행하다 ⑤ 물에 잠기게 하다, 관개하다 ⑥ (미장이가 벽을) 흙손으로 고르다 ⑦ ~의 사이를 헤매다(마음·기분으로)

vi. ① 뜨다, 떠(돌아)다니다, 표류하다 ② (마음·눈앞에) 떠오르다(before, in, into, through) (음악이) 흘러나오다[나가다], (생각이) 흔들리다 ③ [보통 진행형] ((구)) (사상·소문 따위가) 퍼지다, 유포하다(about, around) ④ (회사 따위가) 설립되다, (어음이) 유통하다, (통화가) 변동시세[환율]제로 되다(against) ⑤ ((미)) (기분이) 들뜨다

float around, float about [BrE]

be floating around[about] (유사어 **be around, circulate** [Informal])
when a rumor or some information is floating around, it is being repeated and discussed among a group of people or within a place
　　　　　　　　　　　　　　　　　　　　　　　(사상·소문 따위가) 퍼지다, 유포하다

There's a rumor <u>floating around</u> that Jack and Jill are getting married.
(잭과 질이 결혼할 것이라는 소문이 떠돌고 있다.)

There are a lot of rumours floating about, but nobody really knows what's going to happen.
(여러 가지 루머가 떠돌아다니고 있으나 무슨 일이 일어날 것인지는 정말 아무도 모른다.)

be floating around[about] (*sth*) [Informal]

when something is floating around a place, it is there somewhere, though you are not sure exactly where

그 근처에 있다, 여기 어딘가 있다

"Have you got the ABC file?" "No, but it's floating around somewhere. Maybe Jack has it."
("ABC사의 서류 가지고 있어?" "아니, 여기 어딘가 있겠지. 어쩌면 잭이 가지고 있을걸.")

The new schedule was floating around the office yesterday.
(새로운 스케줄 표는 어제, 사무실 어디엔가 있었다.)

flood

vt. ① (물이) ~에 넘치게 하다, 범람시키다, 잠기게 하다, ~에 침수하다 ② ~에 물을 대다[관개하다], ~에 물을 많이 붓다[쏟다], (엔진 따위)에 지나치게 연료를 주입하다, ((구)) (위스키)에 다량의 물을 타다 ③ [종종 수동태] (빛이) ~에 넘쳐흐르다, 가득히 비추다(with, by) ④ [종종 수동태] ~에 몰려[밀려]들다, 쇄도하다

vi. ① (강이) 넘쳐흐르다, 물이 나다, 범람하다, 조수가 밀려오다, (엔진 따위가 시동이 걸리지 않을 만큼) 연료가 과다 주입되다, 빛이 휘황찬란하다, (사람·물건이) 몰려들다, 쇄도하다(in, into, to) ② 대량 출혈을 하다(산후)

flood out

be flooded out

if people, places, or things are flooded out, the water from a flood makes it impossible for people to stay in those places or to use those things

(홍수 등으로 일시적으로 집 등을) 떠나다

We were flooded out twice in our tent and ended up staying in a hostel.
(우리는 홍수 때문에 두 번이나 텐트 속을 들락날락하다 결국은 호스텔에서 머물게 되었다.)

Many families were flooded out when the river burst its banks.
(강물로 강둑이 붕괴되었을 때 많은 가족들이 집을 떠났다.)

flood out (유사어 pour out)

to leave a place in very large numbers

(대량으로 장소를) 떠나다

People who left their home during the heavy rains were flooded out for over a week.
(호우가 쏟아지는 사이 집을 떠난 사람들은 일주일 이상 집을 떠나 있었다.)

The people are flooding out of the theater, totally disgusted with the performance.
(공연에 완전히 실망한 사람들이 극장에서 물밀 듯이 쏟아져 나갔다.)

➡ flood out of 로도 흔히 쓰임
About 200,000 people were reported to be flooding out of the country.
(약 20만 명의 사람들이 홍수 때문에 고향을 떠나고 있다고 보고되었다.)

follow

vt. ① ~을 좇다, 동행하다, ~을 따라가다 ② (지도자 등을) 따르다, (선례를) 따르다, (세태 · 유행 따위를) 따라가다, (충고 · 가르침 · 주의 따위를) 좇다, 지키다, 신봉하다 ③ ~에 계속하다, ~의 다음에 오다, ~의 뒤를 잇다 ④ ~의 뒤에 일어나다(생기다), ~의 결과로써 일어나다 ⑤ 뒤쫓다, 추적하다, (이상 · 명성 따위를) 추구하다, 구하다 ⑥ (길을) 따라서 가다, ~을 거쳐 가다, (철도 따위가) ~을 끼고 달리다, (이론 · 설명 · 이야기의 줄거리를) 더듬다, 이해하다 ⑦ (아무의) 말을 이해하다 ⑧ (직업에) 종사하다, ~을 직업으로 하다, 변호사를 업으로 하다 ⑨ 눈으로 쫓다, 귀로 청취하다 ⑩ (변화하는 세태 · 형세)를 따라가다, 지켜보다, ~에 관심을 나타내다, ~에 흥미를 갖다, (특정 팀 등을) 열심히 응원하다, ~의 팬이다

vi. ① (뒤)따르다, 쫓아가다, 수행하다, 섬기다, 추적하다 ② 다음[뒤]에 오다, 잇따라 일어나다 ③ [보통 it을 주어로 하여] (논리적으로) 당연히 ~이 되다, ~이라는 결론이[결과가] 되다, ~로 추정되다

follow up

follow up *sth*, **follow** *sth* **up** (유사어 **investigate**)
to do something in order to make the effect of an earlier action or a thing stronger or more certain
(~을 받아서, ~의 수단으로, 정보를 얻어) 다음에 (필요한) 행동을 하다

The doctor told me I'd need to follow up the treatment with physical therapy.
　　　　　　　　　　　　　　　　　　　　sth
(의사 선생님은 다음에는 물리치료를 받을 필요가 있다고 말씀하셨다.)
I followed up an advertisement for a second-hand Volkswagen. (중고 폭스바겐 차를 사려고 광고를 찾았다.)
　　　　　　　sth

➡ follow up on 으로도 쓰임
Public health officials are following up on numerous health complaints from workers at the factory. (공중보건국 공무원들은 그 공장 근로자들로부터 수많은 건강에 관한 불평을 듣고 있었다.)

follow up *sth*, **follow** *sth* **up**
to do something soon after you have done something else, especially in order to make sure it is successful
(~을) 계속 진행하다, (성공하기 위해) 계속 일을 추진하다

The treatment is usually followed up by a series of check-ups at the local hospital.<수동>
(치료는 대개 지역 병원에서 실시한 일련의 검사에 뒤이어 이루어진다.)
The director will follow up the committee's suggestions.
　　　　　　　　　　　　　　　　　　sth
(이사님은 위원회의 여러 제안을 더욱 추진할 것이다.)

➡ follow up with 로도 쓰임
The band is planning to <u>follow up</u> their new record <u>with</u> a three-month tour of the U. S.
(그 밴드는 우선 신곡을 내고 이어서 미국을 3개월간 여행하기로 계획을 세우고 있다.)

➡ follow-up (n)
(a follow-up is something that is done to continue or add to something done previously)
뒤쫓음, 뒤따름, 속행, (신문의) 속보, 신판, 추적검사
The doctor asked me to see him two months later after the operation for a <u>follow-up</u>.
                                                                                         n
(의사는 수술이 끝난 후 두 달 뒤에 추적검사를 위해 보자고 요청했다.)

➡ follow-up (a)
(follow-up meetings, visits, activities, etc. are done after something else, in order to develop it further or make sure that it is successful)
뒤따르는, 계속하는
They decided to have a <u>follow-up</u> meeting to find out how much progress had been made.
                                 a
(그들은 일의 진행이 얼마나 이루어졌는지 알아보기 위해 계속해서 다시 미팅을 갖기로 결정했다.)

fool

- vt. ① 놀리다, 우롱하다 ② 속이다, 속여 빼앗다, 속여서 ~시키다 ③ (시간·돈·건강 따위를) 헛되이 쓰다, 낭비[허비]하다(away)
- vi. ① 바보짓을 하다, 희롱거리다, 장난치다, 농락하다(with), 농담하다 ② 빈둥거리다, 어슬렁거리다(about)

fool around, fool about [BrE]

fool around[about] (유사어 **mess around, about** [Informal], **muck around, about** [BrE, Informal])

to behave in a silly way for fun

                                                                                (재미로 바보 같은) 행동을 하다, 속이다

We used to <u>fool around</u> a lot in class. (우리 교실에서는 재미로 바보 같은 짓을 많이 하곤 했다.)
Stop <u>fooling about</u>, will you! I'm trying to work!
(바보 같은 짓 그만 두지 않을래. 나 지금 일하려고 노력하고 있어.)

fool around[about] with *sth* (유사어 **play around, about**)

when you fool around with something, you do something that may be dangerous or foolish
                                (위험한 물건을 가지고) 놀다, 이것저것 (조심성 없이) 만지작거리다.

Children should not be allowed to <u>fool around with</u> <u>matches</u>.
                                                          sth
(어린이들이 성냥을 가지고 놀도록 두어서는 안 된다.)

Don't ever <u>fool around with</u> <u>a gun</u>. It is not a toy. (절대로 총 가지고 놀지 마. 좋은 장난감이 아니야.)
                                    sth

fool around, fool around *sth* [AmE, Informal]

to go around a place, especially in a car, on a bicycle, etc.

(차나 자전거를 타고) 여기저기 돌아다니다

There was a time Gary Cooper <u>fooled around</u> town in a green Bentley Corniche.
(게리 쿠퍼가 푸른 벤틀리 코니시를 타고 마을을 여기저기 돌아다닌 때가 있었다.)

She <u>fools around</u> on a bicycle in her jeans. (그녀는 청바지를 입고 자전거를 타고 여기저기 돌아다닌다.)

fool around (유사어 **mess about, around** [Informal], **faff about, around** [BrE, Informal]) [AmE, Informal]

to spend time having fun or behaving in a silly way

(필요 없는 짓 하느라고) 시간 낭비하다, 빈둥빈둥거리다

My boss said, "I'm not paying you to <u>fool around</u> — get to work."
(사장님은 "빈둥거리는 네 녀석한테 줄 봉급은 없어 — 가서 일해." 라고 말씀하셨다.)

My son is lazy. He spent his time <u>fooling around</u> instead of looking for a job.
(내 아들은 게으르다. 일자리를 찾는 대신 빈둥거리며 시간을 보냈다.)

fork

vt. ① 두 갈래지게 하다, 분기시키다 ② (쇠스랑·갈퀴 따위로) 긁어[떠서] 올리다[던지다] ③ 포크로 찍다 ④ ~에 겸장을 부르다(체스에서)

vi. 분기하다, 갈라지다, (갈림길에서 어떤 방향으로) 가다

fork out

fork out *sth* (유사어 **shell out** [Informal], **cough up** [Informal]) [Informal]

to pay or give money for something, especially when you do not want to

(마지못해) 돈을 내주다, 지불하다

We had to <u>fork out</u> $900 to fix our car. (우리 차를 고치는 데 900달러를 마지못해 지불해야 했어.)

Father is complaining that he has to <u>fork out</u> more money to the children every week.
(아버지는 매주 아이들에게 점점 더 많은 돈을 지불해야 한다고 불평하신다.)

freak

vt. ((미)) 흥분시키다

vi. ① ((미)) 마약으로 흥분하다 ② 색다른 짓을 하다 ③ 흥분하다

freak out

freak out, freak *sb* out, freak out *sb* [Informal]
to suddenly feel very shocked, worried, or frightened, or to make someone feel like this

당황하다, 화가 나다, 화나게 하다, 황당하다

Melanie <u>freaked out</u> when she learned that her husband had been arrested for murder.
(멜라니는 남편이 살인 혐의로 체포되었다는 사실을 알았을 때 당황했다.)

I wish you would take that Halloween mask off — you're <u>freaking me out</u>.
sb
(네가 할로윈 마스크를 벗었으면 좋겠어. 너 때문에 화가 나.)

freshen

vt. vi. ① 새롭게 하다[되다] ② 원기 왕성케 하다[해지다](up) ③ ~의 염분을 빼다, 염분이 빠지다
④ (바람이) 강해지다 ⑤ ((미)) (소가) 젖이 또 나오게 되다, 새끼를 배다

freshen up

freshen up
to quickly wash yourself so that you feel clean

(세안·화장을 고쳐) 깨끗이 하다

As soon as we arrive anywhere, she goes straight to the ladies room to <u>freshen up</u>.
(우리가 어디를 가든, 그녀는 도착하자마자 화장을 고치러 화장실로 갔다.)

I'd like to <u>freshen up</u> back at the hotel room before dinner.
(나는 저녁식사 전에 호텔방에 돌아가서 화장을 고치고 싶다.)

freshen up *sth*, freshen *sth* up (유사어 **brighten up**)
to make some look cleaner, brighter and more attractive

~을 밝게 깨끗하게 하다, ~에 신선미를 가하다

We <u>freshened up the dining room</u> with new wall paper and curtains.
sth
(우리는 식당을 새 벽지와 새 커튼으로 새롭게 단장했다.)

Use flowers from the garden to <u>freshen up your house</u>.
sth
(정원에서 꽃을 꺾어다 너의 집을 말끔하게 하는 데 사용해라.)

G

get

vt. ① 얻다, 입수하다, 획득하다, 사다, 받다, 타다, 벌다, 예약하다 (신문·잡지 등을) 정기 구독하다, ~에게 (물건)을 사서 (손에 넣어) 주다 ② (선물·편지·돈·허가 등을) 받다, 갖게 되다 ③ (물고기·사람 등을) 잡다, 붙들다, (작물을) 수확하다, (열차·버스 등) 시간에 대다, 타다 ④ ((구)) 압도하다, 해치우다, (논쟁 등에서) 이기다, 죽이다, 보복[복수]하다, [야구] 아웃시키다 ⑤ (TV·라디오·무선 등을) 수신하다, (전화로) ~와 연락하다, 연결하다 ⑥ (타격·위해 등을) 입다, ~을 당하다, (병에) 걸리다, 열중하다, (벌을) 받다 ⑦ ((구)) (타격·탄알 따위가) ~에 미치다[맞다], ~을 맞히다 ⑧ ((구)) 곤란하게 하다, 두 손을 들게 하다, 성나게 하다, (망상 따위가) ~에 들붙다, 감동시키다, 흥분시키다, 매혹하다 ⑨ ((구)) 알아듣다, 이해하다, 익히다, 배우다, (버릇이) 들다, ((미)) ~을 깨닫다 ⑩ ((미)) (식사를) 준비하다, ((영)) (식사 등을) 먹다 ⑪ 가서 가져오다 ⑫ 가져다주다, 집어주다 ⑬ (~을 어떤 장소·위치로) 가져가다, 나르다, 데리고 가다, (어떤 장소에) 두다 ⑭ (고) (수컷이 새끼를) 얻다 ⑮ ~의 상태로 하다 ⑯ ~시키다[하게 하다], ~하도록 설득하다, 권하여 ~하게 하다 ⑰ ~시키다, ~하게 하다, ~당하다, ((주로 미)) ~해치우다 ; ((구)) 가지고 있다(have)

vi. ① ~이 되다(변화·추이), ~되다(수동) ② ~하게 되다, 겨우 ~할 수 있다, 그럭저럭 ~하다 ③ [+~ing] ~하기 시작하다 ④ (어떤 장소·지위·상태에) 이르다[닿다], 도착하다, 오다, 가다, [it을 주어로] (어느 시각·시기가) 되다(to) ⑤ ((구)) (종종 [git]로 발음) 지체 없이 가버리다 (scram)

유사단어

get: '손에 넣다'의 일반적인 말로 입수하려는 의욕이나 노력의 유무에 관계없음
 If you buy one, you <u>get</u> one free. (당신이 이것을 사면 하나는 거저입니다.)
obtain: 바라던 것을 노력하여 손에 넣는 경우
 Evans was trying to <u>obtain</u> a false passport and other documents. (에반스는 가짜 여권과 다른 서류를 손에 넣으려고 애쓰고 있었다.)
acquire: 지력·재능 따위를 작용시키거나 또는 부단한 노력에 의하여 서서히 손에 넣는 경우
 Research helps us <u>acquire</u> new insight on the causes of diseases. (연구는 우리가 질병의 원인에 대하여 새로운 관점을 갖는 데 도움이 된다.)
secure: 얻기 어려운 것을 경쟁 따위로 확실히 손에 넣는 경우
 Oregon <u>secured</u> a place in the NCAA(National Collegiate Athletic Association – 전 미국 대학 체육 협회) basketball tournament. (오리건 팀은 NCAA 농구 대회에서 위치를 굳건히 지켰다.)
earn: 노력해 손에 넣는 경우
 Alan <u>earns</u> $30,000 a year. (앨런은 1년에 3만 달러를 번다.)

get across

get across, get across *sth*, **get** *sth* **across** (유사어 **get over**)
to successfully communicate an idea to other people
(말·의미·생각 등이) 통하다, 이해되다

The speaker needs to know that his words are getting across (to the crowd).
(연사는 자신의 말이 청중들에게 잘 전달되고 있는가를 알 필요가 있다.)

It was difficult to get across the basic idea.　(기본 개념을 이해시키는 것은 어렵다.)
　　　　　　　　　　　　　　　sth

➡ get a point [message, idea, detail] across 로도 쓰임
I hope I'll be able to get the details across to everyone.
(모든 사람들에게 세부사항들을 전달할 수 있으면 좋겠어.)

➡ get across to 로도 쓰임
What I'm trying to get across to you in this seminar today is the importance of team work and communication.　(오늘 세미나에서 당신들에게 확인시키고자 노력하고 있는 것은 팀워크와 의사소통의 중요성입니다.)

get across

if an idea or a message gets across, someone succeeds in making people understand it
　　　　　　　　　　　　　　　　　　　　　　　　(사람을) 이해시키다, ~을 사람에게 납득시키다

His humor doesn't get across to most people.　(그의 유머는 대부분의 사람들을 납득시키지 못한다.)
Does your speech get across to the crowd?　(당신의 연설은 청중들을 이해시킵니까?)

get ahead

get ahead (유사어 **get on** [BrE], **progress**)
to be successful in the work that you do
　　　　　　　　　　　　　　　　　　　　　　　　발전하다, 진보하다, 성공하다, 출세하다

With your pessimistic attitude, you'll never get ahead.
(너의 염세주의적 태도 때문에, 너는 결코 성공하지 못할 거야.)

Getting ahead is pretty easy when your father owns the company.
(너의 아버지가 그 기업의 소유주라면 출세하기는 쉽지.)

get along

get along (with) (유사어 **get on**)
if two or more people get along, they like each other and are friendly to each other
　　　　　　　　　　　　　　　　　　　　　　　　사이좋게 해 나가다, 좋은 관계에 있다

Jim and his cousin aren't good friends, but they get along.
(짐과 그의 조카는 친한 친구 관계는 아니지만 잘 지낸다.)
I haven't gotten along with my neighborhoods for years.　(나는 요 몇 년 동안 이웃들과 사이가 좋지 않다.)

➡ get along with 로도 쓰임
Rachel doesn't get along with her dad at all.　(레이첼은 그녀 아버지와 전혀 사이가 좋지 않다.)

➡ get along like a house on fire (=get along very well) 로도 쓰임
It was clear that he and Simone were getting along like a house on fire.
(그와 시몬이 아주 사이좋게 지내는 것은 분명했다.)

get along (유사어 **cope, manage, get on** [BrE])

to deal with a job or a situation, especially when you do it successfully and make progress

(일·생활 등을) 진행시키다, 진척하다, 해 나가다

He's getting along really well in his job — his boss really likes him.
(그는 직장에서 일을 잘하고 있다. 그래서 사장님이 그를 정말 좋아해.)

I got along fine with my work until I got a new boss. (새로운 상사가 올 때까지는 일을 잘하고 있었다.)

➡ get along with 로도 쓰임
"How are you getting along with the painting?" "Fine — it's almost done."
("그림 잘 되어가고 있니?" "그래, 거의 완성되어 가고 있어.")

get around

get around, get around sth (유사어 **get about** [BrE])

to move or travel to different places

(여기저기) 여행하다, 돌아다니다

Getting around will help to increase your experience.
(이곳저곳을 여행하는 것은 너의 경험이 풍부해지는 데 도움이 될 것이다.)

One of the best ways to get around Amsterdam is by the boat.
                                          sth
(암스테르담을 구석구석 둘러보기에 가장 좋은 방법 중에 하나는 보트를 이용하는 것이다.)

get around (유사어 **get about** [BrE])

to be able to move around places without much difficulty — use this about people who are old, ill, or injured

(환자·노인 등이 부자유스럽게) 걷다, 돌아다니다, 외출하다

Even though she's over 90 and nearly blind, she still gets around with a little help.
(그녀는 나이가 90이 넘었고 게다가 거의 장님이지만, 아직도 작은 도움만 있으면 돌아다닌다.)

The Capitol building has ramps and elevators so that wheelchair users can get around.
(국회의사당은 여러 개의 램프와 엘리베이터가 있어 휠체어 이용자들이 돌아다닐 수 있다.)

get around sth (유사어 **get round** [BrE], **get over**)

to find a way of dealing with or avoiding a problem

(싫은 것·곤란한 것 등을) 멋지게 피하다, 헤쳐 나가다, 회피하다

When the train drivers held a one-day strike many commuters got around the problem by taking
                                                                              sth
the day off. (열차 기관사들이 하루 동안 파업을 했을 때 많은 통근자들은 하루 휴가를 냄으로써 그 어려운 문제를 해결했다.)

You can't get around paying taxes. (세금 납부는 피할 수가 없다.)
              sth

get around[round] sth

if you get around a rule or a law, you find a way of doing something that the rule or law is intended to prevent without actually breaking it

(법률 등을) 멋지게 피하다, 빠질 구멍을 찾아내다, 기묘하게 처리하다

Most companies are looking for ways to <u>get around</u> <u>the tax laws</u>. (대부분의 회사들은 세법을 피할 길을 찾고 있다.)
_{sth}

Don't try to <u>get round</u> <u>the question</u> by changing the subject. (화제를 바꾸어 문제점을 회피하려고 하지 마라.)
_{sth}

get around[round] [BrE] (유사어 get about [BrE])

if news gets around, a lot of people hear about it and it becomes well-known
(루머·헛소문이) 퍼지다, 널리 알려지다, (소문 등이) 돌아다니다

The rumours are already starting to <u>get around</u>. (이미 여러 가지 소문이 퍼지기 시작하고 있다.)
Stories have been <u>getting round</u> concerning the government's secret intentions.
(정부의 은밀한 의도에 관한 소문들이 계속 퍼져가고 있다.)

➡ <u>word gets round</u> 로도 쓰임
The <u>word got round</u> that Moris was going to England. (모리스가 영국에 가고 있었다는 말이 떠돌았다.)

get around sb (수동불가) (유사어 get round [BrE]) [BrE]

to gently persuade someone to do what you want by being friendly to them
~를 설득시키다, (다른 사람의견에) 동조하다

I know what you're trying to do. You can't <u>get around</u> <u>me</u> with flowers and candy.
_{sb}
(네가 무엇을 하려는지 나는 알아. 꽃과 과자로 나를 설득시킬 수 없어.)
Bill <u>gets around</u> <u>his landlady</u> by mowing her own lawn every week.
_{sb}
(빌은 매주 여주인 소유의 잔디밭을 깎아 주면서 그녀를 설득시킨다.)

get around[round] to

get around to sth (유사어 get round to sth [BrE])

to do something that you have been intending to do for some time
~할 여유가 있다, 시간이 걸리다.

"Did you read the report?" "No, I've been so busy that I haven't <u>gotten around to</u> <u>it</u> yet."
_{sth}
("보고서 읽었니?" "아니, 계속 너무 바빠서 아직 읽어볼 여유가 없었어.")
The committee will <u>get round to</u> <u>your suggestion</u> after they've dealt with urgent business.
_{sth}
(위원회는 긴급한 일을 처리한 후 너의 제안을 다룰 것이다.)

➡ <u>get around to doing sth</u> 으로도 쓰임
It took her two years to <u>get around to buying a car</u>. (그녀가 차를 사는 데 2년이 걸렸어.)
_{doing sth}

get at

what sb is getting at (유사어 what sb is driving at)

what someone really means when they are not saying it directly
의미하다, 의도하다, 넌지시 말하다, 암시하다.

"I saw you with Wanda the night she was murdered." "What are you getting at."
                                                                    sb
("완다가 살해된 날 밤 그녀와 같이 있는 너를 봤어." "너 무엇을 의도하고 있는 거야?")
"I'm sorry, I don't know what you are getting at." (미안해 네가 무엇을 암시하고 있는지 잘 모르겠어.)
                              sb

get at sth (유사어 reach)
to get at something means to succeed in reaching it

(어디에) 닿다, 도달하다

We keep the jewelry in a safe where thieves can't get at them.
                                                          sth
(우리들은 도둑의 손이 닿지 않는 금고 속에 보석을 잘 둔다.)
The book you want is up there. You'll have to stand on a chair to get at it.
                                                                        sth
(네가 원하는 책이 저기 있어. 그것을 잡으려면 의자 위에 올라서야만 할걸.)

get at the truth[the facts, the secret]
if you get at the truth about something, you succeed in discovering it

(진실·진상 등을) 밝혀내다, 해명하다, 이해하다

It is always difficult to get at the truth. (사실을 밝혀내는 것은 항상 어렵다.)
Scientists are determined to get at the secrets of DNA. (과학자들은 DNA의 비밀을 밝혀내기로 결의하고 있다.)

get at sb/sth (유사어 attack)
to reach someone or something and attack or harm them

(~에 가까이 가서 ~에게) 해를 입히다, 공격하다

Don't let the enemy get at our women. (적이 우리 여자들에게 가까이 오지 못하게 해.)
                          sb
Plant seedlings in a sheltered position where the frost can't get at them.
                                                                    sth
(서리가 묘목들에게 피해 주지 못하도록 안전한 곳에 심어라.)

get at sb (유사어 nobble [BrE, Informal]) [Informal]
if someone has been got at, they have been persuaded by threats or bribes to say something untrue or to act in an unfair way

~를 매수하다, 위협하다

That witness can't be trusted. He's been got at by the mob.<수동>
(그 증인은 믿을 수가 없어. 폭도들에게 계속 위협받고 있어.)
At least eight members of the jury had been got at.<수동> (적어도 배심원 중 여덟 명이 위협을 당하고 있었다.)

get at sb (유사어 criticize, pick at [AmE])
if you say that someone is getting at you, you mean that they keep criticizing you in an unkind way

(계속 반복해서) 꾸짖다, 비판하다

She's always getting at the children for one thing or another. (그녀는 이런저런 일로 아이들을 늘 나무란다.)
　　　　　　　　　　sb

Stop getting at me to clean my shoes, I'll do them tonight.
　　　　　　　sb
(구두 닦으라고 계속 잔소리하지 마. 오늘 밤에 할 테니까.)

get away

get away (유사어 **escape**)

to succeed in leaving a place or a person, especially when this is difficult

떠나다, 멀리하다, (어려운 상황에서 사람·장소를) 떠나다

She just wouldn't stop talking — I couldn't get away.
(그녀는 전혀 이야기를 멈추려고 하지 않았어. — 그래서 나는 떠날 수가 없었어.)

She wanted to get away, but didn't want to appear rude.
(그녀는 떠나고 싶었으나 무례하게 보이는 것을 원치 않았다.)

➡ get away from 으로도 쓰임
People come to the national park to get away from city noise and traffic.
(사람들은 도시 소음과 교통 혼잡을 피해 국립공원으로 온다.)

get away (유사어 **escape**)

to escape from someone who is chasing you or trying to catch you

도주하다, 도망하다, 추격자를 피하다

Two officers went after them, but they got away. (두 명의 경찰들이 그들을 따라 갔지만 그들은 도주했다.)
The two men got away in a blue pick-up truck. (두 남자가 푸른색 픽업트럭을 타고 도주했다.)

➡ get away with 로도 쓰임
Thieves got away with a million dollar's worth of jewellery.
(도둑놈들이 100만 달러 가치가 있는 보석을 가지고 도망갔다.)

➡ getaway (n)
　　(an escape from a place or a bad situation, especially after you have done something illegal)
　　(특히 범인의) 도망, 도주, 탈주

He scooped the money into the cardboard box and made his getaway on the subway.
　　　　　　　　　　　　　　　　　　　　　　　　　　　　　　　　　　　　　n
(그는 판지 상자 안에 돈을 퍼 담아 가지고 지하철을 타고 도주했다.)

➡ getaway (a)
　　(a getaway vehicle is used by thieves to escape after they have stolen something)
　　도주하는, 도주(용)의

McCarthy and Powers had carried out the robbery, and Guthrie had driven the getaway car.
　　　a
(매카시와 파워즈는 강도질을 했고 거드리에는 도주용 차를 몰았다.)

get away

if you get away, you go away to have a holiday

(일상생활에서) 벗어나다, 휴가를 떠나다

Matthew had had a busy time at work so he was glad to get away from London for a month's holiday. (매튜는 직장에서 바쁘게 시간을 보냈었다. 그래서 한 달간 휴가를 얻어 런던을 떠나게 되어 매우 기뻤다.)

My wife and I are getting away to the mountains this weekend.
(우리 부부는 이번 주말에 산으로 휴가를 떠나려고 한다.)

➡ get away from it all 으로도 쓰임
We bought a little house in the country to get away from it all.
(우리는 도시생활의 번잡을 피하여 휴가를 즐기려고 시골에 자그마한 집을 하나 샀다.)

get away with

get away with *sth* (수동 불가)
to succeed in not being criticized or punished for something wrong that you have done
~을 잘 하다, 벌 받지 않고 해내다, (가벼운 벌) 때우다

The bank robbers got away with the money. (은행 강도들은 감쪽같이 돈을 훔쳐 도망갔다.)
He might have bribed her — and got away with it.
                                         sth
(그는 그녀에게 틀림없이 뇌물을 썼을 거야. 그리고 그 사실이 잘 넘어갔어.)

➡ get away with it 으로도 쓰임
The kid was being so rude, and his mother just let him get away with it.
(이 아이는 점점 버릇이 나빠지고 있어. 그런데 그 어머니는 벌을 주지 않고 내버려 두고 있어.)

Don't try to cheat on your income tax, you'll never get away with it.
(소득세를 속이려고 하지 마. 너는 절대 들키지 않고 넘길 수는 없을걸.)

➡ get away with doing(sth) 으로도 쓰임
I don't know how they manage to get away with paying such low wages.
                                                              sth
(그들은 어떻게 그렇게 낮은 임금을 지불하고 그럭저럭 잘 넘어가고 있는지 모르겠어.)

You can't get away with being late every morning. (매일 아침 지각해도 좋다고 생각하면 큰 잘못이야.)

➡ get away with murder 로도 쓰임
 (do something wrong many times or do something serious and not be punished)
 무슨 짓을 해도 벌 받지 않는다.

That teacher is most unfair, some students are punished for the least little thing, while others who are her favorites can get away with murder.
(그 선생님은 가장 불공평해. 어떤 학생들은 사소한 짓을 해도 벌을 받는가 하면 선생님이 좋아하는 아이들은 무슨 짓을 해도 벌을 받지 않아.)

get away with (doing) *sth* (수동 불가) [Spoken]
to be able to do something that it is not the best thing to do, but that is acceptable
(최상의 방법이 아니어도) 성공하다, (~만으로도) 멋지게 하다

Do you think I can get away with not using any handouts in my lecture?
                              doing   sth
(강의 중 유인물을 사용하지 않고도 내 강의가 성공할 수 있다고 생각하십니까?)

I think we can get away with one coat of paint on the ceiling.
                                    sth
(내 생각에는 천장에 한 번 페인트칠만 해도 멋질 것이라고 생각해.)

get back

get back (유사어 **return**)

to return to a place after going somewhere else

(집이나 회사 등으로) 돌아오다, 귀가하다

"Let's have another beer." "No, I have to get back to the office."
("우리 맥주 한잔 더 합시다." "안돼요, 사무실로 돌아가야 해요.")

I've got to get back to London. (나는 런던으로 돌아가야 해.)

get *sth* back

if you get something back after you have lost it, you have it once again

(물건을) 돌려주다, (잃어버린 건강·시력을) 다시 찾다

Don't lend Louie any money. You'll never get it back. (루이한테 돈 빌려주지 마. 너 결코 못 받을걸.)
                                                         sth

I wonder if mother will ever get her health back. (엄마가 다시 건강을 찾을지 어떨지 걱정이 돼.)
                                                       sth

➡ get one's money back

(a shop or company returns money that you paid for something)
(상점이나 회사가 물건 값으로 지불한 돈을) 돌려주다

If you cancel the show, will we get our money back?
(만일 쇼 계약을 취소하면, 우리는 돈을 돌려받습니까?)

get *sb* back (유사어 **payback**)

if you get someone back you punish or hurt them in return for something unpleasant that they have done to you

(~건을) (~에게) 복수하다, 앙갚음하다

I'll get him back all the nasty things he said.
      sb
(나는 그가 말했던 모든 불결한 것들에 대해 그에게 앙갚음을 할 것이다.)

I'd like to get my own back for the terrible way he treated me.
                 sb
(나를 끔찍한 방법으로 위협한 그에게 복수하고 싶다.)

get *sb* back

to persuade a lover, wife or husband who has left you to start having a relationship with you again

(원 상태·원래 생활로) 돌아가도록 설득하다

"Do you think she is trying to get him back?" asked Melissa anxiously.
                             sb
("그녀가 그에게 돌아가려고 애쓰는 것 같다고 너는 생각하니?"라고 멜리사는 걱정스레 물었다.)

The baby woke up and I couldn't get it back to sleep. (아기가 눈을 떴으나 나는 다시 재울 수가 없었다.)
                                        sb

> **get back!** (유사어 **keep back**)
> used to tell someone to move away from something or someone
> (뒤로 물러)서다, 떨어지다, 떨어지게 하다

The police ordered the spectators to get back from the crime scene.
(경찰은 구경꾼들에게 범죄 현장에서 떨어지라고 명령했다.)

Get back, he's got a gun! (물러서. 그 사람 권총 가졌어.)

get back at

> **get back at** *sb* (수동불가)
> to do something to hurt or harm someone in order to punish them for hurting or harming you
> ~에 앙갚음을 하다, 보복하다

Jerry's just trying to get back at her for leaving him.
                                           sb
(제리는 그를 떠나간 그녀에게 꼭 보복하려고 애쓰고 있다.)

Be careful of Martha. She says she's going to get back at you for stealing her boyfriend.
                                                                           sb
(마사를 조심해. 그녀는 네가 남자친구를 빼앗았기 때문에 너에게 앙갚음을 한다고 했어.)

get back to

> **get back to** *sth* (유사어 **retrun to**)
> to start doing something again after not doing it for a while
> (얼마 동안 안하던 일을) 다시 하다

Let's just get back to the argument. (곧바로 논의를 다시 시작합시다.)
                           sth

Eddie wanted to get back to sleep. (에디는 다시 잠자고 싶었다.)
                                  sth

➡ get back to work 로도 쓰임
I find it really hard getting back to work after my vacation.
(휴가가 끝난 후 일터로 다시 돌아가는 것은 정말 어렵다.)

➡ get back to sleep 로도 쓰임
Judy woke up in the middle of the night and couldn't get back to sleep.
(주디는 한밤중에 깨어나서 다시 잠들 수 없었다.)

➡ get back to normal 으로도 쓰임
The war was over, and life was slowly beginning to get back to normal.
(전쟁은 끝나고 삶은 서서히 정상적 상황으로 돌아오기 시작하고 있다.)

get back to *sb* (유사어 **call back** [Informal], **ring back** [BrE, Informal], **phone back** [Informal]) [Informal]

to talk to someone again at later time, especially by telephone-use this especially when you are too busy to talk to them now

(지금은 너무 바빠서) 나중에 전화 다시 걸다.

Leave a message and I'll <u>get back to you</u>.   (메시지 남겨 주시면 곧 전화 드리겠습니다.)
                                    sb

I'll <u>get back to you</u> tomorrow about that matter   (그 문제에 대해 내일 너에게 다시 전화할게.)
          sb

get back to *sth* (유사어 **return to**)

if you get back to a subject that you were talking about before, you start talking about it again

(앞에서 말한) 화제로 돌아가다

It wasn't until we had sat down to eat that we <u>got back to</u> the subject of Tom.
                                                          sth
(탐에 관한 화제로 다시 돌아간 것은 식사를 하기 위해 자리를 잡고 나서였다.)

As usual, we <u>got back to</u> the subject of money.   (늘 그러하듯이 우리는 다시 돈의 문제로 화제가 쏠렸다.)
                  sth

get behind

get behind (유사어 **fall behind**)

if you get behind with a regular payment such as rent, you have not paid as much as you should have

(지불이) 늦어지다, 지체되다, 체납하다

If your payments of rent <u>get behind</u>, you will be asked to leave.
(당신의 집세 지불이 늦어지면 나가달라는 말을 들을 것이다.)

We <u>got behend</u> on our house payments last year.
(우리는 지난해 집세가 밀렸다.)

➡ <u>get behind with</u> 로도 쓰임 [BrE]
I've been <u>getting behind with</u> the mortgage, and I'm worried that the bank will repossess my house.
(나는 담보저당금 지불을 연체해 오고 있다. 그래서 은행이 우리집을 다시 소유할까 봐 걱정이다.)

➡ <u>get behind on</u> 으로도 쓰임 [AmE]
Wener <u>got behind on</u> his rent after he lost his job.   (웨너는 직업을 잃은 후 집세를 연체했다.)

get behind (유사어 **fall behind**)

someone learns faster or gets more work done because you are learning or working more slowly than the others

(일 · 학업 등이) (다른 사람보다) 뒤처지다, 늦어지다

Linda had some problems last semester, and she <u>got behind</u> in her studies.
(린다는 지난 학기에 문제가 생겨서 학교공부가 다른 아이들보다 뒤처졌다.)

If you <u>get behind</u> with your reading in your final year, you'll never catch up.
(최종 학년에서 독해력이 떨어진다면 너는 결코 다른 아이들을 따라잡지 못할 것이다.)

get behind sb/sth

to support or encourage someone or something and help them to be successful

~을 지지하다, ~의 뒤를 밀어주다

The England fans were great. They really got behind us.
　　　　　　　　　　　　　　　　　　　　　　　　　　　sb
(영국 팬들은 대단했다. 그들은 우리를 열렬히 지지해 주었다.)

We decided to get behind the proposal to allow pets in our apartment house.
　　　　　　　　　　　　　　sth
(우리는 아파트에서 애완동물 기르는 것을 허용하자는 제안을 지지하기로 했다.)

get by

get by (유사어 manage)

if you get by in a difficult situation, you manage to cope with it

(특별한 상황을) 그럭저럭 해 나가다

"Can you speak French?" "I know enough to get by."
("프랑스어를 할 수 있습니까?" "그럭저럭 할 수 있을 정도입니다.")

We get by in our office with only three employees.　(우리는 사무실을 종업원 3명으로 그럭저럭 운영한다.)

➡ get by on 으로도 쓰임

He routinely works 14 hours a day, getting by on four or five hours of sleep a night.
(그는 하룻밤에 4~5시간씩만 겨우 자면서 매일 14시간씩 일상적으로 일을 한다.)

get by (유사어 scrape by)

to have just enough money to pay for the things that you need, but nothing more

(돈·식량 등이) 부족으로 그럭저럭 살다

He earns just enough to get by.　(그는 간신히 그럭저럭 살 만큼의 수입이 있다.)

It's hard to get by on my husband's salary.　(남편 봉급으로는 그럭저럭 살기도 힘들다.)

➡ get by on $200[£50] a week[month] 로도 쓰임

It's not easy getting by on $250 a week.　(1주일에 250달러로는 근근이 살아가는 데도 충분하지 않다.)

get by (유사어 pass)

if someone or something that is moving gets by, they manage to get past an obstacle

(통행에 방해되는 물건·사람의) 옆을 지나가다, 빠져 나가다

Cars pulled into the side of the road to let the ambulance get by.
(앰뷸런스가 지나가도록 차들이 길가로 비켰다.)

There was an accident on the highway, and no one could get by.
(고속도로에서 사고가 있어 아무도 지나갈 수가 없었다.)

get down

get down

if you get down, you lower your body until you are sitting, kneeling, or lying on the ground

몸을 낮추다

You'll have to get down to look for the ring under the piano.
(피아노 밑에서 반지를 찾으려면 너는 몸을 굽혀야만 할 거야.)

Two men burst in with guns. "Everyone get down! Get down on the floor!"
(총을 든 두 남자가 갑자기 들어왔다. "모두 엎드려! 바닥에 엎드려!")

➡ get down on your hands and knees 로도 쓰임

　(kneel with your hands on the floor)　(손을 대고) 무릎을 꿇다

Every Friday morning my grandmother would get down on her hands and knees and wash the tile floor. (매주 금요일 아침이면 할머니는 무릎을 꿇고 타일바닥을 닦곤 하셨다.)

➡ get down on your knees.

　(kneel especially to pray)　(기도하기 위해) 무릎을 꿇다

For the first time in his life, he got down on his knees and prayed. (생전 처음으로 그는 무릎을 꿇고 기도를 했다.)

get *sth* down

to succeed in reducing the amount or number of something

(수량을) 낮추다, 줄이다

Forty members of the staff were made redundant in an attempt to get costs down.
　　　　　　　　　　　　　　　　　　　　　　　　　　　　　　　　　　　　sth
(직원 중 40명이 비용을 절감하려는 시도로 감원되었다.)

The government has got inflation down to 4%. (정부 당국은 물가폭등을 4%로 줄이고 있다.)
　　　　　　　　　　　sth

➡ get *sth* down to 로도 쓰임

We got staffing down to 3000. (우리는 직원 수를 3000명으로 줄였다.)
　　　　sth

get down (to)

when someone or something gets down they move from a higher position or level to lower one

(남쪽으로) 가다, 오다, 남하하다, 높은 위치[수준]에서 낮은 위치[수준]로 내려가다

The first thing I did after I got down to Miami was go to the beach.
(내가 마이애미에 와서 처음으로 한 일은 해변에 간 것이었다.)

You're going to fall out of that tree and break your neck. Get down right now!
(나무에서 떨어져 목을 다칠라. 빨리 내려와.)

get *sb* down (유사어 **depress**)

if something gets you down, it makes you unhappy

(~을) 우울하게 하다, 낙담시키다, 풀이 죽다

I'd been unemployed since I left college, and it was really getting me down.
sb
(나는 대학 졸업 후 계속해서 취업이 안 되고 있었다. 그것이 정말 나를 힘들게 했다.)

The rainy weather got everyone down.   (비가 계속 와서 모든 사람들이 우울해 한다.)
sb

> **get sth down** (유사어 **write down, jot down**)
> if you get something down, especially something that someone has just said, you write it down
> (~을 빨리) 써서 남기다, 써 놓다, 문서로 하다

An oral agreement isn't enough. Get it down in writing.   (구두 계약으로는 충분하지 않아. 문서로 기록해 놓아.)
sth

Let me get your number down before I forget it.   (잊기 전에 당신의 전화번호를 적어 두겠습니다.)
sth

➡ **get sth down on paper** 로도 쓰임
Get together for a discussion and come up with some ideas, then get them down on paper.
sth
(함께 토의하고 여러 가지 아이디어를 생각한 다음에는 종이에 적어 놓도록 하자.)

> **get sth down** (유사어 **swallow**)
> if you get food or medicine down, you swallow it, especially with difficulty
> (음식물·약 등을) 목으로 넘기다, 삼키다

My throat is so sore I can't get anything down.   (목이 너무 아파서 아무것도 삼킬 수가 없어.)
sth

Try to get the medicine down. It's good for you.   (이 약을 넘기려고 해봐. 너한테 좋은 것이야.)
sth

get in

> **get in**
> to get into something such as a car or a small boat
> (차·보트 안으로) 들어가다, ~를 타다

Never get in a stranger's car.   (낯선 사람의 차는 절대로 타지 마.)
Eric held the boat steady while the children got in.
(에릭은 아이들이 보트를 타는 동안 흔들리지 않게 보트를 잡고 있었다.)

> **get in**
> if you get in a club or an amusement park, you succeed in gaining admission to it
> (클럽·놀이공원 등에) 들어가다, 입장시키다

There's a new club opened in town, but you have to be 21 to get in.
(시내에 새로 개업한 클럽이 있어. 그런데 네가 거기에 입장하려면 21세는 되어야 해.)

It's an expensive amusement park. It costs $50 just to get in.
(이곳은 비싼 놀이공원이야. 입장료만 50달러야.)

get in (유사어 enter, gain access [Informal])

to succeed in entering a place

(성공적으로 ~에) 들어가다

How did you get in? I thought the door was locked. (어떻게 들어왔니? 나는 문을 잠갔다고 생각했는데.)
Firefighters tried to get in through the window but were beaten back by flames.
(소방관들이 유리창을 통해 들어가려고 시도했으나 불길의 공격을 받았다.)

get in[into]

to arrive at your home or at work

(집 · 일터에) 도착하다, 당도하다

I shall be glad to get in, out of this rain. (이 비를 맞지 않고 집에 도착해서 기쁘다.)
I'm driving all the way from New York, so I'll be late getting in tonight.
(뉴욕에서부터 줄곧 차를 운전하면서 오는 중이야. 그래서 오늘 밤 늦게 도착할 것이야.)

get in (유사어 arrive)

when a train, a bus or a plane gets in, it arrives

(특정시간에 기차 · 버스 · 비행기가) 도착하다

What time does your train get in? (몇 시에 기차가 도착하니?)
The plane got in early.
(비행기가 일찍 도착했다.)

➡ get in to 로도 쓰임
We get in to Dallas around noon. (우리는 정오쯤 달라스에 도착하였다.)

get sb in

to arrange for someone to come to your home, office, etc. to do a job especially to repair something

(의사 · 수리공을) (집 · 사무실로) 부르다

The washing machine isn't working — we'd better get someone in to fix it.
                                                          sb
(세탁기가 작동하지 않아 — 고칠 사람을 부르는 게 좋겠어.)
Get the doctor in, I don't like the sound of the child's breathing.
    sb
(의사 좀 불러. 아이의 숨소리가 신경이 쓰이니.)

get sth in

to give or send a written work, a letter, etc. to a person or a company before a particular time or date

(특정 시간 안에 서류 따위를) 제출하다

Please get your assignments in by Thursday. (목요일까지 과제를 제출해 주십시오.)
           sth
Did you get that application form in. (신청서를 제출하셨습니까?)
              sth

get in (유사어 to be elected)

when a political party or a politician gets in, they are elected

(경쟁 · 선발 · 선거에서) 당선되다

He was surprised to get in at his frist election. (그는 첫 선거에서 당선되어서 놀랐다.)
She got in by more than 5,000 votes. (그녀는 5,000표 이상으로 당선되었다.)

get *sth* in

to get crops or the harvest in order to gather them from the land and take them to a particular place

(곡식을 수확해서 ~에) 저장하다

We didn't get the harvest in until Christmas. (우리는 크리스마스 전까지 수확하지 못했다.)
　　　　　　　　sth
The whole village was working to get the harvest in. (온 마을 사람들이 한창 수확해서 저장하고 있었다.)
　　　　　　　　　　　　　　　　　　　　sth

get in

to succeed in getting a place at a university, college, etc.

(학교 · 조직 등에) 들어가다, 입회하다, 입학하다

Students who don't have at least a B average have no hope of getting in.
(평균 B 학점이 안 되는 학생들은 입학할 가능성이 없습니다.)

He applied to Harvard, but he didn't get in. (그는 하버드 대학에 지원하였으나 입학하지 못했다.)

get *sth* in

if a shop gets a product in, it gets a supply of it to be sold

(상점이 팔려는 상품을) 사들이다.

Karen asked the sales clerk when the store was going to get some summer dresses in.
　　　　　　　　　　　　　　　　　　　　　　　　　　　　　　　　　　　　　sth
(카렌은 판매원에게 그 상점은 언제 여름 드레스를 들여놓을지 물었다.)

I wanted to buy that new book, but the bookstore hasn't gotten it in yet.
　　　　　　　　　　　　　　　　　　　　　　　　　　　　　　sth
(나는 그 신간 서적을 사고 싶었는데, 그 서점은 아직 그 책을 반입하지 않고 있다.)

get *sth* in, get in *sth* [BrE, Spoken]

to buy a supply of something you need and bring it home

(식료품 · 생필품 등을) 사서 집으로 가져오다

We need to get some food in — I'll go to the supermarket on my way home.
　　　　　　　　sth
(먹을거리를 좀 더 사야겠어 — 집으로 가는 길에 슈퍼마켓에 갈 거야.)

We had better get in some more food supplies before the snow begins.
　　　　　　　　　　　　sth
(눈이 오기 전에 식료품을 좀 더 사 두는 게 좋겠어.)

get in

to say something before the person that you are competing or arguing with is able to say anything

(경쟁자 · 논쟁상대보다) 먼저 말을 하다

The contract was offered for open competition, and our firm <u>got in</u>.
(그 계약은 공개경쟁이라는 형태로 제시되었고 우리 회사가 상대보다 먼저 화제를 꺼냈다.)

Reid went to see the management, but discovered that Karen had <u>got in</u> frist and made a complaint about him.
(리드는 경영진을 만나러 갔다. 그러나 카렌이 먼저 와서 그에 대해 불평을 하고 있는 것을 보았다.)

get into

get into *sth*, **get** *sb* **into** *sth*

to become involved in an unpleasant or difficult situation, or involve someone else in such a situation

(불쾌한 · 어려운 상황에) 말려들다, 빠져들다, (~을) 일으키다

Bob is always <u>getting into</u> <u>trouble</u>. (밥은 항상 곤란한 문젯거리를 일으키고 있다.)
                                sth

Bill's gambling often <u>gets</u> <u>him</u> <u>into</u> <u>debt</u>. (빌의 도박행위는 종종 그를 빚에 쪼들리게 한다.)
                             sb   sth

➡ <u>get (oneself) into trouble[difficulties, a mess]</u> 로도 쓰임
They <u>got</u> <u>us</u> <u>into this mess</u> — It's up to them to get us out of it.
          sb
(그들은 우리를 궁지로 몰았다. – 우리가 궁지에서 벗어나는 것은 그들에게 달렸다.)

get into a fight[argument, etc.]

to become involved in a fight or an argument

(싸움 · 논쟁에) 말려들다

Sammy <u>got into</u> <u>a fistfight</u> with a classmate. (새미는 반 친구들과의 싸움에 말려들었다.)
I always <u>get into</u> <u>arguments</u> with people. (나는 항상 사람들을 상대로 논쟁에 휘말렸다.)

get into *sth* (수동불가)

if you get into a particular habit or way of behaving, you start to have that habit or behave in that way

(~에게) (~하는 습관이) 생기다, (습관이) 붙다, (~에) 물들다

She'd <u>got into</u> <u>the habit of sulking</u>. (그녀는 샐쭉하는 습관을 가졌다.)
                    sth

He has recently <u>gotten into</u> <u>the habit of cracking</u> his knuckles. (그는 최근 손 관절을 꺾는 습관이 생겼다.)
                                    sth

➡ <u>get into the habit of doing *sth*</u> 으로도 쓰임
<u>Get into</u> <u>the habit of taking regular exercise</u>. (매일 규칙적으로 운동하는 습관을 드리도록 해.)
              sth

▶ get into a routine 으로도 쓰임

The thing is you've got into a routine haven't you? Children need routine.
(말하자면 너는 습관이 되어 가는 일을 하고 있지, 그렇지 않아? 아이들은 기계적 습관이 필요해.)

get into *sth*

if you get into a school, college, or university, you are accepted there as a student

(대학에 학생으로) 받아들이다, 입학하다

Darwin failed to get into medical school of Cambridge. (다윈은 캠브리지의 의과대학 입학에 실패하였다.)
sth

My father and brother were sure he would get into Harvard or Yale without any trouble.
sth
(아버지와 형은 그가 아무 문제없이 하버드나 예일 대학에 들어갈 것이라고 확신하고 있었다.)

get into *sth*

if you get into a particular kind of work or activity, you manage to become involved in

(특정 직업에) 종사하다

She was doing real estate law and hate it, and she wanted to get into environmental law.
sth
(그녀는 부동산 법을 다루고 있는데 그 일을 싫어했다. 그리고는 환경법에 종사하기를 원했다.)

Do you seriously want to get into the book trade? (너 정말 출판업에 종사하고 싶니?)
sth

get into a state[mood, panic]

to become upset, anxious, angry, or frightened

(~감정) 상태로 되다

David got into a terrible state over the exams, you know — he couldn't sleep for weeks.
(네가 알다시피 데이비드는 시험 때문에 상태가 좀 안 좋아 — 그는 수 주일 동안 잠을 잘 수가 없었어.)

When the children didn't arrive, she got into a panic and phoned the police.
(아이들이 집에 도착하지 않았을 때 그녀는 공황 상태에 빠져 경찰에 전화를 걸었다.)

get into *sth* (수동 불가)

to become interested in a book, a film, a piece of music, etc. so that you enjoy it and want to read, see, or hear more

(책·영화·음악에) 흥미를 느껴 점점 더 좋아하다

I tried to read 'Moby Dick' when I was at college, but I just couldn't get into it.
sth
(대학 다닐 때 '모비딕'을 읽으려고 애를 썼으나, 나는 정말 그 책에서 재미를 느낄 수가 없었다.)

Peter tapped his feet and bobbed his head, really getting into the music.
sth
(피터는 진정으로 음악을 즐기면서 발장단을 치며 머리를 흔들고 있었다.)

get into *sth*

to start talking about a particular subject

(특별한 주제에 대해) 이야기하기 시작하다

She got into health foods and astrology. (그녀는 건강식품과 점성학에 대해 이야기하기 시작했다.)
sth

Let's not even get into it, honey. I'll break down crying.
sth
(여보 그 이야기는 더 이상 하지 맙시다. 눈물이 나려고 해요.)

> **what's gotten into** *sb* [AmE, spoken], **what's got into** *sb* [BrE, spoken] (유사어 **what's the matter with** *sb*?)
>
> used to show that you are surprised because someone is behaving very differently from the way they usually behave
>
> (평소와 다른 행동을 해서) 놀라다

What has got into you today? Why are you behaving like this? (너 오늘 무슨 일이니? 왜 그렇게 행동해?)
sb

"Out!" Erica ordered, pointing at the door. "This is crazy!" he said. "Erica, what's got into you?" (에리카는 문을 가리키며 "나가"라고 말했다. "정신 나갔어! 에리카 무슨 일이야?" 하고 그가 말했다.)

> **get into** *sth*
>
> if you cannot get into clothes, they are too small for you
>
> (옷·신 등이) 너무 작다

I became so fat I couldn't get into any of my clothes.
sth
(나는 너무 뚱뚱해져서 내 옷 중에 어떤 것도 입을 수가 없었어.)

"It's a lovely dress but I'm too fat to get into it." ("이 드레스가 예쁜데, 내가 너무 살이 쪄서 입을 수가 없어.")
sth

get off

> **get off** *sth*, **get off**
>
> to leave a boat, a car, a plane, or a train
>
> (배·차·비행기·기차 등에서) 내리다

The suspect got off the plane in London. (용의자가 런던에서 비행기를 내렸다.)
sth

The bus stopped and I got off. (버스는 멈추어 섰고 나는 내렸다.)

> **get off**, **get off** *sth*
>
> to leave your place of work when you have finished work for that day
>
> (하루 일을) 마치고 퇴사하다, (일에서) 해방되다

I get off early on Friday, so maybe we could go to the movies or something?
(나는 금요일이면 일찍 퇴근해, 그래서 아마 우리 영화를 보거나 다른 일을 할 수 있겠지?)

Sally said she wouldn't get off work until 6:00. (샐리는 6시까지 일을 끝마치지 못할 것이라고 말했다.)
sth

get off [Spoken]
to leave the place where you are or start a journey

(있던 곳을) 떠나다, 여행을 떠나다

I can't <u>get off</u> for another hour and a half. (나는 앞으로 한 시간 반 동안은 여기를 떠날 수가 없어.)
We have to <u>get off</u> on our journey tomorrow. (우리는 내일 여행을 떠나지 않으면 안 된다.)

➡ <u>get off to</u> 로도 쓰임
Right, I'll <u>get off to</u> the shops and get her stuff that she wants.
(좋아, 여러 상점에 들러 그녀가 원하는 자질구레한 물건들을 사 주어야겠어.)

get off (with), get *sb* off (with)
if someone who has broken a law or a rule gets off, they are not punished, or are given only a very small punishment

(~에게) 형벌을 면하게 하다, (중벌을) 경감시키다

He killed four people, but he <u>got off with</u> only three years in jail.
(그는 4명이나 사람을 죽였는데 겨우 3년 복역형만을 받았다.)
His lawyer <u>got</u> him <u>off with</u> only a six-month sentence. (그의 변호사는 그를 겨우 6개월형만을 받게 했다.)
        sb

➡ <u>get off with a fine</u> 로도 쓰임
If she's lucky, she may <u>get off with a fine</u>. (그녀가 운만 좋다면 벌금만으로 면방될지 몰라.)

get off (*sth*)
if you get off something that you have been standing, sitting or lying on, you move your body from it

~에서 떨어지다, 들어가지 않다

You're standing on our beach blanket — <u>get off</u> it! (너는 우리 야외용 담요 위에 서 있구나 — 담요에서 떨어져!)
                                                       sth
Tell those students to <u>get off</u> the gym floor with their street shoes.
                                               sth
(저 학생들에게 일반 운동화를 신고 체육관 코트에 들어오지 말라고 해.)

get off (*sth*)
if you tell someone to get off the phone, you are telling them to stop using it

(통화 중) 전화를 끊다

<u>Get off</u> the phone — I need to use it! (전화 끊어 — 나 전화해야 해.)
   sth
It's late, we'd better <u>get off</u> the phone. (너무 늦었어, 우리 통화 그만하는 게 좋겠어.)
                               sth

get off (*sb/sth*)! [Spoken]
you say 'Get off' to someone when you are telling them not to touch you, or not to touch something

(명령문으로) 하지 마, 치워

<u>Get off</u>! And don't touch me again! (그 손 치워! 다시는 나한테 손대지 마.)
<u>Get off</u> that cake! It's for Amy's birthday. (그 케이크에 손대지 마. 에이미의 생일 케이크이야.)

get *sth* **off** (유사어 **send off**)

if you get a letter, a parcel, or a message off, you sent it

(편지・소포・메시지를) 보내다

<u>Get</u> this message <u>off</u> to the addressee. (이 메시지를 수신인에게 보내라.)
     sth

I have to <u>get</u> this application <u>off</u> today. (오늘 이 신청서를 보내야 해.)
          sth

➡ <u>get</u> *sth* <u>off to</u> 로도 쓰임
I'll <u>get that confirmation letter off to</u> you as quickly as possible.
                  sth
(가능한 한 빨리 너에게 그 확인서를 보낼게.)

get off *sth*, **get** *sb* **off** *sth*

to stop talking about a subject and talk about something else, or to make someone else do this

말을 멈추다, 말을 그만두게 하다, 화제를 바꾸다

Can we <u>get off</u> politics and talk about something else for a change?
                 sth
(우리 정치문제는 그만 이야기하고 화제를 바꾸어 보는 게 어때?)
I think we'd better <u>get off</u> this subject. (내 생각에는 주제를 바꾸는 것이 좋을 것 같아.)
                      sth

get off

if you get off, you succeed in falling asleep in spite of something that makes it difficult for you to sleep

잠들다, 잠들게 하다

I just couldn't <u>get off</u> last night — it must have been the coffee.
(어젯밤에 잠을 잘 수 없었어. 틀림없이 커피 때문일 거야.)
I had a bad night; I went to bad early enough, but for some reasons I couldn't <u>get off</u>.
(끔찍한 밤이었어. 충분히 일찍 잠자리에 들었으나 여러가지 이유로 잠들 수가 없었어.)

➡ <u>get off to sleep</u> 로도 쓰임
When she finally <u>got off to sleep</u>, she was tortured by dreadful night-mare.
(마침내 그녀가 잠이 들었을 때, 그녀는 끔찍한 악몽에 시달렸다.)

➡ <u>get the baby off</u> 로도 쓰임 [BrE]
  (to succeed in making a baby go to sleep) 아기를 잠재우다
Duncan is upstairs trying to <u>get the baby off</u>. (던컨은 아기를 재우려고 위층에 있다.)

get off on

get off on *sth*[doing] [Informal]

if you get off on something, you are very excited by it, especially sexually excited

~에 의해 쾌감을 느끼다, 흥분하다

Sally loves winter sports, and she especially gets off on snowboard. [sth]
(샐리는 겨울 스포츠를 좋아한다. 특히 스노보드 타는 것에 열광한다.)
I saw you watching the fight and getting off on it. (네가 권투를 보면서 흥분하는 것을 보았어.) [sth]

get on

get on (with *sb***[together])** (유사어 **get along**) [BrE]
if two or more people get on, they like each other and are friendly to each other
(~와) 사이좋게 지내다, 마음이 맞다

You seem to be getting on well with the Chairman. (너는 의장님과 마음이 맞는 것 같아.) [sb]
Jim and Ian get on really well. (짐과 이안은 정말 사이좋게 지낸다.)

➡ get on with 로도 쓰임
"How do you get on with Julie?" "Oh, fine." ("줄리와 잘 되고 있니?" "응, 좋아.")

➡ get on well (together) 로도 쓰임
Janet is a lovely person. We've always got on well together.
(자넷은 사랑스러운 사람이야. 우리는 늘 사이가 좋아.)

➡ be easy[difficult] to get on with 로도 쓰임
I've always found him a bit difficult to get on with.
(나는 그와 마음이 맞는 것이 아주 어렵다는 것을 늘 알고 있었다.)

➡ not get on 으로도 쓰임
Those two don't get on, do they? (그 두 사람 친하지 않지, 그렇지?)

get on *sth*, **get on** (유사어 **board** [Formal])
to go onto a bus, a train, a boat or an aircraft
(버스·기차·보트·비행기·동물 등에) 타다

The inspector examined my ticket. "Where did you get on?" "Trafalgar Square."
(검표원이 내 표를 검사하였다. "어디서 탔습니까?" "트라팔가 광장에서 탔습니다.")
Getting on a camel isn't as easy as getting on a horse. (낙타 등에 타는 것은 말을 타는 것만큼 쉽지 않다.) [sth] [sth]

get on (유사어 **get along**)
to deal with a job or a situation, especially when you do it successfully and make progress
(일 따위를) 척척 진행시키다, 잘 되어가다

Martin's getting on very well in his new job. (마틴은 새 직장에서 일을 잘하고 있어.)
In the business world, you have to work hard if you want to get on.
(실업계에서 출세하고 싶으면 열심히 일을 해야 해.)

➡ how is *sb* getting on? 으로도 쓰임
How is your daughter getting on at university? (당신 딸은 대학에서 어떻게 지내고 있습니까?) [sb]

➡ how is *sb* getting on with 로도 쓰임
How are you getting on with your research project? (당신의 연구과제는 잘 진행되고 있습니까?)
　　　　sb

get on [Spoken]

if you get on with an activity, you start doing it or continue doing it

(중단 후에 일을) 계속하다

The break is over. Get on with your studies. (휴식시간은 끝났어. 공부를 계속해.)
"Do you need any help?" "No, thank you." "All right. I'll leave you to get on then."
("너 도움이 필요하니?" "아니 괜찮습니다." "좋아 뒤에 진행사항은 너에게 맡길게.")

I'd like to stop and chat, but I really must get on. [BrE]
(나는 서서 잡담하는 게 좋아. 하지만 중단했던 일을 다시 해야만 해.)

➡ get on with 로도 쓰임
Get on with your work! (일을 다시 계속 해!)

get on (유사어 **get ahead, progress**) [BrE]

to be successful in your job so that you can progress to a more important job or a higher rank
출세하다, (사업이) 번창하다, 성공하다, 결과를 얻다(가끔은 in the world, in life 등을 동반하기도 함.)

If you want to get on in politics, you have to take every opportunity that comes your way.
(당신이 정계에서 성공하기를 원한다면 너에게 닥쳐오는 모든 기회를 잡아야 한다.)

My students didn't get on too well in the early examination, but by the end of the year, all except three had passed.
(학생들이 처음 시험에서 성적이 별로 좋지 않았는데, 학기말이 되어서는 세 명을 제외하고는 모두 성적이 좋아졌다.)

be getting on [Informal]

if someone is getting on, they are getting old

(사람이) 나이를 먹다

We're both getting on now and we can't travel about like we used to.
(우리는 둘 다 이제는 지긋한 나이가 되었어. 그래서 옛날처럼 여기저기 여행할 수가 없어.)

Now, I'm getting on, these stairs are a little difficult for me.
(나는 이제 나이가 들었어. 이 계단이 나에게는 약간 힘들어.)

get on the phone[telephone], get *sb* on the phone

if you get on the telephone to someone, you talk to them on the telephone

(전화로 ~와) 통화하기 시작하다

Get on the phone and ask Bill what time he's coming. (전화해서 빌에게 언제 오겠는가를 물어봐.)
Mrs. Callahan spent days trying to get Lieutenant Donovan on the phone.
　　　　　　　　　　　　　　　　　　　　　　　sb
(캘러핸 부인은 중위 도노반과 통화하기 위해 며칠 동안 시간을 소비했다.)

➡ get on the phone to
He got on the phone to Campbell and Bruce and told them we were cancelling our order.
(그는 캠벨과 브루스에게 전화해서 우리가 주문을 취소했다고 말했다.)

get onto, get on to

get onto[on to] sth (유사어 **come on to**)
to start talking about a subject after discussing something else
(~을) 화제로 하다, (~의) 이야기를 시작하다

How did we <u>get onto</u> <u>this subject</u>? It has no connection with what we were talking about.
　　　　　　　　　　sth
(어떻게 이 주제가 화제가 되었을까? 그 주제는 우리들이 이야기하고 있었던 것과는 아무런 관계가 없는데.)

As usual we <u>got onto</u> <u>the subject of money</u>. (늘 그런 것처럼 우리는 돈의 문제를 화제로 삼았다.)
　　　　　　　　　　　　sth

get onto[on to] sb/sth (유사어 **contact**) [BrE]
to telephone or write to a person or an organization, especially because you want them to do something for you
~에게 (전화로·편지로) 연락하다, ~에게 요구하다

We have a power outage. <u>Get on to</u> <u>the power company</u> and find out when it will be fixed.
　　　　　　　　　　　　　　　　　　sth
(정전이야. 전력회사에 전화해서 언제 고쳐지는지 알아봐.)

I'm afraid I can't help you. You'd better <u>get onto</u> <u>the Embassy</u>.
　　　　　　　　　　　　　　　　　　　　　　　　　sth
(도와 드릴 수 없어 유감입니다. 대사관에 전화로 연락하시는 게 나을 것입니다.)

get onto[on to] sb
if someone in authority gets onto you, they find out about something that you have been trying to keep secret
(경찰·공무원이) 불법행위를 알아내다, (~의 부정을) 찾아내다, 깨닫다[감지하다]

The police <u>got onto</u> <u>Timmy</u> just as he was planning to leave the country.
　　　　　　　　　　sb
(경찰은 티미가 고향을 떠날 계획을 세우고 있을 때 그의 부정행위를 밝혀냈다.)

It wasn't long before the Ministry of Information <u>got on to</u> <u>him</u>.
　　　　　　　　　　　　　　　　　　　　　　　　　　　　sb
(얼마 안 있어 정보부가 그의 정체를 알아차렸다.)

get onto[on to] sth
to be elected as a member of a committee, political organization, etc.
(선출직에) 당선되다, 선출되다

Her political career began when she <u>got on to</u> <u>the local council</u> in 1979.
　　　　　　　　　　　　　　　　　　　　　　　sth
(그녀의 정치경력은 1979년 지방의회에 당선되었을 때 시작되었다.)

My neighbor <u>got onto</u> <u>the city council</u>. (우리 이웃주민이 시의회원에 당선되었다.)
　　　　　　　　　　　sth

get onto[on to] *sth*(doing)

to begin or start something

(~에) 착수하다, 시작하다

It's an excellent course, but it's really difficult to get onto it.
                                                         sth
(이것은 훌륭한 교과야. 하지만 그 교과를 공부하기 시작하는 것은 정말 어렵다.)

As soon as it stops snowing, I'll get onto shoveling the walk.
                                            doing
(눈이 멈추자마자 곧 통로의 눈을 치울 것입니다.)

get onto[on to] *sth*

if you get onto a topic when you are speaking, you start talking about it

~의 화제로 이어지다, ~의 이야기를 시작하다

How did we get onto the subject of my mistakes?   (어떻게 해서 나의 실수가 화제의 대상이 되었니?)
                     sth

Before we get on to those questions, I just want to run through the schedule for next week's
               sth
sales conference.
(우리가 그 질문으로 화제를 옮기기 전에, 나는 그저 다음 주 판매회의에 대한 일정표를 대략 훑어보았으면 해.)

get out

get out

to move out of a vehicle

(차 · 기차 · 작은 보트에서) 내리다

You get out of the car here and I'll find a parking spot and then meet you in the cafe.
(네가 여기서 차에서 내리면, 내가 주차장을 찾은 다음 카페에서 너를 만날게.)

Jack told her to stop the car and we got out to have a look at the view.
(잭은 그녀에게 차를 세우라고 말을 했고 우리는 경치를 보기 위해 차에서 내렸다.)

get out (유사어 **escape**)

to escape from a place

(장소에서) 나오다, 도망하다

The rabbits have got out from their cages again, and are eating all the vegetables in the garden.
(토끼들이 또 다시 토끼장에서 뛰쳐나와 텃밭에 있는 야채를 모두 먹고 있다.)

How did the dog manage to get out? The gate was shut.
(개가 어떻게 용케 빠져 나왔지? 문이 닫혔는데.)

get *sb* **out**

if you get someone out of a difficult or dangerous situation, you help them to escape from it

(~에서) 탈출을 돕다, 탈출시키다

The soldiers were surrounded, so they called for a helicopter to get them out.
　　　　　　　　　　　　　　　　　　　　　　　　　　　　　　　　　　sb
(군인들이 포위되었다. 그래서 그들은 탈출을 도울 헬리콥터를 요청했다.)

After Hank was arrested, his lawyer got him out of jail.
　　　　　　　　　　　　　　　　　　　sb
(행크가 체포된 후 그의 변호사가 감옥에서 그를 빼냈다.)

> **get** *sth* **out**
>
> if you get something out of a bag, a cupboard, a container, your pocket, etc. you take it out of them.
> (가방·찬장·주머니 등에서) 꺼내다

Gilbert's coming for dinner tonight, so let's get the good china out.
　　　　　　　　　　　　　　　　　　　　　　　　　　　　　sth
(길버트가 오늘 밤에 저녁 먹으러 온대. 그러니까 좋은 사기 그릇을 꺼내자.)

I got the dictionary out and looked up 'passport' and 'lost', and tried to explain the situation to
　　　sth
the hotel receptionist.
(나는 사전을 꺼내들고 '패스포트'와 '잃다'라는 단어를 찾아보고 호텔 접수직원에게 상황을 설명하려고 애썼다.)

➡ **get** *sth* **out of** 로도 쓰임
I got my little cellphone out of the backpack. (나는 배낭에서 작은 휴대전화를 꺼냈다.)
　　　sth

> **get out!** [Spoken]
>
> used to rudely order someone to leave a room or a building because you are angry with them
> (명령문으로) (화가 나서) 꺼져, 말도 안 돼, 나가

Get out! I'm trying to do my homework. (나가! 나 숙제하려고 애쓰고 있어.)
Get out! I never want to see you again. (나가! 다시는 너 보고 싶지 않아.)

➡ **get out of** 로도 쓰임
Miriam trembled with rage. Her lips became pale. "Get out of this house."
(미리암은 화가 나서 부들부들 떨었다. 그녀의 입술은 파랗게 질렸다. "이 집에서 나가.")

> **get out**
>
> to leave an unpleasant situation
> 싫은 일에서 손을 떼다, 닥친 위험을 피하다

After nearly five years in the navy, he decided he had to get out.
(근 5년을 해군에서 보낸 후, 그는 제대를 결심했다.)
Are you trying to get out of this job? (너 이 일에서 손을 떼려고 노력하고 있니?)

> **get out** (유사어 **go out**)
>
> if you get out, you go to places and meet people usually in order to have a more enjoyable life
> (가끔 ~를 만나러 ~에) 가다

No wonder you're depressed, stuck in this tiny flat all day. You need to get out and meet people.
(하루 종일 이 작은 아파트에 박혀 있으니 네가 우울한 것도 이상할 것도 없다. 밖에 나가서 사람들을 만나 볼 필요가 있어.)

It's difficult to get out when you've got young children.
(너에게 어린 자녀들이 있는데, 사람을 만나러 나가는 것은 어려운 일이지.)

get out (유사어 leak out)

if information gets out, a lot of people learn about it, even though it is meant to be secret

(비밀 따위가) 새다, 들통 나다

Be careful — we'll be in a lot of trouble if this information gets out.
(조심해 — 이 정보가 새어 나가면 우리는 커다란 어려움에 처하게 될 거야.)

We don't want the secret to get out. (우리는 이 비밀이 새 나가는 것을 원치 않아.)

get sth out

if you get something out that you are trying to say, you manage to say it

간신히 말을 하다, 어렵게 말하다

I tried to explain, but I couldn't get the words out. (설명을 하려고 애를 썼으나 말이 막혀 할 수가 없었다.)
_{sth}

She was so upset that she couldn't get the words out at first "I… I saw you, Sherman, I saw you…
_{sth}
with her."
(그녀는 너무 기가 막혀 처음에는 말을 할 수가 없었다. "나… 나 당신을 보았어, 셔먼, 나 당신을 보았어… 그녀와 함께 있는 당신을.")

get sth out

if you get dirt or other unwanted substances out of something, you remove them from it

(옷에서) 때를 빼다, (얼룩을) 빼다

This detergent's ad claims you'll get dirt out even in cold water.
_{sth}
(이 세제 광고는 심지어 찬 물에서도 때를 뺀다고 주장한다.)

Do you think bleach will get this wine stain out of my white blouse?
_{sth}
(표백제가 내 흰 블라우스에서 포도주 얼룩을 뺄 것이라고 생각하니?)

➡ get sth out of 로도 쓰임
I couldn't get that stain out of your blue dress, Monica.
_{sth}
(모니카야, 너의 푸른색 드레스에서 그 얼룩을 뺄 수가 없었어.)

get out of

get out of sth (유사어 wriggle out of, duck out of [Informal])

to avoid doing something that you should do, often by giving an excuse

(책임 · 의무 등을) 피하다

There are always some unpleasant jobs that can't be got out of.<수동>
(피할 수 없는 기분 나쁜 일이 항상 몇 가지가 있다.)

She always got out of washing up. (그녀는 늘 설거지하는 일을 피했다.)

➡ **get out of doing** 으로도 쓰임
He's not really ill — he's just trying to get out of going school.
(그는 정말 아픈 게 아니다. 그는 단지 학교 가는 걸 피하려고 하고 있다.)

> **get** *sth* **out of** *sb*
>
> to force or persuade someone to tell you something or give you something
> (비밀·고백·진상·돈 등을) ~로부터 끌어내다, ~로부터 듣다

I'll get the truth out of the prisoner if it takes all night. (밤을 새더라도 나는 그 죄수로부터 진상을 들을 것이다.)
    sth   sb
We are trying to get more money out of the government to help fund our project.
                     sth   sb
(우리는 우리 프로젝트에 투자를 돕고 있는 정부 당국으로부터 더 많은 자금을 끌어내려고 한다.)

> **get** *sth* **out of** *sth* (수동불가)
>
> to gain enjoyment from doing something, or think that it was useful
> (~하면서) 즐거움·기쁨을 얻다, ~하는 것이 즐겁다

Are you getting anything out of your classes? (너는 수업이 유익했다고 생각하고 있니?)
            sth   sth
The course was really good — I got a lot out of it.
                                 sth   sth
(그 강의는 정말로 훌륭했다 — 나는 그 강의에서 많은 것을 얻었다.)

➡ **get pleasure[satisfaction] out of** *sth* 으로도 쓰임
We all got a great pleasure out of our school days. (우리 모두는 학창 시절에 큰 즐거움을 누렸다.)
              sth

> **get out of** *sth*
>
> if you get out of a habit or an activity that you do regularly, you stop doing it
> (습관·버릇에서) 벗어나다, (규칙적 행동을) 그만두다

How can I get out of the habit of smoking? (어떻게 하면 흡연 습관에서 벗어날 수 있을까?)
                       sth
If I get out of my routine, I'm finished. (내가 일상생활에서 벗어난다면, 난 끝장이야.)
              sth

➡ **get out of the habit of doing** 으로도 쓰임
My mother just couldn't get out of the habit of telling me what to do, even though I was a grown-
                                                doing
up with children of my own.
(나는 내 아이들이 있는 성인이지만, 내 어머니는 내가 무엇을 해야 하는지 말하는 버릇을 버리지 못했다.)

get over

> **get over** *sth/sb*
>
> if you get over an unpleasant or unhappy experience or an illness, you recover from it
> (슬픔·쓰라린 경험 따위를) 잊다, (~의 일을) 잊다

At the beginning of the year, my girl friend left me and it took me a while to get over it.
                                                                                                                                       sth
(금년 초 여자 친구가 나를 떠났다. 그 아픈 기억을 잊는 데 오래 걸렸어.)

Have you got over the shock?   (너 그 쇼크에서 벗어났니?)
                       sth

➡ **get over** *sth* 으로도 쓰임

"It took me a year to get over Lester's death." Frank recalled many years later.
                                         sth
("레스터의 죽음을 잊는 데 1년이나 걸렸어." 프랭크가 몇 년 후에 회상했다.)

➡ **get over** *sb* (or *sth*) 로도 쓰임

She's just getting over a guy from Seattle.   (그녀는 시애틀 출신의 남자와의 사랑을 겨우 잊어 가고 있다.)
                         sb

I'm glad to hear you have got over your cold.   (네가 감기에서 다 나았다고 들으니 기쁘다.)
                                          sth

get over *sth*

to succeed in controlling feelings of fear or nervousness, so that you feel calm again

(공포 · 신경증을 이기고) 침착해지다.

The singer had to learn to get over her fear of the public.
                                      sth
(그 가수는 대중 앞에서 느끼는 공포를 이기고 냉정해지는 방법을 배워야 했다.)

"I'm scared of the dark." "Well, you're going to have to get over being scared of the dark."
("나는 어둠이 무서워요." "괜찮아, 너는 어둠의 두려움을 극복하려고 노력하고 있어.")

get out, get *sth* over, get over *sth* (유사어 **get across**)

if news or information gets out, it becomes known

(비밀 · 정보 진상 등이) ~로부터 끌어내다, 누설되다, 알려지다

The news got out in the end.   (그 뉴스는 마지막에 알려졌다.)
We must get out message over to the general public.   (우리의 메시지를 일반 대중에게 알려 주어야 한다.)
                          sth

➡ **get a point[message, idea, etc.] over** 로도 쓰임

Antismoking campaigners are using a series of newspaper adverts to get their message over the public.
                                                                                              sth
(흡연반대운동자들은 일반 대중에게 그들의 메시지를 전달하기 위해 일련의 신문 광고를 이용하고 있다.)

➡ **get over to** *sb* **that** 으로도 쓰임

We're trying to get over to people that they must drive more slowly when there is ice on the road.
                        sb
(우리는 사람들에게 도로 위에 얼음이 있을 때 좀 더 천천히 운전해야 한다는 사실을 알리려고 노력하고 있다.)

get over *sth* (유사어 **get around, get round** [BrE])

if you get a problem or difficulty, you overcome it

(어려운 문제 · 곤란함을) 해결하다, ~을 산출하다

The committee will have to find means to get over the difficulty.
                                                    sth
(위원회는 그 난국을 타개할 방법을 찾아야 할 것이다.)

At 600 mph the plane became uncontrollable. We got over this problem by redesigning the wings.
sth
(시속 600마일에서 그 비행기는 통제가 불가능하게 되었다. 우리는 양쪽 날개를 다시 설계함으로써 이 문제를 해결하였다.)

can't[couldn't] get over *sth* [Spoken]

used to say that someone is very surprised, shocked, or amused by something

(~에) 놀라지 않을 수 없다, 재미없다.

Sergeant Brown couldn't get over it as Evans solemnly handed over the money he had stolen.
sth
(하사관 브라운은 에반스가 정중하게 훔친 돈을 건네주었을 때 놀라지 않을 수 없었다.)

She could not get over the fact that someone so handsome could be so unlikeable.
sth
(그녀는 그렇게 잘 생긴 사람이 그렇게 싫을 수가 있는가 하는 사실에 놀라지 않을 수 없었다.)

get over with

get *sth* **over with** (수동불가)

if you want to get something unpleasant over with, you want to do it or finish experiencing it quickly, since you cannot avoid it

(귀찮은 일을) 끝내 버리다, 치워버리다, ~을 잘하다

He wanted to get this miserable business over with as quickly as possible.
sth
(그는 이 귀찮은 일을 가능하면 빨리 해치우고 싶어 했다.)

I just want to get these exams over with. (나는 단지 이 시험이 끝나기만을 원하고 있어.)
sth

➡ get *sth* over and done with 로도 쓰임

It's always painful breaking bad news to people, but the sooner we get it over and done with
sth
the better.
(사람들에게 나쁜 소식을 터뜨리는 것은 항상 고통스럽다. 그러나 그 뉴스가 빨리 지나가면 빨리 지나갈수록 더 좋다.)

get through

get through *sth*, **get** *sb* **through** *sth*

if you get through a difficult or unpleasant period of time, you manage to live through it

(어려운 시기를) 보내다, 극복하다

Unless it rains, most farmers won't get through the summer.
sth
(비가 오지 않으면 대부분의 농부들은 그 어려운 여름을 극복하지 못할 것이다.)

It was his determination and sense of humor that got him through the crisis.
sb *sth*
(그가 그 위기를 극복할 수 있었던 것은 그의 결심과 유머 감각 때문이었다.)

get through

to succeed in reaching someone by telephone

(전화 · 의사가) 통하다, (~에게 전화) 연락을 하다, (전화로) ~을 연결시키다

I telephoned Juliet in hospital and got through without difficulty.
(병원에 입원해 있는 줄리엣에게 전화했는데 어렵지 않게 통화했어.)

Dave's been trying to call them all day, but he just couldn't get through.
(데이브가 하루 종일 그들에게 전화를 걸려고 애를 쓰고 있었으나 결국 통화할 수가 없었다.)

➡ get through to 로도 쓰임
I can't get through to London, the lines are all busy. (런던에 연락할 수가 없다. 전화가 모두 통화 중이야.)

get through sth (유사어 finish)

to finish doing something

(일을) 끝마치다, (책을) 다 읽다

I really want to get through this book — I've only got two more chapters to read.
                   sth
(이 책을 정말로 다 읽고 싶었는데 — 아직도 읽을 것이 2장이나 더 남아 있어.)

I think you can get through the first two chapters.
                    sth
(나는 네가 처음 두 장을 다 읽을 수 있다고 생각해.)

get through sth (유사어 pass)

if you get through an examination, you pass it

(시험에) 합격하다, (검사를) 통과하다, 표준에 달하다

The students' main aim is to get through the course and pass the examinations.
(학생들의 중요 목표는 그 교과 수강을 끝내고 시험에 통과하는 것이다.)

Getting through law school was tough. (로스쿨을 통과하는 것은 힘들었다.)
         sth

get sb/sth through sth

to do what is necessary to help someone or something pass a test or examination

(~을 시험 · 검사 등에) 합격시키다, 통과시키다

You'll never get the car through inspection this year.
         sth   sth
(너는 금년에는 그 차를 차량 검사에서 결코 통과시키지 못할 것이다.)

A good school does more than just gets its students through their exams.
                                   sth   sth
(훌륭한 학교란 단지 학생들을 시험에 통과시키는 것 이상의 더 많은 것을 한다.)

get through, get through sth

if a law or a proposal gets through, it is officially approved by something such as parliament or committee

(의안 · 법안 등을) 통과시키다, (의안 · 법안 등이) (의회를) 통과하다

The Council meets on Wednesday, and we're hoping that these proposals will <u>get through</u>.
(시의회는 수요일에 열립니다. 그리고 우리는 이 제안이 통과되기를 희망합니다.)

He would be very disappointed if his referendum law failed to <u>get through</u>.
(그가 제안한 국민투표법이 통과에 실패한다면 그가 매우 실망할 텐데.)

➡ get *sth* through Congress[Parliament] 로도 쓰임
It took four years to <u>get the bill through Parliament</u>. (이 법안이 의회를 통과하는 데 4년이 걸렸다.)
　　　　　　　　　　　sth

> **get through**
> if something gets through to a place, it finally succeeds in reaching that place
> 　　　　　　　　　　　　　　　　　　　　　　　(어려움을 극복하고) ~에 도착하다, ~을 뚫다

The Red Cross parcels were not <u>getting through</u>, and prisoners in the camps were starving to death. (적십자 구호품이 도착하지 않아서 수용소 안에 있는 포로들은 굶어 죽을 지경이었다.)

We couldn't <u>get through</u> the hard concrete with a drill, so we will have to blast.
(우리는 드릴로는 단단한 콘크리트를 뚫을 수가 없어서 폭파해야만 할거다.)

➡ get through to 로도 쓰임
All the roads are blocked — There's no hope of <u>getting through to</u> Whitby until the weather improves. (모든 길들이 막혔어 — 날씨가 좋아질 때까지는 휘트비까지 갈 희망이 없어.)

> **get through *sth*** [BrE]
> to spend a lot of money, or use a lot of something such as food or a drink
> 　　　　　　　　　　　　　　　　　　　　　　　(음식을) 다 먹어치우다, (돈 따위를) 다 써버리다

She <u>gets through</u> at least £200 every weekend — I don't know what she spends it on.
　　　　　　　sth
(그녀는 적어도 매주 200파운드를 다 써버린다 — 어디에 그 돈을 다 쓰는지 모르겠어.)

You <u>got through</u> <u>those biscuits</u> quickly! (너는 그 비스킷을 빨리도 다 먹었구나.)
　　　　　　　　sth

> **get *sth* through**
> for humans or supplies to reach a destination
> 　　　　　　　　　　　　　　　　　　　(사람 · 보급품 등이) (목적지에) 닿다, 도달하다

Because of revolution, no mail <u>is getting through</u>.<수동> (혁명이 일어났기 때문에, 어떤 우편물도 도착하지 않는다.)

The troops' primary role is to <u>get humanitarian aid through</u> to the stricken region.
　　　　　　　　　　　　　　　　　　sth
(군대의 주요한 역할은 습격당한 지역에 인도주의적인 도움을 주는 것이다.)

get through to

> **get through to *sb***
> to be able to make some understand something, especially when this is difficult
> 　　　　　　　　　　　　　　　　　　　　　　　(~에게) 이해시키다, 알도록 하다, 이야기가 통하다

I've talked to our son many times about the importance of studying, but I just can't <u>get through to him</u>. (나는 여러 번 아들에게 공부의 중요성에 대해 이야기를 해 오고 있다. 그러나 그를 이해시킬 수가 없다.)
　　sb

Few teachers can <u>get through to</u> <u>students</u> who don't want to learn.
                                    sb
(공부할 의지가 없는 학생들에게 이해시킬 수 있는 선생은 별로 없다.)

➡ <u>get it through to</u> *sb* <u>that</u> 으로도 쓰임
I can't seem to <u>get it through to Grandfather</u> <u>that</u> he must rest.
                                     sb   that
(할아버지께 휴식이 꼭 필요하다는 사실을 이해시켜 드릴 수가 없다.)

get through to *sth* (유사어 **reach**)
to succeed in reaching the next stage of a game or a car competition

(게임·경쟁의 다음 단계에) 진출하다

We were so pleased when our team <u>got through to</u> <u>the last part of competition</u>.
                                                      sth
(우리 팀이 결승까지 진출했을 때 너무 기뻤다.)

We did it! We <u>got through to</u> <u>the semifinals</u>! (해냈어! 준결승까지 진출했어.)
                                   sth

get to

get to (유사어 **reach**)
when you get to there, you arrive there

(장소에) 닿다, 도착하다

What time does this train <u>get to</u> London? (이 기차는 몇 시에 런던에 도착합니까?)
It was midnight before we <u>got to</u> the village. (한밤중이 넘어서 우리는 그 마을에 도착하였다.)

get to *sb* [Informal]
to make someone feel upset or angry

난처하게 하다, (~의) 감정을 건드리다

She's always complaining, always so negative about everything. — It's really <u>getting to</u> <u>me</u>.
                                                                                              sb
(그녀는 항상 매사에 너무 부정적인 불평을 말하고 있어, 그것이 나를 정말 난처하게 만들어.)

His constant grumbling is <u>getting to</u> <u>me</u>. Sometimes I just want to scream.
                                           sb
(그의 끊임없는 투덜거림은 나를 언짢게 해. 가끔은 소리를 지르고 싶어.)

get to doing (*sth*) (유사어 **start**)
if you get to doing something, you gradually begin to do it without intending to

(의도하지 않고) ~하기 시작하다, ~하도록 되다

We were in the car coming home, and we <u>got to</u> <u>talking</u> about people who were at school with us.
                                                    doing
(우리는 차를 타고 집으로 오고 있었다. 그러면서 우리와 함께 학교에서 근무하는 사람들에 대해 이야기하기 시작했다.)

I <u>got to</u> <u>thinking</u> perhaps <u>I ought to try a different kind of job</u>.
             doing   sth
(나는 어쩌면 전혀 다른 직업을 찾아야 한다고 생각하기 시작했다.)

get together

get together (유사어 **meet up**)

when people get together, they meet in order to discuss something or spend time together
(두 사람 이상이 토론·문제를 합의하기 위해) 모이다, 집합하다, 집합시키다, (사교적 활동을 하기 위해) 모이다, 만나다

The unions and the employers get together to talk about common difficulties.
(노동조합과 고용주들은 공통의 곤란한 어려움에 대해 토의하려고 함께 모인다.)

We must get together for a drink sometime. (우리 언젠가 만나서 한잔 해야죠.)

➡ get together with 로도 쓰임
When are we getting together with Ferry and Gretch? Next Saturday?
(우리 언제 페리와 그레치와 함께 모이지? 다음 토요일?)

get *sth* together

if you get several things together, you collect them and put them all in one place
(물건을 한 곳에) 모으다

I got my letters and papers together. (나는 편지와 서류를 한곳에 모아 둔다.)
　　　sth

You should get all your tools together so you will have them when you need them.
　　　　　　　　sth
(너 공구들을 한곳에 모두 모아두어야 해, 그래야 네가 필요할 때 쓸 수가 있어.)

get *sb* togegher

if you get a group of people together, you arrange for them to meet in order to do something
(~하기 위해) 사람을 모으다, (~하기 위해) 모임을 주선하다

We got the neighbors together to discuss the problem. (우리는 그 문제를 토의하기 위해 이웃 사람들을 모았다.)
　　　sb

She's going to try to get some people together to work on an arts festival.
　　　　　　　　　　　sb
(그녀는 예술제에서 일할 몇 사람을 모으려고 노력하고 있다.)

get together, get it together

to start a romantic relationship with someone
(~와) 사랑하는 관계가 되다, 함께하다, 결혼하다

I always thought those two should get together — they've got a lot in common.
(나는 항상 그 두 사람이 당연히 결혼해야 한다고 생각했어. 그들은 많은 공통점을 가졌어.)

Romeo and Juliet got it together the first night they met, but it didn't last long.
(로미오와 줄리엣은 처음 만난 그 밤에 사랑에 빠졌다, 그러나 그것은 오래가지 않았다.)

➡ get together with 로도 쓰임
I'd like to get together with Sarah, but she already has a boyfriend.
(나는 사라와 연인 사이가 되고 싶으나, 그녀는 이미 남자친구가 있다.)

➡ get-together (n)
(a party or informal social occasion) 회의, 회합, (비공식)모임, 친목회

We're having a get-together on Saturday, if you'd like to come.　(네가 올 수만 있다면 토요일에 모임을 갖자.)

get sth together, get together sth (유사어 put together) [Spoken]

if you get something together, you organize it

(~을) 조직하다, 준비하다

I still haven't got the schedule together, but I am hoping to have it finished by tomorrow.
(나는 아직도 스케줄을 짜지 못하고 있어. 하지만 내일까지는 다 끝냈으면 좋겠어.)

He's going to be hungry — maybe I'd better get a meal together.
(그는 곧 배가 고플걸. — 아마 내가 식사 준비하는 것이 더 좋을걸.)

get oneself together [Spoken]

to begin to be in control of your life, your emotions, etc.

자제하다, 냉정하게 되다

Hey, get yourself together! Everyone is watching you.　(이봐, 자제해! 모두가 널 보고 있지 않아.)

Stop crying and get yourself together. The guests will be arriving soon.
(그만 울고 진정해. 손님들이 곧 도착할 거야.)

get it together, get one's act together

to begin to be in control of a situation, and do things in an organized and confident way

(능력을 발휘해서) 모든 일을 멋지게 처리하다, 훌륭하게 수행하다

If I can get it together, I should have this done by next week.
(만일 잘 처리할 수 있다면 다음 주까지는 이 일을 끝낼 텐데.)

When is the United Nations going to get its act together in Bosnia?
(유엔이 언제 보스니아에서 모든 일을 제대로 수행하려고 할까?)

get sth together, get together

to succeed in getting enough money for a particular purpose

(특정 목적으로 돈을) 모으다

"Are you going on vacation this summer?" "Yeah, if I can get the money together."
("이번 여름에 휴가 가니?" "네, 내가 돈을 모을 수만 있다면요.")

I am barely able to get enough money together to pay the rent.　(나는 겨우 집세를 지불할 만한 돈을 모을 수가 있었다.)

get up

get up

to wake up and get out of your bed, especially in the morning.

(아침에) 일어나다, 기상하다

She got up, had a bath, took four aspirins, then went to sit in the garden.
(그녀는 아침에 일어나서 목욕을 하고 아스피린 4개를 먹고, 그러고 나서 정원에 앉으려고 나갔다.)

John hates getting up early. (존은 일찍 일어나는 것을 싫어한다.)

get sb up

to make someone wake up and get out of bed, especially in the morning

(~를) 깨우다

Can you get the kids up? They're going to be late for school. (애들을 깨울 수 있니? 학교에 늦을라.)
        sb

Don't get me up in the morning. (아침에 나를 깨우지 마.)
     sb

get up (유사어 stand up)

when someone who is sitting or lying down gets up, they rise to a standing position

(땅·좌석에서) 일어나다

Sherman got up and went over to the window. (셔먼은 일어서서 유리창 쪽으로 갔다.)

The teacher told the sleeping students to get up. (선생님은 자고 있는 학생들에게 일어서라고 말씀하셨다.)

get up sth, get sth up (유사어 organize) [BrE]

to organize something, especially something that involves asking other people to help or take part in

~을 완성시키다, 꾸며내다, 조작하다, 구성하다, 계획하다

The local residents got up a petition, demanding a better bus service.
                         sth

(그 지역 주민들은 더 질 좋은 버스 서비스를 요구하는 탄원서를 작성하였다.)

Come on, everyone. It's time to get the Christmas decorations up.
                                     sth

(자, 모두 이리오세요. 크리스마스 장식 꾸밀 시간입니다.)

get oneself up (유사어 dress up) [BrE, Informal]

if you get yourself up in a particular kind of clothing, you dress in that clothing

(옷차림 등을) 꾸미다, 성장시키다, (유명한 사람·이야기의 주인공처럼) 꾸미다

Martha got herself up as a pirate for the Halloween party. (마사는 할로윈 파티를 위해 해적 분장을 했다.)
      oneself

The children are got up as ghosts.<수동> (아이들을 유령으로 분장시켰다.)

➡ get oneself up in[as] 로도 쓰임

Margaret and Mitzi had got themselves up in 1920s dresses, with long beads and those little hats. (마가렛과 밋지는 긴 구슬 목걸이와 작은 모자를 쓰고 1920년대 드레스로 분장을 했다.)

get up

if the wind or a storm gets up, it starts to blow very strongly

(불·폭풍우 등이) 갑자기 격해지다, 거칠어지다

The wind got up during the night, and blew their tent away.
(바람이 밤 사이 세게 불더니 그들의 텐트를 날려 버렸다.)

The wind is getting up. We'd better head for shore.
(바람이 거세지고 있어. 해안가로 뱃머리를 돌리는 게 좋겠어)

get *sth* **up, get up** *sth* (유사어 **brush up**) [AmE]
to improve your knowledge of something

~의 지식을 얻다, ~의 기술을 향상시키다.

If you're going to Mexico this summer, you'd better get your Spanish up.
                                                                             sth
(이번 여름에 멕시코에 가려고 하면 스페인어를 배우는 것이 좋을걸.)

Jed is working on getting his golf game up for the tournament.
                                        sth
(제드는 토너먼트를 위해 골프 실력을 향상시키려고 연습 중이다.)

give

vt. ① 주다, 거저주다, 드리다, 증여하다 ② (지위·명예·임무·신뢰 따위를) 주다, 수여[부여]하다, (축복·장려·인사 따위를) 주다, 하다, 보내다 ③ (시간·기회·유예·허가 따위를) 주다 ④ (타격·고통·벌 따위를) 주다, 가하다 ⑤ (슬픔·걱정·인상·감상·기쁨·희망 따위를) 주다, 느끼게 하다, 일으키다 ⑥ (형태·형식을) 부여하다 ⑦ 건네다, 넘겨주다, 인도하다, (음식물을) 내다, (약·치료 등을) (해) 주다 ⑧ (손을) 내밀다, 제공하다, (~의 관리를) 위탁하다, 맡기다, (여자가) 몸을 허락하다 ⑨ (보상으로) 주다, 내다, 지불하다(for), 버리다, 희생하다, [흔히 부정형] ~만큼의 관심을 기울이다. ⑩ (병을) 옮기다 ⑪ (증거·예증·이유 등을) 보이다, 들다, 지적하다, 제시하다, 제출하다 ⑫ (시일을) 지시하다, 지정하다 ⑬ (온도·기압·무게 따위를) 보이다, 가리키다 ⑭ (겉으로) 보이다, 나타내다, ~의 징후이다 ⑮ (세상에 널리) 전하다, 보도하다, 묘사하다 ⑯ (인쇄물이) 수록하고 있다 ⑰ (의견·이유·회답·조언·지식·정보 따위를) 말하다, 전하다, 표명하다, 선고하다 ⑱ (노력·주의·편의·원조 따위를) ~에 돌리다, 쏟다, 바치다, 제공하다 ⑲ (동작을 나타냄, 주로 단음절의 명사를 목적어로 하여) ~하다 ⑳ (여흥 따위를) 제공하다, (파티·모임을) 열다, 개최하다, (극 따위를) 상연하다, (강의 따위를) 하다, 낭독[암송]하다, 노래하다 ㉑ (사회자가) 소개하다 ㉒ (동식물 등이) 공급하다, 산출하다, 나(오)다, (결과 따위를) 내다, (아이를) 낳다[갖다] ㉓ (빛·소리·목소리를) 발하다, 내다 ㉔ (실점을) 주다, 양보하다, 우세한 지반을 잃다, 양보하다 ㉕ [보통 수동태] ~을 (예 추론 등의 전제로) 인정하다, (~임을) 가정하다 ㉖ (give me의 형식으로) ~로 (해)주시오, ~의 편이 좋다, (전화를) ~에 연결해 주시오 ㉗ (축배 할 때) ~을 제안하다 ㉘ [종종 수동태] ~에게 ~하게 하다

vi. ① 주다, 아낌없이 내(놓)다, 베풀다, 기부를 하다, 아낌없이 (자선에) 돈을 내놓는다 ② (힘을 받다) 우그러[찌그러]지다, 휘다, 굽다, 무너[허물어]지다, (말라서) 오그라들다, 상하다, 탄력이 있다 ③ (추위 따위가) 누그러지다, (얼음·서리 따위가) 녹다, (색이) 바래다 ④ 순응하다, (~에) 가락을 맞추다(to) ⑤ (창이) ~로 향하다, ~에 면하다, (복도가) ~로 통하다 ⑥ ((구)) (비밀 따위를) 털어놓다 ⑦ ~하려고 마음먹다, 제 컨디션이 나다

255

유사단어

give: '주다'의 가장 보편적인 말
　　Here give me your coat, I'll hang it up for you. (자, 코트 벗어 주십시오. 걸어 드리겠습니다.)

bestow: 대범한 기분과 태도로 남에게 무상으로 주는 경우의 말
　　The Queen has bestowed a knighthood on him. (여왕은 그에게 나이트 작위를 수여했다.)

confer: 명예가 되는 것을 주다, 주는 쪽의 우월은 표시되어 있지 않은 정중한 말
　　He confers an honorary degree. (그가 명예학위를 수여했다.)

grant: 청한 것에 대하여 (정식으로) 주다
　　She was granted American citizenship last year. (그녀는 작년에 미국시민권을 획득했다.)

present: 의식 따위를 행하여 정식으로 주는 경우에 씀
　　The Golden Globe Awards will be presented January 18. (골든 글러브 상은 1월 18일에 수여될 것이다.)

offer: '자진해서 주다'의 뜻. 흔히 손아랫사람이 손윗사람에게 주는 것
　　Can I offer you something to drink? (마실 것을 드릴까요?)

provide, supply: 없으면 곤란하거나 불편한 것을 주다
　　The clinic will provide basic health care for people in the community.
　　(의원은 지역사회에 사는 사람들을 위해 기초건강보호를 제공할 것이다.)

give away

give away *sth*, **give** *sth* **away**

to give something to someone instead of selling it

남에게 주다, 기증하다, 증여하다

She has given away jewellery worth millions of pounds.
　　　　　　　　　sth
(그녀는 수백만 파운드의 가치가 있는 보석을 기증했다.)

He made nearly a billion dollars, but after he retired he gave most of his money away.
　　　　　　　　　　　　　　　　　　　　　　　　　　　　　　　　　　　　sth
(그는 거의 10억 달러를 모았고 그가 은퇴한 후 대부분의 돈을 기증했어.)

➡ **give away** *sth* **to** 로도 쓰임
Before leaving America she gave away her furniture to her family and friends.
　　　　　　　　　　　　　　　　　　　　sth
(그녀는 미국을 떠나기 전에 자신의 가구들을 가족과 친구들에게 주었다.)

give away *sth*, **give** *sth* **away**

if a company or a store gives away a product, they give it to people without asking them for any payment in order to attract more customers

(고객에게) 무료로 주다, 경품을 주다, 거저 주다

They were giving away free tickets at the concert hall today and I got one.
　　　　　　　　　　　　sth
(오늘 콘서트홀에서 무료티켓을 배포하고 있어서 나는 한 장 받았어.)

The store is giving away many valuable prizes. (그 상점은 고가의 경품을 많이 배포하고 있다.)
　　　　　　　　　　　　sth

➡ **giveaway** (n)
　　(something that a company or store gives to people without asking for payment)　경품, 무료샘플, 선물
There are usually a lot of cheap giveaways on offer at Christmas.
　　　　　　　　　　　　　　　　　n
(크리스마스 때는 항상 많은 저렴한 선물들이 매물로 나온다.)

give away, give away *sth*, give *sth* away

to give something as a prize in a competition

(상으로 ~을) 주다

We have five baseball caps to give away in this week's show — all you have to do is answer one simple question.
(우리는 이번 주 쇼에서 상으로 줄 5개의 야구모자가 있습니다. 당신들이 할 일이란 간단한 질문에 대해 대답하는 것뿐입니다.)

They're giving away 200 free tickets to see the band on tour.
                          sth
(그들은 순회공연 밴드를 볼 수 있는 무료티켓 200장을 상으로 주고 있다.)

give away *sth*, give *sth* away (유사어 **reveal**)

if you give away information that is meant to be secret, you let other people know about it, sometimes by mistake

(고의로 · 우연히) 비밀을 폭로하다, 누설하다

I haven't seen that movie yet, so don't give away the ending.
                                                    sth
(나는 아직 그 영화를 보지 않았어, 그러니까 결말을 알려 주지 마.)

You can trust me with the secret, I haven't given it away.
                                                  sth
(그 비밀 건에 대해서는 나를 믿어도 돼, 나는 폭로하지 않았어.)

➡ giveaway (n)

(a giveaway is a something that makes you realize the truth about a particular person or situation)
(비밀 등이) 누설, 폭로, (본의 아닌) 배반

The lipstick on his collar was a bit of a giveaway.
                                                    n
(그 남자의 깃에 묻은 립스틱 자국은 본의 아니게 꽤 비밀을 내포하고 있다.)

give *sb* away (유사어 **betray**)

if you give someone away who is hiding from the police, soldiers, etc. you tell the police or soldiers where that person is, or that this is the person they are looking for

(사람을 경찰 등에) 밀고하다

The thief gave his companions away (to the police), hoping to escape punishment.
               sb
(그 도둑은 처벌을 피하고 싶어서 동료들을 밀고했다.)

One of the worst crimes in war is to give one of your own people away to the enemy.
                                              sb
(전쟁에서의 최악의 범죄 중 하나는 우리 편을 적에게 밀고하는 것이다.)

give *sb* away

if you give yourself away, your actions or words accidently reveal something about you which you wanted to keep hidden

(우연히) 정체를 드러내다, 본심을 드러내다

Mark tried to keep his affair a secret, but he was given away by his credit card bills.<수동>
(마크는 그의 연애사건을 비밀로 하려고 애썼으나, 신용카드 영수증 때문에 탄로 나게 되었다.)

Todd claimed he didn't care about Sally anymore, but he gave himself away when he asked who she had gone to the party with.
(토드는 샐리에게 더 이상 관심이 없다고 공언했으나, 샐리가 누구와 같이 파티에 갔는가를 물어 보았을 때 본심이 드러났다.)

> **give away** sth, **give** sth **away**
>
> if someone gives away an advantage, they accidentally cause their opponent or enemy to have that advantage
>
> (시합에서 부주의 · 실수로 상대방에게) 득점을 허용하다, (상대방 · 적에게) 이익을 주다.

Our team gave away two touchdowns early in the game.
(게임 초반에 우리 팀은 2개의 터치다운을 주고 말았다.)

We gave away a silly goal. (우리는 실점 골을 넣었어.)

> **give** sb **away**, **give away** sb
>
> when people get married in a church, the person who officially presents the bride to her husband during the ceremony gives away
>
> (교회 결혼식에서 신부를) 신랑에게 인도하다

The bride's father is dead, so her uncle is going to give her away.
(신부의 아버지가 돌아가셔서 삼촌이 그녀를 신랑에게 인도하려고 한다.)

Mary was given away by her father.<수동>   (메리는 아버지에 의해 신랑에게 인도되었다.)

give back (유사어 return)

> **give back** sth, **give** sth **back**
>
> to return something to the person who owns it or who owned it before
>
> 돌려주다, 되돌리다

If the wedding is cancelled, do I have to give back the ring?
(만일 결혼이 취소되면, 나는 반지를 돌려주어야만 해?)

Can I use your pen? I'll give it back after the test.   (네 펜 좀 써도 돼? 시험 끝난 후 돌려줄게.)

➡ give sth back to sb 로도 쓰임
Timmy, give that toy back to your sister right now!   (티미야, 지금 당장 그 장난감 네 누이동생에게 돌려 줘!)

➡ give sb back sth 으로도 쓰임
Give him back his hat!   (모자를 그에게 돌려 줘!)

➡ give sb sth back
Mom! Tell Josh to give me my doll back!   (엄마! 조쉬에게 내 인형 돌려주라고 말해요!)

give sb back sth, give sb sth back (유사어 **restore**)

if you give someone back a quality, ability or freedom, you make them have it again after they had lost it

(~에게 성격·특성·자유 등을) 되돌려주다, 회복시키다

No one can give me back my hearing. It's gone forever.
               sb   sth
(아무도 나에게 청각을 돌려줄 수 없어. 영원히 들리지 않아.)

The doctors are hoping the operation will give Murphy his sight back.
                                               sb   sth
(의사들은 수술 덕택에 머피가 다시 시력을 회복하기를 바라고 있다.)

➡ **give sth back to sb** 로도 쓰임
The protesters are calling for the government to give power back to the people.
                                                       sth   sb
(항의하는 사람들은 정부가 권력을 국민에게 돌려 줄 것을 요구하고 있다.)

give in

give in

to agree to something you were unwilling to agree to before, especially after a long argument

양보하다, (싸움·논의를) 그만두다, (마침내) 동의하다

Jack was losing the argument, but he wouldn't give in.
(잭이 논쟁에서 지고 있는데도 논의를 그만두려고 하지 않는다.)

My son drove me crazy asking me to buy him a new bicycle, and I finally gave in.
(내 아들이 새 자전거를 사 달라고 하면서 나를 화나게 했는데, 결국은 동의하고 말았어.)

➡ **give in to**
The Russian government has so far refused to give in to the terrorists demands.
(러시아 정부당국은 오늘날까지 테러리스트들의 요구에 굴복하지 않고 있다.)

give in (유사어 **give up**)

to accept that you will be defeated and stop playing, fighting, etc.

굴복하다, (경쟁이나 싸움에서) 패배를 인정하다

I resolved not to give in. (나는 굴복하지 않기로 결심했다.)
Arsnal refused to give in, and scored three goals in the second half to win the game.
(아스날 팀은 패배에 굴복하지 않고, 후반전에서 3골을 넣어 게임에서 승리했다.)

give in sth, give sth in (유사어 **hand in**) [BrE]

to give something such as an official letter or piece of written work to someone in a position of authority

(서류·답안 등을) 제출하다, 건네다

The next day Davies gave in his resignation. (다음 날 데이비스는 사직서를 제출하였다.)
                                       sth

I still haven't finished my homework yet, and we're supposed to give it in tomorrow morning.
                                                                            sth
(나는 아직 숙제를 다 못했다. 그래서 우리는 내일 아침에 제출하기로 했다.)

give out

> **give out** *sth*, **give** *sth* **out** (유사어 **hand out**)
> to give something to a large number of people
>
> 배포하다, 할당하다

They gave out free hats to the first 5,000 fans to enter the stadium.
        sth
(그들은 스타디움에 들어오는 처음 5,000명의 팬들에게 무료로 모자를 배포했다.)

Protestors were giving out leaflets in front of the embassy.
                            sth
(항의하는 사람들이 대사관 앞에서 전단지를 배포하고 있다.)

> **give out** *sth*, **give** *sth* **out**
> if you give out information, you make it known to people
>
> (정보를 공식적으로·공개적으로) 발표하다

You shouldn't give out your credit card details over the Internet.
                        sth
(인터넷에 너의 신용카드의 자세한 내역을 공개해서는 안 돼.)

I can tell you what happened, but I can't give out any names.
                                                        sth
(무슨 일이 일어났는가는 말할 수 있어도, 공개적으로 어떤 이름도 발표할 수는 없어.)

➡ be given out 으로도 쓰임
The results will be given out at the end of the show.　(그 결과는 쇼의 마지막에 공개될 것이다.)

> **give out** (유사어 **pack up**)
> if a piece of equipment or a part of the body gives out, it stops working because it is old, damaged, or tired
>
> (체력이) 다하다, 부족하다, (엔진 따위가) 작동을 멈추다, (중량·압력에 견디지 못하고) 찌부러지다

The fuse in a plug will give out occasionally.　(플러그 안에 있는 퓨즈는 가끔 끊어지곤 한다.)

After running about a mile, my legs gave out and I fell exhausted to the ground.
(약 1마일을 달린 후, 나는 다리에 힘이 빠지고 기진맥진하여 땅에 쓰러졌다.)

> **give out** *sth*, **give** *sth* **out** (유사어 **produce, give off**)
> if you give out something such as a scream or a sigh, you sigh, scream, or make some other sounds
>
> (소리·음성·한숨 등을) 내다

As she bent down, her knee gave out a cracking sound.
                                    sth
(그녀가 몸을 굽히자 무릎에서 우지끈 하는 소리가 났다.)

He clutched at his chest, <u>gave out</u> <u>a moan</u>, and fell on the ground.
                                    sth
(그는 가슴을 움켜쥐고 신음소리를 내며 땅에 쓰러졌다.)

give out

when a supply of something gives out, there is no more left

(비축분이) 떨어지다. (공급량이) 줄어들다

Keep the taps on until the water <u>gives out</u>. (물이 다 나올 때까지 수도꼭지를 틀어 놔.)
His strength <u>gave out</u> after running that long distance.
(그렇게 긴 거리를 달리고 난 후 그의 체력은 다 소진되었다.)

give up

give up sth, give sth up (수동 불가) (유사어 stop, quit)

to stop doing something that you did regularly, for example a job or sport

(스포츠·공부·직업 등을 중도에서) 그만두다, 포기하다

My wife got sick and had to <u>give up</u> <u>her job</u>.   (아내는 아파서 일을 그만두어야만 했다.)
                                        sth
I used to play football a lot, but I had to <u>give it up</u> after the accident.
                                                    sth
(나는 축구를 많이 했었는데 그 사고 후에 그만두어야만 했다.)

give up sth, give sth up (수동 불가) (유사어 stop , quit)

to stop smoking, drinking, etc. because you think it is bad or unhealthy

(담배·술·나쁜 습관 등을) 버리다

Bill <u>gave up</u> <u>cigarets</u> last year.   (빌은 작년에 담배를 끊었다.)
             sth
David's drug habit is slowly killing him – Dr. Rayan could help him <u>give it up</u>.
                                                                          sth
(데이비드는 습관적인 마약복용 때문에 서서히 죽어가고 있다. 리한 박사가 약을 끊도록 그를 도울 수 있었다.)

➡ give up doing
Venessa's been feeling much better since she <u>gave up smoking</u>.
                                                       doing
(베네사는 금연을 한 후 건강이 훨씬 좋아지고 있다.)

➡ give up sth 으로도 쓰임
He <u>gave up</u> <u>alcohol</u> when he became a Muslim.   (그는 이슬람 교인이 되었을 때 술을 끊었다.)
          sth

give up, give up sth (수동 불가)

to stop trying to do something or work at something, especially something difficult, without completing it

(너무 어려워서 하던 일을) 그만두다, 포기하다, 단념하다

261

They searched for the ball for a while, but eventually they <u>gave up</u> and went home.
(그들은 한참 동안 공을 찾았으나, 결국은 포기하고 집으로 갔다.)

He considered ways of making a kite and <u>gave it up</u>.
(그는 연 하나를 만들려고 여러 방법을 생각하다가 포기했다.)

➡ **give up doing** *sth* 으로도 쓰임
After about ten minutes I <u>gave up trying</u> to explain it. (10분이나 그녀에게 설명하려고 노력하다가 포기했다.)
                   doing

➡ **I give up** [spoken]
    (used when you do not know the answer to a question or joke)
      (질문·농담의 답을 모를 때) 나 포기해, 나 몰라

"Why did the chicken cross the road?" "<u>I give up</u>. Why?"
("왜 병아리들이 길을 건너갔지?" "몰라. 왜 그런데?")

> **give up** *sth* (유사어 **relinquish** [Formal])
> if you give something up, you allow someone else to have it, because you no longer need it or they need it more than you do
>   (필요하지 않아서 소유물을) 양도하다, 양보하다.

Lack of money forced Salah to <u>give up</u> his London apartment.
                                                      sth
(돈이 없어서 살라는 강제로 런던의 아파트를 양도해야만 했다.)

The Army refused to <u>give up</u> any of the territory they had won.
                                sth
(그 군대는 그들이 점령하고 있는 어떤 영토도 양보하기를 거절했다.)

> **give oneself up** (유사어 **surrender**)
> to allow the police or enemy soldiers to make you prisoner when they have been trying to catch you
>   (경찰에) 자수하다, (경찰에) 출두하다, 투항하다

General Lee sent a message to the rebels, urging them to <u>give themselves up</u>.
                                                                oneself
(이 장군은 폭도들에게 자수할 것을 촉구하는 메시지를 보냈다.)

After hiding in the woods for weeks, the criminal <u>gave himself up</u>.
                                                               oneself
(수 주일이나 숲속에 숨고 나서 범인은 자수했다.)

➡ **give oneself up to** 로도 쓰임
Two of the escaped prisoners have <u>given themselves up to</u> the police.
                                                oneself
(도망친 죄수 중 2명이 경찰에 자수했다.)

> **give up** *sth*, **give** *sth* **up** (유사어 **sacrifice**)
> to use some of your time to help other people or to help something succeed, instead of your own enjoyment or advantage
>   (좋은 목적을 위해) (시간·돈 등을) 희생하다, 무상으로 제공하다.

She gives up her Saturdays to help feed the homeless.
              sth
(그녀는 노숙자에게 식사를 제공하기 위해 토요일마다 시간을 내고 있다.)

Father gave up his holiday to paint the house.   (아버지는 집을 페인트칠하기 위해 휴일을 포기했다.)
              sth

➡ give up *sth* to do *sth* 으로도 쓰임

She gave up all her weekends to be with her mother, who was now seriously ill.
                     sth
(그녀는 중병으로 아프신 어머니와 함께 있기 위해 모든 주말을 바쳤다.)

give up *sb*, **give** *sb* **up** (수동 불가)

if you give someone up that you are having a relationship with, you decide to end the relationship

(친한 사람과) 관계를 끊다, 인연을 끊다, 떨어지다

The woman gave up her lover to save her marriage.
                     sb
(그 여인은 자신의 결혼생활을 지키기 위해 연인과의 관계를 끊었다.)

After Jane married a millionaire, she gave up her old friends.
                                              sb
(백만장자와 결혼한 후, 제인은 오래 사귄 친구들과 절연하였다.)

give up *sb*, **give** *sb* **up** (수동불가)

if you give up your time to do something for someone else, you spend a lot of your own time doing it

(누군가를 위해 ~할 시간을) 포기하다, 단념하다

Where have you been? We'd almost given you up, and were about to start dinner without you!
                                         sb
(너 어디 있었니? 너 기다리는 것 포기하고, 너 없이 우리끼리 만찬을 막 시작하려고 했어.)

You're late. Where have you been? We'd almost given you up.
                                                    sb
(늦었구나. 어디 갔다 왔니? 우리는 너 기다리는 것을 거의 포기했어.)

give up

to stop trying to think of the answer to a joke or a question

(농담이나 질문에 대답을) 그만두다

"What's the capital of Ecuador?" "Oh, Bogota? No? Caracas? Oh, I don't know, I give up."
("에콰도르의 수도가 어디야?" "오, 보고타인가? 아니야? 카라카스인가? 모르겠어, 포기할래.")

I give up, tell me the end of the story.   (나 포기할래. 그 이야기의 결말을 말해 줘.)

go

vt. ① ((구)) (돈 등을) 걸다 ② ((구)) [보통 부정형] ~에 견디다, ~을 참다 ③ (~one's way로) ~을 가다[나가다] ④ (길을) 가다, (거리를) 나아가다 ⑤ ((구)) (음식을) 맛보다, 즐기다, 하이볼을 한잔 들고 싶구나 ⑥ (어떤 산출량을) 내다, ((미구)) 무게가 ~나가다, (시계가 몇 시를) 치다, [야구] (~회를) 던지다(pitch)

vi. ① (어떤 장소·방향으로) 가다, 향하다, 떠나다, 달하다, 이르다 ② (어떤 목적으로) 가다, 떠나다 ③ [go to + 관사 없는 명사] ~에 (특수한 목적으로) 가다, ((구)) 화장실에 가다, 용변을 보다. ④ (상·재산·명예 등이) 주어지다, 넘겨지다, 보내어지다 ⑤ (어떤 장소에) 놓이다, 들어가다, 안치되다, 넣어지다 ⑥ (수량이) ~이 되다(to), (내용으로서) 포함되다, 들어가다, 나뉘다, ~에 해당되다 ⑦ ~하는 데 힘이 되다, 소용되다 ⑧ ~에 사용되다, 도움 되다, 이바지되다(to, towards, for) (돈 따위가) ~에 소비되다(for, into) ⑨ (노력·노고·수단 또는 정도에 대해서) ~하기까지 하다, ~하기에 이르다, 일부러 ~까지 하다, ~에 의지하다(to) ⑩ (목적·목표에 특히 관계없이) 나아가다, 진행하다, 이동하다, 여행하다, (열차·버스 등이) 운행하다, 다니다 ⑪ 나가다, 진발[출발, 발진]하다, (활동을) 개시하다, 시작하다 ⑫ (기계 등이) 작동하다, 움직이다, (종 따위가) 울리다, (심장이) 고동치다 ⑬ (사람이) 행동하다, 동작을 하다, 일을 진행시키다, (+~ing) ((구)) (종종 비난·경멸의 뜻으로 부정·의문문에) ~같은 일을 하다 ⑭ (일이 ~하게) 진행되다, ((구)) 잘되다, 성공하다 ⑮ 뻗다, 뻗치다, 달하다 ⑯ 유포되고 있다, 통용하다, ~로서 통하다, (주장 따위로) 사람들에게 먹혀들다, 중시되다 ⑰ (어느 기간) 지속[지탱]하다, 견디다 ⑱ (이야기·글·시·책 따위가) ~이른 구절[말]로 되어 있다, ~라고 말하고 있다(run) ⑲ (대체로 바람직하지 못한 상태로) 되다, (어떤 상태에) 있다 ⑳ (come의 반대 개념으로서) 떠나다, 가다, 나가다, (시간 따위가) 지나다 ㉑ 소멸하다, 없어지다, (흔히 must, can 따위와 함께) 제거되다, 쇠하다, 죽다, 무너지다, 짜부라지다, 꺾이다, 손들다, 끽소리 못하게 되다 ㉒ (~의 값으로) 팔리다

go about

go about *sth* (유사어 **set about, tackle**)
to start to do something, or deal with something
(열심히 일 따위를) 하다, (일·문제 따위에) 달려들다

Growing orchids is not so difficult, providing you go about it in the right way.
　　　　　　　　　　　　　　　　　　　　　　　　　sth
(네가 올바른 방법으로 난을 가꾼다면 난을 기르는 것은 별로 어렵지 않아.)

The best cure for grief is to go about your usual work.
　　　　　　　　　　　　　　　sth
(슬픔을 치료하는 가장 좋은 방법은 평상시의 일을 열심히 하는 것이다.)

go about one's business[work, daily life, etc.]
when you go about a job or a regular activity, you continue doing it in your usual way
(늘 하는 것처럼) 일을 하다, 자신의 일을 정성으로 시작하다

Even after last night's air attack, the people of the town are going about his business as usual.
　　　　　　　　　　　　　　　　　　　　　　　　　　　　　　　　　　　　　sth
(지난 밤 공습이 있은 후에도 그 도시 사람들은 평상시처럼 동요하지 않고 일을 하고 있다.)

Every day he quietly went about his business and never caused any problems.
　　　　　　　　　　　　　　sth
(그는 매일 조용하게 정성으로 일을 처리하며 아무런 문제도 일으키지 않았다.)

go about doing sth (유사어 go [around / round] doing sth) [BrE]

if someone goes about doing or saying something, they do it a lot, especially when it is annoying or unpleasant for other people

(다른 사람을 기분 나쁘게) ~하다, (사람들 앞에서 오랫동안) ~말하다

You shouldn't go about spreading malicious gossip. (너는 악의 있는 헛소문을 퍼뜨리고 다녀서는 안 된다.)
　　　　　　　　　doing　　　　sth
You can't go about saying nasty things like that about him in public.
　　　　　　　　doing　　sth
(사람들 앞에서 그에 대해 그와 같은 상스러운 것들을 말해서는 안 된다.)

go about (유사어 go around[round]) [BrE]

(if you go about in a particular way, you usually dress or behave in that way

(일정 기간 동안 규칙적으로 특정 방법으로) 옷을 입다, 행동하다

You can't go about in shorts and sandals at the office — you should wear a suit.
(너는 사무실에서는 반바지와 샌들을 신어서는 안 돼. 당연히 양복을 입어야 해.)

Liza went about in a daze, not knowing what she should do.
(리자는 무엇을 해야 하는지 모르면서 멍한 상태로 지냈다.)

go about sth, go about (유사어 go around[round]) [BrE]

when you go about a place, you move wherever you want to in it

(자유롭게) 돌아다니다, 외출하다

She went about the room, putting everything back its place.
　　　　　　　sth
(그녀는 여러 가지 물건을 제자리에 다시 놓으면서 방을 여기저기 돌아다녔다.)

It's easy in the city to go about by bus. (버스를 타고 이 도시 안에서 여기저기 돌아다니는 것은 쉽다.)

go about, go about sth (유사어 go around[round, circulate]) [Formal] (항상 진행형) [BrE]

if a story or piece of news is going about, a lot of people hear it or talk about it

(소문·이야기 등이) 널리 퍼지다

There are whispers going about the city that the bank is to raise its interest rate again.
　　　　　　　　　　　　　　sth
(그 은행이 또 다시 금리를 올린다는 소문이 도시에 널리 퍼지고 있다.)

That story's been going about the office for weeks and it's absolute rubbish!
(그 이야기는 수 주일 동안 사무실 안에서 떠돌고 있었다. 그런데 완전히 쓰레기 같은 헛소문이다!)

➡ go about that 으로도 쓰임

Rumors have been going about that the couple are planning to get married.
(그 두 사람이 곧 결혼할 계획이라는 소문이 널리 퍼지고 있어.)

go about (유사어 go around[round]) (항상 진행형) [BrE]

if an illness is going about, a lot of people are getting it

(질병이) 널리 퍼지다

There are a lot of colds <u>going about</u> in the school. (학교에 감기가 만연하고 있어.)
At least three people are away with flu — There's a lot of it <u>going about</u> at the moment.
(적어도 감기 때문에 세 사람이 안 왔어. 요즘 감기가 널리 퍼지고 있어.)

> **a ship[boat] goes about** (유사어 **turn around[round]**)
> if a ship or a boat goes about, it turns around and starts to go in the opposite direction
> (배가 방향을 반대로) 바꾸다, 진로를 역으로 잡다

The ship <u>went about</u> and steamed for shore. (배가 방향을 반대로 바꾸어 해안으로 향했다.)
The sailors have hardest time when <u>going about</u>. (선원들은 배의 방향을 바꿀 때 가장 힘들어 한다.)

go after

> **go after** *sb*, **go after** *sb* (유사어 **follow**)
> if you go after someone, you follow them or chase them, sometimes in order to attack them
> (뒤를) 따라가다, (공격하기 위해) 추격하다

Captain Morgan was ordered to <u>go after</u> the enemy soldiers. (모건 대위는 적군을 추격하라는 명령을 받았다.)
                                                      sb
A policeman saw him stealing the car and <u>went after</u> him.
                                                          sb
(한 경찰이 그가 차를 훔치는 것을 보고는 추격했다.)

> **go after** *sth*
> when you go after something, you try to obtain it even though it may be difficult to do
> ~하기 어려운 것을 추구하다, (직업 등을) 얻으려고 하다

She decided long ago to <u>go after</u> fame and fortune. (그녀는 오래전부터 명성과 부를 쌓기로 결심했다.)
                                     sth
Todd trained for a year before <u>going after</u> the record in the 100-yard dash.
                                                     sth
(토드는 1년 동안 훈련을 받은 후 1000야드 단거리에서 기록을 세웠다.)

go against

> **go against** *sth*
> if something goes against an idea, a principle, or a rule, it conflicts with it or contradicts
> (신념·주의·방침 등에) 반대하다

Her parents didn't want her to get a divorce. It <u>went against</u> their religious belief.
                                                                               sth
(부모님들은 그녀가 이혼하는 것을 원치 않았다. 그 이혼은 그들의 종교적 믿음에 어긋났다.)
This <u>goes against</u> my conscience, but I'll have to do it.
                                  sth
(이것은 내 양심에 어긋나지만 나는 하지 않으면 안 된다.)

go against *sth/sb* (유사어 **ignore**)

if you go against someone or their advice or wishes, you do something different from what they have asked you or want you to do

(사람·충고·소원 등에) 거역하다, 반대하다, 거스르다

If you go against your father's wishes, you will have to leave home.
                      sth
(아버지의 소원을 어긴다면 집을 떠나야만 할걸.)

I wouldn't advise you to go against the director. (그 중역에게 반대하라고 너에게 충고하고 싶지 않아.)
                                sb

➡ go against *sb*'s advice[wishes, orders, ect.] 로도 쓰임
He went against his doctor's advice and started to work the following week.
(그는 의사의 충고를 듣지 않고 다음 주부터 일을 시작했다.)

go against *sb*

if a court case, vote, decision or result goes against you, you lose or you do not get the result that you wanted

(재판·투표·상황·결과 등이) ~에게 불리해지다, 불리한 결과가 되다.

If the verdict goes against him, he will spend at least 30 years in prison.
                          sb
(만약 평결이 그에게 불리해지면 그는 최소한 30년은 감옥에서 보내야 할걸.)

Our lawyer had warned us that the case might go against us.
                                            sb
(변호사는 그 사건이 우리에게 불리할지도 모른다고 계속 경고했다.)

go ahead

go ahead(with)

to begin or continue with something

(~하기) 시작하다, 점차 진행되다.

Despite various obstacles, we decided to go ahead with the plan.
(여러 장애에도 불구하고 우리는 그 계획을 진행하기로 결정했다.)

The council gave us permission to go ahead with our building plans.
(의회는 우리의 건설계획을 진행할 수 있도록 우리에게 허가했다.)

➡ go ahead and do *sth* 으로도 쓰임
The newspaper decided to go ahead and publish the story. (신문사는 그 이야기를 출판하기로 결정했다.)
                                do   *sth*

➡ go ahead with
In 1964 the British and French governments announced that they decided to go ahead with the tunnel. (1964년에 영국과 프랑스 정부는 터널을 파기 시작할 것을 결정했다고 발표했다.)

go ahead (유사어 **take place**)

if an event that has planned goes ahead, it takes place, especially in spite of problems or opposition

(악조건에도 불구하고 행사가) 이루어지다

The match <u>went ahead</u>, despite the terrible weather conditions.
(심한 악천후에도 불구하고 경기는 치러졌다.)

Mr. Connelly went into hospital, but was told that his operation could not <u>go ahead</u>.
(코넬리는 병원에 입원했으나 수술을 할 수 없다는 말을 들었다.)

go ahead (명령문으로) [Spoken]

used when giving someone permission to do something, after they have asked you if they can do it

(허가할 때) 자, 제발, (염려 말고) 하십시오

"May I use the telephone?" "Sure, <u>go ahead</u>." ("전화 좀 써도 될까요?" "그럼요, 염려 말고 쓰십시오.")

go ahead (명령문으로) [Spoken]

used when encouraging someone to start doing something

(격려할 때) 해봐, 하세요.

<u>Go ahead</u>, Matt, we're all dying to hear your story.
(자 얘기해 봐, 매트, 우리 모두 네 이야기를 듣고 싶어 죽을 지경이야.)

go ahead (명령문으로) [Spoken]

used when telling someone in a threatening way that you do not care if they do anything

(위협할 때) 해볼 테면 해 봐

He threatened to prosecute us, and I told him to <u>go ahead</u>.
(그가 우리를 고소하겠다고 위협하기에, 나는 그에게 해볼 테면 해 보라고 말했다.)

go ahead

to go somewhere before the other people in your group

(~보다) 앞서가다, 먼저가다

You <u>go ahead</u> and I'll catch up with you later. (네가 먼저 가, 그러면 나중에 너를 따라잡을게)
I'll <u>go ahead</u> in my car, because I know the way. (차 타고 내가 앞서 갈게, 내가 그 길을 알고 있으니까.)

go along

go along

if you go along to a meeting, an event, or a place, you attend or visit it

(장소·건물·전시 등 행사에) 들러보다, 한번 돌아보다, 방문하다

An old friend asked me to come to dinner, so I <u>went along</u> and really enjoyed myself.
(옛 친구가 저녁을 함께 하자고 해서, 그 집에 가서 정말 맛있게 저녁을 먹었다.)

They're having a party at Patrick's house. Do you feel like going along?
(패트릭의 집에서 파티를 연다고 해. 가고 싶지 않니?)

do *sth* as one goes along

if you do something as you go along, you do it while you are doing something else and often without any planning, rather than doing it as a separate task

~하면서 ~하다, 살아가는 사이에 ~하다

"Where does Grandfather get all those stories he tells the children?"
"I think he makes them up as he goes along."
             do   sth
("할아버지는 아이들에게 들려주는 그 많은 이야기들을 어디서 얻었지?"
"내 생각에는 살아가는 동안 할아버지가 만든 것 같아.")

Many immigrants never study English. They just learn it as they go along.
                                                 do   sth
(많은 이민자들이 영어를 조금도 공부하지 않는다. 단지 살아가면서 배울 뿐이다.)

be going along (유사어 come along)

if you describe how something is going along, you describe how it is progressing

(특정 방법으로) 진행되다, (일 · 회합 등이) (잘) 되어 가다

They've been going out for six months, and everything seems to be going along quite nicely.
(그들은 6개월 동안 해외에 나가 있다. 그리고 모든 일들이 아주 잘 되고 있는 것 같다.)

"The party is going along very well, don't you think?" ("파티가 아주 잘 진행되고 있어. 너는 어떻게 생각해?")

go along with

go along with *sth/sb* (유사어 fall in with)

if you go along with a person or an idea, you agree with them

(~에) 동의하다, (~와) 조화[일치]하다

I wasn't very keen on the idea, but I went along with it just to keep everyone happy.
                                                   sth
(나는 그 의견에 대해 별로 예민하게 반응하지 않았지만, 단지 모든 사람들이 계속해서 행복할 수 있도록 그 의견에 동조했어.)

I understand your concern, Linda, but I have to go along with Maria on this matter.
                                                            sb
(린다야, 너의 걱정거리는 이해해. 하지만 나는 이번 문제만큼은 마리아에게 동의해야만 해.)

go along with *sth*

if you go along with a rule, a decision, or a policy, you accept it and obey it

(규칙에) 복종하다, (결정에) 따르다

Mrs. Taylor wasn't happy about the committee's decision, but she went along with it anyway.
                                                                                        sth
(테일러 부인은 위원회의 결정에 만족하지는 않았으나 어쨌든 그 결정에 따랐다.)

I don't care what the boss says — I'm not going along with any changes that will mean longer hours for less money.
                                                                    sth
(나는 사장이 무엇이라고 말해도 상관 안 해. — 나는 더 적은 봉급으로 더 많은 작업시간을 의미하는 변경 규칙에는 동조 안 할 작정이야.)

go around, go round [BrE]

go around[round]

if you go around to someone's house, you go to visit them at the house

(~를) 방문하다, 잠깐 들르다

I asked him to go around to the house to see if they were there.
(나는 그에게 집에 가서 그들이 있는지 없는지를 알아봐 달라고 했다.)

Mike went round to see them　(마이크는 그들을 보러 잠깐 들렀다.)

➡ go around[round] to 로도 쓰임
Marie went around to Bella's house, to try and persuade her to come to the party.
(마리는 파티에 가자고 벨라를 설득하려고 그녀 집에 잠깐 들렀다.)

go around[round] *sth* (유사어 **go about** [BrE])

when you go around a place, you visit various parts of it

(여기 저기) 들르다, 한 바퀴 돌다

I spent the morning going around the city taking photographs.
                                    sth
(나는 도시 여기저기를 사진을 찍고 돌아다니면서 아침 시간을 보냈다.)

The President went around the state giving the same speech at every stop.
                              sth
(대통령은 가는 곳마다 똑같은 연설을 하면서 주를 돌아다녔다.)

➡ go round to *sth* 으로도 쓰임
We went round to all the clubs, but Des wasn't in any of them.
                      sth
(우리는 모든 클럽을 둘러보았지만 데스는 어디에도 없었다.)

go around[round] *sth*, **go around[round]**

to go to a number of different places of the same type, one after the other

(같은 형태의 여러 곳을) 돌아다니다

Mr. and Mrs. Taylor went around the shops, ordering what they thought was necessary.
                          sth
(테일러 내외분은 그들 생각에 필요한 것을 주문하면서 여러 상점을 돌아다녔다.)

An inspector came and went around all the classrooms.　(장학사 한 분이 오셔서 모든 교실을 둘러보셨다.)
                              sth

go around[round] doing (유사어 go about)

if you go around or go round doing something, often something that other people disapprove of, you are in the habit of doing it or do it repeatedly

(불쾌한 짓을) 하다, ~하는 습관이 있다.

Don't go around sticking your nose in other people's business.
            doing
(남의 일에 부질없이 간섭하는 짓 하지 마. – 남의 제사에 감 놓아라 대추 놓아라 하지 마.)

You shouldn't go around talking to people like that. They won't like you.
                        doing
(사람들에게 그렇게 말하고 다니지 마. 사람들이 너를 좋아하지 않을걸.)

go around[about], go around[round] sth (항상 진행형) (유사어 go about [BrE], circulate [Informal])]

if some news, an illness, etc. is going around, it is being passed from one person to another

(뉴스·헛소문·질병 등이) 널리 퍼지다

There are stories going around the village about the teacher's wife.
(선생님 부인에 대한 여러 가지 이야기가 마을에 떠돌고 있다.)

"There is the flu going around." he said. "My wife had it last week."
("악성감기가 유행하고 있어. 아내도 지난주에 걸렸어"라고 그가 말했다.)

go around[about]

to usually dress or behave in a particular way

(장기간·규칙적으로 특별하게) 옷을 입다, 행동하다

When you're the boss, you have to dress properly – you can't go round in jeans.
(당신이 사장일 때는 의복을 단정하게 입어야만 합니다. 다시 말씀드리면 청바지를 입어서는 안 됩니다.)

The kids go around barefoot. (아이들이 맨발로 다닌다.)

enough[plenty, etc.] sth to go around

if there is enough food, drink, work, etc. to go around, there is enough for everyone to have some

(음식·음료·일 등이 모두에게) 고루 분배되다

Do you think we've got enough pizza to go around? (우리가 골고루 먹을 만큼 충분한 피자가 있다고 생각하니?)
                          sth
There were never enough textbooks to go around. (충분히 배부될 만큼의 교과서가 없었다.)
                        sth

go around[round]

when people or things follow a circular path and return to the same place, they go around

회전하다, 빙글빙글 돌다

The wheels went around but the car didn't move. It was stuck in the mud.
(바퀴는 회전하지만 차는 움직이지 않았다. 차가 진흙 속에 빠졌다.)

The children have to stay on the merry-go-round until it stops going around.
(아이들은 회전목마가 멈추어 설 때까지 회전목마 위에서 꼼짝 말고 있어야 한다.)

go around[round] sth

to move in a circular way

(~의 주위를) 돌다, (한 바퀴) 돌다

The horse has <u>gone around</u> <u>the track</u> three times. (말이 트랙을 세 바퀴 돌고 있다.)
                         sth

It took seven days to <u>go around</u> <u>the island</u>. (섬을 한 바퀴 도는 데 7일이 걸렸다.)
                            sth

go away

go away

to leave a place or a person

(장소·사람을) 떠나다

He pushed the letter under the door and <u>went away</u>. (그는 문 밑으로 편지를 밀어 넣고 사라졌다.)
Mark <u>went away</u> not realizing he had left his briefcase behind.
(마크는 서류가방을 놓아 둔 것을 알아차리지 못하고 떠났다.)

go away (for)

if you go away, you leave a place and spend a period of time somewhere else, especially as a holiday

(휴가·여행 등으로 집을) 떠나다, (신혼부부가 여행을) 떠나다

Daddy is to <u>go away</u> on a business trip. (아빠는 사업차 여행을 떠나기로 되어 있다.)
We always <u>go away for</u> a few weeks in the winter. (우리는 겨울이면 2~3주일씩 여행을 떠난다.)

go away (유사어 disappear)

if a problem, a bad feeling, etc. goes away, it disappears or does not happen any longer

(골칫거리·고통·불쾌한 일 등이) 사라지다

After about an hour, the pain started to <u>go away</u>. (약 1시간 후에 그 통증은 사라지기 시작했다.)
If the rain doesn't <u>go away</u>, we'll have to call off the game.
(만일 비가 그치지 않으면 그 경기를 취소해야겠다.)

go back

go back (유사어 return)

if you go back, you return to a place where you were before

(본래 장소로) 돌아오다, (한 번 갔던 장소로) 또 가다

That restaurant was terrible. We'll never <u>go back</u>. (그 식당은 형편없었어. 우리는 다시 안 갈래.)
They left Africa in 1962, and they never <u>went back</u>.
(그들은 1962년에 아프리카를 떠나서 다시는 돌아가지 않았다.)

➡ **go back to** 로도 쓰임
We <u>went back to</u> the hotel for dinner. (우리는 저녁 먹으러 호텔로 돌아갔다.)

go back (유사어 date back)

if something goes back to a particular time in the past, it was made, built, or started at that time
(가족 · 건물 · 관행 등이) (기원까지 · 어느 시대까지) 거슬러 올라가다, (~에서) 계속되고 있다, 기록이 있다, 역사가 있다

My family <u>goes back</u> 500 years. (우리 집 가계는 500년 전부터 계속되어 내려오고 있다.)
To find the origins of democracy, we have to <u>go back</u> to ancient Greece.
(민주주의의 기원을 이해하기 위해서는 고대 그리스까지 거슬러 올라가야만 한다.)

➡ **go back to** 로도 쓰임
Parts of the castle here <u>go back to</u> the twelfth century.
(이 성곽의 많은 부분들이 축조된 시대는 12세기까지 거슬러 올라간다.)

➡ *sth* goes back a long way
  (= it started a long time ago and has excited for a long time)
They're a very old family — Their name <u>goes back a long way</u>.
                                  sth
(그들은 아주 오래된 집안이다 — 그 가계의 이름은 아주 오랫동안 지속되고 있다.)

go back, go back *sth*

if you are discussing something and go back to a time in the past, you begin to consider things that happened at that time
(화제 · 방법 · 습관 · 상태로) 되돌리다, 되돌아가 (토의 · 논의)하다

Let us <u>go back</u> to what the chairman was saying. (의장님이 말씀하신 의제로 다시 돌아갑시다.)
Let's <u>go back</u> a few million years and look at the time of the dinosaurs.
(2~3백만 년 전으로 돌아가 공룡의 시대를 살펴봅시다.)

go back

when a condition, problem, practice, or custom goes back to a certain time, it began at that time
(조건 · 문제점 · 훈련 · 습관 등이) 되돌아가다, 거슬러 올라가다

The tradition of saluting in the military <u>goes back</u> to the Middle Ages.
(군대에서의 거수 경례법의 전통은 중세까지 거슬러 올라간다.)
His drug problem <u>goes back</u> to his college years. (그의 약물복용 문제는 그의 대학 시절까지 거슬러 올라간다.)

➡ **go back to** 로도 쓰임
To understand psychiatric problems, you often have to <u>go back to</u> the patient's childhood.
(정신병의 문제를 이해하기 위해 당신은 가끔 환자의 어린 시절로 다시 돌아가야만 합니다.)

go back (유사어 break up)

when schools or schoolchildren go back, they start a new term after vacation
(학교 등이) 다시 시작하다, 수업[학기]을 다시 시작하다.

Most schools <u>go back</u> in early January. (대부분의 학교는 1월 초에 학기가 시작된다.)
My school is out now. We <u>go back</u> (to school) next week.
(우리 학교는 지금은 수업이 없다. 다음 주에는 다시 수업이 시작된다.)

The kids go back to school in the first week of September. (9월 첫 주에 아이들은 수업을 시작한다.)
* 학교(수업이)가 주어이면 go back, 사람이 주어이면 go back to 로

one can't go back, there's no going back

if you can't go back or there's no going back, you cannot change your situation back to how it used to be

(~한 시대로) 돌아가지 못한다, 되돌릴 수 없다.

Once childhood is over, one can never go back. (일단 어린이 시절이 끝나면 다시 되돌아 갈 수는 없다.)
After you become accustomed to a computer, it's hard to go back to using a typewriter.
(당신이 컴퓨터에 익숙해 진 후에는, 다시 타자기를 사용하는 것은 어렵다.)

go back

when something which you have bought or borrowed goes back, you take it to the place where you got it, sometimes in order to change it

(물건을 주인에게) 되돌려주다, 반품되다

When do these library books have to go back? (이 도서관 책들을 언제 반환해야 합니까?)
I think these jeans will have to go back — they're a bit too small. (이 청바지는 반품해야겠어. 너무 작어.)

go back (유사어 return to work)

when people on strike go back, they end the strike and start working again

(근로자들이) 파업을 끝내다, 일터로 돌아가다

I shall be glad when the post office workers go back, it's very difficult not getting any letters.
(우체국 직원들이 파업을 끝내면 좋겠어, 편지를 못 받아서 아주 힘들어.)
The miners say they won't go back unless they got more money.
(광부들은 봉급을 더 받지 않으면 일터로 돌아가지 않을 것이라고 한다.)

the clocks go back (반대어 the clocks go forward)

when the clocks go back in Britain in the autumn, everyone sets their clocks one hour earlier to Greenwich Mean Time

(서머타임이) 끝나다, 표준시간으로 되돌아가다

The clocks go back some time in October, don't they? (서머타임이 10월 언젠가에 끝나지, 그렇지 않아?)
Don't forget. The clocks go back tonight. (잊지 마. 오늘 밤에 서머타임이 끝나.)

go back a long way

if two people go back a long way, they have known each other for a long time

(둘이 오랫동안) 잘 알고 지내다

Bill and I go back a long way. (빌과 나는 오랫동안 잘 지낸다.)
Annie and Richard go back a long way — at least fifteen years.
(애니와 리차드는 오랫동안 친해, 적어도 15년은 되었을걸.)

go back on

go back on *sth* (유사어 **renege on** [Formal])
to not do something that you promised or said you would do

(약속·동의 한 것을) 지키지 않다, 취소하다[철회하다]

I promised to take my son to a baseball game, and I'm not <u>going back on</u> <u>my word</u>.
                                                                            sth
(나는 아들을 야구시합에 데리고 가겠다고 약속했고 그 약속을 어기지 않을 것이다.)

The President <u>went back on</u> <u>his pledge</u> not to raise taxes.   (대통령은 세금을 올리지 않겠다는 공약을 어겼다.)
                                  sth

go back on *sth* (유사어 **change**)
to change what you said before, or claim that you never said it

(전에 말한 것을) 어기다, (말한 것을) 부정하다

One of the witness has <u>gone back on</u> <u>her original story</u>, and now says she may have been mistaken.
                                           sth
(증인 중 한 명은 본래의 이야기를 부정하고, 지금은 어쩌면 실수였을 것이라고 말한다.)

Now you're <u>going back on</u> <u>what you told me earlier</u>.   (지금 너는 전에 내게 말했던 것을 번복하고 있어.)
                                    sth

go beyond

go beyond *sth* (유사어 **exceed**)
to be much better, more serious, more advanced, etc. than something else

(생각·기대 등)을 능가하다, ~을 넘다

Stephen's ambitions <u>went beyond</u> <u>being a school teacher</u>. He wanted to be a novelist.
                             sth
(스티븐의 야심은 교사 그 이상의 것이었다. 그는 소설가가 되고 싶어 했다.)

The book's success <u>went beyond</u> <u>anything</u> we had expected.
                                 sth
(그 책의 판매 성공률은 우리가 기대하고 있었던 것을 훨씬 능가했다.)

go by

go by (유사어 **pass**)
if time goes by, it passes

(시간이) 지나가다, 경과하다

I can't believe that thirty years have <u>gone by</u> since I got out of high school.
(내가 고등학교를 졸업한 지 30년이 지났다는 것을 믿을 수가 없다.)

A week has <u>gone by</u> and still she hasn't called.   (일주일이 지났는데 아직도 그녀는 전화하지 않는다.)

➡ <u>bygone</u> (a)
   과거의, 지나가 버린, 지나간 날의

The beautiful old buildings reminded me of a <u>bygone</u> age.
                                                             a
(그 아름다운 옛 건물들을 보고 지나간 날이 생각났다.)

go by

if someone or something goes by, they pass you without stopping

(옆을) 지나가다, 통과하다

Jack waved as he <u>went by</u>. (잭은 지나가면서 손을 흔들었다.)
I <u>went by</u> the store, but I didn't go in. (상점 옆을 지나갔지만 들어가지는 않았다.)

go by sth (유사어 stop by, drop by [Informal]) [AmE]

if someone goes by a place, they go there for a short time in order to do or get something

(~에) (어떤 목적으로) 잠시 들르다.

I <u>went by</u> <u>Jenny's</u> to explain about our plans. (우리 계획을 설명하기 위해 제니의 집에 잠시 들렀다.)
          sth
We have to <u>go by</u> <u>the store</u> on the way home to get something for dinner.
                sth
(우리는 집에 가는 길에 저녁 식사로 무언가를 사기 위해 상점에 잠시 들러야 한다.)

go by sth

to use a particular thing when making a judgement or when deciding what you should do

(지도·나침반 등을 판단·행동의) 기준으로 하다, (충고·경험·증거·외모 등에 의해) 판단하다

You can't <u>go by</u> <u>that old map</u>. It's completely out of date.
           sth
(너는 그 낡은 지도를 기준으로 해서는 안 돼. 그 지도는 완전히 시대에 뒤떨어졌어.)
I know she looks very attractive, but you shouldn't only <u>go by</u> <u>appearance</u>.
                                                    sth
(그녀가 매우 매력적이라는 것은 알지만 용모만으로 판단해서는 안돼.)

go by sth

to obey the rules of something

(규칙·지시 등에) 따라서 행동하다

Our chairman always <u>goes by</u> <u>the rules</u>. (우리 위원장은 항상 규칙을 따른다.)
                  sth
When I'm not sure what to do, I always <u>go by</u> the <u>instructions</u> you gave me.
                                                 sth
(내가 무엇을 할지 잘 모를 때는 항상 네가 내린 지시에 따른다.)

➡ **go by the book**

    (be very careful to obey all the rules exactly) 규칙을 엄수하다, 규칙대로 하다
You know what punishment to expect, this judge always <u>goes by the book</u>.
(어떤 벌을 받을까 예상할 수 있어. 이 판사는 항상 규칙대로 하니까.)

go down

go down sth

to move along a street, passage, etc. in order to get somewhere

(길·통로) 따라 걷다

276

If you go down the street and turn right, you'll see the station in front of you.
　　　　　　sth
(당신이 길을 따라 걷다 오른쪽으로 돌면 앞에 정거장이 있을 것입니다.)

I went down the corridor and knocked on the staffroom door.
　　　　　　sth
(나는 복도를 따라 걷다가 교무실 문을 노크했다.)

go down, go down sth [Informal, Spoken]
if you go down the shop, bank, pub and so on, you go there for a short while

(상가 · 은행 · 술집 등에) 잠깐 가다

I'll go down to the department store and buy a gift this afternoon. (오후에 백화점으로 선물 사러 가야겠다.)
My Dad used to go down the pub after dinner. (아버지는 저녁 드신 후 술집에 가시곤 했다.)
　　　　　　　　　　　sth

go down (반대어 go up) [BrE, Informal]
to visit or travel to a place — use this especially when the place is further south or is in the country

(남쪽으로) 여행하다

I have to go down to Brighton. (나는 브라이턴으로 내려가야만 해.)
Toronto is too cold, so we usually go down to Mexico in the winter.
(토론토는 너무 추워서 겨울이면 우리는 늘 멕시코로 내려가.)

➡ go down to 로도 쓰임
Three days a week Kate went down to Camberwell to teach at the School of Arts and Crafts.
(케이트는 일주일에 사흘은 공예미술 학교에서 가르치기 위해 캠버웰로 내려갔다.)

go down (유사어 reach)
to reach as far as a particular point or place

(어떤 지점까지) 이르다

The steps go down in the direction of the river. (발걸음이 강 쪽으로 이어진다.)
Does this road go down to the south side of town? (이 길이 마을 남쪽으로 이어져 내려갑니까?)

go down (유사어 drop, decrease 반대어 go up) [BrE]
to become lower in level

(가격 · 온도 · 수위 · 수준 등이) 떨어지다, 저하되다

The temperature went down to zero last night. (어젯밤은 기온이 영도로 떨어졌다.)
Prices usually go down during a recession. (불경기 동안에는 물가가 항상 떨어진다.)

go down
to stop working for a short time

(컴퓨터 · 전화가 일시적으로) 작동이 멎다, 고장이 나다

I couldn't withdraw any money at the bank because its computers had gone down.
(은행의 컴퓨터가 작동을 안 해서 돈을 인출할 수가 없었어.)

I can't get the data now. Our computers went down this morning.
(지금 데이터를 추출할 수가 없어. 우리 컴퓨터가 오늘 아침에 고장이 났어.)

> **go down**
> to pass down your throat
> (음식물·약 등이) 넘어가다, 삼켜지다

The child coughed and coughed because a piece of bread had gone down the wrong way.
(아이가 빵 한쪽을 잘못 먹고 심하게 사레에 걸렸다.)

A spoonful of sugar helps the medicine go down. (한 숟가락의 설탕이라면 약은 잘 넘어간다.)

> **go down** (유사어 **set** 반대어 **come up, rise**)
> if the sun or moon goes down, you cannot see it above the ground anymore
> (해·달이) 지다

As the sun went down below the horizon, the sky became pink and gold.
(해가 지평선 아래로 떨어질 때 하늘은 붉고 황금색이 되었다.)

After the sun goes down, it'll get a little cooler. (해가 지고 나면 날씨가 좀 더 서늘해질 것이다.)

> **go down well[badly, etc.]**
> to get a particular sort of reaction from someone
> (사람들이 ~에 잘·잘못) 반응하다, (~에게) 납득되다, 받아들여지다(with)

The band's given several performances around the country and they went down really well.
(그 악단은 전국을 돌며 연주를 하고 있는데 사람들의 반응은 정말 대단했다.)

The judge's decision went down well with the prosecutor. (검사는 판사의 판결을 잘 받아들였다.)

> **go down** (유사어 **fall down**)
> when someone or something goes down, they collapse or fall over
> (사고로) 땅에 넘어지다

The leading horse went down at the last jump. (선두를 달리던 말이 마지막 도약대에서 넘어졌다.)

They were doing well until their best player went down with a badly sprained left ankle.
(그들은 팀 최고의 선수가 왼쪽 발목을 심하게 삐어서 넘어질 때까지는 잘하고 있었다.)

> **go down on one's knees[on all fours]** (유사어 **get down on one's knees[on fours]**)
> if you go down on your knees or on all fours, you lower your body until it is supported by your knees, or by your hands and knees
> (무릎을 꿇고) 기도드리다, (기도드리기 위해) 무릎을 꿇다

Did he go down on his knees and ask you to marry him? (그가 무릎을 꿇고 너에게 청혼했니?)

I quickly went down on all fours and started to crawl towards the door.
(나는 재빨리 엎드려서 문 쪽으로 기어가기 시작했다.)

> **go down** (유사어 **sink**)
> if a ship goes down, it sinks
> (배 등이) 침몰하다

The Titanic went down in 1912 in the mid-Atlantic. (1912년에 타이타닉 호가 대서양 한 가운데서 침몰했다.)
Three ships went down in the last night's storm off the coast.
(지난밤 폭풍 속에서 배 세 척이 해안가에서 침몰했다.)

go down (유사어 **crash**)

if a plane goes down, it crashes out of the sky

(비행기가) 추락하다, 떨어지다

The plane ran out of fuel and went down in the mountains. (비행기는 연료가 떨어져 산에 추락했다.)
Gessler and his crew lost their lives when their aircraft went down between Italy and Malta.
(게슬러와 승무원들은 이탈리아와 몰타 사이에서 비행기가 추락했을 때 목숨을 잃었다.)

The lights go down

if lights go down, they become less bright

(극장 · 영화관 안에서 조명이) 흐려지다

The lights went down as the orchestra started to play. (오케스트라의 연주가 시작하면서 조명이 흐려졌다.)
The lights went down in the theater just before the play began.
(연극이 시작되기 바로 전에 극장 안의 조명이 어두워졌다.)

go down (유사어 **lose**) [BrE]

to lose a game or a competition

게임에 지다, 패하다

If our team doesn't begin to play better, we're going to go down again.
(우리 팀이 더 열심히 싸우지 않으면 또 지고 말걸.)
Rafter went down by three to one. (라프터는 3대 1로 패했다.)

go down (유사어 **deflate** [Formal] 반대어 **inflate** [Formal])

if a tyre, balloon, or something else which has been inflated goes down, air is lost from it and it becomes flatter or smaller

(타이어 · 풍선 · 기구 등) 공기가 빠지다

The right front tire is going down again, it must have a slow leak.
(오른쪽 앞바퀴의 바람이 또 빠지고 있어. 틀림없이 조금씩 새고 있어.)
It looks like the front tyre has gone down — I'll have to pump it up.
(앞바퀴 바람이 빠지는 것 같아. 타이어에 바람을 넣어야겠어.)

go down (반대어 **swell up**)

if a swelling on your body or skin goes down, it becomes less swollen or disappears completely

(상처로 인한 부기가) 빠지다, 가라앉다

The dentist said it'll take a few hours before my face goes down again.
(치과 선생님이 내 얼굴의 부기가 다시 빠지려면 2~3시간은 걸릴 것이라고 말씀하셨다.)
My ankle is going down nicely. I should be able to walk soon.
(발목의 부기가 잘 가라앉고 있어. 곧 걸을 수 있을 거야.)

go down (유사어 **be sent to prison, be sent down** [BrE, Informal]) [BrE, Informal]
to be sent to prison

형무소로 보내다, 투옥시키다

He was found guilty and <u>went down</u> for three years. (그는 유죄로 판명되어 3년간 형무소에 투옥되었다.)
It was a horrible crime and the boys involved deserved to <u>go down</u>.
(그것은 끔찍한 범죄행위였고 관련된 소년들은 당연히 소년원에 보낼 만했다.)

go down (유사어 **happen**) [AmE, Informal]
to happen

발행하다, 일어나다

I'll never understand what <u>went down</u> the night my husband left me.
(남편이 나를 떠나던 밤에 무슨 일이 있었는지 나는 결코 이해 못하겠어.)
"Do you remember the panty raids of the 50s?" "Yeah, a lot of crazy things <u>went down</u> in those days." ("50년대 팬티 약탈 사건 기억하니?" "그래, 그 시대에 별 이상한 사건이 많이 일어났지.")

What's going down? (유사어 **How are you?**) [AmE, Informal]
used as a greeting when you meet someone

~를 만났을 때 인사말

Hey buddy! <u>What's going down</u>? (야 친구야, 어떻게 지내?)

go down [BrE]
when university students go down, they leave university, especially at the end of their degree course, or at the end of term

(휴가 · 퇴학 · 졸업 등으로) 대학을 떠나다, 졸업하다

"Did she finish her degree work?" "Yes, she <u>went down</u> last year."
("그녀는 학위를 취득했습니까?" "네, 작년에 대학을 졸업했습니다.")

It must seem very quiet in the university town when the students have <u>gone down</u> for the summer. (대학생들이 여름방학 동안 대학을 떠났을 때, 대학촌은 아주 조용한 것처럼 보임에 틀림이 없다.)

go for

go for *sth*
to try to get or win something

~을 얻으려고 애쓰다

The gymnast said she was going to <u>go for</u> <u>the gold</u> at the next Olympics.
                                          sth
(그 체조선수는 그녀가 다음 올림픽에서 금메달을 따기 위해 노력하고 있다고 말했다.)
What sort of job are you <u>going for</u>, Tim? (팀, 너는 어떤 종류의 직업을 가지려고 노력하고 있니?)

go for *sth* (유사어 **choose**)
(to choose something)

~을 선택하다

<u>Go for</u> <u>the black dress</u> — it looks much better on you than the blue one.
          sth
(검은색 드레스를 선택해 — 푸른색 드레스보다 너한테 더 잘 어울려.)

When buying a car, you should <u>go for</u> <u>one</u> with high gas mileage.
                                      sth
(새 차를 살 때 연비가 높은 차를 선택하는 것이 좋아.)

go for *sth/sb* (진행형 불가) [Informal]
to like a particular type of thing or person

(특별한 물건·사람을) 좋아하다, 욕심이 나다

Erik really <u>goes for</u> <u>scuba diving</u>. (에릭은 정말로 스쿠버 다이빙을 좋아한다.)
                       sth

I could <u>go for</u> <u>some ice cream</u> right now. (지금 당장 아이스크림을 먹고 싶어.)
                    sth

go for
if something goes for a particular price, it is sold for that amount

~값으로 팔리다

Our house <u>went for</u> less than we had hoped. (우리 집이 희망해 왔던 것보다 싼 값으로 팔렸다.)
How much did the painting <u>go for</u> in the end? (마지막에 그 그림이 얼마에 팔렸니?)

go for *sb* (유사어 **attack**)
if you go for someone, you attack them

(~목적으로) 습격하다, 공격하다, 비난하다

The suspect pulled out a knife and <u>went for</u> <u>the policeman</u>. (용의자는 칼을 꺼내 들고 경찰관을 공격했다.)
                                                    sb

She always <u>goes for</u> <u>him</u> in meetings. (그녀는 모임 때마다 그를 비난하곤 한다.)
                     sb

have (got[something]) going for one [Informal]
if someone or something has a lot going for them, they have a lot of advantages or good qualities

장점을 가지고 있다, (재능·용모 등) 이점을 가지고 있다

We've always thought that Austrian skiing resorts <u>have a lot going for them</u>.
(우리는 늘 오스트리아의 스키리조트는 많은 장점을 가지고 있다고 생각하고 있다.)

This film actor has little ability, all he <u>has going for him</u> is his good looks.
(이 영화배우는 능력이 별로 없다. 즉 그가 가지고 있는 장점이란 잘 생긴 용모뿐이다.)

go forward

go forward (유사어 **go ahead**)

(if something goes forward, it makes progress and begins to happen

(계획 · 활동 등이) 나아가다, 계속해서 ~을 행하다

If our present plans go forward we shall bring in an assistant for you.
(만약에 우리의 현재 계획들이 진행된다면 당신을 위해 조수 한 사람을 데려와야겠습니다.)

The project can't go forward without approval from the city office.
(이 사업은 시 당국의 허가 없이는 진행될 수가 없다.)

go forward

if someone's name goes forward as a candidate for a job or in an election, they are proposed as a candidate

(~의 이름이 후보로서) 거론되다, 추천되다

He allowed his name to go forward. (그는 그의 이름을 추천하도록 허락했다.)

Three names have gone forward for the position of department head.
(과장직 후보로서 세 명의 이름이 거론되고 있다.)

the clocks go forward (반대어 **the clocks go back**)

when the clocks go forward in Britain in the spring, everyone sets their clocks one hour later

(여름 동안) 1시간 빨리 하다, (시계가) 1시간 빨리 가다

Do the clocks go forward in the spring? (봄이 되면 시계를 1시간 빨리 가게 합니까?)

In Britain, the clocks go forward to Summer Time every spring.
(영국에서는 봄이면 여름시간으로 1시간씩 앞당긴다.)

go forward

go win on stage of competition and compete in another stage

(시험 · 경기 등에서) (다음 단계로) 진출하다, 나아가다, 계속 승리하다

The winner of this game will go forward to the semifinals.
(이 게임에서 승리한 선수가 준결승에 진출할 것이다.)

Our team won the game and so they went forward to the next round.
(우리 팀이 경기에서 이겨서 다음 시합에 진출했다.)

go in

go in (유사어 **enter**)

to enter a building or a room

(건물 · 방 안으로) 들어가다

It's getting too dark to play tennis. Let's go in. (너무 어두워서 테니스 못 치겠다. 집안으로 들어가자.)

I pushed open the door of the office and went in. (나는 사무실 문을 활짝 열고 들어갔다.)

go in

when you go in somewhere such as a place of work or business or hospital, you go there in order to work, to carry out business, to receive treatment, and so on

(사업장에 일하러) 가다, (병원에 치료받으러) 가다

What time do you have to <u>go in</u> tomorrow? (내일은 몇 시에 일하러 가십니까?)
If you are not feeling well, you should <u>go in</u> for a check-up.
(네가 몸이 좋지 않으면 병원에 검진받으러 가야 해.)

go in

to go to the center of the town that you live in or near

(도심지에) 가다

The traffic's so bad it's becoming impossible to <u>go in</u> by car.
(교통사정이 너무 나빠서 차로 도심지에 들어가는 것은 불가능하게 되고 있다.)
I usually <u>go in</u> on my bike. (나는 항상 자전거를 타고 도심지에 간다.)

go in *sth*, go in (유사어 **fit**)

if something goes in a container, an object, or an opening, it fits into it

(용기 · 공간 · 구멍 안에) 잘 들어간다, (마개 · 열쇠 따위가) 꼭 맞다

I think this thing's too big to <u>go in</u> the car. (이 물건은 차에 들어가기에는 너무 크다고 생각해.)
An ordinary nail won't <u>go in</u> a brick wall. (보통 못은 좀처럼 벽돌로 된 벽에 들어가지 않을 것이다.)

go in, go in *sth* (유사어 **join**)

to join a company, organization, etc. in order to work for them

(회사 · 조직에) 합류하다

I decided I'd <u>go in</u> <u>the army</u> when I finished at school. (학교를 졸업했을 때 군대에 들어가기로 결심했다.)
                                    sth
I thought you were <u>going in</u> <u>the navy</u>. (나는 네가 해군에 입대하려 한다고 생각했어)
                               sth

go in (유사어 **sink in**)

if a piece of information or a fact goes in, you understand it and remember it

(정보 등이) 머리에 떠오르다, 이해되다

I attended the lecture, but I was so sleepy that nothing <u>went in</u>.
(강연에 참석했으나 너무 졸려서 아무것도 생각나지 않는다.)
I tried to concentrate on what he was saying, but it just wasn't <u>going in</u>.
(나는 그가 말하고 있는 것에 집중하려고 애를 썼으나, 결국 이해할 수 없었다.)

go in

if a ball goes in during a game such as football or golf, it lands in the right place and the team or player scores a point

(공이) 들어가다, (공이 멋지게 들어가) 득점하다, (야구에서) 타석에 들어서다, (경기에) 참석하다

After two men were out, the captain <u>went in</u> next to try to save the game.
(두 명의 선수가 아웃된 후, 주장은 게임을 구하려고 다음 타석에 들어섰다.)

In the last five minutes our luck suddenly changed and the ball <u>went in</u>.
(마지막 5분 동안 우리의 운은 급격히 변화했고 골이 들어갔다.)

> **go in**
> when soldiers enter combat or an area where combat is likely to happen, they go in
> 공격을 시작하다

All the soldiers were ordered to <u>go in</u> and seize the enemy position.
(모든 군인들은 돌격해서 적진지를 장악하라는 명령을 받았다.)

The Guard was ordered to <u>go in</u> and stop the riot. (근위사단은 돌격해서 폭도를 진압하라는 명령을 받았다.)

go in for

> **go in for** *sth* [BrE]
> if you go in for a particular activity, you decide to do it as a hobby or interest
> (좋아서) ~을 하다, 좋아하다, ~가 취미다

Bryan really <u>goes in for</u> <u>any kind of outdoor activity</u>. (브라이언은 옥외 활동이라면 어떤 것이나 좋아한다.)
                               sth

When I was a kid I <u>went in for</u> <u>football</u>, but I don't watch it much anymore.
                         sth
(내가 아이 시절에는 축구를 좋아했으나, 지금은 더 이상 축구게임을 많이 보지 않는다.)

> **go in for** *sth* (유사어 **take up, go into**) [BrE]
> to choose a particular type of work as your job
> (~을) 직업으로 하다, (전문 분야에) 뜻을 두다, (어떤 일에) 종사하다, 관계하다

Our son decided to <u>go in for</u> <u>law</u>, much to our surprise. (우리 아들은 놀랍게도 변호사가 되려고 결심했다.)
                       sth

His father never wanted him to <u>go in for</u> <u>a career</u> in politics.
                                             sth
(그의 아버지는 그가 정치에 관계된 직업에 종사하는 것을 결코 원하지 않았다.)

> **go in for** *sth* (유사어 **enter**) [BrE]
> to compete in a competition, or to do an exam
> (경기에) 참가하다, 출장하다, (시험 등을) 치르다

Are you <u>going in for</u> <u>the English speech contest</u> this year? (금년 영어 웅변대회에 참가하려고 하니?)
                                   sth

I'd like to <u>go in for</u> <u>a more advanced examination</u> if I can. (할 수만 있다면 좀 더 상급 시험을 보고 싶어.)
                                sth

go into

go into work[school, hospital, etc.]
to go to work, school, hospital, etc.

(직장 · 학교 · 병원에) 가다

French children don't always <u>go into school</u> on Wednesday afternoon.
(프랑스 아이들이 수요일 오후에 항상 학교에 가는 것은 아니다.)

<u>Go into the garden</u> and pick some apples, will you?   (정원에 가서 사과 몇 개 따다 줄래?)
           sth

go into sth (유사어 **fit**)
to fit inside a container, a space, a hole, etc.

(용기 · 공간 · 구멍에) 잘 들어간다

All these clothes can't possibly <u>go into that one tiny suitcase</u>.
                                       sth
(어쩌면 이 옷 모두가 그 작은 옷가방 속에 들어갈 수는 없어.)

Will the radio <u>go into this box</u>?   (라디오가 이 상자 안에 들어갈까?)
                        sth

go into sth
if you go into an organization, you join it

(어떤 집단에) 가입하다, (일 · 직업에) 취업하다, (일을) 시작하다

When did you <u>go into journalism</u>?   (언제 신문잡지계에 종사하기 시작했습니까?)
                       sth

I hear their son has <u>gone into the army</u>. I'd rather mine <u>went into business</u> of some kind.
                              sth   sth
(그들의 아들이 군에 입대했다는 소식을 들었다. 내 아들은 오히려 어떤 기업체에 입사했으면 좋겠다.)

go into sth (유사어 **discuss**) (항상 부정형)
to describe, discuss, or examine something in a detailed way

(이유 · 세부사항 등을) 설명하다

There's no need to <u>go into details</u> yet; just give me the general ideas.
                           sth
(아직 상세하게 세부사항을 설명할 필요는 없어. 개요만 말해 줘.)

It's a difficult subject and there isn't time to <u>go into it</u> here.
                                                         sth
(이것은 어려운 문제야. 여기서는 그 문제를 자세히 다룰 시간이 없다.)

➡ go into detail[the details]
I won't <u>go into all the details of the report</u>, but I can tell you that there are no big surprise in it.
(나는 그 보고서의 내용을 자세히 말하진 않겠어. 그러나 보고서 안에 크게 놀라운 내용이 없다고는 말할 수 있어.)

go into *sth* (유사어 **look into**) [BrE]
to find out more about something, by getting all the necessary information
(정보를 얻어) 많은 것을 발견하다, (비용 등을) 검토하다, (이야기 · 증거 등의) 진위를 조사하다

Before you make any further plans, you'd better go into the cost of all this.
                                                          sth
(당신이 그 이상의 어떤 계획을 세우기 전에 이 모든 것에 대한 비용을 고려해 보는 것이 좋겠습니다.)

The police went into the man's story to see if he was telling the truth.
                              sth
(경찰은 사실을 이야기하고 있는지 아닌지를 알아보기 위해 그 남자 이야기의 진위를 조사하였다.)

go into *sth*
when someone or something goes into a particular state or situation, they begin being in that state or situation especially a bad one
(혼수상태에) 빠지다, (불경기 · 불황이) 되다, ~상태[사태]가 되다

Her son went into a coma and never came out of it. (그녀의 아들은 혼수상태에 빠져 다시는 깨어나지 못했다.)
                      sth
The thieves have gone into hiding. (강도들은 은신 상태가 되었다.)
                                sth

* *sth*에는 coma, recession, service, hiding이 흔히 옴.

➡ **go into debt** 로도 쓰임
We had to go into debt in order to pay for our daughter's wedding.
                    debt
(우리는 딸의 결혼식을 치르기 위해 빚을 지지 않으면 안 되었다.)

➡ **go into a decline** 로도 쓰임
He started drinking heavily, and his health started going into a rapid decline.
                                                              a decline
(그는 무섭게 술을 마시기 시작하더니, 건강이 급격히 쇠약하게 되었다.)

go into *sth*
to start behaving in a particular way, especially because you feel annoyed, frightened, or think something is funny
(분노 · 비애 · 놀람 등의) 상태로 되다, 빠지다, (이야기 · 어떤 행동 등을) 시작하다

When the clown appeared, the children went into gales of laughter.
                                                  sth
(어릿광대가 등장했을 때 어린이들은 폭발적으로 웃었다.)

She'll go into a temper at the very moment of that man's name.
              sth
(그 남자의 이름을 말하는 순간 그녀는 분노가 폭발할 것이다.)

➡ **go into a mood[temper, a panic, fits of laughter, hysterics]** 로도 쓰임
The crowd went into a panic and started to run for the exits.
(군중들은 공황에 빠져 출구를 향해 뛰기 시작했다.)

go into *sth*

if time, effort, or money goes into something, it is spent or used doing it, getting it or making it

(시간 · 돈 · 노력 등이) 소비되다

A lot of time and effort has <u>gone into creating</u> this plan.
                                          sth
(이 계획을 수립하는 데 수많은 시간과 노력이 들어 갔다.)

Three years of research <u>went into the book</u>.   (3년 동안 연구해서 그 책을 썼다.)
                                sth

➡ go into doing *sth* 으로도 쓰임
Huge amounts of money have <u>gone into developing new drugs</u> to treat cancer.
                                                  doing   *sth*
(굉장히 많은 자본이 암을 치료하기 위한 신약을 개발하는 데 쓰였다.)

go into *sth*

to be used in something you are making or preparing

(만들거나 준비하고 있는 물건에) 사용되다

Some rather expensive ingredients <u>go into this recipe</u>. (몇 가지 약간 비싼 재료들이 이 조리법에 사용된다.)
                                              sth

The statistics that <u>went into this report</u> were collected and researched at the University of California.
                                     sth
(이 보고서에 이용된 통계는 캘리포니아대학교에서 수집되고 조사된 것이다.)

go into *sth*

if you go into an election, a competition, or an exam and so on, you start taking part in it

(경쟁 · 선거 · 시험 등을) 시작하다, 준비하다

It would have been reckless to <u>go into a test</u> with only six batsmen.
                                        sth
(겨우 여섯 명의 타자로 테스트를 시작한다는 것은 무모한 일이 될 수도 있을 것이다.)

Summer's always a tense time for young people <u>going into their exams</u>.
                                                                                       sth
(여름은 시험을 준비하는 젊은이들에겐 항상 긴장된 시간이다.)

go into *sth* (유사어 **crash(into)**)

if a vehicle or its driver goes into another vehicle, it hits the other vehicle

(차가 나무 · 벽 · 다른 차와) 부딪치다, 충돌하다

The car <u>went into a tree</u> and was severely damaged. (그 차는 나무와 충돌하고 심각하게 손상을 입었다.)
                         sth

I didn't see the red lights and I <u>went into the back of a BMW</u>.
                                                            sth
(나는 빨간 신호등을 보지 못하고 어떤 BMW의 뒤를 받았다.)

go into *sth*

if a number goes into another number, the second number can be divided by the first

(주어의 수로 sth의 수를) 나누다, ~이 되다

Six goes into 18 three times.　(18 나누기 6은 3이다.)
　　　sth

Seven doesn't go into thirty-two.　(32는 7로 나눠지지 않는다.)
　　　　　　　　　　sth

go off

go off (유사어 **go away**)
to leave a place and go somewhere else　　　　　　　　　　(장소를) 떠나다, 출발하다

Mark went off without realizing he had left his wallet at home.　(마크는 지갑을 집에 놔 둔 것을 모르는 채 떠났다.)
Gina got up quickly and went off on her bike.　(지나는 재빨리 일어나 자전거를 타고 떠났다.)

➡ go off to 로도 쓰임
All the men had gone off to the war.　(남자들 모두가 전쟁터로 떠났다.)

➡ go off to do sth 으로도 쓰임
Dad went off to watch the baseball game.　(아빠는 야구경기를 보러 갔다.)
　　　　　　to do　　　sth

go off sb/sth [BrE, Informal]
if you go off someone or something, you stop liking them　　　~에 흥미를 잃다, ~이 싫어지다

I've gone off playing golf. It takes too much time.　(나는 골프 칠 흥미가 없어졌어. 시간이 너무 걸려.)
　　　　　　sth
I went off coffee when I was expecting a baby.　(나는 임신하고 있는 동안. 커피가 싫어졌다.)
　　　　sth

go off [BrE]
if food or drink goes off, it is not good to eat or drink any more because it is stale or rotten
　　　　　　　　　　　　　　　　　　　　　　　　　　　　(음식이) 상하다, 쉬다

You must drink it within a fortnight or it will go off.　(넌 이것을 2주 안에 마셔야 해. 그렇지 않으면 상할걸.)
This milk smells like it has gone off.　(이 우유는 상한 듯한 냄새가 나.)

go off (유사어 **explode**)
if a bomb or gun goes off, it explodes or fires　　(폭탄 · 폭죽 등이) 폭발하다, 터지다, (총 등이) 발사되다

The gun went off accidently.　(총이 오발로 발사되었다.)
A bomb went off, injuring several people.　(폭탄이 폭발해서 몇 사람이 다쳤다.)

go off (반대어 **come on, go on**)
if an electrical device goes off, it stops operating　　(전기 · 가스 · 수도 등이) 끊기다, 멈추다, (빛이) 꺼지다

The power went off in several parts of the country during the high wind.
(강풍이 부는 동안 그 지방 몇 개 구역에서 전기가 끊겼다.)

A thermostat makes the air conditioner go off if it gets below a certain temperature.
(온도조절기는 기온이 어떤 일정한 온도 밑으로 내려가면 에어컨을 꺼지게 한다.)

go off

if a warning device [e.g. alarm] goes off, it suddenly makes a loud noise

(경보기 · 벨 등이) 갑자기 울리다, 소리가 나다, (섬광 전구가) 터지다

Every Sunday morning Donald's alarm went off in time for him to go early Mass.
(매주 일요일 아침이면 도널드의 알람시계는 그가 이른 미사를 드리러 가는 시간에 맞추어 울렸다.)
I set my alarm clock to go off at six. (나는 내 알람시계가 6시에 울리도록 맞추어 놓았다.)

go off well[smoothly, as planned, etc.]

when an event or a plan goes off well, smoothly, without a problem, or without a hitch, it happens as planned

(계획한 대로 성공적으로) 일이 되다

The meeting went off well. (모임은 계획한 대로 성공적으로 이루어졌다.)
The ceremony at the Are de Triomphe went off exactly as planned.
(개선문 앞 공식행사는 계획한 대로 아주 철저히 잘 되었다.)

go off

if one goes off a topic, he talks about something completely irrelevant to the topic

(화제 · 생각 · 항목을) 바꾸다, (이야기가) 탈선하다

The professor suddenly went off in an entirely new direction and began telling us about his trip to Rome. (교수님은 전혀 다른 방향으로 화제를 돌려 로마로 여행 간 이야기를 하기 시작했다.)
Ian suddenly went off into a description of his awful childhood.
(이안은 갑자기 그의 비참했던 어린 시절로 화제를 바꿨다.)

go off, go off sth

if something such as a road or line goes off from another, it separates from it and extends in a different direction

(도로 · 선로 등이) 떨어지다, 빗나가다, 옆으로 빠지다

At this point the tunnel goes off in the direction of the mountain.
(이 지점에서 터널이 산 쪽 방향으로 빠진다.)
About two miles further on, the road goes off to the right.
(약 두어 마일쯤 더 가면 이 길은 오른쪽으로 빠진다.)

go off (유사어 **deteriorate** [Formal], **go downhill**) [AmE, Informal]

to show your anger at someone or about something by saying what you really think using strong words

(흥분해서 · 노해서) 큰소리치다, (심하게) 노하다, 흥분하다

Randy totally went off when I told him I didn't want to see him anymore.
(내가 더 이상 그를 보고 싶지 않다고 말을 했을 때 랜디는 완전히 흥분해서 크게 소리쳤다.)

She <u>went off</u> when I told her that I broke her hair dryer.
(내가 그녀의 헤어드라이어를 고장 냈다고 말했을 때 그녀는 화가 나서 소리쳤다.)

go off [BrE, Informal]

to become worse in standard or quality

(질·기능 등이) 저하되다, 떨어지다

The first part of the book is interesting, then it <u>goes off</u>.
(이 책의 처음 부분은 재미있었으나, 점점 재미가 떨어진다.)

It used to be a lovely hotel, but it's <u>gone off</u> a bit in recent years.
(이 호텔은 전에는 멋진 호텔이었는데 최근에 약간 질이 떨어졌다.)

go on

go on

to continue to exist or happen

(사태가) 계속되다

It <u>went on</u> raining all day. (하루 종일 비가 계속 왔다.)

While she was pouring out their drinks, she <u>went on</u> talking.
(그녀는 술을 따르면서 계속 이야기를 하고 있었다.)

➡ **go on for** 로도 쓰임

The negotiations are expected to <u>go on for</u> several weeks. (협상은 여러 주일 동안 계속될 것 같다.)

➡ **go on and on** 으로도 쓰임

The meeting <u>went on and on</u>, until Pauline and I were practically falling asleep.
(그 회의는 폴린과 내가 거의 잠이 들 때까지 오랫동안 계속되었다.)

➡ **ongoing** (a)

(continuing) 전진하는, 진행하는, 이어지는

Learning is an <u>ongoing</u> process — it doesn't stop when you leave school.
                 a
(배운다는 것은 계속 이어지는 과정이다. — 즉 학교를 졸업한 후에도 멈추지 않는다.)

go on (유사어 **carry on**)

to continue doing something

(일·태도·행동을) 계속하다, (일·활동 등이) 행해지다

There's a wedding <u>going on</u> at the church. (교회에서 결혼식이 계속되고 있다.)

A crowd gathered to see what was <u>going on</u>. (무슨 일이 일어나고 있는가를 보려고 사람들이 모여 들었다.)

➡ **go on doing** 으로도 쓰임

Philip completely ignored what I said and <u>went on eating</u>.
                                                doing
(필립은 나의 말을 완전히 무시하고 계속 먹고만 있다.)

go on (유사어 happen)

if something is going on, it is happening, especially something strange, unusual, or confusing
(항상 진행형) (이상한 것·일상적인 것·당황한 것)을 계속 하다, (일이) 일어나고 있다.

It was obvious that something very suspicious was going on.
(무언가 아주 의심스러운 일이 일어나고 있는 게 분명했다.)

I called to her, but she went on walking. (나는 큰 소리로 그녀를 불렀지만 그녀는 계속 걷고 있었다.)

➡ what's going on 으로도 쓰임
Nobody in the office seemed to know what was going on.
(사무실에서 무슨 일이 일어나고 있는가를 아는 사람은 아무도 없는 것 같았다.)

➡ goings-on (n)

(activities or events that are strange or interesting, especially ones that involve something illegal)
(비난 받을) 행위, 소행, 행실, (바람직하지 않은) 이상한 행동

There've been some strange goings-on in the house next door.
　　　　　　　　　　　　　　　　n
(이웃집에서 무언가 상당히 이상한 일이 일어나고 있었다.)

go on

to do or achieve something, after you have finished doing something else

결과를 얻다, 성공하다

How did you go on in this morning's meeting? (오늘 아침 모임의 결과는 어떠했습니까?)

My students didn't go on very well in the early examination, but by the end of the year, all except three had passed.
(학기 초에는 학생들의 시험 성적이 별로 좋지 않았지만, 학년 말에는 세 명을 제외하고 모든 학생들이 합격했다.)

➡ go on to do *sth* 으로도 쓰임
He went on to win an Olympic Gold medal in the 400 meters.
　　　to do　　　　　sth
(그는 400미터 경주에서 올림픽 금메달을 따는 성적을 올렸다.)

➡ go on to 로도 쓰임
In 1980 fewer than 30% of girls went on to higher education.
(1980년에는 30%가 못 되는 여성들이 대학 교육을 받았다.)

go on (유사어 continue)

if someone goes on in a conversation, they continue talking, perhaps after an interruption
(이야기·말 등이 중단 되었다) 다시 계속하다

She knew he wasn't listening, but she went on all the same.
(그녀는 그가 말을 듣지 않고 있다는 것을 알았지만 계속해서 똑같은 말을 이어갔다.)

He went on for 35 minutes without a pause. (그는 거의 숨도 쉬지 않고 35분 동안이나 이야기를 계속했다.)

➡ go on with 로도 쓰임
After a short pause, Maria went on with her story.
(잠시 쉬었다가 마리아는 그녀의 이야기를 계속했다.)

go on (유사어 **bang on** [BrE, Informal]) [Informal]

to talk too much in a boring way

(~것을) 쉬지 않고 지껄이다, (지루하게) 재갈거리다

"Julie's quite a talker." "Yes, she does go on, doesn't she?"
("줄리는 굉장한 수다쟁이야." "그래 맞아, 그녀는 계속 지루하게 재갈거려, 그렇지 않아?")

The way that woman goes on about her wonderful son drives me crazy.
(그 부인이 쉬지 않고 자신의 멋진 아들에 대해 지루하게 이야기하는 습관 때문에 내가 돌 것 같아.)

➡ go on and on 으로도 쓰임
The speaker went on and on until we were all practically falling asleep.
(그 연사는 우리 모두가 완전히 잠들 때까지 계속 쉬지 않고 말을 했다.)

➡ *sb/sth* does go on 으로도 쓰임
Pam's a really nice person but she does go on a bit!
(팸은 정말 좋은 사람이야. 그런데 상당히 수다쟁이야.)

go on

to continue travelling or moving towards a particular place or in a particular direction, especially after stopping for a short time

(다음 목적지로) 가다, (잠시 쉬었다 여행 따위를) 가다

At the restaurant, I decided not to go to the movies, so Sue went on without me.
(레스토랑에서, 내가 영화관에 안 가기로 했기 때문에 수는 혼자 갔다.)

After finishing my business in Washington, I decided to go on to New York to see an old friend.
(나는 워싱턴에서 업무를 마친 후 옛 친구를 만나러 뉴욕으로 갔다.)

go on [BrE]

to go somewhere before the other people you are with

(남보다 앞서) 가다

Bill and the girls went on in the car and the rest of us followed on foot.
(빌과 여자 아이들은 차를 타고 먼저 갔고 나머지 우리들은 걸어서 뒤따라 갔다.)

You go on, I'll catch up with you later. (너 먼저 가, 나중에 너를 따라잡을게)

➡ go on ahead 로도 쓰임
Why don't you go on ahead — we'll catch up with you later.
(왜 먼저 안 가? 우리가 나중에 너를 따라갈게.)

go on (유사어 **come on!** [Spoken]) [Spoken]

used to encourage someone to do something

자꾸[계속] 하다

Go on, have another drink. (자, 한잔 더해.)
Go on, James, tell us! (해 봐, 제임스, 우리에게 말해.)

go on! (유사어 **get away!** [BrE, Spoken, Informal], **come off it** [Spoken, Informal]) [Spoken, Informal]

used to tell someone that you are very surprised by what someone has just told you, or that you do not believe it

(반어적) 어리석은 소리 작작해, 농담이야

<u>Go on</u>. This picture can't be worth that much.　(농담이야. 이 그림은 그렇게 비쌀 수가 없어.)
<u>Go on</u>! She didn't really go out with him, did she?　(뭐라고! 그녀가 그와 데이트하지 않았다고, 정말 그래?)

go on *sth* (유사어 **go by**)

if you say that you have something to go on, you mean that you have some information on which you can base an opinion or judgement

(정보·증거 등을) 근거로 하다, ~을 근거로 해서 판단하다

He may be telling the truth, but we can't <u>go on</u> <u>his word</u> alone.
　　　　　　　　　　　　　　　　　　　　　　　　　sth
(그가 사실을 말하고 있을지 모르지만 우리는 그의 말만으로는 판단을 할 수 없다.)

I can only <u>go on</u> <u>the information</u> that I've got in this report.
　　　　　　　　　　　　sth
(나는 이 보고서에서 얻은 정보만을 근거로 할 수 있어.)

➡ <u>not have much[anything] to go on</u> 으로도 쓰임
The police didn't <u>have much to go on</u> as there were no witness.
(경찰은 증인이 없어서 판단할 자료가 많지 않다.)

go on *sth* (유사어 **go towards[toward]**) [BrE]

if an amount of money goes on something, it is spent or used on that thing

(돈이) ~에 쓰이다

A large proportion of my salary <u>goes on</u> <u>our mortgage</u>.　(내 봉급의 상당 부분이 담보에 쓰인다.)
　　　　　　　　　　　　　　　　　　　　　sth
At least a quarter of the average income <u>goes on</u> <u>housing</u>.　(적어도 평균수입의 1/4이 주거에 쓰인다.)
　　　　　　　　　　　　　　　　　　　　　　　　　sth

➡ <u>go on doing</u> *sth* 으로도 쓰임
The money we raised <u>went on</u> <u>rebuilding</u> <u>the church tower</u>.
　　　　　　　　　　　　　　doing　　　　　sth
(우리가 모금한 돈은 교회탑을 재건하는 데 쓰인다.)

go on (유사어 **come on** 반대어 **go off**)

if a light, a machine, or a piece of equipment goes on, it starts working

(기계 등이) 작동하다, (전등불이) 켜지다

The pump <u>goes on</u> automatically when the pressure drops.　(압력이 떨어지면 펌프는 자동적으로 작동한다.)
The light <u>goes on</u> automatically.　(그 전등은 자동적으로 켜진다.)

go on (유사어 **wear on**)

used to describe what happens while time passes

(시간·세월 등이) 지나가다, 경과하다

The weather became worse as the morning went on. (아침이 지나면서 날씨가 점점 나빠졌다.)
As the years went on, he became increasingly fond of his wife.
(세월이 흘러가면서 그는 아내를 점점 더 좋아하게 되었다.)

➡ as time[the day, the years, etc.] goes on 으로도 쓰임
As time went on, we no longer seemed to have much in common.
(시간이 지날수록, 우리는 더 이상 공통점이 별로 없는 것 같았다.)

be going on [18-60, etc.] [AmE], be going on for [18-60, etc.] [BrE, Informal]

if you say that someone is going on a particular age, you mean that they are approaching that age

거의 (특정) 나이가 되다

She is sixteen, going on seventeen. (그녀는 16살, 이제 곧 17살이 된다.)
"How old's Michael?" "He must be going on for 50 by now."
("마이클이 몇 살이지?" "아마 지금쯤은 50살이 되었을걸.")

go on

you say that land, rock or a road goes on when you are referring to the way which it extends or its direction

(땅·바위·길 등이) (어떤 특정거리·특정 방향으로) 계속 되다

In front of us, the desert went on as far as the eye could see.
(우리 앞에 시선이 닿을 수 있는 데까지 사막이 뻗어 있었다.)
Below the subsoil lies rock, and rock goes on down to the center of the Earth.
(하층토 밑에 바위가 있고 바위는 지구 중심을 향해 뻗어 내려져 간다.)

go on *sth*

if you go on a drug, you start taking it

(약 등을) 먹기 시작하다, 복용 시작하다

I don't want to go on sleeping pills, if I can possibly avoid it.
              sth
(나는 피할 수만 있다면 수면제 복용을 하고 싶지 않아.)
They went on the pill and suffered side-effects. (그들은 알약을 먹고 부작용으로 고생했다.)
       sth

go on a diet

when you go on a diet, you start a plan to lose weight

체중을 빼다

I should go on a diet. (나는 다이어트를 시작하고 싶어.)
        sth

Ted has <u>gone on</u> <u>a diet</u> three times in the last two months.　(테드는 지난 2달 동안 3번이나 다이어트를 했었다.)
　　　　　　　　sth

go out

go out

to leave a building, a room, etc. in order to go somewhere else

(건물 · 방 등을 떠나) (~로) 가다

He <u>went out</u> of the room and came back with a newspaper.　(그는 방을 나가 신문을 가지고 들어왔다.)
He picks up his camera bag and <u>goes out</u>, locking the door.
(그는 카메라 가방을 들고 문을 잠그며 나간다.)

go out (반대어 **stay in, stop in** [BrE, Informal])

if you go out you leave your home in order to do something enjoyable, for example to go to a party, a bar, or the cinema

(집을 나가) (상점, 친구 만나러, 영화 보러) 가다

I have to <u>go out</u> and I'll be back late tonight.　(나는 나가야 해. 그리고 오늘 밤 늦게 들어올 거야.)
I'm <u>going out</u> to the cinema this evening.　(나는 오늘 저녁 영화 보러 가려고 해.)

➡ <u>go out for</u> 로도 쓰임
Do you want to <u>go out for</u> a pizza tonight?　(오늘 밤 피자 먹으러 갈래?)

➡ <u>go out to do</u> *sth* 으로도 쓰임
Will's just <u>gone out to play football</u> with other boys.　(윌은 친구들과 함께 축구하러 나갔다.)
　　　　　　　　do　　sth

go out

if you go out to a place, especially somewhere abroad or far away, you travel there

(먼 나라로) 여행하다, (돈 벌이 따위로 외국에) 나가다

The youngest son <u>went out</u> to Canada and made a fortune.　(막내아들이 캐나다로 가서 큰돈을 벌었다.)
Young men want to <u>go out</u> into the world to find fame and riches.
(청년들은 넓은 세계로 나가 명성과 부를 얻고 싶어 한다.)

➡ <u>go out to</u> 로도 쓰임
　 이주하다
Louise has <u>gone out to</u> Australia to find a job for the summer.
(루이즈는 여름 기간에 일자리를 찾으러 호주로 가 버렸다.)

go out (유사어 **go off** 반대어 **come on**)

to stop shining or burning

(전등 · 불이) 꺼지다

I was reading when suddenly the lights <u>went out</u>.　(내가 책을 읽고 있는 도중에 갑자기 전기가 나갔다.)
The forest fire didn't <u>go out</u> until it started to rain.　(그 산불은 비가 오기 시작하고 나서야 꺼졌다.)

go out

if a message goes out, it is announced, published or sent out to the public
(뉴스 · 메시지 등이) 전해지다, 방송되다, 전달[발표 · 공표]되다, 알려지다

The news <u>went out</u> that Mandela was about to be released. (만델라가 막 석방되려 한다는 뉴스가 전해졌다.)
A letter from the president <u>went out</u> to all the members of the club.
(회장이 보낸 편지 한 통이 클럽 전 회원에게 전달되었다.)

➡ word went out that

(people were saying that something had happened or was about to happen)
사람들이 말하고 있었다

<u>Word went out that</u> the President was dead. (대통령이 서거했다고 사람들이 말하고 있었다.)

go out

if something goes out, it stops being fashionable or used, and it is replaced with something else
유행에 뒤지다, 쇠퇴하다

People used to wear white leather boots — but they <u>went out</u> years ago.
(사람들은 한때 흰 가죽장화를 신었다. 그러나 그 유행은 몇 년 전에 사라졌다.)
Steam <u>went out</u> and diesel was introduced. (증기 엔진은 쇠퇴하고 디젤 엔진이 도입되었다.)

➡ go out of fashion[use, style, vogue]
Men's hats <u>went out of fashion</u> in the 1960s. (남성들의 모자가 1960년대 유행에서 사라졌다.)

go out and do sth/sb

to do something difficult in a determined way, even though it is difficult and needs a lot of effort
일부러 ~하다, (꾸물꾸물 하지 말고) ~을 실현시키다, (어려워도) 수행하다

"We're going to <u>go out and</u> <u>win</u> the game on Thursday." said catcher Charles Johnson.
                             do   sth
("이번 목요일 게임에서는 어려워도 이겨야 해."라고 포수 찰스 존슨이 말했다.)
"I want you to <u>go out and</u> <u>find</u> <u>him</u>." Vincent said.
                        do sb
("너 나가서 그 사람 좀 찾아보면 좋겠어." 빈센트가 말했다.)

go out (반대어 come in)

if money goes out, it is spent, especially on bills, rent, food, and other things that you have to pay for regularly
(영수증 · 음식 등에 돈을) 사용하다, (일상적인 것에 돈을) 지불하다

Even though you are earning a good salary you probably find the money <u>going out</u> virtually as fast as it comes in.
(너의 수입이 아무리 좋다고 해도 너는 아마 수입이 생기자마자 사실상 돈이 소비된다는 것을 알게 될걸.)
Since the recession began, more money is <u>going out</u> than is coming in.
(불경기가 시작된 이래 들어오는 돈보다 나가는 돈이 더 많다.)

➡ **outgoings** (n) [BrE]

(your outgoings are the regular amounts of money which you have to spend every week or every month, for example in order to pay your rent or bills)
(영수증이나 집세 등에 지불하는) 지출금, 경비

If your outgoings are high, it's difficult to save money as well.
(만일에 네가 정기적으로 지불하는 경비가 많으면, 돈을 저축하는 것 또한 어렵다.)

go out (유사어 **be broadcast**)

when a television or radio programme goes out, it is broadcast
(텔레비전 · 라디오 방송 등이) 방영[방송]되다

The interview will go out live at 7 o'clock on Wednesday evening.
(그 인터뷰는 수요일 저녁 7시에 생방송이 될 것이다.)

The special programme on the new Prime Minister goes out tonight at 9 o'clock.
(새로운 수상에 대한 특별 프로그램이 오늘 밤 9시에 방송된다.)

the tide[sea] goes out (유사어 **come in**)

when the tide goes out, the water in the sea gradually moves back to a lower level
(조수 · 바닷물이) 빠지다

It can be dangerous to swim here when the tide's going out.
(조수물이 빠지고 있을 때 여기서 수영하는 것은 위험할 수 있어.)

When the sea goes out, the sand stretches for a long way.
(바닷물이 빠져 나가면 모래밭이 길게 뻗어 있다.)

go out (유사어 **go down**) [BrE]

to lose when you are playing in a sports competition, so that you must stop playing in the competition
(스포츠 · 경기 등에서) 패하다, 지다

The local team went out in the first round. (그 지역 팀은 1회전에서 패배했다.)

Becker went out in the quarter finals at Wimbledon.
(베커는 윔블던 테니스 선수권 대회의 준준결승전에서 패했다.)

➡ go out of 로도 쓰임
Tiger Woods went out of the championship, after a disastrous second round.
(비참한 두 번째 라운드 후에 타이거 우즈는 챔피언십을 놓쳤다.)

go out together[with]

go out together, go out with *sb* (유사어 **date**)

to have a romantic relationship with someone
(이성과) 만나다, ~와 나돌아 다니다

My girlfriend and I have been going out (together) for eighteen months now.
(그녀와 나와의 만남은 벌써 1년 반이 되었다.)

I only went out with Peter a couple of times — he wasn't really my type.
　　　　　　　　　　　sb
(나는 피터와 겨우 2번 만났다. 그는 정말 내가 원하는 타입이 아니야.)

go over

go over (go round [BrE]**)**

when you go to someone's house for a visit, you go over or go over to that person's house

(이웃집·이웃 마을에) 가다, (~에) 잠깐 들르다[방문하다]

Debbie's out of hospital — I think I might go over and see her this evening.
(데비가 병원에서 퇴원했어. 오늘 밤 그녀를 보러 잠깐 들려야겠다고 생각해.)

Have you gone over to Nicole's house to see her new baby yet?
(신생아 보러 니콜의 집에 벌써 갔다 왔니?)

go over

to visit a place that is across the sea

(외국으로) 여행하다, (거리·강·바다) 건너가다

We went over to Europe last summer for sightseeing.　(우리는 작년 여름에 유럽으로 여행을 떠났다.)
We're going over to Ireland to see Jenny's family.　(우리는 제니네 가족을 만나러 아일랜드로 가려고 해.)

➡ go over to 로도 쓰임
My editor asked me to go over to England to cover a British general election.
(편집장이 영국 총 선거 취재차 영국으로 가라고 나에게 요청했다.)

go over sth (유사어 **go through**)

to examine or discuss something carefully and in detail

(조심스럽게·상세히) 검토하다, 토의하다

Before the trial, Hank and his lawyer went over what Hank was going to say.
　　　　　　　　　　　　　　　　　　　　　　　　sth
(공판이 열리기 전에 행크와 그의 변호사는 행크가 말하려고 의도하는 것을 상세히 검토했다.)

The jury spent 14 hours going over all the evidence before coming to their final decision.
　　　　　　　　　　　　　　　　　sth
(배심원들은 최종 결정을 하기 전에 모든 증거들을 조심스럽게 검토하는 데 14시간을 소비했다.)

go over sth

to explain something to someone to make sure that they have understood it, often when you have already explained it before

(이해시키기 위해) 설명하다

I'll go over the main points again in next week's class.　(다음 주 수업에서 중요한 요점을 다시 설명할게.)
　　　　　　sth
Some of you haven't understood this lesson, so I'll go over the whole thing again.
　　　　　　　　　　　　　　　　　　　　　　　　　　　　　sth
(너희들 중 몇 명이 이번 학과에 대해 잘 이해하지 못해서, 다시 한 번 내용 전부를 설명할게.)

go over *sth*

to keep thinking about something that has happened or something that someone has said to you, especially something unpleasant or annoying

(당황한 것·불유쾌한 것을) 계속 생각하다, 곰곰이 생각하다

Bob lay in bed, <u>going over</u> <u>the events of the day</u> in his head.
                                       sth
(밥은 머릿속에서 그날 일어난 사건들을 하나씩 하나씩 곰곰이 생각하면서 침대에 누웠다.)

This is a difficult murder case. Let's <u>go over</u> <u>the facts</u> once more.
                                                   sth
(이것은 해결하기 어려운 살인사건이다. 다시 한 번 사실들을 검토해 보자.)

➡ <u>go over</u> *sth* in one's mind 로도 쓰임
She <u>went over</u> it again and again <u>in her mind</u>. (그녀는 마음속으로 그 일을 몇 번이고 곱씹고 있었다.)
              sth   one's mind

go over well, go over big [AmE, Informal] (유사어 **go down**)

if something new goes over well or big, people like it

(사람들이 ~을) 좋아하다, 호평을 받다

His speech <u>went over well</u>. (그의 연설은 호평을 받았다.)
French clothing designs usually <u>go over big</u> in this country.
(프랑스 의상 디자인은 이 나라에서 대단한 호평을 받는다.)

➡ go over well with 로도 쓰임
This sort of music <u>goes over well with</u> younger people.
(이런 종류의 음악은 젊은이들에게 상당히 인기가 있다.)

go over *sth*

to clean something thoroughly

(방·가구·차 등을) 청소하다, 깨끗이 하다

I've asked the garage people to <u>go over</u> <u>my car</u> thoroughly before I start my long journey.
                                                     sth
(나는 장거리 여행을 떠나기 전에 차 수리공에게 차를 완전히 깨끗하게 해 달라고 부탁했다.)

There was no time for a thorough cleaning, so I just <u>went over</u> <u>the furniture</u> lightly with a dust cloth.
                                                                                  sth
(철저하게 깨끗이 청소할 시간이 없어서 먼지 걸레로 가구를 가볍게 닦았다.)

➡ <u>give</u> *sth* <u>a going-over</u> [BrE, Informal]
   (to clean something) 청소하다
I need to <u>give</u> <u>the house</u> <u>a good going-over</u> before Mom comes to stay.
                   sth   n
(엄마가 머물려 오시기 전에 나는 집을 아주 깨끗이 청소해야 한다.)

go over *sth/sb*

to search a place very carefully

(장소를) 조사하다, 검사하다

The detective <u>went over</u> <u>the apartment</u> carefully, searching for clues.
_{sth}
(형사는 단서를 찾으려고 아파트를 꼼꼼하게 조사했다.)

An airport security officer <u>went over</u> <u>me</u> with electronic band, but nothing beeped.
_{sb}
(공항 경비원이 전자봉으로 나를 샅샅이 검사했지만 아무런 경보음도 울리지 않았다.)

➡ <u>go over with a fine-tooth comb</u> 로도 쓰임
The police thought that Leigh had drugs in her apartment and they <u>went over it with a fine tooth comb</u>. (경찰은 레이가 아파트에 마약을 숨기고 있다고 생각해서 이 잡듯이 아파트를 샅샅이 뒤졌다.)

go through

go through *sth*

to experience an unpleasant or difficult situation or event

(괴로움 · 어려움 등을) 겪다, 경험하다

He has <u>gone through</u> <u>such a lot</u> since his wife died.
_{sth}
(그는 부인과 사별한 후 여러 가지 많은 어려움을 계속 겪고 있다.)

I <u>went through</u> <u>a difficult time</u> during my teenage years. (나는 10대에 어려운 경험을 했다.)
_{sth}

➡ *sb* <u>went through a lot</u>
  (a lot of bad things happened to them) (~에게 여러 가지 나쁜 일이) 생기다
She <u>went through a lot</u> when she was young — her father died when she was only 6 months old.
(그녀는 어렸을 적에 많은 나쁜 일을 겪었다. 그녀가 겨우 생후 여섯 달 되었을 때 그녀의 아버지는 돌아가셨다.)

go through *sth* (유사어 **look through**)

to look at or for something carefully

(방 · 주머니 · 집 등을) 자세히 조사하다

I began <u>going through</u> <u>my pockets</u>. Nothing was missing.
_{sth}
(나는 주머니를 샅샅이 뒤졌다. 아무것도 없어진 것은 없었다.)

All the rooms have <u>been gone through</u> by the police, but the jewels are still missing.<수동>
(경찰이 모든 방을 샅샅이 뒤져 보았으나 보석은 여전히 행방불명이다.)

go through *sth* (유사어 **go over**)

to carefully read or discuss something to check that it is correct and acceptable

(서류 · 문제 등을) 잘 조사하다, 점검하다

Could you just <u>go through</u> <u>this file</u> and mark anything that seems wrong?
_{sth}
(너 이 서류를 정확히 검토하고 잘못된 걸로 보이는 것에 표시할 수 있니?)

I sat down at my desk and <u>went through</u> <u>the police reports</u> again.
_{sth}
(나는 책상에 앉아서 경찰 보고서를 또 다시 점검했다.)

go through *sth* (유사어 **explain**)

to talk about all of the details of something to someone, in order to make sure that they understand it

(자세하게) 설명하다

Can you ask her to go through the last part again? I didn't quite catch what she meant.
    sth
(네가 그녀에게 마지막 부분을 다시 설명해 달라고 부탁해 줄래? 나는 그녀가 의미한 것을 완전히 파악하지 못했어.)

Do you want to go through the main points again? (너는 중요한 부분들을 다시 설명하기를 원하니?)
               sth

go through *sth* (유사어 **practice**)

to practise something such as a song or dance

(노래·춤 등을) 연습하다

Let's go through the song again from the beginning. (처음부터 노래를 다시 연습합시다.)
       sth

The music started and we went through a series of warm-up exercises.
                                              sth
(음악이 시작되고 우리는 일련의 준비 운동을 연습했다.)

go through *sth*

if someone or something goes through an official procedure, they are made to do all the things that are required

(공식절차·과정 등을) 밟다, 끝내다, (검사·시험 등을) 받다

All airline passengers are required to go through a security check.
                                                sth
(모든 항공기 승객들은 보완검사를 받도록 규정되어 있다.)

Every car goes through a series of safety checks before it leaves the factory.
                  sth
(모든 차는 출고되기 전에 여러 가지 안전검사를 받는다.)

go through

if a law, agreement, or official decision goes through, it is approved by parliament or committee

(법안 등이 의회 등을) 통과하다, ~에서 가결되다

The new law should go through Parliaments quite easily as it has been demanded by the public for some time. (그 새로운 법안은 오랫동안 국민이 요구하고 있어서 아주 쉽게 의회에서 통과되어야 할 것이다.)

If the bill goes through, university students will have to pay part of their tuition fees.
(만일에 그 법안이 통과되면 대학생들은 등록금을 분납해야 할 것이다.)

go through *sth* (유사어 **get through**)

to use something and have none left

(짧은 시간 안에 많은 것을) 소비하다, (저축·식료품·돈 등을) 다 써버리다, 탕진하다

He goes through a lot of beer while watching football on television every Saturday afternoon.
sth
(그는 매주 토요일 오후에는 축구 중계를 보면서 맥주를 많이 마신다.)

Have you already gone through all the money I gave you? (내가 너한테 준 돈 벌써 다 써 버렸니?)
sth

> **go through** _sb/sth_
>
> to ask a particular person, department, etc. to deal with your problems or needs because they are officially responsible for that type of thing
>
> (~의 승인을) 구하다, (~에 의해서) 취급되다, 처리되다

The school principal controls the budget, and all the requests for new books must go through her.
_sb_
(교장선생님이 예산을 다룬다. 그래서 신간 도서를 구입하려면 그녀의 승인을 받아야 한다.)

All complaints have to go through Head Office. (모든 불만사항은 본사에서 취급해야 한다.)
sth

➡ **go through the proper channels** 로도 쓰임

(follow the official way of asking permission for something, making a complaint, etc.)
(허가·불평 등이) 정식 통로를 통과하다.

You can't just get a visa from the post office – you have to go through the proper channels.
(우체국에서는 비자를 받을 수 없어. 즉, 정식 절차를 밟아야만 해.)

> **go through** (_sth_) (유사어 **wear through**)
>
> if something such as a piece of clothing has gone through, there is a hole in it, because you have worn or used it so much
>
> (옷·구두에) 구멍이 나다

This jacket is about to go through at the elbow. (이 재킷은 소매가 헤져서 구멍이 나려고 한다.)

That boy goes through two pairs of shoes a year! (그 애는 1년에 신발 두 켤레를 헤뜨려.)
sth

> **go through one's mind[head]**
>
> if something goes through your mind or head, you think about it
>
> (~을) 생각하다

The same questions kept going through my mind again and again. (똑같은 의문점들이 계속 떠올랐다.)
one's mind

I looked at Doyle and wondered what was going through his head.
one's head
(나는 도일을 보고 무슨 생각을 하고 있나 의아해했다.)

go through with

> **go through with** _sth_
>
> to do something unpleasant or difficult which you have planned or promised to do
>
> (결심·행동을) 끝까지 해내다, 수행하다

Do you really intend to go through with this crazy plan? (너 이 황당한 계획을 정말로 실행하려고 하니?)
                                         sth

Landy was already taking it for granted that I was going to go through with this business, and I
                                                                                        sth
resented his attitude.
(랜디는 내가 이 일을 끝까지 해낼 것으로 당연히 여기고 있어서, 나는 그의 태도에 분개했다.)

go together

go together (유사어 **go hand in hand**)
if two types of things or people go together, they are usually found with each other

공존하다, 어울리다, 조화되다

Fear and hatred seem to go together. (공포와 미움은 함께 공존하는 것 같다.)
Traditionally, Christmas and snow have always gone together.
(전통적으로 크리스마스와 눈은 항상 조화를 이루고 있다.)

go together (진행형 없음)
if two pieces of clothing or two types of food go together, they look or taste good when you wear or eat them at the same time

(옷·맛·소리 등이) 조화를 이루다

Do you think this scarf and coat go together OK? (너는 이 스카프와 코트가 어울린다고 생각하니?)
Tina's voice and Rhy's songwriting style go together perfectly.
(티나의 목소리와 라이의 작곡 스타일이 완벽하게 조화를 이룬다.)

➡ go well together 로도 쓰임
Pork and apple go well together. (돼지고기와 사과는 서로 잘 어울린다.)

go under

go under (유사어 **go bankrupt**)
if a company or business goes under, it fails financially

(회사·사업이) 망하다, 파산하다, (권력을) 잃다

Ten thousand small businesses have gone under. (만여 개의 작은 사업체들이 파산했다.)
At first Jim's father thought his firm would go under, but after a short struggle he made a success of the business.
(처음에 짐의 아버지는 회사가 파산할 것이라고 생각했으나 짧게 고군분투한 후에는 성공을 거두었다.)

go under, go under sth
to become unconscious, because you have been given an anaesthetic

(약물·가스 등으로) 의식을 잃다

The doctor can't operate until the patient goes completely under.
(의사는 환자가 완전히 의식을 잃을 때까지 수술을 할 수가 없다.)

The nurse injected something into my arm, and I immediately felt myself going under.
(간호사가 내 팔에 무엇인가를 주사로 놓자 나는 곧 의식이 사라지는 것을 느꼈다.)

go under

if a ship or something that is floating goes under, it sinks beneath the surface

(선박 등이) 가라앉다, (사람이) 빠지다

After explosion, it only took half an hour for the ship to go under.
(폭발이 있고 배가 가라앉는 데 겨우 30분 걸렸다.)

He thrashed about for some time before he went under. (그는 물에 빠지기 전에 얼마 동안 몸부림을 쳤다.)

go up

go up (유사어 **rise, increase** 반대어 **go down**)

if the cost, level, standard, or amount of something goes up, it becomes more expensive, higher, or greater than it was before

(물가 · 이윤 등이) 오르다, (체중 등이) 증가하다, (수준 · 질 · 온도 등이) 올라가다

The price of petrol and oil related products will go up steadily.
(석유 값과 기름 관련 제품의 값이 서서히 올라갈 것이다.)

In the summer the temperature in Saudi Arabia can go up to 125 degrees.
(여름이면 사우디 아라비아에서는 온도가 125도까지 올라갈 수도 있다.)

go up (반대어 **go down**) [BrE, Informal]

if you go up to a place, you visit it or travel there, especially when the place is farther north than you are or is in a city

(북쪽으로) 여행가다

I spend the winters in Mexico, and go up to my home in Ohio in the summer.
(나는 겨울을 멕시코에서 보내고 나서 여름에는 오하이오에 있는 내 집으로 올라간다.)

We'll go up to London early next week. (다음 주 초에 우리는 런던으로 올라갈 것이다.)

➡ go up to 로도 쓰임

We stayed in San Francisco and then went up to Seattle for a few days.
(우리는 샌프란시스코에 머물렀다가 2~3일 동안은 시애틀로 올라갔다.)

go up

to walk until you are next to someone or something in order to talk to them or do something

(이야기 하러 ~에게) 다가가다

They walked along a gravel drive and went up the car.
(그들은 자갈길을 따라 걸었다. 그리고 차 있는 곳으로 다가갔다.)

Go up and introduce yourself after the meeting is over. (회의가 끝난 뒤 가서 자기소개를 해.)

➡ go up to 로도 쓰임

Dylan went up to the microphone and started singing.
(딜런은 마이크 앞으로 다가가서 노래를 부르기 시작했다.)

go up

if a building, a wall, or other structure goes up, it is built or fixed in place

(빌딩 · 벽 · 구조물이) 서다, 건설되다

The old warehouse came down and a new apartment house went up in its place.
(오래된 낡은 창고가 헐리고 그 자리에 새 아파트가 들어섰다.)

Billboards went up all over town. (광고게시판이 도시 곳곳에 세워졌다.)

go up

to explode or start burning

폭발하다, 불이 붙기 시작하다

If the fire reaches those gas tanks, the whole place will go up.
(불이 저기 있는 탱크에까지 퍼져 가면 여기 전부가 불바다가 될걸.)

A chemical factory went up in the North of England, killing many people.
(영국 북부에서 한 화학 공장이 폭발해서 많은 사람들이 사망했다.)

➡ go up in flames 로도 쓰임
The car rolled down the bank and went up in flames. (차가 둑으로 굴러 화염에 휩싸였다.)

go up

if a cheer, a shout, or other noise goes up, a lot of people cheer, shout, or make that sound at the same time

(외침 소리가) 들려오다, 솟다, (환성이) 일어나다

A cheer went up from the crowd as the Queen stepped onto the shore.
(여왕이 해안에 내려섰을 때 군중 속에서 환성이 크게 일었다.)

A groan went up as Miss Hirsch reminded the class about their vocabulary test.
(허쉬 선생님이 반 학생들에게 단어 시험 보겠다는 것을 상기시켰을 때 신음 소리가 들려왔다.)

go up (유사어 **be promoted** 반대어 **go down** [BrE], **be relegated**) [BrE]

in sport, if a person or a team goes up, they move to a higher position in a list, or to higher division in a league

(운동 등에서 상위에) 오르다, (성적이) 오르다

United will go up to the first divisions next seasons. (유나이티드 팀은 다음 시즌에는 1부 리그로 올라갈 것이다.)

The number of students getting good marks in their exams is going up.
(시험에서 좋은 성적을 얻는 학생들의 수가 점점 늘어난다.)

the lights go up

if the lights go up in a cinema or a theater, they are turned on because the film or show has ended

(영화관 · 극장에서) 조명이 켜지다, 점점 밝아지다

At the end of the play, the lights went up and the audience got up to leave.
(연극이 끝나자 조명은 밝아지고 청중들은 밖으로 나가려고 일어섰다.)

The lights went up and people started to leave the cinema.
(조명이 켜지고 사람들은 영화관을 떠나기 시작했다.)

go up (반대어 go down)

when university students go up, they begin a degree course or return to university at the start of term

(대학에) 들어가다, 새 학기에 대학으로 다시 들어가다

She went up to Oxford in 1973. (그녀는 1973에 옥스퍼드 대학에 들어갔다.)
"When do you go up to your university?" "Next week, all the students go up then."
("너 언제 대학에 돌아가니?" "다음 주에, 모든 학생들이 그때 대학에 가.")

go with

go with *sth*

if one thing goes with another, they suit each other or they look or taste good together

(모습·맛·소리 등이) ~와 어울리다, ~와 조화되다

Those shoes don't go with this dress. (그 구두는 이 드레스와 어울리지 않는다.)
                            sth

Oranges go surprisingly well with duck. (오렌지는 놀랍게도 오리고기와 잘 어울린다.)
                                sth

➡ go well with *sth* 으로도 쓰임
This wine should go well with the meat and strong-tasting cheeses.
                                    sth
(이 와인이 고기와 맛이 강한 치즈와 잘 맞아야 하는데.)

go with *sth*

if something such as a problem or an advantage goes with a particular situation, it is often a part of it

(문제 등이) ~에 의해 생기다, ~의 결과다

Cirrhosis of liver often goes with heavy drinking. (간경화증은 흔히 과음의 결과이다.)
                                 sth

Disease often goes with dirt. (질병은 흔히 불결함에 의해 생긴다.)
                     sth

go with *sth*

if one thing goes with another, the two things officially or properly belong together, so that if you get one, you also get the other

(집·토지 등)에 부속되다[딸리다]

I did not want the thirty acres of pasture that went with the place.
                                                   sth
(이 토지에 딸려 있는 30에이커의 목장은 원하지 않았어.)

Do you like the house? A large yard and a swimming pool go with it.
                                                                 sth
(너 이 집 좋아해? 그 집에는 넓은 마당과 수영장이 딸려 있어.)

go with *sth* [Spoken]
to accept an idea, a suggestion, a plan, etc. and decide to use it
(아이디어 · 제안 · 계획 등에) 동의하다

We have to go with the White House and Mr. Muller on this one.
　　　　　　　 sth
(우리는 이것에 대해 백악관과 뮬러 씨에 동의해야 한다.)

"What do you think of Joe's idea?" "I think we should go with it, I can't think of anything better."
　　　　　　　　　　　　　　　　　　　　　　　　　　　　　　 sth
("너는 조이의 아이디어를 어떻게 생각해?" "우리는 그의 생각에 동조해야 된다고 생각해. 더 나은 생각을 할 수가 없어.")

go with *sb* (유사어 **go out with**) [Spoken]
to have someone as your boyfriend or girlfriend
(이성과) 교제하다, 데이트하다

Is Martin still going with Jane? (마틴은 아직도 제인과 교제하고 있지?)
　　　　　　　　　　　　　 sb

He never went with other woman. He never looked at another woman.
　　　　　　　　　　　 sb
(그는 결코 다른 여자와 교제하지 않았어. 다른 여자는 쳐다보지도 않았어.)

go without

go without, go without *sth*
if you go without something, you do not have it or live without it
~이 없다, ~을 갖지 않다, ~없이 지내다

My father was too poor to buy shoes, so we children went without.
(우리 아버지는 너무 가난해서 신발을 살 수 없었다. 그래서 우리는 신발 없이 지냈다.)

How long could you go without sleep? (너는 잠 안자고 얼마나 오랫동안 지낼 수 있겠어?)
　　　　　　　　　　　　　 sth

goof

vi. 게으름 피우다, 시간을 허비하다, 빈둥거리다(off, around)

goof around[about]

goof around, goof around *sth* (유사어 **mess around[about]** [Informal]**, muck about [around]** [BrE, Informal]) [AmE, Informal]
if someone goofs around, they spent their time doing silly things
빈둥거리다, (재미로) 시간을 허비하다

I was goofing around on my bike and I broke my arm. (나는 장난삼아 자전거를 타다가 팔이 부러졌다.)
Stop goofing around and get to work. (빈둥거리지 말고 일해.)

We just **goofed around** London all day.　(우리는 그저 하루 종일 런던에서 빈둥거렸다.)
　　　　　　　　　　　sth

goof off

goof off (유사어 **skive off** [BrE, Informal], **screw around** [AmE, Informal]) [AmE, Informal]
if someone goofs off, they spend their time doing nothing, often when they should be working
　　　　　　　　　　　　　　　　　　　　　　　　　　　　　　(일·공부 등을) 태만히 하다

That guy is always **goofing off** — talking to his friends on the telephone or going out for coffee during office hours.
(저 녀석은 늘 하루 종일 일을 태만히 해. 전화로 친구들과 수다를 떨거나 근무시간 동안 커피를 마시러 나가곤 해.)
Tom spent too much time **goofing off** and failed his exam.
(탐은 공부를 태만히 하면서 너무 많은 시간을 보내더니 결국 시험에 떨어졌다.)

gross

vt. ~의 총수익을 올리다, ((미속)) 화나게[오싹하게, 진력나게]하다, 기막히게 하다

gross out

gross *sb* **out, gross out** *sb* (유사어 **disgust**) [AmE, Informal]
if something grosses you out, it makes you feel disgusted
　　　　　　　　　　　　　　　　　　　　　　화나게[오싹하게, 진력나게]하다, 기막히게 하다

Alex hates changing his little brother's diapers — it **grosses** him **out**.
　　　　　　　　　　　　　　　　　　　　　　　　　　　　　sb
(알렉스는 어린 동생의 기저귀 갈아주는 것을 싫어해. 그것이 그를 진저리 나게 해.)
Your eating habits even **grossed out** my mother.　(너의 먹는 습관조차 우리 엄마를 화나게 해.)
　　　　　　　　　　　　　　　sb

➡ gross-out (a)
　　(extremely rude or unpleasant)　진저리나는
I can't take his **gross-out** jokes.　(나는 그의 불쾌한 농담을 참을 수 없어.)
　　　　　　　　　a

grow

vt. ① 키우다, 성장시키다, 돋아나게 하다, 재배하다 ② (머리·뿔 따위를) 기르다, 나게 하다 ③ [수동태] (초목으로) 덮여 있다
vi. ① 성장하다, 자라다, (식물이) 무성해지다, 나다, 싹트다 ② (감정·사건 등이) 생기다, 일어나다, 발생하다 ③ (크기·수량·길이 따위가) 증대하다, 커지다, 늘어[불어]나다, 발전하다 ④ 성장하여 (커서) ~이 되다, (~으로) 변화하다(into, to) ⑤ 차차 ~이 되다, ~으로 변하다

유사단어

grow: 식물·농작물을 가꾸다. 수염 등을 기르다
　　　I always grow a few red onion. (나는 늘 2~3개의 붉은 양파를 기른다.)
raise: 주로 동물·아이를 기르다
　　　They've raised seven children. (그들은 아이들을 7명이나 기른다.)
rear: 공들여 훌륭하게 키운다는 어감을 풍김
　　　She's reared a large family. (그녀는 대가족을 부양하고 있다.)
breed: 낳아서 키우다, 번식시키다
　　　He lived alone, breeding horses and dogs. (그는 여러 마리 말과 개를 기르면서 혼자서 살았다.)
cultivate: 가꾸어 키우다, 재배하다, 양식하다
　　　She also cultivated a small garden of her own. (그녀는 또한 자신 소유의 작은 정원을 가꾸고 있었다.)

grow apart

grow apart (유사어 **drift apart**)
if two people grow apart, their relationship becomes less close
　　　　　　　　　　　　　　　　　　　　의견이 갈라지다, 관계가 끊기다, 헤어지다

After our first year of marriage, we began to grow apart.
(결혼한 지 1년 후 우리는 서로 사이가 멀어지기 시작했다.)

The brother grew further and further apart. (형제들의 사이가 점점 더 멀어져 갔다.)

grow on

grow on *sb* [Informal]
if someone or something grows on you, you like them more and more
　　　　　　　　　　　　　　　　　　　　(~의 마음에) 점점 들게 되다, 끌리다

I had no special feeling for Betty in the beginning, but the more I saw of her the more she grew on me.
　　　sb
(처음에는 베티에게 특별한 감정을 갖지 않았으나 보면 볼수록 점점 호감이 갔다.)

I didn't like this painting at first, but it's beginning to grow on me.
　　　　　　　　　　　　　　　　　　　　　　　　　　　　　　　　　sb
(처음에는 이 그림을 좋아하지 않았으나 차츰 나의 마음에 들기 시작한다.)

grow out of

grow out of *sth*
if a child grows out of a habit, they stop doing it as they get older
　　　　　　　　　　　　　　　　　(어린이의 관심·습관 따위에서) 벗어나다, 탈피하다

I used to chew on my fingernails, but I grew out of the habit.
　　　　　　　　　　　　　　　　　　　　　　　　　　　　　　sth
(나는 손톱을 물어뜯곤 했는데, 그 버릇에서 벗어났다.)

At eighteen months my son was very shy, but he soon grew out of it.
　　　　　　　　　　　　　　　　　　　　　　　　　　　　　　　　　sth
(내 아들이 18개월이었을 때에는 부끄러움이 많았었는데, 곧 벗어났다.)

grow out of sth

if a child grows out of clothes, they become too big to wear them

(커서) ~을 못 입게 되다

Our daughter has grown out of her new dress already! (딸아이는 새로 산 드레스를 벌써 못 입게 되었다.)
                               sth

I bought Susie's shoes one size too big, but she's quickly grown out of them.
                                                                    sth

(한 치수 큰 신발을 샀는데도, 빨리 작아져서 그것을 신지 못하게 되었어.)

grow out of sth

if one idea or plan grows out of another, it develops from it

~에서 (아이디어·계획)이 생기다, 기인하다

She'd had an idea for a story that grew out of a dream.
                                            sth

(그녀는 꿈에서 얻은, 이야기를 위한 한 가지 아이디어가 있었다.)

Our arguments almost always grew out of money matters.
                                                     sth

(우리들 간의 언쟁은 거의 항상 돈 문제에서 생겼다.)

grow up

grow up

to gradually change from being a child to being an adult

성인이 되다, 성장하여 ~이 되다, 다 성장하다

I'm going to be an engine driver when I grow up. (나는 커서 기관사가 될 거야.)
Babies grow up so quickly and 18 years will seem 18 weeks.
(아기들은 너무 빨리 자라서 18년이 18주 같을 거야.)

➡ grown-up (n) [Informal]

    (an adult, used especially by children, or by adults talking to children)　성인, 어른
Edna is baby sitting for you tonight. She's a grown-up now.
                                                         n

(에드나가 오늘밤 너 대신 아기 볼 거야. 그 애도 이제 어른이야.)

➡ grown-up (a)

    (if someone's children are grown-up, they have become adults)　성장한, 성숙한, 어른다운
"How many kids have you got?" "Two, but they're both grown-up now."
                                                                  a

("자녀들이 몇 명이나 돼요?" "두 명입니다. 그런데 둘 다 다 컸어요.")

grow up

if you grow up in a place, you live there during the time when you are a child

(어릴 때 ~에서) 살다, 성장기를 지내다

Phillips grew up in Southern California. (필립스는 어려서 남부 캘리포니아에서 자랐다.)

Most of my friends grew up in the days of black and white TV.
(내 친구들은 거의 다 흑백 TV 시대에 성장했다.)

grow up

to start to behave in a more sensible, adult way, used about both children and adults

(분별이 있는) 어른이 되다, 어른처럼 행동하다

William has grown up quite a bit since he went away to college.
(윌리엄이 집을 떠나 대학에 가더니 어른스럽게 행동하고 있다.)

I wish you'd stop fooling around and grow up! (네가 바보같이 빈들거리지 말고 어른스러워졌으면 좋겠어.)

➡ grown-up (a)
  (if you say that a child is grown-up, you mean that they behave in a sensible, adult way)
  a
  성장한, 성숙한, 어른스러운

My daughter's thirteen but she's very grown-up for her age. (우리 딸은 13살인데 나이에 비해 어른스러워.)
a

grow up

when a place, an organization, or an idea grows up, it starts to exist and becomes larger or more important

(마을·도시가) 점점 커지다, (생각·우정 등이) 확실하게 되다

Cities grew up as markets, centers of religion or trade.
(도시들은 시장·종교적 중심지 또는 상권에 따라 커진다.)

A great camaraderie grew up among the members of the orchestra.
(오케스트라 단원들 사이에서 동지애가 점점 끈끈해진다.)

hack

vt. ① (자귀나 칼 따위로) 거칠게 자르다, 난도질하다(down, up, off) ② 잘게 썰다, 짓이기다, 베다, 칼자국을 내다, 땅을 갈다, 일구다 ③ [럭비] (상대의) 정강이를 까다, (상대방의) 팔을 치다 ④ (산울타리 따위를) 치다, (초목을 베어) 길을 트다 ⑤ (예산 따위를) 대폭 삭감하다, (소설·논문 따위를) 망치다 ⑥ ((속)) [흔히 ~ it으로] 잘 다루다[해내다, 견뎌내다](out) ⑦ [컴퓨터] 프로그램을 교묘히 변경하다, (임시변통의 프로그램을) 만들다(together), ((구)) (컴퓨터 시스템·데이터 따위에) 불법 침입하다(침입하여 도용하다), (특정한 일에) 달라붙다, (컴퓨터를) 즐기면서 만지작거리다 ⑧ ((미속)) (아무를) 괴롭히다

vi. ① 마구 나르다, 잘게 베다(at) ② [럭비] 정강이를 까다 ③ 마른기침을 몹시 하다 ④ [컴퓨터] ((구)) 프로그램을 연구하며 즐기다, 프로그램을 연구하며 교묘히 시스템 속에 침입하다(into), 컴퓨터로 장난치다, 임시변통의 프로그램을 만들다

hack into

hack into *sth*

to get into someone else's computer system without permission in order to look for information or do something illegal

(컴퓨터에 외부에서) 침입하다, 해킹하다

Someone <u>hacked into</u> the professor's hard drive and downloaded the final exam.
                                 sth
(누군가가 교수님의 하드 드라이브를 해킹해서 기말고사 문제를 다운 받았어.)

Someone <u>hacked into</u> the computers at work and destroyed important data.
                          sth
(누군가가 회사 컴퓨터에 침입해서 중요한 자료를 파괴했습니다.)

hand

vt. ① 건네[넘겨]주다, 수교(手交)하다, 주다(to), (편지 따위로) 보내다, (음식 담은 접시 따위를) 집어주다 ② 손을 잡고 인도하다, 손으로 돕다(to, into out of) ③ [해사] (돛을) 접다, 말아 올리다

hand back

hand back *sth*, **hand** *sth* **back (to** *sb***)** (유사어 **give back, return** [Formal])

to give something that you are holding back to someone after they have given it to you

(주인에게) 되돌려 주다

She handed back the money and told him she didn't want it.
                      sth
(그녀는 돈을 다시 돌려주면서 그에게 자기는 돈이 필요 없다고 말했다.)

The guard handed my ID card back to me. (경비원은 내 신분증을 돌려주었다.)
                   sth   to sb

➡ hand *sth* back to 로도 씀
The customs officer looked at his passport and handed it back to him.
(세관원은 그의 여권을 보고는 그에게 다시 돌려주었다.)

hand back *sth*, hand *sth* back (to *sth*)

to give something back to the person, organization, country, etc. that owns it, or that used to own it
                                                               (영토·권리 등을) 돌려주다

Having gained power by force and ended the rule of the cruel king, the military leaders then handed back the government to people.
                    sth
(무력으로 권력을 얻고 잔인한 왕의 통치를 끝낸 군 지휘자들은 정부를 국민에게 돌려주었다.)

In 1997, England handed Hong Kong back to China. (1997년에 영국은 홍콩을 중국에 반환했다.)
                           sth   sth

➡ hand *sb* back *sth* 로도 씀
Jewish families are trying to persuade Swiss banks to hand them back some of the money that
                                                               sb   sth
was taken from them during the war.
(유대인 가족들은 자신들이 전쟁 중에 빼앗겼던 돈을 되돌려 주도록 스위스 은행들을 설득하려 노력하고 있다.)

hand back *sb/sth*, hand *sb/sth* back

to give someone such as a prisoner or child back to the country or family that they come from
                                                      (죄수를 제 나라로) 돌려보내다, (어린이를 가족에게) 돌려보내다

Chile wants Britain to hand back Pinochet, so that he can be tried in his own country.
                                        sb
(칠레는 영국이 피노체트를 돌려주기를 원한다. 그래야 피노체트가 자신의 나라에서 재판을 받을 수 있다.)

Japan wants Russia to hand back the islands, which were occupied at World War II.
                                      sth
(일본은 러시아가 섬들을 반환하기를 원했다. 그런데 그 섬들은 2차대전 때 점령당했다.)

➡ hand back *sb* to 로도 씀
Thousands of Cossacks were handed back to the Communists, only to be shot or put in prison as soon as they arrived home.<수동>
(수천 명의 카자흐스탄 사람들이 공산당한테 다시 보내졌다가 결국 고향에 도착하자마자 총살을 당하거나 감옥행이 되었다.)

hand you(audience) back to *sb/sth* [BrE, Spoken]

if someone presenting a television or radio programme hands the viewers or listeners back, they move the transmission to the place or studio where the broadcast began
                                                                      (방송에서 스튜디오나 아나운서에게) 돌려주다, 건네주다

I'm now going to hand our audience back to the newsroom for a bulletin.
                                                       sth
(지금 뉴스속보가 들어 와 있어 방송을 뉴스실로 돌려드리겠습니다.)

This is Jon Snow in Washington, handing you back to Trevor Mcdonald.
                                              sb
(트레버 맥도널드에게 방송을 넘기면서 워싱턴의 존 스노우가 말씀 드립니다.)

hand down

> **hand down** *sth*, **hand** *sth* **down** (유사어 **pass down, pass on, hand on**)
> to give or teach something to someone who will be alive after you have died
> (후세에게 재산 · 기술 · 지식 등을) 전하다

This ring has been handed down in my family.<수동> (이 반지는 우리 집안에서 대대로 내려오는 것이다.)
Some traditions have been handed down for hundreds of years.<수동>
(일부 풍습은 수백 년에 걸쳐 전해 내려오고 있다.)

➡ be handed down from 으로도 씀
Traditional shipbuilding skills have been handed down from generation to generation.<수동>
(전통적인 선박 건조 공법이 대를 이어 전해지고 있다.)

➡ be handed down 으로도 씀
The book has been handed down to her from her grandmother.
(이 책은 할머니에게서 그녀에게 전해지고 있는 것이다.)

> **hand down a decision[judgement, sentence, etc.]** (유사어 **give**)
> if a decision or a judgement is handed down, it is given publicly by a court or other official body
> 공표하다, 발표하다, 언도하다

The judge handed down his decision, which shocked the court into silence.
                            decision
(판사가 판결을 언도했다. 그리고 그 판결 때문에 법정에 있던 사람들은 충격을 받아 조용해졌다.)
The city council will hand down the budget on Monday. (시 의회는 월요일에 예산안을 발표할 것이다.)
                                 sth

hand in

> **hand in** *sth*, **hand** *sth* **in** (유사어 **give in**)
> to give something to someone in authority so that they can have it or deal with it
> (담당자에게) 건네주다, (책임자에게) 주다

Unwanted tickets can be handed in at the theater office window up to half an hour before the performance.<수동> (불필요한 입장권은 공연시작 30분 전까지 극장 창구에서 반환하실 수 있습니다.)
If you find some money in the street, you should hand it in to the nearest police station.
                                                          sth
(노상에서 돈을 발견하면 가장 가까운 경찰서에 가져다주어야 한다.)

> **hand in** *sth*, **hand** *sth* **in** (유사어 **give in**)
> to give a piece of written work [e.g. essay] to the teacher
> (숙제 · 보고서 · 원고 등을) 제출하다

Jimmy, you didn't <u>hand in your homework</u> yesterday. (지미야, 너 어제 숙제 제출 안 했지.)
_{sth}

He finished his investigation and <u>handed his report in</u> to the committee.
_{sth}

(그는 조사를 끝내고 보고서를 위원회에 제출하였다.)

> **hand in one's resignation[notice]** (유사어 **give in one's resignation, resign, quit** [Informal])
> if you hand in your notice or your resignation, you resign from your job
>
> (사표를) 제출하다

The President asked the cabinet members to <u>hand in their resignations</u>.
_{one's}

(대통령은 내각 각료들에게 사표를 제출하도록 요구했다.)

I <u>handed in my notice</u> and left. (나는 사표를 제출하고 떠났다.)
_{one's}

hand out

> **hand out** sth, **hand** sth **out** (유사어 **give out, hand round**)
> to give something such as a book, a piece of paper, etc. to each of the people in a group or to people who are passing
>
> (인쇄물·샘플 등을 사람들에게) 배부하다, 배포하다, 나누어 주다

The teacher <u>handed the tests out</u> to the class. (선생님이 학생들에게 시험지를 나누어 주었다.)
_{sth}

A clerk stood at the door of the shop, <u>handing out free samples</u>.
_{sth}

(점원이 상점 문 앞에 서서 무료 샘플을 배포하고 있었다.)

➡ <u>handout</u> (n)

(a piece of paper given to people who are attending a lesson, meeting, etc. with information on it about the subject being taught or discussed)
인쇄물

As usual, Mr. Collier started the lesson by passing round several <u>handouts</u>.
(늘 그렇듯 콜리어 선생님은 유인물 몇 부를 돌리면서 수업을 시작했다.)

> **hand out** sth, **hand** sth **out**
> to give something, especially money or food, to people who need for a particular purpose
>
> (실업자·이재민 등에게) (돈·음식물을) 전하다, 건네주다

The government <u>hands out payments</u> to people out of work. (정부는 실업자들에게 수당을 지급하고 있다.)
_{sth}

The Red Cross went at once to the scene of the great floods, to <u>hand out medicine and tents</u> to
_{sth}

the homeless people.
(적십자봉사단은 대홍수의 현장으로 즉시 가서 집을 잃은 사람들에게 의약품과 텐트를 전달했다.)

hand out *sth*, **hand** *sth* **out** (유사어 **give out**)

to give advice, information, criticism, etc. to someone

(충고·정보 등을) 주다, (비판 등을) 가하다

The boss has really been <u>handing out the reprimands</u> recently.
                                              sth
(부장은 최근에 계속 사람들에게 질책을 가하고 있다.)

Aunt Mabel likes to <u>hand out advice</u> to the young people, whether they want it or not.
                                    sth
(마벨 아줌마는 젊은이들이 좋아하든 말든 충고하기를 좋아한다.)

hand out *sth*, **hand** *sth* **out** (유사어 **hand down**)

to officially give someone a punishment

(벌·판결·임무 등을) 주다, 내리다

Watson showed no emotion when the judge <u>handed out the sentence</u>.
                                                          sth
(왓슨은 판사가 판결을 언도할 때 아무런 감정을 나타내지 않았다.)

A government representative has been sent to <u>hand out copies of the prepared statement</u> on
                                                                    sth
their future plan. (미래 계획에 대한 준비된 성명서 사본을 전달하기 위해 정부 대표가 파견되었다.)

hand over

hand over *sth*, **hand** *sth* **over** (유사어 **give**)

if you hand something over to someone, you give it to them so that they own it

(물건을 사람에게) 건네주다, 양도하다, 내어주다

<u>Hand your bags over</u> to the doorman, he will see that they are delivered to your room.
       sth
(현관 안내인에게 가방을 건네주면 그가 객실까지 가방이 배달되도록 해줄 겁니다.)

Jimmy, you took my ball! <u>Hand it over</u>! (지미야, 너 내 공 가져갔지! 건네 줘.)
                                   sth

hand over *sth*, **hand** *sth* **over**

to give control or responsibility for something to another person, country, or organization

(사람·나라·조직 등을) ~에게 인도하다, 양도하다

Six leading citizens refused to <u>hand the city over</u> to the enemy, and offered themselves as
                                           sth
prisoners instead.
(지도적 입장에 있는 여섯 사람은 그 도시를 적에게 넘겨 줄 것을 거부하고 대신에 자신들이 포로가 되겠다고 제안하였다.)

The outgoing Prime Minister will <u>hand over the reins</u> of government at tomorrow's ceremony.
                                                 sth
(은퇴하는 수상은 내일 은퇴식에서 정권을 이양할 것이다.)

➡ hand over *sth* to 로도 쓰임

On 7 October 1949 the Russian occupation authorities formally <u>hand over power to</u> the new East German government.
                                                    sth
(1949년 10월 7일에 러시아 점령 기관은 공식적으로 새로 탄생한 동독 정부에게 권력을 이양했다.)

➡ handover (n)

(when control or responsibility for something is given to another person, country, organization, etc.) 양도, 이양

The <u>handover</u> of Hong Kong to the Chinese in 1997. (1997년에 중국에 홍콩 이양.)
     n

hand *sb* over, hand over *sb*

when you hand over someone as a prisoner to someone else, you give the control of and responsibility for them to that other person

                                                             (범인 등을) (경찰에) 인도하다

The sheriff arrested the suspect and <u>handed him over</u> to the jailor.
                                        sb
(보안관은 용의자를 체포해서 간수에게 인도하였다.)

The rebels made it clear that they would not <u>hand over the hostages</u> unless their demands are met.
                                                                           sb
(폭도들은 그들의 요구가 충족되지 않으면 인질들을 결코 넘기지 않겠다는 점을 분명히 했다.)

➡ handover (n)

(when a prisoner or child is given to someone else who will be responsible for looking after them) (책임) 이양, 인도

Arrangements for a <u>handover</u> of prisoners have been made. (포로 인도 합의가 이루어졌다.)
                                  n

hand round

hand round[around] *sth*, hand *sth* round[around] (유사어 **pass around, hand out**)

to give something, for example a drink, some food, or a piece of paper, to each person in a group
                                                                 (음료수・먹을 것 등을) 돌리다, (사진・서류 등을) 차례로 돌리다

She <u>handed around pictures</u> of her grandchildren for all the guests to see.
                        sth
(그녀는 모든 손님이 볼 수 있도록 손자들의 사진을 돌렸다.)

You <u>hand round the hors d'oeuvres</u> while I hand round the drinks.
                      sth
(내가 음료수를 돌리는 동안 너는 오르되브르(프랑스 전채 요리)를 차례로 돌려.)

➡ hand round[around] *sth* to 로도 쓰임

Sally put the chicken soup into bowls and <u>handed them around to</u> us.
                                                    sth
(샐리는 닭고기 수프를 대접에 담아서 우리 모두에게 나눠주었다.)

hang

vt. ① 매달다, 걸다, 늘어뜨리다, 내리다(to, on, from) ② 목을 매달다, 교수형에 처하다 ③ (고개·얼굴을) 숙이다 ④ (벽지 등을) 바르다, (족자 따위로) ~을 꾸미다, (그림 따위를) ~에 걸다[전시하다](with, on) ⑤ 달다, (문짝을 문설주에, 손잡이를 기구에) 끼우다 ⑥ (첨가물·조항을) 덧붙이다, (별명 따위를) 붙이다(on) ⑦ (타격을) 가하다 ⑧ 질질 끌다, 지체시키다, ((미)) 결정을 보류시키다 ⑨ (생각 등을 어떤 상황 따위에) 관련시키다, 의존시키다

vi. ① 매달리다, 늘어지다, 걸리다 ② 허공에 뜨다, 공중에 떠돌다, (연기·안개 따위가) 자욱이 끼다, (~위에) 드리우다, (냄새 따위가) 주위에 감돌다[자욱하다] ③ (바위 따위가) 삐죽이 내밀다, (위험 등이) 다가오다 ④ 교살당하다, 교수형에 처해지다 ⑤ (문짝이) 경첩으로 자유로이 움직이다 ⑥ ~에 걸리다[달리다], ~나름이다 ⑦ 달라붙다, 매달리다, 기대다 ⑧ 우물거리다, 서성대다 ⑨ 망설이다, 주저하다 ⑩ 그대로 두다, 결정을 보류하다 ⑪ [미술] (전람회 등에) 출품[진열]되다 ⑫ 주의를 기울이다, 물끄러미 지켜보다, 귀담아 듣다 ⑬ ((미속)) (프로그램이 명령을) 기다리다, (컴퓨터에서) 정체하다

hang about

hang about, hang about *sth* (유사어 **hang around**) [BrE]
to spend time somewhere, usually without doing much
(아무 것도 하지 않고) 어슬렁거리다

I hung about for an hour but he didn't come. (나는 한 시간 동안이나 빈둥거리고 있었으나 그는 오지 않았다.)
Normally he hung about the house during the day, and went out just before his father got back home.
                       sth
(평소대로 그는 하루 종일 집에서 빈둥거리다 아버지가 집에 돌아오시기 바로 전에 외출했다.)

hang about (항상 부정) (유사어 **hang around**) [BrE, Spoken]
to be slow to start doing something, or to move slowly
(무언가를) 꾸물꾸물 하다, 천천히 일을 하다

Don's a go-getter. Once he decides to do something, he doesn't hang around.
(돈은 대단한 수완가야. 일단 무언가를 하겠다고 결심하면 꾸물꾸물 하지 않아.)

The boss wants it done by this afternoon, so you'd better not hang about.
(부장은 그 일이 오늘 오후까지는 끝났으면 해. 그러니까 꾸물거리지 않는 게 좋을걸.)

hang about! (유사어 **hang on!** [Spoken, Informal]) [BrE, Informal]
used when you suddenly think of something that you want to say or ask and you want the person you are with to listen to you
기다려, 잠깐

Hang about! Where did she get all the money from? (잠깬! 그녀가 그 돈 모두 어디서 났대?)
Hang about! You can't come in here without permission!
(기다리세요! 허가 없이 여기에 들어오실 수 없습니다.)

hang around, hang round [BrE]

hang around[round], hang around[round] sth (유사어 hang about [BrE])
to spend time somewhere not doing anything, because you have nothing to do, or because you are waiting for something or someone

(~를 기다리며) 꾸물꾸물 하다, 목적 없이 헤매다, 서성거리다

There were several men hanging about in front of the bar. (바 앞에서 남자들 몇 명이 서성거리고 있었다.)
I'm worried about Jack. Ever since he lost his job he just hangs around the house every day.
(잭이 걱정 돼. 실직하고부터 그는 매일 집에서 빈둥거리고만 있어.)

hang around[round], hang around[round] sb
to spend a lot of time with someone, especially when they do not want you to be with them

(~와 오랜 시간) 같이 있다

Jim and Bill were good friends. They always hung around when they were kids.
(짐과 빌은 좋은 친구관계였다. 그들은 어렸을 때 늘 같이 있었다.)
He was always hanging around his bigger brother. (그는 늘 큰형과 함께 있었다.)
　　　　　　　　　　　　　　　　　sb

hang around[round], hang around[round] (항상 진행형)
if something is hanging around, it is not being used or has not been dealt with

(사용하지 않고) 남아 있다

I'm sure I've got an old pair of walking boots hanging around somewhere at home.
(분명히 집 어디엔가 신지 않고 굴러다니는 낡은 워킹화가 한 켤레 있을 거야.)
There are still one or two problems hanging around unresolved.
(아직도 해결하지 못한 채 남아 있는 한두 가지 문제가 있어.)

hang on

hang on (항상 명령문) (유사어 hold on [Spoken, Informal], wait) [Spoken, Informal]
to wait, especially for a short time

잠시 기다려

Hang on while I turn down the radio, I can't hear what you're saying.
(내가 라디오 소리를 줄이는 동안 잠깐 기다려. 네가 무슨 말을 하고 있는지 들을 수가 없어.)
Hang on. I never said I'd lend you a thousand guild! (잠깬! 너한테 1,000길드를 빌려준다고 말한 적 없어.)

➡ hang on a minute[second] 로도 쓰임
Hang on a minute! We're just coming! (잠깐 기다려. 우리 곧 갈게.)

hang on! (유사어 hold on [Spoken, Informal]) [Spoken, Informal]
you say 'hang on' when you are confused or you need some time to think about something

(말할 것이 갑자기 생각났을 때) 잠깐 기다려

Hang on! Why don't we go tomorrow instead? The roads will much less busy.
(잠깐만, 대신에 내일 안 갈래? 도로가 훨씬 덜 복잡할 텐데.)

Now hang on a minute! I thought you said that you didn't need any more money!
(잠깐 기다려. 네가 돈이 더는 필요 없다고 말했던 걸로 기억해.)

hang on *sth* (유사어 **depend on, hinge on**)

to depend on the result of something in order to be successful

~에 의존하다, ~에 의해 결정되다, ~에 달렸다

Everything hangs on the next game. If England loses, they're out of the World Cup.
                          sth
(모든 것은 다음 경기에 달렸다. 만일에 잉글랜드 팀이 진다면 그들은 월드컵 대회에서 탈락한다.)

The story hangs on the relationship between the two sisters.
                   sth
(이 이야기는 두 자매 사이의 관계에 의해 결정된다.)

hang on

if you hang on, you hold something very tightly in order to support yourself or protect yourself

(~을) 꼭 붙잡다, (~에) 매달리다, 붙잡고 늘어지다

If she'd hung on to my hand, she wouldn't have fallen the cliff.
(만약 그녀가 내 손을 꼭 잡았더라면 벼랑에서 떨어지지는 않았을 텐데.)

The climber had to hang on while his companions went to find the rope.
(그 등산가는 동료들이 밧줄을 찾으러 간 동안 매달려 있어야만 했다.)

➡ **hang on for dear life** 로도 쓰임

(hang on very tightly, especially because you are very worried that you will fall)
떨어질까 봐 꼭 잡고 있다

The boat was going up and down, and we were all hanging on for dear life.
(배가 요동을 쳐서 우리는 죽을힘을 다해 꼭 잡고 있었다.)

hang on (유사어 **survive**)

to continue doing what you have been doing until now / used especially to say that is difficult to do this

일을 계속해 나가다, 애써 버티어 나가다

Painting the house is tiring, but if you hang on, the results are worth the effort.
(집에 페인트칠을 하는 것은 지치는 일이지만 네가 끝까지 그 일을 하고 나면 그 결과는 노력에 대한 보답이 된다.)

The town was surrounded by the enemy and citizens did not know if they could hang on until help arrived. (마을은 적군에 의해 포위되었고 시민들은 지원군이 올 때까지 버틸 수 있을지 몰랐다.)

hang on one's every word

to listen carefully to what someone is saying because you are very interested or excited

(이야기 등을) 열심히 듣다

I have seen upwards of a thousand people hang on his words with breathless silence.
(천 명도 넘는 사람들이 숨을 죽이고 그의 말을 열심히 듣는 것을 본 적이 있어요.)

I could see that the children were hanging on his every word and waiting to find out what happened at the end of the story.
(나는 그의 이야기를 열심히 듣고 그 이야기 마지막에 무슨 일이 생기는가를 기다리고 있는 아이들을 볼 수 있었다.)

hang on (유사어 hold on)

if someone hangs on, they continue to live even though they are very ill and are expected to die soon

(질병 등이) 오래 끌다, 좀처럼 낫지 않다

If you don't take care of yourself, a cold can hang on for weeks.
(네가 몸조리 잘하지 않으면 감기가 수 주일은 갈 거야.)
He hung on throughout the night, with his family at his bedside.
(그가 밤새 앓는 동안 가족들은 그의 곁을 지켰다.)

hang sth on sb (유사어 blame) [AmE]

to blame something on someone, often in an unfair way

(~을 ~의) 탓으로 하다, (~에게) (죄)를 전가시키다

Me? Kill Jack Smith? You can't hang that on me. I didn't even know the guy!
　　　　　　　　　　　　　　　　　　sth　sb
(나라고? 잭 스미스를 살해한 게? 내게 죄를 뒤집어씌우면 안 되지. 나는 그 사람을 알지도 못해.)
The 49ers' first field-goal was blocked; but you can't hang that on kicker Mike Cofer.
　　　　　　　　　　　　　　　　　　　　　　　　　　　　　　sth　　sb
(포티나이너스 팀의 첫 번째 필드골이 막혔어. 하지만 그것을 키커인 마이크 코퍼의 탓으로 돌릴 수는 없어.)

hang out

hang out (항상 진행형)

if something is hanging out, a part of it is not inside the place where it should be or is where it usually is, and this makes you notice it

(~에서) 밖으로 늘어지다, 늘어뜨리다

Your shirt's hanging out! (너의 셔츠가 밖으로 빠져 나왔어.)
Stockings and clothes were hanging out of the half-opened drawers.
(반쯤 열린 서랍 밖으로 양말과 옷들이 늘어져 있었다.)

hang out sth, hang sth out

if you hang out clothes that you have washed, you hang them on a clothes line to dry

(세탁물을 밖에서) 말리다, 내다 널다, (~가) 걸리다

Mrs. Poulter was hanging out her washing. (폴터 부인은 빨래를 널고 있었다.)
　　　　　　　　　　　　sth
On Independence Day, flags hang out all over town. (독립기념일에는 온 마을에 국기가 걸린다.)
　　　　　　　　　　　　　　　sth

hang out (유사어 **relax, chill out** [Spoken, Informal]) [AmE, Informal]
to spend a lot of time in a particular place, or to spend a lot of time with someone
(~에서 ~와) 아무것도 안 하고 시간을 보내다, 한가롭게 지내다

Doesn't Nancy have a job? It seems as if she <u>hangs out</u> at the beach every day.
(낸시는 직업이 없니? 그녀는 마치 매일 해변에서 아무것도 안하고 시간을 보내는 것 같아.)
On weekend he plays golf and <u>hangs out</u> at the club. (주말이면 그는 골프를 치고 클럽에서 시간을 보낸다.)

➡ **hang out with** 로도 쓰임
I was just <u>hanging out with</u> some friends and having a good time.
(나는 친구 몇 명과 함께 할 일 없이 즐거운 시간을 보냈다.)

➡ **hang out together** 로도 쓰임
Tom and Nicole spent a lot of time <u>hanging out together</u> on the set.
(탐과 니콜은 세트장에서 많은 시간을 붙어 다니며 지냈다.)

➡ **hangout** (n)
(a place where someone goes often in order to relax and meet other people, especially one used by a particular type of person) 연락 장소, 소굴, ((구어)) 저급한 오락장소
The bar was a well-known <u>hangout</u> for hippies and junkies.
                                   n
(그 바는 히피와 마약 상습자에게는 잘 알려진 연락 장소였다.)

hang up

hang up, hang up *sth*
if you hang up or you hang up the phone, you end a phone call and put back the receiver
(전화의 수화기를) 놓다, 전화를 끊다

After I finished talking to her, I said good-bye and <u>hung up</u>.
(그녀와 이야기가 끝난 후 나는 인사를 하고 전화를 끊었다.)
He <u>hung up the phone</u> feeling angry and upset. (그는 분노와 당혹감을 느끼면서 전화를 끊었다.)
       sth

➡ **hang up on** 로도 쓰임
Don't <u>hang up on</u> me, I haven't finished talking to you. (전화 끊지 마. 할 이야기가 남아 있어.)

hang up *sth*, **hang** *sth* **up**
to hang things such as clothes on a hook or other objects
(옷 등을) 걸다, 매달다

When I get home, the first thing I do is <u>hang my coat up</u>. (집에 오면 제일 처음 하는 일이 코트를 거는 일이다.)
                                                 sth
Haward <u>hangs up his scarf</u> on the hook behind the door.
                       sth
(하워드는 문 뒤에 있는 옷걸이에 그의 목도리를 걸었다.)

hang up *sth*, **hang** *sth* **up**

if someone hangs up the equipment they have used to do a job, sport, etc., they stop doing the job or sport after doing it for a long time

(일·스포츠를) 그만두다, 은퇴하다

After 25 years in the police force he finally decided to hang up his badge and take early retirement.
                          sth
(25년을 경찰로 근무한 후 그는 마침내 뱃지(계급장)를 벗고 일찍 은퇴하기로 결심했다.)

The three time gold medal winner doesn't seem ready to hang up his running shoes yet.
                                 sth
(세 번이나 금메달을 딴 그 선수는 아직 은퇴할 생각이 없는 듯하다.)

hang *sb/sth* **up, hang up** *sb/sth* (항상 수동) (유사어 **delay**) [AmE]

to delay someone or something

늦어지다, 지체되다

Sorry to be late. I got hung up in traffic.<수동> (늦어서 미안. 교통체증에 걸렸어.)
My husband was hung up in meeting and didn't get home till late.<수동>
(남편은 회의가 늦어지는 바람에 늦게까지 집에 오지 못했다.)

hang up *sb/sth* (항상 수동)

someone who is hung up finds it difficult to deal with certain situations and ideas and so becomes nervous or worried

고민하다, 마음에 쓰이다

You're hung up about your father.<수동> (너는 아버지 때문에 마음 쓰고 있구나.)
Mary's hung up her weight.<수동> (메리는 자신의 체중에 대해 고민하고 있다.)

➡ get hung up on[about] *sth* 으로도 쓰임
Why do men get so hung up on the size of their car's engine?
                    sth
(왜 남자들은 자신의 자동차 엔진 크기에 대해 신경 쓰지?)

➡ hang-up (n)

 (if you have a hang-up about something you feel worried or embarrassed about in an unreasonable way) 고민, 콤플렉스

He has a hang-up about his nose. He thinks it's abnormally big.
    n
(그는 코에 콤플렉스가 있다. 그는 코가 비정상적으로 크다고 생각한다.)

have

1. [소유하다] (보통 수동태, 진행형 불가; ((미))에서는 일반 동사, ((영))에서는 변칙동사 취급)
① (~을) 가지고 있다, 소유하다, (~이) 있다, (~을) 몸에 지니고 있다, 휴대하고 있다(about, on, with, around); (종종 목적어에 형용사 용법의 to부정사를 수반) (~할[볼] 일·시간 따위가) 있다, 주어져 있다 ② (어떤 관계를 나타내어) 가지고 있다, (육친·친구 등이) 있다, (사용인 따위를) 두고 있다, (동물을 애완용으로) 기르다 ③ (부분·속성으로) 갖고 있다, (신체 부분·신

323

체 특징·능력 따위를) 가지고 있다, (~에게는 ~이) 있다, (사물이 부분·부속물·특징 따위를) 갖고 있다, (~에는 ~이) 있다, (~을) 포함하고 있다 ④ (감정·생각 따위를) 갖다, 품고 있다, (~에 대해 원한 따위를) 품다, (~에 대한 감정 따위를 태도·행동에) 나타내다(on, for), (목적어에 [the + 추상명사 + to do]를 수반) (~할 친절·용기 따위가) 있다, ~하게도 ~하다 ⑤ (병따위에) 걸리다, 걸려 있다, 시달리다 ⑥ ((옛투)) (언어·학과 따위를) 알다, 알고 있다, 이해하다, (~의) 지식이 있다 ⑦ [have to do의 형식으로] ~해야 한다

2. [손에 넣다]
① (~을) 얻다, 받다 (흔히 can be had) (사물이) 입수 가능하다 ② (~에게서 ~을) 얻다, 받다 (from) ③ (~을) 택하다 ④ (정보 따위를) 입수하다, 입수하고 있다, 들어서 알(고 있)다

3. [하다]
① (식사 따위를) 하다, 들다, (음식을) 먹다, 마시다, (잠을) 자다, (담배를) 피우다(진행형 있음, 수동형 가능함) ② (~을) 경험하다, 겪다, (사고 따위를) 당하다, 만나다(진행형 있음, 수동형으로 할 수 없음), (때·시간 따위를) 보내다, 지내다(진행형 있음, 수동형 가능함) ③ (모임 따위를) 열다, 개최하다, 갖다(진행형 있음) ④ (보통 [a + 동작 명사]를 목적어로) ((구)) 하다, (~을) 행하다 ⑤ (아무를) 대접하다, (~에) 초대하다 (round, over, for, to), (진행형은 가까운 장래의 일만을 나타냄, 수동형은 없음) ⑥ (아이·새끼를) 낳다(진행형은 가까운 미래를 나타냄, 수동태 불가능) ⑦ [have it (that ~)의 형태로] (~라고) 주장하다, 말하다 ⑧ (~을) 붙잡아 두다, 잡다(진행형·수동형 없음) ⑨ (~ oneself) ((미구)) (~을) 즐기다(보통 과거형·현재완료형)

4. [~하게 하다·시키다] (수동태 불가)
① (~을 ~상태·위치에) 두다, (~을 ~하게) 하다, (~을 ~하게) 해 두다, (아무에게 ~하도록) 하다 ② (~을 ~하게) 하다, (~을 ~)시키다, (~을 ~)당하다, (~을 ~)해버리다(완료를 나타내며, ((미)) 구어에서 많이 사용됨) ③ (아무에게 ~)하게 하다, (~)시키다(make보다 약한 사역을 나타냄), (will, would와 함께) ~에게 ~해주기를 바라다 ④ [흔히 won't[can't]~의 형태로] (~을) 용납하다, 참다, (~이 ~하는 것을) 용납하다, 참다; [+ 목 + done] (~이 ~당하는 것을) 용납[용인]하다, 참다; (~이 ~ 하는 것을) 용납하다, 참다

5. 기타
① (경기·언쟁 등에서 상대를) 꺾다, 지게 하다, 윽박지르다, 해내다, 이기다(진행형 없음), ((구)) [보통 수동태] ~을 속이다, (뇌물로) 매수하다 ② ((구)) (~에게) 대갚음[보복, 복수]하다 ③ (~와) 관계를 가지다, 결혼하다

vt. 재산이 있다, 돈을 가지고 있다

유사단어

have: 경험 → 사고, 그 밖의 소유를 나타내는 가장 일반적인 말
We've been having a lot of problems with the new computer system. (새 컴퓨터 시스템에 많은 문제가 생기고 있다.)
hold: have와 서로 바꾸어 쓸 수 있을 때가 많으나 have보다 소유의 의지가 강함을 암시함
have an opinion → hold an opinion, have control → hold control을 비교할 때 모두 후자가 적극적 행위를 보임
Brinbaum holds a doctorate in physics. (브린바움은 물리학 박사 학위를 가지고 있다.)
own: 제 것으로서 소유하다, 법적인 권리가 따를 때가 많음
They own a small electronic company. (그들은 작은 전자 회사를 소유하고 있다.)
possess: own과 거의 같으나 법적 근거를 따지지는 않으며, possess wisdom처럼 쓰기도 함
Too many nations already possess chemical weapons. (너무나 많은 나라들이 이미 화학 무기를 소유하고 있다.)

have around, have round [BrE]

have sb around[round], have sth around[round] sb
to have someone near you or available to help you if necessary

(~을 자신의 곁에) 가까이 두다, 휴대하다

It's a help to <u>have your family around</u> when you've got a baby.
                 sb
(네가 아기를 가졌을 때 곁에 가족이 있는 게 큰 도움이 돼.)

A pen? Yes, I <u>had one around me</u> somewhere. (펜이라고? 그래. 어딘가에 있었어.)
            sth   sb

have sb around[round]
if you have someone around, they come to your house for a social visit

(모임에) 초대하다, (~를) 집에 부르다

It'll be nice to <u>have Rose and Tuna around</u>. (로즈와 튜너를 집에 초대하면 좋을 텐데.)
                 sb

I'm <u>having Jack and Jill round</u> for drinks tonight. Can you join us?
             sb

(오늘 밤 잭과 질을 한잔 하자고 초대할 거야. 너도 올래?)

have on

have sth on, have on sth (유사어 wear) (진행·수동 불가)
if you have on a piece of clothing, you are wearing it

(의복 등을) 입다, 걸치다, (모자를) 쓰다, (시계·반지 등을) 차다, 끼다, (안경을) 쓰다

Don't come in! I don't <u>have anything on</u>. (들어오지 마. 나 아무것도 안 입었어.)
                      sth

When we picked her up, she <u>had on a red skirt and high heels</u>.
                                sth

(우리가 그녀를 데리러 갔을 때 그녀는 붉은 스커트와 하이힐을 신고 있었다.)

have sth on (진행·수동 불가)
if you have a radio, television, or light on, you use it and it is working

(라디오·텔레비전·등불 등을) 켜다, (전기기구를) 사용 중이다

They <u>have the TV on</u> all the time, even while they're eating dinner.
      sth

(그들은 항상 텔레비전을 켜 둔다. 심지어 저녁 먹는 동안에도 켜 둔다.)

Last summer was so cool that we <u>had the air conditioner on</u> only two or three times.
                                     sth

(지난 여름은 너무 서늘해서 에어컨을 겨우 2~3번밖에 안 켰다.)

be having sb on [BrE, Informal]
to persuade someone that something is true when it is not, usually as a joke

(~를) 놀리다, 속이다

I know you're only joking, you're having me on again! (네가 농담하고 있는 걸 알아. 너 또 나를 놀리는 거야?)
sb

When he told me he was a nuclear physicist I thought he was having me on.
sb
(그가 자신을 핵물리학자라고 말했을 때 그가 나를 속이는 거라고 생각했다.)

> **have** sth **on** sb (진행 불가)
>
> to have something in your pockets, bags, etc.
>
> (주머니나 가방 안에 ~을) 갖고 있다, 몸에 지니다

The police searched her and let her go. She had nothing on her.
sth   sb
(경찰은 그녀를 샅샅이 수색하고는 보내주었다. 그녀는 아무 것도 가지고 있지 않았다.)

I don't think I have that much money on me just now.
sth   sb
(지금 당장은 내게 그렇게 많은 돈이 있지는 않은 것 같아.)

> **have** sth **on** (진행·수동 불가) [BrE]
>
> to have an arrangement to do something
>
> (약속·일 등이) 있다, (회의 등의) 예정[계획]이 있다

I've nothing on tonight, Shall we go to a cinema? (오늘 밤 나는 아무런 계획이 없어. 우리 영화 보러 갈까?)
sth

I have two concerts on next week. (나 다음주에 2개의 콘서트가 예정되어 있어.)
sth

➡ have a lot on 으로도 쓰임

  (be very busy)

Joe seems to have a lot on at the moment. (조는 그때 매우 바쁜 것 같아.)

> **have something[anything, nothing] on** sb
>
> if you have information on someone, you know something about them that you can use to influence them, blackmail them, or prove them guilty in a court
>
> (~에 관해 불리한 증거·정보 등을) 갖고 있다

He can't say no to his wife. She must have something on him.
sb
(그는 자기 부인에게 싫다는 말을 못해. 그녀가 그의 약점을 잡고 있는 게 틀림없어.)

You can't take me to the police station, you have nothing on me!
sb
(당신은 나를 경찰서에 데리고 갈 수 없어요. 나에 대한 아무런 증거도 없잖아요!)

have out

> **have** sth **out** (유사어 **have** sth **removed**)
>
> if you have something out such as a tooth, your appendix, your tonsils, and so on, a dentist or a doctor removes them from your body
>
> (이·편도선 등을) 제거케 하다

I had my appendix out last year. (나는 작년에 맹장을 제거했다.)
　　sth

He just had a wisdom tooth out. (그는 금방 사랑니를 뺐다.)
　　　　　　sth

have it out with sb [Informal]

to try to end a disagreement or a difficult situation by talking to the person you are angry with

(~와) 거리낌 없이 논쟁하다, 싸움[시비]을 하여 결말을 짓다

Once Sally had had it out with her husband about housework, things got much better.
　　　　　　　　　　　　　　sb
(샐리가 한번 남편과 집안일에 관해 진지하게 따진 후 모든 게 훨씬 나아졌다.)

After yesterday's argument, I called to see her brother to have it out with him.
　　　　　　　　　　　　　　　　　　　　　　　　　　　　　　　　　sb
(어제 논쟁을 벌인 후 나는 그녀의 오빠와 담판을 지으려고 그를 보러 갔다.)

have over, have round [BrE]

have sb over[round]

if you have someone over, they come to your house to visit you

(~를 집에) 손님으로 맞다

When are we going to have the Millers over? (언제 밀러 씨 가족을 초대할까?)
　　　　　　　　　　　　　　sb

We'd like to have you over for dinner next Sunday. (다음 주 일요일에 당신을 저녁 만찬에 초대하고 싶은데요.)
　　　　　　　　sb

head

vt. ① ~의 맨 앞에 있다, ~의 처음에 (~을) 두다[싣다] ② ~의 장이 되다, ~의 선두에 서다, ~을 지휘하다, 이끌다 ③ (배·자동차 등을) (~로) 향하게 하다, (~쪽으로) 나아가게 하다 (for, towards) ④ 가로막아 서다, 빗나가게 하다(off, from) ⑤ ~에 대항하다 ⑥ (핀·못 따위)에 대가리를 달다; ~에 표제(제목, 편지의 주소·성명)를 붙이다[쓰다] ⑦ (나무 따위에서) 머리처럼 된 가지를 자르다 ⑧ 머리로 (공을) 받다, 헤딩하다 ⑨ ~의 앞에 나가 진행을 방해하다

vi. ① 진행하다, 향하다(for) ② (강이) 발원하다(from, in) ③ (식물이) 결구하다

head back

head back

if you head back, you stop travelling or moving forward and begin your return journey to the place that you come from

(여행에서) 되돌아가다[오다], (반대 방향으로) 방향을 돌리다

We got to the beach around 10:00, and we headed back when it started to get dark.
(우리는 10시쯤 해안으로 갔는데 어두워지기 시작하자 돌아왔다.)

Because of engine trouble, the pilot turned the plane and <u>headed back</u> to the airport.
(엔진에 문제가 생겨 조종사는 비행기를 돌려 비행장으로 되돌아왔다.)

head for

head for *sth* (유사어 **make for**)

to travel towards a place

(~로) 향하다, 나가다

We had decided to <u>head for</u> <u>Miami</u>.   (우리는 마이애미로 가기로 결정했었다.)
                         sth
I <u>headed for</u> <u>the door</u>.   (나는 문으로 향했다.)
                sth

➡ **be headed for** *sth* 으로도 쓰임 [AmE]

   (to travel towards a place)
The men said they <u>were headed for the next town</u> which was about 50 miles away.
                                          sth
(그 남자들은 약 50마일 떨어진 다음 마을로 향하고 있다고 말했다.)

be heading for, be headed for *sth*

to be likely to experience something

(상황이) 발생할 것 같다

Fashion designer Fern McGill <u>is heading for</u> a brilliant career.
(패션 디자이너 Fern McGill은 화려한 경력을 쌓아 가고 있는 중이다.)

This is going to be a great vacation — we're <u>heading for</u> a good time!
(이번 휴가는 멋진 휴가가 될 것 같아. 대단히 즐거운 시간이 될 것 같아.)

head into

head into *sth*

to start a period of time or a situation that is completely new and different

(새로운 기간·상황으로) 나아가다, (장소에) 들어가다

As we <u>head into</u> <u>the new millenium</u>, we will see considerable changes in medical care.
                              sth
(새로운 밀레니엄 시대로 진입함에 따라 의료업계에 상당한 변화가 일어날 것으로 예상됩니다.)

Like Britain, America is <u>heading into</u> <u>a deep economic downturn</u> with empty public coffers.
                                                   sth
(영국과 마찬가지로 미국도 정부의 재원이 바닥나면서 깊은 경기 침체로 빠져들고 있다.)

head off

head off (유사어 **go off**)

to start a journey or leave a place

(여행·장소를) 떠나다, 출발하다

We should <u>head off</u> at about six tomorrow.　(우리는 내일 여섯시쯤 출발해야 한다.)

Bill loves hiking, he <u>heads off</u> to the mountain every weekend.
(빌은 하이킹을 좋아해서 주말마다 산으로 향한다.)

head off *sth*, head *sth* off (유사어 **prevent**)

to prevent something unpleasant from happening

(불쾌한 일을) 저지하다, 방해하다

The central bank is raising interest rates in an attempt to <u>head off</u> <u>inflation</u>.
                           sth
(중앙은행은 인플레를 막기 위해 금리 인상을 단행하고 있다.)

Government may allow wages to rise faster than productivity in order to <u>head off</u> possible unrest.　(일어날 수 있는 사회 불안을 막기 위해 정부에서 생산성보다 더 빠르게 임금 인상을 허용할 수도 있다.)

head off *sb/sth*, head *sb/sth* off

to try to make someone or something change their direction, by blocking their way

(앞길·진로를) 방해하다, 저지하다

The cowboys rode hard to <u>head off</u> <u>the stampeding cattle</u>.
                    sth
(카우보이들이 우르르 도망치는 소떼를 막으려고 말을 열심히 몰았다.)

I leapt my feet with the purpose of <u>heading</u> <u>him</u> <u>off</u>.　(나는 그를 저지할 목적으로 벌떡 일어섰다.)
                  sb

head toward(s)

head toward(s) *sth*

when you head toward a certain location, you move toward it

(장소로) 향하여 가다

The escaped convicts must have <u>headed toward</u> <u>Mexico</u>.　(도망친 죄수들은 멕시코를 향해 간 게 틀림없다.)
                   sth

I'm <u>heading toward</u> <u>Portland</u>. Where are you going?　(나는 포틀랜드로 가고 있어. 너는 어디로 가고 있니?)
           sth

head toward(s) *sth*

if you are heading toward(s) or are headed toward(s) a situation or a period of time, the situation or period of time is slowly getting nearer or becoming more likely

(사태·상황 등이) 좋아질 것 같다, (시간이) 가까워지다

It looks as if the firm is <u>heading toward</u> <u>another record year</u>!
                     sth
(회사는 한 해 더 기록적인 수익을 거두게 될 것 같애!)

We were <u>heading toward(s)</u> <u>the General Election</u>.　(우리는 점점 총선에 가까이 가고 있다.)
                sth

hear

vt. ① 듣다, ~이 들리다 ② ~의 소리를 듣다, 주의하여 듣다, 경청하다, ~에 귀를 기울이다 ③ ~의 말을 알아듣다, ~의 말을 끝까지 들어주다 ④ (소원·기도 따위를) 받아들이다, 들어주다 ⑤ 들어서 알다, 듣다, 소문으로 듣다, 전하여 듣다 ⑥ [법] ~의 진술을 듣다, (사건 따위를) 심리하다, 신문하다

vi. ① 듣다, 들리다, 청각을 갖추고 있다 ② 귀를 기울이다, 호의를 가지고 귀를 기울이다 ③ 소식을 듣다, 편지를 받다(from) ④ 소문을 듣다(of), 전해 듣다(of) ⑤ ((구)) 야단맞다(from)

hear about

hear about *sth/sb*

if you hear about something or someone, you get news or information concerning them
(~에 관해) 자세히 듣다, (~라는 뉴스를) 듣다, 소식을 듣다

Have you <u>heard about</u> <u>the new Thai restaurant</u> downtown?
                                       sth
(중심가에 새로 문을 연 태국 식당에 대해 들어봤어?)

The more I <u>hear about</u> <u>him</u>, the less I like him. (그에 대해 소문을 들으면 들을수록 그가 점점 더 싫어져.)
                     sb

➡ **be sorry to hear about** *sb* 로도 쓰임

   (used to express sadness when someone is ill or had died, etc.) 유감스럽다, 애도하다
I <u>was so sorry to hear about your mother</u>, Lisa. (리사, 당신 어머니께서 돌아가셔서 참으로 유감이었습니다.)
                                   sb

hear of

have herad of *sb/sth* (완료형으로)

to have heard the name of a person, a place, etc. before, so that you recognize it when you hear it again
(전에 들어서) 이름을 알다

Terry said he'd never <u>heard of</u> <u>Fresno, California</u>.
                              sth
(테리는 캘리포니아의 프레즈노에 대해 들어본 일이 없다고 말했다.)

Do I know Fred Smith? No, I'<u>ve</u> never <u>heard of</u> <u>him</u>.
                                        sb
(내가 프레드 스미스를 안다고? 아니야, 그에 대해 들어본 적도 없어.)

hear of *sth* (유사어 **hear about**)

to get news or information about something so that you know it exists
(~에 관해) 전해 듣다[알다], ~의 소식을 알다

Please write to us. We always look forward to <u>hearing of</u> <u>your activities</u>.
                                                            sth
(제발 우리에게 편지 좀 써줘. 우리는 늘 너의 활약을 전해 듣고 싶어.)

I hear of Tom's travels from his mother from time to time.
sth
(나는 가끔씩 그의 어머니로부터 탐의 여행 소식을 들어.)

won't[wouldn't] hear of *sth*

to refuse to allow something, or refuse to accept someone's offer
(일 또는 ~하는 것을) 고려하지 않다, 허락하지 않다

Our daughter wants to fly to Mexico with boyfriend? I won't hear of it.
sth
(우리 딸이 남자친구와 멕시코로 비행기를 타고 가고 싶어 한다고? 나는 절대 허락 안 해.)

The firm will not hear of such a suggestion from the workers.
sth
(회사는 근로자들의 그런 제안을 들으려고 하지 않을 것이다.)

heat

vt. ① 가열하다, 따뜻이 하다 ② 흥분시키다, 격하게 하다, ~에 생기를 불어넣다(up)
vi. 뜨거워지다, 더워지다; 흥분하다, 격해지다(up), (행위 따위가) 한층 더 열기를 띠다

heat up

heat up, heat up *sth*, heat *sth* up (유사어 **warm up**)

when something heats up, it gradually becomes hotter
(~을 점점) 뜨겁게 하다, 열을 가하다, (점점) 뜨거워지다

The lake is shallow, so the water heats up very quickly in the summer.
(그 호수는 얕아. 그래서 그 호수 물은 여름이면 아주 빨리 더워져.)

The stove is too small. It doesn't heat up the room enough in the mornings.
sth
(이 난로는 너무 작아. 아침에는 방을 충분히 덥히지 못해.)

heat up *sth*, heat *sth* up (유사어 **warm up**)

if you heat up cooked food after it has become cold, you make it hot again
(요리를 다시) 데우다, 열을 가하다

She heated up some more of the stew and took it out to him.
sth
(그녀는 스튜를 더 데워서 그에게 가지고 나갔다.)

Waiter, this soup is cold. Would you heat it up for me?   (웨이터, 이 스프가 식었어요. 데워 주시지 않을래요?)
sth

heat up (유사어 **hot up** [BrE, Informal]), heat up *sth*

if a situation heats up, it becomes more serious or more exciting, because people start to argue, fight, or compete with each other a lot more
(사태·전쟁 등이) 한층 더 열기를 띠다, 격렬해지다, 활발하게 되다

The situation in the Middle East is <u>heating up</u> again. (중동 사태가 다시 긴박해지고 있다.)
A growing money supply tends to <u>heat up the economy</u>. (통화량 증가는 경제를 과열시키는 경향이 있다.)
                                                sth

help

vt. ① 돕다, 조력[원조]하다, ~을 거들다, ~에게 힘을 빌리다, 구하다 ② (down, in, out, over, into, out of, through, up 등과 함께) 거들어 ~하게 하다, 도와서 ~시키다 ③ 조장하다, 촉진하다, 효과가 있게 하다, 도움이 되게 하다 ④ (고통·병 따위를) 완화하다, 덜다, 편하게 하다, (결함 따위를) 보충하다, 구제하다 ⑤ ~에게 식사 시중을 들다, 술을 따르다, 권하다(to), (음식물을) 담다 ⑥ (can (not)) ~을 삼가다, 그만두다, 피하다, ~하는 것은 어쩔 수 없다

vi. ① 거들다, 돕다, 도움이 되다 ② 식사 시중을 들다, 술을 따르다, 담다

유사단어

help: 일반적으로 쓰이는 말, 남이 필요로 하는 도움을 주는 것을 이름
    Don't you think we should all try to <u>help</u> each other? (우리가 서로 돕도록 노력해야 된다고 생각하지 않니?)

aid: 개인이나 단체의 노력에 대하여 협력적인 태도로 나오는 것을 이름
    Officers were <u>aided</u> in the search by drug-sniffing dog. (경찰들은 마약 탐색견의 도움을 받아 수색을 했다.)

assist: help보다 뜻이 약함, 좀 소극적으로 남에게 힘을 빌려준다는 뜻임
    Ms. Allen <u>assists</u> immigrants with gaining citizenship. (앨런 씨는 시민권을 얻으려는 이민자들을 돕는다.)

save: 사람의 목숨 따위를 위험에서 지켜 구출함을 말함
    He <u>saved</u> a person from drowning. (그는 어떤 사람이 물에 빠진 것을 구해냈다.)

rescue: 위급한 상황에서 구출함을 이름
    Survivors of the crash were <u>rescued</u> by helicopter. (충돌 사고에서 살아남은 사람들은 헬리콥터에 의해 구조되었다.)

help off with

help *sb* **off with** *sth* (유사어 **help on with**)
to help someone remove a piece of outer clothing
                              (신·옷 등을) 벗는 것을 돕다, (사람을) 도와서 (옷·신 등을) 벗기다

Can you <u>help</u> <u>me</u> <u>off with</u> <u>these boots</u>? They're so tight!
          sb   sth
(이 부츠 벗는 것 좀 도와주시겠어요? 너무 꽉 끼었나 봐요.)

Let me <u>help</u> <u>you</u> <u>off with</u> <u>your coat</u>. I'll hang it on the coat rack for you.
          sb   sth
(코트 벗는 것을 도와 드리겠습니다. 옷걸이에 코트를 걸어 둘게요.)

help on with

help *sb* **on with** *sth* (반대어 **help off with**)
to help someone to put on a piece of clothing
                                      (~를) 도와서 (코트 등을) 입혀주다

I <u>helped</u> <u>my date</u> <u>on with</u> <u>her coat</u> and we left the restaurant.
          sb   sth
(나는 데이트 상대가 코트 입는 것을 도와주고 우리는 레스토랑을 떠났습니다.)

Do you want me to help you on with those boots? (내가 너 부츠 신는 것 좀 도와줄까?)
　　　　　　　　　　sb　　　　sth

help out

help out, help *sb* out, help out *sb* (유사어 **help**)

if you help out or help someone out, you do them a favour, such as lending them money or doing some of their work

(사람을) 돕다, (일·노력 등으로) 도와주다, (자금 등을) 원조하다

My husband's business is so busy at the moment that I'm helping out in the office.
(지금 남편 일이 너무 바빠서 내가 사무실에서 그를 돕고 있어.)

When we were first married, my parents helped us out with the rent.
　　　　　　　　　　　　　　　　　　　　　　　　sb
(우리가 처음 결혼했을 때 부모님이 집세 내는 것을 도와 주셨다.)

➡ help out with 로도 씀
The Ministry of Agriculture have offered to help out with the extra costs.
(농림부는 추가 비용을 원조하겠다고 제안했다.)

hide

vt. ① a. 숨기다, 보이지 않게 하다 b. 숨다 ② 덮어 가리다, 덮다 ③ 감추다, 비밀로 하다
vi. 숨다, 잠복하다, ~을 ~에게 숨기다(from), (산·정글 등에) 숨다

유사단어

hide: hide에는 숨길 의도가 없는 경우도 포함됨
　　Marcia hid the picturers in her desk drawer. (마샤는 그 사진들을 책상 서랍 속에 감췄다.)
conceal: 조심스레 숨기다
　　Customs officers found a kilogram of cocaine that Smith had concealed inside his suitcase.
　　(세관원들은 스미스가 옷가방 속에 꼭꼭 숨겨둔 코카인 1kg을 찾아내었다.)
cover: 남의 눈을 속이기 위해서 덮어 감추다
　　a show of arrogance to cover one's inferiority complex. (열등감을 감추기 위한 거만한 태도)
secrete: 비밀로 하려고 세심한 주의를 기울여 숨기다
　　The toad's skin secretes a deadly poison. (두꺼비 표피에는 치명적인 독이 숨겨져 있다.)

hide away

hide *sth/sb* away, hide away *sth/sb*

if you hide something or someone away, you put it in a place where nobody else can find it

(~을) (~에) 감추다, 숨기다

I hid our love letter away in the bottom drawer of my desk.
　　　　sth
(나는 우리의 연애편지를 내 책상 맨 아래 서랍에 숨겼다.)

He knows his grandparents had plenty of money hidden away. <수동태>
(그는 조부모님이 많은 돈을 숨겨 두었다는 것을 알고 있다.)

hide oneself away, hide away

to go to a place where other people will not find you
(~에) 숨다, 몸을 숨기다, (~에) 틀어 박히다

Novelists often hide themselves away for months at a time.
                        oneself
(소설가들은 때로는 한 번에 수개월 동안 몸을 숨긴다.)

The bandits are hiding away somewhere in the mountains. (도적들은 산속 어디엔가 숨어 있다.)

➡ hide away from 으로도 쓰임
She wanted to hide away from the rest of the world and be alone.
(그녀는 세상 사람을 피해서 혼자 있고 싶어 했다.)

➡ hideaway (n)
  (a secret place you can go when you want to be alone) 숨을 곳, 은신처, 잠복장소
It is thought that the escaped convict may have found a hideaway not far from the prison.
                                                        n
(도망친 죄수는 감옥에서 멀지 않은 곳에 은신처를 발견했을 것으로 추정된다.)

(be) hidden away (유사어 be tucked away)

if someone or something is hidden away, they are very far from places where people live or often go
(~에) (사람들이 모르게) 조용히 존재하다, 조용히 숨어있다

Hidden away in the countryside is Britain's newest and most luxurious health resort.
(영국에서 최근에 생긴 무척 안락한 건강 요양시설은 사람들이 모르는 조용한 시골 지역에 있다.)

The old temple, hidden away in the mountains of Tibet, is over a thousand years old.
(티벳 산 속에 숨어 있는 오래된 절은 연수가 천 년이 넘었다.)

hire

vt. ① 고용하다 ② (세를 내고) 빌려오다, 세내다 ③ 임대하다, (세를 받고) 빌려주다 ④ ~에게 보수를 주다, ~에게 뇌물을 주다 ⑤ (돈을) 꾸다, (조사 따위를) 돈을 내고 의뢰하다

hire out

hire out sth/sb, hire sth/sb out (유사어 rent out) [BrE]

to allow someone to use a building, a piece of equipment, or someone's services in return for money
(돈을 받고) 건물·가구를 빌려주다, 파견하다

I'm thinking of hiring out my boat for the summer, while I'm away.
                             sth
(내가 없는 여름 동안 내 보트를 돈 받고 빌려 줄까 생각 중이야.)

Our agency hires out technical staff to companies. (우리 대리점은 여러 회사에 기술 요원을 파견한다.)
                            sb

hire out *sth*, **hire** *sth* **out** (유사어 **hire**) [BrE]

if you hire out equipment, buildings, etc. you pay someone to allow you to use them

(돈 주고) 기구 · 빌딩을 빌리다

On the shores of the lake you can <u>hire out</u> <u>boats and canoes</u>, as well as take courses in water sports.
                                           sth

(호수 주변에서 보트나 카누를 빌릴 수 있을 뿐만 아니라 수상스포츠 강좌도 들으실 수 있습니다.)

Boats at the lake <u>are hired out</u> by the hour.<수동>　　(그 호수에서는 보트를 시간 단위로 빌릴 수 있다.)

hit

vt. ① 때리다, 치다, (공 따위를) 치다, (안타 따위를) 치다, ~루타를 치다, [크리켓] 쳐서 득점하다, ((학생속어)) (시험 · 과목에서) 좋은 성적을 얻다 ② (타격을) 가하다 ③ 맞히다, ~에 명중시키다 (e.g. ~ the mark 표적을 맞히다) ④ (총알 따위가) ~에 명중하다, (물고기가 미끼를) 물다 ⑤ ~와 마주치다, ~와 조우하다, (답 · 길 등을) (우연히 · 용케) 찾아내다 ⑥ ((속)) ~에 이르다, (길을) 가다 ⑦ (생각이) ~에게 떠오르다 ⑧ 알아맞히다, (진상을) 정확히 표현하다, 본떠서 감쪽같이 만들다[그리다] ⑨ (목적 · 기호에) 맞다 ⑩ ~에게 강한 인상을 주다 ⑪ ~에 타격을 주다, 덮치다, ~에게 재해를 입히다, 상처를 주다, ~의 감정을 상하게 하다, 혹평하다. ⑫ (경기에서) ~에게 다시 한 번 도전하다, ((속)) ~에게 음료[술]를 따르다, (특히 두 잔째 이후), (포커 등에서) 카드를 한 장 더 도르다 ⑬ ~에게 부탁[청]하다, 요구하다 ⑭ (기사가) ~에 실리다[나다] ⑮ (기록적 숫자에) 달하다 ⑯ ((구)) (치거나 건드려) ~을 움직이게 하다, (브레이크를) 걸다 ⑰ ((미속)) ~에게 마약을 주사하다, ~을 죽이다

vi. ① 치다, [야구] 안타를 때리다 ② 충돌하다 ③ 마주치다, 우연히 발견하다[생각나다](on, upon) ④ 공격하다, 공격을 시작하다, (폭풍 등이) 엄습하다, 일어나다 ⑤ (제비 · 추첨 따위에서) 당첨되다, (경기에서) 득점하다 ⑥ (내연기관이) 점화하다 ⑦ (물고기가) 미끼를 물다 ⑧ ((속)) 마약을 주사하다

hit back

hit *sb* **back**

if you hit someone back, you hit them after they have hit you

(사람을) 되받아치다, 되받아 때리다

He hit me first, so I <u>hit</u> <u>him</u> <u>back</u>.　(그가 먼저 나를 때려서 내가 되받아쳤다.)
                                 sb

If he hits you first, I suppose it's all right to <u>hit</u> <u>him</u> <u>back</u>.
                                                             sb

(만일에 그가 너를 먼저 때리면 그를 되받아 때리는 것도 좋다고 생각해.)

hit back (at *sb/sth*) (유사어 **strike back**)

to criticise or attack someone who has criticised or attacked you

(~에게) 반론하다, 반격하다

The multi-millionaire has already hit back by threatening to take the newspaper to court.
(그 천만장자인 대부호는 그 신문사를 법원에 고소하겠다고 위협하면서 이미 반격을 가했다.)

The author hit back at his critics, saying they didn't understand his work.
　　　　　　　　　　　　sth
(저자는 비평가들에게 자신의 작품을 이해하지 못한다고 말하면서 반론을 폈다.)

➡ hit back at 로도 쓰임
Police last night hit back at the lawyer's claim that they had mishandled the arrest.
(체포된 사람들을 거칠게 다룬다는 변호인의 주장에 경찰은 어젯밤 반발했다.)

hit off

hit it off (유사어 get on well [BrE])

if two people hit it off, they like each other and become friends as soon as they meet

사이좋게 지내다, 뜻이 잘 맞다

They had hit it off from the first evening. (그들은 첫날 저녁부터 뜻이 잘 맞았어.)
My mother-in-law and Tom did not hit it off. (내 시어머니와 탐은 사이가 좋지 않았다.)

➡ hit it off with 로도 쓰임
I didn't hit it off with the office lawyer. (나는 그 법률 고문과 친하지 않았어.)

hit on[upon]

* (on보다 upon이 더 형식적, 문어적)

hit on[upon] sth (유사어 come up with)

if you hit on an idea or a solution to a problem, or hit upon it, you think of it

(해결책을) 생각해 내다, ~이 마음에 짚이다

I finally hit on the idea of asking George for help. (나는 마침내 조지에게 도움을 청해야겠다는 생각이 들었다.)
　　　　　　　sth
The president has hit upon a plan to increase sales. (사장은 매출을 올리기 위한 계획을 생각하고 있다.)
　　　　　　　　　　　　　sth

hit on[upon] sth

to discover the true facts about a situation, the real reason for something etc.

(사실을) 발견하다

James felt sure that he had hit on the truth. (제임스는 진실을 발견했다는 확신이 들었다.)
　　　　　　　　　　　　　　sth
You've hit on precisely the thing that's worrying me most.
　　　　　　　　　　sth
(너는 나를 가장 괴롭히고 있던 것을 정확하게 발견해 냈어.)

hold

vt. ① (손에) 갖고 있다, 유지하다, 붙들다, 잡다(by), 쥐다, 가까이 끌어당기다, (껴)안다(in), (총 따위를) 겨누다, 향하다(on) ② (요새·진지 등을) 지키다 ③ (지위·직책 등을) 차지하다, 소유하다, 갖다, 보관하다 ④ (신념·신앙 등을) 간직하다, (학설 등을) 신봉하다, (마음에) 품다, (기억 따위에) 남기다(in) ⑤ 주장하다, 생각하다, (~을) ~라고 생각하다, 평가하다, 판정하다, [법률] ~라고 판결하다 ⑥ 계속 유지하다, 두다, 그치지 않다 ⑦ 멈추게 하다, 제지하다, (억)누르다 ⑧ (모임 등을) 열다, 개최하다, (식을) 올리다, 거행하다, (수업 등을) 행하다 ⑨ 구류[유치]하다 ⑩ (결정 따위를) 보류하다, 삼가다, 팔지 않고 아껴두다 ⑪ 붙들어 놓다, 끌어당기다, 놓지 않다, (주의 따위를) 끌어두다, (의무·약속 따위를) 지키게 하다 ⑫ (어떤 상태·위치)로 유지하다, ~(으)로 해두다, (어떤 자세를) 취하다, [컴퓨터] (데이터를) 다른 데로 전사한 후에도 기억 장치에 남겨두다, (음·휴지 따위를) 지속시키다, 늘이다 ⑬ (물건 따위를) 버티다, 지탱하다 (in, between) ⑭ (그릇이 액 따위를) 수용하다, (건물·탈것 등이) ~의 수용력[용량]이 있다 ⑮ 안에 포함하다, ~을 마련[예정]하고 있다(for) ⑯ ((미속)) [보통 명령형] (소스 등을) 치지 말고 주시오, ~을 빼고 주시오

vi. ① 붙들고[쥐고]있다, 꼭 붙어 있다 ② 견디다, 지탱하다 (e.g. 그 제방은 홍수를 잘 견디어냈다.) ③ (법률 따위가) 효력이 있다, 타당성이 있다, (규칙이) 적용되다 ④ (날씨 등이) 계속되다, 지속하다, 전진을 계속하다, 계속 노래[연주]하다 ⑤ 보유하다, 소유권을 가지다(of, from), 마약을 소지하다 ⑥ [보통 부정문] 동의[찬성]하다(by, with), 인정하다 ⑦ 버티다, (신조·결의 따위를) 고수하다, 집착하다(by, to) ⑧ [종종 명령형으로] ~을 그만두다, 멈추다, 기다리다, 삼가다, (로켓 발사 등의) 초읽기를 일시적으로 중지하다

유사단어

hold: 의식 따위를 개최함, 약간 딱딱한 뜻을 지님
The International Ballet Competition is <u>held</u> in Jackson every for years. (국제 발레 경영대회는 4년마다 잭슨에서 열린다.)

give: 모임 따위를 개최함을 말하는 구어적인 표현임
Yo-Yo Ma <u>gave</u> a wonderful performance last night. (요요마는 지난밤에 멋진 공연을 펼쳤다.)

open: 사물을 공개하거나 가게나 모임 따위를 여는 뜻, '열다'의 가장 일반적인 말
Heche <u>opened</u> the news conference by announcing his retirement. (헤이시는 그의 은퇴를 알리는 기자회견을 열었다.)

hold against

hold *sth* against *sb*

to like or respect someone less because they have done something wrong or behaved badly
(~것으로)(~을) 나쁘다고 생각하다, 경멸하다, ~의 이유로 (~을) 비난하다

You shouldn't <u>hold a person's poverty</u> <u>against</u> <u>him</u>. (가난하다는 이유로 사람을 경멸해서는 안 돼요.)
　　　　　　　　　　sth　　　　　　　　　sb
Lack of experience won't <u>be holding against you</u> — we offer a full training program.<수동>
　　　　　　　　　　　　　　　　　　　　sb
(경험 부족을 이유로 당신이 비난받지는 않을 거예요. 우리는 충분한 훈련 프로그램을 제공하거든요.)

hold down

hold *sb/sth* down, hold down *sb/sth*

to make someone or something stay in the same place and stop them from moving
(사람·사물을) 움직이지 못하게 하다, (~을) 억압하다

I <u>held</u> <u>the suspect</u> <u>down</u> while Detective Friday searched his pockets.
　　　　　sb
(프라이데이 형사가 그의 주머니를 수색하는 동안 나는 피의자를 꼼짝 못하게 했다.)

The roof consisted of sheets of corrugated iron, <u>held down</u> with stones.<수동>
(그 지붕은 물결 모양의 철제 함석판이 여러 장 덧대어져, 돌로 눌러 있다.)

hold down sth, hold sth down (유사어 keep down)

to control the level of something e.g. prices, costs, inflation and to prevent it from increasing

(물가 · 임금 등의) 인상을 억제하다

Colleges must <u>hold down</u> tuition fees to attract more students.
                                  sth
(대학들은 더 많은 학생들을 유치하기 위해 등록금 인상을 억제해야 합니다.)

Did they think that Sir Geoffrey's policy would <u>hold down</u> inflation?
                                                            sth
(그들은 제프리 경의 정책이 인플레를 억제할 것이라고 생각했을까요?)

hold down a job

if you hold down a job, you manage to keep it, although it may be difficult for you to do so

(직업을) 유지하다, 계속하다, (지위를) 보존하다

Hal was a lazy bum who couldn't <u>hold down a steady job</u>.
(할은 일정한 직업을 계속 가지고 있지 못하는 게으른 건달이었다.)

Jim has never been able to <u>hold down a job</u> for more than a year, usually because he is dismissed for being late.
(짐은 1년 이상 한 직장에 머무를 수가 없었어. 그 이유는 대개 지각해서 해고당하기 때문이지.)

hold down sb, hold sb down (유사어 keep down, oppress [Formal])

if someone holds down a group of people, they do not allow them to have freedom, power, or right

(국민 · 민족 등을) 엄격한 통제 하에 두다, (개인의 자유 · 인권 등을) 억압하다

The whole nation was <u>held down</u> by the cruel of the former king.<수동태>
(온 국민이 전 국왕의 잔인한 통치하에 억압당하고 있었다.)

No matter how strong a dictator may be, he cannot <u>hold his people down</u> forever.
                                                                         sb
(독재자가 아무리 권력이 강하다 해도 영원히 국민을 억압할 수는 없다.)

hold sth down, hold down sth (유사어 keep down, 반대어 bring up)

if you cannot hold down food, you are unable to eat it without vomiting

(아플 때 음식물을) 위에 가두어 두다, 토하지 않고 있다

The patient loses his appetite and cannot <u>hold down</u> some kinds of food.
                                                      sth
(그 환자는 식욕을 잃어 어떤 음식들은 먹기만 해도 토한다.)

Jane is sick again today, she hasn't been able to <u>hold her food down</u>.
                                                          sth
(제인은 오늘 또 아프다. 그래서 먹었던 음식물을 토해 버려야만 했다.)

hold down the noise, hold it down [AmE, Informal]

used to tell someone to be quiet or stop talking

(시끄러운 소리를) 줄이다, 조용히 하다

Hold down the noise! I'm trying to study! (조용히 좀 해. 나 공부하려고 하잖아.)
Tell the band to hold it down a bit. They're playing too loud.
(그 밴드에게 소리 좀 줄이라고 말해 줘. 연주 소리가 너무 커.)

hold off

hold off, hold off *sth* (유사어 **postpone, put off, delay**)
to delay something or doing something
(결단·행동 등을) 미루다, 연기하다

I held off selling our house until our son moved out.
(나는 우리 아들이 이사 나갈 때까지 집을 내놓는 것을 미뤘다.)
The boss says he'll hold off his decision for another week. (부장은 결정을 일주일 더 미룰 것이라고 말했다.)
                                      sth

➡ hold off doing *sth* 로도 쓰임
We've decided to hold off making an announcement until next week.
                            doing   *sth*
(우리는 다음 주까지 발표를 연기하기로 결정했다.)

hold off *sb*, **hold** *sb* **off** (유사어 **fend off**)
if you hold off an enemy, an opponent, or an attack, you prevent them from successfully attacking you or competing against you
(적 따위를) 가까이 못 오게 하다, 저지하다, 억제하다

They managed to hold off their attackers until the police arrived.
                                sb
(그들은 경찰이 도착할 때까지 공격하는 사람들을 간신히 막아 냈다.)
The enemy was so strong that there was no way to hold them off.
                                                  sb
(적군이 너무 강해서 그들을 막아낼 방법이 없었습니다.)

hold off
if the rain holds off, it does not rain, although you have expected it to
(비·눈 등이) 좀처럼 오지 않다, 내리지 않고 있다, 지연되다

That storm was really something. We were just blessed that it held off for the picnic.
(그 폭풍우는 정말 대단했어. 소풍하는 동안 폭우가 내리지 않아서 우리에게 정말 다행이었지.)
Will the rain hold off until after the game? (게임이 끝날 때까지 비가 안 올까?)

hold on

hold on (유사어 **hang on, cling on**)
to hold something tightly with your hands or arms
(떨어지지 않으려고·떨어뜨리지 않으려고) 꽉 잡고 있다, 붙잡고 있다

We were holding on to each other as the tornado passed.
(토네이도가 지나갈 때 우리는 떨어지지 않으려 서로 꼭 잡고 있었다.)

Someone was standing behind the ladder and holding on to it for support.
(누군가 사다리 뒤에 서서 사다리가 넘어가지 않도록 꼭 잡고 있었다.)

➡ hold on tight 로도 쓰임
Nancy got onto the back of the bike and hold on tight, terrified she would fall off.
(낸시는 자전거 뒤에 타며 떨어질까 봐 무서워하면서 꼭 잡았다.)

hold on [Spoken, Informal]
to wait for a short time

(잠깐) 기다리다 (유사어 hang on, wait)

I've been holding on for fifteen minutes. I can't wait any longer. (나는 15분이나 기다렸어. 더는 못 기다려.)
Hold on till I get there. (내가 갈 때까지 기다려.)

➡ hold on a minute[moment] 로도 쓰임
Can you hold on a moment — she's just coming. (잠깐 기다려. 그녀가 지금 오고 있어.)

hold on (유사어 hang on! [Spoken, Informal]) [Spoken, Informal]
said when you want someone to wait or stop talking

(전화를) 끊지 않고 기다리다

I'm afraid the line is busy, would you like to hold on?
(통화중인 것 같습니다. 전화 끊지 말고 기다려 주시겠습니까?)

Hold on. I'll ask Fred if he can go. (기다려 주십시오. 프레드가 갈 수 있는지 물어 보겠습니다.)

hold on! (명령문) (유사어 hang on! [Spoken, Informal], hang about [BrE, Spoken, Informal]) [Spoke, Informal]
used when you want someone to stop what they are saying and listen to you, especially when you are surprised or confused about something

그만둬, 기다려 (상대방에게 이의를 나타내거나 불편한 기분을 나타낼 때)

Hold on. Let me get this straight. You are Susan's brother and not her husband?
(잠깐 기다려. 이 점을 확실히 해두자. 너는 수잔의 오빠이지 남편은 아니잖아?)

Hold on. what are you talking about? (잠깐. 너 무슨 말을 하고 있는 거야?)

➡ hold on a minute[second] 로도 쓰임
Now hold on a minute — that's my money, not yours. (잠깐, 그것은 내 돈이지 네 돈이 아니야.)

hold on
if you hold on, you manage to achieve success or avoid failure in spite of great difficulties or opposition

(어려움에도 불구하고) 버텨 나가다, 견디다

The company managed to hold on, in spite of the recession.
(그 회사는 불경기임에도 불구하고 그럭저럭 견디고 있다.)

Painting the house is tiring, but if you hold on, the results are worth the effort.
(집을 칠하는 일은 지루하지만 계속 한다면 그 결과는 노력을 들일 가치가 있어.)

hold on

to succeed in preventing a team, a player, or an army from defeating you, even though they are very strong or powerful

(강한 팀·선수·적군을 막는 데) 성공하다, 밀고 나가다, 지탱하다

Despite a difficult first half, New York Islanders held on for a 4-3 win over the Toronto Tigers.
(전반전의 어려움에도 불구하고 뉴욕 아일랜더스 팀은 토론토 타이거즈 팀을 4-3 승리로 밀고 나갔다.)

The town was surrounded by the enemy and the citizens did not know if they could hold on until help arrived. (도시는 적군에 의해 포위되었고 시민들은 원군이 도착할 때까지 견딜 수 있을지 알 수 없었다.)

hold on (유사어 hang on)

if someone who is very ill holds on, they succeed in staying alive with great difficulty

(환자가 어려움을 참고 사는 데) 성공하다, 견디다

If the patient can hold on another day or two, the new medicine should arrive.
(만일 그 환자가 2~3일만 견뎌 준다면 신약이 도착할 것이다.)

Ed looked dreadful lying in that hospital bed — you could see he was just barely holding on to life. (병원 침대에 누워 있는 에드는 정말 안 좋아 보였어요. 그가 간신히 목숨을 부지하고 있다는 걸 알 수 있었죠.)

hold out

hold out sth, hold sth out

if you hold out your hand, or something you have in your hand, you move your hand away from your body, for example to shake hands with someone

(손 따위를) 내밀다

"Have you seen this?" Casey said holding out a piece of paper.
sth
("너 이거 본 적 있니?" 케이시가 종이 한 장을 내밀며 말했다.)

Max held out his cup for a refill. (맥스는 리필을 요청하려고 컵을 내밀었다.)
sth

➡ hold out your hand, hold your hand out 으로도 쓰임

(to stretch forward your arm, especially to shake hands with someone or to take something for them) (악수하려고·물건을 잡으려고) 팔을 앞으로 뻗다

"I'm Nancy Drew." she said, holding out her hand. ("저는 낸시 드루라고 해요." 악수를 청하면서 그녀가 말했다.)

hold out (유사어 last)

if a supply of something holds out, there is still some of it left

(재고 등이) 계속 남아있다, 없어지지 않다

We must make our food hold out until help arrives. (구조가 올 때까지 우리는 음식을 오래 가지고 있어야 해.)
We talked for as long as the wine held out. (와인이 남아 있는 동안은 우리는 이야기를 나눴다.)

hold out

to continue to defend yourself, or keep on refusing to do something
~에 마지막까지 견디다, 계속 저항하다

The rebels are <u>holding out</u> in the south. (반군이 남쪽에서 계속 저항하고 있다.)
I should have <u>held out</u> for a better deal. (내가 더 나은 조건을 위해 끝까지 버텨내야 했는데.)

➡ <u>holdout</u> (n) [AmE]
(a person, country, etc. that refuses to accept change or does not agree with something, even when most others do) (변화·타협을 거부하는) 사람, 나라
France is one of the few <u>holdouts</u> against worldwide information technology.
　　　　　　　　　　　　　　　　ｎ
(프랑스는 세계 정보기술에 대한 변화를 거부하지 않는 나라 중 하나이다.)

hold up

hold up sth, hold sth up

if you hold up your hand or something you have in your hand, you move it upwards into a particular position and keep it there
(손·물건 따위를) 들다, 들어 올리다

<u>Hold up your right hand</u> and repeat these words after me. (오른손을 들고 저를 따라서 이 말들을 반복하세요.)
　　　　　　ｓｔｈ
The chairman <u>held the report up</u> and asked if everyone had read it.
　　　　　　　　　　ｓｔｈ
(의장은 리포트를 들고는 모두 그것을 읽어 보았는지 물었습니다.)

hold sth/sb up, hold up sth/sb (유사어 delay, set back)

to hold up a pearson or a process means to make them late or delay them
진행을 가로막다, 지연시키다, 방해하다, 말리다

The band hasn't arrived yet, and they're <u>holding up the whole wedding</u>.
　　　　　　　　　　　　　　　　　　　　　　　　　　　ｓｔｈ
(밴드가 아직 도착하지 않아서 결혼식이 전체적으로 지연되고 있어요.)
The cotton harvest <u>has been held up</u> by the rain.<수동> (목화 수확이 비 때문에 지연되고 있습니다.)

➡ <u>get held up</u> 으로도 쓰임
Sorry we're late — we <u>got held up</u> by the traffic. (늦어서 미안. 우리는 교통 때문에 지체되었어.)

➡ <u>hold-up</u> (n)
(a delay that is unexpected but not very serious) 정체, 지연, 방해
A crash this morning is causing big <u>hold-ups</u> on the M25.
　　　　　　　　　　　　　　　　　　　　　ｎ
(오늘 아침 충돌 사고가 M25에서 대단한 교통정체를 일으키고 있다.)

hold up *sth/sb*, hold *sth/sb* up (유사어 **support**)

if one thing holds up another, it is placed under the other thing in order to support it and prevent it from falling

지탱하다, 버티다, 후원[옹호]하다

The house was held up by the jacks while the foundation was repaired.<수동>
(그 집은 기초를 수리하는 동안 여러 개의 잭으로 버티고 있다.)

That President was a popular leader, but no one would hold him up to be a model of virtue.
                                                                     sb
(그 대통령은 인기 있는 지도자이긴 했지만 아무도 미덕의 모범으로서는 그를 추앙하지 않았습니다.)

hold up *sth/sb*

to stop a vehicle or go into a bank, a shop, etc. with a gun or other weapons and demand money from people there

차를 세우고 강탈하다, (강도가 가게를) 털다, (은행 등을) 습격하다, (권총 등을 들이대고) 정지를 명하다

The jewelry store owner was held up by three men wearing ski masks.<수동태>
(스키 마스크를 쓴 세 명의 남자가 보석상 주인에게 권총을 들이댔다.)

The criminals held up the train and took all the passenger's money.
                                      sth
(범인들이 총으로 위협하여 열차를 세우고 모든 승객들의 돈을 털었다.)

➡ hold *sb* up at gunpoint[knifepoint]
Fraser was charged with another robbery, this time for holding up a cab driver at gunpoint.
(프레이저는 또 다른 강도혐의로 기소되었습니다. 이번에는 권총부리로 택시 운전사를 강탈했다는 혐의였어요.)

➡ hold-up (n)
(an attempt to rob someone, especially using a gun) 권총 강도, 노상강도 (행위)
A man was shot dead in a hold-up at a downtown bank yesterday.
                               n
(어제 도심지 은행에서 있었던 권총강도 사건에서 한 남자가 총에 맞아 사망했다.)

hold up

to remain strong or in a good condition

(옷·도구·건물 등이 험하게 사용한 후에도) 상태가 좋다, 좋은 상태를 유지하다

These cheap shoes won't hold up more than six weeks. (이 싸구려 구두는 6주 이상 견디지 못할걸.)
Some Roman aqueducts have held up for 2,000 years.
(로마의 일부 수로들은 2,000년 동안 계속 좋은 상태를 유지하고 있다.)

hold up (유사어 **stand up**)

if an idea, an explanation, or evidence holds up, it still seems good and right after it has been checked or tested

(생각·계획·증거 등이) 설득력을 갖다, 효력을 발휘하다, 성립하다, (논의 등에서) 인내력을 갖다

The ceasefire is holding up longer than anyone expected.
(휴전은 모두가 예상했던 것보다 더 오래 지속되고 있다.)

The logic doesn't hold up. It's based on a false assumption.
(이 논리는 성립되지 않습니다. 잘못된 추정에 기반을 두고 있어요.)

hook

vt. ① (갈고리처럼) 구부리다 ② 갈고리로 걸다, 드리우다, 채우다, 찌르다(up, on, onto, over, round), ~을 끌어당기다[들이다, 올리다](in, on, up) ③ 낚싯바늘로 낚다, (아무를) 올가미로 호리다 ④ ((구)) 날치기하다, 훔치다 ⑤ ~에게 훅을 넣다, [골프] (공을) 훅으로 치다 ⑥ ((미속)) (노동자를) 매수하여 정보원으로 삼다 ⑦ ((속)) (아무를) 붙잡다 ⑧ ((구)) (사람·남자를) 걸려들게 하다, 낚다, 매춘하다 ⑨ ((속)) [흔히 수동태] (악습·마약에) 사로잡다, 열중케 하다 ⑩ (소 따위가) 뿔로 받다 ⑪ (코바늘로 실코를) 걸다, 짜다

hook up

hook up *sth/sb*, **hook** *sth/sb* **up** (유사어 **connect**) [AmE]
when someone hooks up a computer or other electronic machines, they connect it to other similar machines or to a central power supply
(컴퓨터·기계 등을) (전원·다른 기계 등에) 접속하다, 연결하다

Are the speakers hooked up?<수동>　(스피커들을 연결했니?)
　　　　　sth
I hooked my sound system up to my TV, and now the TV is in stereo.
　　　　　　　sth
(음향기기를 TV에 연결했더니 지금은 TV가 입체음향(스테레오)으로 나와.)

➡ hook *sb* up to 로도 쓰임
A nurse hooks Melanie up to an oxygen tank so she can breathe more easily.
　　　　　　　　sb
(간호사가 멜라니에게 산소 탱크를 연결해서 그녀는 한층 쉽게 숨을 쉴 수 있었다.)

➡ hook-up (n)
　(a hook-up is a connection between two places, systems, or pieces of equipment)
　(라디오·전화 따위의) 조립, 접속, 접속도
Walford was speaking to a reporter via a satellite hookup.
　　　　　　　　　　　　　　　　　　　　　　　　　n
(월포드는 인공위성 접속을 통해 리포터와 이야기하고 있었다.)

hook up [Informal]
to meet someone in order to do something together socially, for example have a drink, go to a party, etc.
(~와) 친하게 되다, (~와 사교적으로) 만나다

Jane and I hooked up in college, but I haven't seen her for many years.
(제인과 나는 대학에서 만났다. 그런데 여러 해 동안 그녀를 만나지 못했다.)
We hooked up for lunch at Toscana in Brentwood.
(우리는 브렌트우드에 있는 토스카나에서 점심을 먹으려고 만났다.)

➡ hook up with 로도 쓰임

Matt and I went out for a drink and <u>hooked up with</u> Janet later on.
(매트와 나는 한잔하러 나갔고 나중에 자넷과 만났다.)

hook up (with *sth/sb*) [AmE, Informal]

to agree to work with another person or organization for particular purpose

(특정 목적을 위해) (사람·조직과) 손을 잡다, 제휴하다, 결속하다

Our company <u>hooked up with</u> <u>a French firm</u> to handle our European sales.
         sth
(우리 회사는 우리의 유럽지역 판매를 위해 한 프랑스 회사와 제휴를 맺었다.)

David Bowie <u>hooked up with</u> <u>the band</u> for a tour of the US.
        sth
(데이빗 보위는 미국 투어를 위해 밴드와 합류했다.)

hot

vt. ① 데우다, 뜨겁게 하다(up) ② 활기를 불어 넣다

hot up

hot up [BrE, Informal]

when something hots up, it becomes more active or exciting

(상황·활동·전쟁 등이) 한층 격렬해지다, 활발하게 되다, 긴박하게 하다

Campaigning is expected to start <u>hotting up</u> today. (선거 운동이 오늘 치열하게 시작될 것으로 예상됩니다.)
The threat of biological weapons <u>hotted up</u> the international situation.
(생물병기의 위협이 국제 정세를 긴박하게 만들었다.)

hot up (유사어 **warm up** 반대어 **cool down**) [BrE, Informal]

to become hotter

더워지다

There is some stew <u>hotting up</u> on the stove. (오븐 위에서 스튜가 데워지고 있다.)
As the climate <u>hots up</u>, the polar ice caps will start to melt.
(날씨가 더워짐에 따라 극지방의 만년설은 녹기 시작할 것이다.)

hurry

vt. 서두르게 하다, 재촉하다, 재촉해서 가게하다(along, away), 재촉하여 ~를 내보내다(out)
vi. 서두르다, 조급하게 굴다, 덤비다

hurry up

hurry up [Spoken]
to do something more quickly

(일 따위를) 서둘러 하다

You'd better <u>hurry up</u> and get dressed if you want to come with me.
(나하고 같이 가고 싶으면 서둘러서 옷을 입는 게 좋을걸.)

I wish the bus would <u>hurry up</u> and get here.　(버스가 빨리 여기 왔으면 좋겠어.)

➡ <u>hurry up!</u> (명령문) [Spoken]
　(used to tell someone to come somewhere quickly)
Hurry up! We're late.　(서둘레! 우리 늦었어.)

hurry *sth/sb* **up, hurry up** *sth/sb* (유사어 **hurry along, speed up**)
to make someone do something more quickly, or to make something happen sooner

(사람 · 사물을) 급하게 시키다, 서두르게 하다

I tried to <u>hurry the kids up</u> so they wouldn't be late for school.
　　　　　　　sb
(나는 아이들을 재촉해서 학교에 늦지 않도록 노력했다.)

The negotiations are moving too slowly. Can't you <u>hurry things up</u> a bit?
　　　　　　　　　　　　　　　　　　　　　　　　　　　　sth
(협상이 너무 느리게 진행되고 있습니다. 조금 빨리 서두를 수 없을까요?)

I

invite

vt. ① 초청하다, 초대하다 ② 권유하다 ③ (주의·흥미 따위를) 끌다, 유인하다 ④ (비난·위험 따위를) 초래하다, 야기하다 ⑤ (예를 다하여) 청하다, 요청하다, 부탁하다

invite along

invite *sb* **along, invite along** *sb*

to ask someoen if they would like to go with you to an event or an activity

(~를) 초대하다, 유혹하다

Why don't you <u>invite</u> <u>Barbara</u> <u>along</u>? (바바라를 초대하는게 어떨까?)
　　　　　　　　　sb

You can <u>invite</u> <u>one of your friends</u> <u>along</u>. (네 친구 중 한 명을 초대해도 좋아.)
　　　　　　　sb

➡ <u>invite *sb* along with</u> 로도 쓰임

My boyfriend's parents are renting a villa in Sapin, and they've <u>invited us along with</u> them.
(내 남자친구 부모님께서 스페인에 빌라를 한 채 빌리고서 우리를 초대하셨다.)

invite around[round]

invite *sb* **around[round]** (유사어 **invite over, ask over, ask around[round]**) [BrE]

to ask someone to come to your home

(사람을 집 등으로) 부르다, 초대하다

Let's <u>invite</u> <u>Dick and Jane</u> <u>around</u> some evening for drinks.
　　　　　　　sb
(딕과 제인을 저녁 어느 때 한잔 하자고 부릅시다.)

On a warm sunny evening, it's always a pleasure to <u>invite</u> <u>friends</u> <u>round</u> and sit out in the garden.
　　　　　　　　　　　　　　　　　　　　　　　　　　　　sb
(따뜻한 햇살이 잘 드는 저녁에 친구들을 초대해서 정원에 앉아 있는 것은 늘 즐거운 일이다.)

invite back

invite *sb* **back** (유사어 **ask back**)

to ask someone to come to your home after you have been out somewhere together

(~를 함께 한 후) (자기 집으로) 함께 가다

Annie <u>invited</u> <u>Sheila</u> <u>back</u> for coffee after the meeting.
　　　　　　sb
(애니는 모임이 끝난 후 커피를 한잔 하자고 실라를 집으로 청했다.)

347

After our golf game, Bob <u>invited</u> <u>me</u> <u>back</u> for a drink.
                                    sb
(골프 시합이 끝난 후 밥은 한잔 하자며 나를 자기 집으로 초대했다.)

invite in

invite *sb* **in** (유사어 **ask in**)
to ask someone to come into your home, room, office, etc.
(~를 집·방·사무실 등 안으로) 들어오라고 요청하다

Can I <u>invite</u> <u>you</u> <u>in</u> for coffee? (커피 한잔 하러 들어오시겠어요?)
          sb
When I called on Mrs. Brown, she <u>invited</u> <u>me</u> <u>in</u> for a chat.
                                    sb
(브라운 부인을 찾아갔을 때 그녀는 잠깐 이야기나 하자며 나를 안으로 초대했다.)

invite out (유사어 ask out)

invite out *sb*, **invite** *sb* **out**
to ask someone to go with you to a certain place, for example a restaurant or the cinema
(식당·영화관에) 함께 가자고 하다, 유인하다

Bill and his wife <u>invited</u> <u>us</u> <u>out</u> to a restaurant for Christmas dinner.
                             sb
(빌과 그의 아내는 우리를 한 음식점에 초대해서 크리스마스 저녁 만찬을 함께 들자고 했다.)
George has <u>invited</u> <u>me</u> <u>out</u> this evening. (조지가 오늘 저녁 나를 초대했다.)
                      sb

invite over

invite *sb* **over** (유사어 **ask over, invite around[round]**)
to ask someone to come to your home to eat dinner, to have coffee, to talk, etc.
(~를 집으로) (식사·파티에) 초대하다

We often <u>invite</u> <u>our next-door neighbors</u> <u>over</u> to play cards.
                               sb
(우리는 가끔 이웃 사람들을 초대해서 카드놀이를 하자고 한다.)
John and Susan have <u>invited</u> <u>me</u> <u>over</u> for Sunday lunch. (존과 수잔은 일요일 점심에 나를 초대했다.)
                                sb

J

join

vt. ① 결합하다, 연결하다, 접합하다 ② (손 따위를) 맞잡다, 협력하다 ③ (강·길 따위가) ~와 합류하다, ~와 한곳에서 만나다 ④ ~을 합병하다, 하나가 되게 하다 ⑤ ~에 들다, ~에 가입하다, ~의 회원이 되다 ⑥ (군에) 입대하다, (배를) 타다, (소속부대·배로) (되)돌아오다 ⑦ ~에 인접하다 ⑧ (결혼 따위로) (아무를) 맺어주다 ⑨ (전투·싸움을) 벌이다, 교전하다(with) ⑩ (두 점을) 잇다

vi. ① 합하다, 만나다, 연결[결합]하다 ② 합체하다, 합동하다, 동맹하다(with, to) ③ 참가하다, 한 패가 되다, 가입하다(in) ④ 인접하다, 접하다

유사단어

join: 두 개의 것을 외면적으로 하나로 이음을 말하는 일반적인 말
    Merigan urged everyone to join the fight against AIDS. (메리건은 모든 이들이 에이즈 퇴치에 협력해 줄 것을 촉구했다.)

combine: 두 가지를 하나로 결합하여 그 결과 원래의 요소가 구분되기 어려울 만큼 융합되어 있는 상태를 이름
    Combine the flour with 3 tablespoons water to make a pasta. (밀가루에 물 3큰술을 섞어 밀가루 반죽을 하세요.)

unite: 두 가지 이상의 것을 밀접히 결합하여 하나의 통합체를 만드는 일
    We are united by a common language and culture. (우리는 하나의 공통된 언어와 문화로 결속되어 있습니다.)

connect: 어떤 매개물이 있어 두 개를 결합시킴을 이름
    After connecting the hose to the faucet, slide it into the drain and turn on the water.
    (호스를 수도꼭지에 연결한 후 호스를 하수구에 밀어 넣고 수돗물을 틀어.)

link: 외면적인 것뿐만 아니라 내면적으로도 강하게 결합함을 나타냄, 원인과 결과의 관계로 연결됨
    The study further strengthens the evidence linking smoking with early death.
    (이 연구는 흡연과 조기 사망이 관련되어 있음을 보여 주는 증거에 신빙성을 더해준다.)

join in (유사어 take part in)

join in, join in *sth* (수동 불가)

to become involved in an activity with other people

(~에) 참가하다, (다른 사람의 활동에) 참여하다

When Steve starts talking about sports, I can join in.
(스티브가 스포츠에 관한 이야기를 시작하면 나는 끼어들 수 있다.)

With the vast majority of employees joining in the strike, work soon came to a half.
                                                   sth
(대다수의 직원들이 파업에 참여하면서 작업량이 곧 반으로 줄었다.)

jot

1. vi. ① 서로 밀다, 부딪치다(against), 헤치고 나아가다 ② 겨루다, 다투다, 바로 가까이에 있다 ③ ((미속)) 소매치기하다

2. vt. 약기하다, 적어두다, 메모하다(down)

jot down (유사어 scribble down)

jot *sth* **down, jot down** *sth*

to write something quickly on a piece of paper so that you remember it

(~을 손으로 빨리·간단히) 적어두다, 메모하다

Listen carefully to the instructions and jot them down. (지시사항들을 주의 깊게 듣고 메모하세요.)
　　　　　　　　　　　　　　　　　　　　　　sth

Let me jot down your phone number. (당신 전화번호를 적겠습니다.)
　　　　　　　　　sth

jumble

vt. 마구 뒤섞다, 난잡하게 하다, 뒤범벅으로 해놓다(up, together)

vi. 뒤범벅이 되다, 뒤섞이다, 질서 없이 떼를 지어 나아가다

jumble up

jumble *sth* **up, jumble up** *sth* (항상 **passive**) (유사어 **mix up**)

to mix things together in an untidy way

마구 뒤섞다, 난잡하게 하다, 뒤범벅으로 해놓다

Her clothes were all jumbled up on the floor.<수동> (그녀의 옷들이 마루바닥 위에 마구 뒤섞여 있었다.)

Here are three words with the letters jumbled up — can you guess what the words are?<수동>
(여기에 글자가 뒤섞인 세 단어가 있습니다. 어떤 단어들인지 아시겠어요?)

jump

vt. ① (~을) 뛰어넘다 ② (~에게) 뛰어넘게 하다; (사냥감을) 뛰어오르게[날아가게] 하다 ③ (아이 등을) 어르다 ④ (심장을) 뛰게 하다, (사람·신경을) 섬뜩하게 하다 ⑤ (물가를) 올리다 ⑥ (중간 단계를) 뛰어넘어 승진[진급]하다[시키다] ⑦ (기차가 선로를) 벗어나다, 탈선하다; (플레이어의 바늘이 레코드판의 홈을) 튀어나오다 ⑧ (책의 일부를) 건너뛰며 읽다 ⑨ ~보다 앞서 뛰어가다 ⑩ ((미)) (기차 따위에) 뛰어오르다, ~에서 뛰어내리다 ⑪ [보통 과거분사 꼴로] (감자 따위를) 프라이팬으로 흔들어 튀기다 ⑫ ~에 슬그머니 다가가다 ⑬ ((구)) 갑자기 떠나다, 달아나다 ⑭ ((구)) 급습하다, ~에 달려들다 ⑮ ~을 속여 ~시키다(into), 횡령하다, 가로채다 ⑯ [신문] (기사를) 다음 페이지로 넘겨서 계속 시키다 ⑰ [체스] (상대편의 말을) 건너뛰어 잡다 ⑱ ((속)) (남자가) ~와 성교하다

vi. ① 깡충 뛰다, 뛰어오르다, 도약하다, 갑자기[재빨리] 일어서다 ② 장애물을 뛰어넘다 ③ 움찔하다, (가슴이) 섬뜩하다, (종기·충치 따위가) 욱신거리다, 쑤시다 ④ (결론 등을) 서두르다, 급히 내리다 ⑤ 힘차게[갑자기] ~하다 ⑥ (물가 따위가) 급등하다, 폭등하다 ⑦ (진술 등이) 일치하다, 부합하다(together) ⑧ ((구)) (기회·제안 등에) 달려들다, ~에 기꺼이 응하다(at); (직업 따위를) 전전하다 ⑨ (화면이) 건너뛰다; (타자기가 글자를) 건너뛰다 ⑩ ((미속)) 떠들며 흥청거리다, 활기를 띠다 ⑪ [컴퓨터] 건너뛰다 (프로그램의 어떤 일련의 명령에서 다른 것으로 건너뛰는 일) ⑫ [야구] (깨끗이) 선취점을 올리다 ⑬ [체스] 상대방의 말을 뛰어넘어 잡다

350

유사단어

jump: 지상에서 뛰어오름을 말함. '뛰어 오르다'의 가장 일반적인 말
 I jumped over the fence. (나는 담장을 뛰어넘었다.)

leap: 높은 곳에서 가볍게 뛰어내리는 것. 또는 어느 거리까지 뛰어오름을 이름
 He had leapt from a window in the building and escaped. (그는 건물의 창문에서 뛰어 내려 도망갔다.)

spring: 갑자기 튀어 오름을 말함
 The lion roared once and sprang. (사자는 한번 으르렁 거리더니 갑자기 뛰어 올랐다.)

bound: 힘 있게 빨리 움직임
 George came bounding down the stairs. (조지는 층계를 통통 뛰면서 내려왔다.)

hop: 껑충껑충 뜀을 이름
 Malcolm hopped rather than walked. (말콤은 걷는다기보다는 껑충껑충 뛰었다.)

skip: 어린아이 따위가 경쾌하게 깡충깡충 뜀을 이름
 We went skipping down the street arm in arm. (우리는 팔짱을 끼고 깡충깡충 뛰면서 길을 내려갔다.)

jump at

jump at *sth* (유사어 **leap at**)

to early accept the opportunity to do something

즐겁게 응하다, (기회를) 덥석 받아들이다

When his company offered to send him to France, Jim jumped at the chance.
 sth
(회사가 그를 프랑스에 보내 주겠다고 제안했을 때 짐은 그 기회를 덥석 잡았다.)

Fifty thousand dollars? I would jump at an offer like that.
 sth
(5만 달러라고? 그런 제안이라면 기꺼이 받아들일 거야.)

➡ jump at the chance[opportunity] 로도 쓰임
When the resort was put for sale in 1985, the Millers jumped at the chance to buy it.
(1985년에 그 리조트를 팔려고 내놓았을 때 밀러 일가는 그것을 구입할 기회를 놓치지 않았다.)

jump out at

jump out at *sb* (유사어 **leap out at**)

if something jumps out at you, you notice it immediately

(~의) 눈에 확 뜨이다

Publishers try to think of titles that will jump out at the buyers.
 sb
(출판사들은 구매자의 눈에 금방 들어올 제목을 생각해내려 한다.)

As soon as I read it through again, several mistakes jumped out at me.
 sb
(그것을 다시 꼼꼼히 읽자 곧 몇 가지 틀린 것이 내 눈에 확 뜨였다.)

K

keep

vt. ① (어떤 상태·동작을) 계속하다, 유지하다, (길 따위를) 계속 가다 ② (사람·물건을) ~한 상태로 유지하다, ~하여 두다, 계속 ~하게 두다 ③ 간직하다, 간수하다, 가지(고 있)다, 유지[보유]하다 ④ (사람을) 가두어 놓다, 구류하다, 감금하다, 붙들어 두다 ⑤ 먹여 살리다, 부양하다; (남을) 고용하다 (on); (하숙인을) 치다; (자가용 등을) 소유하다; (정부를) 두다 ⑥ (친구와) 사귀다, 교제를 하다 ⑦ (동물을) 기르다, 사육하다 ⑧ (상품을) 갖추어 놓다, 팔다, 취급하다 ⑨ (귀중품·돈·식품 따위를) 보관[보존]하다, 남겨두다, 맡다, (자리 따위를) 잡아놓다(for) ⑩ (남에게) 알리지 않다, 비밀로 해두다; ~을 허락하지 않다, 시키지 않다; 방해[제지]하다, ~에게 ~못하게 하다(from) ⑪ (일기·장부 따위를 계속해서) 적다, 기입[기장]하다 ⑫ (법률·규칙 따위를) 지키다; (약속·비밀 따위를) 어기지 않다, 이행하다 ⑬ (의식·습관 따위를) 거행하다, 지키다, 축하[경축]하다 ⑭ (상점·학교 따위를) 경영[관리]하다 ⑮ ~의 파수를 보다, ~을 지키다, 보호하다 ⑯ ~을 보살피다, 손질하다 ⑰ (집회·법정·시장 따위를) 열다, 개최하다 ⑱ (어떤 곳에) 머무르다, 틀어박히다 ⑲ (신문 따위를) 완전히 장악하다

vi. ① ~한 상태에 있다, ~한 위치에 있다, 계속 해서 ~하다, 늘 ~하다 ② ~하지 않다, ~을 삼가다(from doing) ③ (음식 등이) 썩지 않고 오래가다 ④ (어떤 장소·위치에) 머무르다, 틀어박히다 ⑤ 열려있다, 영업하고 있다 ⑥ 뒤로 미룰 수 있다, 기다릴 수 있다 ⑦ (비밀 따위가) 유지되다, 새지 않다

유사단어

keep: 가장 일반적인 말, '자기 것으로서 손 가까이에 두다'라는 뜻으로 쓰일 때가 많음
We decided to keep our old car instead of selling it. (우리는 낡은 차를 파는 대신에 가지고 있기로 했다.)

retain: 잃어버릴[빼앗길] 염려가 있는 것을 계속 갖고 있다
The interior of the shop still retains a nineteenth-century atmosphere. (그 상점의 내부는 아직도 19세기의 분위기를 지니고 있다.)

detain: 보류하다, 움직이려고 하는 것을 현재의 상태·위치에 붙들어 두다
Police detained two suspects for questioning. (경찰은 심문하려고 두 명의 용의자를 구금하였다.)

reserve: (특별한 사람·장소를) 남겨 두다
A double room with a balcony overlooking the sea had been reserved for him. (바다가 내려다보이는, 발코니가 딸린 그 2인실 방은 그를 위해 예약되었다.)

preserve: 손상·위험·망각 따위를 막기 위해 보존하다, 식품을 가공 보존하는 뜻도 있음
We will do everything to preserve peace. (우리는 평화를 지키는 일이라면 무엇이든 할 것이다.)
Here is a recipe for preserving fruit in brandy. (여기, 브랜디에 들어갈 과일을 저장하는 요리법이 있어.)

keep at

keep at *sth* (유사어 **stick at it**) [Spoken]
to continue working hard at something difficult
(어렵거나·힘들어도 ~을 계속하다, (~을) 끈기 있게 잘하다

If you don't <u>keep at</u> <u>your studies</u>, you won't pass your exams.
       sth
(네가 공부를 계속 하지 않으면 시험에 통과하지 못할 거야.)

"<u>Keep at it</u>!" John encouraged me. ("끝까지 버텨." 존은 나를 격려했다.)
   sth

➡ keep at it 으로도 쓰임
I know the training is hard, but <u>keep at it</u>. Don't give up.
(훈련이 힘든 줄은 알지만 힘들어도, 계속해 포기하지 마.)

keep *sb* at it

to make someone continue to work hard

                 (~에게) 일을 열심히 하도록 시키다

Trevor will never pass his piano exam if he doesn't practise — you have to <u>keep</u> <u>him</u> <u>at it</u>.
                              sb
(트레버가 열심히 연습하지 않으면 피아노 시험을 통과하지 못할 거야. 네가 그 애에게 연습을 열심히 시켜야 할 거야.)
The director called yet another rehearsal; he was determined to <u>keep</u> <u>them</u> <u>at it</u> as long as possible.
                            sb
(감독은 또 한 번 리허설을 소집했다. 그들에게 가능한 한 연습을 열심히 시키려고 작정한 것이다.)

keep away

keep away (유사어 stay away)

to not go somewhere or near something

            (사람·장소·동물 등에) 가까이 가지 않다, (~에서) 떨어져 있다

You'd better <u>keep away</u>, I don't want you to get my cold.
(떨어져 있는 게 좋겠어. 너한테 감기 옮기고 싶지 않거든.)

It's dangerous here! Tell those kids to <u>keep away</u>! (여기 위험해! 아이들한테 가까이 가지 말라고 해!)

➡ keep away from 으로도 쓰임
Just <u>keep away from</u> my daughter! (내 딸에게서 떨어지란 말이야.)

keep *sb/sth* away from, keep away from *sb/sth*

to prevent someone or something from going somewhere or near something

                (사람·장소 가까이) 못가게 하다, 못하게 막다

You can't <u>keep</u> <u>my wife</u> <u>away from</u> a bargain sale. (아무도 아내가 바겐세일에 못 가게 막을 수 없어요.)
      sb
I try to <u>keep away from</u> <u>my boss</u>. (나는 사장을 멀리하려고 한다.)
         sb

➡ keep *sth* away from 으로도 쓰임
To avoid danger of suffocation, <u>keep plastic bags away from</u> babies and children.
               sth
(질식의 위험을 피하려면 아기나 아이들이 플라스틱 봉지에 가까이 가지 못하게 하세요.)

keep away sth, **keep** sth **away**

to prevent an illness from infecting someone

(질병 등이) 감염되지 못하도록 막다

Vitamin C is supposed to <u>keep away colds</u>.　(비타민 C를 섭취하면 감기에 걸리지 않을 거예요.)
　　　　　　　　　　　　　　　　sth

I've heard that sniffing eucalyptus oil will <u>keep a cold away</u>.
　　　　　　　　　　　　　　　　　　　　　　　　　　　sth

(유칼립투스 오일을 코로 들이마시면 감기에 걸리지 않는다고 들었어요.)

keep down

keep sth **down, keep down** sth

to stop the number, level, or size of something from increasing

(비용·가격·수량 따위를) 늘리지[올리지] 않다, 억제하다

The prime aim is to <u>keep inflation down</u>.　(주된 목적은 인플레이션을 억제하는 것이다.)
　　　　　　　　　　　　　　sth

They promised to <u>keep the rents down</u>.　(그들은 집세를 올리지 않겠다고 약속했다.)
　　　　　　　　　　　　　　sth

➡ keep prices[costs] down 으로도 쓰임
The store <u>keeps prices down</u> by asking customers to bag their own groceries.
(그 가게에서는 손님들에게 본인이 산 식료품을 가방에 넣어가도록 요청함으로써 가격을 올리지 않는다.)

keep sth **down, keep down** sth

used to ask someone to make less noise

(목소리·소리를) 죽이다, 조용하게 하다

Keep <u>your voice down</u>. Someone may overhear you.　(목소리 죽여. 누군가 듣고 있을지도 모르잖아.)
　　　sth

Keep <u>it down</u>, will you? I'm trying to sleep!　(좀 조용히 해줄래? 자려고 하잖아.)
　　　sth

➡ keep your voice down 으로도 쓰임
Keep your voice down — she'll hear you!　(소리 죽여. 그 여자가 네 이야기를 들을 거야.)

➡ keep it down 으로도 쓰임
Can you ask the kids to <u>keep it down</u> a bit? I'm trying to work.
(애들한테 좀 조용히 하라고 해줄래? 나 일 좀 하자.)

keep down, keep one's head down

if you keep down or if you keep your head down, you stay in a lying or low position in order to avoid being seen or attacked

몸을 낮추다, 엎드리다

Keep down! Someone may see you.　(엎드려! 누가 너를 볼지도 모르니까.)

Soldiers soon learn to <u>keep their heads down</u> on the battle field.
　　　　　　　　　　　　　　　one's head

(군인들은 전투 현장에서 몸을 낮추는 법을 곧 배운다.)

keep *sth* **down, keep down** *sth* (유사어 **hold down** 반대어 **bring up**)

if you keep food or drink down, you manage to swallow it properly and not vomit, even though you feel sick

(음식물 따위를) 받아들이다, (토하지 않고 위에) 음식물이 있다

I just couldn't keep anything down yesterday. (어제 나는 음식은 뭐든 바로 토해 버렸다.)
　　　　　　　　　　　sth

I tried to give her something to drink but she couldn't keep it down.
　　　　　　　　　　　　　　　　　　　　　　　　　　　　　　sth

(그녀에게 마실 것을 좀 주려고 했지만 다 토해 버렸다.)

keep down *sb*, **keep** *sb* **down** (유사어 **hold down, oppress** [Formal])

if someone keeps a group of people down, they prevent them from getting power and status and being completely free

(주민·국민을 불공정한 방법으로) 억압하다, (사람을) 억누르다

No matter how strong a dictator may be, he can't keep his people down forever.
　　　　　　　　　　　　　　　　　　　　　　　　　　　sb

(독재자가 아무리 강하다 해도 영원히 국민을 억압할 수는 없다.)

Women have been kept down for far too long.<수동>　(여성들은 너무 오랫동안 억압을 받아 왔다.)

keep from

keep *sb/sth* **from** *sth*

to prevent someone from doing something or to prevent something from happening

(~의) (일 등을) 방해하다, 못하도록 하다

I'll go now. I don't want to keep you from your work. (나 지금 갈 거야. 네가 일하는 것을 방해하고 싶지 않아.)
　　　　　　　　　　　　　　　sb　　　　sth

Tim's love of sports often keeps him from his studies.
　　　　　　　　　　　　　　　　sb　　　sth

(팀의 스포츠 사랑은 그가 공부하는 데 가끔 방해가 된다.)

➡ keep *sb* from doing *sb* 으로도 쓰임

Bains complained that he had been kept from seeing his children by his ex-wife.<수동>
　　　　　　　　　　　　　　　　　　　doing　　　　sb

(바인스는 전처가 아이들을 못 보게 방해했다고 불만을 표시했다.)

➡ keep *sb* from *sth* 으로도 쓰임

I hope I haven't kept you from your work. (제가 당신의 일을 방해하지 않았나 모르겠네요.)
　　　　　　　　　　　　sb　　　sth

keep *sth* **from** *sb* (유사어 **with hold** [Formal])

to prevent someone from knowing something, by deliberately not telling them about it

(일부러 말하지 않아) 모르게 하다

They tried to keep their marriage from their parents.
　　　　　　　　　　sth　　　　　　sb

(그들은 자신들이 결혼한 사실을 부모님에게 알리지 않으려고 했다.)

You'd better keep the bad news from mother until her operation is over.
                   sth   sb
(어머니의 수술이 끝날 때까지 나쁜 소식을 어머니에게 알리지 않는 게 좋겠어.)

> **keep (yourself) from doing**
> to prevent yourself from doing something with difficulty
> (힘이 들어서 ~을 못하다, ~하지 않고 있다)

The play was so boring I could hardly keep myself from falling asleep.
                                            yourself   doing
(연극이 너무 지루해서 잠이 오는 걸 참을 수가 없었다.)

Her new dress looked so strange I could hardly keep from laughing.
                                                          doing
(그녀의 새 옷이 너무 이상해 보여서 나는 웃음을 겨우 참았다.)

keep off

> **keep off** sth
> to not go onto an area of land
> (장소에) 들어오지 못하게 하다, 가까이 접근하지 못하게 하다

I walked across the lawn to read the sign. It said "keep off the grass."
                                                                sth
(안내문을 읽으려고 잔디밭을 가로 질러 걸어갔더니 거기에는 "잔디를 밟지 마시오."라고 쓰여 있었다.)

The children had been told to keep off the beach. (아이들은 바닷가에 접근하지 말라는 말을 계속 들었다.)
                                       sth

> **keep** sb/sth **off** sth
> to prevent someone or something from going onto an area of land, a road, etc.
> (사람·사물이) (땅·길에) 못 들어가게 하다

Please could you keep the children off the flower beds? (아이들이 꽃밭에 들어가지 못하게 해 주십시오.)
                      sb   sth
The government hopes that improving public transport will keep more cars off the roads.
                                                               sth   sth
(정부는 대중 교통수단 개선이 도로에 차들이 더 유입되는 것을 막아줄 것으로 기대한다.)

> **keep** sth/sb **off** sth/sb, **keep** sth **off**, **keep off** sth
> to prevent something from touching or harming something or someone
> 건드리지 못하게 해두다, 만지지 못하게 하다

A fire in the fireplace kept the chill off the room. (벽난로의 불이 방안의 한기를 몰아냈다.)
                              sth   sth
The rock singer hired body-guards to keep the fans off him.
                                          sb   sb
(그 록가수는 경호원들을 고용해서 팬들이 자신에게 접근하지 못하도록 했다.)

keep off sth
to not eat, drink, or take something that is bad for you

(해로운 음식물·음료 등을) 먹지 않다

If you want to lose weight, you should keep off fatty foods.
　　　　　　　　　　　　　　　　　　　　　　　　　　sth
(체중을 빼고 싶다면 당연히 기름진 음식을 먹지 말아야 한다.)

To my surprise, Patrick was still keeping off alcohol.　(놀랍게도 패트릭은 여전히 술을 삼가고 있었다.)
　　　　　　　　　　　　　　　　　　　　　　sth

keep sb off sth
used to prevent people from taking harmful food or medicine

(~가 몸에 해로운 음식물·약 등을) 못 먹게 하다

The program is aimed at keeping teenagers off drugs.
　　　　　　　　　　　　　　　　　　sb　　　　　sth
(이 프로그램은 십대들이 마약을 못하게 하는 데 그 목표를 두고 있다.)

My doctor is keeping me off the booze for a while.　(의사에게서 당분간 폭음을 삼가라는 말을 들었어.)
　　　　　　　　　　　　sb　　　sth

keep off sth (유사어 avoid, stay off) [BrE]
if you keep off a particular subject, you deliberately do not talk about it

(기분 나쁜 이야기 등을) 피하다, (화제 따위를) 언급하지 않다

Maud tired to keep off political subjects to avoid any arguments.
　　　　　　　　　　　　　sth
(모드는 어떤 논쟁이라도 피하기 위해 정치적 주제는 언급하지 않으려 했다.)

You had better keep off religious questions when talking to the boss. He doesn't like to discuss them.
　　　　　　　　　　　　　　　sth
(사장님하고 이야기할 때는 종교적 문제에 대한 이야기를 피하는 게 좋을걸. 그는 종교 문제에 대해 토론하는 것을 싫어해.)

keep sth off, keep off sth (반대어 put on)
if you keep weight off, you do not get heavier again after you have lost weight

(빠진 체중을 그대로) 유지하다

It's usually easier to lose weight than to keep it off.
　　　　　　　　　　　　　　　　　　　　　　　　sth
(보통은 체중을 빼는 것이 빠진 체중을 유지하기보다는 더 쉽다.)

Susan has now kept off forty-six pounds for five years.
　　　　　　　　　　　　　　sth
(수잔은 현재 5년 동안 46kg 체중을 계속 유지하고 있다.)

keep off (유사어 hold off) [BrE]
if bad weather keeps off, it does not begin, although it looks as if it might begin soon

(비·눈 따위가) 오지 않다, 그치다

Fortunately, the rain kept off, and the match was held as scheduled.
(다행히 비가 그쳤다. 그래서 경기는 계획대로 진행되었다.)

357

The rain **kept off** until we boarded our coach at 6:15.　(우리가 6시 15분 버스를 탈 때까지는 비가 오지 않았다.)

keep on

keep on doing *sth*, **keep on** (유사어 **continue, carry on**)
to continue to do something or go somewhere
(하고 있던 일을) 그대로 계속 하다, (계속) 가다

The album has made almost three million dollars in sales around the world, and people <u>keep on buying it</u>.
　　　　　　　　　　　　　　　　　　　　　　　　　　　　　　　　　doing　sth
(그 앨범은 전 세계적으로 판매고가 거의 300만 달러에 이른다. 그런데도 사람들은 여전히 그 앨범을 계속 사고 있다.)

They reached the edge of the woods but <u>kept on</u> until they found a suitable place to stay.
(그들은 숲 가장자리에 도착했으나 적당한 쉴 곳을 찾을 때까지 계속 걸었다.)

➡ **keep on with** *sth* 로도 쓰임
If it continues to rain, the players won't be able to <u>keep on with the game</u>.
　　　　　　　　　　　　　　　　　　　　　　　　　　　　　　　　　sth
(비가 계속 온다면 선수들은 경기를 계속 할 수 없을 겁니다.)

keep on doing *sth*
to do something many times
(여러 번 같은 것을) 하다, (~을) 계속하다

I don't like to <u>keep on</u> <u>borrowing</u> <u>money</u> from the bank.
　　　　　　　　　　　doing　　sth
(나는 은행에서 여러 번 되풀이해서 돈을 빌리고 싶지 않아.)

Kilkenny's a brilliant player — he just <u>keeps on</u> <u>scoring</u> <u>goals</u>.
　　　　　　　　　　　　　　　　　　　　　　　doing　sth
(킬케니는 뛰어난 선수야. 계속 골 득점을 올리잖아.)

keep on (유사어 **go on, harp on** [BrE, Informal])
if you keep on about something, you continue to talk about it in a boring or repetitive way
(지루하게) 이야기를 계속 하다

She <u>kept on</u> about the stupid car.　(그녀는 그 시시한 차에 대해 계속 이야기했다.)
I wish my parents wouldn't <u>keep on</u> about my exams all the time.
(우리 부모님이 늘 내 시험에 대해 끊임없이 이야기하지 않으셨으면 좋겠어.)

➡ **keep on and on** 으로도 쓰임
I know what you think, so there's no need to <u>keep on and on</u> about it.
(네가 무슨 생각하고 있는지 알아. 그러니까 그 문제에 대해 계속 이야기할 필요 없어.)

keep *sb* **on, keep on** *sb*
to continue to employ someone
계속해서 고용하다

Were you able to <u>keep both the gardeners on</u>?　(당신은 정원사 두 명 모두 고용할 수 있었습니까?)
　　　　　　　　　　　　sb

After Craig's retirement, he was kept on temporarily as a special assistant.<수동>
(크레이그는 은퇴 후 임시적으로 특별 보좌관으로 고용되었다.)

keep to

keep to *sth*

to stay on a road, a course, a piece of ground, etc.
(장소를) 떠나지 않다, (도로를) 따라가다

I like to keep to the main roads when I travel. (나는 여행할 때 간선 도로를 따라 가기를 좋아한다.)

The weather was so bad we had to keep to the house for the first two days.
(날씨가 너무 안 좋아서 처음 이틀 동안은 집에 머물러 있어야 했다.)

keep to *sth* (유사어 **stick to, abide by** [Formal])

if you keep to a rule, a plan, or an agreement, you do exactly what you are expected or supposed to do
(계획·규칙 등을) 지키다, (~을) 따르다

We decided to keep to our original plan. (우리는 원래 계획을 따르기로 결정했습니다.)

Keep to the letter of the law. (법조문을 그대로 따르도록 하세요.)

keep *sth* **to** *sth* (항상 수동)

to limit something to a particular number or amount
~을 어느 정도[수량]로 유지하다[지키다], 한정하다, 제한하다

It was a small wedding. We kept the guest list to 50.
(조촐한 결혼식이었다. 우리는 손님의 명단을 50명으로 제한했다.)

We were able to keep the cost of our vacation to around three thousand dollars.
(우리는 여름휴가 비용을 3,000달러 정도로 유지할 수 있었다.)

➡ keep *sth* to a minimum 으로도 쓰임
Hospital waiting time must be kept to a minimum. (병원대기 시간은 최소화되어야 합니다.)

keep *sth* **to oneself**

to not tell anyone about something
아무에게도 가르쳐 주지 않다, 가슴에 묻다, (정보를) 비밀로 하다

If I tell her, she won't keep it to herself. (만일 내가 그녀에게 이야기한다면 그녀는 비밀을 지키지 못할걸.)

Don't keep the news to yourself, let's all share it. (그 소식을 너만 알고 있지 마. 모두에게 알리도록 해.)

keep oneself to oneself [BrE], **keep to oneself** [AmE]

to prefer to be alone rather than with other people
남과 교제하지 않다, 홀로 있기를 좋아하다

Nobody really knows what Mary thinks about anything, she **keeps** herself **to** herself most of the
                                                                                  oneself   oneself

time, and rarely expresses an opinion.
(아무도 메리가 도무지 무슨 생각을 하는지 몰라. 그 애는 대체로 혼자 있기를 좋아하고 의견을 말하는 일이 거의 없어.)

Tom didn't like meetings and village events and he **kept** himself **to** himself.
                                                                    oneself   oneself

(탐은 모임이나 마을 행사를 좋아하지 않고 혼자 있기를 좋아했다.)

> **keep to** *sth* (유사어 **stick to**)
>
> if you keep to a particular subject, you talk only about that subject, and do not talk about anything else
>
>   (주제에서) 벗어나지 않도록 이야기하다

Do let's **keep to** the subject, we're trying to reach an agreement, not have a conversation.
                        sth

(주제에서 벗어나지 않도록 좀 합시다. 우리는 대화를 하려는 게 아니라 합의점을 찾으려는 중이잖아요.)

The discussion is beginning to wander. Let's **keep to** the main topic.
                                                     sth

(토론이 옆길로 새기 시작했네요. 주제에서 벗어나지 않도록 합시다.)

➡ **keep to the point** 로도 쓰임
He's a hopeless teacher. He can't **keep to the point**. (그는 구제불능 선생님이야. 요점을 벗어난다니까.)

keep up

> **keep up** *sth*, **keep** *sth* **up**
>
> to continue doing something, or to make something continue
>
>   (행위·일 따위를) 계속하다, (그대로) 지속하다

You did a great job in the negotiations, Jones. **Keep up** the good work.
                                                                  sth

(존스, 자네 협상 아주 잘 했네. 지금처럼 계속 잘 해주게.)

I told you to stop doing that. If you **keep** it **up**, I'm going to get angry.
                                                 sth

(내가 너한테 그 짓 그만하라고 했잖아. 계속 그러면 나 화낼 거야.)

➡ **keep up the good work** 로도 쓰임
Our manager's always coming round telling each of us to **keep up the good work**.
(우리 매니저는 항상 우리 한 사람 한 사람에게 와서 계속 열심히 하라고 말한다.)

> **keep up** (유사어 **continue**)
>
> if something keeps up, it continues without stopping or changing
>
>   (날씨 등이) 계속 되다, 지속되다

Will the fine weather **keep up**? (이 좋은 날씨가 계속 될까?)
If this snow **keeps up**, there will be no school tomorrow. (이 눈이 계속 내린다면 내일 휴교할거야.)

keep up

to go at the same speed as someone or something that is moving forward, so that you can stay with them

(~에게서) 떨어지지 않고 가다, (~와) 같이 가다

Bob walks so fast that it is hard to <u>keep up</u> with him. (밥이 너무 빨리 걸어서 그를 따라 가기가 힘들어.)
The wounded soldiers couldn't <u>keep up</u> with the rest of the army.
(부상당한 군인들은 나머지 군인들과 보조를 맞추어 갈 수 없었다.)

➡ <u>keep up with</u> 로도 쓰임
Sometimes Emmie followed Nick. She had to walk fast to <u>keep up with</u> him.
(가끔 에미는 닉을 따라 갔다. 그녀는 그와 같이 가기 위해 빨리 걸어야 했다.)

keep up (반대어 fall behind)

to increase or to make progress at the same speed as something or someone else so that you stay at the same level as them

간신히 다른 사람만큼 잘 하다, (경쟁 상대에게) 뒤처지지 않다

Teachers should offer advice to children in hospital on how to <u>keep up</u> at school.
(선생님들은 병원에 입원한 아이들에게 학교 수업에 뒤처지지 않을 방법을 조언해 주어야 합니다.)
The other firms are selling so well that we have to work very hard to <u>keep up</u>.
(다른 회사 제품이 아주 잘 팔려서 우리가 뒤처지지 않으려면 굉장히 열심히 일을 해야 합니다.)

➡ <u>keep up with</u> 로도 쓰임
Older employees often find it difficult to <u>keep up with</u> their younger colleagues.
(나이 많은 직원들은 가끔 젊은 동료들을 따라가기 힘겨워합니다.)

➡ <u>keep up with the Joneses</u>
(재산, 성취 등에 있어서) 남에게 뒤지지 않으려 애쓰다
Until she was forty, Gemma's life consisted of microwaves and mobile phones and <u>keeping up with the Joneses</u>.
(마흔 살이 될 때까지 젬마는 전자레인지와 휴대폰을 갖추며 남에게 뒤지지 않으려 애쓰는 삶을 살았다.)

keep up

to keep changing the way in which you do something because the situation you are in keeps changing

(속도·변화 등을) 따라가다

When I first started learning English, everyone seemed to talk so fast that I couldn't <u>keep up</u>.
(처음 영어를 배우기 시작했을 때는 사람들이 모두 너무 말을 빨리 하는 것 같아서 따라 갈 수가 없었다.)
Young people's fashions change so quickly nowadays that you need a lot of money to <u>keep up</u>.
(요즘 젊은 애들 패션이 너무 빨리 변해서 네가 따라 가려면 돈 좀 들어갈걸.)

➡ <u>keep up with</u> 로도 쓰임
It's difficult to <u>keep up with</u> the rapid changes in telecommunications.
(급속한 통신변화를 따라가기가 어렵습니다.)

keep up

to understand and respond to a situation that is changing

(변화하는 상황을) 이해하다, 반응하다

Technology changes all the time. It's almost impossible to <u>keep up</u>.
(기술은 항상 발전합니다. 거기에 맞춰 가기가 거의 불가능하지요.)

Jane always has some new idea. I can't <u>keep up</u> with her.
(제인은 항상 새로운 아이디어를 내는데, 나는 그녀의 아이디어를 이해하기가 어려워.)

➡ <u>keep up with</u> 로도 쓰임
We encourage all our employees to <u>keep up with</u> new technical developments.
(우리는 우리 모든 직원들이 새로운 기술적 발전에 발맞춰 나가도록 격려한다.)

keep up sth, keep sth up

to make something continue at its present level or amount, instead of letting it decrease

(가격·생산량 등을) 계속 떨어지게 하지 않다, (기력·체력이) 쇠하지 않다

NATO <u>kept up</u> <u>the pressure</u> on the Serbs to get out of Kosovo.
      sth
(나토는 코소보에서 퇴각하도록 세르비아에 계속 압력을 가했다.)

You need to have a good meal now to <u>keep your strength up</u>.
                                              sth
(기력을 유지하려면 지금 식사를 든든히 해야 해.)

keep up

if one process keeps up with another, it increases at the same speed so that they stay at the same level

(같은 수준을 유지하려고) 속도를 올리다

I shall be taking work home every night, you know, to <u>keep up</u>.
(너도 알다시피 현 상태를 유지하기 위해 난 매일 밤 일거리를 집에 가져갈 거야.)

In most African countries, food production is not <u>keeping up</u> with population growth.
(대부분의 아프리카 국가에서는 식량생산량이 인구증가를 따르지 못하고 있습니다.)

➡ <u>keep up with</u> 로도 쓰임
Salaries have not <u>kept up with</u> inflation in the last few years.
(지난 2~3년 동안 봉급인상이 물가 상승률을 따라 가지 못하고 있다.)

keep up sth, keep sth up

If you keep up a subject or a skill that you learned a long time ago, you continue to study, practice or use it

(오래전에 배운 학과나 기술을 잃지 않으려고) 흥미를 계속 가지고 있다

I do try and <u>keep up my physics</u>. (나는 전에 배운 물리학을 잊지 않으려고 계속 흥미를 가지려고 노력한다.)
                    sth

He's managed to <u>keep his Spanish up</u> quite well. (그는 그럭저럭 스페인어 실력을 잘 유지했다.)
                          sth

keep *sth* **up, keep up** *sth* (유사어 **maintain** [Formal])

If you keep up a building, you look after it and make sure that it remains in a good condition.

(집·차 따위를) 유지하다, 좋은 상태로 보전하다[관리하다]

George used to play the piano, but I'm afraid he hasn't <u>kept it up</u>.
                                                              sth
(조지가 예전에는 피아노를 쳤는데 그가 오랫동안 피아노를 치지 않아 걱정이다.)

It takes a lot of money to <u>keep up this old building</u>. (이 낡은 건물을 유지하는 데는 많은 돈이 들어갑니다.)
                                         sth

➡ <u>upkeep</u> (n)

(the process and cost of looking after a building) 유지, (토지·가옥·자동차 따위의) 유지비

For a house this size, the <u>upkeep</u> is enormous. (이 정도 크기의 집 치고는 유지비가 어마어마한데.)
                            n

keep *sb* **up, keep up** *sb*

to prevent someone from going to bed at the usual time

(~를) 잠들지 않도록 하다

We <u>were kept up</u> by the noise.<수동> (우리는 그 소리 때문에 잠들지 못했다.)
The baby's fever <u>kept me up</u> all night last night. (아기의 열 때문에 나는 지난 밤 밤새도록 잠을 이루지 못했다.)
                   sb

keep up with

keep up with *sb*

If you keep up with a friend, you stay in contact with them by writing or telephoning, or seeing them regularly

(서신 왕래 따위로) 접촉을 유지하다, 교제를 계속하다

We've <u>kept up with each other</u> since we left school. (우리는 학교를 졸업한 후에도 서로 계속 연락을 했다.)
              sb
I haven't <u>kept up with Janet</u> since we graduated. (우리가 학교를 졸업한 후 나는 재닛과 연락이 없었다.)
                     sb

key

vt. ① (이야기·문장 따위를) 분위기에 맞추다 ② 자물쇠를 채우다, 마개[쐐기]로 고정시키다(in, on) ③ (문제집 따위에) 해답을 달다 ④ [음악] ~의 음조를 맞추다, 조정하다(up, down) ⑤ (광고가 들어갈 자리를) 부호로 지시하다(신문·잡지의 레이아웃에서), (광고의 반향을 알기 위해) 광고 속에 기호를 넣다 ⑥ (아치에) 이맛돌을 끼워 넣다 ⑦ (벽토·페인트 등이 잘 먹도록) 겉을 거칠게 하다 ⑧ [컴퓨터] (데이터를) 입력하다(in, into)

vi. ① 열쇠를 사용하다 ② (~을) 중요시하다(on, in) ③ [컴퓨터] 키보드를 조작하여) 데이터를 입력하다 ④ 상대방의 움직임을 지켜보다(on)

key *sth* **in, key in** *sth* (유사어 **type in, enter**)

to put information into a computer using a keyboard

(컴퓨터에 데이터를) 입력하다

If you key your message in first, I'll show you how to send it.
　　　　　　　　sth
(네가 우선 메시지를 입력하면 내가 보내는 방법을 알려줄게.)

To extract information you key in the word you require.
　　　　　　　　　　　　　　sth
(정보를 추출하려면 필요한 단어를 컴퓨터에 입력하세요.)

be keyed up

if you are keyed up, you are very excited or nervous because something important or dangerous is about to happen

(~에) 흥분하다, 긴장하다, 신경과민이다

I was keyed up about the examination. (나는 시험 때문에 신경이 예민해졌어.)
Travis arrived, keyed up at the thought of seeing Rosemary again.
(트레비스는 로즈메리를 다시 본다는 생각에 흥분해서 도착했다.)

kick

vt. ① a. 차다, 걷어차다 b. (문 따위를) 차서 ~한 상태가 되게 하다 ② (특히 레이스에서) (자동차·말 따위의) 속도를 갑자기 올리다 ③ (골에) 공을 차 넣다 ④ (총이 어깨 따위에) 반동을 주다 ⑤ ((미속)) (신청을) 거절하다(= reject), (구혼자 등을) 퇴짜 놓다; (고용인을) 해고하다 (out) ⑥ (마약의 습관성을) 끊다

vi. ① 차다(at) ② (말 따위가) 차는 버릇이 있다 ③ (총이) 반동하다(= recoil) ④ ((구)) 반대[반항]하다, 거스르다, 강하게 항의하다(at, against), 불평을 말하다(about), 흠잡다(at, against)

kick back

kick back (유사어 **relax**) [AmE, Informal]

if someone kicks back, they relax

쉬다, 휴식을 취하다

Let's kick back and watch the football game tonight. (오늘밤은 쉬면서 축구 경기나 보자.)
My husband's favorite enjoyment is kicking back and listening to classical music.
(남편이 제일 좋아하는 것은 휴식을 취하면서 고전음악을 듣는 것이다.)

kick back *sth*, **kick** *sth* **back** [AmE]

if someone kicks back an amount of money, they illegally return some money to a person who is buying something as a bribe in order to encourage them to buy it

(받은 돈의 일부를) 사례로 은밀하게 갚다[지급하다]

In order to keep our jobs, we have to kick back part of our pay to the union bosses.
_{sth}
(일자리를 잃지 않기 위해 우리는 임금의 일부를 조합간부들에게 사례로 건네줘야 한다.)

The prosecutor said that 5 percent of every contract was kicked back to the head of the purchasing department.<수동>　(검사는 모든 계약금의 5%를 구매 부서의 책임자에게 주어야 한다고 말했다.)

➡ **kickback** (n) [AmE]

　(money paid illegally to somebody in return for work or help)
　임금의 일부를 떼어내기[가로채기], ((속어)) (임금의 일부를) 삥땅; 정치헌금, 상납

　The FBI agent heard the governor asking for a kickback.
_n
(FBI 요원은 그 주지사가 정치헌금을 요구하고 있다는 소리를 들었다.)

kick off (유사어 begin, start)

kick off, kick off *sth*, kick *sth* off

when you kick off an event or a discussion, you start it

(행사·토의를) 시작하다

At 10 p.m. Prince Charles kicks off 45 minutes of fireworks.
_{sth}
(밤 10시에 찰스 왕자는 45분간의 불꽃놀이를 시작한다.)

Are you ready for the debate? Right. who kicks off?
(토론 준비가 되셨습니까? 좋습니다. 어느 분이 시작하시겠습니까?)

kick off *sth*, kick *sth* off

if you kick off your shoes, you shake your feet so that your shoes come off

(발을 흔들어) 신을 벗다

I slumped into the armchair and kicked off my shoes.　(나는 팔걸이의자에 털썩 주저앉아 신을 벗어버렸다.)
_{sth}

Mark kicked off his shoes and climbed down into the stream.
_{sth}
(마크는 신발을 벗고 개울물 속으로 기어 내려갔다.)

kick off (유사어 begin, start)

if a game of football kicks off, the game starts.

(축구 등 시합이) 시작되다

The first goal was scored with in twenty seconds of kicking off.
(첫 번째 골은 게임이 시작된 지 20초 만에 터졌다.)

What time does this afternoon's game kick off?　(오늘 오후 시합은 몇 시에 시작합니까?)

➡ **kick-off** (n)

　(the time when a game of football starts, or the first kick)　[축구] 킥오프, ((구)) 시작, 개시

The kick-off of the Cup Final between Arsenal and Liverpool was delayed yesterday due to bad
_n
weather.　(아스널 팀과 리버풀 팀의 결승전 킥오프는 어제 악천후로 연기되었다.)

kick off [BrE, Informal]
to become angry and start complaining or criticizing someone or something
(사람·사물에 대해) 화를 내다, 불평이나 비판을 시작하다

Don't tell Daniel — he's bound to <u>kick off</u> about it. (대니얼에게 말하지 마. 그는 그것 때문에 화를 낼 거야.)

kick out

kick *sb/sth* **out, kick out** *sb/sth* (유사어 **chuck out** [Informal], **throw out** [Informal], **boot out** [Informal])
to force someone or something to leave a place, an organization, or position of power
(사람·사물을) 쫓아내다, 해고[해임]하다

The landlord <u>kicked me out</u> of my apartment as soon as I couldn't pay the rent.
                sb
(집 주인은 내가 집세를 낼 수 없게 되자마자 나를 아파트에서 쫓아 냈다.)

David drank too much and got <u>himself kicked out</u> of the bar.<수동> (데이빗은 너무 술이 취해서 바에서 쫓겨났다.)
                           sb

➡ **kick out of** 로도 쓰임
Amy was <u>kicked out of</u> university for failing her exams.<수동>
(에이미는 시험에 떨어져서 대학에서 쫓겨났다.)

knock

vt. ① (세게) 치다, 때리다, 두드리다, (못 따위를) ~에 두드려 박다, (벽 따위에 구멍을) 두드려서 [깨트려] 만들다 ② ~을 세게 쳐서~이 되게 하다 ③ 때려눕히다(down, off) ④ 부딪치다, 충돌시키다(on, against) ⑤ ~을 두드려서 떨다, 털어내다 ⑥ (감기 따위를) 이겨내다, 퇴치하다 ⑦ ((영속)) 깜짝 놀라게 하다, 감동시키다, ((미속)) (관객을) 압도하다 ⑧ ((구)) 깎아 내리다, 흠 잡다(= decry) ⑨ ((미속)) 빌리다, 빌려주다, 주다 ⑩ 최고 속도로 달리다 ⑪ ((영속)) 죽이다, ((영)) (여성을) 범하다

vi. ① 치다, 두드리다(at, on) ② 부딪치다, 충돌하다(against, into); 우연히 만나다 ③ (내연 기관이) (기화 불량으로) 노킹을 일으키다 ④ ((구)) 험담하다, 흠[트집]잡다, ((구)) 이야기[토론]하다

knock about[around]

knock *sb* **about[around]** [Informal]
to hit or kick someone several times
(~를) 여러 번 때리다, 때리거나 발로 차다

The fellow has been <u>knocking a policeman about</u> in the gutter.
                               sb
(그 사람은 술이 취해 순경 한 사람을 계속 때리고 발로 차고 했다.)

If that man <u>knocks his wife about</u> any more he'll be sent to prison.
                     sb
(만일 그 남자가 자기 부인을 더 때린다면 형무소행일걸.)

knock around[about] sth, knock around[about] (유사어 kick around [Informal]) [Informal]

to spend time somewhere, without doing anything very serious or important

(시간·생애를) 하는 일 없이 보내다, 놀고 지내다

We knocked about the country that summer, visiting various cities.
                   sth

(우리는 그 여름에 그 나라의 여러 도시를 방문하면서 하는 일 없이 보냈다.)

I knocked around the library, wondering what to read.
                 sth

(어떤 책을 읽을까 하며 도서관을 빈들빈들 돌아다녔다.)

be knocking around[about] (유사어 kick around, be kicking around[about] [Informal]) [Informal]

if something is knocking around, it is in a particular place, but it has been forgotten about, or not used for a long time

(~장소에 오랫동안 잊고) 놔두다, 쓰지 않고 두다

No, it's not mine, it's been knocking aroud the house for years.
(아니오, 그건 내 것이 아닙니다. 그것은 여러 해 동안 집에 두고 쓰지 않았습니다.)

There seem to be a lot of BMWs knocking around these days.
(요즘 사용하지 않고 두는 BMW가 상당히 있는 것 같아.)

knock sth around[about] [BrE]

to kick or hit a ball around, especially in a not very serious way

(목표 없이) 공을 차다

They didn't look like a team who wanted to win. They were just knocking the ball about.
                                                            sth

(그들은 이기고 싶어 하는 팀 같아 보이지 않았어. 이리저리 아무렇게나 공을 차더라고.)

There's nothing to do here; let's go into the field and knock a ball about for half an hour or so.
                                                             sth

(여기서는 할 일이 없구나. 우리 들판에 가서 30분 정도 공이나 차자.)

knock around[about] sth (유사어 kick around [Informal], bum around [Informal])

to spend time in a place or travelling around a place, doing nothing important

(~에서) 할일 없이 돌아다니다

I knocked around the house all day, doing very little. (나는 거의 아무것도 하지 않고 종일 집에서 어슬렁거렸다.)
                 sth

I know nothing about him except that he knocked around South Africa for a while.
                                                                sth

(그가 잠시 남아프리카를 돌아다녔다는 것 말고는 그에 대해 아는 게 없어.)

knock about[around] together (with) (유사어 go around with, hang out with [AmE, Informal]) [Informal]

to spend a lot of time with someone, either because they are friends, or because you are having a romantic relationship with them

(~와) 사귀다, 교제하다, (이성과 가까이) 지내다

They knocked about together for a year, I think. (그들은 1년 정도 교제했던 것 같아.)
How long was Grace knocking about with that red-haired boy before he left her?
(그 빨강머리 소년이 그레이스를 떠나기 전에 그녀는 그와 얼마 동안이나 교제했지?)

knock down

knock *sb* **down, knock down** *sb* (유사어 **knock over, run over**)
to hit someone with a vehicle and injure or kill them
(차로) (사람을 치어서) 상처를 입히거나 죽이다

As Tracey was getting out of her car, a motorcycle nearly knocked her down.
                                                                    sb
(트레이시가 차에서 내리는 순간 오토바이 한 대가 그녀를 거의 칠 뻔했다.)
Two children were knocked down by a drunken driver. Both children were seriously injured and police have arrested the driver.<수동>
(두 명의 어린이가 술 취한 운전자에게 치었다. 어린이 둘 다 중상을 입었고 경찰은 그 운전자를 체포했다.)

knock down *sth*, **knock** *sth* **down** (유사어 **demolish** [Formal])
to knock down a building or a part of a building
(건물 등을) 헐다

They knocked down the old station and built a new one.
                    sth
(그들은 오래된 (기차)역 건물을 헐고 새 청사를 세웠다.)
I'd knock the wall down between the front room and dining room.
           sth
(앞방과 식당방 사이에 있는 벽을 헐까 한다.)

knock *sth* **down, knock down** *sth* (유사어 **reduce**)
to reduce the price of something
(값을) 깎아 내리다

Through negotiations, we knocked the price down to $250,000.
                                  sth
(흥정을 통해 우리는 가격을 25만달러까지 깎았다.)
The price was knocked down to £3.<수동> (가격은 3파운드까지 내려갔다.)

➡ knock the price down to 로도 쓰임
The agents recommended knocking the price down to £150,000 and we agreed.
(중개인들은 값을 15만 파운드까지 깎을 것을 권했고 우리는 동의했다.)

➡ knockdown (a)
   (very cheap) 최저 가격의, (가격 등이) 매우 싼
In the end the land was sold a knockdown price. (마침내 그 토지는 헐값에 팔렸다.)
                                a

knock *sb* **down** [Informal]
to persuade someone to reduce the price of something they are selling to you
(사는 사람이) (파는 사람)에게 값을 깎도록 설득하다

The man was asking £50 for the dress, but I knocked him down to £45.
                                                      sb
(그 남자는 원피스 값으로 50파운드를 요구했는데 나는 45파운드로 깎아 달라고 했다.)

She wanted £2,000 for the car, but I knocked her down to £1,800.
                                               sb
(그녀는 차 값으로 2,000파운드를 원했으나 나는 그녀를 설득해서 1,800 파운드로 했다.)

knock down *sth*, **knock** *sth* **down**

to prove or argue that an idea, a suggestion, etc. is not right, or not worth considering

(상대방의 논의 · 생각 등을) 타파하다, 뒤엎다

His speech was poorly prepared, and I soon knocked down his argument.
                                                        sth
(그의 연설은 준비 부족이어서 나는 곧 그의 논점을 뒤엎었다.)

Jane has systematically knocked down every one of her friend's suggestions.
                                                  sth
(제인은 차근차근 친구의 의견들을 모두 하나씩 뒤집었다.)

knock off

knock off *sth*, **knock** *sth* **off** (유사어 **take off, deduct** [Formal], 반대어 **add on**) [Informal]

to reduce the price or value of something

~의 값을 할인하다, ~의 값을 깎아주다

Discount travel agencies may be able to knock off a few hundred dollars from the price of
                                                  sth
international tickets.   (저가 여행사들은 국제선 티켓 가격에서 몇 백 달러 할인해 줄 수도 있다.)

I'll knock £10 off the price of the dress if you take both dresses.
         sth
(이 옷을 두 벌 다 사시면 10파운드 깎아 드리겠습니다.)

knock it off! (명령문) (유사어 **stop it!, cut it out!**) [Spoken, Informal]

used to tell someone to stop doing something that is annoying you

그만 둬, 멈춰

I'm tired of listening to you criticize me. Knock it off!   (네가 나를 비난하는 소리 듣는 것도 지쳤어. 그만 좀 해.)

Knock it off, Liz! There is no reason to drive like an idiot!
(그만 멈춰, 리즈야. 멍청이 같이 운전할 이유가 없잖아.)

knock off *sth*, **knock** *sth* **off** (유사어 **take off**) [Informal]

to take a particular amount away from something, especially a price

(금액을 ~에서) 빼다, 할인하다, 감하다

I've been knocking off 200 extra calories a day but still not losing weight.
                    sth
(나는 하루에 여분의 200칼로리를 빼고 있는데도 여전히 체중이 줄지 않아.)

He said he'd knocked £50 off the price.   (그는 가격을 50파운드나 깎았다고 말했다.)
                   sth

knock off *sth*, **knock** *sb/sth* **off** (유사어 **defeat**) [AmE, Informal]
to defeat a person or a team in a race, a game, etc.
(사람 · 게임을) 이기다, 격파하다

If he can knock off the next two opponents, he could get into the last part of the competition.
                sb
(다음 두 명의 상대를 이긴다면 그가 시합의 결승에 진출할 텐데.)
The Bulls had knocked off the Rockets in the first round, winning 109-34.
                     sth
(불스 팀은 1라운드에서 로키츠 팀을 109대 34로 이겼다.)

knock off (유사어 **finish work**) [Informal]
when you knock off, you finish work at the end of the day, or before a break
(하루에) 일을 끝내다, (휴식 전에) 중단하다

We knocked off work about ten o'clock last night. (우리는 어젯밤 10시쯤 일을 끝냈다.)
Let's knock off early and go to the football game. (자, 일을 일찍 끝내고 축구 경기 보러 갑시다.)

knock off *sb*, **knock** *sb* **off** (유사어 **murder, bump off** [Informal]) [Informal]
when you knock someone off, you kill them
(~를) 죽이다, 살해하다

The terrorists have so far knocked off ten army officers.
                          sb
(테러리스트들은 지금까지 10명의 육군 장교를 살해했다.)
The gang decided to knock the FBI agent off. (갱단은 그 FBI 요원을 살해하기로 결정했다.)
                    sb

knock off *sth* (유사어 **copy**) [Informal]
to copy or imitate, especially without permission
해적판을 만들다[만들어 팔다], 도용하다, 복사본을 만들어 팔다

That music producer was caught knocking off other artist's CDs.
                               sth
(그 음악 프로듀서는 다른 음악가들의 CD를 복사해 팔다가 체포되었다.)
Overseas companies sometimes knock off the designs of famous fashion designers.
                                    sth
(외국 회사들이 유명 패션디자이너의 디자인을 도용하는 일이 가끔 있다.)

➡ knockoff (n) [Informal]
   (an unauthorized, cheap copy of something, especially fashion clothing)
   오리지널 디자인을 모방한 싸구려 복제품(의류품 등)
They sold the blatant knock-off of the $40,000 two-seat Mercedes-Benz 380 SL.
                         n
(그들은 4만 달러짜리 2인승 메르세데스-벤츠 380 SL을 노골적으로 본뜬 자동차를 팔았다.)

knock off sth, **knock** sth **off** (유사어 **churn off**)

to make something quickly and not very carefully

(일·작품 따위 등을) 재빨리 마무리 짓다, 간단히 해치우다

The artist <u>knocked off a quick sketch</u> and gave it to the waiter.
        sth
(그 화가는 스케치 한 장을 재빨리 그려서 웨이터에게 주었다.)

Dan prefers writing novels, but he sometimes <u>knocks off a magazine article</u> to make a few bucks.
                    sth
(댄은 소설 쓰기를 좋아하지만 돈 몇 푼 때문에 가끔은 잡지에 기사를 쓰기도 해요.)

knock sth **off, knock off** sth (유사어 **steal, nick** [BrE, Informal]) [BrE, Informal]

to steal something

물건을 훔치다, 절취하다. (강도짓을 하러) ~에 들어가다

The thief <u>knocked £500,000 off</u> from the bank. (그 도둑은 은행에서 50만 파운드를 훔쳤다.)
     sth

Someone broke into a shop and <u>knocked off some jewelry</u>. (누군가 상점에 침입해서 보석을 훔쳤습니다.)
              sth

knock out

knock sb **out, knock out** sb

to make someone become unconscious

(두들겨서) 의식을 잃게 하다, 기절시키다

The boxer <u>knocked his opponent out</u> with a blow to the head.
       sb
(그 복싱선수는 상대방 머리에 일격을 가해 기절시켰다.)

The explosion hurt no one, except that it <u>knocked out Colonel Lacour</u>.
                 sb

(그 폭발 사건으로 라코르 대령이 의식을 잃은 것을 제외하고는 아무도 다치지 않았다.)

➡ **knockout** (n)

(a hit hard enough to cause someone to lose consciousness) 녹아웃, 녹아웃된 상태

At the count of ten the referee declared a <u>knockout</u>. (10을 세고 심판은 녹아웃을 선언했다.)
                 n

knock sb/sth **out, knock out** sb/sth (유사어 **eliminate** [Formal])

to defeat somebody so that they cannot continue competing

(경기에서 상대방을) 패배시키다, 탈락시키다. (예선에서) 떨어뜨리다

The loss <u>knocked the Giants out</u> of the pennant race.
      sth
(그 패배 때문에 자이언츠 팀은 페넌트 레이스에서 탈락했다.)

England <u>were knocked out</u> of the European Archery Championship this afternoon in a surprise win by Sewden.<수동>
(잉글랜드 팀은 오늘 오후 있었던 유럽 양궁 선수권대회에서 스웨덴이 깜짝 우승을 하면서 탈락하고 말았다.)

knock sb out [Informal], knock out sb
to surprise and impress somebody very much

(~를) 놀라게 하다

Tom's new house is fabulous! It really <u>knocked me out</u>. (탐의 새 집은 굉장히 멋져. 정말 인상적이었다니까.)
　　　　　　　　　　　　　　　　　　　　sb

Her beauty <u>knocked out every man</u> in the room. (그녀의 아름다움이 방 안에 있는 모든 남자들을 사로잡았다.)
　　　　　　　　　　　　sb

➡ <u>knockout</u> (n)

(a knockout is something or someone that impresses or surprises someone a lot)
굉장한 것[사람], 굉장한 미녀

Have you seen Erik's new girlfriend? She's a real <u>knockout</u>.
　　　　　　　　　　　　　　　　　　　　　　　　　　　　　　n

(너 에릭의 새 여자친구 봤어? 정말 굉장한 미인이더군.)

knock sth out, knock out sth [AmE]
to stop the flow of the electricity to an area

~을 쓸 수 없게 하다

High winds have <u>knocked out power</u> in many parts of North Chicago.
　　　　　　　　　　　　　　　sth

(강풍으로 시카고 북부 여러 지역의 전력이 단전되었다.)

A storm has made roads treacherous and <u>knocked out power</u>.
　　　　　　　　　　　　　　　　　　　　　　　　　　　　sth

(폭우 때문에 도로들은 방심할 수 없는 상태가 되었고 전기는 나갔다.)

knock sb out [Informal]
to make someone extremely tired or sleepy

(~를) 피곤해서 지치게 하다, 졸리게 하다

Shoveling the snow from in front of the house this morning really <u>knocked me out</u>.
　　　sb

(오늘 아침 집 앞에 눈을 치운 것 때문에 나는 정말 피곤했어.)

It had been a hard day, and I was completely <u>knocked out</u> by the time I got home.<수동>

(힘든 하루였다. 내가 집에 도착할 즈음에는 완전히 지쳐 버렸다.)

knock out sth
when soldiers knock out a piece of the enemy's equipment, they destroy it or damage it enough so that it no longer operates

(적군의 장비를) 고장 나게 하다, 못 쓰게 하다

The enemy radar installation <u>was knocked out</u> by a 500-pound bomb.<수동>
(적의 레이더 시설 기지는 폭탄 500파운드 폭격으로 파괴되었다.)

I can't contact headquarters. I think our communications system might have <u>been knocked out</u> during the attack.<수동>

(사령부와 연락할 수가 없습니다. 우리 통신시스템이 포격 때 고장 난 게 틀림 없습니다.)

knock over

knock *sth/sb* **over, knock over** *sth/sb*

to push something or someone, especially accidentally, so that they fall to the ground or onto their side

(우연히) 넘어 뜨리다, 쓰러뜨리다

The children were playing and they <u>knocked the lamp over</u>. (아이들이 뛰어 놀면서 램프를 넘어뜨렸어.)
_{sth}

As she was dusting the room she <u>knocked over a vase</u> and spilt water all over the table.
_{sth}
(그녀가 방 먼지를 털고 있을 때 우연히 꽃병을 넘어 뜨려 책상 위를 온통 물바다로 만들었다.)

The woman came into the store so fast that she almost <u>knocked me over</u>.
_{sb}
(그 여자가 너무 급히 가게로 들어오는 바람에 나를 거의 쓰러뜨릴 뻔했지 뭐야.)

knock *sb* **over, knock over** *sb* (유사어 **knock down, run over**)

to hit someone with a car while you are driving, with the result that they fall down and are injured or killed

(차로 사람을 치어) 넘어져 다치거나 죽다

A motorcycle <u>knocked me over</u> and broke my leg. (오토바이 한 대가 나를 치어서 내 다리가 부러졌다.)
_{sb}

Coming too fast down the road, I <u>knocked over a child</u> on a bicycle.
_{sb}
(도로를 너무 빨리 달리다가 나는 그만 자전거를 탄 어린이를 넘어뜨렸다.)

L

latch

vt. ~에 걸쇠를 걸다
vi. 걸쇠가 걸리다

latch on[onto]

latch on, latch onto *sth* (유사어 **catch on, cotton on** [BrE, Informal]) [BrE, Informal]
to understand something
이해하다, 공감하다

By the time I'd <u>latched onto</u> <u>what was happening</u>, the thieves were already halfway down the
sth
street with my wallet.
(무슨 일이 일어나고 있는지를 알아 차렸을 때는 이미 도둑들이 내 지갑을 가지고 길 아래쪽으로 가고 있는 중이었다.)

She dropped several hints, but unfortunately I didn't <u>latch on</u>.
(그녀가 넌지시 몇 가지 힌트를 알려주었지만 유감스럽게도 나는 알아차리지 못했다.)

latch on to[onto]

latch on to[onto] *sth*
to decide that something is very good or useful and start using it
(훌륭하고 유용한 것을 사용하려고) 결정하다

In recent years, doctors have <u>latched onto</u> <u>the idea of using natural medicine</u>.
sth
(최근 들어서야 의사들이 천연 약제를 사용하기로 하였다.)

People are starting to <u>latch onto</u> <u>the idea of shopping</u> on the Internet.
sth
(사람들은 인터넷에서 쇼핑을 하는 개념을 이해하기 시작했다.)

latch on to[onto] *sth*, **latch on to[onto]** *sb*
to pay a lot of attention to something or someone because you think they are important or interesting
(중요하거나 흥미가 있어서) 관심을 가지다, 착안하다

The press are always quick to <u>latch onto</u> <u>any story</u> involving The Royal family.
sb
(언론들은 늘 왕실 가족에 관련된 이야기라면 즉각 관심을 보인다.)

Just as he was about to leave, he <u>was latched on to</u> by a girl he'd met that morning.<수동>
(그가 떠나려는 찰나 아침에 만났던 소녀가 그에게 관심을 보였다.)

latch on to[onto] *sb*, **latch oneself on to[onto]** *sb* (유사어 **glom onto** [AmE])

to join somebody and stay in their company, especially when they would prefer you not to be with them

(혼자 있기를 좋아 하는 사람과 이야기를 하며) 시간을 보내다

He <u>latched onto</u> <u>Sandy</u> at the party and wouldn't go away.
                  sb
(그는 파티에서 샌디와 말동무를 하며 그 옆을 떠나려 하지 않았다.)

Rob had <u>latched onto</u> <u>me</u>. (혼자 있고 싶은 나에게 롭이 계속 말을 걸었다.)
             sb

latch on to[onto] *sth* (유사어 **glom onto** [AmE])

to bite or suck and not let go of something

(~을 물거나 잡고 떨어지지 않다)

The big black dog then <u>latched onto</u> <u>my ankle</u>. (그때 커다란 검은 개가 내 발목을 물고 놓지 않았다.)
                             sth

If the insect <u>latches onto</u> <u>your skin</u>, one way of removing it is to use a burning cigarette.
                          sth
(벌레가 피부를 무는 경우 벌레를 떼어내는 한 방법은 타고 있는 담배를 이용하는 것이다.)

laugh

vt. ① (동족 목적어와 함께) ~한 웃음을 웃다(e.g. a bitter laugh 쓴웃음을 짓다) ② 웃으며 표현하다 ③ 웃어서 ~시키다[하게 하다], 웃어서 ~로 되다
vi. ① (소리를 내어) 웃다, 홍소하다 ② 흥겨워하다, 재미있어하다 ③ 만족하다, 우쭐하다 ④ 비웃다, 조소[냉소]하다(at) ⑤ [비유] (초목·자연물이) 미소 짓다, 생생하다

유사단어

laugh: '웃다'의 일반적인 말, 소리 내어 유쾌히 웃음
    We were <u>laughing</u> so hard we couldn't stop. (우리는 너무 많이 웃어서 멈출 수가 없었다.)

smile: 소리를 내지 않고 웃음
    This guy kept <u>smiling</u> at me from across the room. (이 남자는 방 저 편에서 계속 나를 보고 미소를 지었다.)

chuckle: 부드럽게 낮은 소리로 웃음

giggle: 억지로 참는 듯한 웃음이나 당혹스럽거나 어쭙잖음에 대한 웃음

sneer: 비꼼이나 경멸의 뜻을 품은 웃음
    How can you <u>sneer</u> at vegetarians when you're wearing a leather jacket?
    (너는 가죽 재킷을 입고 있으면서 어떻게 채식주의자들을 비웃을 수 있니?)

laugh off

laugh *sth* **off, laugh off** *sth*

to laugh about something unpleasant in order to make it seem less important or serious

(불안·위기 등을) 일소에 부치다

When news of the scandal first came out, White House staff tried to laugh it off.
                                                                              sth
(그 스캔들에 관한 뉴스가 처음 터졌을 때 백악관의 참모들은 가볍게 웃어넘기려고 했다.)

She laughed off their insults. (그녀는 그들의 모욕을 웃어 넘겼다.)
              sth

launch

vt. ① (새로 만든 배를) 진수시키다, (보트를) 물 위에 띄우다 ② (비행기 등을) 발진시키다, (비행기를) 날리다, (로켓·어뢰 등을) 발사하다, (글라이더를) 활공[이륙]시키다 ③ (세상에) 내보내다, 진출[독립]시키다; (상품 따위를) 시장에 내다, (책을) 발행하다 ④ (사업 따위에) 손을 대다, 나서다, 착수하다(on, upon) (종종 수동형으로 쓰임) ⑤ 던지다; (명령을)내리다; (비난 등을)퍼붓다; (타격을) 가하다; (공격을) 가하다, 개시하다 ⑥ [야구] 홈런을 날리다.

vi. ① 나서다, (사업 따위에 기세 좋게) 착수하다(forth, out, into), (얘기 따위를) 시작하다(into), 출발[개시·개업]하다 ② (비행기 등이) 날아오르다, 발진하다, 발사되다 ③ 돈을 헤프게 쓰다 ④ (폭언 따위를) 퍼붓다, 격렬히 비난하다

launch into

launch into *sth*

to start doing or saying something (e.g. speech, story) in a very enthusiastic way
(열심히) 이야기하기 시작하다, 논하기 시작하다

Horrigan launched into a speech about the importance of the new project.
                                  sth
(호리건은 새로운 프로젝트의 중요성에 대해 열심히 설명하기 시작했다.)

Powell launched into a ten-minute summary of the plan.
                            sth
(파웰은 그 계획을 10분으로 요약해서 열심히 이야기하기 시작했다.)

lay

vt. ① 누이다, (누이듯이) 두다, 놓다, [재귀 용법] 눕다 ② (벽돌 따위를) 쌓다, 쌓아올리다, 기초를 쌓다[만들다], 부설[건조]하다 ③ 쓰다듬다, 판판하게 하다 ④ (새 등이) (알을) 낳다 ⑤ (올가미·함정·덫을) 놓다, 장치하다, (복병을) 배치하다, (함정에) 빠뜨리려고 하다 ⑥ (계획을) 마련하다, 안출하다, 궁리하다, 짜내다; (음모를) 꾸미다 ⑦ 옆으로 넘어뜨리다, 때려눕히다, 쓰러뜨리다 ⑧ 누르다, 가라앉히다, 진정[진압]시키다 ⑨ ~에 입히다, (표면을) 덮다, ~에 씌우다, ~에 바르다[칠하다] ⑩ 식사 준비를 하다, (식탁에) 보를 씌우다, (보를) 식탁에 깔다 ⑪ (신뢰·강세 따위를) 두다 ⑫ (무거운 짐·의무·세금 등을) 과하다, 지우다 ⑬ (죄를) 짊어지우다, 돌리다, 넘겨씌우다 ⑭ 제출하다, 제시[게시]하다; (권리 등을) 주장하다 ⑮ (손해액을) 산출하다, 얼마로 결정하다 ⑯ (내기에) 돈을 걸다, 태우다 ⑰ (계약금·착수금을) 치르다 ⑱ [보통 수동태] (극·소설의 장면을) 설정하다 ⑲ (물건을) 갖다 대다 ⑳ (~한 상태에) 두다, (~상태로) 되게 하다; 매장하다 ㉑ (실·새끼 따위를) 꼬다, 엮다 ㉒ [군사] (총포를) 겨누다, 조준하다 ㉓ [해사] 육지가 보이지 않는 곳까지 오다 (↔ raise); ~의 키를 잡다 ㉔ ((속)) (남자가) ~와 자다[성교하다]

vi. ① 알을 낳다 ② 내기하다, 걸다, 보증하다 ③ (~에) 전력을 쏟다, 전념하다(to) ④ ((방)) ((구)) 준비하다, 꾀하다 ⑤ 마구 치다, 때리다 ⑥ [해사] 특정한 위치[방향]를 잡다, 배를 어떤 상태[위치]에 놓다

lay down

lay down sth, lay sth down (유사어 stipulate [Formal], set down)

to officially establish a rule or a way of doing something, or say officially what someone should do
(규칙·규정 등을) 규정하다, 정하다, 발표하다, (명확하게) 서술하다

The company has <u>laid down new guidelines</u> concerning expense accounts.
　　　　　　　　　　　　　　sth
(회사는 비용 계정에 관한 새로운 지침을 발표하였다.)

The city is planning to <u>lay down new parking rules</u>.
　　　　　　　　　　　　　　　　　　sth
(이 도시는 새로운 주차 규정을 제정하려는 계획을 세우고 있다.)

lay down one's weapons[arms, guns, etc] (유사어 surrender [Formal])

if people who have been at war lay down their arms or weapons, they stop fighting and make peace

전투를 중지하다, 휴전에 동의하다, 항복하다

The Prime Minister urged the rebels to <u>lay down their arms</u>. (총리는 반군에게 항복할 것을 촉구했다.)
　　　　　　　　　　　　　　　　　　　　　　one's arms

The terrorists have so far refused to <u>lay down any of their weapons</u>, and can continue their
　　　　　　　　　　　　　　　　　　　　　　　　　one's weapons
campaign of violence at any time.
(테러범들은 지금까지 항복을 거부해왔고 언제든 계속 폭력 행위를 할 수 있다.)

lay down the law

to tell someone very firmly what they should or should not do, especially in a way that annoys or upsets them

거만한 태도로 명령하다, 완강하게 말하다

Parents need to <u>lay down the law</u> regarding how much TV their children watch.
(부모들은 자녀들이 얼마만큼 TV를 보아야 하는지 규칙을 정할 필요가 있다.)

Her father had started <u>laying down the law</u> about what time she was supposed to come back home. (그녀의 아버지는 그녀가 몇 시에 집에 돌아와야 하는지 완강한 어조로 얘기했다.)

lay down sth, lay sth down (유사어 establish)

to establish something that will develop in the future
(미래를 위해) 기초를 세우다, 계획을 짜다

The course aims to <u>lay down the basis</u> for a career in teaching.
　　　　　　　　　　　　　　sth
(그 강좌는 교사 경력의 기초를 다지기 위한 것입니다.)

The foundations of future health <u>are laid down</u> in childhood.<수동>
(미래 건강의 토대는 어린 시절에 다져집니다.)

lay down *sth*, lay *sth* down
to store something, especially wine, to use in the future

(술 등을) 저장하다

Thomas <u>laid down</u> <u>many fine wines</u> in his wine cellar. (토머스는 많은 양질의 와인을 와인창고에 저장했다.)
                                sth

I bought a bottle of Merlot. Shall I <u>lay</u> it <u>down</u> or shall we drink it now?
                                          sth

(내가 메를로 한 병 샀어. 저장해 둘까, 아니면 지금 마실래?)

lay *sth/sb* down, lay down *sth/sb*
to put something on a horizontal surface

(~을 ~에) 두다, (~을) 눕히다, 내려놓다

She <u>laid down</u> <u>her book</u> and ran to answer the doorbell.
                     sth

(그녀는 책을 내려놓고는 초인종 소리에 문을 열러 뛰어갔다.)

I carried the baby upstairs and <u>laid</u> <u>him</u> <u>down</u> in his crib.
                                           sb

(나는 아기를 안고 2층으로 올라가서 아기침대에 눕혔다.)

lay down one's life (유사어 give one's life) [Formal]
to lose your life, for example in a war, in order to help other people

(남을 돕기 위해) 죽다

He considered it a privilege to <u>lay down</u> <u>his life</u> for his country.
                                     one's life

(그는 조국을 위해 죽는 것을 대단한 영광이라고 생각했다.)

Many soldiers <u>laid down</u> <u>their lives</u> in the First World War.
                               one's life

(수많은 군인들이 1차 세계대전에서 목숨을 잃었습니다.)

lay down *sth*, lay *sth* down (항상 수동)
when layers of sediment, sand, or rock are laid down, the layers settle and form into a solid mass over a long period of time

(퇴적층·모래층·바위 층이 오랜 시간에 걸쳐) 단단하게 형성되다

Most sedimentary stone has <u>been laid down</u> in layers under water and it splits easily.<수동>
(대부분의 퇴적암은 오랜 동안 물밑에서 층을 이뤄 형성되었기 때문에 쉽게 부서진다.)

The deposits of limestone <u>were laid down</u> millions of years ago.<수동>
(석회석 퇴적물은 수백만 년 전에 단단하게 형성되었습니다.)

lay into

lay into *sb/sth* (유사어 rip into [Informal]) [Informal]
to criticize someone or something very strongly, especially in a way that seems unreasonable or unfair

(불합리하게·불공정하게) 비난하다

When I got home my wife started <u>laying into</u> <u>me</u> because I'd forgotten it was our wedding anniversary.   (내가 집에 도착했을 때 아내는 결혼기념일을 잊어 버렸다고 나를 맹비난하기 시작했다.)

Spielberg <u>laid into</u> <u>his critics</u> in a recent article in Newsweek magazine.
(스필버그는 뉴스위크 잡지에 최근 기사를 쓴 평론가들에게 비난을 퍼부었다.)

lay into *sb* (유사어 **attack**) [Informal]
to attack someone and hit or kick them

(~를) 구타하다, 발로 차다

Her husband <u>laid into</u> <u>the photographer</u> with his fists and grabbed his cameras from him.
(그녀의 남편은 주먹으로 사진사를 구타하고 그의 카메라를 빼앗아 버렸다.)

Jimmy <u>laid into</u> <u>the bully</u> and knocked him to the ground.
(지미는 그 불량배를 마구 때리고 땅에 때려 눕혔다.)

lay off

lay off *sb*, **lay** *sb* **off** (유사어 **make redundant**)
to stop employing a worker, especially for a period in which there is not much work to do

(종업원을) 일시 해고하다, 해고하다

Ford <u>laid off</u> <u>20,000 workers</u> during the last recession.
(포드 사는 지난 불경기 때 2만 명의 근로자들을 해고했다.)

My wife had to go back to work after I <u>was laid off</u> from my job. <수동>
(내가 직장에서 해고된 후 아내는 일터로 다시 돌아가야만 했다.)

➡ <u>lay-offs</u> (n)
(when a company stops employing workers because there is not enough work for them to do)
(일시적인) 해고 (기간)

There are expected to be <u>lay-offs</u> at Rover's Longbridge factory because of the fall in demand for new cars.   (신차에 대한 수요 감소 때문에 Rover's Longbridge 회사에서는 정리 해고가 있을 것 같다.)

lay off *sth* (유사어 **stay off**)
to stop doing or having something, especially in order to rest or because it may have a bad effect on one's health.

(술·담배를) 끊다, 금하다, (~하는 것을) 그만두다

My doctor told me to <u>lay off</u> <u>drinking</u> for a while.   (의사는 나에게 당분간 금주하라고 했다.)

After Ned had a heart attack, he <u>laid off</u> <u>cheese and butter sandwiches</u>.
(네드는 심장마비를 일으킨 후 치즈 버터 샌드위치를 먹지 않았다.)

lay off *sb* (유사어 **leave** *sb* **alone**) [Spoken]
to stop criticizing, teasing, or pressuring someone
(누구에게 압박하기·괴롭히기·압박하기 등을) 멈추다, 그만두다

You've been bugging me all day. If you don't lay off me (sb), you're going to be sorry.
(너 온종일 나를 귀찮게 하는데, 날 가만 내버려두지 않으면 후회하게 될 거야.)

Lay off him (sb), Jonno! He's never done anything to you.
(그 사람 좀 괴롭히지 마, 존오! 그는 너한테 아무 짓도 하지 않았어.)

laze

vt. (시간·인생 등을) 허송하다(away)
vi. 빈둥빈둥 지내다, 게을리 하다, 꾸물꾸물 움직이다(about, around)

laze about[around] [BrE]

laze around[about] (유사어 **relax, lounge around, doss about[around]** [BrE, Informal])
to relax and enjoy oneself in a lazy way
(빈둥거리며) 시간을 보내다

I'm just going to laze around and watch TV. (그냥 빈둥거리면서 TV나 보면서 보내려고 해.)
For the first week of our holiday we usually laze about on the beach.
(우리는 휴가 첫 주에는 대개 바닷가에서 빈둥거리며 시간을 보낸다.)

lead

vt. ① 이끌다, 인도[안내]하다, 데리고 가다 ② ~의 손을 잡아 이끌다; (고삐로) (말 따위를) 끌다; (댄스에서) (파트너를) 리드하다 ③ 인솔하다, 거느리다; ~에 솔선하다, (행렬·사람들의) 선두에 서다, ~의 첫째이다, 리드하다, (유행의) 첨단을 가다 ④ 선도하다, 지도하다, (군대 따위를) 지휘하다, 감화하다 ⑤ 끌어[꾀어]들이다, 유인하다 ⑥ (마음이) 내키게 하다, ~한 마음이 일어나게 하다 ⑦ (줄·물 등을) 끌다, 통하게 하다, 옮기다 ⑧ (길 따위가 사람을) 이르게 하다, 끌고[데리고]가다, (어떤 결론[상태]으로) 이끌다 ⑨ (세월을) 보내다, 생활하게 하다 ⑩ [카드놀이] (특정한 패를) 맨 처음의 패로 대다 ⑪ [법률] (증인에게) 유도심문을 하다, ((영)) (소송의) 수석 변호인이 되다, 증언하다 ⑫ (이동 목표의) 앞쪽을 겨냥하여 쏘다, (달아나는) 오리의 전방을 겨냥하여 쏘다 ⑬ (최초의 일격을) 가하다, (리드펀치로) 연타를 퍼붓기 시작하다

vi. ① 앞장서서 가다, 선도하다, 지휘하다, 지도적 역할을 하다 ② 이끌다, 인도하다 ③ 앞지르다, 리드하다 ④ (길·문 따위가) ~에 이르다, 통하다 ⑤ (~의) 원인이 되다, 결국 (~이) 되다(to) ⑥ (말이) 끌려가다, 따르다 ⑦ [카드놀이] 맨 먼저 패를 내다 ⑧ ((영)) 제1바이올린 연주를 맡다; [법률] (~의) 수석 변호인이 되다(for) ⑨ [권투] 리드펀치를 뻗다, 공세로 나오다

lead on

lead *sb* **on** (유사어 **deceive, string along** [Informal])
to make someone believe something that is not true

(~에게 사실이 아닌 것을) 믿도록 하다, 유혹하다

Exaggerated advertising <u>leads the public on</u> to pay high prices for cheap products.
                                       sb
(과장 광고는 대중들이 조잡한 상품에 비싼 값을 지불하도록 유인한다.)

I don't want to <u>lead her on</u>, but I don't want to hurt her feelings either.
                 sb
(나는 그녀를 속이고 싶지 않지만 그녀의 감정을 상하게 하고 싶지도 않아.)

lead *sb* **on** (유사어 **egg on, goad on**)
to encourage someone to do something that they should not do

(해서는 안 되는 것을 하도록) 부추기다

Many young kids start smoking at school, <u>led on</u> by their friends.<수동>
(많은 젊은이들이 친구들의 부추김을 받아 학교에서 담배를 피기 시작한다.)

"Why don't you try? It can't do any harm." she said, <u>leading him on</u>.
                                                             sb
(그녀는 "한번 해 봐. 아무런 해도 없어."라고 말하면서 그를 부추겼다.)

lead up to

lead up to *sth*
to come before something[e.g. actions, events, situations] and often cause it

(행동 · 사건 · 상황에) 이르다, ~을 일으키다, ~이 되다

The police are tracing the events that <u>led up to the crime</u>. (경찰은 범행으로 이어지는 사건들을 추적하고 있다.)
                                                       sth

They had a series of arguments, <u>leading up to a decision</u> to separate.
                                                   sth
(그들은 연이은 말다툼 끝에 결국 헤어지기로 했다.)

lead up to *sth* (항상 진행형) (유사어 **work up to**)
to gradually introduce a subject into a conversation

(주제에) 점점 접근하다

He seemed to be <u>leading up to a proposal of marriage</u> when the doorbell rang.
                                                                sth
(그가 청혼을 할 것 같았던 바로 그때 초인종이 울렸다.)

In his speech, the President didn't immediately announce that he would run for a second term, he <u>led up to it</u> by recalling the accomplishments of his first term.
     sth
(연설 중 대통령은 차기에 출마할 것이라는 사실을 바로 발표하지는 않았지만 자신의 첫 임기 중의 업적을 돌아보면서 차츰 출마 이야기로 접근해 갔다.)

leak

vt. ① 새게 하다 ② (비밀 등을) 누설하다, 흘리다
vi. ① 새다, 새어나오다 ② (비밀 등이) 누설되다(out) ③ ((속)) 소변을 보다

leak out

leak out
to become known publicly
(비밀 · 정보 등이) 누출되다, 발각되다

The news of his appointment <u>leaked out</u> before it was officially made known.
(그가 임명될 것이라는 뉴스가 공식적으로 알려지기 전에 새어나갔다.)

If this information <u>leaks out</u>, we'll be in big trouble.
(이 정보가 새어 나간다면 우리는 대단히 곤란하게 될 거에요.)

lean

vt. ① 기대도록 하다, 의지하게 하다 ② 기울이다, 구부리다
vi. ① 기대다(against, on, over), 의지하다 ② 기울다, 구부러지다, 경사지다 ③ 상체를 굽히다, 뒤로 젖히다 (back), 몸을 구부리다(over) ④ (사상 · 감정이) 기울다, 쏠리다, ~의 경향이 있다 (to, toward)

lean on

lean on *sb* (유사어 **depend on, rely on**)
to depend on someone for support and encouragement, especially at a difficult time
(사람 · 도움 · 조언 등에) 의지하다, 매달리다, 기대다

The child <u>leaned on</u> <u>his mother</u> and went to sleep. (아이는 엄마한테 기대어 잠이 들었다.)
　　　　　　　　　　sb

He <u>leant on</u> <u>the calm and steadfast Kathy</u>. (그는 침착하고 착실한 캐시에게 의지했다.)
　　　　　　　　sb

lean on *sb* (유사어 **pressurize**)
to try to make someone do what you want by threatening or persuading them
(~하도록) 압력을 가하다, 강요하다

The President found that bureaucrats don't comply quickly unless he <u>leans on</u> <u>them</u> a bit.
　　　　　　　　　　　　　　　　　　　　　　　　　　　　　　　　　　sb
(대통령은 각료들에게 어느 정도 압력을 가하지 않으면 그들이 신속하게 지시에 따르지 않는 것을 알았다.)

I suppose they could <u>lean on</u> <u>him</u> by threatening him if he refuses to help them.
　　　　　　　　　　　　sb
(그가 그들에게 협조하는 것을 거부한다면 아마 그들은 그에게 위협을 가하면서 그에게 압박을 가할 수도 있어요.)

➡ **lean on** *sb* **to do** *sth* 으로도 쓰임

A group of senators has been <u>leaning on Republican leaders to cut welfare</u>.
　　　　　　　　　　　　　　　　　　　　sth　　　　　　do　　sth
(상원의원들은 공화당 지도자들에게 복지 예산을 삭감하도록 계속 압력을 넣고 있다.)

leave

vt. ① (뒤에) 남기다, 남기고[두고] 가다, 놓아두다; 둔 채 잊다, 남겨 둔 채(로) 가다, 버리다 ② (가족, 재산 등을) 남기고 죽다, (유산·명성·기록 따위를) 남기다, 남기고 죽다 ③ (업무 따위를) 그만두다, 탈회[탈퇴]하다, (초·중등학교 등을) 졸업[퇴학]하다, (직장 등)에서 물러나다 ④ ~한 채로 놔두다, 방치하다, ~인 채로 남겨두다, (결과로써) ~상태로 되게 하다 ⑤ (~에게) 맡기다, 위탁하다(with), 일임하다, 위임하다(to) ⑥ 떠나다, 출발하다, 헤어지다 ⑦ 그치다, 중지하다 ⑧ 자유로 ~하게 하다, ~할 것을 허용하다 ⑨ 배달하다, 전달하다 ⑩ ((미구)) (아무에게) ~시키다(= let)

vi. ① 출발하다, 뜨다, 떠나다 ② (직장 등에서) 물러나다, 그만 두다, ((영)) 졸업하다

leave aside

leave aside *sth*, **leave** *sth* **aside** (유사어 **ignore, disregard** [Informal])

to not discuss or consider a particular subject so that you can discuss a different subject

　　　　　　　　　　　　　　　　　　　　　　　　(문제·비용·주제 등을) 별도로 하다, 고려하지 않다

Let's <u>leave aside the question of cost</u> — which computer would be the best one for us to buy?
　　　　　　　　　　　　sth
(비용 문제는 제쳐놓고, 우리가 사기에 어떤 컴퓨터가 제일 좋을까?)

Let us <u>leave the social, ethical and moral aspects aside</u> and consider the reality.
　　　　　　　　　　　　　　　sth
(우리 사회적, 윤리적·도덕적 측면은 제쳐놓고 현실을 생각해 봅시다.)

leave behind

leave *sth/sb* **behind, leave behind** *sth/sb*

to not take someone or something with you when you go somewhere

　　　　　　　　　　　　　　　　　　　　　　　　(물건·사람을) 내버려 두고 가다

The explores <u>left the mountains behind</u> and entered the jungle.
　　　　　　　　　　sth
(탐험가들은 산을 뒤로 하고 정글로 들어갔습니다.)

Make sure you don't <u>leave anything behind</u> in your hotel room.
　　　　　　　　　　　　　　sth
(호텔 객실에 아무 것도 남겨 놓지 않도록 하십시오.)

leave behind *sth*, **leave** *sth* **behind** *sb*

to cause a particular situation to exist after leaving a place, position or power

　　　　　　　　　　　　　　　　　　　　　　　　(흔적·상태 등을) 뒤에 남기다

The hurricane swept through the islands, leaving behind a trail of destruction.
                                                                    sth

(허리케인이 그 섬을 휩쓸고 지나가면서 파괴의 흔적을 남겼다.)

The previous government left a huge budget deficit behind them.
                              sth   sb

(이전 정부는 막대한 재정 적자를 남겼습니다.)

> **leave** *sb/sth* **behind, leave behind** *sb/sth*
>
> if you leave behind your family or possessions when you die, they remain after you have died
>
> (물건 · 돈을) 사후에 남기다, (유산을) 남기다, (사람을) 남기고 죽다

The author left many unpublished manuscripts behind. (그 저자는 수많은 미 출간된 원고들을 남기고 죽었다.)
                    sth

He left behind a wife and three small children. (그는 부인과 세 아이를 남기고 죽었습니다.)
       sb

> **leave** *sb* **behind, leave behind** *sb*
>
> to surpass someone or something
>
> (운동 · 연구 등에서) ~을 훨씬 앞서다, (~와) 차이가 나다

My husband walks so fast that he always leaves me behind.
                                                sb

(남편의 걸음이 너무 빨라서 그는 항상 내가 뒤처지게 한다.)

Mark was so good at calculus that he soon left the rest of the class behind.
                                              sb

(마크는 미적분을 무척 잘 해서 금세 나머지 학생들을 앞질렀어.)

➡ be[get] left behind 로도 쓰임
If you don't study harder, you'll be left behind.<수동> (너 공부 더 열심히 하지 않으면 뒤처지고 말 거야.)

> **leave** *sth* **behind, leave behind** *sth*
>
> if a substance is left behind as the result of a process, it remains or is the result of the process after it has finished
>
> (일의 진행 결과로) 남다

When the liquid is heated, the water evaporates, leaving the salts behind.
                                                          sth

(액체를 가열하면 물은 증발하고 소금이 남는다.)

Although the shooting has stopped for now, the destruction left behind is enormous.<수동>
(총격은 이제 멈췄지만 뒤에 남겨진 파괴의 정도는 어마어마했다.)

leave off

> **leave off** *sth*, **leave off** (유사어 **stop**)
>
> to stop doing something
>
> (~하던 것을) 그만 두다, 끝내다

We left off dancing and went outside to cool off. (우리는 춤추던 것을 그만 두고 열기를 시키려고 밖으로 나갔다.)
       sth

Okay class, we <u>left off</u> on page 92 last week, so open your books to page 93.
(자 여러분, 우리가 지난 주 92쪽에서 끝났지요. 그러니 여러분 책에서 93페이지를 펼치세요.)

Leave off! (유사어 **give over!** [BrE, Informal], **cut it out!**, **cut that out!** [Spoken, Informal])
[BrE, Spoken, Informal]

used to tell someone to stop doing something, especially when they are annoying you

(귀찮은 일을) 그만 둬, 멈춰

<u>Leave off</u>! You're hurting me. (그만 해! 아프단 말이야.)
<u>Leave off</u>, will you! I'm tired of your constant complaining! (그만 좀 할래! 너의 끊임없는 불평에 질렸어.)

leave *sb/sth* **off**

when you do not include someone or somethings on a list, either accidently or deliberately

(목록에서) 빼다, 생략하다

Check to make sure you don't <u>leave anyone off</u> the list. (명단에서 빠진 사람 없는지 확인해.)
_{sb}
<u>Leave the Smiths off</u> the invitation list. They didn't invite us to their son's wedding.
_{sb}
(초대자 명단에서 스미스네 가족은 빼. 그 집 아들 결혼식에 우리를 초대하지 않았어.)

leave out

leave out *sb/sth*, **leave** *sth/sb* **out** (유사어 **omit, exclude**)

to not include someone or something, either deliberately or accidentally

(~를) 포함하지 않다

Right at the end of the exam, I realized I'd <u>left out something</u> important.
_{sth}
(시험 막판에 나는 중요한 것을 빠뜨렸다는 걸 알아차렸다.)
Tell me the entire story from beginning to end. Don't <u>leave anything out</u>.
_{sth}
(처음부터 끝까지 전부 이야기해 줘. 하나도 빼놓지 말고.)

➡ **leave out of** 로도 쓰임
Fans were shocked that Giggs had been <u>left out of</u> the team.
(팬들은 긱스가 팀에서 빠졌다는 소리에 충격을 받았다.)

feel left out

to feel as if you are not accepted or welcomed in a group of people

소외되거나 환영받지 못한다고 느끼다

No one talked to Jerry at the party. He just sat in the corner <u>feeling left out</u>.
(파티에서 아무도 제리에게 말을 걸지 않았다. 그는 소외감을 느끼며 구석에 앉아 있었다.)
Everyone seemed to know each other at the club and I <u>felt</u> really <u>left out</u>.
(클럽에서 모든 이들이 서로 알고 있는 것 같아서 나는 진짜 소외된 것 같은 느낌이 들었다.)

leave it out! (유사어 **come off it** [Spoken, Informal], **knock it off** [Informal]) [BrE, Spoken, Informal]

used to tell someone that you do not believe what they have just said

거짓말 하지 마, 믿지 않아

Leave it out! You're not the Prime Minister's nephew!
(거짓말 하지 말아요. 당신은 총리의 조카가 아니잖아요!)

"I love you, I didn't mean to hurt you." "Oh, leave it out, Mike — I've heard it all before!"
("너를 사랑해. 너에게 상처 주고 싶지 않았어." "거짓말 좀 하지 마, 마이크. 내가 그런 소리를 한두 번 들었어야지!")

be left over

be left over

if something such as money or food is left over, you still have some after you have used or eaten as much as you need

(수량 · 돈 · 음식 · 시간 등이) 남아 있다, 여유 있다

After we've paid the bills there's never any money left over at the end of the month.<수동>
(우리가 각종 공과금을 내고 나면 월말에는 돈이 한 푼도 남지 않는다.)

Everyone said how well the chicken casserole went with the salad and nothing was left over at the end of the meal.
(모두 캐서롤(서양식 닭찜)이 샐러드와 아주 잘 어울린다고 말했고 식사가 끝났을 때는 남은 음식이 없었다.)

➡ be left over from 으로도 쓰임
Dan made a sandwich with some cold chicken left over from lunch.<수동>
(댄은 점심에 남은 식은 닭고기로 샌드위치를 만들었다.)

➡ leftovers (n)
(food that has not been eaten at the end of a meal) 남은 음식
Shall I throw away the leftovers, or do you want to use them for something else?
(먹다 남은 음식을 버릴까요? 아니면 어디 쓰실 데 있어요?)

➡ leftover (a)
(leftover food is food that has not been eaten at the end of a meal) 먹다 남은, 나머지의
Here are some great recipes for ways to use leftover turkey.
(먹다 남은 칠면조를 이용하는 방법에 대한 근사한 요리법이 있어.)

be left over

to exist from an earlier time

(물건 · 신념 · 습관 등이) (과거부터) 존재하다, 잔존하다

We used some balloons that were left over from Christmas party to decorate the house for her birthday. (우리는 크리스마스 파티를 하고 남은 몇 개의 풍선을 그녀의 생일을 위해 집을 장식하는 데 사용했다.)

Six months later, there was still a lot of damage left over from the tornado.
(6개월이 지났는데도 토네이도로 인한 많은 피해가 여전히 남아 있다.)

➡ **be left over from** 으로도 쓰임
He keeps his hair very short — a habit left over from his days in the army.
(그는 지금도 아주 짧은 머리를 고집한다. 그의 군 시절부터 남은 습관이다.)

➡ **leftover** (n)
(something that remains from an earlier time, although the situation that caused it has changed)
흔적, 시대착오의 구습[자취]
The restaurant's name — The Old Mill — is a leftover from the days when flour was produced here.
                                                            n
("낡은 방앗간"이란 식당 이름은 여기서 밀가루가 만들어졌던 시대의 흔적이다.)

leave to

leave *sb* **to** *sth* [Spoken]
to go away from someone so that they do something by themselves or so they can continue what they are doing
                                      (하던 것을) ~가 그대로 하도록 놔두다, (하던 것을 계속 하도록) 떠나다

After telling me to see him after lunch, the boss left me to my meal.
                                                                                   sb   sth
(점심 후 보자고 말한 부장은 내가 식사를 계속 하도록 놔두고 떠났다.)
I know you have a lot of work to do. I'll leave you to it.
                                                   sb   sth
(네가 할 일이 많다는 것을 알아. 네가 그 일을 하도록 놔둘게.)

➡ **leave** *sb* **to it** 로도 쓰임
The meeting still hadn't finished by 7 o'clock, so we left them to it and went for a drink.
                                                                     sb   it
(회의는 7시가 되었는데도 아직 끝나지 않았다. 그래서 우리는 그들을 놔두고 한잔하러 갔다.)

leave *sth* **to** *sb*
to give something to someone after you die
                                                                            (재산 등)을 ~에게 남기다, 양도하다

Your mother has left most of her property to you. (당신 어머니께서 당신에게 대부분의 재산을 남기셨습니다.)
                              sth   sb
My parents left their house and savings account to me. (부모님은 나에게 집과 통장을 남겨 주셨다.)
                              sth   sb

let

vt. ① ~시키다, ~하게 하다, ~을 허락하다(명령형을 써서 권유 · 명령 · 허가 · 가정 등을 나타냄.) ② 들어가게 하다, 통과시키다 ③ (토지, 건물 등을) 임대하다, 빌려 주다 ④ (액체 · 목소리 따위를) 내보내다, 쏟다, 새게 하다 ⑤ (일을) 맡기다, (특히 입찰에 의해) 떠맡게[도급 맡게] 하다, 계약하게 하다 ⑥ (어떤 상태가) 되게 하다, ~해두다

vi. 빌려지다, 빌려 쓸[빌릴] 사람이 있다; 낙찰되다

유사단어

let: 허용을 나타냄
  <u>Let</u> him go. (가고 싶다고 하면 그를 가게 하세요.)

make: 강제를 나타냄
  <u>Make</u> him go. (싫어해도 그를 가게 하세요.)

have: ((미)) 권유를 나타냄
  <u>Have</u> him go. (그에게 가 달라고 하세요.)

get: ((영)) 권유를 나타냄
  <u>Get</u> him to go. (그에게 가 달라고 하세요.)

force: ((문어)) 강한 강제를 나타냄
  <u>Force</u> him to come. (무리를 해서라도 그를 오게 하세요.)

oblige: (필요·의무·도덕상·법률상) ~하지 않을 수 없게 하다, 정신적인 속박을 말함
  The law <u>obliges</u> us to go pay taxes. (법률에 따라 세금을 내지 않으면 안 된다.)

compel: 물리적·정신적인 압력을 무리하게 주어 아무에게 어떤 일을 시키는 경우
  They <u>compelled</u> silence from us. (그들은 우리에게 침묵을 강요했다.)

let down

let *sb* **down, let down** *sb*

to fail to meet the expectations of someone

기대에 어긋나다, (~를) 실망[낙담]시키다

Julia promised to meet Rick outside the cinema at eight o'clock, but she <u>let</u> <u>him</u> <u>down</u>. He
                                                                                                        sb
waited for two hours and then he went home angrily.
(줄리아는 8시에 영화관 밖에서 릭을 만나기로 약속했으나, 그녀는 그를 실망시켰다. 릭은 2시간이나 기다린 다음 화를 내며 집에 갔다.)

Jack promised to come and help us, but it looks as though he's <u>let</u> <u>us</u> <u>down</u>.
                                                                                                                                      sb
(잭이 와서 우리를 돕겠다고 약속했지만 그가 우리를 실망시킬 것 같다.)

➡ <u>be let down (by *sb*)</u>

The working class in this country have always <u>been let down</u> by the politicians who claim to represent them. (이 나라에 사는 노동 계층은 그들을 대표한다고 외치는 정치인들에게 늘 실망하고 있다.)

➡ <u>letdown</u> (n)

  (something that is disappointing because it is not as exciting, interesting, or successful as you expected) 실망, 낙담, 굴욕

Although everyone talked about how great the film was, I thought it was of a <u>letdown</u>.
                                                                                                                                                                      n
(모든 사람들이 그 영화가 대단하다고 이야기했음에도 나는 그 영화가 실망스러웠다.)

let down *sth/sb*, **let** *sth/sb* **down**

to make something or someone less successful than they should be, by not achieving a good enough standard

(수준·질 등을) 떨어뜨리다, 떨어지다, 기대에 못 미치다, 실패로 끝이 나다

Everytime I write an examination I seem to <u>let</u> <u>my own standard</u> <u>down</u>.
                                                                                                            sth
(내가 시험 볼 때마다 내가 정한 수준에 못 미치는 것 같다.)

The starting pitcher was taken out of the game when his curve ball <u>let</u> <u>him</u> <u>down</u>.
                                                                                                                           sb
(선발 투수의 커브볼이 기대에 못 미쳐서 그는 투수 마운드를 내려왔다.)

let *sth* **down, let down** *sth* (유사어 **let the air of** *sth*, **deflate** [Formal] 반대어 **blow up, pump up, inflate** [Formal]) [BrE]

if you let down something that is filled with air, such as a tyre, you allow air to escape from it

(타이어 · 풍선 등)의 바람을 빼다

Someone has let down my tyres! (누군가 내 타이어의 바람을 빼 버렸어.)
　　　　　　　　　sth

Mama! Lucy let my football down! (엄마, 루시가 내 축구공 바람을 뺐어.)
　　　　　　　　sth

let *sth* **down, let down** *sth*

to make a skirt, a dress, or a pair of trousers longer by cutting the stitches at the bottom, unfolding some of the material, and stitching it again

(드레스, 치마 등의) 길이를 내리다

Mum, can you let these trousers down? They're too short. (엄마 이 바짓단 좀 늘려 주실래요? 너무 짧아요.)
　　　　　　　　sth

Jane is growing so fast that I have had to let all her skirts down again.
　　　　　　　　　　　　　　　　　　　　　　　　　sth

(제인이 너무 빨리 자라서 스커트마다 또 모조리 단을 길게 내야 했어.)

let in(to)

let *sb* **in(to), let in(to)** *sb* (유사어 **admit** [Informal])

if you let someone in, you allow them to come into a place, usually by opening the door for them

(~을) 들이다, 들어오게 하다, 들여보내다

When the guests arrived, the butler opened the door to let them in.
　　　　　　　　　　　　　　　　　　　　　　　　　　　　　　sb

(손님들이 도착하자, 집사는 그들이 들어오도록 문을 열었다.)

The guard wouldn't let me into the stadium because I had forgotten my ticket.
　　　　　　　　　　sb

(내가 표를 잊어 버렸기 때문에 경비원은 경기장 안으로 나를 들어가지 못하게 했다.)

let in *sth*, **let** *sth* **in**

to allow air, light, water, etc. to enter a place

(공기 · 빛 · 물 등을) ~로 들이다, 통하다

My old boots had been letting in water. (내 낡은 부츠에 물이 새 들어오고 있었어.)
　　　　　　　　　　　　　　　　sth

The crack under the door is letting cold air in. (문 밑에 있는 틈으로 찬 공기가 들어오고 있네요.)
　　　　　　　　　　　　　　　　　sth

➡ inlet (n)

(the part of a machine through which liquid or gas can enter) 주입구, 기공부

Check the oil inlet to make sure it isn't blocked. (오일 주입구가 막히지 않았는지 확인해 봐.)
　　　　　　　n

let in on

let *sb* **in on** *sth* (유사어 **let into**)

to tell someone about a secret, or about something that only a few people know about
(사람들이 잘 모르는 비밀·계획 등을) 알리다, 누설하다

General Chambers <u>let me in on the top secret information</u>.
                       sb   sth
(체임버스 장군이 나에게 일급 비밀정보를 알려 주었다.)

What are you whispering about? <u>Let me in on the secret</u>. (뭘 귓속말로 하는 거야? 내게 비밀을 알려 줘.)
                                         sb   sth

let off

let *sb* **off, let off** *sb*

to not punish someone when they have done something wrong
(재판관이) 가벼운 형량을 언도하다, (가벼운 벌만으로) 방면하다

It was Jake's first offense, so the judge <u>let him off</u> with a warning.
                                          sb
(제이크가 초범이었기 때문에 판사는 그를 훈방 조치 했다.)

"I'll <u>let you off</u> this time." said the cop, "but don't let me catch you speeding again."
             sb
("이번에는 봐드릴 테니 다시는 과속으로 걸리지 마세요."라고 경찰이 말했다.)

➡ <u>let off with</u> 로도 쓰임
Kids who are caught stealing are often just <u>let off with</u> a warning.
(도둑질로 잡힌 아이들은 경고만 받고 풀려나는 경우가 종종 있다.)

let *sb* **off** *sth*

to allow someone not to do a job that they are supposed to do, or not to pay a debt that they owe
(의무·빚 등을) 면하게 해주다, 없는 것으로 하다

Our teacher <u>let us off homework</u> today to prepare for Culture Day.
                 sb   sth
(문화의 날 행사 준비 때문에 선생님이 오늘은 숙제를 안 내주셨어.)

Lend me your car tonight and I'll <u>let you off that £20</u> you owe me.
                                      sb   sth
(오늘밤 네 차 좀 빌려줘. 그러면 네가 나한테 빚진 20파운드 감해 줄게.)

let off *sth*, **let** *sth* **off**

if you let off a gun, a bomb, or a firework, you fire it or cause it to explode
(총·폭탄 등을) 발포하다, (불꽃 등을) 쏘아 올리다, 파열시키다

When I was a kid I used to love <u>letting off firecrackers</u> on the Fourth of July.
                                                sth
(어렸을 때 난 7월 4일이면 폭죽 쏘아 올리기를 좋아하곤 했지.)

The soldier <u>let off three shots</u> at the enemy position. (그 군인은 적진에 총알 세 발을 쏘았다.)
                    sth

let *sb* **off** (유사어 **drop off** [Informal], **set down**)
to stop a car, a bus, etc. to allow someone to get out

(차에서) 내려주다, 하차시키다

The driver let her off at the corner.　(운전사는 그녀를 모퉁이에서 내려 주었다.)
　　　　　　　sb
That's my house there. Can you let me off please?　(저기가 저희 집이에요. 저를 차에서 내려 주시겠습니까?)
　　　　　　　　　　　　　　　sb

let off *sth*, **let** *sth* **off** (유사어 **rent out, let out** [BrE]) [BrE]
to rent a part of a building to someone

(집의 일부를) 세 주다, (건물을 부분적으로) 빌려주다

The Burtons let off a part of the house and lived in the rest.
　　　　　　　　　　sth
(버튼스 가족은 집의 일부를 세 주고 나머지 부분에서 살았다.)
A part of the building is let off as a shoe factory.<수동>　(건물의 일부를 제화공장으로 빌려 주었다.)

let off *sth*, **let** *sth* **off** (유사어 **give off, produce** [Formal], **emit** [Formal])
to produce heat, gas, sound, etc.

(액체 · 증기 · 열 · 소리를) 방출하다, 흘려보내다, (속)방귀를 뀌다

The ship let off a couple of blasts from its siren and slowly began to move away from the deck.
　　　　　　　　　　　　　sth
(그 배는 사이렌으로 두세 번 기적을 울리고 부두에서 서서히 움직이기 시작했다.)
Just as I was introducing my girlfriend to my parents, she let off a big one.
　　　　　　　　　　　　　　　　　　　　　　　　　　　　　　　sth
(내가 막 여자친구를 부모님께 소개하려는 순간 그녀가 큰소리로 방귀를 뀌었다.)

let on

let on (흔히 부정으로 쓰임) [Informal]
to tell something which was supposed to be a secret

(부끄러운 것이나 알려지면 곤란한 것을) 말하다, 알려주다

Go on. you can tell me, I won't let on to Jill or anyone else.
(자 해봐. 나한테 말해줘. 질이나 다른 사람한테 절대로 말 안 할게.)

Don't let on we went to that dance.　(우리가 그 댄스파티에 갔다고 아무한테도 말하지 마.)

➡ let on about 으로도 쓰임
Lizzy made Kate promise not to let on about the money.
(리지는 케이트로 하여금 그 돈에 관해서 말하지 않도록 약속하게 했다.)

let out

let *sb* **out, let out** *sb*

to allow someone to leave somewhere, especially by opening a locked or closed door

(사람·동물을) 밖으로 내보내다

The door will be locked but the receptionist will <u>let you out</u>.
                                                                            sb

(문은 잠길 것이지만 접수계원은 너를 내보낼 거야.)

The doctors are <u>letting Mother out</u> of hospital next week.
                              sb

(의사들은 다음 주 어머니를 퇴원시키려고 하고 있다.)

Henry went downstairs to <u>let the cat out</u>.   (헨리는 아래층으로 내려가서 고양이를 내보냈다.)
                                           sb

➡ 흔히 <u>let out *sb* of</u> 로도 쓰임

The guard <u>lets the prisoners out of</u> their cells at 1:00 every day.
                                  sb

(교도관은 매일 1시에 죄수들을 감방에서 내보낸다.)

let out *sth* (수동 불가) (유사어 **utter** [Formal])

to make a particular sound

(기쁨·비통의 소리를) 내다, 발하다

He <u>let out a cry</u> of pain as the nail went into his foot. (발에 못이 찔리자 그는 아파서 비명을 질렀다.)
            sth

The lion <u>let out a loud roar</u> before he attacked the hunter. (사자는 사냥꾼을 공격하기 전에 크게 으르렁댔다.)
                 sth

let out *sth*, **let** *sth* **out**

to express or get rid of strong feelings, especially when you feel very angry or upset about something

(분노·좌절 등을) 나타내다, 발산하다

Playing tennis is a good way to <u>let out built-up stress</u>.
                                                sth

(테니스를 치는 것은 쌓인 스트레스를 해소하는 좋은 방법이다.)

You shouldn't <u>let out your job-related frustrations</u> on your family.
                                                     sth

(직장과 관련된 좌절감을 가족에게 풀어서는 안 됩니다.)

➡ <u>outlet</u> (n)

(a way of expressing or getting rid of strong feelings about something) (감정 따위의) 배출구

Hope described his boxing career as the perfect <u>outlet</u> for his aggression.
                                                                                  n

(호프는 자신의 권투 생활이 공격성에 대한 완벽한 배출구가 되었다고 설명했다.)

let *sth* **out, let out** *sth*

to allow air, water or breath, etc. to escape or flow out of something

There's a hole in the bottom of the bucket that lets the water out.
                                                             sth
(양동이 밑에 구멍이 하나 있어서 물이 새네.)

You've put too much air in the tyre. You'd better let some out.
                                                                            sth
(타이어에 공기가 너무 들어갔어. 조금 빼는 게 좋겠어.)

➡ **let out a breath**
    (to breathe air out of your lungs) 깊이 숨을 뱉다, 내쉬다
"Could you take a deep breath." the doctor said, "and then let out it slowly."
("깊이 숨을 쉰 다음 천천히 뱉으세요."라고 의사가 말했다.)

➡ **outlet** (n)
    (a hole or pipe that air or water can flow out of) 배수구, 배출구
Clean the sink outlet. (싱크대 배수구 청소 좀 해라.)
                     n

let *sth* out, let out *sth* (유사어 **reveal**)

if you let something out, you say something that you should have kept secret
                                                                                                 (비밀 등을) 누설하다, 알려주다

You told her my secret! You promised you wouldn't let it out to anyone!
                                                                                       sth
(너 내 비밀을 그녀에게 말했지! 네가 아무에게도 그걸 말하지 않겠다고 약속했잖아!)
She let out where she had hidden her father's birthday present.
                                                              sth
(그녀는 그녀가 아버지의 생일 선물을 어디에 숨겼는지 알려 주었다.)

➡ **let the cat out of the bag** 으로도 쓰임
    (to tell people something that was intended to be a secret) (비밀을 ~에게) 말하다
Mr. Dunn let the cat out of the bag about the government's true intention.
(던 씨는 정부의 진짜 의도에 대한 비밀을 밝혔다.)

let out *sth*, let *sth* out (유사어 **rent out, let**) [BrE]

to allow someone to rent a house, a room or an apartment, etc. that you owe
                                                                                                      (집·방 등을) (~에게) 빌려주다, 임대하다

I let out the back room to a college boy. (나는 뒷방을 대학생에게 빌려 주었다.)
                sth
We could let out a room to make a bit of extra cash.
                        sth
(우리는 방을 하나 세놓아 여유 자금을 조금 마련할 수 있었다.)

let *sth* out, let out *sth* (반대어 **take in**)

to make a shirt, a coat, etc. looser or larger
                                                                      (옷의 길이·품을) 늘리다, 내다, 크게 하다

The tailor let her old dress out so that she could wear it again.
                              sth
(재봉사가 그녀의 오래된 옷의 품을 늘려주어서 그녀는 다시 입을 수 있었다.)

After I grew a little taller, I had to have all my pants let out.
(키가 좀 자라서 나는 내 바짓단을 모두 늘려야 했다.)

let sb out

to allow someone not to have to do what they have agreed to do in a contract

(싫은 일 등에서) 해방시키다, (책임 등을) 면제시키다

"The meeting is next Wednesday." "That lets me out, I'll be away on company business that day."
                                              sb
("회의는 다음 주 수요일이야." "나는 면제야. 그날은 내가 출장을 가거든.")

They won't let us out of our contract. (그들이 계약 해지를 해주지 않을 거예요.)
                   sb

➡ let-out (n) [BrE]

    (an excuse or way of avoiding doing something you agreed to do)
    (곤란 · 의무로부터) 빠져 나갈 구실, 변명

Feeling a bit ill was just the perfect let-out for her.
                                     n
(몸이 좀 안 좋다는 건 그녀에게 아주 완벽한 핑계거리였지.)

let up

let up

if bad weather or unpleasant situation lets up, it stops or improves

(비 · 바람 등이) 그치다, 잠잠해지다; (통증이) 약해지다

I hope this rain lets up a little soon. (비가 곧 조금 잦아졌으면 좋겠다.)
My mother thought the pain would never let up.
(엄마는 통증이 쉽게 누그러지지 않을 거라고 생각하셨다.)

➡ let-up (n)

    (a pause in bad weather or improvement in an unpleasant situation)   정지, 휴지, 중지

Many houses were flooded and still there was no let-up in the rain.
                                                        n
(많은 집들이 침수되었고 아직도 비는 그치지 않았다.)

let up (항상 부정)

to stop doing something or to do it less than before, especially when you have been doing it continuously in a very determined way or in a way that annoys someone

(노력 등을) 늦추다, 완화하다

My husband nags me all the time. He never let up. (남편은 늘 나한테 잔소리를 해. 누그러질 기미가 안 보여.)
We can't let up on our efforts to expand sales. (매출 신장을 위한 우리의 노력을 게을리해서는 안 됩니다.)

➡ let up in[on] 으로도 쓰임

A police spokesman said that they would not let up in their campaign against drugs.
(경찰 대변인은 마약퇴치 캠페인을 중지하지 않을 것이라고 말했다.)

➡ let-up (n)

    (a period of time during which something stops or becomes less strong, difficult, etc.)
    (노력 등의) 해이, 중지

The government wants no let-up in the war against the rebels.
                                    n
(정부는 반군을 상대로 한 전쟁을 중지하는 것을 원하지 않는다.)

lie¹

vi. ① (사람·동물 따위가) 눕다, 드러[가로]눕다; 누워있다, 엎드리다, 자다(down) ② 기대다, 의지하다(against) ③ (사람·시체가) 묻혀있다, (지하에서) 잠자다 ④ (물건이) 가로놓이다, 놓여있다 ⑤ (경치 따위가) 펼쳐져[전개되어] 있다, (길이) 뻗어있다, 통해 있다 ⑥ (~에) 있다, 위치하다 ⑦ (원인·이유·본질·힘·책임 따위가) ~에 있다, 존재하다, 찾을 수 있다 ⑧ (물건이) 잠자고[놀고] 있다 ⑨ ~의 상태에 있다 ⑩ (사물이) ~을 내리누르다, 압력을 가하다; (음식이) 소화되지 않고 있다(on, upon); (책임 등이) ~에 걸리다 ⑪ (배가) 정박하다; ((고)) (군대가) 야영하다, 숙영하다 ⑫ [법률] (소송 따위가) 제기되어 있다, (주장 등이) 성립하다, 인정되다 ⑬ (새가) 웅크리다

유사단어

lie: 나라·도시·바다·평야 따위 평평한 것이 '있다'
  The town lies in a small wooded valley. (그 마을은 숲으로 둘러싸인 작은 계곡에 있다.)
stand: 집이나 나무 따위 입체적인 것이 '있다'
  There's a parking lot where the theater once stood. (한때 극장이 있던 곳에 지금은 주차장이 있다.)
be situated: 지리적 뜻을 포함하여 나라·도시·집 등의 소재를 나타냄
  The house is situated on a small hill. (그 집은 작은 언덕 위에 서 있다.)
be located: be situated의 뜻으로 ((미))에서 사용함
  Several discount stores have been located in nearby communities. (여러 개의 할인 상점들이 동네 근처에 들어서고 있다.)

lie²

vt. ① 거짓말을 하여 ~하게 하다(into); 거짓말을 하여 (~을) 빼앗다(out of) ② (~ oneself 또는 ~ one's way로) 거짓말하여 ~을 벗어나다(out of)
vi. ① 거짓말을 하다 ② 속이다, 눈을 속이다, 현혹시키다, (계기 따위가) 고장 나 있다

lie about[around]

be lying about [BrE], **be lying around** (*sth*) [Informal]
if something is lying around, someone has left it carelessly in a place where it should not be
                                    (물건이) 흐트러져 있다, 어지르다, 방치해 있다

He always leaves his papers lying about so that it is difficult to clean the room.
(그는 항상 서류를 여기저기 흩뜨려 놓아서 방을 청소하기가 어렵다.)

Jenny's books and clothes were lying around on the floor of her bedroom.
(제니의 책과 옷들이 그녀의 침실 바닥에 어질러져 있었다.)

lie around[about] (유사어 **laze around, doss about[around]** [BrE, Informal]) [Informal]
to spend time lying down and doing very little
                                    (아무것도 안하고 누워서) 시간을 보내다

I hate the way he just lies around all day watching TV while I'm working.
(내가 일하는 동안 그는 종일 누워서 TV만 보면서 시간을 보내는 꼴이 싫다.)

If you enjoy drinking, eating, lying about, this could be the holiday for you.
(마시고 먹고 빈둥거리며 시간 보내기를 즐긴다면 이거야말로 당신에게 휴일이 될 수 있습니다.)

lie ahead

lie ahead (유사어 **lie before** *sb*)

if an event or a situation that will cause problems lies ahead, it will happen in the future
(곤란 · 위기 · 가능성 등이) 앞에 놓여 있다, 대기하고 있다

We'd better leave now. A long hard trip lies ahead of us.
(지금 출발하는 것이 좋겠어. 길고 어려운 여정이 우리 앞에 놓여 있으니까.)

It's difficult to plan for the future. Nobody knows what lies ahead.
(미래에 대한 계획을 세우기는 어렵다. 무엇이 기다리고 있는지 아는 사람은 아무도 없다.)

➡ lie ahead of 로도 쓰임
I felt very anxious about what lay ahead of me. (내 앞에 무엇이 놓여 있을지 몹시 걱정스러웠다.)

➡ lie ahead for 로도 쓰임
A great future lies ahead for this talented twenty-three-year old girl.
(이 재능 있는 23살 여자에게 멋진 미래가 기다리고 있습니다.)

lie behind

lie behind *sth* (수동 불가)

to be the real reason for something
~의 원인[배경]이 되다, (사정 · 에피소드 등)이 배후에 있다

I wonder what really lies behind her decision to quit her job.
                                      sth
(그녀가 직장을 그만두려는 결심을 한 진짜 속뜻이 궁금해.)

It is still unclear what lies behind the sudden resignation of the two officials.
                                      sth
(두 사람의 공무원이 갑자기 사직한 원인은 아직도 분명치가 않다.)

lie in

lie in (유사어 **sleep in**) [BrE]

to stay in bed in the morning later than you usually do
(아침에 평소보다 늦게까지) 누워 있다

Don't wake me up tomorrow morning. I'm going to lie in.
(내일 아침에 나 깨우지 마. 나 늦게까지 누워 있을 거야.)

Tomorrow's a holiday, so I think I'll lie in in the morning.
(내일은 휴일이니 아침에 늦잠을 잘 생각이야.)

➡ lie-in (n) [BrE]

(when you stay in bed in the morning longer than usual)　아침잠, 늦잠

On Sunday mornings we usually have a lie-in.　(일요일 아침이면 우리는 대개 늦잠을 잔다.)
　　　　　　　　　　　　　　　　　　n

lie in sth (유사어 **reside in** [Formal])

to exist or be found in something

(원인 · 이유 등이) ~에 있다, 존재하다

Our company's strength lies in its excellent range of good quality products.
　　　　　　　　　　　　　　　　sth

(우리 회사의 장점은 다양한 종류의 품질 좋은 상품을 갖춘 데 있습니다.)

The beauty of Monet's painting lies in the way they portray color.
　　　　　　　　　　　　　　　　　　　sth

(모네 그림의 아름다움은 색의 묘사 방법에 있다.)

lift

vt. ① 들어 올리다, 올리다, 안아[치켜]올리다(up) ② (손 따위를) 위로[쳐들어] 올리다, (눈 · 얼굴 따위를) 쳐들다; (탑을) 솟게 하다(up, from) ③ ~의 신분[지위]를 높이다, 출세시키다, 승진[승급]시키다; (기운을) 돋우다(up) ④ (목소리를) 높이다 ⑤ ((미)) (세율 · 물가 따위를) 올리다 ⑥ (금지령 따위를) 해제하다, (포위 따위를) 풀다 ⑦ (바리케이드 · 천막 따위를) 치우다, 철거하다, 일소[제거]하다 ⑧ (부채를) 갚다, (저당 잡힌 물건 · 화물 등을) 찾다 ⑨ (남의 문장을) 따다, 표절하다; (돈, 물건을) 훔치다 ⑩ (감자 등을) 파내다 ⑪ [골프] (공을) 쳐 올리다 ⑫ (성형 수술로 얼굴의) 주름살을 없애다 ⑬ 공수하다, 수송하다; (자동차 따위에) 동승시키다, (승객을) 태우고 가다

vi. ① 오르다, 들리다, 높아지다 ② (구름 · 안개가) 걷히다, 없어지다(= disperse), (비 따위가) 그치다, 멈추다, 개다 ③ (비행기 · 우주선 등이) 이륙하다, 발진하다(off) ④ (마룻바닥 따위가) 들리다, 부풀다(= bulge) ⑤ (별 · 육지 따위가) 지평선 위에 뜨다[보이다] ⑥ 배가 물결을 타다 ⑦ (표정이) 밝아지다, (기분이) 명랑해지다

lift off

lift off (유사어 **take off**)

if a spacecraft or an aircraft lifts off, it leaves the ground and rises into the air

(우주선 · 비행기 등이) 이륙하다, 발진하다

The spaceship is scheduled to lift off in twenty minutes.　(우주선은 20분 후에 발사될 예정이다.)

The plane lifted off and climbed steeply into the night sky.　(비행기가 이륙해서 밤하늘로 가파르게 올라갔다.)

➡ lift-off (n)

(when a space vehicle leaves the ground in order to travel into space)　이륙, 발사

They decided they would attempt a lift-off in spite of the bad weather.
　　　　　　　　　　　　　　　　　　　n

(그들은 악천후에도 불구하고 이륙을 시도하기로 했다.)

light

vt. ① ~에 불을 붙이다, 점화하다, 불을 켜다 ② (얼굴 따위를) 빛내다, 밝게 하다
vi. ① 불이 붙다, 불이 켜지다, 밝아지다 ② (담배에) 불을 붙이다

light up

light up *sth*, **light** *sth* **up**
to make something bright
(~을) 밝게 하다, 밝게 비추다

The fireworks <u>lit up the night sky</u>. (폭죽들이 밤하늘을 밝게 비추었다.)
　　　　　　　　　　sth
The whole town <u>was lit up with Christmas lights</u>.<수동> (마을 전체가 크리스마스 불빛으로 밝아졌다.)
A smile <u>lit up his face</u>. (그의 얼굴은 미소로 빛났다.)
　　　　　　　sth

light up, **light up** *sth*, **light** *sth* **up**
if your face or eyes light up, you show that you are pleased or excited
(얼굴·눈이) 기쁨으로 빛나다, 밝아지다

Sue's face <u>lit up</u> when Sean walked in. (션이 걸어 들어올 때 수의 얼굴은 기쁨으로 빛났다.)

➡ <u>lit up with</u> 로도 쓰임
The boy's face <u>lit up with</u> delight. (그 소년의 얼굴은 기쁨으로 빛났다.)

light up, **light up** *sth* (수동 불가) [Informal]
to light a cigarette
(담배에) 불을 붙이다

Before you <u>light up</u> in the house, think about how it affects your family.
(집안에서 담배에 불을 붙이기 전에 가족에게 어떤 영향을 미칠지 생각해 보세요.)
Watson sat down at the table and <u>lit up his pipe</u>. (왓슨은 탁자에 앉아 파이프에 불을 붙였다.)
　　　　　　　　　　　　　　　　　　　　　　sth

light up
if something lights up, it begins to shine brightly, because lights inside it start working
(기계 등이) 밝아지다

It takes a few seconds for a computer screen to <u>light up</u>. (컴퓨터 화면이 밝아지는 데 2~3초가 걸린다.)
If anybody tries to enter the building at night, the whole place <u>lights up</u> and an alarm goes off.
(만약 밤에 누군가 건물에 들어오려고 하면 건물 전체에 불이 켜지고 경고음이 울립니다.)

light up *sth* (유사어 **brighten up**)
to make a place seem happier or more interesting and attractive
(~을) 밝은 분위기로 하다, (~의 분위기를) 밝게 하다

New wallpaper would <u>light up this room</u> a bit. (새 벽지가 이 방 분위기를 조금 밝게 해줄 거예요.)
　　　　　　　　　　　　sth

Their home is always lit up by the laughter of children.<수동>
(그들의 가정은 어린이들의 웃음소리로 늘 밝은 분위기에요.)

lighten

1. vt. ① 밝게 하다, 비추다, 점화하다 ② 빛깔을 여리게 하다, 그림자를 희미하게 하다 ③ (얼굴 따위를) 환하게 하다, (눈을) 빛내다 ④ 밝히다, 명백히[알기 쉽게] 하다

   vi. ① (눈·얼굴 등이) 밝아지다, 빛나다 ② 번개가 번쩍하다(out, forth) ③ (하늘 따위가) 밝아지다, 개다

2. vt. ① (짐을) 가볍게 하다; (배 따위의 짐을) 덜다 ② 완화[경감]하다, 누그러뜨리다 ③ 기운을 북돋우다, 위로하다, 기쁘게 하다

   vi. ① (짐이) 가벼워지다 ② (마음이) 가벼워지다, 편해지다

lighten up

lighten up *sth*, **lighten** *sth* **up, light up**

to make something look brighter or to become brighter

(장소를) 밝게 하다, (하늘이) 밝아지다

Dawn is coming. The sky is beginning to lighten up. (새벽이 다가오고 있다. 하늘이 밝아지기 시작한다.)
We lightened this room up by adding another window. (우리는 창을 하나 더 달아서 방을 밝게 했다.)
       sth

lighten *sth* **up, lighten up** *sth*

to make something less serious and more enjoyable

(분위기·기분 등을) 완화[경감]하다, 가볍게 하다

The chairman tried to lighten up the atmosphere by telling a joke.
                         sth
(의장은 농담을 하면서 분위기를 가볍게 하려고 했다.)

The mood lightened up a bit with the news that no one was killed in the accident.
               sth
(그 사고로 사상자가 없었다는 뉴스 때문에 기분이 좀 나아졌어.)

lighten up (유사어 **relax, not take things so seriously**) [Spoken, Informal]

to behave in a less serious way and be more relaxed and friendly with other people

엄격함을 완화하다, 태도를 누그러뜨리다

Dad seems a little tense. I wish he'd lighten up a little.
(아빠 신경이 좀 예민하신 것 같아. 긴장을 조금 푸셨으면 좋겠어.)

The police seem to be lightening up on speeder recently. (최근 경찰은 속도 위반자 단속을 완화하는 것 같다.)

Lighten up! [Spoken]

used to tell someone not to be so serious about something

기운 내, 심각하게 생각하지 마

<u>Lighten up</u>! It was only a joke! (심각하게 생각하지 마! 이건 그냥 농담이야.)
<u>Lighten up</u> dude! Let's not argue about it. (기분 풀어, 이 녀석아. 그걸로 왈가왈부하지 말자.)

line

vt. ① ~에 선을 긋다; 선을 그어 구획하다(off, out, in) ② (얼굴에) 주름이 지게 하다(by, with); (눈에) 아이라인을 긋다 ③ ~의 윤곽을 잡다, 대강을 말하다 ④ 일렬로 세우다, 정렬시키다; 일원화[통일]하다 ⑤ 확보하다, 손에 넣다 ⑥ ~에 나란히 세우다(with); (군인·차량 등이) ~을 따라 죽 늘어서다 ⑦ 할당하다(= assign) ⑧ (찬송가 등을) 줄을 따라 읽다

vi. ① 일렬로 늘어서다, 정렬하다(up) ② [야구] 라이너를 치다[쳐서 아웃이 되다]

line up

line up, line *sb* up, line up *sb*

to stand in a line or to make people stand in a line

늘어서다, 정렬하다; 줄로 세우다

At 7:45 there were more than 100 people <u>lined up</u> in front of the store.
(7시 45분에 그 상점 앞에는 100명 이상의 사람들이 줄 서 있었다.)

The teacher <u>lined the students up</u> to go to the playground.
      sb
(선생님은 학생들을 한 줄로 서서 운동장으로 가게 했다.)

➡ <u>be lined up</u> 로도 쓰임
Hundreds of people <u>were lined up</u>, all helping to put out the fire.
(수백 명의 사람들이 한 줄로 서서 모두 불을 끄는 걸 도왔다.)

➡ <u>line-up</u> (n)
(a row of people examined by a witness to a crime in order to try to recognize a criminal)
줄지어 늘어선 용의자들
The victim later identified Thomas from a police <u>line-up</u>.
               n
(피해자는 나중에 일렬로 세워진 경찰 용의자들 중에서 토머스가 (범인임을) 확인했다.)

line *sth* up, line up *sth*

to arrange things in a row

(물건을 한 줄로) 정렬시키다, 정확하게 배치하다

Timmy is <u>lining his toy cars up</u>. (티미는 장난감 자동차들을 한 줄로 세우고 있다.)
    sth
I stared at the dentist's instruments <u>lined up</u> in front of me.<수동>
(나는 내 앞에 한 줄로 나란히 놓여 있는 치과용 기구들을 응시했다.)

line *sth/sb* up, line up *sth/sb*

to arrange for an event or an activity to happen, or arrange for somebody to be available to do something

(사람·사물을) (~를 위해) 준비하다, 마련하다

I have to line up a band for next month's dance party.
                     sth
(나는 다음 달에 있을 댄스파티를 위해 밴드를 준비해야 해.)

Many students are lining up jobs for the summer vacation.
                              sth
(많은 학생들이 여름방학 동안 할 일자리를 마련하고 있어요.)

➡ lineup (n)

    (a group of people, organizations, or things enlisted or arrayed for a purpose)
    (공동의 목적을 가진 사람들의) 구성; (행사 등의) 예정표; (축구 등의) 라인업

There's always a trapeze act in the circus lineup.   (서커스 공연 예정표에는 항상 공중곡예가 있다.)
                                             n

   line up (유사어 **queue up**)

    if a lot of people, organizations, etc. line up to do something, they are all very eager to do it
                                                                     (사람·조직이) (열심히 ~하려고) 줄서서 기다리다

She's a brilliant lawyer. People will line up to hire her.
(그 여자는 유능한 변호사야. 사람들은 그녀에게 사건을 의뢰하려고 줄 서서 기다려.)

People are lining up to buy this new luxury apartment.
(사람들은 이 호화로운 새 아파트를 사려고 줄 서서 기다리고 있다.)

   line up sth, **line** sth **up**

    to make something straight or in the right position in relation to something else
                                                                                 (다른 것과 관계에서) 나란히 하다

Line up these two words with the rest of the page.
                    sth
(이 두 단어를 그 페이지에 있는 나머지 단어들과 나란히 배열하십시오.)

Line the shelves up carefully before fixing them permanently.
               sth
(이 선반들을 영구적으로 고정하기 전에 나란히 잘 맞춰 봐.)

listen

vt. ① (라디오 따위를) 청취하다, (전화 따위를) 엿듣다 ② (정규 학생 외의 사람이) 청강하다, ~을 주의해서 잘 듣다
vi. ① 귀를 기울이다, 경청하다(to) ② (요구, 충고 등을) 따르다, 귀담아듣다 ③ ((미구)) (~처럼) 들리다, 생각되다
n. ((구)) 듣기

유사단어

listen: 주의해서 (이해하려고) 듣는 경우에 쓰임
      I like listening to the radio. (나는 라디오 듣기를 좋아한다.)
hear: 소리가 귀에 들어와 듣다
      I can hear their dog howling. (나는 그들의 개가 짖는 소리가 들린다.)

listen in

listen in (유사어 **eavesdrop**)

to secretly listen to a conversation, especially a telephone conversation

(전화 대화를) 엿듣다, 도청하다

You shouldn't <u>listen in</u> when other people are talking privately.
(다른 사람들이 개인적인 이야기를 할 때 엿들어서는 안 돼요.)

How dare you <u>listen in on</u> my telephone conversation! (감히 어떻게 네가 내 통화내용을 도청해!)

➡ listen in on 으로도 쓰임
The FBI had been <u>listening in on</u> their conversations for months.
(FBI는 여러 달 동안 그들의 대화를 도청하고 있었다.)

listen in (유사어 **listen**)

to listen to a radio program, especially one involving conversation

(라디오 대담 방송에) 귀를 기울이다

It's a popular music program. Millions of people <u>listen in</u> every day.
(이것은 인기 있는 음악 프로그램이야. 매일 수백만의 사람들이 듣고 있어.)

I missed the broadcast, I forget to <u>listen in</u>. (나 그 방송 놓쳤어. 듣는 것을 깜박했거든.)

➡ listen in to 로도 쓰임
<u>Listen in to</u> this station next week for the continuation of the story.
(계속되는 이야기는 다음 주 이 방송으로 또 들어 주세요.)

litter

vt. ① 흩뜨리다, 어지르다, 어수선하게 하다(up, with) ② (동식물에) 짚을 깔아주다(down)
vi. ① (가축 등이) 새끼를 낳다 ② 물건을 어지르다

be littered with

be littered with *sth*

to be covered with a lot of something in an untidy way

(장소가) 어질러지다, 더럽혀지다; ~로 덮이다

After the party, the room <u>was littered with</u> <u>dirty plates and empty glasses</u>.
　　　　　　　　　　　　　　　　　　　　　　　　　　sth
(파티가 끝난 후 방은 더러운 접시와 빈 술잔들로 엉망이 되었다.)

The ground <u>was littered with</u> <u>corpses</u>. (땅이 시체들로 덮였다.)
　　　　　　　　　　　　　　　　　sth

be littered with *sth*

if something is littered with things, there are a lot of those things in it

(이야기 · 예 등이) 많이 있다

History is littered with fallen tyrants. (역사 속에는 실각한 폭군의 이야기가 많이 있다.)
                       sth

The guide book is littered with bits of wisdom and humor.
                                          sth
(이 안내 책자에는 단편적인 지혜와 유머 이야기가 많이 담겨있다.)

live

vt. ① [동족목적어를 수반하여] ~한 생활을 하다 ② 실생활로 실현하다 ③ (~의 역)에 몰입되어 연기하다

vi. ① 살다, 거주하다, 동거[기숙]하다(at, in, with) ② 살아있다, 생존하다 ③ 오래 살다 ④ 생활하다, 생계를 잇다, 지내다(on, upon, off, by) ⑤ 인생을 충분히 즐기다, 재미있게 지내다 ⑥ 상식[주식]으로 하다(on, upon) ⑦ ~하게 살다, ~한 생활을 하다 ⑧ (물건이 원래대로) 남다, 존속하다; (사람의 기억[기록]에) 남아 있다; (배 따위가) 침몰을 면하다

유사단어

live: '살다'란 뜻의 가장 일반적인 말
    Females live longer on average than males. (여자들이 평균적으로 남자보다 오래 산다.)

reside: 장기간 거주하다
    He resides in Boston. (그는 보스턴에 거주하고 있다.)

stay: 일시적으로 체재하다
    Now we stay in my parents' house. (현재 우리는 일시적으로 부모님 댁에 머무르고 있어요.)

dwell: 살고 있는 상태
    He dwells in a very modern house. (그는 아주 현대적인 가옥에 살고 있다.)

live down

live *sth* **down, live down** *sth*

to stop feeling embarrassed about something you have done by waiting until people forget about it
                                (과거의 불명예·과실·어리석은 행동을) 후에 행위로 보상하다, 오명을 씻다

If the family hear what you did, you'll never live it down.
                                                      sth
(가족들이 네가 한 일을 듣게 된다면, 너는 그 오명을 씻어내지 못할 거야.)

You shouldn't have to spend the rest of your life living down one silly mistake in your youth.
                                                                           sth
(젊었을 때 어리석은 실수를 하나 저질렀다고 해서 당신의 남은 일생을 오명을 씻는 데 보낼 필요는 없어요.)

live for

live for *sth/sb* (수동 불가)

to believe that something or someone is the most important thing or person in your life
                                                            ~을 주요 목적으로 살다, ~를 위해 살다

He lives only for his music, and does not care about his family's needs.
                      sth
(그는 오직 음악만이 삶의 목적이어서 가족의 궁핍에 대해서는 전혀 신경 쓰지 않는다.)

She just <u>lives for</u> <u>our kids</u> and they just adore her.
       sb
(그녀는 오직 우리 아이들만 보고 산다. 그리고 아이들은 그녀를 몹시 좋아한다.)

➡ <u>have something[everything, nothing] to live for</u> 로도 쓰임
She had <u>had everything to live for</u>.   (그녀에게는 모든 것이 삶의 보람이었다.)

live off

live off *sth* (수동 불가)

to get money from something and use it in order to live

~으로 (~에 의존하여) 살다

While Sue was unemployed she had to <u>live off</u> <u>her savings</u>.   (수는 실직했을 때 저축한 돈으로 살아야 했다.)
                                            sth
Burley stopped working when he was sixty and spent the rest of his life <u>living off</u> <u>his investment</u>.   (벌리는 60세 때 일을 그만두고 남은 생애를 투자금에 의존해서 살았다.)
     sth

➡ <u>live off the land</u> 로도 쓰임
   (to get food from growing vegetables, hunting, etc.)   (땅에서 난 농작물[사냥감]로 생활을 하다)
They wanted to have a simple life and <u>live off the land</u>.
(그들은 소박한 삶을 살기 원해서 농사를 지으며 살았다.)

live off *sb* (수동 불가) (유사어 **sponge off**)

to get the money that you need to live from someone else, especially when you do not do any work yourself

(~에게) 의지해서 살다, (~에게) 누가 되다, 누를 끼치다

She can't go on <u>living off</u> <u>her parents</u> forever.   (그녀가 언제까지나 부모님에게 의지해 살 수는 없다.)
                       sb
He's been <u>living off</u> <u>his brother</u> for nearly a year.   (그는 거의 1년 가까이 형에게 신세를 지고 있었다.)
                       sb

live off *sth* (유사어 **live on**)

to only eat a particular type of food

(~만을) 먹다

That guy <u>lives off</u> <u>nothing</u> but pizza and beer.   (그 녀석은 피자와 맥주 이외엔 아무것도 먹지 않는다.)
                       sth
These animals with long necks <u>live off</u> the leaves of tall trees.
                                      sth
(목이 긴 이들 동물들은 키 큰 나무의 잎사귀만 먹고 산다.)

live on

live on *sth* (수동 불가)

if you live on a particular amount of money, you have that amount of money available to buy the things you need to live

~을 먹고 살다, ~에 의지하여 살다

How do you expect me to <u>live on £150</u> a year? (너는 내가 1년에 150파운드로 어떻게 살기를 기대하니?)
                       sth

Many more people are now <u>living on unemployment insurance</u>.
                                      sth

(더 많은 사람들이 이제 실업 보험으로 살고 있습니다.)

live on *sth* (유사어 **live off**)

to eat only a particular kind of food

(~만을) 먹고 살다

He is a true vegetarian; he <u>lives</u> entirely <u>on vegetables</u>.
                                           sth

(그는 진정한 채식주의자이다. 그는 완전히 채식만 한다.)

She <u>lived on berries and wild herbs</u>. (그녀는 딸기 종류와 야생 허브만 먹고 살았다.)
                       sth

live on

to continue to exist or live, expecially for a long time or for longer than expected

계속 살아 있다, 오랫동안 계속 존재하다

The Marilyn Monroe legend <u>lives on</u> in Hollywood. (마릴린 먼로의 전설은 헐리웃에 계속 살아 있다.)

A growing number of people <u>live on</u> into their eighties or nineties.
(점점 많은 사람이 80대 또는 90대까지 살아남습니다.)

live through

live through (유사어 **cohabit** [Formal]), **live through** *sth*

to experience a difficult situation or event

~을 헤쳐 나가다, 버티어 내다

People who have <u>lived through a war</u> often have rather a different outlook on life.
                               sth

(전쟁을 겪은 사람들은 다소 유별난 인생관을 갖는 경우가 종종 있다.)

I hope our children never know the kind of suffering we <u>lived through</u>.
(나는 우리 아이들이 우리가 겪었던 그런 고통을 모르기를 바란다.)

live up

live it up

if you live it up, you have a very enjoyable and exciting time by going to lots of parties or going out drinking with friends

제멋대로 놀며 살다, 사치스럽게 즐기다

My wife and I <u>lived it up</u> in Paris this spring. (올 봄에 아내와 나는 파리에서 마음껏 즐겼다.)
My brother always liked <u>living it up</u> at expensive hotels and night clubs.
(우리 형은 항상 일류 호텔과 나이트클럽에서 사치스럽게 즐기기를 좋아했다.)

live up to

live up to *sth* (유사어 **match to do**)

if someone or something lives up to what they were expected to be they are as good as they are expected to be

부응해(여 살)다, ~의 높은 목표나 기대를 유지하다

Most fathers <u>live up to</u> <u>their responsibilities</u>. (대부분의 아버지들은 책임감으로 산다.)
                           sth
Sue tries hard to <u>live up to</u> <u>her ideals</u>. (수는 자신의 이상에 따라 살려고 열심히 노력한다.)
                         sth

➡ <u>live up to expectations</u> 로도 쓰임
The result of the negotiations did not <u>live up to expectations</u>. (협상 결과가 기대에 미치지 못했다.)

live with

live with *sb* (수동 불가) (유사어 **shack up with** *sb* [Informal])

to share a house and have a sexual relationship with someone, without being married

~의 집에 기숙하다, ~와 함께 살다, 동거하다

Tim is <u>living with</u> <u>a woman</u> he met in college. (팀은 대학에서 만난 여자와 동거하고 있다.)
                 sb
Dogs and cats cannot <u>live with</u> <u>each other</u> in the same house. (개와 고양이는 같은 집에서 함께 할 수 없다.)
                         sb

live with *sth* (수동 불가) (유사어 **put up with, tolerate**)

to accept something unpleasant as part of your life, because there is nothing you can do to change it or get rid of it

(질병·골칫거리를) 참다, 견디다, 인내하다

The job involved a lot of stress and pressure, but you learnt to <u>live with</u> <u>it</u>.
                                                                         sth
(그 일은 많은 스트레스와 압박감이 따랐지만 너는 그걸 견디는 법을 배웠잖니.)

<u>Living with</u> <u>this disease</u> is not easy. (이 병을 참고 견디는 것은 쉽지가 않아요.)
                      sth

liven

vt. vi. 명랑[쾌활]하게 하다, 활기를 띠게 하다(up) 활기를 띠다, 들뜨다(up)

liven up

liven up *sth*, **liven** *sth* **up** (유사어 **brighten up**)
to make something become more interesting or exciting

활기를 띠게 하다

I <u>liven up my speech</u> with some vivid examples.
          sth
(나는 생생하고 실감나는 예를 몇 가지 들어 연설에 활기를 불어 넣었다.)

Better music might <u>liven the party up</u>. (더 나은 음악이 파티의 분위기를 흥겹게 해 줄 거예요.)
                  sth

liven up (유사어 **come alive**)
to become more interesting and exciting

점점 재미있고 흥분되다

The game didn't <u>liven up</u> until midway through the second half.
(그 게임은 후반전 중반까지는 활기를 띠지 않았다.)

Things have <u>livened up</u> around here since Diane was hired.
(다이앤을 고용한 후 여기에서는 모든 일이 활기를 띠고 있다.)

liven *sb* **up**, **liven up** *sb* (유사어 **brighten up, cheer up**)
to make someone more cheerful and full of energy

(~를) 명랑하게 하다, 쾌활하게 하다

He could do with a couple of drinks to <u>liven himself up</u>! (그는 술을 두어 잔 마시고 기분이 좋아졌다.)
                                 sb

Joan has been depressed lately. I wish I knew how to <u>liven her up</u>.
                                                            sb
(조앤이 요즘 우울해 해. 그녀의 기분을 띄워줄 방법을 알면 좋겠는데.)

liven up (유사어 **brighten up, cheer up**)
to become more cheerful and full of energy

(~가) 명랑해지다, 쾌활해지다

When people started arriving, he seemed to <u>liven up</u>.
(사람들이 도착하기 시작하자 그는 활기가 도는 것 같았다.)

Don't be so sad. <u>Liven up</u>! It's not the end of the world, you know.
(그렇게 슬퍼하지 마. 기운 내! 세상이 끝난 것도 아니잖아.)

load

vt. ① (짐을) 싣다, (사람을) 태우다, (탈것이 승객·짐을) 태우다 ② 잔뜩 올려놓다; (배 속에) (음식을) 마구 채워 넣다(with) ③ ~에게 마구 주다(with); ~에게 무거운 부담을 지우다; ~를 괴롭히다 ④ (총에) 탄환을 재다 ⑤ [컴퓨터] (프로그램·자료를) 보조[외부] 기억장치에서 주기억장치로 넣다, 로드하다 ⑥ ~에 부하를 걸다, [전자] (회로)의 출력을 증가시키다 ⑦ (순 보험료에) (제비용을) 부가하다 ⑧ (아무)에게 편견을 갖게 하다; (어구에) (쓸데없는) 감정[감상]적인 뜻을 가하다; (기대하는 답을 유도하기 위해 질문·진술 등을) 조작[왜곡]하다 ⑨ (주사위·스틱 등)에 납 따위를 메우다, 증량제를 가하다; (뻣뻣하게 하기 위해 종이·섬유 등에) 첨가제를 가하다; (방사선 차폐 능력을 높이기 위해) (콘크리트에) 원자번호가 큰 물질을 가하다; (술 등)에 섞음질하다; (가격 등을 실제 이상으로) 불리다 ⑩ [야구] 만루로 하다

vi. ① 짐을 싣다, 사람을 태우다; 짐을 지다, 짐을 지우다(up) ② 듬뿍 싣다, 마구 채워 넣다 ③ 총에 장전하다, (탄환 등이) 장전되다

load down

be loaded down with *sth* (유사어 **weigh down**)
to be carrying or holding a lot of things or people
(무거운 짐을) 운반하다, (물건이나 사람을) 안고 있다

We were all loaded down with luggage, so we took a taxi to the airport.
(우리는 모두 짐이 많아서 공항까지 택시를 탔다.)
Cora was loaded down with two 70-pound suitcases. (코라는 70파운드짜리 여행 가방 2개를 운반했다.)

load *sb* **down, load down** *sb* (유사어 **weight down, be snowed under**)
to give someone a lot of work, duties, etc., especially more than they can deal with
(숙제·의무 등을) (지나치게) 부과하다, 주다

The new teacher loads the children down with too much homework.
                 sb
(새로 부임한 선생님이 아이들에게 숙제를 너무 많이 내줘.)
Everyone in the department is loaded down with work at the moment.<수동>
(백화점에서 일하는 사람들은 누구나 그 당시 너무 많은 일을 맡았다.)

load up

load up *sth*, **load** *sth* **up, load up** (유사어 **pack**)
to put a lot of things into a vehicle or machine
(차 등에 물건을 많이) 싣다, ~에 짐을 잔뜩 싣다

They helped us load up the mule wagons with fresh meat and vegetables.
                        sth
(그들은 우리가 노새 수레에 신선한 고기와 채소를 잔뜩 싣는 것을 도와주었다.)
I usually took off my coat while I was loading up. (나는 짐을 싣는 동안에는 늘 코트를 벗었다.)

➡ **load up with** 로도 쓰임

Everyone on the expedition had to <u>load up with</u> enough food and water for two weeks.
(원정 여행을 떠나는 사람들은 모두 2주 간 먹을 충분한 음식과 물을 싣고 가야 했어요.)

> **load up** *sth*, **load** *sth* **up**, **load up** [BrE]
>
> if a computer loads up a program, it goes through the processes that are necessary for you to use it
> (프로그램·자료를) 외부기억 장치에서 주기억 장치로 넣다, 적재하다

He read through his faxes while waiting for his computer to <u>load up the program</u>.
                                  sth
(그는 컴퓨터가 프로그램을 로딩하는 것을 기다리는 동안 팩스를 전부 읽었다.)

The computer's very slow. It takes almost five minutes to <u>load up</u>.
(컴퓨터가 너무 느려. 로딩하는 데 거의 5분이나 걸려.)

lock

vt. ① ~에 자물쇠를 채우다, 잠그다, 닫다 ② 거두어[챙겨] 넣다(away, up), 가두다(up, in, into), (비밀 따위를 마음에) 깊이 간직하다(up, in) ③ 못 움직이게 하다, 고착시키다, 고정하다; (차바퀴 따위를) 제동하다; (조판을) 쐐기로 죄다[고정하다] ④ ~을 끌어안다; (팔, 손가락 등을) 단단히 깍지 끼다 ⑤ (보통 과거분사 꼴로) 에워싸다; ((미속)) 갇혀 있다(~ oneself), ~에 틀어박히다 ⑥ (자본을) 고정시키다 ⑦ ~에 수문을 설치하다, (배를) 수문으로 통과시키다
vi. ① (문 따위에) 자물쇠가 걸리다, 잠기다, 닫히다 ② 얽히다, 고착되다 ③ (차바퀴·기계가) 움직이지 않게 되다, 회전을 멈추다, 로크하다 ④ 갑문을 설치하다, (배가) 수문을 통과하다 ⑤ [군사] (열의 앞뒤) 간격을 좁혀서 전진하다

lock away

lock *sth* **away, lock away** *sth* (유사어 **lock up**)

to put something in a safe place and lock the door, lid, etc.
(~을 안전한 곳에 두고) (문이나 뚜껑을) 잠그다

He <u>locked</u> <u>his money</u> <u>away</u> in the safe. (그는 금고에 돈을 넣고 잠갔다.)
      sth

Although the jewels <u>were locked away</u>, the thieves stole them without any difficulty.<수동>
(보석을 금고 안에 넣고 잠갔지만 도둑들은 조금도 힘들이지 않고 훔쳐갔다.)

lock *sb* **away, lock away** *sb* (유사어 **lock up, put away** [Informal])

to put someone in prison or in hospital for people who are mentally ill
(형무소나 병원에) 감금하다, 가두다

Don't worry, the dangerous criminals have all <u>been locked away</u>.<수동>
(걱정 마. 위험한 범죄자들은 모두 감옥에 갇혀있어.)

Sometimes sane people <u>are</u> mistakenly <u>locked away</u> in mental institutions.<수동>
(가끔은 정신이 멀쩡한 사람이 실수로 정신병원에 격리되는 일이 있다.)

lock oneself away (유사어 shut away, hide away)
to go to a room or a building where you can be alone, usually so that you can work
(일에 전념하기 위해 방이나 빌딩에) 혼자 있다, 박혀 있다, 칩거하다

I decided to <u>lock myself away</u> in my room till I'd finished my essay.
(나는 에세이 작성을 마칠 때까지 방 안에만 있기로 작정했다.)

As a deadline nears, the author often <u>locks himself away</u> in a hotel.
(원고 마감일이 가까워질 때면, 그 작가는 가끔 호텔에서 칩거한다.)

➡ <u>be locked away</u> 로도 쓰임
When I was finishing my thesis I <u>was locked away</u> in my office for weeks.
(논문을 완성하고 있을 때 나는 몇 주 동안 사무실에서만 있었다.)

lock sth away, lock away sth (유사어 suppress [Formal])
if someone locks information away, they prevent it from becoming generally known
(정보 등을) 비밀로 해 두다, 가슴속에 묻어 두다

Everyone has secrets <u>locked away</u> in their hearts. (사람은 누구나 마음속에 숨겨진 비밀을 가지고 있다.)
Liddy seemed really depressed, as if all her emotions <u>were locked away</u> inside her.<수동>
(리디는 마치 모든 감정을 그녀 속 깊이 숨겨놓은 듯이 매우 우울해 보였다.)

lock in

lock sb in, lock in sb
to prevent someone from leaving a room or a building by locking the door
(문을 잠가 사람을) 가두다

She <u>locked</u> the intruder <u>in</u> the study and called the police.
             sb
(그녀는 침입자를 서재에 가두고 경찰에게 연락했다.)

The guard <u>locked</u> him <u>in</u>, then sat down outside the door. (교도관은 그를 가두고 나서 문 밖에 앉았다.)
             sb

➡ <u>be locked in</u> 으로도 쓰임
Make sure you leave the office by 6:30 p.m. or you'll <u>be locked in</u>.
(오후 6시 30분까지는 사무실을 나가도록 하세요. 안 그러면 안에 갇히게 될 겁니다.)

lock out

lock sb out, lock out sb
to prevent someone from entering a building by locking the door
(문을 잠가) 못 들어가게 하다, (건물·방에서) 내쫓다

Whenever Fred and his wife have a fight, she <u>locks</u> him <u>out</u> of the bedroom.
                                               sb
(프레드와 그의 아내가 싸울 때마다 아내는 그를 침실 밖으로 내쫓는다.)

The court heard that Simms had beaten his wife and <u>locked</u> <u>her</u> <u>out</u>.
                                                                              sb
(판사는 심스가 그의 아내를 때려 집 밖으로 내쫓았다고 들었다.)

lock oneself out

to accidentally prevent oneself from getting into a building or a vehicle by leaving the keys inside when you shut the door

(열쇠가 걸려 집이나 차에) 들어가지 못하다

The wind had made the door swing closed, and she <u>was</u> now <u>locked out</u>.<수동>
(바람 때문에 문이 흔들리다 닫혀서 그녀는 지금 안에 들어가지 못하고 있다.)

I've <u>locked myself out</u> so often that I've hidden a spare key in the garden.
(나는 열쇠를 집에 두고 나오는 일이 너무 잦아서 정원에 여분의 열쇠를 감추어 뒀다.)

lock sb out, lock out sb

if the employers at a place of work lock out the workers, they prevent the workers from coming in until the workers agree to what the employers want

(근로자에게) 공장 폐쇄를 알리다

Cigar workers <u>were locked out</u> in industrial disputes.<수동>
(담배 공장 근로자들은 노동쟁의로 공장이 폐쇄되어 내쫓겼다.)

The company <u>locked out</u> <u>the workers</u>, and then the rest of the work force went on strike.
                                                                    sb
(회사 측은 근로자들을 내쫓고 공장 폐쇄를 단행했다. 그러자 나머지 직원들은 파업에 들어갔다.)

➡ <u>lockout</u> (n)

(when employers prevent worker from coming to work until the workers agree to what the employers want) 직장 폐쇄

The court can now grant an injunction to stop a strike or <u>lockout</u>.
                                                                                                 n
(법원은 지금 파업철회나 직장폐쇄 금지 명령을 내릴 수 있다.)

lock up

lock sth up, lock up sth, lock up

to lock all the doors and windows of a building or a car so that no one can get in

(문 · 창에) 자물쇠를 잠그다, 문단속을 하다

We <u>locked</u> <u>our house</u> up before we went on vacation. (우리는 휴가 가기 전에 집 문단속을 했다.)
                  sth

The manager always <u>locks up</u> before he goes home. (매니저는 집에 가기 전에 항상 자물쇠로 잠근다.)

lock sb up, lock up sb (유사어 **lock away, put away** [Informal])

to put or keep someone in prison, or in hospital

(형무소 · 정신병원에) 격리하다, 감금하다

The police locked Han up after they caught him shoplifting.
　　　　　　　　　sb
(경찰은 한을 들치기로 체포한 후 구치소에 감금했다.)

Whoever committed that terrible crime ought to be locked up forever.<수동>
(그렇게 끔찍한 범죄를 저지른 사람은 누구든 영원히 감금되어야 한다.)

➡ lockup (n)

　　(a prison, especially a small one, or a room in a prison)　구치소
On Friday night there were already five guys inside the lockup at the police station.
　　　　　　　　　　　　　　　　　　　　　　　　　　　　　　　　　n
(금요일 밤에 이미 5명의 사내들이 경찰서 구치소 안에 있었다.)

lock sth up, lock up sth (유사어 lock away)

to put something in a safe place and fasten it with a lock

(~을 금고에 넣고) 잠그다, 열쇠로 걸다

The boss locks up all the company's valuable documents in the safe every night.
　　　　　　　　　　sth
(매일 밤 사장은 회사의 중요한 서류를 금고에 넣고 잠근다.)

The silver knives and forks were always locked up when they weren't in use.<수동>
(은제 칼과 포크는 사용하지 않는 때는 늘 안전한 곳에 넣어 두었다.)

be locked up (유사어 be tied up)

if your money is locked up, you have put it into a financial plan or a business in order to make more money, and you cannot take it out and use it for a special period of time

(자본 등을 장기 투자하여) 고정시키다

The majority of money required is locked up in the costs of raw materials.
(필요한 돈의 대부분은 원자재 비용으로 장기간 묶인다.)

If your money is locked up in an investment plan while interest rates are low, it could be the wrong choice.　(이자율이 낮을 때 장기투자에 묶어 놓는다면 잘못된 선택일 수 있습니다.)

log

vt. ① 통나무로 자르다, 나무를 베어 넘기다, (토지에서) 목재를 벌채하다 ② 항해[교신, 주행 등]을 기록하다(up), (일반적으로) 기록하다 ③ (배·비행기로 예정 속도를) 내다
vi. 나무를 베어 통나무를 만들다, 목재를 벌채하다

log in[on, into, onto] (반대어 log off, log out)

log in[on], log into[onto] sth

to connect a computer to a system of computers by typing your name, usually so that you can start working

로그인[온]하다, (소정의 절차를 밟아 컴퓨터의 사용을) 개시하다

You can log in(on) using my password if you want to use the computer.
(컴퓨터를 사용하고 싶으면 내 비밀번호로 로그인하면 돼.)

A hacker logged into our system and stole some files. (해커가 우리 시스템에 침입해 파일 몇 개를 훔쳐 갔어.)
_{sth}

➡ log onto the Internet 으로도 쓰임
These days children can log onto the Internet and find out information about anything they want. (요즘은 아이들이 인터넷에 접속해서 원하는 정보는 무엇이든 얻는다.)

log off[out]

log off, log out, log off *sth* (반대어 **log in[on, into, onto]**)

to stop a computer from being connected to a computer system usually when you want to stop working

(컴퓨터·시스템 웹사이트에서) 로그오프[로그아웃]하다

Don't forget to log off when you've finished. (컴퓨터 작업을 끝냈을 때 로그아웃하는 것 잊지 마세요.)
I didn't log off the Internet until almost midnight last night.
_{sth}
(어젯밤에 거의 자정이 다 될 때까지 인터넷을 로그아웃하지 않았어.)

look

vt. ① 응시하다, 주시하다, 살피다; 관찰하다, 조사하다 ② (감정·의지 따위를) 눈으로 나타내다[알리다] ③ 응시[주시]함으로써[쏘아봄으로써] ~하게 하다(into, out of to) ④ ~에 어울리게 보이다, ~처럼 보이다 ⑤ ~을 조사해보다, 알아보다, 확인하다

vi. ① 보다, 바라보다, 주시하다, 눈을 돌리다 ② 생각해보다, 검토하다, 조사하다 ③ 주의하다, 주목하다(at, to) ④ (모습·용태 따위가) ~처럼 보이다, ~인 것 같다; ~하게 보이다, ~인[한] 것처럼 보이다[생각되다] ⑤ (집 등이) ~향[쪽]이다, ~에 면하다(upon, onto, into, over, down, toward) ⑥ (상황·사태가) ~쪽으로 기울어지다, 경향이다 ⑦ ((구)) (놀라서) 눈을 크게 뜨다 (at)

look after

look after *sb* (유사어 **take care of**)

to spend time with someone and make sure that they are safe and have the things they need, especially a child or someone who is sick

(특히 어린이·환자를) 돌보다, 보살피다

I'll look after the baby while you're cooking. (당신이 요리하는 동안 내가 아기를 돌볼게.)
_{sb}
We look after Rodney's kids after school. (우리는 방과 후 로드니의 아이들을 보살핀다.)
_{sb}

look after *sth* (유사어 **take care of**)

to keep something in a good condition or make sure that something is not broken, damaged, or stolen, especially something that belongs to someone else

(~을 깨지거나 해를 입거나 도둑맞지 않도록) 좋은 상태로 유지하다, 감시하다, 주의를 기울이다

Will you <u>look after my bike</u> while I'm away? (나 없는 동안 자전거 좀 봐 줄래?)
                    sth

<u>Look after the steaks</u> until I come back. Don't let them burn.
          sth
(내가 돌아올 때까지 스테이크 좀 봐줘. 타지 않도록 해 줘.)

look after *sth* (유사어 **take care of**)

to be responsible for dealing with something and making sure nothing bad happens to it

(책임감을 가지고) 관리하다

Clayton has a manager who <u>looks after his business interests</u>.
                                          sth
(클레이튼에게는 사업적 이익을 관리하는 매니저가 한 사람 있다.)

Our accountant <u>looks after all company taxes</u>. (우리 회계사가 회사의 모든 세금을 관리하고 있습니다.)
                              sth

look after yourself! [Spoken]

used when you are saying goodbye to someone in a friendly way

(헤어질 때) 잘 있어요

"See you, Tony." "Yeah, you <u>look after yourself!</u>" ("토니, 또 만나." "그래, 잘 있어.")
"<u>Look after yourself!</u> I'll see you soon!" ("잘 있어. 곧 만나자.")

look ahead

look ahead

to think about what will happen in the future and plan for these events

앞일을 생각하다

You'll need to <u>look ahead</u> four or five years. (여러분은 4년 내지 5년 앞일을 생각해 볼 필요가 있습니다.)

We have to <u>look ahead</u> to the time when our child will be old enough to go university.
(우리는 우리 아이가 대학에 갈 나이가 되었을 때를 생각해 봐야 해요.)

look around[round]

look around[round]

to look at what is in a place such as a building, a store, a town, etc. especially when you are walking

(걸어 다니며 건물·상점·마을을) 둘러보다

I spent the afternoon <u>looking around</u> the art museum. (나는 미술관 여기저기를 둘러보며 오후를 보냈다.)

We have about three hours to <u>look around</u> the downtown.
(우리가 도심지를 둘러보는 데 약 세 시간의 시간이 있다.)

look around[round]

to try to find something you want (e.g. job) by asking different people by looking in different places

(여기저기에서 물어 보며) 원하는 것을 찾다, 여기저기 조사하다

I've been <u>looking around</u> the town for a good used car.
(나는 괜찮은 중고차를 찾으러 도시 이곳저곳을 조사하며 다니고 있다.)

She spent several months <u>looking around</u>, trying to find a better job.
(그녀는 더 나은 일자리를 찾으려고 여러 달을 여기저기 돌아다니며 보냈다.)

➡ <u>look around for</u> 로도 쓰임
Tom began to <u>look around for</u> a place to live. (탐은 살 곳을 찾아 여기저기 다니기 시작했다.)

look at

look at *sth* (유사어 **examine**)

if experts look at something, they examine it and decide how it should be dealt with

(의사가) 진찰하다, (전문가가) 조사하다

You should get the doctor to <u>look at</u> <u>that cut</u>. (너 그 베인 상처를 의사에게 봐달라고 해야겠어.)
　　　　　　　　　　　　　　　　　sth

A mechanic <u>looked at</u> <u>my car</u> and said there was nothing wrong with it.
　　　　　　　　　　　sth
(정비사는 내 차를 살펴보고는 전혀 문제가 없다고 말했다.)

look at *sth* (유사어 **look into, examine, investigate**)

to study and consider something, especially in order to decide what to do about it

(문제 · 상황 등을) 검토하다, 고려하다, 잘 생각해 보다

The company is currently <u>looking at</u> <u>ways</u> in which it can improve its reputation.
　　　　　　　　　　　　　　　　sth
(그 회사는 회사 평판을 개선할 수 있는 방법을 현재 고려중이다.)

That offer may interest you, but she won't even <u>look at</u> <u>it</u>.
　　　　　　　　　　　　　　　　　　　　　　　　　　sth
(그 제의가 네 관심을 끌지는 모르지만, 그녀는 그 제의를 검토조차 않을걸.)

look at *sth* (유사어 **read[look] through, look over**)

to read something quickly and not very carefully

(신문 · 책을) 훑어 보다

Jane was <u>looking at</u> <u>a magazine</u> while she waited. (제인은 기다리는 동안 잡지를 훑어보고 있었다.)
　　　　　　　　　　sth

"Did you read this article?" "I <u>looked at</u> <u>it</u>, but I didn't really read it."
　　　　　　　　　　　　　　　　　　sth
("너 이 기사 읽었어?" "훑어보기는 했지만 실제로 읽지는 않았어.")

look at *sth*

to consider something in a particular way

(어떤 관점에서) ~을 보다, 생각하다, 판단하다

I think it's a good idea. How do you <u>look at it</u>, Bill? (나는 그것이 좋은 아이디어라고 생각해. 너는 어떻게 생각해, 빌?)
                                    sth

Studying oriental medicine has changed the way that these western doctors <u>look at</u> <u>healing</u>.
                                                                                        sth
(동양 의학 연구가 서양 의사들이 치료라고 생각하는 방법을 변화시키고 있다.)

look at *sb/sth* (유사어 **take** *sb/sth*, **for example**) [Spoken]

used when you are mentioning someone or something as an example to prove what you have just said

(명령형으로) ~을 보고 교훈으로 삼아라

You don't have to be young to be a pop star. <u>Look at</u> <u>Cliff Richard</u>.
                                                          sb
(팝스타가 되기 위해 젊을 필요가 없어. 클리프 리차드를 봐라.)

<u>Look at</u> <u>him</u>. He didn't go to college, and he's doing all right.
             sb
(그를 봐. 그는 대학에 다니지 않았는데 잘 하고 있잖아.)

look back

look back

to think about or remember something that happened in the past

과거를 생각하다, 회상하다

When he <u>looked back</u> (on the old days), it all seemed very romantic. But at that time there were many painful moments.
(그가 (옛 시절을) 돌아보았을 때, 모든 게 아주 낭만적인 것 같았다. 그러나 그 당시에는 고통스러운 순간들이 많이 있었다.)

<u>Looking back</u>, I realize I made a big mistake then.
(과거를 회상해 보면 그 당시에 내가 큰 실수를 한 걸 알겠어.)

➡ **look back on** 으로도 쓰임

Whenever Ellen <u>looked back on</u> her childhood in Wales, she was filled with happy memories.
(엘렌은 웨일스에서의 어린 시절을 돌아볼 때마다 행복한 기억으로 가득 찼다.)

➡ **look back to** 로도 쓰임

In his latest novel, he <u>looks back to</u> the early 1970s. (그의 최근 소설에서 그는 1970년대 초기를 회상한다.)

sb **hasn't looked back (since)**

used to say that someone has continued to be successful since a particular time

점점 성공하다, 성공을 계속하다

<u>Sam Walton</u> opened his first Wal-Mart store in a country in Arkansas and <u>hasn't looked back</u>.
  sb
(샘 월튼은 아칸소의 한 마을에서 월마트 1호점을 개업한 후 승승장구했다.)

She hasn't looked back since she started her own business five years ago.
　sb
(그녀는 5년 전 자기 사업을 시작하고 나서 계속 성공 가도를 달려왔다.)

look down on

look down on *sb*

to think that you are better than someone else

~를 경멸하다, ~을 낮추어 보다, 뽐내다

Many of the natives looked down on the new immigrants.　(원주민 대부분은 새로운 이민자들을 경멸했다.)
　　　　　　　　　　　　　　　　　　　　sb

Some people look down on Hank because his father was in prison.
(어떤 사람들은 행크의 아버지가 교도소에 있다는 이유로 그를 깔봤다.)

look down on *sth*

to think that something is not good enough quality for you to use

(질이 좋지 않아) 낮추어 보다, ~에 냉담하다

Harriet pretends to look down on football, but she never refuses a date with football player.
　　　　　　　　　　　　　　　　sth
(해리엇은 축구를 무시하는 척하지만 축구선수와의 데이트는 거절하지 않아.)

Some people look down on Marlow, but it's actually quite a nice place to live.
　　　　　　　　　　　　　sth
(어떤 사람들은 말로우를 무시하지만 실제로는 살기에 아주 좋은 장소예요.)

look for

look for *sb/sth*

to try to find someone or something, either because you need them or because you have lost them

~을 찾다, ~을 얻으려고 찾다

I looked for you at the party, but I didn't see you.　(내가 파티에서 너를 찾았는데 보지 못했어.)
　　　　　sb

Excuse me, can you help me? I'm looking for 303 Main st.
　　　　　　　　　　　　　　　　　　　　sth
(미안합니다만 도와주시겠습니까? 메인 스트리트 303번지를 찾고 있어요.)

be looking for trouble [Informal]

to be behaving in a way that makes it likely that problems will happen

화를 자초하는 행동을 하다

You're looking for trouble if you argue with her.　(네가 그 여자와 말다툼을 한다면 긁어 부스럼을 만들게 될 거야.)
The kid with the knife was looking for trouble.　(칼을 들고 있는 그 아이는 말썽거리였다.)

look forward to

look forward to *sth*

to feel pleased and excited about something that is going to happen

~을 기대하다, ~을 즐거움으로 기다리다

I <u>look forward to</u> <u>an opportunity</u> to meet you in person. (당신을 직접 만나 볼 기회를 고대하고 있습니다.)
　　　　　　　　　　sth

The children are <u>looking forward to</u> <u>the summer holiday</u>. (아이들이 여름방학을 몹시 기다리고 있어.)
　　　　　　　　　　　　　　　　　　sth

➡ <u>look forward to doing</u> *sb* 으로도 쓰임
It's been four years since my brother went overseas. I'm <u>looking forward to</u> <u>seeing</u> <u>him</u> again.
　　　　　　　　　　　　　　　　　　　　　　　　　　　　　　　　　　　　　　doing *sb*
(동생이 외국에 나간 지도 4년이 되었다. 다시 그를 보게 되길 기대하고 있다.)

look into

look into *sth* (유사어 **investigate**)

to discover and examine the facts about a problem or a situation

(문제 · 원인 등을) 조사[연구]하다

The FBI will <u>look into</u> <u>the cause of the fire</u>. (FBI는 화재 원인을 조사할 것이다.)
　　　　　　　　　　　　sth

After receiving many complaints about the company, the attorney general decided to <u>look into</u> <u>the matter</u>. (그 회사에 대한 여러 불만사항을 접수한 후 검찰총장은 그 사안을 조사하기로 했다.)
　　sth

look into *sth*

to find out more about something (possibility) by getting all the necessary information

(필요한 정보를 얻어) 많은 것을 알아내다, (가능성 따위를) 검토하다

It sounds like an interesting idea for a holiday. I'll definitely <u>look into</u> <u>it</u>.
　　　　　　　　　　　　　　　　　　　　　　　　　　　　　　　　　　sth
(그거 휴가를 보낼 재미있는 아이디어 같은데, 내가 확실히 알아볼게.)

The Jhonsons are <u>looking into</u> <u>the possibility</u> of buying a camcoder.
　　　　　　　　　　　　　　　　　sth
(존슨 씨 가족은 캠코더를 살지 검토 중이다.)

look on

look on (유사어 **watch**)

to watch an activity or an event without becoming involved in it

방관하다, 구경하다

The children <u>looked on</u> in delight as the magician performed his magic tricks.
(아이들은 마술사가 마술을 부릴 때 즐거이 구경했다.)

The crowd <u>looked on</u> as the two men fought. (두 사람이 싸울 때 사람들은 그냥 구경만 하고 있었다.)

➡ onlooker (n)

(a person who watches an activity or event without becoming involved in it)
방관자, 구경꾼

A crowd of curious onlookers had gathered around the building where the hostages were being held.
　　　　　　　　　　　　n
(호기심이 많은 구경꾼들이 인질이 잡혀 있는 건물 주위로 모여 들었다.)

look on[upon]

look on[upon] sb/sth (유사어 **consider**)

to consider something in a particular way, or as a particular thing

여기다, 간주하다, 생각하다.

My family looks on divorce as a sin. (우리 가족은 이혼을 죄악으로 여긴다.)
　　　　　　　　　sth
Spousal abuse is now looked on as a serious crime.<수동> (배우자 학대는 현재 심각한 범죄로 간주된다.)

➡ look on as 로도 쓰임
We've always looked on Jack as one of the family. (우리는 늘 잭을 가족의 일원으로 생각해왔다.)

look out

look out! (유사어 **watch out**)

something you say or shout in order to tell someone that they are in danger

(위험이 있을 때 경고하는 말로) 주의[조심]해라, (~하도록) 주의해라

Look out! There's a car coming. (조심해! 차가 와.)
Look out you don't become one of them. (그들 중 한 사람이 되지 않도록 주의해.)

➡ lookout (n)

(a person who is watching for danger) 감시원, 파수꾼
The bank robbers had a lookout standing at the street corner to warn them if the police came.
　　　　　　　　　　　　　　　　n
(은행 강도들은 파수꾼 한 명을 길모퉁이에 세워서 경찰이 오면 알려주도록 했다.)

look out sth, **look** sth **out** [BrE, Informal]

to try to find something that is stored away somewhere, especially in order to show it to someone

(가진 물건 중에서) 꺼내다, 찾아 보다

I need to look out a new dress for the dance party. (댄스파티에 입고 갈 새 드레스를 찾아봐야겠어.)
　　　　　　　　sth
I've got a photograph of them somewhere. I can look it out if you're interested.
　　　　　　　　　　　　　　　　　　　　　　　　sth
(어딘가에서 그들의 사진을 한 장 얻었어. 관심 있으면 꺼내 보여줄 수 있는데.)

look out for

look out for *sb/sth* (수동 불가)
to try to avoid something bad happening or doing something bad
(나쁜 일이 생기지 않도록) 주의하다, 조심하다

The police are <u>looking out for</u> <u>the burglar</u>. (경찰들은 그 도둑이 있나 살펴보고 있다.)
                      sb

In this section of the river, you have to <u>look out for</u> <u>snakes</u>. (강의 이 부분에서 뱀이 있는지 살펴봐야 해.)
                                                       sth

➡ **be on the lookout for** *sb/sth*
(to watch a place or situation continuously in order to find something you want or to be ready for problems or opportunities) (문제 · 기회를 해결하려고) 계속 장소 · 상황을 찾다

We're always <u>on the lookout for</u> <u>new business opportunities</u>.
                                             sth
(우리는 항상 새로운 사업 기회가 있는지 엿보고 있다.)

look out for *sb* (유사어 **look after**)
to do what is best for someone, protect them and make sure that they have as many advantages as possible
(필요에 따라) 도움을 주다, (~을) 돌보다, 보살피다

Residents must <u>look out for</u> <u>each other</u>. (주민들이 서로 보살펴 주어야 합니다.)
                                    sb

I'm just trying to <u>look out for</u> <u>you</u>. (나는 단지 너를 도와주려는 것뿐이야.)
                                       sb

look out for oneself
to think only about what will bring you an advantage and not think about other people
(자기 것에만 주의를) 기울이다, ~의 이익만을 생각하다

In this business, don't expect help from other people. Everyone is busy <u>looking out for themselves</u>. (이 일을 하는 데 다른 사람들의 도움을 기대하진 마. 모두 자기 일하는 것도 바쁘니까.)
        oneself

No one else is going to help you get to the top. You have to <u>look out for yourself</u>.
                                                                               oneself
(네가 정상까지 가는 데 도와줄 사람은 아무도 없어. 너 스스로 자기 것을 지켜야 해.)

look over

look *sth/sb* **over, look over** *sth/sb*
to quickly examine something or someone
~을 대충 훑어보다; 진찰하다

He could have <u>looked over</u> <u>the papers</u> in less than ten minutes.
                                         sth
(그는 10분도 채 안 되어 그 서류들을 훑어볼 수 있었다.)

Not feeling well? Better have a doctor <u>look you over</u>?
                                                  sb

(몸이 안 좋아? 의사한테 진찰 받아 보는 게 좋지 않겠니?)

look sth over

when you look something over, you look at it or read it carefully and thoroughly

                                                                                                     검토하다, 조사하다, (서류 등을) 자세히 눈여겨보다

He ought to <u>look the car over</u> before he buys it.   (그가 차를 구입하기 전에 자세히 살펴보는 것은 당연해.)
                   sth

Here's the first chapter of my new book; <u>look it over</u> and tell me what you think.
                                                           sth

(여기 내가 새로 쓴 책의 첫 장이 있어. 자세히 읽어보고 네가 생각한 것을 말해줘.)

look through (유사어 go through)

look through sth

to look for something among a pile of paper, in a drawer, in someone's pocket, etc.

                                                                          (서랍·주머니 속에 있는 서류에서) ~을 찾다, 뒤지다

FBI agents are <u>looking through her apartment</u> for fingerprints.
                                       sth

(FBI 요원들이 지문을 찾으려고 그녀의 아파트를 샅샅이 뒤지고 있다.)

Partick and I carefully <u>looked through Bob's drawer</u> to see if there was anything to show where
                                                      sth

he could have gone.

(패트릭과 나는 밥이 갔을 만한 곳을 알려주는 것이 있을까 해서 그의 서랍을 꼼꼼히 찾아보았다.)

look through sth (유사어 look at)

to read something quickly and not very carefully

                                                                                                                                  한번 훑어 보다

I'll <u>look through the report</u> tonight and then we can go through it properly tomorrow.
                         sth

(오늘 밤 내가 보고서를 한번 훑어볼게. 그러면 내일 그걸 제대로 조사할 수 있을 거야.)

I <u>looked through my notes</u> again just before entering the exam room.
                      sth

(시험장에 들어가기 직전에 노트를 다시 한 번 훑어보았다.)

look through sb

to ignore a person deliberately

                                                                                      (고의로 사람을) 무시하다, 못 본 체하다, 신경 쓰지 않다

I said good morning but she <u>looked</u> straight <u>through me</u> and walked on.
                                                                        sb

(나는 그녀에게 아침인사를 했지만 그녀는 나를 보고도 무시한 채 걸어갔다.)

Betty is obviously angry. When I spoke to her, she <u>looked</u> straight <u>through me</u>.
                                                                                                 sb

(베티는 화가 난 게 분명해. 내가 그녀에게 말을 걸었을 때 못 본 척하더라니까.)

➡ look straight[right] through *sb* 로도 쓰임
I waved to her in the street, but she just <u>looked straight through</u> <u>me</u>.
                                                                    sb
(길에서 그녀에게 손을 흔들었지만 그냥 나를 못 본 체하더라고.)

look up

look up *sth*, look *sth* up (유사어 consult [Formal])

to look at a book or a computer in order to find a piece of information

(책 · 컴퓨터에서) (정보 등을) 찾아보다

You could <u>look up</u> <u>the new words</u> in a dictionary. (사전에서 새로운 단어들을 찾아보세요.)
                              sth
I <u>looked up</u> <u>his telephone number</u> on the Internet. (나는 인터넷에서 그의 전화번호를 찾아보았다.)
                   sth

look *sb* up, look up *sb*

to visit someone who you have not seen for a long time when you are visiting the place where they live

(오랫동안 못 만난 사람을) 방문하다, 연락하다

If you're ever in Kempton, <u>look</u> <u>me</u> up. (혹시 켐프턴에 오게 되면 내게 연락해.)
                                     sb
I was in Dallas on business, and I <u>looked up</u> <u>Dan Jones</u>, my old college roommate.
                                               sb
(사업상 댈러스에 갔을 때 나는 대학 때 한 방 친구였던 댄 존스를 찾아갔다.)

look up (유사어 improve, get better)

if a situation is looking up it is improving

(사태 · 형세 · 경기 등이) 호전하다, 상승 기세다

Business was pretty bad for a while, but things are starting to <u>look up</u>.
(사업 형편이 한동안 상당히 안 좋았는데 상황이 나아지기 시작하고 있습니다.)

In Cuba the economy is <u>looking up</u>. (쿠바의 경제 사정이 좋아지고 있습니다.)

➡ things are looking up 으로도 쓰임
I'm much happier than I was last year. <u>Things are looking up</u>.
(나는 작년보다 훨씬 행복해. 다 잘 되고 있거든.)

look up to

look up to *sb*

to respect and admire someone

(~를) 우러러 보다[존경하다]

I've always <u>looked up to</u> <u>my father</u> because of his honesty and concern of others.
                             sb
(저는 아버지의 정직한 성품과 다른 사람에 대한 배려 때문에 늘 그를 존경해 왔어요.)

You should look up to people who have overcome difficulties to become successful.
　　　　　　　　　　　sb
(어려움을 극복하고 성공한 사람들을 존경해야 마땅합니다.)

lose

vt. ① 잃다, 분실하다 ② (건강, 명성 등을) 잃다, 유지하지 못하게 되다 ③ (병, 공포 따위를) 면하다, 벗어나다 ④ 길을 잃다 ⑤ 못보고 넘어가다, 주의해서 보지[듣지] 못하다 ⑥ (열차 따위를) 늦어서 놓치다, (기회를) 놓치다, (말 따위를) 못 듣다, (상품 따위를) 못 타다, (싸움·경기에서) 승리를 놓치다 ⑦ ⓐ 몰두[열중]하다, 자기 자신을 잊다 ⓑ 보이지 않게 되다, 자취를 감추다 ⑧ (~에게 ~을) 잃게 하다 ⑨ [보통 수동태로] 멸망시키다, 파괴하다 ⑩ (시계가) 늦다, 느리다

vi. ① 쇠하다, 감퇴하다; (가치, 효력 등이) 줄다, 감소하다, 떨어지다 ② 손해 보다, 손해 입다(by) ③ 지다, 뒤지다; 실패하다 ④ (시계가) 늦어지다

lose out

lose out (유사어 **miss out**)

to not have an advantage that other people have

실패하다, 손해를 보다, 불이익을 당하다

I always feel I lost out because I never learned a musical instrument as a child.
(나는 어렸을 때 악기를 배운 적이 없어서 늘 손해 보는 느낌이 들어.)

Tickets to the concert will sell out quickly. If you don't buy early, you'll lose out.
(콘서트 티켓은 빨리 매진될 거야. 빨리 사지 않으면 놓치게 될걸.)

➡ lose out to *sb* 로도 쓰임
US firms are losing out to foreign competitors, due to the high value of the dollar compared to
　　　　　　　　　　　　　　　　sb
other currencies.
(다른 나라 화폐에 비해 달러화 가치가 상승했기 때문에 미국 기업들이 외국 경쟁기업들에 밀리고 있습니다.)

➡ lose out on 으로도 쓰임
The firm lost out on the deal. (그 회사는 거래에서 손해를 입었다.)

luck

vi. 운 좋게 잘되다[성공하다](out); 운 좋게 우연히 만나다[맞닥뜨리다](out, on, onto, into) [반어적] 아주 운이 나쁘다, (특히 전쟁터 등에서) 죽다(out)

luck out

luck out [AmE, Informal]
to be very lucky

운 좋게 잘되다[성공하다]

At last I lucked out and found a good job. (마침내 운 좋게 좋은 일자리를 찾았다.)

"I lucked out," said Eric, whose house wasn't damaged in the fire.
("나는 운이 좋았어." 화재로 자신의 집이 피해를 입지 않은 에릭이 말했다.)

make

vt. ① ⓐ 만들다, 제작[제조]하다, 짓다, 건설[건조, 조립]하다, 창조하다 ⓑ (작품을) 창작하다, 저술하다, (유언장을) 작성하다 ⓒ (법률을) 제정하다 ② 만들어내다, 쌓아 올리다, 발달시키다, 성공시키다, 더할 나위 없게 하다 ③ 마련[준비]하다, 정돈하다. 정비하다. ④ ((미속)) 부자가 되다, (재산을) 모으다; 유명해지다 ⑤ 일으키다, 생기게 하다, ~의 원인이 되다, (손해를) 입다 ⑥ 손에 넣다, 획득하다, 얻다, (득점을) 올리다, (친구·적 등을) 만들다 ⑦ ~을 ~로 산정[측정]하다, 어림하다; ~을 ~라고 생각하다, 간주하다, ~을 ~로 판단하다 ⑧ (~을 ~으로) 나타내다, ~을 ~로 보이게 하다 ⑨ ~하게 하다, (사람을) ~시키다 ⑩ (길·거리 등을) 가다, 나아가다 ⑪ ~에 도착하다; ((구)) (열차 따위)의 시간에 대다, 따라 붙다 ⑫ ⓐ (동작 등을) 하다, 행하다; 말하다, 체결하다; (전쟁 따위를) 일으키다; (몸의 각 부분을) 움직이다, 행동하다, 해내다, 수행하다 ⓑ (목적어로서 동사에서 파생한 명사를 수반해서) 행하다, 하다 ⓒ (여자를) 구슬리다, 유혹하다 ⓓ 먹다 ⑬ ⓐ (발달하여) ~이 되다 ⓑ (총계가) ~이 되다; 구성하다, 모아서 ~을 형성하다[~이 되다], ⓒ ((미구)) (직위 등에) 이르다; ((구)) (팀의) 일원이 되다 ⑭ ~로서 쓸모가 있다 ⑮ (순서에서) (~번째)가 되다 ⑯ (가격 등을) 설정하다, (세를) 부과하다 ⑰ (~의 일부[요소])이다; ~에 충분하다 ⑱ (리스트·신문 등)에 이름[사진]이 실리다 ⑲ [전기] (전류를) 통하다, (~의 회로를) 닫다 ⑳ [카드놀이] (으뜸패)의 이름을 대다, 패를 내고 이기다, (트릭을) 이기다; (브리지의 경쟁에서) 필요한 트릭 수를 취하여 (계약을) 성립시키다 ㉑ [항해] 발견하다, ~이 보이는 곳에 오다 ㉒ ((미속)) (사람을) 낌새채다, 발견하다 ㉓ ((속)) 훔치다, 제 것으로 하다 ㉔ ((미속)) [보통 수동태] 속이다, 이용하다

vi. ① (가공되어) ~이 되다, 만들어지다, 제조되다; (건초가) 되다, 익다 ② (어느 방향으로) 나아가다, 향해 가다, 뻗다, 향하다(for, toward(s)) ③ ~하려고 하다, ~하기 시작하다 ④ (조수가) 밀려들기 시작하다, (썰물이) 빠지기 시작하다 ⑤ 듣다, 효력이 있다(for, against, with) ⑥ 계속하다, (~에) 달하다 ⑦ ~로 보이게 하다, ~하게 행동하다, 어떤 상태가 되다 ⑧ (유리·불리하게) 영향을 미치다, 작용하다 ⑨ ((구)) (돈을) 벌다 ⑩ (깊이, 체적 등이) 늘다

유사단어

make: '만들다, 형성하다'의 의미로 가장 일반적이며 적용 범위가 넓은 말. 비물질적인 것도 목적어로 취함
  Carol's <u>making</u> carrot cake for dessert. (캐롤이 후식으로 먹을 당근 케이크를 만들고 있다.)
  I really feel she's <u>making</u> a mistake. (내 생각에는 정말 그녀가 실수하고 있는 것 같아.)

form, shape: '외부에서 모양, 구성을 부여하다', 양자 간에는 서로 대치가 가능하나 구성에 중점이 있을 때는 form을, 특정한 외형에 중점이 있을 때에는 shape를 씀
  In English the past tense is usually <u>formed</u> by adding "ed". (영어에서 과거 시제는 흔히 "ed"를 추가하면서 이루어진다.)
  <u>Shape</u> the dough into small balls. (밀가루 반죽을 작은 덩어리로 만드세요.)

fashion: 위의 두 말과 근사하나 '어떤 의도를 염두에 두고 형성하다', 형성 과정에 중점이 있음
  Several prisoners were armed with weapons <u>fashioned</u> from razor blades. (몇 명의 죄수들이 면도칼로 만든 무기로 무장하고 있었다.)

construct, fabricate: '(설계·계획 따위에 맞추어서) 조립하여 만들다', fabricate에는 '인위적으로 만들다'라는 뜻이 부가됨
  The city has announced a plan to <u>construct</u> another runaway at LaGuardia Airport. (시 당국은 라구아디아 공항에 또 하나의 활주로를 건설할 계획을 발표하였다.)
  He later admitted that he had <u>fabricated</u> the whole story. (그는 그 이야기를 전부 꾸며낸 것이라고 나중에 인정했다.)

manufacture: '기계를 써서 제조하다' 작업 공정, 앞으로 있을 제품의 판매 따위가 암시되어 있음
The car was <u>manufactured</u> in Germany until 1961. (그 차는 1961년까지 독일에서 제조되었다.)

make for

make for *sth* (수동 불가) (유사어 **head for**)
to move towards something

(어느 방향으로) 나아가다, 향해 가다

After the robbery, the bank robbers <u>made for</u> the border. (강도질을 한 후 은행 강도들은 국경으로 향했다.)
The enemy soldiers are getting closer — let's <u>make for</u> the hills.
(적군이 점점 다가오고 있다. 언덕을 향해 가자.)

be made for each other
if two people are made for each other, they each seem to be the perfect person for the other to have a happy relationship with

(서로) 잘 맞다

Jim and Mary seems to <u>be made for each other</u>. (짐과 메리는 서로 잘 맞을 것 같아.)
I'd like to see Seb and Carrie get married. They'<u>re made for each other</u>.
(셉과 캐리가 결혼하는 것을 보고 싶어. 그들은 서로 잘 어울려.)

make for *sth* (수동 불가)
to help to cause a particular effect or situation, or to produce a particular result

~의 결과를 낳다, 원인이 되다, 생기다

A good marriage <u>makes for</u> <u>a happy life</u>. (훌륭한 결혼 생활은 행복한 삶으로 이끈다.)
                             sth
The game was played in the heavy rain, which <u>made for</u> <u>dangerous conditions</u>.
                                                            sth
(게임은 폭우 속에서도 진행되었고 그 때문에 위험한 상황에 처하게 되었다.)

make of (유사어 think of)

what do you make of *sth/sb*?
if you ask someone what they make of something or someone, you want to know what their opinion of or reaction to them is

~에 대해 어떻게 생각하느냐?

"Did you inspect the murder evidence?" "Yes." "<u>What did you make of it</u>?"
                                                                         sth
("살인 사건의 증거를 조사했어?" "그래." "그 사건을 어떻게 생각했는데?")
Come, Watson, and tell me <u>what you make of this gentleman</u>.
                                                                 sth
(자, 왓슨. 이리 와서 네가 이 신사를 어떻게 생각하는지 말해줘.)

make out

make out *sth*, **make** *sth* **out** (수동 불가)

if you make something out you manage with difficulty to see or hear it

(판별하기 어려운 것을 보고 듣고) 이해하다, 보고 알다, 듣고 알다

The handwriting in this letter is so poor I can't <u>make it out</u>. (이 편지는 너무 악필이어서 못 알아보겠어.)
_{sth}

I heard the voice, but I couldn't <u>make out what they were saying</u>.
_{sth}
(목소리를 듣긴 했는데 그들이 무슨 말을 하는지 도통 알 수가 있어야지.)

➡ <u>not be able to make out</u> *sth* 으로도 쓰임

Maurice could hear voices in the kitchen below, but he <u>couldn't make out what was being said</u>.
(모리스는 아래층 부엌에서 나는 사람들의 말소리를 들었는데 뭐라고 하는지 알아들을 수 없었다.)

make out *sth*, **make** *sth* **out** (수동 불가, 항상 부정) (유사어 **work** [BrE], **figure out**)

if you can make something out, you can understand it although it is difficult to understand

(can이나 could를 동반한 부정문으로) ~이 알 수가 없다, 이해할 수 없다, 판단하기 어렵다

➡ 흔히 *sth*에 wh– 절이 쓰임.

Nobody could <u>make out</u> exactly <u>what Murphy was trying to say</u>.
_{sth}
(머피가 정확히 무슨 말을 하려고 했는지 아무도 알 수 없었다.)

I can't <u>make out why she did that</u>, can you? (그녀가 왜 그런 짓을 했는지 모르겠어. 너는 알겠니?)
_{sth}

make *sth/sb* **out to be**

to describe something or someone, usually wrongly, as a particular type of things or persons because you want people to believe that it is true

(~가) 인 체하다, ~마치 인 것처럼 말하다[행동하다], (~으로) 묘사하다

The ring is not as valuable as she <u>makes it out to be</u>. (이 반지는 그녀가 말한 것처럼 가치 있는 것은 아니다.)
_{sth}

He was a good man, but the press <u>made him out to be</u> weak and unimportant.
_{sb}
(그는 훌륭한 사람이었으나 언론이 그를 허약하고 별로 중요하지 않은 인물인 것처럼 묘사하고 있다.)

make out (that) (유사어 **pretend**) [BrE]

to try to make people believe that something is true when it is not

(사실이 아닌 것을) (~에게) 믿도록 하다

She <u>made out that</u> I had stolen her book. The truth is that she had given it to me.
(그녀는 내가 그녀의 책을 훔친 것처럼 말했다. 사실은 그녀가 나에게 그 책을 주었던 것이다.)

Paul always <u>made out that</u> his father was very rich. (폴은 항상 자기 아버지가 대단한 부자인 것처럼 말했다.)

make out a cheque[bill, etc.] (유사어 **write out**)

to write a cheque or a bill

(~에게) (수표 · 영수증 · 서류 등을) 쓰다, 작성하다, 기입하다

If you would like to send a donation, you can <u>make out a cheque</u> to feed the children.
(기부금을 내고 싶으시면 어린이들에게 먹일 음식을 위해 수표를 사용하시면 됩니다.)

I'm going to <u>make out a receipt</u> for you.   (귀하 앞으로 영수증을 발행해 드리겠습니다.)

> **can't make** *sb* **out** (유사어 **can't figure** *sb* **out, can't work** *sb* **out** [BrE])
>
> if you can't make someone out, you cannot understand what kind of person they are, or why they behave as they do
>
> (사람의 본질 · 마음을) 알 수가 없다, 이해할 수 없다

I <u>couldn't make</u> that fellow <u>out</u>. At times he was friendly and other times distant.
                        sb
(그 사람 마음을 알 수가 없었어. 어떤 때는 친절했다가 다른 때는 쌀쌀했다가 그랬어.)

Dorothy's such a quiet reserved person. I've <u>never</u> been <u>able to make</u> her <u>out</u> at all.
                                                                 sb
(도로시는 조용하고 내성적인 사람이야. 나는 그녀를 전혀 이해할 수가 없어.)

make up

> **make up** *sth*
>
> if a number of parts or members make up something, they combine together to form it
>
> (각 부분들이) ~의 (전체를) 구성하다, 형성하다

In Los Angeles, minority group <u>makes up</u> 64% of the population.
                                           sth
(로스앤젤레스에서는 소수 민족이 인구의 64%를 이루고 있다.)

Nine players <u>make up</u> a baseball team.   (9명의 선수들이 야구 한 팀을 구성한다.)
                            sth

➡ **be made up of** 로도 쓰임
Indonesia <u>is made up of</u> over 13,000 islands.   (인도네시아는 1만 3,000개가 넘는 섬으로 이루어져 있다.)

➡ **make-up** (n)
    (the way in which something is composed or arranged)   조립, 구성
Our workforce reflects the multi cultural <u>make-up</u> of the area.
                                                  n
(우리의 노동인구는 이 지역의 다문화적 구성을 반영한다.)

> **make up one's mind, make one's mind up** (유사어 **decide**)
>
> to make a definite decision or choice, after thinking about it for a long time
>
> (마음을) 정하다, 결심하다

Once he <u>made up</u> his mind to do something, there was no stopping him.
                   one's mind
(일단 그가 뭔가 하기로 마음먹으면 그를 말릴 수 있는 것은 아무것도 없었다.)

I <u>made up</u> my mind I was going to retire.   (나는 은퇴하기로 결심했다.)
      one's mind

➡ **make up one's mind what**[**which, whether**] 로도 쓰임
The doctors couldn't <u>make up their mind what to do</u>.   (의사들은 어떻게 해야 할지 결정을 내리지 못했다.)
                                 one's mind

➡ <u>make up one's mind (that)</u> 로도 쓰임

By the time they arrived home he had already <u>made up his mind that</u> he would marry her.
　　　　　　　　　　　　　　　　　　　　　　　　　　　　　　　one's mind

(그들이 집에 도착할 때쯤 그는 이미 그녀와 결혼하리라 마음을 먹었다.)

make up *sth*, **make** *sth* **up** (유사어 **invent**)

to invent stories, explanations, excuses, songs, poems, etc., in oder to deceive someone
(이야기 · 구실 따위를) 그럴 듯하게 지어내다, 날조하다, (노래 · 시 따위를) 즉석에서 창작하다

I think it's very unkind of you to <u>make up</u> <u>stories</u> about him.
　　　　　　　　　　　　　　　　　　　sth

(네가 그에 관한 이야기를 날조한 것은 몰인정한 일이라고 생각해.)

I'm not <u>making</u> <u>it</u> <u>up</u>. The character exists in real life.
　　　　　　　sth

(그건 내가 만들어낸 얘기가 아냐. 그런 인물이 실제로 존재한다니까.)

➡ **make-up** (a)

(not true and intended to deceive someone)　날조된, 허위의

It looks like a <u>made-up</u> word.　(그것은 지어낸 말 같아.)
　　　　　　　　a

make up *sth*, **make** *sth* **up** (유사어 **invent**)

to think of something new using your imagination, for example the words for a new song, story, etc.

(상상력을 사용하여) ~을 생각해내다, (시 · 노래 · 이야기 등을) 창작하다

The soldiers used to <u>make up</u> <u>rude songs</u> about him.　(군인들은 그에 대해 낯 뜨거운 노래를 만들고는 했다.)
　　　　　　　　　　sth

He couldn't remember any fairy stories, so he <u>made</u> <u>one</u> <u>up</u> about a magic carpet — the children loved it.
　　　　　　　　　　　　　　　　　　　　　　　　　　　sth

(그는 기억나는 동화 이야기가 하나도 없었다. 그래서 요술 담요에 대한 이야기를 하나 만들어냈다. 아이들이 그 이야기를 좋아했다.)

make up *sth*, **make** *sth* **up** (유사어 **prepare, get ready**)

to prepare or arrange something by putting together — use this about lists, beds, sandwiches, or medicine

(침대 · 잠자리를) 정비하다, 준비하다, (샌드위치 등을) 만들다, (처방전의 약을) 조제하다

Why don't you <u>make up</u> <u>a list</u> of what we need from the store?
　　　　　　　　　sth

(그 상점에서 우리가 사야 할 물건 목록을 작성하지 그래?)

The pharmacist is <u>making up</u> <u>my prescription</u> now.　(약사는 지금 나의 처방전 약을 조제하고 있다.)
　　　　　　　　　　　　sth

make up, make it up (유사어 **patch up**)

to forgive someone who you have argued with and to become friendly with them again

(~와) 화해하다, 사이가 다시 좋아지다

The brothers quarreled many years ago and have never <u>made up</u>.

(이 형제들은 몇 년 전에 말다툼을 하고 지금까지 화해하지 않고 있다.)

I don't know if Jack has made it up with Jill or not. (잭이 질과 화해했는지 아닌지 모르겠어.)

➡ make up with 로도 쓰임
Although the father had made up with his daughter, there was still a strain between him and his son-in-law. (아버지는 딸과 화해를 했다고는 하지만 그와 사위와의 사이에는 아직도 긴장이 흐르고 있었다.)

➡ kiss and make up 로도 쓰임
Jack and Betty quarrel often, but they always kiss and make up.
(잭과 베티는 가끔 말다툼을 하지만 늘 화해하고는 한다.)

make up sth, make sth up

if you make up time that you have taken off work, you spend that time working later

(놓친 시간을) 보충하다

I'm trying to make up the time I lost while I was sick. (나는 아픈 동안 놓친 시간을 보충하려고 애쓰고 있어.)
                    sth
We lost an hour repairing the flat tire. We'll have to drive faster to make it up.
                                                                      sth
(우리가 펑크 난 바퀴를 수리하는 데 한 시간이나 소비했어. 그 시간을 보충하려면 더 빨리 달려야 하겠어.)

make up sth

to add to the amount or number, so that you have the amount or number that you need in order to do something

(수·양의 부족분을) 보충하다, (~에) (수·양을) 더하다

I'm paying £800 towards the car, and my parents say they'll make up the rest of the money.
                                                                              sth
(내가 자동차 비용으로 800파운드를 내려고 하자 부모님께서는 나머지 돈을 보태주시겠다고 말씀하신다.)
We need two more players to make up the team. (우리는 팀에 선수 2명을 더 보강시킬 필요가 있다.)
                                   sth

➡ make up the difference 로도 쓰임
   (to pay the remaining money that is needed) (나머지 돈을) 지불하다
I didn't have enough money to pay for the meal, so my date had to make up the difference.
(내가 식사비용을 지불할 돈이 모자라서 데이트 상대가 나머지를 내야만 했다.)

make up sb, make sb up

to put special paint, color, etc. on someone's face in order to change the way they look

화장하다, 분장하다

They made him up to look like he was dead. (그들은 그를 죽은 것처럼 분장시켰다.)
          sb
She spent too much time making herself up. (그녀는 화장하는 데 너무 많은 시간을 소비했다.)
                              sb

➡ make-up (n)
   (colored creams, powders, etc. that people, especially woman and actors, put on their face to change their appearance) 화장, 분장
She paused before applying her make-up and stared at the mirror.
                                       n
(그녀는 화장하기 전에 잠깐 멈추고 거울을 바라보았다.)

make up sth, **make** sth **up**

to make a dress suit, etc. by cutting and sewing cloth

(바느질로 옷을) 만들다

I'm going to <u>make that material up</u> into a dress.　(나는 그 옷감으로 드레스를 만들려고 해.)
　　　　　　　　　sth

If you have a sewing machine you can save money on clothes by <u>making them</u> up yourself.
　　　　　　　　　　　　　　　　　　　　　　　　　　　　　　　　　　　　　sth

(재봉틀이 있으면 스스로 옷을 만들어서 옷에 들어가는 돈을 절약할 수 있어.)

make up for

make up for sth (유사어 **compensate for**)

to make a bad situation or event seem better

(나쁜 상황·사건이) 호전되다

I bought her flowers to try to <u>make up for</u> the nasty thing I said.
　　　　　　　　　　　　　　　　　　　　　　sth

(내가 불쾌하게 말했던 것을 만회하려고 그녀에게 꽃을 사주었다.)

Last night's victory <u>made up for</u> all the problems we've had in previous games.
　　　　　　　　　　　　　　　　　sth

(어젯밤 승리로 이전에 치룬 여러 경기에서 있었던 모든 문제점들이 상쇄되었다.)

make up for sth (수동 불가)

to do something good for someone after doing something bad to them, so that they forgive you

(고통·과실 등을) 보상하다

Mike forgot his wife's birthday — so he took her to Pairs to <u>make up for</u> it.
　　　　　　　　　　　　　　　　　　　　　　　　　　　　　　　　　　　　sth

(마이크는 아내의 생일을 잊어버렸다. 그래서 그에 대한 보상으로 그녀를 파리로 데리고 갔다.)

After I became an adult, I did my best to <u>make up for</u> the pain I once caused my parents.
　　　　　　　　　　　　　　　　　　　　　　　　　　　　　sth

(나는 어른이 되고 나서 한때 부모님께 끼친 고통을 보상하기 위해 최선을 다했다.)

make up for sth

to have so much of one quality that one can cover up one's other defects

(질적으로 부족함을) 보충하다, 메우다

Jay lacks experience, but he <u>makes up for</u> it with hard work.
　　　　　　　　　　　　　　　　　　　　sth

(제이는 경험은 부족하지만 열심히 일해서 그 점을 보충한다.)

Sam had to study hard to <u>make up for</u> this earlier laziness.
　　　　　　　　　　　　　　　　　　　sth

(샘은 예전의 나태함을 만회하기 위해 열심히 공부해야 했다.)

make up for lost time

ⓐ to do something very quickly because you started it late

(놓친 시간을) 되찾다, 만회하다, 회복하다, 보충하다

I was ill last week, so I had to work all weekend to <u>make up for lost time</u>.
(지난주에 아팠어. 그래서 그동안 못했던 걸 만회하려고 주말 내내 일해야 했지.)

The bus driver was speeding to <u>make up for lost time</u>.
(버스기사는 지연된 시간을 만회하려고 속도를 내고 있었다.)

make up for lost time

ⓑ to become involved in an activity very eagerly, because you wish you could have done it earlier in your life

(예전에 하고 싶었던 일을) 열심히 하다, (무시했던 것을) 보상하다

Ursula didn't start dancing until she was 40, so now she feels she's trying to <u>make up for lost time</u>.
(우루슐라는 마흔 살이 될 때까지 춤을 추지 않았다. 그래서인지 지금 그녀는 그 잃어버린 시간을 보상하려는 거라고 생각한다.)

match

vt. ① ~에 필적하다, ~의 호적수가 되다 ② (색깔·모양 따위가) ~에 어울리다, 걸맞다 ③ 조화시키다, 맞추다, 어울리게 하다(to, with) ④ 맞붙게 하다, 경쟁[대결]시키다(against, with) ⑤ ~에 맞는 것을 찾아 주다, ~에 (적합한 사람[것]을) 찾아내다 ⑥ ((고)) 결혼시키다(to, with). ⑦ ((미구)) (일 따위를 결정하려 할 때) 동전을 던져 결정하다 ⑧ [전자] (두 전기 회로를) 잇다, 정합하다 ⑨ (~에게 자금을) 보조하다(to)

vi. ① (둘이) 대등하다, 비슷하다 ② (물건의 크기·모양 등에서) (~와) 조화되다, 어울리다 ③ ((고)) (~와) 혼인하다(with)

match up

match up (유사어 **match**)

if two things match up, they are similar or suitable for each other in some way

(두 개의 것이) 일치하다

The stories of the two suspects don't <u>match up</u>. (두 용의자의 이야기가 일치하지 않는다.)
The point of the game is to <u>match up</u> the names of famous people with their faces.
(그 게임의 요점은 유명한 사람들의 이름을 그들의 얼굴과 맞추는 것이다.)

➡ <u>match up with</u> 로도 쓰임
What other people say does not always <u>match up with</u> our own experience.
(다른 사람들이 하는 말이 항상 우리 자신의 경험과 일치하지는 않는다.)

match *sb/sth* up, match up *sb/sth*

to bring together two people or things that seem to be suitable for each other

(~을 적절한 사람·사물과) 맞추다, 대다, 붙이다, 매치시키다

I'm trying to <u>match up</u> <u>my roommate</u> with a blind date. Any idea?
                   sb
(내 룸메이트에게 소개팅을 시켜 주려고 하는데. 생각나는 사람 있어?)

A headhunter's job is to match up a person's experience and ability with a job opening somewhere.
                                                                        sth
(헤드헌터의 일은 어딘가에 있는 일자리를 사람의 경험과 능력에 맞추는 것이다.)

➡ match *sb/sth* up with 로도 쓰임
She only invited me to dinner to try and match me up with her brother.
                                                       sb
(그녀는 자기 동생과 맞선을 보게 하려고 저녁 식사에 나만 초대하였다.)

match up (유사어 measure up) [BrE]

to be of a good enough standard

(기대·기준에) 일치시키다, (~을) 만족시키다

His tennis game today didn't match up to his reputation.
(오늘 그의 테니스 경기는 그의 명성에 걸맞지 않았다.)

Only two applicants matched up to the requirements of the job. All of the others fell short.
(구직자 중 2명만이 그 직업 조건과 맞았다. 나머지 사람들은 기준에 미치지 못했다.)

measure

vt. ① 재다, 계량[측정·측량]하다, ~의 치수를 재다(up) ② ~의 정도를 나타내다, ~의 척도가 되다 ③ (아무를) 자세히[빤히 훑어]보다 ④ (비교하여) ~을 판단하다, 평가[비교]하다; (우열 따위)를 재다, 겨루게 하다 ⑤ 어울리게 하다, 조정하다, 적응시키다(to)
vi. ① 재다, 측정하다 ② 재어서 ~이 되다, (길이·폭·무게 따위가) ~이다

measure out

measure out *sth*, measure *sth* out

to take a small amount of something from a larger amount, first weighing or measuring it in order to make sure that it is the right amount

(전체에서 조금씩 양·무게를) 덜어내다

Paular is measuring out 100 grams of sugar. (폴라는 설탕 100그램을 덜어내고 있다.)
                        sth
This medicine must be measured out exactly.<수동> (이 약은 양을 정확하게 재어 나눠야 합니다.)

measure up

measure up

to be of a good enough standard

(기준 등에) 달하다, (기대·이상 등에) 맞다

We are disappointed in the new quarterback. He isn't measuring up to our expectation.
(우리는 새 쿼터백에게 실망했어. 그는 우리 기대에 미치지 못해.)

He is a good actor, but he will never measure up to his father, one of the greatest actors of all time.
(그는 훌륭한 배우이지만 역사상 가장 위대한 배우 중 한 사람인 그의 아버지에게는 미치지 못할 것이다.)

measure up, measure *sth* **up, measure up** *sth* (유사어 **size up, weigh up**)
to measure the exact size of something, for example a room or a piece of furniture
(방·가구 등의 크기를 정확히) 재다, 측정하다

In the most cases, when you buy new carpets, the firm will <u>measure up</u> for you.
(대부분의 경우 당신이 새 카펫을 살 때 회사 직원이 대신 크기를 잴 것입니다.)

<u>Measure</u> <u>the wall</u> <u>up</u> carefully, we don't want to buy too much wallpaper.
    sth
(벽의 치수를 정확하게 재. 벽지를 너무 많이 살 필요가 없거든.)

measure *sb* **up, measure up** *sb* (유사어 **size up, weigh up**)
to look at someone carefully in order to decide what your opinion of them is, especially when you first meet them
(인물 따위를) (한 눈으로) 평가[판단]하다

The two men shook hands and silently <u>measured</u> <u>each other</u> <u>up</u>.
                sb
(두 남자가 악수를 하더니 조용히 상대방을 한눈에 평가했다.)

Rita has a talent for quickly <u>measuring up</u> <u>people</u>.
              sb
(리타는 첫눈에 재빨리 사람들을 평가하는 재능을 가지고 있다.)

meet

vt. ① ~을 만나다, ~와 마주치다, ~와 얼굴을 대하다, 조우하다 ② (소개받아) 처음으로 만나다, ~와 아는 사이가 되다 ③ ~와 스쳐 지나가다, (우연히) 보다 ④ ~에서 (약속하고) 만나다, 마중하다, ~의 도착을 기다리다 ⑤ (운명·죽음 따위에) 직면하다, 겪다; (적·곤란 따위를) 맞서다 ⑥ ~에 대처하다, ~에 대항하다 ⑦ (주문·요구·필요 따위에) 응하다; (의무·조건 따위를) 채우다, 충족시키다 ⑧ (비용, 부채 등을) 지급하다, (어음 등을) 결제하다 ⑨ (길·강 따위가) ~에서 만나다, ~에서 교차하다, ~와 합류하다 ⑩ ~에 부딪치다, ~와 충돌하다 ⑪ ~에 동의하다

vi. ① 만나다, 마주치다 ② 회견[회담]하다, 회합하다(together); (회의 따위가) 열리다 ③ (소개 받아) 서로 아는 사이가 되다 ④ 합의하다, 의견이 일치하다, 합치하다 ⑤ 대전하다, 교전하다 ⑥ (몇 개의 길·선 등이) 하나로 합쳐지다, 교차하다, (양끝이) 상접하다 ⑦ (성질 따위가) 하나로 결합하다, 조화되다, 겸비하다

유사단어

meet: 만나다. see와 비교하여 '얼굴을 마주 대하다'라는 행위만이 강조되며, 용무에 대한 관념은 수반되지 않음
  We <u>met</u> at the front door but passed each other without exchanging words. (우리는 현관에서 마주쳤으나 피차 말없이 지나쳤다.)
see: 용무 따위 때문에 만나다
  <u>See</u> your doctor. (의사의 진찰을 받아 봐라.)
encounter: 갑자기 맞닥뜨리다, 조우하다
  Renata wrote him that she had <u>encountered</u> her long-estranged father.
  (레나타는 오랫동안 소원했던 아버지를 우연히 만났다고 그에게 편지를 썼다.)
join: 합치다, 아무와 '약속하여 만나다'
  I'll <u>join</u> you later. (나는 나중에 합류할게.)

meet with

meet with *sb* (수동 불가)

to have a meeting with someone in order to discuss or arrange something

(정식으로) 회합을 갖다, (예약 약속을 해서) 만나다, 회담하다

We can <u>meet with</u> <u>the professor</u> Monday night. (우리는 월요일 밤에 교수님과 회합을 가질 수 있다.)
                      sb

I am planning to <u>meet with</u> <u>Mr. Green</u> tomorrow to discuss the proposal.
                              sb

(그 제안에 대해 논의하기 위해 내일 그린 씨를 만날 계획이다.)

meet with *sth*, **be met with** *sth*

if you meet something with a particular reaction, you meet it in this way

(~의 반응 · 결과를) 얻다, (~을) 받다

The architect's design did not <u>meet with</u> <u>their approval</u>. (그 건축가의 디자인은 그들의 승인을 얻지 못했다.)
                                   sth

The president's announcement <u>was met with</u> <u>the applause</u>. (대통령의 발표는 박수를 받았다.)
                                  sth

meet with *sth* (수동 불가)

if someone or something meets with success, failure, problems, etc., they experience success, failure, problems, etc.

(성공 · 실패 등을) 경험하다

I'm afraid your husband has <u>met with</u> <u>a slight accident</u>, but isn't seriously hurt.
                                    sth

(당신의 남편이 가벼운 사고를 당하셨을까 봐 걱정됩니다만, 심하게 다치지 않으셨네요.)

Criminals who lead violent lives often <u>meet with</u> <u>violent death</u>.
                                        sth

(폭력적인 삶을 사는 범법자들은 비명횡사를 당하는 경우가 종종 있다.)

➡ **meet with an accident** 로도 쓰임

Bill looked serious, "One of your workers has <u>met with an accident</u>." he said.

(빌은 심각해 보였다. "당신 근로자 중 한 명이 사고를 당했어요."라고 그는 말했다.)

mess

vt. ① 더럽히다(up), 어수선하게 흩뜨리다; 엉망으로[못쓰게] 만들다(up) ② ~에 급식하다 ③ ((구)) 거칠게 다루다, 후려갈기다, 혼내주다(up), ((구)) (정신적으로) 상처를 입히다

vi. ① 무모한 짓을 하다, 실수하다 ② [보통 부정 · 명령형으로] 개입하다, 쓸데없이 참견하다, 끼어들어 방해하다(in, with) ③ 함께 식사하다, 회식하다(together, with) ④ 더럽히다, 흙장난을 하다; 만지작거리다, 엉망을 만들다 ⑤ 혼란 상태에 빠지다(up)

mess about [BrE], mess around

mess about[around] (유사어 **muck about[around]** [BrE, Informal], **fool around** [AmE, Informal]) [Informal]
to behave in a silly way, when you should be working or helping someone
(일을 하거나 남을 도와야 할 때) 어리석게 행동하다

I used to <u>mess about</u> a lot in class when I was at school.
(학창시절에 나는 수업시간에 어리석은 행동을 많이 했다.)

The pupils were given extra homework for <u>messing around</u> in class.
(수업시간에 장난을 쳤기 때문에 학생들에게 숙제가 추가로 주어졌다.)

mess about[around]
to spend time playing or doing things with no particular purpose
(빈둥거리며) 시간을 보내다

Tim spends his weekends <u>messing around</u> in the garage repairing things.
(팀은 차고에서 여러 가지 물건을 수리하면서 빈둥거리며 주말을 보낸다.)

I like to <u>mess around</u> in my flower garden on the weekends.
(나는 주말이면 정원에서 할 일 없이 빈둥거리기를 좋아한다.)

mess *sb* about[around] [BrE, Informal]
to treat someone badly, especially by changing your mind a lot or not doing what you have promised
(마음을 바꾸거나 약속을 지키지 않고) ~을 부당하게 취급하다, ~을 가지고 놀다

I'm tired of you <u>messing me around</u>. Every time we plan something, you suddenly change your mind! (네가 나를 갖고 노는 데 지쳤어. 우리가 어떤 계획을 세울 때마다 너는 갑자기 마음을 바꾸고는 하잖아.)

The boss never intended to promote me. He was just <u>messing me around</u>.
(사장은 나를 승진시킬 생각이 전혀 없었어. 그냥 날 갖고 놀았던 거지.)

mess up

mess up *sth*, mess *sth* up (유사어 **cock up** [BrE, Informal], **foul up** [Informal]) [Informal]
to spoil or damage something, or to do something badly
(~을) 못 쓰게 하다, 해치다, 엉망으로 하다

The weather <u>messed up our hiking plans</u>. (날씨 때문에 우리의 등산 계획이 엉망이 되었다.)

Who <u>messed up my clean kitchen</u>? (누가 내 깨끗한 주방을 엉망으로 만들었어?)

mess *sth* up, mess up *sth* [Informal]
to make a place or a thing dirty and untidy
(장소를) 어지럽히다, (머리 등을) 헝크러뜨리다, 더럽히다

Don't come in here with those muddy boots. You'll mess up the carpet.
                                                                sth
(진흙 묻은 장화 신고 여기 들어오지 마. 카펫을 더럽힐 테니까.)

You could wear a hat so that your hair doesn't get messed up.<수동>
(머리가 헝클어지지 않도록 모자를 쓰는 게 좋을 겁니다.)

➡ be messed up 으로도 쓰임
Her hair was all messed up, as though she'd just gotten out of bed.
(그녀의 머리카락은 마치 잠자리에서 막 일어난 것처럼 헝클어져 있었다.)

mess up, mess *sth* **up** (유사어 **cock up** [BrE, Informal]) [Informal]
to make a mistake or do something badly

실수하다, 실패하다

The hardest thing in the world is to stand up and say, "I messed up and it was my fault."
(이 세상에서 가장 힘든 일은 일어나서 "제가 실수를 저질렀습니다. 그것은 제 잘못이었습니다."라고 말하는 것이다.)

"How did the exam go?" "Terrible, I think I really messed it up."
                                                              sth
("시험 어떻게 봤어?" "끔찍해, 완전 망친 것 같아.")

mess *sb* **up, mess up** *sb* (유사어 **screw up** [Informal]) [Informal]
if something messes someone up, it causes them to be very confused or worried or to have psychological problems

(정신적인 문제로) 고민시키다

Stay off drugs. They'll mess you up. (마약에서 손 떼. 약 때문에 네가 정신적으로 피폐하게 될 거야.)
                                 sb
She had a lot of problems when she was young, which really messed her up in later years.
                                                                          sb
(그녀는 젊었을 때 문제가 많았는데, 그것이 훗날 그녀를 정말 골치 아프게 만들었어.)

➡ messed-up (a)
(someone who is messed-up has serious emotional or mental problems)
고민이 있는 사람의
When I made the film Midnight Express, I had to play a man who was permanently messed-up.
                                                                                     a
(내가 영화 미드나잇 익스프레스를 찍을 때, 나는 항상 정서적으로 불안정한 남자를 연기해야 했다.)

mill

vt. ① 맷돌로 갈다, 빻다, 가루로 만들다 ② 제분기[물방아, 기계]에 걸다, 기계로 만들다; 형을 만들다[마므르다]; (재목 따위를) 켜다; (피륙을) 촘촘히 짜다 ③ (강철을) 압연하다, 프레스하다 ④ (초콜릿을) 저어서 거품이 일게 하다 ⑤ (주화의 가장자리를) 깔쭉깔쭉하게 하다, (금속을) 밀링하다 ⑥ ((구)) (주먹으로) 때리다, 싸우다, 해치우다
vi. ① 맷돌[제분기]로 가루를 만들다 ② (사람·가축 따위가) 떼를 지어 마구[빙빙, 어지러이] 돌아다니다; 이것저것 생각하다(about, around) ③ ((속)) (주먹으로) 치고받다 ④ (고래가) 갑자기 방향을 바꾸다

mill about [BrE], mill around

mill about[around], mill about[around] sth
to walk around a particular place or area, usually while waiting for something
(무언가를 기다리며) (장소를) 돌아다니다

Neighborhood residents <u>milled around</u> and watched from front steps and balconies.
(이웃 주민들은 서성거리며 현관 계단이나 발코니에서 구경했다.)
The guests were <u>milling about the courtyard</u>, with glasses of champagne in their hands.
                                sth
(손님들은 손에 샴페인 잔을 들고 안마당을 거닐고 있었다.)

mind

vt. ① ~에 주의를 기울이다, ~에 조심하다, 유의하다 ② ~의 말에 주의를 기울이다, ~의 말에 따르다 ③ ~을 돌보다, 보살피다; ~에 신경을 쓰다, 배려하다 ④ 걱정하다, 신경 쓰다; (주로 부정·의문·조건문에서) 꺼리다, 싫어하다, 귀찮게 여기다
vi. ① (주로 명령에서) 정신 차리다; 주의하다, 조심하다 ② (주로 부정·의문·조건문에서) 꺼리다, 반대하다, 걱정[염려]하다 ③ (명령·규칙 따위에) 복종하다, 좇다

mind out

mind out (유사어 **look out** [Spoken], **watch out**) [BrE, Spoken]
something that you say in order to tell someone to be careful or to warn someone of a danger
조심하다, 주의하다, 정신 차리다

<u>Mind out</u> for the cars. They drive too fast on this street. (차 조심해. 이 거리에서는 차들이 너무 빨리 달려.)
<u>Mind out</u>! The handle's very hot! (조심해! 손잡이가 아주 뜨거워.)

miss

vt. ① (목표를) 빗맞히다; (겨눈 것을) 놓치다, 잡지 못하다 ② (사람을) 만나지 못하다; (버스·기차 따위를) 놓치다; 모습을 놓치다; (상품 따위를) 획득하지 못하다; (흥행 따위를) 구경하지 못하다 ③ (빠르고) 보지[듣지] 못하다; 이해하지 못하다, ~을 깨닫지 못하다 ④ [종종 be -ing] ~을 빼먹다, ~을 빠뜨리다, ~을 생략하다 ⑤ (기회를) 놓치다 ⑥ 까딱 ~할 뻔하다, (재난, 사고 등을) 면하다 ⑦ (약속·의무 따위를) 지키지[이행하지] 못하다; (학교·수업·회합 따위에) 출석하지 못하다, 결석하다 ⑧ (보통 부정·의문에서) ~이 없음을 깨닫다 ⑨ ~을 할 수 없어서 아쉽다[유감이다], 그리워하다, ~이 없어서 적적[서운, 허전]하게 생각하다,
vi. ① 과녁을 빗나가다 ② (엔진이) 점화되지 않다 ③ (사업 등에) 실패[실수]하다

miss out

miss *sth/sb* **out, miss out** *sth/sb* (유사어 **omit, leave out**)
if you miss out something or someone, you fail to include them

(~을) 생략하다, 빠뜨리다, 놓치다

Check this invitation list. Have I <u>missed anyone out</u>? (이 초대 명단 확인해 봐. 누군가 빼놓지 않았을까?)
_{sb}

You can <u>miss out a comma</u> because you're writing too quickly.
_{sth}
(네가 너무 글을 빨리 써서 콤마를 빠뜨릴 수 있어.)

miss out (유사어 **lose out**)
to not have the chance to do something that you enjoy

즐길 기회를 잃다, 좋은 기회를 놓치다

They can't help fearing they will <u>miss out</u> on promotion.
(그들은 승진 기회를 놓칠까 봐 두려워하지 않을 수 없다.)

"Sorry you can't go hiking with us Sunday." "Yeah, I guess I'll just have to <u>miss out</u>."
("네가 일요일에 우리와 함께 하이킹 갈 수 없다니 유감이네." "그래, 아무래도 그 기회를 놓칠 것 같아.")

➡ <u>miss out on</u> 으로도 쓰임
I feel I'm <u>missing out on</u> having fun with my kids.
(나는 우리 아이들과 재미있게 놀 시간을 놓치는 기분이 들어.)

mix

vt. ① (둘 이상의 것을) 섞다, 혼합하다 ② 섞어 만들다, 조제하다 ③ (요소, 성분을) 첨가하다, 넣다 ④ (사람들을) 서로 사귀게 하다, 교제시키다 ⑤ 교배시키다, 잡종을 만들다 ⑥ 결합하다; (날짜 등을) 혼동하다 ⑦ ((영구)) 낭설 따위로 이간질하다 ⑧ ((구)) (남과) 싸우다, 심하게 서로 때리다(with)

vi. ① 섞이다, 혼합되다(in, with) ② 교제하다, 사귀다, 어울리다, 사이가 좋다(with), 관계하다(in) ③ 교배하다, 잡종이 되다 ④ ((미속)) (때리며) 싸우다

유사단어

mix: 가장 일반적인 말. 두 가지 이상의 것을 원료를 알 수 없을 만큼 혼합함
 <u>Mix</u> the cinnamon with the rest of the sugar. (계피가루를 나머지 설탕과 골고루 잘 섞어.)
blend: 같은 종류의 것을 원료를 알 수 없을 만큼 섞음
 Our coffees are carefully <u>blended</u>. (우리 커피는 세심한 주의를 기울여 배합한 것입니다.)
mingle: mix처럼 강하지 않으며, 원료를 알 수 있을 정도로 섞음
 The scent of perfume <u>mingled</u> with sweat lingered in the air. (땀과 섞인 향수 냄새가 공기 중에 남아 있었다.)

mix up

mix *sth/sb* **up, mix up** *sb/sth* (유사어 **confuse, muddle up** [BrE])
to confuse two people or things by thinking that one person or thing is the other person or thing
혼동시키다, 혼동하다

The hospital has been accused of <u>mixing up</u> <u>two newborn babies</u>.
                                                        sb
(그 병원은 2명의 신생아를 혼동한 일로 고소당했다.)
Our little boy <u>mixes up</u> "<u>kitchen with chicken</u>." (우리 어린 아들은 kitchen을 chicken으로 혼동한다.)
                            sth

➡ **get** *sb/sth* **mixed up** 로도 쓰임
The interviewer was terrible — he kept <u>getting the names of his guests mixed up</u>.
                                                          sth
(면접관은 엉망이었다. 그는 계속해서 내빈들의 이름을 혼동하고 있었다.)

get mixed up (유사어 **get confused**)
if you are mixed up, or if your mind is mixed up, you are confused, often because of emotional or social problems
(감정적 · 정서적 문제로) 혼란스럽다, (무엇을 생각할지) 멍한 상태이다

I <u>got mixed up</u> and forgot which one I'd gone to first. (나는 혼란스러워서 어떤 것을 먼저 했는지 잊어 버렸다.)
Stop giving me so much advice. You're only <u>mixing</u> me <u>up</u>.
(나한테 너무 많이 충고하지 마. 나를 혼란스럽게 할 뿐이야.)

mix *sb* **up, mix up** *sb* (유사어 **confuse**) [AmE]
to make some feel confused
(~를) 혼란시키다

Jerry's directions <u>mixed them up</u>, and they drove around lost for about 30 minutes.
                            sb
(제리가 방향 제시를 한 것이 그들을 혼란스럽게 했다. 그래서 그들은 30분 동안이나 길을 잃고 차를 타고 돌아다녔다.)
Coaches can <u>mix up</u> <u>a player</u> during a game by yelling at him.
                                sb
(코치들이 경기 중에 한 선수에게 큰소리로 고함을 쳐서 그를 혼란시킬 수도 있다.)

mix *sth* **up, mix up** *sth* (유사어 **jumble up, muddle up** [BrE])
to change the order of a group of things, with the result that they are not arranged in the proper order
뒤섞이다, 혼잡하게 섞이다

These old photos need sorting. They're all <u>mixed up</u>.<수동>
(이 오래된 사진들은 분류해야겠어. 모두 섞여 있잖아.)
Please don't <u>mix up</u> <u>those cards</u>. They're in an alphabetical order.
                           sth
(그 카드들 뒤섞지 마세요. 알파벳 순서로 되어 있으니까요.)

➡ **mix** *sth* **up with** 로도 쓰임
His money and private letters <u>were</u> all <u>mixed up with</u> the newspapers on his desk.<수동>
(그의 돈과 사적인 편지들이 책상 위에 있는 신문과 뒤섞여 있었다.)

mix sth up, mix up sth
to put different substances together and combine them so that they become one substance

(하나가 되도록 여러 가지를) 섞다, 혼합하다

I <u>mixed all the ingredients up</u> in a big bowl.　(나는 큰 그릇 안에 재료들을 몽땅 넣고 섞었다.)
　　　　　sth

Put the chopped eggs, butter, salt and pepper in a bowl and <u>mix them all up</u> into a paste.
　　　　　　　　　　　　　　　　　　　　　　　　　　　　　　　　sth

(우묵한 그릇에 잘게 썬 달걀, 버터, 소금, 후추를 넣고 그것들을 모두 반죽과 잘 섞으세요.)

be[get] mixed up in sth (유사어 be[get] involved in)
to be or become involved in something that is illegal or unpleasant

(나쁜 일·불법적인 일에) 연루되어 있다, 연루되다

Why didn't you call the police, instead of getting <u>mixed up in the fight</u>?
　　　　　　　　　　　　　　　　　　　　　　　　　　　　　　sth

(왜 경찰을 부르지 않고 싸움에 말려들었니?)

I suspect that a young neighbor in our town has <u>been mixed up in something illegal</u>.
　　　　　　　　　　　　　　　　　　　　　　　　　　　　　　　　　sth

(내 생각엔 이웃집 젊은이가 불법적인 일에 연루된 것 같아.)

be[get] mixed up with sb
to be or become involved with a person or a group that has a bad influence on you or that is involved in something illegal

(질이 나쁜 사람·집단과) 관계하다, 관계를 갖다, 말려들다

Our son has <u>got mixed up with some unsavory people</u>.　(우리 아들이 질 나쁜 사람 몇 명과 어울리고 있다.)
　　　　　　　　　　　　　　sb

Davies was anxious that his client might <u>be mixed up with a terrorist organization</u>.
　　　　　　　　　　　　　　　　　　　　　　　　　　　　　　　　sth

(데이비스는 자신의 의뢰인이 테러 조직원들과 관계있을까 봐 마음을 졸였다.)

mix it up (with) [AmE, Informal]
ⓐ to argue or fight angrily with someone

(~와) 싸움을 하다, 싸우려고 위협하다

When I arrived, I could hear Fred <u>mixing it up with</u> Jennifer in the kitchen.
(내가 도착했을 때, 부엌에서 프레드와 제니퍼가 싸우는 소리가 들렸다.)

The fans like it when they see a player <u>mixing it up with</u> the umpire.
(팬들은 선수가 심판과 싸우는 것을 볼 때 좋아한다.)

mix it up (with) sb [AmE, Informal]
ⓑ to talk and spend time socially with other people, especially people who have a higher social position

(신분이 높은 사람과) 이야기하다, 대화하다, 교제하다

I'll be late getting home. I have to <u>mix it up with some clients</u> after work tonight.
　　　　　　　　　　　　　　　　　　　　　　　　　　sb

(집에 늦게 갈 거야. 오늘 밤 일이 끝난 후 고객 몇 분과 면담해야 해.)

The youngest coach in the league isn't afraid to <u>mix it up with</u> <u>the veterans</u>.
                                                                    sb
(연맹에서 가장 젊은 그 코치는 고참들과 이야기하는 것을 두려워하지 않는다.)

monkey

vt. ~의 흉내 내다, 조롱하다
vi. ((구)) 장난치다; 가지고 놀다, 만지작거리다(with)

monkey around, monkey about [BrE]

monkey around[about] (유사어 **fool around, play around, mess around** [Informal]) [Informal]
to behave in a silly or annoying way

장난치다, 놀리다

Tell the kids to stop <u>monkeying around</u> and go to sleep. (애들한테 장난 그만 치고 가서 자라고 해.)
The kids were <u>monkeying around</u> in the playground when Tad get hurt.
(테드가 다쳤을 때 아이들은 운동장에서 놀고 있었다.)

monkey around with, monkey about with [BrE]

monkey around with *sth*, **monkey about with** *sth* [Informal]
when you adjust or try to repair mechanical devices even though you do not have permission or do not have the skill to do it properly, you monkey around with them

(기계 등을) 만지작거리다. (고치려고) 이리저리 움직이다, 조종하다

I <u>monkey around with</u> <u>my camera</u>, and I think maybe I can fix it.
                                    sth
(나는 카메라를 이리저리 만져보고 어쩌면 고칠 수도 있겠다고 생각한다.)
Frank was <u>monkeying around with</u> <u>my printer</u>, and now it doesn't work.
                                                    sth
(프랭크가 내 프린터를 만지작거리고 있더니 이제 작동하지 않는다.)

mouth

vt. ① (입을 크게 벌려) 거창하게 말하다, 연설조로 말하다(declaim), 지껄이다, 소리치다 ② (소리 내지 않고) 입만 움직여 말하다[전하다] ③ (아무를) 비난하다 ④ (음식 등을) 입에 넣다, 물다, 핥다 ⑤ (말을) 재갈에 길들이다
vi. ① 입 속에서 우물거리다 ② 얼굴을 찡그리다(at) ③ 큰 소리[연설조]로 말하다 ④ (강이 만·바다 등에) 흘러들다(in, into)

mouth off

mouth off [Informal]

to talk about a subject as if you know more than everyone else, or to complain a lot about something

(건방진) 말대꾸를 하다, (의견 · 반론 따위를) 당당히 말하다

Some teenagers had started the trouble at the club, by <u>mouthing off</u> as the time passed.
(시간이 흐르면서 십대 몇 명이 불평을 터뜨리면서 클럽에서 말썽을 피우기 시작했다.)

That guy <u>mouths off</u> his political opinions to everyone he meets.
(저 녀석은 만나는 사람마다 자기의 정치적 견해를 말한다니까.)

➡ <u>mouth off about[at]</u> 로도 쓰임
Nobody likes it when a player <u>mouths off about</u> an opponent.
(선수가 상대 선수와 언쟁하는 것을 좋아하는 사람은 아무도 없다.)

move

vt. ① (물건을) 움직이다, 이동시키다, 옮기다 ② 이사하다[시키다], (사람을) 전근[이동]시키다 ③ (뒤)흔들다(stir) ④ 감동[흥분]시키다, ~의 마음을 움직이다; ~할 마음이 일어나게 하다 ⑤ (상품을) 팔다, 처분하다 ⑥ (안건 등을) 제안[제출]하다, (동의를) 제출하다, ~라고 제의하다 ⑦ (창자의) 배설을 잘되게 하다

vi. ① 움직이다, 몸을 움직이다; 흔들거리다 ② (기계 따위가) 회전[운전]하다; (바람, 물 등이) 동요하다, 움직이다 ③ 행동[활동]하다, 조치를 강구하다, 활약하다, 돌아다니다, 생활하다 ④ 이동하다; 이사하다 ⑤ ((구)) 떠나다, 나가다(away, off, on) ⑥ (상품이) 잘 나가다, 팔리다 ⑦ (사건이) 진전하다, (일이) 진척되다 ⑧ (차 · 배 따위가) 나아가다, 전진하다 ⑨ (정식으로) 제안하다, 신청하다, 요구하다 ⑩ (변 등이) 통하다

move along

move along

if a story, a game, a process, etc. moves along, it develops well and makes good process

(이야기 · 게임 진행절차가) 잘 진행되다, 잘 이루어지다

Research tends to <u>move along</u> at a slow but orderly pace.
(연구는 느리지만 일정한 속도로 진행되는 경향이 있다.)

The funeral procession <u>moved</u> slowly <u>along</u> the road. (장례 행렬이 길을 따라 천천히 진행되었다.)

move *sth* **along, move along** *sth*

if someone or something moves a story, a game, a process, etc. along, they help it to develop well and make good process

(이야기 · 게임 진행절차를) 잘 진행시키다

The movie is full of lively dialogue that helps to <u>move the action along</u>.
                                                         sth
(그 영화에는 연기가 매끄럽게 흘러가도록 해 주는 생생한 대화가 가득하다.)

The architect is moving along quite quickly with the plans for our new house.
(건축가는 우리 새집의 설계를 상당히 빨리 진행하고 있다.)

> **move along, move** *sb* **along**
>
> if someone, especially a police officer, tells you to move along, they mean that you should leave and stand or wait in a particular place
>
> 물러가다, 물러나 기다리다

A policeman told the loiterers to moving along. (경찰이 어슬렁거리는 사람들에게 물러나 있으라고 말했다.)
The police officers are moving them along and not allowing them to gather in large groups.
                                     sb
(경찰들은 그들을 물러나게 하고 떼거리로 모이지 못하게 하고 있다.)

move in

> **move in** (반대어 **move out**)
>
> when you move in somewhere, you begin to live there as your home
>
> 이사해 오다

Her house was in perfect order when she moved in. (그녀의 집은 이사 왔을 때 완벽하게 정리되어 있었다.)
We had moved in at the height of the summer. (우리는 여름이 한창일 때 이사를 왔다.)

> **move in with[together]**
>
> if one person moves in with another or two people move in together, they decide to live together and share a house or an apartment
>
> (~의 집으로 이사해) 함께 살다, 동거하다

He moved in with Mrs. Camish. (그는 캐미쉬 부인과 함께 살았다.)
She wants a roommate, and asked me to move in with her.
(그녀는 한방을 쓸 사람이 필요하다며 나에게 자기와 함께 들어와 살자고 했다.)

> **move in**
>
> if police, soldiers, or attackers move in, they go towards a place or a person in order to deal with or attack them
>
> (공격하려고 · 체포하려고) 가까이 가다, 향하다

We've found the kidnapper's hideout. We'll move in tonight.
(우리가 유괴범의 은신처를 발견했어. 오늘 밤 체포하러 갈 거야.)
Five men with rifles came out of the bushes and moved in for the kill.
(총을 든 다섯 명의 남자가 덤불 속에서 나와 사냥감 쪽으로 가까이 갔다.)

> **move in**
>
> to become involved in a particular business or activity and to start to influence or control the situation, often in an unfair way
>
> (사업 등에) 진출하다, (활동 등에) 참가하다, (가끔은 부정한 방법으로) 상황을 통제하기 시작하다

At that point the big multinationals <u>moved in</u> and started pushing up the prices.
(그 시점에 거대 다국적기업들이 사업에 참여했고 가격을 올리기 시작했다.)

As soon as the police arrest a drug dealer, a new dealer <u>moves in</u>.
(경찰이 마약 거래상을 체포하자마자, 새로운 거래상이 등장한다.)

move out

move out (반대어 **move in**)

to stop living in a particular house, apartment or area

이사 나가다

We have to <u>move out</u> by next Friday.　(우리는 오는 금요일까지 이사 나가야 해.)
We <u>moved out</u> of our small apartment into a three-bedroom house.
(우리는 작은 아파트에서 나와 방이 세 개 있는 집으로 이사했다.)

➡ <u>move out of</u> 로도 쓰임

That year Nicholson <u>moved out of</u> London to the countryside, in order to write books and raise children.　(그해 니콜슨은 책을 쓰면서 아이들을 키우기 위해 런던을 떠나 시골로 이사했다.)

move out (유사어 **leave**) [AmE, Informal]

to leave

(장소를) 나가다, 떠나다, 가버리다

Is everything ready? Then let's <u>move out</u>.　(준비 다 됐니? 그렇다면 떠나자.)
Let's <u>move out</u>. The coffee shop is about to close.　(나가자. 커피숍이 문 닫으려고 해.)

move out

if a vehicle moves out, it moves away from the side of the road in order to join the traffics or pass another vehicle

(다른 차를 추월하기 위해) 차선을 바꾸다

Always look in the mirror before <u>moving out</u>.　(차선을 바꾸기 전에 항상 백미러를 봐.)
When I <u>moved out</u> to pass, the car in front of me sped up.
(내가 추월하려고 차선을 바꿀 때 앞 차가 속도를 올렸어.)

move *sb* **out, move out** *sb*

if someone in authority moves people out of a place, they arrange for them to leave or they make them leave

~을 (~에서) 이동시키다

The squatters refused to budge, so the sheriff came and <u>moved them out</u>.
　　　　　　　　　　　　　　　　　　　　　　　　　　　　　　　sb
(불법 점유자들이 꼼짝도 안 하려 하자, 보안관이 와서 그들을 나가도록 했다.)

As the crisis continued, British diplomats were <u>being moved out</u> of the area.<수동>
(위기가 계속되자 영국 외교관들은 그 지역에서 옮겨졌다.)

move over

move over (항상 명령문) (유사어 **move up, scoot over** [AmE, Sopken, Informal])
to change position so that there is more space for someone else
(~에게) 자리를 내주다, 비켜 주다

<u>Move over</u> a little, so I can sit down. (조금 비켜 봐. 내가 앉을 수 있게.)
<u>Move over</u> and let me drive. (비켜. 내가 운전하게.)

move over
to change jobs, especially within the same organization or industry
(같은 수준에서 다른 직장·다른 부서로) 이동하다

McMillan <u>moved over</u> from guard to forward when he began playing college basketball.
(맥밀란은 대학 농구를 시작했을 때 가드에서 포워드로 자리를 옮겼다.)
After working several years in radio, Bill <u>moved over</u> to television.
(몇 년 동안 라디오 부서에서 일을 한 후 빌은 텔레비전 부서로 자리를 옮겼다.)

move over (유사어 **set aside**)
to change your position in order to make room for somebody
(후배에게) 지위를 넘겨주다

Uncle left his position on the board of directors as he felt that he should <u>move over</u> in favor of younger man. (숙부는 젊은 사람에게 직위를 넘겨주어야 한다고 느끼고 중역의 지위를 넘겨주고 떠났다.)
"I hear you're retiring." "Yes, it's time to <u>move over</u> for someone younger."
("은퇴하신다고 들었어요." "예, 젊은 사람에게 자리를 넘겨줄 때가 되었지요.")

move over [BrE]
to start using a different system or method
(다른 제도·방식을) 사용하기 시작하다

The world is gradually <u>moving over</u> to less-polluting energy sources.
(세계는 점차 오염이 덜한 에너지 자원을 사용하기 시작하고 있습니다.)
There have been suggestions that we ought to <u>move over</u> towards a more monetarism economy.
(우리는 한층 더 통화주의 경제체제로 나아가야 한다는 제안들이 나오고 있다.)

move up

move up (유사어 **move over**)
to move slightly so that there is enough space for someone else
(다른 사람에게 공간을 만들어주기 위해) 몸을 움직이다

Could you <u>move up</u> and let Christine sit next to you?
(좀 당겨 앉아서 크리스틴이 네 옆에 앉을 수 있도록 해 줄래?)
She <u>moved up</u> so close to my chair. (그녀는 내 의자 가까이 다가왔다.)

move up

if you move up at work or at school, you get a better job or position, or go to a higher class or level

(등급 · 순위 · 수준 등이) 오르다, 승진하다

Apprentices <u>move up</u> to become engineers and managers.
(실습생들이 엔지니어로, 관리자로 승진한다.)

This student is finding the work too easy; she ought to be <u>moved up</u> into a more advanced class.
(이 학생은 수업이 너무 쉽다고 생각해요. 그래서 그녀를 상급반으로 진급시켜야 해요.)

move *sb* up, move up *sb*

if someone moves you up at work, at school, they give you a better job or position or move you to a higher class or level

(~를 상급학년 · 신분 · 지위 등으로) 진급시키다, 승급시키다, 승진시키다

We are ready to <u>move you up</u>. You have been doing quite well.
                    sb
(우리는 당신을 승진시킬 준비가 되어 있습니다. 당신은 그동안 일을 아주 잘 해왔으니까요.)

How long will it be before they can <u>move me up</u>? (그들이 나를 진급시키는 데 얼마나 시간이 걸릴까요?)
                                     sb

➡ move up *sb* into[to]
Very soon after that, Matilda <u>was moved up into</u> the top class.<수동>
(그 후 얼마 되지 않아 마틸다는 가장 높은 계급으로 승진되었다.)

move up, move *sb* up, move up *sb*

if soldiers or policemen move up, or are moved up, they are sent to a particular position in order to be ready to act or attack

(군대를) 전선에 보내다, (경관 등을) 출동시키다

Another group of soldiers <u>moved up</u> to take the places of those who had been killed.
(전사한 군인들을 대신해서 다른 군인들을 전선에 내보냈다.)

The Russians <u>moved</u> <u>troops</u> <u>up</u> to the Turkish frontier. (러시아는 터키 전선에 군대를 배치했다.)
                 sb

---

muck

vt. ① ~에 비료[거름]를 주다 ② ((구)) 더럽히다, 망쳐놓다; ((속)) 실패하다
vi. 게으름 피우다, 빈둥거리다

muck about[around]

muck about[around] (유사어 **mess about[around]** [Informal], **fool around** [AmE, Informal]) [BrE, Informal]

to behave in a stupid way and waste time

빈둥거리다, 배회하다

The teacher scolded Timmy for <u>mucking about</u> in the classroom.
(선생님은 교실 안에서 배회하고 있는 티미를 야단치셨다.)

You! What were you <u>mucking about</u> in the dark for?   (야! 왜 어둠 속에서 배회하고 있었어?)

> **muck about[around]** (유사어 **mess about[around]** [Informal]) [BrE, Informal]
> to have fun by doing whatever you want to do, rather than doing anything organized
> (하고 싶은 것을 하면서) 즐거워하다

We spent most of our time <u>mucking around</u> on the beach.
(우리는 해변에서 즐거워하면서 대부분의 시간을 보냈다.)

Pupils at Kensington infant's school are having a marvellous time just <u>mucking about</u>.
(켄싱턴 유치원에서 학생들은 하고 싶은 것을 하면서 굉장히 즐거운 시간을 보내고 있다.)

> **muck** *sb* **about[around]** [BrE, Informal]
> to treat somebody badly, especially by changing your mind a lot, or by not being honest
> (~를 가지고 놀다)

Give me a straight answer, don't <u>muck me about</u>!   (솔직하게 대답해 줘. 나 가지고 놀지 말고.)
                                        sb

"You ought to be sorry for <u>mucking your family around</u> like that." said Patsy.
                                           sb
("네 가족을 그렇게 아무렇게나 대한 것에 대해 넌 미안해 해야 해." 팻시가 말했다.)

muddle

vt. ① 뒤죽박죽을 만들다, 뒤섞어 놓다(up, together, with) ② (머리, 사고를) 혼란시키다 ③ (술로) 머리를 흐리멍덩하게 하다 ④ ((미)) (음료를) 휘저어 섞다 ⑤ 갈피를 못 잡게 하다 ⑥ (발음을) 똑똑히 내지 않다, 말을 모호하게 하다 ⑦ (계획 따위를) 망쳐 놓다 ⑧ (빛깔·물을) 흐리게 하다, 진흙투성이로 만들다 ⑨ (시간·돈 따위를) 낭비하다(away)
vi. 갈피를 못 잡다; 실수하다

muddle through

> **muddle through**
> to succeed in doing something even though you have difficulties because you do not really know how to do it
> (뽀족한 수가 없어도) 이럭저럭 헤쳐[해]나가다, ~을 어렵사리 해내다

Our survey found that most people do not know how to manage their money, and just <u>muddle through</u>.
(우리가 조사한 바로는 대부분 사람이 돈을 어떻게 관리해야 할지 몰라 그냥 그럭저럭 관리하는 것으로 나타났다.)

We somehow managed to <u>muddle through</u> the crisis.   (우리는 그럭저럭 위기를 모면했다.)

muddle up

muddle up *sth/sb*, **muddle** *sth/sb* **up** (항상 수동) (유사어 **mix up**)
to confuse two people or things in your mind

혼동하다, 착각하다

I'm sorry I muddled up your names, they're so much alike.
                sth
(너희들 이름을 혼동해서 미안해. 이름들이 너무 비슷해.)

Is his girlfriend Joanne or Joanna? I keep muddling them up.
                                    sb
(그의 여자친구가 조안이야, 조안나야? 계속 헷갈려.)

➡ get *sth/sb* muddled up 으로도 쓰임
One area's marked blue on the map, and the others a dark purple — it's easy to get them
                                                                                    sth
muddled up.
(지도 위의 한 곳은 푸른색으로, 또 다른 곳들은 짙은 자주색으로 표시되어 있다. 그래서 그 지역들을 혼동하기 쉽다.)

muddle *sth* **up**, **muddle up** *sth* (유사어 **mix up**) [BrE]
if you muddle things up, you cause them to become mixed up or in the wrong order

(순서 등을) 엉망으로 하다

Those cards are in order. Don't muddle them up. (이 카드들은 순서대로 되어 있어. 카드들을 뒤섞지 마.)
                                             sth

Unfortunately my first and second names were muddled up on the examination certificate.<수동>
(유감스럽게도 수험지에 쓰인 제 이름과 성이 바뀌었어요.)

mug

vt. vi. ((영속)) (시험 등에 대비해) 맹렬히 공부하다, 주입식 공부를 하다(up)

mug up

mug up *sth*, **mug** *sth* **up** [BrE, Informal]
to quickly try to learn the main facts about a subject, especially before an exam

(시험에 대비해서) 열심히 공부하다

She's upstairs mugging up history, geography or something.
                                         sth
(그녀는 2층에서 역사와 지리 그 밖에 다른 과목의 시험공부를 열심히 하고 있어.)

I must mug up my French before the exam. (나 시험 보기 전에 불어 공부 해야 해.)
              sth

N

name

vt. ① ~에 (이라고) 이름을 붙이다[짓다], 명명하다 ② (직책 등에) 지명하다, 임명하다 ③ ~의 (올바른) 이름을 말하다, ~의 이름을 대다 ④ (남을) 고발[고소]하다 ⑤ (사람·일시·가격 따위를) 지정하다, (보기 따위를) 지적하다, 가리키다

name after

name *sb/sth* **after** *sb/sth*, **name** *sb/sth* **for** *sb/sth* (유사어 **call after**)
to give someone or something the same name as someone or something else
(~의 이름을 따라 ~라고) 명명하다

We decided to <u>name</u> <u>our son</u> <u>after</u> <u>his grandfather</u>, Patrick.
　　　　　　　　　　　sb　　　　　　sb
(우리는 할아버지 이름인 패트릭을 따서 아들에게 이름을 붙여주기로 했어.)

Mandela had become so famous that streets <u>were named for</u> <u>him</u> in cities all over the world.<수동>
　　　　　　　　　　　　　　　　　　　　　　　　　　　　　　　sb
(만델라가 아주 유명해져서 전 세계의 많은 거리 이름이 그의 이름을 따서 붙여졌다.)

narrow

vt. ① 좁게 하다, 좁히다 ② 제한하다, (범위를) 좁히다, ~에만 국한하다 ③ 편협하게 하다
vi. ① 좁아지다; 적어지다, 작아지다 ② (범위가) 한정되다

narrow down

narrow down *sth*, **narrow** *sth* **down** (유사어 **reduce, whittle down**)
to make something (e.g. list, choice, option) smaller and clearer by removing the things that are less important
(~의 범위를 ~로) 한정하다, (리스트·선택 등의 범위를) 좁히다

The guest list is too long. We need to <u>narrow</u> <u>it</u> <u>down</u> a bit.　(초대 손님의 명단이 너무 길어. 좀 줄여야겠어.)
　　　　　　　　　　　　　　　　　　　　　　　sb

There aren't many cars within your price range, so <u>narrow down</u> <u>your choice</u> considerably.
　　　　　　　　　　　　　　　　　　　　　　　　　　　　　　　　　　　sth
(당신이 생각한 가격대에서는 차가 그리 많지 않으니 선택 폭을 많이 좁히세요.)

➡ narrow down to 로도 쓰임
Police will continue to go through the list of suspects until they have <u>narrowed it down to</u> one.
(경찰은 용의자 명단을 일일이 확인해서 한 개가 될 때까지 좁혀 갈 겁니다.)

note

vt. ① 적어두다, 써놓다 ② ~에 주석을 달다 ③ ~에 주목하다, ~에 주의하다, ~을 알아차리다 ④ 가리키다, 지시[의미]하다

note down

note down *sth*, **note** *sth* **down** (유사어 **write down, jot down, make a note of**)
to write words or numbers, often so that you do not forget them

~을 써서 남기다, 메모해 두다

The detective <u>noted down</u> <u>the time of the suspect's return home</u>.
             sth
(형사는 용의자의 귀가 시간을 적어 두었다.)

If you notice anything unusual, <u>note</u> <u>it</u> <u>down</u>. (뭔가 이상한 것을 감지하면 적어둬.)
          sth

O

open

vt. ① (문·창 따위를) 열다, 열어젖히다, (보자기를) 풀다, (편지 봉투를) 뜯다, (책·신문 따위를) 펴다(out, up), (병의) 마개를 따다[열다] ② (토지 등을) 개간하다, 개척하다, (길·통로 등을) 개설하다 통하게 하다; 장애물을 제거하다 ③ ~을 개방하다, 공개하다; (가게 따위를) 열다, 개업하다(up) ④ (교류, 전투 등을) 시작하다, 개시하다; [법률] ~의 모두 진술을 하다(up) ⑤ 털어놓다, (비밀 따위를) 폭로[누설]하다 ⑥ ~을 계발하다, ~의 편견을 없애다, 눈을 뜨게 하다 ⑦ [해사] ~이 잘 보이는 곳으로 나오다 ⑧ (종양 등을) 절개하다, (변이) 잘 나오게 하다 ⑨ (대형 따위를) 산개하다 ⑩ [컴퓨터] (파일을) 열다

vi. ① (문·창문 따위가) 열리다, 넓어지다 ② (꽃이) 피다 ③ (상처 등이) 벌어지다, 터지다, 금이 가다; (손·부채 따위가) 펴지다 ④ (방·문이 열려서) 통하다, 면하다, 행하다(into, onto, to, open). ⑤ (상점 따위가) 열리다, 개점[개업]하다 ⑥ (어떤 상태에서) 시작하다, 이야기하기 시작하다, 행동을 일으키다 ⑦ (가까워짐에 따라) 보이기 시작하다, 뚜렷해지기 시작하다, (경치 등이) 훤히 보이다, 전개되다(out, up) ⑧ (마음·지성 등이) 눈을 뜨다, 발달하다; ((구)) 터놓고 이야기하게 되다 ⑨ (대형이) 산개하다; 틈이 생기다, (직물 따위의) 발이 거칠어지다 ⑩ (책·도안 등을) 펴다, 펼치다 ⑪ (도로·강 등이) 넓어지다

open onto

open onto *sth*

if a room, a window, or a door opens onto a place, it opens in the direction of that place or has a view of it

(방·유리창·문 등이) ~에 면해 있다, (방·유리창·문 등이) ~으로 통하다

The window <u>opens onto</u> <u>a beautiful view of the lake</u>. (이 유리창에서 호수의 아름다운 전경이 보인다.)
　　　　　　　　　　　　　　　sth

Our room <u>opened onto</u> <u>a balcony</u> with lovely views of the countryside.
　　　　　　　　　　　　sth
(우리 방은 아름다운 시골풍경이 보이는 발코니로 이어져 있다.)

open up

open up, open up *sth*, **open** *sth* **up** (유사어 **start up** 반대어 **close down**)

to start a new shop or business

(상점을) 개점하다, (사업 등을) 시작하다

The department store is <u>opening up</u> <u>a new branch</u> in one of the smaller towns.
　　　　　　　　　　　　　　　　　sth
(이 백화점은 작은 도시 중 한 곳에 새 지점을 개설하려 한다.)

It was 1946 when Siegel opened up the Flamingo Hotel in Las Vegas.
(시겔이 라스베이거스에서 플라밍고 호텔을 개점한 것은 1946년이었다.)

open up, open up sth, open sth up

if opportunities open up or a new situation opens them up, they become available or possible

(기회·가능성이) 개방되어 있다

Roger is worried that nothing seems to be opening up for him.
(로저는 자신에게 어떤 기회도 올 것 같지 않아 걱정하고 있다.)

Education opens up all kinds of career choices. (교육은 온갖 종류의 직업 선택의 가능성을 제공한다.)

open up sth, open sth up, open up

if someone opens up a country or an area of land, or if it opens up, it becomes easier to reach and ready for development, trade, etc.

(폐쇄된 지역을 전면적으로) 개방하다; (새로운 영역을) 열다, 넓히다

International treaties have opened up markets all over the world.
(국제조약 때문에 전 세계 시장이 개방되고 있다.)

With the advent of the Internet, the whole world has opened up to instant communications.
(인터넷의 출현으로 전 세계는 즉각적인 의사소통을 하게 되었다.)

➡ open up to 로도 쓰임
India was ready to open up to foreign investment. (인도는 해외투자에 문을 열 준비가 되어 있다.)

open up sth, open sth up (유사어 open)

to open something that is closed, locked or covered

(닫힌 것·잠긴 것·덮인 것을) 열다

The grave had been opened up and the body remained.<수동>
(무덤은 열려 있었는데 시신은 그대로 남아 있었다.)

Could you open up the suitcase, please? (여행 가방 좀 열어 주시겠습니까?)

open up, open up sth, open sth up

to open the door of a building, especially by unlocking it, so that people can enter

(들어가기 위해 건물 문을) 열다

Open up! This is the police. (문 열어! 경찰이다.)

The automatic doors opened up to the dog, and it came into the store.
(자동문이 개가 있는 쪽으로 열렸고 개는 상점 안으로 들어갔다.)

open up sth, open sth up (유사어 spark off)

to start a discussion or an argument about a subject

(주제에 대해) 논의하다, 토의하다

Diana's death opened up a debate about the future of the Royal Family.
                                    sth
(다이애나의 죽음은 왕실의 미래에 대한 논쟁을 불러 일으켰다.)

When the report is published, it will probably open up the whole issue again.
                                                                         sth
(보고서가 출판되면 아마도 그에 대해 전반적인 논의가 다시 시작될 것이다.)

open up (유사어 open fire)

to start shooting, especially with a large gun

(~에 대해서) (총을) 발포하기 시작하다, 포격[총격]을 개시하다

The plane came in low and opened up on the soldiers below.
(비행기가 저공으로 비행하면서 밑에 있는 군인들에게 총을 난사했다.)

We knew that there was no hope left for the town when the big guns opened up.
(대포가 발사되기 시작했을 때 우리는 마을에 희망이 없다는 것을 알았다.)

open up

to start to talk more about yourself and your feeling

(속마음 · 느낌을) 열어 놓다

It took Martha several weeks to open up to her therapist.
(몇 주 만에 마사가 치료사에게 속마음을 털어 놓았다.)

Once she knew she could trust me, Melissa started to open up.
(일단 나를 믿을 수 있다고 생각하자 멜리사는 마음을 열기 시작했다.)

open up a lead[gap]

if you open up a lead or a gap in a race or competition you get yourself into a position where you are leading, usually by quite a long way

(시합 · 경기 등에서) 크게 리드하다, ~(점) 차로 이기다

Their team opened up a big lead over us in the second half. (그들 팀은 후반전에서 우리를 크게 앞섰다.)
Minutes later the Australians scored again and opened up a 12 point lead.
(몇 분 후 호주 팀은 다시 득점하여 12점 차로 리드했다.)

open up, open up sth, open sth up

if a hole, a crack, etc. opens up, or if something opens it up, it appears and becomes wider

(구멍 · 틈이) 열리다, 개통시키다

In some places there was no way through for the railway line, so new passages had to be opened up with explosive.<수동>
(철도가 연결되지 않은 곳이 몇 군데 있어서 폭발물을 터뜨려 새로운 길을 내야 했다.)

In 1985 an earthquake struck the city and a 20 meter deep crack opened up in the Plaza Mayor.
(1985년에 지진이 그 도시를 강타하고 마요르 광장에는 20미터 깊이의 균열이 생겼다.)

open up sb/sth, open sb/sth up

if a surgeon opens up a patient, or opens up a part of their body, they operate on them

(수술로) ~을 열다, ~을 절개하다

The doctor <u>opened up</u> the soldiers chest and removed a bullet.
                                      sth
(그 의사는 병사의 가슴을 절개하고 총알을 제거했다.)

We shall have to <u>open you up</u> and remove the diseased bone.
                            sb
(우리는 당신을 수술해서 병든 뼈를 제거해야 합니다.)

opt

vi. ① 선택하다(for, between), (양자 중) (~하는) 쪽을 고르다 ② (단체, 활동 등에) 참가하다 ③ (조직, 활동 등에서) 물러나다, ~에서 손을 떼다

opt out

opt out (반대어 **opt in[into]**)
to decide not to join a group or take part in a system
                                                                      (활동 단체에서) 탈퇴하다, 손을 떼다

The former Prime Minister <u>opted out</u> of joining the new government.
(전 총리는 새 정권에 참여하지 않겠다고 했다.)

When the Baltic States <u>opted out</u> of the Soviet Union, Gorbachev was unwilling to stop them.
(발트해 국가들이 소비에트 연방에서 탈퇴하기로 했을 때 고르바초프는 그들을 막는 것을 꺼려했다.)

opt out
to avoid doing a job or accepting a duty, especially when this causes problems for other people
                                                                           (일이나 의무를) 피하다

I'm sure he'll <u>opt out</u> of doing the bungee jump at the last moment.
(그가 틀림없이 마지막 순간에 번지점프를 포기할 거야.)

From the first day they completely <u>opted out</u>, just sitting while we did all the work.
(첫날부터 그들은 우리가 모두 일을 하고 있는 동안 앉아서 빈둥거리며 완전히 일을 회피했다.)

➡ <u>opt out of</u> 로도 쓰임
You can't simply <u>opt out of</u> all responsibility for the child.
(너는 그 아이에 대한 모든 책임을 간단히 피할 수는 없다.)

order

vt. ① ~에게 명령하다, 지시하다; (특정 장소)에 가[오]도록 ~에게 명하다 ② (의사가 환자에게) ~을 지시하다; (약 등을) 처방하다(for) ③ 주문하다, 주문해 가져오게 하다 ④ (신·운명 등이) 정하다, 명하다 ⑤ 성직에 서임[임명]하다 ⑥ 배열하다, 정돈하다, 정리하다, 규제하다

유사단어

order: '명하다'의 일반적인 말, 사적인 뜻이 짙으며 그다지 강제적이 아님
       He <u>ordered</u> the luggage (to be) loaded into the taxi. (짐을 택시에 실으라고 말했다.)

command: order보다 형식을 차린 명령투임, 절대적인 권위로써 명령함
       Captain Richardson <u>commanded</u> the crew to report the main deck. (리처드슨 선장은 선원들에게 갑판으로 가서 보고하라고 명령했다.)

bid: order보다 뜻이 약하며 문어적인 표현임. 목적어 다음에서는 부정사 to를 생략할 수 있음
    The queen <u>bade</u> us (to) enter. (여왕은 우리에게 들어오라고 명했다.)

tell: bid와 같은 뜻으로, 구어적 표현에서는 bid 대신 tell을 쓰는 것이 보통임
    I <u>told</u> him to go on. (나는 계속하라고 그에게 일렀다.)

order about [BrE], order around

order *sb* about[around] (유사어 **boss around[about], push around[about]**)
to tell someone what they should do all the time

(사람에게) 이것저것 명령하다, 지도하다, 명령[주문]하다

His wife left him. She got tired of his <u>ordering</u> <u>her</u> <u>about</u>.
                                                     sb
(그의 아내는 그를 떠났다. 그녀는 남편이 그녀에게 이래라 저래라 명령하는 것에 진저리가 났다.)

I wish you'd stop <u>ordering</u> <u>me</u> <u>around</u>! (네가 나한테 이래라 저래라 명령하는 것 좀 그만했으면 좋겠어.)
                       sb

out

vt. ① ((구)) 쫓아내다 ② 폭로하다 ③ (권투) 때려눕히다, 녹아웃시키다; (테니스에서 공을) 선 밖으로 치다 ④ (불 따위를) 끄다

vi. [보통 will의 형식으로] 나타나다, (못된 일 따위가) 드러나다

outbreak

outbreak (n)
the sudden appearance or start of war, fighting, or serious disease

(소동 · 전쟁 · 유행병 따위의) 발발, 돌발, 창궐

The <u>outbreak</u> of World War II. (제2차 세계대전의 발발.)
    n

outcry

outcry (n)
a public expression of anger or disapproval

강렬한 항의, 반대, 고함소리, 야유

There was an <u>outcry</u> at work today because the boss announced that he wanted us all to take a
                    n

pay cut. (사장이 우리 모두의 봉급을 삭감하고자 한다고 알렸기 때문에 오늘 직장에서 강렬한 항의가 있었다.)

outpouring

outpouring (n)
a strong expression of emotion

(감정 등의) 분출, 토로

Her death provoked an outpouring of sadness and sympathy. (그녀의 죽음이 슬픔과 동정심을 일으켰다.)

outset

outset (n)
the beginning of something

착수, 시작, 최초

It was clear from the outset that there were going to be problems. (처음부터 문제가 생길 것은 분명했다.)

outstanding

outstanding (a)
extremely good, or of a very high standard

걸출한, 눈에 띄는, 현저한, 뛰어난

Ed is an outstanding football player. (에드는 뛰어난 축구 선수이다.)

own

vt. ① (법적 권리를) 소유하다, 소지하다, 갖고 있다 ② (죄나 사실 등을) 인정하다, 자인하다, 고백하다; ~을 자기 것이라고 인정하다; ~임을 인정하다 ③ ~의 지배권을 인정하다, ~에게 순응의 뜻을 표하다
vi. 인정하다, 자백하다(to)

own up

own up (유사어 **confess, admit**)
to admit something embarrassing or something bad that you have done

(실패·죄 등을) 인정하다, 고백하다

It was five years before the Defense Department owned up and accepted responsibility for the accident. (국방부가 그 사건을 인정하고 책임을 진 것은 5년 전이었다.)

Unless the guilty person owns up, the whole class will be punished.
(죄를 지은 사람이 고백하지 않으면 학급 전체가 벌을 받게 될 거야.)

➡ <u>own up to (doing)</u> *sth* 으로도 쓰임
Chuck wouldn't <u>own up to</u> the fact that he'd been drinking.
(척은 자신이 술을 마시고 있었다는 사실을 좀처럼 인정하려 들지 않았다.)

P

pack

vt. ① 싸다, 꾸리다, 묶다, 포장하다(up), ~에[을] 채우다, 넣다 ② (사람이) ~을 꽉 채우다[메우다] ③ 채워[틀어] 넣다, 무리하게 넣다 ④ 통조림으로 만들다 ⑤ (동물에) 짐을 지우다(with) ⑥ (공기, 물 따위가 새지 않도록) 메워 틀어막다, ~에 패킹을 대다 ⑦ (흙, 눈 따위를) 눌러 굳히다 ⑧ (서둘러) 내보내다, 쫓아내다, 해고하다 (off, away) ⑨ (위원회·배심원 등을) 자기편에 유리하게 구성하다; [카드] 속이다 ⑩ ~에 찜질하다, (상처)에 거즈를 대다, (얼굴)에 미용 팩을 하다 ⑪ (포장하여) 나르다; ((속)) (총·권총 따위를) 휴대하다 ⑫ ~을 끝내다 ⑬ (사냥개 등을) 한데 모으다, 집합시키다 ⑭ ((구)) (강타·충격 등을) 가할 수 있다, (위력 등을) 갖추고 있다 ⑮ [컴퓨터] 압축하다(현행 자료를 보다 적은 비트 수(bit)로 압축하여 기억시키다)

vi. ① 짐을 꾸리다(up), (물건이) 꾸려지다, 포장하다[할 수 있다]; (상자 따위에) 담겨지다 ② (땅·눈 따위가) 굳어지다 ③ (사람이 좁은 장소에) 밀집하다, 몰려들다; (동물이) 떼[무리]를 짓다 ④ (짐을 꾸려) 급히 나가버리다(off, away) ⑤ 그만두다 ⑥ [럭비] 스크럼을 짜다(down) ⑦ ((속)) (권총 따위를) 휴대하다

pack away

pack sth **away, pack away** sth

to put something back in a box, a case, etc. where it is usually kept

(~안에) 넣다, 치우다

I let the engine run while I <u>packed the tools away</u>. (연장들을 치우는 동안 엔진이 작동하도록 해 두었다.)
                   sth

<u>Pack away your toys</u> now. It's time for bed. (이제 장난감 넣어. 잠잘 시간이야.)
     sth

pack away sth**, pack** sth **away** (유사어 **put away**) [Informal]

to eat a large amount of food

(음식물을 많이) 먹다

Jim <u>packed away a huge steak</u> and a plateful of vegetables. (짐은 그 커다란 스테이크와 야채 한 접시를 다 먹었다.)
              sth

I could <u>pack a meal away</u> before the others had even found their napkins.
          sth

(다른 사람들이 냅킨을 발견하기도 전에 나는 식사를 다 끝낼 수 있었다.)

➡ <u>packed out</u> (a)

   (very full of people) 만원인, 사람들로 꽉 찬

The course was run by Eleanor Mcdonald, whose seminar last year was <u>packed out</u>.
                                                                    a

(그 강좌는 지난 해 세미나가 만원을 이루었던 엘리너 맥도널드가 이끌었다.)

pack up

pack up, pack up *sth*, **pack** *sth* **up**

to put your things into bags, boxes, etc. so that you can move them to another place

(짐을 가방·상자 등에) 꾸리다, 채워 넣다

Joe himself quickly polished off the last of his paperwork and then <u>packed up</u> too.
(조는 마지막 서류 작업을 재빨리 마무리한 다음 서류를 챙겨서 나갔다.)

All right, <u>pack</u> the files <u>up</u>. Take them back to registry.
                sth
(좋아 잘했어. 파일을 전부 모아. 그걸 레지스트리에 다시 보내고.)

pack up

to finish work

(일·작업을) 그만두다

I think I'll <u>pack up</u> and go home early. (일을 끝내고 일찍 집에 가야겠어.)
If business stays slow, you can <u>pack up</u> early. (만약에 사업이 지지부진하면 일찍 접을 수도 있어요.)

pack up (유사어 **break down**) [BrE, Informal]

if a machine packs up, it stops working

(기계가 작동을) 멈추다, 기능을 못하다

Halfway up the hill, the engine <u>packed up</u>. (언덕 중간에서 엔진이 멈췄다.)
Our air conditioning <u>packed up</u> on the hottest day of summer.
(제일 무더운 여름날에 에어컨이 작동을 멈추었다.)

pair

vt. ① ~을 두 개 한 벌로 하다, 두 사람씩 짝짓게 하다 ② 결혼시키다; (동물을) 짝지우다(with) ③ [정치] 반대당 의원과 서로 짜고 투표를 기권시키다

vi. ① 한 쌍이 되다 ② 부부가 되다; (동물이) 짝짓다 ③ [정치] 반대당 의원과 서로 짜고 투표를 기권하다(with)

pair off

pair off

if two people pair off, they start a romantic relationship

남녀 한 쌍이 되다, ~와 짝이 되다

Nigel <u>paired off</u> with Kari at the party last night. Why am I jealous?
(어젯밤 파티에서 나이젤과 캐리가 짝이 되었다. 내가 왜 질투를 하는 거지?)

The police <u>paired off</u> and began to search the area for clues.
(경찰은 둘이 한 조가 되어 단서를 찾기 위해 그 지역을 수색하기 시작했다.)

➡ pair off with 로도 쓰임
I've been paired off for the evening with that unpleasant man from the tennis club.
(나는 테니스 클럽의 그 기분 나쁜 남자와 저녁 때 짝이 되었다.)

pan

vt. ① (사금 따위를 가려내려고) (흙·모래를) 냄비로 일다; (사금을) 가려내다 ② ((구)) 혹평하다, 호되게 공격하다[꾸짖다] ③ ((미)) 냄비로 요리하다; 졸여서 ~의 엑기스를 뽑다 ④ ((미)) 손에 넣다
vi. ① 사금이 나다 ② ((구)) 성공하다, ~의 결과가 되다(with) ③ 움직이다, 일하다

pan out

pan out
to develop or happen in a particular way

(일이) 잘 되어가다, 성공하다, 결실을 거두다
* 의문문이나 부정문에서 사용하는 일이 많음.

Our trip to Europe didn't pan out. My office canceled my vacation at the last minute.
(우리의 유럽 여행은 허사가 되었어. 마지막 순간에 회사에서 내 휴가를 취소했거든.)

I wasn't sure how things would pan out at first and there were a few problems to begin with.
(여러 가지 일들이 처음에는 어떻게 결실을 거둘지 확실치가 않았고 시작부터 몇 가지 문제도 있었다.)

party

vt. ((미)) (남을) 연회를 열어 대접하다
vi. ((미)) 파티에 나가다, 파티를 열다; ((미속)) 파티에서 진탕 놀다

be partied out

be partied out [Informal]
to have had enough of parties because you have been so many

파티에서 지치도록 놀다

After a whole week of birthday celebrations, I am totally partied out.
(일주일 동안의 생일축하연이 끝난 뒤 나는 완전히 기진맥진했다.)

I want to stay at home this evening — I'm partied out.
(나는 오늘 저녁 집에 있고 싶어. 파티에서 지치도록 놀았어.)

pass

vt. ① 통과하다, 지나가다; 넘어서다, 추월하다; 빠져나가다, 건너다, 가로지르다, 넘다; ~에서 나오다 ② 통하게 하다, 통과시키다, ~에 들이다; (실 등을) 꿰다(through); (밧줄 따위로) 두르

다(round, around) ③ (눈으로) 훑어보다, 눈길을 보내다 ④ (시간·세월을) 보내다(= spend), 지내다(in, by); ~을 경험하다, 당하다; (손 따위를) 움직이다; (칼·바늘 따위로) 찌르다 ⑤ 넘겨주다, 건네주다, 돌리다(on, around, along, to); (이야기, 명령 등을) 전달하다, 알리다(on, down) ⑥ (시험·검사에) 합격하다, (수험자를) 합격시키다 ⑦ 무시하다, 눈감아 주다, 묵인하다; ((미)) 빼놓다, 생략하다; (배당 등을) 지불하지 않다, 거절하다 ⑧ (일정한 범위 따위를) 넘다, 초과하다, ~보다 낫다(=excel) ⑨ (말·비밀 등을) 입에서 흘리다; (가짜 돈을) 받게 하다, 통용시키다 ⑩ (의안 따위를) 가결[승인]하다, 비준하다, (의안이 의회를) 통과하다 ⑪ [법률] (판결을) 내리다, 선고하다(on), (판단을) 내리다; (의견을) 말하다(on, upon) ⑫ 보증하다, 맹세하다, 약속하다 ⑬ [법률] (재산 따위를) 양도하다 ⑭ [스포츠] (공을) 보내다, 패스하다; [야구] (4구로 타자를) 베이스로 걸려 보내다 ⑮ (요술·화투에서) 바꿔치기하다 ⑯ 배설하다

vi. ① 지나가다, 움직이다, 나아가다(along, by, on, out, away, etc.), 가다(to), 통과하다(by, over); 건너다(over); 옮기다, 빠져 나가다(through) ② (자동차로) 추월하다 ③ (시간이) 지나다, 경과하다 ④ (말 따위가) 오고 가다, 교환되다(between) ⑤ (점차) 변화[변형]하다, (~이) 되다(to, into) ⑥ (재산 따위가) ~의 손에 넘어가다, 양도되다(to, into); (순서·권리 따위에 의해 당연히) 귀속하다(to) ⑦ (화폐·별명 따위가) 통용되다; 인정되다; (~으로) 통하다 (for, as); ((미)) (혼혈아가) 백인으로 통하다 ⑧ [보통 let ~ pass로] 관대히 봐주다, 불문에 부치다, 못보고 지나치다, 비난받지 않다, 너그럽게 다루어지다 ⑨ 합격[급제]하다 ⑩ (의안 따위가) 통과하다, 가결되다, 승인[비준]되다; (법령이) 제정[실시]되다 ⑪ (판결·감정 등이) 내려지다 (for, against), (의견 따위가) 말해지다(on, upon) ⑫ (배심원의) 일원이 되다(on), (배심원이) 판결[재결]하다 ⑬ 사라져 없어지다, 떠나다, 소실[소멸]하다, 끝나다, 그치다, 조용해지다; 죽다, ((구)) 기절하다(out) ⑭ (사건이) 일어나다, 생기다 ⑮ [구기] 공을 패스하다, [펜싱] 찌르다(on, upon), [카드놀이] 패스하다(손대지 않고 다음 사람에게 넘김) ⑯ 대변을 보다, 통변하다

pass away

pass away (유사어 **die, pass on**) [Formal]
to die — use this when you want to be polite and avoid using the word 'die'

돌아가시다, 영면하시다

It's been over a year since Mrs. Brock <u>passed away</u>. (브록 씨가 돌아가신 지 1년이 넘었어요.)
Colonel Tom Parker <u>passed away</u> last week at age of 87. (탐 파커 대령께서 87세로 지난주에 돌아가셨다.)

pass away
to slowly disappear or stop existing

(태풍·감정·통증이) 사그라지다

The storm should <u>pass away</u> before dark. (어두워지기 전에 폭풍이 사그라들 겁니다.)
The pain was severe to begin with, but soon <u>passed away</u>. (처음에는 통증이 심했지만 곧 사라졌어요.)

pass away sth, **pass** sth **away** (유사어 **while away**)
if you pass a period of time away, you spend time doing something so that you are not bored, especially when you are waiting for something else to happen

(즐겁게 시간을) 보내다

I tried to <u>pass away</u> the time by reading a magazine (나는 잡지를 읽으면서 즐겁게 시간을 보내려고 애썼다.)
     sth

Conversation with friends soon <u>passes</u> an evening <u>away</u>.
             sth

(친구들과 대화를 하다보면 하루 저녁이 금방 지나간다.)

pass by

pass by, pass by *sb/sth* (유사어 **go by, go (past)**)
to go past someone or something without stopping

                  (멈추지 않고 사람·사물을) 지나가다

I was just <u>passing by</u> and I saw your car. (지나가면서 네 차를 보았어.)
The dog likes to sit in the front garden and bark at anyone who <u>passes by</u> <u>our house</u>.
                          sth

(그 개는 정원 앞에 앉아서 우리 집을 지나가는 사람이면 누구에게나 짖기를 좋아해.)

➡ **passer-by** (n)
 (someone who is walking past when something such as a crime or accident happens in the street) 목격자, 통행인

The fire was reported by a <u>passer-by</u> who saw flames coming from the six-story complex.
            n

(그 화재는 6층 주상 복합건물에서 나오는 불꽃을 본 목격자에 의해서 신고되었다.)

pass *sb* **by**
if an event passes by, it happens without your noticing it much or being affected by it
              (사건 등이) (~에게) 눈치 못 채게 지나가다, 못보고 지나가다

My mother lived in a remote village, and all excitement of the 1960s <u>passed</u> <u>her</u> <u>by</u>.
                          sb

(우리 어머니는 외딴 시골에 살고 계셔서 1960년대의 소동을 알아차리지 못하고 지나가셨다.)

On the whole, the war <u>passes</u> <u>us</u> <u>by</u> in Balderdale, although we had to put up black-out curtains
             sb

in the window.
(우리는 창에 등화 관제용 암막을 쳐야 했지만 대체로 Balderdale에서 전쟁은 우리가 알아차리지 못하는 사이에 지나갔다.)

pass *sb* **by** (유사어 **miss out**)
if an opportunity passes you by, you fail to take it when it is available
                     (기회를) 놓치다, 이용하지 못하다

I never went to college — somehow the opportunity just <u>passed</u> <u>me</u> <u>by</u>.
                      sb

(나는 대학에 못 다녔어. 어쨌든 그 좋은 기회를 나는 놓쳤지.)

The great drama and passion of the world had already <u>passed</u> <u>him</u> <u>by</u>.
                        sb

(세상에 대한 위대한 꿈과 열정을 품을 기회를 그는 이미 놓쳐 버렸다.)

➡ **let a chance[opportunity] pass *sb* by** 로도 쓰임
This is a wonderful opportunity. You mustn't <u>let a chance pass you by</u>.
                                                                    ˢᵇ
(이건 아주 좋은 기회야. 너는 기회를 놓쳐서는 안 돼.)

➡ **life[the world] passes *sb* by** 로도 쓰임
<u>Life</u> has <u>passed me by</u>. (인생이 헛되이 지나가 버렸어.)
           ˢᵇ

> **pass by, pass *sth* by** (유사어 **go by**)
> to go near a place on the way to another place, especially by chance
> (우연히 ~곁을) 지나가다

If you <u>pass by</u> a store, could you please pick up some milk?
(너 상점 지나갈 일이 있으면, 우유 좀 사다 줄래?)
Come in and see us if you happen to <u>be passing by</u>. (네가 우연이라도 지나가면 잠깐 들러 우리를 보러 와.)

pass for

> **could pass for *sb/sth*** (유사어 **pass as**)
> if someone or something passes for something else, people think that they are that thing, although they are really not
> (사람·사물이 잘못 되어) (어떤 종류의 사람·사물로) 통하다, ~라고 여기다

Even though Shawn's only 17, he's so big and tall he <u>could pass for 21</u>.
                                                                    ˢᵗʰ
(션은 겨우 17살인데도 몸집이 크고 키가 커서 21살로 통한다.)
Do you think he <u>will pass for a cook</u> wearing that hat?
                              ˢᵇ
(그가 그런 모자를 썼다고 요리사로 통할 거라고 생각하니?)

➡ ***sb* could pass as *sb*** 로도 쓰임
The <u>Mitchell brothers</u> <u>could</u> easily <u>pass as twins</u>. (미첼의 형제들은 쌍둥이라고 말해도 믿을 거야.)
         ˢᵇ   ˢᵇ

pass off

> **pass off peacefully[well]** [BrE]
> if an event passes off peacefully or well, it is peaceful or a success
> (사건이) (멋지게) 이루어지다, 행해지다, (무사히) 끝나다

The demonstration <u>passed off peacefully</u>, despite fears that there would be violence.
(폭력이 일어날 염려에도 불구하고 시위는 평화롭게 끝났다.)

The meeting <u>passed off smoothly</u> though little was accomplished.
(회합의 성과는 거의 없었지만 순조롭게 끝났어요.)

pass off (유사어 **disappear**) [BrE, Spoken]

if something such as a feeling or a condition passes off, it gradually disappears

(질병 · 고통 · 감정 등이) 서서히 사라지다

By the evening, his sickness had <u>passed off</u> and he felt better.
(저녁때쯤에는 그의 아픈 증세가 서서히 사라졌고 그는 기분이 훨씬 나아졌다.)

The attack or whatever it was, had <u>passed off</u> just as asthma does.
(그게 발작이든 뭐였든 간에 천식처럼 바로 사라졌다.)

pass on

pass *sth* on, pass on *sth*

to tell someone something that someone else has told you

(전언 · 충고 · 정보 등을) 옮기다, 전하다

I'll <u>pass</u> your suggestion <u>on</u> to the committee. (당신의 제안을 위원회에 전하겠습니다.)
       sth

Mr. Green asked me to <u>pass</u> some advice <u>on</u> to you.
                  sth

(그린 씨가 너에게 몇 가지 충고를 전해 달라고 부탁했어.)

➡ **pass *sth* on to** 로도 쓰임

It was discovered that he had been <u>passing</u> secrets <u>on to</u> the Russians whilst working at the Pentagon.
                sth

(그가 미국 국방부에서 일하는 동안 러시아에 비밀정보를 전하고 있다는 사실이 밝혀졌다.)

pass *sth* on, pass on *sth* (유사어 **give, transmit** [Formal])

to infect someone with an illness that you have

(병을) 감염시키다, 옮기다

I don't want to <u>pass on</u> my cold to the baby, so I'd better not get too close.
                 sth

(아기에게 감기를 옮기고 싶지 않아. 그러니 너무 가까이 가지 않는 게 좋겠어.)

How <u>is</u> this disease <u>passed on</u>? <수동>   (이 질병은 어떻게 전염됩니까?)

pass *sth* on, pass on *sth*

to give something especially a disease to your children through your genes

(용모 · 기질 · 체질 등을) (자손에게) 유전시키다

My mother <u>passed</u> her good looks <u>on</u> to my sister but not to me.
             sth

(어머니의 미모가 여동생에게는 유전되었지만 나에게는 아니었다.)

How do parents <u>pass</u> genes <u>on</u> to their offspring?   (부모의 유전자가 어떻게 자손에게 전달되는가?)
                sth

pass sth on, pass on sth (유사어 hand down, pass down, leave to)

to give something such as land or a house to someone younger than you, especially your child, after your death

(토지 · 집을) 상속하다

Paul bought the land hoping that one day he could pass it on to his son.
　　　　　　　　　　　　　　　　　　　　　　　　　　　　sth
(폴은 언젠가 자기 아들에게 물려주기를 바라면서 그 땅을 샀다.)

She assumed that her mother would wish to pass on to her the bulk of her fortune.
　　　　　　　　　　　　　　　　　　　　　　　　　　　　　　　sth
(그녀는 어머니가 많은 재산을 그녀에게 상속해주고 싶어 한다고 생각했다.)

pass on sth, pass sth on (유사어 hand down)

to teach a skill, knowledge, tradition, etc. to someone younger than you so that they will have it or know it too

(기술 · 지식 · 전통을) 다음 세대에게 전달하다

A teacher's job is to pass knowledge and culture on to the next generation.
　　　　　　　　　　　　　　　　　　sth
(교사라는 직업은 다음 세대에게 지식과 문화를 전달하는 것입니다.)

Please pass this information on to the boss.　(사장님에게 이 정보를 전해 주십시오.)
　　　　　　　sth

pass on (유사어 die, pass away)

to die – use this when you want to be very polite and avoid using the word 'die'

사망하다, 서거하다, 타계하다

I am sorry to hear that your favorite uncle passed on last week.
(지난 주 당신이 가장 좋아하는 삼촌께서 돌아가셨다는 소리를 들어서 유감입니다.)

Marty passed on before his grandchildren were born.　(마티는 손주들이 태어나기 전에 사망했다.)

pass out

pass out (유사어 black out)

to become unconscious for a short time

기절하다, 의식을 잃다

I've passed out a couple of times recently.　(최근에 저는 두어 번 의식을 잃었어요.)

Kevin drank so much vodka that he passed out on the stairs.
(케빈은 보드카를 너무 많이 마신 나머지 계단 위에서 정신을 잃었다.)

pass out sth, pass sth out (유사어 hand out, give out, distribute)

if you pass something out, you distribute it among a number of people

(무료로 물건을) 분배[배부]하다

The theater company are passing out free tickets of the opening night; do you want one?
　　　　　　　　　　　　　　　　　　　sth
(극장 측에서 공연 첫날밤 무료 티켓을 나눠주고 있어. 너 한 장 필요해?)

We all sat cross-legged on the grass, and I passed out the lemonade.
(우리는 모두 풀밭 위에서 책상 다리를 하고 앉았고 나는 레몬에이드를 나누어 주었다.)

pass out [BrE]

to finish a course of study at a military school or police college
(군대·경찰 등의) 훈련과정을 수료하다, 졸업하다

As soon as I passed out from my police training, I went on duty in London.
(경찰 훈련을 수료하자마자 저는 런던에서 근무했어요.)

How many of young men passed out this year? (금년에 졸업한 젊은이가 몇 명이나 됩니까?)

pay

vt. ① (빚 따위를) 갚다, 상환하다, 청산하다 ② ~에게 (대금·임금 따위를) 치르다, 지불[지급]하다(for); (비용 따위를) 지불하다, 변충하다 ③ (일 따위가) ~의 수입을 가져오다, ~에게 이익을 주다, 수지가 맞다 ④ (친절, 은혜 등에) 보답하다; ~에 앙갚음하다, 보복하다, 혼내주다, 벌하다 ⑤ (관심을) 보이다, (경의를) 표하다, (주의를) 하다; (방문 등을) 하다 ⑥ (고통 등을 당연한 것으로서) 참다, 받다, 감수하다 ⑦ [과거형, 과거분사형은 -ed] (밧줄을) 늦추어 풀어내다

vi. ① 지불[지급]하다, 대금을 치르다(for); 빚을 갚다, 변상[변제]하다(for) ② (일 따위가) 수지맞다, 이익이 되다; 일한 보람이 있다 ③ 벌을 받다, 대가를 치르다

pay back

pay sb/sth **back, pay back** sth**, pay** sb **back** sth (유사어 **repay**)

to give someone the money that you owe them
(~에게) 돈을 갚다

Bob said he would pay me back on Wednesday. (밥은 수요일에 돈을 갚겠다고 말했다.)

I have ten years to pay back my student loans. (내가 학자금 융자를 갚는 데 10년이 걸린다.)

pay sb **back** (유사어 **get back**)

to make someone suffer for doing something wrong or bad to you
(~에게 앙갚음·보복을) 하다

I was now prepared to pay him back for his treacheries. (나는 이제 그의 배신에 보복할 준비가 되어 있었다.)

We will pay them back for the trick they played on us. (그들이 우리를 속인 대가를 치르게 할 거야.)

➡ pay sb back for 로도 쓰임

Mrs. Ruslik vowed to find her daughter's killer and pay him back for what he did.

(루슬릭 씨는 딸의 살해범을 찾아서 그가 한 짓에 대해 보복하겠다고 맹세하였다.)

pay off

pay off *sth*, **pay** *sth* **off** (유사어 **settle**)
if you pay off a debt (e.g. loan, mortgage, overdraft), you pay back all the money you owe
(융자·담보·당좌 대월금 등의 빚을) 갚다, 청산하다

I won't <u>pay off</u> the mortgage on my house until 2024. (2024년까지는 주택 담보 대출금을 갚지 못할 거야.)
　　　　　sth

Ed was driving a taxi on the weekends to <u>pay off</u> all his debts.
　　　　　　　　　　　　　　　　　　　　　　　　　sth
(에드는 빚을 모두 갚기 위해 주말이면 택시를 몰고 있었다.)

pay off (유사어 **be worth it, pay dividends**)
if something that you do pays off, it is successful or worth doing
성공하다, 성과를 얻다, 보답받다

The restaurant changed its menu, and it really <u>paid off</u>. Business increased by 30 percent.
(그 레스토랑은 메뉴를 바꾸더니 성공했다. 영업 실적이 30%나 증가했다.)

Your hard work has <u>paid off</u>, you are now the president of successful company.
(네가 열심히 일하더니 성공하는구나. 이제 너는 성공한 회사의 사장이잖아.)

➡ <u>payoff</u> (n) [Informal]
　(the benefit gained as the result of a previous action) 이익, 이득
Linda doesn't get paid for the volunteer work she does. The <u>payoff</u> is knowing that she has
　　　　　　　　　　　　　　　　　　　　　　　　　　　　　　　　　　　　　n
helped other people.
(린다는 자신이 한 봉사활동에 대해 돈을 받지 않아요. 대가라면 그녀가 다른 사람들을 도왔다는 사실을 안다는 것이라고나 할까요.)

pay *sb* **off**, **pay off** *sb* (유사어 **buy off**)
to pay someone to keep quiet about something illegal or dishonest
뇌물을 주다, (~을) 매수하다

According to rumors, several witnesses in the trial <u>were paid off</u>. <수동>
(소문에 의하면 재판 중에 있는 증인 몇 명이 매수당했답니다.)

Do you think you can <u>pay the criminals off</u>? (그 범죄자들을 매수할 수 있다고 생각하니?)
　　　　　　　　　　　　　　sb

➡ <u>payoff</u> (n) [Informal]
　(a payment that you make to someone secretly or illegally in order to stop them from causing
　you any trouble) 뇌물
Our main witness is refusing to talk — the gang must have threatened her, or given her a <u>payoff</u>.
　　　n
(우리 측 주요 증인이 증언을 거부하고 있어요. 조폭들이 그녀를 위협하고 있거나 그녀에게 뇌물을 준 게 틀림없어요.)

pay *sb sth*, **pay off** *sb* (유사어 **lay off**) [BrE]
to stop employing a worker after paying them the wages that you owe them
(임금을 지불하고 사람을) 해고하다

100 workers will be paid off when the factory closes next week. <수동>
(다음 주 공장이 폐쇄되면 100명의 종업원이 급료를 받고 해고될 것이다.)

I'm sorry, I'm going to have to pay you off. There is no more work for you now.
                                         sb
(죄송합니다만 급료를 지급하고 당신을 해고해야겠네요. 당신이 할 일이 이제 없습니다.)

➡ payoff (n) [Informal]
   (a payment with which you make them leave their job, especially very large sums of money paid to company directors) (고액) 급료 지급

Diller received an incredible £15 million payoff after he was forced to resign earlier this year.
                                                         n
(올해 초 사임 압력을 받은 후 딜러는 1억 5천만 파운드의 믿기 어려운 급료를 지급받았다.)

pay up

pay up (유사어 **cough up** [Informal])
to pay all the money that you owe
                                            (빚 · 회비 따위를) 전부 지급하다, 완납하다, 청산하다

I owe him a lot of money. If I can't pay up soon, he may sue.
(나는 그에게 많은 돈을 빚지고 있어. 내가 곧 빚을 전부 갚지 않으면 그는 고소할지도 몰라.)

I've lost my credit card. Will I have to pay up if someone uses it?
(나 신용카드 잃어 버렸어. 누군가 그 카드를 사용하면 내가 그 돈을 전부 내야 할까?)

pencil

vt. ① ~을 연필로 쓰다, 그리다, 표를 하다 ② (눈썹을) 눈썹 연필로 그리다 ③ 경마 장부에 (말 이름을) 기입하다

pencil in

pencil sb/sth **in, pencil in** sb/sth
if an event or an appointment is penciled in, it has been agreed that it should take place, but it will have to be confirmed later
                                            일단 예정에 넣어두다

He told us that the tour was penciled in for the following March. <수동>
(그는 다음 해 3월로 그 여행 일정을 잡아 놨다고 우리에게 말했다.)

He has a meeting penciled in with Prime Minster in May.
(그는 일단은 5월에 총리와 회담을 가지기로 했다.)

➡ penciled sb in for 로도 쓰임
I'll pencil you in for next Tuesday morning at 10 o'clock.
        sb
(다음 화요일 아침 10시에 너를 만나기로 일단 잡아 둘게.)

phase

vt. ① (단계적으로) 실행[계획]하다 ② ((미)) (국면에) 순응시키다, 조정하다, 위상을 맞추다

phase in

phase in *sth*, **phase** *sth* **in** (유사어 **bring in**)

to make a new system, process, or law gradually begin to happen or to exist

(시스템, 절차, 법 등을) 단계적으로 도입하다, 서서히 채용하다

The new taxes will <u>be phased in</u> over a three-year period. <수동>
(새로운 세법은 3년에 걸쳐 단계적으로 도입될 것입니다.)

We are <u>phasing in</u> <u>our new line of products</u> and phasing out the old.
                               sth
(우리는 새로운 생산라인을 서서히 도입하고 오래된 생산 라인은 단계적으로 철거하고 있다.)

phase out

phase out *sth*, **phase** *sth* **out**

to gradually stop using or supplying something

단계적으로 중단하다, 점차 철거[폐지, 삭감]하다

They said the present system of military conscription should <u>be phased out</u>. <수동>
(현재의 군 징집제도는 단계적으로 폐지되어야만 한다고들 하더군요.)

Leaded gas <u>was phased out</u> in the 1970s. <수동> (납이 포함된 휘발유는 1970년대에 점차 사라지기 시작했다.)

phone

vt. ~에게 전화를 걸다, 전화로 불러내다(up), 전화로 이야기하다
vi. 전화를 걸다

phone around, phone round [BrE]

phone around[round], **phone around[round]** *sb* (유사어 **ring round[around]** [BrE], **call around** [AmE])

to telephone several people, often in order to find out information

(여기저기 전화를 걸어서) 정보를 얻다

I always <u>phone around</u> to the stores for the cheapest prices.
(나는 항상 가장 값싼 곳을 알아보려고 여러 상점에 전화를 건다.)

I <u>phoned round</u> to different post offices to see if I could find that stamp.
(나는 여기저기 다른 우체국에 전화를 걸어서 그 우표를 찾을 수 있는지 알아봤다.)

phone back

phone back, phone *sb* **back, phone back** *sb*

to telephone someone for the second time or to telephone someone who rang you earlier

한 번 더 전화를 걸다, 전화를 다시 걸다

"She isn't in now." "All right. I'll phone back later."
("그녀는 지금 없는데요." "알겠습니다. 나중에 다시 전화하지요.")

To my surprise, he phoned me back a few days later, and offered me the job.
                                  sb
(놀랍게도 그는 며칠 후 나에게 다시 전화해서 내게 일자리를 제안했다.)

phone up

phone up *sb*, **phone** *sb* **up, phone up**

to telephone someone

~에게 전화를 걸다, 전화하다

I haven't seen Bill for a while. I think I'll phone him up and see how he's doing.
                                                        sb
(한동안 빌을 못 봤네. 그에게 전화해서 어떻게 지내는지 알아봐야겠어.)

Jonathan has just phoned up to say that he'll be late. (조나단이 방금 전화해서 늦을 거라고 하네.)

pick

vt. ① (신중히) 뽑다, 고르다, 가려내다 ② (꽃, 과일 등을) 따다, 꺾다; 채집하다 ③ (뾰족한 것으로) 쑤시다, 쪼다; ~에 구멍을 내다 ④ (이를) 쑤시다, (귀, 코 등을) 후비다, (가시 등을) 뽑아내다 ⑤ (흠을) 들추어내다 ⑥ (새의) 깃털을 잡아 뽑다 ⑦ (고기를) 손으로 뜯다, (뼈에서) 살을 뜯어내다; (거드름을 피우며) 조금씩 입에 넣다 ⑧ (모이·벌레 따위를) 쪼(아 먹)다; (새가 부리 따위로) 쪼다 ⑨ (지갑·주머니에서) 훔치다, 소매치기하다 ⑩ 계기를 만들다, (싸움을) 걸다 ⑪ (자물쇠를) 비틀어[억지로] 열다 ⑫ (기회를) 붙잡다

vi. ① (뾰족한 것으로) 쪼다, 찌르다 ② 골라내다, 가려내다 ③ (새 등이) 쪼아 먹다, ((속)) 조금씩 먹다(at) ④ 훔치다, 소매치기하다

pick on

pick on *sb/sth*

to choose one person from a group of people to criticise or treat unfairly, especially when they are smaller or weaker than you

놀리다, (~을) 괴롭히다, ~의 흠을 들추어내다, 비난하다

Mr. Adams was repeatedly bullied and picked on by manageress Elizabeth Archer. <수동>
(애덤스 씨를 여 지배인인 엘리자베스 아처가 계속 못살게 굴고 괴롭혔다.)

Greg, stop picking on your sister! (그레그야, 네 여동생 그만 괴롭혀.)
                           sb

pick on *sb/sth* (유사어 **choose**) [BrE]

to choose one person or a thing when you could easily have chosen someone else or a different one

(사람·사물을) 선택하다

I don't know why he <u>picked on</u> <u>me</u>, I've never been very attractive.
                                        sb

(그가 왜 나를 선택했는지 모르겠어. 나는 별로 매력적이지 않은데.)

My son's first word was 'dada' but for some reason my daughter <u>picked on</u> 'toaster'.
                                                                             sth

(우리 아들이 처음 한 말은 'dada'이었는데 우리 딸은 어쩐 일인지 'toaster'란 말을 택했다.)

pick out

pick out *sth/sb*, **pick** *sth/sb* **out** (유사어 **select, single out**)

to choose something carefully from a group of things

(많은 것 중에서) 골라내다, 뽑아내다

We had a lot of fun <u>picking out</u> <u>a present</u> for Leslie's baby.
                                                  sth

(우리는 레슬리의 아기 선물을 고르면서 아주 즐거웠다.)

There are so many great newscasters it's difficult to <u>pick</u> <u>one</u> <u>out</u>.
                                                                          sb

(훌륭한 뉴스해설자가 너무 많아서 그중에서 한 사람을 고르기는 어렵다.)

pick out *sb/sth*, **pick** *sb/sth* **out** (유사어 **identify**)

to recognize a person or a thing from a group

(다수 중에서) 분간하다, 식별하다

The victim was able to <u>pick out</u> <u>her attacker</u> from a police lineup.
                                                   sb

(피해자는 경찰이 줄 세운 피의자 중에서 그녀를 폭행한 사람을 식별할 수 있었다.)

It was hard to <u>pick out</u> <u>your own house</u> from the air.   (공중에서 너의 집을 식별하기는 어렵던데.)
                                                sth

pick out *sb/sth*, **pick** *sb/sth* **out** (유사어 **make out, identify**)

to succeed in recognizing someone or something, even though it is difficult, because it is dark or they are far from you

(어둠속에서·멀리서) ~을 구별하다, 식별하다, 알아보다

I could barely <u>pick out</u> <u>the path</u> in the dark.   (어둠속에서 간신히 길을 식별할 수 있었다.)
                                        sth

My eyes had become accustomed to the dark, so I could <u>pick out</u> <u>shapes</u> about seventy-five yards away.   (눈이 어둠에 익숙해져서 나는 약 75야드 떨어진 곳에 있는 형체를 알아 볼 수 있었다.)

pick out sth, pick sth out

if a light picks out something, it shines on it in a way that makes it possible to see it clearly

(빛·조명 등이) ~을 비추다

Suddenly the car headlights <u>picked out a cat</u> which was darting across the road in front of them.
                                               sth

(갑자기 자동차 헤드라이터가 그들 앞에서 길을 건너 휙 지나가고 있던 고양이 한 마리를 비추었다.)

The rays of the setting sun <u>picked out the roofs of the house</u> below.
                                                            sth

(저무는 해의 햇살이 저 아래 보이는 집의 지붕을 비추었다.)

pick out, pick sth out, pick out sth

to play a tune on a musical instrument, especially slow or with difficulty because you cannot remember it clearly or you cannot play well

(느리게, 어렵게) 악기를 연주하다

Josh strummed the guitar, trying to <u>pick out a tune</u> he had heard the day before.
                                                sth

(조시는 기타를 튕기며 전날 들었던 곡조를 어렵사리 연주하려 애썼다.)

Sinead was <u>picking out an old Beatles song</u> on her guitar, I think it was 'Norwegian Wood'.
                                         sth

(시네이드가 기타로 비틀스의 옛날 노래를 연주하고 있었는데 '노르웨이의 숲'이었던 것 같다.)

pick up

pick up sth/sb, pick sth/sb up (유사어 **light (up)** 반대어 **put down**)

to lift something or someone by using your hands

(손으로) 집어 들다[올리다], 줍다

<u>Picking up her bag</u> she rushed out of the room.   (그녀는 가방을 집어 들고 방 밖으로 달려 나갔다.)
        sth

The little girl's mother laughed and bent down to <u>pick her up</u>.
                                                          sb

(그 어린 소녀의 엄마는 웃으면서, 허리를 숙여 그 아이를 들어 올렸다.)

pick up sb/sth, pick sb/sth up (유사어 **collect**)

to collect someone from a place where they are waiting for you, or something that is ready to be collected

(기다리고 있는 곳에서) (~를) 데려가다

We drove to the airport the next morning to <u>pick up Susan</u>.
                                                sb

(우리는 다음날 아침 수잔을 데리러 공항으로 차를 몰았다.)

I <u>picked her up</u> at Covent Garden to take her to lunch with my mother.
         sb

(나는 어머니와 함께 점심을 먹으려고 코벤트 가든에 계신 어머니를 모시러 갔다.)

➡ **pick-up** (n)

(the act of taking something from a place using a vehicle) (차로) 짐 싣기

Drug dealers used the place for pick-ups of heroin and cocaine.
                                            n
(마약 밀매업자들은 헤로인과 코카인을 싣기 위해 그 장소를 이용했다.)

pick up *sb*, **pick** *sb* **up** (유사어 **give** *sb* **a lift**)

to go somewhere, usually in a vehicle, in order to get someone

                                                                   (차 따위에) 태우다, 차로 마중 나가다

We stopped to pick up a couple of hitch hikers, who said they were trying to get to Athens.
                                        sb
(우리는 히치하이커 두세 명을 태우려고 차를 세웠는데, 그들은 아테네로 가려 하는 중이라고 했다.)

What time should we pick you up at the airport? (몇 시에 공항에 너를 마중하러 나가야 하니?)
                                 sb

pick up *sth*, **pick** *sth* **up** (유사어 **get**)

to buy something

                                                                               ~을 사다, 사가지고 오다

Will you pick up something for dinner on your way home?
                     sth
(집에 오는 길에 저녁식사 거리로 뭘 좀 사오시겠어요?)

I picked up this travel brochure at the hotel. (호텔에서 이 여행 안내서를 가져 왔다.)
                     sth

pick up *sth*, **pick** *sth* **up** (유사어 **get win**)

to get or win something such as a prize, or votes in an election, or something that helps you be successful

                                                           (상·투표·선거 등을) 얻다, 이기다

Last year the movie picked up six Academy Awards, including best actor and best screen play.
                                        sth
(지난해 그 영화는 남우주연상과 시나리오 상을 포함해서 6개의 아카데미상을 받았다.)

The Democrats are likely to pick up more than 50% of the votes. (민주당은 50% 이상의 득표를 할 것 같다.)
                                                                sth

pick *sth* **up, pick up** *sth* (유사어 **learn**)

to learn how to do something by watching or listening to other people or by doing it, rather than by being taught

                                                          (습관·방언 등을) 배우지 않고 익히게 되다

I never studied Italian. I just picked it up when I was in Italy.
                                         sth
(나는 이태리어를 공부한 적이 없어. 단지 이탈리아에 있을 때 귀동냥으로 배웠을 뿐이야.)

Our son picked up a southern accent when we lived in Georgia.
                                   sth
(우리 아들은 조지아 주에 살 때 남부 악센트에 익숙해졌다.)

pick up *sth*, **pick** *sth* **up** (유사어 **get, catch, contract** [Formal])
to get an infectious disease

(병에) 감염되다, 걸리다

I think I <u>picked up a cold</u> from someone at work.　(내 생각에는 직장에서 누군가로부터 감기를 옮은 것 같아.)
<small>sth</small>
They've <u>picked up a really nasty infection</u> from something they've eaten.
<small>sth</small>
(그들은 뭔가를 잘못 먹고 정말 지독한 전염병에 걸렸다.)

pick up *sth*, **pick** *sth* **up** (유사어 **acquire** [Formal])
if you pick up a habit or a way of speaking or behaving, you start to do it because you have spent a long time with a particular group of people or in a particular place

(습관 · 말하는 방법 등을) 중단 후 다시 재개하다, 또 계속하다

It's difficult to <u>pick up the thread of a conversation</u> when it has been interrupted.
<small>　　　　　　　　　　　　sth</small>
(대화가 중단되고 나서 다시 맥락을 잡는 것은 어렵다.)
We lost the animals track for some time, but <u>picked it up</u> further ahead.
<small>　　　　　　　　　　　　　　　　　　sth</small>
(우리는 그 동물의 발자취를 한동안 놓쳤지만 저 앞에서 다시 찾았다.)

pick up *sth*, **pick** *sth* **up** (유사어 **earn**)
if someone picks up a particular amount of money for the work they do, they earn that amount of money

(~의 돈 · 금액을) 수입으로 얻다, 벌어들이다

A welding overseer <u>picks up 400 pounds</u> a week.　(용접 감독관은 1주일에 400파운드를 번다.)
<small>　　　　　　　　　　sth</small>
Car factory workers can <u>pick up good wages</u>, especially with overtime.
<small>　　　　　　　　　　　sth</small>
(자동차 생산 공장의 근로자들은 특히 초과근무를 하면서 고임금을 올릴 수 있다.)

pick up (유사어 **improve, get better**)
if a situation picks up, it starts to improve after a time when there have been a lot of problems – use this especially about a company's business or the economic situation in a country

(회사의 경영 · 국가 · 경제사항이) 호전되다

In recent months the economy has started to <u>pick up</u> again.
(최근 몇 달 만에 경제 상황이 다시 호전되기 시작했다.)
Don't worry, I'm sure things will soon <u>pick up</u>.　(염려 마. 모든 일이 곧 잘될 거야.)

➡ <u>pick-up</u> (n)
　　(a time when trade, business, or the economic situation improves)　경기 회복
There's been a <u>pick-up</u> in sales over the last quarter.　(지난 사분기 동안 매출이 회복세를 보이고 있다.)
<small>　　　　　　　　n</small>

pick up, pick up sth, pick sth up (유사어 resume, take up)

if you pick up a point or a topic that someone has mentioned, you go back to it and say something relating to it

(~가 언급한 논점이나 주제를) 다시 받아들이다, 다시 언급하다

I'd like to pick up the point David made. (데이비드가 말한 의견을 다시 논의하고 싶네요.)
             sth

The President picked up the theme. (대통령은 그 주제를 다시 언급했다.)
                 sth

pick up sb, pick sb up

to talk to someone you do not know because you want to have sex with them

(이성을) 살살 꾀다, 유혹하다

Hank tried to pick up Frank's sister at the party last night, but she wasn't interested in him.
                 sb

(행크는 지난 밤 파티에서 프랭크의 여동생을 유혹하려 했으나 그녀는 관심을 보이지 않았다.)

Kathy said some guy tried to pick her up at a bar. (캐시는 어떤 남자가 자신을 바에서 꾀려 했다고 말했다.)
                 sb

➡ pick-up (n)

(when you start talking to someone you have never met because you want to have sexual relationship with them) 사귀고 싶었던 사람

I was just being friendly, but she thought this was some sort of pick-up.
                                        n

(나는 그저 호의를 보였던 것뿐인데 그녀는 이것을 일종의 연애 상대라고 생각했다.)

pick up sb, pick sb up

if the police pick up someone, especially a criminal or someone they have been looking for, they stop them and take them somewhere to ask them questions

(범인 등을) 체포하다, 연행하다

Rawings had been picked up by police at his office. <수동>
(로잉스는 자신의 사무실에서 경찰에게 연행되었어.)

He was picked up by government agents for questioning. <수동>
(그는 심문을 위해 정부요원에 의해 체포되었다.)

pick up sth, pick sth up (유사어 receive)

if a piece of equipment such as a radio or a microphone picks up a signal or a sound, it receives or detects it

(음파 · 전파 · 신호 등을) 수신하다, 감지하다, 청취하다

When the weather is right, you can pick radio stations up that are hundreds of miles away.
                                        sth

(날씨가 좋을 때면 수백 마일 떨어진 라디오 방송국의 방송을 들을 수 있다.)

General Johnston's radio transmission was picked up by the enemy. <수동>
(존스턴 장군의 무선 통신이 적에게 잡혔다.)

pick up sth, pick sth up

to notice a smell or signs that show that someone or something is there or has been there

(소리·냄새·빛 등을) (감각기관으로) 포착하다; (한번 잃었던[놓쳤던] 냄새·자국을) 발견하다

The trained dogs soon picked up the smell of the creature that they were hunting.
　　　　　　　　　　　　　　　　　　sth
(훈련 받은 그 개들은 곧 쫓고 있는 동물의 냄새를 맡았다.)

His ears are so sensitive that they can pick up very faint sounds from a long way away.
　　　　　　　　　　　　　　　　　　　　　　　　sth
(그의 귀는 무척 예민해서 멀리서 들리는 아주 희미한 소리도 들을 수 있어.)

pick up sth, pick sth up (유사어 spot, detect, identify)

to notice a mistake or something that seems odd about something

(잘못 따위를) 찾아내다, 끄집어내다

She should be picking up inconsistencies as they occur.
　　　　　　　　　sth
(그녀는 모순되는 부분들이 생겼을 때 알아 차렸어야 했다.)

Don't worry about spelling mistakes — the spell checker should pick them up.
　　　　　　　　　　　　　　　　　　　　　　　　　　　　　　　　　sth
(철자가 틀린 건 염려하지 마. 철자 검사 프로그램이 틀린 부분을 잡아낼 테니.)

pick oneself up (유사어 get up)

to get up off the ground and stand after you have fallen down

다시 일어나다, (넘어진 후) 일어서다

The cowboy quickly picked himself up from where the horse had thrown him.
　　　　　　　　　　　　　oneself
(그 카우보이는 말에서 떨어졌던 곳에서 재빨리 일어났다.)

Curtis picked himself up and looked around for his wallet.　(커티스는 몸을 일으키고서 지갑을 찾았다.)
　　　　　oneself

pick up the bill[the tab, the check] (유사어 pay)

when you pick up the check or tab (a tab is a list of money that someone owes in a restaurant or other places), you pay it

대금을 지불하다, 비용을 지불하다

Tom's a real cheapskate; he never picks up the check.　(탐은 진짜 구두쇠야. 자기가 계산하는 법이 없어.)
　　　　　　　　　　　　　　　　　　　　check

Heather's father picked up the tab for the entire wedding.　(헤더의 아버지가 전체 결혼식 비용을 댔다.)
　　　　　　　　　　　　　　tab

pick up speed[steam] (유사어 speed up, accelerate 반대어 slow down)

if a vehicle or a ship picks up speed or steam, it starts to move more quickly

(차·열차·선박 등이) 속도를 내다, 속도를 올리다

The train started slowly, but picked up speed as soon as it left the station.
(기차는 서서히 출발했지만 역을 벗어나자마자 속도를 올렸다.)

Brian started the engine and pulled away slowly, but <u>picked up speed</u> once he entered Oakwood Drive. (브라이언은 엔진의 시동을 걸고 천천히 차를 뺐지만 일단 오크우드 드라이브로 들어서자 속력을 냈다.)

pick up sth (유사어 clean up, tidy up [BrE] [AmE]

when you pick up a place that is messy, you organize or tidy it

(방을) 치우다, 정돈하다; (~의) 뒤처리를 하다

You can't go out until you <u>pick up</u> your room. (네 방을 깨끗이 치우기 전에는 외출할 수 없어.)
                                sth

My mother makes me <u>pick up</u> my room every day. (어머니는 매일 내 방을 청소하도록 시키신다.)
                              sth

The wind picks up

if the wind picks up, it starts to get stronger

(바람이 점점 세게) 불다

<u>The wind's picking up</u> a little bit. (바람이 조금씩 세게 불고 있다.)
That evening <u>the wind picked up</u> and storm clouds started moving over from the east.
(그날 밤 바람은 점점 세게 불었고 폭풍우를 몰고 올 구름이 동쪽에서부터 움직이기 시작했다.)

pile

vt. ① 겹쳐 쌓다, 쌓아올리다 ② ~에 (사람, 물건 등을) 가득 싣다; (~을) ~에 산더미처럼 쌓다 (with) ③ 축적하다, 모으다(up) ④ [군사] (총을) 서로 엇걸다 ⑤ [해사] (배를) 좌초시키다(up); (차량·항공기를) 충돌시키다(up) ⑥ [원자력] 원자로로 처리하다

vi. ① (돈, 증거, 일 등이) 쌓이다 ② 우르르 들어가다[나오다](into, out of) ③ ((미)) 재빨리 뒤쫓아가다

pile up

pile up (유사어 build up)

when things increase in number and start to form a pile, they pile up

쌓이다

The snow <u>piled up</u> so high that I couldn't open my door. (눈이 너무 높이 쌓여 문을 열 수가 없었다.)
When our dishwasher broke down, the dirty dishes began to <u>pile up</u>.
(식기 세척기가 고장 나자 더러운 그릇들이 쌓이기 시작했다.)

pile sth up, pile up sth (유사어 stack up)

to put a lot of things on top of each other so that they form a pile

~을 쌓아 올리다

What's in all those boxes that <u>are piled up</u> in the garage? <수동>
(차고에 쌓여있는 상자들 안에는 모두 무엇이 들어 있나요?)

Helen carefully <u>piled up</u> the logs in front of the stove. (헬렌은 난로 앞에 통나무를 조심스레 쌓았다.)
                             sth

pile up (유사어 **build up, mount up**)

if work, debts, problems, etc. pile up, they increase in number or amount and you cannot deal with them all

(일・빚 등의) (수・량이) 증가하다, 늘어나다, 산적하다

My work is piling up. I'll have to work this weekend. (내 일이 점점 쌓이고 있어. 주말에 일을 해야겠어.)
I'm really worried about money. My bills are pilling up faster than I can pay them.
(금전상 문제가 정말 걱정 돼. 청구서가 내가 갚을 수 있는 것보다 더 빨리 쌓이고 있거든.)

pile up [AmE, Informal]

if a lot of vehicles pile up, they crash into each other

(차가) 다중 충돌하다, 연쇄 충돌하다

A bus and three cars piled up on the main road this morning.
(오늘 아침 큰 도로에서 버스 한 대와 3대의 차가 연쇄 충돌을 했다.)
Seventeen cars piled up on the fog-shrouded road. (안개가 잔뜩 낀 도로에서 17대의 차들이 연쇄 충돌했다.)

➡ pile-up (n)

(an accident in which several vehicles crash into each other) 차량의 연쇄 충돌
Slick roads caused a six-car pile-up along Highway 30.
                                                        n
(미끄러운 길 때문에 30번 고속도로를 따라 6중 연쇄 충돌이 일어났다.)

pile up one's hair

to tie one's hair up on the top of one's head, instead of letting it hang down around one's shoulders

머리를 묶어 올리다

The old lady's long silver hair was piled up in a bun. <수동>
(노부인의 긴 은색 머리가 빵 모양으로 틀어 올려졌다.)
Her hair had been piled up on top of her head. <수동> (그녀는 머리를 정수리에 묶었다.)

pile up sth (유사어 **build up, accumulate** [Formal]) [AmE]

to gradually succeed in making a large amount of money

점점 큰돈을 모으다

If Susan's investments hit 10% rate of return, she could succeed in piling up $2.3 million by retirement.
                                                                                                                           sth
(수잔의 투자 수익이 10%에 달하면 그녀는 은퇴까지 230만 달러의 큰돈을 모을 수 있을 것이다.)
Computer companies have recently piled up huge profits.
                                                       sth
컴퓨터 회사들은 요즘 막대한 수익을 올리고 있습니다.

pin

vt. ① 핀으로 꽂다[고정시키다], 마개로 막다 ② (어떤 장소에) 고정시키다, 움직이지 못하게 하다 (down, against) ③ 찔러서 뚫다, (작은 구멍을) 내다 ④ (행동, 약속 등으로) 속박하다, ~을 강요하다(to) ⑤ ~을 명확히 정의하다 ⑥ ((미속)) (여성에게) 애정·약혼의 증표로 대학 사교 클럽의 장식 핀을 주다 ⑦ ((속)) 붙잡다, 체포하다 ⑧ ((미속)) (이성을) 쫓아다니다. (남의) 의도를 간파하다, 알다, 조사하다. ⑩ [체스] (상대편 말을) 움직이지 못하게 공격하다; [레슬링] 폴(fall)로 제압하다

pin down

pin down *sb*, **pin** *sb* **down** (유사어 **nail down**)
to make someone give you exact details or a decision about something
(~에서) (~에 관해) 상세하게 설명하다, 명확한 태도를 갖도록 하다

The reporter <u>pinned</u> the governor <u>down</u> on the issue of taxes.
         sb
(기자는 도지사에게 세금 문제에 관해 자세히 설명해 달라고 했다.)

He says he wants to marry me, but I can't <u>pin</u> <u>him</u> <u>down</u> to a definite date.
               sb
(그가 나와 결혼하고 싶다고 했지만 나는 그에게 확실한 날짜를 말해 달라고 할 수 없다.)

pin down *sth*, **pin** *sth* **down** (유사어 **identify**)
to understand something clearly or be able to describe it exactly
확실히 알다, 파악하다, 정확하게 설명할 수 있다

It has been difficult to <u>pin down</u> exactly <u>what happened that night</u>.
              sth
(그날 밤에 일어났던 일을 정확히 설명하기는 어렵다.)

Bobby heard a voice at the door which brought back some distant memory, but he couldn't quite <u>pin it down</u>. (바비는 문간에서 옛 기억을 되살리는 어떤 음성을 들었지만 확실히 알 수는 없었다.)
   sth

➡ <u>be difficult[hard, impossible] to pin down</u> 으로도 쓰임
It is estimated that there are about 5 million illegal immigrants in the US, but the numbers <u>are impossible to pin down</u>.
(미국의 불법 이민자는 약 500만 명이 될 것으로 추정되지만 그 수를 정확히 파악하기가 불가능하다.)

pin *sb* **down**, **pin down** *sb*
to force someone to stay in a particular position by holding them down so that they cannot move
(~를) 억누르다, 꼼짝 못하게 하다

After the earthquake, I <u>was pinned down</u> by a beam from the ceiling. <수동>
(지진이 지나간 후 나는 천장에서 떨어진 대들보 때문에 꼼짝 못했다.)

The strong arms were around me, <u>pinning</u> <u>me</u> <u>down</u> so that I couldn't move.
             sb
(힘센 팔이 나를 감싸 꼼짝 못하게 했다. 그래서 나는 움직일 수가 없었다.)

pin down sb, **pin** sb **down**
to not allow enemy soldiers to move from a particular place by shooting at them
(적을) 움직이지 못하게 하다, 포위하다

We've pinned down a group of rebel, but they won't surrender.
           sb
(우리는 한 무리의 폭도들을 포위했지만 그들은 항복하려 하지 않았다.)

We're pinned down! Send reinforcements! <수동>   (우리는 포위되었어. 원군을 보내줘.)

piss

vt. ① 오줌으로 적시다 ② (피 따위를) 오줌과 함께 배출하다
vi. ① 소변보다 ② ((속)) (비가) 억수로 쏟아지다

piss off

piss sb **off, piss off** sb (유사어 **annoy, be hacked off** [BrE, Informal]) [Informal]
if some or something pisses you off, they annoy you
(~를) 불쾌하게 하다, 질리게 하다, 성가시게 하다

You're just pissed off because you know that everything I say is true. <수동>
(너는 내가 말하는 게 전부 사실이라는 걸 알기 때문에 짜증이 나는 거야.)

It really pisses me off when you treat me like a child.   (네가 나를 어린애 같이 취급할 때 정말 나를 질리게 해.)
           sb

➡ piss off about 으로도 쓰임
Everyone was pissed off about the result of the match. <수동>   (모든 사람들이 경기 결과에 대해 화가 났다.)

➡ piss off with 로도 쓰임
I was feeling very pissed off with Jack for being late. <수동>
(잭이 늦은 것 때문에 나는 굉장히 기분이 나빴다.)

piss off! (유사어 **go away, get lost** [Informal], **naff off!** [BrE, Informal]) [BrE, Informal]
used in the imperative as a signal of angry dismissal
(흔히 명령문으로) 나가, 꺼져

You're bothering me. Piss off!   (나 좀 귀찮게 굴지 마. 저리 가.)
The guy was getting pushy. I told him to piss off.   (그 녀석은 점점 설쳐댔어. 내가 그에게 나가라고 말했지.)

piss off (유사어 **bugger off** [BrE, Informal]) [BrE, Informal]
to go somewhere or leave somewhere, especially because you are tired of being where you are
떠나다

Piss off, can't you? You can see you are not wanted here!
(좀 나가 주지 않을래? 여기서는 네가 필요 없다는 걸 알잖아.)

Paul's just pissed off to Ibiza for the rest of the summer.   (폴은 남은 여름을 보내기 위해 이비자로 떠났다.)

plan

vt. ① 계획하다, 궁리하다, 입안하다, 꾀하다 ② 설계하다, ~의 설계도를 그리다 ③ 마음먹다, ~하려고 하다
vi. ① 계획하다, 계획을 세우다 ② ~하려고 생각하다, ~할 예정이다

plan ahead

plan ahead
to make decisions or plans about something you will do or something that might happen in the future
우선 계획을 세우다, 사전에 계획하다

One can avoid potential future problems by <u>planning ahead</u>.
(사전에 계획을 세움으로써 앞으로 닥쳐올 어려운 문제들을 피할 수 있다.)

You shouldn't do things hit-or-miss. You must learn to <u>plan ahead</u>.
(무턱대고 일을 해서는 안 돼요. 사전에 미리 계획을 세워야 합니다.)

plan for

plan for *sth*
when you make preparations for something in the future, you plan for it
~을 위한 계획을 세우다, ~에 대비해 준비하다.

Many people never <u>plan for retirement</u>. (많은 사람들이 은퇴에 대비한 계획을 세우지 않는다.)
                                sth

It is important to <u>plan for every contingency</u>. (모든 우발적 상황에 대비하는 것이 중요하다.)
                               sth

plan on

plan on doing (유사어 **intend to**)
to intend to do something
~할 예정이다, ~할 계획이다

They were <u>planning on getting</u> married. (그들은 결혼할 예정이었다.)
                      doing

They are <u>planning on a trip</u> to Guyana next month. (그들은 다음 달 가이아나로 여행갈 계획이다.)

plan on *sth*
to think about something you are going to make, and decide what it will be like
(~할 것을) 예측하다, 기대하다

"Will the car be ready by tomorrow?" "Don't <u>plan on it</u>." ("내일까지 차가 준비될까?" "그건 기대하지 마.")
                                                        sth

I had not <u>planned on their early arrival</u>, and the meal was not ready.
                                sth
(그들이 일찍 올 거라고는 생각하지 않았기 때문에 저녁 식사 준비가 되지 않았다.)

plan on *sb* **doing**

to intend or expect that someone will do something

(~가 ~하기를) 기대하다

Molly's father had never <u>planned on</u> <u>her</u> <u>going</u> to college.
           sb   doing

(몰리의 아버지는 그녀가 대학에 가리라고는 기대하지 않았다.)

"Don't <u>plan on</u> <u>me</u> <u>helping</u>, too. I'm busy tomorrow."   (나도 도울 거라고는 기대하지 마. 나 내일 바빠.)
        sb   doing

plan out

plan out *sth*, **plan** *sth* **out**

to plan something carefully, considering all the possible problems

생각해내다, 안을 세우다, 계획하다

I have started <u>planning out</u> what I shall be doing next week.
                              sth

(나는 다음 주에 해야 할 일을 생각하기 시작했다.)

Sue is very methodical. She <u>plans out</u> in advance <u>everything</u> she does.
                                                    sth

(수는 성격이 아주 꼼꼼해. 자기가 할 모든 일을 미리 계획한다고.)

play

vt. ① (어떤 행위를) 하다, 행하다(=execute) ② (놀이, 경기 등을) 하다, ~하며 놀다 ③ ~놀이 하다, ~을 흉내 내며 놀다 ④ (배역을) 맡아 하다, ~으로 분장하다; (본분·역할 따위를) 다하다(in); ~인 체 거동하다 ⑤ (아무를) 게임에 내보내다[참가시키다], (경기·시합에서) 포지션을 맡다, (경기 등에서) ~와 겨루다, 맞상대하다 ⑥ (내기에) (돈을) 걸다, ((미)) (말 따위에) 걸다 ⑦ ((미)) (연극을) 상연하다(=perform), ~으로 공연[흥행]하다 ⑧ (악기·곡을) 연주하다 ⑨ (자유롭게) 움직이다, 사용하다, 다루다, 휘두르다 ⑩ (빛 따위를) 내다, (탄환 등을) 발사하다 ⑪ ~에 근거를 두고 행동하다, ~에 의존하다 ⑫ (기사·사진 따위를) 크게 다루다, 보도하다 ⑬ (낚시에 걸린 물고기를) 퍼드덕거려 지치도록 내버려두다 ⑭ ((미속)) ~와 데이트하다, ~의 단골이 되다 ⑮ [크리켓] (볼을) 치다, [체스] (말을) 움직이다; [카드놀이] (패를) 내놓다, (유리한 수를) 이용하다; (친 공을) 집다

vi. ① 놀다, (~의) 놀이를 하다(at) ② 장난치다, (~을) 가지고 놀다(with) ③ 경쾌하게 날아다니다, 춤추다, 가볍게 흔들리다, 나부끼다, (빛 따위가) 비치다, 번쩍이다(on, over, along) ④ (기계 따위가) 원활하게 움직이다, 운전하다 ⑤ (분수·펌프 따위가) 물을 뿜다, (탄환 따위가) 연속 발사되다 ⑥ 경기에 참가하다, (~와) 대전하다(against) ⑦ 도박을 하다, 내기를 하다(gamble) ⑧ (~한) 행동을 하다, ~한 체하다, 말한 대로 하다 ⑨ (사람이) 연주하다, 취주하다, 타다[켜다]; (악기가) 울리다, (녹음이) 재생되다 ⑩ (~에) 출연하다, (~으로) 연기하다(in), (TV에서) 방영되다(on), (연극·영화 따위가) 상연[상영]되다(in, at); (각본 따위가) 상연하기에 알맞다 ⑪ 놀고[게으름 피우고] 지내다, (파업으로) 일을 쉬다 ⑫ 끊임없이[되풀이하여] 작용하다[영향을 끼치다] ⑬ (구장 따위가) 경기에 알맞다

play at

what *sb* **playing at?** [BrE, Informal]
if you ask what someone is playing at, you ask what they are doing, in a way which shows that you are surprised and angry

(놀라거나 화가 나서) 뭐 하니?

<u>What</u> does he think <u>he is playing at</u>? (그는 도대체 자기가 무슨 짓을 하고 있는지 알고나 있나?)
     sb
She began to wonder <u>what he was playing at</u>. (그녀는 그가 무슨 짓을 하고 있는지 궁금해지기 시작했다.)
                 sb

play at *sb/sth* (유사어 **pretend to be**)
to pretend to be a particular type of person or to do a particular thing, usually as a game

(~의) 흉내를 내다, (놀이를) 하다

The children were <u>playing at cowboys and Indians</u>. (아이들은 카우보이와 인디안 놀이를 했다.)
                              sb
From time to time I have wandered into Sotheby's, <u>playing at</u> being a connoisseur.
(나는 가끔 감정가인 척하면서 소더비 경매장 안을 이리저리 돌아다닌다.)

play back

play back *sth*, **play** *sth* **back**
to listen to sounds or watch pictures that you have just recorded on a tape

(녹음) 테이프를 재생하다

<u>Play back that tape</u> you recorded at the concert. (음악회에서 녹음한 테이프 틀어줘 봐.)
      sth
Let's <u>play the tape back</u> and hear the conversation again. (테이프를 다시 돌려 대화를 들어 보자.)
       sth

play back, play back *sth*, **play** *sth* **back**
if a machine plays back sounds or pictures, it produces them when you operate it

(재생 장치가 녹음 · 녹화된 것을) 들려주다, 보여주다

VHS machines can record and <u>play back</u> at three different speeds.
(VHS 기기는 세 가지 다른 속도로 녹음과 재생을 할 수가 있다.)

➡ <u>playback</u> (n)
   (when a machine produces the sound or the pictures that are recorded on a tape)
   (레코드 · 테이프 등 녹음 · 녹화 직후에) 재생
This machine has very high quality video <u>playback</u>. (이 기계는 고성능 비디오 재생 기능을 가지고 있다.)
                                       n

play down (반대어 exaggerate)

play down *sth*, **play** *sth* **down** (유사어 **minimize**)
to try to make people believe that something is not very important, or that it is unlikely to happen
(상태·문제 등을 실제보다) 깎아내리다, 경시하다, 가볍게 다루다

The Minister tried to play down the seriousness of the problem.
                                              sth
(장관은 문제의 심각성을 애써 낮춰보려 했다.)

The White House is trying to play down the latest scandal.
                                                  sth
(백악관은 최근 터진 스캔들을 대수롭지 않게 취급하려고 하는 중이다.)

➡ play down the importance[seriousness, significance, etc.] of *sth* 로도 쓰임
State department officials sought to play down the significance of the visit.
                                                                    sth
(국무부 관계자들은 시찰의 중요성을 경시하려 했다.)

play down *sth*, **play** *sth* **down**
to try to make people believe that something is not likely to happen
하찮은 것으로 여기다, 축소시키다

Senior management has repeatedly played down the possibility of further redundancies.
                                                              sth
(고위 경영진은 더 이상의 정리해고 가능성을 거듭 낮추고 있다.)

➡ play down suggestion[expectations, fears, etc.] 로도 쓰임.
The doctors thought it helpful to play down the serious nature of her illness.
(의료진들은 그녀의 질병이 심각하지 않다고 믿게 하는 것이 도움이 되겠다고 생각했다.)

play off

play off
when two people or teams that have the same number of points in a sports competition play off, they play a match to decide which one is the winner
(무승부·중단된 시합의) 결승전을 치르다, 무승부 시합의 결승전을 치르다

On Saturday and Sunday, the top four teams will play off for the opportunity to go to the Super Bowl. (토요일과 일요일에 상위 4팀이 슈퍼볼 진출 기회를 걸고 싸울 것이다.)

➡ play-off (n)
(a match between people or teams who have the same number of points, in order to decide the winner) (비기거나 동점인 경우의) 결승 경기, (시즌 종료 후의) 우승 결정전 시리즈

Leeds fans will be able to watch their team's European Cup play-off against Stuttgart on Friday.
                                                                        n
(리즈 팀의 팬들은 금요일에 리즈 팀이 슈트트가르트 팀을 상대로 펼치는 유러피언컵 결승전 경기를 볼 수 있을 것이다.)

play off sth (유사어 **play on[upon], exploit**) [AmE]

to deliberately use a facts, ideas, or emotions in order to get what you want, often in an unfair way

(사실·생각·감정 등을) 교묘히 이용하다, 미끼를 삼다

This television show plays off the fears that many people in our society and culture have.
                                sth
(이 텔레비전 쇼는 우리 사회의 많은 사람들과 문화가 가지고 있는 불안을 교묘히 이용한다.)

play off each other (유사어 **complement**) [AmE]

if two or more people or things play off each other, they go well together, and each one makes the other's good qualities more noticeable

(사람·물건이 다른 사람·물건의) 장점을 부각시키다

During the interview the two brothers played off each other effectively.
(인터뷰하는 동안 두 형제는 서로의 장점을 효과적으로 부각시켰다.)

Seeing the majority of the artist's works together in one place is valuable, because they play off each other so well.
(그 예술가의 작품 대다수를 한 곳에서 함께 보는 것은 가치 있는 일이다. 왜냐하면 그 작품들은 서로의 장점을 아주 잘 부각시키기 때문이다.)

play up

play up sth, play sth up (반대어 **play down**)

to emphasize a quality or a fact, in order to attract people's attention to it or to make it seem more important than it really is

(특성·사실 등을 실제보다 중요하다고) 강조하다

Advertisers always play up the good qualities of the house for sale and fail to mention it's
                                                sth
disadvantages. (광고주들은 언제나 매각할 가옥의 좋은 점들을 과장하고 불리한 점은 말하지 않는다.)

She's always playing up her friendships with famous people, most of whom she barely knows.
                        sth
(그 여자는 늘 유명인들과의 친분을 부각시키는데 대부분은 그 여자가 잘 알지도 못하는 사람들이야.)

play up, play sb up (수동 불가, 항상 진행형) [BrE, Informal]

if a machine or a part of your body is playing up or is playing you up, it is not working properly or is hurting

(기계·신체 따위가) 컨디션이 나빠지다

Our phone is playing up. (전화 (연결) 상태가 나빠지고 있어.)
My left knee has been playing me up ever since my skiing accident.
                                sb
(스키를 타다 사고가 난 후로 내 왼쪽 무릎의 상태가 안 좋아.)

play up, play sb up, play up sb

if someone especially a child, plays up, they behave badly

(아이들이) 장난치다, ~를 성가시게 하다

Pupils often <u>play up</u> when a teacher is new or inexperienced.
(학생들은 선생님이 새로 부임하거나 경험이 부족할 때면 가끔 장난을 친다.)

<u>Playing the teacher up</u> was considered a normal part of school.
          sb
(선생님을 성가시게 하는 것은 정상적인 학교생활의 일부라고 생각되었다.)

plug

vt. ① ~에 마개를 하다, (구멍 따위를) 틀어막다 ② ((속)) (주먹으로) 한 대 치다, ~에 총알을 쏘아 박다 ③ ((속)) ~에 밀어[끼워]넣다 ④ ((구)) (방송 등에서) 끈덕지게 광고하다, (상품 · 정책을) 되풀이 선전하다; (노래 등을) 들려주다

vi. ① 부지런히 일하다, 노력하다(along, away, at) ② 주먹으로 치다, 쏘다 ③ (구멍 따위가) 막히다

plug in[into]

plug in *sth*, **plug** *sth* **in**, **plug** *sth* **into** *sth*

to connect a piece of electrical equipment to supply of electricity or to another piece of electrical equipment

(전기 기구를) 플러그에 꽂아 전류를 통하게 하다

The computer isn't working because you haven't <u>plugged it in</u>! You can <u>plug it into</u> the wall there.
                                                                           sth   sth
(네가 플러그를 꽂지 않아서 컴퓨터가 작동을 안 하잖아. 플러그를 저쪽 벽에다 꽂아.)

I checked the phone cord and made sure it <u>was plugged in</u> correctly. <수동>
(제가 전화선을 점검하고 똑바로 연결되었는지 확인했어요.)

point

vt. ① 끝을 뾰족하게 하다, 날카롭게 하다 ② 지시하다, 지적하다(out) ③ (감정 따위를) 날카롭게 하다, 자극하다 ④ ~에 점을 찍다[부호를 달다], ~에 구두점을 찍다(off) ⑤ (충고 · 교훈 따위를) 강조하다(up), (예 따위를 들어) 설명하다 ⑥ (손가락, 주의 등을) 향하게 하다(at, towards) ⑦ (사냥개가 사냥감의 위치를) 멈춰 서서 그 방향을 알리다 ⑧ [석공] (석회 · 시멘트를) ~의 이음매에 바르다; (돌을) 깎다 ⑨ (땅을) 갈다(over), (비료를) 삽으로 묻다(in)

vi. ① 가리키다(at, to), 손가락질하다(at) ② 지시하다, 시사하다(to) ③ 경향을 나타내다(to); (어떤 방향을) 향해 있다(to, towards) ④ 겨누다

point to

point to *sth*

to mention something because you think it is important

(중요하다고 생각해서) 언급하다

Rollings <u>points to</u> <u>improved test scores</u> to justify the spending on schools.
                                            sth
(롤링스는 학교에 쓰는 경비를 정당화하기 위해 향상된 시험 점수를 들먹였다.)

The Prime Minister <u>pointed to</u> <u>economic growth</u> as evidence that the government's policies
                                                          sth

were working. (총리는 정부 정책이 효과를 발휘하고 있다는 증거로 경제 성장을 언급했다.)

point out

point out *sth/sb*, **point** *sth/sb* **out**

to make known or identify by using one's fingers

                                                                                   (손가락으로 사물 · 사람을) 가리키다

As we walked through the museum, the tour guide <u>pointed</u> <u>several famous paintings</u> <u>out</u>.
                                                                                                    sth

(우리가 미술관을 걸어 다닐 때 여행 안내원이 여러 개의 유명한 그림들을 가리켜 보여 주었어.)

General Jhonston showed the satellite photo to the reporter and <u>pointed out</u> <u>the enemy tanks</u>.
                                                                                                            sth

(존스턴 장군은 기자에게 위성사진을 보여 주면서 적의 탱크들을 손가락으로 가리켰다.)

point out *sth*, **point** *sth* **out**

to call or direct attention to something

                                                (사실 · 문제점을) (사람에게) 지적하다, ~에 주목하도록 시키다

Wills (1998) <u>points out</u> that economic statistics often show a sharp rise just before a serious recession.
                                sth

(1998년에 윌스는 경제통계를 보면 심각한 불경기가 오기 직전에 (경기가) 급격한 상승을 보이는 경우가 가끔씩 있다고 지적했다.)

I <u>pointed</u> <u>several flaws</u> <u>out</u> in Prof. Childress theory. (나는 차일드리스 교수의 이론의 몇 가지 결함을 지적했다.)
             sth

polish

> *vt.* ① 닦다, ~의 윤을 내다 ② (태도 등을) 품위 있게 하다, 세련되게 하다; (문장의 글귀 따위를)
>   퇴고하다 ③ 갈아[문질러] 다른 상태로 하다; ~을 문질러 떼다, 마멸시키다
>
> *vi.* ① (닦아서) 윤이 나다 ② 품위 있게 되다, 세련되다

polish off

polish off *sth*, **polish** *sth* **off** [Informal]

to finish food, drink or work, quickly and easily

                                              (식사 · 음료 · 일 따위를) 재빨리 해치우다, 해내다

Justin <u>polished off</u> <u>a whole pie</u> last night. (저스틴은 어젯밤 파이 한 개를 순식간에 몽땅 먹어 치웠다.)
                              sth

It didn't take me long to <u>polish off</u> the shopping at the local supermarket.
(지역 슈퍼마켓에서 쇼핑하는 데 별로 시간이 많이 안 걸렸다.)

polish off *sb* (유사어 **beat, defeat**) [Informal]

to defeat another person or team in a game, an election, etc.

(상대방을) 해치우다, (선거에서) 낙승하다

Our team has polished off three strong opponents in a row.
   _{sb}
(우리 팀은 차례로 강력한 상대편 세 팀을 해치웠다.)

He polished off his opponents 21-2, 21-8, and 21-8. (그는 상대방을 21대2, 21대 8, 그리고 21대 8로 쉽게 이겼다.)
            _{sb}

polish up

polish up *sth*, **polish** *sth* **up** (유사어 **brush up**)

to improve a skill or an ability by practicing it

(기술·지식을) 더욱 연마하다, 개선하다

Concentrate on polishing up the most important areas and your best skills.
                    _{sth}
(가장 중요한 분야들과 네가 가장 잘 하는 기술을 더욱 연마하는 데 집중해라.)

I started going to evening classes to polish up my French.
                                         _{sth}
(나는 프랑스어를 더 잘하기 위해 야간 수업에 들어가기 시작했다.)

polish up *sth*, **polish** *sth* **up** (유사어 **polish**)

to rub an object with a piece of cloth in order to make it shine

(~을) 닦다, (~의) 광을 내다

I polished up the handle of the big front door. (나는 커다란 현관 손잡이를 윤이 나게 닦았다.)
      _{sth}

I spent all morning polishing up the silverware. (나는 아침 내내 은식기를 닦으면서 보냈다.)
                          _{sth}

polish up your image[reputation] (유사어 **clean up**)

to make an effort to improve the way you look to other people so that they will have a better opinion of you

(나쁜 이미지·명성을) 개선하다

After the scandal, the senator tried to polish up his image.
(스캔들이 터진 후 그 상원의원은 자신의 이미지를 개선하려 애썼다.)

The boxing federation is trying to polish up their image. (권투 협회는 이미지를 개선하려고 노력하는 중이다.)

pop

vt. ① (폭죽 따위를) 펑펑 터뜨리다; (마개를) 펑하고 뽑다; ((미)) (옥수수 따위를) 튀기다 ② (총을) 탕 쏘다, 발포하다; (총으로) 쏘(아 맞히)다 ③ 휙 움직이게 하다[놓다, 내밀다, 찌르다](in, into, out, down) ④ (질문 따위를) 갑자기 하다 ⑤ ((영, 옛투)) 전당 잡히다 ⑥ [야구] (내야 플라이를) 쳐올리다, ⑦ ((구)) 때리다 ⑧ ((속)) (마약을) 먹다, 맞다 ⑨ ((미속)) ~와 성교하다

vi. ① 펑 소리가 나다, 뻥 울리다, 펑 터지다 ② 발포하다, (겨냥하여) 탕 쏘다(at) ③ 불쑥 나타나다, 쑥 들어오다[나가다]; 갑자기 움직이다(in, out, up, off) ④ (놀라움으로 눈알이) 튀어나오다 ⑤ ((속)) 마약을 먹다[맞다] ⑥ ((구)) 구혼하다 ⑦ [야구] 내야 플라이를 치다(up), 내야 플라이를 치고 아웃이 되다(out); [크리켓] (던진 공이) 이상한 모양으로 되튀다(up)

pop in[into]

pop in[into] (유사어 **drop in[into]** [Informal], **stop by**) [Informal]
to go into a place, especially a friend's house, just for a short time

(잠깐) 방문하다

As I was in the neighborhood, I thought I would <u>pop in</u> for a chat.
(내가 이 동네에 왔을 때 이런저런 이야기하러 잠깐 들르면 어떨까 생각했어.)

Stop the car here. I have to <u>pop into</u> the store for a moment.
(여기서 차 좀 세워. 잠깐 가게에 들러야 해.)

pop out

pop out (유사어 **nip out** [BrE, Informal]) [BrE, Informal]
to go out of a room or a building quickly or for a short time

(갑자기 빨리) 나가다, 나타나다

The window opened and a head <u>popped out</u>. (유리창이 열리고 머리 하나가 쑥 나왔다.)
I had just <u>popped out</u> for a breath of fresh air, and missed your telephone call.
(신선한 공기를 마시러 잠깐 나갔었어. 그래서 네 전화를 못 받았어.)

pour

vt. ① (액체 따위를) 따르다, 쏟다, 붓다, 흘리다(away, in, out) ② (탄환·조소·경멸 따위를) 퍼붓다(on); (빛·열 따위를) 쏟다, 방사하다 ③ (건물 등이 군중을) 토해내다, (자금 따위를) 쏟아넣다(into) ④ 쉴 새 없이 입을 놀리다, 기염을 토하다; 노래하다(out, forth) ⑤ 녹인 쇳물을 붓다
vi. ① 쇄도하다, 밀어닥치다(down, forth, out, into) ② (대량으로) 흐르다, 흘러나가다[들다] ③ [it을 주어로] (비가) 억수같이 퍼붓다(down, ((영)) with); (총알이) 빗발치다 ④ (말 따위가) 거침없이 쏟아져 나오다

pour down

pour down (유사어 **lash down, bucket down** [BrE, Informal])
to rain heavily

(비가) 억수 같이 퍼붓다

The sky darkened and rain began to <u>pour down</u>. (하늘이 어두워지고 비가 쏟아지기 시작했다.)

The rain poured down, the rivers overflowed, and the wind blew hard against the cabin door.
(비는 퍼붓고, 강물은 범람하고, 바람은 오두막집 문을 세차게 후려쳤다.)

➡ it's pouring down 꼴로 흔히 쓰임 [BrE]
It's been pouring down all morning.　(아침 내내 폭우가 쏟아지고 있다.)

➡ it's pouring down rain 으로도 쓰임 [AmE]
When I looked out my window, it was pouring down rain.
(창밖을 내다봤을 때 비가 쏟아지고 있었다.)

➡ downpour (n)
　(when a lot of rain falls quickly in a short period of time)　호우
A heavy downpour delayed the firework display.　(폭우 때문에 불꽃놀이가 연기되었다.)
　　　　n

pour in[into]

pour in, pour into *sth* (유사어 **flood in[into]**)
　if letters, phone calls, complaints, etc. pour in, a lot of them are received in a short period of time
　　　　　　　　　　　　　　　　　　　　(편지·전화·불평 등이 단기간 안에) 쇄도하다, 밀어 닥치다

Complaints about the washing machines have been pouring in all week.
(세탁기에 대한 불만들이 일주일 내내 쏟아지고 있다.)
Masseges of encouragement poured in.　(격려의 메시지가 쏟아졌다.)

pour in, pour into *sth* (유사어 **flood in[into]**)
　if people pour in or pour into a place, a lot of them arrive at the same time
　　　　　　　　　　　　　　　　　　　　(동시에 ~에 많은 사람들이) 쇄도하다, 몰려들다

Fans poured into the streets of Miami to celebrate the winners of World Series.
　　　　　　　　sth
(팬들이 월드 시리즈에서 이긴 승자들을 축하하기 위해 마이애미 거리로 몰려들었다.)
A crowd of football supporters poured into the ground as soon as the gates were opened.
　　　　　　　　　　　　　　　　　　　　　sth
(축구장 문이 열리자마자 많은 축구 팬들이 운동장으로 쏟아져 들어왔다.)

pour out

pour *sth* **out, pour out** *sth*
　if you pour out your feelings or thoughts, you talk very honestly about what is making you sad
　　　　　　　　　　　　　　(고민·속마음 등을 솔직하게) 털어 놓다, 정직하게 말하다, 진정으로 토로하다

He poured his heart out to me last night.　(그는 어젯밤에 나에게 속마음을 털어 놓았다.)
　　　　　　sth
After a few drinks, Martin began to pour out his trouble.
　　　　　　　　　　　　　　　　　　　　　　sth
(마틴은 술을 두어 잔 마신 후 고민거리를 털어 놓기 시작했다.)

➡ outpouring (n)
　(when people show very strong feeling of sadness)　(감정의) 분출, 토로

491

She showed an outpouring of grief. (그녀는 북받치는 슬픔을 드러냈다.)
　　　　　　　　　ⁿ

pour out *sth*, **pour** *sth* **out** (유사어 **serve**)
if you pour out a drink, you fill a cup or a glass with the drink

(음료수를 그릇에) 채우다, 쏟다

Castle poured out two glasses of whisky. (캐슬은 위스키 두 잔을 따랐다.)
　　　　　　　　sth

Would you like me to pour out the tea? (제가 차 좀 따라 드릴까요?)
　　　　　　　　　　　　　sth

pour out (유사어 **flood out**)
if a lot of people pour out from somewhere, they all leave at the same time

(사람들이 ~에서 모두) 떠나다

The factory workers poured out when the whistle blew.
(공장 근로자들은 호루라기 소리가 나자 모두 빠져 나갔다.)

The crowds began pouring out of the area after the game.
(경기가 끝난 후 관객들이 경기장을 모두 떠나기 시작했다.)

➡ **pour out of** 로도 쓰임
The fire alarm sounded, and everyone poured out of the building.
(화재경보가 울리자 모든 사람들이 건물에서 쏟아져 나왔다.)

press

vt. ① 누르다, 밀(어붙이)다 ② ~을 눌러 펴다, 다리미질하다 ③ 껴안다, 꽉 쥐다 ④ (짓눌러) ~에서 즙을 내다, (즙을) 짜내다, 압착하다 ⑤ (의견 등을) 주장하다, 강조[역설]하다 ⑥ ~에게 강요하다, ~을 조르다(for) ⑦ (경제적·시간적인 일로) 괴로운 입장에 서게 하다, 압박하다(for, to do); (일·문제 등으로) 괴롭히다(with, by) ⑧ ~을 누르다, 눌러 붙이다 ⑨ (계획·행동 등을) 추진하다; (적 등을) 공격하다, 압박하다, (공격 등을) 강행하다 ⑩ (음반을) 원판에서 복제하다 ⑪ [~ one's way의 꼴로] (~을) 헤치고 나가다(through) ⑫ [컴퓨터] (글쇠판이나 마우스의 버튼을 아래로) 누르다 ⑬ 인쇄하다
vi. ① 내리누르다, 밀다, 압박하다, (몸을)기대다 ② 밀어 제치며 나아가다, 밀어닥치다, 밀려오다, 몰려들다(up) ③ 다리미질하다(on) ④ 서두르다, 급히 가다(on, forward) ⑤ 절박하다, 시급을 요하다 ⑥ 조르다, 강요하다(for) ⑦ (걱정, 슬픔 등이) 무겁게 짓누르다(upon, on) ⑧ 영향을 주다, 효험이 있다

press for (유사어 push for)

press for *sth*, **press** *sb* **for** *sth*
to try to persuade someone, usually someone in authority, to give you something or to allow something to happen

(지불·조사·설명·양보 등을 ~에게) 강력하게 요구하다

The union is pressing for higher wages. (노조는 임금 인상을 강력히 요구하고 있다.)
                    sth

The newspaper reporters have been pressing the government for details.
                                                sb   sth
(신문기자들은 정부에 상세한 내용을 설명해 줄 것을 요구하고 있다.)

be pressed for time[money, space, etc.] (유사어 be short of)

to have very little or not enough of something, especially time, money or space, etc.
(시간・돈・공간)이 부족해서 곤란하다, (시간에) 쫓기다

I'd like to lend you the money, but I'm pressed for cash right now.
(네게 돈을 빌려주고 싶은데 지금 현찰이 없어 곤란해.)

If you are pressed for time in the morning, try setting the alarm 30 minutes earlier.
(아침에 시간에 쫓기면 30분 일찍 알람시계를 맞추어 놓도록 해.)

press on

press on (유사어 press ahead, press forward)

to continue doing something in a determined way, even though it is difficult
(상황이 어려워도) ~을 계속 진행하다, 앞으로 나아가다

Though it was growing dark, we decided to press on.
(어두워지고 있기는 하지만 우리는 앞으로 계속 가기로 했다.)

You should press on with plans instead of relying on others.
(다른 사람들한테 의존하지 말고 계획대로 밀어붙여.)

➡ press on with 로도 쓰임

After university, she pressed on with her ambition to become a journalist, despite fierce competition for jobs.
(대학 졸업 후 그녀는 이 일자리를 위한 치열한 경쟁에도 불구하고 기자가 되고자 하는 야망을 계속 가지고 있었다.)

press on (유사어 press ahead, press forward, push on)

if you press on with a journey, you continue it, even though it is becoming more difficult or dangerous
(어렵거나 위험해도) 여행을 계속하다

The soldiers pressed on, hoping to reach camp before nightfall.
(군인들은 해질녘이 되기 전에 캠프에 도착할 것이라는 희망을 가지고 계속 행군했다.)

I know you're all tired, but I think we should press on. (네가 몹시 피곤한 줄 알아. 하지만 우리는 계속 가야 해.)

print

vt. ① 인쇄하다, 출판[간행]하다 ② 찍다, 눌러서 표적을 내다, 자국을 내다(on, in) ③ (무늬를) 날염하다 ④ 인상을 주다, (마음, 기억에) 새기다 ⑤ 활자체로 쓰다 ⑥ 인화하다 ⑦ ((속)) ~의 지문을 채취하다 ⑧ [컴퓨터] (자료를 문자・숫자・도형으로 하여) 인쇄[프린트]하다 ⑨ 판화 인쇄하다
vi. ① 인쇄를 직업으로 하다, 출판하다 ② 활자체로 쓰다 ③ (사진 등이) 나오다, 찍히다 ④ (문자, 모양 등이) (활자 등으로) 인쇄되다

print out

print out *sth*, **print** *sth* **out**

when a computer, or a machine attached to a computer, prints out information, it reproduces it on paper

(컴퓨터 등이) 활자를 인쇄하다, 프린트 아웃하다

The machine will print out the result of the calculation, and the names of suitable books on the
_{sth}
subjects. (그 기계로 계산 결과와 주제에 맞는 책 이름들이 출력될 겁니다.)

After I finished writing my letter, I printed it out and signed it.
_{sth}
(나는 편지를 쓰고 나서 컴퓨터에서 출력하고 서명을 했다.)

➡ **printout** (n)

(when you make computer write something on paper, the paper is a printout)
인쇄 출력, 컴퓨터 출력

I put the printout of the October sales report on the sales manager's desk.
_n
(나는 10월 판매 보고서 출력본을 매니저 책상 위에 놓아두었다.)

pump

vt. ① (물을) 펌프로 퍼 올리다(out, up) ② ~에서 물을 퍼내다 ③ (액체·공기 따위를) 주입하다 (into); ~에 펌프로 공기를 넣다(up) ④ (욕설·총알 따위를) 퍼붓다 ⑤ ((구)) 유도심문하다, ~에게 끈질기게 묻다 ⑥ (사람의 손 따위를 펌프질하듯) 상하로 움직이다 ⑦ (머리를) 짜내다 ⑧ [보통 수동태] 지치게[헐떡이게] 하다(out)

vi. ① 펌프로 물을 퍼 올리다[빨아내다](out, up) ② 펌프 같은 작용을 하다, (펌프처럼) 상하로 움직이다 ③ (온도계의 수은이) 급격히 오르내리다 ④ ((구)) 집요하게 물어[넘겨짚어] 알아내다 ⑤ 머리를 짜내다 ⑥ (액체가 계속) 흘러나오다, 분출하다

pump up

pump up *sth*, **pump** *sth* **up** (유사어 **blow up, inflate** 반대어 **let down, deflate** [Formal])

to fill something with air by using a pump

(타이어·기구·매트리스 등에) 펌프로 바람을 넣다

I tried to pump up my back tyre. (뒤 타이어에 바람을 넣으려고 애를 썼다.)
_{sth}

I had to pump up the tyres on my bike before I could leave.
_{sth}
(떠나기 전에 자전거 타이어에 바람을 넣어야 했다.)

pump *sth* **up, pump up** *sth* (항상 수동)

to force liquid to come up from a place under the ground to the surface, using a special machine called a pump

(액체를) (~에서) 펌프로 퍼 올리다

The water for the house <u>is pumped up</u> from a deep well. <수동>
(그 집의 물은 깊은 우물에서 퍼 올린다.)

Oil has to <u>be pumped up</u> from deep boreholes. <수동>   (기름은 깊은 시추공에서 퍼 올려야 한다.)

pump *sb* **up, pump up** *sb* [AmE, Informal]

to make someone feel very confident or excited about something

(~에게) 정열[투쟁심·힘]을 불어 넣다, 사기를 높이다

Jody's parents have always <u>pumped her up</u> with their enthusiastic support.
　　　　　　　　　　　　　　　　　　sb
(조디의 부모님은 열렬한 지지로 항상 그녀에게 힘을 불어넣어 주신다.)

Before I go to work every morning, I stand in front of the mirror <u>pumping myself up</u>.
　　　　　　　　　　　　　　　　　　　　　　　　　　　　　　　　　　sb
(매일 아침 출근 전에 나는 거울 앞에 서서 내 자신에게 기를 불어넣는다.)

➡ <u>pumped-up</u> (a)

(very confident or excited, especially in an annoying or unpleasant way)
뻔뻔스러운, 대담한, 자신에 찬

Everybody disliked the <u>pumped-up</u> ways of the college boys who came into town at the weekend.
　　　　　　　　　　　　　　a
(모든 사람들이 주말에 마을로 오는 남자 대학생들의 뻔뻔한 태도를 좋아하지 않았다.)

pull

vt. ① 당기다, 끌다, 끌어당기다, 당겨서 움직이다 ② a. (마개, 이, 못 등을) 빼내다, 뽑아내다(out); (꽃·열매 따위를) 따다 b. (새의) 털을 뜯다, (생가죽의) 털을 뽑다 ③ ((구)) (칼·권총 등을) 빼어들다, 들이대다 ④ (물건을) 잡아 찢다(off) ⑤ (근육 따위를) 무리하게 써서 다치다; (여러 가지 표정을) 짓다 ⑥ ((구)) (계획 등을) 실행하다, (승리를) 얻다, (의무·사명 등을) 완수하다 ⑦ (나쁜 일 따위를) 행하다, (강도질을) 하다, (계략을) (~에게) 쓰다 ⑧ (주문·손님을) 끌어들이다, (투표 따위를) 끌어 모으다, (후원 따위를) 획득하다 ⑨ (보트·노를) 젓다, (배에 ~개의 노가) 달려 있다 ⑩ (고삐를 당겨 말을) 멈추다, (경마에서 말을 고의로 이기지 못하게) 제어하다 ⑪ (펀치의) 힘을 조절하다 ⑫ [골프] (공을) 끌어당겨서 치다 ⑬ ((속)) (경관이 범인을) 체포[검거]하다, (도박장 따위를) 급습하다 ⑭ 수동 인쇄기로 찍어내다

vi. ① 끌다, 당기다, 잡아당기다(at); [종종 well 등의 부사와 함께 써서] (말·엔진 따위가) 끄는 힘이 있다 ② (끌려) 움직이다, (물건 따위가) 끌리다, 당겨지다 ③ (차·열차 따위가) 나아가다, (어느 방향으로) 배[차]를 움직이다(for), (애를 써서) 나아가다(away, ahead, in out, alongside, through); (사람이) 배를 젓다(= row), (배가) 저어지다 ④ 담배를 피우다, (병, 잔을 대고) 술을 꿀꺽 마시다(at, on) ⑤ (광고가) 효과가 있다, 고객을 끌다, 인기를 끌다; 후원을 얻다 ⑥ (경쟁 따위에서) 앞서다, 앞지르다

유사단어

pull: 물건을 '끌다'의 일반적인 말, draw에 비해 순간적이고 힘이 들어 있음
　　Help me <u>pull</u> the trunk into the corner. (내가 구석으로 여행 가방을 끌게 좀 도와 줘.)

drag: 무거운 것을 질질 끌다, 끄는 동작에 전신의 힘이 가해질 때가 많음
　　Several protesters were <u>dragged</u> away by police. (시위대 몇 명이 경찰에게 끌려갔다.)

draw: 물건을 잡아당기는 데 그다지 많은 힘을 들이지 않아도 됨을 나타냄
　　She reached in her purse and <u>drew</u> out a silver mirror. (그녀는 지갑 안으로 손을 뻗어 은거울을 꺼냈다.)

trail: 자기의 뒤에서 물건을 질질 끌고 감을 나타냄
　　One mitten on a string <u>trailed</u> along behind her. (끈이 달린 벙어리장갑 한 짝이 그녀 뒤에서 질질 끌렸다.)

tug: 힘을 들여 당기다. 단, 대상이 반드시 움직인다고 할 수 없음
　　"Come on," Alice said <u>tugging</u> at his hand. ("이리 와." 앨리스가 그의 손을 끌면서 말했다.)

haul: 무거운 물체를 기계 따위로 서서히 끌다
　　The ship was <u>hauling</u> a load of iron ore. (그 배는 많은 철광석을 운반하고 있었다.)

pull ahead

pull ahead
to succeed in getting in front of are someone who you are racing against, or in getting more points than a person or a team that you are competing against
(경기에서 상대보다) 앞서다, 순위가 오르다

Though we scored first, the opposing team soon <u>pulled ahead</u>.
(우리가 먼저 득점했지만 상대 팀이 곧 앞섰다.)

Our team were bottom of the local competition, but now they are <u>pulled ahead</u>.
(우리 팀이 지역 전에서는 하위였지만 지금은 앞서고 있다.)

pull ahead (유사어 **overtake**)
to become more successful than other people, places, organizations, etc.
(다른 사람 · 조직보다) 성공적이다

That new company is about to <u>pull ahead</u> of us in sales.
(그 신설 회사의 매출이 우리 회사보다 앞서려고 한다.)

The industrial north performed badly, while the south-east was clearly <u>pulling ahead</u>.
(북부 공장은 성적이 좋지 않은 반면에 남동부 공장은 확실히 성공을 거두고 있다.)

pull ahead (유사어 **overtake, pass**)
to go past a vehicle that is travelling beside or in front of yours, by driving faster than it is driving
(차 · 말 등을) 추월하다, 따라잡다

A black car <u>pulled ahead</u> of me and slowed down. (검은 차 한 대가 내 차를 추월하더니 속도를 줄였다.)

The horse that we had chosen to win began to <u>pull ahead</u> halfway through the race.
(우리가 이기려고 선택한 말이 시합 중간에서 추월하기 시작했다.)

pull down

pull sth down, pull down sth (유사어 **knock down, demolish** [Formal])
to destroy buildings or other structures because they are not being used or they are not wanted any more
(건물 등을) 파괴하다, 해체하다

It's such a pity that those fine old houses had to be pulled down to make way for the new road. <수동>
(새 도로를 내기 위해 그 좋은 옛날 가옥들을 헐어야 했다니 애석하네요.)
We're going to pull down the old building and build a new one.
                      sth
(우리는 낡은 건물을 헐고 새 건물을 지으려고 한다.)

pull down sth (수동 불가) (유사어 **get, earn**) [AmE]
to earn a particular amount of money in your jobs

(많은 돈을) 벌다

He pulls down at least $65,000 a year. (그는 적어도 1년에 6만5천 달러를 번다.)
      sth
You can pull down good wages at this factory. (너는 이 공장에서 임금을 많이 받을 수 있어.)
         sth

pull down sth, pull sth down
to make something fall to lower level or standard than it was before

(지위, 가치 등을) 낮추다, 떨어뜨리다

Estate agents say that the recession is really pulling down house prices.
                                                           sth
(부동산 업자들의 말로는 불경기 때문에 실제로 집값이 떨어지고 있다고 한다.)
His month's absence from school when he was ill pulled his grades down.
                                                      sth
(그는 아파서 한 달간 결석을 했기 때문에 성적이 떨어졌다.)

pull sb down (유사어 **drag down, get down**) [BrE]
if worry, illness, etc. pulls someone down, it makes someone feel unhappy, or it makes someone unhealthy or less successful

(근심·질병 등이) 불행하게 하다, 쇠약하게 하다

My recent cold has pulled me down. (최근에 걸린 감기 때문에 체력이 약해졌다.)
                         sb
It's the fever that's been pulling him down. (그를 쇠약하게 만들고 있는 것은 발열 탓이다.)
                                    sb

pull in

pull in (유사어 **pull over**)
to move a car into a particular space and stop it

(차 따위를) 한 편으로 대다

Kelvin pulled in behind me and parked. (캘빈은 내 뒤로 차를 대고 주차시켰다.)
The bus pulled in to let the cars pass. (그 버스는 다른 차들이 통과하도록 옆으로 비켜섰다.)

pull in (유사어 **arrive**)
if a train, a bus, or a plane, etc. pulls in or pulls into a station, it arrives there

(기차·버스·비행기 등이) 도착하다

We are onto the platform just as the train was <u>pulling in</u>.
(기차가 막 플랫폼에 들어올 때 우리는 정거장으로 뛰어들었다.)

The train <u>pulled in</u> and all the passengers got off.
(열차가 역으로 들어오고 모든 승객들이 열차에서 내렸다.)

> **pull** *sb* **in, pull in** *sb* (유사어 **arrest**) [BrE]
> if the police pull someone in, they arrest them and take them to the police station
> (피의자를) 연행하다

The police have <u>pulled</u> <u>him</u> <u>in</u> for questioning. (경찰은 심문하기 위해 그를 연행했다.)
                          sb

The police suspected that Stevenson was the murderer, but didn't have enough evidence to <u>pull him in</u>. (경찰은 스티븐을 살인범으로 의심했으나 그를 체포할 증거가 충분치 않았다.)
sb

> **pull in** *sb*, **pull** *sb* **in** (유사어 **attract**)
> to get money, business, etc. by doing something to attract people's attention
> (설득해서 사람을) 끌어 들이다

The football matches <u>pulled in</u> <u>big crowds</u>. (축구 경기는 많은 관중을 끌어 모은다.)
                            sb

The bank launched a new account and advertised it heavily to <u>pull in thousands of new investors</u>.
                                                                   sb
(그 은행은 새로운 계좌를 신설해서 많은 신규 투자자들을 끌어들이기 위해 대대적인 광고를 했다.)

➡ <u>pull in the crowds[customers, etc.]</u> 로도 쓰임
Opera and ballet are just not <u>pulling in the crowds</u> like they used to do.
(오페라와 발레는 사람들에게 예전만큼의 인기가 없다.)

> **pull in** *sth*, **pull** *sth* **in**
> to earn a particular amount of money, especially a lot of money
> (돈을) 벌어들이다

You can <u>pull in</u> <u>over £6,000</u> a year at the factory. (그 공장에서 너는 1년에 6,000파운드 이상을 벌 수 있어.)
                      sth

The film has so far <u>pulled in</u> <u>about $150 million</u> at the box office.
                                      sth
(그 영화는 지금까지 극장가에서 1억 5,000만 달러를 벌어들였다.)

pull off

> **pull** *sth* **off, pull off** *sth* (유사어 **carry off**)
> to succeed in doing or achieving something difficult
> (어려운 일을) 훌륭히 해내다

After failing his driving test eight times, John at last <u>pulled it off</u>.
                                                          sth
(여덟 번이나 운전시험에 떨어진 후 존은 드디어 그 시험을 통과했다.)

The trick looked impossible but the magician pulled it off.
                                                                              sth
(그 마술은 불가능해 보였으나 마술사는 훌륭히 해냈다.)

pull off *sth*, pull off
to drive a car off a road to stop or to turn onto another road
                                                                                                                   차를 길가에 대다

We are not allowed to pull off the road for a rest until we reach a special place about 2 kilometers ahead.
(약 2km 앞에 있는 특정 장소로 갈 때까지는 잠깐 쉬기 위해 길가에 차를 대는 게 허용되지 않았다.)

I pulled off the road, put my seat back and fell asleep.
(나는 길가에 차를 대고 의자를 뒤로 젖히고는 잠이 들었다.)

pull off (유사어 move off, pull away)
if a vehicle pulls off, it starts moving away from the place where it has stopped
                                                                                       (차가 서 있던 곳에서) 움직이기 시작하다

It wasn't very long before the train pulled off and we were on our way.
(기차가 움직이기 시작하고 얼마 안 있어 우리는 슬슬 출발했다.)

He got into his car, waved goodbye, and pulled off.
(그가 차에 올라타서 손을 흔들며 작별인사를 한 후 차가 움직이기 시작했다.)

pull out

pull out (유사어 move out)
to leave or depart. Used of a vehicle, a passenger, or a driver
                                                                   (열차 · 버스가) 떠나다, 출발하다, (사람이) 떠나다

We pulled out of town in the evening. (우리는 저녁 때 마을에서 출발했다.)
The car pulled out of the driveway and nearly hit a truck.
(그 차는 진입로에서 빠져 나오다가 트럭 한 대를 칠 뻔했다.)

pull out (유사어 move out)
if a vehicle pulls out, it moves towards the middle of the road in order to pass someone in front
                                                                       (추월하기 위해) 차선에서 벗어나다

Suddenly the car in front of us pulled out and nearly caused accident.
(우리 앞에 있던 차가 추월하려고 급하게 차선을 벗어나다가 사고가 날 뻔했다.)

Always look in your side mirror before pulling out. (차선을 벗어나기 전에는 항상 사이드 미러를 보세요.)

pull out
to stop being involved in an activity or a project
                                                                       (계획 · 사업 등에서) 손을 떼다, 물러서다

Jim saw that the firm was going to fail, so he pulled out before he got ruined.
(짐은 회사가 파산하리라고 판단하고 망하기 전에 손을 뗐다.)

The British tennis player, Joe Durie, had to pull out with a knee injury.
(영국의 테니스 선수인 조 두리는 무릎 부상으로 경기를 포기해야만 했다.)

> **pull** *sb/sth* **out, pull out** *sb/sth*
>
> to remove someone or something from a situation that they have been involved in
>
> (~의 상황에서 사람·사물을) 빼내다, 철수시키다

As the crisis deepened, both America and Britain decided to pull out their embassy staff.
　　　　　　　　　　　　　　　　　　　　　　　　　　　　　　　　　　　　　　　sb
(위기가 악화되면서 미국과 영국 두 나라는 대사관 직원들을 철수시키기로 했다.)

I dropped the bucket into the well and pulled it up full of water.
　　　　　　　　　　　　　　　　　　　　　　sth
(나는 우물 속으로 두레박을 넣어 물을 하나 가득 채워 끌어 올렸다.)

> **pull out**
>
> if a country's army pulls out of a place where it has been fighting, it leaves the place
>
> (군대 따위가) 철수하다

The militia in Lebanon has agreed to pull out of Beirut.
(레바논의 민병대는 베이루트에서 철수하기로 합의했다.)

When will the soldiers have finished pulling out?　(군인들의 철수가 언제 끝날까?)

➡ pull out of 로도 쓰임
The United Sates finally pulled out of Vietnam.　(마침내 미국은 베트남에서 철수했다.)

> **pull out, pull** *sb/sth* **out**
>
> if a country, an organization, etc. pulls out or is pulled out of a difficult economic situation, it manages to get out of that situation
>
> (불경기에서) 벗어나다

What we want to see today are policies to pull us out of this recession.
　　　　　　　　　　　　　　　　　　　　　　　　　　sb
(오늘날 우리가 보고 싶은 것은 이 불경기에서 벗어날 정책들이다.)

J.P. Morgan shares rose, which helped to pull the stock market out of its slump.
　　　　　　　　　　　　　　　　　　　　　　　　　　　　sth
(제이피 모건의 주식이 올랐는데, 그 사실이 주식 폭락 상황에서 주식시장을 살리는 데 도움이 되었다.)

> **pull out of** (유사어 **draw out**)
>
> if a train pulls out, it starts to leave the station
>
> (열차가 역을) 빠져 나가다

As the train pulled out of the station, Megan leaned out of the window and waved.
(기차가 정거장을 빠져나갈 때 미건은 유리창 밖으로 몸을 내밀고 손을 흔들었다.)

The train was pulling out of the station; we were too late.
(기차가 정거장을 빠져나가고 있었어. 우리가 너무 늦었던 거야.)

pull over

pull over

to drive a car to the side of the road in order to stop

차를 길 한쪽으로 대다

When the fire engines came rushing down the street, all the cars <u>pulled over</u> to the side to let them pass. (소방차가 거리로 급하게 달려올 때 모든 차가 소방차가 지나가도록 길옆으로 비켜섰다.)

What a beautiful view! Can you just <u>pull over</u> and I'll take a photograph.
(경치 정말 아름답네! 차 좀 한쪽에 붙여 봐. 사진 좀 찍게.)

pull *sb/sth* **over, pull over** *sb/sth*

if the police pull a vehicle over, they make the driver move the vehicle to the side of the road and stop

(경찰이) ~에게 길 한쪽으로 차를 대게 하다

The officers <u>pulled</u> <u>him</u> <u>over</u> after high-speed chase.
　　　　　　　　　sb
(경찰들이 그를 빠른 속도로 뒤쫓은 끝에 그에게 길 한편으로 차를 대게 했다.)

Police <u>pulled over</u> <u>his Mercedes</u> near Dieppe. (경찰은 그의 차 메르세데스를 디에프 가까이에 붙이게 하였다.)
　　　　　　　　　　sth

pull through

pull through, pull *sb* **through** (유사어 **survive, recover from**)

to recover from a serious illness, or to help someone to do this

(중병에서) 회복하다, 회복하게 하다

We're all praying that he'll <u>pull through</u>. (우리는 모두 그가 중병에서 회복하기를 기도하고 있다.)

Mother was so ill after her operation that the doctors wondered if they would be able to <u>pull</u> <u>her</u>
　　　sb
<u>through</u>. (수술 후 어머니가 너무 아파하셔서 의사들은 어머니가 회복하도록 할 수 있을까 했다.)

pull through, pull through *sth*, **pull** *sb* **through, pull** *sb* **through** *sth*

to succeed or to continue to exist after being in a difficult or upsetting situation, or to help someone do this

난관을 헤쳐 나가다

The city managed to <u>pull through</u> <u>its financial crisis</u>. (그 도시는 재정난을 간신히 극복했다.)
　　　　　　　　　　　　　　　　sth

Their courage <u>pulled</u> <u>the people</u> <u>through</u> the war. (그들의 용기 덕택에 사람들은 전쟁을 이겨 냈다.)
　　　　　　　　　　　　sb

pull together

pull oneself together (유사어 **compose oneself** [Formal])

to become calm after being so angry or upset that someone was unable to behave in a sensible way

자제심을 발동하다, 냉정하다

Pull yourself together, man, stop behaving like a baby. (젊은이 진정하게, 어린애 같은 행동 그만 해.)
　　　oneself

Nina made an effort to pull herself together, and wiped away her tears.
　　　　　　　　　　　　　　oneself
(니나는 마음을 가라앉히려고 애쓰면서 눈물을 닦았다.)

> **pull together**
> to work as a group in order to achieve something
> 협력하며 일하다, 사이좋게 해 나가다

After the hurricane, neighbors pulled together to help each other.
(허리케인이 지나간 후 이웃사람들은 서로 협력해서 도왔다.)

We must all pull together if we are to win this election.
(우리가 이번 선거에서 승리하려면 우리 모두 협력해야 합니다.)

> **pull** *sth* **together, pull together** *sth*
> if you pull together different facts or ideas, you link them to form a single theory, argument, or story
> (사실이나 아이디어를 묶어) 이론·이야기를 만들다

The report pulled together the results of various surveys carried out for the company since 1986.
　　　　　　　　　　sth
(그 보고서는 1986년부터 그 회사를 위해 이루어진 다양한 연구결과를 취합했다.)

Let me now pull together the threads of my argument. (이제 제가 제 주장의 논지를 정리하겠습니다.)
　　　　　　　　　　　sth

➡ pull strands[threads] together 로도 쓰임
What's needed is a conclusion that pulls the threads together of your argument.
(필요한 것은 자네 주장의 논지를 취합한 결론이네.)

> **pull** *sth* **together, pull together** *sth*
> to succeed in organizing something, especially an event or an argument
> (조직체 따위의) 단결을 도모하게 하다, (조직을) 통합하게 하다

In 1961 Shelby finally pulled a deal together with Ford Motor Co. and AC Cars Ltd.
　　　　　　　　　　　　　　sth
(1961년 셸비는 마침내 포드 자동차 회사와 AC 자동차 주식회사와의 협력 작업을 하는 거래를 성사시켰다.)

President Reagan's enthusiasm and gift of speech pulled the country together.
　　　　　　　　　　　　　　　　　　　　　　　　　　　sth
(레이건 대통령의 열정과 언어적 재능이 나라를 통합시켰다.)

pull up

> **pull up** (유사어 **draw up**)
> if a car pulls up, it stops, often for a short time
> 차가 (잠시) 서다

The cab pulled up and the driver jumped out. (택시가 서더니 운전사가 뛰어나왔다.)
A red Buick pulled up at the stop lights. (빨간 뷰익 한 대가 정지 신호에서 섰다.)

pull up a chair[stool, etc.] (유사어 draw up)

used to bring a chair or a stool closer to oneself

끌어당기다

<u>Pull up a chair</u> and join the conversation.　(합석해서 대화에 합류해라.)
<u>Pull up a chair</u> — we can go through this report together.
(의자 끌어다 앉아 봐. 우리 함께 이 보고서를 조사해야 하니까.)

pull sth up, pull up sth

to use force to take plants out of the ground

(나무를) 잡아 뽑다

You'll find my mother in the garden, usually <u>pulling up</u> <u>unwanted plants</u>.
　　　　　　　　　　　　　　　　　　　　　　　　　　　　　sth
(저희 어머니가 평소에 정원에서 쓸모없는 식물들을 뽑고 계시는 걸 보게 될 겁니다.)
I spent afternoon in the garden <u>pulling up</u> <u>weeds</u>.　(나는 정원에서 잡초를 뽑으면서 오후를 보냈다.)
　　　　　　　　　　　　　　　　　　　　　sth

pull sb up

to tell someone that they have done something wrong, or that they must try to improve in some way

(잘못된 짓을 하는 사람을) 말리다, 제지하다; (~의 일로) 몹시 꾸짖다

The director <u>pulled</u> <u>Jim</u> <u>up</u> for being late again today.　(감독은 짐이 오늘 또 지각을 했다며 꾸짖었다.)
　　　　　　　　sb
The police <u>pulled</u> <u>the driver</u> <u>up</u> for breaking the speed limit.
　　　　　　　　　　sb
(경찰은 제한 속도를 어긴 것 때문에 그 운전사에게 경고를 주었다.)

➡ <u>pull sb up on</u> 로도 쓰임
All of his teachers have tried <u>pulling</u> <u>him</u> <u>up on</u> his behavior, but he doesn't listen.
　　　　　　　　　　　　　　　　　　sb
(모든 선생님들이 그의 행동 때문에 그를 제지하려고 애를 썼으나 그는 전혀 듣지 않는다.)

pull one's socks up

to improve in your work, behavior, etc. because it is not good enough

(일·행동을) 개선하다

I won't allow lazy students in this class; you'll all have to <u>pull</u> <u>your</u> <u>socks up</u> if you are to meet
　　　　　　　　　　　　　　　　　　　　　　　　　　　　　　　　one's
the expected standard.
(나는 이 반에서 게으른 학생들을 허용하지 않겠다. 너희들이 기대하는 수준을 만족시키려면 모두 열심히 공부해야 할 거야.)
He'll have to <u>pull</u> <u>his</u> <u>socks up</u> if he wants to pass his exams.
　　　　　　　　　　one's
(그가 시험을 통과하고 싶으면 그는 노력해야 할 거야.)

put

vt. ① (어떤 위치에) 놓다, 두다, 설치하다, 붙이다, 얹다, 대다, 내려놓다(down) ② (어떤 방향으로) 향하게 하다, 나아가게 하다 ③ (어떤 상태에) 놓다, (~으로) 하다(in, at, to) ④ (일, 부서 따위에) 종사시키다, 배치하다(to) ⑤ 회부하다; (고통 등을) 받게[당하게] 하다(to) ⑥ (어떤 것

에) 더하다, 붙이다, 덧붙이다, 넣다, 달다, 끼우다, 주다; (~에) 서명하다 ⑦ (제지, 압력 등을) 가하다(on), (종말 등을) 짓다 ⑧ (주의, 정력, 기술 따위를) 기울이다; (활력, 생각 따위를) 주입하다 ⑨ (용도, 목적 등에) 적용하다, 사용하다; (돈 따위를 ~에) 투자하다 ⑩ (문제·질문·의견 등을) 제출하다, 제기하다, 내다(to, before); 평결에 부치다 ⑪ 표현[진술]하다, 번역하다, 쓰다, 기록하다 ⑫ 눈어림하다, 어림잡다, 평가하다; (~에 값을) 매기다 ⑬ (세금, 의무, 해석 등을) 부과하다, 억지로 떠맡기다; (비난·치욕 등을) 퍼붓다; (원인, 이유 등을) ~의 탓으로 돌리다 ⑭ (손을 어깨까지 올려) 던지다(out to, to, for, away)

vi. ① (배 따위가) 나아가다, 진로를 잡다, 향하다 ② ((미)) (강물 따위가) 흘러가다 ③ ((구)) 급히 떠나다, 달아나다 ④ (식물이) 싹트다(out)

유사단어

put: 물건을 어떤 장소나 상태에 두는 것으로, 놓는 동작 그 자체를 강조하는 때가 있음
  Where did you put the newspaper? (너 신문 어디에 두었니?)
set: '놓인 의도'나 '놓인 사물'이 그 장소를 옮기는 것이 바람직하지 않다는 점을 시사함
  She smiled and set down her cup of coffee. (그녀는 미소를 지으며 커피잔을 내려놓았다.)
place: 물건이 놓이는 상태나 장소를 강조하는 뜻을 지님
  I placed the vase carefully in the center of the table. (나는 꽃병을 조심스레 식탁 한 가운데 놓았다.)
lay: put과 비슷한 뜻이나, '물건을 깔아 놓다'라는 뜻이 있음
  He sank into the chair and laid his gloves on the floor. (그는 의자에 털썩 주저앉고서는 장갑을 마루 위에 놓았다.)

put across

put across sth, **put** sth **across** (유사어 **get across, put over, convey** [Formal]**, communicate**)
to explain or express something clearly so that people understand it easily
(~에게) 잘 전달하다, 이해시키다

I was grateful that I had been given the chance to put across my point of view.
                                                              sth
(제 견해를 전달할 기회가 주어졌던 것에 대해 감사했습니다.)

He's an excellent teacher. He puts his subject across so well.
                                        sth
(그분은 대단히 훌륭한 선생님이셔. 그의 과목을 아주 잘 이해하게 해주시거든.)

put oneself (own point) across

to explain one's ideas and opinions clearly so that people understand them, and realize what sort of person you are
(~에게) 자기 생각을 잘 전달하다

At a job interview, your qualifications are important, but you must also put yourself across as well.
                                                                              oneself
(취업 면접 때 자격 요건도 중요하지만 동시에 자신의 생각을 잘 전달해야 한다.)

He has taken out a half-page advertisement in his local paper to put his point across.
                                                                      sth
(그는 자신의 견해를 피력하려고 지역 신문에 반 페이지 광고를 냈다.)

put *sth* **across**

if you put one thing across another, you place it on top of the other thing or against it, so that it reaches from one side to the other

(이쪽 끝에서 저쪽 끝에) ~을 걸쳐 놓다

Somebody put some boards across the stream.   (누군가 개울 위에 몇 개의 합판을 걸쳐 놓았다.)
                sth

It will be easier to cross the river when builders have finished putting the new bridge across.
                                                                       sth

(건축업자들이 새로운 교량 건설을 끝내면 강을 건너기가 쉬워질 것입니다.)

put at

put *sth* **at** *sth* (유사어 **estimate**)

to determine or estimate some quantity to have some value

(양·수·나이 등을) 추정하다, 평가하다, 셈하다

I put her age at 33.   (그녀의 나이가 33살일 것으로 추정한다.)
  sth   sth

The appraiser put the value of the land at $200,000.   (부동산 감정사는 그 토지의 값을 20만 달러로 평가했다.)
                   sth   sth

put away

put away *sth*, **put** *sth* **away**

to put something in the place where it is usually kept

(언제나 두는 곳에) 두다

Could you put the dishes away before you go to bed?   (자기 전에 접시들을 제 자리에 갖다 둘래?)
                sth

I told you to put away toys before you go outside.   (밖에 나가기 전에 장난감을 제자리에 두라고 너한테 말했지.)
                    sth

put *sb* **away** (유사어 **lock away, lock up**) [Informal]

to put someone in prison or hospital for people who are mentally ill

(형무소·병원에) 감금하다, 투옥하다, 격리하다

Jake was put away for ten years after he was convicted of murder. <수동>
(제이크는 살인죄 혐의로 유죄 선고를 받고 10년 동안 투옥되었다.)

The old man was put away in a mental hospital. <수동>   (그 노인은 정신병원에 격리되었다.)

put away *sth*, **put** *sth* **away** (유사어 **put aside**) [BrE]

to get rid of thoughts, feelings or attitudes, that you had before

(생각 등을) 포기하다, 버리다, 단념하다

If you marry that woman, you can put away any idea of inheriting my money!
    sth
(네가 그 여자와 결혼하면 내 돈을 상속받을 생각은 단념해.)

She decided to put away such childish thoughts and get on with her work.
    sth
(그녀는 어린애 같은 생각을 버리고 자기 일에 전념하기로 했다.)

> **put away** *sth*, **put** *sth* **away** (유사어 **set aside, put aside**)
> to save money, especially regularly, so that you can use it for a particular purpose later
> (규칙적으로 돈을) 모으다, 저축하다

They'd been putting away a little money each week to pay for their wedding.
    sth
(그들은 결혼식 비용을 대기 위해 매주 조금씩 돈을 모으고 있다.)

We put a little money away each month toward retirement.
    sth
(우리는 은퇴 후를 대비해서 매달 조금씩 돈을 모은다.)

> **put away** *sth*, **put** *sth* **away** [Informal], **put away**
> to eat or drink a lot
> (음식물을 많이) 먹어 치우다

You'd be surprised at the amount that the boy can put away in a single day.
(그 애가 하루에 먹어 치울 수 있는 양을 보고는 놀랄걸.)

I was hungry. After putting away a large pizza, I ordered a piece of pie.
    sth
(나는 배가 고팠어. 라지 피자 한 판을 먹은 후에 파이 한쪽을 주문했다니까.)

➡ *sb* can really put it away 로도 쓰임
Billy can really put it away no wonder he's so fat!
  sb
(빌리는 음식을 정말 엄청나게 먹어. 그렇게 뚱뚱한 게 이상할 것도 없지.)

> **put** *sth/sb* **away**, **put away** *sth/sb* (유사어 **kill**)
> to kill someone or something
> (동물 · 사람을) 살해하다, 안락사를 시키다

The dear old dog got so old and ill that it was kinder to put him away than to let him suffer.
                sb
(사랑하는 개가 너무 늙고 병이 들어서, 그 애가 고통받게 하기보다는 안락사시키는 것이 더 인도적인 일이었어.)

The police suspected the Mafia of putting away two union leaders.
                sb
(경찰은 마피아가 두 명의 노조 간부를 살해한 것으로 의심했다.)

put back

> **put** *sth* **back, put back** *sth*
> to put something in the place where it was before
> (물건을 있던 자리에) 다시 갖다 두다

Put the book back where you find it when you have finished reading it.
  sth
(책을 다 읽으면 원래 있던 곳에 다시 갖다 둬라.)

After you finish listening to my CDs, please put them back.   (내 CD를 다 듣고 나면 제발 제자리에 갖다 둬.)
                                                        sth

put back *sth*, put *sth* back (유사어 **postpone, put off**)

to arrange for an event to start at later time or date

(행사 등의 일정·시간을) 연기하다, 뒤로 미루다

The election will be put back to July to avoid the June holiday. <수동>
(선거일은 6월의 공휴일을 피하기 위해 7월로 연기될 것이다.)

We had to put the meeting back a week.   (우리는 회의를 일주일 연기해야 했다.)
             sth

put back *sth*, put *sth* back

to delay something so that it happens later than was planned

(일의 진행·계획[예정]보다) 후퇴[정체]시키다, 지연시키다, 늦어지게 하다

The hurricane put the hotel construction project back by at least three months.
                  sth
(허리케인 때문에 호텔 건축 계획이 적어도 3개월까지 미뤄졌다.)

The cost of the war has put back national development by ten years.
                            sth
(전쟁 비용 때문에 국가 발전이 10년이나 지연되고 있다.)

put *sth* back, put back *sth*

to make someone or something have something that they used to have before, for example a quality, a feeling, or substance

(전에 가지고 있었던 특성·감정 등을) 갖게 하다

It's a very useful plant. It puts nitrogen back into the soil.
                                  sth
(그것은 아주 유용한 식물이야. 그 식물은 흙 속에 질소를 다시 되돌려 주거든.)

The band says their mission is put the soul back into Rock N Roll.
                                    sth
(그 밴드는 자신들의 사명은 록큰롤에 영혼을 다시 불어 넣는 것이라고 한다.)

put back sth, put *sth* back (유사어 **set back**, 반대어 **put forward** [BrE], **set ahead** [AmE])

if you put a watch or clock back, you make it show an earlier time

(시계의 바늘을) 되돌리다

I put my watch back an hour before we landed at Kennedy Airport.
    sth
(나는 케네디 공항에 도착하기 전에 시계를 1시간 뒤로 돌려놓았다.)

My watch was so fast I put it back three minutes.   (내 시계가 너무 빨라서 3분 뒤로 돌려놓았다.)
                            sth

put back sth, put sth back [BrE, Informal]
to drink a lot of alcohol quickly, especially a surprisingly large amount

(술을) 빠르게 많이 마시다

Sam put back five beers in only about an hour.　(샘은 겨우 1시간 안에 맥주를 5병이나 마셨다.)
　　　　　sth

I'm not surprised he has a hangover — he must have put back half a bottle of tequila.
　　　　　　　　　　　　　　　　　　　　　　　　　　　　　　　　　sth
(그가 어제 마신 술이 덜 깬 건 놀랍지도 않아. 그는 테킬라를 반병이나 마셨을걸.)

put down

put down sth, put sth down (반대어 **pick up**)
to stop holding, carrying, or using something and put it somewhere

(~을) 내려놓다

She puts down her suitcase, and kisses him.　(그녀는 짐을 내려놓고는 그에게 키스를 한다.)
　　　　　　　sth
Susie, put the knife down. It's dangerous!　(수지야, 칼 내려놔. 위험해!)
　　　　　　sth

put down the phone [put the phone down] (유사어 **hang up**) [BrE]
to end the call before you finish speaking

(말이 끝나기도 전에) 수화기를 내려놓다, 전화를 급하게 끊다

When he heard my voice, he put down the phone immediately.
(그는 내 목소리를 듣고는 수화기를 바로 내려놓았다.)

"I can't talk now." she said and put the phone down.
(그녀는 "나 지금 말할 수 없어."라고 말하고는 수화기를 내려놓았다.)

put sb down (유사어 **belittle** [Formal])
when you put someone down, you criticize them

(~를) 헐뜯다, 비난하다

Jim hates his stepfather and puts him down constantly.　(짐은 자신의 계부가 싫어서 끊임없이 그를 헐뜯는다.)
　　　　　　　　　　　　　　　sb

I'm not inviting Sam to any more parties. I hate the way he puts everyone down.
　　　　　　　　　　　　　　　　　　　　　　　　　　　　　　　　　　sb
(나는 샘을 이제 더는 파티에 초대하지 않을 거야. 그가 모든 사람들을 깎아내리는 게 싫어.)

I couldn't put it down, It's impossible to put down, etc. [Informal]
used to say that a book is so exciting or interesting that you do not want to stop reading

(책이 너무 재미있어서) 읽기를 멈출 수가 없다

It's one of the best novels I've ever read. I just couldn't put it down.
(이 책은 내가 지금까지 읽었던 최고의 소설 중 하나야. 너무 재미있어서 읽는 것을 멈출 수가 없어.)

It's more than just a cookbook. You'll find that once you pick it up, it's very hard to put down.
(이것은 요리책의 차원을 넘어섰어. 일단 그 책을 집어 들면 그만 읽기 어려울걸.)

put down a rebellion[coup, revolt, riot, etc.] (유사어 **suppress**)

to use force to stop a violent attempt to change the government by a large group of people, etc.

(반란 · 쿠데타 · 폭동 · 소동 등을) 진압하다

The police have finally put down the riots.   (경찰은 마침내 폭동을 진압했다.)
The government called in the army to put down the insurrection.
(정부는 반란을 진압시키려고 군대를 출동시켰다.)

put *sth* down, put down *sth* (유사어 **put *sth* to sleep**)

to kill an animal without causing it any pain, because it is old or ill

(늙은 동물 따위를 연민의 정을 가지고) 처치하다, 죽이다

We had to put down several cows that had gotten very ill.   (우리는 병든 소 몇 마리를 죽여야 했어요.)
sth
The horse had a broken leg. I had to put it down.   (그 말은 다리가 부러졌어. 나는 그 말을 죽여야 했지.)
sth

put *sth* down, put down *sth* (유사어 **write down, jot down**)

to write something especially a name or a number, on a piece of paper or on a list

(~을) 쓰다, 기록[기입]하다, 써 두다

Make sure that you put down every word she says.   (반드시 그녀가 한 말을 모두 기록해 두세요.)
sth
He put the date of the meeting down in his pocket diary.   (그는 휴대용 일기장에 모임 날짜를 적어 두었다.)
sth

➡ put *sth* down on paper 로도 쓰임
It often helps to put your thought down on paper.   (종이에 당신의 생각을 적어 두는 것이 가끔은 도움이 됩니다.)
sth

put *sb* down, put down *sb* (유사어 **sign up**)

to write someone's name on a list so that they can take part in an activity, join a school or other organizations, etc.

(조직 · 단체에 서명하고) 참가하다, 가입하다

I'm making a list of volunteers to help reelect Senator Dolittle. Can I put your name down on
sb
the list?
(상원의원 돌리틀의 재선을 도울 자원봉사자의 명단을 작성 중입니다. 당신의 이름을 명단에 올릴까요?)
Put down your name and address and we'll send you a free copy of the magazine.
sb
(이름과 주소를 써주세요. 그러면 당신에게 잡지 한 권을 무료로 보내드리겠습니다.)

➡ put *sth* down to do *sth* 로도 쓰임
So far only 12 students have put their names down to do the course.
sth   to do sth
(지금까지 겨우 12명의 학생들이 그 교과목을 수강하려고 이름을 적었다.)

➡ put *sb* down to do 로도 쓰임

I've put myself down to run in the charity race next Saturday.
     sb   to do
(나는 다음 주 토요일에 자선모금 경기에서 달리기 위해 서명했다.)

put down *sth*, put *sth* down

to pay a part of the total cost of something, so that you can pay the rest later

(예금 · 계약금 · 대금의 일부를) 지불하다

We have put down a deposit on a new house. (우리는 새집을 사려고 보증금을 지불했다.)
              sth

I'll take three boxes please; would you deliver them and put them down (to my account)?
                                                             sth
(3상자 주세요. 배달해 주시고 제 계좌로 금액을 달아주시겠어요?)

➡ put down a deposit 으로도 쓰임

You will often be required to put down a deposit on a car or a house.
                                            sth
(차나 집을 살 때 보증금을 지급해야 하는 경우가 종종 있습니다.)

put down *sth*, put *sth* down (유사어 **table** [Formal]) [BrE]

if someone in a meeting puts down a question, a motion, or an amendment, they officially ask for it to be discussed and voted on

(회의에서) (동의 · 수정안 등을) 상정하다, 심의에 부치다, 제출하다

The opposition party put down numerous amendments to the bill.
                                        sth
(야당은 그 법안에 다수의 수정안을 제출했다.)

Republicans have put down so many amendments that it is unlikely that the bill will be passed
                              sth
in this session of Congress.
(공화당에서 너무 많은 수정안을 상정해서 의회의 이번 회기에 그 법안이 통과될 것 같지 않습니다.)

put down *sth*, put *sth* down (유사어 **lay**)

if you put down a lawn, a carpet, or other coverings, you place it so that it covers the ground or a flat surface

(잔디 · 카펫 등을) 깔다

We asked the gardner to put down a new lawn. (우리는 정원사에게 새로운 잔디를 깔아 달라고 부탁했다.)
                                 sth

Before we move in we put carpets down. (우리가 이사 오기 전에 우리는 카펫을 깔았다.)
                             sth

put down, put *sth* down (유사어 **land**) [BrE]

if a plane puts down somewhere, or the pilot puts it down, it lands there, especially when this was not planned

(비행기가) 불시착하다, (비행사가) 비행기를 착륙시키다

That looks like a good place to put down. (저 곳이 불시착하기에 좋은 장소 같다.)

Fortunately, the pilot was able to put the plane down on a frozen lake.
                                         sth
(다행히 비행기 조종사는 얼어붙은 호수 위에 비행기를 불시착시킬 수 있었다.)

put sb down, put down sb (유사어 set down) [BrE]
when the driver of a vehicle puts down passengers, he or she stops in order to let them get out
(버스 · 열차 · 운전사 등이) (승객을) 내리게 하다

The bus was stopping to put someone down.   (버스가 어떤 사람을 내려놓으려고 멈춰 서고 있었다.)
                           sb
Can you put me down at the next corner?   (다음 모퉁이에서 내려주실래요?)
         sb

put sb down
to put a baby in its bed
(아기를 침대에서) 재우다

I put Jessica down for her afternoon nap a few minutes ago.   (나는 제시카를 몇 분 전에 낮잠 재웠다.)
    sb
Harry seems a lot quieter now, I think I'll put him down for a nap.
                                              sb
(해리가 지금 아주 조용해. 낮잠을 재워야겠어.)

put forward

put forward sth, put sth forward (유사어 set out)
to state an idea or an opinion, or to suggest a plan so that it can be considered or discussed
제안[제언 · 주장]하다

The company has put forward a plan to build a new hotel in the city center.
                              sth
(그 회사는 도시 중앙에 새로운 호텔을 하나 건설하려는 계획을 제안했다.)
A suitable answer has already been put forward by the chairman. <수동>
(적절한 해답은 이미 의장에 의해서 제출되었습니다.)

put sb forward, put forward sb (유사어 nominate)
to suggest someone who would be good for a particular job, position, etc.
(~를 ~지위에) 천거하다, (입후보자로서) 추천하다

No other candidate has been put forward to succeed Fontaine, who is retiring in December. <수동>
(12월에 은퇴 예정인 폰테인의 뒤를 이어 추천된 후보자가 아무도 없습니다.)
We have put Mr. Black forward as a candidate for chairman.   (우리는 블랙 씨를 의장 후보로 추천했습니다.)
            sb

put sth forward, put forward sth (유사어 bring forward 반대어 put back, postpone)
to arrange for something to happen at earlier time or date than was planned
(행사의 일정 등을) 앞당기다, 빨리 하다

We shall have to put the meeting forward because of the holiday next week; can you all be here this Friday? (다음 주가 휴일이기 때문에 회의를 앞당겨야 해요. 모두 이번 금요일에 여기에 모일 수 있으세요?)

The Dutch delegation put forward a new trade deal. (네덜란드 대표단은 새로운 무역 협상을 앞당겼다.)

> **put** *sth* **forward** (유사어 **set ahead** [AmE], **set forward** [AmE] 반대어 **put back, set back** [AmE]) [BrE]
>
> if you put forward a clock or watch, you change it so that it shows a later time
>
> (시계 바늘을) 앞으로 돌리다

Don't forget to put your clocks forward tonight; it's the start of Summer Time.
(오늘 밤에 시계들을 한 시간씩 앞으로 돌려놓는 것 잊지 마. 이제 서머타임 시작이니까.)

In spring, we usually put the clocks forward one hour, to take advantage of the summer daylight.
(봄에 우리는 보통 여름 일광을 이용하려고 시계를 1시간 앞으로 돌려놓는다.)

put in

> **put in** *sth*, **put** *sth* **in** (유사어 **submit**)
>
> to officially make a request, an order, a claim, or an offer
>
> (요구 · 주문 · 신청서 등을) 제출하다

We put in an order for twelve new computers. (우리는 새 컴퓨터 12대를 사려고 주문서를 제출했다.)

I'll put in a claim for damages, if you will put in your special request.
(당신이 특별 청구를 하신다면 저는 손해배상 청구를 하겠습니다.)

> **put in** *sth*, **put** *sth* **in**
>
> to put a piece of equipment somewhere and connect it so that it is ready to be used
>
> (기구 · 장치 등을) 설치하다, 연결하다

We spent yesterday putting in a new washing machine. (우리는 새 세탁기를 설치하는 데 어제 하루를 보냈다.)

Erik and Nancy are thinking about putting in central air conditioning.
(에릭과 낸시는 중앙 냉방기를 설치할까 생각 중이다.)

put off

> **put off** *sth*, **put** *sth* **off** (유사어 **postpone, put back**)
>
> to delay doing something until later because someone does not want to do it now
>
> (~을) 연기하다, 늦추다, 기다리게 하다

Tonight's concert will be put off till next week, as one of the singers has hurt her throat. <수동>
(가수 한 명이 목을 다쳐서 오늘 밤 콘서트가 다음 주까지 연기될 거야.)

The students begged the teacher to put the test off until the next week.
                                        sth
(학생들은 선생님에게 시험을 다음 주까지 연기해 달라고 간청했다.)

➡ put off doing 으로도 쓰임
You shouldn't put off going to the dentist. (치과에 가는 것을 미루어서는 안 돼.)

➡ put sth off until의 꼴로 흔히 쓰임
Buying a new house will have to be put off until we can afford it. <수동>
(새집 사는 것은 우리가 집을 살 수 있는 여유가 있을 때까지 연기해야 할 거야.)

put sb off, put off sb

to make someone dislike something or not want to do something

(~의) 의욕을 잃게 하다, 흥미를 깨다

A drunken-driving accident put Sam off booze. (음주운전 사고 때문에 샘은 술을 마시고 싶은 마음이 사라졌다.)
                               sb
The smell put me off my food. (그 냄새 때문에 나는 음식에 대한 흥미를 잃었다.)
          sb

➡ put sb off doing 으로도 쓰임
A lot of people are put off travelling to Japan by high cost of getting there. <수동>
                            doing
(비싼 비용 때문에 많은 사람들이 일본으로 여행하는 데 흥미를 잃는다.)

put off sth, put sth off (유사어 put out, switch out, turn out 반대어 put on, switch on, turn on)

to make a light stop working by pressing a switch

(전등 따위를) 끄다

I put off all the lights, locked the office and left. (나는 전등을 전부 끄고 사무실을 잠그고 나갔다.)
      sth
Don't forget to put all the lights off before you go to bed. (잠자리에 들기 전에 전등불 전부 끄는 것 잊지마.)
                      sth

put sb off

to delay meeting someone, talking to someone, paying someone, etc. because you do not want to do it until later

(만남·대화·대금 지불 등을) 늦추다, (~과의 접촉을) 피하다

Maybe I should go and see him, I can't put him off much longer.
                                        sb
(아무래도 가서 그를 만나봐야 할 텐데. 더 이상 그와의 만남을 늦출 수가 없어.)
Tom was to arrive this weekend, but I put him off because you were ill.
                                        sb
(탐이 이번 주말에 도착할 예정이었지만 네가 아파서 그와의 만남을 미뤘어.)

put sb off, put sb off sth (유사어 distract) [BrE]

to make it difficult for someone to pay attention to what they are doing, for example by talking or making a noise

(소음 때문에 하고 있는 일에) 집중하기 어렵다, 전념하기 어렵다

Stop giggling! You're putting me off! (낄낄거리고 웃지 마! 너 때문에 집중할 수가 없잖아.)
　　　　　　　　　　　　　sb

McEnroe complained the photographers were putting him off his game.
　　　　　　　　　　　　　　　　　　　　　　　　　　sb
(매켄로는 사진사들 때문에 경기에 집중하지 못한다고 불평했다.)

> **put sb off** (유사어 **drop off, set down**) [BrE]
>
> when a ship or a vehicle puts someone off, it stops somewhere in order to let them get off
> 　　　　　　　　　　　　　　　　　　　　　　　　　　(~를 차에서) 내리게 하다, 하차[하선]시키다

Please put me off the train at the station serving the airport.
　　　　　　sb
(공항으로 연결되는 역에서 저를 열차에서 내리게 해주세요.)

Do you want me to put you off at the station? (정거장에서 내려 드릴까요?)
　　　　　　　　　　　　sb

put on

> **put on sth, put sth on** (반대어 **take off**)
>
> to put a piece of clothing onto your body
> 　　　　　　　　　　　(옷을) 입다, (신발 따위를) 신다, (모자 따위를) 쓰다, (장갑 따위를) 끼다

He put his coat on hurriedly and ran out of the house. (그는 서둘러 코트를 입고 집을 뛰어 나갔다.)
　　　　sth

Natasha puts a long fur coat on over her dress. (나타샤는 드레스 위에 긴 털코트를 입는다.)
　　　　　　　sth

> **put on sth, put sth on** (유사어 **apply** [Formal] 반대어 **take off, remove**)
>
> to put make up, cream, etc. on your skin
> 　　　　　　　　　　　　　　　　　　　　　　　　　화장하다

I hardly ever put on lipstick. (나는 좀처럼 립스틱을 바르지 않아.)
　　　　　　　　　　sth

Erik forgot to put suntan lotion on, and now he's as red as a lobster.
　　　　　　　　　　　　sth
(에릭은 선크림 바르는 것을 잊어버려서 지금 바닷가재처럼 빨갛게 익었다.)

> **put on sth, put sth on** (유사어 **switch on, turn on** 반대어 **switch off, turn off**)
>
> to make a device (e.g. light, fire) work by pressing a switch
> 　　　　　　　　　　　　　　(등불·불·기구·장치 등을) 연결하여 작동시키다, 설치하다

She put on the kettle, craving her morning cup of coffee.
　　　　　sth
(그녀는 모닝커피 마시고 싶어서 주전자를 올려놓았다.)

We put a smoke detector on the wall in the kitchen. (우리는 부엌 벽에 연기 탐지기를 설치했어요.)
　　　　sth

put on *sth*, put *sth* on

to put CDs, tapes, or records in a machine and make it start playing

(CD · 테이프 · 레코드 등을) 틀다

He put on a Beethoven sonata. (그는 베토벤 소나타를 틀었다.)
　　　　sth

Perry went over to the stereo and put on some jazz. (페리는 스테레오로 다가가서 재즈곡을 틀었다.)
　　　　　　　　　　　　　　　　　　　　sth

put on *sth*, put *sth* on

to arrange an event, a concert, a play, etc. or perform in it

(행사 · 콘서트 · 연극 등을) 상연하다, (전시회를) 개최하다

The West Valley Symphony is putting on a free concert. (웨스트밸리 심포니는 무료 콘서트를 열고 있다.)
　　　　　　　　　　　　　　　　　　sth

The play was originally put on in New York in 1960 and was later made into a movie. <수동>
(그 연극은 원래 1960년 뉴욕에서 상연되었고 후에 영화화되었다.)

put *sb* on *sth* (유사어 **prescribe** 반대어 **take off**)

if a doctor puts you on a particular type of medicine or medical treatment, they give it to you

(조제약을) 주다, (치료 등을) 하다, 투약하다

My doctor has put me on a diet. (의사가 나에게 식이요법(치료 · 체중조절을 위한 규정식)을 처방해 주었다.)
　　　　　　sb　　sth

He was having difficulty breathing, so they put him on oxygen.
　　　　　　　　　　　　　　　　　　　　sb　　sth
(그가 호흡 곤란 증상을 보여서 그들은 그가 산소 호흡을 하도록 조치했다.)

put on weight

to become heavier

(체중 등을) 늘리다, 체중이 늘다

It's difficult for middle aged people to avoid putting on weight.
(중년의 사람들은 체중이 느는 것을 피하기가 어렵다.)

Can it be possible that I've put on eight pounds in three weeks?
(3주 안에 8파운드 찌는 것이 가능할까?)

put the blame[responsibility] on *sb/sth* (유사어 **lay, place**)

to say that someone should be blamed or should be considered responsible for something

(신뢰 · 책임 등을) ~에게 돌리다, ~의 탓으로 하다

I don't put much reliance on her promise. She is quick to break them.
　　　　sth　　　　　　　　sb
(나는 그녀의 약속을 별로 믿지 않아. 그녀는 약속을 금방 깨버리거든.)

That guy always puts the blame on other people. (그 남자는 항상 남 탓을 한다니까.)
　　　　　　　　　sb

put a limit[restriction, ban, etc.] on *sth* (유사어 **impose, slap on** [Informal])

to make a rule that controls how much of something should be allowed, how something should be done, or one that stops something completely

(세법·제약 등을) 부과하다

Norway and the other countries agreed to put a ban on commercial whaling.
   sth
(노르웨이와 여러 나라들이 상업용 고래 포경행위 금지에 동의했다.)

We shall have to put a limit on government spending. (우리는 정부 지출에 제한을 두어야 할 것입니다.)
   sth

put on *sth*

to pretend to have a particular feeling, or to behave in a way which is not real or natural for you

(~를) 속이다, ~인 체하다, 거드름을 피우다

He put on a pretence of bravery, but we all knew that it was false.
   sth
(그는 용감한 척했지만 우리는 모두 그런 행동이 거짓된 것인 줄 잘 알았지.)

Jane put on a show of cheerfulness to make her doctor think that she was well.
   sth
(제인은 의사가 자신을 건강하다고 생각하도록 기분 좋은 척했다.)

➡ put on a brave face 로도 쓰임

 (to not try to show to other people that you are worried or upset)
Do you think Dan's really feeling better or is he just putting on a brave face?
   sth
(너는 댄이 정말 기분이 좋아진 거라고 생각해, 아니면 그냥 허세 부리는 거라고 생각해?)

be putting (it) on (유사어 **be faking it**) [BrE, Spoken]

if someone is putting it on, they are pretending to be ill, upset, injured, etc. especially in order to make other people feel sorry for them

과장하다, (분노·슬픔·질병 등이 있는) 척하다

He's not really hurt. He's just putting (it) on. (그는 사실 다치지 않았어. 단지 아픈 척하는 거야.)
She said she felt ill, but she was just putting it on. (그녀는 몸이 안 좋다고 했지만 단지 그런 척했을 뿐이었어.)

be putting *sb* on (유사어 **be joking, be kidding, be having** *sb* **on** [BrE, Spoken]) [AmE, Informal]

if someone is putting you on, they are not telling the truth and are trying to deceive you

(~를) 속이다, 놀리다, 농담하다

I don't believe you, you're just putting me on! (난 너 안 믿어. 너 그냥 나 놀리고 있는 거잖아.)
   sb
You scored three goals? You're putting me on! (네가 세 골이나 넣었다고? 농담하는 거지!)
   sb

put on *sth*, put *sth* on

to start cooking something

(야채 · 육류 등의) 요리를 시작하다, (식사) 준비하다

Let me just put the potatoes on first. (우선 감자 요리를 시작하겠습니다.)
              sth

Phone me as soon as you leave the office and I'll put the dinner on, so that it's ready when you get home. (사무실 출발할 때 전화해줘. 그러면 당신이 집에 도착할 때 식사준비가 되도록 저녁을 시작할게.)

put *sth* on *sth* (유사어 **bet**)

if you put money on a race, a competition, or one of the competitors, you make a bet about who will win

(경기 · 경쟁 등에) 돈을 걸다, 도박하다

Foolishy, he put all his possessions on the result of the card game.
            sth   sth
(어리석게도 그는 카드 게임 결과에 전 재산을 걸었다.)

He went to the bookies and put $100 on the horse called Lady Luck.
              sth   sth
(그는 마권업자에게 가서 '레이디 럭'이라고 하는 말에 100달러를 걸었다.)

put *sth* on *sth*

to add an amount of money or a tax to the cost of something

(특정 량의 값이나 비용을) 올리다

There are rumors that the government plans to put 10p on the price of a packet of cigarettes.
            sth   sth
(정부에서 담배 한 갑 값에 10펜스를 더 올릴 계획이라는 소문이 돌고 있다.)

They have been known to put a tax on salt. (그들이 소금에 세금을 부과할 것으로 알려졌다.)
          sth sth

put *sb* on *sth*

if you put someone on a bus, a plane, a train, or a ship, you take them to it and make sure they get onto it

(사람을) (버스 · 비행기 · 기차 · 배 등에) 태우다

We put him on a plane to California this morning.
    sb   sth
(우리는 그를 오늘 아침에 캘리포니아로 가는 비행기에 태웠다.)

Jane puts the children on the bus every morning at seven. (제인은 매일 아침 7시에 아이들을 버스에 태운다.)
       sb   sth

put *sb* on *sth* (반대어 **take off**)

to make someone work at a particular time of day, or make someone do a particular type of work

(임무 · 근무 등에) 임명하다, ~을 담당시키다

I've been put on night shift again. <수동> (나는 또 다시 야간 근무에 종사하고 있다.)
         sth

517

Ashley was put on the playground duty. <수동> (애슐리는 놀이터 담당 업무를 맡게 되었다.)
　　　　　　　sth

> **put sb on**
> to give someone the telephone, or press a special button on your telephone, so that they can speak to another person
> (전화를) 걸다, ~에게 전화를 연결하다

Put Jack on the phone a minute. I have an important message for him.
　　sb
(잭에게 잠깐 전화 연결해줘. 그에게 전할 중요한 메시지가 있어.)

I asked him to put Lloyd on the phone. (나는 로이드를 전화로 연결해 달라고 그에게 부탁했다.)
　　　　　　　　　sb

put onto[on] to

> **put sb onto[on] to sb/sth** (유사어 **recommend, turn on to**) [BrE, Spoken]
> to tell someone about an interesting or useful place, product, person, etc. which they did not know about before
> (~에게) (정보·요령 등을) 알려주다

My broker put me onto a hot stock. (중개인이 나에게 유망주 정보를 주었다.)
　　　　　　sb　　　sth

It's a great restaurant. I think it was Wendi who first put me onto it.
　　　　　　　　　　　　　　　　　　　　　　　　　　sb　　sth
(거기 정말 괜찮은 식당이야. 그 식당을 처음으로 내게 알려준 사람은 웬디였던 걸로 알아.)

put out

> **put out sth, put sth out** (유사어 **switch off, turn off** 반대어 **put on, switch on**)
> to make a light stop shinning by pressing a switch
> (전등·스위치 등을) 끄다

Don't forget to put out the lights before you go to bed. (자기 전에 불 끄는 것 잊지 마.)
　　　　　　　　　　　sth

That light is too strong, Shall we put it out? (저 불빛이 너무 강해. 우리 끌까?)
　　　　　　　　　　　　　　　　sth

> **put out sth, put sth out** (유사어 **extinguish** [Formal])
> to make a fire, a cigarette, or a candle stop burning
> (담뱃불, 촛불 등을) 끄다

The rain put out our camp-fire. (비 때문에 캠프파이어가 꺼졌다.)
　　　　　　　sth

He lit a half-cigarette and almost immediately put it out again.
　　　　　　　　　　　　　　　　　　　　　　　　sth
(그는 반쯤 남은 담배꽁초에 불을 붙였는데 바로 다시 껐다.)

put sb out (유사어 **inconvenience** [Formal])

to cause somebody trouble, extra work, etc.

(~에게) 폐를 끼치다, 번거롭게 하다

Thanks for letting me use your car. I hope I'm not putting you out.
                                                              sb
(당신 차를 사용하게 해 주셔서 감사합니다. 번거롭게 해 드린 게 아니었으면 합니다.)

I hope our sudden visit hasn't put you out.   (저희가 갑작스레 방문한 것이 폐가 안 되었으면 합니다.)
                                 sb

put oneself out

to use a lot of effort or time in order to help someone

보살펴 주다, 돌보아 주다

I'm not going to put myself out for that guy again.   (나는 저 사내를 다시는 돌봐 주지 않으려고 해.)
                       oneself

Please don't put yourself out on my account. I'm sure I'll be able to manage by myself.
                  oneself
(제발 제 일에 신경 쓰지 마세요. 제 일은 알아서 해결할 수 있어요.)

put out sth, put sth out (유사어 **issue**)

to produce information (e.g., statement, warning, press release) and make it available for everyone to read or hear

(뉴스 · 성명 · 정보 · 경고 등을) 발표하다, 공표하다, 발령하다

A lot of the information that is put out on the Internet is not totally accurate. <수동>
(인터넷에 떠 있는 많은 정보가 전적으로 정확한 것은 아닙니다.)

A flood warning has been put out for this area. <수동>   (이 지역에 홍수 경보가 내렸다.)

put out sth, put sth out (유사어 **produce, bring out**)

to produce something, especially something such as books, records, movies, etc.

(책 · 영화 · 레코드를) 발행하다, 출판하다

They've put out three books now on vegetarian cooking.   (그들은 채식 요리에 관한 책 세 권을 지금 냈다.)
            sth

The newspaper company also put out a weekly news magazine.
                                    sth
(그 신문사는 또 주간 뉴스 잡지도 발행한다.)

put out sth, put sth out (유사어 **broadcast**)

to broadcast a programme on the television or the radio

(텔레비전 · 라디오에서) 방송하다, 방영하다, (신호 등을) 발신하다

That broadcasting company puts out mainly news programs and talk shows.
                                        sth
(그 방송국은 주로 뉴스와 토크쇼를 방송한다.)

If the plane ditches in the ocean, this device automatically <u>puts out</u> a distress signal.
                                                                                    sth
(만일 비행기가 바다에 불시착하면 이 장치가 자동적으로 조난 신호를 발신한다.)

put out *st*, put *sth* out
to move your hand, etc. away from your body

(손·발 등을) 내밀다

Jack <u>put out</u> his foot and tripped her.   (잭은 발을 내밀어 그녀를 걸어 넘어뜨렸다.)
       sth
When he <u>put out</u> his hand to shake hands with her, she just ignored him.
         sth
(그가 그녀와 악수를 하려고 손을 내밀었을 때 그녀는 그를 그냥 무시했다.)

put one's tongue out, put out one's tongue (유사어 **stick out one's tongue**)
to push your tongue out of your mouth, especially as a rude sign to someone

(조롱하려고) 혀를 내밀다

The little boy <u>put his tongue out</u> and ran away.   (그 작은 소년은 혀를 쑥 내밀고는 달아났다.)
He <u>put his tongue out</u> at his daughter playfully.   (그는 장난스레 딸아이에게 혀를 날름했다.)

be put out
to be annoyed, often because of something that someone has done or said to you

(~에) 노하다, 화내다, 고민하다, 당황하다

We <u>were</u> a little <u>put out</u> at not being invited to the wedding.
(우리는 그 결혼식에 초대받지 못해서 약간 화가 났다.)
Your father <u>was put out</u> by your attitude last night.   (너의 아버지는 지난 밤 너의 태도에 화가 나셨어.)

put out *sth*, put *sth* out
if you put out things that will be needed, you place them somewhere ready to be used

(필요한 곳에 ~을) 놓다

I'll <u>put out</u> the knives and forks on the table.   (내가 식탁 위에 나이프와 포크를 놓을게.)
              sth
Every night she used to clean his shoes and <u>put them out</u> for him in the morning.
                                              sth
(매일 밤 그녀는 그의 신을 깨끗이 닦아 아침에 그가 신을 수 있도록 놓아두곤 했다.)

put out *sth*, put *sth* out
to take something outside your house and leave it there

(집 밖에 ~을) 내놓다

Did you remember to <u>put out</u> the trash?   (쓰레기를 밖에 내놓는 것 안 잊었어?)
                        sth
Has anybody <u>put</u> the <u>cat out</u> yet?   (누가 고양이를 밖에 내놨니?)
                 sth

put out sth, **put** sth **out** (유사어 **strain**)

to injure a part of your body (e.g. back, shoulder, neck, etc.) by making a bone move from its usual place

(등·어깨·목 등을) 삐다

I've put my shoulder out. (나는 어깨를 삐었다.)
         sth

Catherine put her back out trying to carry a box of books up the stairs.
             sth

(캐서린은 계단 위로 책이 든 상자를 옮기려고 하다 등을 삐었다.)

put out sth, **put** sth **out** (유사어 **produce**)

to develop or produce new leaves, shoots, etc.

(식물이) (잎·꽃 등을) 발아하다, 싹을 트다

The bush puts out beautiful blossoms every spring. (이 작은 나무에 봄마다 아름다운 꽃이 핀다.)
             sth

The roses have already started to put out new buds. (장미들이 벌써 새 꽃봉오리들을 내기 시작했다.)
                    sth

put sb **out** (유사어 **anaesthetize**) [BrE], **put out** sb

to make someone unconscious before a medical operation

(수술 전에) 마취시키다, 실신시키다

One patient later claimed that they hadn't put him out properly before his operation.
             sb

(한 환자는 의료진들이 수술하기 전에 마취를 제대로 하지 않았다고 나중에 주장했다.)

The champ put out the challenger in the first round. (그 챔피언은 1라운드에서 도전자를 실신시켰다.)
         sb

put out (to sea) (유사어 **set sail**)

if a ship puts out to sea, it starts to sail away from a port or from the land

(배가 바다로) 나아가다, 출항하다, 항구를 빠져 나가다

I watched the fishing boats put out of the harbor. (나는 어선들이 항구에서 떠나는 것을 지켜보았다.)
The ship weighed anchor and put out to sea. (배는 닻을 올리고 바다로 향해 출항했다.)

put over

put over sth, **put** sth **over** (유사어 **get across, put across, convey** [Formal]) [BrE]

to express an idea clearly so that people understand it

(생각·의견 등을) 이해시키다, 설명하다

I'm a bit nervous. This meeting is my only chance to put my point over.
                                                  sth

(약간 긴장돼. 이 회의가 나의 생각을 이해시킬 유일한 기회야.)

Christie's the ideal man to put this message over to young athletes.
                                    sth
(크리스티는 젊은 운동선수들에게 이 메시지를 이해시키는 데 이상적인 사람이다.)

> **put one over (on)** *sb* (유사어 **slip one over on** *sb* [AmE], **trick**) [Informal]
> to trick someone by making them believe something that is not true
> (사실이 아닌 것을 믿도록) 속이다

The judge is very wise and experienced; don't think that you will be able to put one over on him!
                                                                                              sb
(그 판사는 아주 현명하고 경험이 많은 사람이야. 그를 속일 수 있을 거라는 생각은 하지 마!)

She thought that the salesman was trying to put over on her, and said she wasn't interested in
                                                          sb
his offer. (그녀는 그 외판원이 자기를 속이려 한다고 생각해서 그의 제안에 흥미가 없다고 말했다.)

> **put one over (on** *sb*) (유사어 **beat**) [Informal]
> to succeed in defeating someone
> (~를 패배시키는 데) 성공하다

This is an ideal chance to put one over on the Americans after last year's 7-0 defeat.
                                          sb
(작년에 7-0으로 패한 후 이번이 미국인들을 패배시킬 완벽한 기회야.)

Reg has achieved a considerable reputation in the boxing ring. No one could put one over on him.
                                                                                             sb
(렉은 권투 링에서 상당한 명성을 얻고 있지. 아무도 그를 패배시킬 수 없어.)

put past

> **I wouldn't put it past** *sb* [Spoken, Informal]
> used to say that you would not be surprised if someone did something bad or unusual because it is typical of them to do that kind of thing
> (~라면) ~을 할 수도 있다, (~한 것이) 놀랄 일도 아니다

I don't think he's the type of person to do that, but I wouldn't put it past him.
                                                                              sb
(그가 그런 일을 할 사람이라고 생각하지 않지만 그가 했다고 해도 놀랄 일이 아니지.)

"Do you think Jake stole the money?" I wouldn't put it past him."
                                                              sb
("제이크가 돈을 훔쳤다고 생각하니?" "그는 그러고도 남을 사람이야.")

put through

> **put** *sb/sth* **through**
> to connect someone to someone else on the telephone
> (전화로 ~와 ~을) 연결하다, ~의 전화를 연결시키다

"I'd like to speak with Mr. Groft." "I'll put you right through."
                                              sb
("그로프트 씨와 통화하고 싶은데요." "곧 연결해 드리지요.")

One moment, please. I'm just putting you through.　(잠깐만 기다려 주십시오. 전화로 연결해 드리고 있습니다.)
　　　　　　　　　　　　　　　sb

➡ put *sb* through to 로도 쓰임
When Lesley asked to speak to the manager, she was put through to the manager's personal assistant instead. <수동>
(레슬리가 매니저와 이야기하겠다고 요청했을 때 대신 매니저의 개인 비서와 연결되었다.)

put *sb* through *sth*

to make someone do something that is very bad or difficult

(~에게) (시련·어려움 등을) 경험시키다

All new young soldiers are put through some hard training before being sent into battle. <수동>
　　　　　　　　　　　　　　　　　　　　　sth
(모든 젊은 신병들은 전장에 보내지기 전에 엄격한 훈련을 받는다.)

When sales staff are recruited, they are put through a rigorous training program. <수동>
　　　　　　　　　　　　　　　　　　　　　　　　　　sth
(영업사원들이 새로 채용되면 그들은 엄격한 연수를 받는다.)

➡ put *sb* through it[put *sb* through hell] 로도 쓰임
My father's drinking problem put my mother through hell.
　　　　　　　　　　　　　　　　　sb
(아버지의 음주 문제 때문에 어머니가 애를 많이 먹으셨다.)

put through *sth*, put *sth* through, put *sth* through *sth*

to formally agree to a new law or plan, usually after officially discussing it and voting on it

(법안·의안 등을 의회에서) 통과시키다

They've just put through a new law making e-mail spamming illegal.
　　　　　　　　　　　　　　sth
(그들은 이메일 스팸이 불법이라는 새로운 법안을 통과시켰다.)

We should have no difficulty in putting the new law through Parliament, it has been demanded
　　　　　　　　　　　　　　　　　　　　　sth
by the public for some time.
(우리가 새로운 법률을 의회에서 통과시키는 데는 어려움이 없을 것입니다. 한동안 국민의 요구가 있었거든요.)

put *sb* through school[college, university]

if you put someone through school or college, you pay their fees and expenses for them

(대학 따위를) 졸업시키다

He only put his daughter through college by selling off his wife's jewellery.
　　　　　　　sb
(그는 아내의 보석을 팔아서 간신히 딸의 대학 졸업을 시켰다.)

I put myself through graduate school by playing in an orchestra.
　　　sb
(나는 오케스트라에서 연주하면서 대학원을 졸업했다.)

put *sth* through *sth* (유사어 **subject to**)

to make something go through a process or a system, in order to change it or test it

(제품 등을 시험·절차 등에) 합격시키다

Our products are put through rigorous testing before being sold. <수동>
                    sth
(우리 회사 제품들은 판매되기 전에 엄격한 검사를 거친다.)

Every car is put through a series of safety checks before it leaves the factory. <수동>
                         sth
(모든 차는 공장에서 출고되기 전에 일련의 안전 검사를 받는다.)

put to

put sth to sb
to ask someone a question about something officially important
(공식적으로 중요한 것을) 질문하다, 말하다

The reporters put some tough questions to the governor. (기자들은 지사에게 몇 가지 곤란한 질문을 했다.)
                       sth   sb
You may put your suggestion to the director at a suitable time, not now.
              sth   sb
(당신의 제안은 지금이 아닌 적당한 때 이사에게 제출하면 좋겠습니다.)

put sth to sb
to suggest something such as a proposal or a plan to a group of people
(문제·제안 등을) 투표에 붙이다, 검토하다, (문제 등을 위원회에) 제출하다

Several questions were put to me, and I couldn't answer any of them. <수동>
                              sb
(몇 가지 문제가 내게 제시되었지만 나는 그중 어느 것도 답하지 못했다.)
Your proposal is interesting, I'll put it to the committee.
                                      sth   sb
(당신의 제안이 흥미롭군요. 위원회에 제안하겠습니다.)

➡ put *sth* to the vote 로도 쓰임
 (to ask to vote about something in order to make a decision about it) 투표하도록 부탁하다
Whenever the issue of the death penalty is put to the vote in Parliament, most people are against it. <수동> (사형 문제가 의회에서 투표에 붙여질 때마다 대부분 사람이 거기에 반대한다.)

put it to sb that
to suggest to someone that something is true, especially in as court of law when you are trying to prove the facts about something
(특히 법정에서 당사자가 어떻게 반론하는지 보려고) ~에게 …라고 제기[지적]하다

I put it to you that you have not been telling the complete truth.
        sb
(당신이 전적으로 진실을 말하고 있지 않다는 걸 지적하고 싶군요.)

I put it to you that you murdered your husband for his money.
        sb
(당신이 남편 돈 때문에 남편을 살해했다는 사실을 지적하고 싶습니다.)

put an end[stop, halt] to *sth* (유사어 end, stop halt)
to stop something from continuing to happen
(계속 이어지는 것을) 멈추다, 막다

Russia wants the US to put an end to the bombing of Iraq.
                                              sth

(러시아는 미국이 이라크에 대한 폭격을 멈추기를 원합니다.)

The police are trying to put an end to the wave of violent crime.
                                              sth

(경찰은 폭력 범죄가 증가하는 것을 막기 위해 노력하고 있다.)

put sb to a lot of trouble[inconvenience, expense]

to make someone have to use a lot of effort, time or money in order to help someone else or in order to get something done

(노력 · 시간 · 돈을) 소비시키다

I know my father would pay my dental bill if I asked him, but I hate to put him to such an expense.
                                                                              sb   expense

(내가 부탁만 하면 아버지께서 내 치과 청구서 비용을 내주실 거라는 걸 알지만 나는 그가 그런 데 돈을 쓰시게 하고 싶지 않다.)

Please forgive me. I hope I haven't put you to too much trouble.
                                        sb   trouble

(용서해 주세요. 당신에게 너무 많은 폐를 끼치고 싶지 않습니다.)

put your name[signature] to sth/sb

to sign your name at the end of an official document, letter, etc. saying that you agree with it

(서류 · 편지 등에) 서명하다, (이름 · 날짜 등이) 떠오른다

When she and two other women refused to put their names to the agreement, they were fired on
                                                              sth
the spot. (그녀와 다른 두 여자가 동의서에 서명하기를 거절하자 그들은 그 자리에서 해고되었다.)

The man in the photo looked familiar, but I wasn't able to put a name to him.
                                                                          sb

(사진 속 남자는 친근해 보였으나, 나는 그의 이름이 떠오르지 않았다.)

put together

put together sth, put sth together

to make or prepare something by fitting or collecting parts together

(부분을) 붙이다, 조합하다, 모으다

The Rolling Stones have recently put together an album of their greatest hits.
                                                sth

(롤링 스톤스는 최근 자신들의 최고 히트곡들을 모은 앨범을 한데 모으고 있습니다.)

With a little effort, you can put together a meal that's light, refreshing, and also very good for you.
                                            sth

(약간의 노력으로, 가볍고 신선하고 또 몸에도 좋은 식단을 구성할 수 있습니다.)

put together sth, put sth together

to prepare or produce something by collecting pieces of information, ideas, etc.

(정보 · 아이디어를) 모으다, (모아서 문장 등을) 작성하다

I put together some facts and figures in a small report.
                  sth
(나는 몇 가지 사실들과 수치들을 모아 작은 보고서를 작성했다.)

Mr. and Mrs. Flores want to redecorate their house, so they asked an interior designer to put some ideas together.
      sth
(플로레스 부부는 집을 다시 꾸미고 싶어서 인테리어 디자이너에게 몇 가지 아이디어를 모아 달라고 부탁했다.)

> **put together** *sth*, **put** *sth* **together** (유사어 **assemble** [Formal] 반대어 **take apart**)
> to make a machine, a model, etc. by joining all the different parts
>
>   (부분으로 ~을) 조립하다

It was easy taking my car's engine apart, but putting it back together was a lot harder.
                                              sth
(내 차의 엔진을 분해하기는 쉬웠지만 다시 조립하는 것은 훨씬 어려웠어.)

If you put these 3,000 jigsaw pieces together, you'll make a picture of the White House.
              sth
(3,000조각의 조각 그림 퍼즐을 조합하면 백악관 그림이 만들어질 거예요.)

> **put together** *sth*, **put** *sth* **together**
> to form a group or a team by choosing several people and getting them to work or play with each other
>
>   (사람들을 모아서 그룹이나 팀을) 형성하다, 모으다

They put together a small baseball team. (그들은 사람들을 모아서 작은 야구단을 하나 만들었다.)
                      sth

He put his first band together while he was still at college.
          sth
(그가 아직 대학에 다닐 때 그는 자신의 첫 밴드를 결성했다.)

put up

> **put up** *sth*, **put** *sth* **up** (유사어 **build, erect** [Formal] 반대어 **pull down, take down**)
> to build something such as a wall, a fence, a building, etc.
>
>   (벽·담장·건물 등을) 세우다

We need to put up a fence to keep the rabbits out of our garden.
                         sth
(토끼들이 정원에 못 들어오게 담장을 쳐야겠어.)

We're going to tear down our old office building and put up a new one.
                                                            sth
(우리는 낡은 사무실 건물을 헐고 새 건물을 하나 지으려고 합니다.)

➡ put up a tent 로도 쓰임
At 25,000 feet they decided to put up their tent and wait for the dawn.
(그들은 25,000피트 고지에 텐트를 치고 새벽이 오기를 기다리기로 했다.)

> **put up** *sth*, **put** *sth* **up** (유사어 **increase, raise** 반대어 **put down**) [BrE]
> to increase something, for example prices, taxes, or rents
>
>   (값·세금·집세 등을) 올리다

Ford has announced plans to put up car prices by as much as 5%.
                              sth
(포드사는 자동차 가격을 무려 5%나 인상하겠다는 계획을 발표했다.)

The government has promised that taxes will not be put up again this year. <수동>
(정부는 금년에 세금이 인상되지 않을 것이라고 약속했다.)

put up *sth*, put *sth* up (반대어 **take down**)

to attach a picture, a sign, a notice, etc. on a wall or to decorate things so that people can see them
(그림 · 표시 · 주의 사항 등을) 붙이다, 게시하다

Stores are already putting up Christmas decorations. (상점들은 벌써 크리스마스 장식들을 내걸고 있다.)
                           sth
Let's put a few of these posters up in the hallway. (이 포스터 중 몇 장을 복도에 붙이자.)
        sth

put up *sth*, put *sth* up

to attach a shelf, a cupboard, etc. to a wall
(선반 · 찬장 등을 벽에) 붙이다, 설치하다

I talked to a carpenter about putting up some shelves in the garage.
                                         sth
(나는 차고에 선반을 설치하는 문제에 대해 목수와 의논하였다.)

We've had some new cupboards put up in our kitchen. <수동>
(우리는 부엌에 새 찬장 몇 개를 달도록 했다.)

put *sth* up, put up *sth* [BrE]

if you put up an umbrella or a hood, you open it out so that you can cover your head with it
(우산 · 후드를) 펼치다

When I tried to put up my umbrella, I discovered that it was broken.
                      sth
(내가 우산을 펴려고 했을 때 우산이 망가진 것을 발견했다.)

It was raining. Philip put the hood up on his anorak. (비가 오고 있었다. 필립은 파카에 달린 모자를 펴서 썼다.)
                            sth

put up *sth*, put *sth* up

to give an amount of money for a particular purpose
(기업 등에) 돈을 대다, 투자하다

The mayor offered to put up half the money necessary to build a new stadium for the team.
                              sth
(시장은 그 팀을 위해 새로운 경기장을 건설하는 데 필요한 자금의 절반을 투자하겠다고 제의했다.)

Mr. Taylor said he would put up $3 million toward the cost of a new cancer treatment facility.
                                 sth
(테일러 씨는 새로운 암 치료 시설 설비비용으로 300만 달러를 제공하겠다고 말했다.)

➡ put up the money for 로도 쓰임
Twentieth Century Fox is putting up the money for the movie.
(20세기 폭스사는 영화 산업을 위해 돈을 투자하고 있다.)

put up a fight[a struggle, resistance, etc.]

to argue against or oppose something in a determined way, or to fight against someone who is attacking you

(저항 따위를) 보여주다, (공격에 대해) 싸우다

The union put up a fight when the company tried to lay off workers.
(노조는 사측이 근로자들을 해고하려고 하자 투쟁을 했다.)
I thought he would refuse, but actually he put up very little resistance to the idea.
(나는 그가 거부할 거라고 생각했는데 실제로는 그 의견에 대해 거의 저항하지 않았다.)

put *sth* up for sale[auction]

to make something available for someone to buy, especially a house or business

(집 · 사업체 등을) 매물로 내놓다, 경매에 붙이다

After grandmother's death, the furniture was put up for sale. <수동>
(할머니가 돌아가신 후 가구를 매물로 내놓았다.)
When my father died, we put his coin collection up for auction.
                                    sth
(아버지가 돌아가셨을 때 우리는 그의 동전 수집품을 경매에 내놓았다.)

put *sb* up

to let someone stay in your house and give them meals

(~를) 묵게 하다, 숙박시키다; 묵다, 숙박하다

I could put you up for the night if you can't find a hotel.
              sb
(호텔을 못 잡으시면 하룻밤 저희 집에서 묵으셔도 됩니다.)
Would you be able to put me up when I'm in London next week?
                         sb
(제가 다음 주에 런던에서 체류할 때 당신 집에서 묵을 수 있을까요?)

put up *sth*, put *sth* up [BrE]

to suggest that ideas, plans, reports, etc. be discussed or examined

(생각 · 계획 · 보고 등을) 제시하다, 술회하다

At the meeting, Tom put up the suggestion that we postpone the negotiations.
                              sth
(회의에서 탐은 협상을 연기하자는 제안을 했다.)
After discussing the idea among ourselves, we put it up to the department head.
                                                  sth
(우리끼리 아이디어를 논의한 후 우리는 그 아이디어를 부장에게 제시했다.)

put up *sb*, put *sb* up (유사어 nominate)

to suggest someone as an appropriate person to be elected to a position

(~를 ~의) 후보로 지명하다, 추천하다

Julian is putting himself up for student council.   (줄리안은 학생회 후보로 자신을 추천하고 있다.)
              sb

The new party plans to put up candidates in every state. (신당은 모든 주에서 후보자를 지명할 계획을 세웠다.)
　　　　　　　　　　　　　　　　sb

put up to

put *sb* **up to** *sth*

to encourage someone to do something stupid or wrong

(∼를 선동하여) ∼을 시키다

Someone must have put Chris up to stealing the bike.
　　　　　　　　　　　sb　　　　　sth
(누군가가 크리스를 부추겨 자전거를 훔치도록 한 게 틀림없어.)

I didn't think it was a good idea to demand a raise, but my wife put me up to it.
　　　　　　　　　　　　　　　　　　　　　　　　　　　　　　　　　sb　　sth
(나는 월급 인상을 요구하는 것이 현명한 생각이 아니라고 생각했지만 아내가 나를 부추겨 그렇게 하도록 했다.)

put up with

put up with *sth/sb* (유사어 **tolerate, live with, stand for**)

to accept a bad situation or person without complaining

(∼을 지그시) 참다, 묵인하다, 용인하다

I don't know how she puts up with his bad temper. (나는 그녀가 그의 고약한 성질을 어떻게 참는지 모르겠어.)
　　　　　　　　　　　　　　　　　sth

Her neighbors have loud parties every night, but she doesn't complain. She just puts up with it.
　　sth
(그녀의 이웃들이 매일 밤 소란스런 파티를 열고 있지만 그녀는 불평 한마디 없어. 그냥 참고 있는 거야.)

My husband said "I've put up with your brother long enough!"
　　　　　　　　　　　　　　　　　sb
(남편이 "나는 당신 오빠를 참을 만큼 참았어!"라고 말했다.)

punch

vt. ① (구멍 뚫는 기구로) ∼에 구멍을 뚫다; 틀을 찍어 내다; (표 따위에) 펀치질하다; (못 따위를) 쳐 박다(down, in) ② 주먹으로 치다, 후려갈기다 ③ (막대기 따위로) 쿡쿡 찌르다; ((미)) (가축을) 막대기로 찔러가며 몰다 ④ ((구)) ∼을 강한 어조로 말하다 ⑤ (타이프라이터 따위를) 세게 치다

vi. ① 일격을 가하다 ② (키보드 등을) 두드리다 ③ 구멍이 뚫리다

punch in

punch in *sth*, **punch** *sth* **in** (유사어 **enter**)

if you punch in a series of letters or numbers, you quickly press those buttons on a computer, telephone, or other machines

(일련의 글자, 숫자를) 두드리다

What command do I punch in to open the program?
(프로그램을 열려면 어떤 명령어를 입력해야 하나요?)

Andy went to the cash machine and punched in his personal identification number.
(앤디는 현금인출기로 가서 자신의 개인 식별 번호를 입력했다.)

> **punch in** (유사어 **clock in** 반대어 **punch out**)
> to record the time that you arrive at work, by putting a card into a special machine
> 타임리코더에 출근 시간을 기록하다

Have all the workers punched in yet? (직원들 전부 타임리코더에 출근 시간을 찍었나?)
They're supposed to punch in by 8:30. (그들은 8시 30분까지는 출근 시간을 기록하기로 되어 있다.)

punch out

> **punch out** *sth*, **punch** *sth* **out** (유사어 **punch in**) [BrE]
> if you punch out a series of letters or numbers, you quickly press those buttons on computer, telephone or other machines
> (컴퓨터·전화 등에서) (일련의 글자·숫자를) 두드리다, 누르다

I looked Stef and Hugo up in the telephone book and punched out the numbers.
(나는 전화번호부에서 스테프와 휴고를 발견하고는 번호를 눌렀다.)

Jill grabbed the phone and punched out 911. (질은 전화기를 잡고 911을 눌렀다.)

> **punch** *sb* **out**, **punch out** *sb* (유사어 **knock down**)
> to overcome or beat someone by punching
> (너무 심하게 때려) 땅에 눕히다, 때려눕히다

He told Slim to stay away from his sister, or he'd punch him out.
(그는 슬림에게 자기 여동생에게서 떨어져 있지 않으면 두들겨 패겠다고 했다.)

They're bullies and I feel like punching them out.
(그들은 약자를 못살게 구는 깡패들이어서 나는 그들을 때려눕히고 싶다.)

> **punch out** (유사어 **clock off, clock out** 반대어 **punch in, clock in**) [AmE]
> to record the time that you leave work, by putting a card into a special machine
> (퇴근 시간을) 기록하다

Sally's not at work; she punched out at 5:08. (샐리는 직장에 없어요. 5시 8분에 퇴근한 걸로 기록되어 있거든요.)
According to the records, the suspect punched out early that day.
(기록에 의하면, 용의자는 그날 일찍 퇴근했다.)

push

vt. ① 밀다, 밀치다, 밀어 움직이다 ② (계획, 목적 따위를) 밀고 나아가다, 추진하다; (강력히) 주장하다 ③ (손발을) 내밀다; (뿌리, 싹을) 뻗다 ④ ~에게 강요하다, (남을) 억지로 시키다 ⑤ (돈, 시간 따위에) 궁하게 하다, 재촉하다 ⑥ (장사 등을) 확장하다 ⑦ (상품 따위를) 억지로 떠맡기다, 강매하다, 판매를 촉진하다 ⑧ 후원하다, 뒷받침해 주다 ⑨ ((구)) (마약 따위를) 밀매하다; ((미)) 밀수하다 ⑩ ((미)) (가짜 돈·수표 따위를) 쓰다; (택시·트럭 따위를) 운전하다 ⑪ (사람을) 해치우다, 죽이다(off) ⑫ [컴퓨터] (데이터 항목을 스택에) 밀어 넣다; (새것을 예정한 것에) 더하다 ⑬ [진행형] (수·연령에) 접근하다

vi. ① 밀다, 떠밀다, 밀어 움직이다 ② 밀고 나아가다, 맹진하다, 공격하다, 출세하다 ③ (목적을 완수하기 위해) 노력하다(for); (산모가 분만 때) 용쓰다(down) ④ (문 따위가) 밀려서 움직이다 ⑤ 돌출하다(out, into); (싹이) 나오다, (뿌리가) 뻗다(out) ⑥ [당구] (공을) 밀어치기하다 ⑦ ((고)) 뿔로 받다 ⑧ ((속)) (재즈를) 잘 연주하다 ⑨ 마약을 팔다

유사단어

push: pull의 반의어, 사람·물건을 움직이기 위해 그것들을 미는 일
She went <u>pushing</u> the perambulator along the pavement. (그녀는 포장도로를 따라 유모차를 밀고 갔다.)

shove: 장애물이나 사람을 난폭하게 밀어제치는 일.
Don't <u>shove</u>, wait your turn. (밀지 말고 순번을 기다리세요.)

thrust: 갑자기 힘껏 미는 일.
Toby <u>thrust</u> the gift into her arms. (토비는 선물을 그녀 양팔 안으로 밀어 넣었다.)

push in

push in (유사어 **barge in**) [BrE, Informal]
when someone pushes in, they unfairly join a queue or a line in front of other people who have been waiting longer

떠밀고 들어가다, 앞으로 끼어들다

Don't <u>push in</u>, wait in line like everyone else. (끼어들지 마. 다른 사람들처럼 줄 서서 기다려.)
If she <u>pushed in</u> again, I would say something to her. (그 여자가 다시 새치기하면 그녀에게 한마디 해줄 거야.)

R

rain

vt. ① [it을 주어로 재귀용법으로] 비를 내리다 ② (칭찬·총탄 따위를) 빗발치듯 퍼붓다
vi. ① [it을 주어로] 비가 오다 ② 비 오듯 내리다 ③ (신·구름 따위가) 비를 내리다(on)

be rained off [BrE], be rained out [AmE]

be rained off[out]
if an event is rained off or rained out, it cannot take place or has to stop because there is too much rain
비 때문에 (시합 등이) 중지되다, 순연되다

Yesterday's match <u>was rained off</u>. (어제 시합은 비 때문에 연기되었다.)
We had tickets to the Blue Jays game but it <u>was rained out</u>.
(우리는 블루제이스팀 경기표를 샀는데 경기가 비 때문에 연기되었다.)

reach

vt. ① (탈것이) ~에 도착하다, ~에 도달하다, ~에 이르다 ② (결론·합의)에 이르다; (표적)에 명중하다 ③ (수준·단계 따위)에 이르다 ④ (전화 따위로) 연락하다 ⑤ (~의 마음 등을) 움직이다 ⑥ (손·가지 따위를) 뻗치다, 내밀다; (손을 뻗쳐) ~에 닿다, ~을 잡다 ⑦ (물건 등을 손을 뻗쳐) 건네주다 ⑧ [권투, 펜싱] 가격하다, 치다
vi. ① 손[발]을 뻗다; (어떤 물건을 잡으려고) 손을 뻗다(for, toward); 발돋움하다 ② 얻으려고 애쓰다, 구하다(after) ③ 퍼지다, 이르다, 도달하다, 미치다(to, into) ④ [해사] (돛의 방향을 바꾸지 않고) 한 침로로 항해하다

유사단어

reach: 어떤 목적·결과 혹은 행선지 등에 도달함을 나타냄
    Snow prevents workers from <u>reaching</u> the broken pipeline. (눈 때문에 일꾼들은 파열된 수도관에 도달하지 못한다.)
arrive at: 어떤 장소나 목표에 이름을 말함. 단 그 장소가 큰 곳에서는 전치사가 in이 됨
    We <u>arrived at</u> Carol's two hours late. (우리는 캐롤의 집에 두 시간 늦게 도착했다.)
    What time does the plane <u>arrive in</u> New York? (비행기가 몇 시에 뉴욕에 도착합니까?)
get to: reach '도착하다'라는 뜻의 구어적인 표현임
    This old car may not run very well, but it <u>gets</u> me <u>to</u> work. (이 낡은 차가 별로 잘 굴러가지는 않지만 회사까지는 간다.)

reach down

reach *sth* **down, reach down** *sth* [BrE]
to get something that is above your head by reaching with your hand
(손을 뻗어 물건을) 내리다

I want that vase down from the top shelf. Could you reach it down for me?
    sth
(선반 맨 위에서 그 꽃병을 내렸으면 해. 너 그것 좀 내려줄래?)

Can you reach down the big dish for me from the top shelf?
              sth
(손을 뻗어서 맨 위 선반에서 큰 접시 좀 내려 줄 수 있어?)

read

vt. ① (책·편지 따위를) 읽다, ~의 작품을 읽다 ② 음독[낭독]하다(aloud, out, off); 읽어[들려]주다 ③ (외국어 따위를) 이해하고 읽다, 독해하다; (기호·속기·악보 따위를) 해독하다; (점자 따위를) 판독하다 ④ (표정 따위에서 사람의 마음·생각 등을) 읽다, 알아차리다 ⑤ (카드 따위로) 점치다, (수수께끼·꿈 따위의 뜻을) 풀다; (미래를) 예언하다, (날씨 따위를) 살펴보다 ⑥ (말·행동 따위를) 해석하다, 뜻을 붙이다 ⑦ (어구를) 정정해서 읽다; (교정쇄를) 읽다, (쇄를) 교정보다 ⑧ ((주로 영)) (대학에서) 연구[전공]하다, (학위 취득 등을 위해) 공부하다 ⑨ (~라는 것을) 읽어서 알다[배우다] ⑩ (온도계 따위가 눈금·도수를) 나타내다 ⑪ [의회] (보통 수동태) 독회에 회부하다 ⑫ (구화술에서 입술을) 읽다, (전신·전화로) 청취하다 ⑬ [컴퓨터] (자료·프로그램·제어 정보를) 읽다(외부 기억매체 등에서 빼내어 주기억 장치에 입력함); [생물] (유전 정보를) 읽다 ⑭ [미 공군] 조종사에게 (정확한 비행 위치를) 알리다; 레이더에 (우군의 위치를) 비치게 하다 ⑮ ((속)) 점검하다, 순회하다[비추다]

vi. ① 읽다, 독서하다 ② 음독[낭독]하다 ③ 읽어서 알다(of, about) ④ 공부하다, 연구하다, 많이 읽어 두다 ⑤ (책, 원고 등이) 읽히다, 읽어서 ~한 느낌을 주다 ⑥ [양태의 부사(구)와 함께] ~라고 씌어 있다, ~로 해석되다

read into

read *sth* **into** *sth*

to believe that an action, a remark, or a situation has a particular importance or meaning, often when this is not true

(행동·이야기·상황 등을) (특별한 의미가 있다고) 믿다

Try not to read evil intentions into the ordinary actions of people around you.
              sth   sth
(너의 주변에 있는 사람들의 평범한 행동을 나쁜 의도로 곡해하지 않도록 해.)

Don't read more into her letter than she intended.
        sth   sth
(그녀의 편지에서 그녀가 의도한 것 그 이상을 읽으려고 하지 마.)

➡ read too much into *sth* 로도 쓰임
Only 15% of population voted in last week's election, so don't read too much into the result.
                                                                              sth
(지난주 선거에서 겨우 인구의 15%만 투표했어. 그러니까 그 결과에 지나치게 의미를 두지 마.)

read out

read *sth* **out, read out** *sth*

to read something and say the words aloud so that other people can hear

(큰 소리로) 읽고 말하다

<u>Read out</u> <u>the names</u> as the people come in, so that we can all hear.
　　　　　sth
(사람들이 들어올 때 큰 소리로 이름을 말해. 우리 모두 들을 수 있게.)

He opened the envelope and <u>read out</u> <u>the name of the winner</u>.
　　　　　　　　　　　　　　　　　　　　sth
(그는 봉투를 열고 우승자의 이름을 큰 소리로 말했다.)

➡ **read** *sth* **out to** 로도 쓰임
Sarah left a message — I'll <u>read</u> <u>it</u> <u>out to</u> you. (사라가 메시지를 남겼어. 너한테 큰 소리로 읽어 줄게.)
　　　　　　　　　　　　　　　sth

➡ **read** *sth* **out loud** 로도 쓰임
I <u>read</u> <u>the letter</u> <u>out loud</u> to my wife. (나는 아내에게 큰소리로 편지를 읽어 주었다.)
　　　　sth

read out *sth*, **read** *sth* **out**

if a computer or an electronic instrument reads out information, it shows it to you

(컴퓨터의 자료·프로그램 등을) 읽다

The machine will <u>read out</u> <u>the results of the calculation</u>, and the names of suitable book on the subjects.
　　　　　　　　　　　　　　sth
(그 기계는 계산 결과와 그 주제에 알맞은 책의 이름을 출력해 줄 것이다.)

This program will <u>read out</u> <u>the contents of the file</u>. (이 프로그램으로 파일 내용을 판독하게 될 겁니다.)
　　　　　　　　　　　　　　sth

read over

read over *sth*, **read** *sth* **over** (유사어 **read through**)

to read something from the beginning to the end in order to find any mistakes or to understand it better

(처음부터 끝까지) 꼼꼼히 읽다, 잘 조사하다

I'll give you my opinion when I've had a time to <u>read</u> <u>the book</u> <u>over</u>.
　　　　　　　　　　　　　　　　　　　　　　　　　　　　sth
(그 책을 꼼꼼히 읽을 시간이 생기면 너에게 내 의견을 말해줄게.)

<u>Read</u> <u>the contract</u> <u>over</u> carefully before you sign it.
　　　　sth
(계약서에 서명하기 전에 주의 깊게 처음부터 끝까지 잘 읽어 봐.)

read through

read through *sth*, **read** *sth* **through** (유사어 **read over**)

to read something from the beginning to the end in order to find any mistakes or to understand it better

(틀린 부분을 확인하기 위해) ~을 꼼꼼히 읽다, 끝까지 읽다

I <u>read</u> the entire book <u>through</u> in one night.　(나는 하룻밤 사이에 그 책을 끝까지 읽었다.)
          _{sth}

Always <u>read through</u> what you have written before you leave the exam room.
                         _{sth}

(시험장을 떠나기 전에 네가 작성한 답안지를 항상 철저히 검토해라.)

read up on[about]

read up on[about] *sth*

to read a lot about a particular subject in order to learn about it

(많이) 공부[연구]하다, 읽어두다

I shall have to <u>read up on</u> this subject if I am to give a talk about it.
                            _{sth}

(내가 그것에 관해 이야기하려면 그 주제에 관해 많이 공부해야 할 것이다.)

I have to <u>read up on</u> the tax laws before the meeting tomorrow.
                    _{sth}

(내일 회의에 들어가기 전에 세법에 대해 공부를 많이 해둬야 한다.)

revolve

vt. ① 회전[공전]시키다 ② 운행시키다
vi. ① (~을 축으로) 회전하다, 돌다(about, round) ② (천체가) 공전하다, 운행하다, (~의 주위를) 돌다 ③ 순환하다 주기적으로 일어나다 ④ (마음속을) 맴돌다 ⑤ (토론·논의 따위가 ~을 주제로) 행해지다(around)

revolve around, revolve round [BrE]

revolve around[round] *sth/sb* (유사어 **center around**)

if an activity or conversation revolves around something or someone, that thing or person is the main reason for the activity, or the main subject of the conversation

(활동·대화 등이) (어떤 일에) 주로 관계하다, ~을 중심으로 하다

A baby's life <u>revolves around</u> its mother.　(아기의 생활은 엄마를 중심으로 이루어진다.)
                  _{sb}

The story <u>revolves around</u> Poole's relationship with a married woman.
                    _{sb}

(그 이야기는 결혼한 여자와 풀과의 관계를 중심으로 이루어진다.)

revolve around[round] *sth*

if something revolves around a particular thing, that thing is more important than anything else

(~보다) 중요하다

Charlie Haden's entire life has <u>revolved around</u> music.
                                                        sth

(찰리 헤이든의 전 생애는 음악을 무엇보다 중요시하고 있다.)

At Fontwell in the summer, everything <u>revolved around</u> tennis and garden parties.
                                                                                              sth

(여름이면 폰트웰에서는 온통 테니스와 가든 파티 천지였다.)

rely

vt. 의지하다, 신뢰하다(on, upon)

유사단어

rely: 확실성·능력 따위를 신뢰하고 있으므로 의지하다
    Most people <u>rely</u> on TV for information about the world. (많은 사람들이 세상의 정보를 얻기 위해 TV에 의지한다.)

depend: 상대의 호의가 있고 없고 간에 의지하다, 의지하는 사람의 의지의 약함, 경제적 무능 따위가 시사되는 경우가 있음
    Admission to the university <u>depends</u> solely on a student's performance. (대학 입학 허가는 오로지 학생 성적에만 의존합니다.)

count on: 기대하다, 계산·타산이 내포됨
    Don't <u>count on</u> Lilian. (릴리안에게 의지하지 마.)

trust: 상대를 신뢰하여 의지하다, 의지하는 쪽의 무능 따위는 전혀 시사되지 않음, 도리어 의지를 받는 편이 명예스러움
    You can <u>trust</u> the quality of the meat they sell. (그들이 팔고 있는 고기의 품질은 믿어도 좋아.)

rely on, rely upon [Formal]

rely on[upon] *sth/sb* (유사어 **depend on[upon], count on**)

if you rely on/upon something or someone to work or behave in a particular way, you trust them to do this

신뢰하다, 믿다

You can't <u>rely on</u> the weather these days. (요즘 날씨는 믿을 수가 없어.)
                  sth

You can always <u>rely on</u> Jim, he won't fail you. (짐은 언제나 신뢰할 수 있어. 그는 너를 실망시키지 않을 거야.)
                       sb

➡ <u>rely on[upon]</u> *sb/sth* to do 로도 쓰임

The alarm clock isn't working properly, so don't <u>rely on</u> it <u>to wake</u> you up.
                                                                                         sth   to do

(알람시계가 제대로 작동을 안 하니까 그 시계가 너를 깨우기를 바라지는 마.)

➡ <u>rely on</u> *sth/sb* doing 로도 쓰임

You can't <u>rely on</u> the bank <u>lending</u> you the money. (당신에게 돈을 빌려 주는 은행을 믿어서는 안 됩니다.)
                   sth   doing

rely on[upon] *sth/sb* (유사어 **depend on[upon]**)

to depend on something or someone in order to continue to live or exist

(살기 위해) ~에 의지하다, 의존하다

The town <u>relies on</u> the seasonal tourist industry for jobs.
                     sth

(그 마을은 일자리를 계절 관광 사업에 의존하고 있습니다.)

Hong Kong's prosperity <u>relies heavily on</u> <u>foreign businesses</u>.
                                            sth

(홍콩의 번영은 외국 기업들에 상당 부분 의지하고 있다.)

➡ <u>rely on *sth* for</u> 로도 쓰임

Early sailors had to <u>rely on</u> the stars <u>for</u> navigation at night.
                          sth

(옛날 선원들은 밤에 항해하기 위해 별에 의지해야 했습니다.)

ring

1. **vt.** ① 둘러싸다, 에워싸다(in, about, round) ② (소의 코, 비둘기의 다리 따위에) 고리를 끼우다 ③ [원예] ~의 껍질을 고리 모양으로 벗기다; (사과·양파 따위를) 고리 모양으로 썰다 ④ (가축 등을) 한 곳에 둘러서 몰아넣다 ⑤ [마술] (말을 타고) 원을 그리며 돌다 ⑥ (고리던지기 놀이에서) ~에 고리[편자]를 끼우다

   vi. ① 둥글게 되다 ② (매 따위가) 날아오르다, (쫓긴 여우 따위가) 빙빙 돌다

2. **vt.** ① (종·벨·타악기 따위를) 울리다, 쳐서 울리다 ② (소리·음향을) 내다 ③ (벨 따위를 울려) 부르다, 알리다, 신호하다 ④ ~에게 전화를 걸다(up) ⑤ 소리 높이 말하다, 말하여 퍼뜨리다 ⑥ (동전 따위를) 올려서 진짜 여부를 확인하다 ⑦ (타임리코더·금전등록기 등)에 기록하다 ⑧ ((영속)) 바꿔치기하다, 조작하다

   vi. ① (종·벨 따위가) 울다, (소리가) 울려 퍼지다 ② (장소 따위에 소리가) 울리다; (평판·이야기 등이) 자자해지다 ③ (귀가) (소리 때문에) 울리다 ④ ~하게 울리다, ~하게 들리다 ⑤ ((영)) 전화를 걸다(up, through)

ring back

ring back, ring *sb* **back** (유사어 **call back, return** *sb*'s **call** (수동 불가)) [BrE, Informal]

to telephone someone for the second time, or to telephone someone who rang you earlier

(나중에) 다시 전화하다

Tell her I'll <u>ring back</u> in a few minutes. (그녀에게 내가 곧 전화하겠다고 전해 줘.)

Mr. Harrison's busy right now, but I'll ask him to <u>ring you back</u>.
                                                                        sb

(해리슨 씨는 지금 한창 바쁘세요. 그래도 당신에게 나중에 전화하시라고 그에게 전해드리겠습니다.)

ring in

ring in [BrE]
to telephone the place where you work, usually to explain why you are not there
(회사 등에) 전화를 하다, 전화로 보고하다

Joan <u>rang in</u> to say she was sick. (조앤은 아프다고 말하려고 회사에 전화했다.)
If patients can't get to the clinic on time, I wish they'd <u>ring in</u> and tell us.
(만일 환자 분들이 제시간에 병원에 도착하지 못하면 우리한테 전화해서 말해줬으면 좋겠어.)

ring in the New Year
to celebrate the beginning of the new year by ringing church bells
(교회 종을 치면서) 신년을 축하하다

We <u>ring in the New Year</u> with the church bells. (우리는 교회 종을 울리며 신년을 축하한다.)

ring off

ring off (유사어 **hang up**) [BrE]
to end a telephone call by putting down the part of the telephone that you speak into
전화를 끊다

Don't <u>ring off</u>, I haven't finished my story. (전화 끊지 마. 아직 내 이야기 안 끝났어.)
I have to <u>ring off</u> now — there's someone at the door. (나 지금 전화 끊어야 해. 누가 문에 와 있어.)

ring up

ring *sb* **up, ring up** *sth*, **ring up** (유사어 **phone, call**) [BrE]
to telephone someone
(~에게) 전화를 걸다

Have you <u>rung up</u> your mother recently? (최근에 어머니께 전화했니?)
               sb
How many people have <u>rung up</u> while I've been out? (제가 외출한 동안 몇 사람이나 전화했습니까?)

ring up *sth*
if a company rings up a profit it makes that profit
(회사가) 매상을 올리다

Tesco is expected to <u>ring up</u> <u>another 28% rise</u> in profits. (테스코사는 매상을 28% 더 올릴 것으로 예상된다.)
                                     sth
In a single busy day, the little shop had <u>rung up</u> <u>more than $300</u>.
                                                              sth
(바쁜 하루의 대가로 그 작은 상점은 300달러 이상의 매상을 올렸다.)

ring up *sth*, **ring** *sth* **up**

to press buttons on a cash register to record how much money needs to be put inside

(매상을) 금전등록기에 기록하다

She <u>rung up our purchases</u>. (그녀는 우리가 구매한 것을 금전등록기로 계산했다.)
           sth

The bill came to £3.25, but the sales person <u>rang up</u> £3.75 by mistake.
                                            sth

(청구서는 3.25 파운드로 나왔는데 판매원이 실수로 3.75 파운드를 찍었다.)

ring up *sth* (유사어 **run up**) [AmE]

to spend a large amount of money

많은 돈을 소비하다

He <u>rang up a bill of about $1000</u> at the gift shop before catching his flight home.
              sth

(그는 집으로 가는 비행기를 타기 전에 선물 가게에서 약 천 달러 정도의 현금을 썼다.)

She <u>rang up</u> £100 and gave me the receipt. (그녀는 100파운드나 쓰고는 나에게 영수증을 주었다.)
           sth

rise

vt. ① 올리다, 높이다 ② (물고기를) 수면으로 꾀어내다; (새를) 날아가게 하다 ③ (언덕을) 오르다 ④ (빵, 수포 등을) 부풀어 오르게 하다 ⑤ ((속)) 기르다, 사육하다

vi. ① 일어서다, 일어나다; 기상하다 ② 떠오르다; (해, 달, 별이) 솟아오르다, 뜨다; (막이) 오르다 ③ (토지·길이) 오르막이 되다; (산·건물 등이) 치솟다 ④ (지위·신용·취미·중요성·평가 따위가) 오르다, 높아지다, 증대하다; 출세하다, 승진하다(to, through) ⑤ 반항하여 일어나다, 반역하다, 봉기하다 ⑥ (물가·수치 따위가) 상승하다 ⑦ (부피가) 늘다 ⑧ (감정이) 격해지다; (소리가) 높아지다; (색 따위가) 짙어지다; (기분이) 나다 ⑨ (바람이) 세어지다, 일다; (강의) 물이 붇다 ⑩ 다시 살아나다, 부흥하다 ⑪ (집이) 서다, 세워지다 ⑫ (회합이) 폐회하다, 산회하다 ⑬ 나타나다, 수면에 떠오르다, (배 따위가 수평선 위로) 보이기 시작하다; 떠올라 미끼를 물다; 미끼[유혹]에 걸리다 ⑭ (생각 따위가) 마음에 떠오르다; (맛·냄새가) 느껴지다 ⑮ (사건·강 따위가) 생기다, 근원을 이루다(from, in, at) ⑯ 초월하다, 아무렇지도 않게 여기다(above) ⑰ (반죽 등이) 부풀다 ⑱ (울)화가 치밀다 ⑲ (요구 따위에) 응하다; (위험 따위에) 대처하다(to)

rise above

rise above *sth* (수동 불가)

to be good or wise enough to deal with an insult or unpleasant situation without becoming upset by it

(모욕·곤란 등을) 극복하다, 무시하다

You ought to be able to <u>rise above</u> all that silly fighting. (그런 어리석은 싸움에 동요하지 않을 수 있어야 해.)
                                    sth

The company has <u>risen above</u> its early problems, and is now doing well.
                                                       sth
(그 회사는 초창기의 어려움을 모두 극복하고 지금은 잘 돌아가고 있습니다.)

> **rise above** *sth* (수동 불가)
>
> to be much better than the standard that someone or something else has achieved
>
> (성취·업적이) 경지를 초월하다

The children have been taught to <u>rise above</u> <u>selfish consideration</u>.
                                                                    sth
(아이들은 이기적인 사고방식에서 벗어나도록 교육받고 있습니다.)

It tells the story of an aspiring young man's attempt to <u>rise above</u> <u>the squalor</u> of the street.
                                                                                                       sth
(이것은 거리의 비참함에서 벗어나려는 한 야심 있는 젊은이의 노력에 관한 이야기이다.)

rip

> **vt.** ① 쪼개다, 째다, 찢다(up); (구멍을) 찢어서 뚫다 ② 벗겨내다, 떼어내다(out, off, away) ③ (목재 따위를) 쪼개다, 세로로 켜다 ④ (비밀 등을) 폭로하다 ⑤ 거칠게 말하다, 격렬히 비난하다 ⑥ ((구)) (볼 따위를) 강타하다
>
> **vi.** ① 쪼개지다, 째지다, 찢어지다, 터지다 ② 돌진하다(along) ③ ((구)) 거친 말을 내뱉다(out) ④ ((구)) 자유로이 행동하다

rip off

> **rip** *sb* **off, rip off** *sb* (유사어 **fleece**) [Informal]
>
> to cheat someone by making them pay too much money for something
>
> (돈·재물을) 사취하다

A lot of taxi drivers here will <u>rip you off</u> if they think you're a tourist.
                                                                        sb
(이곳의 택시기사들 상당수가 만약 당신이 관광객이라고 생각되면 당신에게 바가지를 씌울 거요.)

With tickets costing over £100 each, audiences feel they're <u>being ripped off</u>.
(티켓 한 장 값이 100파운드가 넘어서 관객들은 바가지를 쓴 느낌이 들었다.)

➡ <u>rip-off</u> (n) [Informal]
   (if something is a rip-off, it is much too expensive and you think someone is trying to cheat you) 횡령, 사취

A lot of those tourist shops are a real <u>rip-off</u>. You can get the same things in ordinary shops for
                                                                              n
half the price.
(그런 관광 상품점의 상당수는 터무니없이 비싸게 받아먹네. 같은 물건을 일반 상점에서는 반값으로 살 수 있어.)

> **rip off** *sth*, **rip** *sth* **off** (유사어 **tear off**)
>
> to quickly remove a piece of clothing by pulling it off in a careless or violent way
>
> (옷 등을) 벗겨 내다, 떼어 내다

<u>Ripping off</u> <u>his tie and jacket</u>, he dived into the river.
(넥타이와 재킷을 급히 벗어 던지며 그는 강물로 뛰어들었다.)

I <u>ripped</u> <u>the cover</u> <u>off</u> of the book accidentally. (나는 잘못해서 그 책의 표지를 뜯어 버렸다.)

> **rip off** sth, **rip** sth **off** [Informal]
> to steal someone else's idea by copying something that they have made or invented, especially in order to sell it
>
> (다른 사람의 아이디어 · 다른 사람의 발명품을 복사해) 베끼다, 훔치다

Foley shamelessly admitted <u>ripping off</u> <u>other people's designs</u>.
(폴리는 뻔뻔스럽게도 다른 사람의 디자인을 훔친 것을 인정했다.)

Are they aware that their songs are <u>being ripped off</u> and copied by bands in other countries? <수동>
(그들은 자신들의 노래들을 다른 나라 밴드들이 표절하고 베끼고 있다는 걸 알고 있니?)

> **rip off** sth, **rip** sth **off** (유사어 **steal, nick** [BrE, Informal]) [Informal]
> to steal other people's money or possessions
>
> (~을) 훔치다, 빼앗다

He tried to sell me some jewellery, but I thought it had <u>been ripped off</u> so I wouldn't buy it. <수동>
(그가 나한테 보석 몇 개를 팔려고 했는데 내 생각에는 그것이 도난품인 것 같아 사지 않았어.)

I wouldn't dare to <u>rip off</u> <u>a bank</u>, would you? (나는 은행을 털 생각은 도저히 못 하겠어. 너는 어때?)

rip up

> **rip up** sth, **rip** sth **up** (유사어 **tear up**)
> to tear something quickly and violently into small pieces, especially something made of paper or cloth
>
> (종이나 헝겊으로 만든 것을) 갈가리 찢다

She <u>ripped up</u> <u>Tom's photograph</u> and threw it on the fire. (그녀는 탐의 사진을 갈가리 찢어 난로에 던졌다.)

Fran <u>ripped up</u> <u>her contract</u>. (프랜은 계약서를 갈가리 찢어 버렸다.)

> **rip up** sth
> to pull up something that is fixed to the floor or the ground in order to remove it or destroy it
>
> (표면 · 길거리 등을) 파헤치다

During the night, workmen <u>ripped up</u> <u>the middle of the road</u> so as to lay new pipes.
(밤에 인부들은 새 파이프를 매설하기 위해 길 한가운데를 파헤쳤다.)

As soon as I moved into the studio, I <u>ripped up</u> <u>the brown carpet</u> and painted the wall white.
(스튜디오로 이사 가자마자 나는 갈색 카펫을 걷어내고 벽을 흰색으로 칠했다.)

root

1. **vt.** ① (식물을) 뿌리박게 하다 ② (주의·사상 등을) 정착[고착]시키다, 뿌리 깊게 심다 ③ 뿌리째 뽑다, 근절하다(up, out, away) ④ ~의 의표를 찌르다, 속이다 ⑤ 꼼짝 못하게 하다, (공포 등이) 얼어붙게 하다
   vi. ① 뿌리를 내리다 ② ~에 원인이 있다, ~에서 유래하다 ③ (습관 등이) ~에 뿌리박혀 있다
2. **vt.** ① (돼지 등이) 코로 파다, 파 헤집다; 찾아내다, 밝혀내다(up) ② ((미속)) 강탈하다(against)
   vi. ① (돼지 등이) 주둥이로 땅을 헤집다, 헤적이다; (사람이 물건을 찾아) 휘젓다, 탐색하다 (about, around, for) ② [해사] (거친 파도로 배가) 뱃머리에 파도를 들쓰다 ③ ((미구)) (돼지처럼) 게걸스레 먹다

root for

root for *sb* [Informal]
to give support or encouragement to someone in a competition, a test, or a difficult situation, because you want them to succeed

(~를) 격려하다, 지지하다

Good luck, we'll be <u>rooting for you</u>! (행운을 빌어. 우리는 너를 응원할게.)
                        sb

It's one of those movies in which you're forced to <u>root for</u> the villain.
                                                                  sb
(이 영화는 악인을 응원하지 않을 수 없게 하는 영화 중 하나이다.)

root for *sb* (유사어 **cheer on**) [AmE]
to support a sports team or a player by shouting and cheering

(팀·선수 등을 소리 지르며) 응원하다

The stadium was filled with people <u>rooting for</u> the home team.
                                                         sb
(경기장은 홈 팀을 응원하는 사람들로 가득 메워졌다.)

We were all <u>rooting for</u> Green Bay to win the NFC Championship Game.
                        sb
(우리는 모두 그린베이가 NFC 결승전 경기에서 승리하도록 응원했다.)

root out

root out *sth/sb*, **root** *sth/sb* **out** (유사어 **get rid of, eradicate** [Formal])
to find and get rid of the thing or a person that is causing a problem

(문제가 되는 사물·사람을 찾아) 제거하다, 근절하다

We are doing all we can to <u>root out</u> violence in the schools.
                                           sth
(우리는 학교 폭력을 근절하기 위해 할 수 있는 모든 일을 하고 있다.)

The government must take efforts to root out ineffective parts of the system.
                                                    sth
(정부는 그 제도의 비효율적인 부분을 제거하려는 노력을 해야 한다.)

root out *sth*, **root** *sth* **out** (유사어 **dig out**) [Informal]
to find something by searching for it especially when it is difficult to find
(찾기 어려운 것을 수색해서) 찾아내다

I'll see if I can root out some old clothes to give to the man at the door.
                              sth
(문 앞에 있는 남자에게 줄 오래된 옷 몇 벌을 찾을 수 있는지 봐야겠어.)

I've got a sleeping bag somewhere - I'll root it out for you next time you come.
                                              sth
(어딘가에 슬리핑백 하나가 있었는데 다음에 네가 올 때 너한테 주게 찾아 둘게.)

rope

vt. ① 로프로 묶다; (등반가들이) 몸을 서로 밧줄로 연결하다 ② 밧줄을 둘러치다, 새끼줄을 치다 ③ ((미)) 올가미를 던져 잡다, 밧줄로 끌어당기다 ④ (계획 따위에) 꾀어 들이다, 끌어들이다, 유혹하다 (in) ⑤ [경마] (말의 속도를) 이기지 못하게 일부러 늦추다 ⑥ 부정하게 손에 넣다
vi. ① (썩은 음식물이) 끈적끈적해지다, 실처럼 늘어지다 ② (로프를 써서) 등산하다, 로프를 잡고 움직이다, (등반가가) 자일로 올라[내려]가다 ③ [경마] (기수가) (지기 위하여 짐짓) 말을 억제하다

rope in[into]

rope *sb* **in**, **rope in** *sb*, **rope** *sb* **into** *sth* [Informal]
to persuade someone to help you with something, especially when they do not want to
(도와 달라고) 설득하다, 끌어들이다, 유혹하다

Who roped you into doing dishes? (누가 너에게 설거지하라고 설득했니?)
        sb
Our club membership is shrinking. We need to rope in some new members.
                                                      sb
(우리 클럽회원이 줄고 있어. 신입회원들을 끌어들일 필요가 있어.)

➡ **get roped in** 으로도 쓰임
Whenever they need someone to look after the kids, I get roped in.
(그들은 아이들을 보살필 사람이 필요할 때면 언제나 나를 설득해.)

➡ **rope** *sb* **into doing** *sth* 으로도 쓰임
Have they roped you into selling tickets? (그들이 너더러 표를 팔라고 꼬드겼니?)
            sb   doing   sth

➡ **rope** *sb* **into doing** 로도 쓰임
Street vendors have roped a lot of people into buying fake wristwatches.
                          sb   doing
(노점상들이 많은 사람에게 가짜 손목시계를 사달라고 설득하고 있다.)

rub

vt. ① 문지르다, 비비다, 마찰하다; 닦다, 갈다 ② 문질러 지우다, 비벼 떼다[없애다], 스쳐 벗기다; 까지게 하다(off, out) ③ (양손 등을) 서로 비벼 대다 ④ 안달 나게 하다, 애먹이다 ⑤ 비벼서[문질러] 넣다(in, into); 문질러 바르다(over, on) ⑥ 탁본을 뜨다

vi. ① 마찰하다, 스치다, 닿다(against, on), 만지다 ② 스쳐서 닳다, 마멸하다 ③ ((구)) 간신히 나아가다[살아가다], 그럭저럭 해나가다(along, on, through)

rub in

rub in *sth*, **rub** *sth* **in**, **rub** *sth* **into** *sth*

to put a substance (e.g. ointment) onto the surface of something and to rub it so that it goes into the surface

(약 등을) 문질러 바르다

When hair is dry, <u>rub in</u> <u>a little oil</u> to make it smooth and glossy.
　　　　　　　　　　　　　sth
(머리결이 푸석푸석하면, 매끄럽고 윤이 나도록 기름을 조금 발라.)

Put some ointment on the sore muscle and <u>rub it in</u>. (근육통이 있는 부분에 약을 발라요.)
　　　　　　　　　　　　　　　　　　　　　sth

rub *sth* **in, rub in the fact that** [Informal]

to talk to someone about something which you know they want to forget because they feel bad about it

(실수 · 잘못 등을) 짓궂게 되풀이하며 말하다, 상기시키다

Please don't tell Bill about my mistake. He's sure to <u>rub it in</u>.
　　　　　　　　　　　　　　　　　　　　　　　　　　sth
(빌에게 내 실수 말하지 마. 걔는 분명히 그걸 계속 붙들고 늘어질걸.)

My wife likes to <u>rub it in that</u> I was late for our wedding.
(아내는 내가 결혼식에 늦었던 일을 계속 놀리고 싶어 해.)

rub out

rub out *sth*, **rub** *sth* **out** (유사어 **erase** [AmE]) [BrE]

to remove writing from something by rubbing it with a piece of rubber or with a cloth

(지우개 · 헝겊으로 글씨를) 지우다

She began <u>rubbing out</u> <u>the penciled marks</u>. (그녀는 연필로 그린 표시들을 지우기 시작했다.)
　　　　　　　　　　　　　　sth

I picked up my eraser and <u>rubbed out</u> <u>the sentence</u> I had written.
　　　　　　　　　　　　　　　　　　　　　　sth
(나는 지우개를 들고 내가 쓴 문장을 지워버렸다.)

rub out *sb*, **rub** *sb* **out** (유사어 **bump off** [BrE, Informal]) [AmE, Informal]

if one person rubs out another, they kill them

(사람을) 죽이다, 제거하다, 살해하다

The Mafia rubbed out many of their rivals. (마피아는 다수의 경쟁자들을 살해했다.)
　　　　　　　　　sb

The gang rubbed him out. (깡패들이 그를 살해했다.)
　　　　　　　　sb

rule

vt. ① 다스리다, 통치[지배, 관리]하다 ② 지도하다, 이끌다 ③ (감정 따위를) 억제하다 ④ (법정 등이) 규정하다, 재정[결정]하다, 판결하다 ⑤ 자로 (선을) 긋다, ~에 자로 줄을 긋다 ⑥ [보통 수동태] 설득하다

vi. ① 통치하다, 지배하다 ② 지배적이다, 널리 행해지다 ③ 재정[판결]하다 ④ (물가가) 보합을 이루다, 상태를 그대로 유지하다

rule out

rule out *sth*, **rule** *sth* **out** (유사어 **dismiss**)
if you rule out an idea or a course of action, you decide that it is impossible or unsuitable
　　　　　　　　　　　　　　　　　　　　　~을 배제하다, ~을 제외하다, ~을 인정하지 않다

We can't rule out the possibility that he has left the country.
　　　　　　　　　　sth
(우리는 그가 그 나라를 떠날 가능성을 배제할 수 없었다.)

The doctors still haven't ruled out the possibility that he might have cancer.
　　　　　　　　　　　　　　　　sth
(의사들은 여전히 그가 어쩌면 암에 걸렸을 수도 있다는 가능성을 배제할 수 없었다.)

rule out *sth*, **rule** *sth* **out**
if one thing rules out another, it prevents it from happening or being possible
　　　　　　　　　　　　　　　　　　　　　　　　　　불가능하게 하다, 방해하다

A lack of snow ruled out our ski trip. (눈이 부족해서 우리는 스키 여행을 하지 못했다.)
　　　　　　　　　　　　sth

The severe weather ruled out any attempts to reach the survivors by helicopter.
　　　　　　　　　　　　　　sth
(악천후 때문에 헬리콥터에 의한 생존자 구출을 시도조차 하지 못했다.)

run

vt. ① (사람·말 따위가) 달리게[뛰게] 하다; (차·배 따위를) 달리게[다니게] 하다, 왕복시키다 ② (말을) 경마에 내보내다, 달려서 ~하게 하다 ③ (아무와) 경주하다 ④ ~에서 도망치다 ⑤ (사냥감을) 쫓다, 몰다, 뒤쫓다 ⑥ (차에 실어) 나르다 ⑦ 달려서 하다 ⑧ (길을) 빠져나가다, 돌파하다, 지나가다, 뛰어가다, 뛰어다니다 ⑨ (실 따위를) 꿰다, (못 따위를) 박다, (칼을) 찌르다 (into, through) ⑩ 부딪다, 부딪치다(against) ⑪ (위험을) 무릅쓰다 ⑫ (책 따위를) 찍다, 인쇄하다(off), (기사·광고 따위를) 게재하다 ⑬ 구획[경계]을 짓다, (차별을) 하다 ⑭ (정당 등이) (아무를) 입후보시키다 ⑮ (제한을 넘어) 진행하다, (차·배 등을) 거칠게 몰다 ⑯ (보통 나쁜 상태로) 몰아넣다 ⑰ 불가능한 일을 꾀하다, 운명을 거스르다

545

vi. ① (사람·말이) 달리다, 뛰다; 급하게 가다 ② 잠깐 들르다[방문하다](down, over, up) ③ (식물이) 뻗다, 퍼지다; (물고기가) 떼를 지어 이동하다; 강을 거슬러 오르다 ④ (차·배가) 달리다, 다니다, 정기적으로 운행하다 ⑤ 달아나다, 도망치다 ⑥ 경주에 출장하다, (시합·경주에서) ~ 등이 되다 ⑦ (선출직, 선거에) 입후보[출마]하다 ⑧ (기계 따위가) 돌아가다, 돌다, 가동[운전]하다, 잘 움직이다 ⑨ (물·피·강 따위가) 흐르다; (눈·코·상처가) 눈물·콧물·피를 흘리다, (고름 따위가) 나오다 ⑩ 떠돌아다니다, 헤매다, 배회[방황]하다(about, around) ⑪ (뉴스·소문 따위가) 퍼지다, 전해지다, 인쇄되다, 기사화하다, 실리다; (화폐가) 통용[유통]되다 ⑫ (화제가) ~에 미치다, 걸치다, (종류·범위·크기가) 미치다(from ~ to); (길 따위가) 통하다, 이어지다 ⑬ (세월이) 흐르다, (때·인생이) 지나다 ⑭ (색깔이) 번지다, 배어나오다, 새다, 넘치다(over); (촛농 따위가) 녹아 흐르다 ⑮ (어떤 상태가) 되다, 변하다, (나쁜 상태에) 빠지다 ⑯ ~라고 씌어있다, (글·이야기 등이) ~라고 되어 있다 ⑰ (생각·기억 따위가) 떠오르다 ⑱ 계속하다[되다]; (영화·극 등이) 연속 공연되다, (책이) 판을 거듭하다 ⑲ 서둘러 하다, 대충 훑어보다(over, through) ⑳ ~에 의지하다, 호소하다(to) ㉑ (미끄러지듯) 움직이다, 이동하다, 구르다, 굴러가다 ㉒ ((미)) (직물이) 풀리다, (양말이) 올이 풀리다 ㉓ (수·액수가) ~에 달하다 ㉔ (예금주가 은행에) 예금을 찾으려고 몰려들다, (빛이) 밀리다 ㉕ [법률] (계약·영장 등이) 유효하다 ㉖ 대체로[평균] ~이다, ~하는 경향이 있다 ㉗ (성격·특징 등이) 내재하다, ~의 혈통이다 ㉘ [컴퓨터] (프로그램이) (컴퓨터에) 적용되다, 쓰이다(on); (컴퓨터가) (어떤 프로그램으로) 작동하다 ㉙ (상점·호텔 등이) 영업하다

run across

run across sb/sth (유사어 **come across**)
to meet or find someone or something by chance
(~을) 우연히 만나다, 찾아내다

Bob <u>ran across</u> <u>one of his army buddies</u> at the baseball game.
      sb
(밥은 야구경기에서 그의 옛 군대 친구 한 명을 우연히 만났다.)

I <u>ran across</u> <u>an excellent book</u> on the subject, in the public library.
    sth
(나는 우연히 공공 도서관에서 그 주제에 관해 대단히 좋은 책을 찾아냈다.)

run around, run round [BrE]

run around[round] (유사어 **rush around**)
to be very busy doing a lot of different things, and rushing from one place to another
(~하기 위해) 바쁘게 돌아다니다, 여기저기 뛰어 다니다

The woman was <u>running around</u> the store looking for her lost child.
(그 여인은 잃어버린 아이를 찾아 상점을 여기저기 뛰어 다녔다.)

We needed a large garden where the kids could <u>run around</u> freely.
(우리는 아이들이 자유롭게 뛰어놀 수 있는 큰 정원이 필요했다.)

➡ run around[round] doing *sth* 으로도 쓰임
I've been running around all morning trying to get everything ready for Cathy's birthday.
                                                    doing
(나는 캐시의 생일 준비를 하려고 아침 내내 부지런히 뛰어다녔다.)

run away

run away (유사어 **run off, flee**)
to leave a place, especially secretly, in order to escape from someone or something
                                                                                                도망하다, 도주하다

The children run away like frightened deer if you approach them.
(아이들은 당신이 다가가면 놀란 사슴처럼 도망가는군요.)

When the police arrived, one man ran away and the other made his escape in a car.
(경찰이 도착했을 때 한 사람은 도망쳤고 또 다른 사람은 차를 타고 달아났다.)

run away
to secretly leave a place because you are unhappy there
                                                                               (불행해서) 도망하다, 가출하다

He was so unhappy that he tried to run away from school.
(그는 너무 비참해서 학교에서 도망치려고 했다.)

Their daughter ran away and later married. (그들의 딸은 가출해서 나중에 결혼했다.)

➡ run away from home 으로도 쓰임
Darren was always getting in trouble at school and ran away from home five times in two years.
(대런은 항상 학교에서 문제를 일으켰고 2년 동안 5번이나 가출했다.)

➡ runaway (n)
(someone who has secretly run away from their home or the place where they usually live)
가출자, 도망자
Many homeless people start out as teenage runaways from broken home.
                                                                         n
(많은 노숙자들은 결손 가정에서 도망 나온 십대 가출 청소년들처럼 인생을 시작한다.)

run away (유사어 **avoid**)
to try to avoid a problem or a situation because it is difficult or embarrassing
                                                       (문제·어려운 상황을) 피하려고 애쓰다, 도피하다

Baker is not one to run away from a fight. (베이커는 싸움을 피하려는 사람은 아니다.)
You can't run away from your troubles. You have to face them.
(너는 그 어려운 문젯거리를 피할 수 없어. 그 문제에 맞서야 해.)

➡ run away from 으로도 쓰임
He shouldn't keep running away from his responsibilities. (그가 계속 책임을 회피해서는 안 된다.)

run by

run *sth* **by** *sb* **again** [Informal]
to say something again to someone in order to make sure they have understood it

(～을 이해하도록) 다시 말하다

Run that by me again. I didn't catch it the first time. (다시 설명해 줘. 처음에 잘 이해하지 못했어.)
　sth　sb

Sorry, I was thinking about something else. Can you run that one by me again?
　　　　　　　　　　　　　　　　　　　　　　　　　　　　　　　sth　　sb

(미안해, 딴 생각을 하고 있었네. 다시 한 번 설명해 줄래?)

run *sth* **by** *sb* [Informal]
to tell someone about something such as a plan or an idea, in order to find out their opinion about it, or to make sure that they agree with it

(동의·의견 등을 얻기 위해) ～에게 말하다

Very interesting, Why don't you run your proposal by the boss and see what he thinks about it?
　　　　　　　　　　　　　　　　　　　　sth　　　　　　sb

(아주 흥미롭네. 너의 제안을 사장한테 이야기해서 그가 어떻게 생각하는지 알아보는 게 어때?)

It sounds like a good idea, but we'd better run it by Michael first.
　　　　　　　　　　　　　　　　　　　　　sth　　sb

(그것 좋은 생각 같아. 그런데 우리 우선 마이클한테 말하는 게 낫겠어.)

run down

run down *sb*, **run** *sb* **down** (항상 수동) (유사어 **run over, knock down**)
to drive into someone and hurt or kill them

(차로 사람을) 치다, 들이받다

He was run down by a drunken woman. <수동> (그는 술 취한 여자가 모는 차에 치였다.)
The man was run down and killed by a speeding taxi. <수동> (그 남자는 과속 택시에 치여서 사망했다.)

run *sb/sth* **down**, **run down** *sb/sth* (유사어 **criticize, knock**)
to criticise someone or something, often unfairly

헐뜯다, 욕하다, 비방하다

Pam's big sister is always running her down even though Pam is far clever than her.
　　　　　　　　　　　　　　　　　　sb

(팸의 큰언니는 팸이 언니보다 훨씬 영리한데도 늘 팸을 헐뜯는다.)

You shouldn't run your own company down like that. If it's really so terrible, why don't you quit?
　　　　　　　　　　　sth

(자신이 다니고 있는 회사를 그와 같이 비방해서는 안 되지. 회사가 정말 그렇게 끔찍하다면 사표를 내지 그래?)

be run down (유사어 exhausted)

to feel tired and unhealthy because you have been working too hard, not getting enough sleep, or worrying a lot about something

피곤해 지치다

Is Sue all right? She looked rather run down when I last saw her.
(수 괜찮아? 내가 그녀를 지난번 보았을 때 좀 지쳐 보였어.)

I'm worried about Tom. He looks run down. (탐이 걱정돼. 그는 지쳐 보여.)

run down, run down *sth*, run *sth* down

if a clock, a machine, a battery, etc. runs down it has no more power and stops working

(시계가) 서다, (전지가) 다하다, 작동하지 않다, 서서히 힘을 잃다

When the motor runs down it can be replaced. (모터가 작동하지 않으면 교체해야 한다.)
Don't leave the car lights on for too long when the car isn't running or the battery will run down. (자동차를 사용하지 않을 때 전조등을 너무 오래 켜놓지 마. 안 그러면 배터리가 나가게 될 거야.)

run down *sth*, run *sth* down [BrE]

to gradually reduce the amount of work that a company or other organization does, in order to prepare for closing it

(폐업할 목적으로 점점 작업량을) 줄이다

BSEL say they will run down the shipyard unless another buyer is found.
                              sth
(BSEL은 다른 구매자를 찾지 못하면 조선소의 작업량을 줄일 것이라고 발표했다.)

The local hospital was being run down and no longer took emergency cases. <수동>
(그 지방 병원은 규모를 점차 축소하고 있었고, 더는 응급 환자들을 받지 않았어.)

run down *sth*, run *sth* down (유사어 ruin)

to let something such as a company, an organization, or a company's economy get into very bad condition

(회사 · 고객 · 회사 경영 등을) 악화시키다, 가치를 떨어뜨리다

Every time a new party gets into power, they always accuse the previous government of running down the economy.
         sth
(매번 새로운 정당이 집권할 때마다 그들은 항상 전 정권이 경제를 파탄시켰다고 비난한다.)

The shop is running down its inventory in preparation for moving to a new location.
                      sth
(새로운 장소로의 이전 준비로 그 상점은 재고품을 줄이고 있습니다.)

run down, run down *sth*, run *sth* down

if supplies of something run down, or are run down, they gradually all get used until there is none left

고갈되다, 다 소비하다

It is estimated that supplies of gas from the North Sea will start to <u>run down</u> between now and the end of the century.
(북해로부터의 가스 공급이 지금부터 금세기 말 사이에 줄기 시작할 것으로 추정됩니다.)

People reacted to inflation by <u>running down</u> <u>their savings</u> and buying goods instead.
                                                                 sth
(사람들은 저축한 돈을 쓰고 대신 상품을 사는 것으로 인플레에 대응했다.)

> **run down** sth (유사어 **run through**)
> to quickly look at or read aloud a list of things or people
>   (사물·사람의 리스트를) 훑어보거나 큰소리로 읽다

Do you want me to <u>run down</u> <u>the list of possible candidates</u>?
                                             sth
(출마 가능한 후보자들의 명단을 큰 소리로 읽어 볼까요?)

I quickly <u>ran down</u> <u>the list</u>, looking for my name.   (나는 명단을 재빨리 훑어보며 내 이름을 찾았다.)
                           sth

> **run** sb/sth **down** (유사어 **track down**) [BrE]
> if you run down someone or something you have been searching for, you find them after a lot of effort
>   (사물·사람을) 찾아내다, 끝내 밝혀내다

I finally managed to <u>run</u> <u>him</u> <u>down</u> at his club in Mayfair.
                              sb
(나는 마침내 메이페어에 있는 그의 클럽에서 간신히 그를 찾아냈다.)

At last I <u>ran down</u> <u>the article</u> that I had been looking for. (드디어 내가 찾고 있었던 기사를 발견했다.)
                              sth

> **run down** sth, **run** sth **down**
> to chase after something and succeed in stopping it
>   추적해서 ~를 세우다

Shane managed to <u>run down</u> <u>the ball</u> just before it reached the boundary.
                                        sth
(셰인은 공이 경계선에 닿기 직전에 간신히 잡았다.)

I think the bear is wounded. If so, the dogs will <u>run</u> <u>it</u> <u>down</u>.
                                                                    sth
(곰이 부상을 당한 것 같아. 만일 그렇다면 개들이 추격해서 잡을 거야.)

run into

> **run into** sb (수동 불가) (유사어 **bump into, run across, come across**)
> to meet someone that you know when you did not expect to meet them
>   ~와 우연히 만나다

We <u>ran into</u> <u>Ruth Ann</u> this morning. (우리는 오늘 아침 우연히 루스 앤을 만났다.)
              sb

I <u>ran into</u> <u>Karen</u> and her new boyfriend at the supermarket yesterday.
      _{sb}
(어제 슈퍼마켓에서 캐런과 그녀의 새 남자친구를 우연히 만났어.)

run into *sth* (유사어 **run through, meet with, encounter** [Formal])

when you expectedly encounter difficulties or problems, you run into them

(어려움 · 곤란함에) 빠지다, 만나다

Our plan <u>ran into</u> <u>unexpected opposition</u>.   (우리 계획은 예기치 못한 반대에 부딪혔다.)
                 _{sth}

Janica <u>ran into</u> <u>one problem after another</u> at work today.   (재니카는 오늘 직장에서 연이어 골칫거리를 만났다.)
              _{sth}

run into hundreds[thousands, millions, etc.] (유사어 **reach**)

to reach a total of several hundreds, thousands, etc. — used to talk about the total cost of something, or the total number of people killed by something

(합해서 어떤 수 · 양에) 달하다, 미치다

If you fixed everything on that old car needing fixing, it would <u>run into thousands of dollars</u>.
(네가 그 낡은 차의 고치고 싶은 곳을 전부 고친다면 수천 달러가 들 거야.)

The number of starving people in the country <u>runs into millions</u>.
(그 나라에서 굶주리는 사람의 수가 수백만에 달한다.)

run into *sth* (유사어 **drive (into)**)

to accidentally hit something while you are driving vehicles

(~와 사고로) 충돌하다[시키다]

Ian broke his arm when he fell off his bike after <u>running into</u> <u>a lamp post</u>.
                                                              _{sth}
(이안은 가로등 기둥을 들이받고 자전거에서 떨어졌을 때 팔이 부러졌다.)

I <u>was run into</u> by a drunken driver. <수동>   (나는 술 취한 운전자의 차에 치였다.)

run into *sth* (유사어 **merge into**)

if one thing runs into another, it becomes difficult to detect the division between them (e.g. word, color, quality)

~와 일체가 되다[섞이다], ~을 뒤섞어 합치다

The words seemed to <u>run into</u> <u>each other</u>, and I couldn't catch what she was saying.
                          _{sth}
(말이 꼬여서 그녀가 무슨 말을 하고 있었는지 알아들을 수가 없었다.)

It was strange how good and bad could <u>run into</u> <u>each other</u>.   (선과 악이 어떻게 뒤섞였는지 이상했다.)
                                                                  _{sth}

run off

run off (유사어 **free**)

to leave somewhere by running, for example to avoid being caught

(잡히지 않으려고) 도망치다, 급히 달아나다

The boy who threw a rock at the window ran off.　(유리창에 돌을 던진 소년이 달아났다.)
When I yelled at him, the stranger ran off toward the river.
(내가 그 낯선 사람에게 고함을 치자 그는 강 쪽으로 도망쳤다.)

run off

if you run off from someplace, you suddenly leave secretly

(비밀히 장소를) 떠나다, 가출하다

After three years of marriage, he ran off and left his wife.　(결혼한 지 3년 후 그는 아내를 버리고 떠나 버렸다.)
The popular novel's story is that Arthur was so heartbroken that he ran off to Africa.
(그 인기 소설의 줄거리는 아더가 너무 상심해서 아프리카로 떠났다는 것이다.)

run off *sth*, run *sth* off

to print several copies of something

(서류 등을) 복사하다, 프린트하다, 인쇄하다

This machine can run off two copies a second.　(이 기계는 1초에 2장씩 복사할 수 있습니다.)
Could you run thirty copies of this report off for the meeting, please?
(회의에서 쓸 보고서 30부를 복사해 주시겠습니까?)

run off *sth*, run *sth* off

to write something quickly and easily, for example a letter, a poem, or the words to a song

(편지·시·노랫말 등을) 막힘없이 쓰다

Lennon later said that he and Paul run off the song in a taxi on the way to the recording studio.
(레넌은 녹음실로 가는 택시 안에서 폴과 같이 노래가사를 썼다고 나중에 말했다.)
He's a veteran reporter. He can run off a lead article in twenty minutes.
(그는 경험 많은 노련한 기자이다. 그는 20분 만에 사설을 쓸 수 있다.)

run off *sth*, run *sth* off

if a machine or a system runs off a particular supply of power, it uses that power in order to make it work

(기계 등이) (전지·연료 등으로) 작동하다, 작동시키다

In Brazil, all new vehicles now run off fuel alcohol from the waste of sugar production.
(브라질에서는 지금 모든 신형 차량들이 설탕 생산 과정에서 나온 폐기물에서 생긴 알코올 연료로 달린다.)
It's designed to run off batteries or mains electricity.　(이것은 배터리나 주 전력으로 작동하도록 설계되었다.)

run on

run on *sth*, **run** *sth* **on** *sth*

to operate using a particular kind of computer or computer system, or to make something do this
(특정 종류의 컴퓨터를 사용하여) 작동하다, 작동시키다

The software will run on any PC. (이 소프트웨어는 어떤 PC에서도 작동합니다.)
                      sth

Can you run it on Windows Vista? (윈도우 비스타에서 그것을 작동시킬 수 있어?)
          sth   sth

run on

to continue happening for longer than expected or planned
(예상보다) 오래 계속되다, 오래[길게] 계속하다

Do you think that he tends to let his jokes run on too long?
(그가 농담을 너무 길게 하는 경향이 있다고 생각하니?)

Our meetings usually run on for hours. (우리 회의는 보통 여러 시간 동안 계속돼.)

run on *sth*, **run** *sth* **on** *sth*

if a machine or a system runs on a particular type of power, it uses it in order to work
(기계·차·장치 등을) (전기·휘발유로) 작동하다, 움직이다

Most passenger cars run on gasoline, but a few run on diesel fuel.
                           sth   sth
(대부분 승용차는 휘발유로 가는데 그중 소수는 디젤 연료로 간다.)

You can run the stove on coal or firewood. (이 난로는 석탄이나 장작으로 가동할 수 있습니다.)
         sth   sth

run on (유사어 **jabber away** [Informal], **chatter (on)**, **go on** [Informal], **ramble on**) [AmE]

to talk for a long time, especially when other people are not interested in what you are talking about
(계속) 지껄이다

Faulkner's sentences sometimes run on for more than a page.
(포크너의 문장들은 한 페이지 이상 길게 계속되는 경우가 가끔 있다.)

The meeting seemed ran on forever. (그 회의는 영원히 계속되었던 것 같다.)

➡ run on ~ about 으로도 쓰임

My dad will run on for hours about golf if you give him the chance.
(기회만 마련해 드린다면 아버지는 골프에 대해 몇 시간이고 끊임없이 이야기하실 겁니다.)

run out

run out

if you run out of something, you have no more of it left
(자원·재고품·보급품 등을) 다 소비하다, 바닥을 드러내다

What shall we use for power when all the oil in the world has run out?
(이 세상 석유가 전부 바닥나면 우리는 무엇을 동력 자원으로 쓸까요?)

The hot water has run out again, just when I wanted a bath.
(내가 목욕하고 싶던 바로 그때 또 다시 뜨거운 물이 바닥났다.)

➡ run out of *sth* 으로도 쓰임
The guerrillas finally run out of ammunition and withdrew.
(게릴라들은 마침내 탄약을 다 써버리고 철수했다.)

run out
if something runs out, there is no more of it left

(돈 · 인내심 · 운 등이) 다하다, 바닥나다, 한계에 다다르다

Their adventure lasted until the money ran out. (그들의 모험은 돈이 떨어질 때까지 계속되었다.)
Bob's luck finally ran out. (밥의 행운도 마침내 다 되었다.)

run out (유사어 expire)
if a legal document or contract runs out, it is no longer valid

(계약 · 면허 등이) 기간이 끝나다, 만기가 되다

My passport has run out. (내 여권 기한이 끝났다.)
The contract runs out next week. (계약은 다음 주에 만료된다.)

run out of steam, run out of gas [AmE]
to no longer feel eager to do something, or no longer feel that you have enough energy to continue

지치다, 맥이 빠지다, 흥미를 잃다

Nazeem starts really fast, but he tends to run out of steam after he's been boxing for a few rounds. (나짐은 시작은 정말 빨리 하지만 복싱을 몇 라운드 하고 나면 힘이 빠지는 경향이 있다.)
The Republicans' campaign to get rid of Clinton began to run out of gas.
(클린턴을 제거하려는 공화당의 캠페인은 김이 빠지기 시작했다.)

run out *sth*, run *sth* out
if you run out a length of rope you unwind some of it and let it pass away from you

(밧줄을) 풀다

Run the rope out a little at a time. (한 번에 조금씩 밧줄을 풀어 줘.)
One of the climbers stood on the edge of the cliff face and ran out about 50 feet of rope.
(등산가들 중 한 명이 절벽 면 끝에 서서 약 50피트쯤 되는 밧줄을 풀어 던졌다.)

run *sb* out, run out *sb* [BrE]
to end a player's period of play in a game of cricket, by touching or throwing the ball against the wickets

(크리켓에서) 승부를 가리다. (크리켓 경기 중 선수를) 아웃시키다

We had nearly won the game, when our best player was unexpectedly run out. <수동>
(우리가 거의 승리하고 있었는데 그때 우리 팀 최고의 선수가 뜻밖에 아웃되었다.)

Howarth was unluckily run out. <수동>   (하워드는 안타깝게도 아웃되었다.)

run over

run over

if you run over to someone or something, you move quickly to them

빨리 달려가다

She ran over and clutched her mother's hand.   (그녀는 급히 달려가서 엄마의 손을 와락 움켜잡았다.)
There is a store just across the street. I'll run over and buy some milk.
(길 건너 바로 맞은편에 상점이 있어. 빨리 가서 우유 좀 살게.)

run over sb/sth, run sb/sth over (유사어 **knock down, mow down**)

if a vehicle or its driver runs over someone or something, the vehicle hits them or drives over them, causing injury or demage

(차·사람이) ~을 치다

John was run over by a bus and killed. <수동>   (존은 버스에 치여서 죽었다.)
I ran over a glass bottle and got a flat tire.   (유리병이 차에 밟혀서 타이어에 바람이 빠졌다.)
      sth

run over sth (유사어 **run through, go through**)

to quickly explain something to someone, especially a series of points or instructions

(설명문 등을 간단하게) 설명하다

I'll just run over how the burglar alarm works.   (도난 경보기가 어떻게 작동하는지 설명 드리겠습니다.)
              sth
I'll just run over the main features of my proposal and then you ask me questions.
              sth
(제 제안의 주요 특징들을 간단히 설명 드릴 것입니다. 그런 다음 제게 질문을 해 주세요.)

run over sth (유사어 **run through, go through**)

to quickly read or repeat something in order to remember it or to check that is correct

대충 훑어 보다, 대충 다시 보다

Larry was still running over the script as we prepared to go on the air.
                     sth
(래리는 방송에 들어갈 준비를 할 때도 여전히 대본을 훑어보고 있었다.)
Sean ran over the figures several times to fix them in his mind.
         sth
(션은 확실히 머릿속에 기억해 두려고 몇 번이나 그 숫자를 훑어보았다.)

run over (유사어 **overflow**)

if a container runs over, there is so much liquid inside that some flows out

(용기에서 액체 등이) 흘러 넘치다, (그릇 따위가) 넘치다

Someone in an upstairs flat had let their bath <u>run over</u>, and there was water absolutely everywhere. (아파트 위층에 사는 누군가가 욕조의 물이 넘치도록 놔두어서 여기저기 온통 물 천지가 되었다.)
You can't pour any more tea into the cup, it will <u>run over</u>. (찻잔에 차를 더는 따르지 마세요. 곧 넘칠 거예요.)

run over, run over time
if a meeting, a game, a television program, an event, etc. runs over, it lasts longer than it should
(예정 시간 등을) 초과하다, 지나다, (~보다 오래) 끌다

The show was <u>running over time</u>, and the director had to cut one of the scenes.
(그 쇼는 예정 시간을 초과하고 있었다. 그래서 무대 감독은 한 장면을 삭제해야 했다.)
I hope the 11:00 meeting doesn't <u>run over</u>; I'm meeting a client for lunch at 12:00.
(11시 회의가 오래 끌지 않았으면 좋겠어요. 12시에 고객을 만나 점심을 먹을 거든요.)

one's mind runs over sth, run sth over in one's mind (유사어 run through)
to think about something such as a series of events or possibilities
머리[귀]에 박혀 사라지지 않다, 머리를 스치다

Give yourself a few minutes to <u>run it over in your mind</u>, then tell me what you think.
                                          sth
(잠시 마음속으로 그 문제를 생각해 보시고 그런 다음 당신이 어떻게 생각하시는지 저에게 말씀해 주세요.)
She let <u>her mind run over</u> the events of them previous day.
                                    sth
(그녀는 전날 있었던 그들에 대한 일들을 머릿속으로 떠올려 봤다.)

run through

run through sth (유사어 pervade [Formal])
if an idea, quality, feeling, etc. runs through something, it is present in all of it
(생각·사상·감정 등이) ~에 스며 있다, ~에 흐르다

A feeling of sadness <u>runs through</u> his poetry. (슬픈 감정이 그의 시에 절절히 흐르고 있다.)
                            sth
Racism <u>runs right through</u> our society from top to bottom. (인종적 편견이 우리 사회에 구석구석 배어 있다.)
            sth

run through sb's mind[head]
if something runs through your mind, you think about it or imagine
생각하다, (머리에) 떠오르다, (머리·귀에 박혀) 사라지지 않다

The thought <u>ran through my mind</u> that the other person was probably as frightened as I was.
(다른 사람도 아마 나만큼이나 놀랐을 거라는 생각이 들었다.)
I've had a tune <u>running through my head</u> all day. (어떤 곡조가 종일 머릿속에서 사라지지 않았다.)

run through sth (유사어 go over)
to think about or imagine something from the beginning to the end, especially a series of events, reasons, or instructions
(사건·이유 등을) 되풀이 생각하다, 복습하다

Helen ran through the scene in her mind again and again; maybe she had over-reacted.
              sth
(헬렌은 마음속으로 그 장면을 되풀이해서 생각했다 또 생각했다; 어쩌면 그녀는 과잉 반응을 했던 것 같다.)

The school band will have to stay late to run through the pieces for the concert.
                                                        sth
(학교 밴드부는 그 콘서트의 곡들을 철저히 연습하기 위해 저녁 늦게까지 남아 있어야 할 것이다.)

run through *sth* (유사어 **go through**)

to read, look at, or explain something quickly

(~을) 대충 훑어 보다, 급하게 읽다

Joette ran through a list of the jobs to be done.   (조에트는 해야 할 일들의 목록을 훑어보았다.)
                    sth

I sat down at my desk and ran quickly through the messages on my computer.
                                                  sth
(나는 책상 앞에 앉아서 컴퓨터에 떠 있는 몇 개의 메시지를 재빨리 읽었다.)

run (*sth*) through *sth*

if you run something through a computer, you ask the computer to check it, change it, do calculation with it, etc. in order to provide you with results you want

(컴퓨터로 자료를) 처리하다

The police run this information through a special computer, which has information on
                sth   sth
hundreds of thousands of criminals and suspected criminals.
(경찰은 특수 컴퓨터로 정보처리를 하는데, 그 컴퓨터에는 수십만 명의 범죄자들과 범죄 용의자들에 대한 정보가 들어 있다.)

He ran through the names in the notebook to see if there were any that he recognized.
                sth
(그는 노트북에서 아는 무엇이 있는지 보려고 이름들을 재빠르게 훑어보았다.)

run *sb* through (유사어 **stab**)

to push a sword completely through someone

(흉기로 사람을) 찌르다

She grabbed her scissors and ran him through.   (그녀는 가위를 잡아서 그를 찔렀다.)
                               sb
When she first picked up the knife, I thought she was going to run me through with it.
                                                                sb
(그녀가 처음에 칼을 집어 들었을 때 나는 그녀가 그 칼로 나를 찌를 거라고 생각했다.)

➡ **run *sb* through with** 로도 쓰임
The captain ran the pirates through with his sword.   (선장은 검으로 해적을 찔렀다.)
                sb

run through one's money (유사어 **squander**)

if you run through a large amount of money, you spend it quickly and in a wasteful way

(많은 돈을) 다 써버리다, 낭비하다

How he managed to run through £100,000 so quickly I will never understand!
(그가 어떻게 10만 파운드나 되는 금액을 그렇게 빨리 써버렸는지 나는 절대 이해할 수 없을 거야.)

He ran through his inheritance very quickly.   (그는 유산을 너무 빨리 다 써버렸다.)

run to

run to *sth*
to reach a particular amount, usually a large amount
(특정 수·양에) 도달하다, 미치다

The national debt <u>runs to</u> <u>millions of pounds</u>. (국채가 수백만 파운드에 이른다.)
                                                      sth

A housewife's work can <u>run to</u> <u>ten or twelve hours</u> a day if she has small children.
                                                     sth
(가정주부가 일하는 시간은, 어린 아이들이 있다면 하루에 10시간에서 12시간에 이른다.)

can[will] run to *sth* [BrE]
to have enough money to be able to pay for something
(~을 살) 여유가 있다, (~할) 재력이 있다

My income <u>won't run to</u> <u>a second car</u>. (내 수입으로는 세컨드카를 살 수가 없어.)
                                      sth

I'm afraid we <u>can't run to</u> <u>such a high-priced house</u>. (우리는 그렇게 고가의 집을 살 형편이 안 될 것 같아.)
                                              sth

run to *sb*
if you run to someone, you go to them for help, advice or protection
(도움·충고·보호를) 구하다, 의지하다

She <u>runs to</u> <u>the doctor</u> with every little pain. (그녀는 조금만 통증이 있어도 의사에게 달려간다.)
                       sb

Natalie had <u>run to</u> <u>her new lover</u> to be turned away broken-hearted.
                                sb
(나탈리는 단지 실연의 아픔을 달래려고 새로운 연인에게 의지했다.)

➡ **come running to** *sb* 로도 쓰임
Whenever there's the slightest problem he always <u>comes running to me</u> for help.
                                                                      sb
(그는 아주 사소한 문제가 생길 때마다 항상 도움을 청하러 나에게 달려온다.)

sb's taste runs to *sth*
if someone's taste runs to something, it is one of the things that they like
(취미·기호 등이) ~에 향하는 경향이 있다, ~을 좋아하다

My roommate's taste runs to <u>soap operas</u> and talk shows.
                                         sth
(내 룸메이트의 취미는 연속극과 토크쇼를 보는 것이다.)

His taste for the arts also <u>run to</u> <u>poetry</u>. (그의 예술 취향에는 시도 있다.)
                                            sth

run up

run up

to suddenly run to where someone or something is and stop next to them

달려가다, 뛰어가다

When I arrived home, my daughter <u>ran up</u> and threw her arms around me.
(내가 집에 도착했을 때 딸아이가 달려와 두 팔로 나를 껴안았다.)

The prince didn't have any bodyguards. Anyone could have <u>run up</u> and attacked him.
(왕자님에게 경호원이 하나도 붙지 않았어요. 누구든 달려가 그를 공격할 수 있었을 것입니다.)

➡ <u>run up to</u> 로도 쓰임
I <u>ran up to</u> him and asked, "Did you see two ladies come by?"
(나는 그에게 달려가 물었다. "두 여자가 지나가는 것을 봤습니까?")

run up debts[losses, a bill, a deficit, etc.] (유사어 **accumulate** [Formal])

if someone runs up debts or bills, they start to owe a lot of money because they fail to pay their bills

(빚·손실·청구금액 등이) 대폭 증가하다, 갑자기 늘다

Giving my son a credit card was a mistake — he <u>ran up a $2,500 bill</u> in only one month.
(아들에게 신용카드를 준 것이 실수였네. 겨우 한 달 만에 이 애 앞으로 청구 금액이 2,500달러나 되었어.)

We splashed out on lots of new furniture last month and <u>ran up a huge bill</u>.
(우리가 지난달 새 가구를 많이 사는 데 돈을 낭비했더니 청구금액이 굉장했다.)

run up *sth*, **run** *sth* **up**

if you run up a flag, you raise it on a pole, usually by pulling a pole

(기 등을) 올리다, 게양하다

The flag <u>was run up</u> and the national Anthem was sung. <수동> (깃발이 게양되고 애국가를 불렀다.)
The school had <u>run up the South African flag</u> in honor of Mandela's visit.
                        sth
(학교 당국은 만델라의 방문을 기념하기 위해 남아프리카공화국의 국기를 게양했다.)

run up *sth*, **run** *sth* **up** [BrE]

if you run up a piece of clothing, you make it quickly

(의복 등을) 급하게 만들다

I can <u>run up a dress</u> in a day, but it won't look properly made.
         sth
(나는 하루 만에 드레스 한 벌을 만들 수 있어. 하지만 제대로 만든 것처럼 보이지는 않을 거야.)

Mother <u>ran this costume up</u> for me to wear tonight's masquerade ball.
              sth
(오늘 밤 가면무도회에서 내가 입을 옷을 어머니가 급하게 만들어 주셨어.)

run up against

ran up against *sth/sb* (유사어 **run into, come up against**)
if you run up against problems or difficulties, you begin to experience them
(어려움·곤란함과) 부딪히다, 마주치다, 직면하다

Economic growth would sooner or later <u>run up against</u> <u>major problems</u>.
　　　　　　　　　　　　　　　　　　　　　　　　　　　　　sth
(경제성장이 조만간 곧 큰 어려움을 맞게 될 것입니다.)

The tax bill has <u>run up against</u> <u>strong opposition</u>.　(그 세법은 강력한 반대에 부딪혔다.)
　　　　　　　　　　　　　　sth

S

save

vt. ① (위험 따위에서) 구하다, 건지다(from) ② (안전하게) 지키다, 보호[보존]하다 ③ 절약하다, 아끼다 ④ 모으다, 모아 두다, 저축하다, 떼어[남겨]두다 ⑤ (수고·어려움 따위를) 적게 하다, 면하게 하다, (지출을) 덜다 ⑥ (눈·시력 등을) 보호하다 ⑦ [신학] (죄에서) 구원[구제]하다, 건지다 ⑧ (상대편의 득점)을 못하게 하다, (숏을) 막다 ⑨ [컴퓨터] (프로그램·데이터를) 저장하다 ⑩ ~의 시간에 대다

vi. ① 구하다, 구제하다 ② (~의) 낭비를 막다, (~을) 절약하다(on), 저축하다(for, up) ③ (음식물이) 오래 가다 ④ 상대의 득점을 막다 ⑤ [신학] (죄, 방황으로부터) 구제하다

유사단어

save: 쓰지 않고 따로 남겨[떼어] 둔다는 뜻으로 아껴둔 것을 보존하다.
　　He is <u>saving</u> (up) money for his old age. (그는 노후를 위해 돈을 저축하고 있다.)
reserve: 후일의 사용 또는 어떤 목적을 위하여 별도로 떼어 두다.
　　You should <u>reserve</u> the money for the future. (장래를 위해 돈을 따로 남겨 두어야 한다.)
store: 저장고 따위에 두다. 어느 정도 이상의 양, 장기적 보전을 시사함.
　　They <u>store</u> up fuel for the winter. (그들은 겨울에 대비하여 연료를 저장한다.)
economize: 경제하다. 절약하다.
　　We're looking for ways to help farmers <u>economize</u> on pesticide and fertilizer.
　　(우리는 농부들이 살충제와 화학비료를 절약하는 데 도움이 될 방법을 찾고 있습니다.)

save up

save up (sth), save (sth) up

to keep money so that you can buy something with it in the future

　　　　　　　　　　　　　　　　　　　　　　　　　　돈을 모으다, 저축하다

We're trying to <u>save up enough money</u> for children's education.
　　　　　　　　　　　　sth
(우리는 아이들의 교육을 위해 충분한 돈을 모으려고 하고 있다.)

I'm <u>saving up</u> to buy a new car. (나는 새 차를 사려고 돈을 모으고 있다.)

➡ <u>save up for</u> 로도 쓰임
I'm <u>saving up for</u> a trip to Europe. (나는 유럽 여행을 위해 돈을 모으고 있어.)

save up sth, save sth up

if you save something up, you keep it so that you can use it or deal with it later

　　　　　　　　　　　　　　　　　　　　　　　모아 두다, 남겨두다, (버리지 않고) 모으다

We <u>save up our old newspapers</u> and give them to the Boy Scouts.
　　　　　　sth
(우리는 오래된 신문을 모아서 보이 스카우트에게 주었다.)

How many coupons have you <u>saved up</u> so far? (지금까지 쿠폰을 얼마나 모았어?)

scare

vt. ① 두려워하게 하다; 놀라게[겁나게] 하다 ② 겁주어[위협해] ~하게 하다(into); 을러대어 쫓아 버리다(away, off)
vi. 겁내다, 놀라다(at)

scare away[off]

scare away[off] *sb/sth*, **scare** *sb/sth* **away[off]** (유사어 **frighten away[off]**)
to make a person or an animal so frightened that they go away
(사람·동물을) 놀래줘서 도망가게 하다, 겁주어 쫓아 버리다

We keep a big dog to <u>scare off</u> burglars. (우리는 도둑들에게 겁을 주려고 큰 개를 기른다.)
                        sb

There's a baby deer. Don't move. You'll <u>scare it away</u>. (아기 사슴이야. 움직이지 마. 놀라서 도망칠라.)
                                     sth

scare away[off] *sb*, **scare** *sb* **away[off]** (유사어 **frighten away[off]**)
to stop someone from doing something they intended to do, by making them feel worried or nervous
(무서워서) ~을 못하게 하다, 움츠러들게 하다

Higher coffee prices are <u>scaring away the customers</u>; many are drinking tea instead.
                                  sb
(커피 가격이 올라서 손님들이 위축되고 있다. 많은 사람들이 대신 차를 마신다.)

The economy would suffer if a threat to imports <u>scared Europeans away</u>.
                                                                        sb
(만일 수입에 대한 우려가 유럽 사람들을 위축시킨다면 경제는 악화될 것입니다.)

scrape

vt. ① 문지르다, 문질러 깨끗이 하다 ② ~의 수염을 깎다, 면도하다; 문질러[스치어, 긁어] 벗기다 ③ ~을 긁어 생채기를 내다; (구멍 등을) 파다, 도려내다 ④ (글씨 따위를) 문질러 지우다(out) ⑤ (자금·선수 등을) 애써서 긁어모으다, 마련하다(up, together) ⑥ 마찰하여 귀에 거슬리는 소리를 내다
vi. ① 문지르다, 긁다, 스치다 ② (절을 할 때) 한쪽 발을 뒤로 빼다 ③ (현악기를) 켜다 ④ 간신히 [가까스로] ~하다; 그럭저럭 지내다 ⑤ 근근이 모으다, 절약하다

scrape through

scrape through (*sth***)**
to manage with a lot of difficulty to succeed in something (e.g. exam)
(시험 등에) 간신히 합격하다, (어려움을) 극복하다, (경쟁·선거에서) 이기다

"I hear you passed the exam." "Yes, I barely scraped through."
("너 시험 합격했다고 들었어." "네, 간신히 통과했어요.")

We were able to scrape through the recession by drastically cutting costs.
                                sth
(우리는 비용을 대폭 절감해서 불경기를 극복할 수 있었어요.)

scribble

1. **vt.** ~을 휘갈겨 쓰다; 낙서하다
   vi. 휘갈겨 쓰다; 낙서하다
2. **vt.** (양털을) 얼레빗질하다

scribble down

scribble down *sth*, **scribble** *sth* **down**
to write something quickly in a messy way
(급하게) 메모하다, 갈겨쓰다

He scribbled down her phone number on a business card. (그는 그녀의 전화번호를 명함에 급하게 적었다.)
                         sth

I listened intently, scribbling down a few notes as he talked.
                              sth
(나는 그가 말을 할 때 몇 가지 내용을 메모하면서 열심히 들었다.)

screw

vt. ① 나사로 죄다[조절하다], 나사못으로 고정시키다, 나사를 틀어박다 ② (나사 따위를) (비)틀다, 돌리다; (병마개 등을) 비틀어 열다[닫다] ③ (종잇조각을) 뭉치다(up) ④ (입·얼굴 등을) 찡그리다, 일그러뜨리다; (몸, 팔 따위를) 비틀다, 굽히다 ⑤ 긴장시키다; (용기 등을) 불러일으키다 ⑥ ((구)) 쥐어짜다, 착취하다, 무리하게 빼앗다(out, of, from) ⑦ 강요하다, 압박하다 ⑧ 괴롭히다, ((미속)) 어려운 문제로 괴롭히다 ⑨ [테니스] 공을 깎아 치다, [당구] 공을 틀어 치다 ⑩ (돈을) 마지못해 치르다 ⑪ 속이다, 속여서 ~을 빼앗다

vi. ① (나사가) 돌(아가)다; 나사 모양으로 돌다, 비틀리다 ② 나사로 연결되다[떨어지다](on, together, off) ③ 절약하다, 인색하게 굴다 ④ 뚫어지게 보다 ⑤ 착취[압박]하다 ⑥ (당구공이) 방향을 바꾸다, 꺾이다

screw on

screw on *sth*, **screw** *sth* **on**
when you screw on the top of a circular container, you turn it so that it becomes tight and keeps the contents of the container inside

(뚜껑 등을) 막다, 끼우다

I hadn't <u>screwed the top of the gas can</u> <u>on</u> tight enough, and all the gas leaked out.
                 sth
(가스통 뚜껑을 단단히 잠그지 않아서 가스가 모두 새어 나갔다.)

I <u>screwed</u> <u>the top of the bottle</u> <u>on</u> firmly and put it in my back-pack.
            sth
(병뚜껑을 단단히 막아서 배낭에 넣었다.)

screw on *sth*, **screw** *sth* **on**
when you attach a part of a mechanical device with spiral grooves to another part with spiral grooves, you screw it on

돌려 잠그다, (드라이버로) 나사못을 돌리다

A nail won't do. You have to <u>screw</u> <u>it</u> <u>on</u>. (못이 안 박혀. 나사못을 돌려 박아야 해.)
                             sth

Put the new ink cartridge in the bottom half of the pen and then <u>screw on</u> <u>the top</u>.
                                                                            sth
(만년필의 밑 부분 절반쯤에 새 잉크 카트리지를 끼우고 나서 뚜껑을 돌려 막아.)

screw out of

screw *sth* **out of** *sb* [Informal]
to force someone to give you money or information

(돈 · 정보 등을) 무리하게 빼앗다, 무리하게 납득시키다

I finally <u>screwed</u> <u>a raise</u> <u>out of</u> <u>my stingy boss</u>. (나는 구두쇠 사장을 압박해서 마침내 봉급 인상을 따냈다.)
                   sth   sb

Don't worry, they'll never <u>screw</u> <u>a confession</u> <u>out of</u> <u>my father</u>.
                                       sth   sb
(염려 마. 그들은 우리 아버지에게서 자백을 받아 내지 못할걸.)

screw up

screw up *sth*, **screw** *sth* **up**
if you screw up your eyes or your face, you tighten your eyes or face muscles, because you are in pain or because the light is too bright

(눈을) 찡그리다, (빛이 너무 밝아서 눈을) 가늘게 뜨다

She had <u>screwed up</u> <u>her eyes</u>, as if she found the sunshine too bright.
                             sth
(마치 그녀는 햇빛이 너무 밝다고 느낀 것처럼 눈을 가늘게 떴다.)

"This milk has gone bad!" she said, screwing up her face in disgust.
("이 우유는 상했어."라고 그녀는 역겨워서 얼굴을 찡그리며 말했다.)

screw up *sth*, **screw** *sth* **up** (유사어 **crumble up**)
to twist and crush paper or material with your hands

(사물을) 엉망으로 하다

"She doesn't want to see me again." said Tom, screwing up her letter and tossing it in the waste-basket.
(탐은 "그녀는 나를 다시 보고 싶어 하지 않아."라고 하며 그녀의 편지를 구겨서 휴지통에 던져버렸다.)

He screwed up the letter into a ball and threw it out of the window.
(그는 편지를 구겨서 공처럼 만들어 창밖으로 던졌다.)

screw up (*sth*), screw (*sth*) up (유사어 **mess up** [Informal], **foul up** [Informal]) [Informal]
to make a mistake, or to damage or spoil something

실패하다, 손해를 입히다, 못쓰게 만들다

If you screw up again, you're fired! (너 또 실수하면 해고야!)
I tried to fix my computer, but I couldn't do it, and I just screwed it up instead.
(나는 컴퓨터를 고치려고 했지만 그러지 못하고 오히려 아주 못쓰게 만들어버렸다.)

➡ screw-up (n)
(a mistake that spoils arrangements) (협상을 망친) 실수, 일을 망침
There'd been a screw-up in plane reservations. (비행기 예약에 실수가 있었다.)

screw *sb* **up** (유사어 **mess up** [Informal]) [Spoken]
if a bad experience screws you up, it makes you feel unhappy, anxious, and confused for a long period of time

(나쁜 경험이 불행·분노·당황을) 느끼게 하다

The travel agent forgot to reconfirm my flight, and it really screwed me up.
(여행사가 내 비행기편을 재확인하는 것을 잊어버려 난 정말 황당했다.)
You really screwed me up when you lost my car keys. (네가 내 차 열쇠를 잊어 버렸을 때 나는 정말 난처했어.)

screw up your eyes[face], screw your eyes[face] up
to make your eyes narrower or the muscles in your face tighter

(눈을) 찡그리다, 가늘게 뜨다, (얼굴을) 찡그리다

Miss Jarman screwed up her face in disgust. "I can't abide that man — there's something devious about him."
(저먼 양은 역겨워 하며 얼굴을 찡그렸다. "나는 그 남자 질색이야. 그 사람에게는 뭔가 교활한 면이 있어.")

He rested his arms on the railing and looked out over Central Park, <u>his eyes screwed up</u> against the sun. <수동>
(그는 난간에 팔을 걸치고 해 때문에 눈을 찡그리면서 센트럴파크를 바라보았다.)

scroll

vt. ① [보통 과거분사형] 두루마리로 하다, (두루마리 모양으로) 말다 ② 소용돌이 무늬로 장식하다 ③ [컴퓨터] ~을 스크롤하다(up, down)

vi. ① 말다, 두루마리 모양으로 되다 ② [컴퓨터] 스크롤하다

scroll across

scroll across[down, up] (*sth*)

to move the content or other information across/down/up a computer screen in order to view a different part of it

(컴퓨터) 스크롤하다, 표시화면 내용을 순차적으로 (1행씩) 올리다[내리다]

<u>Scroll up</u> to the top of the page. (페이지 맨 위까지 스크롤해서 올려 봐.)
Use the mouse button to <u>scroll</u> the text <u>down</u>. (마우스 버튼을 사용해서 텍스트를 스크롤해서 내려 봐.)
　　　　　　　　　　　　　sth

see

vt. ① ~을 보다, ~이 보이다 ② 방문하다, 찾다, (의사에게) 진찰을 받다 ③ (명소 따위를) 구경하다, 바라보다; 관찰하다 ④ ~를 만나(보)다, ~를 면회하다, (환자를) 문병하다; ~와 회견[회담]하다; ~와 자주[종종] 만나다[데이트하다] ⑤ (시대, 사건 등을) 겪다, 경험하다; (장소가) ~현장이 되다, 목격하다 ⑥ 깨닫다, 이해하다, 알다, 알아채다 ⑦ 잘 보다, 살펴보다, 조사[검사]하다 ⑧ 인정하다, 발견하다, (특히) 장점으로서 ~을 찾아내다 ⑨ 상상하다, (꿈에) 보다, 마음속에 그리다 ⑩ (~으로) 생각하다, (어떤 견해에서) 보다 ⑪ 바래다주다, 배웅하다(to) ⑫ ~에게 원조[도움, 돈]를 주다 ⑬ (~이 ~하도록) 마음을 쓰다, 배려하다, 조치를 취하다 ⑭ [보통 의문문·부정문에서] 묵인하다, 내버려 두다 ⑮ [카드놀이] (포커에서) 같은 액수의 돈으로 내기[상대]에 응하다 ⑯ ((미구)) ~에게 뇌물을 쓰다, ~을 매수하다

vi. ① 보다, 보이다, 눈이 보이다 ② 알다, 이해하다, 납득하다 ③ 살펴보다, 확인하다, 조사하다 ④ 생각해 보다, 숙고하다 ⑤ [명령문에서] (주의해서) 보다, 주목하다

유사단어

see: 시력을 특히 작용시키지 않는 특징이 있음. see의 다른 중요한 뜻인 '주의하다', '사람을 만나다'는 모두 시력이 아닌 머리를 쓰는 점에 주의할 것
　I saw a man making his way towards me. (나는 나한테 오고 있는 한 남자를 보았다.)
look: '시선'에 중점이 있음. 얼굴·눈이 그 쪽으로 향한다는 뉘앙스, 따라서 명사의 뜻인 '표정'이 생김
　If you <u>look</u> closely, you can see ducks at the edge of the lake. (자세히 보면 호수 가장자리에 오리 몇 마리가 있는 것을 볼 수 있어요.)
　Wow! Take a <u>look</u> at that moon, It's huge! (어머! 저 달 좀 봐. 엄청 크다.)
gaze upon, stare at: (눈을 크게 뜨고) 눈여겨보다, stare에는 놀람·호기심이 따를 때가 많음
　He sat for hours just <u>gazing out</u> the window. (그는 창밖을 그냥 멍하니 바라보며 몇 시간씩 앉아있었다.)
　She <u>stared at</u> him in disbelief, shaking her head. (그녀는 머리를 흔들며 못 믿겠다는 듯이 그를 쳐다보았다.)

watch: 상대의 움직임 등을 지켜보다, 감시자가 정지해 있음을 시사함
  Ed likes to go to the park and watch the pigeons. (에드는 공원에 가서 비둘기들을 보는 것을 좋아한다.)

see about

see about *sth* (수동 불가)

to find out something in order to make arrangements or deal with it

~을 찾아내다, (~에 관해) 수단을 강구하다

I bought a newspaper to see about houses for rent. (셋집을 알아보려고 신문 한 장을 샀다.)
                                    sth
Why don't you go and see about that job Mr. Herbert offered you at his factory?
                                  sth
(허버트 씨가 너에게 그의 공장에서 일하도록 제시한 그 일자리를 가서 알아보지 그래?)

➡ see about doing 으로도 쓰임
I went over to the police station to see about getting Marty out of jail, but he had already been released.
                                              doing
(나는 마티를 구치소에서 빼내려고 경찰서로 갔는데 그는 벌써 방면되었다.)

I'll[We'll] have to see about that [Spoken]

used to tell someone that you will consider if something will be possible

(~에 관해) 생각해보다, 가능성이 있는지 생각해보다

"Daddy, will you take me to the zoo on the Sunday?" "Maybe, I'll have to see about it."
                                                                              sth
("아빠, 일요일에 동물원에 데려가 주실 수 있어요?" "글쎄, 생각 좀 해보자.")

"Mom, can I have a car for my birthday?" "We'll have to see about that. I'll have to talk to your
                                                              sth
father." ("엄마, 생일날 저한테 차 사주실 수 있어요?" "그 문제는 생각해 보자. 아빠에게 말해 봐야겠다.")

we'll see about that [Spoken]

used to say that you intend to stop someone from doing something that they are planning to do

(계획 하고 있는 일을) 못하게 하다, ~을 못하게 막다

Joshua wants to go to this party, hur? Well, we'll see about that!
(조슈아가 이 파티에 오고 싶어 한다고? 좋아, 어디 올 수 있는지 두고 보자!)
You're dropping out of school? Well, we'll see about that! (너 학교를 중퇴하겠다고? 좋아, 그러기만 해 봐라!)

see off

see *sb* **off** (유사어 **wave off, say goodbye to** *sb*)

to go to the place that someone is leaving from in order to say goodbye

배웅하다, 전송하다

We all went to the station to see the newlyweds off. (우리는 모두 신혼부부를 배웅하러 정거장으로 갔다.)
                                  sb

All the parents were at the railway station, <u>seeing</u> <u>the children</u> <u>off</u> to school.
                                                       sb
(부모들은 모두 기차역에 와서 학교로 가는 아이들을 배웅했다.)

> **see** *sb* **off, see** *sb* **off** *sth*
>
> to force somebody to leave a place
>
> (장소에서 강제로) 쫓아내다, (침입자 따위를) 내쫓다

Call the dogs! Let's <u>see</u> <u>those poachers</u> <u>off</u>! (개들을 불러와! 저 밀렵꾼들을 모두 쫓아 버리자고!)
                          sb

The farmer threatened to <u>see</u> <u>the boys</u> <u>off</u> <u>his land</u> with a gun.
                              sb   sth
(농부는 총으로 그 소년들을 자기 땅에서 쫓아내려고 위협했다.)

> **see off** *sb/sth*, **see** *sb/sth* **off** (유사어 **defeat**) [BrE]
>
> in a game or a competition, if you see off your opponent, you succeed in improving your position so that you win it
>
> (게임 · 경기에서 상대를) 제압하다, (적 · 공격 등을) 격퇴하다

They <u>saw off</u> <u>three enemy attacks</u> within three days. (그들은 사흘 동안 세 번의 적의 공격을 물리쳤다.)
              sth

Newcastle United <u>were seen off</u> 1-0 by Liverpool. <수동>
(뉴캐슬 유나이티드 팀은 리버풀 팀에게 1대0으로 패했다.)

see out

> **see** *sb* **out** (유사어 **show out** 반대어 **see in[into], show in[into]**)
>
> if you see someone out of a room or a building, you go with them to the door as they leave
>
> (손님을) 현관까지 배웅하다

"I have to go now." "I'll <u>see you out</u>." ("이제 가 봐야겠습니다." "현관까지 배웅해 드리겠습니다.")
                              sb

Klein shook Carson's hand and <u>saw</u> <u>him</u> <u>out</u>. (클라인은 카슨과 악수하고는 그를 배웅했다.)
                                       sb

> **see** *sth* **out** (유사어 **see through, stick out**)
>
> if you see out a period of time, you continue with what you are doing until that period of time is over
>
> (하고 있는 일을) 끝까지 완수하다

Will our supplies <u>see</u> <u>the winter</u> <u>out</u>? (우리가 가지고 있는 식량으로 겨울을 넘길 수 있을까?)
                        sth

My job is terrible, but I'm going to <u>see</u> <u>it</u> <u>out</u> until the end of the year.
                                           sth
(내 일이 너무 힘들지만 금년 말까지는 버텨볼 거야.)

see through

see through *sth/sb* (수동 불가)

to recognize the truth about somebody or something

(의도 · 본심을) 꿰뚫어 보다, 간파하다

He is so charming that few people see through him and realize that he is just a conman.
                                                    sb
(그가 너무 매력적인 나머지 그의 실체를 간파하고 그가 단지 사기꾼에 지나지 않는다는 것을 알아차린 사람이 별로 없었다.)

Eventually I saw through her lies and ended the relationship.
                              sth
(결국 나는 그녀의 거짓말을 간파하고는 관계를 끝냈다.)

see *sth* **through** (유사어 **see out**)

if you see a task, a plan, or a project through, you continue to do it until it is successfully completed

(과제 · 계획 · 프로젝트 등을) 끝까지 해내다

We must see this thing through now that we've started it.   (우리가 이 일을 시작한 이상 끝까지 해내야 해.)
            sth

It's a difficult job, but I'm going to see it through.   (이것이 어려운 일이기는 하지만 나는 끝까지 해낼 거야.)
                                           sth

see *sb* **through, see** *sb* **through** *sth*

to give help or support to somebody for a particular period of time

~를 도와 (어려운 시기를) 벗어나게 하다[극복하게 하다]

Times were hard, but Olivia's determination saw her through.
                                                sb
(힘든 시절이었지만 올리비아의 결심이 그녀로 하여금 어려운 시기를 벗어나게 했다.)

My religious faith is the only thing that saw me through my divorce.
                                              sb   sth
(나의 신앙심만이 유일하게 내가 이혼의 고통에서 벗어나게 해준 것이다.)

see *sb* **through, see** *sb* **through** *sth* (유사어 **last**)

if food or money sees you through, you have enough to last until you get some more

(음식 · 돈으로) 버티다, 곤경에서 벗어나게 하다

Can I borrow $30? That should be enough to see me through until payday.
                                                sb
(30달러만 꾸어 줄 수 있니? 그 돈이라면 월급날까지 견디는 데 충분할 텐데.)

The harvest was good, and the people had enough food to see them through the winter.
                                                            sb   sth
(수확이 좋아서 사람들이 겨울을 나는 데 충분한 식량을 얻었다.)

see to

see to *sth* (유사어 **deal with, attend to** [Formal])
to deal with something that needs doing or to help someone who needs your help
~을 처리하다, (도움이 필요한 사람을) 돕다

Excuse me, I must go and <u>see to</u> <u>the dinner</u>.　(미안합니다. 가서 저녁 준비를 해야 해서요.)
                                  sth

Our uncle took care of us and <u>saw to</u> <u>our education</u>.　(아저씨가 우리를 돌봐 주시고 교육을 받도록 도와주셨다.)
                                    sth

sell

vt. ① 팔다, 매도[매각]하다 ② (명예·양심 따위를) (돈, 권력 등을 위해) 팔다, (친구 등을) 배반하다 ③ ((구)) 판매를 촉진시키다, ~의 판매를 돕다; (계획·생각 따위를) ~에게 선전하다, 추천하다 ④ ((구)) ~에게 ~을 받아들이게 하다[납득시키다](on) ⑤ [보통 수동태] ((구)) 감쪽같이 속여 넘기다
vi. ① (물건이) 팔리다(at, for) ② 팔려고 내놓다, 장사를 하다 ③ ((구)) 받아들여지다, 환영받다

sell off

sell off *sth*, **sell** *sth* **off** (유사어 **sell**)
to sell something at a low price because you do not want it or because you need some money
(필요 없는 것을) 싸게 팔다

Every year, car dealers <u>sell off</u> <u>their older cars</u> at cheaper prices in order to make room for new
                                                    sth
models.　(매년 자동차 판매업자들은 신형차를 놓을 공간을 마련하기 위해 구형 차들을 싸게 판다.)
We <u>sold off</u> <u>most of Grandma's things</u> after she died.
                         sth
(우리는 할머니가 돌아가신 다음 할머니 물건들 대부분을 싸게 처분했다.)

sell off *sth*, **sell** *sth* **off**
to sell all or a part of an industry or company
(자회사·회사의 일부를) 매각하다

The communication company decided to <u>sell off</u> <u>cellphone division</u>.
                                                        sth
(그 통신회사는 휴대전화 부문을 매각하기로 했다.)
The company plans to <u>sell off</u> <u>its budget hotels</u> and concentrate on upgrading it's restaurants.
                                     sth
(그 회사는 저렴한 호텔들을 팔고 음식점들의 질을 높이는 데 집중하기로 계획을 세웠다.)

➡ <u>sell-off</u> (n)
   (a sale of all or a part of a business)　재산 정리, 매각

The stock market was hurt by a sell-off in high technology shares.
(주식시장은 하이테크 관련주 매각 때문에 충격을 받았다.)

sell out

sell out

if a shop sells out, it has no more of particular product available to buy
(재고품 따위를) 죄다 팔아치우다, 모두 팔아버리다

The store had sold out of the green paint I wanted.
(그 상점은 내가 사고 싶어 했던 초록색 페인트를 다 팔아 버렸어.)

Hardware stores have sold out of water pumps and tarpaulins.
(철물점들은 물 펌프와 방수포를 모두 팔아버렸다.)

➡ sell out of 로도 쓰임
Most music stores have already sold out of Ice Cube's new rap album.
(대부분 음반 가게에서 아이스 큐브의 새 랩 앨범이 이미 다 팔려버렸습니다.)

sell out

if products, tickets, places at a concert, etc. sell out, they are all sold and there are none left
(상품·공연표 등이) 팔리다, 매진되다

The Super Bowl sells out quickly every year. (슈퍼볼 표는 매년 빠르게 매진됩니다.)
All the tickets for the last performance have sold out already! (마지막 공연의 모든 표가 이미 다 팔렸다.)

➡ be sold out 으로도 쓰임
I'm sorry, all the coffee is sold out. (미안합니다. 커피가 다 팔렸습니다.)

➡ sell-out (n)
(an event, performance, concert, etc. for which all the tickets have been sold) 매진
The concert's sponsors are hoping for a sell-out.
(그 콘서트의 후원업체들은 표가 완전 매진되기를 기대하고 있다.)

sell out, sell out *sb*

to do something that is against your beliefs or principles in order to get power, money, etc.
(권력·돈 때문에) (신념·주의에) 배반하다, (적과) 내통하다

Benedict Arnold was an American general who sold out to the British.
(베네딕트 아놀드는 영국 측과 내통한 미국의 장교였다.)

He can't be trusted not to sell out his friends if he is in a position to make a profit.
(그 녀석이 이익을 취할 입장이 되면 친구들을 배반하지 않을 것이라고 보증할 수 없어.)

➡ sell-out (n)
(when you do something that is against your beliefs or principles because you want more money, power, etc.) 배반 (행위), 내통, 밀고
Some authors think writing cheap romance novels is a sell-out.
(어떤 작가들은 싸구려 연애 소설을 쓰는 것을 배반 행위라고 생각한다.)

sell out, sell out *sth*

to sell your business or your share of a business

(사업체 · 사업의 지분을) 팔다, 처분하다

After four years, Glenn <u>sold out</u> to his sister, who continued to operate the restaurant alone.
(4년 후 글렌은 여동생에게 자신의 지분을 팔았다. 그래서 그녀는 혼자서 레스토랑 운영을 계속했다.)

At age 35, he <u>sold out his very successful business</u> and retired.
             sth
(나이 35세에 그는 아주 성공적인 사업체를 처분하고 은퇴했다.)

sell up

sell up, sell up *sth*, **sell** *sth* **up** [BrE]

to sell your house or business in order to go somewhere else or do something else

(집 · 사업체를) (~로 가기 위해 · 다른 것을 하기 위해) 팔다

Rosa wanted Mum to <u>sell up</u> and go and live in Rome. (로사는 엄마가 집을 팔고 로마로 가서 살았으면 했다.)
My shop was losing money, so I had to <u>sell up</u> to pay my debts.
(가게가 적자를 내고 있어서 나는 빚을 갚기 위해 가게를 팔아야만 했다.)

send

vt. ① (물품 따위를) 보내다, 발송하다; (서신 · 메시지 따위를) 송신하다; 전언하다 ② (사람을) 파견하다, 가게 하다, 보내다 ③ (접시 · 술 등을) 차례로 건네다, 돌리다 ④ (빛 · 연기 · 열 따위를) 내다, 발하다(forth, off, out, through); (탄환 따위를 일정한 방향으로) 발사하다, 쏘다, 날리다; (돌 따위를) 던지다 ⑤ 내몰다, 억지로 보내다 ⑥ ((문어)) (하느님 · 신이) 주다, 허락하다, 베풀다, (재앙 따위를) 입히다, ~하게[되게] 하다 ⑦ ~의 상태로 되게[빠지게] 하다, ~상태로 몰아넣다 ⑧ ((구)) (청중을) 흥분시키다, 황홀하게 하다 ⑨ [전기] 송전하다, (신호 · 전파를) 보내다

vi. ① 사람을 보내다, 심부름꾼을 보내다 ② 편지를 보내다, 소식을 전하다

send away

send *sb* **away, send away** *sb* (유사어 **send off**)

to send someone to another place, especially to live there

(~로 살도록) 보내다

Greg <u>was sent away</u> to school at the age seven. <수동> (그레그는 7살에 학교로 보내졌다.)
I will always be thankful that my parents <u>sent me away</u> to college.
              sb
(부모님이 나를 멀리 떨어진 대학으로 보내주신 것을 항상 감사히 여길 거야.)

send away for

send away for *sth* (유사어 **sent off**)
to order something to be sent to you in the mail

(우편으로) 주문하다

I used to <u>send away for</u> catalogs. Now I buy everything on the Internet.
　　　　　　　　sth
(예전에는 카탈로그를 보고 우편 주문했어. 지금은 인터넷으로 모든 것을 사지.)

She was going to <u>send away for</u> samples.　(그녀는 샘플을 우편으로 주문하려고 했다.)
　　　　　　　　　　　sth

send back

send *sth* **back, send back** *sth* (유사어 **return**)
to return something, usually by mail, to the company or shop where it came from because you do not like or need it, or because it is broken

(우편으로) 반송하다

My aunt had a wig, but she <u>sent it back</u> to be redressed.
　　　　　　　　　　　　　　　sth
(우리 숙모는 가발을 가지고 계셨는데 수선해 달라고 우편으로 반송하셨다.)

Turner <u>sent back the ring</u> to the jeweler to replace the missing stones.
　　　　　　　　sth
(터너는 빠진 보석을 다시 끼워달라고 보석상에게 반지를 우편으로 돌려보냈다.)

send for

send for *sb*
to send someone a message asking them to come to see you

(사람을 부르러) 메시지를 보내다

Her washing machine had flooded the kitchen. She <u>sent for a plumber</u> and got it fixed but it left
　　　　　　　　　　　　　　　　　　　　　　　　　　　　　　　sb
a terrible mess.　(세탁기 때문에 부엌이 물바다가 되었다. 그녀는 배관공을 불러 그것을 고쳤으나 엄청나게 어질러졌다.)

Quick! <u>Send for a doctor</u>! She's barely breathing!　(빨리 서둘러! 의사 불러! 그녀가 숨쉬기 힘들어 해!)
　　　　　　　sb

send for *sth*
to ask or order that something be brought or sent to you

(물품 등을) 주문하다

You can <u>send for these seeds</u> at a very cheap price.　(이 종자는 아주 저렴한 가격에 주문하실 수 있습니다.)
　　　　　　　　sth

You may <u>send for further information</u> by using the following e-mail address.
　　　　　　　　　sth
(자세한 정보는 다음 이메일 주소를 이용해서 신청해 주세요.)

send off

send off *sth*, **send** *sth* **off**

to send a letter, a document, or a parcel by post

(편지·서류·소포 등을) 발송하다, 우송하다

I <u>sent off</u> your birthday present today. You should get it soon. (오늘 네 생일 선물 보냈어. 곧 받게 될 거야.)
sth

Have you <u>sent the boxes off</u> yet? (상자들은 발송했습니까?)
sth

send *sb* **off**, **send off** *sb* (유사어 **send away**)

if you send someone off, you ask or tell them to go somewhere else

(학교·회사 등으로) 보내다, 파견하다

Mary complained about getting up early in the morning to <u>send her husband off</u> to work, as he was a grown man who should be able to do this for himself.
sb
(메리는 남편을 직장에 보내려고 아침에 일찍 일어나는 일에 대해 불평했다. 왜냐하면 남편은 자기 스스로 이런 일을 할 수 있어야 하는 성인이었기 때문이다.)

When she was 16, Eleanor <u>was sent off</u> boarding school in Europe. <수동>
(엘리너가 16살이었을 때 그녀는 유럽에 있는 기숙 학교로 보내졌다.)

➡ send-off (n)

(when people gather together to say good bye to someone who is leaving) 배웅, 송별

The rally was intended to provide a memorable <u>send-off</u> for President Bush.
n
(그 집회는 부시 대통령에게 잊지 못할 송별을 해주기 위한 것이었다.)

be sent off [BrE]

if a sports player is sent off, they are forced to leave the field because they have broken the rules

(선수를 반칙 등으로) 퇴장시키다

If you continue to break the rules you will <u>be sent off</u>. (계속 규칙을 어기면 당신은 퇴장당할 거예요.)

Two players <u>were sent off</u> for intentional violence against members of the opposing team.
(상대팀 선수들에게 고의로 폭행을 가했기 때문에 두 선수가 퇴장당했다.)

➡ sending-off (n)

(when a sports player is forced to leave the field because they have broken the rules) 퇴장

Hampson was given a ten-week ban after his third <u>sending-off</u> this season.
n
(햄슨은 이번 시즌 세 번째로 퇴장 명령을 받고 10주간 출전금지가 내려졌다.)

send up

send up *sth/sb*, **send** *sth/sb* **up** (유사어 **increase**)

to make something increase in value

(가치·가격·온도 등을) 올리다, 상승시키다, 증가시키다

The unusually severe winter in the south is sure to send up the price of orange.
                                                                    sth
(남부지방 겨울의 이상 혹한이 오렌지 값을 올리는 것이 확실하다.)

The shortage is bound to send prices up. (물자 부족은 반드시 가격을 상승시키게 되어 있다.)
                              sth

send up *sb/sth*, **send** *sb/sth* **up**

if you send someone up, you imitate them in the way that makes them appear foolish

놀리다, 모방하다

She's good at sending up several popular singers. (그녀는 몇몇 인기 가수들을 모방하는 데 능숙하다.)
                          sb
Much British humor consists in sending up the customs and leading figures of the country.
                                           sth
(대부분 영국인 유머는 그들 나라의 관습이나 유명한 사람들을 놀리는 데 있다.)

set

vt. ① 두다, 놓다, (자리 잡아) 앉히다 ② (사람을) 앉히다 ③ (모종·씨 등을) 심다 ④ (정연히) 배치하다, 세우다 ⑤ 준비하다, 마련하다, 차리다 ⑥ (사람을 ~에) 배치하다, 임명하다; (일·과제를) 과하다, 맡기다 ⑦ [음악] (곡·가사를) 붙이다(to); (성악·기악용으로) 편곡하다; (무대를) 장치[세트]하다 ⑧ (눈길·마음 따위를) 향하다, 돌리다, 쏟다 ⑨ (아무에게) ~시키다, ~하게 하다 ⑩ (어떤 상태로) 되게 하다 ⑪ (때·장소 따위를) 정하다, 지정하다 ⑫ (모범·유행 따위를) 보이다, (선례를) 만들다 ⑬ (값을) 결정하다, 매기다, (가치를) 두다, 평가하다 ⑭ 갖다 대다, 접근시키다, 붙이다 ⑮ 고정하다, 굳히다, 꼭 죄다 ⑯ (기계 따위를) 설치하다, 조정[조절]하다; (시계를) 맞추다, (눈금·다이얼 따위를) 맞추다, (자명종 따위를) ~시에 울리게 맞춰 놓다 ⑰ [인쇄] (활자를) 짜다, (원고를) 활자로 조판하다 ⑱ (탈골된 뼈를) 맞춰 넣다, (부러진 뼈를) 잇다 ⑲ (알을) 품게 하다, 부화기에 넣다 ⑳ (머리를) 세트하다 ㉑ (도장을) 찍다, 누르다 ㉒ ~에 끼워 박다 ㉓ (반죽을) 부풀리다; (우유 등을) 응고시키다 ㉔ (날을) 갈다, (톱의) 날을 세우다 ㉕ [컴퓨터] (어떤 비트에) 값 1을 넣다 ㉖ (사냥개가 짐승의 위치를) 알리다

vi. ① (해 따위가) 지다, 저물다; (비유적으로) (세력, 운세 등이) 기울다, 쇠하다 ② (액체가) 굳어지다, 엉겨 뭉치다, 응고하다; (머리가) 세트되다, 모양이 잡히다; (표정 따위가) 굳어지다 ③ (암탉이) 알을 품다 ④ 종사하다, 착수하다 ⑤ (조수·바람 따위가) 흐르다, 불다 ⑥ (옷이) 어울리다, 맞다 ⑦ 움직이기 시작하다, 출발하다 ⑧ (사냥개가) 멈춰 서서 사냥물의 방향을 가리키다 ⑨ (날씨 따위가) 안정되다 ⑩ (춤 상대와) 마주 서게 되다

유사단어

set: '놓인 의도'나 '놓인 물건'이 그 장소를 옮기는 것이 바람직하지 않다는 점이 시사됨
  She <u>sets</u> a vase on the table. (그녀는 꽃병을 테이블 위에 놓는다.)

put: 물건을 어떤 장소나 상태에 두는 것으로, 놓는 동작 그 자체를 강조하는 때가 있음
  <u>Put</u> your pencils down. (연필을 내려놓아라.)

set about

set about *sth* (수동 불가) (유사어 **start**)
to start something, especially something that uses a lot of time or energy
(시간 걸리는 일을) 시작하다, 착수하다

I wanted to make a dress but I didn't know how to set about it.
                                                                             sth
(드레스를 만들고 싶었는데 어떻게 시작해야 할지 몰랐어.)
Martha set about her tasks cheerfully.　(마사는 기분 좋게 과제를 시작했다.)
                  sth

➡ set about doing *sth* 으로도 쓰임
The next morning they awoke and set about cleaning and sweeping the house.
                                                            doing   sth
(다음 날 아침에 그들은 일어나서 집을 쓸고 닦기 시작했다.)

set about *sb* (유사어 **attack, lay into** [Informal])
to attack someone by hitting and kicking them
~을 공격하다, ~을 습격하다

They set about him with their fists.　(그들은 주먹으로 그를 마구 공격했다.)
              sb
I was set about by a bunch of ruffians. <수동>　(나는 한 무리의 깡패들에게 공격받았다.)

set against

set *sth* **against** *sth* (유사어 **weigh against, balance against**) [BrE]
to consider whether the advantages in a situation are greater than the disadvantages
(~와 ~을) 대비시켜 생각하다, 대조해 생각하다

We must set the cost against the advantages of the new invention.
                sth   sth
(우리는 새로운 발명품의 장점과 비용을 비교해서 생각해야 합니다.)
The recent increase in output has to be set against increased labor costs. <수동>
                                                             sth
(최근 생산량의 증가는 늘어난 노동 비용과 대비해서 생각해봐야 합니다.)

set *sth* **against** *sth*, **set against** *sth*
to compare two amounts, numbers, periods, etc.
(두개의 수 · 양 · 기간을) 비교하다

When set against the life of the earth, the human life span is but a moment in time. <수동>
                    sth
(지구의 나이와 비교해 볼 때 인간의 수명은 시간상 거의 한 순간에 지나지 않는다.)
This £6 million grant seems less impressive when set against the government's £800 million
                                                                                                  sth
investment program for the region. <수동>
(6백만 파운드짜리 보조금은 그 지역을 위한 정부의 80억 파운드 투자 프로그램과 비교해 볼 때 별로 인상적이지 못하다.)

set *sth* against *sth*

if a movie, a play, a story, etc. is set against a place or a period it happens there or at that time
(연극·영화·이야기 등을) (어떤 이야기를) 배경으로 전개하다

Shakespeare <u>set</u> <u>the story of Romeo and Juliet</u> <u>against</u> <u>a background of enmity</u> between their
                              sth   sth
two families. (셰익스피어는 로미오와 줄리엣의 이야기를 두 집안의 증오심을 배경으로 전개시켰다.)
In the movie, a young man's struggle with his conscience <u>is set against</u> the dark clouds of war. <수동>
                                                                     sth
(그 영화에서 한 젊은이의 양심의 갈등은 전쟁의 암울함을 배경으로 묘사되어 있다.)

➡ be set against the background[backdrop] of *sth* 으로도 쓰임
Many of Forster's novels <u>are set against of the background of the Napoleonic Wars</u>.
                                                                          sth
(포스터의 다수의 소설은 나폴레옹 전쟁을 배경으로 하고 있다.)

set against *sth*, set *sth* against *sth*

to be in front of a particular background, especially in a way that is attractive
(~을 배경으로 매력적인 방법으로) 놓다, 두다, ~에 어울리게 하다, ~을 배경으로 하다

Diamonds look best when they are <u>set against</u> <u>black cloth</u>.
                                                       sth
(다이아몬드는 검은색 천을 배경으로 했을 때 제일 아름답게 보인다.)
The tree looked bare and threatening, <u>set against</u> <u>the darkening sky</u>.
                                                                   sth
(검정색 하늘을 배경으로 해서 그 나무는 적적해 보이기도, 위협적으로도 보였다.)

➡ set against a background[backdrop] 으로도 쓰임
Bold stripes in red and orange are <u>set against</u> <u>a crisp white background</u>.
                                                                  sth
(붉은색과 오렌지색으로 된 굵은 줄무늬는 깔끔한 흰색 배경에 어울린다.)

set *sb* against *sb* (유사어 turn against)

to make someone start to fight or argue with another person, especially a person who they had friendly relations with before
(~와 ~를) 반목시키다, (~의) 적으로 하다, (~를 ~와) 대립시키다

As a result of this war, parents had <u>been set against</u> <u>child</u> and child against parents. <수동>
                                                                    sb
(이 전쟁의 결과로 부모는 아이와 반목하고 아이는 부모와 반목하게 되었다.)
Please don't say anything to <u>set</u> <u>him</u> <u>against</u> <u>me</u>. (그와 나를 대립시키는 말은 제발 하지 말아 주십시오.)
                                                         sb   sb

be (dead) set against *sth* (유사어 be opposed to)

to be strongly opposed to something
~에 강경히 반대하다

What made you change your mind? Last night, you <u>were dead set against</u> <u>the idea</u>.
                                                                                   sth
(무엇 때문에 마음을 바꾸었니? 지난밤에 너는 그 아이디어에 결사반대했잖아.)

Mary's father was set against the marriage from the beginning.
　　　　　　　　　　　　　　sth
(메리의 아버지는 처음부터 그 결혼에 강경히 반대하였다.)

> **set** *sth* **against tax** (유사어 **set off against**) [BrE]
> to make an official record of the amount of money that you have spent in connection with your business, in order to reduce the amount of tax that you have to pay
> (출자금을 필요 경비로서 세금과 관계된 소득에서) 공제하다

Some expenses can be set against taxes. <수동>　(일부 비용은 세금에서 공제될 수 있다.)
Heating and lighting costs can set be against tax. <수동>　(연료비와 전기료는 세금에서 공제할 수 있다.)

set apart

> **set** *sb/sth* **apart, set apart** *sth/sb* (유사어 **distinguish**)
> to make someone or something different and often better than other people or things
> (능력과 성능 등이) (~과 ~을) 분리[구별]하다

In former times, people suffering from an infectious disease were set apart until they were better, to save infecting the rest of the village. <수동>
(옛날에는 전염병으로 고통 받는 사람들은 병이 나을 때까지 다른 마을 사람들이 감염되는 것을 막기 위해 격리되었다.)
Frank Sinatra's exquisite sense of timing set him apart from other popular singers.
　　　　　　　　　　　　　　　　　　　　　　　 sb
(프랭크 시나트라의 철저한 시간관념은 그를 다른 인기가수들보다 돋보이게 만들었다.)

➡ set apart from 으로도 쓰임
The chair was set apart from the others for the special guest. <수동>
(그 의자는 특별 초대 손님을 위해 다른 의자들과 따로 구분해 놓은 것이다.)

> **set apart** *sth*, **set** *sth* **apart** (유사어 **set aside, put aside**) [BrE]
> to keep something for a special purpose and only use it for that purpose
> (장소·돈·시간 등을) ~때문에 떼어 두다

I set apart at least an hour a day for reading and relaxation.
　 sth
(나는 독서와 긴장해소를 위해 적어도 하루에 한 시간은 떼어 놓는다.)
We have set apart a special sum of money to help young people become professional singers.
　　　　　　　　　　 sth
(우리는 젊은이들이 직업적 가수가 되는 것을 돕기 위해 특별 기금을 따로 모으고 있었다.)

➡ set apart *sth* for 로도 쓰임
This part of the house was set apart for guests to stay in. <수동>
(이 집에서 이 부분은 손님들이 머물 수 있도록 남겨 두었다.)

set aside

> **set aside** *sth*, **set** *sth* **aside** (유사어 **put aside**)
> to use something, especially time or money, for one purpose and no other purpose
> (시간·돈을) (특별한 목적으로) 떼어 두다, 비축해 두다

If you can set aside an hour or so tomorrow, I'd like to talk to you.
　　　　　　　　　　　　sth
(내일 한 시간 정도 시간을 내주실 수 있다면 이야기를 하고 싶은데요.)

I set aside a good dowry for my daughter. (나는 딸아이를 위해 상당한 결혼지참금을 남겨두었다.)
　　　sth

➡ set aside for 로도 쓰임
He set aside some cash for use at the weekend. (그는 주말에 쓰려고 현찰 얼마를 챙겨 두었다.)
　　　　　　　sth

set aside *sth*, **set** *sth* **aside** (유사어 **put aside, lay aside**)

if you set aside a belief, a principle or a feeling, you decide that you will not be influenced by it because there are other, more important considerations at the time

(신념·원리·감정 등을) 일시 버려두다, 잊어버리다, 무시하다

Peace will not come until people set aside their political and religious differences.
　　　　　　　　　　　　　　　　　　　　　　　　　　　　sth
(사람들이 자신들의 정치적, 종교적 차이점을 버리지 않는다면 평화는 결코 오지 않는다.)

It would be good for the morale of the entire village if we set our personal feelings aside.
　　　　　　　　　　　　　　　　　　　　　　　　　　　　　　　　　　　　sth
(우리가 개인적 감정들을 잠시 잊어버리면 마을 전 주민의 사기를 높이는 데 좋을 텐데.)

set aside *sth*, **set** *sth* **aside**

to decide that a previous legal decision or agreement does not have any effect any more

(판결 따위를) 파기하다, 무효로 하다

The judge set aside the verdict of the lower court. (그 판사는 하급 법원의 평결을 파기했다.)
　　　　　　　　　　　　　　sth

The lawyer tried to have his client's sentence set aside. <수동>
(변호사는 의뢰인에게 내려진 판결을 무효화시키려고 노력했다.)

set back

set back *sth*, **set** *sth* **back** (유사어 **hold up, put back, delay**)

to delay the progress or development of something

(일의 진행을 어느 기간) 지연시키다, 저지하다

The cost of the war has set back national development by ten years.
　　　　　　　　　　　　　　　　　　　　　sth
(전쟁 비용 때문에 국가 발전이 10년이나 지연되고 있다.)

The fire in the factory set back production by several weeks. (공장 화재로 생산이 수 주간이나 지연되었다.)
　　　　　　　　　　　　　　　　　sth

➡ setback (n)
(a problem that makes something happen later or more slowly than it should)
방해, 차질, 퇴보

The peace talks have suffered a series of setbacks. (평화회담은 일련의 방해를 받고 있다.)
　　　　　　　　　　　　　　　　　　　　　　　n

be set back

if a building is set back, it is located some distance from the road

(건물 등이) ~에서 떨어져 있다

The farms were all set back a mile or so from the road. <수동>
(농장들은 모두 도로에서 1마일 정도 떨어져 있었다.)

The new station will be set back five hundred meters form the present site. <수동>
(새로 건립되는 정거장은 현 위치에서 500미터 떨어져 자리 잡을 것이다.)

➡ be set back from 으로도 쓰임

The Fords lived in an impressive white house, set back from the road and surrounded by woodland. <수동> (포드 가족은 도로에서 떨어지고 산림 지대로 둘러싸인 으리으리한 하얀 저택에서 살았다.)

set *sb* back (유사어 knock back [BrE, Informal]) [Informal]

to cost someone a lot of money

~에 많은 비용이 들다

The boy's education has set me back more than $3,000. (아들 교육에 3천 달러 이상이 들고 있다.)
                                         sb

This house will set us back a fair sum. (이 집의 액수는 상당할 것이다.)
                     sb

set *sth* back (유사어 put back [BrE] 반대어 set ahead) [AmE]

to change your clock or watch so that it shows an earlier time

(시계를 뒤로) 되돌리다

In the autumn we usually set the clocks back. (가을이 되면 우리는 늘 시계를 뒤로 되돌려 놓는다.)
                                sth

My watch was fast so I set it back three minutes. (내 시계가 빨라서 나는 3분 뒤로 돌려놓았다.)
                        sth

set off

set off (유사어 set out)

to start to go somewhere

출발하다, 여행하다

Jeri and I set off on foot for the beach. (제리와 나는 맨발로 바닷가로 향했다.)

Having missed the last bus, we had to set off walking. (마지막 버스를 놓쳐서 우리는 걸어서 가야 했다.)

set off *sth*, set *sth* off

to make a bomb explode, or cause an explosion

(폭탄 등을) 폭발시키다

Terrorists have been setting off bombs in underground trains.
                                    sth
(테러리스트들에 의해 지하철 폭발사건이 계속 일어나고 있다.)

The children gathered in the garden to set the fireworks off. (아이들이 불꽃놀이를 하려고 정원에 모였다.)
_{sth}

set off *sth*, set *sth* off (유사어 **trigger off, activate**)

to make something such as an alarm system start operating, especially when this was not intended

(경보기 등을) 작동시키다, 가동시키다

Smoke from the burning steak set off the fire alarm.
_{sth}
(타고 있는 스테이크에서 나오는 연기 때문에 화재경보기가 울렸다.)
The owner accidentally set off the fire bell, and two fire engines arrived.
_{sth}
(주인이 실수로 화재경보기를 작동시켜 소방차 두 대가 도착하였다.)

set off *sth*, set *sth* off (유사어 **trigger off, spark off**)

to make something start happening, or make people suddenly start doing something

(갑자기) 일으키다, 유발하다

The collision set off a chain reaction involving many cars.
_{sth}
(그 충돌사고는 수많은 차들이 연루된 연쇄 충돌을 일으켰다.)
The politician's speech set off violence in the crowd. (그 정치인의 연설이 군중의 폭동을 유발했다.)
_{sth}

set off *sth*, set *sth* off

if one color, flavor, or object sets off another, it makes it look more attractive, often by providing a contrast

(대조에 의해) ~을 돋보이게 하다, 강조하다

The blue jacket set off her red hair very becomingly.
_{sth}
(그 파란 재킷은 그녀의 붉은 머리색을 돋보이게 해서 아주 잘 어울렸다.)
What color curtains do you think would best set off the pale yellow of the wall?
_{sth}
(어떤 색 커튼이 옅은 노란 색 벽과 가장 어울린다고 생각하니?)

set *sb* off (doing *sth*) (유사어 **start *sb* off**)

to make someone start to laugh, cry, or talk about something that they often talk about

(웃게·울게·이야기하게) 시키다

The boss is angry this morning. Don't say anything to set him off again.
_{sb}
(사장이 오늘 아침에 화가 나 있어. 그를 다시 화나게 할 말은 하지 마.)
His funny antics set us all off laughing. (그의 익살스러운 행동 때문에 우리 모두는 웃고 말았다.)
_{sb}

set out

set out (유사어 **set by**)
to start a journey, especially a long journey
여행을 하다, 출발하다

Columbus <u>set out</u> from Europe to discover a new route for the spice trade from the Orient.
(콜럼버스는 동양에서 나오는 향료 무역을 위한 새 항로를 발견하기 위해 유럽에서 출발했다.)

When <u>setting out</u> on a long walk, always wear suitable boots.
(장거리 산책을 할 때는 꼭 적절한 신을 신으세요.)

set out to do (유사어 **start out**)
to deliberately start doing something
~하기 시작하다, (~하는 일에) 착수하다, (목표 달성 하려고) 시도하다

Scientists <u>set out</u> <u>to discover</u> whether high doses of vitamin A can help prevent cancer.
                              to do
(과학자들은 비타민A의 다량 투여가 암을 예방하는 데 도움이 될 수 있는지 여부를 밝히기 위해 일에 착수했다.)

I <u>set out</u> <u>to become</u> a doctor but later changed my mind. (나는 의사가 되려고 했으나 후에 생각을 바꾸었다.)
           to do

set out *sth*, **set** *sth* **out** (유사어 **set forth** [Formal])
if you set out a number of facts, beliefs, or arguments, you explain them in writing or speech in a clear, organized way
(사실·신념·논쟁 등을) (글·이야기로) 자세히 설명하다

The committee's plans <u>are set out</u> in the report. <수동> (위원회의 계획이 보고서에 제시되어 있습니다.)
He has written a letter to The Times <u>setting out</u> his views.
                                                 sth
(그는 자신의 견해를 밝히려고 타임지에 편지를 썼다.)

set out *sth*, **set** *sth* **out** (유사어 **lay out, put out**) [BrE]
to put a group of things somewhere, and arrange them so that they can be used or seen easily
진열[장식]하다, 전시하다

The wedding gifts <u>are set out</u> in the next room for guests to admire. <수동>
(결혼축하 선물은 손님들이 잘 볼 수 있도록 다음 방에 진열되어 있습니다.)
On Saturday morning we <u>set out</u> plastic tables and chairs on the patio to get ready for the party
                                                    sth
in the afternoon.
(토요일 아침에 우리는 오후에 있을 파티를 준비하려고 안뜰(patio-스페인식 안뜰)에 플라스틱 식탁과 의자들을 늘어놓았다.)

set up

set up *sth*, **set** *sth* **up**, **set up**
to start a company or an organization
(회사·학교·제도·조직체 등을) 설립하다, 창설하다

They needed the money to <u>set up a special school</u> for gifted children.
                                    sth
(그들은 재능 있는 어린이들을 위한 특수학교를 세울 자금이 필요했다.)

The Catholic sisters <u>set up an organization</u> to care for homeless children.
                                sth
(가톨릭 수녀들은 집 없는 아이들을 돌보기 위해 재단을 설립했다.)

➡ **set up, set yourself up** 으로도 쓰임
He borrowed $5,000 and <u>set himself up</u> in the catering business.
(그는 5천 달러를 빌려 출장 요리 사업을 창업하였다.)

➡ **set up as** 로도 쓰임
John used the money he inherited to <u>set up as</u> a fashion designer.
(존은 유산으로 물려받은 돈을 패션 디자이너를 위한 사업에 사용했다.)

➡ **set up shop** 으로도 쓰임 [Informal]
    (to start a business in a particular place)
In 1976 Steve Jobs and Stephen Woznuiak <u>set up shop</u> in Steve's parent's garage, and worked on a design for a new computer.
(1976년에 스티브 잡스와 스티븐 워즈니악은 스티브 부모님의 차고에서 사업을 시작해서 새로운 컴퓨터 설계 작업에 공을 들였다.)

set up sth, set sth up

to prepare something, or make arrangements for something

                                                    ~를 준비하다, ~를 마련하다, 주선하다

I'll get my secretary to <u>set up a meeting</u>.   (제 비서에게 회의를 준비하도록 하지요.)
                              sth

The company has <u>set up a web site</u> to promote its products.
                            sth
(그 회사는 제품 홍보를 위해 웹사이트를 만들었다.)

set up, set up sth, set sth up (유사어 get ready)

if you set up a device or a piece of machinery, you do the things that are necessary for it to be able to start working

                                                    (기계 따위를) 조립하다

The experiment will begin tomorrow. Our technicians are now <u>setting up the equipment</u>.
                                                                                        sth
(실험은 내일 시작합니다. 우리 기술자들이 지금 장치를 조립하고 있습니다.)

<u>Setting up</u> the camera can be tricky.   (카메라를 설치하는 게 까다로울 수 있어요.)
                sth

➡ **set-up** (n)
    (a way of organizing something)   (기계의) 조립
Imagine you have $2,000 to spend on a new computer <u>set-up</u>.
                                                          n
(네가 새 컴퓨터 조립에 쓸 2천 달러를 가지고 있다고 생각해 봐.)

set up home[house] [BrE]

to start living in your home and buy furniture for it, especially when you leave your parents' home to live with a wife, a husband, or a lover

                                                                                                                               살림을 차리다

They married, and set up home in Ramsgate. (그들은 결혼을 하고 램즈게이트에서 새 살림을 차렸다.)
Jim and Mary threatened to set up house together, if Mary's father continued to refuse his permission for their marriage.
(짐과 메리는 메리의 아버지가 계속 그들의 결혼을 허락하지 않으면 함께 살림을 차리겠다고 위협했다.)

set up sth, set sth up (유사어 put up)

to place or build something

짓다, 세우다, 건립하다

The press headquarters was set up outside the stadium. <수동> (보도 본부는 경기장 밖에 세워졌다.)
The police have set up roadblocks around the city. (경찰은 도시 주위에 방어벽을 쳤다.)
 sth

set sb up (유사어 frame, stitch up [Informal]) [Informal]

to deliberately make other people think that someone has done something wrong or illegal

(~를) 위험한 상황에 빠뜨리다, (~에게) 죄를 덮어씌우다

He said following his arrest that FBI had set him up.
 sb
(그는 체포당하고 나서 FBI가 자기에게 죄를 덮어 씌웠다고 말했다.)

The four suspects claimed they had been set up by the police. <수동>
(네 명의 용의자들은 경찰이 자신들에게 죄를 덮어 씌웠다고 주장했다.)

set sb up

to give someone the money they need to start business

(~에게 필요한 자금을) 제공하다, (~를 원조해서) 자립시키다[장사를 시작하게 하다]

He gave his son some capital to set him up. (그는 아들에게 자금을 주어 그를 독립시켰다.)
 sb
Bob got his rich aunt to set him up in the publishing business.
 sb
(밥은 부자인 고모를 설득해 자신이 출판업을 하는 데 필요한 자금을 대주도록 했다.)

➡ set sb up with 로도 쓰임
Mr. Green set his daughter up with a flower shop. (그린 씨는 딸이 꽃집을 개업하는 데 필요한 돈을 대주었다.)
 sb

➡ set sb up in business 로도 쓰임
After Peter graduated, his father set him up in business.
 sb
(피터가 학교를 졸업한 후 그의 아버지는 그가 사업을 하도록 자금을 댔다.)

set sb up for life

to provide someone with enough money to live well without having to work for the rest of their life

(여생을 보내는 데 충분하다)

You're set up for life once you've written a book like that. <수동>
(한번 그런 책을 쓰면 평생 금전적으로는 어려움을 느끼지 않을 것입니다.)

Ray grinned under his moustache. "If this deal goes through, Marge, we'll set up for life."
(레이는 콧수염 밑으로 히죽 웃었다. "마지, 만일 이 거래가 성사되면 우리는 여생을 풍족하게 보낼 거야.")

set sb up [BrE]

if food or sleep sets you up, it makes you feel healthy and full of energy

(음식 · 수면 등이) ~를 기운 나게 하다, (건강 따위를) 회복시키다

A good breakfast will set you up for the day. (아침을 든든히 먹으면 그날 하루 기운이 나게 해줄 것입니다.)
                                  sb

A good night's sleep will set us up for the long hike tomorrow.
                                       sb

(충분히 수면을 취하면 내일 있을 장거리 등산을 하는 데 기운이 나게 해줄 겁니다.)

set up a commotion[din, racket, etc.] [BrE]

to start making a loud, unpleasant noise

(소동 따위를) 일으키다, 소리를 지르다

Every morning the birds set up a deafening racket and woke the whole neighborhood.
                                      a racket

(매일 아침 새들이 귀가 아프게 지저귀며 온 동네 사람들을 깨웠다.)

Suddenly the dogs set up a din in the back yard. (갑자기 뒷마당에서 개들이 큰 소리로 짖어댄다.)
                         a din

set sb up [Informal]

to arrange for someone to meet someone, especially in order to start a romantic relationship

(연인 관계를) 주선하다, 마련하다

No. I wasn't trying to set her up, I just thought she'd like to ride with Carl.
                            sb

(아니. 그녀에게 만남을 주선하려던 게 아니야. 난 그냥 그녀가 칼과 함께 차를 타고 싶어 한다고만 생각했지.)

"How did you meet your husband?" "A friend set us up."
                                          sb

("남편을 어떻게 만나셨어요?" "친구가 우리에게 만남을 주선해 주었어요.")

settle

vt. ① (무엇을 어떤 위치에) 놓다, 두다(= put), 설치하다, 앉히다; (움직이지 않게) 붙박다 ② (주거에) 자리 잡게 하다, 살게 하다, 정착[거류]시키다 ③ (취직 · 결혼 따위로) 안정시키다, (직업을) 잡게 하다 ④ (문제 · 곤란 따위를) 해결하다, 결말짓다 ⑤ (아무를) 이주시키다; ~에 식민[이주]하다(= colonize) ⑥ (마음을) 진정시키다, (차분히) 가라앉히다(= pacify) ⑦ (부유물 따위를) 가라앉히다, 침전시키다, (액체를) 맑게 하다(= clarify); (지면을) 굳히다 ⑧ (상대방을) 침묵시키다; (분쟁을) 수습하다, 조정하다 ⑨ (조건 · 시기 · 가격 따위를) 결정하다, 정하다(= decide) ⑩ 정리하다, 정돈하다, 처리[처분]하다, (유언 등으로) 사후의 일을 정리해두다 ⑪ (권리 따위를) 양도하다, (유산 등을) 물려주다; (연금 따위를) 설정하다, 주다 ⑫ (셈을) 청산[지불]하다 ⑬ (제도 등을) 확립하다 ⑭ ((속)) 투옥하다

vi. ① (새 따위가) 앉다, 내려앉다; (비행기가) 착륙하다; (시선 따위가) 멈추다 ② (어떤 장소에) 자리 잡다, 살다, 정착[정주]하다 ③ (일 따위에) 전념하다, 마음을 붙이다; (~한 상태에) 빠지다(into), 익숙해지다(down, to) ④ 결심하다, 결정하다; 동의하다(on, upon, with) ⑤ (사건 · 정세 · 마음 따위가) 가라앉다, 진정되다 ⑥ (문제가) 해결되다, 처리되다, 결말나다 ⑦ 침전하다,

(액체가) 맑아지다; (지면이) 굳어지다 ⑧ (토지 따위가) 내려[주저]앉다, (배가) 가라앉다, 기울다 ⑨ 빚을 청산하다, 지불하다 ⑩ (안개 따위가) 내리다, 끼다, (침묵·우울 따위가) 엄습하다

settle down

settle down, settle *sb* **down** (유사어 **calm down**)
to stop talking or behaving in an excited way, or to make someone do this
진정되다, 가라앉다; 진정시키다, 가라앉히다

Would you kids just settle down for a minute? (너희들 잠깐만 조용히 해 줄래?)
When Kyle was a baby we used to take him for long rides in the car to settle him down.
　　　　　　　　　　　　　　　　　　　　　　　　　　　　　　　　　　　　　sb
(카일이 아기였을 때 우리는 그 애를 진정시키려고 아이를 데리고 차를 오랫동안 타고 다니곤 했다.)

settle down
to start living in a place with the intention of staying there and behaving in a responsible way, getting married, having a good job, etc.
(결혼해서) 살림을 차리다, (결혼해서 직업을 가지고) 정착하다

Mike led a pretty wild life when he was in his early twenties, but he got married when he was 29 and settled down.
(마이크는 20대 초반에는 꽤 방탕하게 살았는데 29살 때 결혼을 하고 직장도 잡고 안정된 생활을 했다.)

My son is forty-one. I wish he'd settle down and raise a family.
(아들애가 마흔 한 살이야. 그 애가 정착을 하고 가정을 꾸렸으면 좋겠어.)

settle down (유사어 **settle in**)
to start to feel happy and confident in a new situation, job or school
(새로운 상황·직장·학교 등에서) 행복해지기 시작하다, 자신을 갖기 시작하다

It took him a while to get used to his new school, but I think he's settled down now.
(그가 새 학교에 익숙해지는 데 한참 걸렸는데 이제는 자리가 잡힌 것 같아.)

You'll soon settle down after a few days on the job. (2, 3일만 지나면 그 일에 곧 자신감을 갖게 될 거야.)

settle down (유사어 **get down to**)
to start giving all of your attention to a job or an activity
(일·활동에) 몰두하다, 전념하다, 본격적으로 착수하다

No more playing, children. It's time to settle down and study.
(애들아 그만 놀아. 차분히 앉아서 공부할 시간이야.)

I must settle down this morning and do the cleaning. (오늘 아침 본격적으로 청소를 해야 했다.)

➡ settle down to do *sth* 으로도 쓰임
I had just settled down to watch TV, when the telephone rang.
　　　　　　　　　　　　　　　do　　sth
(TV 보는 데 정신이 팔려 있었는데 그때 전화벨이 울렸다.)

➡ **settle down to** *sth* 으로도 쓰임
You can't interrupt the committee once they've settled down to their meeting.
sth
(일단 위원들이 회의를 시작하면 그들을 방해해서는 안 됩니다.)

settle down (유사어 **calm down, quieten down**)
if a situation settles down, it becomes calmer and you are less busy and less worried
진정되다, (기분이) 가라앉다

Why are you so nervous about the test? Just settle down; you'll do just fine.
(너 왜 그렇게 시험에 예민하니? 진정해. 넌 잘할 거야.)

When all the excitement had settled down, it was clear that there had been no real cause for anxiety. (모든 흥분이 가라앉자 조바심 낼 진짜 이유가 없었다는 게 분명해졌다.)

settle for

settle for *sth* (유사어 **to accept**)
to accept something, often something that is not exactly what you want or that is not the best
불만스럽지만 받아들이다, 할 수 없이 좋다고 하다

The strikers wanted an 8 percent pay increase, they settled for 5 percent.
sth
(파업 참가자들은 8퍼센트의 임금 인상을 요구했으나 5퍼센트 인상을 할 수 없이 받아들였다.)

Many women refuse to settle for staying at home. (많은 여성들이 가정에 머무르는 것에 만족하지 못한다.)
sth

settle up

settle up
to pay someone the money that you owe them
~에게 지불하다, 부채를 갚다

I know I already owe you £20. Can you lend me another 20 and I'll settle up with you when I get paid next week.
(내가 너한테 이미 20파운드 빚지고 있는 거 알아. 나한테 20파운드 더 빌려줘. 그러면 다음 주 월급 받을 때 갚을게.)

I'll buy your tickets for you. We can settle up later. (당신 표를 제가 살게요. 나중에 정산하면 되니까요.)

➡ **settle up with** 로도 쓰임
I'll settle up with the bartender and then we can leave. (내가 바텐더에게 계산을 끝내면 우리는 갈 수 있어.)

shoot

vt. ① (총·화살로) 쏘다, 발사하다 ② (빛 따위를) 발하다. 내(쏘)다; (시선·미소 등을) 던지다, 돌리다 ③ (질문·말·생각 따위를) 연거푸 퍼붓다, 연발하다 ④ (구슬치기에서) 구슬을 튀기다; (주사위를) 던지다, (팽이를) 던지다; (축구·농구 따위에서) 공을 차[던져]넣다, (득점을) 올리다 ⑤ (새싹·가지를) 뻗게 하다(out, forth); (혀·입술·팔 등을) 내밀다(out) ⑥ ~의 사진을 찍다(= photograph); (영화 따위를) 촬영하다 ⑦ (빗장 따위를) 지르다 ⑧ 사살하다, 총살하다,

(사냥감을) 쏴 죽이다; (비행기를) 격추하다(down) ⑨ 총알[화살]로 상처를 입히다 ⑩ (태양·천체의) 높이를 재다 ⑪ (화약을) 폭발시키다 ⑫ (급류를) 쏜살같이 내려가다, 재빨리 지나가다; ((구)) (신호를) 무시하고 내달리다 ⑬ [주로 수동태] (천에) 금실 은실 등을 짜 넣다, (다른 것을) 섞다 ⑭ (어느 지역을) 사냥하다, 휙 지나다(통과하다), 타고 넘다 ⑮ ((속)) (서둘러) 보내다, 건네주다 ⑯ (대패로) 반반하게 밀다[깎다] ⑰ [항공] (조종을) 되풀이 연습하다 ⑱ ~에게 예방주사를 놓다, ((속)) (마약을 정맥에) 주사하다 ⑲ (어떤 금액을) 걸다

vi. ① 사격하다, 쏘다(at); (총으로) 사냥하다 ② (총 따위가) 발사되다, 탄알이 날다 ③ 분출하다, 세차게 나오다[흐르다]; 화살같이 지나가다, 질주하다, 힘차게 움직이다; (빛이) 번쩍하고 빛나다 ④ (통증·쾌감 등이) 찌릿하고 지나다 ⑤ 사진을 찍다; (영화) 촬영하다, 촬영을 개시하다 ⑥ (초목이) 싹트다, 싹이 나오다(out, forth) ⑦ 돌출하다, 내밀다, 튀어나오다(out), 우뚝 솟다(up) ⑧ (공이) 지면을 스칠 듯이 날다 ⑨ (골을 향해 공을) 차다, 던지다, 슛하다 ⑩ ((구)) 시작하다, 말을 꺼내다; [명령형] 어서 말해, 빨리 털어놔 ⑪ (빗장이) 걸리다, (자물쇠가) 채워지다

shoot up

shoot up (유사어 rocket up)
if the number, amount, or rate of something shoots up, it increases very quickly
(수·양·비율 등이) 급격히 증가하다, 급등하다

Prices have been <u>shooting up</u> even more quickly this year. (금년에는 물가가 훨씬 빨리 급등하고 있다.)
Insurance premiums <u>shot up</u> following the earthquake. (보험료가 지진이 일어난 후 급등했다.)

shoot up
to grow taller or higher very quickly
(어린이·초목 등이) 쑥쑥 자라다, 빨리 자라다[뻗다]

Peter really <u>shot up</u> over the summer. (피터는 여름 동안 정말 쑥쑥 자랐다.)
The tomato plants didn't grow well at first, but then they suddenly began to <u>shoot up</u>.
(토마토 모종이 처음에는 잘 자라지 않았으나 갑자기 쑥쑥 자라기 시작했다.)

shoot *sth* up, shoot up *sth*
to injure or damage someone or something by shooting them with bullets
(총을) 마구 쏘아대다, 위협 사격하다

The robbers decided to <u>shoot up</u> <u>the town</u> to stop the people from chasing them.
                                   sth
(강도들은 사람들이 따라 오지 못하도록 총을 난사하기로 했다.)
Rebels <u>shot up</u> <u>the police station</u>, killing many officers.
                     sth
(폭도들이 경찰서에 마구 총을 난사해 많은 경찰관이 사망했다.)

shoot *sth* up, shoot up *sth* (유사어 jack up [BrE, Informal]) [Informal], shoot up
to take illegal drugs by using a needle
마약을 주사하다

Some take the drug by mouth, others shoot it up. (약을 먹어서 복용하는 사람도 있고 주사를 맞는 사람도 있다.)
　　　　　　　　　　　　　　　　　　　　sth
Once addicted, a person wants to shoot up everyday. (일단 중독이 되면 사람이란 매일 마약을 맞고 싶어진다.)

shop

- vt. ① ((영속)) 밀고하다; 교도소에 넣다 ② ((미속)) 해직하다 ③ ((미구)) (가게)에서 사다, (물건을) 사다
- vi. 물건을 사다, 쇼핑하다(at)

shop around

shop around

to compare the price and quality of the same item or service from different shops or companies before deciding which one to buy

(구매하기 전에 가격·질을 비교하기 위해) 몇몇 가게를 둘러보다

I'm shopping around for a good used car. (좋은 중고차를 찾아 여기저기 둘러보고 있다.)
This is a little too expensive. I think I'll shop around a little more.
(이건 좀 과하게 비싼데. 다른 데도 좀 더 둘러봐야겠어.)

shake

- vt. ① 흔들다, 뒤흔들다; 흔들어 (~의 상태로) 되게 하다(to, into) ② 흔들어 움직이다, 떨게 하다 ③ ((구)) ~을 분기시키다 ④ (자신·신뢰 따위를) 흔들리게 하다, 줄어들게 하다; ~의 마음을 동요시키다, ~의 용기를 꺾다 ⑤ (주사위를) 흔들어 굴리다 ⑥ [음악] (목소리를) 떨게 하다 ⑦ ((미속)) (병·근심·악습·뒤쫓는 사람 따위를) 떨어[떼어]버리다 ⑧ ((속)) (사람·방 등을) 철저히 수색하다 ⑨ (국가, 제도 따위를) 뒤흔들다
- vi. ① 흔들리다, 진동하다 ② (추위·공포 따위로) 떨다, 덜덜[벌벌] 떨다 ③ (용기, 결심 따위가) 흔들리다; (제도·경제 따위가) 불안정해지다 ④ ((구)) ~와 악수하다(with) ⑤ [음악] 떠는 소리로 노래하다, 목소리를 떨다, 전음(trill)으로 연주하다 ⑥ (과일·곡식 따위가) 후두둑 떨어지다(down, off) ⑦ ((속)) 선정적으로 허리를 흔들다

유사단어

shake: 대지나 집 따위 물건이 흔들리다. 사람이 떠는 경우는 비유적 용법이며, 자신의 의도에 반하여 무의식적으로 떨리다
　　His voice was shaking with excitement (그의 목소리는 흥분으로 떨고 있었다.)
tremble: 걱정·공포 따위로 사람이 떨다. 나뭇잎 따위가 떠는 것은 비유적 용법
　　Gill was white and trembling with anger. (그릴은 분노로 하얗게 질려 부들부들 떨었다.)
rock: 전후·좌우로 천천히 크게 흔들리다
　　The town was rocked by an earthquake. (도시는 지진으로 흔들렸다.)
quiver: 사람이 공포 따위로 또는 나뭇잎 등이 가볍게 떨다
　　Her bottom lip quivered and big tears rolled down her cheeks. (그녀의 아랫입술이 파르르 떨리더니 큰 눈물방울이 볼을 타고 내려갔다.)
shudder: 공포·추위로 몹시 떨다
　　Kari shuddered at the sight of the dead squirrel. (캐리는 죽은 다람쥐를 보고 몸을 떨었다.)

shake off

shake off *sth*, **shake** *sth* **off**
to get rid of an illness or something that is causing you problems
(질병 · 나쁜 버릇을) 고치다

I can't <u>shake off</u> <u>this cold</u>. (이 감기가 안 떨어져.)
                 sth
How can I <u>shake off</u> <u>a way of thinking</u> that I have had for thirty years?
                         sth
(내가 30여 년 동안이나 가지고 있었던 사고방식을 어떻게 버릴 수 있어?)

shake up

shake *sb* **up**, **shake up** *sb*
to give someone a very bad shock, so that they feel very upset and frightened
신경을 뒤흔들어 놓다, 긴장[요동]시키다

Ned has lost interest in school. What can we do to <u>shake</u> <u>him</u> <u>up</u>?
                                               sb
(네드가 학교에 대한 흥미를 잃었어. 그를 긴장시킬 일 없을까?)
Sales are falling, Something must be done to <u>shake up</u> <u>the sales staff</u>.
                                                sb
(매상이 떨어지고 있어요. 판매 사원들을 긴장시킬 조치를 취해야 해요.)

shake up *sth*, **shake** *sth* **up**
if someone shakes up something such as an organization, an initiation, or a profession, they make major change to it
(조직 · 제도 등)을 대폭적으로 개편하다

The latest technologies have <u>shaken up</u> <u>traditional ideas</u> of doing business.
                                            sth
(최근의 기술들은 사업 운영상의 전통적인 관념을 일신하고 있다.)
A new director was brought in last year to <u>shake</u> <u>things</u> <u>up</u>.
                                                 sth
(작년에 대대적인 개편을 위해 새 이사가 영입되었다.)

➡ <u>shake-up</u> (n)
(a major set of changes in an organization or a system) (관청 · 회사 따위의) 대쇄신, 대개혁
In recent <u>shake-up</u> of our company, 300 people lost their jobs.
                  n
(최근 우리 회사의 대대적인 개편으로 300명이 직장을 잃었다.)

show

vt. ① 보이다, 제시하다, 드러내다 ② (~임을) 보이다, 나타내다; ~을 표시하다; (~임을) 증명하다, 밝히다, 설명하다 ③ ~해 보이다, 설명하다, 가르치다 ④ 진열[전시, 출품]하다; (연극 따위를) 상연하다 ⑤ 눈에 띄게[두드러지게] 하다, 보이게 하다 ⑥ 안내하다, 보이다 ⑦ (감정 따위

를) 나타내다, (호의 따위를) 보이다, 베풀다 ⑧ (계기 등이) ~을 나타내다 ⑨ [법률] 진술[주장]하다
vi. ① 나타나다, 보이다; (어떤 상태로) 보이다 ② ((구)) 출석하다, 등장[참가]하다 ③ ((구)) 전시회[전람회]를 열다; (극·영화)가 흥행되다, 상연[상영] 중이다

유사단어

show: 가장 일반적인 말
 Billy showed us the scar from his operation. (빌리는 수술로 생긴 상처를 우리에게 보여주었다.)
exhibit, display: 사람 눈에 띄게 보이다, 전시하다, 진열하다, exhibit은 내놓아 눈에 띄게 하기, display는 펼쳐 보이기, 즉 진열 방법에 힘을 줌
 The gallery will exhibit some of Monet's paintings. (갤러리는 모네의 그림 몇 장을 전시할 것이다.)
 The Van Gogh Museum will display 135 of his paintings. (반 고흐 미술관은 그의 그림 135점을 전시할 것이다.)
parade, flaunt: 여봐란듯이 보이다
 The players and coaches paraded around the stadium with the trophy.
 (선수들과 코치들이 트로피를 들고 경기장을 돌면서 자랑해 보였다.)
 Limousines aren't necessarily a way of flaunting your wealth. (자동차 리무진이 부를 과시하는 데 반드시 필요한 방법은 아니다.)
expose: 지금까지 보이지 않았던 것을 보이다, 사람 앞에 내놓다 → 팔 것으로 내놓다
 Her skin has never been exposed to the sun. (그녀는 햇빛에 결코 피부를 노출시켜 본 일이 없다.)

show around, show round [BrE]

show sb **around[round]** sth, **show** sb **around[round]** (유사어 **show over** [BrE], **take around**)
to go with someone to a place that they have not visited before and show them the interesting parts
                (~를) 둘러보도록 안내하다, 보여 주며 다니다

When the Smiths came to visit, we showed them around the city.
            sb   sth
(스미스 씨 가족이 방문하러 왔을 때 우리는 그들에게 도시를 안내하면서 돌아다녔다.)
The director will show the party of students around the factory himself.
             sth   sth
(관리자가 직접 학생들에게 공장을 안내하며 구경시킬 것입니다.)

show off

show off
to try to make people admire your abilities or achievements in a way which other people find annoying
          (능력·학문·재산 등) 자랑해 보이다, 과시하다, 돋보이게 하다

Teenage boys like to show off in front of the girls. (10대 소년들은 여자아이들 앞에서 허세 부리기를 좋아한다.)
I can't stand the way she shows off in front of the other students.
(나는 그녀가 다른 학생들 앞에서 뽐내는 것을 참을 수가 없어.)

➡ show off to 로도 쓰임
Apparently Nick had been driving much too fast — showing off to the other guys in the car.
(분명히 닉은 너무 빨리 차를 운전하고 있었어. 차 안에 있는 다른 친구들에게 자랑해 보이면서 말이야.)

➡ show-off (n) [Informal]

(someone who always tires to show how smart or skillful they are so that other people will admire them) 자랑쟁이, 과시적인 사람

Don't be such a show-off! (그렇게 우쭐대지 매!)
․․․․․․․․․․․․․․․․․n

show off *sth/sb*, **show** *sth/sb* **off**

to show something to a lot of people because you are very proud of it

(많은 사람들 앞에서) 뽐내다, 자랑하다

I think he visited us just to show off his new car.
․․․․․․․․․․․․․․․․․․․․․․․․․․․․․․․sth
(내 생각에 그가 단지 자기 새 차를 자랑하려고 우리를 방문했어.)

She wanted to show off her new outfit at the party. (그녀는 파티에서 새 의상을 자랑하고 싶었다.)
․․․․․․․․․․․․․․․․․․․․․․․․․․․sth

➡ show *sb* off to 로도 쓰임

Chris's friends had never met his girl friend, and he was looking forward to showing her off to them.
․․․sb

(크리스의 친구들은 그의 여자 친구를 본 일이 없다. 그래서 크리스는 친구들에게 그녀를 몹시 자랑하고 싶어 했다.)

show off *sth*, **show** *sth* **off** (수동 불가) (유사어 **set off**)

if one thing shows off something else, it makes the other thing look especially attractive

(~가 ~을) 매력 있게 보이게 하다, 눈에 띄게 하다

Your blue tablecloth really shows off the white dishes.
․․․․․․․․․․․․․․․․․․․․․․․․․․․․․․․․sth
(너의 푸른색 식탁보가 흰색 접시들을 정말로 돋보이게 하는구나.)

Her jeans were tight-fitting, showing off her tall slim figure.
․․․․․․․․․․․․․․․․․․․․․․․․․․․․․․․․․․․․․sth
(그녀의 진 바지는 몸에 딱 붙어서 그녀의 큰 키와 날씬한 몸매를 돋보이게 했다.)

show out

show *sb* **out**, **show out** *sb* (유사어 **see out** 반대어 **show in**)

to lead a visitor who is leaving to the door of a room or a building

(손님을 문까지) 배웅하다

After she had shown him out of the office, she sat down wearily.
․․․․․․․․․․․․․․․․․․․․․․sb
(그녀는 사무실 출구까지 그를 배웅하고 나서는 기진맥진해서 앉았다.)

Let me show you out — it's quite hard to find the exit from here.
․․․․․․․․․․․․․․․․sb
(제가 모셔다 드리지요. 여기서 출구를 찾는 것은 굉장히 어렵습니다.)

show up

show up (유사어 **turn up, pitch up** [BrE, Informal])
to arrive, especially at the place where someone is waiting for you
(기다리고 있는 곳에) 나타나다, 도착하다

I was supposed to meet my sister for lunch, but she hasn't shown up yet.
(나는 여동생을 만나서 점심식사 하기로 되어 있었는데 그녀가 아직까지 나타나지 않고 있다.)
Over a hundred people showed up for the news conference. (100명이 넘는 사람들이 기자회견에 나타났다.)

show up [BrE]
when something shows up, it can be seen easily
(문제점·결점 등이) 똑똑히 보이게 하다, 뚜렷하게 보이다

It's hard to photograph polar bears because they don't show up well against the snow.
(북극곰들은 흰 눈과 대비해서 잘 눈에 띄지 않기 때문에 사진 찍기가 매우 어렵다.)
Things invisible to the naked eye will show up under a microscope.
(육안으로 보이지 않는 것은 현미경 아래에서는 뚜렷하게 보일 것이다.)

show up *sth*, **show** *sth* **up** (유사어 **reveal**) [BrE]
to make a problem or a fault easy to see or notice
(문제점·실수가) 눈에 띄기 쉽다, 드러내다

A close comparison clearly shows up the differences between the two paintings.
                         sth
(가까이서 정밀하게 비교해 보면 두 그림의 차이점이 명확하게 보인다.)
I avoid bright lights. They show up my facial wrinkles.
                              sth
(나는 밝은 빛을 피하고 있어. 밝은 빛 때문에 내 얼굴의 주름살이 눈에 잘 띄거든.)

show up *sb*, **show** *sb* **up** (유사어 **embarrass**) [Informal]
to make someone feel embarrassed or ashamed, because of something that you do or say
(~를 당황하게·열등감을 갖게) 하다

Bill thinks he's a better dancer than I am. He's trying to show me up.
                                                          sb
(빌은 자신이 나보다 나은 춤꾼이라고 생각해. 그는 나에게 열등감을 갖게 하려고 해.)
Please don't argue with me in front of our guests. It shows me up.
                                                         sb
(제발 손님들 앞에서 나와 말다툼하지 마. 그것 때문에 당황스러워.)

shut

vt. ① (창, 문 따위를) 닫다 ② (점포·공장 따위를) 일시 폐쇄하다, 폐점[휴업]하다(up, down) ③ (입, 귀, 마음 따위를) 닫다(to) ④ 가두다, 에워싸다, 가로막다 ⑤ (문 따위에) 끼우다 ⑥ 용접하다
vi. ① 닫히다(down) ② (상점·공장 등이) 휴업[폐점]하다(up) ③ (어둠의 장막·안개 등이) 깃들이다, 내리다(down, in)

shut down

shut *sth* **down, shut down** *sth*, **shut down** (유사어 **close down**)
if a factory or business shuts down, or if someone shuts it down, it closes and stops working
(공장·사업이) 폐쇄되다, 휴업하다

The severe winter <u>shut many factories down</u> this year.
　　　　　　　　　　　　　sth
(금년에는 겨울 날씨가 혹독해서 많은 공장들이 문을 닫았다.)

The car factory has <u>shut down</u>, and 2,000 people have lost their job.
(자동차 공장이 문을 닫아서 2천 명의 사람들이 일자리를 잃었다.)

➡ **shutdown** (n)
　(when a business, factory, shop, etc. closes for a long time or permanently)　조업중지, 폐점
The strike prompted a temporary <u>shutdown</u> of airline. (파업이 항공사의 일시적인 조업중단을 촉발시켰다.)
　　　　　　　　　　　　　　　　　　　n

shut *sth* **down, shut down** *sth*, **shut down**
if you shut down a machine, you turn it off to stop it from working
(기계 등을) 정지시키다

On Monday, the power supply will <u>be shut down</u> for the whole building. <수동>
(월요일에 건물 전체에 전기 공급이 중단될 것입니다.)

A virus <u>shut down</u> our company's computer network.
　　　　　　　sth
(컴퓨터 바이러스가 우리 회사의 컴퓨터 네트워크를 마비시켰다.)

shut down (유사어 **shut off, turn off**)
if a machine shuts down, it turns off and stops working
(기계가) 멈추다

Computers supplying the information had automatically <u>shut down</u>.
(정보를 제공하는 컴퓨터들은 자동적으로 꺼졌다.)

If the temperature gets too high, the engine will <u>shut down</u> automatically.
(온도가 지나치게 올라가면 엔진은 자동적으로 멈출 것입니다.)

shut down *sb*, **shut** *sb* **down** [AmE, Informal]
to prevent an opposing sports team or player from playing well or getting points
(경기·득점을) 방해하다, 막다

We all knew that if we wanted to win we'd have to <u>shut down</u> Bobby Mitchell.
　　　　　　　　　　　　　　　　　　　　　　　　　　　　　　sb
(우리 팀이 이기려면 바비 미첼을 막아야 한다는 것을 우리 모두 잘 알고 있었다.)

The Redskins <u>shut down</u> three quarter backs. (레드스킨스 팀은 상대방 쿼터백 세 명을 방어했다.)
　　　　　　　　　　　　sb

shut off

shut off *sth*, **shut** *sth* **off** (유사어 **switch off, turn off**)
if a machine, tools, etc. shuts off or if you shut it off, it stops operating
(기계 따위가) 서다, 멈추다

In the evenings, I <u>shut off the air conditioner</u> and open the windows.
                              sth
(나는 저녁이면 에어컨을 끄고 유리창을 모두 연다.)
Timmy's mother told him to <u>shut off the TV</u> and to go to bed.
                                               sth
(티미의 엄마는 그에게 TV를 끄고 가서 자라고 말했다.)

shut oneself off (유사어 **cut off**)
to avoid meeting and talking to other people
(다른 사람과 만남과 대화를) 피하다, (인간관계를) 스스로 끊다

After his wife's death, Pete <u>shut himself off</u> from the rest of his family.
                                    oneself
(아내가 죽은 후 피트는 다른 식구들을 피했다.)
Why have you <u>shut yourself off</u> from your mother and me for two years?
                      oneself
(너는 왜 2년 동안이나 너의 엄마하고 나를 피하고 있니?)

➡ **shut oneself off from** 으로도 쓰임
The way he spoke to me was cold and remote, <u>shutting himself off from</u> me completely.
                                                      oneself
(그는 나에게 냉정하게 거리를 두며 말하면서 나를 완전히 피하고 있었다.)

be shut off, be shut off from *sth* (항상 수동) (유사어 **block off**)
to be separated from other people or things, especially so that you are not influenced by them
봉쇄되다, 격리되다, 차단되다

Because of the explosion, parts of the city <u>were shut off</u> and traffic was being diverted. <수동>
(폭발사고 때문에 그 도시의 일부 지역이 봉쇄되고 차량들은 우회하고 있었다.)
These people <u>are</u> completely <u>shut off from the rest of society</u>. <수동>
                                             sth
(이 사람들은 사회의 다른 사람들로부터 완전히 격리되었다.)

shut off *sth*, **shut** *sth* **off** (유사어 **block out**)
if something shuts off a view, the light, etc. it prevents you from seeing it by getting in the way
(시야를) 가리다, 막다

A new building next to ours <u>shuts off our view</u> of the mountains.
                                       sth
(우리 옆에 있는 새로운 빌딩이 산을 볼 수 있는 시야를 가리고 있어.)
A large van was in the street outside, <u>shutting off the daylight</u> from the window.
                                                           sth
(커다란 밴 하나가 길 밖에 있었는데 창으로 들어오는 햇빛을 가리고 있었다.)

shut up

shut up, shut *sb* **up, shut up** *sb* [Informal]
to stop talking or making a noise, or to make someone do this

입 다물게 하다

I can't stand that woman. — She never <u>shuts up</u>.
(나는 그 여자를 참을 수가 없어. 그녀는 절대 입을 다물지 않아.)

That guy is spreading rumors about us. I wish there were some way to <u>shut</u> him <u>up</u>.
                                                                                                                               sb
(그 녀석이 우리에 대한 소문을 퍼뜨리고 있어. 그 녀석의 입을 다물게 하는 방법이 있으면 좋을 텐데.)

shut up! (유사어 **belt up!** [BrE, Spoken, Informal]) [Spoken, Informal]
used to tell someone rudely or angrily to stop talking

(명령형으로) 입 다물어

"<u>Shut up</u>!" said Terry. "I don't care what you think."
("닥쳐!" 라고 테리가 말했다. "네가 무슨 생각을 하든 상관없어.")

<u>Shut up</u> and listen. I have something important to say. (입 다물고 들어 봐. 나에게 중요한 할 말이 있어.)

shut *sb* **up, shut up**
to keep someone in a place away from other people, and prevent them from leaving

투옥하다, 감금하다

The only way Father can get any peace is to <u>shut</u> himself <u>up</u> in his study.
                                                                                                              sb
(아버지가 평화를 얻는 유일한 방법은 서재에 들어앉아 계시는 것이다.)

They wanted to <u>shut</u> Sarah <u>up</u> in a mental hospital. (그들은 사라를 정신병원에 가두어 두고 싶어 했다.)
                     sb

shut up *sth*, **shut** *sth* **up, shut up** (유사어 **close up**)
to close and lock a house, a room, etc. that you own, so that people cannot get into it or use it

(집 · 상점 · 방 등을) 닫아서 잠그다

Many shops <u>were shut up</u> for holidays. <수동> (많은 상점들이 휴일 동안 문이 닫혔다.)

It takes me almost all day to <u>shut up</u> our beach house for the winter.
                                                                           sth
(겨울에는 바닷가 별장을 거의 온종일 잠가 둔다.)

sign

vt. ① (~에) 사인[서명]하다, 기명 날인하다 ② 서명하여 양도[처분]하다 ③ (손짓 따위로) 신호하다, 알리다, 나타내다, ~의 조짐이 되다 ④ (~하기로) 계약 서명하다 ⑤ 성호를 긋다 ⑥ ~에 표시를 하다

vi. ① 서명(날인)하다, 서명하여 승인하다, 서명하여 계약하다(for) ② (손짓 · 몸짓 따위로) 알리다, 신호하다 ③ (길 따위에) 표지를 달다

sign in

sign in (반대어 **sign out**)
to write your name on a form, in a book, etc. when you enter a place such as hotels, offices or clubs
(기록부·명부 등에) 서명하다, 사인하다

All visitors must <u>sign in</u> at the front desk. (모든 방문객들은 프런트 데스크에서 사인을 해야 합니다.)
All visitors to the consulate are asked to <u>sign in</u>. (영사관을 방문하시는 모든 사람들은 서명을 요청받았다.)

sign *sb* **in, sign in** *sb* (반대어 **sign out**)
to write someone else's name in a book so that they are allowed to enter a club that you are a member of
서명하고 (호텔·클럽·병원 등에) 들어가다

I went to the hospital the day before my operation and <u>signed myself in</u>.
                                                                                       sb
(수술 전날에 나는 병원에 가서 내 이름을 서명하고 입원했다.)
Smiley met me on the steps of his London club, <u>signed me in</u> and took me to lunch.
                                                                                  sb
(스마일리는 그가 운영하는 런던 클럽 계단에서 나를 만나 이름을 서명하고 점심을 먹으러 나를 데리고 들어갔다.)

sign out

sign out (반대어 **sign in**)
to write your name in a book when you leave a place such as hotels, offices or clubs
(호텔·사무실·클럽 등에서) 서명하고 나가다

Jim isn't here. He <u>signed out</u> at 5:06. (짐은 여기 없어요. 5시 6분에 사인하고 나갔어요.)
Dr. Wood usually forgets to <u>sign out</u> when she leaves the clinic.
(Dr. Wood는 병원을 나갈 때 항상 사인하는 것을 잊곤 해.)

sign out *sth*, **sign** *sth* **out**
to write your name on a form or in a book to show that you have taken or borrowed something
(서명을 하고) ~을 빌리다

I <u>signed three books out</u> of the library this morning. (나는 오늘 아침 도서관에서 서명을 하고 책 3권을 빌렸다.)
      sth
Remember to <u>sign out your lab equipment</u> before chemistry.
                                sth
(화학 수업 전에 실험도구를 빌리는 데 사인하는 것을 잊지 마.)

sign up

sign up (유사어 **sign on**)
to arrange to take part in an activity or a course of study, by writing your name down on a form or list
서명하고 (단체·강의 등에) 가입하다, (참가하기 위해) 서명하다, 절차를 밟다

I've signed up to take a course at the local college. (나는 지방대학에서 강의를 수강하려고 등록했다.)
My wife and I have signed up for dancing lessons. (아내와 나는 댄스 레슨을 받으려고 등록했다.)

➡ 흔히 sign up for 로도 쓰임
I'm thinking of singing up for an evening class in classical guitar this year.
(금년에 클래식 기타를 배우려고 저녁 반에 등록하려고 한다.)

> **sign up**
> to sign a contract saying that you agree to work for someone
> (~와 ~하기 위해) 계약을 맺다, ~을 확보하다

The boss expects me to sign up at least one new large client every week.
(사장님은 적어도 내가 매주 한 사람의 새로운 큰 고객과 계약 맺기를 원한다.)
As program chairman, Bob has to sign up a speaker for each weekly meeting.
(프로그램 의장으로서, 밥은 매주 회합에서 발표할 연사를 확보해야만 한다.)

➡ sign up with 로도 쓰임
Robert's doing really well — he's signed up with Cambridge University press to write a book on astronomy. (로버트는 일이 정말 잘 되고 있어. 캠브리지 대학출판부와 천문학에 관한 책을 쓰기로 계약을 맺었어.)

> **sign** *sb* **up, sign up** *sb* (유사어 **sign on**)
> to arrange for someone to sign a contact saying that they agree to work for you to play for your team
> (서명하고 사람을) 고용하다, 채용하다, (입대)시키다

Bill has been signed up by a publishing firm. <수동> (빌은 출판사에 고용되었다.)
The army is signing up all the qualified people they can get.
(군대는 받아들일 수 있는 자격을 갖춘 사람들을 할 수 있는 한 모두 입대시키고 있다.)

➡ sign *sb* up as 로도 쓰임
An agency has now signed her up as a professional model.
                      sb
(한 단체가 전문 모델로서 그녀를 지금 막 채용했다.)

sink

vt. ① 가라앉히다, 침몰시키다, 격침시키다 ② (말뚝 따위를) (파)묻다, 박아 넣다, 침하시키다, (단검으로) 찌르다 ③ (우물 따위를) 파내리다, 파다 ④ 새기다, 파다, 조각하다 ⑤ (목소리·음 따위를) 낮추다, 내리다 ⑥ (고개 따위를) 수그리다, 숙이다, (눈을) 내리깔다 ⑦ (명예·위신 따위를) 떨어뜨리다, 손상하다, 몰락시키다, 쇠(망)하게 하다 ⑧ (증권·시세 따위를) 하락시키다, 떨어뜨리다, (자격·양·힘 따위를) 줄이다 ⑨ (재산을) 잃다, 결단(거털)내다 ⑩ (물을) 줄이다, 빠지게 하다 ⑪ 파괴[파멸]시키다, (몸·계획 등을) 망치다, 좌절시키다 ⑫ (자본 따위를) 투자[투입]하다(특히 회수하기 힘든 사업에), (자본을) 고정시키다, (빚을) 갚다, 청산하다 ⑬ (신분·증거 따위를) 숨기다, 덮어두다, 불문에 부치다, 무시하다, 억제하다 ⑭ (배 따위가 멀어져) (뭍을) 보이지 않게 하다 ⑮ [~oneself로] (생각에) 잠기다, (절망에) 빠지다 ⑯ (구기) (공을) 바스켓[홀·포켓]에 넣다 ⑰ ((영속)) (맥주 따위를) 마시다(drink)

vi. ① (무거운 것이) 가라앉다, 침몰하다(in, under) ② (해·달 따위가) 지다, 떨어지다 ③ (구름 따위가) 내려오다, 기울다, (어둠이) 깔리다 ④ (건물·지반 따위가) 내려앉다, 주저앉다, 함몰

[침하]하다 ⑤ (고개 · 팔 따위가) 숙다, 수그러지다, (눈이) 밑을 향하다, (사람이) 비실비실 (맥없이) 쓰러지다, 풀썩 주저앉다 ⑥ (눈 따위가) 우묵해지다, 쑥 들어가다, (볼이) 홀쭉해지다(in) ⑦ (피로 · 불행 · 고통 등으로) 녹초가 되다, (병으로) 쇠약[위독]해지다 ⑧ (의기가) 꺾이다, 풀이 죽다 ⑨ 망하다, 영락[몰락]하다, 타락하다 ⑩ (물 · 수량이) 줄다, (불길 · 바람 따위가) 약해지다(down), (물가 · 가치 따위가) 내리다, 떨어지다 ⑪ (물 따위가) 스며들다, 침투하다(in, into) ⑫ (말 · 교훈 따위가) 마음에 새겨지다, 이해되다, 명심되다(in, into) ⑬ (잠 · 망각 · 절망에) 빠지다, (침묵 · 몽상 · 슬픔 따위에) 잠기다 ⑭ (물고기가) 물속 깊이 헤엄치다

sink in

sink in

if information, facts, etc. sink in, you gradually understand them or realize their full meaning

(정보 · 사실 등을) 점차 이해하게 되다, 실감 나다

Tears welled up in Nancy's eyes as the news of her father's death slowly <u>sank in</u>.
(아버지가 돌아가셨다는 소식을 서서히 실감하게 되었을 때 낸시의 눈에서는 눈물이 쏟아졌다.)

The chairman waited until his suggestion had had time to <u>sink in</u> before inviting the committee's opinion. (의장은 위원회의 의견을 구하기 전에 자기의 제안이 잘 이해가 될 때까지 기다렸다.)

be sunk in *sth*

to be in a particular state or mood, especially one that makes you sad or inactive, or makes you think a lot about something

(특정 상태나 기분에 빠져) ~을 마음에 새기다, 많은 생각을 하다

In the days that followed Diana's death, the whole nation <u>seemed sink in</u> <u>deep despair</u>. <수동>
　　　　　　　　　　　　　　　　　　　　　　　　　　　　　　　　　　　　　sth
(다이애나 왕세자빈의 죽음에 전 국민은 깊은 절망에 빠진 듯이 보였다.)

She <u>remained sunk in</u> <u>silent contemplation</u>. <수동>　(그녀는 조용히 명상에 빠져 있다.)
　　　　　　　　　　　　　　sth

➡ **be sunk in thought** 로도 쓰임
Father <u>was sunk in thought</u>, and didn't hear a word I said to him. <수동>
(아버지는 깊은 생각에 빠져계셔서, 내가 했던 말을 한마디도 듣지 못하셨다.)

sit

vt. ① 앉다, 앉히다, 착석시키다 ② (말 · 보트 따위를) 타다 ③ ((영)) (필기시험을) 치르다
vi. ① 앉다, 걸터앉다, 착석하다, 앉아 있다 ② (개 따위가) 앉다, 쭈그리다, (새가) 앉다 ③ (새가) 보금자리에 들다, 알을 품다(brood) ④ (재판관 · 관공리 등이) 벼슬[직위]에 앉다, (위원회 · 의회)의 일원이다 ⑤ 개회하다, 개원[개정]하다, 의사를 진행하다 ⑥ (사진 · 초상화를 위해) 찍게 하다(그리게 하다), (사진 · 초상화를 위해) 자세[포즈]를 취하다(pose), ((영)) (시험을)치르다(for, to) ⑦ 그대로 움직이지 않다, (손해 · 책임 등이) 부담이 되다, (먹은 것이) 얹히다 ⑧ (사태 따위가) 그대로 있다, 방치되어 있다 ⑨ 위치하다, (바람 방향이) ~쪽이다, (바람이) ~에서 불어오다(in) ⑩ (옷 · 지위 따위가) 맞다, 어울리다(on, with), 마음에 들다, 받아들여지다 ⑪ ((구)) 억누르다, 압박하다, 입막음하다, 비난하다, (보도 · 조사 등을) 덮어두다, 늦추다(on, upon) ⑫ 간호하다, 시중들다, 아이를 보다 ⑬ [군사] 진을 치다

sit around, sit about [BrE]

sit around[about], sit about[around] sth

to spend time sitting down and doing very little

빈둥거리며 지내다, (빈둥거리며 앉아서) 시간을 보내다

Please let me help you. I don't like just <u>sitting about</u> all day.
(제발 당신을 돕게 해 주십시오. 하루 종일 빈둥거리며 지내고 싶지 않습니다.)

All I ever did was <u>sit around</u> the <u>house</u> reading.
                             sth
(내가 지금까지 했던 모든 것은 오로지 집에서 독서하면서 시간을 보내는 것이었다.)

➡ sit around[about] doing sth 으로도 쓰임
We <u>sat about</u> <u>drinking</u> <u>wine</u>. (우리는 와인을 마시며 빈둥거리며 지냈다.)
          doing   sth

sit down

sit down (반대어 stand up)

to get into a sitting position or be in a sitting position

앉다, 자리 잡다, 착석하다

Come on in and <u>sit down</u>. (들어와 앉아.)

Since there were no more chairs, we <u>sat down</u> on the ground.
(더 이상 의자가 없어서 우리는 땅 바닥에 앉았다.)

sit sb down

to make someone sit down somewhere, especially if you are angry with them or want to tell them something important

(화가 나서 ~를) 앉히다

Our father used to <u>sit us down</u> and asked, "So, what are your goals, kids?"
                       sb
(아버지는 우리를 앉히고는 물었다. "그래, 얘들아 너희들 목표가 무어라고?")

I think you need to <u>sit Booby down</u> and explain why we can't afford to go.
                    sb
(내 생각에는 네가 바비를 앉혀놓고 왜 우리가 갈 만한 여유가 없는가를 설명할 필요가 있어.)

sit down

to try to solve a problem, or to deal with something that needs to be done, by giving it all your attention

충분히 토의[교섭]하다

The dispute cannot be resolved unless both sides <u>sit down</u> together.
(이 논쟁은 양자가 다 같이 충분히 논의하지 않으면 해결될 수 없다.)

"You and Ned need to discuss this problem." "All right. I'll <u>sit down</u> with him this afternoon."
("너와 네드는 이 문제를 논의할 필요가 있어." "그래, 나는 오늘 오후 그와 충분히 토의할 거야.")

➡ **sit down with** 로도 쓰임
"I am willing to sit down with the Mexican leaders to discuss free trade." Boice said.
("나는 자유무역을 논의하기 위하여 멕시코 지도자들과 기꺼이 토의할 것이다"라고 보이스가 말했다.)

➡ **sit down and do** *sth* 으로도 쓰임
First we should sit down and work out the financing.   (우선 앉아서 자금 문제를 해결해야 한다.)
                                             sth

skimp

vt. ① (돈·음식 따위를) 찔름찔름 (감질나게) 주다, 인색하게 굴다, 바싹 줄이다 ② (일을) 날리다
vi. 절약하다, 바싹 줄이다

skimp on

skimp on *sth* (유사어 **scrimp on**)
to not spend enough time or money on something, or not use enough of something
절약하다, 인색하게 굴다, 바싹 줄이다

We should never skimp on healthy foods.   (우리들은 건강식품을 아껴서는 절대로 안 된다.)
                       sth

Fix me a martini. And don't skimp on the gin.   (마티니 한 잔 만들어 줘. 진은 아끼지 말고.)
                                sth

slave

vt. 노예처럼 부려먹다, 노예로 삼다(enslave), 종속 장치로서 작동시키다
vi. ① 노예처럼 (고되게) 일하다 ② 노예 매매를 하다

slave away

slave away (유사어 **toil away, slog away** [BrE, Informal])
to work very hard with little or no rest
(쉬지 않고) 열심히 일하다

I've spent the last fourteen years slaving away, just to pay off our debts.
(나는 단지 빚을 갚으려고 정신없이 일을 하면서 지난 14년을 보냈다.)

You've been slaving away on that report for almost a week. Aren't you finished yet?
(너는 그 보고서를 작성하려고 지난 일주일을 정신없이 보내고 있구나. 아직도 완성하지 못했니?)

sleep

vt. ① 잠자다 ② 잠을 자서 (시간을) 보내다(away, through), 잠을 자서 (~을) 고치다, 제거하다
③ 투숙시키다, ~만큼의 침실이 있다
vi. ① 잠자다 ② 자다, 묵다(at, in), (이성과) 동침하다(together, with), ((구)) (침대 따위) 잠자리

가 ~하다 ③ 영원히 잠들어 있다, 묻혀있다 ④ 활동하지 않다, 잠잠히 있다, 동면하다 ⑤ 무감각하게 되다, 멍해 있다 ⑥ (팽이가) 서 있다(빨리 돌아 움직이지 않는 것처럼 보임) ⑦ (식물이) 밤에 꽃잎[잎]을 닫다, 수면하다

유사단어

sleep: 우리말의 '자다'와 거의 같은 말
　　　　 I normally sleep on my back. (나는 흔히 등을 대고 잔다.)
slumber: 선잠, 편안한 잠
　　　　　 The older three girls are still slumbering peacefully. (나이 많은 세 명의 여인들은 아직도 평화롭게 잠을 자고 있다.)
drowse, doze: 잘 뜻이 없어도 피곤 따위로 '꾸벅꾸벅 졸다', doze 쪽이 잠에 가까우며 '겉잠자다'
　　　　　　　　 We were content to drowse in the warm sunlight on the beach. (우리는 해안가에서 따뜻한 햇볕에 만족하며 졸고 있었다.)
　　　　　　　　 Kevin often dozes in his chair instead of going to lunch. (케빈은 점심 먹으러 가는 대신 가끔 의자에 앉아서 졸곤 한다.)
nap: (바쁜 중에) 잠깐 눈을 붙여 낮잠 자다
　　　 An elderly person may nap during the day and then sleep only five hours a night. (고령자는 낮에 잠깐 눈을 붙이고 밤에는 5시간만 잔다.)

sleep in

sleep in (유사어 **lie in**)
to sleep longer in the morning than you normally do
　　　　　　　　　　　　　　　　　　　　　　　　　　　　　　(아침 늦게까지) 잠자다

I slept in till 10:00 on Sunday. (나는 일요일에 10시까지 늦잠 잤다.)
"Do you want me to wake you in the morning?" "No, I want to sleep in."
("아침에 깨워 줄까?" "아니요, 늦잠 잘래요.")

sleep on

sleep on sth
to delay making a decision about something until the next day or later
　　　　　　　　　　　　　　　　　　　　　　　~을 하룻밤 자고 생각하다, ~에 대해 즉답하지 않다

I can't answer you right away. Let me sleep on it. (바로 대답할 수가 없어요. 하룻밤 생각할 여유를 주세요.)
　　　　　　　　　　　　　　　　　　　　　　sth
Last night I thought I had the solution. However, after having slept on it, I'm not so sure.
　　　　　　　　　　　　　　　　　　　　　　　　　　　　　　　　　　　　　sth
(지난밤에는 해결책이 보였다고 생각했는데 하룻밤 자고 생각하니까 확실치가 않아.)

➡ 흔히 sleep on it으로도 쓰임
There's no hurry. I'm going to sleep on it, and tomorrow I'll decide what to do.
(서두르지 마. 나는 하룻밤 자고 생각하려고 해. 그리고 내일 무엇을 할지 결정할 거야.)

sleep over

sleep over (유사어 **stay over**) [Informal]
to sleep in someone else's home for a night
　　　　　　　　　　　　　　　　　　　　　　　　　　　　　　　(하룻밤) 외박하다

Mom, can I sleep over at Ann's tonight? (엄마, 나 오늘 밤 앤의 집에서 자도 괜찮아?)

It's getting late. Why don't you sleep over? (밤이 늦었어. 자고 가는 게 어때?)

sleep through

sleep through *sth*

to sleep while something noisy is happening

(소음 등에도 불구하고) 계속 잠을 자다

How could you sleep through the earthquake? (어떻게 지진 속에서 계속 잠을 잘 수 있었니?)
_{sth}

I'm sorry I'm late. I'm afraid I slept through my alarm.
_{sth}

(늦어서 미안합니다. 자명종 소리에도 계속 자고 말았어요.)

slip

vt. ① 미끄러뜨리다, 미끄러져 들어가게 하다(in, into) ② 쑥 끼우다(입다, 신다)(on), 쑥 벗기다(빼다)(off), 살짝 넣다(꺼내다)(into, out of) ③ (~에게 ~을) 몰래 주다, 살짝 건네어 주다 ④ 풀다, 풀어놓다, 놓아 주다, (차량 등을) 떼어놓다, (닻 따위를) 내리다 ⑤ (개가 사슬 따위를) 풀다, ~에서 빠져나가다 ⑥ (기회 따위를) 놓치다, 잃다, ~을 모르고 넘기다, (말·쓰기를) 빠뜨리다, (기억에서) 사라지다, 없어지다 ⑦ (짐승이) 조산[유산]하다 ⑧ ~의 관절을 삐게 하다 ⑨ (그물코를) 빠뜨리다 ⑩ (뱀 따위가) 허물을 벗다

vi. ① (찍) 미끄러지다, 미끄러져 넘어지다, 발을 헛디디다, 곱드러지다 ② 슬그머니[가만히] 떠나다(away, off), 미끄러져 (몰래) 들어가다(나가다), 곁을 지나가다(in, into, out, out of) ③ 벗어져[미끄러져]내리다, 벗겨지다, 빠빠지다(down, off), 헐거워지다, 풀리다 ④ 미끄러지듯 달리다(움직이다, 흐르다), (때가) 어느덧 지나가다(along, by) ⑤ (기회 등이) 지나가 버리다, 사라지다, (기억·기력 등이) 없어지다, 쇠퇴하다 ⑥ [+전+명] 무심코 입 밖에 내다(from), 얼결에 틀리다[실수하다](in) ⑦ 얼른 들어가다, 후딱 입다(벗다)(into, off) ⑧ (경기 따위가) 내리막이 되다, 쇠하다, 떨어지다 ⑨ (자동차·비행기가) 옆으로 미끄러지다

slip off

slip *sth* **off, slip off** *sth* (반대어 **slip on**)

to take clothes off quickly

(옷을) 훌렁 벗다

Seeing that no one else was wearing a tie, I slipped mine off and put it in my pocket.
_{sth}

(아무도 넥타이를 매지 않았음을 알고 나는 넥타이를 풀어 주머니에 넣었다.)

He slipped off his coat and went upstairs. (그는 코트를 훌렁 벗고는 위층으로 올라갔다.)
_{sth}

slip off (유사어 **slop off** [BrE, Informal])

to leave a place quietly so that other people do not notice you leaving

(다른 사람이 눈치 못 채게) 조용히 떠나다

Let's try to slip off before the meeting finishes and go for a drink.
(모임이 끝나기 전에 조용히 떠나도록 합시다. 그리고 한잔하러 갑시다.)

One night, the couple slipped off to Las Vagus and got married.
(어느 날 밤, 그 두 사람은 아무도 모르게 라스베이거스로 가서 결혼했다.)

slip out

slip out

if a remark or a piece of information slips out, you mention it without intending to

(의도 없이) 말을 하다

"Why did you tell her?" "I didn't mean to. It just slipped out."
("왜 그녀에게 말했어?" "말할 의도는 아니었는데. 그냥 생각 없이 입에서 나왔어.")

I didn't mean to tell you his name, it just slipped out.
(너에게 그의 이름을 말할 의도는 아니었는데, 별 뜻 없이 무심코 입에서 나왔어.)

slip up

slip up

to make a mistake

실수하다, 틀리다, 실패하다

Don't slip up again. It'll be your last mistake in this company.
(다시는 실수하지 마. 이번이 이 회사에서 너의 마지막 실수가 될 거야.)

Unless Manchester United slip up badly, they're sure to win The European Cup.
(맨체스터 유나이티드 팀이 크게 실수만 하지 않는다면 유러피언 컵을 쟁취하는 것은 확실하다.)

➡ slip-up (n) 으로도 쓰임

(a careless mistake) 부주의한 실수

I'm afraid there's been a bit of a slip-up over arranging your contract.
(미안하지만 당신이 계약을 준비하는 데 다소 실수가 있었습니다.)

slow

vt. 더디게[느리게] 하다, (차 등의) 속력을 늦추다(down, up)
vi. 속도가 떨어지다, 늦어지다, 속도를 떨어뜨리다(down, up)

slow down

slow down, slow down sb/sth, slow sb/sth down (유사어 **slow up** 반대어 **speed up, accelerate**)

to start to move slowly or to make someone or something do this

(차 등의) 속도를 늦추다, (차의 속도가) 떨어지다, (행동을) 느긋하게 하다

Slow down! There's a police car behind us. (속도 줄여! 우리 뒤에 경찰차가 있어.)

Ice on the road <u>slowed us down</u> considerably. (도로 위 얼음 때문에 우리는 차의 속도를 상당히 줄였다.)
　　　　　　　　sb

slow down[up] *sb/sth*, **slow** *sb/sth* **down[up]**, **slow down[up]** (유사어 **slow up** 반대어 **speed up**)

to start to work or develop more slowly, or to make someone or something do this

더디게[느리게] 하다, 감소시키다, 부진하다

An industrial dispute has <u>slowed down</u> <u>the production of engines</u> at Ford's Halewood factory.
　　　　　　　　　　　　　　　　　　　　　　　　sth
(산업분쟁이 포드 헤일우드 공장의 엔진 생산량을 감소시키고 있다.)

If business <u>slows down</u>, some of these workers are going to lose their jobs.
(사업이 부진하게 되면 어떤 종업원들은 직장을 잃게 될 것이다.)

➡ <u>slowdown</u> (n)

(a reduction in activity or speed)　조업단축, 경기후퇴, 태업

There has been a sharp <u>slowdown</u> in economic growth. (경제성장에서 심각한 경기후퇴가 일어나고 있다.)
　　　　　　　　　　　　　n

slow down, slow *sb* **down**

to become less physically active than you were before

(육체적 활동이) 전보다 약해지다, (활동·동작 등이) 둔해지다

Everyone naturally <u>slows down</u> as they get older.
(모든 사람들은 나이가 들어가면서 자연스럽게 체력이 약해진다.)
Dave's back trouble is <u>slowing</u> <u>him</u> <u>down</u>. (데이브는 등의 상처 때문에 점점 쇠약해지고 있다.)
　　　　　　　　　　　　　　　　sb

slow up

slow up, slow up *sth/sb*, **slow** *sth/sb* **up** (유사어 **slow down** 반대어 **speed up**)

to become slower or to make something or someone slower

(차 등의) 속력을 늦추다, (속도가) 떨어지다

The car <u>slowed up</u> as it approached the gate. (그 차는 출입구에 다다르자 속력을 늦추었다.)
Computing problems <u>slowed us up</u> a bit. (문제를 계산하는데 속도가 약간 떨어졌다.)
　　　　　　　　　　　　sb

slow up *sth*, **slow** *sth* **up** (유사어 **slow down** 반대어 **speed up**)

to make something happen or develop more slowly

둔해지다, 쇠약해지다

The new legislation could <u>slow up</u> <u>the whole immigration process</u>.
　　　　　　　　　　　　　　　　　　　sth
(새로 생긴 법령이 전체적인 이민수속 절차를 지연시킬 수 있었다.)

Road work <u>slowed up</u> traffic this morning. (도로공사 때문에 오늘 아침 교통 소통이 정체됐다.)
　　　　　　　　　　sth

snap

vt. ① 덥석 물다, 물어뜯다, 잘라먹다(off) ② 움켜잡다, 긁어모으다(up), 앞을 다투어 잡다(빼앗다), ~을 낚아[잡아]채다(up, off) ③ 급히[서둘러] 처리하다 ④ 딱[짤깍] 소리 나게 하다, (손가락으로) 딱 소리를 내다, 탁 하고(~의 상태로) 하다, (권총 따위를) 탕 쏘다, (문을) 탕 닫다[열다], (채찍 따위로) 휙 소리 내다, 튀기다 ⑤ 뚝[딱] 부러뜨리다[꺾다](off), 싹둑 잘라내다, 뚝 끊다 ⑥ 딱딱거리며 말하다, 고함치다(out) ⑦ ~을 급히 움직이다, 휙 던지다

vi. ① 덥석 물다, 물어뜯다(at) ② (기다렸다는 듯이) 덤벼들다, 움켜쥐다 ③ 귀찮게 잔소리하다[꾸짖다](at) ④ (찰칵하고) 소리를 내다, (문·자물쇠가) 찰깍[탕]하고 닫히다(to), (문 등이) 찰깍[탕] 소리를 내며 (~의 상태로) 되다 ⑤ 딱[뚝] 부러지다, 딱 하고 꺾이다[망그러지다], (~의 상태로) 부러지다 ⑥ (신경 따위가) (긴장으로) 갑자기 견딜 수 없게 되다 ⑦ (채찍·권총 등이) 딱[짤깍] 소리를 내다, 불발이 되다 ⑧ (눈이) 번쩍 빛나다 ⑨ 날쌔게 행동하다, 민첩하게 움직이다 ⑩ 스냅 사진을 찍다

snap up

snap up *sth*, snap *sth* up

if you snap something up, you buy it quickly because it is cheap or is just what you want

(물건 값이 싸서 · 네가 원해서) 빨리 사다

All the tickets for the game <u>were snapped up</u> in less than two hours. <수동>
(그 게임 티켓은 2시간 안에 모두 다 매진됐다.)

When he offered me his tennis racket for only $10, I <u>snapped it up</u> because it was still in
                                                            sth
excellent condition.
(그가 자신의 테니스 라켓을 겨우 10달러에 사겠느냐고 제의했을 때, 나는 라켓의 상태가 여전히 매우 훌륭함을 알고는 재빨리 샀다.)

snap up *sb*, snap *sb* up

to eagerly take the opportunity of making someone a part of your team, organization, etc.

(팀 · 기관에서 ~를) 재빨리 고용하다

Owen <u>was snapped up</u> by Liverpool before he even left school. <수동>
(오웬은 심지어 학교를 졸업하기도 전에 리버풀 팀에 입단하게 되었다.)

Many girls want to marry pastors. A single, young preacher <u>is snapped up</u> within a year after he arrives in town. <수동>
(많은 젊은 여자들이 목사들과 결혼하고 싶어 한다. 한 독신의 젊은 목사가 마을에 부임하면 1년도 안 되어서 여자에게 잡혀 결혼하게 된다.)

snap up *sth*, snap *sth* up (유사어 grab)

if you snap up a chance or an opportunity to do something, you take it as soon as you can before it is too late

(기회 등을) 재빨리 포착하다

When I laid my purse on the counter, the man beside me <u>snapped it up</u> and ran out of the store.
                                                                    sth
(내가 계산대에 지갑을 올려놓았을 때 내 옆에 있던 남자가 재빨리 지갑을 채더니 가게 밖으로 달아났다.)

She eagerly snapped up the money and counted it. (그녀는 번개같이 돈을 채 가지고는 수를 세었다.)
                   sth

snow

vt. ① 눈으로 덮다[가두다](over, under, up, in) ② 눈처럼 쏟아지게 하다[뿌리다], 비난의 소리가 빗발쳐 왔다 ③ (눈처럼) 하얗게 하다 ④ 깜짝 놀라게 하다, ((미속)) 감언이설로 속이다
vi. ① [it을 주어로 하여] 눈이 내리다 ② 눈처럼 쇄도하다, 우르르 몰려들다

be snowed in[up]

be snowed in[up] [BrE]
to be unable to leave a place because so much snow has fallen there
눈에 덮이다, 눈으로 덮이다

Many people are snowed in and cannot get to work. <수동> (많은 사람들이 눈에 갇혀서 일터로 갈 수가 없다.)
We were snowed up all week in a mountain cabin. <수동>
(우리는 산골 오두막에서 일주일 내내 눈에 갇혀 있었다.)

be snowed under

be snowed under [Informal]
to have so much work that you have problem dealing with it
(일 · 편지 · 전화 · 주문 등으로) 압도하다, (~가 많아서) 곤란하다, 허덕이다

I can't help you now. I'm snowed under with work. <수동> (지금 너를 도울 수 없어. 일이 산처럼 쌓여 있어.)
Being snowed under with orders, we began operating 24 hours a day. <수동>
(주문량이 처리할 수 없을 정도로 많아서, 우리는 하루 24시간 작업을 시작했다.)

sort

vt. ① 종류로 나누다, 분류하다, 구분하다(over), ~을 가려[골라]내다, ~을 구별하다(out, from) ② ~을 (특정 계급 · 집단 등으로) 모으다(together, with), (~을 ~로) 갈라놓다(into) ③ [컴퓨터] 정렬하다(자료 항목을 지정된 순으로 가지런히 하는 일) ④ ~에게 음식과 주거를 주다(with), ~을 정리[정돈]하다 ⑤ (나무라서) 행동을 바로잡다
vi. ① 조화[일치]하다(with) ② 교제[상종]하다, 사귀다(with)

sort out

sort out *sth*, **sort** *sth* **out** (유사어 **deal with, resolve**) [BrE]
to successfully deal with a problem, a difficult situation, or a disagreement
(문제 등을) 해결하다, (오해 등을) 풀다.

India and Nepal have sorted out their trade and security dispute.
                         sth

(인도와 네팔은 무역과 보안 문제를 해결했다.)

Have you sorted something out for tomorrow night? (내일 밤에 해결해야만 하는 무슨 문제가 있니?)
              sth

➡ get it sorted out 으로도 쓰임
I'll be glad when we've got everything sorted out. (우리가 모든 문제들을 해결했으면 기쁠 텐데.)

sort itself out

if a situation sorts itself out, it stops being a problem without anyone trying to do anything
(사람·사태 따위가) 정상 상태로 되다, 진정되다

After Susan's husband died, it took good while for her to sort herself out.
                                                              oneself
(수잔은 남편이 죽은 후 그녀가 정상상태로 되돌아가는 데 상당히 오랜 시간이 걸렸다.)

Don't worry. I'm sure it'll all sort itself out in the end.
                                     itself
(염려 하지 마. 나는 그것이 결국에는 모두 정상 상태가 될 것이라고 확신해.)

sort out sth, sort sth out

to arrange or organize things which are untidy

정리하다, 정돈하다

I sort out my room on Sunday. (나는 일요일에 방을 정리한다.)
      sth
The things in my suitcase were all jumbled up. I sorted them out and repacked them.
                                                        sth
(여행가방 안에 있는 물건들이 모두 뒤죽박죽이었어. 그것들을 정리해서 다시 싸 두었어.)

➡ sort-out (n) [BrE, Informal]
  (when you make a place tidy and get rid of things you do not need) 정리, 정돈
Cathy's room could do with a good sort-out. (캐시의 방은 잘 정리할 수 있었는데.)
                                       n

sort out sth, sort sth out (유사어 finalize)

to make a decision about something by discussing it with someone else or by considering it carefully

(토의·대화를) 파악하다, (분쟁 등을) 해결하다, 끝내다

The boss's orders are unclear. We can't sort out what he wants us to do.
                                                  sth
(사장님의 명령이 분명치 않아. 사장님이 우리가 무엇을 하길 원하는지 파악할 수가 없어.)

We seem to be lost. Get out the map, and let's try to sort out where we are.
                                                              sth
(우리가 길을 잃은 것 같아. 지도 꺼내 봐. 그리고 우리가 어디 있는지 알아보자.)

sort out sth, sort sth out

to separate something from a group

~으로 나누다, 분류하다

Bill sorted the books out by subject before placing them on the shelves.
               sth
(빌은 선반 위에 놓기 전에 그 책들을 주제별로 분류하였다.)

The students were sorted out into three levels of ability. <수동>
(그 학생들은 능력에 따라 세 가지 수준으로 분류되었다.)

➡ sort out *sth* form *sth* 으로도 쓰임
Always sort out the whites from the other clothes, never put them together in the same wash.
              sth   sth
(항상 흰 옷과 다른 옷을 분류하고 결코 같은 세탁물 안에 함께 넣지 마세요.)

sort out *sb*, sort *sb* out

if you sort someone out, you make them realize that they behaved wrongly, for example by talking to them or by punishing them

(말이나 벌로 ~에게) 잘못을 깨닫게 하다, (~를) 혼내다

It was the older women and young mothers who sorted all the troublemakers out.
                                              sb
(그 모든 말썽꾸러기들을 혼내 준 것은 노 부인네들과 젊은 엄마들이었다.)

Just wait till I see that guy! I'm going to sort him out!
                                 sb
(내가 그 녀석을 만나 볼 때까지 좀 기다려! 그 녀석을 혼낼 작정이야!)

space

vt. ① ~에 일정한 간격[거리, 시간]을 두다(out), 구분하다 ② ~의 행간[어간]을 띄우다, ~의 스페이스를[공간을] 정하다
vi. ① 간격을 두다 ② 행간[어간]을 띄우다, 스페이스를 잡다

space out

be spaced out [Informal]

someone who is spaced out cannot think clearly, because they have been taking drugs, or they feel very tired

(마약 등의 영향으로) 멍하다, 현실감을 잃다

It's no good trying to have a conversation with him, he's spaced out and nothing he says will make sense. <수동>
(그와 대화하려고 해 보았자 소용없어. 그는 마약으로 머리가 멍해져서 말하는 것이 사리에 맞지 않아.)

How is it that some people seem to get spaced out more easily than others? <수동>
(어떤 사람들이 다른 사람들보다 더 쉽게 약에 취하는 것은 무엇 때문일까?)

space out *sth*, space *sth* out

if you space things out, you arrange them so that they are not all grouped together, but have gaps or intervals of time between them

~에 일정한 간격[거리 · 시간]을 두다

We began to space out our meetings. (우리는 모임에 일정한 간격을 두기 시작했다.)
                   sth

Trees should not be planted too close together. To have growing room, they need to be spaced out. <수동> (나무들은 너무 가까이 함께 심으면 안 된다. 자랄 수 있는 공간을 주기 위하여 나무를 띄어 심어야 한다.)

spark

vt. ① 발화시키다(off) ② (흥미·기운 따위를) 갑자기 불러일으키다, 북돋다, 고무하다, 유발하다 (off) ③ 자극을 주어 ~을 시키다(to, into) ((구)) 구애[구혼]하다(woo)

vi. ① 불꽃이 (되어) 튀다 ② 번쩍이다, 번득이다 ③ [전기] 스파크 ④ 재치가 번득이다

spark off

spark off *sth*, **spark** *sth* **off** (유사어 **trigger off, set off, touch off**)
to be the cause of violence

(분쟁·폭동 등을) 일으키다, 유발하다

Stories about the fall of the government sparked off much of selling of shares.
                                                             sth
(정부 붕괴의 이야기가 대량의 주식 매도를 유발시켰다.)

There was a risk that the decision would spark off a conflict. (그 결정은 갈등을 일으킬 위험이 있었다.)
                                                                                      sth

speak

vt. ① 말하다, 얘기하다 ② 전하다, 보이다, 증명하다, 하는 짓이 그가 작은 인물[악인]임을 말해주고 있다 ③ (어느 국어를) 말하다, 쓰다 ④ (문서 따위로) 성명하다(declare), 낭독하다 ⑤ ((고)) ~에게 말을 걸다 ⑥ [바다] (해상에서 다른 배와) 통신하다, 신호[교신]하다, [컴퓨터] (데이터·정보 등을) 음성으로 표시하다

vi. ① 이야기[말]하다(talk), 지껄이다 ② 이야기를 하다, ~에 관하여 이야기를[평을] 하다(about, on, of), 이야기를 걸다(to, with) ③ 연설하다, 강연하다 ④ (책·신문 등이) ~을 피력하다, 전달하다(to, of) ⑤ (의사·감정 등을) 나타내다 ⑥ (악기·시계·바람 따위가) 소리를 내다, (대포 소리 따위가) 울리다, (사냥개가 냄새를 맡고) 짖다

유사단어

speak: 스스럼없는 잡담에서부터 정식의 연설에 이르기까지 모든 구두 전달을 일컫는 것
    I was so shocked I couldn't speak. (너무 놀라서 말을 할 수 없었다.)

converse: speak와 거의 같은 뜻이지만 보통 격식 차린 얘기로서 의견 교환에 중점을 둠
    They were conversing in German, their only common language. (그들은 단 하나의 공통어인 독일어로 대화하고 있다.)

talk: 듣는 사람을 상대로 의미를 알 수 있는 얘기를 하는 것을 일컫지만, 때로는 내용이 없는 단순한 말을 가리키는 경우도 있음
    He was too distressed to talk. (그는 말을 하기에는 너무 고민에 빠져 있었다.)

tell: '눈앞의 상대에게 정보를 주다'라는 점에 역점이 있음
    I wish someone had told me that the meeting was canceled. (누군가가 나에게 모임이 취소되었다고 말해 주었으면 좋겠어.)

speak out

speak out

if you speak out, you express your views forcefully and publicly, especially in order to criticize or oppose something

(반대의견을) 표명하다, (거리낌 없이 정정 당당히) 의견 따위를 이야기하다

He <u>spoke out</u> strongly against subsidies. (그는 국가 보조금에 대해 강력하게 반대의견을 표명했다.)
More and more people are <u>speaking out</u> in favor of tax reform.
(점점 많은 사람들이 세제 개혁에 찬성하는 의견을 피력하고 있다.)

➡ <u>speak out against</u> 로도 쓰임
As citizens we must <u>speak out against</u> the causes of injustice.
(시민으로서 우리는 권리침해 원인에 대해 반대의견을 표명해야 한다.)

speak up

speak up

to begin to speak more loudly

큰소리로 말하다

They won't be able to hear you at the back of the hall. You'll have to <u>speak up</u>.
(그들은 홀 끝에 있는 네 말을 들을 수 없어. 너는 큰 소리로 말해야 할걸.)

Ask the speaker to <u>speak up</u> a little. Some people in the audience can't hear him.
(연사에게 조금 크게 말해 달라고 부탁해. 관객 중 몇 사람은 그의 말을 들을 수가 없어.)

speak up

to publicly express your opinions about something or someone, especially in order to support them

(~를 지지하기 위해) 공개적으로 발언하다

Although I think most of the staff agreed with me, no one else is prepared to <u>speak up</u>.
(내 생각에 대부분의 직원들은 나와 의견이 일치하지만, 그 누구도 공개적으로 의견을 말할 준비가 되어 있는 사람은 없다.)

Never be frightened of <u>speaking up</u> for your beliefs.
(너의 신념에 대해 공개적으로 발언하는 것을 두려워하지 마.)

➡ <u>speak up for</u> 로도 쓰임
The FBI knew I was innocent. But they never <u>spoke up for</u> me at the trial.
(FBI는 내가 무죄라는 것을 알고 있다. 하지만 그들은 결코 공판에서 나를 위해 공개적으로 발언하지 않았다.)

spell

1. **vt.** ① (낱말을 ~라고) 철자하다, ~의 철자를 말하다(쓰다) ② (글을) 뜯어보다, 판독[해석]하다 (out, over) ③ ~라는 철자가 ~이 되다, ~라고 읽다 ④ 의미하다, ~한 결과가 되다, 가져오다, 따르다, 이끌다(of)

    vi. 철자하다, 정식으로 (정확하게) 쓰다(읽다), [시] 연구하다, 고찰하다

2. **vt. vi.** ((구어)) (~와) 교대하다(relieve), ((호주)) (말 따위에) 휴식 시간을 주다, 잠깐 휴식하다(지키다)
3. **vt.** 주문으로 얽어매다(charm), 매혹하다

spell out

spell out, spell *sth* **out, spell out** *sth*

to explain something in detail and in a clear way

명확히 (상세하게) 설명하다

The director makes all the young people spell out why they want to work for this particular firm.
                                                                          sth
(이사님은 모든 청년들에게 왜 이 특수한 회사에서 일하고 싶은지를 상세히 설명하게 한다.)

Television companies had to run commercials spelling out the dangers of smoking.
                                                              sth
(텔레비전 방송국은 흡연의 위험성을 명확히 설명하는 광고방송을 해야만 했다.)

spell out *sth*, **spell** *sth* **out**

to say the letters of a word separately in their correct order so that someone can understand them more clearly

(단어를) 한 자 한 자 읽다(쓰다)

Jan spelled out his name, "F-A-H-E-T-Y".
          sth
(잔은 그의 이름을 F-A-H-E-T-Y 라고 한 자 한 자 또박또박 썼다.)

To communicate with her you have to spell words out on her hand.
                                             sth
(그녀와 의사소통하기 위해서 너는 그녀의 손에다 글자를 한 자씩 또박또박 써야만 한다.)

spin

vt. ① (실을) 잣다, 방적하다, 실(모양으)로 만들다 ② (누에·거미 따위가) 실을 내다, 치다 ③ (장황하게) 이야기하다 ④ 오래 (질질) 끌다 ⑤ (세탁물을) 탈수기로 ~하다 ⑥ (팽이 따위를) 돌리다, 회전시키다, [크리켓·테니스] (공에) 스핀을 주다, ((미속)) (레코드를 플레이어에) 걸다 ⑦ (금속판을) 우묵한 원형으로 만들다(선반 따위를 회전시켜서) ⑧ (차바퀴를) 공전시키다, (차를) 급회전시키다

vi. ① 실을 잣다, (누에·거미 따위가) 실을 내다, 집을 짓다, 고치를 짓다 ② (팽이 따위가) 돌다, 뱅뱅 돌다 ③ 어지럽다, 현기증이 나다, 눈이 핑 돌다, [공] 나선식 강하를 하다 ④ (차바퀴가) 헛[겉]돌다 ⑤ [+부] 질주하다(away), 빨리 지나다 ⑥ ((영속)) 시험에 낙제하다, ((속)) 왈츠를 추다

spin off

spin off *sth*, **spin** *sth* **off**

to form a separate and partly independent company from parts of an existing company

(회사를 본사 등에서) 분리 신설하다, 분리 독립하다

AT&T spun off Lucent Technology in the mid 1990s.
       sth
(AT&T사는 1990년대 중반에 Lucent Technology를 본사에서 분리시켰다.)

IBM intends to spin off its German manufacturing facilities into three subsidiaries.
            sth
(IBM은 독일에 있는 제조 공장 시설을 3개의 자회사로 분리할 의도이다.)

spit

1. vt. ① (침·음식·피 따위를) 뱉다(out), 토해내다(up) ② (욕·폭언 따위를) 내뱉다, 내뱉듯이 말하다(out) ③ (포화 따위를) 뿜어내다, (도화선 따위에) 점화하다

 vi. ① 침을 뱉다[내뱉다](at, in, on, upon) ② 몹시 싫어하다, 경멸[증오]하다 ③ [it을 주어로 하여] 비·눈 따위가 후두두 내리다 ④ (양초 따위가) 지그르르 타다, (끓는 기름 등이) 툭툭 튀다 ⑤ (성난 고양이가) 야옹 거리다(at)

2. vt. 구이용 꼬치에 꿰다, 막대기에 꿰다, (칼·꼬챙이 따위로) 찌르다

 vi. 구이용 꼬치에 꿰다, 꼬치구이로 하다, 푹 찌르다(pierce)

spit out

spit out *sth*, **spit** *sth* **out**
to force something out of your mouth
                   (입에서 ~을) 뱉다

The child spat out the nasty-tasting medicine. (그 아이는 쓴 맛이 나는 약을 뱉어 버렸다.)
         sth

The men were eating cherries from a tree and spitting out the seeds.
                  sth
(남자들이 나무에서 체리를 따 먹고는 씨를 뱉고 있다.)

spit it out [Spoken]
to say something quickly in a very angry way
             화가 나서 내뱉듯이 말하다, 서슴지 않고 말해 버리다

Come on, let's hear the whole story — spit it out! (자, 우리 이야기 전부를 들어 보자 — 남기지 말고 다 말해 봐.)
The boss doesn't like people who beat around the bush. If you have something to say, you'd better spit it out. (사장은 변죽만 울리는 사람 안 좋아해. 할 말이 있으면 확실히 말하는 것이 좋을걸.)

splash

vt. ① (물·흙탕 따위를) 튀기다(about, over) ② 물 따위를 튀겨 더럽히다(적시다), ~에 튀기다(with) ③ (물이) ~에 튀어 오르다 ④ 첨벙거리며 나아가다 ⑤ 철벅거리며 ~에서 물[흙탕]을 튀기다 ⑥ (벽지 등을) 얼룩얼룩한 무늬로 하다 ⑦ ((미구)) 격추하다, ((영구)) (돈 따위를) 뿌리다(about, out, (on)), ((구어)) (신문 등이) 화려하게 다루다

vi. ① (물 따위가) 튀(어오르)다, 튀어 흩어지다, 물을 튀기다 ② (물이) 철썩 소리 내며 부딪쳐오다 ③ 첨벙첨벙[철벅철벅] 소리를 내며 ~하다[가다], 철벅철벅 소리 내며 나아가다(across, along, through), 탐방 떨어지다 ④ 돈을 마구 쓰다[뿌리다]

splash out

splash out (유사어 **lash out** [BrE, Informal]) [BrE, Informal]
to spend a lot of money on something, which is very pleasant but which you do not need
(사치품에) 큰돈을 쓰다

Jim splashed out on a new sports car. (짐은 새 스포츠카를 사는 데 큰돈을 썼다.)
For our anniversary, my wife and I decided to go to a fancy restaurant and splash out.
(우리 결혼기념일에 아내와 나는 고급 레스토랑에 가서 상당한 돈을 쓰기로 했다.)

split

vt. ① 찢다, 쪼개다, 분할하다 ② 분배하다, 나누다, 분담하다, 함께하다(with), ((미)) (주식을)분할하다 ③ 분열시키다, 이간하다, 불화하게 하다(up) ④ 떼어내다, 벗기다(from) ⑤ (분자·원자를) 분열시키다, (화합물을) 분배하다, 분해하여 제어하다(off, away) ⑥ ((영속)) (비밀 따위를) 누설시키다, 밀고하다 ⑦ ((속)) (서둘러서) 떠나다, 사라지다 ⑧ ((미)) (위스키 따위에) 물을 타다
vi. ① (세로로) 쪼개다, 갈라지다, 찢어지다(off, up) ② (당 따위가) 분열하다(in, into), 분리하다 (away, off) ③ (두 사람 이상이) 불화하다, 헤어지다, 이혼하다, 결별하다, 사이가 틀어지다 ④ ((구어)) (서로) 나누어 갖다(with) ⑤ 배반하다, 밀고하다(on, upon) ⑥ (급히) 떠나다, 돌아가다, 도망치다

split up

split up *sth*, **split** *sth* **up**, **split up** (유사어 **divide up, divvy up** [AmE, Informal])
to divide something into different parts or groups, or to separate into different parts or groups
(회사·집단 등을) 나누다, 분할하다, 분할시키다

A good teacher splits up a large class for practice in skills such as reading.
                        sth
(훌륭한 선생님은 독서 능력 등을 훈련시키기 위해 규모가 큰 학급을 작은 규모로 나눈다.)

The giant monopoly split up in 2002. It is now five different companies.
(거대 독점기업이 2002년에 분할되었다. 지금은 5개의 다른 회사로 되었다.)

➡ split up into 로도 쓰임
Many of the larger houses are being split up into flats. (많은 큰 집들이 아파트들로 나누어져 있다.)

split up (유사어 **break up**)
if two people who are married or who have a romantic relationship split up, they end their marriage or relationship
(결혼 상대·연인과) 헤어지다, 관계를 해소하다

Have you heard? Jack and Jill split up. (너 들었어? 잭과 질이 헤어졌대.)
Jim and Mary have been quarrelling so much recently that their friends are afraid they might split up. (짐과 메리가 최근에 너무 많이 다퉈서 친구들은 그들이 헤어지는 건 아닌지 걱정해.)

➡ split up with로도 쓰임

After he <u>split up with</u> his wife, he went to Arizona. (그는 아내와 헤어진 후 아리조나로 갔다.)

split up *sth*, split *sth* up

if you split something up or if it splits up, it is divided into several smaller sections or parts

(~을 몇 개로) 나누다, 자르다, 쪼개다

We <u>split up</u> <u>the watermelon</u> into six equal parts. (우리는 수박을 6쪽으로 똑같이 쪼갰다.)
              sth

The article would be easier to read if you <u>split it up</u> into sections.
                                            sth

(그 논설문은 여러 부분으로 나누면 읽기가 훨씬 쉬울걸.)

split up (유사어 break up)

if a band or a group splits up, they stop performing or working together, usually because of an argument

(밴드 · 집단이) 해산되다, 해체되다

Why do you think the Beatles <u>split up</u>? (왜 비틀즈가 해체되었다고 생각하니?)

Rumors have been flying around Manchester that the band are about to <u>split up</u>.

(그 밴드가 곧 해체될 것이라는 소문이 맨체스터 주위에 떠돌고 있어.)

spread

vt. ① 펴다, 펼치다(unfold), 전개하다, 늘이다(out) ② (돛 · 날개 · 양팔 따위를) 펴다, 벌리다(out) ③ (얇게) 바르다, 덮다, 칠하다(on, with) ④ 벌이다, 늘어놓다, 진열하다 ⑤ ~에 흩뿌리다, ~에 살포하다, 뒤덮다(with) ⑥ 미루다, 연기[연장]하다 ⑦ (빛 · 소리 · 향기 따위를) 발산하다, (소문 · 보도 따위를) 퍼뜨리다, 유포하다, 보급시키다, (병 · 불평 따위를) 만연시키다 ⑧ (식탁을) 준비하다, (식탁에 음식을) 차려 놓다(with) ⑨ (모포 · 덮개 따위를) 덮다, 덮어씌우다(on, over) ⑩ [음성] (입술을) 옆으로 길게 벌리다, 비순음화하다 ⑪ 기록[기재]하다(on)

vi. ① [~/+부] 퍼지다, (기 따위가) 펼쳐지다, (꽃 따위가) 피다, (나무가) 가지를 뻗다 ② (공간적으로) 퍼지다, 멀리 미치다, 전개되다, 광범위하게 걸치다 ③ (어떤 기간에) 걸치다, 계속하다 ④ (명성 · 소문 · 유행 · 불 따위가) 퍼지다, 번지다, 전해지다 ⑤ (페인트가) 칠해지다, 얇게 늘어나다[퍼지다] ⑥ (잉크가) 번지다 ⑦ 산산이 흩어지다, (도로 따위가) 뻗치다, 방사하다

spread out

spread out *sth*, spread *sth* out (유사어 lay out)

to open something, that is folded [e.g. map, towel] and put it down flat on surface

펴다, 펼치다

The teacher cleared the books from the table and <u>spread out</u> <u>the map</u>.
                                                                      sth

(선생님은 책상에서 책을 치우고 지도를 폈다.)

He <u>spread</u> <u>a towel</u> <u>out</u> on the sand and sat down. (그는 타월을 모래 위에 펴고 앉았다.)
           sth

spread out sth, spread sth out (유사어 lay out)

to open something out or arrange a group of things on a flat surface

전개하다, 늘어놓다

For easy viewing, the librarian spread the new books out on the table in the middle of the room.
(눈에 잘 띄도록 도서관 사서는 신간서적들을 방 한가운데에 있는 책상 위에 나란히 놓았다.)

The little boy spread his coins out on the ice-cream counter.
(그 작은 소년은 아이스크림 계산대 위에 동전들을 나란히 펼쳐 놓았다.)

spread out, be spread out

to cover a large area - use this especially about a city, an area of land, etc. that you are looking at from above

(풍경 등이) (눈앞에) 펴져[펼쳐져] 있다

The ski resort is spread out over six mountains. (스키 리조트가 6개의 산에 걸쳐 펼쳐져 있다.)

From the restaurant window, we saw the city be spread out below us.
(레스토랑 유리창을 통해 우리는 시가지가 눈 아래 넓게 펼쳐져 있는 것을 보았다.)

be spread out

if a group of people or things are spread out, they cover a wide area and are far apart from each other

(~에) 분포되다, 산재해 있다, 흩어져 있다

In many African countries the population is spread out over a huge area.
(아프리카 많은 지역에서는 주민이 넓은 지역에 여기저기 산재해 있다.)

Books and records were spread out all over the floor.
(책과 레코드판이 마룻바닥 여기저기에 온통 흩어져 있다.)

spread out sth, spread sth out (유사어 stretch out)

to stretch your legs, arms, etc. as far apart as possible

(발・다리 등을) 벌리다, 펴다, 뻗다

The big bird spread out its wings, throwing a large shadow over the ground.
(큰 새가 땅 위에 커다란 그림자를 드리우면서 날개를 활짝 폈다.)

As soon as she saw her son at the airport, she spread her arms out and rushed toward him.
(공항에서 아들을 보자마자 그녀는 두 팔을 활짝 벌리고 아들에게 달려갔다.)

➡ spread out your arms[legs, fingers, etc.] 로도 쓰임
Cindy spread out her arms and turned slowly around. (신디는 두 팔을 벌리고 천천히 뒤로 돌았다.)

➡ spread out its wings 로도 쓰임
The eagle spread out its wings and soared down into the valley below.
(독수리가 두 날개를 쫙 펴고 계곡 아래로 솟구쳐 내려갔다.)

spread out, spread out *sth*, **spread** *sth* **out**

to move outwards and cover a wide area, or to make something do this

넓게 퍼지다, 넓게 펴다

Shock waves <u>spread out</u> from the epicenter of the earthquake.
(지진 진원지에서부터 충격적인 파동이 넓게 퍼졌다.)

The Sahara Desert has gradually <u>spread out</u> over much of northern Africa.
(사하라 사막은 북 아프리카의 대부분에 걸쳐 점차 확장되고 있다.)

spread out *sth*, **spread** *sth* **out**

to do something or make something happen gradually over a period of time

(어느 기간에 걸쳐) 지연 시키다, 질질 끌다

The bank refused to <u>spread my monthly car payments out</u> any further than three years.
                                        sth
(그 은행은 나의 차 월부금을 3년 이상 지연시켜 줄 것을 거절했다.)

Bankruptcies of Internet companies didn't happen all at once. They <u>were spread out</u> over several years. <수동> (인터넷 회사들의 파산은 갑자기 일어난 것은 아니었다. 여러 해에 걸쳐 서서히 일어났다.)

spread out, spread *sb* **out**

if people spread out, they move away from each other so that they are apart

(사람들이 간격을 두고) 떨어져 있다

Tell the men to <u>spread out</u> as they cross the field so that they won't be so easily hit.
(전쟁터를 건너갈 때는 쉽게 저격당하지 않도록 흩어지라고 부하들에게 전해.)

The coach <u>spread the players out</u> across the field. (코치는 운동장 전체에 고루 선수들을 분산시켰다.)
                sb

spring

vt. ① (용수철·덫 따위를) 되튀게 하다, ~의 걸쇠를 벗기다, ~을 되튀겨 (~의 상태로) 하다 ② 뛰어오르게 하다, (새를) 날아가게 하다, (말을) 달리게 하다 ③ (지뢰 따위를) 폭파시키다 ④ (의견·새 학설·질문·요구 따위를) 느닷없이 내놓다, 갑자기 꺼내다, 제출하다 ⑤ 휘게 하다, 굽히다, 쪼개다, (너무 구부려) 터지게[갈라지게] 하다 ⑥ (갈라진 틈 따위를) 벌리다 ⑦ [바다] (줄을 늦춰서 배를) 움직이게 하다 ⑧ ((구)) 출옥[탈옥]시키다, 석방시키다 ⑨ 뛰어넘다 ⑩ [주로 수동태] ~에 용수철을 달다

vi. ① 뛰다(leap), 도약하다, 뛰어오르다, (용수철·탄력 있는 것이) 튕기다, 뛰어서 되돌아오다 ② 갑자기 움직이다, 갑자기 ~하다, 일약 ~해지다 ③ (물·눈물·피 따위가) 솟아오르다, 별안간 흘러나오다, (불꽃·불이) 튀어 오르다, 타오르다(forth, out, up) ④ 생기다, 발생하다, 일어나다, (바람이) 불다(up) ⑤ (아무가) ~출신이다 ⑥ (식물이) 싹트다, 돋아나다, [비] 조금씩 나타나다, 태어나다 ⑦ (탑·산 등이) 우뚝 솟다, 빼어나다(above, from) ⑧ (재목 등이) 휘다, 뒤틀리다, 뒤둥그러지다, 휘어서 떨어지다(from), 터지다, 갈라지다 ⑨ (아치 따위가) 위로 솟아 올라가다 ⑩ (지뢰 따위가) 폭발하다 ⑪ (사람이) 갑자기 모습을 나타내다, (사냥감이) 구멍 따위에서 휙 뛰어나오다, ((구)) 탈옥하다, 석방되다 ⑫ ((속)) (남에게) 한턱 내다

spring from

spring from *sth* (유사어 **come from, originate (from)**) [BrE]
to be caused by something

(감정·흥미·문제 등이) ~에서 생기다, 유래하다

I think most problems teenagers experience <u>spring from</u> <u>a feeling of insecurity</u>.
                                                                           sth
(내 생각에 십대 청소년이 경험하는 대부분의 문제는 불안감에서 생기는 것 같아.)

Ambition often <u>springs from</u> <u>a desire</u> for power. (야심은 흔히 권력에 대한 욕구에서 발생한다.)
                             sth

where did you[he, she, etc.] spring from? [Spoken]
used to show surprise when you suddenly see someone who you think is somewhere else

돌연히 나타나다, 출현하다

<u>Where did you spring from</u>? I thought I was alone. (어디에서 나타났니? 나는 혼자라고 생각했는데)
Look, there's Jill, <u>Where did she spring from</u>? I heard she had gone to Paris.
(저 봐, 질 아니야, 그녀가 어디서 나타났지? 그녀가 파리에 갔다고 들었는데.)

squeeze

vt. ① 죄다, 압착하다, 꽉 쥐다, 꼭 껴안다, (방아쇠를) 당기다 ② 짓눌러 찌그러뜨리다, 짜다 ③ 짜내다 ④ (물건을) 밀어 넣다, 틀어박다, [~oneself] 무리하게 끼어들다, [~one's way] 밀어젖히며 나아가다 ⑤ 압력을 가하다, 협박하다, (돈을) 갈취하다(from, out of) ⑥ (정보·자백을 강제로) 이끌어내다, (묘안을) 짜내다 ⑦ ~의 본[탑본]을 뜨다 ⑧ (주자를) 스퀴즈 플레이로 생환시키다, (득점을) 스퀴즈로 올리다(in), (의회 등에서) 득표차를 간신히 획득하다
vi. ① 죄어지다, 압착되다 ② 비집고 나아가다[들어가다, 나오다], 억지로 지나가다, 끼어들다 (through, in, into, out) ③ (노선 등이) 합병[합류]되다, 계략으로 파산[폐업]시키다

squeeze in[into]

squeeze in *sb/sth*, **squeeze** *sb/sth* **in**, **squeeze** *sb/sth* **into** *sth* (유사어 **fit in**)
to manage to do something or meet someone even though you are very busy or do not have much time

(간신히 시간을 내서) ~을 하다, 사람을 만나다

I'm very busy, but I manage to <u>squeeze in</u> <u>a game of tennis</u> now and then.
                                                sth
(나는 아주 바쁘지만, 때때로 간신히 시간을 내서 테니스를 친다.)

I didn't have an appointment, but the doctor was able to <u>squeeze me in</u> at three.
                                                                     sb
(나는 예약을 하지 않았지만 의사 선생님이 간신히 시간을 내서 3시에 나를 만나 주셨다.)

squeeze in, squeeze in *sb/sth*, **squeeze** *sb/sth* **in, squeeze** *sb/sth* **in** *sth*, **squeeze** *sb/sth* **into** *sth*, **squeeze into** *sth* (유사어 **squash in[into], squish in[into]**) [Informal]

to push or fit someone or something into a small place

(그릇 · 타는 것 · 장소에 간신히) 끼어 넣다

The train was full but we were able to <u>squeeze in</u>. (기차는 만원이었으나 우리는 간신히 끼어들 수 있었다.)
There was just enough room on the elevator to <u>squeeze in</u>.
(엘리베이터 안에 겨우 끼어들 만한 공간이 있었다.)

stamp

vt. ① ~에 인지를 붙이다, ~에 우표를 붙이다 ② ~에 날인하다, ~에 도장을 찍다, ~에 (~을) 누르다(with) ③ (마음 등이) (인상 · 생각 등을) 새겨 넣다(with), (인상 등이) (마음 등에) 새겨들다(on, onto) ④ ~에 압형을 찍다, ~에 무늬를 내다 ⑤ (사람 · 물건 · 일이) (~임을) 나타내다, 특징짓다, (아무개가 ~이라고) 구별하다(분명하게 나타내다) ⑥ ~에 품질 보증의 도장을 찍다 ⑦ [+목+부] 틀로 찍어내다(out) ⑧ 짓밟다, 발을 구르다, 발을 굴러 소리 내다 ⑨ 밟다, 걷다 ⑩ 밟아 뭉개다[끄다](out) ⑪ [+목+보] (밟아서) 눌러 찌그러뜨리다 ⑫ (반란 등을) 진압하다, 근절시키다(out)

vi. 찧다, 발을 (동동) 구르다, 쿵쿵 걷다, 밟아 뭉개다, 짓밟다(on, down)

stamp out

stamp out *sth*, **stamp** *sth* **out** (유사어 **eliminate, eradicate**)

to get rid of something that is considered wrong or harmful

(반란 등을) 진압하다, (질병 · 범죄 등을) 근절하다

The new law is an attempt to <u>stamp out</u> political corruption.
_{sth}
(새로운 법안은 정치적 부패를 근절하려는 시도이다.)
Polio and smallpox had <u>been</u> virtually <u>stamped out</u>. <수동> (소아마비와 천연두는 거의 근절되었다.)

stamp out flames[a fire]

to put out a small fire by stepping hard on the flames

(불을) 밟아 끄다

I <u>stamped out</u> <u>the flaming paper</u> with my foot. (나는 불이 붙고 있는 종이를 발로 밟아 껐다.)
_{sth}
After attempting to <u>stamp out</u> <u>the flames</u>, the boy called the fire department.
_{sth}
(불길을 밟아서 끄려고 하다가 그 소년은 소방서에 전화를 걸었다.)

stamp out *sth*, stamp *sth* out

to make a shape or an object by pressing hard on something or using a machine or a tool

(기계 · 기구를 이용하여 모양을) 찍어내다

This machine can <u>stamp out</u> 20,000 coins a day.　(이 기계는 하루에 동전 20,000개를 찍어낼 수 있다.)
_{sth}

The dough is put into a cutter that <u>stamps out</u> 1,048 ravioli at one time.
_{sth}
(이 밀가루 반죽은 한 번에 1,048개의 라비올리(만두의 일종)를 찍어내는 커터기에 속한다.)

stand

vt. ① 세우다, 서게 하다, 세워놓다[걸치다], 놓다, 얹다 ② ~에 견디다, 참다, ~의 시련을 겪다, (사용에) 견디다 ③ ~와 맞서다, ~에 저항[대항]하다 ④ 고수[고집]하다 ⑤ ((구)) ~에게 한턱내다, 대접하다, ~의 비용을 부담하다 ⑥ (아무에게) ~의 비용이 들다(in) ⑦ (당번·의무 따위를) 맡(아 보)다 ⑧ (시련·재판 등을) 받다, (운명 등에) 따르다

vi. ① 서다, (계속해서) 서 있다 ② (어떤 자세로) (위치에) 서다 ③ 일어서다, 기립하다(up) ④ 멈춰서다, 움직이지 않다, 그대로이다(있다), (차가) 일시 주차하다 ⑤ (어떤 곳에) 위치하다, (~에) 있다, (~으로) 서다, (~에) 세워져 있다 ⑥ (어떤 상태)이다, ~의 관계[순위, 입장]에 있다 ⑦ (형세가) ~할 것 같다, 높이가 ~이다, 값이[물가가] ~이다, 온도계가 ~도를 가리키다 ⑧ 오래가다, 지속[지탱]하다, 유효하다 ⑨ (물 따위가) 괴어있다, 정체되어 있다, 흐르지 않다 ⑩ [바다] (배가) 어떤 방향으로 나아가다, 직행하다 ⑪ (찬성·반대의) 태도를 취하다, 찬성[반대]하다 (for, against) ⑫ ((영)) 입후보하다(for) ((미국)) (run) ⑬ (종마가) 교배에 쓰이다 ⑭ [크리켓] 심판을 맡아 보다

stand around, stand about [BrE]

stand around[about] (유사어 **loiter**)
to spend time standing in a place waiting for someone or doing very little
(아무 일도 않고) 우두커니 서 있다

Photographers were <u>standing around</u>, all hoping to get a picture of Arnold Schwarzenegger.
(많은 사진사들이 아널드 슈워제네거의 사진 한 장을 찍길 바라며 우두커니 서 있다.)

He <u>stood about</u> for a little, then he went to his room.　(그는 잠시 동안 우두커니 서 있다가 그의 방으로 갔다.)

stand by

stand by (유사어 **sit by**　반대어 **abandon, desert**)
to allow something to happen when you should be doing something to try to stop it
소극적인[무관심한] 태도를 취하다, 방관하고 있다

How can a crowd <u>stand by</u> while a woman is attacked and robbed?
(한 부인이 습격당하고 강탈당할 때 군중들이 어떻게 방관할 수 있을까?)

How can you <u>stand</u> idly <u>by</u> while your brother needs your help?
(네 동생이 도움을 요청하는데 어떻게 멍청하게 보고만 있니?)

stand by *sth* (유사어 **stick by**)

to continue to say that something is definitely true or to do what you said you would do, and not change your mind

(약속 등을) 지키다, 보증하다

I stand by my word at all times. (나는 항상 약속을 지킨다.)
        sth

Can the government stand by its promise to reduce taxes?
                                      sth

(정부가 세금을 감면할 것이라는 약속을 지킬까?)

stand by *sb/sth* (수동 불가)

to stay loyal to someone and support them, especially in a difficult situation

(어떤 일이 있어도) (~을) 돌보다, 힘이 되다, 지지하다, 응원하다

Don't worry. I'll stand by you (염려 마. 나는 네 편이야.)
                       sb

Despite the scandal, his hard-core supporters stood by him.
                                               sb

(스캔들에도 불구하고 그의 핵심 신봉자들은 그를 지지했다.)

stand by

to be ready to help someone or do something

(도울 준비하고) 대기하다

We have a helicopter standing by when you're ready to go.
(당신의 갈 준비에 맞춰서 우리는 헬리콥터 한 대를 대기시켜 놓고 있습니다.)

The police are standing by to move as soon as the kidnapper calls.
(경찰은 유괴범이 전화를 걸자마자 곧 움직일 준비를 하고 대기하고 있다.)

➡ stand by to do *sth* 으로도 쓰임

Buses were standing by to take hotel guests to the airport.
                                           sth

(버스 여러 대가 공항으로 호텔 손님들을 싣고 가려고 대기하고 있다.)

stand down

stand down

to agree to leave your position or to stop trying to be elected, so that someone else can have a chance

(다른 후보에게 양보하고) 물러서다, 사퇴하다

I have been chairman so long a time that I feel it's time I stood down.
(나는 너무 오랫동안 의장을 역임해서 지금은 물러설 때라는 것을 느껴.)

The senator has stood down as candidate for President. (그 상원의원은 대통령 후보에서 사퇴했다.)

stand down

if someone who has been answering questions in a court of law stands down, they stop answering questions and leave the place where they have to stand to answer them

(법정의 증언대에서) 내려오다

After a witness finishes testifying, the judge usually says, "you may <u>stand down</u> now."
(증인이 증언을 끝내고 나면 판사는 늘 "지금 내려가셔도 좋습니다."라고 말한다.)

Danielle <u>stood down</u>, clearly upset by the questions the lawyers had asked her.
(다니엘은 변호사들이 그녀에게 질문한 것 때문에 확실히 당황해서 증언석에서 내려왔다.)

stand sb down, stand down

to officially tell a soldier or a group of soldiers that they are no longer needed for duty, or to stop being on duty

(병사가) 비번이 되다, 군대를 해체시키다

Allied forces in the Gulf have been <u>stood down</u>. (걸프 지역의 연합군들은 해체되었다.)
Following cancellation of the alert, the army was ordered to <u>stand down</u>.
(경계경보가 해제된 후 군대는 해산하라는 명령을 받았다.)

stand for

stand for sth (수동 불가)

to represent a word, a phrase, or an idea

(약어 · 기호 등이) ~을 나타내다, 의미하다

'Scuba' <u>stands for</u> "self-contained underwater breathing apparatus."
                                                             sth
('Scuba'는 "휴대용 수중 호흡기"를 의미한다.)
"What does 'R' mean on that sign?" "I think it <u>stands for</u> 'restaurant'."
                                                                                      sth
("그 간판에 쓰여 있는 'R'이 무엇을 의미하지?" "내 생각에는 'restaurant'를 의미하는 것 같아.")

stand for sth

to support a particular set of ideas, values, or principles

~을 나타내다, 대표[대리]하다, 뜻하다, 의미하다

This flag <u>stands for</u> freedom. (이 깃발은 자유를 상징한다.)
"My name is J. Paul Jones." "What does the 'J' <u>stand for</u>?"
(제 이름은 J. Paul Jones입니다. "'J'가 무엇을 의미합니까?")

not stand for sth (유사어 put up with, tolerate)

to refuse to accept a situation without complaining or trying to change it

~을 참을 수 없다, 견딜 수 없다

You can't talk to me like that! I <u>won't stand for</u> it! (너 나한테 그렇게 말하지 매. 나 참지 않을 거야!)
I <u>won't stand for</u> any more of her rudeness, I shall ask her to leave my house.
(나는 그녀의 무례함을 더 이상 참을 수가 없어, 나는 그녀에게 집에서 나가 달라고 말할 거야.)

stand for sth (유사어 **run for**)

to compete in an election for an official position, or to try to be elected as a member of an organization

~에 입후보하고 있다

Three women with the same name are <u>standing for</u> this seat.
(같은 이름을 가진 3명의 여자들이 의원자리에 입후보하고 있다.)

Churchill first <u>stood for</u> Parliament when he was only 24 years old.
(처칠은 겨우 24살이었을 때 의회에 출마하였다.)

stand in

stand in (유사어 **fill in**)

to do someone else's job for a short period of time

대역을 하다

At the ceremony, Bob <u>stood in</u> for his sick father. (그 행사에 밥은 편찮으신 아버지를 대신하여 참석했다.)
I will <u>stand in</u> for Roger in tonight's performance of the play. He is sick.
(오늘 밤 연극 공연에서 로저의 대역을 해야 해. 그가 아파.)

➡ <u>stand in for</u> 로도 쓰임
Quarter back Jeff Kemp <u>stood in for</u> Jim McMahon, who suffered four broken ribs last Sunday.
(쿼터백 제프 켐프는 지난 일요일에 갈비뼈가 4개나 부러져 고생하는 짐 맥마흔의 자리를 대신하였다.)

➡ <u>stand-in</u> (n)
   (someone who does the job or takes the place of someone else for a short time)
   (배우의) 대역, 대리인

Perot is just a <u>stand-in</u> for whomever the Reform party nominates for president.
　　　　　　　　　n
(개혁당이 누구를 의장으로 지명하든 페롯은 단지 대역이다.)

stand out

stand out

to be very easy to see or notice

알아보기 쉽다

The name on the van <u>stood out</u> clearly.　(자동차 밴에 붙은 이름은 분명하게 알아보기 쉽다.)
The ads are meant to <u>stand out</u> and catch people's attention.
(그 광고는 눈에 띄어서 사람들의 주목을 끌려고 한다.)

➡ <u>stand out against</u> 로도 쓰임
Theresa's short blond hair <u>stands out against</u> her dark clothing.
(테레사의 짧은 금발머리는 그의 짙은 옷과 대조를 이루어 눈에 잘 띈다.)

➡ <u>stand out a mile</u> 로도 쓰임 [Spoken]
   (used to emphasize that something stands out)　특히 눈에 띄다

In an uninteresting school concert, Jane's performance <u>stood out a mile</u>.
(지루한 학교 음악회에서 제인의 연주가 특히 눈에 띄었다.)

> **stand out**
> to be clearly better than other similar things or people
> (다른 것, 다른 사람보다) 뛰어나다, 우수하다

Among all Dali's paintings, this one <u>stands out</u>. (달리의 모든 그림 중에서 이것이 훨씬 뛰어나다.)
Owen <u>stands out</u> as the best young player in the game.
(오웬은 그 경기에서 최고의 젊은 선수로서 누구보다 두드러진다.)

➡ <u>stand out as</u> 로도 쓰임
Darren always <u>stood out as</u> an athlete. (대런은 언제나 운동선수로는 누구보다 훌륭했다.)

➡ <u>stand out among</u> 으로도 쓰임
One performer who <u>stood out among</u> the rest was the 16-year-old boy from Montgomery, Alabama. (나머지 출연자 중 가장 뛰어난 출연자는 앨라배마 주 몽고메리 출신의 16세의 소년이었다.)

➡ <u>stand out from</u> 으로도 쓰임
Her experience in the office management made Holly <u>stand out from</u> 50 other qualified candidates.
(사무실 경영에서 얻은 그녀의 경험이 홀리를 자격을 갖춘 50명의 다른 후보자들 중에서 가장 뛰어나게 만들었다.)

stand up

> **stand up** (유사어 **get up** 반대어 **sit down**)
> to move into a standing position after you have been sitting or lying down
> 일어서다

Everyone <u>stands up</u> when the judge enters the courtroom.
(판사가 법정에 들어올 때는 모든 사람들이 일어선다.)
When the students are sleepy, the teacher makes them <u>stand up</u>.
(학생들이 졸릴 때 선생님은 학생들을 일으켜 세우신다.)

> **stand** *sb* **up**
> to fail to meet someone on purpose, especially someone with whom you were starting to have a romantic relationship
> (이성에게) 바람맞히다

Jim said he'd be at the station, but he <u>stood me up</u>! (짐은 정거장에 있을 거라고 말했지만 나를 바람맞혔어!)
                                                sb
The senator was scheduled to speak at our meeting, but he <u>stood us up</u>.
                                                                    sb
(그 상원의원은 우리 모임에서 연설하기로 일정이 잡혀 있었는데 우리를 바람 맞혔다.)

> **stand up** (유사어 **hold up**)
> if something such as a claim or a piece of evidence stands up, it is accepted as true
> (권리·증거 등이) 설득력이 있다, 인정받다

The prosecution had no evidence which would stand up in a court of law.
(그 기소자 측은 법정에서 설득력 있는 증거를 갖지 못했다.)

His theory did not stand up to the facts. (그의 이론은 사실과 비교해 볼 때 성립되지 않았다.)

stand up

to remain in a good condition after being used a lot or in a bad situation

(악조건 후에) 똑바로 서 있다, (높이) 우뚝 서다

What keeps that old house standing up? (어째서 그 낡은 집이 무너지지 않고 똑바로 서 있을까?)
The church tower stands up very tall. (그 교회 탑이 높이 우뚝 서 있다.)

stand up and be counted

to clearly say what you think about something, even though doing this could be dangerous or cause trouble for you — used when saying that everyone in a group should do this

두려워하지 않고 자신의 의견을 말하다, 당당히 소신을 밝히다

If we don't stand up and be counted, we're going to suffer the consequences.
(만일 우리가 당당히 의사표시를 못한다면 그 결과를 감수하게 될 것이다.)

It takes courage to stand up and be counted when most people are against you, but that's better than pretending to believe something that you know to be false.
(대부분의 사람이 반대하고 있을 때 너의 입장을 당당히 밝히기에는 용기가 필요하다. 하지만 거짓인 줄 알고 있는 것을 믿는 척하는 것보다 낫다.)

stand up for

stand up for *sb/sth*

to support or defend someone or something when sb/sth is being attacked or criticized

~을 변호하다, 지지하다, ~을 지키다

My wife usually stands up for me, even when I'm wrong.
                                sb
(비록 내가 잘못했을 때에도 내 아내는 대개 나를 변호한다.)

Don't be afraid to fight by standing up for your rights.
                                            sth
(당신의 권리를 지키려고 싸우는 것을 두려워하지 마시오.)

stand up to

stand up to *sth* (수동불가) (유사어 **withstand**)

to be strong enough not to be harmed or changed by something

(그대로) 밀고 나가다, 버티다, 직면하다

A mountain climber must stand up to dangerous situation every day.
                                                          sth
(등산가는 매일 위험한 상황에 직면해야 한다.)

Even a tough material like denim can't stand up to fire. (데님과 같이 질긴 재질조차도 화재에는 견디지 못한다.)
                                                        sth

stand up to *sb/sth*

to be brave and refuse to do or say what someone is trying to make you do or say

(사람에게) 당당하게 대처하다, (의연하게) 저항하다, 용감히 맞서다

He became a kind of hero for <u>standing up to</u> <u>the local gangs</u>.
　　　　　　　　　　　　　　　　　　　　　　　　　sb
(그는 동네 갱들에게 용감하게 맞섰기 때문에 일종의 영웅이 되었다.)

Mrs. Thatcher was the first British leader to <u>stand up to</u> <u>the Unions</u>.
　　　　　　　　　　　　　　　　　　　　　　　　　　　　　　　sth
(대처 부인은 노동조합에 당당하게 맞섰던 첫 번째 영국 지도자였다.)

start

vt. ① 출발시키다, 여행을 떠나게 하다, (인생 행로로) 내어보내다 ② 시작하게 하다 ③ (일·행위 등을) 시작하다(up) ④ ~하기 시작하다 ⑤ 시동하다, (기계를) 운전하다, (사업 따위를) 일으키다, ~에 착수하다 ⑥ (경주에서) 출발신호를 하다, 스타트시키다, (사냥감을) 뛰어 달아나게 하다, 몰아내다 ⑦ ((고)) 깜짝[흠칫] 놀라게 하다 ⑧ 말을 꺼내다, (불평 따위를) 말하다 ⑨ 앞장서서 하다, 선도하다, 주창하다 ⑩ (화재 따위를) 일으키다 ⑪ (술 따위를) 통에서 따르다, (통 따위를) 비우다 ⑫ (못 따위를) 휘게 하다, 느슨하게 하다, 빠지게 하다

vi. ① 출발하다, 떠나다(from, for, on) ② 시작하다, 시작되다, 개시하다(from, with) ③ (일에) 착수하다, 활동하기 시작하다(in, on) ④ (눈물·피 따위가) 솟구치다, 뿜어 나오다, (눈이) 튀어나오다(to, from) ⑤ 돌발하다, 생기다, 나타나다 ⑥ (놀라서) 튀어나가다(forward, out), 물러서다(away, aside), 걷기 시작하다, 갑자기 움직이다, (기계가) 시동하다 ⑦ (놀람·공포 따위로) 움찔하다, 깜짝 놀라다, 흠칫하다 ⑧ (선재·못 따위가) 느슨해지다, 휘다, 빠지다 ⑨ ((영구)) 말썽을 일으키다, ((구)) (험담·자랑 등이) 나오기 시작하다

start off

start off, start off *sth*, **start** *sth* **off** (유사어 **begin, kick off** [Informal])

to begin doing something in a particular way

시작하다, 개시하다

I'd like to <u>start off</u> by thanking my friends and family who have supported me during this difficult time. (이 어려운 시기에 나를 격려해주신 가족과 친구들에게 감사를 드리며 시작하고 싶습니다.)

The singer <u>started</u> <u>the concert</u> <u>off</u> with a song from her latest CD.
　　　　　　　　　　　　sth
(그 가수는 최근에 발표한 CD에서 한 곡을 선택해 콘서트를 시작했다.)

➡ **start off** (*sth*) **by doing** *sth* 으로도 쓰임
Let's <u>start off by reviewing</u> what we did last week. (자, 지난주 배운 것을 복습하면서 시작합시다.)

➡ **start off** (*sth*) **with** *sth* 으로도 쓰임
<u>Start off</u> <u>your weekend</u> <u>with</u> <u>a gourmet dinner and bottle of California's finest wine</u>.
　　　　　　sth　　　　　　　　　　　　　sth
(미식가들이 즐기는 저녁식사와 캘리포니아산 최고의 포도주를 들면서 주말을 시작해라.)

start off (유사어 start out)

to start a life, existence, or a profession in a particular way

(~로서)의 직업을 갖기 시작하다, 직업[학생] 생활을 시작하다

Yvonne started out as a model but soon realized that it was not the career for her.
(이본은 모델 직업을 갖기 시작했으나, 곧 그 직업이 그녀에게 맞지 않는다는 것을 알아차렸다.)

Mr. Brown started off selling shoes part-time. He now owns several shoes stores.
(브라운은 시간제 근무로 구두를 팔기 시작했다. 지금은 몇 개의 제화점을 소유하고 있다.)

➡ start off as 로도 쓰임
Following her own dreams, she started off as an English teacher and later become a writer.
(자신의 꿈을 좇아, 그녀는 처음에는 영어 선생님으로서 시작했고 나중에는 작가가 되었다.)

start off (유사어 start out)

to begin in a particular way

(이야기 · 웃음 · 울음 등을) 시작하다, 개시하다

She had stopped crying, but when I mentioned her ex-boyfriend, she started off again.
(그녀는 울음을 그쳤지만 내가 그녀의 전 남자친구 이야기를 하자 다시 울기 시작했다.)

What had started off as a joke soon became a very serious matter.
(처음에는 농담으로 시작한 것이 곧 매우 심각한 문제가 되었다.)

start off (유사어 set off, set out)

to strat a journey

(여행을) 시작하다, 출발하다

His journey really started off at Waterloo Station when he got on the Eurostar train to Paris.
(그가 파리로 가는 유러스타 열차를 탔을 때 실제로 그의 여행은 워털루 역에서 시작되었다.)

I got in the car and started off. Then I realized that I had forgotten my driver's license.
(나는 차를 타고 출발하기 시작했다. 바로 그때 운전면허증을 두고 온 사실을 알았다.)

start sb off, start off sth

to help someone begin an activity

(~를 ~하도록) 돕는다, 시키다

My art teacher started me off on simple outline drawings.
                      sb
(미술 선생님은 나에게 간단한 윤곽을 그리도록 시켰다.)

The coach started us off with stretching exercise. (코치는 우리들에게 스트레칭 운동을 하게 했다.)
           sb

start out

start out (유사어 set off, set out)

to begin to go somewhere

여행을 떠나다, 출발하다

My father and I started out for church, as we did every week.
(아버지와 나는 매주 그렇듯이 교회를 향해 출발했다.)

What time do you start out for school every morning?　(너는 매일 아침 몇 시에 학교로 출발을 하니?)

> **start out** (유사어 **start off**)
> to begin your life or career in a particular way
> 　　　　　　　　　　　　　　　　　　　(인생·직업)을 시작하다

Though he is a famous author now, he started out as a school teacher.
(현재 그는 유명한 작가이지만 그는 학교 교사로서 인생을 시작했다.)

The president of our company started out driving a delivery truck.
(우리 회사 사장은 트럭 배달부터 시작했다.)

➡ start out as 로도 쓰임
Cardoso started out as a singer in small clubs, and later released the hit 'Song of Too Much Love'.　(카르도소는 작은 클럽에서 가수 인생을 시작했고 나중에는 히트곡 'Song of Too Much Love'를 내놓았다.)

> **start out** (유사어 **start off**)
> to begin to exist in a particular way
> 　　　　　　　　　　　　　　　　　　　(최근 ~로서) 시작되다

Monday started out beautifully, but around noon it began to rain.
(월요일 아침이 쾌청하게 시작되었으나 한낮이 되자 비가 오기 시작했다.)

Daly was a fast-talking Irish-American who had started out as a salesman.
(데일리는 판매사원으로 인생을 시작한 말을 잘하는 아일랜드계 미국인이었다.)

➡ start out as 로도 쓰임
"The Star" started out as a small weekly newspaper.
("The Star" 잡지는 처음에는 소규모 주간 신문으로 시작했다.)

> **start out to do** sth (유사어 **set out**)
> to intend to do something from the beginning
> 　　　　　　　　　　　　　　(~할 예정으로) 시작하다, (~하려고) 착수하다

I started out to become a journalist but later changed my mind.
　　　　　　to　　do　　　sb
(나는 처음에는 신문기자가 될 예정이었으나 나중에 마음을 바꿨다.)

Originally the group started out to make a concert film.　(원래 그 그룹은 콘서트 영화를 만들려고 했다.)
　　　　　　　　　　　　　　　to　do　　　sth

start up

> **start up** sth, **start** sth **up**, **start up**
> if you start up a business, a company, etc. or it starts up, it begins to exist
> 　　　　　　　　　　(사업 등을) 일으키다, (회사 등을) 설립하다, 설립되다

Do you have the money to start up your own store?　(너 자신의 사무실을 설립할 돈을 가지고 있니?)
　　　　　　　　　　　　　　　　sth

I've heard that new software companies are starting up in the area.
(이 지역에 새로운 소프트웨어 회사들이 설립되고 있다고 들었다.)

➡ start-up (a)

(relating to beginning and developing a new business) 이제 막 활동을 시작하는, 사업 개시의 준비

Start-up costs for the new recycling program are expected to be about $60,000.
　　　a
(새 재활용 프로그램의 사업 준비 비용은 약 6만 달러가 될 것이다.)

➡ start-up (n)

(a small newly developed business, organization, programme, etc.) 조업 (행동) 개시, 첫 운전, 시동

From a start-up in 1982, the company has grown to 2,600 employees and yearly sales of $550
　　　　　n
million.　(1982년 창업 이래로 그 회사는 종업원 2,600명에 연간 매상고는 550백만 달러에 이르기까지 성장하고 있다.)

start up *sth*, **start** *sth* **up**, **start up**

if an engine, a car, etc. starts up, or you start it up, it begins to work

(엔진·자동차 등이) 움직이기 시작하다

The whistle blew and the train started up.　(호각 소리가 나고 기차가 움직이기 시작했다.)
Bill sat down at his desk and started up his computer.　(빌은 책상에 앉아 컴퓨터를 작동시켰다.)
　　　　　　　　　　　　　　　　　　　　　sth

start up, start up *sth*, **start** *sth* **up**

to become louder, more active, etc. especially after being quiet or calm for a while

(소리가) 커지다, 적극적이 되다

After a few minutes the music started up again.　(몇 분 후 음악이 다시 시작되었다.)
The Harry Potter books started up a reading frenzy among children.
　　　　　　　　　　　　　　　　　　sth
(해리포터 시리즈가 어린이들 사이에서 독서 열풍을 일으켰다.)

stay

vt. ① 멈추(게 하)다, 막(아 내)다 ② (욕망을) 채우다, (굶주림을) 일시 때우다, 면하게 하다 ③ ((구)) 버티다, 지탱하다, ~의 최후까지 버티다 ④ (어느 기간을) 체류하다, 머무르다 ⑤ (판결 따위를) 연기하다, 유예하다

vi. ① (장소·위치 등에) 머무르다, 남다, 체재하다, 숙박하다, ② ~인 채로 있다 ③ ((구)) 지탱[지속]하다, 견디다, 호각[백중]이다, ~와 겨루다(with) ④ ((고)) [종종 명령형] 기다리다, 멈추다, 사이를 두다, (잠시) 중단하다, 우물쭈물하다

유사단어

stay: 사람이 어떤 곳에 머물러 있다는 뜻의 일반적인 말
　　He stayed to see which team would win.　(그는 어느 팀이 이기는지 보기 위해서 남았다.)

remain: 사람이나 물건이 형태나 성질을 바꾸지 않고 어떤 장소[상태]에 머물러 있다는 뜻의 말
　　Very little remained of the original building.　(본래 건물의 자취를 알아볼 만한 것은 거의 남아 있지 않았다.)

stay ahead

> **stay ahead**
> to continue to be more advanced and successful than other people
> (다른 사람보다) 우위를 확보하다

In this business, you have to work hard to <u>stay ahead</u>.
(이 사업에서 너는 다른 사람보다 높은 지위를 확보하기 위해 열심히 일해야만 한다.)

Julie <u>stayed ahead</u> of the rest of the math class all year.
(줄리는 일 년 내내 수학 학급에서 상위 등급을 유지하고 있다.)

stay away

> **stay away** (유사어 **keep away**)
> to deliberately not to go to a place
> (~에) 가까이 가지 않다, 떨어져 있다, (학교) 결석하다

Because of the storm warning, people are <u>staying away</u> from the beaches this weekend.
(폭풍 경보 때문에 사람들은 이번 주말에는 해안에 가까이 가지 않고 있다.)

Many students <u>stayed away</u> from school during the flu epidemic.
(많은 학생들이 유행성 감기 때문에 학교를 결석했다.)

stay away from

> **stay away from** *sth* (유사어 **keep away from**)
> to avoid something that has a bad effect on you
> (해로운 것 · 위험한 것을) 피하다, 손을 떼다

<u>Stay away from</u> drugs. They'll ruin your life. (마약에서 손 떼. 마약은 너의 삶을 파멸시킬 거야.)
               sth

Parents should teach their small children to <u>stay away from</u> electrical outlets.
                                                                               sth

(부모님들은 어린이들이 전기 콘센트를 만지지 못하도록 가르쳐야 한다.)

stay behind

> **stay behind**
> to remain somewhere other people have left
> 뒤에 남다, 남아 있다

As a punishment, several children had to <u>stay behind</u> after school.
(벌로 몇 명의 아이들은 방과 후 남아야 했다.)

You go on ahead. I'll <u>stay behind</u> and clean up the kitchen. (너 먼저 가. 나는 남아서 부엌을 청소할 테니까.)

stay in

stay in (유사어 **stop in** 반대어 **go out**)
to remain at home, especially in the evening
(저녁에) 집에 있다

Sarah hadn't been out for a long time, preferring to stay in and look after Bradley.
(사라는 집에 머무르면서 브래들리를 돌보기를 좋아해서 오랫동안 밖에 외출한 일이 없다.)

If I stay in, my husband cooks a wonderful chicken or steak.
(내가 집에 있으면 남편은 멋진 닭요리를 하거나 스테이크를 요리한다.)

stay off

stay off *sth*, **stay off** [BrE]
to not go to school or work, especially you are ill
[학교] 결석하다, [일터] 결근하다

My husband stayed off work all last week with the flu. (우리 남편은 독감 때문에 지난주 줄곧 결근했다.)

If Billy has a fever, he should stay off today. (빌리에게 열이 있다면, 그는 오늘 쉬어야 한다.)

➡ stay off school[work] 로도 쓰임
When my mother came out of hospital, she still had to stay off work for two or three weeks.
(엄마는 병원에서 퇴원하고 나서도 2~3주일은 여전히 결근했어야만 했다.)

stay off *sth*, **stay off** (유사어 **keep off**)
to not drink, eat or take something that is bad for you, for example alcohol or drugs
(건강을 위해) 먹지[마시지] 않다

He's trying very hard to stay off drugs now. (그는 지금 마약을 끊으려고 열심히 노력하고 있다.)

My doctor told me to stay off of alcohol for a while. (의사는 나에게 얼마 동안은 술을 금하라고 말했다.)

stay on

stay on
to stay in a place longer than you planned or after other people have left it
(~곳에 계획보다) 오래 남아 있다

We decided to stay on in Paris for a few more days. (우리는 2~3일 동안 더 파리에 남아있기로 결정했다.)
Why don't you stay on and have dinner with us, if you're not in any hurry?
(급한 일이 없다면 남아서 우리와 함께 저녁식사 하시면 어때요?)

stay on
to continue working for longer than expected or planned, either in your usual job or in a different one
예정[계획]보다 더 오래 일하다

James's contract was finished, but he agreed to stay on for a further six months.
(제임스와의 계약 기간은 끝났지만 그는 6개월 더 일하는 데 동의했다.)

Everyone was pleased that Andrew was staying on as managing director of the company.
(모든 사람들이 앤드류가 회사의 전무이사로 연장근무 하는 것을 좋아했다.)

> **stay on** [BrE]
> to continue to study at school or university instead of leaving to get a job
> (학교에) 남는다, 유임하다

I decided that, upon graduation, I would stay on at the university to take a master's degree.
(졸업했을 때 나는 석사 학위를 따려고 대학에 남기로 결심했다.)

I wish I'd stayed on and gone to university but my family didn't encourage it.
(나는 학교에 남아서 공부를 계속 하고 싶었으나 우리 가족은 별로 좋아하지 않았다.)

stay out

> **stay out** (유사어 **stop out** [BrE, Informal] 반대어 **stay in**)
> to not come home at night, or to come home late
> (밤늦게까지) 집에 돌아오지 않다

That was the first time Elliot stayed out all night. (엘리엇이 밤새 집에 안 들어오기는 이번이 처음이었다.)
"I'm leaving now, Mom." "All right. Don't stay out." ("엄마 나 지금 외출해." "그래. 밤늦게까지 있지 마.")

> **stay out (on strike)** [BrE]
> if workers are staying out they remain on strike
> (스트라이크 · 파업을) 계속하다

The electricians at the power stations went on strike and stayed out nearly five days.
(발전소의 전공들이 파업에 들어가서 거의 5일 동안이나 파업을 계속했다.)

The union members vowed to stay out until their demands were met.
(노동조합원들은 그들의 요구가 충족될 때까지 파업하기로 다짐했다.)

stay out of

> **stay out of** sth (유사어 **keep out of, steer clear of**)
> to not become involved in a discussion or an argument
> (토의 · 논쟁에) 말려들지 않다

We have always emphasized to our members that if violence erupts they should stay out of it and
                                                                              sth
keep our protest peaceful.
(우리는 항상 우리 회원들에게 만일 폭동이 일어나면 말려들지 말고 우리의 저항 행동을 평화롭게 할 것을 강조하고 있다.)

This quarrel is between Bob and me. you stay out of it. (이것은 밥과 나 사이의 일이야. 너는 끼어들지 마.)
                                           sth

stay over

stay over (유사어 **sleep over**)
to spend the night somewhere instead of returning to your home or to continue your journey
외박하다, 여행을 계속하다

My husband missed his plane. He's <u>staying over</u> in New York tonight.
(남편은 비행기를 놓쳤다. 그는 오늘밤 뉴욕에서 하룻밤을 보내고 있다.)
Hi Mum. I'm <u>staying over</u> at Sheila's tonight. She's a bit miserable because she didn't win the tennis championship. (엄마, 오늘밤 쉴라의 집에서 자려고 해. 쉴라가 테니스 챔피언 시합에서 져서 아주 괴로워 해.)

stay up

stay up
to go to bed later than usual
늦게까지 잠 안 자다

My brother is a night person. He <u>stays up</u> half the night.
(우리 동생은 야행성 인간이야. 그는 한밤중까지 안 자고 있어.)
Bill never <u>stays up</u> late. (빌은 절대로 밤늦게까지 있지 않는다.)

➡ <u>stay up late</u> 로도 쓰임
It was Saturday night and we decided to <u>stay up late</u> and watch the horror movie on TV.
(토요일 밤이었다. 우리는 늦게까지 안 자기로 하고 TV에서 공포영화를 보기로 했다.)

steady

vt. 견고[견실]하게 하다, 침착하게 하다, 흔들리지 않게 하다
vi. 견고해[침착해]지다, (배 따위가) 안정되다

steady on

steady on! [BrE, Informal]
used to tell someone that what they are saying is too extreme, especially when they are criticizing someone or something
정신 차려, 침착해

<u>Steady on</u>! There are some dangerous curves ahead. (조심해! 전방에 위험한 커브가 여러 개 있어.)
<u>Steady on</u>! I know he acted stupidly, but he's not a bad person really.
(침착해! 나는 그가 어리석게 행동하고 있는 것을 알아. 하지만 진짜 나쁜 사람은 아니야.)

step

vt. ① 걷다, 나아가다, (발을) 땅에 밟다, 디디다 ② 보측하다(off, out) ③ 춤추다, (댄스의 스텝을) 밟다 ④ 계단 모양으로 만들다 ⑤ [바다] (돛대를) 장좌에 세우다, (마스트를) 세우다

vi. ① 걷다(특히 짧은 거리를), (독특한) 걸음걸이를 하다, 발을 내딛다, 나아가다, 걸음을 옮기다, 가다, 밟다 ② ((구)) 급히 서두르다(along), 떠나다, 외출하다(along) ③ [+전+명] (어떤 상태로) 되다, (지위를) 차지하다, 간단히 손에 넣다, 얻게 되다(into) ④ ((미구)) 스텝을 밟다, 춤추다

step down

step down (유사어 **stand down, step aside**)
to leave your job, especially so that someone else can do it
(높은 지위에서) 사직[사임·은퇴]하다

In 1990 the President announced that he was <u>stepping down</u> as party leader.
(1990년에 대통령은 정당 대표를 사임할 것이라고 발표하였다.)
Mr. Witherspoon will <u>step down</u> as headmaster next year.
(위더스푼 선생님은 다음 해에 교장직에서 사임하실 것입니다.)

➡ <u>step down from</u> 으로도 쓰임
Vice chairman Alan Binder said that he would <u>step down from</u> the central bank when his present contract expired.
(부사장 앨런 바인더 씨는 현 계약이 만기가 될 때 중앙은행에서 은퇴할 것이라고 말했다.)

step on

step on *sth*
when you step on something, you place your foot on it
~을 밟다

Ouch! You <u>stepped on</u> <u>my foot</u>!   (아야! 너 내 발을 밟았어.)
                   sth
There's a spider. <u>Step on it</u>.   (거미가 있어. 밟아.)
                   sth

step on it, step on the gas [AmE, Informal]
to hurry and drive faster — used especially when telling someone to drive faster
급히 속도를 내다, 급히 서두르다

If you don't <u>step on it</u>, we'll miss the plane!   (네가 급히 속도를 내지 않는다면, 우리는 비행기를 놓치게 될 거야.)
Hank needed to get to the airport in fifteen minutes, so he told the taxi driver to <u>step on it</u>.
(행크는 15분 안에 공항에 도착해야만 해서 택시 기사에게 서둘러 달라고 말했다.)

step up

step up *sth*, **step** *sth* **up** (유사어 **increase**)
to increase the amount of effort, pressure, etc. or increase the speed of something
(노력·압력 등을) 올리다, 속도를 올리다

The police have stepped up their efforts to nab drunken drivers.
　　　　　　　　　　　　sth
(경찰들은 음주 운전자들 체포에 노력을 기울이고 있다.)

In the second half, United stepped up the pressure and took the lead.
　　　　　　　　　　　　　　　　　sth
(후반전에서 영국 팀은 압박을 가해 리드를 잡았다.)

step up [AmE]

to agree to help someone or take responsibility for doing something

~를 돕는 데 동의하다, ~하는 데 책임감을 느끼다

People will have to step up if they want a crime prevention program in their neighborhood.
(주민들이 지역 내의 범죄 예방 프로그램을 원한다면 함께 돕는 데 동의해야 할 것입니다.)

We hope people will step up and say, I'll be a leader in my community.
(우리는 사람들이 책임감을 느끼고 "나는 지역사회에서 지도자가 될 것이야"라고 말했으면 해.)

➡ step up (to the plate) 로도 쓰임
Local business leaders should step up (to the plate) to help resolve inner-city problems.
(지방 사업 지도자들은 도시 빈민가 문제를 해결하는 데 당연히 동의해야 한다.)

step right up! (유사어 roll up [BrE]) [AmE, Spoken]

used about a public show or other events, especially an outdoor one, to call people who are passing to come and watch the show

오셔서 봐 주세요

Step right up! ladies and gentlemen, and buy this tonic which cures all ills.
(어서 오십시오! 신사 숙녀 여러분, 모든 병을 치료하는 이 강장제를 사세요.)

Step right up for the Greatest show on Earth! (지상 최대의 쇼를 보러 오십시오.)

stick

1. vt. ① (식물을) 막대기로 받쳐주다 ② (활자를) 짜다, (재목을) 쌓아올리다

2. vt. ① (뾰족한 것으로) 찌르다, 찔러 죽이다 ② (뾰족한 도구로 ~을) 꿰찌르다, 꿰다 ③ 찔러 끼우다, 찔러 막다, 꽂다, 고정하다, 붙박다, 장치하다 ④ (몸의 일부를) 내밀다(out), 디밀다(in) ⑤ (핀으로) 고정하다, 달다, 걸다, 붙이다 ⑥ (아무렇게나) 놓다 ⑦ [주로 수동태] ~을 꼼짝 못하게 하다, (계획·진행 따위를) 벽에 부딪치게 하다, 이러지도 저러지도 못하게 하다 ⑧ ((구)) ~을 억지로 떠맡기다, 강요하다, 터무니없는 값을 지불하게 하다, ~을 속이다, 야바위 치다, ~에게 가짜를 안기다(with, for) ⑨ ((구)) [부정·의문문에서 can과 함께] 참다, 견디다

vi. ① 찔리다, 꽂히다(in) ② 달라붙다, 들러붙다(out, to), 달라 붙어있다(together) ③ 움직이지 않게 되다, (말 따위가) 막히다 ④ (기억 등이) 사라지지 않다, ((구)) (비난 따위가) 없어지지 않다, 머무르다, 지속하다, (추적·경기 등에서) 떨어지지 않고 가다, 붙들고 늘어지다(to, at) ⑤ 충실하다, 고집하다(to, by), 꾸준히 하다(with, at, to) ⑥ (일·학업 따위로) 옴짝달싹 못하다, 애를 먹다, 곤란을 느끼다(at) ⑦ [부정·의문문에서] 주저하다, 망설이다(at) ⑧ (~에서) 튀어나오다, 비어져 나오다(up, out)

stick around

stick around [Informal]
to stay somewhere for a period of time
(얼마 동안) 기다리다

Can you stick around? We're going to have lunch in an hour.
(기다릴 수 있니? 1시간 후에 우리 점심 먹으려고 해.)

Don't go yet — stick around until Sarah gets here; she'd love to see you.
(아직 안 갔니? 사라가 여기 올 때까지 기다려. 그녀가 너를 몹시 보고 싶어 해.)

stick around
to stay in the same job, or with the same boyfriend or girlfriend
(같은 직업에) 오래 종사하다, (이성친구들과) 오래 사귀다.

Few of the girls have any chance of promotion — they don't stick around long enough.
(승진의 기회를 잡는 여자들은 거의 없다. 왜냐하면 그들은 같은 직종에서 오래 종사하지 않는다.)

What you need is someone you can trust, who you know will stick around because he loves you.
(너에게 필요한 것은 네가 신뢰할 수 있는 사람이야. 네가 아는 그 사람은 너를 사랑하기 때문에 너와 오래 사귀고 있어.)

stick at

stick at *sth* (유사어 **keep at, stick to, persevere** [Formal])
to continue to work hard at something even though it is difficult or unpleasant
(어려워도) 계속 열심히 일하다

You will find it hard at first, but stick at it. (처음에는 그것이 어려울 거야. 그러나 계속 열심히 해 봐.)
                                     sth

"I can't solve this math problem." "Stick at it. You'll get it eventually."
                                                sth
("나는 이 수학 문제를 풀 수가 없어." "계속 열심히 풀어 봐. 결국에는 풀 수 있을 거야.")

➡ stick at it 으로도 쓰임
Mark hated the course but he stuck at it eventually passing his exams with honors.
(마크는 그 과목을 싫어했지만 끊임없이 노력해서 결국은 우등으로 시험을 통과했다.)

stick at *sth*
to stop at a particular amount or number instead of increasing or decreasing
(특정 수·양을) 유지하다

The club proposes to stick at around fifty members, which is a manageable size.
                                         sth
(그 클럽은 관리가 가능한 규모인 약 50명의 회원을 유지하기로 제한했다.)

stick at nothing (유사어 **stop at**) [Informal]
to be willing to do anything, even if it is illegal, in order to achieve something
어떤 일에도 주저하지 않다, 태연하다

That dictator will stick at nothing to stay in power.
(그 독재자는 권력을 유지하기 위해서는 수단과 방법을 가리지 않을 것이다.)

When she saw the diamond, I knew she would stick at nothing to have it.
(그녀가 다이아몬드를 보았을 때, 나는 그녀가 그것을 갖기 위해서라면 어떤 일도 주저하지 않을 것을 알았다.)

➡ stick at nothing to do *sth* 으로도 쓰임
He would stick at nothing to gain his own desires.
                      to do   sth
(그는 자신의 욕망을 성취하기 위해 어떤 일도 주저하지 않을 것이다.)

stick by

stick by *sb* (유사어 **stand by** 반대어 **abandon, desert**)
to continue to support someone when they are having problems
(곤란한 때에도) 계속 ~을 신뢰하다

I'd like to thank all my friends for sticking by me during my period of difficulty.
                                                sb
(내가 어려운 때 나를 계속 믿어준 모든 친구들에게 감사하고 싶다.)

I don't care if the police do say you're guilty. I'll stick by you.
                                                          sb
(경찰이 네가 유죄라고 말해도 상관없어. 나는 너를 여전히 믿어.)

➡ stick by *sb* through thick and thin 으로도 쓰임
She'd stuck by Bob through thick and thin. (그녀는 언제나 변함없이 밥을 신뢰하고 있다.)
        sb

stick by *sth* (유사어 **stand by**)
to choose not to change a decision, an opinion, or a statement, because you think it is right, even when other people do not agree
(약속·주의 등을) 고수하다, 엄수하다

Joan of Arc was a martyr who stuck by her beliefs to the end.
                                                sth
(잔 다르크는 끝까지 자신의 믿음을 지킨 순교자였다.)

I haven't changed my mind. I stick by what I said earlier.
                                       sth
(나는 마음을 바꾸지 않아. 나는 내가 일찍이 말했던 것을 끝까지 지켜.)

stick out

stick out (유사어 **protrude** [Formal], **jut out**)
if a part of something sticks out, it gets beyond the edge or surface of something
튀어나오다, 돌출하다

Be careful walking in the woods, there are a lot of branches sticking out.
(숲속을 걸을 때 조심해. 많은 가지들이 튀어나와 있어.)

I cut myself on a nail that was sticking out of the wall. (벽에 튀어나온 못에 손가락을 찔렸어.)

➡ stick out of 로도 쓰임
I realized that the boat had hit a log that was sticking out of the water.
나는 보트가 물 밖으로 튀어나온 통나무를 받은 것을 알았다.

➡ stick out from
His hair stuck out from under his cap. (그의 머리카락이 모자 밖으로 삐져나왔다.)

stick *sth* out, stick out *sth*

to push a part of your body away from the rest of your body

(머리·손) 내밀다

We all stuck our heads out the window to get a better look.
                 sth
(우리 모두는 더 잘 보기 위해 유리창 밖으로 머리를 내밀었다.)
He stuck his hand out and said, "Good evening." (그는 손을 내밀며 "안녕하세요."라고 했다.)
        sth

stick your tongue out, stick out your tongue

to quickly put your tongue outside your mouth and back in again to be rude

(무례하게) 혀를 날름거리다

The little girl stuck her tongue out at him. (그 작은 여자아이가 그에게 혀를 날름하였다.)
                      sth
Timmy stuck his tongue out when his mother gave him spinach.
              sth
(티미는 엄마가 시금치를 주었을 때 혀를 날름했다.)

stick out (유사어 stand out)

if a quality of fact sticks out, it is very clear and obvious

눈에 띄다, 두드러지다

She is very talkative. She sticks out in any gathering.
(그녀는 매우 수다스러워. 그녀는 어떤 모임에서나 눈에 띄어.)
They live in a pink house. It sticks out quite noticeably.
(그들은 분홍색 집에서 살고 있어. 그 집은 아주 눈에 띄게 두드러져.)

➡ ((강조형)) stick out a mile [BrE, Informal]
Look Terry, it sticks out a mile that something's worrying you — what is it?
(야, 테리야. 무언가 걱정스러운 일이 있는 게 분명한데 — 무엇 때문에 그래?)

➡ ((강조형)) stick out like a sore thumb
The new building stuck out like a sore thumb. (이 새 빌딩은 아주 눈에 띄게 두드러져.)

stick *sth* out (유사어 see out, see through)

to continue to the end of an activity that is difficult, painful, or boring

최후까지 견디어 내다, 참고 견디다

I hate this job, but I need the money, so I'll just have to stick it out until I find a better one.
                                                                    sth
(나는 이 직업이 싫다. 그러나 돈이 필요해서 더 좋은 다른 직업을 찾을 때까지 꾹 참고 견딜 거야.)

638

College isn't easy, but if you stick it out, you'll be glad you did.
sth

(대학생활은 쉽지가 않다. 그러나 네가 끝까지 대학생활을 해낸다면 그 일을 기뻐하게 될 것이다.)

➡ stick it out 으로도 쓰임

I hate law school, but Dad said that I had to stick it out for at least a year.
(나는 법대가 싫었다. 하지만 아버지는 적어도 내가 1년은 견디어내야 한다고 말씀하셨다.)

stick your neck out [Informal]

to take a risk by giving your opinions about something when you know you may be wrong or people may disagree

(말·행동으로) 위험을 감수하다.

Aren't you rather sticking your neck out, telling the director what you think of him?
(이사님에게 그를 어떻게 생각하고 있는가를 말하는 것은 화를 자초하는 일이 아닐까?)

I'm prepared to stick my neck out and oppose the opinions of the leader of our party.
(나는 위험을 감수하고라도 우리 팀 리더의 의견에 반대할 준비가 되어 있다.)

stick to

stick to *sth* (유사어 **stick with, keep in**)

to decide what to do, say, or believe, and not change this

(결심·약속을) 준수하다, 고수하다

Once you make a decision, you should stick to it. (네가 일단 결심을 하면 당연히 그 결심을 지켜 나가야 한다.)
sth

Julius never discussed anything with his family; he simply made a decision and then stuck to it.
sth

(율리우스는 가족들과는 아무것도 토의하지 않았다. 그는 단순하게 결정하고 계속 밀고 나갔다.)

stick to *sth* (유사어 **keep to**)

to limit yourself to doing one particular thing or having only a particular amount

(좋아하는 것·익숙한 것을) 변하지 않고 좋아하다, ~을 고집하다

George was never ambitious; he was happy to stick to writing and gardening.
sth

(조지는 결코 야심이 없는 사람이야. 그는 여전히 글 쓰는 일이나 정원 일을 하면서 행복을 느껴.)

"Would you like a martini?" "No thanks. I'll stick to scotch."
sth

("마티니 한잔 하시겠습니까?" "아니요, 스카치 위스키만 마십니다.")

➡ stick doing *sth* 으로도 쓰임

It'll be quicker if we stick to using the highways as much as possible.
dong sth

(우리가 가능한 한 빨리 익숙한 고속도로를 이용해 간다면 더 빨리 도착할걸.)

stick to the subject[point, fact, etc.] (유사어 **keep to**)

to only talk about things you are supposed to talk about, or things that are definite

(주제·핵심·화제 등에서) 떨어지지 않다, 벗어나지 않다

Sometimes grandpa has difficulty sticking to the topic of conversation.
(할아버지는 가끔 대화의 주제를 유지하는 데 어려움을 겪고 계시다.)

In his news conference, the President stuck to the new tax legislation, but the reporters kept asking about the latest scandal.
(기자회견에서 대통령은 새로운 세법조치에 대해서 화제를 집중했고 기자들은 최근 스캔들에 대해서 계속 질문을 했다.)

stick to your guns [Informal]

to refuse to change your mind about something even though other people are trying to persuade you that you are wrong

(다른 사람의 설득에도) 마음을 바꾸지 않는다

He stuck to his guns and refused to meet her.
(그는 완강한 태도로 그녀와 만나기를 거부했다.)
Amelia stuck to her guns although it made her very unpopular for a while.
(아멜리아는 비록 얼마 동안 자신의 인기가 떨어진다 할지라도 마음을 바꾸려 하지 않았다.)

stick to sth

when you stick to a certain belief, claim, habit, plan, story, type of work, and so on, you continue as before, without change

(신념·주장·습관·이야기 등을) 전처럼 계속하다

Jake claimed he was innocent of Hank's murder. He stuck to his alibi that he had been at the racetrack when the murder occurred.
(잭은 행크의 살인사건에 대해서는 결백하다고 주장했다. 그는 그 살인사건이 일어났을 때 경마장에 있었다고 알리바이를 주장했다.)
He's still sticking to his story that he was at home when the crime was committed.
(범행이 이루어졌을 때 그는 집에 있었다는 이야기를 여전히 주장하고 있다.)

stick to the rules

to do exactly what you are expected to do or what is allowed

(규칙을) 엄수하다, 고수하다

Women were expected to stick to the rules — get married, have children, grow old.
(여자들은 관례를 지켜야 하는 것으로 여겼었다. 즉 결혼하고 아이 낳고 늙어 간다는 것을 말이다.)
The work here isn't hard. Just stick to the rules and you'll be fine.
(여기서 일은 힘들지 않아. 다만 규칙만 잘 지키면 괜찮을 거야.)

stick it to sb [AmE, Informal]

to make someone suffer, especially by making them pay a lot of money for something

~에게 터무니없는 값을 부르다

That bar really stuck it to us. Twenty-five dollars a drink!
(그 주점은 정말 우리에게 터무니없는 술값을 불렀어. 한잔에 25달러라니!)
When it comes to taxes, politicians like to stick it to the tourists.
(세금에 대해 말하자면, 정치가들은 여행객들에게 터무니없는 액수를 부과하기를 좋아한다.)

stick to

when one thing sticks to another, it remains attached to it

~에 달라붙다

The magnet sticks to the chalkboard because there's metal underneath.
(자석이 칠판에 붙어 있다. 왜냐하면 뒤에 금속이 붙어 있기 때문이다.)

I used the wrong glue, and the tiles didn't stick to the floor.
(나는 질이 나쁜 접착제를 사용했고, 타일은 마룻바닥에 붙지 않았다.)

stick together

stick together [Informal]

if two or more people stick together, they support each other, especially when they are in a difficult situation

협조하다, 단결하다, 사이가 좋다

In old days families stuck together no matter what happened.
(옛날에는 가족이란 무슨 일이 일어나도 단결했다.)

We're surrounded. We can get out of this only if we all stick together.
(우리는 포위되었어. 우리가 모두 단결만 한다면 이 어려움을 벗어날 수 있어.)

stick up for

stick up for sb (유사어 stand up for)

to defend people when they are being criticised

(사람을) 변호[지지]하다, 편을 들다

Thanks for sticking up for me in front of the boss the other day.
                       sb
(며칠 전 사장님 앞에서 나의 편을 들어주셔서 감사합니다.)

Faith is a good friend. She sticks up for me even when she knows I'm wrong.
                                       sb
(페이스는 좋은 친구이다. 그녀는 내가 잘못인 것을 알 때도 나를 옹호해준다.)

➡ stick up for oneself 로도 쓰임
Shawna's always known how to stick up for herself.
(샤나는 자기 자신을 스스로 어떻게 도와야 하는지를 늘 안다.)

stick up for sth

to defend or fight for something that is important

(권리·주의·신념 등을) 주장하다, 지키다

Citizens must stick up for their rights. (시민들은 자신의 권리를 지켜야 한다.)
                            sth

He has shown a great deal of courage in sticking up for democracy and civil liberties.
                                                    sth
(그는 민주주의와 시민의 자유를 지키는 데 대단한 용기를 보여 주었다.)

stick with

stick with sth (유사어 stick to) [Informal]
if you stick with something, you do not change to something else

~을 계속 사용하다. 단념하지 않고 계속 하다.

My wife wants me to switch to decaffeinated coffee, but I'm going to stick with regular.
_{sth}
(아내는 내가 카페인이 없는 커피로 바꾸기를 원하지만 나는 계속 레귤러 커피를 고집할 거야.)

Alice hated to practice, but she stuck with it until she became a good piano player.
_{sth}
(앨리스는 연습하기 싫어했지만 훌륭한 연주자가 될 때까지 피아노 연습을 단념하지 않고 계속했다.)

be stuck with sb/sth [Informal]
to be unable to change or get rid of someone or something

~을 억지로 떠맡다, 애 먹다, 강제로 당하다

Everyone is assigned a partner in chemistry lab. I was stuck with Charlie, the laziest boy in the class.
_{sb}
(화학 실험에서 파트너가 결정되었다. 나는 반에서 제일 게으른 찰리와 어쩔 수 없이 짝이 되었다.)

Now that the new road has been built, we're stuck with heavy traffic coming through the town.
_{sth}
(새로운 도로가 건설되고 있어서 우리는 도심지로 들어가는 데 교통체증을 피할 수가 없다.)

➡ get stuck with 로도 쓰임
Jim always got stuck with cleaning the garage. (짐은 늘 차고 청소하는 것을 억지로 떠맡았다.)

stick with sth [Informal]
to continue doing something even though it is difficult or there are problems

(어려움이 있어도) ~을 열심히 계속하다

I know it's not easy at first, but stick with it and it will soon seem easier.
_{sth}
(처음에는 쉬운 일이 아니라는 것을 알지만 열심히 계속 해 봐. 그러면 곧 쉬워질 거야.)

I think I'll stick with the job for another year at least. (나는 적어도 1년 동안 그 일을 열심히 할 거야.)
_{sth}

stick with sb [Informal]
to stay close to someone

떠나지 않고 있다

It'll be very crowded at the festival, so stick with me so you don't get lost.
_{sb}
(축제에 사람들이 아주 많을 거야. 그러니까 네가 길을 잃지 않도록 내 옆에 꼭 붙어 있어.)

Let the others go that way if they want to. You stick with me. I know a short cut.
_{sb}
(그들이 원한다면 그 길로 가도록 내버려 둬. 너는 나를 떠나지 말고 따라와. 내가 지름길을 알고 있어.)

stick with *sb* [Informal]
to remain in someone's memory
(기억이) 머리에서 떠나지 않다, 오래 기억하고 있다

The day I met Ricky will <u>stick with me</u> forever. (내가 리키를 만난 그날을 영원히 잊지 못할 것이다.)
                                     sb

One piece of advice that my father gave me has <u>stuck with me</u> all through the years.
(아버지가 나에게 말해 준 한 가지 충고가 여러 해에 걸쳐 오랫동안 머리에서 떠나지 않고 있다.)

stick with *sb* (유사어 **stand by, stick up for**) [Informal]
to support someone when they are in a difficult situation or have problems
~을 계속 지원하다

Thank you for <u>sticking with me</u> when all the others deserted me.
(다른 모든 사람들이 나를 져버렸을 때에도 나를 계속 지원해 준 것을 감사해.)
I have some close friends who are prepared to <u>stick with me</u>.
(나에게는 나를 계속 지원해 주려고 하는 친한 친구들이 꽤 있어.)

stir

vt. ① 움직이다, (억지로, 약간) 움직이다 ② 휘젓다, 뒤섞다 ③ 분발[분기]시키다 ④ 감동[흥분]시키다(up), 자극하다, 선동하다(up) ⑤ (감정을) 움직이다, (불만·문제 따위를) 일으키다(up), (기억 따위를) 환기시키다, 각성시키다

vi. ① 움직이다, 꿈틀거리다 ② 일어나 있다, 활동하고 있다 ③ (화폐 따위가) 유통하다 ④ 뒤섞여지다

stir up

stir up *sth*, **stir** *sth* **up** (유사어 **provoke, incite** [Formal])
to cause argument or bad feeling between people, usually on purpose
(논쟁·문제 등을) 일으키다

I don't like the way Maxine is always trying to <u>stir up trouble</u> between us.
(나는 맥신이 항상 우리 둘 사이에서 문제를 일으키려고 하는 그 방법을 좋아하지 않아.)
The governor's comments <u>stirred up a controversy</u>. (주지사의 발언이 물의를 일으켰다.)

➡ **stir up trouble** 로도 쓰임
We're not inviting Bill. He <u>stirs up trouble</u> wherever he goes.
(우리는 빌을 초대하지 않는다. 그는 가는 곳마다 문제를 일으킨다.)

➡ **stir things up** 으로도 쓰임

He was an unpleasant boy, who used to stir things up with his nasty sly remarks.
(그는 기분 나쁜 애야. 왜냐하면 그는 성질이 나쁘고 교활한 말로 문제를 일으켜.)

stir up sth, stir sth up (유사어 create [Formal])

to cause people to have a particular strong feeling or emotion
(사람에게 특별한 느낌·감정을) 갖게 하다, 일으키다

The huge statue of the leader was designed to stir up emotions of awe and respect.
      sth
(지도자의 거대한 조각상은 경외감과 존경심을 일으키도록 고안되었다.)

News of the murder spread fast, stirring up panic in the neighborhood.
                                            sth
(살인사건 뉴스가 이웃에 공포심을 일으키며 빠르게 퍼졌다.)

stir up sth, stir sth up

to make something move around in the air or in the water
(공중에서·물속에서) ~을 돌게 하다, ~을 일으키다

The wind had stirred up a powdery red dust that covered everything.
                  sth
(그 바람은 모든 것을 뒤엎어 버리는 가루 같은 붉은 먼지를 일으켰다.)

The floodwater stirs up mud and clay from the river bed.
                   sth
(홍수로 불어난 물이 강 밑바닥에서부터 진흙과 찰흙을 휘저어 일으키고 있다.)

stir up memories

to make you remember events in the past, especially from long time ago
(과거 기억을) 불러일으키다

I hate that old song. It stirs up painful memories. (나는 그 옛 노래를 싫어해. 아픈 기억을 떠올리게 하거든.)
                               sth
Seeing Simon again had stirred up so many memories from her young.
                                       sth
(시몬을 다시 보면 그녀의 젊은 시절부터 해서 많은 기억들이 떠올라.)

stir up sb, stir up sb (유사어 provoke [Formal])

to make someone feel angry about something, often deliberately
(의도적으로 ~을 화나게 하다)

The government's wasteful spending has finally stirred up people.
                                                         sb
(정부의 무책임한 경비지출이 마침내 국민들을 격분시키고 있다.)

Let's not tell them about our mistake. It will only stir them up.
                                                            sb
(우리들의 실수를 그들에게 말하지 맙시다. 이야기하면 결국 그들을 화나게 할 것입니다.)

stock

vt. ① ~에 자루[대]를 달다 ② 씨를 뿌리다, 파종하다(with), (농장에) 가축을 넣다(with), (가축)에 우량종을 교배시키다, 방목하다, (강 따위)에 물고기를 방류하다, (점포에 물품을) 사들이다, 구입하다(with), (가게에 물품을) 놓다, 팔고 있다(up), 비축하다, 갖추다(with), (장래를 위해) 간직해 놓다, ~에 보충[보급]하다(with) ③ [역사] 차꼬를 채워 망신을 주다

vi. ① 사들이다, 구입하다, 들여놓다(up, with) ② 움이 나다(트다), ~in on ~을 사들이다, ~up on ~을 비축해 두다

stock up

stock up (유사어 **load up on, get in**)
to buy a lot of something, often food or drinks

(물건을) 비축하다, 사 두다

Farmers <u>stock up</u> on hay for the winter. (농부들은 겨울에 대비해서 건초를 비축해 둔다.)
All the toy shops are now <u>stocking up</u> for Christmas.
(모든 장난감 가게들이 크리스마스를 대비해서 물품을 사들이고 있다.)

➡ stock up on 으로도 쓰임
I have to <u>stock up on</u> snacks for the party. (파티를 준비하기 위해 간식거리를 준비해야 한다.)

➡ stock up for 로도 쓰임
Supermarkets were busy with people <u>stocking up for</u> Christmas.
(슈퍼마켓들은 크리스마스를 대비해 물건을 사두려는 사람들로 한창 바빴다.)

➡ stock up with 로도 쓰임
Is the shop well <u>stocked up with</u> camping supplies? (그 가게에는 캠핑 용품의 재고가 충분히 있습니까?)

stop

vt. ① (움직이고 있는 것을) 멈추다, 멈추게 하다, 정지시키다, 세우다 ② 붙잡다 ③ (아무가 ~하는 것을) 막다, 방해하다, 중단하다, 그만두게 하다, (소음·소리 따위를) 차단하다, 가로막다 ④ (행동·진행 중인 것을) 그치다, 중지하다, 그만두다 ⑤ (통로 따위를) 막다, 방해하다 ⑥ (구멍 등을) 막다, 메우다(up) ⑦ (흐르는 가스·수도 따위를) 막다, 잠그다 ⑧ (지불·공급 따위를) 정지하다, 빼다, 공제하다(out of) ⑨ 무찌르다, 패배시키다(defeat), 때려눕히다, [펜싱] 공격을 받아넘기다 ⑩ [음악] (관악기의) 구멍을 막다, (현을) 손가락으로 누르다 ⑪ ((영)) ~에 구두점을 찍다 ⑫ [바다] (밧줄로) 동이다 ⑬ [카드놀이] 스톱을 걸다

vi. ① (움직이고 있는 것이) 멈추다, (~하기 위해) 멈춰 서다, (비 따위가) 그치다, (일·이야기 따위가) 중지[중단]되다, (~하기 위해 일손 따위를) 쉬다(to do) ② 들르다(by, in), ((구)) 묵다, 체재하다(at, in), (교통 기관이) 서다(at, in) ③ (관 따위가) 막히다

유사단어

stop: 진행·운동·행동·일 따위를 멈추다. 가장 적용 범위가 넓은 말로서 단기 체재의 뜻도 있음
He is <u>stopping</u> at the best hotel in town. (그는 시내에서 가장 좋은 호텔에 묵고 있다.)

halt: (휴식 따위를 위해) 진행을 정지하다
　　Company <u>halt</u>! 《구령》 중대 서!
pause: 일시적으로 정지하다
　　<u>Pausing</u> briefly at the door, Linus straightened his tie. (라이너스는 문에 잠깐 서서 넥타이를 똑바로 했다.)
cease: 존재나 계속을 그치다. 좀 딱딱한 말
　　By noon the rain had <u>ceased</u>. (점심 때쯤 비가 그쳤다.)

stop off

stop off

to visit a place for a short time when you are going somewhere else

(~에 가는 길에) 잠깐 들르다

I would have <u>stopped off</u> at Sally's house this morning, but I was late for work.
(오늘 아침에 샐리 집에 잠깐 들르고 싶었는데 직장에 늦어서 못 들렀어.)

He was heading for a villa in the south of France but was planning to <u>stop off</u> in Paris for a couple of days before continuing south.
(그는 프랑스 남쪽에 있는 별장을 향하고 있었는데 계속해서 남쪽으로 향하기 전에 2~3일간 파리에 잠깐 들를 것을 계획하고 있다.)

➡ <u>stop off at[in, etc.]</u> 로도 쓰임
Boats will take you up and down the river, <u>stopping off at</u> Richmond, Kew and Greenwich.
(보트들이 Richmond, Kew 그리고 Greenwich에 잠깐씩 들르면서 강 위·아래로 너를 데리고 갈 것이다.)

➡ <u>stop off for</u>로도 쓰임
Do you mind if I <u>stop off for</u> some groceries? (내가 몇 군데 식료품 상점에 잠깐씩 들러도 괜찮니?)

stop over

stop over

to stop somewhere for a period of time when you are on a long journey

(여행 중에서) 도중하차하다

David <u>stopped over</u> in London on his flight from New York to Moscow.
(데이빗은 뉴욕에서 모스크바로 가는 비행 중에 런던에 잠깐 들렀다.)

The plane <u>stops over</u> in Dubai on the way to India. (비행기가 인도로 가는 도중 두바이에 잠시 착륙했다.)

➡ <u>stopover</u> (n)

　(a short stay somewhere for a night or a few days during a long journey) (여행 중의) 단기 체류
There are no direct flights, so we'll have a two-day <u>stopover</u> in Delhi.
(직항로가 없어서 우리는 델리에서 이틀간 단기 체류를 해야 할 것이다.)

stop over [BrE, Informal]

to sleep at someone's house when you are visiting them

(~의 집에서) 묵다, 숙박하다

Because of the severe snowstorm, we couldn't get home that night, and had to <u>stop over</u> in a hotel. (모진 눈보라 때문에 우리는 그날 밤 집에 돌아갈 수가 없어서 호텔에 묵어야만 했다.)

Would you like to <u>stop over</u> after dinner and see our vacation pictures?
(저녁 드신 후 우리 집에서 주무시면서 휴가 중 찍은 사진을 보는 게 어때요?)

straighten

vt. ① 똑바르게 하다, (주름 따위를) 펴다(out) ② 정리[정돈]하다, 해결하다(out) ③ (고민 따위를) 해결하다, 회복시키다(out) ④ (행실을) 바로잡다(out)
vi. ① 똑바르게 하다(out, up) ② 정돈되다, 해결되다(out)

straighten out

straighten out *sth/sb*, **straighten** *sth/sb* **out** (유사어 **sort out, deal with**)

(어려운 상황을) 다루다, (고민 따위를) 해결하다

My hotel had me booked for the wrong days in the wrong room, but manager <u>straightened everything out</u>.
          sth
(호텔에 다른 날짜에 다른 방 호수로 예약되어 있었는데 매니저가 모든 문제들을 바로잡아 주었다.)

Geoff had his problems but I <u>straightened him out</u> and we got married.
                  sb
(제프가 처한 몇몇 문제들이 있었으나 나는 그에게서 그 상황을 해결했고 우리는 결혼했다.)

straighten *sb* **out, straighten out** *sb* (유사어 **sort out**)

to deal with someone's bad behavior or personal problems

(행실을) 바로잡다

I told my son that if he gets in trouble one more time, I'm going to send him to military school. That really <u>straightened him out</u>.
         sb
(나는 아들에게 한 번만 더 사고를 친다면 사관학교에 보내겠다고 말했다. 그렇게 한 것이 아들의 행실을 바로잡았다.)

His parents got him a job, hoping that would <u>straighten him out</u>, but he ran away again.
                       sb
(그의 부모님들은 그의 행실을 바로잡을 것이라고 희망하면서 직장을 마련해 주었는데 그는 다시 도망쳤다.)

➡ <u>straighten yourself out</u> 으로도 쓰임
He'd had a drink problem in the past, but he'd managed to <u>straighten himself out</u>.
(과거에 그는 음주의 문제가 되었는데 간신히 그 문제에서 벗어났다.)

straighten out, straighten out *sth*, **straighten** *sth* **out** (유사어 **straighten**)

to become straight or make something straight

똑바르게 하다, (굽은 것·길을) 똑바로 하다

After twisting for several miles, the road <u>straightened out</u> here and driving is easier.
(몇 마일이나 길이 구불구불 구부러진 이후, 여기서부터는 똑바로 펴 있어서 운전이 훨씬 쉬워진다.)

Why does she spend so much time and money trying to <u>straighten out the waves</u> in her hair?
                                           sth
The curls look pretty.
(왜 그녀는 머리의 웨이브를 펴려고 그렇게 많은 돈과 시간을 소비하지? 곱슬머리가 보기 좋은데.)

stress

vt. ① 강조하다, 역설하다 ② [음성] ~에 강세[악센트]를 붙이다(두다) ③ 압박하다, 긴장시키다, ~에 압력[응력]을 가하다

stress out

stress *sb* **out**

if something stresses you out, it makes you feel tense and anxious

긴장시키다, 화나게 하다

This business is really <u>stressing me out</u>. (이 사업은 정말로 나를 긴장시키고 있다.)
                             sb

Sally has to take care of quadruplets all day without any help. That must <u>stress her out</u>.
                                                                                   sb

(샐리는 하루 종일 누구의 도움도 없이 네쌍둥이를 돌봐야 한다. 그 일이 그를 긴장시키고 있음에 틀림없다.)

➡ <u>stressed-out</u> (a)

(when you are worried, nervous, or tense you are stressed-out) 스트레스로 녹초가 된, 스트레스가 쌓인
She's got three finals this week, so she's a little <u>stressed-out</u>.
                                                          a
(그녀는 이번 주 3번의 결승전을 치렀어. 그래서 스트레스로 녹초가 되었어.)

stretch

vt. ① 뻗치다, 늘이다, 펴다, 잡아당기다 ② (시트 따위를) 깔다 ③ (손 따위를) 내밀다, 내뻗다 (out) ④ (입·눈 따위를) 크게 벌리다(뜨다) ⑤ (신경 등을) 극도로 긴장시키다, 과로시키다 ⑥ ((구)) (법·주의·진실 따위를) 왜곡하다, 과장하다, 확대 해석하다, 남용[악용]하다 ⑦ (음식물·마약·그림물감 등을) (~로) 묽게 하여 양을 늘리다(with, by) ⑧ ((구)) (때려서) 뻗게 하다, 때려눕히다(out), ((미속)) 죽이다(kill) ⑨ ((구)) 교살하다, (죽은 사람의) 손발을 펴서 매장 준비를 하다 ⑩ [+목+부] (방문·프로 따위를) 오래 끌게 하다, 늘이다(out)

vi. ① (시간적·공간적으로) 뻗다, 퍼지다 ② 기지개를 켜다, 큰 대자로 눕다(out) ③ 손을 내밀다 ④ (시간이) 계속되다, 미치다 ⑤ 늘어나다, 신축성이 있다 ⑥ ((구)) 허풍 치다, 크게 떠벌리다 ⑦ ((구)) 교수형에 처해지다

stretch away

stretch away

if an area of land stretches away, it continues over a long distance

(들판이 멀리까지) 뻗어 있다

Fields and woods <u>stretched away</u> to the horizon. (들판과 숲이 지평선까지 죽 뻗어 있다.)
The desert <u>stretched away</u> as far as the eye could see. (눈이 닿는 한 저 멀리까지 사막이 뻗어 있다.)

➡ stretch away across[to, from, beyond, etc.]
To the west were the Great Plains, stretching away across Wyoming to Rocky Mountains.
(대평원이 와이오밍을 건너 록키 산맥까지 죽 뻗어서 서부까지 이어져 있다.)

➡ stretch away into the distance 로도 쓰임
It's the best beach resort in Greece, with five miles of sand stretching away into the distance.
(이곳은 멀리까지 5마일의 모래사장이 뻗어있는 그리스에서 제일 훌륭한 해안 휴양지이다.)

sum

vt. ① 총계하다, 합계하다 ② 요약하다 ③ ~의 대세를 판단하다, 재빨리 평가[판단]하다
vi. ① 요약(개설)하다, (판사가 원고·피고의 말을 들은 후) 요지의 개략을 설명하다 ② 합계 ~가 되다(to, into)

sum up

sum up *sth*, **sum** *sth* **up** (유사어 **summarize**)
to end a discussion or a speech by giving the main information about it in a short statement
(정보를) 요약하다, 요점을 서술하다

It'd be a good idea to add a paragraph summing up your main points at the end.
                                              sth
(마지막에 너의 주요한 요점을 요약한 단락을 추가하는 것은 좋은 생각이야.)

Our homework is to sum up the contents of the book in 500 words or less.
                              sth
(숙제는 그 책의 내용을 500자 내외로 요약하는 것이다.)

sum up *sth*, **sum** *sth* **up**
to describe something using only a few words
간단하게 설명하다, 요약하여 말하다

"Hey, how was your date?" Venessa summed it up in a word; "Hell"
                                            sth
("야, 데이트 어땠어?" 바네사는 한마디로 말했다. "지옥이야.")

We asked him to sum up the differences between American and British culture.
                           sth
(우리는 그에게 미국 문화와 영국 문화의 차이점을 간단히 설명해 달라고 부탁했다.)

sum up *sb/sth*, **sum** *sb/sth* **up** (유사어 **epitomize** [Formal])
to show the most typical qualities of someone or something
(특성을) 집약적으로 보이다, ~에 대해서 속단하다

"The guy is an egotistical braggart." "Yes, I guess that just about sums him up."
                                                                          sb
("그 애는 이기적인 허풍쟁이야." "그래, 내 생각에는 그것이 그에게 꼭 맞는다고 봐.")

Andy Warhol's pictures seemed to sum up the new consumer society of 1960s.
                                           sth
(앤디 워홀의 그림은 1960년대 새로운 소비자 사회상을 단적으로 보여주는 것 같았다.)

649

sum up *sb/sth*, **sum** *sb/sth* **up** [BrE]
to quickly form a judgement or an opinion about someone or something
(판사가) 배심원에게 (사건 · 증언 · 논점 등의) 요점을 말하다

The judge usually <u>sums up the case</u> for the jury before sending them off to deliberate.
                                 sth
(판사는 배심원들을 심의하러 보내기 전에 대개는 그들에게 사건의 요지를 설명한다.)

The judge has a responsibility to <u>sum up the case</u> as clearly and fairly as possible.
                                                sth
(판사는 사건의 요지를 가능한 한 명확하고 공평하게 설명할 책임이 있다.)

sweep

vt. ① 청소하다, (먼지 따위를) 쓸다, 털다(away, up, off) ② (방 · 마루 따위를) 깨끗이 하다, 쓸다, 걸레질하다(off) ③ (말끔히) 몰아가다, 가져가다, 일소하다, 휩쓸다 ④ 스쳐(스칠 듯이) 지나가다, 휙 지나가다 ⑤ 멀리 내다보다 ⑥ 소사하다, 소해하다 ⑦ (경기 등에서) 연승하다, (토너먼트에서) 이겨 승자전에 진출하다, (선거 따위에) 압승하다 ⑧ (옷자락 등이) ~의 위에 끌리다 ⑨ (현악기를) 타다 ⑩ [바다] (거룻배 따위를) 큰 노로 젓다 ⑪ 공손히 (절 따위를) 하다
vi. ① 청소하다, 쓸다, 솔로 털다 ② 휙 지나가다, 휩쓸다 ③ 내습하다, 휘몰아치다(over, through, down) ④ 당당히[조용조용히] 나아가다, 옷자락을 끌며 가다 ⑤ 완만한 커브를 그리며 계속되다, 멀리 저쪽까지 잇따르다[뻗치다] ⑥ 휙 둘러보다 ⑦ 바라보다, 전망하다

sweep up

sweep up, sweep up *sth*, **sweep** *sth* **up**
to remove rubbish or dirt, usually from the floor, using a brush
(먼지 따위를) 쓸다, 털다

<u>Sweep up</u> the dirt as soon as you can. (할 수 있는 한 빨리 먼지를 쓸어요.)
The gardening girls were <u>sweeping up leaves</u> and cutting the grass.
                                              sth
(정원을 가꾸는 소녀들이 나뭇잎을 쓸어 내거나 풀을 자르고 있다.)

be swept up by[in] *sth* (유사어 **be swept away, be carried away**)
to be so excited by someone or something, that you feel very strong emotions and forget about other things
(흥분 · 열기 등에) 싸이다, 열중하다

The people cheered and danced in the streets, <u>swept up in the euphoria of victory</u>.
                                                                     sth
(사람들은 길거리에서 승리의 행복감에 사로 잡혀 환호하며 춤을 추었다.)
We <u>were</u> all <u>swept up by our desire</u> to succeed. (우리 모두는 성공하겠다는 열의에 불타고 있었다.)
                                 sth

sweep sb/sth up, sweep up sb/sth (유사어 **scoop up**)

to pick someone or something up in one quick movement

(단숨에) 들어 올리다

Joe <u>swept her up</u> in his arms and kissed her. (조이는 그녀를 팔로 들어 안고는 키스를 했다.)
       sb

Gillian <u>swept up the coins</u> and put them in her pocket. (질리언은 동전을 집어 들어 주머니에 넣었다.)
             sth

be swept up in *sth* (유사어 **be caught up in**)

to become involved in a dangerous situation that you cannot avoid or escape

(피할 수 없는 위험한) 상황에 빠지다

The vast majority of the victims were innocent people, <u>swept up in Stalin's campaign of terror</u>. <수동>
                                                                         sth

(스탈린 공포정치 시대에 위험한 상황에 처했던 대다수의 희생자들은 죄가 없는 사람들이었다.)

Whilst on a business trip to Europe, she <u>is swept up in an adventure of danger and intrigue involving drugs, crime, and romance</u>. <수동>
                  sth

(유럽으로 사업여행을 하고 있는 동안 그녀는 위험한 모험과 마약, 범죄, 로맨스가 포함된 음모의 함정에 어쩔 수 없이 빠졌다.)

swell

vt. ① 부풀리다, 팽창시키다, 부어오르게 하다 ② (수량 · 정도 따위를) 늘리다, 불리다, 크게 하다 ③ [주로 과거분사형으로] 가슴 벅차게 하다(with), 흥분시키다, 으스대게 하다, (일시적으로) (목소리 따위를) 높이다

vi. ① 부풀다, 팽창하다, 부어오르다(up, out) ② (땅 · 바다 따위가) 솟아오르다, 융기하다(up, out) ③ (강이) 증수하다, (물의 양이) 붇다, 늘다, (밀물이) 들다, 차다, (샘 · 눈물이) 솟아나오다 ④ (수량이) 증대하다, 커지다, (소리가) 높아지다, 격해지다 ⑤ (울화 따위가) 치밀어 오르다, 부글부글 끓다(up) ⑥ (감정이) 끓어오르다(in), (가슴이) 벅차지다, 부풀다(with) ⑦ 의기양양해 하다, 뽐내다(up), 오만하게 거동하다[말하다]

swell up

swell up (유사어 **puff up** 반대어 **go down**)

if a part of your body swells up, it becomes larger or rounder than usual because of an illness or injury

(몸의 일부가) 부어오르다

The side of my face <u>swelled up</u> after I had a wisdom tooth pulled.
(사랑니를 뺀 후 얼굴 한쪽이 부어올랐다.)

After a few minutes my throat started to <u>swell up</u>. (2~3분 있으니까 목이 부어오르기 시작했다.)

swell up

to gradually increase size

(부피가 점점) 커지다

We stood together on the brink. The sea was not far below us; it <u>swelled up</u> towards us like a beckoning arm.
(우리는 함께 물가에 서 있었다. 바닷물은 우리 밑에서 멀지 않은 곳에 있었고 유혹하는 팔의 손짓 모양처럼 되어 우리 쪽으로 점점 차올랐다.)

The protests <u>swelled up</u> in the 1950s against Britain's possession of nuclear weapons.
(영국의 핵무기 소유에 반대하는 저항 운동이 1950년대에 점점 커졌다.)

switch

vt. ① (전류를) 통하다, (전등·라디오 따위를) 켜다, (전류를) 연결하다(on) ② (전류·전화 따위를) 끊다, (전등·라디오 따위를) 끄다(off) ③ 전철하다, (다른 선로에) 바꾸어 넣다, (차량을) 연결하다, 떼어놓다 ④ (생각·화제 따위를) 바꾸다, 전환하다, 돌리다 ⑤ 치환하다, 바꿔치다, 교환하다 ⑥ 잡아채다, (짐승이 꼬리를) 흔들다[치다], (지팡이·낚싯줄 따위를) 휘두르다 ⑦ 회초리[매]로 때리다(whip) ⑧ [카드놀이] 딴 짝패로 바꾸다 ⑨ [경마] 자기 말을 남의 명의로 경주에 출장시키다

vi. 스위치를 돌리다(켜다 on, 끄다 off), 전철하다, 전환하다, (방향 따위를) 바꾸다, 교환하다, 회초리로 때리다, ((미속)) 통보[밀고]하다

switch off

switch off *sth*, **switch** *sth* **off, switch off** (유사어 **turn off** 반대어 **switch on**)
to turn out an electrical device (e.g. light, radio) or an engine by using a switch
(전등·라디오 등을) 끄다

He drew his car into the side of the lane, and <u>switched off</u> the engine.
                                                          sth
(그는 차선 옆으로 차를 몰고 가서 엔진을 껐다.)

<u>Switch off</u> the radio before you go to bed. (잠들기 전에 라디오 스위치 꺼.)
       sth

switch off (유사어 **tune out** [AmE, Informal]) [BrE]
to stop listening or paying attention
(흥미가 없어서) 주의를 기울이지 않다.

The lecture was so boring I just <u>switched off</u>. (강의가 너무 지루해서 나는 주의를 기울이지 않았다.)
You shouldn't make your speech too long, or people will <u>switch off</u>.
(연설을 너무 길게 해서는 안 돼. 이야기가 너무 길면 사람들이 이야기를 안 들으려고 할걸.)

switch off
to stop thinking about your work or problems, and relax
(일거리·골칫거리에서) 벗어나서 쉬다

I play squash after work to help me <u>switch off</u>. (나는 원활한 휴식을 위해서 일이 끝난 후 스쿼시를 한다.)
Sometimes she can't get to sleep, because she just can't <u>switch off</u>.
(그녀는 때때로 잠을 잘 수가 없는데, 일에서 벗어나 쉴 수가 없기 때문이다.)

switch on

switch on *sth*, **switch** *sth* **on, switch on** (유사어 **turn on** 반대어 **switch off**)
to turn on an electrical device [e.g. light, radio] or an engine by using a switch
(전등·라디오 등의) 스위치를 켜다

I switched on the light and went to my desk.　(나는 전등의 스위치를 켜고 책상으로 갔다.)
　　　　　sth
She had switched a heater on because she felt rather cold.
　　　　　　　　sth
(그녀는 약간 춥다고 느꼈기 때문에 히터의 스위치를 켰다.)

switch on a smile [BrE]
to smile at someone when this is not sincere
미소를 보이다, 미소를 띠다

As I approached the counter, the clerk switched on a bright smile.
(내가 카운터로 다가갔을 때 점원은 환한 웃음을 띠었다.)
Switching on her brightest, falsest smile, she turned to him; "It's been very nice to meet you, Mr. Burns."　(가장 환하고 가식적인 웃음을 띠면서 그녀는 그에게 돌아섰다. "브루스 씨, 당신을 만나서 대단히 기쁩니다.")

be switched on (유사어 **be on the ball** [Informal]) [BrE, Spoken]
to be intelligent, and quick to notice and understand things that are happening around you
(최신 유행에) 민감하게 따라가다, 유행 첨단에 서 있다

The ones who were going to succeed were those who acted more efficiently and were more switched on.　(성공을 시도하려고 했던 사람들은 좀 더 능률적으로 행동했고 좀 더 유행에 민감했던 사람들이었다.)
Whoever doesn't like the clothes our kids wear is just not switched on.
(우리 아이들이 입은 옷을 좋아하지 않는 사람들은 누구든지 그다지 유행에 민감하지 못하다.)

swot

vt. vi. ((미구)) (시험을 위해) 세차게 마구 공부하다, (~을) 기를 쓰고[열심히] 공부하다(at)

swot up

swot up, swot up *sth*, **swot** *sth* **up** (유사어 **revise, mug up** [BrE, Informal])
to learn as much as you can about something, especially before an exam
(시험 보기 전에) 열심히 공부하다

I was swotting up on my transformational grammar.　(나는 변형 문법을 열심히 공부하고 있었다.)
I have to swot up a lot of French verbs for tomorrow's test.
　　　　　　　　　　sth
(나는 내일 시험을 위해 많은 양의 불어 동사를 열심히 공부해야만 해.)

➡ swot up on 으로도 쓰임
Gill's swotting up on German history.　(길은 독일 역사를 열심히 공부하고 있다.)

T

tag

vt. ① 표(정가표, 찌지)를 붙이다, (구두끈 끝 따위에) 쇠붙이를 달다(with), (불필요한 것을) 덧붙이다, (장식으로) 붙이다(to, onto) ② (연설·이야기 따위를) 인용구로 맺다, (글 따위를) 연결하다, 잇대다, ③ ((구)) [+목+부] 붙어 다니다, 쫓아다니다 ④ (양의) 엉클린 털을 풀다[깎다] ⑤ [+목+as 보] (~에게) 별명을 붙이다 ⑥ 값을 매기다 ⑦ ((구)) 세게 치다 ⑧ ((미구)) 자동차에 교통[주차] 위반 딱지를 붙이다, (운전자·소유자)에게 교통 위반 딱지를 건네다 ⑨ ~에게 책임을 지우다, ((미속)) 체포하다 ⑩ (동물에) 표지를 달다, (물고기를) 표지를 하여 방류하다

vi. ① (술래가) 붙잡다 ② (주자를) 터치 아웃시키다, (베이스를) 밟다, (투수)에게서 히트를 빼앗다, (공을) 치다, [프로레슬링] (자기편)과 터치하다 ③ 세게 치다[때리다, 부딪치다] ④ 선출하다

tag along

tag along [Informal]
to go somewhere with someone, especially when they do not want you to

붙어 다니다, 쫓아다니다, 붙어다니다

My little brother always <u>tagged along</u> with us. (내 어린 동생은 늘 우리를 쫓아다닌다.)
When my husband goes on a business trip, I usually <u>tag along</u>.
(남편이 사업차 여행갈 때 나는 늘 따라간다.)

➡ tag along with 로도 쓰임
Mitch was such a popular guy — there was always a crowd of people waiting to <u>tag along with him</u>. (미치는 아주 인기 있는 친구야. 그를 쫓아다니려고 기다리는 구경꾼들이 항상 있었어.)

take

vt. ① 손에 잡다, 쥐다(in, by, with, up) ② 안다, 껴안다, 품다(to) ③ (덫 따위로 짐승을) 잡다, 포획하다, (범인 따위를) 붙잡다, 체포하다, 포로로 하다 ④ (우격다짐으로) 빼앗다, 탈취하다, 점령[점거]하다 ⑤ (상을) 타다, (노력하여) 획득하다, 벌다, 손에 넣다, (시합에) 이기다 ⑥ 받다, 받아들이다(accept), (대가·보수 등을) 얻다 ⑦ (체내에) 섭취하다, 먹다, 마시다, 흡수하다, (일광·신선한 공기를) 쐬다 ⑧ 사다, (신문·잡지를) 구독하다, (수업을) 받다, (학과를) 공부하다, 배우다 ⑨ 예약하다, 빌리다, 확보하다 ⑩ 골라 가지다, 선택하다, 골라잡다 ⑪ (사람을) 채용하다, 맞이하다, (사위 등을) 보다, (회원으로) 가입시키다 ⑫ (수단·방침을) 취하다, (본을) 따르다, (시간·기회를) 이용하다 ⑬ 인용하다, 차용하다 ⑭ (아무를) 불시에 습격하다, 일격을 가하다, (~로) 덮치다(by, at), (병·발작에) 걸리다 ⑮ (눈길·관심을) 끌다, [보통 수동태] 마음을 끌다[빼앗다], 황홀하게 하다 ⑯ (외부의 힘·영향을) 받다, (색에) 물들다, (냄새가) 배다, (불이) 붙다, (윤이) 나다 ⑰ [문법] (어미·목적어·악센트 등을) 취하다 ⑱ 가지고 가다, 휴대하다 ⑲ 데리고 가다, 동반하다, 안내하다 ⑳ [it를 주어로 하는 경우가 많음] (시간·노력

따위를) 필요로 하다, 힘이 들다, (용적·넓이를) 차지하다, (시간이) 걸리다 ㉑ (어느 장소에서) 가지고 오다, (근원에서) 캐내다, 따오다 ㉒ 치우다, 제거하다, 빼다, 감하다, (생명을) 빼앗다, 살해하다 ㉓ (뛰어) 넘다 ㉔ ~로 도망쳐 들어가다, 숨다 ㉕ (좋게 또는 나쁘게) 받아들이다, 이해하다, ~라고 생각[간주]하다, 믿다 ㉖ (비난·충고 등을) 받아들이다, ~에 따르다, 감수하다, 참고 견디다 ㉗ (문제·사태를) 거론하다, 초들다, 다루다(treat), 고려하다, 예로 들다 ㉘ [~it 로] (시련·모욕·비판·혹사 등에) 견디어[참아]내다, 해내다 ㉙ (어떤 행동을) 취하다, 하다, 행하다, 맹세하다 ㉚ (견해·주의·태도를) 가지다, 취하다, (항쟁·쟁의 따위에서) ~측에 편들다 ㉛ (호감·나쁜 감정을) 일으키다, 느끼다, 품다 ㉜ (탈것에) 타다 ㉝ 쓰다, 적다, (사진을) 찍다, 사진으로 찍다, (초상을) 그리다 ㉞ (기장·상징으로서) 몸에 지니다[걸치다], (익명·가명 따위를) 사용하다, (성직·왕위 등에) 앉다, 오르다 ㉟ (길을) 가다, 취하다 ㊱ (책임·의무 등을) 지다, 떠맡다, (직무·역할·소임을) 다하다, 행하다, 담당하다 ㊲ 재다, 측정치를 내다, 조사하다, 사정하다 ㊳ ((속)) 속이다(cheat), 속여서 ~을 빼앗다 ㊴ [음악] 연주하다, 켜다, 타다, 노래하다 ㊵ (병 따위에) 걸리다, [수동태] (병 따위가) 침범하다 ㊶ ((구)) 성교하다

vi. ① 얻다, 획득하다, 손에 넣다 ② 감하다, 빼내다(from), ③ (뿌리가) 내리다, 자라기 시작하다, (효과가) 나다, (약이) 듣다, (불이) 붙다 ④ 인기를 얻다, 받다 ⑤ (새·물고기 등이) 잡히다, 걸리다 ⑥ (기계·장치가) 걸리다, (톱니바퀴 따위가) 맞물리다 ⑦ 나아가다, 진행하다, 가다(across, down, over, after, to) ⑧ ((구)) [+부] (사진으로) 찍히다, ⑨ ((구)) ((방)) [+보] (병에) 걸리다 ⑩ ((미)) 얼다

유사단어

take: '손에 가지다' 와 '가져가다'의 두 뜻이 있음, 따라서 '손에 가지다'의 경우에도 가져간다는 목적이 내포되어 있는 일이 많음
He <u>took</u> me by the hand and led me to a corner of the room. (그는 내 손을 잡고 방 한구석으로 끌고 갔다.)

seize: 갑자기 힘차게 잡다
"Come on with me." said Nat, <u>seizing</u> him by the arm. ("나와 같이 가자"며 냇은 그의 팔을 잡으면서 말했다.)

grasp: 손바닥으로 쥐듯이 잡다, 파악하다 → 이해하다
I don't <u>grasp</u> your meaning. (네 말뜻을 이해하지 못하겠다.)

clutch: (공포심 따위로) 꼭 쥐고 놓지 않다
She <u>clutched</u> my hand in the dark. (그녀는 어둠속에서 내 손을 꼭 쥐고 있었다.)

grab: 탐욕스레 움켜쥐다
The child <u>grabbed</u> all the candy. (아이는 캔디를 남김없이 움켜쥐었다.)

snatch: 세차게 낚아채어 빼앗다
She <u>snatched</u> the letter from my hand. (그녀는 내손에서 편지를 홱 빼앗았다.)

take after

take after *sb*

to have a similar appearance or character as an older member of your family

(용모·성격을) 닮다, ~을 본받다.

He has blue eyes and quite fair hair, so he <u>takes after his father</u>.
                                                                sb
(그는 푸른 눈에 인상적인 금발 머리를 하고 있어, 그리고 그는 아버지를 닮았어.)

He <u>took after his grandfather</u> where character was concerned. (성격 문제라면 그는 할아버지를 닮았다.)
       sb

take apart

take *sth* **apart** (유사어 **dismantle** [Formal], **strip down** 반대어 **put together**)
to separate something into its different parts
(기계 등을) 분해하다

We had to take the whole engine apart to discover the cause of the trouble.
                    sth
(우리는 고장 원인을 알아보기 위해 엔진을 분해해야만 했다.)

Most of these machines have to be taken apart to be cleaned. <수동>
(이 기계의 대부분은 청소하려면 분해를 해야만 한다.)

take *sb* **apart** (유사어 **thrash** [Informal]) [Informal]
to attack someone to cause them serious injuries
(~를 상처를 입히며) 공격하다

The home team took the opposition apart in second half. (홈팀은 후반전에 상대 팀을 맹렬히 공격했다.)
                          sb

An experienced fighter like that should be able to take his young opponent apart in a few rounds.
                                                      sb
(그와 같이 노련한 선수는 당연히 몇 라운드 안에 젊은 상대방을 때려눕힐 수 있다.)

take *sth* **apart** (유사어 **pull apart**)
to carefully examine what someone has written in order to consider and criticize the ideas in it
(작품 등을) 혹평하다

Tom's latest book has been taken apart by the newspapers. <수동>
(신문에서는 탐의 최근 저서를 혹평하고 있다.)

The teacher marked our assignment, and then took them apart one by one, in front of the whole
                                              sth
class. (선생님은 우리 숙제를 채점하고 나서 학급 전체 앞에서 그것들을 하나씩 하나씩 혹평했다.)

take *sb* **apart** (유사어 **roast**)
to criticize someone very strongly
(사람을 심하게) 비난하다, 벌하다, 혹평하다

Clinton got taken apart by the press after his affair with Monica Lewinsky. <수동>
(클린턴은 모니카 르윈스키와의 부적절한 관계 이후 매스컴으로부터 심하게 비난을 받았다.)

My mother took me apart for failing the exam. (시험에 떨어진 나를 엄마는 엄하게 야단치셨다.)
               sb

take around, take round [BrE]

take *sb* **around[round], take around[round]** *sb* (유사어 **show** *sb* **around**)
to walk through a building or to visit a place with someone, showing them the most interesting or important parts
(견학 등으로 사람을 ~에) 안내하다, 장소를 보여주다

I <u>took</u> <u>my cousin</u> <u>around</u> the city to see the sights while she was here.
　　　　　sb
(사촌이 여기 있는 동안 관광을 위해 이 도시를 안내하였다.)

"This is first time for me to visit your new office building." "Really? Shall I <u>take</u> <u>you</u> <u>round</u>?"
　　　sb
("내가 당신의 새 사무실 빌딩을 방문한 것은 이번이 처음입니다." "정말입니까? 제가 안내해 드릴까요?")

take aside

take *sb* **aside**

to separate someone from a group of people so that you can speak to them privately

(은밀한 이야기를 하기 위해) 옆으로 데리고 가다

My boss <u>took</u> <u>me</u> <u>aside</u> at the Christmas party and told me he was going to give me a promotion
　　　　　　　sb
in the New Year.　(사장님은 크리스마스 파티에서 나를 은밀히 불러 새해에 나를 승진시킬 계획이라고 말했다.)

He <u>took</u> <u>me</u> <u>aside</u> and began to talk to me about his boyhood in London.
　　　　sb
(그는 나를 옆으로 데리고 가서는 런던에서의 그의 어린 시절에 대해 말해주었다.)

take away

take away *sth*, **take** *sth* **away** (유사어 **remove**)

to remove something from where it is

(~에서) 제거하다, 가지고 가다

These books are for reading in the library, and may not <u>be taken away</u>. <수동>
(이 책들은 도서관 안에서만 읽게 되어 있어 대출할 수가 없습니다.)

After the carpenters finished their work, they <u>took</u> <u>all the trash</u> <u>away</u>.
　　　　　　　　　　　　　　　　　　　　　　　　　　　　　　　sth
(목수들은 일을 끝낸 후 모든 쓰레기들을 가지고 갔다.)

➡ <u>take</u> *sth* <u>away from</u> 으로도 쓰임

I <u>took</u> <u>the camera</u> <u>away from</u> my eye and gazed unbelievingly.
　　　　　　sth
(나는 카메라에서 눈을 떼고 못 믿겠다는 듯 지켜보았다.)

take away *sth*, **take** *sth* **away**

to remove something that someone needs or wants, so that they do not have it any more

(권리 등을) 빼앗다, 빼앗다

The new law <u>takes away</u> <u>many of the people's rights</u>.　(새 법률은 많은 사람들의 권리를 빼앗아 간다.)
　　　　　　　　　　　　　　sth

No government shall <u>take away</u> <u>the rights of the native people</u>.
　　　　　　　　　　　　　　　　　　　sth
(어떤 정부도 원주민의 권리를 빼앗을 수는 없다.)

➡ take *sth* away from

By cutting pensions, the government is taking money away from those who need it most.
                                     sth
(정부는 연금을 삭감함으로써 그 연금을 가장 많이 필요로 하는 이들로부터 돈을 빼앗고 있다.)

take away *sb*, take *sb* away

if someone takes you away, they force you to go with them, for example to prison or a mental hospital

(강제로) 연행하다

The prisoner was taken away by an armed guard. <수동> (그 죄수는 무장한 간수에 의해 끌려나갔다.)
Two officers took him away to Glasgow Central Police Station.
                   sb
(두 명의 경찰이 그를 글래스고 중앙 경찰서로 연행했다.)

take *sb* away

if someone takes you away, you go with them to stay in another place

(~를) 데리고 (어디로) 가다

My husband likes to take me away for surprise week-ends.
                       sb
(남편은 주말이면 나를 예고 없이 어디로 데리고 가는 것을 좋아한다.)
My parents came to my boarding school and took me away to the beach for a week.
                                                    sb
(우리 부모님은 기숙학교에 오셔서 나를 데리고 일주일간 해변으로 가셨다.)

take away *sth*, take *sth* away

to make a feeling or taste disappear

(느낌·식욕이) 사라지다

The man's loud boasting took away the pleasure of the occasion.
                                  sth
(그 남자가 큰소리로 자기 자랑을 하기 때문에 그 행사의 즐거움이 사라졌다.)
This drug should help to take the pain away. (이 약은 통증을 완화시키는 데 도움이 될 것입니다.)
                                   sth

take away *sth*, take *sth* away (유사어 **subtract**)

if you take one number or amount away from another, you subtract one number from the other

(어떤 수·양을 어떤 수·양에서) 빼다, 뺄셈하다

If you take 11 away from 33, you're left with 22. (네가 33에서 11을 빼면 22가 남는다.)
              sth
253 taken away 30 is 223. (253 빼기 30은 223이다.)
          sth

➡ take *sth* away from 으로도 쓰임
Take $40 away from the total. (전체 금액에서 40달러를 빼세요.)
        sth

take away sb, take sb away

if something takes you from a person, a place, or an activity, it prevents you from being with the person, being in that place, or continuing that activity

(~를 사람 · 장소 · 활동에서) 분리시키다

She enjoys her work but it takes her away from her family.
　　　　　　　　　　　　　　　sb
(그녀는 자신의 일을 좋아하지만 그 일 때문에 가족과 함께 있지를 못한다.)

Sports are fine, as long as they don't take you away from your studies.
　　　　　　　　　　　　　　　　　　　　sb
(스포츠가 공부에 방해만 되지 않는다면 좋지.)

➡ take sb away from 으로도 쓰임

All this paper-work is taking teachers away from what they should be doing — teaching the children.
　　　　　　　　　　　　　sb
(이 많은 서류작성 작업이 선생님들이 당연히 해야 할 일 즉, 아이들 가르치기를 방해하고 있다.)

take away from sth

if you take something away from an experience or situation, it has a lasting effect or influence on you in that respect

(체험 등에서) (교훈 · 영향 등을) 받다, 실감하다, 배우다

"What did you take away from first mountain-climbing experience?"
　　　　　　　　　　　　　　sth
"I think I took away a strong sense of the harshness of nature."
　　　　　　sth
("너는 첫 등산경험에서 무엇을 배웠니?" "나는 자연의 가혹함을 실감했다고 생각해.")

The message I took away from the professor's lecture was that all people of the world are
　　　　　　　　　　　　　　sth
essentially the same.　(교수님 강의에서 배운 메시지는 세상의 모든 사람들은 본질적으로 같다는 것이었다.)

to take away (유사어 to go [AmE]) [BrE]

to buy food in a shop or a restaurant and eat it somewhere else

(음식물을) (레스토랑에서) 가지고 가다

I'd like three pieces of chicken to take away, please.　(닭고기 세 조각 가지고 가고 싶은데요.)

She ordered a curry to take away.　(그녀는 가지고 갈 카레 요리를 주문했다.)

➡ takeaway (n) [BrE]

　(a shop that sells hot food that you take and eat somewhere else)
　(사가지고 가는 음식을 파는) 가게, 테이크아웃

I'm going to the Chinese takeaway — would you want anything?
　　　　　　　　　　　　　　　n
(난 중국요리 테이크아웃 가게에 갈 거야. 넌 뭐를 먹고 싶어?)

take back

take back sth, take sth back

if you take something back, you return it to the place where you bought it or where you borrowed it from, because it is unsuitable or broken, or because you have finished with it

(산 물건·빌린 물건을) 반환하다, 반품하다

I have to <u>take back these pants</u> that I bought yesterday because the zipper's already broken.
              sth
(내가 어제 산 팬츠를 반품해야겠어요. 왜냐하면 지퍼가 이미 고장났어요.)

I went to the library and <u>took your books back</u>. (나는 도서관에 가서 너의 책을 반납했어.)
                           sth

take back sth, take sth back

if a shop takes back goods that you have bought there, they agree to give you your money back because the goods are unsuitable or poor quality

(상점이 팔았던 물건을) 반품에 응하다

The shop has promised to <u>take back any unsatisfactory goods</u>.
                                 sth
(이 상점은 만족스럽지 못한 상품은 반품으로 받아들이겠다고 약속했다.)

They'll <u>take it back</u> if you've still got the receipt.
      sth
(그들은 네가 아직도 영수증을 가지고 있으면 그것을 반품해 줄 것이다.)

take back sth, take sth back (유사어 retract [Formal])

if you take back something that you have said or thought, you admit that you were wrong

(약속·전에 말한 것 등을) 취소하다, 철회하다

I'm sorry. I <u>take back what I just said</u>. (미안해. 지금 금방 내가 말했던 것 취소할게.)
               sth

"I don't love you any more!" She cried. Immediately she wished that she could <u>take it back</u>, but
                                                                                                           sth
it was too late.
("나는 더 이상 당신을 사랑하지 않아요." 그렇게 그녀는 소리쳤다. 곧 그녀는 그 말을 취소하고 싶었으나 이미 너무 늦었다.)

take sb back

to make you remember a period of time in the past

(과거의 어떤 시기가) 떠오르다, 기억나다, (옛날을) 회상시키다

There was a smell of hot jam that <u>took Tom back</u> to his childhood.
                                              sb
(탐이 어린 시절을 떠올리게 하는 뜨거운 잼 냄새가 났다.)

My grandfather found his old uniform in the attic, and he said it <u>took him back</u> to when he was
                                                                                                             sb
stationed in England during the war.
(할아버지는 다락방에서 오래된 군복을 찾았는데, 할아버지는 그 군복이 전쟁 중 영국에 주둔해 있을 때를 생각나게 해준다고 말씀하셨다.)

➡ take *sb* back to 로도 쓰임

After describing his present life, the author takes us back to his childhood.
                                                                    sb
(현재 생활을 묘사한 후에 저자는 우리에게 그의 어린 시절을 떠올릴 수 있게 하였다.)

take back *sth*, take *sth* back

to get control or possession of something again after losing it, especially by using force

(힘에 의해 빼앗겼을 것을) 도로 찾아 통치하다, 탈환하다

In 1847, the Maya rose against the European, and took back 90 percent of their ancestral lands.
                                                                                sth
(1847년에 마야족들은 유럽 사람들에게 반기를 들고 조상의 땅 90퍼센트를 되찾았다.)

The son of the deposed king raised an army and took back the throne of England.
                                                                    sth
(퇴위당한 왕의 아들은 군을 소집하고 영국의 왕위를 탈환했다.)

take back *sb*, take *sb* back

if you take someone back after an argument or after separating from them, you agree to let them live or work with you again

(이별했던 상대와) 다시 살다, (해고했던 종업원을) 다시 고용하다

She told me again that if Reggi ever left her for another woman, she'd never take him back.
                                                                                    sb
(그녀는 만약 레기가 다른 여자 때문에 자신을 떠난다면 다시는 그와 같이 살지 않겠다고 다시 한 번 내게 말했다.)

All the laid-off workers were taken back after the recession. <수동>
(일시 해고된 근로자들은 불황이 회복된 후 다시 전원 고용되었다.)

take down

take down *sth*, take *sth* down (반대어 **put up**)

if you take down something that is attached to a wall, a post, or other objects, you unfasten or disconnect it, and remove it

(벽 등에 붙어 있는 것을) 떼다, 제거하다, 내리다

My mother made me take down all the posters off the walls of my bedroom.
                                        sth
(엄마는 나에게 침실 벽에 붙어 있는 포스터를 모두 떼어 내도록 했다.)

We take down the Christmas tree on January 6.   (우리는 1월 6일에 크리스마스트리를 치워 버린다.)
          sth

take down *sth*, take *sth* down (유사어 **dismantle** [Formal] 반대어 **put up**)

if you take down a temporary structure, you remove each piece of it

(구조물을) 해체하다, (건물을) 헐다

The Canadian army took down the barricades erected by the Indians.
                            sth
(캐나다 군인들은 인디언이 쳐 놓은 바리케이드를 해체했다.)

They decided to take down the old barn and build a new one.
                    sth
(그들은 낡고 오래된 헛간을 헐고 새것을 짓기로 결정했다.)

> **take down** *sth*, **take** *sth* **down** (유사어 **get down** [Informal])
> if you take down a piece of information or a statement, you write it down
> (정보 · 말한 것 등을) 받아쓰다, 기록하다

Go to the meeting and take down everything that the chairman says.
                                      sth
(회의에 참석해서 의장이 말한 모든 것을 받아쓰도록 해.)

A policeman took down the names and addresses of the witnesses to the crime.
                                                      sth
(경찰관이 범행을 목격한 목격자들의 이름과 주소를 받아 적었다.)

take in

> **take in** *sth*, **take** *sth* **in**
> to understand the meaning or importance of news or information, or to understand and remember facts
> (뉴스 · 정보의 주요성을) 이해하다, 기억하다

Gazing up into his eyes, she seemed to take in all he said.
                                                sth
(그의 눈을 빤히 들여다보고는 그녀는 그가 말했던 모든 것을 알아차린 것 같았다.)

I found it hard to take in its significance at first.
                              sth
(나는 처음에는 그것의 중요성을 이해하기 어렵다는 것을 알았다.)

> **be taken in** (유사어 **be deceived, be fooled**)
> when you are taken in by someone, that person successfully tricks or deceives you
> (책략 · 근사한 말로) 속이다

Stalin was taken in by Hitler's assurances.   (스탈린은 히틀러의 언질에 속았다.)
They were completely taken in by Jake's elaborate hoax.   (그들은 제이크의 교묘한 속임수에 완전히 속았다.)

> **take in** *sb*, **take** *sb* **in**
> to let someone stay in your house
> (사람을) 집에서 묵도록 하다, 하숙시키다

Judy's brother had nowhere to go, so she took him in.
                                                sb
(주디의 오빠가 어디에도 갈 곳이 없자, 주디는 그를 자신의 집에 묵도록 했다.)

Some of the local people take in students to add to their income.
                                      sb
(몇몇 지방 사람들은 수입을 올리기 위해 하숙할 학생들을 받아들인다.)

662

take in sth, take sth in (유사어 include)

to include something — use especially about the places visited on trip, or the activities of a business

(~을) 포함하다, 포괄하다, (명소 등을) 여정에 포함시키다

While in Italy, the tour <u>takes in</u> <u>the famous old ruins</u>.
                                                 sth

(이탈리아에서의 여정은 오래된 유명한 유적 방문을 포함하고 있다.)

The study <u>took in</u> <u>all of space flight</u> since the first sputnik in 1957.
                                  sth

(그 연구는 1957년의 스푸트니크 첫 발사 후의 모든 우주 비행을 포함했다.)

take in sth, take sth in

if you take something in, you see all of it at the same time or with just one look

눈여겨보다, 뚫어지게 보다, 잘 관찰하다

Amy stood before the painting for a long time, <u>taking in</u> <u>each detail</u>.
                                                                                    sth

(에이미는 모든 세부사항을 뚫어지게 보면서 오랫동안 그 그림 앞에 서 있었다.)

He showed us a photo of his house, but I was so tired that I didn't really <u>take</u> <u>it</u> <u>in</u>.
                                                                                                                sth

(그는 자신의 집 사진 한 장을 우리에게 보여 주었는데 나는 너무 피곤해서 자세히 볼 수가 없었다.)

take in sth, take sth in [Spoken]

when you bring a car or other household appliance to a mechanic or repair person, you take it in

(차 · 가전제품 등을) (수리해서) 가지고 가다

Sally <u>took</u> <u>her car</u> <u>in</u> to have the oil changed.　(샐리는 차의 오일을 교환하기 위해 갔다.)
            sth

My TV is on the blink. Will a repairman come to my house, or do I have to <u>take</u> <u>it</u> <u>in</u>?
                                                                                             sth

(우리 TV 상태가 안 좋아요. 수리공이 우리 집으로 옵니까? 아니면 내가 수리하러 TV를 가지고 가야 합니까?)

take in a move[show, etc.] [AmE]

to go to see a film, play, museum, etc.

(영화 · 연극 등을) 보러가다, (미술관을) 관람하다

After dinner we <u>took in a movie</u>.　(저녁을 먹은 후 우리는 영화 보러 갔다.)

I <u>took in</u> <u>several art galleries and museums</u> while I was in New York.
                                  sth

(나는 뉴욕에 있는 동안 여러 화랑과 미술관을 관람하러 다녔다.)

take in sth, take sth in [AmE]

to collect or earn an amount of money

(많은 돈을) 벌다, 모금하다

They say that movie <u>took in</u> <u>over $500 million</u>.
                                                   sth

(사람들은 그 영화가 500만 달러 이상을 벌어들였다고들 한다.)

Our church takes in about $5,000 during collection each Sunday.
                    sth
(우리 교회는 매주 헌금으로 약 5,000달러를 모은다.)

take in *sth*, takes *sth* in (반대어 **let out**)
when you make an item of clothing smaller by changing the seams, you take it in
(의복 등을) 줄이다, 좁게 하다

She likes some of her maternity clothes so much that she's going to take them in after the baby
                                                                                    sth
is born. (그녀는 몇 벌의 임산부 옷을 너무 좋아해서 아기를 출산한 후에 줄이려고 한다.)
If I lose any more weight, I'll have to have all my pants taken in. <수동>
(내가 만일 체중을 더 줄인다면 나는 바지를 모두 줄여야만 할 것이다.)

take in *sb*, take *sb* in (유사어 **detain** [Formal])
if the police take you in, they make you go with them to a police station in order to arrest you
(용의자를) 경찰서로 연행하다, 구인하다

Are you taking me in? (나를 연행하시는 것입니까?)
            sb
Morris was taken in by the police and charged with armed robbery. <수동>
(모리스는 경찰에게 연행되었고 무장 강도의 혐의를 받고 있었다.)

➡ take *sb* in for questioning 으로도 쓰임
The police take the suspect in for questioning. (경찰은 심문을 하려고 용의자를 연행하였다.)
                    sb

take in air[food, water]
if people or animals take in air, food, or water, it goes into their bodies
(공기·영양·물을) 섭취하다, 흡수하다

Sharks take in water through the mouth. (상어들은 입으로 물을 마신다.)
If you take in fewer calories than your body needs you will lose weight.
            sth
(만일 네가 너의 몸이 필요로 하는 것보다 더 적은 칼로리를 섭취한다면 너는 살이 빠질 것이다.)

➡ intake (n)
   (the amount of food, drink, etc. that you take into your body) 흡입(섭취)량
Reduce your salt intake. (소금 섭취량을 줄여라.)
                    n

taking in washing[sewing, etc.]
to earn money at home by washing or sewing for other people
집[재택]에서 돈을 벌다. (집에서 빨래·재봉일을 하면서) 돈을 벌다

When Mrs. Blue's husband lost his job, she began taking in laundry.
                                                            sth
(블루 부인의 남편이 직업을 잃었을 때, 그 부인은 집에서 남의 빨래를 하면서 돈을 벌기 시작했다.)

Sara began working at home, <u>taking in</u> <u>all kinds of computer-related jobs</u>.
                                              sth

(사라는 집에서 일을 하기 시작했는데, 컴퓨터와 관련된 일이라면 무엇이나 했다.)

take in sb, take sb in

if organizations, schools or hospitals take you in, they accept you or have you as a member, a student, a patient, and so on

(사람을) (회사에) 채용하다, 고용하다, (학교·병원 등이) (학생·환자를) 수용하다, 입학[입원]시키다

American universities are <u>taking in</u> <u>increasing numbers of foreign students</u>.
                                            sb

(미국 대학들은 점점 더 많은 외국인 학생들을 입학시키고 있다.)

Our club <u>took in</u> <u>55 new members</u> last year. (우리 클럽은 작년에 55명의 신입회원을 받아들였다.)
                        sb

take off

take off sth, take sth off (유사어 **remove** 반대어 **put on**)

to remove something, especially something that you are wearing

(옷·신·모자·안경 등을) 벗다, (반지를) 빼다

<u>Take off</u> <u>your shoes</u>. You're getting mud on the carpet. (구두 벗어. 너 카펫에 진흙 묻히고 있어!)
          sth

I was so tired when I got home that I <u>took</u> <u>my clothes</u> <u>off</u> and went straight to bed.
                                              sth

(나는 집에 도착했을 때 너무 피곤해서 옷을 벗고는 곧장 침대로 향했다.)

take off (반대어 **land**)

if an aircraft, a bird, or an insect takes off, it moves from the ground, and begins to fly

(비행기·새·벌레 등이) 날기 시작하다, 이륙하다

Our plane <u>took off</u> an hour late because of the snow. (우리 비행기는 눈 때문에 1시간 늦게 이륙했습니다.)
As we approached, the crows <u>took off</u>. (우리들이 가까이 갔을 때 까마귀들이 날아갔다.)

➡ take-off (n)

 (when a plane rises into the air at the beginning of a flight) 이륙
We have to check in at least one hour before <u>take-off</u>.
                                                 n

(우리는 적어도 이륙하기 1시간 전에 체크인을 해야만 한다.)

take sth off

to arrange to spend some time away from your normal work in order to have a holiday or doing something else

휴가를 얻다, (시간을) 내다

I can't work tomorrow. I have to <u>take</u> <u>the day off</u> for some tests at the hospital.
                                         sth

(나는 내일 출근할 수가 없어. 병원에서 몇 가지 검사를 하기 위해 휴가를 내야 해.)

Our company always lets us <u>take</u> the week between Christmas and New Year's Day <u>off</u>.
                  sth
(우리 회사는 늘 크리스마스와 설날 사이 일주일을 휴가로 준다.)

➡ <u>take a day[week, etc.] off</u> 로도 쓰임.
Cancel my appointments tomorrow, Miss Jones. I am <u>taking the day off</u>.
(존스 양, 내일 약속을 취소해 주세요. 하루 쉬어야겠어요.)

➡ <u>take Monday[Tuesday, etc.] off</u> 로도 쓰임.
I'd like to <u>take next Monday off</u> to visit my sister in hospital.
(나는 병원에 있는 누이동생을 보려고 다음 월요일에 휴가를 내고 싶어.)

> **take off**
> to suddenly become successful or popular
>   (일이 갑자기) 잘 되다, 경기가 좋아지다, 매상이 좋아지다

The new restaurant's business is <u>taking off</u> because it got a good review in the newspapers.
(새로 개업한 그 레스토랑은 신문에서 좋은 평점을 받았기 때문에 갑자기 매상이 올라가고 있다.)

Internet shopping will really <u>take off</u> when people become convinced that it's safe to type in their credit card numbers.
(인터넷 쇼핑은 사람들이 신용카드 번호 기입하는 것이 안전하다는 확신을 할 때 정말로 매상이 올라갈 것이다.)

➡ <u>take-off</u> (n)
  (when a product, business, industry, etc. starts being successful) 경제적 도약
The 1950s were the decade of Hong Kong's industrial <u>take-off</u>.
                      n
(1950년대는 홍콩의 산업이 경제적 도약을 한 10년이었다.)

> **take off** [Informal]
> to suddenly leave somewhere, especially without telling anyone that you are going
>   (행선지를 알리지 않고 갑자기) 떠나다

After he found out the FBI was looking for him, he <u>took off</u> in a hurry.
(FBI가 자기를 찾는 것을 알아차리고는 그는 서둘러 달아났다.)

Most people stayed at the party until quite late, but Ross <u>took off</u> early for some reason.
(대부분의 사람들이 아주 늦게까지 파티에 남아 있었는데 로스는 어떤 이유로 일찍 떠났다.)

> **take sb off** (유사어 **cart off** [Informal])
> to move someone away to a place, or make them go there with you
>   (사람을) 데리고 가다

She came down with pneumonia and <u>was taken off</u> to hospital. <수동>
(그녀는 폐렴에 걸려 병원에 실려 갔다.)

The police stopped her and <u>took her off</u> to a police station. (경찰은 그녀를 검문하고는 경찰서로 데리고 갔다.)
            sb

➡ <u>take sb off to</u> 로도 쓰임
Two people had been dug out of snow by rescuers, and <u>taken off to</u> hospital.
(두 명의 사람이 구조대에 의해 눈 속에서 구조되어 병원으로 실려갔다.)

take off sb (유사어 **mimic, impersonate**) [BrE]
to copy the way a person behaves, or to copy the way something is done, often in oder to make people laugh

(남의 버릇을) 흉내 내다, (웃기기 위해 ~의) 흉내를 내다

Mike can <u>take off his father</u> to perfection. (마이크는 아주 똑같이 아버지 흉내를 낼 수 있다.)
       sb

Rich is good at <u>taking off famous people</u>. (리치는 유명한 사람들의 흉내를 아주 잘 낸다.)
                      sb

➡ <u>take-off</u> (n)

(when someone copies the way that someone else speaks or behaves in order to make people laugh) (풍자적인) 흉내

Donna did a brilliant <u>take-off</u> of the principal. (도나는 교장선생님의 흉내를 내는 데 명수였다.)
                      n

take yourself off [BrE, Informal]
to go somewhere alone

~로 혼자서 가다

When the weather is nice, I often <u>take myself off</u> for a weekend in the country.
(날씨가 좋으면 나는 가끔 주말에 혼자 시골로 간다.)

He <u>took himself off</u> to Mexico. (그는 혼자서 멕시코로 갔다.)

➡ <u>take yourself off to</u> 로도 쓰임

His wife had complained of a headache and had <u>taken herself off</u> to bed.
(그의 부인은 골치가 아프다고 계속 불평을 하더니 잠자리에 들었다.)

take sb off sth
to stop someone from doing a particular type of work, usually because they are doing it badly

(~를) (임무·지위 등에서) 배제하다

If we don't find some good leads soon, the chief is going to <u>take us off the case</u>.
                                                                         sb   sth

(우리가 확고한 단서를 잡지 못하면 주임은 우리를 이 사건에서 배제시키려고 할 것이다.)

Detective Bachinski <u>was taken off the case</u>, and is suspected of taking bribes. <수동>
                                   sth

(형사 바친스키는 이 사건에서 배제되었고 뇌물을 받았다는 의심을 받고 있다.)

take off sth, take sth off, take sth off sth (유사어 **deduct** 반대어 **add on**)
to subtract a particular amount or number from a total

(전체에서 특정 수량을) 빼다, 값을 깎다, 할인하다

The sign in the store window said, "Every Monday <u>take 10 percent off all marked prices</u>."
                                                                               sth   sth

(그 상점 유리창 간판에는 이렇게 적혀 있다. "매주 월요일마다 모든 상품을 표시된 가격에서 10% 할인해서 팝니다.")

The car dealer <u>took $2,000 off</u> the list price. (차 판매상은 가격표에서 2,000달러를 깎아 주었다.)
                    sth

take sb off sth (유사어 **put on**)

to stop giving someone a particular type of medicine

(약을) 주지 않다, 금지하다

The doctor took her off insulin. (의사는 그녀에게 인슐린을 처방해 주지 않았다.)
　　　　　　sb　　　 sth

"Are you still taking sleeping medicine?" "No, the doctor took me off it last week."
　　　　　　　　　　　　　　　　　　　　　　　　　　　　　　　　　sb

("너 아직 수면제 먹고 있니?" "아니. 지난 주 의사가 처방해 주지 않았어.")

take sth off (유사어 **axe**) [BrE]

if a bus, train, or plane service is taken off, it is stopped

(버스·열차·항공사가 운행을) 중지하다, 결항하다

The early morning train is being taken off for the summer. <수동>
(새벽 기차가 여름 동안에는 운행이 중지됩니다.)

The 6:15 train to London has been taken off. <수동>
(런던행 6시 15분 기차는 운행이 중지되었습니다.)

take sth off

if a play or a television or radio show is taken off, it is no longer performed or broadcast

(연극·방송)의 상영이 중지되다, 공연을 중단하다

The play was taken off after only three performances. <수동>　(그 연극은 겨우 3번 공연 후 막을 내렸다.)

'My Fair Lady' was taken off when it was at the peak of its success. <수동>
('My Fair Lady'는 인기 절정에서 공연이 중지되었다.)

➡ take sth off the air 로도 쓰임
TV comedy show 'Nothing Sacred' was taken off the air, after thousands of people wrote in to complain that it was offensive to Christmas. <수동>
(TV 코미디 쇼 'Nothing Sacred'는 수천 명의 사람들이 그 쇼가 크리스마스에는 불쾌한 프로그램이라고 불평하는 편지를 써 보내고 나서 방영이 중지되었다.)

take on

take on sth/sb, take sth/sb on

to accept a particular job or responsibility and begin to do what is needed

(특정 업무·책임을) 떠맡다

Madonna took on her biggest role ever in Alan Parker's movie 'Evita'.
　　　　　　 sb
(마돈나는 알란 파커의 영화 'Evita'에서 지금까지 맡은 역 중 가장 큰 역을 맡았다.)

Jeff took on a second job to pay for his children's education.
　　　　　 sth
(제프는 아이들의 교육비를 지불하기 위해 부업을 가졌다.)

take on sb, take sb on
to begin to employ someone

고용하다, 채용하다

The team has <u>taken on a new coach</u>. (그 팀은 새로운 코치를 영입했다.)
　　　　　　　　　　sb

The factory has to <u>take on 1,000 additional workers</u> in order to complete the contract on time.
　　　　　　　　　　　sb
(그 공장은 계약기간을 맞추기 위해 1,000명의 근로자들을 추가로 채용했다.)

take on sth (수동태 불가) (유사어 assume [Formal])
to begin to have a different quality or appearance

(다른 의미·성질·외모 등을) 지니게 되다, 띠다

His face suddenly <u>took on an ominous look</u>. (그의 얼굴 표정이 갑자기 험악해졌다.)
　　　　　　　　　　　sth

As the word was repeated over and again, it began to <u>take on a different meaning</u>.
　　　　　　　　　　　　　　　　　　　　　　　　　　　　　sth
(말이 여러 번 되풀이될 때 그 말은 다른 의미를 띠게 된다.)

take on sb, take sb on (수동 불가)
to compete or fight against someone or something

(~와) 경쟁하다, 싸우다, 도전하다

Mason is ready to <u>take on Mike Tyson</u> for the championship tittle.
　　　　　　　　　　　　sb
(메이슨은 챔피언 타이틀을 위해 마이크 타이슨에게 도전할 준비가 되어 있다.)

"Who wants to paly chess?" "I'll <u>take you on</u>." ("누가 체스에 도전하시겠습니까?" "제가 도전하겠습니다.")
　　　　　　　　　　　　　　　　　　sb

➡ take sb on at 으로도 쓰임
I don't want to fight, but I'll <u>take you on at</u> any game you like.
　　　　　　　　　　　　　　　　　sb
(나는 당신과 대전하고 싶지는 않지만 당신이 좋다면 어떤 게임이라도 도전하겠습니다.)

take on sth, take sth on
if a vehicle such as a bus or a train, etc takes on passengers, or fuel, it stops in order to allow the passengers to get on or goods or fuel to be loaded

(버스·기차·배·비행기 등이) 승객을 태우다, (물건을) 선적하다, (연료 등을) 보급하다

We sailed to Ajaccio in order to <u>take on fresh lobster</u>.
　　　　　　　　　　　　　　　　　　　　sth
(우리는 아작시오로 신선한 바다 가제를 선적하러 항해했다.)

Each passenger is allowed to <u>take on one small suitcase</u> to fit under the plane seat.
　　　　　　　　　　　　　　　　　　　sth
(각 승객들은 의자 밑에 맞는 작은 가방 하나씩만을 가질 수가 있습니다.)

take out

take out *sth*, **take** *sth* **out**

when you take something out, you remove it from a container or from the place where it was

꺼내다, 끄집어내다

Emma opened her bag and took out her comb. (엠마는 가방을 열고 그녀의 빗을 꺼냈다.)
                           sth

When the weather gets warmer, we'll take the chairs out and have tea in the garden.
                                      sth

(날씨가 더 따뜻해지면 의자들을 꺼내 놓고 정원에서 차를 마실 것이다.)

take *sb* **out**

if you take someone out, for example, to restaurant or a film, they go with you, and you pay for everything

(식당 · 영화 등에) 데리고 외출하다

I took Andrea out to dinner one evening. (나는 어느 날 저녁 식사하러 안드레아를 데리고 외출했다.)
   sb

Charles felt terribly nervous. Would it be obvious that this was the first time he'd taken a girl out?
                                                                                  sb

(찰스가 대단히 신경이 예민해졌어. 그가 여자를 데리고 외출한 것은 이번이 처음이었던 것이 명백하지 않아?)

➡ **take** *sb* **out to** 로도 쓰임

It was Mother's Day, so we took Mom out to lunch.
                                   sb

(어머니날이었다. 그래서 우리는 어머니를 모시고 점심을 먹으러 갔다.)

➡ **take** *sb* **out for**

Tommy had taken Silla out for dinner a few times, and they had got along really well.
                             sb

(토미는 두세 번 저녁을 하러 실라를 데리고 나갔다. 그들은 정말로 사이가 좋아졌다.)

take out *sth*, **take** *sth* **out** (유사어 **withdraw**)

to get money from a bank

(은행에서 돈을) 인출하다, 대부받다

I just took out a $100,000 loan to buy a new boat. (나는 새 보트를 사려고 방금 100,000달러를 대부받았어.)
                     sth

I took £100 out at the ATM yesterday. (나는 어제 ATM(현금자동입출금기)에서 100파운드를 인출했다.)
          sth

take out *sth*, **take** *sth* **out** (유사어 **borrow**)

if you take out a book from a library, you borrow it for a time

(책을 도서관에서) 빌리다

The library allows you to take out three books at a time. (이 도서관은 한 번에 3권씩 대여해 준다.)
                                       sth

The library called today. The book you took out is overdue.
(도서관에서 오늘 전화가 왔어요. 네가 빌린 책의 반환 기한이 지났대.)

take out sb/sth, **take** sb/sth **out** (유사어 **kill, destroy**) [Informal]

to kill someone or destroy something, especially with a gun or a bomb, etc.

(사람을) 죽이다, (사물을) 파괴하다

The snipers will try to <u>take out</u> the kidnapper when he opens the door.
_{sb}
(저격수들은 유괴범이 문을 열 때 그를 쏠 것이다.)

Several miles of railway lines <u>were taken out</u> by bombs that went off at six hundred yard intervals. <수동> (수 마일의 철로가 6000야드 간격으로 떨어진 폭탄들로 인해 파괴되었다.)

take sth **out** (유사어 **take off**)

to spend some time not working or not doing what you usually do

휴식을 취하다, 휴학[휴직]하다, 휴가를 내다

Twice a day, the carpenters <u>take time out</u> for tea and a snack.
_{sth}
(하루에 두 번씩, 목수들은 차와 간식을 먹으려고 휴식을 취한다.)

She would have to <u>take a day out</u> from her bread baking.
_{sth}
(그녀는 빵 굽는 일에서 하루라도 벗어나야만 했을 거야.)

take out sth [BrE]

to go to a court of law and make an official complaint about someone, or get an official order telling someone that they must or must not do something

(법정에서 ~에 대해) 호소하다, (금지 · 출정) (명령 · 소환장을) 얻다

His wife left him because of domestic violence, and <u>took out</u> a court order to keep him away
_{sth}
from her. (그의 부인은 가정폭력 때문에 그를 떠났고 그녀에게 접근하지 못하게 하는 법정 명령을 받아냈다.)

All the neighbors <u>took out</u> an injunction against the factory for excessive noise.
_{sth}
(전 지역 주민들은 법에 호소해서 그 공장의 지나친 소음에 대해 금지명령을 받아냈다.)

➡ take out a summons 로도 쓰임

(to get an official order that says someone must appear in a court of law)
(법정에서) 출두명령을 받아내다

The police advised her to <u>take out a summons</u> against her neighbors for noise nuisance.
(경찰은 그녀에게 이웃사람들이 내는 시끄러운 소음방해에 대해 법정출두명령을 받아내라고 충고했다.)

take out of

take it out of sb, **take a lot out of** sb

to make someone feel very tired

(사물이) (사람을) 피곤하게 만들다, 기진맥진하게 되다

Looking after three active children all day <u>takes it out of</u> me.
_{sb}
(장난이 심한 세 명의 아이들을 하루 종일 돌보고 나면 나는 기진맥진해진다.)

The exercise certainly takes it out of her — she is too exhausted to go anywhere in the evenings.
　　　　　　　　　　　　　sb
(운동을 하면 그녀는 확실히 기진맥진해진다. 그녀는 너무 지쳐서 저녁이면 아무 데도 갈 수가 없다.)

> **take** *sb* **out of himself[herself]** [BrE]
> to stop someone from thinking about their problems and feeling unhappy
> (골칫거리를) 해결하다, (마음을) 달래다

People will adore this film; it takes you right out of yourself.
　　　　　　　　　　　　　　　　　sb
(사람들은 이 영화를 좋아할 거야. 그 영화가 너의 골칫거리를 곧 해결해 줄 거야.)

You're working too hard. A trip to the mountains will take you out of yourself for a few days.
　　　　　　　　　　　　　　　　　　　　　　　　　　　sb
(너는 너무 열심히 일을 하고 있어. 며칠 동안 산행을 하는 것이 너의 건강에 좋을 거야.)

take over

> **take over, take over** *sth*, **take** *sth* **over**
> if you take over a job or a responsibility, you start doing it or being responsible for it after someone else has finished it
> 뒤를 이어[인계]받다, 양도받다

I took over from a man who was brilliant at recruiting agents.
(나는 아주 우수한 취업정보원으로부터 책임을 인계받았다.)

If you rent this house, you can take over the furniture from the former owner.
　　　　　　　　　　　　　　　　　　　　sth
(만일 당신이 이 집을 빌린다면 전 주인으로부터 가구들을 인계받을 수 있다.)

> **take over (*sth*), take (*sth*) over**
> to get control of a company by buying most of its shares(= the equal parts into which the ownership of the company is divided)
> (주식을 인수하여 회사를) 손에 넣다, 매수하다

The ABC Corporation is trying to take over our company.
　　　　　　　　　　　　　　　　　　　　sth
(ABC사가 우리 회사를 매입하려고 노력하고 있다.)

Some people want to take over my father's oil importing business.
　　　　　　　　　　　　　　　　sth
(어떤 사람들이 우리 아버지의 유류수입업체를 매수하기를 원하고 있다.)

➡ **takeover** (n)
(when a company gets control of another company by buying most of its shares)
(회사 소유권) 취득

Following its takeover of Coalite, Anglo United are selling eight businesses worth $300 million.
　　　　　　　　　n
(Coalite사를 인수하기로 한 후 Anglo United사는 3억 달러(만큼)의 가치가 있는 8개의 기업체를 매도하고 있다.)

take over, take over *sth*, take *sth* over

to get control of a place or a political organization, especially by using force

점거하다, 점령하다

After the government troops fled, the country <u>was taken over</u> by rebels. <수동>
(정부군이 달아난 후 그 지역은 폭도들에 의해 점령당했다.)

The hijackers <u>took over the plane</u> and ordered the pilot to fly to Havana.
                       sth
(비행기 납치범들은 비행기를 점거하고는 아바나로 비행기가 향하도록 조종사에게 명령했다.)

➡ takeover (n)

(when someone gets control of a place, especially by using force) 점령, 점거
If the situation doesn't stabilize soon, there's a real chance of a military <u>takeover</u>.
                                                                                    n
(만일에 정세가 곧 안정이 되지 않으면 군인들이 점거하는 기회가 정말로 생길 것이다.)

take over *sth*, take *sth* over

if a particular kind of people or things take over a place, a large number of them appear there so that there are more of them than were there before

(관광지 등에) (많은 사람들이) 밀어 닥치다, 우르르 몰려들다

Every summer the town <u>is taken over</u> by tourists. <수동>
(매년 여름이 되면 그 마을은 많은 관광객들이 몰려든다.)

The garden had been seriously neglected, and had <u>been</u> completely <u>taken over</u> by weeds and brambles. <수동>   (그 정원은 심하게 폐허가 되어서 잡초와 들장미들로 완전히 덮여 있다.)

take over, take *sb* over

if a feeling, a thought, or an activity takes you over, it affects you so strongly or takes so much of your time that you find it difficult to do anything else

(감정·생각·행동 등이) ~에게 영향을 미치다, 시간을 빼앗다

Sometimes his work <u>takes</u> <u>him</u> <u>over</u> completely and occupies all his time.
                              sb
(가끔 그는 일에 완전히 몰두해서 그의 모든 시간을 쏟아 붓는다.)

Susan, <u>taken over</u> by a deep feeling of helplessness, buried her face in her hands and began to weep. <수동>   (깊은 우울증에 빠진 수잔은 그녀의 두 손에 얼굴을 파묻고 울기 시작했다.)

take over *sth*, take *sth* over

to start living in or using a house or other buildings

(집·빌딩에서) 살기 시작하다, 사용하기 시작하다

I <u>took over Jill's apartment</u> while she was studying abroad.
             sth
(나는 질이 해외에서 공부하는 동안 그녀의 아파트에서 살기 시작했다.)

She had <u>taken the house over</u> some months before.   (그녀는 몇 달 전에 그 집에서 살아 본 적이 있었다.)
              sth

take sth over, take over sth
when you take something from one place to another, you take it over or take it over to a person or a place

~을 ~로 가지고 가다, 운반하다

Seeing Mr. Green come in, I took the letter over to him. (그린 씨가 들어오는 것을 보자 나는 그에게 편지를 가지고 갔다.)
　　　　　　　　　　　　　sth

Jane's at home sick, so I'm going to take some chicken soup over.
　　　　　　　　　　　　　　　　　　　　sth
(제인이 아픈 채 집에 있어서 나는 치킨 수프를 조금 가지고 가려고 해.)

take through

take sb through sth (비교어 go through)
to explain something to someone, or to show someone how to do something

(~에게 ~을) 설명하다, (하는 방법을 ~에게) 보여주다

I'm just going to take you through the business plan, and then I'll answer any questions.
　　　　　　　　　　　sb　　　　　sth
(당신들에게 지금 사업계획을 설명하려고 합니다. 그러고 나서 어떤 질문에라도 대답을 하겠습니다.)

Here is the application form. I'll take you through it to be sure you understand everything
　　　　　　　　　　　　　　　　　　sb　　sth
before you sign it. (여기 신청서가 있습니다. 서명하기 전에 확실히 이해하기 위해 설명을 해 드리겠습니다.)

take to

take to sb/sth (수동불가) (반대어 take against [BrE])
to start to like someone or something

~이 좋아지기 시작하다

I took to Billy as soon as I met him. (나는 빌리를 보자마자 그를 좋아하기 시작했다.)
　　　　sb

I was taught geography at school. But I never took to it.
　　　　　　　　　　　　　　　　　　　　　　　sth
(나는 학교에서 지리학을 공부했지만 결코 좋아하지는 않았다.)

take to sth (유사어 start)
to start doing something regularly

~의 습관이 붙다, (흔히) ~하게 되다

He took to wearing black leather jackets. (그는 검은 가죽 재킷을 입는 습관이 있다.)
　　　　　　sth

Bob has taken to going for long walks every day. <수동> (밥은 매일 오랫동안 걷는 습관에 익숙해지고 있다.)
　　　　　　　　sth

➡ take to doing 으로도 쓰임

Sandra has taken to getting up early to go jogging. (산드라는 일찍 일어나 조깅하는 습관이 들었다.)
　　　　　　　　doing

take to *sth* (수동불가)

to enjoy and be good at doing something, especially the first time you try it

(처음부터) 좋아하다, (처음부터) 잘하다

The boy is a natural swimmer. He <u>took to</u> it very quickly.
sth
(저 아이는 천부적인 수영선수야. 그는 아주 빨리 수영을 잘하게 되었어.)

Yanto jumped onto the motorbike and started it. He <u>took to</u> it like a natural.
sth
(얀토는 모터바이크에 올라타고 출발했다. 그는 타고난 것처럼 능숙했다.)

➡ take to *sth* like a duck to water 로도 쓰임
Lillie went to her first tap dancing lesson when she was four, and <u>took to it like a duck to water</u>.
sth
(릴리가 4살이었을 때 처음으로 탭댄스 레슨을 받으러 갔는데 물 만난 오리처럼 처음부터 아주 잘했어.)

take to *sth*

if you take to a place you go there, usually as a result of a difficult or dangerous situation

(은신처 · 피난처를 찾아서) ~에 가다, 도망치다

When the army arrived, the guerrillas <u>took to</u> the mountains. (군대가 도착하자 게릴라들은 산으로 도망쳤다.)
sth

As the ship began to sink, everyone <u>took to</u> the lifeboats.
sth
(배가 가라앉기 시작하자 모든 사람들이 구명보트로 달려갔다.)

➡ take to the hills, etc. 로도 쓰임

   (in order to escape from danger) 위험을 피하기 위하여 도망하다
Villagers were fleeing their homes in terror and <u>taking to the hills</u>.
(마을 사람들은 공포에 질려 집에서 벗어나 위험을 피해 도망하고 있었다.)

➡ take to the streets

   (in order to protest) 항의하기 위해 길로 나오다
The people <u>took to the streets</u> to protest the government's decision.
(사람들은 정부결정에 항의하기 위해 거리로 나왔다.)

➡ take to your bed 로도 쓰임

   (because you are ill) 아파서 자러 가다
I <u>took to my bed</u> with a fever that lasted two weeks. (2주일이나 계속된 열 때문에 나는 잠을 청했다.)

➡ take to the road[air, skies, seas, etc.] 로도 쓰임

   (start to journey by road, air, or sea) 여행을 떠나다
Around 5 million Californians will <u>take to the road</u> over the long holiday weekend.
(약 5백만의 캘리포니아 사람들이 긴 주말 휴가 동안 여행을 떠날 것이다.)

take up

take up *sth*, **take** *sth* **up**

if you take up an activity or a subject, you become interested in it and spend time doing it, either as a hobby or as a career

(취미 · 활동 등을) 시작하다, (직업 등에) 취임하다, ~에 종사하다

He left a job in the city to <u>take up</u> <u>farming</u>. (그는 농사를 지으려고 도시에 있는 직장을 떠났다.)
                                    sth

My son has recently <u>taken up</u> <u>stamp collecting</u> as a hobby. (내 아들은 최근에 취미로 우표 수집을 시작했다.)
                                    sth

> **take up** *sth*, **take** *sth* **up**
> to start to have a new position of responsibility
>   (지위·임무 등에) 취임하다, 종사하다, ~을 담당하다

Machine-gunners were to <u>take up</u> <u>position</u> to cover the main charge.
                              sth
(기관총 사수들은 주요임무를 수행하기 위하여 유리한 지점을 잡아야 했습니다.)

When my father died, I was still too young to <u>take up</u> <u>the heavy responsibilities of operating his</u>
                                                                                                  sth
<u>business</u>. (아버지가 돌아가셨을 때 나는 아직 아버지 회사의 경영이라는 중요한 책임을 담당하기에는 너무 어렸다.)

➡ take up a post 로도 쓰임
Tom will be leaving soon to <u>take up the post</u> of European sales manager.
(탐은 유럽 영업부장의 직위에 취임하기 위해 곧 떠날 것이다.)

> **take up** *sth*, **take** *sth* **up** (유사어 **occupy** [Formal])
> to use a particular amount of time, space, or effort
>   (시간·장소·노력 등을) 사용하다, 차지하다

I sold that old piano. It was <u>taking up</u> <u>too much room</u>.
                                    sth
(나는 그 낡은 피아노를 팔았다. 그 피아노는 공간을 너무 많이 차지했다.)

A good deal of my time <u>is taken up</u> with reading critical essays and reviews. <수동>
(나는 많은 시간을 평론과 서평을 읽는 데 보내고 있다.)

> **take up an offer[opportunity, challenge]** (유사어 **accept** 반대어 **reject, turn down**)
>   (제안·기회·도전 등을) 받아들이다

Increasingly, more wine-makers are <u>taking up the challenge</u> of growing Pinot-Nior.
(점차 많은 와인 생산업자들이 Pinot-Noir(포도)를 재배할 시도를 하고 있다.)

90 percent of the eligible employees <u>took up the offer</u>. (고용인 적임자 중 90퍼센트는 그 제안을 받아들였다.)

> **take up** *sth*, **take** *sth* **up** (항상 수동) (유사어 **adopt**)
> to start to use ideas, designs, or ways of doing things that someone else has developed
>   (이미 발달한 아이디어·디자인·방법 등을) 사용하기 시작하다

Keyne's economic theories <u>were taken up</u> by political parties throughout Europe and America. <수동>
(Keyne의 경제이론들은 전 유럽과 미국의 여러 정당들에게 받아들여졌다.)

The technique was developed by researcher Stephen Smyth, and <u>was</u> later <u>taken up</u> by the communications industry, and used in their systems worldwide. <수동>
(그 기술은 스티븐 스미스 연구가에 의해 개발되었고 나중에 통신사업에서 받아들여졌으며 세계적인 시스템으로 이용되었다.)

take up a position

if you take up a particular position, you get into a particular place in relation to something else

거처를 정하다, (특정 장소에) 자리 잡다

The police <u>took up positions</u> all around the suspect's house. (경찰이 피의자 집 주위 전체를 포위했다.)
UN peace-keeping forces are expected to <u>take up positions</u> along the border.
(UN 평화유지군은 국경을 따라 배치하도록 되어 있다.)

take up *sth*, take *sth* up (유사어 **pick up** 반대어 **put down**) [Literary]

if you take up an object, you begin to hold it or carry it

손에 쥐다, 가지다, 들어 올리다

She <u>took up</u> the box and tapped the lid. (그녀는 상자를 들어 올려서 뚜껑을 톡톡 두드렸다.)
      sth
I sat down at my desk, <u>took up a pen</u>, and began writing. (나는 책상에 앉아 펜을 들고 글을 쓰기 시작했다.)
         sth

take up *sth*, take *sth* up (유사어 **pick up, resume**)

if you take up something such as a task or a story, you begin doing it after it has been interrupted or after someone has begun it

(중단 후에 다시 과제·이야기 등을) 다시 시작하다, 계속하다

This is a good place to stop our deliberations. We'll <u>take up here</u> after lunch.
                                                                     sth
(지금이 심의를 중단하기에 좋은 시점입니다. 우리 점심 먹고 다시 이 부분부터 시작하도록 하겠습니다.)
Book Two <u>took up</u> where Book One left off. (제2권은 제1권이 끝난 곳에서 시작되었다.)
          sth

➡ <u>take up where *sb* left off</u> 로도 쓰임
Marco's new wife turned all her attention to looking after him, <u>taking up where his mother left off</u>.
                                                                                                             sb
(마르코의 새 아내는 친 엄마가 떠난 자리를 이어받으면서 마르코를 보살피기 위해 모든 정성을 쏟았다.)

take up *sth*, take *sth* up

to remove something that is fixed to the floor or the ground

(마루나 땅에 붙어 있는 것을) 떼어내다

The police <u>took up the living room carpet</u> and found blood stains underneath.
                               sth
(경찰은 거실 카펫을 떼어내고 밑에서 혈흔을 찾아냈다.)
The highway crew <u>took up the old pavement</u> in front of our house and laid down a new one.
                                    sth
(도로공사 인부들은 우리 집 앞에서 낡은 도로포장을 걷어내고 새것을 깔았다.)

take up *sth*, take *sth* up (유사어 **shorten** 반대어 **let down**)

to reduce the length of a skirt, dress, pair of trousers, etc.

(스커트·드레스·바지의 길이를) 줄이다

You can <u>take that skirt up</u> if you don't like it that long. (그 길이의 스커트가 좋지 않다면 길이를 줄일 수도 있어.)
            sth

Now the fashion tells us to <u>take</u> this pair of pants <u>up</u> again. (현재 유행 때문에 이 바지 길이를 다시 줄여야겠어요.)

take up *sth*, take *sth* up (유사어 take in)

to take up moisture or gas means to absorb it

(액체 · 가스 등을) 흡수하다, 빨아들이다

Red blood cells <u>take up oxygen</u>. (적혈구 세포는 산소를 흡수한다.)

I used a paper towel to <u>take up the spilled juice</u>. (쏟아진 주스를 훔치는 데 종이 타월을 사용했다.)

take up *sth*, take *sth* up

if you take up a song or chant that other people are singing or shouting, you start singing it or shouting it with them

(노래 · 환성 등에) 참가하다, 따라하다

All the other children in the bus <u>took up the song</u>. (버스에 탄 다른 아이들 모두가 노래를 따라했다.)

The whole crowd <u>took up the shout</u>. (군중 전부가 환성을 질렀다.)

take up *sth*, take *sth* up

to try to make people pay attention to a problem or an unfair situation, by complaining or protesting, or by arguing in support of someone's rights

(문제 · 불공정 상황에) 관심을 갖게 하다, ~와 검토하다, 상담하다

I'd like to <u>take up the boy's case</u> with a good lawyer. (나는 그 소년의 사건을 훌륭한 변호사와 상담하고 싶다.)

The question of public housing should <u>be taken up</u> with the Minister concerned. <수동>
(공공주택의 문제는 담당 장관이 관심을 가져야 한다.)

➡ take *sth* up with 로도 쓰임

If you are not satisfied with our service, you'd better <u>take it up with</u> the manager.

(우리 서비스가 만족스럽지 않으시면 매니저와 상의하는 것이 좋을 것입니다.)

take *sb* up, take up *sb*

if someone takes you up when you are starting a career, they help, support, and encourage to succeed

지원[후원]하다, 격려하다

The famous violinist <u>took up promising young students</u> and gave them special training.
(유명한 바이올리니스트는 장래가 촉망되는 젊은 학생들을 후원했고 그들에게 특별 훈련을 시켰다.)

Beckett <u>was taken up</u> by Joyce before becoming a famous writer. <수동>
(베케트는 유명한 작가가 되기 전에 조이스의 후원을 받았다.)

take up on

take *sb* **up on** *sth* (유사어 **accept**)
when you take people up on an offer, you accept their offer
(제안을) 받아들이다

My brother has invited us many times to visit in Hawaii, and last winter we took him up on the offer.
                                                      sb   sth
(오빠는 여러 번 하와이를 방문해 달라고 우리를 초대했었다. 그래서 지난 겨울 우리는 그의 제안을 받아들였다.)

Nicohe has never taken me up on my offer to lend her money she needs for her dental bills.
                sb   sth
(니코흐는 치과 진료에 필요한 돈을 빌려 주겠다는 나의 제안을 결코 받아들이지 않고 있다.)

take *sb* **up on** *sth* (유사어 **pick** *sb* **up on** *sth* [BrE])
to ask someone to explain what they have just said, because you disagree with them
(~의 발언에) 이의를 달다

She's lying about you. You should take her up on it.
                                   sb   sth
(그녀는 너에 대해 거짓말을 하고 있어. 그녀의 말에 항의를 해야 해.)

He's an obstructionist. He took me up on almost everything I said.
                             sb   sth
(그는 의사방해자야. 그는 내가 한 발언 거의 전부에 이의를 달았어.)

take up with

take up with *sth*
to be very busy doing something and give it all of your attention
~에 흥미를[관심을] 갖다

She is so taken up with her swimming that she wouldn't even take me up on my offer to buy
                                          sth
her lunch in the best restaurant. <수동>
(그녀는 수영에 너무 빠져 있어서 최고의 레스토랑에서 점심을 사겠다는 나의 제의도 받아들이려고 하지 않는다.)

His mind was wholly taken up with the question. <수동> (그의 마음은 온통 그 문제에 빠져 있었다.)
                                    sth

take up with *sb* (수동불가) (유사어 **get in with** *sb*) [Informal]
to become friendly with someone and spend a lot of time with them, especially someone who will be a bad influence on you
(나쁜 영향을 줄 사람과) 친해지다, 많은 시간을 보내다

He took up with smugglers. (그는 밀수업자들과 친했다.)
         sb

I'm worried about our teenage son. He has taken up with a bad lot.
                                                         sb
(나는 십대 아들이 걱정 돼. 그 아이는 나쁜 아이들과 친해.)

talk

vt. ① 말하다, 이야기하다, 논하다 ② 이야기하여 ~시키다(into doing, away), 이야기하여 ~되게 하다, 이야기하여 ~하지 않도록 하다(out of doing) ③ 이야기하여 (시간을) 보내다

vi. ① 말하다, 지껄이다, (~와) 이야기하다(to, with, on), 강연하다(on, to) ② (~와) 이야기를 나누다, 의논하다, 의견을 듣다, 협의하다, 상담하다(together, with, to) ③ 객쩍은 소리를[소문을, 험담을]지껄이다, 비밀을 누설하다, 자백하다, 입을 열다(of) ④ 훈계[충고]하다, 불평을 말하다(to) ⑤ (몸짓 따위로) 의사를 소통하다, (무선으로) 교신하다 ⑥ 효력을 내다, 영향을 미치다

talk around, talk round [BrE]

talk around[round] *sth*

to discuss a subject in a general way without really dealing with the important parts of it

(핵심을 피해 · 일반적인) 주제를 토의하다

The boss is good at <u>talking around</u> <u>a question</u> without answering it directly.
                                            sth
(우리 사장은 직접적인 대답을 하지 않고 문제의 변죽만 울리는 데 대단히 능숙하다.)

Stop <u>talking around</u> <u>the subject</u> and get to the point. (주제를 피해 토의하지 말고 요점을 말해.)
                         sth

talk down

talk *sth* down, talk down *sth* [BrE]

if someone talks down a particular thing, they make it less interesting, valuable, or likely than it originally seemed

비방하다, 폄하하다

Businessmen are tired of politicians <u>talking</u> <u>the economy</u> <u>down</u>.
                                                  sth
(사업가들은 경제를 무시하는 정치가들을 싫어한다.)

You should never <u>talk down</u> <u>other people's talents</u>.   (당신은 다른 사람들의 재능을 폄하해서는 안 됩니다.)
                                     sth

talk down *sth*, talk *sth* down, talk *sb* down *sth*

to try to reduce the cost of something, or keep it low, by persuading someone that it should not be so high

(~를 설득해서) 저가를 유지하다

Employers will do everything they can to <u>talk down</u> <u>wages</u>.
                                                                        sth
(고용주들은 임금을 저하시킬 수만 있다면 어떤 일이라도 할 것이다.)

When he makes you an offer, you send me in and I'll <u>talk</u> <u>him</u> <u>down</u> <u>another thousand</u>.
                                                                                 sb   *sth*
(그가 너에게 매매 제의를 하면 나에게 사람을 보내. 그러면 내가 그를 설득해서 1000 이상을 깎을게.)

talk *sb/sth* **down, talk down** *sb/sth*
to give instructions on a radio to pilots so that they can bring an aircraft to the ground safely
(무전으로) ~의 착륙을 유도하다

The plane's radar was knocked out in the storm, so the tower had to <u>talk the pilot down</u>.
                                                                        sb
(폭풍우 때문에 비행기의 레이더가 고장 나서 관제탑은 비행사에게 무선으로 착륙을 유도해야만 했다.)

If a trainee pilot got into difficulties, a flying instructor would <u>talk him down</u>.
                                                                                    sb
(만일 훈련생인 비행사가 어려움에 빠지면 비행교관이 그를 안전하게 착륙으로 유도할 것이다.)

talk down to

talk down to *sb* (유사어 **patronize**)
to talk to someone as if they were less clever than you
내려다보는 투로 말하다

I was furious about the way he <u>talked down to me</u>! (그가 나를 깔보는 투로 말하는 것에 화가 났다!)
                                                   sb

Bob hates Jane because of the way she <u>talks down to him</u>.
                                                                      sb
(밥은 제인이 그를 깔보는 투로 말하는 행동 때문에 그녀를 싫어한다.)

talk into

talk *sb* **into** *sth* (유사어 **persuade, talk** *sb* **round** [BrE] 반대어 **talk out of**)
to persuade someone to do something
(~하도록 ~를) 설득하다, ~에게 동의시키다

My father didn't want to let me use his car Friday night, but I <u>talked him into it</u>.
                                                                                                             sb   sth
(아버지는 내가 금요일 밤에 아버지 차를 사용하는 것을 원치 않으시지만 나는 아버지를 설득시켰다.)

She <u>talked me into going</u> jogging every day before work.
              sb   sth
(그녀는 일하러 가기 전에 매일 조깅하도록 나를 설득했다.)

➡ **talk yourself into doing** *sth* 으로도 쓰임
   (= make yourself believe that you should do something) ~하도록 자신을 설득하다, ~의 의사를 고집하다

It isn't true, but she's <u>talked herself into believing it</u>.
                                        doing   sth
(그것은 사실이 아니지만 그녀는 그것을 믿으려고 고집을 부리고 있다.)

talk out

talk *sth* **out, talk out** *sth* [Informal]
if people talk out a problem, a plan, or an idea, they discuss it thoroughly
(문제점 · 계획 · 의견 등을) 철저하게 논하다

They began talking things out between themselves.
(그들은 그들 사이의 일들을 기탄없이 이야기하기 시작했다.)

Talk out your problems. Do not keep them bottled up.
(너의 골칫거리들을 이야기해 봐. 노여움을 억누르지 마.)

➡ talk *sth* out with 로도 쓰임
If there was a problem, she could always talk it out with her mother.
(문제가 생기면 그녀는 항상 엄마와 깊이 의논할 수 있었다.)

talk yourself out

to talk so much that you have nothing more to say

(지나치게 말을 많이 해서) 지치다

I talk myself out with that boy, and still he won't listen.
(나는 그 아이와 지치도록 많은 말을 했는데 그 아이는 여전히 들으려고 하지 않아.)

He said little, simply letting me talk myself out each time.
(그는 번번이 나만 지치도록 말을 시키면서 자신은 거의 말을 안 했다.)

talk out of

talk *sb* out of *sth* (유사어 **dissuade *sb* from doing *sth*** 반대어 **talk into**)

to persuade someone not to do something

(~하지 않도록) 설득하다

My mother tried to talk me out of getting a divorce. (어머니는 내가 이혼하지 않도록 설득하려고 애를 썼다.)

I've tried to talk my husband out of playing golf every Sunday. But it's no use. He won't listen.
(나는 남편에게 일요일마다 골프를 치지 않도록 설득하려 했으나 소용이 없었다. 그는 들으려고도 하지 않는다.)

➡ talk *sb* out of doing *sth* 로도 쓰임
She tried to talk me out of leaving. (그녀는 내가 떠나지 않도록 설득하려 애를 썼다.)

talk over

talk *sth* over, talk over *sth* (유사어 **discuss**)

if you talk something over, you discuss it thoroughly and honestly

(철저하게·허심탄회하게) 토의하다

Don't worry; we have plenty of time to talk it over. (염려 마. 그 문제에 대해 토의할 시간이 많아.)

On matters of the children's education, my wife and I always talk things over before reaching a decision. (아이들의 교육문제에 관해서 아내와 나는 결론에 도달하기 전에 항상 충분히 토의한다.)

➡ talk *sth* over with 로도 쓰임
I'm going to have to talk it over with Dale first.　(나는 우선 데일과 그 문제를 토의해야만 할 것이다.)

talk to

talk to *sb* (유사어 **tell off**) [Spoken]
to speak to someone severely and tell them that their behavior, work, etc. is not good enough
(태도 · 과오 등을) 따지다, ~을 꾸짖다

I'm going to have to talk to Barry. He was late again this morning.　(나는 배리에게 설교해야겠어. 오늘 아침 또 늦었어.)
I don't like Bob. He talks to me like I'm some kind of idiot.　(나는 밥이 싫어. 그는 나를 바보같이 여기고 꾸짖어.)

➡ talking-to (n) [Informal]
(to talk to someone angrily because you are annoyed about something they have done)
꾸지람, 잔소리
If you ask me, what that girl needs is a good talking-to.　(내 생각에 그 여자아이에게 필요한 것은 엄한 꾸지람이야.)

tear [tiər]

vt. ① 찢다, 째다, 찢어서 ~상태가 되게 하다, 잡아 뜯다 ② 잡아채다, 우격으로 떼어 놓다, 홱 채어 빼앗다[벗기다], 잡아 뽑다 ③ (구멍 따위를) 째서 내다, ~에 찢긴 구멍을 내다, 상처 내다 ④ 세게 잡아당기다 ⑤ (머리카락을) 쥐어 뜯다, 할퀴다 ⑥ [보통 수동태] (마음을) 괴롭히다, 분열시키다(나라 따위)
vi. ① 째[찢어]지다 ② 찢으려 하다, 쥐어뜯다(at) ③ 질주하다, 날뛰다 ④ (~을) 심하게 공격하다, 비난하다, 혹평하다

tear apart

tear *sb/sth* **apart, tear apart** *sb/sth* (유사어 **pull apart**)
if something tears people apart, it causes them to quarrel or to leave each other or a family, a group, a country, etc. becomes divided
(부부 · 연인 · 동지 등의) 관계가 끝나다, 국가가 분열되다.

A misunderstanding tore the lovers apart, and each married someone else.
(한 가지 오해 때문에 연인들은 헤어지고 각각 다른 사람과 결혼했다.)
The husband and wife were torn apart by the war, and they never met again. <수동>
(그 부부는 전쟁 때문에 헤어지고 다시는 못 만났다.)
For years Mozambique had been torn apart by civil war. <수동>
(수년 동안 모잠비크는 내란으로 분열되었다.)

➡ tear itself apart 로도 쓰임
After President Tito died Yugoslavia began tearing itself apart.
(대통령 티토가 죽은 후 유고슬라비아는 분열되기 시작했다.)

tear *sth* **apart, tear apart** (유사어 **pull apart**)

to break something into many small pieces, especially in a violent way

잡아 찢다, 분해하다

The customs officers <u>tore</u> <u>the bag</u> <u>apart</u> and found the hidden drugs.
　　　　　　　　　　　　sth
(세관 직원들은 가방을 찢고 숨겨 놓은 마약을 찾아냈다.)

Willy grabbed the loaf of bread, <u>tearing</u> <u>it</u> <u>apart</u> and eating it hungrily.
　　　　　　　　　　　　　　　　　　　sth
(윌리는 빵 한 덩어리를 쥐고는 굶주린 듯이 뜯어 먹었다.)

tear *sth* **apart, tear apart** *sth*

to destroy a building or a room completely and often violently

(건물·방 등을) 파괴하다, 부수다

The explosion <u>tore</u> <u>the factory</u> <u>apart</u>.　(폭발이 공장을 산산조각 냈다.)
　　　　　　　　　　sth

The front of the embassy <u>was torn apart</u> by the bomb blast. <수동>
(대사관 앞이 폭탄이 터져서 파괴되었다.)

tear *sth* **apart, tear apart** *sth* (유사어 **pull apart**)

to criticize an idea, a piece of work, etc. very severely

(아이디어·작품 등을) 헐뜯다, 비난하다

The book <u>was torn apart</u> by the critics when it first came out. <수동>
(그 책은 처음 출판되었을 때 비평가들의 혹평을 받았다.)

The critics <u>tore</u> <u>the play</u> <u>apart</u>.　(비평가들은 그 연극을 혹평했다.)
　　　　　　　　　sth

tear *sb* **apart** (유사어 **pull apart**)

to make someone feel extremely unhappy or upset

(사람을 매우) 슬프게 하다, 당황하게 하다

Seeing those starving children on TV just <u>tears</u> <u>me</u> <u>apart</u>.
　　　　　　　　　　　　　　　　　　　　　　　sb
(TV에서 굶주림으로 고통받고 있는 저 아이들을 볼 때면 나는 비탄에 빠진다.)

It <u>tore</u> <u>Janice</u> <u>apart</u> to know that she had caused her friend so much pain.
　　　　　sb
(친구에게 그렇게 큰 고통을 주었다는 사실을 알고 제니스의 마음은 괴로웠다.)

tear away

tear *sb* **away** (유사어 **drag away** [Informal])

to leave a place or stop doing something when you do not really want to

(원치 않을 때) ~를 떠나다, (하던 일을) 그만두다, 억지로 떼어 놓다

During football season, it's difficult to <u>tear</u> <u>my husband</u> <u>away</u> from the television.
　　　　　　　　　　　　　　　　　　　　　　　　　　　sb
(축구 시즌 중에 남편이 TV를 못 보게 하는 것은 어렵다.)

I would like to <u>tear you away</u> from Italy and take you on a trip.
       sb
(나는 너를 이탈리아에서 잡아떼서 너를 데리고 여행을 가고 싶어.)

➡ <u>tear yourself away</u> 로도 쓰임
If you can manage to <u>tear yourself away</u> from your girl friend for a few hours, let's go out for a drink sometime. (네가 여자친구와 몇 시간이라도 떨어질 수 있다면 언제 한잔하러 가자.)

tear down

tear *sth* **down, tear down** *sth* (유사어 **demolish, pull down**)
to destroy a building or other structure because it is not being used or it is not wanted any more
                      (건물 · 구조물 등을) 헐다, 부수다

I can't bear to watch them <u>tearing down the school</u> we used to go to.
               sth
(우리가 옛날에 다녔던 학교를 사람들이 부수는 것을 차마 볼 수가 없어.)

A lot of smaller homes in the suburbs are <u>being torn down</u> and replaced with larger ones. <수동>
(교외의 많은 작은 집들이 헐리고 큰 집으로 대치되고 있다.)

tear off

tear off *sth*, **tear** *sth* **off** (유사어 **rip off, strip off**)
to take off a piece of clothing as quickly as you can
                          (옷을) 급히 벗다

Ben <u>tore off his jacket</u> and dived into the river. (벤은 급히 재킷을 벗고는 강물로 뛰어들었다.)
       sth
She <u>tore her sandals off</u> and jumped in. (그녀는 샌들을 급히 벗어 버리고 뛰어들어갔다.)
   sth

tear up

tear *sth* **up, tear up** *sth* (유사어 **rip up**)
to tear something, especially paper or cloth, into a lot of small pieces
                      (종이 · 옷 등을) 갈기갈기 찢다

Aldo read the letter quickly, then <u>tore it up</u> and threw it on the fire.
              sth
(알도는 급히 그 편지를 읽고는 갈기갈기 찢어서 난로에 던졌다.)

That dog has <u>torn up my newspaper</u> again, it's not fit to read!
           sth
(저 개가 또 내 신문을 찢었어. 읽을 수가 없잖아!)

tear *sth* **up, tear up** *sth*
to break the surface of a street or an area of land into small pieces and make it rough
                      (도로 · 땅을) 파헤치다

Parks, once bursting with flowers, were now being torn up in favor of factories. <수동>
(한때 꽃이 만발했던 공원들이 여러 공장을 짓기 위해 파헤쳐지고 있었다.)

The daily passage of heavy trucks is tearing up our street.
　　　　　　　　　　　　　　　　　　　　　　　　　sth
(대형트럭이 매일 통과하고 있어서 우리 앞의 도로가 파손되고 있다.)

tear up an agreement[contract, etc.]
to suddenly decide to stop being restricted by contract, etc.

(계약 · 협정 등을) 파기하다

The football Association has threatened to tear up its agreement with BBC unless a compromise can be found. (축구협회는 타협점이 보이지 않는다면 BBC와의 계약을 파기하겠다고 위협하고 있다.)

They are threatening to tear up our contract unless we accept their demands.
(그들은 자신들의 요구를 들어주지 않는다면 우리의 계약을 파기하겠다고 위협하고 있다.)

tell

vt. ① 말하다, 이야기하다 ② (아무에게) 들려주다, 고하다, 전하다, 알리다(of, about), (길 따위를) 가르쳐 주다 ③ (거짓말 · 비밀 따위를) 주설하다, 털어놓고 이야기하다 ④ [주어가 사람 이외의 경우] 증명하다, 증거가 되다, (스스로) 말하다, 나타내다 ⑤ (시계가 때를) 알리다 ⑥ 명하다, 분부하다 ⑦ [보통 can, could, be able to를 수반하여] 분간하다, 식별하다, 구별하다 (from), ~을 달다, 납득하다

vi. ① 말하다, 얘기하다, 보고하다, 예언하다(about, of) ② 고자질하다, 밀고하다(on) ③ 효과가 있다, 듣다, 영향을 주다(on), 답하다, 명중하다 ④ (명확히) (잘라) 말하다 ⑤ [보통 can, could, be able to 따위를 수반하여] 분별하다, 식별하다 ⑥ ((영)) ((방)) 지껄이다, 잡담하다

tell apart

tell sb/sth apart (진행형 불가) (유사어 distinguish)
to be able to see how one person or a thing is different from another

(사람 · 사물을) 알아보다, 구별하다

The two brothers are so much alike that their own mother can hardly tell them apart.
　　　　　　　　　　　　　　　　　　　　　　　　　　　　　　　　　　sb
(두 형제가 너무 많이 닮아서 그의 어머니조차 둘을 구별할 수가 없다.)

Cars are so much alike these days, I can never tell them apart.
　　　　　　　　　　　　　　　　　　　　　　　　　　sb
(요즘 자동차들이 너무 비슷하게 생겨서 나는 거의 구별할 수가 없다.)

➡ be difficult[hard, impossible] to tell *sth* apart 로도 쓰임
Except for the difference in eye color, it's impossible to tell the males and females apart.
　　　sth
(눈의 색깔을 제외하면 암 · 수를 구별하기가 불가능하다.)

tell from

tell *sth/sb* **from** *sth/sb* (유사어 **distinguish** [Formal])
to be able to correctly identify two people or things, even though they are very similar
(비슷한 사람·물건을) 분간하다, 식별하다, 구별하다

The two brothers are so much alike that it is almost impossible to tell one from the other.
                                                      sb   sth
(그 두 형제는 너무 닮아서 분간하기가 거의 불가능하다.)

That guy is so stupid he couldn't tell wall from a walnut.
                                    sth   sth
(그 녀석은 너무 멍청해서 wall(벽)이란 단어와 walnut(호두)란 단어를 구별할 수 없었다.)

tell off

tell *sb* **off, tell off** *sb* (유사어 **tick off** [BrE], **reprimand** [Formal])
to speak angrily to someone because they have done something wrong
야단치다, 책망하다

Pat, hardly a shy woman, regularly told her husband off in public.
                                             sb
(팻은 부끄럼이 거의 없는 여자로 규칙적으로 공공연히 남편을 나무랐다.)

The director told Jim off for being late for work again. (이사님은 짐이 또 지각을 했기 때문에 그를 나무랬다.)
                  sb

➡ be[get] told off 로도 쓰임
Hurry up — I don't want to be told off for being late again! (서둘러, 나 또 늦어서 야단맞고 싶지 않아.)

➡ telling-off (n) [BrE]
(when someone speaks to you angrily about something wrong that you have done)
꾸짖음, 질책

I've already had one telling-off from Dad today for drinking his beer.
                              n
(오늘 아버지의 맥주를 마신 바람에 이미 아버지한테서 야단 한 번 맞았어.)

tell on

tell on *sb* (유사어 **spilt on** [Informal], **tattle on** [AmE]) [Informal, used primarily by children]
when you tell on people, you inform someone in authority, such as a parent or a teacher, that they have made a mistake or broken a rule
고자질하다, (실수를) 알리다

I tell on you when the teacher gets back! (선생님이 돌아오시면 너 이를 거야.)
Timmy didn't do his homework, and his sister told on him.
                                                      sb
(티미가 숙제를 하지 않고 그의 누나가 그를 고자질했다.)

tell on sb

to have a bad effect on your health, or make you feel very tired/used about someone who has been working very hard, using a lot of effort, or drinking a lot of alcohol

(긴장·과로·책임 등이) (사람·건강·신경 등에) 악영향을 미치다

It was clear that the long hours and the pressure of the work were beginning to <u>tell on</u> <u>Stephen</u>.
_{sb}
(오랜 시간의 일과 압박이 스테판에게 건강의 악영향을 미치기 시작한 것이 분명했다.)

My hard work schedule <u>told on</u> <u>me</u>, and I eventually fell ill.
_{sb}
(나의 혹독한 스케줄은 건강에 나쁜 영향을 미쳤고, 결국 나는 병이 났다.)

thaw

vt. ① 녹이다 ② (얼었던 몸을) 따뜻하게 하다 ③ 풀리게 하다
vi. ① (눈·서리·얼음 따위가) 녹다, [it이 주어] 눈·서리가 녹는 철이 되다. ② (냉동식품이) 해동상태가 되다(out), (얼었던 몸이) 차차 녹다(out) ③ (감정·태도 따위가) 누그러지다, 풀리다 (out) ④ 유동[활동]적이 되다

thaw out

thaw sth out, thaw out sth (유사어 **defrost**)

if you thaw frozen food out, you put somewhere where it can warm up until it is no longer frozen

(냉동식품을) 해동시키다

How about a pie — there's one in the freezer and I can <u>thaw</u> <u>it</u> <u>out</u> in the microwave.
_{sth}
(파이 먹을래, 냉장고 안에 하나 있는데 전자레인지에서 해동시키면 돼.)

Put the chicken in the microwave to <u>thaw</u> <u>it</u> <u>out</u>. (닭을 해동시키려면 전자레인지 안에 넣어.)
_{sth}

thaw out, thaw out sth, thaw sth out

if a person thaws out or they thaw out a part of their body, they make their body warmer after being outside and getting very cold

(얼었던 몸을) 따뜻하게 하다, 녹이다

Let me get by the fire to <u>thaw out</u>! It's bitterly cold outside!
(몸 좀 녹이게 난로 근처로 가게 해 주세요. 밖이 몹시 추워요.)

I put my fingers over the stove and tried to <u>thaw</u> <u>them</u> <u>out</u>.
_{sth}
(스토브 위에 손가락을 놓고 녹이려고 애썼다.)

think

vt. ① ~라고 여기다, ~라고 생각하다, ~라고 믿다 ② 생각하다, 상상하다 ③ 생각하다, 생각나다,

[동종 목적어를 사용하여] 마음에 그리다[품다], 상상하다 ④ ~을 ~로 생각하다, ~이 ~라고 여기다[믿다], ~을 ~로 간주하다[보다] ⑤ 기대하다, 꾀하다, 예상하다, 예기하다, 기도하다, ~할 작정이다 ⑥ 생각 따위를 해서 ~을 잊다(away), [~oneself] 생각에 빠져 ~이 되다(into)

vi. ① 생각하다, 사색하다, 궁리하다, 생각해내다, 숙고하다 ② 예상하다, 예기하다, 판단하다, 평가하다(of)

NOTE
(1) 구어에서는 that은 생략되는 일이 많음.
읽을 때는 필요하면 that 뒤가 아니라 앞에서 끊음.
(2) [I think (that) it is not true]는 적극적 부정으로서 의례상 좋지 않다 하여 보통 [I don't think (that) it is true]가 잘 쓰임.

유사단어
think: act(행동하다)의 반의어로 아래의 모든 어의를 포함하는 가장 일반적인 말
　　　　He <u>thinks</u> (that) everyone likes him. (그는 누구나 자기를 좋아한다고 생각하고 있다.)
consider: 사전에 잘 생각하다, 고려하다, vt.로서 많이 쓰임
　　　　You must <u>consider</u> whether it will be worthwhile. (그것이 그만한 가치가 있는지를 생각해야 한다.)
suppose: 가정하여 생각해 보다, 아마 ~일 것으로 생각하다
　　　　I don't <u>suppose</u> I shall be back until next Sunday. (나는 다음 일요일까지 못 돌아오리라고 생각한다.)
conceive: 어떤 것의 개념을 마음에 그리다 → 스스로 납득할 수 있는 의견으로서 ~라 생각하다, think · believe의 딱딱한 표현으로 쓰임
　　　　I <u>conceive</u> that you are entirely right. (당신이 전적으로 옳다고 생각합니다.)
meditate: 여러 가지 면에서 깊이 생각하다, 묵상하다
　　　　Every morning I like to <u>meditate</u> for 20 minutes. (매일 아침 나는 20분 동안 명상하는 것을 좋아한다.)
reflect: 과거의 일을 이것저것 생각하다
　　　　He <u>reflected</u> that it was difficult to solve the problem. (그는 그 문제를 해결하는 것이 어렵다고 생각했다.)
deliberate: 결단을 내리기에 앞서 신중히 검토하다
　　　　They are <u>deliberating</u> what he said. (그들은 그가 말한 것을 검토하고 있다.)
speculate on: 비현실적인 것, 미래의 가능성 따위를 생각해 보다
　　　　Police refuse to <u>speculate on</u> the murderer's motives at this time. (경찰은 이번 살인자의 동기에 대해 추측하지 않기로 한다.)

think about

think about *sth*, **think about doing**

when you think about something or think about doing something, you consider it before making a decision

(계획 따위가 실행 가능한지) 고려하다, ~에 대하여 생각하다

The salesman tried to get me to sign the contract, but I said I'd <u>think about</u> it.
　　　　　　　　　　　　　　　　　　　　　　　　　　　　　　　　　　　　　　sth
(판매원은 내가 그 계약서에 서명하게 하려고 애를 썼으나, 나는 생각해 보겠다고 말했다.)

We're <u>thinking about</u> going to Florida this winter. (이번 겨울에 우리는 플로리다로 갈까 생각하고 있다.)
　　　　　　　　　　doing

think ahead

think ahead

to think carefully and plan for what might happen or what might do in the future

앞일을 생각하다, 미리 생각하다

When we're out camping, there won't be any store around if you forget something, so <u>think ahead</u>. (우리가 캠핑을 갈 때, 만약 무언가를 잊어버리면 주위에는 어떤 가게도 없을 거야. 그러니까 미리 생각해 둬.)

We <u>thought ahead</u> before we drove through the desert; we took forty liters of water.
(우리는 사막횡단 여행을 하기 전에 앞일을 생각해서 40리터의 물을 가지고 갔다.)

think back

think back

to think about things that happened in the past

생각해 내다, 상기하다

<u>Think back</u>. Exactly when did you leave home that day? (생각해 봐. 그날 정확하게 언제 집을 떠났니?)
When I <u>think back</u> on that day, I can barely recall how she looked.
(내가 그날을 생각해 보면 그녀가 어떤 모습이었는지 잘 회상할 수가 없어.)

➡ <u>think back to</u> 로도 쓰임
<u>Think back to</u> what we learned last week about the constitutions.
(지난 주 헌법에 대해 배운 것을 생각해 봐.)

think of

think of *sth* (유사어 **come up with, think up**)

to produce a new idea, suggestion, etc.

~을 제안하다, 새로운 생각을 해내다

That's a brilliant idea — I hadn't <u>thought of</u> that before!
                                   sth
(그것 참 멋진 생각이야. 나는 그전까지 미처 생각도 못했어.)
So I began to <u>think of</u> <u>new methods</u>. (그래서 나는 새로운 방법을 생각하기 시작했다.)
                      sth

think of doing (유사어 **consider**)

to consider the possibility of doing it

~할까 생각하다

We began to <u>think of</u> <u>moving</u>. (우리는 이사할까 생각하기 시작했다.)
                   doing
I'm also <u>thinking of</u> <u>buying</u> you a fur coat. (나 또한 너에게 모피 코트를 하나 사 줄까 생각하고 있어.)
                     doing

what do you think of ~? (유사어 **make of**)

used to ask what someone's opinion about something is

~을 평가하다, 판단하다

<u>What do you think of</u> the government's latest action? (정부의 최근 조치를 어떻게 생각하십니까?)
"Well, <u>what do you think of it</u>, Henry?" Noreen said, indicating the painting on the wall behind him. ("그래, 핸리야 너 이것 어떻게 생각하니?" 노렌은 그의 뒤쪽에 있는 벽에 걸린 그림을 가리키면서 말했다.)

think of *sth/sb* (유사어 **consider, regard (as)**)

if you think of someone or something in a particular way, that is your opinion of them or your feeling towards them

(사물·사람을) ~이라고 생각하다, 간주하다

I <u>think of her</u> as a sad person with little success in her life.
       sb
(나는 그녀를 인생에서 성공을 거의 못한 불쌍한 사람으로 여긴다.)

So many people have <u>thought of Mr. Brown</u> as the chairmanship.
              sb
(너무나 많은 사람들이 브라운 씨를 의장이라고 생각하고 있다.)

➡ think of *sth/sb* as 로도 쓰임

She still <u>thought of Scotland</u> as her home. (그녀는 여전히 스코틀랜드를 자신의 고향으로 생각했다.)
          sth

think of *sth/sb*

to remember someone you know or something you saw or did in the past

~을 생각해내다

That tune makes me <u>think of my childhood</u>. (그 곡을 듣고 있으면 어릴 때 생각이 난다.)
               sth

That man looks familiar, but I can't <u>think of who he is</u>.
                          sb
(그 남자가 낯이 익는데 누군지 생각이 나지 않아.)

think of *sb* (유사어 **consider**)

to consider the needs or wishes of another person when you are making a decision about something

~에 마음을 쓰다, ~에 관심을 보이다

I can't just please myself, you know. I have a family to <u>think of</u> too.
(네가 알다시피 나 좋을 대로만 할 수는 없어. 나 역시 신경을 써야 할 가족이 있어.)

My husband seldom <u>thinks of me or the children</u>. Even at home, he's always thinking of his work.
                          sb
(남편은 나나 아이들은 거의 신경 쓰지 않아. 심지어 집에 있을 때조차 항상 일만 생각하고 있어.)

I wouldn't think of *sth*, **would never think of** *sth* (유사어 **wouldn't dream of (doing)** *sth*)
[Spoken]

used to say very firmly that you would not do something or allow something in any situation

도저히 할 수 없다, 결코 하지 않는다, 당치도 않다

"Let me pay for the meal." "I <u>wouldn't think of it</u>. Put your money away."
                                    sth
("내가 식사비를 지불할게." "당치도 않는 소리 하지 마. 네 돈은 저리 치워.")

I <u>wouldn't think of allowing</u> a twelve year old girl to go to a pop concert alone!
(나는 12살 먹은 여자아이 혼자 팝 콘서트에 보낼 생각은 도저히 할 수 없다.)

think over

think *sth* **over, think over** *sth* (유사어 **consider, mull over**)
to think carefully about an idea or a plan before making a decision
~을 숙고하다, ~을 검토하다, ~에 대해서 다시 생각하다

I wanted to think over one or two business problems.
　　　　　　　　　　　　　　sth
(나는 사업상 한두 가지 문제를 심사숙고하고 싶었다.)

I sat back in my chair and thought over the events of the past week.
　　　　　　　　　　　　　　　　　　sth
(나는 의자에 앉아서 지난 주 사건들을 깊이 생각했다.)

think through

think *sth* **through, think through** *sth* (유사어 **think out**)
to think carefully about the possible results of doing something
(결과에 대하여) 끝까지 생각하다, 충분히 생각하다

Give us time to think it through.   (그것을 생각할 시간을 충분히 우리에게 줘.)
　　　　　　　　　　sth

You should seriously think it through before you get married.
　　　　　　　　　　　　sth
(결혼하기 전에 결혼을 진지하게 생각해야만 해.)

think up

think up *sth*, **think** *sth* **up** (유사어 **think of, come up with**)
to find a new idea, suggestion, etc. by thinking about it and using your imagination or intelligence
(상상력·지능을 사용해서) ~을 생각해 내다

I have to think up a way to solve this problem.   (나는 이 문제를 푸는 방법을 생각해내야 한다.)
　　　　　　　　sth

Maria is good at thinking up excuses to avoid work.
　　　　　　　　　　　　sth
(마리아는 일을 회피하는 변명을 생각해내는 데 능숙하다.)

throw

vt. ① (내)던지다, 던져주다, 팽개치다 ② 내동댕이치다, 떨어뜨려 버리다 ③ (손·발을) 힘 있게 움직이다, 펄떡펄떡 움직이다, [~oneself] 몸을 던지다, [~oneself] 의지하다, 호소하다(on) ④ (옷 따위를) 급히 입다, 걸쳐 입다, 벗어던지다(on, off, over, round) ⑤ 발사하다, 뿜어내다 ⑥ (어느 위치로) 움직이다, 이동하다, 배치하다, 파견[투입]하다 ⑦ (어떤 상태·위치·관계로) 되게 하다, 던지다, (일 따위에) 열중하다 ⑧ (빛·그림자·시선·질문 따위를) 던지다, 퍼붓다, 향하게 하다, 놓다, (의심을) 두다, (한 방울) 먹이다, (적을) 공격하다, (음식에) 달려들다 ⑨ (목소리를) 크게 내다, (목소리를) 엉뚱한 데서 내다(복화술에서) ⑩ (가축이 새끼를) 낳다 ⑪ 녹로

에 걸어서 오지그릇 따위의 보양을 뜨다 ⑫ (생사를) 꼬다 ⑬ ((구)) (파티 등을) 개최하다, 열다, ⑭ (심하게) 들이받다, (암초에 배를) 얹히게 하다 ⑮ (기계 장치의) 각부를 연결하다, 연결을 끊다, (스위치의 손잡이 따위를) 움직이다(연결·차단하기 위해) ⑯ ((구)) (경기에서) 일부러 지다 ⑰ ((구)) ~을 깜짝 놀라게 하다, 당황하게 하다, ~을 혼란시키다 ⑱ (표를) 던지다, (주사위·카드 등을) 던져서 끗수가 나오게 하다

vi. ① 던지다, 팽개치다, 발사하다 ② 주사위를 던지다 ③ (가축이) 새끼를 낳다

유사단어

throw: 가장 일반적인 말로 '힘 있게 던지다'의 뜻. 보통 방향을 나타내는 말과 함께 쓰임
    Don't <u>throw</u> stones at my dog! (우리 개에게 돌 던지지 마.)

toss: 가볍게 또는 겨냥하지 않고 던지다
    The horse <u>tossed</u> its rider. (말이 탄 사람을 내동댕이쳤다.)

cast: throw보다 예스럽고 고상한 말. 주사위·투망·낚싯줄·투표 따위에 쓰이는 이외에는 주로 비유적 용법에 한정됨.
    He <u>cast</u> her a glance. (그는 그녀를 힐끗 봤다.)

pitch, hurl: 조준해서 힘차게 빨리 던지다
    He <u>pitched</u> a ball. (그는 공을 투구했다.)
    The hunter <u>hurled</u> his spear at his prey. (사냥꾼은 사냥감을 향해 창을 힘껏 던졌다.)

fling: 힘이 들어있지만 그 때문에 도리어 겨냥이 부정확할 때가 많음.
    He <u>flung</u> the mirror on the floor. (그는 거울을 마루에 팽개쳤다.)

throw away

throw away *sth*, **throw** *sth* **away** (유사어 **chuck out** [Informal], **throw out**)
to get rid of something that you do not want or need

(필요 없는 물건을) 내다 버리다

Nancy's outside looking in the trash for her wedding ring; it <u>was</u> accidentally <u>thrown away</u>. <수동>
(낸시는 밖에 있는 쓰레기통 안에서 결혼반지를 찾고 있었다. 그것은 실수로 내버려진 것이다.)
Let's <u>throw</u> <u>the old television set</u> <u>away</u>, it's been giving more and more trouble, we should get a
              sth
new one. (이 낡은 TV 세트를 내다 버리자. 점점 말썽꾸러기가 되고 있어. 우리 새것을 하나 사야겠어.)

throw away *sth*, **throw** *sth* **away**
to lose or waste something good that you have, for example a skill or an opportunity

(기술·돈을) 잃다, 허비하다

Jones later realized he had <u>thrown away</u> <u>his best chance</u> at becoming a professional golfer.
                    sth
(존스는 나중에 프로골퍼가 될 최고의 기회를 잃었다는 것을 알았다.)
Never <u>throw away</u> <u>a chance</u> to improve your English. (네 영어 실력을 올릴 기회를 결코 잃지 마.)
          sth

throw into

throw *sb* **into confusion[panic]**
to make people feel confused, afraid, etc.

(사람을) 혼란스럽게[당황하게] 하다

Everyone was thrown into confusion by the news of Gandhi's death. <수동>
(모든 사람들은 간디의 서거 소식을 듣고는 혼란에 빠졌다.)

Your remarks have thrown her into a temper.　(네 말이 그녀를 화나게 했어.)
　　　　　　　　　　　　sb

throw sth into turmoil[chaos, disarray] (유사어 plunge sth into)

to suddenly make something very confused and badly organized

(~을) (소란 · 혼란 · 무질서 상태에) 빠뜨리다

A failure of the computer system threw London's ambulance service into chaos.
　　　　　　　　　　　　　　　　　　　　　　　　　　sth
(컴퓨터 시스템의 고장이 런던의 응급차 업무를 혼란스럽게 만들었다.)

The world's money markets were thrown into turmoil last night. <수동>
(지난밤 세계의 자금 시장이 혼란에 빠졌다.)

throw yourself into sth

to start doing an activity or a job eagerly and with a lot of effort

(활동 · 직업에) 열중하다, 몰두하다

Mrs. Kaul threw herself into her work, staying up late every night.
　　　　　　　　　　　　sth
(카울 부인은 매일 밤늦게까지 그녀의 일에 전심전력을 다했다.)

The best cure for unhappiness is to throw yourself into your work.
　　　　　　　　　　　　　　　　　　　　　　　sth
(불행을 치료하는 특효약은 일에 몰두하는 것이다.)

throw sth into

if you throw an object into a container, or a place, you put it there casually, sometimes with force

(그릇 · 장소에) 던지다

Rachel threw a coin into the wishing well and made a wish.
　　　　　　sth
(레이첼은 소원을 비는 우물에 동전 하나를 던져 넣고는 소원을 빌었다.)

He threw his papers into the basket.　(그는 서류를 휴지통에 던져 버렸다.)
　　　　sth

throw sb into sth

if someone throws a person into jail, prison or a cell, they force them to enter it and stay there

(감옥에) 투옥시키다

The criminal was thrown into prison as soon as he was found guilty. <수동>
　　　　　　　　　　　　　sth
(범인은 유죄판결을 받자마자 곧 감옥에 투옥되었다.)

They arrested several leaders and threw them into prison.　(그들은 몇 명의 지도자들을 체포해서 투옥시켰다.)
　　　　　　　　　　　　　　　　　　　sb　　sth

throw out

throw out sth, **throw** sth **out** (유사어 **throw away, chuck out** [Informal])
to get rid of something that you do not want or need
(불필요한 물건을) 버리다, 처분하다, 폐기하다

My wife made me <u>throw out</u> <u>my old tennis shoes</u>. (나는 아내 때문에 낡은 테니스화를 버렸다.)
　　　　　　　　　　　　　　　　　　sth
The milk spoiled, so I had to <u>throw</u> <u>it</u> <u>out</u>. (우유가 상해서 버려야만 했다.)
　　　　　　　　　　　　　　　　　sth

throw sb **out, throw out** sb (유사어 **kick out, boot out** [Informal])
to make someone leave a place quickly because they have behaved badly
(과실을 범한 사람을) (장소·학교·회사에서) 추출하다, 쫓아내다

Jim <u>got thrown out</u> of the Navy for taking drugs. <수동> (짐은 약물을 복용했기 때문에 해군에서 추출되었다.)
If you fail 30% or more of your courses, they <u>throw</u> <u>you</u> <u>out</u> of the college.
　　　　　　　　　　　　　　　　　　　　　　　　　　　　　sb
(네가 만일 수강 과목의 30% 또는 그 이상의 낙제를 한다면 그들은 너를 퇴학시킬 것이다.)

➡ **throw** sb **out of** 로도 쓰임
Pop star James Atkins <u>was thrown out of</u> a hotel after his band, EMF, held a wild party there. <수동>
(팝스타 제임스 앳킨스는 그의 밴드 EMF가 호텔에서 소란스러운 파티를 연 후에 쫓겨났다.)

throw out sth, **throw** sth **out** (유사어 **reject, turn down**)
if a parliament, a committee, or a court of law throws out a plan, a suggestion, a claim, etc. they refuse to accept it or make it legal
(법안·제안·기사 등을) 거부하다, 부결하다

Simon's case <u>was thrown out</u> of court. <수동> (시몬의 소송은 법원에서 부결되었다.)
The new law <u>was thrown out</u> when it reached the last stage in parliament. <수동>
(새로운 법안은 의회의 마지막 단계에서 부결되었다.)

throw out sth, **throw** sth **out** (유사어 **give off**) [BrE]
to produce large amounts of heat, light, smoke, etc. and sent it out in all directions
(열·빛·연기 등을) 발산하다, 방사하다

These electric radiators <u>throw out</u> <u>a lot of heat</u>. (이 전기 라디에이터는 많은 열을 발산합니다.)
　　　　　　　　　　　　　　　　　　sth
The dying fire was <u>throwing out</u> <u>a dull red light</u>. (꺼져가는 불이 희미한 붉은 빛을 내고 있었다.)
　　　　　　　　　　　　　　　　　　　sth

throw together

throw sth **together, throw together** sth (유사어 **put together, cobble together**)
to make something quickly and not very carefully
(급하게·부주의하게) ~을 만들다

Can you <u>throw</u> a meal <u>together</u> in a few minutes?　(당신은 2~3분 안에 식사를 만들 수 있습니까?)
　　　　　sth

My report <u>was thrown together</u> this morning. <수동>　(내 보고서는 오늘 아침 급하게 작성되었다.)

> **throw** *sb* **together, throw together** *sb* (항상 수동)
>
> if people are thrown together by a situation or an event, it causes them to meet each other and get to know each other
>
> (어떤 상황에서 만나) 친해지다

The returning tourists report that they were all <u>thrown together</u> in one of the largest hotels.
(귀국하는 여행객들은 대단히 큰 호텔 중 하나에서 만나서 모두 친해졌다고 말했다.)

They <u>were thrown together</u> in Pairs in the thirties. <수동>　(그들은 30대에 파리에서 만나 친해졌다.)

throw up

> **throw up** *sth*, **throw** *sth* **up** [BrE]
>
> if something throws up new ideas, new problems or new people, it produces them
>
> (새로운 아이디어 · 문제 · 사람을) 만들다, 배출하다

These studies have already <u>thrown up</u> <u>some interesting results</u>.
　　　　　　　　　　　　　　　　　　　　　sth
(이 연구는 이미 몇 가지 흥미 있는 결과를 낳고 있다.)

The newborn British rock culture <u>was throwing up</u> <u>great performers</u> like Cliff Richard. <수동>
　　　　　　　　　　　　　　　　　　　　　　　　　sb
(새로 탄생한 영국의 락 문화는 클리프 리처드와 같은 위대한 가수들을 배출하고 있었다.)

> **throw up, throw up** *sth*, **throw** *sth* **up** (유사어 **vomit, be sick, puke up** [Informal])
>
> to vomit
>
> 음식물을 토하다, (먹은 것을) 토하다

Jane can't come, she's been <u>throwing up</u> all morning. <수동>
(제인은 올 수가 없어. 아침 내내 먹은 것을 토하고 있거든.)

Jimmy <u>threw up</u> <u>his breakfast</u> in the car on the way to nursery school.
　　　　　　　　sth
(지미는 유아원에 가는 차 안에서 아침에 먹은 것을 토했다.)

> **throw up** *sth*, **throw** *sth* **up** (유사어 **put up, erect** [Formal])
>
> to quickly build or make something such as a wall or a fence
>
> 급히 서둘러 만들다, 급조하다

Let's use this wood to <u>throw up</u> <u>a shelter</u> for the night.　(밤에 쉴 은신처를 만드는 데 이 나무를 사용합시다.)
　　　　　　　　　　　　　　　　sth

Builders are <u>throwing up</u> <u>cheap housing</u> all around the city.
　　　　　　　　　　　　　sth
(건축업자들이 이 도시 곳곳에 싼 집을 짓고 있다.)

throw up *sth*, **throw** *sth* **up** (유사어 **chuck in** [BrE, Informal], **jack in** [BrE, Informal]) [BrE, Informal]

if you throw up a job, a position, or an activity you leave it or stop doing it suddenly and unexpectedly

(직위·지위·활동 등을) 급하게 단념하다, 버리다

After three and a half years in college, Bill <u>threw up his studies</u> and became a carpenter.
　　　　　　　　　　　　　　　　　　　　　　　　　sth

(대학에서 3년 반을 보낸 후 빌은 하던 공부를 그만두고 목수가 되었다.)

He considered <u>throwing his job up</u> for something easier.
　　　　　　　　　　　　sth

(그는 좀 더 쉬운 일을 하기 위해 그의 직업을 포기할까 생각했다.)

throw up *sth*, **throw** *sth* **up**

to make dust, sand, water, etc. rise into the air, by driving or running over it

(먼지 등을) 일으키다

The truck <u>threw up a cloud of dust</u> as it sped down the gravel road.
　　　　　　　　　　　sth

(트럭 한 대가 자갈길로 달려 내려갈 때 구름 같은 먼지를 일으켰다.)

Khalil saw a truck approaching, <u>throwing up huge dust-clouds</u> as it bumped along the rutted track.
　　　　　　　　　　　　　　　　　　　　　　　sth

(카릴은 트럭 한 대가 울퉁불퉁한 길을 따라 털털거리며 거대한 먼지 구름을 일으키며 다가오는 것을 보았다.)

tidy

vt. 정돈하다, 말끔하게 치우다, 깨끗하게 하다(up)
vi. 치우다(up)

tidy away

tidy *sth* **away**, **tidy away** *sth* (유사어 **put away, clear away**) [BrE]

to put things in cupboards and drawers, etc. after you have been using them

(찬장·서랍 속에 ~을) 넣다, 정리[정돈]하다, 치우다

Mom told me to <u>tidy away all my things</u> before my aunt came to visit.
　　　　　　　　　　　　　　sth

(엄마는 아줌마가 방문하러 오시기 전에 내 물건을 모두 제자리에 치우라고 말씀하셨다.)

Anthea looked at her watch and began to <u>tidy her papers away</u>.
　　　　　　　　　　　　　　　　　　　　　　sth

(안테아는 자신의 시계를 보고는 서류들을 치우기 시작했다.)

tidy up

tidy up, tidy up *sth*, **tidy** *sth* **up** (유사어 **clear up**)
to make a room or a group of things tidy by putting things in the correct place
(방·책상 등을) 정리정돈하다, 깨끗하게 하다

Help me to <u>tidy</u> the room <u>up</u> before my parents arrive. (부모님이 도착하시기 전에 방 치우는 것 좀 도와줘)
          sth

Anne made the beds and <u>tidied up</u> the nursery. (안네는 잠자리를 만들고 아이 방을 깨끗이 치웠다.)
                      sth

➡ tidy-up (n) [BrE]
    (when you make a place look neater by putting things in their proper places) 정리정돈
I'll just give the house a quick <u>tidy-up</u> and then we can go out.
                                    n
(나는 일단 집을 빨리 정리·정돈 할 거야. 그러고 나서 우리는 외출할 수 있어.)

tidy yourself up (유사어 **smarten yourself up**) [BrE]
to make yourself look tidier or cleaner by washing your face or brushing your hair
(얼굴을 씻어) 깨끗이 하다, (머리 빗질을) 깔끔히 하다, 화장을 고치다

Janine went upstairs to <u>tidy</u> herself <u>up</u> before her date.
                            oneself
(재닌은 데이트 전에 화장을 고치기 위해 이층으로 올라갔다.)

Your hair is a mess. Here's a comb. I'll <u>tidy you up</u>. (머리가 엉클어졌네. 빗 여기 있어. 내가 머리 빗겨 줄게.)

tidy up *sth*, **tidy** *sth* **up** [BrE]
to make a few small changes to something, especially a piece of written work, in order to improve it or finish it
(작품 등을 몇 군데) 수정하다, 미세한 곳을 조정하다

My manuscript is almost finished. I just have to <u>tidy</u> it <u>up</u> a bit.
                                                  sth
(내 원고는 거의 완성되었어. 조금 수정만 하면 돼.)

I just want to <u>tidy up</u> a few things and then you can read it.
                            sth
(나는 다만 작품 두어 군데만 조금 고치고 싶어. 그러고 나서 네가 읽을 수 있을 거야.)

tie

vt. ① (끈·새끼로) 묶다, 매다, 잇다, 매어서[묶어서] 만들다(up, together) ② (끈·넥타이·리본 따위를) 매다, 매어서 몸에 달다 ③ 구속[속박]하다, 의무를 지우다, ~의 사용을 제한하다 ④ 결합하다, 잇다, 들보로[가로장으로] 잇다 ⑤ ((구)) 결혼시키다 ⑥ ((미)) (철도에) 침목을 깔다 ⑦ ~와 동점이 되다, ~와 타이를 이루다(at, in) ⑧ [음악] (음표를 붙임줄로) 연결하다 ⑨ ((속)) ~에 필적하다, 능가하다

vi. ① 매이다, 묶이다. ② 동점이 되다, 비기다(with) ③ ((미구)) 관련되다(to), ((미구)) (~을) 의지하다[믿다](to) ④ (개가) 냄새를 더듬어 가다

유사단어

tie: 실·끈 따위로 매다
   <u>Tie</u> the horse to a tree. (말을 나무에 묶어 두다.)
bind: 띠 따위로 꼭 매다
   <u>Bind</u> the prisoner with a rope. (죄수를 밧줄로 묶어.)
fasten: 매거나 핀으로 달거나 아교로 붙이거나 하여 고착시키다
   <u>Fasten</u> down lifeboats on deck. (구명보트를 갑판에 꼭 붙들어 매 두어라.)

tie in with

tie in with *sth* (유사어 **fit in**)

to be similar to or connected with something else especially something that contains the same information or ideas

(정보·아이디어에) 연결되다, 조화되다, 일치되다

His beliefs didn't seem to <u>tie in</u> at all <u>with reality</u>. (그의 신념은 현실과는 전혀 일치되는 것처럼 보이지 않았다.)
                                                              sth

The problem seems to <u>be tied in</u> somehow <u>with how the machines are connected</u>. <수동>
                                                                                     sth
(그 문제는 좌우간에 기계들이 연결 되는 방법과 관련이 있는 것 같다.)

➡ <u>tie-in</u> (n)
   (a connection or similarity to something else) 관련, 관계
There must be a <u>tie-in</u> somewhere. (어딘가에 관계가 있음에 틀림없다.)
                n

tie in with *sth* (유사어 **coincide (with)**)

if one event ties in with another, it is planned so that both events happen at the same time

(상품은 다른 상품에) 끼워 팔다, 동시에 행하다

Springsteen has released a new album to <u>tie in with</u> <u>his current US tour</u>.
                                                                                           sth
(스프링스틴은 현재 진행 중인 미국 연주투어에 맞추어 새 앨범을 출시했다.)

Our new product announcement will be timed to <u>tie in with</u> <u>our next stockholders meeting</u>.
                                                                                                                      sth
(우리는 신제품의 발표를 주주총회 시기와 맞출 예정이다.)

tie up

tie up *sb/sth*, tie *sb/sth* up

to put a string or a rope around something so that it is fastened together

(끈으로) 단단히 묶다, 포장하다

He <u>tied up</u> <u>the box</u> and took it outside. (그는 상자를 묶어서 밖으로 가지고 나갔다.)
              sth

Jenny <u>tied up</u> <u>the present</u> with a red ribbon. (제니는 붉은 리본으로 선물을 묶었다.)
                  sth

tie up sb/sth, tie sb/sth up

to tie a person or an animal to something by using a rope so that they cannot move or escape

(사람이나 동물을 끈으로) 단단히 묶다, 결박하다

The kidnappers <u>tied</u> <u>the boy</u> <u>up</u> and put him in a darkened room.
                  sb
(유괴범들이 그 소년을 끈으로 결박해서 어두운 방에 가두었다.)

<u>Tie up</u> <u>your horse</u> and come in for a drink. (너의 말을 묶어 놓고 한잔하러 가자.)
        sth

be tied up [Spoken]

to be so busy that you cannot see someone or do something

(너무 바빠서 ~를 만날 수 없다, ~할 수 없다)

Have you <u>been</u> a bit <u>tied up</u> at work? (일 때문에 조금도 자유롭지 못했지?)
Sorry, I couldn't see you earlier — I've <u>been tied up</u> in a meeting all morning.
(미안해 좀 더 일찍 너를 만날 수 없었어. 아침 내내 회의에 묶여 있었어.)

get tied up (유사어 get held up) [Spoken]

if you get tied up, something happens which prevents you from going somewhere or doing something

꼼짝 못하게 하다, (교통 등이) 체증을 일으키다, 정체되다

Traffic <u>was tied up</u> for over two hours by a car-truck collision.
(차와 트럭 충돌 사고로 도로는 약 2시간 이상 정체되었다.)

We <u>got tied up</u> on the freeway because of an accident.
(우리는 교통사고 때문에 무료 간선도로에서 꼼짝 못하고 있었다.)

tie up sth, tie sth up (항상 수동)

if a machine, a phone, etc. is tied up, someone is using it continuously, and this prevents other people from using it

(전화 · 기계 등)이 (다른 사람이 사용 중이어서) 사용할 수 없다, 독점 사용하다

You can't use the printer now. I'll <u>be tied up</u> for another hour. <수동>
(프린터를 지금 사용할 수 없어. 또 1시간은 내가 사용해야 해.)

I've been trying to reach him, but the lines have <u>been tied up</u> all morning. <수동>
(그와 통화하려고 애를 썼으나 아침 내내 통화중이었다.)

tie up sth, tie sth up

to finish arranging or dealing with all the details of something such as an agreement, a plan or a problem

(협정 · 계획 · 문제 등을) 멋지게 해결하다

Will the details of the contract <u>be tied up</u> before the end of the year? <수동>
(연말이 되기 전에 그 계약의 세부사항이 해결될까요?)

The boss wants us to <u>tie up</u> <u>this problem</u> quickly and move on to other matters.
                                        sth
(사장은 이 문제를 신속히 해결하고 다른 과제로 넘어가기를 원한다.)

tie up *sth*, **tie** *sth* **up** (유사어 **do up** [BrE], **lace up**) [BrE]

when you tie up shoelace you fasten them in a bow

(구두끈을) 매다

He saw the man bending down and <u>tying up his shoelace</u>.
                                           sth
(그는 그 남자가 허리를 굽히고 구두끈을 매고 있는 것을 보았다.)

I put on my boots and <u>tied up the laces</u>.   (나는 부츠를 신고 구두끈을 맸다.)
                              sth

tie up, tie up *sth*, **tie** *sth* **up** (유사어 **moor**)

to tie a boat to something, especially so that you can stop somewhere after you have been sailing

(배를) 정박시키다

The ships made for port and <u>tied up</u>.   (배들은 항구로 향했고 정박했다.)

Gridley hoped to <u>tie up his tiny sailboat</u> next to the barge.
                         sth
(그리들리는 그의 돛단배를 바지선 옆에 정박시키고 싶었다.)

tip

1. **vt.** ① ~에 끝을 달다[붙이다], ~의 끄트머리에서 씌우다, ~의 끝을 장식하다, (모피)의 털끝을 물들이다(보기 좋게 하기 위하여), ~의 끝[선단]을 이루다 ② ~의 끝을 자르다 ③ [제본] (간지를) 끼우고 끝을 풀로 붙이다(in)

2. **vt.** ① 기울이다(up), 뒤집어엎다, 쓰러뜨리다(over, up) ② (뒤엎어 내용물을) 비우다, (쓰레기를) 버리다(off, out, up) ③ (인사하기 위해 모자에) 가볍게 손을 대다

   vi. 기울다, 뒤집히다

3. **vt.** ① ~에게 팁을 주다, 팁으로서 주다 ② ((구)) ~에게 살짝 알리다, ~에게 비밀 정보를 제공하다, (비밀·음모 따위를) 누설하다, (~가 ~할 것을) 예상하다 ③ 주다, 전하다, (노래·이야기 따위를) 하다 ④ ((미속)) ~에게 부정을 저지르다, ~와 성교하다

   vi. ① 팁을 주다 ② ((미속)) 부정을 행하다, 성교하다

tip off

tip off *sb*, **tip** *sb* **off**

to give someone such as the police secret information about something illegal

(경찰에게) 정보를 제공하다

The thieves were arrested. Someone <u>tipped off the police</u> on the robbery beforehand.
                                               sb
(강도들이 체포되었다. 누군가가 경찰에게 강도 계획 정보를 사전에 제공하였다.)

The police caught the murderer because they <u>were tipped off</u> by someone unknown. <수동>
(경찰은 어떤 밀고자에게 정보를 받아서 살인자를 체포하였다.)

➡ <u>tip off *sb* about</u> 으로도 쓰임

Someone must have tipped off the press about Madonna's visit.
                              sb
(누군가가 마돈나의 방문을 신문사에 정보로 제공했음이 틀림없다.)

➡ tip-off (n)

 (a secret warning or piece of secret information) 비밀정보, 경고
Acting on an anonymous tip-off, police raided the house. (익명의 비밀정보에 따라 경찰은 그 집을 습격했다.)
                          n

tone

vt. ① ~에 가락[억양]을 붙이다, ~에 색조를 띠게 하다, ~의 가락을[색조를] 바꾸다 ② ~에 가락을 붙여서 말하다[부르다, 읽다]

vi. ① 가락을[색조를] 띠다 ② 색이 바래다 ③ 조화하다(with)

tone down

tone down *sth*, **tone** *sth* **down** (유사어 **moderate**)
to make a piece of writing, a speech, or a performance less offensive or less critical
(작품·연설·공연의 비평 수준을) 낮추다

He advised me to tone down my article. (그는 나에게 논설에서 비평의 수준을 낮추라고 충고했다.)
                         sth
If Newland doesn't tone down his message, he will probably lose supporters
                         sth
(만약 뉴랜드가 그의 메시지의 공격성을 낮추지 않는다면, 그는 지지자들을 잃게 될 것이다.)

tone down *sth*, **tone** *sth* **down**
if you tone down a color or a flavor, you make it less bright or strong
(소리·색·향기를) 덜 밝게·덜 강하게 하다, 낮추다

I wish the neighbors would tone down that radio.
                                  sth
(나는 이웃사람들이 라디오 소리를 좀 줄여줬으면 좋겠어.)
The colors in this picture are too garish, You should tone them down a bit.
                                                          sth
(이 그림의 색조가 너무 화려해. 색감을 조금 부드럽게 하는 게 좋겠어.)

top

vt. ① ~의 정상(표면)을 덮다(with), ~에 씌우다, ~에 씌우고[올려놓고] 마무르다 ② ~의 꼭대기에 이르다, ~의 정상에 있다, ~의 수석을 차지하다, ~의 선두에 서다 ③ ~보다 크다[높다], ~이상이다 ④ ~의 위에 오르다 ⑤ 뛰어넘다 ⑥ ~을 능가하다, 넘다, 초과하다, ~보다 낫다 ⑦ (식물 따위의) 꼭대기를 자르다, 순을 치다 ⑧ [골프·테니스] (공의)위쪽을 치다 ⑨ [바다] (활대의) 한쪽 끝을 올리다 ⑩ (휘발성 물질을) 증류하여 제거하다, (원유를) 상압증류 장치에 넣다 ⑪ (땅에) 시비하다(top-dress)(with) ⑫ ((속)) 목 졸라 죽이다, 죽이다 ⑬ ~의 마지막 염색을 하다

vi. 꼭대기에 오르다, 탁월하다, 우뚝[높이] 솟다, 공의 위쪽을 치다, 끝나다(off, out, up)

top up

top up *sth*, **top** *sth* **up** (유사어 **top off** *sth* [AmE]) [BrE]
to fill a partly empty container with liquid

(남아 있는 용기를 액체로) 채우다, (기름 탱크·배터리를) 보충하다, 충전하다

I'll just <u>top up</u> <u>the coffee pot</u>. (커피포트에 물을 가득 채울게.)
                sth
I <u>topped up</u> <u>the radiator</u> with antifreeze. (라디에이터에 부동액을 보충했다.)
               sth

top up *sth*, **top** *sb/sth* **up** (유사어 **top off** [AmE]) [BrE]
to put more drink into someone's glass or cup

(잔·컵에) 음료를 채우다

He went round the room <u>topping up</u> <u>glasses</u> whenever he noticed that anyone needed a top up.
                                          sth
(그는 잔이 빈 사람을 알아차릴 때마다 잔을 채워주면서 방안을 돌아다녔다.)

My host kept <u>topping up</u> <u>my drink</u>, so my glass was never empty.
                                sth
(호스트가 나의 음료 잔을 계속 채워 주고 있어서 내 잔은 결코 빈 적이 없었다.)

➡ <u>top-up</u> (n) [BrE]

(more drink poured into a glass or cup) 잔 채우기
Would you like a <u>top-up</u>? (잔을 채워 드릴까요?)
                    n

top up *sth*, **top** *sth* **up** [BrE]
to increase the amount of something, especially the amount of money that you earn, so that it reaches the level you want

(수입을) 늘리다

I took a job in the evenings to <u>top up</u> <u>my income</u>. (나는 수입을 늘리기 위해 매일 저녁 일을 하나 더 시작했다.)
                                               sth
You can increase your monthly payments if you want to <u>top up your pension</u>.
                                                                         sth
(당신이 노후 연금을 늘리고 싶다면 매월 지불 액수를 늘려야 한다.)

touch

vt. ① (무엇이) ~에 닿다, 접촉하다 ② (사람이) ~에 (손·손가락 따위를) 대다, ~을 만지다 ③ 어루만지다, (특히) 치료를 위해 손으로 만지다, 촉진하다 ④ 에 인접하다, ~와 경계를 접하다, ~에 연하다 ⑤ [수학] ~에 접하다, ~의 접선[접평면]이 되다 ⑥ ~에 달하다, ~에 이르다, ~에 미치다 ⑦ [주로 부정문] ~에 비견하다, ~와 겨루다, ~에 필적하다 ⑧ ~에 가볍게 힘을 주다 [치다, 때리다], (벨 따위를) 누르다 ⑨ (악기를) 타다, 켜다, 연주하다 ⑩ (물질적으로) ~에 영향을 주다, 해치다, 손상하다, 다치다, 망치다 ⑪ ~에 관계하다, ~의 관심사이다, ~에게 증대하다 ⑫ [주로 부정문] (음식물에) 입을 대다, (사업 따위에) 손을 대다, ~에 간섭하다, (~에게)

난폭한 짓을 하다, (시험문제 따위에) 손을 대다 ⑬ ~의 마음을 움직이다, 감동시키다, 성나게 하다, 욱하게 만들다 ⑭ (무엇을 딴 것에) 접촉시키다, 붙이다(to), [럭비] 터치다운하다, (두 개의 물건을) 서로 스치게 하다, 접촉하다(together) ⑮ (붓·연필로) 상세히[가볍게] 그리다, (그림·문장에) 가필하다, 수정하다(up) ⑯ ~에 색조를 띠게 하다, ~에 ~한 기운을 띠게 하다(with) ⑰ ((속)) (지싯거려 돈을) 뜯어내다, 훔치다, ~에게 조르다, ~에게서 꾸다(for) ⑱ [바다] (배가) 기항하다, (육지에) 닿다, 기항하다 ⑲ [금·은을] 시금석으로 테스트하다, (금속)에 순도 검정인을 찍다 ⑳ [보통 과거분사] 약간 미치게[돌게] 하다 ㉑ ~에 관해 가볍게 언급하다, ~을 논하다 ㉒ [주로 부정문] ~에 작용하다

vi. ① (손을) 대다, 닿다, 만지다, 접촉하다 ② (두 물체가) 서로 닿다, 상접하다, [수학] 접하다 ③ 촉진하다, (손으로) 쓰다듬다 ④ ~촉감이 있다 ⑤ 접근하다, 일보 전까지 오다(at, to, on, upon) ⑥ [바다] 기항하다(at) ⑦ (문제를) 간단히 다루다, 언급하다(on, upon) ⑧ ((속)) 돈을 훔치다 ⑨ (병사들이) 밀집하다 ⑩ [바다] (돛이) 바람을 받아 떨다

touch down

touch down (유사어 **land** 반대어 **take off**)

when an aircraft touches down, it lands on the ground

(비행기 등이) 착륙하다

The flight took off on time and <u>touched down</u> half an hour early.
(비행기는 정시에 이륙을 해서 30분 빨리 착륙했다.)

In spite of the damaged wheel, the plane <u>touched down</u> safely in the hands of her skilled pilot.
(바퀴가 손상되었음에도 불구하고 비행기는 숙련된 비행사의 조작으로 안전하게 착륙했다.)

➡ <u>touchdown</u> (n)

　(when a plane lands on the ground, especially at an airport) 착륙
Failure of any mechanical system to function after <u>touchdown</u> could destroy human lives.
　　　　　　　　　　　　　　　　　　　　　　　　　　n
(비행기 착륙 후 어떤 기계적 시스템의 오작동은 사람의 생명을 앗아갈 수 있다.)

touch on[upon]

touch on[upon] *sth*

to mention a subject briefly when speaking or writing about something

(문제를) 간단히 다루다, 언급하다

The book only <u>touches on the causes of the war</u> and does not do justice to the influence of the
　　　　　　　　　　　　　　　　sth
slave trade. (그 책은 전쟁의 원인만 언급하고 노예매매의 원인에 대해서는 공평하게 다루지 않는다.)
They had <u>touched on the possibility of a nuclear bomb</u>. (그들은 핵폭탄 존재의 가능성을 가볍게 다루었다.)
　　　　　　　　　　　　　　sth

track

1. vt. ① ~의 뒤를 쫓다, 추적하다(down), 탐지하다(out) ② (길을) 가다, (사막 등을) 횡단[종단]하다

③ ((미)) (마루에) 발자국을 내다, (진흙·눈 따위를) 발에 묻혀 오다 ④ ((미)) ~에 선로를 깔다(길을 내다) ⑤ (바퀴 자국을) 따르다 ⑥ (배를) 끌다(tow) ⑦ ((미)) (학급을) 능력[적성]별로 편성하다

vi. ① 추적하다, (바늘이) 레코드의 홈을 따라가다, 예상대로의[바른] 코스를 가다, (양쪽 바퀴가) 일정 간격을 유지하다, 궤도에 맞다, ((미)) 궤간이~이다 ② 걸어 다니다(around, about), 발자국을 남기다, ((미)) 가다, 나아가다 ③ [TV] (카메라맨이) 이동하며 촬영하다

2. vt. (둑 따위에서 배를) 밧줄로 끌다

vi. (배가) 밧줄로 끌려가다

track down

track down *sb/sth*, **track** *sb/sth* **down**
to find someone or something after searching for them in many different places
(추적으로) 찾아내다, 밝혀지다

"Bill is on vacation now, boss." "Well, track him down. I need to talk to him."
                                         sb
("빌은 지금 휴가 중입니다, 사장님." "좋아, 그를 찾아봐. 그와 이야기해야 해.")

Were the doctors able to track down the cause of the infection?
                                     sth
(의사들이 감염의 원인을 알아낼 수 있었을까?)

trade

vt. ① (물품을) 매매하다, 교역하다, 거래하다 ② 팔아버리다(away, off) ③ 서로 교환하다 ④ 교환으로 주다(off), 선수를 다른 팀으로 보내다, 교환하다(for)

vi. ① 장사하다, 매매하다(in), 거래[무역]하다(with) ② 무역 여행을 하다(to, from) ③ (배가) 화물을 운송하다, 다니다(to) ④ 물건을 사다 ⑤ (증권 따위가 ~의 값으로) 팔리다 ⑥ (지위·사면 따위를) 돈을 받고 팔다(in) ⑦ 교환하다, 바꾸다

trade in

trade *sth* **in**, **trade in** *sth*
to give a car, a piece of equipment, etc. that you own as part of the payment for a new one you are buying
(신상품의 대금 일부로 가지고 있던 물건을) 주다

After the twins were born, Raul traded his pickup truck in for a station wagon.
                                        sth
(쌍둥이가 태어난 후 라울은 그의 픽업트럭을 주고 스테이션왜건을 샀다.)

Jack traded in his Chrysler for a new Lexus. (잭은 새 렉서스를 살 때 그의 크라이슬러를 주었다.)
            sth

➡ trade *sth* in for 로도 쓰임
We traded our big old van in for a smaller, more modern one.
         sth
(우리는 낡고 큰 밴을 주고 작고 더 최신형의 밴을 샀다.)

trigger

vt. ① ~의 방아쇠를 당기다, 발사하다, ~에 폭발을 일으키게 하다 ② (일련의 사건·반응 등을) 일으키다, 유발하다, ~의 계기가 되다(off)
vi. 방아쇠를 당기다

trigger off

trigger off *sth*, **trigger** *sth* **off** (유사어 **spark off, set off**) [BrE]
to make something suddenly begin, often a difficult or violent situation
(어렵거나 폭력적인 상황을) 갑자기 일으키다, 유발하다

The Prime Minister's speech <u>triggered off</u> <u>violent protests</u> in cities up and down the country.
_{sth}
(수상의 연설은 전국 여기저기 여러 도시에서 격렬한 저항을 일으켰다.)
Careless political action can <u>trigger off</u> <u>a war</u>. (부주의한 정치적 행동이 전쟁을 일으킬 수도 있다.)
_{sth}

try

vt. ① 해보다, 시도하다, (가능한지 어떤지) ~해보다(doing) ② 시험하다, ~의 성질(컨디션, 풍미, 가치, 효과, 강도, 능력, 상태 등)을 시험해 보다, 조사해 보다 ③ [법] 재판에 부치다, (사건을) 심리[심문]하다, (아무를) 재판하다, ((미)) (변호사가 법정에서 사건을) 조사하다, (변호사가) ~의 재판을 담당하다 ④ 시련을 겪게 하다, 고생하게[혹독한 일을 당하게] 하다, 괴롭히다, 혹사하다 ⑤ (기름 등을) 짜내다, 짜다, 정제하다, (광석에서 금속을) 제련하다 ⑥ [목공] (긴 대패로) 마무리하다 (up) ⑦ ~의 선악을[흑백을, 진위를] 분명히 하다, (조사하여) ~으로 결말[해결]짓다(out)
vi. ① 시험해 보다 ② (~하도록) 노력하다[힘쓰다](for)

유사단어

try: 가장 일반적인 말, attempt보다 평이하고 관용적임
    Tim may not be good at math, but at least he <u>tries</u>. (팀은 수학에 능하지 못할지는 몰라도 적어도 노력은 한다.)
attempt: try보다 형식적인 말, 더 대담한 시험을 시사함
    He <u>attempted</u> to deceive me. (그는 나를 속이려고 (시도)했다.)
endeavor: 노력의 뜻이 강함. 성공의 가능성이 적을 때는 try를 씀
    He <u>endeavored</u> to soothe her. (그녀를 달래려고 애쓰고 있었다.)
essay: 구어에서는 거의 안 쓰는 격식을 차린 말, try·attempt에는 실패의 가능성이 풍기지만, essay에서는 계획을 실현하기 위해 밟는 절차에 역점이 있음
    He <u>essayed</u> escape. (그는 도주를 시도했다.)

try on

try *sth* **on, try on** *sth*
to put on a piece of clothing to find out whether it fits you or whether you like it, especially before buying it
(몸에 맞는지 옷·모자·신발 따위를) 입어보다[써보다, 신어보다]

Never buy shoes without **trying them on**!　(신어 보지 않고는 신발을 절대 사지 마.)
_{sth}

Go **try on the sweater** and see if it fits.　(스웨터 입어 봐. 맞는지 안 맞는지 보자.)
_{sth}

try it on [BrE]

if someone is trying it on, they are attempting to trick you or make you angry

속이려고 하다, 화나게 하다

I wasn't sure whether he was sincere or just **trying it on** with me.
(그가 진실인지 단지 나를 속이려고 하는 것인지 확신할 수가 없었다.)

Kids always **try it on** with a new teacher so don't worry about that.
(아이들은 항상 새로 부임한 선생님을 골탕 먹이려고 해. 그러니까 그 문제는 걱정하지 마.)

try it on

if a man tries it on with a woman, he starts touching or talking to her in a sexual way in order to see how much she will allow him to do

(성적으로) 유혹하려 하다

Beware of Sid Jones. He **tries it on** with every girl he dates.
(시드 존스를 주의해. 그는 데이트하는 모든 여자아이들을 유혹하려고 해.)

I caught Fred **trying it on** with my girl friend.　(나는 프레드가 내 여자친구를 유혹하려고 하는 것을 붙잡았어.)

try out

try out *sth*, **try** *sth* **out**

to test something in order to find out if it works or to decide whether you like it

(기능·적성 등을 조사하기 위해) 시험하다, 사용해 보다, (신제품 등을) 효과가 있나 시험해 보다

The school is **trying out a new method** which claims to help children learn to read more quickly
_{sth}
(학교 당국은 학생들이 속독하는 데 도움이 된다고 주장하는 새로운 방법을 시도하고 있다.)

The new engine must **be** thoroughly **tried out** before being out on the market. <수동>
(새로 개발된 엔진은 시장에 출시하기 전에 철저히 시험해 보지 않으면 안 된다.)

➡ **try** *sth* **out on** 으로도 쓰임

The magician always **tries new tricks out on** his family before performing them on stage.
_{sth}
(그 마술사는 무대에서 공연하기 전에 새 마술을 가족들 앞에서 항상 시연한다.)

➡ try-out (n)

(if you give something a try-out, you use it for the first time in order to see if it works well, or whether you like it)　시험해 보기

I gave one of their bikes a **try-out** last weekend, and it was fantastic.
_n
(나는 지난 주말에 그들의 자전거 중 한 대를 시험해 보았는데 환상적으로 좋았다.)

try out *sth*, **try** *sth* **out** (유사어 **practice**)
to practice a skill or something you have learned in order to try to improve it

(기술·배운 것을) 연습하다

If we went to France, it would give you the opportunity to try out your French.
                                                                        sth
(우리가 프랑스에 간다면 네가 프랑스어를 연습할 좋은 기회가 될 텐데)
I tried out my new accent on a girl in the coffee shop.
         sth
(나는 커피숍 안에 있는 여자 아이한테 새로 익힌 억양을 연습했다.)

try *sb* **out, try out** *sb*
to get someone to do some work for you for a short time before deciding whether to employ them permanently

~에게 시험적으로 일을 시켜보다, (사람을) 임시채용하다

The manager agreed to try him out for a week. (매니저는 그를 일주일 동안 임시고용하는 것에 동의했다.)
                          sb
"Are you sure you can do the job?" "Try me out, I'll work without pay for the first week."
                                       sb
("그 일을 할 자신이 있습니까?" "시켜만 주십시오. 처음 첫 주에는 보수를 받지 않겠습니다.")

try out [AmE]
to compete or perform in front of a group, for a team, play, performance, etc.

(팀·연극·공연 등의) 일원이 되기 위해 경쟁하다, ~의 선발 시험을 보다

Are you going to try out for the team? (너는 그 팀이 시행하는 선발 시험을 받으려고 하니?)
If you practice hard, you'll be good enough to try out for the band next year.
(열심히 연습하면 내년에 밴드 오디션 시험 보기에 충분할 거야.)

➡ **try out for** 로도 쓰임
Joan tried out for the school basketball team. (조앤은 학교 농구팀 선발 시험을 보았다.)

➡ **try-out** (n)
(if you are given a try-out for a sports team or an acting role, you compete or you perform a test in an attempt to be chosen) (스포츠의) 적격[실력]시험
I had a couple of try-outs for the college hockey team. (나는 대학하키 팀에 2번이나 시험을 보았다.)
                        n

tuck

vt. ① ~을 (좁은 곳·안전한 곳 등에) 챙겨 넣다[숨기다](up, away, in(to), under) ② (다리를) 구부려서 당기다, (머리 따위를) 움츠리다, 묻다(in) ③ (냅킨·셔츠·담요 따위의) 끝을 밀어[찔러] 넣다(in, up, under) ④ (아이·환자)에게 시트·담요 따위를 꼭 덮어 주다, (침구 따위로) 감싸다(up) ⑤ (옷자락 등을) 걷어[치켜] 올리다(up) ⑥ (옷을) 호아 올리다, 시쳐 넣다, 접어 올려 호다(up, in) ⑦ (물고기를) 큰 그물에서 산대(사내끼)로 건져내다 ⑧ ((속)) 마시다, 먹어치우다(in, away) ⑨ ((구)) 교수형에 처하다(up)

vi. ① 호아 올리다, 시쳐 넣다, 접어 호다, 주름을 잡다, 주름 치다, 줄어들다 ② ((속)) [+전+명] 배불리[게걸스럽게] 먹다(in, into)

tuck away

be tucked away

If a place is tucked away somewhere, it is in a quiet area where very few people go
(장소가) 눈에 띄이지 않는 곳에 있다, (사람이 잘 가지 않는 곳에) 숨어 있다

The Smith's summer home is tucked away in the mountains of Tennessee. <수동>
(스미스 가족의 여름별장은 테네시 주 산중의 눈에 띄지 않는 곳에 있다.)

I found a wonderful old used-book store tucked away in a back street. <수동>
(멋지고 고풍스러운 중고서점이 사람들 눈에 뜨이지 않는 뒷골목에 있는 것을 찾아냈어.)

be tucked away (유사어 **be hidden away**)

if something or someone is tucked away somewhere people will not see them or know about them
(사람들이 모르는 곳에) 있다, ~에 숨겨두다

We were tucked away in a corner of the room.   (우리는 그 방의 한 곳에 숨어 있었다.)

Elsie had always known that her husband had another woman tucked away somewhere. <수동>
(엘시는 남편이 다른 여자를 어디엔가 숨겨두고 있다는 사실을 오랫동안 알고 있었다.)

tuck *sth* **away, tuck away** *sth* (유사어 **put away, stash away, put aside**)

if you tuck money away, you save it rather than spending it
조금씩 돈을 모으다, (돈 따위를) 모아 두다

For twenty-seven years Pereira tucked some money away each week, so that he could buy a house
                                              sth
before retiring.   (27년 동안 페레이라는 매주 돈을 조금씩 모아서 은퇴하기 전에 집을 살 수 있었다.)

The new scheme involves tucking away between £50 and £100 each month into a saving account.
                                sth
(새로운 계획에는 매달 50파운드에서 100파운드 사이의 금액이 예금 계좌로 들어가는 것이 포함되어 있다.)

tuck away *sth*, **tuck** *sth* **away** [Informal]

to eat a lot of food, especially quickly and with enjoyment
(음식을 빨리 즐기면서) 많이 먹다

Sam tucked away a whole large-size pizza, two glasses of beer and a dish of ice cream.
              sth
(샘은 대형크기 피자 한 판, 맥주 두 잔, 아이스크림 한 접시를 다 먹어 치웠다.)

The wrestlers tuck away huge quantities of food.   (레슬링 선수들은 엄청난 양의 음식을 먹는다.)
                  sth

➡ *sb* can tuck it away [BrE]

(they can eat a lot of food)   음식을 많이 먹다.

Some of these children can really tuck it away!   (이 애들 중 몇 명은 정말 엄청나게 많이 먹어.)
   sb

turn

vt. ① 돌리다, 회전시키다 ② (스위치·고동·마개를) 틀다, (조명·라디오·가스·수도 따위를) 켜다, 틀다(on), 잠그다, 끄다(off) ③ 돌다, (모퉁이를) 돌아가다, 구부러지다, ~의 측면으로 우회하다 ④ (연령·시각 등을) 넘다, 지나다 ⑤ 감아[걷어]올리다, (책장을) 넘기다, 접다, 구부리다, 파헤치다, (날을) 무디게 하다 ⑥ (옷을) 뒤집다, (뒤집어) 고치다, 헌 외투를 뒤집어 고치게 하다 ⑦ 뒤엎다, 거꾸로 하다, 전도하다 ⑧ (다른 그릇에) 거꾸로 기울여 붓다 ⑨ (눈·얼굴·등 등을) ~으로 돌리다(to, on, upon), (어떤 방향으로) 향하게 하다, ~을 향해 나아가게 하다(toward, on), 적대하게 하다(against) ⑩ (어떤·용도·목적으로) 쓰다, 충당하다, 돌려대다, (~의) 대상으로 만들다, 이용하다(to) ⑪ (타격·탄환 따위를) 빗나가게 하다, (사람의 마음 따위를) 딴 데로 돌리다, 변화시키다. ⑫ 쫓아버리다, 쫓아내다 ⑬ (성질·외관 따위를) (~으로) 변화시키다, (~으로) 만들다[바꾸다], 변질[변색]시키다 ⑭ (머리를) 돌게 만들다, 혼란시키다, (마음을) 뒤집히게 하다 ⑮ ~의 관절이 삐다[접질리다] ⑯ (돈 따위로) 바꾸다, 교환하다(into) ⑰ 번역하다, 바꾸어 말하다(into) ⑱ (자금·상품을) 회전시키다, (주를) 처분하다(딴 주를 사기 위해), (이익을) 올리다 ⑲ (이것저것) 생각하다, 숙고하다(over) ⑳ 녹로로[선반으로] 깎다[만들다], 매끈하게 만들다, 둥그스름히 하다 ㉑ 모양 좋게 만들다, (표현을) 멋지게 하다 ㉒ (공중제비 등을) 몸을 회전시켜서 하다, (재주를) 넘다 ㉓ 구역질나게 하다

vi. ① (축 또는 물체의 주위를) 돌다, 회전하다, 선회하다 ② 몸의 방향을 바꾸다, (잠자리에서) 몸을 뒤치다(over), 뒤치락거리다 ③ (가는) 방향을 바꾸다(to), (배가) 진로를 바꾸다, (모퉁이를) 돌다, 구부러지다 ④ 눈(길)을 돌리다[보내다], 뒤돌아보다, 얼굴을 돌리다 ⑤ (마음·문제 따위가) 향하다, 향해가다(move on), 관심[생각]을 향하게 하다(to, towards), 주의를(생각·관심 등을) 다른 데로 돌리다, 옮기다(away, from) ⑥ 의지하다, 도움을 구하다(for), (사전 등을) 참조하다(to) ⑦ (성질·외관 따위가) 변(화)하다, 변전하다(to, into), (관사 없는 명사를 보어로 수반하여) (변하여) ~이 되다, ~으로 전직하다, (종교적으로) 생활 방식을 바꾸다, 개종하다, 변절하다 ⑧ (우유 등이) 시어지다, 산패하다 ⑨ (나뭇잎이) 단풍들다, 변색하다 ⑩ (페이지가) 말리다, (의복 따위가) 걷어지다, (칼날이) 젖혀지다, 무디어지다 ⑪ (운수·형세 따위가) 역전하다, 크게 바뀌다, (조수가 밀물·썰물 등으로) 바뀌다, 되돌아오다[가다] ⑫ (저항·공격하려고) 자세를 취하다, 정색하다, 반격[대, 반항]하다 (against, on) ⑬ ~여하에 달려있다, (~에) 의하다(on, upon), 오로지 (한결같이) (~을) 중심으로 하다, 주로 (~에) 관계가 있다(about, around, on, upon) ⑭ 현기증이 나다, (머리가) 이상해지다, 구역질나다 ⑮ 선반을 돌리다, (녹로[선반] 세공이) 완성되다, ~로 갈리어지다 ⑯ (상품이) 회전되다, 판매[유통]되다.

유사단어

turn: 가장 일반적인 말로 원형을 그리면서 돌다, 1회전 아닌 경우에도 씀
　　The windmill is turned by the wind. (풍차는 바람의 힘으로 돌아간다.)
revolve, rotate: 주위를 돈다는 뜻은 둘 다 거의 같지만 rotate는 축을 중심으로 회전 할 때만 쓰임, 두 말 모두 계절 등이 회귀·순환하는 뜻을 가짐
　　The moon revolves around the earth. (달은 지구의 둘레를 돈다.)
　　The earth rotates(revolves) on its axis. (지구는 지축을 중심으로 자전한다.)
spin: 급히 돌다
　　The skater spun on the ice. (스케이터는 얼음 위에서 빙글빙글 돌았다.)

turn around, turn round [BrE]

turn around[round], turn *sth* around[round]
to turn so that you are facing in the opposite direction, or to make something do this

(반대편으로 방향을) 바꾸다, 돌아서다

Someone called my name, and I <u>turned around</u> to see who it was.
(누군가 내 이름을 불러서 나는 누구인가 보려고 돌아섰다.)

You should turn <u>this house plan</u> around so that the other side can get some light.
                sth
(이 집의 설계를 바꾸어야 해. 그래야 반대쪽이 빛을 받을 수 있어.)

turn *sth* around[round], turn around[round] *sth*
to make a business, an organization, economy, etc. successful again after it has been unsuccessful

(사업·경제 사정 등을) 불황 후 호전시키다

<u>Turning this money-losing company around</u> is going to take several years.
                sth
(승산이 없는 이 회사를 호전시키려면 몇 년이 걸릴 것이다.)

There are no quick solutions for <u>turning around a sinking economy</u>.
                                              sth
(침체해 가는 경제를 호전시킬 빠른 해결책이 없다.)

turn around[round]
if a business economy, etc. turns around, it starts to become successful after it has been unsuccessful

(사업·경제 등이 불황 뒤에) 호전되기 시작하다

In just a year the firm has <u>turned around</u> from a £106 million loss to an £11 million profit.
(겨우 1년 안에 그 회사는 1억 6백만 파운드 적자에서 1천 1백 파운드의 흑자로 호전되었다.)

Do you think our housing sales will <u>turn around</u> this year?
(금년에 우리 회사의 주택 판매 사업이 호전될 것 같다고 생각해?)

➡ <u>turnaround, turnround</u> [BrE] (n)

   (a complete change from a bad situation to a good one)   완전 반전

Jenkins is confident the company will make a major <u>turnaround</u> this year.
                                                                  n
(젠킨스는 금년에 회사가 중요한 경제적 반전을 할 것이라고 확신한다.)

turn around[round] and ... [Spoken]
used to say that someone suddenly does something that is unexpected or unreasonable

(기대하지 않는 일·비합리적인 일을) 갑자기 하다

The company got rid of 200 permanent employees, then <u>turned round and</u> hired others on a temporary basis. (회사는 200명의 영구직 직원을 해고하더니 갑자기 임시직에 다른 사람들을 고용했다.)

I don't understand that boy. He goes to college for almost four years. Then, just before he graduates, he <u>turns around and</u> drops out.
(나는 그 아이를 이해하지 못하겠어. 거의 4년 가까이 대학을 다녔어. 그런데 졸업하기 바로 전에 갑자기 중퇴를 했어.)

turn sth around[round]

to consider something in a different way, or change the words of something so that it has a different meaning

(생각·말 등을) 바꾸다, 다른 의미로 바꾸다

He's always turning my words around to make them say something I didn't mean.
　　　　　　　　　　　sth
(그는 항상 나의 말을 바꾸어서 내가 의미하지 않았던 말로 만들고는 한다.)

He was clever enough to turn my question around so that it sounded foolish.
　　　　　　　　　　　　　　　　sth
(그는 아주 영리해서 내 질문이 바보 같은 소리로 여겨지게끔 만들었다.)

turn down

turn sth down, turn down sth (반대어 turn up)

to reduce the amount of sound, heat, etc. produced by a machine such as a radio or a cooker

(라디오 등의) 소리를 작게 하다, (밝기·물·가스 등을) 줄이다

Could you turn that music down — we can't hear ourselves speak!
　　　　　　　　sth
(그 음악 소리 좀 줄여줄래? 우리 말 소리를 들을 수가 없어.)

Could you turn down the air conditioning? It's too cold in here.　(에어컨 온도 좀 내려줄래? 여기 너무 추워.)
　　　　　　　　　　sth

turn down sth/sb, turn sth/sb down (유사어 reject)

to refuse an offer, a request, or an invitation

(제안·요청·초대 등을) 거절하다

I'm sorry, but I'm going to have to turn down your invitation as I'll be away then.
　　　　　　　　　　　　　　　　　　　　　　sth
(미안합니다. 그때에는 제가 여기 없기 때문에 당신의 초대에 응할 수가 없을 것 같습니다.)

Yes, she turned the offer down.　(그렇습니다, 그녀는 그 제안을 거절했습니다.)
　　　　　　　　sth

turn down [BrE]

if the rate of level of something turns down, it decreases

(비율·수준 등이) 감소하다, 저하시키다

The housing sales have been turning down since the summer.　(주택 판매는 여름부터 계속 하락하고 있다.)

After rising for five straight days, the stock market turned down today.
(주식시장이 5일 동안 연속 상승 후 오늘은 하락했다)

turn down sth, turn sth down

if you turn down material or paper, you fold it so that one part of it is covering the other part

(침구·종이·옷 등을) 접다

The hotel maid <u>turned down</u> <u>the bed covers</u> and put a chocolate on each pillow.
                                           sth
(호텔 여종업원이 침대 커버를 접고 각각 베개 위에 초콜릿 하나씩을 올려놓았다.)

Please don't <u>turn down</u> <u>the corners of the pages</u>.　(제발 페이지 모서리를 접지 마세요.)
                                     sth

turn in

turn in *sth*, turn *sth* in (유사어 hand in)

if you turn something in, you give it to someone in authority because it is their responsibility to deal with it

(~을 경찰 등에게) 건네다

You'd better <u>turn in</u> <u>the money</u> that you found.　(네가 발견한 돈은 경찰에게 건네주는 것이 좋아.)
                              sth

Meehan bought a car and then had to <u>turn</u> <u>it</u> <u>in</u> because it has been stolen.
                                              sth
(미한은 차를 한 대 샀는데 그것이 장물이었기 때문에 경찰에게 내주어야 했다.)

➡ turn in to 로도 쓰임
I'm still hoping that someone will find my wallet and <u>turn</u> it <u>in to</u> the police.
(나는 아직도 누군가 내 지갑을 발견해서 경찰에 넘겨주길 바라고 있어.)

turn in *sb*, turn *sb* in [Informal]

if you turn in someone who is suspected of a crime, you take them to the police

(용의자·범인 등을) (경찰에) 통보하다, 밀고하다

The burglary suspect <u>was turned in</u> by his own wife. <수동>　(강도 용의자는 자신의 처에게 밀고되었다.)
When Jake told me that he had murdered Luis, I knew I had to <u>turn</u> <u>him</u> <u>in</u> to the police.
                                                                        sb
(제이크가 루이스를 살해했다고 말했을 때 나는 경찰에 통보해야만 한다고 생각했다.)

➡ turn yourself in 으로도 쓰임
　(to go to the police and admit that you are responsible for a crime)　자수하다
The escaped prisoner got tired of running away and <u>turned himself in</u>.　(탈옥수는 도망 다니다 지쳐서 자수했다.)

turn *sth* in, turn in *sth* (유사어 hand in, give in [BrE]) [AmE]

to give a finished piece of work to a teacher or your manager

(선생님에게 숙제를) 제출하다, (보고서를) 제출하다

Melanie asked her teacher if she could <u>turn</u> <u>her project</u> <u>in</u> late.
                                                 sth
(멜라니는 선생님에게 늦게 숙제를 제출해도 괜찮은지 여쭈어 보았다.)
The boss wants that report <u>turned in</u> by five o'clock. <수동>　(사장님은 5시까지 그 보고서를 제출하길 바란다.)

turn in (유사어 retire [formal]) [Informal]

to go to bed

잠자리에 들다, 잠들다

713

Before <u>turning in</u> for the night he asked for an early morning call.
(밤에 잠자리에 들기 전에 그는 아침 일찍 모닝콜을 요청했다.)

I think it's time I <u>turned in</u>; goodnight, everybody. (난 이제 자야겠어요. 여러분, 안녕히 주무세요.)

> **turn in** *sth*
>
> to produce a particular result, especially a good one
>
> (좋은 성과 · 성적을) 얻다, 올리다, 달성하다

The sales department has <u>turned in</u> <u>very good results</u> this year.
                                                         sth
(영업부는 금년에 상당히 훌륭한 성과를 올리고 있다.)

The company's chairman said it would <u>turn in</u> <u>better results</u> for the year as a whole.
                                                                sth
(그 회사 사장은 전반적으로 그 해에는 더 좋은 성과를 올릴 것이라고 말했다.)

> **turn in a good[superb, fine, etc.] performance**
>
> to perform in a particular way, especially very well
>
> (훌륭하게) 연기를 하다

Humphrey Bogart <u>turned in</u> <u>an outstanding performance</u> in Casablanca.
(험프리 보가트는 영화 카사블랑카에서 뛰어난 연기를 했다.)

Michael Gambon, who played the judge, <u>turned in</u> <u>a fine performances</u>.
(판사 역을 한 마이클 갬본은 훌륭한 연기를 했다.)

Many of the younger athletes <u>turned in</u> <u>memorable performances</u>.
(많은 어린 운동선수들이 기억에 남을 만한 훌륭한 연기를 했다.)

turn into

> **turn into** *sth/sb* (유사어 **change into**)
>
> to become something different, or make someone or something do this
>
> (사물 · 사람이) ~으로 되다, 변화하다, 변신하다

Ugly caterpillars <u>turn into</u> <u>beautiful butterflies</u>. (보기 흉한 애벌레들이 아름다운 나비로 변한다.)
                                             sth

Jane is <u>turning into</u> quite <u>a skilled musician</u>. (제인은 아주 숙련된 음악가로 변하고 있다.)
                                              sth

> **turn** *sth* **into** *sth* (유사어 **convert (into)**)
>
> to change something so that it becomes a different thing or is used in a different way
>
> 바꾸다, ~으로 변하다

The old barn next to the manor house had <u>been turned into</u> flats for old people. <수동>
(호화 장원 옆에 있는 낡은 헛간이 노인들을 위한 아파트로 바뀌었다.)

The children <u>turned</u> <u>the big box</u> <u>into</u> <u>a playhouse</u>. (아이들이 큰 상자를 장난감집으로 바꾸었다.)
                                sth   *sth*

turn sb into sb (유사어 **make into**)

to change someone's life so that they become a different type of person

삶을 바꾸다, 변화시키다

Her bitter experience has <u>turned</u> <u>her</u> <u>into</u> <u>a stronger person</u>.
                                                   sb   sb
(그녀의 파란만장한 경험이 그녀를 더욱 강한 사람으로 변화시켰다.)

The film <u>turned</u> <u>Leonardo DiCaprio</u> <u>into</u> <u>a huge star</u> overnight.
                           sb   sb
(그 영화가 하룻밤 사이에 레오나르도 디카프리오를 대스타로 바꾸어 놓았다.)

turn off

turn off sth, turn sth off (유사어 **switch off** 반대어 **turn on**)

to make a machine or a piece of electrical equipment such as a television, a car, a light, etc. stop operating by pushing a button, turning a key, etc.

(텔레비전 · 차 · 조명 등을) 끄다, 잠그다

Don't forget to <u>turn off</u> <u>the lights</u> when you go to bed. (잠자리에 들 때 불 끄는 것 잊지 마.)
                                 sth

When I'm driving and have to wait for a long freight train to pass, I always <u>turn</u> <u>my car</u> <u>off</u>.
                                                                                                                 sth

(나는 운전하면서 긴 화물열차가 지나가기를 기다려야 할 때면 언제나 차의 시동을 끈다.)

turn off sth, turn off

to leave the road you are travelling on and travel along another, usually smaller one

(간선도로에서) 샛길로 들어서다

I <u>turned off</u> <u>the highway</u> into a restaurant parking lot. (나는 간선도로를 벗어나 레스토랑 주차장으로 들어섰다.)
               sth

The car left the main road and <u>turned off</u> down a narrow track. (자동차는 큰 길을 떠나 작은 길로 들어섰다.)

→ turn-off (n)

   (a smaller road that leads off a main road) (간선도로) 분기점, 지선도로

I think that was the <u>turn-off</u> for the camp-ground. (그것이 야영장으로 가는 지선도로라고 생각해.)
                               n

turn sb off, turn off sb, turn sb off sth (유사어 **put off**) [Informal]

to make someone decide that they are not interested in something

~에게 (~에 대한) 흥미를 잃게 하다, 싫증나게 하다

When I met Dan I thought he was a nice guy, but his racist comments <u>turned</u> <u>me</u> <u>off</u>.
                                                                                                                                                                     sb

(나는 댄을 만났을 때 그를 멋진 사나이라고 생각했는데, 그의 인종차별적인 논평이 나를 질리게 했다.)

I once got sick drinking Scotch. That <u>turned</u> <u>me</u> <u>off</u> <u>whisky</u> for good.
                                                                         sb   sth

(나는 한 번 스카치위스키를 마시고 아픈 적이 있어. 그래서 영영 위스키에 대해 흥미를 잃었어.)

⇒ turn-off (n)

(something that you do not like, because you find it boring or unpleasant) 흥미를 잃게 하는 것
Having to learn all the history of the place was a real turn-off.
　　　　　　　　　　　　　　　　　　　　　　　　　　　　　　　　　　n
(지역 역사를 모두 배워야 하는 것은 정말 지겨운 일이다.)

turn on

turn on *sth*, **turn** *sth* **on** (유사어 **switch on** 반대어 **turn off**)

when you turn on an electrical or mechanical device, you change the controls to make it start producing or doing something

(스위치·전기기구·가스·수도 따위를) 켜다, 틀다

I <u>turned on</u> <u>the radio</u> and listened to the six o'clock news.　(라디오를 틀고 6시 뉴스를 들었다.)
　　　　　　　　　　sth
Peter always <u>turns on</u> <u>all the lights</u> when he comes home.　(피터는 집에 오면 늘 모든 조명등을 켠다.)
　　　　　　　　　　　　　sth

turn on *sb*

to attack someone or criticise someone very strongly

~를 공격하다, ~를 심하게 비판하다

Lydia used to be my friend, but now she's telling people terrible things about me. I wonder why she <u>turned on</u> <u>me</u> like that?
(리디아는 한때 나의 친구였는데 지금은 사람들에게 나를 험담하고 다녀. 왜 그녀가 나를 심하게 비판하는지 모르겠어.)
Wild animals don't make good pets. They can be friendly one minute and <u>turn on</u> <u>you</u> the next.
　　　sb
(야생동물은 좋은 애완동물이 못 돼. 한 순간은 우호적일 수 있어도 다음 순간에는 너를 공격할 수도 있어.)

turn *sb* **on, turn on** *sb* [Informal]

to make someone feel sexually attracted or excited

(성적으로) 매력을 느끼다, 흥분시키다

When I saw this house from the outside, I didn't think I would buy it, but the beautiful woodwork inside really <u>turned</u> <u>me</u> <u>on</u>.
　　　　　　　　　　　　　　　　　　　　　　　　　　　　sb
(나는 밖에서 이 집을 보았을 때 사고 싶지 않다고 생각했으나 내부의 아름다운 목조부는 정말로 나를 매료시켰다.)
It says some women <u>are turned on</u> by the smell and feel of leather. <수동>
(어떤 여자들은 가죽 냄새와 촉감 때문에 성적 흥분을 느낀다고 한다.)

turn on[upon]　* turn upon is more [Formal]

turn on[upon] *sb* (수동불가) (유사어 **round on[upon]**) [BrE]

to suddenly attack someone or treat them badly, using physical violence or cruel words

(폭력이나 난폭한 언어로) 갑자기 공격하다, 습격하다

The dog went mad and <u>turned on</u> <u>his own master</u>.　(개가 미쳐서 주인을 공격했다.)
　　　　　　　　　　　　　　　　　sb

Why did she <u>turn on</u> <u>me</u> like that? Have I said something to offend her?
_{sb}
(왜 그녀가 그런 투로 나를 대하지? 내가 그녀를 노하게 할 무슨 말을 했나?)

turn on[upon] sth (유사어 depend on[upon], hinge on[upon] [BrE])
to depend on something in order to be successful or work well
(성공하기 위해) ~에 의지하다, ~에 달려 있다

Whether you get into a good university or not <u>turns on</u> <u>how hard you study now</u>.
_{sth}
(네가 좋은 대학에 가느냐 못 가느냐 하는 것은 지금 네가 얼마나 열심히 공부하느냐에 달려 있다.)
The validity of our theory <u>turns on</u> <u>the outcome of these experiments</u>.
_{sth}
(우리 이론의 타당성은 이 실험의 결과에 달렸다.)

turn sth on[upon] sb/sth (유사어 train on[upon])
to suddenly aim something such as a gun, a light, or an angry look at someone
(총·빛·시선 등을) (사물·사람에게) 향하다, 겨냥하다

Firefighters <u>turned</u> <u>their hoses</u> <u>on</u> <u>the flames</u>. (소방관들은 호스를 화염에다 겨냥했다.)
_{sth} _{sth}
Mrs. Mane <u>turned</u> <u>a frosty glance</u> <u>upon</u> <u>Mr. Willet</u>. (마네 부인은 냉랭한 시선을 윌렛 씨에게 보냈다.)
_{sth} _{sb}

turn on[upon] sth (유사어 turn to) [BrE]
if your thoughts or a conversation turn on or turn upon a particular subject, they are concerned with that subject
(생각·화제 등이) ~으로 향하다, ~을 중심으로 하다

Stephen wasn't listening to the others — his thoughts <u>turned on</u> <u>the journey</u> in front of him.
_{sth}
(스테판은 다른 사람들의 말을 듣고 있지 않았다. 그의 생각은 앞으로 있을 여행에 쏠렸다.)
Our discussions <u>turned</u> mainly <u>on</u> <u>how to increase sales</u>.
_{sth}
(우리 토의의 주된 중심은 어떻게 매상을 올리느냐 하는 것이었다.)

turn out

turn out sth, turn sth out (유사어 turn off, switch off, put out 반대어 turn on)
when you turn out a light or a gas, you adjust the controls so that it stops giving out light or heat
(전등·가스 등을) 끄다

Did you <u>turn out</u> <u>the light</u> in the bathroom. (너 욕실에 있는 전등불 껐니?)
_{sth}
Pa had <u>turned out</u> <u>the gas</u> in the kitchen. (아빠가 부엌에 있는 가스를 잠갔다.)
_{sth}

turn out (유사어 **work out**)

if something turns out a particular way, it happens in that way

(일의 진행이) ~란 결과가 되다, (사태 따위가) ~로 되어가다, 끝나다

I'm sure it will all turn out fine. (나는 일이 모두 잘될 것이라고 생각해.)
The car turned out to be more expensive than we thought.
(그 차는 우리가 생각한 것보다 더 비싼 값이 되었다.)

➡ turn out fine[well, all right, badly]로도 쓰임
Don't worry about the interview, it will all turn out fine. (그 인터뷰는 염려하지 마, 결국은 아주 잘될 거야.)

➡ turn out to be 로도 쓰임
The holiday turned out to be the best we've ever had. (그 휴일은 우리가 경험해 본 최고의 휴일이 되었다.)

turn out

if something turns out to be true, you find that it is true, although this is surprising

(놀랍지만) 사실로 판명되다, 결국 ~임이 판명되다

Before I met Rusty's son, Danny, I assumed he had red hair like his father, but Danny turned out to have black hair.
(나는 러스티의 아들 대니를 만나기 전에는, 그가 아버지 러스티처럼 빨간 머리를 가졌을 거라 생각했는데 놀랍게도 검은 머리였다.)

I thought Sam bought a Mercedes-Benz, but it turns out that he bought a BMW.
(나는 샘이 메르세데스 벤츠를 샀다고 생각했는데 그가 BMW를 샀음이 밝혀졌다.)

➡ it turns out (that) 으로도 쓰임
I'm sorry. It turns out that we won't need to hire you after all.
(미안합니다. 우리는 결국 당신을 고용할 필요가 없게 되었습니다.)

➡ as it turned out[as things turn out] 으로도 쓰임
As things turned out, I was lucky to get fired. I have a much better job now.
(결과적으로 나는 해고된 것이 다행이었다. 지금은 훨씬 좋은 직업을 가지고 있다.)

turn out

if a child turns out in a particular way, that is the type of person they become

(사람을) 양성하다, 배출하다, (어린이가) ~로 자라다

The Hedges were such an odd family, but all of the children had turned out perfectly normal.
(헤지스 가족은 아주 이상한 집안이었다. 그러나 그 집의 모든 아이들은 완벽히 정상적으로 자랐다.)

Although very shy as a child, he eventually turned out to be a natural leader.
(비록 그는 어릴 때 매우 부끄러움을 탔지만 결국 타고난 지도자로 자랐다.)

turn out

if people turn out for an event, they go to watch it or take part in it

(행사 보러) 가다, (행사에) 참가하다, (모임에) 나가다

Over 200 parents turned out for the school sports day.
(200여 명이 넘는 부모님들이 학교 운동회 날에 참석했다.)

Are you nuts? How many people do you think would turn out for an outdoor concert in the middle of winter? (너희들 바보니? 너희들은 얼마나 많은 사람들이 한 겨울날에 야외 콘서트에 올 거라고 생각하니?)

➡ turnout (n)

(the number of people who go to a party, meeting, or other organized event) (집회의) 출석자 수
These shows are always popular, and we're expecting a big turnout.
(이 쇼는 항상 인기가 있어. 그래서 많은 관람객을 기대하고 있어.)

turn out sth, turn sth out (유사어 **produce, churn out**)
to make or produce something, especially in large quantities
(많은 수의 물건을) 만들어 내다

This new factory will turn out 50,000 units per year. (이 새로운 공장은 1년에 5만개씩 생산할 것이다.)

Better quality goods were being turned out at lower prices. <수동>
(더욱 질이 좋은 상품들이 싼 값으로 만들어지고 있었다.)

turn sb out, turn out sb (유사어 **throw out**)
if you turn someone out of a place, you force them to leave it
(~를) 쫓아내다, 추방하다

The building was sold, and hundreds of people were turned out on to the streets. <수동>
(그 건물이 팔려서 수백 명의 사람들이 길거리로 쫓겨났다.)

Two members were turned out for failing to pay the money that they owed. <수동>
(두 명의 회원이 그들이 진 빚을 갚지 못해 제명되었다.)

turn out sth, turn sth out (유사어 **empty out**)
if you turn out a cupboard, a pocket or other container, you empty it clearly
(용기에 든 것을) 비우다, 뒤엎다

She opened her purse and turned out the contents onto the table.
(그녀는 지갑을 열고 책상 위에 내용물을 쏟았다.)

I'd like to turn the playroom out before painting the walls. (나는 벽을 칠하기 전에 놀이방을 비우고 싶다.)

➡ turnout (n) [BrE]

(when you clean and tidy a room, cupboard, etc. and throw away the things you do not want)
청소, 정돈작업

This room's such a mess — it needs a thorough turnout.
(이 방이 엉망진창이야. 깨끗이 철저하게 청소할 필요가 있어.)

be well[beautifully, nicely, etc.] turned out [BrE]
to be wearing good, beautiful, etc. clothes
(우아하게 · 아름답게) 성장하다

The music was wonderful and the choir was beautifully turned out.
(음악은 훌륭했고 합창단원은 아름답게 의상을 입고 있었다.)

The school band was smartly turned out in crisp new uniforms.
(학교 밴드 부원은 빳빳하게 새로 맞춘 유니폼을 멋지게 차려 입었다.)

turn over

turn over, turn over *sb*, **turn** *sb* **over** (유사어 **roll over**)

to move so that you are facing in a different direction when you are lying down, or to move someone so that they do this

돌아눕다, 돌아 눕히다

I heard the clock, but then I <u>turned over</u> and went back to sleep.
(나는 시계가 울리는 소리를 들었지만 돌아누워 다시 잠이 들었다.)

The nurses gently <u>turned</u> <u>her</u> <u>over</u> and straightened out the sheets.
                              sb
(간호사들이 그녀를 돌려 눕히고는 시트를 판판하게 정돈했다.)

turn over *sth*, **turn** *sth* **over**

to move something so that you can use, look at, or listen to the other side of it

뒤집다, 뒤엎다

The detective <u>turned</u> <u>the body</u> <u>over</u> and inspected the wound. (형사는 시체를 뒤집어서 상처를 조사했다.)
                   sth

The students were asked to <u>turn over</u> <u>their papers</u> and begin the exam.
                                        sth
(학생들은 시험지를 뒤집어서 쓰기 시작하라고 들었다.)

➡ turn over a page, turn a page over 로도 쓰임
He <u>turned</u> <u>the pages of the report</u> <u>over</u> quickly, briefly scanning each one.
(그는 각 페이지를 대충 훑어보면서 여러 장의 보고서를 재빨리 넘겼다.)

turn over, turn *sth* **over** (유사어 **switch over** [BrE]) [BrE]

to change to a different program on the television by pressing a button

(TV의) 채널을 바꾸다

<u>Turn over</u>, I can't stand this program. (TV 채널 돌려. 나 더 이상 이 프로그램을 볼 수 없어.)
Do you mind if I <u>turn</u> <u>the TV</u> <u>over</u> to watch the news? (뉴스를 보기 위해 채널을 돌려도 괜찮겠습니까?)
                               sth

turn over *sb*, **turn** *sb* **over** (유사어 **turn in**)

to take a criminal to the police, or to tell the police where a criminal is

(경찰에게 범인을) 인도하다, (범인이 있는 곳을 경찰에게) 알리다

I caught a burglar in my basement, and I <u>turned</u> <u>him</u> <u>over</u> to the police.
                                                 sb
(나는 지하실에서 도둑을 잡아서 경찰에 넘겼다.)

If you <u>turn</u> <u>me</u> <u>over</u> to the police I'll tell them nothing. (네가 만일 나를 경찰에 넘기면 아무 말도 안 할 거야.)
          sb

◂ turn *sb* over to 로도 쓰임
Witnesses to the accident grabbed the drunken driver and <u>turned</u> <u>him</u> <u>over to</u> the police.
                                                                                                               sb
(사고를 본 목격자들이 술 취한 운전자를 잡아서 경찰에 넘겼다.)

turn *sth/sb* over, turn over *sth/sb* (유사어 **hand over**)

to give something or someone to a person or authority so that they can deal with them or be responsible for them

(권한 등을) 위임하다, (서류 등을) 제출하다, (아이·제자 등을) 맡기다

The judge ordered the attorney to <u>turn over all documents</u> related to the case.
　　　　　　　　　　　　　　　　　　　　　　　sth
(판사는 이 사건과 관련된 모든 서류를 제출하라고 변호사에게 명령했다.)

Terry and his two-year old sister Tiffany were unharmed in the attack, and <u>turned over</u> to relatives. <수동>　(테리와 2살배기 여동생 티파니는 공격 속에서 무사했고 그들은 친척들에게 인계되었다.)

➡ turn *sth/sb* over to
Before I left the building, I <u>turned my key over</u> to the security guard.
　　　　　　　　　　　　　　　　sth
(나는 빌딩을 나가기 전에 열쇠를 경비원에게 넘겨주었다.)

turn *sth* over, turn over *sth* [BrE]

if a business turns over a particular amount of money, it makes that amount in a particular period of time

(일정기간 내 어떤 액수의) 거래개[매상이] 있다

The faster your money <u>is turned over</u>, the more project you can make. <수동>
(당신의 자금 회전율이 빠르면 빠를수록 더 많은 프로젝트를 만들어 낼 수 있습니다.)

The new company, Essential Computing, <u>turned over £500,000</u> in its first year.
　　　　　　　　　　　　　　　　　　　　　　　　　　sth
(새로 설립된 Essential Computing사는 첫해에 500,000파운드의 매상을 올렸다.)

➡ <u>turnover</u> (n)
(the total amount of money made by a business in a particular period of time)
(일정기간의) 거래액, 총 매상고

Quick <u>turnover</u> is good for cash flow.　(거래대금이 빠르게 증가하면 현금 흐름이 좋아진다.)
　　　　　n

turn *sth* over, turn over *sth* (유사어 **chew over, mull over, consider**)

if you turn something over in your mind, you think carefully about it

이것저것 생각하다, 고려하다, 숙고하다

I <u>turned the matter over</u> for several days before making a decision.
　　　　　　　sth
(결심을 하기 전에 며칠 동안 그 문제를 이리저리 생각해 보았다.)

We ate in silence, <u>turning over this uncomfortable rumor in our mind</u>.
　　　　　　　　　　　　　　　　sth
(마음속으로 이 불쾌한 소문을 생각하면서 침묵 속에서 식사를 했다.)

➡ turn *sth* over in your mind 로도 쓰임
Ben sat for a long time, <u>turning the matter over in his mind</u>.
(벤은 마음속으로 그 일을 생각하면서 오랫동안 앉아 있었다.)

turn sth over, turn over sth, turn over

if someone turns a car engine over or it turns over, it starts

(엔진 등을) 시동시키다

If you stay in the car with the engine just <u>turning over</u>, the police cannot charge you with unlawful parking.
(만약 네가 엔진의 시동을 걸어 놓은 채 차 안에 있으면 경찰은 불법 주차로 너에게 벌금을 물릴 수가 없어.)

Hicks <u>turned</u> the engine <u>over</u>, felt for the accelerator and backed into the Harpswell Road.
             sth
(힉스는 시동을 걸고 액셀러레이터를 밟으며 하프스웰 길가로 후진했다.)

turn sth over (유사어 do over) [BrE, Informal], turn over sth

to search a place thoroughly, or to steal things from a place, in a way that causes a lot of damage or makes the place very untidy

(장소를) 약탈하다, 급습하여 수색하다

The gang <u>turned over</u> three convenience stores in one week. (갱들이 일주일 안에 3개의 편의점을 털었다.)
              sth

The police went in and <u>turned</u> the whole house <u>over</u> to see if there were any drugs.
                   sth
(경찰이 집안으로 들어와 마약이 있는지 없는지를 알아보려고 전 집안을 샅샅이 수색하였다.)

➡ turn the place over 로도 쓰임
We came back from holiday to find the place had <u>been turned over</u>, and all my jewellery taken. <수동>
(휴가에서 돌아와 보니 집은 약탈당하고 모든 보석들이 도난당한 것을 발견하였다.)

turn to

turn to sb

to ask someone for help, sympathy or advice

(도움·동정·충고를) 구하다

He still <u>turns to</u> us for advice. (그는 아직도 우리에게 충고를 구하고 있다.)
          sb

Wyman <u>turned to</u> Suzanne Accosta, an old friend, during the court battle with his wife, Mandy.
              sb
(와이먼은 그의 아내 맨디와 법정 투쟁을 하는 동안 오랜 친구인 수잔 아코스타에게 도움을 구했다.)

➡ turn to religion 으로도 쓰임
Whenever I have problems, I always <u>turn to God</u>. (나는 문제가 생길 때마다 항상 하나님에게 도움을 청한다.)

turn to alcohol[drugs, crime, violence, etc.]

to start to do or take something bad [e.g. crime, drugs]

(알코올·마약·범죄·폭동 등을) 시작하다, ~의 생활을 시작하다

In her grief over the death of her family, she <u>turned to drink</u>.
(가족을 잃은 슬픔에 빠져 그녀는 술을 마시기 시작했다.)

After his father died, the boy <u>turned to a life of crime</u>. (아버지가 돌아가신 후 그 소년은 범죄의 길로 들어섰다.)

turn to *sth*

to look in a particular place or use a particular thing in order to get the kind of help, information, etc. that you need

(원조 · 충고 · 정보 등을) 찾다, 이용하다

Eventually the police <u>turned to Germany</u> in their search for information.
                                    sth
(결국 경찰은 정보를 얻으려고 독일을 이용했다.)

The earthquake cut off the telephone lines, and people had to <u>turn to the radio</u> for news about their families. (지진 때문에 전화선이 끊겨 사람들은 가족의 소식을 듣는 데 라디오를 이용해야 했다.)

turn to *sth*

to start a new type of work or habit

(새로운 일 · 습관 등을) 시작하다, ~에 돌입하다

Apparently more and more people are <u>turning to vegetarianism</u> each year.
                                                   sth
(눈에 띄게 매년 점점 더 많은 사람들이 채식주의 생활을 시작하고 있다.)

In a time of grief, it often helps to <u>turn to some new activity</u>.
                                                 sth
(슬픔에 잠겨있을 때에는 어떤 새로운 활동을 시작하는 것이 종종 도움이 된다.)

turn to *sth*, **turn** *sth* **to** *sth*

to begin discussing a new subject

(화제 · 주의 · 생각 등을) ~으로 돌리다

Next, the speaker <u>turned to the question of trade</u> with China.
                                   sth
(다음, 연사는 중국과의 무역문제로 화제를 돌렸다.)

Everyone, please <u>turn your attention</u> to <u>the picture of page 53</u>. (여러분, 53페이지에 있는 그림을 봐 주세요.)
                          sth   sth

➡ turn your attention[thoughts, efforts, etc.] to *sth*
Haggart looked down suddenly, <u>turning his attention to some papers</u> on his desk.
                                                      sth
(하가트는 책상 위에 있는 보고서로 눈을 돌리며 갑자기 내려다보았다.)

➡ a conversation turns to *sth* 으로도 쓰임
Eventually the <u>conversation</u> round the table <u>turned to the subject of money</u>.
                                                              sth
(결국은 책상 주위에서 맴돌고 있던 대화가 돈 문제로 넘어갔다.)

turn up

turn up *sth*, **turn** *sth* **up** (반대어 **turn down**)

to increase the amount of something, especially sound or heat, that is produced by a machine [e.g. television, oven]

(소리 · 온도 등을) 크게 하다, 높이다

If you're cold, I can turn up the heat a bit.　(네가 추우면 히터의 열을 조금 올릴게.)
_{sth}

Grandpa turns the TV up so loud that you can't hear yourself talk.
_{sth}
(할아버지가 TV를 너무 크게 틀어 놓아서 너는 자신의 말소리도 들을 수가 없어.)

turn up (유사어 show up)

to arrive somewhere, especially when you are expected there

　　　　　　　　　　　　　　　　　　　　　　　　　　　　모습을 나타내다

It's hard to plan a picnic when I don't know how many people will turn up.
(몇 사람이나 올지 모를 때는 야외 소풍을 계획하기가 어렵다.)

Every few years my worthless brother turns up at my door asking for money.
(몇 년에 한 번씩 나의 철없는 동생이 문 앞에 나타나서 돈을 요구한다.)

turn up

if something that is lost or missing turns up, someone finds it, especially in an unexpected place
　　　　　　　　　　　　　　　　　　　　　　　　(물건이) 우연히 나타나다[발견되다]

We looked for the ring for weeks, and then it turned up in my pocket.
(우리는 그 반지를 여러 주일 동안 찾았는데 우연히 내 주머니 속에서 그것이 발견되었다.)

The stolen car turned up on the bottom of the lake.　(그 도난당한 차가 호수 밑바닥에서 발견되었다.)

turn up sth, turn sth up

to find something by searching it thoroughly
　　　　　　　　　　　　　　　　　　(고심 끝에) (정보·증거 등이) 손에 입수하다, 발견하다

The detectives on the case have turned up several new clues.
_{sth}
(그 사건 수사에 종사하고 있는 형사들은 몇 가지 새로운 단서들을 찾아냈다.)

The police searched the house, but they didn't turn up anything.
_{sth}
(경찰이 그 집은 샅샅이 뒤졌으나 아무것도 발견하지 못했다.)

turn up (유사어 come up)

if a job or an opportunity turns up, it becomes available, especially in an unexpected way
　　　　　　　　　　　　　　　　　(직업·기회 등이) (우연히) 나타나다, 들어나다, 찾아오다

Don't worry, I'm sure a job will turn up soon.　(염려 마, 곧 좋은 직장이 생길 거라고 확신해.)

An opportunity turned up to fly to Paris, so I took it.　(우연히 파리에 갈 기회가 생겼고 나는 그 기회를 잡았다.)

turn up sth, turn sth up (유사어 take up) [BrE]

to make a skirt, trousers, etc. shorter by folding up the bottom edge and sewing it
　　　　　　　　　　　　　　　　　　　　　　　(스커트·바지 등을) 짧게 만들다

He turned up the cuffs of his shirt and dipped his hands into the water.
_{sth}
(그는 셔츠의 소매를 걷어 올리고는 물속에 두 손을 넣었다.)

One leg of the trousers is longer than the other; get the shopkeeper to turn it up for you.
                                                                              sth
(바지 다리 한쪽이 다른 쪽보다 길어. 상점 주인에게 너의 바지 한쪽을 줄여달라고 해.)

type

vt. ① 타이프라이터로 치다, (~a letter) 편지를 타자하다 ② ~의 형을 조사[분류]하다 ③ 대표하다, ~의 전형을 이루다, 상징하다, 예표하다
vi. 타이프라이터를 치다

type in[into]

type in *sth*, **type** *sth* **in**, **type** *sth* **into** *sth* (유사어 **enter, key in**)
to put information into a computer using a keyboard
(키보드를 사용하여 정보를 컴퓨터에) 입력하다

Pulman sat down at his computer and quickly typed in his name.
                                                        sth
(풀만은 컴퓨터 앞에 앉아서 재빨리 자신의 이름을 입력했다.)

The missiles can only be fired if an operator types a six-digit code into the computers.
                                                    sth
(그 미사일들은 조작 요원이 6자리 암호를 컴퓨터에 입력한 경우에만 발사가 가능하다.)

725

U

use

vt. ① 쓰다, 사용[이용]하다, (권총 등을) 들이대다(on), 소비하다, 습관적으로 쓰다[마시다, 피우다] ② (아무를) 대우하다, 다루다 ③ (남을) 이기적 목적에 이용하다, 이용해 먹다 ④ ((구)) [could(can) ~로] ~을 얻을 수 있으면 좋겠다, 필요하다

유사단어

use: 가장 일반적인 말. 목적어가 사람인 경우에는 '이용하다', '혹사하다'라는 나쁜 뜻이 됨
 I hate being <u>used</u> by her. (그녀에게 이용당하기 싫다.)
employ: 특정 목적을 위하여 기술적으로 가장 효과 있다고 생각되는 방법으로 사용하다. 목적어가 사람인 경우에는 '고용하다'
 The author <u>employs</u> the dialect to enhance the rustic mood of the novel. (저자는 소설의 전원적 정서를 높이기 위해 사투리를 쓰고 있다.)
utilize: 이용하다, 반드시 최적의 것이 쓰이는 것은 아님. 사람이 목적어가 되는 일은 거의 없음
 The old fire station could be <u>utilized</u> as a theater. (오래된 소방서가 극장으로 사용될 수 있었다.)

use up

use up *sth*, **use** *sth* **up**

to finish a supply of something

　　　　　　　　　　　　　　　　　　　　　　　　　　　　　　다 써버리다

Don't <u>use up</u> all the butter. That's all we have. (버터를 모두 쓰지 마. 그것이 우리가 가지고 있는 전부야.)
　　　　　　sth
We <u>used up</u> all our money in the first week of the holiday. (우리는 휴일 첫 주에 모든 돈을 다 써 버렸다.)
　　　　sth

visit

vt. ① (사교·용건·관광 등을 위해) 방문하다, (~의) 집에 머물다, 구경하러 가다 ② 사찰[순시]하다, 위문하다, 왕진하다 ③ (재해 따위가) 덮치다, 엄습하다, 닥치다 ④ (생각 따위가) 떠오르다
vi. ① 방문하다, (손님으로) 체류하다[머무르다](with a person; in (at) a place) ② ((미구)) 이야기[잡담]하다(with)

유사단어

visit: 사람 또는 장소를 방문하다. 얼마 동안 체류하는 것이 보통이나 장기간이 되는 경우도 있음
　　My aunt is coming to visit next week. (다음 주 아주머니가 방문하러 오신다.)
call: 잠깐 방문하다, 들르다, 문전 방문 따위. 방문하는 것이 사람이면 on, 집이면 at
　　Mr. Sweeny called while you were out. (스웨니 씨가 네가 외출한 동안 방문했다.)
see: 아무를 만나다, 우리말의 (아무를) '찾아보다'는 실제로 위의 두 단어보다 see를 쓰는 경우가 보통
　　I've got to see my lawyer at his office this afternoon. (나는 오늘 오후에 내 변호사를 만나러 사무실에 가야 한다.)
meet: 우연히 또는 약속에 의해 사람을 만나다. 방문의 뜻은 없음
　　He's the kindest and sincerest person I've ever met. (그는 내가 지금까지 만난 사람 중 가장 친절하고 성실한 사람이다.)

visit with

visit with *sb* [AmE]
to spend time talking with someone that you know
　　　　　　　　　　　　　　　　　　(아는 사람과) 잡담을 하며 시간을 보내다

I visit with my sick grandmother every afternoon on my way home from work.
　　　　　sb
(나는 직장에서 집으로 가는 길에 매일 오후를 편찮으신 할머니와 이야기를 하며 보낸다.)

Joe had a chance to visit with his old friend Logan while he was in Maryland.
　　　　　　　　　　　sb
(조이는 메릴랜드에 있었을 때 옛 친구 로건과 이야기를 하며 시간을 보낼 기회가 있었다.)

W

wait

vt. ① (기회 · 신호 · 차례 · 형편 등을) 기다리다, 대기하다 ② ((구)) (식사 따위를) 늦추다, 미루다 ③ ((미)) 식사 시중을 들다

vi. ① 기다리다, 대기하다, 만나려고 기다리다(for), 기대하다(for, to do) ② (물건이) 준비되어 있다(갖추어져 있다) ③ [종종 can(cannot) ~로] 잠시 미루다, 그대로 내버려 두다 ④ (식탁에서) 시중들다, 심부름 하다(at, on, upon), (아무를) 시중들다, 모시다, 섬기다(on, upon)

wait about[around]

wait around[about] [BrE] (유사어 **keep *sb* waiting**)

to stay in one place without doing anything while you are waiting for something to happen

(아무 일도 하지 않고) 기다리다

Where have you been? I've been waiting around for you for more than an hour!
(너 어디 있었니? 1시간 이상 아무것도 하지 않고 너를 기다리고 있었어.)

If you can wait around for about an hour, we should be able to tell you your results.
(네가 약 1시간가량 기다릴 수 있다면 우리는 결과에 대해 너에게 말해줄 수 있어.)

➡ keep *sb* waiting around 로도 쓰임 [BrE]
(make someone wait around)

Sorry to keep you waiting around. I'll be back in a minute.
sb
(너를 계속 기다리게 해서 미안해. 내가 곧 돌아올게.)

wake

vt. ① ~의 눈을 뜨게 하다, 깨우다(up) ② (정신적으로) 눈뜨게 하다, 깨닫게 하다, 분발시키다(up), (기억 · 노염 · 의심 따위를) 불러일으키다, 야기하다 ③ 소생시키다, 부활시키다 ④ ((문)) ~의 정적을 깨드리다, 떠들썩하게 하다 ⑤ 밤샘하다, ((고)) ((방)) ~의 불침번을 서다

vi. ① 잠깨다, 일어나다(up), ((구)) 조용히 해 ② [주로 현재분사] 깨어 (눈을 뜨고) 있다, ((방)) 철야[밤샘]하다, ((고)) ((방)) 불침번을 서다 ③ (정신적으로) 눈뜨다, 깨닫다, 각성하다(up, to) ④ 되살아나다(into life), 활발하게 되다

유사단어

wake, awake: 자동사로 쓰이는 일이 많다

Bob woke slowly to sunshine pouring in his window. (밥이 천천히 눈을 뜨니 유리창으로 햇볕이 쏟아져 들어오고 있었다.)

Nightmares kept me awake all night. (악몽 때문에 밤새 나는 잠을 못 잤다.)

waken, awaken: 타동사로서 쓰이는 일이 많음. awake와 awaken은 둘 다 비유적으로 쓰이는 격식 차린 말

The noise of a door slamming wakened her. (쾅하고 문이 닫히는 소리에 그는 잠이 깼다.)

It has <u>awakend</u> him to sense of his position. (그것은 그에게 그 지위의 중대함을 깨닫게 했다.)

rouse: 자동사, 타동사로 쓰임

He <u>roused</u> up from sleep. (그는 잠에서 깨어났다.)

Hilton <u>roused</u> him at eight-thirty by rapping the door. (힐턴은 문을 톡톡 때리며 8시30분에 그를 깨웠다.)

arouse: 타동사로서 모두 비유적으로 쓰임

About two o'clock, we were <u>aroused</u> from our sleep by a knocking at the door. 〈수동〉 (2시쯤 우리는 문을 노크하는 소리에 잠이 깼다.)

wake up

wake up (유사어 **awake** [Literary])

to stop sleeping

잠깨다, 일어나다

She <u>woke up</u> to find that he had gone. (그녀가 잠에서 깨어나 보니 그는 가고 없었다.)
Dad said he <u>woke up</u> at five this morning. (아빠는 오늘 아침 5시에 일어났다고 말씀하셨다.)

wake up *sb*, **wake** *sb* **up**

to make someone stop sleeping

잠을 깨우다, 눈을 뜨게 하다

Can you <u>wake me up</u> at 7:30? (7시 30분에 나 깨워 줄래?)
       sb

Ali is so sleepy in class that the teacher must <u>wake him up</u> every five minutes.
                                                           sb

(알리가 수업 중에 너무 졸아서 선생님은 5분마다 그를 깨워야만 했다.)

wake up

to start to listen or pay attention to something

주의해! 정신 차려

<u>Wake up</u>! You just ran a stop sign! (주의해! 정지신호를 금방 지나 왔어!)
<u>Wake up</u>! I'm trying to tell you something important. (정신 차려! 너에게 중요한 것을 말하려고 하는 중이야.)

wake up to

wake up to *sth* (유사어 **realize, acknowledge** [Formal])

to become aware of a situation or a problem

알다, 깨닫다

You have to <u>wake up to the fact</u> that alcohol is killing you. (너는 술이 너를 죽이고 있다는 사실을 알아야 해.)
                  sth

It's time you <u>woke up to reality</u>. If you don't study harder, you're going to flunk out of school.
                  sth

(네가 사실을 알아야 할 때야. 만일에 네가 공부를 더 열심히 하지 않으면 퇴학당할 거야.)

walk

vt. ① ~을 걷다, ~을 걸어가다, 걸어서 돌아보다[측정하다] ② (사람을) 걸어서 따라가다, 동행하다 ③ (말 따위를) 걸리다, (말·자전거 따위를) 끌고[밀고] 가다 ④ (강제적으로) 데리고 가다, 몰아가다, (무거운 물건을 좌우로 번갈아 움직여 가거나 하여) 조금씩 움직이다[나르다], (아무를) 안내하고 다니다 ⑤ (투수가 타자를) 4구로 '거르다' ⑥ 걷게 하다, 걷게 하여 ~시키다, (시간을) 걸어서 보내다(away) ⑦ ~와 걷기 시합을 하다 ⑧ [바다] 캡스턴(capstan)을 돌려 (닻을) 감아올리다, ((영속)) 멋대로 가져가다

vi. ① 걷다, 걸어가다, (말이) 보통 걸음으로 거다 ② 산책하다, 헤매다, (우주 비행사가) 우주 유영을 하다, 워크 춤을 추다, (유령이) 나오다 ③ (배가) 나가다, (물건이) 걷듯이 움직이다, (탐사기가) 천체를 천천히 유영하다, ((영속)) (소지품 등이) 없어지다 ④ (건축물 등이) 걷고 있듯이 이어져(서) 있다, 걸쳐 있다 (타자가) 4구를 얻어 1루에 나가다, 여행하다(travel) ⑤ ((고)) 처신하다, 처세하다 ⑥ 보조를 맞추다, 협조하다, ((미속)) (특히 앙상블에서) 재즈를 (잘) 연주하다

유사단어

walk: run(달리다)에 상대되는 가장 일반적인 말
　　Turn left and <u>walk</u> up the hill. (왼쪽으로 돌아서 언덕 위로 걸어가시오.)

stride: 큰 걸음으로 걷다
　　"Thank you", he said coldly, and <u>strode</u> away. (그는 "감사합니다"라고 냉정하게 말하고는 성큼성큼 걸어갔다.)

plod: 터벅터벅 힘없이 걷다
　　Nathan <u>plodded</u> up the stairs to his room. (나단은 그의 방을 향해 계단을 터벅터벅 올라갔다.)

tread: 땅을 힘줘 밟듯이 걷다
　　They <u>trod</u> a perilous path. (그들은 위험한 길을 힘 있게 밟고 갔다.)

pace: 똑같은 보폭으로 걷다
　　He was <u>pacing</u> up and down considering how to settle the problem.
　　(그는 문제를 어떻게 결말지을지 생각하면서 천천히 이리 갔다 저리 갔다 하였다.)

trudge: 지친 몸을 채찍질하면서 부지런히 걷다
　　He <u>trudged</u> 20miles through the deep snow. (그는 깊은 눈 속을 20마일이나 지친 몸을 이끌고 걸었다.)

stroll, ramble: 목적 없이 어슬렁어슬렁 거리다, 산책하다
　　I <u>strolled</u> about through the town. (나는 시내를 어슬렁어슬렁 돌아다녔다.)
　　They <u>rambled</u> through the woods. (그들은 숲속을 헤매고 돌아다녔다.)

walk into

walk into *sth*
to get a job easily
　　　　　　　　　　　　　　　　　　　　　　　　　　　　　(쉽게 ~에) 취직하다

No one was surprised when she <u>walked into</u> the top position.
　　　　　　　　　　　　　　　　　　　　　　sth
(그녀가 고위직에 올랐다 해도 놀라는 사람은 아무도 없었다.)

On retiring, government officials are usually able to <u>walk into</u> jobs in the private sector.
　　　　　　　　　　　　　　　　　　　　　　　　　　　　　　　　　sth
(퇴직하면 정부 관리들은 대개 민간 기업에 취직할 수가 있다.)

walk into *sth*
if you walk into a bad situation, you become involved in it without intending to
　　　　　　　　　　　　　　　　　　　　　　　　　　　　　(함정 등에) 빠지다, 만나다

He ignored the warning signs and <u>walked into a trap</u>. (그는 경고판을 무시하다가 함정에 빠졌다.)
                                        sth

Without realizing it, they had <u>walked into a fight</u> between two rival drug gangs.
                                                     sth
(자신들도 모르게 그들은 경쟁 상대인 두 마약 갱들 싸움에 끼어들었다.)

walk off

walk off, walk off *sth*

to leave a person or a place by walking away from them, especially in a rude or angry way

(불만 때문에 · 화가 나서) ~를 떠나다

After our argument, my boyfriend <u>walked off</u> and left me standing on the street.
(우리가 언쟁을 한 후 남자 친구는 화가 나서 떠났고 나는 길거리에 남겨져 서 있었다.)

McEnroe <u>walked off the court</u> in protest at the umpire's decision.
                             sth
(매켄로는 심판 판정의 항의로 코트를 떠났다.)

walk off *sth*, **walk** *sth* **off**

to go for a walk in order to make your stomach feel less full or in order to get rid of pain, especially a headache

(걸어서 위통 · 두통을) 완화시키려고 걷다

He went out to <u>walk off his disquiet</u> in the night. (그는 밤공기 속에서 불안한 마음을 달래려고 걸었다.)
                                      sth

Whenever I get depressed, I go to the park and try to <u>walk it off</u>.
                                                                                     sth
(나는 우울할 때면 언제나 공원에 가서 그것을 털어버리기 위해 걷는다.)

walk off with

walk off with *sth* (수동불가) (유사어 **walk away with**)

to win something easily, for example a prize or competition

(상 · 경쟁에서) 낙승하다

Emma Thompson <u>walked off with the Best Actress Award</u>. (엠마는 최우수 여우주연상을 받았다.)
                                                       sth

Jim <u>walks off with the top prize</u> every year, it hardly seems fair to the others.
                                        sth
(짐은 매년 최고의 상을 쉽게 받았는데 그것이 다른 사람들에는 도저히 공평치 않게 보였다.)

walk off with *sth* (수동 불가) (유사어 **steal, make off with**)

to steal something, or to take something without the owner's permission

~을 갖고 달아나다, ~을 착복하다

Wow! Did you hear that? Two guys <u>walked off with six computers</u> from a school yesterday in broad daylight. (왜! 너 그 이야기 들었어? 2명의 아이들이 어제 벌건 대낮에 학교에서 6대의 컴퓨터를 훔쳤어.)

Someone got in and walked off with the jewels while we were out.
                                          sth
(우리가 없는 동안에 누군가 들어와 보석들을 훔쳐 갔다.)

walk out

walk out

to leave a performance or meeting before it has ended because you do not like it or because you are angry

(불만으로 · 화가 나서) 자리를 뜨다, 퇴장하다, (공연 · 모임에서) 나가다

The play was so bad that many people walked out after the first act.
(그 연극은 너무 형편없어서 제1막이 끝나자 많은 관객들이 자리를 떴다.)

Fred walked out of the party when someone started smoking.
(프레드는 누군가 담배를 피기 시작하자 파티장을 떠났다.)

➡ walk out of 로도 쓰임
Representatives of six nations walked out of the United Nations meeting to show their opposition to the vote. (6개국 대표들은 투표에 반대입장을 나타내기 위해 유엔총회에서 퇴장했다.)

walk out

to stop working as a protest

파업에 들어가다, (항의 표시로) 작업을 중단하다

After the labor negotiation broke down, the worker walked out.
(노사 협상이 결렬되자 근로자들이 파업에 돌입했다.)

When 160 men walked out in August, union officials were taken aback.
(8월에 160명의 근로자들이 파업에 들어갔을 때 조합임원들은 놀랐다.)

➡ walk-out (n)
(an occasion when people stop working or leave somewhere as a protest)
작업 중단, (항의 표시로 ~를) 떠남, 저항

City employees staged a walk-out in protest of the budget cuts.
                                    n
(시공무원들이 예산 삭감에 대한 항의로 파업을 계획했다.)

walk out

to leave your wife, boyfriend, etc. suddenly to end your relationship with them

(아내 · 남자친구 등과) 이별하다, 버리고 가다

His wife walked out after 20 years of marriage. (그의 아내는 결혼생활을 한 지 20년 후에 집을 나갔다.)

She had walked out and gone to live in Bath with her granny.
(그녀는 갑자기 집을 떠나 할머니와 함께 바스에 살기 위해 갔다.)

warm

vt. ① 따뜻하게 하다, 녹이다(up), [~oneself로] 몸을 녹이다 ② ~의 마음을 따뜻하게 하다, 부드럽게 하다, 힘을 내게 하다 ③ 흥분시키다, 열중하게 하다(up), 격노케 하다 ④ ((속)) 때리다,

채찍질하다
vi. ① 따뜻해지다, 데워지다 ② 흥분하다, 열중하다(up, to), 활기 띠다, 생기가 넘치다(up, to) ③ 공감을[호의를] 가지다(to, toward)

warm to, warm up to [AmE]

warm to *sth*, **warm up to** *sth*
to become more eager, interested, or excited about something

(아이디어 · 과제에) 흥미를 갖다, 열심이다

She eventually warmed to the idea of putting her son in daycare.
(그녀는 결국 아들을 주간보육시설에 맡기자는 생각에 흥미를 가졌다.)

Bricklayers warmed to the work — it was at last an opportunity to use their skills.
(벽돌공들은 일에 열중했고 드디어 그들의 기술을 사용할 기회가 왔다.)

➡ warm to your subject[theme] 로도 쓰임
As the audience began to laugh and clap, the speaker warmed to his subject and a very interesting talk. (청중들이 웃으며 박수치기 시작하자 연사는 주제에 열중해 재미있는 이야기를 했다.)

warm to *sb*, **warm** *sb* **to** (유사어 **take to**)
to start to like someone

(∼를) 사랑하기 시작하다, (∼에게) 호의를 갖게 되다

Though her attitude was cold at first, I sensed that she was beginning to warm to me.
(그녀의 태도가 처음에는 냉정했지만 나는 그녀가 나에게 호의를 갖기 시작했다고 느꼈다.)

He usually doesn't warm to people very fast. (그는 항상 다른 사람들에게 호의를 느끼는 데 시간이 필요하다.)

warm up

warm up, **warm up** *sb/sth*, **warm** *sb/sth* **up** (유사어 **heat up**)
to become warmer, or to make something or someone warmer

따뜻하다, ∼을 데우다, ∼따뜻하게 하다

In spring the weather soon starts to warm up. (봄에는 날씨가 곧 따뜻해지기 시작한다.)
The sun warmed up the seat nicely. (햇볕으로 좌석이 기분 좋게 따뜻해졌다.)

warm up *sth*, **warm** *sth* **up**, **warm up** (유사어 **heat up**)
to heat food, especially food that has already been cooked, so that it is hot enough to eat, or to become hot enough to eat

(음식을 먹기 좋게) 다시 데우다

I put the food in the oven to warm up. (음식을 다시 데우려고 오븐에 넣었다.)

Let me **warm up** the soup for you, it won't take a minute. (네 수프를 데워 줄게, 1분도 안 걸려.)
sth

> **warm up**
>
> to prepare yourself for a physical activity by doing some gentle exercise
>
> 준비운동을 하다

They jogged around the track twice, **warming up**. (그들은 준비운동을 하면서 트랙주위를 두 번 돌았다.)
The women's basketball team were **warming up** for the game.
(여자 배구팀은 게임을 위해 준비운동을 하고 있었다.)

➡ warm-up (n)
   (when you do gentle physical exercises to prepare your body just before playing a sport, dancing, etc.) 준비운동
Bozek did the **warm-up** but sat out the game due to an injured back.
                    n
(보제크는 준비운동을 했으나 등을 다쳐서 게임에 참가하지 않았다.)

> **warm up, warm up** *sth*, **warm** *sth* **up**
>
> if you warm up a machine, engine or it warms up, it becomes ready to work correctly
>
> (기계 · 엔진 등을) 따뜻하게 하다, 따뜻하다

It takes a few minutes for the copier to **warm up**. (복사기가 작동 준비가 되려면 2~3분 걸린다.)
Don't forget to **warm** the car **up** for a few minutes before you start.
                          sth
(차가 출발하기 전에 몇 분 동안 엔진 가열하는 것을 잊지 마.)

> **warm up, warm up** *sth*, **warm** *sth* **up**
>
> if musicians, singers, or performers warm up, they practise just before a performance
>
> (음악가 · 가수 · 운동선수 등이) 워밍업을 하다

We could hear the musicians **warming up** backstage.
(무대 뒤에서 연주자들이 연주하기 전에 악기들을 조율하는 소리가 났다.)
The band had very little time to **warm up** before they went on stage.
(그 밴드는 무대에 나가기 전에 연습할 시간이 거의 없었다.)

➡ warm-up (n)
   (when musicians, singers, or performers practise just before a performance) 워밍업
After a quick **warm-up** the guys were ready to go on stage.
                    n
(재빠르게 연습한 후 그들은 무대에 등장할 준비를 했다.)

> **warm** *sb* **up, warm up** *sb*
>
> to become cheerful, earger, and excited, or to make someone feel this way
>
> (관객의) 분위기를 고조시키다, 분위기를 만들다

He **warmed up** the audience by telling them a few jokes.
                       sb
(그는 몇 마디 농담을 하면서 청중의 분위기를 높였다.)

A comedian came on stage and warmed up the audience before the singer appeared.
                                      sb
(가수가 등장하기 전에 코미디언이 무대에 나타나 청중들의 분위기를 고조시켰다.)

warm up

if a situation or an event such as a party warms up, it becomes more exciting, enjoyable, or people start to feel very strongly about it

(파티 등이) 성황을 이루다, 활기를 띠다

Don't leave yet. The party's just warming up.　(아직 가지 마. 이제 막 파티 분위기가 고조되기 시작해.)
When the peace talks broke down, the war of words between the two sides warmed up again.
(평화교섭이 결렬되었을 때 양측의 설전은 다시 뜨거워졌다.)

wash

vt. ① 씻다, ~의 얼굴[손, 발]을 씻다, 빨다, 세탁하다, [~oneself로] 몸(의 일부를)을 씻다 ② 씻어내다(off, away, out), 깨끗이 하다, 결백하게 하다 ③ (파도 따위가) 밀려오다, (해안을) 씻다, 침식하다, [종종 수동태로 쓰임] 물에 적시다, 축축하게 적시다(by, with) ④ (물결·흐름이) 떠내려 보내다, 씻어 내리다, 휩쓸어 가다(off, out, away), (물을 마셔 목구멍으로) 넘기다 (down) ⑤ ~에 엷게 입히다[칠하다](with), ~에 엷게 도금하다 ⑥ [광산] 세광하다 ⑦ (기체를) 액체에 통과시키다(가용 물질을 제거하기 위해) ⑧ (세제 따위가) ~을 씻을 수 있다 ⑨ ((구)) (부적격하다고) 제거하다 ⑩ ~에 빛을 쬐다

vi. ① 얼굴(과 손)을 씻다, 목욕하다, 변소에 가다 ② 세탁하다 ③ 세탁이 잘 되다, 빨아도 줄지 않다(색이 날지 않다) ④ ((구)) [부정 구문] (이론·충성심 등이) 검증[시련]에 견디다, (말·변명 등이) ~에게 통용되다, 받아들여지다 ⑤ (파도가) 철썩철썩 밀려오다(over, against) ⑥ (빗물 따위로) 밀려 내려가다, 침식되다 ⑦ 세광하다

유사단어

wash: 물 따위의 액체를 사용하여 씻어내다, 씻어버리다
　　It's your turn to wash the dishes.　(네가 설거지 할 차례야.)
cleanse: 세척제 따위를 사용하여 더러운 것을 없애다
　　Cleanse the wound with alcohol.　(상처를 알코올로 깨끗이 소독해.)
purge: 내부의 얼룩·때·이물을 제거[일소]하다, 몸·마음을 깨끗이 하다
　　He closed his eyes and lay still, trying to purge his mind of anxiety.　(그는 불안한 마음을 가라앉히려고 눈을 감고 조용히 누워 있었다.)
clean: 깨끗이 하다, 정하게 하다, 결과가 깨끗하면 좋은 것으로 그 수단은 문제시하지 않음.
　　Her father cleaned his glasses with a paper napkin.　(그녀의 아버지는 종이 냅킨으로 안경을 닦으셨다.)

wash off

wash off *sth*, **wash** *sth* **off**

to clean dirt, dust, etc. from the surface of something with water

(오염·먼지 등을) 물로 깨끗이 하다

Mike washed off his car.　(마이크는 세차했다.)
　　　　　　sth

She washed the mud off the potatoes, then put them in a pan.
　　　　　　　sth
(그녀는 감자에 묻은 진흙을 물로 씻고는 냄비에 넣었다.)

> **wash off**
>
> if something such as dirt or a mark on the surface of something washes off, it is removed by washing
>
> (먼지·자국 등이 물로 쉽게) 지워지다

Don't worry about the stain on the carpet. It'll easily wash off.
(카펫에 묻은 얼룩 걱정 마. 물로 쉽게 지워질 거야.)

No, I think black ink like that won't wash off easily.　(아니야. 검은색 잉크는 물로 쉽게 빠지지 않아.)

> **wash** sb/sth **off, wash off** sb/sth
>
> to wash a person or an animal and remove the dirt, blood, etc. from their body
>
> (사람·동물의 몸을) 씻기다

His mother washed him off and put him to bed.　(엄마는 아들을 씻겨서 잠자리에 뉘였다.)
　　　　　　　　sb

I just washed my dog off with warm water. (나는 개를 따뜻한 물로만 씻겼다.)
　　　　　　　sth

wash up

> **wash up, wash up** sth**, wash** sth **up** [BrE]
>
> to clean the plates, pans and other things you have used for cooking and eating a meal
>
> (식사 후 식기를) 씻다, 씻어서 치우다

Let's not bother with the dishes now. I'll wash up later.　(설거지 걱정하지 맙시다. 나중에 내가 씻을게.)

If you wash up the coffee pots and pans, I'll do the rest of the things.
　　　　　　　　sth
(네가 커피 주전자와 냄비들을 씻으면 나는 나머지 일을 할게.)

> **wash up** [AmE]
>
> to wash your hands especially before eating
>
> (식사 전에) 손을 씻다, 손을 철저히 씻다

Go and wash up — it's time for dinner.　(가서 손 씻어. 밥 먹을 시간이야.)

The surgeon washed up before the operation.　(그 외과의사는 수술하기 전에 손을 철저히 씻었다.)

> **wash up** sth**, wash** sth **up, wash up**
>
> if something washes up or if waves wash it up, it comes in to the shore
>
> (파도 따위가) ~을 바닷가에 밀어 올리다

The police were called when a dead body washed up on the beach.
(시체가 바닷가에 밀려 왔을 때 경찰을 불렀다.)

The storm washed a lot of seaweed up onto the beach.　(폭풍우 때문에 많은 해초가 바닷가로 밀려나왔다.)
　　　　　　　　　　sth

be washed up

if someone is washed up, they are no longer successful in their life or their job, and it is very difficult for them to change this situation

(결혼·일 따위를) 망치게 하다, 절망에 빠지게 하다

After only a few years of marriage, it seems that their relationship is completely washed up.
(겨우 2~3년의 결혼생활 후 그들의 관계는 완전히 파경에 이른 것 같다.)

The former star said he knew he was washed up when no one seemed to recognize him anymore. <수동>
(전직 스타는 아무도 그를 더 이상 알아보지 못하는 것 같았을 때 인생이 끝났다는 것을 알았다고 말했다.)

watch

vt. ① 지켜보다, 주시하다, 관전[구경]하다 ② (적 따위를) 망보다, 경계하다, 감시하다 ③ (가축·물건 따위를)지키다, (아무의) 간호를 하다, 돌보다 ④ (식사 등)에 마음 쓰다, 주의하다 ⑤ (기회 따위를) 기다리다, 엿보다 ⑥ [~oneself] (품위를 떨어뜨리지 않도록 또는 병 따위에 걸리지 않도록) 자중[조심]하다

vi. ① 지켜보다, 주의하여 보다, 주시[관찰]하다, 구경[방관]하다 ② 망보다, 조심하다, 경계하다(for) ③ 대기하다, 출현에 주의하다(for) ④ 불침번을 서다, 잠자지 않고 간호하다(at, by, beside)

watch out

watch out (항상 명령어로) (유사어 **look out** [Spoken])

used to tell someone to be careful so that they can avoid danger or an accident

조심해, 경계해

Watch out when you're crossing a busy street. (네가 복잡한 도로를 건널 때 조심해.)
Watch out! There's a snake in the grass. (조심해! 풀 속에 뱀이 있어.)

watch out for

watch out for *sth/sb* (수동 불가) (유사어 **look out for**)

to be careful to notice someone or something because they could be dangerous, could cause problems, etc.

(문제가 있는가를) 망보다, 감시하다, 경계하다

Watch out for the guy downstairs — he's a little strange. (아래층에 사는 남자를 경계해. 그는 약간 이상해.)
　　　　　　　sb
You can ride your bike here, but watch out for cars. (너 여기서 자전거 타도 돼. 하지만 자동차를 조심해.)
　　　　　　　　　　　　　　　　　　　　sth

watch out for *sth* (수동 불가) (유사어 **look out for**)

to be careful to notice something because it may be interesting, or useful - used especially when recommending something to someone

(관심·흥미를 가지고) 조심하다, 주목하다, 살피다

Watch out for a chance to improve your position in the firm, they don't come very often.
      sth
(회사에서 승진할 기회를 놓치지 않도록 조심해. 기회란 그렇게 자주 오는 것이 아니야.)

I'm always watching out for mistakes that I may have missed before.
                 sth
(나는 전에 놓쳐 버렸을지 모를 실수를 늘 정신을 차리고 살피고 있다.)

wear

vt. ① 입고[신고·쓰고] 있다, 몸에 지니고 있다, 띠고 있다, ~의 (상징하는) 지위에 있다, (수염 등을) 기르고 있다, (향수를) 바르고 있다, (표정·태도 따위에) 나타내다, ~인 체하다 ② 닳게 하다, 써서 낡게 하다, 지치게 하다, 약하게 하다, (아무를) 서서히 ~하게 하다, (시간을) 천천히 보내다 ③ (구멍·길·도랑 따위를) 뚫다, 내다

vi. ① (물건 따위가) 오랜 사용에 견디다, 오래가다, 쓸모가 있다 ② 닳아 해지다, 낡아지다, 닳아서 ~이 되다

wear down

wear *sb* down, wear down *sb* (유사어 **grind down**)

to make someone physically weaker or less determined

(신체적으로) ~를 지치게 하다, 약하게 하다

I need a holiday. Stress and overwork are wearing me down.
                                    sb
(나는 휴일이 필요해. 스트레스와 과로 때문에 지치고 있어.)

Staying up every night with the new baby has worn me down.
                                       sb
(매일 밤 신생아와 함께 깨어 있어서 나는 계속 지쳐 있어.)

wear down *sth*, wear *sth* down, wear down

if something is worn down, or wears down, it becomes thinner and soother because something has been rubbing against it for a period of time

닳아 해지다, 낡아지다

Mountains are slowly worn down by wind and rain. <수동>
(많은 산들이 바람과 비 때문에 천천히 마모되고 있다.)

Over the years, the feet of countless tourists have worn the stepping stones down.
                                                                 sth
(오랜 세월 동안 수많은 관광객의 발길 때문에 돌로 된 계단이 닳아서 마모되고 있다.)

➡ wear down to 로도 쓰임
He was driving on a tyre that was worn right down to the bare canvas. <수동>
(그는 닳아서 흰색으로 보일 정도로 낡아 빠진 타이어로 운전하고 있었다.)

wear off

wear off
if pain or the effect of something wears off, it gradually stops

(고통·약효가) 점점 떨어지다

The effect of the painkiller wore off very quickly and my headache returned.
(진통제의 효과가 급히 떨어지고 나서 곧 두통이 다시 시작되었다.)
By the afternoon the shock had worn off. (오후가 되자 그 충격은 다 사라졌다.)

➡ the novelty wears off 로도 쓰임
As soon as the novelty of marriage wore off, the two began to quarrel.
(결혼의 새로움이 사라지자마자 그 두 사람은 싸우기 시작했다.)

wear out

wear out *sth*, **wear** *sth* **out**, **wear out**
to become weak, broken, or useless, or to make something do this by using it a lot or for a long time

(많이 오래 써서·오래 써서) 닳다, 낡다, 깨지다, 낡게 하다

The machinery is worn out and will have to be replaced. <수동> (이 기계는 낡아서 새로 바꾸어야겠어.)
People who live in the city wear out their car brakes faster than people who live in the country.
                                           sth
(도시에 사는 사람들이 시골에 사는 사람들보다 차의 브레이크를 더 빨리 망가뜨린다.)

wear *sb* **out**, **wear out** *sb* (항상수동) (유사어 **exhaust, tire out, do in** [Spoken])
to make someone feel extremely tired

(~를 지나치게) 피곤하게 하다, 소모시키다

Long hours of working in the hotel kitchen had worn her out.
                                                         sb
(호텔 주방에서 장시간 일을 하기 때문에 그녀는 기진맥진했다.)
Shoveling snow for three hours would wear anyone out. (3시간이나 눈을 치우면 누구나 피곤할 것이다.)
                                              sb

➡ wear yourself out 으로도 쓰임
You must take a break sometimes. You'll wear yourself out. (너는 가끔씩 휴식을 취해야만 해. 너 지치고 말 거야.)

weigh

vt. ① ~의 무게를 달다, [oneself로] 체중을 달다 ② 숙고하다, 고찰하다, 평가하다 ③ ~을[~로] 무겁게 하다(with), ~에 무게를 가하다
vi. ① 무게를 재다 ② 무게가 ~이다[나가다], (~만큼) 무겁다 ③ 숙고하다 ④ 중요시되다, (~에게) 중요하다(with) ⑤ (일이) 무거워 부담이 되다, 압박하다(on, upon) ⑥ 닻을 올리다, 출범하다

weigh down

weigh *sb* **down, weigh down** *sb*
if you are weighed down with something, you are carrying too much of it
(무게로) 내리누르다

Take only the supplies you need. Otherwise, your backpack will weigh you down.
sb
(필요한 것만 가지고 가. 그렇지 않으면 배낭에 눌리게 될 거야.)

The sand in his shoes weighed him down. (신발 안에 있는 모래가 그를 압박하고 있었다.)
sb

➡ be weighed down with 로도 쓰임
Sue and Brian staggered home, weighed down with shopping bags. <수동>
(수와 브라이언은 여러 개의 쇼핑백에 눌려 집으로 비틀거리며 왔다.)

weigh *sb* **down, weigh down** *sb* (항상 수동)
to make someone feel worried
(~를) (슬픔·고민·문제 등에) 빠뜨리다

For months after her husband's sudden death, my aunt was weighed down with grief. <수동>
(남편의 갑작스러운 죽음 이후 몇 달 동안 아줌마는 슬픔에 빠졌다.)

His conscience was weighed down with guilt. <수동>   (그의 양심은 죄의식에 짓눌리고 있다.)

weigh down *sth*, **weigh** *sth* **down** (항상 수동)
to make it difficult for something to progress or improve
(진행·개선하기) 어렵다

By 1990 the company was already weighed down by a heavy burden of debt. <수동>
(1990년쯤 그 회사는 이미 무거운 부채로 경영이 어려웠다.)

The new comedy is weighed down with a lot of dull jokes. <수동>
(그 새로운 코미디는 재미없는 농담 때문에 지루했다.)

weigh on[upon]

weigh on[upon] *sb*
if a problem or responsibility weighs on you, it makes you worried or unhappy
(문제·책임감이) 부담이 되다, 압박하다

The thought of the coming examination is already weighing on the student's minds.
sb
(다가오는 시험을 생각하면 학생들의 마음이 무겁다.)

The question of her children's future constantly weighed on her.
sb
(아이들의 장래 문제가 끊임없이 그녀를 짓누르고 있다.)

➡ weigh on *sb*'s mind 로도 쓰임
Lisa's very quiet — I'm sure there's something weighing on her mind.
(리사는 대단히 조용하다. 나는 그녀 마음속에 무언가 억눌린 것이 있음을 알았다.)

→ **weigh heavily on** 으로도 쓰임
His responsibilities <u>weigh heavily on</u> him. (그의 책임감이 그를 무겁게 짓누르고 있다.)

weigh up

weigh up *sth*, **weigh** *sth* **up** (유사어 **mull over**)

to think carefully about the advantages and disadvantages involved in a situation before making a decision

(~을 결정하기 전에) 깊이 생각하다, (비교) 검토하다

After carefully <u>weighing up</u> the costs and potential benefits of using solar energy, the committee gave its approval. (태양열 에너지 이용에 따른 비용과 잠재적 이점을 깊이 고려한 후 위원회는 승인을 했다.)
Having <u>weighed everything up</u>, he must have decided it was the right thing to do.
(그는 모든 사항을 깊이 검토하고 나서 그것이 해야만 하는 올바른 일이라고 결정했음에 틀림없다.)

weigh *sb* **up**, **weigh up** *sb* (유사어 **size up**)

to spend time watching someone, talking to them, and listening to them in order to form an opinion about them

(성격·역량 등을 판단하려고) (사람을) 보다

The two boxers circled the ring, <u>weighing each other up</u>. (두 권투선수가 상대방을 탐색하면서 링을 돌았다.)
I think we spent a little time <u>weighing each other up</u> before we became friends.
(우리가 친구가 되기 전에 서로 성격을 알아볼 시간이 얼마간 필요하다고 생각해.)

while

vt. ① (시간을) 느긋하게[한가하게, 즐겁게] 보내다 ② 속이다, 꾀어들이다(away, into) ③ (시간 따위를) 지내다, 그럭저럭 보내다(away)

while away

while away *sth*, **while** *sth* **away** (유사어 **idle away**)

to spend time in a relaxed way because you are waiting for something or because you have nothing else to do

(시간을 느긋하게) 보내다

Lying here in the sun is a very pleasant way to <u>while away the afternoon</u>!
(여기서 일광욕을 하면서 누워 있는 것은 오후시간을 한가롭게 보낼 수 있는 아주 즐거운 방법이야.)
While in the hospital, I <u>whiled the hours away</u> watching old movies on TV.
(입원해 있는 동안 TV로 옛날 영화를 보면서 시간을 보냈다.)

wind [waind]

vt. ① 감다, 돌리다, 손잡이를 돌려 올리다 ② 싸다, 휩싸다, 휘감다 ③ 감아서 ~으로 하다, (감긴 것을) 풀다 ④ ~을 굽이쳐 나아가다, 몰래 들여보내다 ⑤ 배를 반대 방향으로 돌리다

vi. ① (강·길이) 꼬불꼬불 굽다 ② (판자 등이) 굽다, 휘다 ③ ((영)) 나선상을 이루다, 감기어 붙다 ④ (시계태엽이) 감기다 ⑤ 교묘하게 (몰래) 하다

wind down

wind down, wind down *sth*, **wind** *sth* **down**

if a company or an organization winds down or you wind it down, it gradually does less work especially before it is closed completely

(사업 등을 서서히) 축소하다

The company is <u>winding down</u> <u>its business</u> in Hong Kong.
                                     sth
(회사는 홍콩에서의 사업을 서서히 축소하고 있다.)

We are <u>winding down</u> <u>the old plant</u> now. The new one will open next month.
                              sth
(우리는 지금 오래된 공장을 서서히 줄이고 있어. 다음 달에 새 공장의 문을 열 예정이야.)

wind down, wind down *sth*, **wind** *sth* **down**

if something that people are doing winds down, or if someone winds it down, they gradually do less of it before stopping completely

(활동·열 등이) 서서히 약해지다

The party started <u>winding down</u> after midnight. (파티는 자정을 지나면서 서서히 열기가 떨어지기 시작했다.)
The children's interest in computers never seems to <u>wind down</u>.
(어린이들의 컴퓨터에 대한 관심은 결코 사그라들 것 같지가 않아.)

wind down (유사어 **unwind**)

when you wind down after doing something that has made you feel tired or tense, you gradually relax

(점점) 긴장을 풀다, 스트레스를 서서히 해소해서 침착해지다

Television is very useful for <u>winding down</u> before going to bed.
(잠자리에 들기 전에 텔레비전을 보는 것은 긴장을 푸는 데 도움이 된다.)
I'd like to <u>wind down</u> at the end of the day with a drink and a good book.
(나는 하루가 끝날 무렵에 한 잔의 술과 좋은 책으로 긴장을 풀고 싶다.)

wind down (유사어 **run down**)

if a mechanical device such as a clock winds down, it gradually works more slowly and eventually stops completely

(시계 등이 천천히) 멈추다

My alarm clock wound down last night, so I was late to work this morning.
(지난 밤 알람시계가 멈춰버려서, 나는 오늘 아침 늦게 출근했어.)

The clock in the hall had wound down and stopped. (홀에 걸린 시계가 천천히 가더니 결국 멈춰버렸다.)

wind down sth, **wind** sth **down** (유사어 **roll down** [AmE] 반대어 **wind up** [BrE]) [BrE]
to open a car window by making the glass move down using a handle or a button

(차창을 핸들 · 버튼으로) 열다, 내리다

Philip stopped at a red light and wound down the window.
　　　　　　　　　　　　　　　　　　　　　　　　sth
(필립은 붉은 신호등에서 멈춰 차 유리창을 내렸다.)

I had to wind the car window down to hear what she was saying.
　　　　　　sth
(그녀가 하는 말을 듣기 위해 차창을 내려야 했다.)

wind up

wind sth **up, wind up** sth**, wind up**
to end an activity, a meeting, etc.

(활동 · 모임 등을) 끝내다

We'd better wind things up here; it's getting late.
　　　　　　　　sth
(우리는 여기서 일을 끝내는 것이 좋겠어. 해가 저물어 가고 있어.)

The detective wound up his investigation and made several arrests.
　　　　　　　　　　sth
(형사는 조사를 끝내고 몇 명을 체포했다.)

wind sth **up, wind up** sth (유사어 **wind down**) [BrE]
to reduce the activity of a business, an organization, etc. until it closes completely

(사업 · 회사 등을) 폐쇄하다, (조직체 활동을) 중지하다

The company was wound up in 1971. <수동> (그 회사는 1971년에 폐쇄되었다.)
The store declared bankruptcy and wound up its activities last month.
　　　　　　　　　　　　　　　　　　　　　　　　sth
(그 상점은 파산을 선고하고 지난 달 상점 문을 닫았다.)

wind up (유사어 **end up**) [Informal]
to get into a particular situation or place at the end of a long series of events

~을[로] 끝내다, ~을 끝으로 하다[끝내다], ~에 결말을 짓다

In spite of people's opinions, she wound up the winner. (사람들의 여론을 뒤엎고 그녀는 결국 승자가 되었다.)
The general began his army life as a private soldier and wound up as a ruler of his country.
(장군은 일반병으로 군인생활을 시작해서 최후에는 그 나라의 지배자가 되었다.)

wind sb up, wind up sb [BrE, Informal]
to tell someone something that is not true in order to make a joke
(농담으로 사실이 아닌 것을) ~에게 말하다, 속이다

Is it true, or are you just winding me up? (그게 사실이니 아니면 나를 속이는 것이니?)
                          sb

Tommy! Stop winding up your little brother! (타미! 어린 동생 속이지 매)
                     sb

wind sb up, wind up sb (유사어 annoy, piss sb off [Informal]) [Informal]
if something winds you up, it annoys you
(~를) 괴롭히다, 성가시게 하다, 짜증나게 하다

Sometimes I think my boyfriend enjoys winding me up.
                                          sb
(때때로 남자친구는 나를 짜증나게 하는 것을 즐긴다고 생각해.)

It really winds me up when people criticize things they knew nothing about.
             sb
(사람들이 알지도 못하는 일을 비난할 때가 정말 나는 짜증이 나.)

be wound up (유사어 be anxious, be nervous) [BrE, Informal]
if someone is wound up, they feel tense and anxious and unable to relax
흥분하다, 긴장하다

Don't get so wound up, there's nothing to get excited or nervous about!
(긴장하지 마. 흥분하거나 긴장할 일 아무것도 없어!)

Sarah's very wound up about her interview next week.
(사라는 다음 주에 있을 면접시험에 대해 매우 긴장하고 있어.)

wind sth up, wind up sth
to wrap something long such as a string or hair around itself so that it forms the shape of a ball
(끈·머리 등을) 감아 올려 둥글게 하다

I wound the string up into the ball for the cat to play with.
                   sth
(나는 고양이가 가지고 놀도록 끈을 공 모양으로 둥글게 감았다.)

The firefighters wound up their fire hoses and went back to the station.
                                  sth
(소방관들이 호스를 둥글게 감고는 소방서로 돌아갔다.)

➡ wind sth up into 로도 쓰임
The sales assistant cut off a length of wire and wound it up into a ball.
                                                     sth
(판매원이 한 가닥의 철사를 끊어 공 모양으로 만들었다.)

wind sth up, wind up sth
to make a clock, or a machine work by turning a handle or a key
(시계·기계 등을 핸들이나 키로) 작동시키다

This toy doesn't use batteries; you have to wind it up.
                                                    sth
(이 장난감은 배터리를 사용하지 않아. 태엽을 감아서 작동시켜야 해.)

I overslept because I forgot to wind up my alarm clock.   (알람시계 태엽 감는 것을 잊어버려서 늦잠을 잤다.)
                                        sth

wind *sth* **up, wind up** *sth* (유사어 **roll up** [AmE] 반대어 **wind down** [BrE]) [BrE]
to close a car window by making the glass move upwards using a handle or a button
                                                                    (핸들이나 버튼 조작으로) 차 유리창을 닫다

Wind up your window, would you? I'm getting cold.   (그 쪽 유리창 좀 올려 주실래요? 추워지고 있어요.)
       sth
Tell me if you're cold in the back and I'll wind up the window.
                                                    sth
(뒷자리에서 네가 춥다고 말하면 내가 유리창을 올릴게.)

wipe

vt. ① 닦다, 훔치다, 닦아 없애다, (얼룩을) 빼다(away, off, out, up) ② (흔적 없이) 지우다, 일소하다(out) ③ 장부에서 말소해 버리다(off), (치욕·오명 따위를) 씻다 ④ (기억·생각 따위를) 씻어 버리다(from) ⑤ 북북 문지르다, ~을 칠하다(on, over) ⑥ 납땜하다 ⑦ ((속)) 마구 때리다 [두들기다]

vi. ((속)) (칼 따위로 털어 버리듯) 갈리다, 철썩 치다(at)

wipe off

wipe *sth* **off, wipe off** *sth*, **wipe** *sth* **off** *sth* (유사어 **knock off**) [BrE]
to reduce the price or value of something by a particular amount - use this especially about profits, shares, etc.
                                                (가치·이익 등을) 빼다, 감하다, 없애다

The recession wiped off most of our profits last year.   (불경기로 지난해 이익금의 대부분이 날아갔다.)
                              sth
The drop in the stock market wiped hundreds of millions of pounds off share values.
                                                    sth   sth
(증권시장에서의 하락장세가 주식 가치 수억 파운드를 날려 버렸다.)

wipe out

wipe out *sth*, **wipe** *sth* **out**
to destroy or get rid of something completely
                                                (완전히) 파괴하다, 없애다

The flood wiped out several villages.   (홍수가 몇 개의 마을을 싹 쓸어버렸다.)
                    sth
A nuclear war could wipe out the entire population of the earth.
(핵전쟁은 지상에서 전 인구를 멸망시킬 수 있을 텐데.)

wipe out sb, wipe sb out (유사어 **thrash** [Informal], **hammer** [Informal])
to defeat someone easily in a competition, an election, etc.
(시합・선거에서) 쉽게 이기다

Everyone was surprised when Top Seed was wiped out in the first match. <수동>
(톱시드 선수가 1회전에서 간단히 패배했을 때 모두 놀랐다.)
The Socialist Party will be wiped out in the next election. <수동> (사회당은 다음 선거에서 참패할 것이다.)

wipe sth out, wipe out sth
if you wipe up dirt or liquid from something, you remove it using a cloth
(젖은 헝겊으로 먼지・액체를) 닦아내다

I emptied all the drawers and wiped them out with a cloth. (나는 모든 서랍들을 비우고 헝겊으로 닦았다.)
                                    sth
Can you wipe out the sink for me? (나 대신 싱크대 좀 닦아 줄래?)
              sth

be wiped out (유사어 **be exhausted, be shattered**) [Spoken]
to be extremely tired, especially because you have been very busy
(바빠서) 기진맥진하다, 지치다

By the end of long negotiations, I was completely wiped out.
(장시간에 걸친 흥정이 끝날 때쯤 나는 완전히 지쳐버렸다.)
I was working from six in the morning till ten at night, and by the end of the week I was completely wiped out. (나는 아침 6시부터 밤 10시까지 줄곧 일을 해서 주말이면 완전히 지친다.)

wipe out [AmE, Informal]
to fall down when you are skiing, surfing, riding a bike, etc. or crash in a race
(스키・파도타기・오토바이에서) 사고를 일으키다, (경기 중) 충돌하다, (사고로) 대파하다

Sue is a great surfer. She almost never wipes out.
(수는 대단한 파도타기 선수야. 그녀는 거의 넘어지는 법이 없어.)
Brandon totally wiped out going around the last corner. (브랜든은 마지막 코너를 돌면서 완전히 충돌했다.)

wipe up

wipe up sth, wipe sth up (유사어 **mop up**)
to remove liquid or dirt from a surface using a cloth
(액체・먼지 등을) 헝겊으로 닦아 없애다

You'd better wipe up the milk on the floor before someone slips on it.
                    sth
(누군가 미끄러지기 전에 마룻바닥의 우유를 닦는 게 좋을걸.)
"Oh! I've spilled my wine!" "Don't bother. I'll wipe it up." ("어머, 와인을 쏟았네." "괜찮아, 내가 닦을게.")
                                                    sth

wipe up, wipe up *sth*, **wipe** *sth* **up** (유사어 **dry up**) [BrE]
to dry plates, glasses, etc. that have been washed, using a cloth

(씻은 식기를) 말리다, 행주로 닦다.

It'll take me hours to <u>wipe up all these glasses</u>! (내가 이 모든 유리컵들을 말리는 데는 여러 시간이 걸릴 것이다.)
                               sth

If you wash the dishes, I'll <u>wipe them up</u>. (네가 접시를 씻으면 내가 행주로 닦을게.)
                          sth

work

vt. ① 일 시키다, 부리다, ((구)) (이기적으로) 이용하다, (아무를) 속이다 ② (손가락·기계·도구·기관 등을) 움직이다, 조작[운전]하다, (공장 등)의 가동[조업]을 계속하다, ((속)) 처리해 나가다, 해내다 ③ 이용[활용]하다 ④ (특정 지역을) 담당하다, ~에서 영업하다 ⑤ (농장·사업을) 경영하다, (광산을) 채굴하다, 경작하다 ⑥ (계획을) 세우다, 실시하다, 주선하다 ⑦ (어떤 상태를) 일으키게 하다, 생기게 하다, 가져오다 ⑧ (아무를) ~하도록 만들다, 설득하다 ⑨ 점차로 (교묘하게, 솜씨 좋게) ~하게 하다 ⑩ (서서히) 애쓰며 나아가다, 노력하여 얻다 ⑪ (점차로) 흥분시키다 ⑫ (문제 등을) 풀다, ((미)) 산출하다 ⑬ (노력을 들여) 만들다, 가공[세공]하다, 반죽하다, 뒤섞다, 불리다 ⑭ 짜서 만들다, ~에 수놓다, 꿰매다, (초상을) 그리다, 파다 ⑮ 일[노동] 하여 지급하다 ⑯ 발효시키다, 접지하다, 발아시키다, (동물에게) 재주를 부리게 하다 ⑰ (얼굴 등을) 씰룩이게 하다

vi. ① 일하다, 노동하다 ② 노력[공부]하다 ③ 근무하고 있다, 종사[경영]하다(in) ④ (기계 따위가) 작동하다, 움직이다 ⑤ (계획 등이) 잘 되어가다, (약 등이) 듣다 ⑥ 영향을 미치다, 작용하다, 효과가 있다(on, upon) ⑦ (쉽게) 다룰 수 있다 ⑧ 조금씩[겨우] 나아가다[들어가다], 점차 ~되다 ⑨ (혹사당하여) ~이 되다 ⑩ (~을 자료로) 세공하다(in), 바느질하다, 수를 놓다 ⑪ 가공되다, 섞이다, 발효하다, 빚어지다, 싹트다 ⑫ (마음·물결이) 동요하다, 술렁이다 ⑬ (얼굴이) 실룩거리다

work at

work at *sth*[**doing**] (유사어 **work on**)
to try hard to improve or achieve something

(~하기 위해) 노력하다

It's a tough problem. You're really going to have to <u>work at it</u>.
                                                                              sth
(그것은 어려운 문제야. 너는 정말로 그것을 성취하기 위해 노력해야 할 거야.)

All week, I've been <u>working at getting</u> her to change her mind, but with no success.
                                       doing
(일주일 내내 그녀의 마음을 바꾸도록 노력하고 있었으나 성공하지 못했다.)

➡ **work at doing** *sth* 으로도 쓰임
This year we've <u>worked hard at expanding</u> the business, and it's done very well.
                                doing
(금년에 우리는 열심히 사업 확장에 심혈을 기울였고 결과에 매우 만족한다.)

work in

work *sth* **in, work in** *sth*

to add one substance to another mixing them together thoroughly

(점토·반죽 등을) 혼합하다, 잘 섞다

Add the butter to the flour and <u>work it in</u> with your fingers. (밀가루에 버터를 넣고 손가락으로 잘 섞어라.)
                                  sth

The dough is too thin. You need to <u>work in more flour</u>.
                                        sth

(밀가루 반죽이 너무 질어. 밀가루를 더 넣고 반죽해야 해.)

work *sth* **in, work in** *sth* (유사어 **rub in**)

to rub a soft substance into a surface until it disappears completely

(왁스·크림 등을) 바르다, 문지르다

Using the cloth, <u>work the wax in</u> well, and allow it to dry before polishing the wood.
                         sth

(헝겊을 사용해서 왁스를 잘 문질러. 그리고 나무를 광내기 전에 왁스를 말려.)

The masssager poured oil on the client's back and <u>worked it in</u> with both hands.
                                                           sth

(안마사는 고객의 등에 오일을 붓고는 두 손으로 마사지를 했다.)

work in *sth*, **work** *sth* **in** (유사어 **slip in**)

to cleverly include something in a speech or a piece of writing

(연설·스케줄·계획 등을) 끼워 넣다, 집어넣다

I told him my schedule was very tight, but that I'd try to <u>work the meeting in</u>.
                                                                          sth

(나는 그에게 내 스케줄이 대단히 빡빡했지만 회의를 스케줄에 집어넣어 보겠다고 말했다.)

The author always <u>works in a bit of romance</u>. (그 작가는 늘 작품에 약간의 로맨스를 끼워 넣는다.)
                                     sth

work off

work off *sth*, **work** *sth* **off**

to get rid of an unpleasant feeling [e.g. aggression, anger] by doing something energetic

(호전성·분노 등을) 발산시키다, 해소하다, (울분을) 풀다

I <u>work off my frustrations</u> on the tennis court. (나는 테니스 코트에서 스트레스를 푼다.)
                          sth

Whenever Fred gets angry, he <u>works it off</u> in the company gym.
                                             sth

(프레드는 화가 날 때마다 회사 체육관에서 화를 발산시킨다.)

work off sth, work sth off

to do something that uses energy after you have eaten a lot in order to stop yourself from getting fat or so that you feel less full

체중을 빼다, 비만을 해소하다

My husband is trying to work off his potbelly (sth) by going to the gym every day.
(남편은 매일 체육관에 가서 튀어나온 배를 줄이려고 노력하고 있다.)
I was trying to work off a few pounds (sth). (나는 2~3파운드 체중을 빼려고 노력하고 있다.)

work off sth, work sth off

to pay back a debt by earning the money you owe, or by working for the person who lent you the money

(일을 해서 빚을) 갚다

I can't buy a house until I work off my college loan (sth).
(나는 대학 학자금 대출을 갚을 때까지는 집을 살 수가 없어.)
We've got a big mortgage. My wife took a job to help work it off (sth).
(우리는 많은 주택융자금을 받았고, 아내는 그 빚을 갚는 데 도움이 되는 직업을 가졌다.)

work off sth

if a piece of equipment works off a particular supply of power, it uses that supply to make it work

(전기 · 배터리로) 작동하다

During a power outage, our lights work off a generator (sth). (정전이 된 동안 우리는 발전기로 전등불을 켰다.)
The electric tire pump works off the car's battery (sth). (이 전기 타이어 펌프는 자동차 배터리로 작동한다.)

work on

work on sth

to work in order to produce or achieve something

~에 종사하다, 일하다

Our company has been working on the project (sth) for over a year.
(우리 회사는 일 년 넘게 그 프로젝트에 몰두하고 있었다.)
I hear Spielberg is working on a couple of new movies (sth).
(나는 스필버그가 2편의 신작 영화를 제작하고 있다고 들었다.)

work on sth (유사어 work at)

to spend time trying to improve something in order for it to be successful

(문제 · 어려운 작업 등을 성공하려고) ~에 몰두하다

As a troubleshooter, I often have to <u>work on</u> <u>several problems</u> at once.
                                              sth
(문제해결 전문가로서 나는 동시에 몇 개의 문제를 해결하려고 몰두할 때가 가끔 있다.)

"This crossword puzzle is too hard, I can't finish it." "Really? Here, let me <u>work on it</u>."
                                                                                      sth
("이 글자 맞추기 퍼즐은 너무 어려워. 끝낼 수가 없어." "정말? 어디 봐. 내가 끝까지 해 볼게.")

> **work on** *sth*
> to spend time working in order to produce or repair something
> (기계 등을) 수리하면서 시간을 보내다

Something is wrong with the engine. I'll have to <u>work on it</u>.   (엔진에 문제가 생겼어. 나는 고쳐야만 해.)
                                                         sth

At the moment, I am <u>working on</u> <u>some designs</u> for leisurewear.
                                    sth
(그때 나는 캐주얼 옷의 여러 군데 디자인을 고치고 있었다.)

> **work on** *sb*
> to keep trying to persuade or influence someone, for example so that they will agree to do something, or to let you do something
> 애써 설득하다, (사람·감정 등을) 움직이다

The authorities still don't want to put traffic lights on the bridge, but we're <u>working on them</u>.
                                                                                            sb
(당국자들은 교량 위의 신호등 설치를 여전히 원치 않지만 우리들은 그들을 계속 설득하고 있다.)

She's very stubborn. You <u>work on</u> <u>her</u>, Bill. Maybe she'll listen to you.
                                    sb
(그녀는 아주 고집이 세. 빌, 네가 그녀를 설득해 봐. 어쩌면 네 말이라면 들을 거야.)

work out

> **work out** *sth*, **work** *sth* **out** (유사어 **calculate**)
> to calculate the answer to a problem that involves numbers, amounts, or prices
> (총액 등이) 합해서 ~이 되다, 결국 ~이 되다, 계산하다

Father is still trying to <u>work out</u> <u>his tax</u>. (아버지는 아직도 세금액을 계산하려고 애쓰고 계신다.)
                                                  sth

Maria <u>worked out</u> <u>how much paint we will need for the living room</u> — twenty-five gallons.
                                                          sth
(마리아는 거실을 칠하는 데 칠이 얼마나 필요한 것인가를 계산했다. 25갤런이었다.)

> **work out** *sth*, **work** *sth* **out**
> to think carefully about something in order to decide what you should do or how you should do it
> (무엇을·어떻게 할까를) 생각해내다

I think I've <u>worked out</u> <u>a way</u> to buy a new car without borrowing money.
                                      sth
(나는 돈을 빌리지 않고 새 차를 살 방법을 알아냈다고 생각한다.)

750

"But I don't have a car." "Don't worry about transportation. We'll <u>work something out</u>."
                                                                              sth
("그런데 나는 차가 없어." "교통수단에 대해서는 염려 마. 우리는 무언가 해결책이 있을 거야.")

➡ <u>work out what[where, how, etc.]</u> 로도 쓰임
We know what we're aiming at, but we still have to <u>work out how</u> to put it into practice.
(우리가 무엇을 목표로 하고 있는 것은 알지만 아직도 그 목표를 어떻게 실행해야 하는지를 생각해야 한다.)

work out *sth*, **work** *sth* **out** (유사어 **figure out, suss out** [BrE, Spoken]) [BrE]
to succeed in understanding something by thinking carefully about it

이해하다, ~의 사실을 알다

I can't <u>work out the meaning</u> of this poem.　(이 시의 의미를 나는 이해할 수가 없어.)
            sth
The government employs men with special abilities to <u>work out the enemy's secret messages</u>.
                                                                          sth
(정부는 적의 암호통신을 해독할 수 있는 특수한 능력을 가진 사람들을 고용한다.)

work *sb* **out** (유사어 **make** *sb* **out, figure** *sb* **out**) [BrE]
to understand someone's character or why they behave as they do

(사람의 성격·마음을) 이해하다, (사람의 생각·심리·행동을) 이해하다

I just can't <u>work that girl out</u>. Sometimes she's friendly, at other times she's very cold.
                    sb
(나는 그녀의 본심을 이해할 수 없어. 어떤 때는 친절하다가 어떤 때는 냉담하기도 해.)
It's difficult to <u>work out deep thinkers</u> like Albert.　(알버트와 같은 사상가들을 이해하기는 어렵다.)
                              sb

➡ <u>can't work</u> *sb* <u>out</u> 으로도 쓰임
I <u>can't work Geoff out</u>, one day he's friendly and the next he ignores me completely.
                      sb
(나는 제프를 이해할 수 없어. 어느 날은 친절했다가 다음 날은 나를 완전히 무시해.)

work out
if the cost of something works out at a particular amount, that is what it costs when you calculate the figures

(답·합계를) 찾아내다, 산출하다

This sum won't <u>work out</u>.　(이 합계가 나오지를 않는다.)
At the moment her fuel bills <u>work out</u> at £20 a week.
(그 당시 그녀의 연료 영수증 액수는 주당 20 파운드에 달한다.)

➡ <u>work out at</u> 으로도 쓰임
At the end of evening, the meal <u>worked out at</u> £15 each.　(저녁이 끝날 무렵 식대는 각각 15파운드였다.)

➡ <u>work out to be</u> 로도 쓰임
The total cost of advertising <u>works out to be</u> about $900 million annually.
(광고비의 총액이 매년 약 9억 달러가 된다.)

➡ <u>work out expensive[cheap, etc.]</u> 로도 쓰임
If we go by taxi, it's going to <u>work out very expensive</u>.　(우리가 택시로 간다면 요금이 아주 비쌀 것이다.)

work out

if a situation, an arrangement, or a plan works out, it is successful

(상황 · 협정 · 계획이) 성공하다, 잘 되어가다

About three years ago, I made a decision to open a restaurant and luckily for me it's all worked out perfectly. (약 3년 전에 레스토랑을 개업하기로 결정했는데 다행히도 모든 것이 완벽하게 성공했다.)

The marriage didn't work out, and we split up after two years.
(결혼생활이 원만치 않았고, 그래서 우리는 2년 후에 헤어졌어.)

work out (유사어 turn out)

if a situation works out in a particular way, it happens or progresses in that way

(일이 잘) 진행되다, 좋은 결과를 이루다

Try not to worry. I'm sure things will work out. (염려하지 마. 확실히 모든 일이 잘 될 거야.)

If the plan works out, we'll use it throughout the company.
(그 계획이 좋은 결과를 만들어내면, 회사 전 영역에서 그 계획을 채용하게 될 거야.)

➡ work out well[badly, etc.] 로도 쓰임
Financially, things have worked out very well for us. (재정적으로 모든 일이 우리에게 잘 돌아가고 있다.)

work out

to exercise in order to improve the strength or an appearance of your body

(운동 등의) 훈련을 하다, 연습하다, 운동하다

She worked out in a ballet class three hours a week. (그녀는 일주일에 3시간씩 발레교실에서 연습을 했다.)
I work out at the gym three times a week to try to burn off the calories and stay slim.
(나는 칼로리를 소비하고 날씬해지려고 한 주에 3번씩 체육관에서 운동을 한다.)

➡ workout (n)
　(a period of physical exercise or training) 연습, 트레이닝
He felt relaxed because of the light workout he had just done.
(막 끝낸 가벼운 운동 때문에 그는 긴장이 풀린 느낌이었다.)

work itself out (유사어 resolve itself)

if a problem or a difficult situation works itself out, it gradually becomes less and less difficult until it stops existing

(문제 · 어려운 상황이) 점점 적어지다, 자연히 해결되다

Try not to be upset. I'm sure the problem will work itself out.
(당황하지 마. 그 문제는 저절로 해결될 게 확실해.)

There are always problems when you start something new like this, but they usually work themselves out in time.
(네가 이 같은 새로운 일을 시작할 때는 늘 문제들이 있어. 그러나 그 문제들은 항상 제때에 자연히 해결 되어지.)

be worked out (유사어 be exhausted)

if a mine is worked out, all the coal, gold, etc. has been removed from it

(광산을) 다 파다, 다 파내다

This old mine was worked out long ago. <수동>　(이 오래된 광산은 오래전에 다 발굴되었다.)
As more and more seams were worked out, the danger of pit closures increased. <수동>
(얇은 광맥층을 점점 더 많이 파내면서 갱 폐쇄의 위험이 커졌다.)

work through

work through sth, work sth through

to deal with a problem or difficulty by talking about it in detail

(문제 · 어려움을) 대화로 풀다

Thanks, Tom. It's good to work through things with you! It really helps me to sort things out.
　　　　　　　　　　　　　　　　　　sth
(고마워, 탐. 너하고 여러 가지 문제를 이야기하길 잘 했어. 내가 그 문제들을 해결하는 데 정말 도움이 돼.)

We must work through the difficulties until we find an answer.
　　　　　　　　　　　　sth
(해결책이 보일 때까지 어려운 일들을 대화로 풀어야 해.)

work through sth, work sth through

to deal with strong feelings of anger, sadness, guilt, etc. by talking or thinking about them until you feel more in control of them or understand them better

(분노 · 슬픔 · 죄의식 등을) 치료하다

Sally is having a hard time working through her pent-up anger toward her husband.
　　　　　　　　　　　　　　　　　　　　　　sth
(샐리는 남편을 향한 억압된 분노를 치료하는 것에 힘들어하고 있다.)

A psychiatrist helped me work through my depression.　(정신과의사가 내 우울증 치료에 도움을 주었다.)
　　　　　　　　　　　　　　　　　sth

work through, work through sth

if the result of a decision or an action works through, it gradually has an effect

눈에 보이는 효과가 나타나다, 영향을 미치다

It always takes time for a change in policy to work through.
(정책상 변화의 효과가 눈에 뜨일 때까지는 항상 시간이 걸린다.)

New medical discoveries sometimes don't work through the health system for many years
(새로운 의학적 발견은 때때로 여러 해 동안은 건강 시스템에 영향을 미치지 않는다.)

work through

to continue working for a long period without stopping for a break

(쉬지 않고) 장시간 일을 하다, 일을 계속하다

I'm so busy these days that I often work through lunch.
(나는 요즘 너무 바빠서 종종 점심도 먹지 않고 계속 일을 한다.)

Liz starts work at 5:30 pm, and work through until midnight.
(리즈는 오후 5시 30분에 일을 시작해서 한밤중까지 쉬지 않고 일을 한다.)

work towards, work toward [AmE]

work towards[toward] *sth*
to try hard to achieve something

(완성 · 달성 · 해결 · 향상 · 합의를 위해) 노력하다, ~를 향해 노력하다

It's a tough situation, but we are gradually <u>working towards</u> <u>solution</u>.
                                                                   sth
(어려운 상황이었지만 우리들은 조금씩 해결책을 위해 노력하고 있습니다.)

The union is constantly <u>working towards</u> <u>achieving</u> better conditions for it's members.
                                                      sth
(노동조합은 항상 조합원들의 더욱 나은 노동조건을 획득하려고 끊임없이 노력하고 있다.)

work up

work up *sth*, **work** *sth* **up** (유사어 **summon up**)
if you work up a feeling such as courage, interest, or sympathy, you try to make yourself feel it, especially with difficulty

(용기 · 흥미 · 감정 등을) 자극하다, 불러일으키다, 부추기다

It took me a long time to <u>work up</u> <u>the nerve</u> to ask my boss for a rise.
                                  sth
(사장님께 봉급을 인상해 달라고 요청할 용기를 내는 데 오랜 시간이 걸렸다.)

We'd already lost one game, and we couldn't <u>work up</u> <u>any enthusiasm</u> for another.
                                                     sth
(우리는 이미 한 번 게임에 져서 다른 게임을 할 의욕을 낼 수가 없었다.)

➡ <u>work up the courage[energy] to do</u> 으로도 쓰임
I'm so tired I can't even <u>work up the energy to go</u> to bed.
(나는 너무 피곤해서 잠자리에 들 힘도 남아 있지 않아.)

work up an appetite[thirst]
to make yourself feel hungry or thirsty by taking some exercise or waiting a long time before you eat or drink

(허기 · 갈증을) 일으키다

I went for a walk to <u>work up an appetite</u>. (식욕이 생기도록 산책을 했다.)
I've <u>worked up</u> quite <u>a thirst</u> playing baseball. (야구를 해서 몹시 갈증이 났다.)

be worked up (유사어 **be agitated**)
to feel very angry, excited or upset about something

(분노 · 흥분 · 당황을) 느끼다, 흥분하고 있다

I don't want you to resign. Now tell me why you <u>are</u> so <u>worked up</u> over that editorial. <수동>
(당신이 사임하는 것을 원치 않아요. 왜 그렇게 그 논설문에 흥분하는지 그 이유를 지금 말해줘요.)

Dad <u>is</u> all <u>worked up</u> because I got a speeding ticket. <수동>
(내가 과속 딱지를 받아서 아버지는 매우 화를 내고 계신다.)

work sb up

to make someone feel upset, worried, or excited

~의 감정을 고양시키다, 흥분시키다

The speaker <u>worked the audience up</u> into a frenzy. (그 연사는 청중들을 열광 속으로 흥분시켰다.)
               sb

It was almost Christmas. The children <u>were worked up</u> into a state of high excitement. <수동>
(곧 크리스마스가 다가온다. 아이들은 큰 흥분상태에 빠졌다.)

➡ <u>work sb up into</u> 로도 쓰임
He was a brilliant speaker and knew exactly how to <u>work his audience up into</u> a state of excitement.
                                                             sb
(그는 뛰어난 연사인데 청중의 감정을 흥분상태로 만드는 방법을 정확히 알고 있다.)

work sth up, work up sth (유사어 **build up**)

to produce a final plan, design, or a piece of writing from the ideas or information that you have

(자료 따위를) 완성하다, (계획·디자인 등의 자료를 입수해서) 완성하다

My speech will be ready soon. All I have to do is <u>work up these notes</u>.
                                                    sth
(나의 연설문은 곧 준비될 거야. 내가 해야 할 모든 일은 이 메모들을 완성하는 것이다.)

She wrote down her experiences and <u>worked them up</u> into a book.
                                                 sth
(그녀는 경험을 기록해 두었고 그것을 정리해 책으로 만들었다.)

➡ <u>work sth up into</u> 로도 쓰임
I'd like you to take detailed notes, and <u>work them up into</u> a report later.
                                               sth
(네가 메모를 자세히 기록해서 나중에 보고서를 작성했으면 좋겠어.)

wrap

vt. ① 감싸다, 싸다, 포장하다(up, in) ② 둘러싸다, 감다, 얽다(about, around, round) ③ (사건·진의 등을) 가리다, 숨기다(in) ④ 포함하다(up) ⑤ (냅킨 등을) 접다 ⑥ (영화·TV) 촬영을 완료하다(up)

vi. ① (몸을 옷 따위로) 휘감다(up) ② 감기다

wrap up

wrap sth up, wrap up sth (유사어 **do up**)

to cover something in paper, cloth, or other material, especially in order to give it to someone as a present or in order to protect it

(종이·헝겊 등으로) 싸다, 포장하다

I must <u>wrap up Stella's birthday present</u>. Do you have any nice paper?
                      sth
(나는 스텔라의 생일선물을 포장해야 해. 너 멋진 종이 있니?)

I have to wrap this gift up before I go to the party. (나는 파티에 가기 전에 이 선물을 포장해야 돼.)
   sth

> **wrap up** *sth*, **wrap** *sth* **up**
>
> to complete a job agreement or an activity in a successful way
>
> (일·회의·활동 등을) 완성하다, 끝내다

They hope to have the deal all wrapped up in a couple of days. <수동>
(그들은 이틀 안에 거래가 끝나기를 바란다.)

We wrapped up the meeting around 4:00 and went home. (우리는 4시경에 회의를 끝내고 집으로 갔다.)
      sth

➡ that about wraps it up 으로도 쓰임

(used when saying that something has been completed successfully) (성공적으로) ~을 끝내다, 종료하다
"I think that about wraps the case up." said the officer, with satisfied smile.
                         sth
("내 생각에는 이 사건을 끝냈으면 해."라고 만족한 웃음을 지으며 그 경찰관은 말했다.)

> **wrap up, wrap oneself up**
>
> to dress in warm clothes or to dress someone in warm clothes or to cover them with material to protect them from the cold
>
> (따뜻한 옷 등으로) 몸을 감싸다

Be sure to wrap up warmly before you go out. It's very cold today.
(밖에 나가기 전에 꼭 따뜻하게 입어라. 오늘 아주 추워.)
Grandpa wrapped himself up in his heavy winter coat. (할아버지는 겨울용 두꺼운 코트로 몸을 감싸고 계셨다.)
          oneself

➡ wrap yourself up in 으로도 쓰임
If you are going skiing it's best to wrap yourself up in the warmest clothes you can find.
(네가 스키 타러 간다면 네가 찾을 수 있는 옷 중 가장 따뜻한 옷을 입는 것이 최고야.)

> **be wrapped up in** *sth/sb* (유사어 **be bound up in** *sth/sb*)
>
> to give so much of your attention, thoughts, etc. to something or someone that you have no time for anything else
>
> 몰두하다, 열중하다

It's no use trying to talk to father when he's wrapped up in his work. <수동>
                                sth
(아버지가 일에 몰두해 계실 때 이야기 해 봤자 소용없어.)

James complained that his wife was completely wrapped up in the children, and had no time for him. <수동> (제임스는 아내가 완전히 아이들에게 열중해서 자신을 배려하는 시간은 없다고 불평했다.)

wriggle

vt. ① 몸부림치게 하다, 꿈틀거리게 하다 ② 교묘히 ~하게 하다

vi. ① 몸부림치다, 꿈틀거리다, 꿈틀거리며 나아가다(along), 몸을 비틀며 들어가다[나가다](into, out of) ② 우물쭈물하다 ③ 교묘히 환심을 사다, 그럭저럭 헤어나다(into)

wriggle out of

wriggle out of *sth* (유사어 **get out of, duck out of** [Informal]) [Informal]
to avoid doing something that other people think you should do, often in a dishonest way

(책임·의무 등을 교묘히) 피하다

He always finds a way to <u>wriggle out of punishment</u>. (그는 늘 벌을 모면할 방법을 찾곤 한다.)
_{sth}

You promised to help me. You can't <u>wriggle out of it</u> now.
_{sth}

(너는 나를 돕겠다고 약속했지. 지금 그 약속을 피할 수는 없어.)

➡ <u>wriggle out of doing *sth*</u> 으로도 쓰임
Fred is always trying to <u>wriggle out of doing his share of the work</u>.
_{sth}

(프레드는 늘 자신에게 부담된 일을 어떻게든 피하려고 하고 있다.)

write

vt. ① (글자·말·책·악보 등을) 쓰다, ~에 써 넣다 ② (~에게) 써서 보내다[주다, 알리다], ((미)) (~에게) 편지를 쓰다 ③ 기재[기록]하다 ④ (얼굴 따위에 기록된 것처럼) 똑똑히 나타내다, (마음 따위에) 새겨 넣다 ⑤ [~oneself] (자기를) ~이라고 칭하다, 쓰다, 서명하다 ⑥ (책 따위에) ~라고 쓰고 (말하고) 있다(in) ⑦ (보험 회사가 보험을) 인수하다, (보험증서)에 서명하다 ⑧ [컴퓨터] (정보를) 기억시키다, 써 넣다

vi. ① 쓰다, 쓰는 일을 하다, 저술하다 ② 편지를 쓰다[보내다] ③ (~을 위해) 글을[원고를] 쓰다 (for, to) ④ 써지다 ⑤ [컴퓨터] 기억장치에 기록하다[기억시키다]

write down

write down *sth*, **write** *sth* **down**
to write something on a piece of paper so that you do not forget it

써두다, 기록하다

I'll <u>write down your phone number</u>, or else I'll forget it.
_{sth}

(당신의 전화번호를 적겠습니다. 그렇지 않으면 잊어버릴 거예요.)

The magistrate had to <u>write all evidence down</u>. (치안판사는 모든 증거를 기록해 두어야 했다.)
_{sth}

write off

write off (유사어 **send off, write away**)
to write a letter to a company or an organization asking them to send you goods or information

(상품 주문·정보를 청구하러) 편지[e-메일]를 쓰다, ~을 우편으로 주문[청구]하다

Why don't you write off to the BBC for the booklet?
(왜 BBC 방송국에다 그 작은 책자를 보내 달라는 편지를 쓰지 않니?)

I wrote off the ask for more information.　(나는 더 많은 정보를 요청하는 편지를 썼다.)

➡ write off for 로도 쓰임
Why don't you write off for their catalog?　(카탈로그를 보내 달라는 편지를 왜 안 써?)

> **write off** sb/sth, **write** sb/sth **off** (유사어 **dismiss**)
> to decide that someone or something is not likely to be successful, or that they are not very good or interesting
> 　　　　　　　　　　　　　　　　　　　　　　단념하다, 무가치[실패]로 보다

The school tries not to write off any boy, however badly behaved.
　　　　　　　　　　　　　　　　sb
(학교는 아무리 품행이 나쁜 학생이라도 퇴학시키지 않으려고 노력한다.)

The climbers had to write off their attempt on the mountain because of bad weather.
　　　　　　　　　　　　　　　　　sth
(등산가들은 나쁜 날씨 때문에 그 산의 등정을 단념해야 했다.)

> **write off** sth, **write** sth **off** (유사어 **total** [AmE]) [BrE]
> to crash a vehicle and damage it so badly that it is not worth repairing
> 　　　　　　　　　　　　　(차 등을 수리할 수 없을 정도로) 부서지다, 망가지다

She had crashed the car twice, writing it off completely on the second occasion.
　　　　　　　　　　　　　　　　sth
(그녀는 두 번의 차 충돌이 있었는데, 두 번째 사고에서 차가 산산이 부서졌다.)

Two cars and a truck were written off in last night's crash. <수동>
(지난 밤 충돌사고로 승용차 2대와 트럭 1대가 산산이 부서졌다.)

➡ write-off (n)
　　(a vehicle that is too badly damaged to be repaired)　차량대파
Doug's motorbike was a complete write-off and he felt lucky to be alive.
　　　　　　　　　　　　　　　　　　　　　n
(더그의 오토바이는 완전히 대파했고 그는 살아 있는 것을 다행으로 여겼다.)

> **write off** sth, **write** sth **off**
> to accept that an amount of money [e.g. debt, investment] has been lost, or will never be paid
> 　　　　　　　　　　　　　　　　　　(회수 불능 자금 등을) 장부에서 지우다

I hear that the credit card company agreed to write off half his debt.
　　　　　　　　　　　　　　　　　　　　　　　　　　　sth
(신용카드 회사가 그의 빚을 반으로 탕감하는 데 동의했다고 들었다.)

"Last year I wrote off six thousand dollars' worth of bad debts." he said.
　　　　　　　　　　　sth
("작년에 나는 6,000달러의 악성 빚을 갚았다."라고 그는 말했다.)

> **write off** sth, **write** sth **off** (유사어 **set off against, set against**)
> to make an official record of the amount of money that you have spent on things connected with your business in order to reduce the amount of tax that you have to pay
> 　　　　　　　　　　　(경비 등 과세 대상액에서) 감하다, ~을 세 공제로 처리하다

The cost of new equipment is usually written off over 10 years. <수동>
(새 장비를 구입한 경비는 흔히 10년에 걸쳐 감가상각이 된다.)

You cannot write off personal expenses against taxable income.
                        sth
(개인의 경비를 과세 대상액에서 감할 수는 없다.)

➡ write off *sth* against tax 로도 쓰임
The cost of setting up the business can be written off against tax. <수동>
(창업비용은 세금에서 공제될 수 있다.)

write out

write out *sth*, **write** *sth* **out**

to write something [e.g. report, list] on paper, often in order to write it in a better or more complete way

(보고서 · 리스트)를 (완전하게 · 명확하게) 작성하다

We had to write out a list of ten jobs we'd like to do. (우리는 하고 싶은 10가지 직업의 목록을 작성해야 했다.)
                        sth
I wrote out the instructions so that there would be no mistakes.
              sth
(나는 실수가 생기지 않도록 지시를 종이에 적었다.)

write out a cheque[bill, receipt, etc.] (유사어 **make out**)

to write information on a document [e.g. cheque, prescription] so that it can be used

(수표 · 처방전 등을) 쓰다

The doctor wrote out a prescription for the medicine. (의사는 그 약의 처방전을 썼다.)
                            sth
I wrote out a cheque for the repairs while the repairman wrote out a receipt.
        sth
(수리공이 영수증을 쓰고 있을 때 나는 수리대금의 수표를 썼다.)

write *sb* **out, write out** *sb* (항상 수동) (반대어 **write in**)

if a character in a drama is written out, he or she is taken out of the series

(드라마에서 등장인물을) 퇴장시키다, (등장인물을) 없애다

When the actress quit, they had to write her out of the TV series.
                                          sb
(그 여배우가 그만두었을 때 TV 연속극에서 그녀의 역을 삭제해야만 했다.)

Maybe soon the scriptwriter will have to write her out of the series.
                                              sb
(어쩌면 곧 대본 작가는 연속극에서 그녀의 역을 빼야만 할 것이다.)

➡ write *sb* out of 로도 쓰임
It was revealed last week that Jody is being written out of the series. <수동>
(조디가 그 연속극에서 빠질 것이라는 사실이 지난주에 발표되었다.)

write up

write up *sth*, **write** *sth* **up**

to write something on paper or on a computer in a complete or final form often using notes you have made

자세히 쓰다, 문장을 완성하다

In the newsroom, reporters were busily writing up their articles for the evening paper. <수동>
　　　　　　　　　　　　　　　　　　　　　　　　　sth
(뉴스 편집실에서는 기자들이 석간신문의 기사를 정리해 쓰느라고 바빴다.)

You should take brief notes during class, then write them up more fully later.
　　　　　　　　　　　　　　　　　　　　　　　　　　sth
(수업 중에는 간단한 메모를 하고 나중에 더 자세히 고쳐 써야 한다.)

write *sth* **up**, **write up** *sth*

to write something on a wall, a board, etc. where people can see it

써서 (벽·게시판)에 게시하다

The teacher wrote several names up on the blackboard. (선생님이 칠판에 몇 명의 이름을 썼다.)
　　　　　　　　　　sth

The following words were written up over the door; "The nation's bravest soldiers pass through this door." <수동>　(문 위에는 다음의 문구가 적혀 있다. "국가의 가장 용감한 군인들이 이 문을 지나간다.")

write *sb* **up**, **write up** *sb*

to make an officially written report of a crime or something wrong that someone has done

(위반한 사실을) 보고서에 쓰다

A policeman wrote me up for passing.　(경찰이 추월 위반으로 내게 범칙금을 부과했다.)
　　　　　　　　sb

The two soldiers were written up for insubordination. <수동>
(두 명의 군인이 명령 불복종으로 소환장을 받았다.)

be written up (유사어 **reviewed**)

to write your opinion about a new book, play, or product for a newspaper, a magazine, etc.

(신문·잡지 등에) ~에 관해서 기사를 쓰다

We decided to go to a new Spanish restaurant that had been written up in a magazine. <수동>
(우리는 잡지에 기사가 실린 새로 문을 연 스페인 식당에 가기로 했다.)

The president of our company has been written up in many business magazines.
(우리 회사 사장님은 여러 비즈니스 잡지에 기사가 실리고 있다.)

➡ write-up (n)

(a written opinion about new books, plays, or products in a newspaper, magazine, etc.)
(신문·잡지 따위의) 기사, (특히) 칭찬기사

Morris' play got a really good write-up in the press.　(모리스의 연극은 언론의 호평을 받으며 기사화되었다.)
　　　　　　　　　　　　　　　　　n

Z

zip

1. **vt.** ((구)) 빠르게 하다, 활발히 하다, ~에 활기[풍미]를 주다(up)
   vi. 핑 소리를 내다, 횡하고 날다, ((구)) 기운차게 전진[행동]하다
2. **vt.** 지퍼로 잠그다(열다)
   vi. 지퍼를 닫다(열다)

zip up

zip up *sth*, **zip** *sth* **up** (유사어 **do up** 반대어 **unzip**)
to fasten something such as a piece of clothing using a zipper

지퍼로 잠그다

Can you <u>zip up my dress</u> for me?   (드레스 지퍼 좀 올려주시겠어요?)
                   sth
It's freezing outside — <u>Zip your coat up</u>.   (밖이 몹시 추워. 코트 지퍼 잠가)

zoom

vt. ① (비행기를) 급상승시키다 ② [영화·TV] (영상을) 갑자기 확대(축소)시키다 ③ ((미속)) 거저 손에 넣다
vi. ① 붕 소리를 내다, 붕하고 달리다[움직이다](off, away) ② (비행기가) 급상승하다, (물가가) 급등하다 ③ 줌 렌즈로 피사체가 급격히 확대[축소]되다(in, out) ④ ((미속)) 무료로 손에 넣다

zoom in

zoom in (반대어 **zoom out**)
if a camera zooms in, it starts to show a clear and detailed picture of something, as if the camera was moving closer to that thing

(카메라·TV로) 줌인하다, 서서히 다가가다, 줌렌즈로 피사체가 급격히 확대되다

At the end of the scene, the camera <u>zoomed in</u> on her pensive face.
(마지막 장면에서 카메라는 그녀의 우수에 젖은 얼굴을 줌인 했다.)
You can just <u>zoom in</u> by clicking on this icon here.   (여기 이 아이콘을 클릭해서 줌인 할 수 있다.)

zoom out

zoom out (반대어 **zoom in**)

if a camera zooms out, it starts to show someone or something in less detail, as if the camera was moving away from that person or thing

줌렌즈로 피사체가 급격히 축소되다

If you zoom out at this point, we shall get a view of the whole farm.
(이 지점에서 줌아웃 하면 전체의 경치를 잡을 것이다.)

Zoom out now, and get the overall effect. (여기서 줌아웃 하면 전체적인 효과를 얻게 돼.)

참고문헌

- Ann Raimes, *Grammar Troublespots*(Cambridge University Press, 2004)
- Anne Seaton · Howard Sagent, *What you need to know about Prespositions*(B&JO Enterprise pte Ltd, 2009)
- Betty Schrampfer Azar, *Fundermentals of English Grammar third Edition*(Longman.com, 2003)
- Carl W. Hart, *The Ultimate Phrasal Verbs Book*(New York: Barron's Educational Series, Inc, 1999)
- Collins Cobuild Phrasal Verbs Dictionary(Happer Collins Publisher, 2005)
- Collins Coubuild English Guides Prepositions(Happer Collins Publisher, 1996)
- George W. Davidson(Edited), *Chambers Pocket Guide to Phrasal Verbs*(Tokyo: The Hokuseido Press, 1982)
- George W. Davidson, *Chambers Pocket Guide to Phrasal Verbs*(Edinburgh: Federal Publications (S) Pte Ltd, 1982)
- Howard Sargent, *What you need to know about Phrasal Verbs*(Singapore: Learners Publishing Pte Ltd, 2007)
- Howard Sargent, *What you need to know about Phrasal Verbs*(Learners Publishing Ltd, 2003)
- Jack Allsop, *Test your Phrasal Verbs*(Penguin Books, 2000)
- Jake Allsop, *Test your Phrasal Verbs*(Harlow: Pearson Education Limited, 2000)
- Jake Allsop, *Test your Phrasal Verbs*(Harlow: Pearson Education Limited, 2002)
- James R. Hurford, *Grammer*(Cambridge University Press, 1994)
- Jean Yates, *The Ins and Outs of Prepositions*(Barron's New York, 1999)
- John G. McCaleb and Tsuneko McCalb, *All-Purpose Dictionary Of English Phrasal Verbs*(Tokyo: Asahi Shuppan-sha, 2006)
- *Longman Dictionary of Contemporary English*(Longman, 1988)
- *Longman Phrasal Verbs Dictionary over 5000 Phrasal Verbs*(Longman, 2000)
- Louis A. Berman and Laurette Kirsteein, *Practical Idioms*(Chicago: NTC Publishing Group, 1996)
- Martin Shovel, *Making Sense of Phrasal Verbs*(London: ELB Publishing & ABAX Ltd, 1991)
- Michael McCarthy and Felicity O'Dell, *English Phrasal Verbs in USE*(Cambridge University Press, 2006)
- Michael McCarthy and Felicity O'Dell, *English Phrasal Verbs in USE Advanced*(Cambridge: Cambridge University Press, 2007)
- Michael McCarthy and Felicity O'Dell, *English Phrasal Verbs in USE Intermediate*(Cambridge: Cambridge University Press, 2007)
- Michael McCarthy and Felicity O'Dell, *English Phrasal Verbs in USE*(Cambridge: Cambridge University Press, 2006)
- Milada Broukal, *Idioms for Everyday USE*(National Textbook Company, 1994)
- *New Really Learn 100 more Phrasal Verbs*(New York: Oxford University Press, 2007)
- *Really learn 100 phrasal verbs for business*(New York: Oxford University Press, 2005)
- *Really learn 100 phrasal verbs*(New York: Oxford University Press, 2002)
- Richard A. Spears, *Basic Phrasal Verbs*(Illinois: NTC/Contemporary Publishing Group, Inc, 1996)

- Richard A. Spears, *Basic Phrasal Verbs*(NIC Publishing Group Inc, 1996)
- Seth Lindstromberg, *English Prepositions Explained*(John Benjamins Publishing Company, 1998)
- *The Kenkysha-Longman Dictionary of Phrasal Verbs*(Tokyo: Kenkysha, 1994)
- Tom Cole · Ann Arbor, *The Preposition Book—Practical toward Mastering English Prepositions*(Univ of Michigan Pr, 2006)
- *Collins Cobuild English Dictionary for Advanced Learner*(Happer Collins Publisher, 2001)
- *Collins Cobuild new Students Dictionary*(Happer Collins Publisher, 2000)
- *Essential High School Dictionary*(The Princeton Review, 2006)
- *Maemillan Dictionary for Students*(Maemillan, 1984)
- *Longman Adavnced American Dictionary*(Longman, 2001)
- *Longman Dictionary of American English*(Longman, 1997)
- *Longman Dictionary of American English*(Longman, 1983)
- *Longman Dictionary of Contemporary English*(Longman, 1983)